见识城邦

更新知识地图　拓展认知边界

The Moral of the Story

〔 8th Edition 〕

故事中的伦理学

An Introduction to Ethics

Nina Rosenstand

〔美〕 尼娜·罗森斯坦 著

王瑜 译

中信出版集团 | 北京

图书在版编目（CIP）数据

故事中的伦理学 /（美）尼娜·罗森斯坦著；王瑜

译 . -- 北京：中信出版社 , 2025. 5. -- ISBN 978-7

-5217-7166-4

Ⅰ. B82

中国国家版本馆 CIP 数据核字第 2025BV2634 号

故事中的伦理学

著者： ［美］尼娜·罗森斯坦

译者： 王瑜

出版发行：中信出版集团股份有限公司

（北京市朝阳区东三环北路 27 号嘉铭中心 邮编 100020）

承印者： 三河市中晟雅豪印务有限公司

开本：787mm×1092mm 1/16 印张：59.5 字数：900 千字

版次：2025 年 5 月第 1 版 印次：2025 年 5 月第 1 次印刷

京权图字：01-2024-6380 书号：ISBN 978-7-5217-7166-4

定价：148.00 元

献给克雷格和我的父母

不德或许有趣，但却比不上纯粹的德行和踏实的一日三餐。

——《爱情无计》（*Design for Living*）

目录

序言

————

与之前版本相似,《故事中的伦理学》第8版仍由当代议题和伦理理论中的经典问题构成。其基本观点仍然是一致的,即通过故事案例对道德问题进行讨论,将故事作为一种能够在受控条件下尝试解决方案的伦理实验。本书主要是为"伦理学导论""道德哲学""哲学导论:价值观"等大学课程而写的。价值理论或伦理学的许多教科书都选择聚焦于重大社会问题,例如堕胎、安乐死和死刑。本书则反映出我独有的教学经验,即在学生陷入涉及道德判断的讨论困境以前,最好先为他们介绍一些基本的伦理理论。因此,《故事中的伦理学》一书简述了古典和当代有影响力的伦理理论方法。然而,如果没有理论的实际应用,就不能对所提出的问题有全面的理解,所以每一章都包括阐明和探讨论题的案例。与之前的版本一样,本书每一章都有一个案例部分,包括了从虚构作品,尤其是小说和电影中提炼的梗概与节选。

在过去的几十年里,叙事理论已在美国和欧洲哲学以及其他学术学科中开辟了一片天地。对于伦理学家和其他思想者来说,在他们的课堂以及专业论文中包含虚构作品已不足为奇,这样的作品不仅可以作为解决问题的例子,也可以作为诠释认识论现象的示例:用阿拉斯代尔·麦金太尔的话说,人类是讲故事的动物,而且人类试图理解现实的道理时,似乎会选择叙事作为最喜欢的方式来构建意义。这种叙事趋势在其他领域也有所体现。医疗工作者留意那些讲述医患关系的故事。精神治疗医师建议患者通过看电影来了解自己的处境,并让他们以自己为主角写故事。法院系统正在利用电影和小说来接触触犯法律的年轻人。美国军方正在与作家合作,预测未来美国利益受到攻击的可能情况。美国国家航空航天局正在与科幻作家和好莱坞合作,试图让新一代读者和观众燃起对太空探索的热情。从最近几部电影的大获成功来看,这一方法正在奏效。神经科学家告诉我们,我们通过将叙事顺序叠加在我们所经历的混乱上来理解世界。似乎不断有新的领域被加入发现或重新发现故事潜力的名单。

结构

《故事中的伦理学》第 8 版也分为三个主要部分。第一部分介绍伦理学的主题，将讲故事的现象置于道德教育和讨论的语境中。第二部分考察了伦理相对主义、心理利己主义和伦理利己主义、利他主义、功利主义、康德的义务论等行为理论，并探讨人格、权利与正义等概念。第三部分聚焦于美德理论的主题，包括苏格拉底和柏拉图、亚里士多德、美国当代美德理论、欧陆传统的本真性理论以及性别理论等章节，还从细节上考察了勇敢、同情和感恩等美德。最后，本书应用前几章介绍的理论，对所选择的大量道德论题进行了更细致的探讨。每一章都包括一系列问题研究、从古典和当代文本中节选的基础阅读材料，以及阐明该章所提出的道德问题的故事。基础阅读材料的选择是基于其作为讨论主题的价值，它们并不必然反映我的观点，而且受篇幅所限，我也无意选择覆盖所有可能角度的材料。故事部分将在下文中有更详尽的描述。

第 8 版的主要修订

第 8 版对新闻报道中反映道德和社会问题的案例和讨论进行了相应更新。此外，为方便浏览，关键词和专名视上下文改为斜体或粗体。第 8 版的主要修订如下。

跟每一个新版本一样，第一章都会进行彻底修订，增加一段新的导言，映射出我们身处的跌宕起伏的时代。斯蒂芬·平克关于时代趋好的著名理论与约翰·格雷对时代的悲观看法被放在了一起。"善与恶"的部分进行了更新和扩展，包含对当前一些骇人听闻的恶行的审视。最后，故事部分纳入了著名短篇小说《摸彩》的概要和节选。

第二章加入了一些当代电影和电视节目的案例，如《冰血暴》和《真探》，以诠释道德问题。僵尸现象广泛地出现在娱乐、虚拟现实和叙事电子游戏中，新增的知识窗之一以此为专题，知识窗还讨论了改编自小说的 HBO（家庭票房电视网）系列剧《权力的游戏》中的道德复杂性。

第三章更新了关于女性割礼和其他一些当代事件的讨论。

第四章扩展了"英雄"的概念，探讨在大规模枪击事件和恐怖主义袭击中，个人为了拯救学生和同事而放弃生命的行为。此外，故事部分现在还包括瑞典电影《不可抗力》，它以家庭电影开场，却螺旋式地下行到对于根本性自私的研究。

第五章增加了一个知识窗，说明"结果"（后果）概念，另一个知识窗讨论电影《人类清除计划》并剖析它对快乐计算法的诠释。在故事部分，由于与主题关联性强，我恢复了之前版本删除的电影《极度恐慌》，并增加了《传染病》作为同题故事。

第六章在动物认知部分有所扩充，故事部分现在包括了图像小说（及电影）《守望者》。

第七章全面修订了关于克隆和人格的讨论，还提及近几年的枪击案，增加了一个新的知识窗来追问制造机器人的道德含义，对恢复性正义的观点也做了更新。故事部分重新收入经典科幻电影《银翼杀手》，并增加了新电影《机械姬》作为配套内容。

第八章新增了关于美国／加拿大印第安人价值观的知识窗，它受到一个冒名顶替者灰枭阿奇的启迪。

第九章新增了讨论智能设计的部分，以及源自亚里士多德的美德与恶习表。

第十章增加了一个旨在简要讨论硬决定论（hard determinism）、自由意志和相容论的新知识窗。另外，还增加了从列维纳斯的他者理论视角讨论欧洲难民危机的部分。

第十一章增加了面对恐怖袭击和校园枪击案的勇敢行为的例子。故事部分增加了日本经典小说《心》。

第十二章修订了讨论性别中立语言的内容，修订了对允许女性参与战斗的军事政策变化的讨论。此外，还增加了希帕蒂娅的故事，并更新了关于保守女性主义、公主现象以及同性婚姻的知识窗。

第十三章对个别部分进行了彻底修订，包括对安乐死的新视角以及媒体伦理问题。在商业伦理部分，增加了借电影《大空头》探讨 2008 年金融危机根源的知识窗，另一个新知识窗则是对个人品牌的探讨。"正义战争"部分增加了一个聚焦于伊拉克战争的知识窗。"环境伦理"部分也做了修订，"死刑"部分则使用了新的案例和数据。在"寻找意义"的部分，出自之前版本第十章的探讨个人身份的知识窗如今找到了更合适的位置。这一章的"基础阅读"部分包含 2011 年由美国食品药品监督管理局颁布的《美国食品药品监督管理局食品安全现代化法案》节选，以及马克·贝科夫与杰茜卡·皮尔斯合著的《野兽正义》的节录，以及雷切尔·甘迪在死刑问题上对大法官布雷耶观点的专栏评论。新的故事包括奥斯卡金像奖获奖影片《聚焦》以及广受欢迎的HBO剧集《真探》第一季。

我想谈一件令我不太愉悦的事：教科书出版领域正在发生变化，其中一些已经影响到了本书的第8版。使用本书此前若干版本的读者会注意到"基础阅读"和"故事"部分的一些变化：删除了一些文本，或代之以释义梗概或少量摘选。这一决定是必要的，因为得到摘录大段文本的许可殊为不易，甚或全然不可能，尽管它们在此前众多版本中都很重要，但我除了弃之不用外别无选择。此外，我不得不放弃一些新的、计划内的基础阅读资料，例如对玛丽·米奇利《自私的神话》的节选。作为妥协，我选择在理论讲解中置入细节性描述和简短节录，以保证原文思想的呈现，或者在故事部分（特别是小说）中对故事进行改写，以及在公共观念允许的情况下，简要摘录一两段必不可少的文本。我希望这些文本得到了适当的呈现。

讲述故事

这些故事是从类型多样的资源中选择的，其范围从史诗体散文、诗歌、小说到电影，还有一本图像小说。我想强调的是，从文学和艺术的视角来看，摘要和节选并不符合原著的精神；一个值得体验的故事，无论是小说、短篇故事还是电影，都不可能被简化成情节大纲或片段，同时还能保留其所有本质。正如玛莎·努斯鲍姆所说，形式是故事内容与生俱来的部分。除了道德问题的主干，故事中通常还包含更多内容，因此在写作概要时，我不得不舍弃故事和角色发展的丰富性。尽管如此，我还是选择以摘要或摘录的形式来讨论一些不同的故事和体裁，因为它们与特定的伦理学问题有关。因为我认为，通过讲故事来探索道德问题是一种跨文化的历史传统，这一点极其重要，所以我选择了范围较广的故事。每一章都有若干个故事，而一些附加的故事——或出自之前版本的故事——现在则在章节正文的知识窗中呈现，但我不打算让教师觉得有义务在一门课程中讲述全部故事；相反，它们应该被视为不同学期的替代性选择——为了实现多样化，我乐于使用这种方法。当然，除了总结概述，还有其他方法可以将故事和伦理理论结合起来。例如，可能有人会选择一两个短篇故事或电影原作，将其当作课堂讨论的素材，或请学生自行阅读或观看以获得加分。我希望教师能选择一些故事——小说、短篇故事或电影——让学生体验第一手资料。尽管如此，本书的故事部分，可以让学生在没有第一手经验的情况下，讨论其中呈现的问题。摘要和节选只是给予读者足够的信息，让他们能够讨论所呈现的道德问题。我期待有读者受此启迪，会自己去寻找原著。在大多数情况下，故事结局对于故事的道德意义来说是举足轻重的，在这种时候，我都给出大结局。但如果结局对于道德剧来说不太重要，我就会尽量避免这么做，因为我不想剧透。

由于篇幅有限，我只能列举一部分故事，我也承认我的选择带有主观性。我个人觉得，在学生来自不同文化背景的班级里，插图是有趣的，也很有效。因为我原本是丹麦人，后来归化美国，所以我选择了一些来自斯堪的纳维亚的传统文献和电影作为参考资料。我很清楚，其他人可能会选择其他故事，甚至选择完全不同的伦理问题进行阐释，因此我对之前七个版本的读者、教师和学生深怀感激，他们让我知道了他们最喜欢的故事，以及他们认为对故事的选择可以如何扩展与改善。新版的故事部分就是这些建议的反映。

有些学生（和教师）可能会因这个版本中没有出自电子游戏的故事而感到失望。我从学生和同事那里听说，电子游戏越来越注重机巧精致的叙事，而不仅仅是积分和杀敌；我也从同事那里知道，一些叙事电子游戏会提供趣味性的方式让玩家思考道德问题和决策，甚至包含一些情感和伦理相互交织的复杂情境。然而，由于我没有真正体验过这类游戏（我的电子游戏经历结束于20世纪90年代），因此本书的故事部分不会涉及任何游戏。

就像此前的修订一样，我不得不做出几个艰难的选择：为了降低书的成本，我不得不删减此前版本中的素材，以增加新的阅读内容、材料和故事。要做到这一点绝非易事，因为很多旧的阅读资料和故事都是我的至爱，而且我很清楚，它们可能也是使用本书的教师的最爱，是成熟的教学大纲中的重要元素。幸运的是，在这个电子时代，我们可以得到新材料，而无须舍弃全部旧内容。正如在之前版本中所强调的，我诚挚地欢迎使用本书的师生发送包含相关评论、对新故事的建议，以及从其他哲学视角所做出的审视的邮件至 nrosenst@sdccd.edu。

致谢

————

像往常一样，首先我要感谢哲学导论课程的学生们，课程涉及价值观、女性哲学、社会哲学问题、人性反思、人性与社会，以及哲学与文学，感谢他们热情合作，他们对什么是好故事提出建议，和我一起讨论故事的草稿和问题研讨部分，帮我润色概要、总结和问题研讨部分。

其次，我要感谢麦格劳-希尔高等教育项目团队的良好沟通与支持，特别是开发编辑埃林·京德尔斯贝格的快速回复与中肯的建议。感谢品牌经理杰米·拉费里拉和佩尼娜·布拉夫曼、内容项目经理梅利莎·莱克、营销经理梅雷迪思·利奥、内容授权专员香农·曼德席德、图片研究员斯泰西·东·米斯克尔，以及数据处理项目经理托西恩·卡德里。英文版封面图片由艺术家卡伦·巴伯绘制，她动人的笔触为本书的八个版本都增色不少，对此我非常感激。我还要感谢以下审稿人和一位匿名审稿人提出的建议：

南方联合州立社区学院的乔伊·布兰奇
常春藤技术社区学院西南分校的玛丽·安·塞拉斯
门罗社区学院的林恩·G.巴托洛梅
纽约州立大学布鲁姆社区学院的艾琳·贝尔纳斯

我还要感谢圣迭戈梅萨学院的社会科学系、行为及多元文化研究系的同事，包括哲学、历史、政治学、地理学的教授、兼职教授和荣休教授，他们组成了坚强的后盾。我们来自不同的专业领域，对许多事情有不同的看法，但在工作场合，我们都珍视正直的职业操守，并定期抽时间讨论与伦理学有关的问题。感谢我在社会科学系及其他系的同事：特别感谢系主任乔伊·克罗奇蒂、乔纳森·麦克劳德、唐纳德·阿博特、德怀特·弗罗，以及迪安·查尔斯·扎皮亚。此外，我要感谢J.克雷格·布拉德利、斯蒂芬·帕切科及约瑟夫·宾特与我分享他们的研究成果，并感谢先行阅读亚洲道德哲学部分的托尼·佩蒂纳。我还要感谢伊恩·杜克勒斯宝贵的帮助，他引导我走出带有道德元素的开放式叙事电子游戏的迷宫，我期待未来与他和玛丽·格温对话，我们都认为故事作为道德实验室有很大潜力，也都对伴侣动物陪伴下的生活质量很感兴趣。

在梅萨学院，我们有一年两次举办思想讨论会的传统。在讨论会上，哲学系教师会面，并分享各自对教学的想法，并就古典和当前的哲学主题进行辩论。我想对所有定期参加这些会议的哲学教师的职业热忱表示感谢。我诚挚地感谢我的同事、加州州立大学蒙特雷湾分校哲学教授约翰·贝尔托。作为老朋友和同事，他从兼职教授时期起就与我分享关于社会伦理问题方面的忧虑，并慷慨地与我共享了他的工作，包括他的报纸专栏档案。特别感谢我的朋友和同事哈罗德·韦斯，他是北安普敦社区学院哲学教授，他在为本书（第 8 版）推荐新材料方面给了我很大帮助，其中有一些是我原本没想过要收录的。感谢我的同事及好友、美国国立大学圣迭戈校区哲学教授梅林达·坎贝尔，感谢她对第 7 版的精彩评述和对本版补充材料的支持，以及将本书用于在线课程的见解。我要特别感谢我的朋友和前同事、历史系荣休教授 M. 路易莎·洛克；作为作者，她允许我在第十二章摘录她的首部小说。我还要感谢挪威奥斯陆大学的赖科·阿贝·奥斯塔德对这本书的兴趣，以及收入小说《心》的建议。感谢我的好友史蒂夫·菲舍尔分享他对个人品牌现象的见解，感谢我的好友兰迪·麦肯齐的支持与明智的建议。

由于这一版本是建立在前七版的基础之上的，因此我要感谢我过去从许多人——朋友、同事及来自各个领域的专业人士——那里得到的慷慨支持与建议，他们慷慨地给予了我时间和帮助。他们的投入对我来说是无价的，我对大家都深表感谢。

我的父亲芬恩·罗森斯坦是一位杰出的故事讲述者，逝于 2014 年圣诞节后的第二天，那时离他的百岁生日还差四周。直到生命的最后一天，他都保持着警觉和清醒，并按照他的座右铭"凡事有度"度过了一生。他经常提到，如果可以选择，他希望每一天都能重新开始，这也是尼采所欣赏的真正热爱生活和从不言否定之人的标志。在我作为哲学教师以及教科书和其他作品的作者的整个职业生涯中，他不知疲倦地帮我搜寻可用的材料；前七版都从他的研究和建议中受益良多。在我的童年和青年时期，在漫长而黑暗的斯堪的纳维亚秋冬之夜，父亲常常会大声地为母亲和我朗诵那些丹麦及世界文学瑰宝。正如我在之前的版本中提到的，他帮助我开启心智，以面对求知的好奇、人类的共情心以及对历史、文学和电影的热情。我对他的感激永无涯际。

然而，最重要的是，我要感谢我的丈夫克雷格·R.科沃纳的大力支持与绵绵爱意，这不仅是因为他始终准备好分享他对美国历史及好莱坞电影史的洞见，而且因为他理解我的写作，并富有耐心，还充满绝妙的幽默感。

第一部分　作为伦理学工具的故事

第一章　思索价值

生活在麻烦不断的时代

有时，我们会听到一句据说是中国古谚的话："愿你生活在麻烦不断的时代。"（May you live in interesting times.）不过，根据传统，这与其说是祝愿，不如说是诅咒。事实上，中国似乎并没有这样一句古谚，最接近的表达来自中国明代的小说家冯梦龙的一句话："宁为太平犬，莫作乱离人。""麻烦不断的时代"这一说法似乎是在 20 世纪 30 年代由西方作家引入的。然而，无论它是中国古老的诅咒，还是由语带讥讽的西方人所捏造的，它都让许多现代人产生了共鸣。尽管现代西方人已经习惯于认为激动人心的生活就是好生活，但这句古语带有跨文化的智慧，还有一句名言与之呼应，那就是 17 世纪著名哲学家勒内·笛卡尔的座右铭——bene vixit qui bene latuit，即"善生活者，故隐其名"。生活清静，远离动乱，不至于死于非命，是很多逃离毁灭与迫害之人一直以来的梦想，他们保持低调，希望安然度过暴力狂潮。今天，我们生活在世界各地的不同城市及地区，过着两种不同的生活：常态的生活是带着对家人、健康与工作的常态化期望，新常态的生活则是不断被提醒，我们是脆弱的，脆弱程度是很少有人在几十年前能想象到的。在全球范围内，我们正在经历气候波动，这挑战着此前的可预测性模型（在第十三章中，你可以了解到更多关于气候变化的讨论）；此外，来自世界某些地区的人颠沛流离，改变着所到之处的人口结构和经济状况，其规模自二战以来未曾有过。一些人逃离了饱受战争与恐怖蹂躏的故土，一些人为自己和家人寻求经济上更宽裕的生活去往他国，还有一些人似乎打算将他们的恐怖主义带到新的地方。而在局部地区，恐怖屠杀与校园枪击事件提醒人们，"隐其名"并不能保证无妄之灾与你擦肩而过。所有这些难以预料之事都造成伤亡；即使是那些来自此前被认为"幸福"指数高的文化背景的人，现在的"幸福"指数也比以前低了。总之，我们担忧着明天。有些人预测，在接下来的半个世纪里，我们会面临环境、经济和政治方面的空前挑战。

然而，人类的承受力是惊人的。人类经历过瘟疫、饥荒、自然灾害以及大规模的同类相残。换句话说，我们一直生活在"麻烦不断的时代"。当下的世纪与前几个世纪相比，实际上可能"麻烦"更少一些。正如加拿大裔美籍认知科学家和语言学家斯蒂芬·平克所强调的，从统计学上讲，我们生活的时代，暴力事件远少于像中世纪这样的时代。在《人性中的善良天使》（2011 年）一书中，平克说：

> 我们已经看到，尽管儿童读物对原住民的生活大肆浪漫化，但是他们的战争死亡率高过我们的世界大战。对中世纪欧洲风情的浪漫遐想，忽略了工艺精湛的酷刑刑具，看不见在那个时代遭到谋杀的风险是我们今天的 30 倍。在人们怀念的那些旧时光里，有外遇的妻子会被割掉鼻子，7 岁的孩子会因偷了一件小衣服而被送上绞架，囚犯的家庭要付钱才能让犯人免戴镣铐，女巫会被锯成两半，水手会被鞭打成肉酱。我们今天的道德共识，比如奴隶制、战争和酷刑是错误的，在过去可以被当作矫揉造作，而我们的普世人权观念简直就是痴人说梦……现代性的力量——理性、科学、人本主义、个人权利，当然不曾是一鼓作气地向着一个方向推进，而且它们永远也不可能带来乌托邦，或者终结人类之间的摩擦和作为人的痛苦。但是，在现代性给我们带来的各种收益——健康、体验和知识之上，我们还可以再加上一个收益：它具有减少暴力之效。[1]

1 本段译文出自斯蒂芬·平克：《人性中的善良天使》（安雯译，北京：中信出版集团，2019 年）。——编者注那么，我们是否会像平克所认为的那样，因为越来越关注理性和常识的声音而朝着一个更友善、更温和也更和平的世界前进？英国政治哲学家约翰·格雷认为平克的乐观主义是幼稚的，他提出了一个针锋相对的观点。在格雷看来，文明是一个脆弱的实体。"斯蒂芬·平克关于暴力与战争的说法是错误的，"格雷说，"文明的提升实已足够，但常有反复。虽然知识和发明可能持续加速和累积增长，但伦理和政治的进步却游移不定，难以持久，并且很容易丧失。在总体趋势中，可以辨识出某些循环：和平和自由与战争和暴政交替，财富增长的时代与经济崩溃的时代交替。文明没有变得更强、传播更广，而是本质上仍然不堪一击，经常屈服于野蛮。"那么，谁是对的？我们是正行走在某个文化废墟的边缘，还是当局者迷，只看到无序的生活，却看不到更宏观、更令人安心的画面？

正如我经常对我的学生提到的，我也将这一点传达给读者，那就是，对未来的展望可以像平克那样乐观，也可以像格雷一样悲观，但在很大程度上，未来掌握在你的手中。或许你还未曾拥有铸就未来的真正力量，但通过社交媒体或未来可能拥有的其他任何媒介，你将会具备这种力量，它帮助你激发甚至塑造人类同胞应对未来挑战的反应。用知识武装自己，不仅是过去的知识，而且是过去与现在的各种价值观，它们会帮助你做决定。为此，我们开启了"故事中的伦理学"之旅，审视在现当代和过去几个世纪西方文化中的主流道德价值体系——因为每一种新观念通常都是对某种程度上已经不充分的旧观念的反应。然而，本书并不是按时间顺序排列的。它始于现代道德问题，深入过去的对应问题，又回归当代情境。

事实上，我们每天都会遇到与道德价值相关的各种问题；有时是小决定，有时是大决策。新闻中的一些日常事件是关于**网络文件共享**、复制、下载受版权保护的材料之类的问题。有些人认为这样做当然非法，而另一些人则认为这完全可以接受，甚至是道义上得体的事——与他人分享新的想法。你可能一直在讨论的另一个问题是**发消息和在社交媒体上交流**的伦理。如果信息有误落恶徒之手的风险，那么亲密无间与信息分享的恰当限度究竟在哪里？什么类型的消息是可以相互发送的——通过发送一条信息来分手是可以接受的吗？发送情色信息图片，是否要征得图片中人的允许？传播八卦呢？所有这些问题都涉及潜在的伦理守则。我们作为社会群体正在努力解决的重大道德问题也是如此：21世纪的第一个十年，我们所应对的一些重大问题甚至冲突涉及你可以选择任何人（包括同性）**结婚的权利**，对**恐怖主义做出的适当反应**（通过民事法庭或军事行动、军事法庭），对疑似恐怖主义者使用**酷刑审讯**，施行**安乐死**的权利，围绕**堕胎**的道德地位的持续争议（这两个话题是第十三章的专题），对**持枪权**的周期性讨论，**宠物**作为财产或家庭成员的道德地位，以及其他牵涉道德和法律视角的话题。本书将讨论其中的一些问题，但可能更重要的是讨论这些问题背后的价值观——解释这些价值的道德理论。稍后在本章中，我们将探讨价值、道德和伦理等术语。与价值相关的问题集中在我们面对他人**应该如何行为得体**；任何道德理论都涉及对行动、对做什么的关注，即所谓的*行为伦理*。在第三章到第七章，我们会探讨行为伦理的各种理论。然而，有一种不同的道德哲学侧重于**培养良好的品格**，关注如何为人，这通常被称为*美德伦理学*，这是第八章到第十一章的主题。在其余的章节中，本章和第二章探讨了当前道德讨论的范围，以及将讲故事作为道德价值教学和学习工具的影响。第十二章考察了女性主义伦理学的各种模式，第十三章则展示了"应用伦理学"，即将道德哲学运用于特定案例或具体情境中，例如堕胎问题、安乐死、媒体伦理、正义战争理论、动物权利和环境伦理等。

上述每一个话题都有正反两方。在一个自由的社会中，我们已经习惯了各种论辩，读者也会在本书中看到对这些问题的讨论，尤其是第七章和第十三章。在过去的几十年间，我们逐渐习以为常的是，美国似乎比再之前的几十年里更加分裂——成了一些政治评论员口中的"五五开的国家"。在选举年，特别是在21世纪的第一个十年，政治观点几乎将美国撕成两半——至少在只有两种选择，即民主党和共和党的情况下是这样。2000年和2016年的总统大选尤其势均力敌。2016年，共和党候选人唐纳德·特朗普赢得了选举人票，而民主党候选人希拉里·克林顿赢得了普选。即使我们用"蓝州"和"红州"来标识选举地图，每一个州内仍会有众多蓝红分区。当然，这属于政治，而我们的主要话题是伦理和价值，但它们也相互关联：通常有一套道德价值观与民主党的施政方案有关，例如支持堕胎、加强枪支管制、支持同性恋权利以及缩减军事行为；另一套道德价值观与共和党的施政方案有关，通常包括反堕胎、支持私人持枪、反对同性恋权利以及大力支持军队。一些评论员表示，目前，美国公众似乎有一种向"左"的倾向，包括逐渐接受同性婚姻、认同女性在战争中的角色，以及关注性别平等。但耐人寻味的是，这一趋势并不包括对枪支管制的进一步支持。这些刻板印象并不总是站得住脚，此外，独立选民越来越多，他们拒绝在选民登记表上注明所属的党派。因此，说美国一分为二可能是一种误导，但这清楚地表明，在这个国家，除了对人人都有投票机会这一良好政体形式有共识，人们甚至无法就什么算是好公民达成一致。所以，如果我们探寻一种伦理准则以求生存甚至发展，就不应该期望每个人都赞同。但同样司空见惯的是，我们总会认为与我们意见不同的人是愚蠢、无知，甚至邪恶的。博客圈中充满了这类臆想。这让我们想到，也许事实上，我们是美国两种文化之下的公民，一种是自由价值观的文化，一种是保守价值观的文化（这种模式在其他许多具有西方民主传统和言论自由权利的国家都有体现）。有人称之为文化战争。因此，在此我有一个小小的建议，也可以说是介绍一种道德价值：为了进行一场好的讨论，无论是在课堂上、网络上，还是仅仅是与你自己的内心对话，请不要仓促地得出结论，认为不同意你意见的人是愚蠢、无知或邪恶的。当我们奋力成为成功的多元化社会时，我们有时会忘记，*道德和政治多样性*也应该有一席之地，与性别、种族、宗教、经济背景、性取向等方面的多样性并行。换句话说，人们有权拥有形形色色的观点，其中一些观点是通过真诚和认真的考虑得出的。如果我们始终认为每个不同意我们的人都天然是错的或有错误的倾向，那么我们就很少有机会能够相互交谈，更不用说互相学习了。

承认人们在道德问题上看法不一，并不一定会导致道德相对主义，也未必导向任何事情都有另一面这个假设。尽管文化中存在道德差异，但大部分理性的人都会认可一些基本价值。根据我的经验，大多数人支持正义和平等，反对谋杀、虐童、种族主义、性别歧视、蓄奴、虐待动物等。在第三章中，你会读到关于伦理相对主义的讨论；在第十一章中，你会读到关于在政治多元的文化中寻求共同价值观的进一步讨论。

价值、道德与伦理

从最基本的意义上说，我们所重视的是我们认为与我们不重视或不太重视的东西区分开来的东西。我们什么时候开始重视一件事？在婴儿时期，我们生活在喜欢和不喜欢的世界——一个正与负、是与否的二元世界里。一些精神分析学家认为，我们从来没有真正度过这个早期阶段，所以一些人就简单地把世界分为他们喜欢或赞成的和他们不喜欢或不赞成的。然而，我们大多数人会对自己的好恶提供合理化论证。这就是道德价值理念的源出之处。有价值观意味着我们有了"得以终身行之"或至少会勉力"终身行之"的道德准则——一系列塑造好行为和好品格的信念。也许同样重要的是，有价值观还表明我们对*社会应该是什么样*有一个概念，例如，社会应该是我们认为的好的价值观的推动者、当事情出错时的安全网、惩恶扬善的监督者、人类基本需求的照顾者，或者保护人们免遭内外之敌、允许人们自行追求幸福的基本组织。在第七章中，我们会考察这样一些社会价值观念。

20世纪后期，关于伦理学和价值理论的大学课程数量激增。当人们听到我在教伦理学时，不熟悉这门课程在大学课堂的讲授方式的人会说："太棒了！我们的大学生的确需要它！"这样的反应总让我陷入沉思：他们认为我教的是什么？分辨是非吗？当然，我们确实会讨论是与非，有时，我们甚至会一致认为某些道德反应优于其他道德反应。如果学生到了上大学的时候还没有价值意识，恐怕就太晚了：心理学家认为，一个孩子必须在7岁之前形成价值观，才有望成为一个有良知的成人。如果一个孩子到小学二年级都还不明白他人也能感受到痛苦与快乐，还不明白一个人应该尽量不伤害别人，那么这门课的内容他可能永远都不能真正掌握。幸运的是，这并不意味着每个人都必须在7岁之前接受*同样的*道德教育——只要我们有*某种*道德经历在岁月中积淀，如共鸣板一样回应深层伦理反思，那么成长在道德观念不同的家庭中的人，都可以成为在道德上可靠的人。一个成长在匪徒式家庭中的孩子，会在7岁左右形成一套道德准则，但这与一个在自由、世俗、人道主义家庭或基督复临安息日会家庭长大的孩子所形成的道德准则不一定相同。关键在于所有这些孩子的道德中心都被激活，可以扩展其道德宇宙。从未接受过*任何*道德教育的孩童，未来可能会是反社会的人，是无法理解他人感受、缺乏共情能力的人。2013年，16岁的伊桑·库奇醉驾导致四人丧生。这一案件引起了人们的关注，并引入了一个新概念——"富裕病"（affluenza）。在该案的审判过程中，一名心理学家为被告做证说，库奇成长在一个极其富有而纵容的家庭，家人没有教会他分辨是非。不管这个论点是不是律师的聪明伎俩，它都强调了这样一种可能性：为了在未来的人生中认识到是非观念的重要性，我们确实必须在孩童时期就接触它们。2015 年，库奇和他的母亲试图逃往墨西哥。显然，库奇不明白一个人必须为自己的行为承担责任，而他的母亲可能也没有充分理解这一点。2016 年，得克萨斯州的一名法官判处库奇监禁720 天，为每一名无辜的受害者服刑 180 天。

如果拥有道德价值与脑化学和单纯的好恶有关，我们为什么不转向神经科学和心理学等学科来理解价值呢？为什么哲学是研究价值问题的学科？这个问题触及了哲学的核心：神经科学可以告诉我们心理生活的物理基础，以及心理反应是否与我们所处的环境相关，但再往下追究，它就无法告诉我们，我们的心理过程在社会上是否合适，在道德上是否合理，等等。神经科学最近确定了大脑中涉及共情的道德决策发生的区域，但这并不意味着神经科学家可以告诉我们，哪些道德决策比其他的更正确。心理学只能说明人们相信什么，以及为什么相信，但它不能说明人们是否有理由相信它。而哲学的任务，至少在该语境下，是去质疑我们的价值观；它迫使我们提供*理由*，最好是好的理由，来说明为什么我们在道德上赞同一种行为，而不赞成另一种行为。哲学在一切领域追问"为什么"这个根本性的问题，包括价值理论或伦理学领域。（知识窗 1.1 概述了哲学中的经典分支。）为什么我们有这样的价值观？为什么价值观会让一些人为了某种事业或为了他人的福祉而放弃自己的舒适生活甚至生命？为什么有些人为了自己选择的事业或个人利益而无视社会的价值观？只顾自己而不顾他人，这在道德上是否合适？有没有终极的绝对道德价值，这些价值是个人的事还是文化的选择？相比于神经科学或心理学，哲学可以用更深入、更根本的方式来探讨这些基本问题。在接下来的几章中，我们将会探讨这些问题。

知识窗 1.1　哲学的四个经典分支

在正文中，你读到哲学一直在追问"为什么"。这是从古希腊早期开始形成的西方哲学的特点之一。我们通常认为西方哲学起源于公元前 700 年左右，当时一些古希腊哲人，如泰勒斯、赫拉克利特和巴门尼德，开始追问"实在"的真正构成：是我们通过感官感知到的样子，还是存在一个理智能够理解的潜在的真实现实？泰勒斯认为，根本的实在是水；赫拉克利特认为，实在是一种不断变化的能量形式；巴门尼德认为，真正的实在是永恒的领域，是恒定不变的元素。我们将这种哲学形式称为"形而上学"。在第八章，你会读到对柏拉图著名的形而上学理论的简介，但除此之外，形而上学的主题与本书的主题只有间接的关联。在泰勒斯之后的几个世纪，哲学的下一个领域是伦理学，苏格拉底追问什么是正确的生活方式（见正文）。两代人之后，哲学的第三个领域被引入，主要是通过亚里士多德的著作：逻辑学，即建立正确而不是错误思维的规则。但西方哲学的第四个领域直到大约两千年后才真正在思想家的头脑中成形。当时是 17 世纪，勒内·笛卡尔开始认真探究心灵可以知道什么，这就是认识论。哲学的所有四个分支在今天的学校课程中都有代表，并在哲学界引发了充满活力的辩论。唯一有所衰落的分支是形而上学，因为现代科学已经回答了它的一些古老问题：我们现在已经知道量子力学的亚核现实。但形而上学的经典问题迄今依然在科学上无解：人类心灵的本质是什么？是否有身体之外的灵魂，或者说在脑死亡之后，我们的自我是否也将死亡？

直到 20 世纪中叶，在西方教授哲学通常都有这样的潜在假设：我们所说的哲学大体上是一种西方现象。在过去的几十年中，这种族群中心主义的态度发生了巨大变化。现在，西方学者明确地认识到，亚洲哲学在对形而上学以及尤其是伦理学的探索上，有自己独到而丰富的传统；一些哲学家指出，在某种意义上，所有文化都有形而上学和伦理学，即使没有哲学文献，文化中的传说、歌谣和宗教故事也共同建构了现实文化观念，包括道德准则及其合理性证明。而逻辑学和认识论在非西方文化中并不常见：印度哲学已经建立了自己的逻辑学传统，但大多数西方学者认为，认识论依然是西方哲学的特色。

除了这四个经典分支，数个世纪以来，哲学又增加了许多专业领域，例如艺术哲学（美学）、社会哲学、宗教哲学、政治哲学、体育哲学、人性哲学、性别哲学以及科学哲学。这些哲学领域所研究的内容构成了进入各自学科的特殊途径；它们不仅研究艺术、社会问题、宗教、政治等的本质，而且研究各自领域的理论基础、隐含假设和议程，以及未来的道德、社会陷阱、承诺。

　　如果拥有价值观是我们人生中如此重要的特征，那么是否在小学就应该教授价值观？如果一个孩子的道德感确实在 7 岁之前就已经形成，那么小学才教或许有点晚了，但至少还有补救的可能。对一些父母只是简单教导他们尊重他人的孩子来说，学校可能是他们习得价值观的唯一场所。一些小学正在开发相关课程。尽管如此，在学校教导的价值观如果并非所有家长都同意，就会出现问题。我们生活在多元文化社会中，尽管有的家长可能喜欢学校课程中的某些主题，但肯定也会有人不喜欢。一些家长想让他们的孩子早点接触性教育，然而另一些家长会觉得这一教学主题难以想象。价值观概念并不意味着所有人都必须完全认可相同的东西，无论我们多么坚持自己的价值观。所以，除了教授日常礼仪等基本价值观之外，也许学校能做的最好的事情就是让学生意识到价值观及其差异，并让他们学会为自己的价值观进行有效辩护，以及质疑它们。换句话说，学校除了注重道德之外，还应该注重伦理。

　　那么，伦理和道德的区别是什么？"伦理"（ethics）源自希腊语（ethos，品性），"道德"（morality）源自拉丁语（mores，品性、风俗或习惯）。今天，在英语及其他许多西方语言中，这两个词都指代某种适宜的行为方式。尽管在日常生活中，我们不能准确区分道德和伦理，但它们还是有细微的差别：有些人认为道德一词有负面含义。事实上，对于大多数人来说，"道德"确实能引起两种不同的联想。正面联想即指引、善良、人道等，负面联想包括压制、偏执、迫害——总之，是道德说教。假设在你的大学里，伦理学导论课程的名称是"道德导论"，那么你很可能期待这门课与"伦理学导论"或"价值导论"有所不同。道德一词与伦理和价值的含义略有不同。这是因为道德（morality）通常涉及我们所遵循的道德（moral）规则、我们所拥有的价值观。伦理一般被定义为关于这些规则的理论；伦理对我们赖以生存的规则提出疑问、进行合理化论证，如果伦理不能为这些规则找到合理的理由，它可能会要求我们放弃它们。道德是构成我们的社会生活甚至个人生活的东西，而伦理则是对我们的信念的整理、质疑、认识和查究：我们相信这些是正当的吗？其中有矛盾吗？我们是否应该对其他信念保持开放的态度？如果我们按照一套道德准则生活，我们可能会理解甚至赞同它们，也可能不会，但如果我们有一套伦理守则，那就是在告诉世人，我们坚持自己的价值观，理解它们，不但准备按照它们来行动，还会用言行来捍卫它们。

也就是说，仅仅拥有道德准则还不够；作为有道德的、成熟的人，我们应该有能力用伦理论证来证明我们的观点，或者最起码，能够自问为什么会对某个议题有这样或那样的感觉。因此，伦理不仅仅是课程中的一个主题。作为有道德的成年人，持续思考伦理极有必要。

事实上，大多数人都在这样做，甚至从十几岁的时候就开始了，因为质疑权威至少在一定程度上被视为成熟的标志。如果对一个年轻人说晚上 11 点前要回家，他或她通常会问："为什么我不能在外面待到半夜？"当我们不得不决定周末是学习还是徒步旅行的时候，通常会尽可能把我们能想到的利弊都列举出来。当我们信任的人背叛了我们的信任时，我们想了解原因。所有这些问题都是伦理学的实际应用：它们质疑道德准则和违反这些规则的行为。虽然在伦理问题上的正式训练能够让我们更好地判断道德问题，但作为成年人，我们已经很有经验了，只因为在人生中，我们已经多次问过"为什么"。

善与恶

在闲谈中或媒体上，你可能听到过"恶"（evil）这个词。当然，"善"（good）也是英语中使用频率最高的词之一。但有趣的是，在 20 世纪的大部分时间里，伦理学家更喜欢使用"道德上可接受和不可接受"或"对与错"这样的词，而不是"善与恶"。这种模式似乎正在转变，我们将在本节中讨论其原因。

当天灾人祸等悲惨事件发生在普通人身上时，我们经常听说，一些自然灾难的受害者后来也成为人类暴力或欺诈计划的受害者。但我们也听说有人不遗余力地帮助别人。在地震和海啸之后的日本核危机期间，以"福岛50人"著称（实际上大约有300名志愿者）的团体为了社会的利益，选择走进核反应堆污染区，并在那里作业。他们冒着生命危险，暴露在高辐射中。显然，他们知道这样做的风险，但他们只因相信为了群体就是对的，便心甘情愿。2015年，三名年轻的美国男性——两名军人和一名大学生——在一辆开往巴黎的高速客运列车上，冒着生命危险制伏了恐怖分子，挫败了一场恐怖袭击。在2015年12月圣贝纳迪诺地区中心大厦的屠杀事件中，一对宗教激进主义夫妇导致14人丧生。在这14人中，香农·约翰逊为拯救同事而用身体护住对方，只说了一句"我挡着你"，便丧生了。2007年，在弗吉尼亚州布莱克斯堡发生的弗吉尼亚理工大学血案中，32名学生和教授被一个叫赵承熙的学生杀害，但如果不是76岁的半退休教授利维乌·利布雷斯库挡住了门，直到他的所有学生都跳窗逃生，可能会有更多的人丧生。最后，利布雷斯库教授苦撑不住，凶手破门而入，将他杀死，随即开枪自杀。这样的故事（在第四章中，你会读到更多关于自私和利他主义的故事）提醒我们，可怕的事情可能在眨眼之间发生，但也会有非凡的人挺身而出，做出可能牺牲自己生命的决定，以挽救他人。对我们大多数人来说，这可能是善的终极形式，但日常的帮助或暖心提示也不应该被忽视，即便这些好心人并没有冒着生命危险。

在英语中，很难找到比good（好，善）的内涵更丰富的词——我们可以说食物尝起来味道很好，考试结果很好，感觉很好，当然，也可以说行为很好，人很好。在这些例子中，这个词表达的意思都有差异。在知识窗1.2中，你会看到关于道德价值和非道德价值的讨论，而"好"用在这里正合适：它是一个价值术语，因为它表达了认可，但它可以是与道德问题相关的一个赞许（比如对行为和一个人的性格），也可以与道德问题无关，例如判断测验或医学检验的结果，或是认可某种美学特质（看上去很好，尝起来很好，听上去很好）。说我们主要关注的是道德价值上的"好"，只是略微缩小了范围，因为我们还必须定义，在我们的生活环境和文化中，什么行为是道德上的好行为。它可能是根据一个人文化背景中的宗教信条行事，也可能是随同情心而行动，或是在预见到行动的整体结果之后再去行动，也可能只是履行自己的职责。一个"好人"可能是天性纯良的人，但也可能是一直努力做正确的事情的人，甚至可能是违背自己天性的人。好人也可能仅仅是基于我们的文化规则而受到认可的人，我将在第三章中讨论这种特殊的道德态度，即伦理相对主义。

在《指环王》（2001—2003 年）中，指环象征着邪恶。左图为霍比特人史麦戈（安迪·瑟金斯饰），他在生日那天发现了至尊魔戒。很多年之后，恶果清晰显现：史麦戈变成了咕噜（右图），一种孤绝的生物，他的心神只专注于至尊魔戒。

知识窗 1.2　道德价值和非道德价值

价值是什么？很多时候，该词指的是一种道德价值，即判断某人的行为是否符合某种道德准则（例如，"蒂法尼是一个非常好的人，她经常在聚会结束后留下来帮忙洗碗"）。然而，有些价值判断与道德问题无关，因此被称为**非道德的**，但并不等同于**不道德**（违反道德准则）或**无道德**（没有任何道德标准）。非道德价值判断包括关于品味的陈述（例如，"市区的新画廊收藏了许多精美的水彩画""我真的不喜欢鲍勃的新发型""芬恩做了绝佳的什锦饭"），还有关于事实正误的陈述（例如，"洛伊丝上次数学考试考得很好"，以及"你错了，上周六我们没有去看电影，是上周日去看的"）。与道德价值判断类似，非道德价值判断通常涉及对或错、好或坏；但与道德价值判断不同的是，它们并不涉及行为上的道德对错。非道德价值观念在当今社会中随处可见，我们所谓的美学和艺术理论，就是一种非道德的价值理论形式，它会问这样一些问题：艺术作品的好坏有客观规则吗？还是说只是个人品味或文化适应的问题？如果你不喜欢嘻哈音乐，或喜欢工匠风格的建筑，你的好恶是有合理的客观理由，还是只与你所处的时空有关？艺术理论甚至还有一个附加的价值观念：画作中的明暗关系（"value"也有"明度"的意思）。但在日常生活中，最普遍的非道德价值当然是钱花得值——买到物超所值的东西。这一点启发了政治评论家迈克尔·金斯利，几年前，他厌倦了有关道德价值的政治讨论，于是语带讥讽地说："当我想要价值时，我就去沃尔玛。"麦当劳的一则广告建议那些想要家庭价值观的父母带孩子去麦当劳吃超值套餐，该套餐对长期有愧疚感的父母很有吸引力。换句话说，讽刺人士和广告撰稿人在非道德和道德价值之间跳来跳去，转换对"价值"的定义，而我们读者和消费者能做的就是保持警惕，不能任人摆布。

在日常生活中，我们经常在媒体上和娱乐产品中见到"恶"这个词，大多数人也经常用到它。甚至喜剧电影《王牌大贱谍》中还有一个角色叫"邪恶博士"，他确实是个十足的坏蛋，还以恶行为乐。很多电影和图书都以与邪恶做斗争为中心，比如《哈利·波特》系列、《X战警》、《指环王》，可能还有其他更多电影，如《星球大战》。娱乐是一回事，现实生活则是另一回事：弗吉尼亚理工大学事件中幸存的学生余生会一直带着这段记忆，那天，许多年轻生命的丧失也将给各自的家庭带来无尽的伤痛。21世纪已然伤痕累累，许多事件针对的是我们通常所说的"无辜者"，这些人中也包括儿童，他们从来没有做过任何让他们应受这种攻击的事情。针对群体的恐怖主义行为一直存在，从2001年的"9·11"恐怖袭击事件到2013年的波士顿马拉松爆炸案，再到2015年的圣贝纳迪诺屠杀事件。这些年，还发生了很多校园枪击案件，例如康涅狄格州的桑迪·胡克小学校园枪击案。这些案件促使全美各地的学校管理部门采取措施，并训练学校人员应对"持枪的无差别攻击者"。此外，还有媒体最热衷的素材——连环杀手的故事。这些凶手在数月甚至数年的时间里设法逃避法律制裁，攻击社会中的弱势群体，如儿童、妓女和"瘾君子"。从绿河杀手加里·里奇韦到BTK（捆绑、折磨、杀害）杀手丹尼斯·雷德，再到杀死爱达荷州的一家人，只为诱拐和凌辱两个幼童的约瑟夫·邓肯（只有一个小女孩幸存，成为出色、清醒的证人）。在奥地利，约瑟夫·弗里茨因将其女儿囚禁地窖密室长达 24 年而被捕，他还强奸了她，并与她生了七个孩子。

在此我们需要问的问题是：这些伤害其他人或动物的人是否邪恶？或者，我们应该说他们的行为是邪恶的吗？还是说应该使用一个完全不同的词，比如道德错误？

那些专业人士——以讲授道德价值理论，撰写论文、专著和教科书为生的伦理学家——会说什么？有趣的是，大多数当代伦理学家倾向于讨论自私与无私、知情同意、权衡道德原则与个人行为的总体结果、群体权利与个人权利等问题。关于道德对错以及确定此类概念的原则的讨论，我们也有所耳闻。直到最近，当代职业伦理学家才开始较多谈论与大多数人关系密切的道德问题——善与恶。会谈论这种问题的特例包括美国哲学家菲利普·哈利和理查德·泰勒，以及英国哲学家玛丽·米奇利。不过，时移世易，在今天的哲学辩论中，恶这个词也迎来了复兴的曙光。那么，为什么直到最近才有比较多的哲学家讨论善与恶这个千百年来都很重要的话题？一方面，人们的一个潜在假设是，善与恶是宗教概念，正如我们将要看到的，关于伦理与价值的哲学讨论通常倾向于避开宗教与伦理的联系。另一方面，谈论善与恶通常意味着我们对孰善孰恶已有所判断——这就意味着我们已经选好立场。我们不再停留于崇高的客观领域来分析概念，而是极力趋善避恶。这也意味着我们谴责被贴上邪恶标签的人，赞扬那些被我们称为好人的人。换句话说，我们参与了一些人所谓的道德说教，而伦理学家数十年来大都极力避免那样做，只有少数例外。然而，自 2001 年 9 月 11 日以来，以时任美国总统布什为先锋，恶的概念已经成为政治词汇的一部分。他将那些支持恐怖主义的国家称为"邪恶轴心"，并将"9·11"恐怖袭击分子及其他人称为作恶者。尽管一些评论家认为该术语过于接近宗教用词而让人不舒服，但对其他美国人来说，采用一个有传统分量的词来描述最不顾及人类尊严而犯下的可怕罪行，会给人以一定的安慰。越是针对我们所说的无辜者犯下的罪行，我们就越可能使用与"恶"有关的词来形容。但我们所说的恶到底指什么呢？恶是存在于人类之外的一种力量吗？是否存在恶的来源，如魔鬼或某种永恒的邪恶力量，企图诱惑并俘虏人类的灵魂？还是说，恶是人类内心深处的一种力量，为达成目标而漠视他人的需求和利益？或者，恶有没有可能是人心中的某种缺失，让人无法拥有群体意识、归属感和对他人的共情心？那样的话，我们是否可以将作恶者的行为解释为病态个体的行为？但是，难道就因为通常我们不会因人身有疾患而责怪他们，那些人就不必因自己所做的事而被指责吗？这些问题涉及宗教、心理学和伦理学，而且迄今为止，学界在如何诠释"恶"的问题上仍未达成共识。有些人认为恐怖分子、连环杀手和猥亵儿童者是邪恶的，但我们可能对什么造成了他们的邪恶尚未达成共识——是被剥夺了爱的童年、天生的性格倾向、无视他人人性的自私选择、将人区分为"真正的"人和无足轻重之人的意识形态，还是一种选定某人为工具的外部的超人类邪恶力量？对于德国哲学家伊曼努尔·康德来说（见第六章），邪恶无疑就是：个体在完全清楚自己应该遵守的道德法则的情况下，自由做出的自私选择。

康德的观点是 18 世纪的产物，然而，如上所述，20 世纪的哲学家通常会避免将人或行为称为邪恶，只有一个开创了延续至今的一种思潮的明显例外：对"平庸的恶"概念的引介，这是哲学家汉娜·阿伦特在其 1963 年的著作《艾希曼在耶路撒冷：一份关于平庸的恶的报告》中创造的术语。

希特勒上台时，阿伦特生活在德国，但她在大屠杀开始前设法逃到了巴黎：作为德国犹太人，假如她留在德国，无疑会在灭绝行动中被杀。战后多年，她依然痛心疾首，不仅因为想到死亡集中营的累累暴行，更因为知道有那么多人支持或纵容大屠杀的发生，或积极参与酷刑，导致他人死亡。（确实发生了大屠杀：在希特勒及其党徒希姆莱和艾希曼的命令下，1 300 多万人死于纳粹的死亡集中营，否认这一事实的人不过是在玩政治游戏。）阿伦特将自己的结论写在了《艾希曼在耶路撒冷：一份关于平庸的恶的报告》中。她认为，对正在发生的事情态度暧昧的德国公众，与积极推行"最终解决方案"的纳粹分子，其邪恶并不在于（或并不主要在于）为私利而蓄意给他人造成痛苦和折磨，他们（或他们中的大多数）的邪恶更加隐蔽：他们逐渐将他们被要求执行或漠视的暴行，视为对国家和领袖的义务，他们认为受害者罪有应得，或者自己所做的只不过是日常的公务，根本不是什么可憎或堕落的事。恶行变得平庸而日常，腐蚀着这些施害者的思想。用阿伦特的话说，艾希曼因参与大屠杀而受刑：

在最后几分钟里，他似乎在总结这段漫长的人类邪恶历程给我们带来的教训：可怖之行的教训，语言和思想相悖的平庸的恶……准确来说，艾希曼的问题在于，与他类似的人如此之众，而这些人既非变态狂，亦非苛虐成性，他们在过去和现在看上去都极其普通平庸。从我们的法制和道德判断标准来看，这种平庸比所有暴行加在一起还要可怕，就像在纽伦堡审判中，被告人及其辩护律师一次又一次地说的那样，它表明这种新类型的犯罪……是在让人们几乎不可能感知或觉察到自己在做坏事的情况下，去犯下累累罪行……

汉娜·阿伦特（1906—1975年）是一位生于德国、幸免于大屠杀的犹太裔美籍哲学家。1933年，希特勒上台那年，她离开了德国。她在瑞士和法国待了一段时间。但1941年纳粹占领法国北部，随后法国政府与其勾结，阿伦特被囚禁在法国犹太人劳动营中。被释放后，她移居美国，并于1950年成为归化公民。她的主要著作有《极权主义的起源》（1951年）、《人的境况》（1958年）以及《艾希曼在耶路撒冷：一份关于平庸的恶的报告》（1963年）。2012年的电影《汉娜·阿伦特》记录了她的一生。

（© Fred Stein Archive/Archive Photos/Getty Images）

阿伦特引入"平庸的恶"的概念后，关于道德错误的哲学讨论出现了新的转折。是否应该认为，普通人造成可怕伤害的行为"不是他们的错"，而是他们被洗脑后做出的？阿伦特本人似乎倾向于认为艾希曼只是被意识形态吞噬的官僚，但德国哲学家贝蒂娜·施汤内特在其著作《耶路撒冷之前的艾希曼：平庸面具下的大屠杀刽子手》（2014年）中提到，艾希曼绝不是受害者，他是大屠杀背后的真正策划者，很清楚自己在做什么，以及这么做对德国同胞生活的影响。根据施汤内特的说法，阿伦特意欲表明普通人可以被操控去做可怕的事，但她最终把网撒得太广了，这就变成了为真正邪恶的人，为那些操控者开脱。但无论阿伦特对艾希曼本人的看法是对是错，她关于"平庸的恶"的概念都让哲学家再次专注于对恶的讨论，而无须应对任何宗教背景，"恶"这个词再次以有限的方式在道德辩论中找到了一席之地。此外，重生的恶的概念变得日常化、常态化，这就意味着，与日常情境中可能导致"平庸的恶"的群体或权威的压力相抗争，是有可能的。很多人听说过 20 世纪 60 年代耶鲁大学斯坦利·米尔格拉姆的服从实验。在该实验中，米尔格拉姆教授表明，如果你处于一个为你的行动承担责任的权威的影响之下，你就很有可能愿意对他人施暴。被试者相信自己是在协助实验，只要被告知必须这样做且不必承担责任，他们就会克服自己的不情愿，对另一个房间里的被试者（事实上他们不会受到伤害）进行电击，直到电死他们。电影《实验者》（2015 年）探讨了米尔格拉姆的服从实验及其对自我形象的影响。另一个你可能听说过的臭名昭著的实验是 1971 年的斯坦福监狱实验，它由心理学教授菲利普·津巴多进行。在该实验中，一群被试者——普通的男大学生——被分为"囚犯"和"狱警"，以便研究为什么在真实的监狱环境中，境况会急剧恶化。不久，"狱警"就开始虐待"囚犯"，他们认为这样的行为在某种程度上是为了维护权威，津巴多不得不在不到一周的时间内终止实验。都叫《死亡实验》的一部美国电影和一部德国电影重现了这个令人毛骨悚然的实验。有人将该事件视为人性本恶的证据——用不了多久，文明的外衣就会褪去，我们真实、邪恶的本性就会显现。另一些人认为，这意味着人们有各种各样的理由去做他们所做的事情；有的是基于道德选择，我们称其为恶，有的则是环境压力或大脑异常的结果。

2007 年，津巴多出版了《路西法效应》一书。在书中，他将该实验与 2004 年的阿布格莱布事件进行了对比。在阿布格莱布监狱虐囚事件中，美国军事人员在伊拉克对被怀疑是恐怖分子的人进行了心理折磨，而该书尤其关注人类抵抗权威压迫的力量，它旨在发现足够的道德毅力，以拒绝将伤害行为升级为某种默许的、常态的、平庸的行动。用津巴多的话来说就是，"30 多年前，我在自己主导的一个项目中目睹了类似的可怕场景：囚犯赤身裸体，戴着镣铐，头顶包袱，狱警在囚犯做俯卧撑时踩在他们的背上。狱警对这些囚犯进行性羞辱，囚犯承受着极端的压力……作为该项目的主要研究者，我设计了这个实验，随机选择正常、健康、心智健全的大学生，让他们在逼真的模拟监狱环境中扮演狱警或囚犯的角色"。津巴多认为，斯坦福监狱实验中扮演狱警的被试者和 2004 年伊拉克阿布格莱布监狱的美国士兵有着类似的群体心态。

但是，在开始假设此类邪恶可能潜藏在普通人的心中之前，让我们提醒自己，不是所有的恶都是平庸的。毋庸置疑，像约瑟夫·邓肯那样故意折磨和残杀孩童，就不属于普通人在特殊情况下能劝服自己去犯下的那种恶行，故意的大规模谋杀也不是平庸的恶。对于这种涉及有意选择，蓄意让无辜者受害的行为，我们可能要将罪恶昭彰或穷凶极恶等词留给它们。如果我们在"道德错误"和"误入歧途"之外，还想使用"恶"这类词，我们就必须认识到恶有程度之别，从不情愿地造成痛苦（比如在米尔格拉姆的实验中）到羞辱、虐待、折磨他人以及有意谋杀和嗜杀。"我们都有可能作恶"的这种想法，可能反而不利于我们对"恶"的理解。有些形式的恶并不是普通人被诱导而变得麻木不仁的结果，而是一些人故意选择造成伤害的结果，比如阿道夫·艾希曼。艾伦·芬尼格斯坦在《理论与心理学》（2015 年）中的一项研究指出，大部分纳粹罪犯实际上全无悔恨，有些人甚至看似很享受他们所施加的折磨和所引发的痛苦——所以，这些人实际上根本不属于"平庸的恶"的范畴。另一方面，即使在斯坦利·米尔格拉姆的实验中，也有一些被试者拒绝推动电击操作杆。在第十一章关于哲学家菲利普·哈利的部分，你将读到一个关于反抗邪恶的故事，即法国一个村庄的居民反抗纳粹的故事。哈利将该故事描述为"残忍的解毒剂"。菲利普·津巴多创造了一个新词"平庸的英雄主义"，它的意思是，如果我们心中有邪恶的可能性，那么我们心中也有英雄主义和利他主义的可能性——换句话说，我们也可能有内在的善。

我们看到了恶这个词的几种不同内涵，但显然还没有穷尽这个话题，不过，更深层次的探讨将超出本章的范围。我们可以继续讨论恶从何而来，是由于未能将他人视为平等的人，还是因为某种使人缺乏共情能力的大脑缺陷？或者是有意的自私所致？在第四章中，我们将探讨自私和无私的概念。还是说，这只和视角有关——一种文化背景下的恶，是另一种文化背景下的善？考虑处心积虑的伤害行为是否以政治或宗教的名义进行，是必要的吗？那类名义会让伤害行为包藏的恶增加或减少吗？我们将在第三章探讨不同文化价值的问题。我们也可以追问困扰诸多文化数千年的问题，即有名的恶之问：如果神存在，他、她或它是一个全善全能的存在，那么为什么好人会受苦？这个深奥的问题属于宗教哲学的范畴，超出了本书的范围。但你也不妨思考一下其中的含义。

从宗教到神经生物学和故事：探讨道德问题

　　世界上每一个正常运转的社会都有一套哲学，关乎一个人应该做什么或是什么样的人才能被认为是好人。这种道德准则有时通过故事和歌曲口头表达，有时则用文字表述。当其被表达为一系列规则，并附有对这些规则合理性的解释时，我们可以称之为伦理准则。要使其成为一门哲学学科，我们还需要加上对规则进行检验和质疑的实践。

始于苏格拉底的伦理学

　　古希腊哲学家苏格拉底常常被认为是西方传统中第一位关注伦理学的哲学家。这可能是一个合理的看法，只要我们不把伦理和道德混为一谈。当然，将道德的发明归功于任何人（哪怕是一位著名的哲学家）都是荒谬的。自古以来，每个社会都有道德准则，即使只有"尊重酋长和长辈"这样的准则。如果没有公共道德准则，一个社会根本无法维持，而在每一代人中，父母都是道德传承的主要教师。此外，我们将在下一节中看到，每个社会都有某种宗教信仰，而且每种宗教都建立了道德准则。那么，如果苏格拉底没有发明道德，他的贡献是什么呢？他的贡献是，把对道德的讨论提升到了学术研究、批判性审视、探索和价值论证的高度。这是西方世界剥离宗教信条和社会规则、首开先河的抽象讨论，与此同时，道德探讨也成为与成长和智慧相关的个人问题。我们对苏格拉底的大部分认识来自他的学生哲学家柏拉图的著作。在柏拉图的对话录中，苏格拉底和朋友、学生、论敌等形形色色的人交谈。在苏格拉底因反对雅典城邦（见第八章）的罪名而被处死之前，柏拉图笔下的苏格拉底说道："未经省察的生活是不值得过的。"他还表示，对于每个人而言，终极问题都是"人应该怎样生活？"。一个人如果不愿意蒙上双眼度过一生，就必须获得道德智慧。尽管可以想象，在人类历史上，一些睿智的长者可能会教导同样的道理，但苏格拉底仍是在这方面我们所知道的第一人，他把对道德价值的批判性质疑与对成人的哲学问题研究融为一体。换句话说，苏格拉底发明了伦理学，使其成为一门学术学科，而不仅仅是一种批判性的生活方式。两千多年来，西方哲学家将伦理学研究纳入课程，包括这样一种观念：要成为一个道德上成熟的人，就必须对自身的价值观和社会的价值观进行个人化的批判性审视。著名的苏格拉底式方法或辩证法有两个要点：如果你理性地处理一个问题，其他理性的思考者将能够接受你的结论；老师和学生之间的对话是一个有效的途径。老师会引导学生通过一系列问答得出一个合理的结论，而不是在一开始就给学生答案。这一方法至今仍是哲学教师、精神治疗医师和法学院教授的最爱。

道德问题与宗教

独立于西方传统而发展的文化也关注如何正确行事和生活这一主题。在古代思想家中，苏格拉底的观点是独特的，因为他鼓励批判性思维，而非强调做服从的公民。在中国，孔子将其道德哲学表述为服从权威，最重要的是尊重长者；而几乎同时代的苏格拉底，则在雅典的公共广场上教导学生建立批判性思维。在非洲，部落的思想者形成了一种强烈的道德感，强调个体对群体的责任感，以及群体对个体的责任。近年来，这种哲学通过"举全村之力养育一个孩子"（It takes a village to raise a child）这句非洲谚语为西方人所熟知。在美洲印第安部落中，人与环境——生物以及非生物——和谐相处的哲学一直是道德准则的一部分。

然而，所有文化都有一个共同点：如果回溯的时间足够久远，你就会发现，文化的社会生活、习俗与宗教之间存在关联。在某些文化中，这种关联至今清晰可见：宗教是共同体成员道德价值的关键，关于价值的任何争议通常都发生在宗教语境中。在其他文化中，如欧洲、加拿大、澳大利亚的大部分地区，某种程度上还有美国，社会与宗教的关联变得更弱，在某些情况下几乎消失了；公共社会生活已经变得世俗化，道德价值通常与社会共存问题而非宗教基础联系在一起。这并不意味着个体不能感受到与家庭和社群的宗教价值观的密切关系。这也引发了一些问题，对这些问题的看法取决于个人的观点和个人经验。

如果你在一个宗教占主导地位的文化中长大，或者在一个宗教家庭中长大，再或者如果你现在与宗教团体有很深的联系，你是否意识到自己的道德价值观已经和宗教难分难解了？你是否认为，道德价值本来就是和宗教密切关联的？如果你的背景如此，你很可能会回答"是"。

如果你不是成长于宗教家庭，而是在一个世俗化程度比较深的西方文化，比如美国的大城市中长大，或出于某种原因而与宗教保持距离，你是否会觉得在现代社会，宗教问题与道德价值和你的道德决策无关？如果以上描述适用于你，你很可能会回答"是"。

简而言之，在谈论宗教和价值时，这就是问题所在。在这个多样化的世界中——不仅国籍、种族、性别、宗教多样化，甚至同一群体中人们的道德和政治观点也千差万别——如果我们只在我们的宗教中寻求答案，那么想要取得任何共识或找到价值的共同点，都将困难重重。如果你有宗教信仰，很有可能与你往来的很多人都不认同你的信仰。如果你只和与你有共同信仰（或同样无信仰）的人在一起，你当然会因为你的宗教信仰对你观点的肯定而感到它很牢靠，你的观点也不会受到挑战；但如果你打算在西方文化的大社会中到处走动，你就不能指望每个人都会认同你了。（在第三章，我们将讨论如何处理道德差异的问题。）那么，道德哲学如何来应对这个问题呢？有趣的是，在现代社会，既有信仰宗教的道德哲学家，也有不是信徒的道德哲学家。而在 19 世纪及更早的时期，几乎所有的西方道德哲学家都是虔诚的基督徒或犹太教徒。20 世纪，将世俗的推理方法作为伦理学基础的道德哲学家数量迅速增加，当今的伦理辩论仍有这个特点。但即使在过去的几个世纪里，大多数进行伦理学争论和公开承认宗教信仰的哲学家也倾向于避免把宗教当作他们道德价值合理化的最终依据。因为，你怎么能和信仰争论呢？你们要么有共同的信仰，要么没有。但如果在理性基础上去辩论，就有可能获得对价值的理解，即使你们对宗教有不同的看法，或者，至少你可以了解其他人的观点从何而来。理性作为一种道德工具，可以在信徒、无神论者和不可知论者之间筑起桥梁。不可知论者和无神论者不可能向宗教寻求无争议的道德指引，因为他们将宗教本身视为一种未知或不存在的因素。不可知论者声称，他们不知道是否存在上帝，或者不可能知道。无神论者则声称，不存在上帝。不可知论者和无神论者都可能发现宗教为他们的问题提供了解决方案，但如果他们接受这些方案，那不是因为它们来自宗教，而是因为它们有一定的道理。

对于哲学性探究来说，要求解决方案言之有理尤为重要；尽管宗教可能在许多人的道德价值形成中发挥重要作用，但对道德问题的哲学研究必须超越对宗教权威的信仰。不管一个人是否有宗教信仰，这样的研究必须涉及推理，因为一方面，哲学教导我们，一个人必须审视各种问题，而不能仅仅依靠权威的话语；另一方面，尽管人们对宗教有不同的观点，但理性论证是人们达成理解的一种方式。因此，对于信徒和非信徒来说，在道德问题上交流的一个好方法是借助理性的语言。

道德问题与逻辑

正如上一节所说，从最早的时期开始，哲学家就选择在理性而非宗教信仰的基础上争论道德问题，无论他们自己是否信仰宗教。这就意味着，古典哲学中的逻辑领域对于探讨道德问题来说是有价值的工具，因为哲学家能够达成一致的地方，通常是某个论点是否违反了逻辑规则。

哲学中的论证不是热烈的讨论或激烈的竞争，而是一种特定的交流方式，它力求让听者相信某事是真的或合理的。下面是关于逻辑基本原理的一个简短说明：一个论证至少有一个前提，通常有多个前提，还有结论。这样的论证可以是*归纳*的，也可以是*演绎*的。归纳论证的结论是以收集论据为基础的（比如，"汤姆可能不会因生日礼物而对你说'谢谢'——他从来没有说过"），但结论并不必然为真，只能说结论是有可能成立的。而在演绎论证中，前提应该导出一个确定的结论。一个有效的（valid）演绎论证是其结论必然从其前提推出。（比如："所有的狗都是狼的后代；弗鲁吠是条狗；所以，弗鲁吠是狼的后代。"它是有效的，无论事实上狗是不是狼的后代，它的*归纳*论据都表明狗可能是狼的后代。）一个可靠的（sound）演绎论证是一个有效的论证，其前提也在事实上为真（比如，"在春分日，世界各地的昼夜时长相等。所以，在春分这一天，巴格达和西雅图的昼长都是 12 个小时"）。

逻辑谬误使道德观点无效，正如它们使任何其他观点无效一样。你是否听说过有人声称，因为她被两个汽车修理工骗了，所以没有一个汽车修理工是可以信任的？这就是*轻率概括谬误*。你是否听说过，某一领域的专家声称自己在另一领域也是权威，或者有人引述某些含糊的"专家观点"来为自己的观点辩护？这就是*诉诸权威谬误*。当有人仅通过改变措辞来竭力证明自己的论点时，比如"我是对的，因为我从来不会错"，这就是*循环论证谬误*，即一种循环定义，认为自己竭力证明的就是真的。如果一个小混混嚷着，你不把你的座位／钱包／轿车给他的话，他就会伤害你，他就犯了*诉诸棍棒谬误*，即诉诸身体威胁的谬误。如果有人说"嗯，你知道，你不能相信弗雷德说的话——毕竟，他是个男的"，那么这就是*诉诸人身谬误*，它假设一个人的身份决定了他或她说的话的正误。一名政客声称："如果我们继续允许妇女堕胎，那么不久之后就没人愿意生育，人类也将灭绝。"这是一种*滑坡谬误*论证，它假设某种政策会带来严重的后果。与之密切相关的是*稻草人谬误*，即生造出几乎没有人持有的极端观点，然后再将其打倒："持枪权倡导者允许罪犯和儿童持有武器，所以我们应该努力禁止枪支。"如果你声称"要么听我的，要么走"，那你就是犯了*假二择一谬误*，或称*假两难谬误*（当然，除非我们真的在讨论没有第三种可能性的情况，比如怀孕——你不可能有一点怀孕；要么怀孕，要么没有怀孕）。

近来，有研究指出，大脑中有控制道德思考的特定区域。这些区域受损的人似乎很难经过道德思考再采取行动，甚至很难理解道德问题。显然，对于管理者是否拥有有效的道德中心，这幅呆伯特漫画持悲观态度。

另一种是有名的*红鲱鱼谬误*，对此悬疑和侦探故事迷最为熟悉。路边的一条"红鲱鱼"可以迷惑猎犬。换句话说，这是一种转移人们对真相的注意力的方法。在日常生活中，"红鲱鱼"可以是，当事情越来越让人不安时，就转移话题的语句，比如："鲍勃，为什么你考试不及格？""妈妈，我有没有告诉过你，你比我所有朋友的妈妈都漂亮？"在法庭案件中，红鲱鱼谬误臭名昭著，比如攻击强奸受害者的性史，以转移对被告的注意力。我们大多数以教学为生的人都非常熟悉的一个谬误是*诉诸怜悯谬误*："拜托，我的论文可以延期吗？我的书包被偷了，猫咪跑丢了，外婆还在医院，我的手上又长满了疼痛的倒刺。"我们都听过这些糟糕的借口。但是，只有当借口仅仅是借口时，它才会构成诉诸怜悯谬误。

当然，有时学生确实因个人困难需要特别照顾。这些和其他逻辑谬误在媒体讨论中极为泛滥，要进行适当的道德推理，就需要注意自己和他人陈述中出现的这些有缺陷的论证方式。

道德问题与神经生物学对情感的研究

然而，逻辑就是一个好的道德论证的全部吗？即使在今天，一些哲学家也会回答"是"：道德观点的力量源自它令人信服的逻辑。但逐渐有更多的其他声音补充说，一个好的道德论证之所以令人叹服，不仅在于其逻辑，而且在于它在情感上讲得通。如果我们对道德认同或道德愤怒无动于衷，还会在意某件事情在道德上的对错吗？如果我们不感到伤害儿童是错误的，那么逻辑如何说服我们？一个经典回答是诉诸黄金法则的逻辑：你也不希望别人伤害你，对吗？但是，有些人说，这其实是诉诸在同样情况下自身的感受。纯粹诉诸情感是不够的，因为情感可以被操控，而且如果我们的情感不能共通，那么诉诸情感并不能解决冲突；但根据一些现代思想家的观点，将理性推理与情感相结合可以形成强有力的道德论证的基础。他们从一群通常没有太多机会与哲学家对话或无此偏好的研究者那里得到了支持，那就是神经科学家。

1999 年，艾奥瓦大学的研究者在神经科学家安东尼奥·达马西奥的带领下发现，大脑的一个区域，即前额叶皮质，在我们的道德感发展过程中起着关键作用。2007 年，达马西奥与其他科学家在《自然》杂志上发表了一个新结论，即人类大脑中有一个区域，可以让人们以共情心思考他人的生活。虽然达马西奥不是哲学家，但他对哲学史和他研究发现的哲学与道德含义有着敏锐的理解力和兴趣。达马西奥认为，人类主要是情感生物，而不是理性生物。历代哲学家都依靠理性和逻辑的力量来解决道德问题，现在他们的观点却受到达马西奥等神经科学家和玛莎·努斯鲍姆（见后文）等哲学家的挑战，后者认为，良好的道德决策不单依赖逻辑。非专业人士并不具备哲学家所表述的精妙的道德理论知识，他们通常依赖于道德和宗教背景，以及他们的道德直觉：某些行为看上去显然是正确的，有些则显然是错误的，这基于每个人的文化和宗教背景（我们会在第三章中讨论是否可能存在普遍的道德价值）。现在，神经科学家告诉我们，认为我们有道德直觉的这一争议性假设并非大错特错——我们大多数人似乎天生就具备理解他人困境的能力，这意味着自然主义作为一种道德哲学正在强势回归（知识窗 1.3 探讨了神经科学的最新发现引发的对道德自然主义的新兴趣）。但这并不意味着我们可以一直不假思索就知道该做什么或者该怎么做，特别是当世界在一代人的时间内发生巨变的时候。科学家告诉我们，我们的道德直觉在很大程度上基于数千年前人类群居的生活方式，当时大约每 100 个成员组成一个小部落一起生活，所有人都互相了解。我们的责任感、我们对他人的关切、友谊给我们带来的愉悦、我们的公平意识已经在这样的小群体中进化了数万年，我们还没有适应人际关系如此广泛和复杂的世界。但我们所有人（至少大脑未受损的人）都有共情心。尽管称其为"道德中心"不够准确（达马西奥曾谨慎地指出这一点），但大脑那一区域的正常运作会使人不愿伤害他人，即使伤害某个人可以避免大多数人受到更大的伤害。这项研究与其他科学家之前的研究和推测相吻合：神经科学家进行了一项对 30 人的研究，其中 6 人腹内侧前额叶受损，他们得出结论，人类大脑中有一个区域，在未受损时，该区域会让我们在面临涉及他人生命的艰难决定时犹豫。从远古时代起，我们进化出了情感阻抑机制，即不愿做出导致他人丧生的决定，即使是为了共同的善。而大脑的这一区域受损的研究对象在做出拯救多数人但会导致一个或几个人丧生的道德决策时，并不会犹豫。这些研究对象给人的印象并不是冷酷无情的，他们也绝对不会被归类为反社会者。像"正常"人一样，他们不会将女儿卖为性奴或虐待动物。然而，当被要求做出可能危及人类生命的决定时，他们表现的不情愿程度要比大脑相同部位未受损的研究对象低得多。"你会让一辆失控的汽车改变方向，让它撞死一个人，而不是在当前行驶的道路上撞死五个人吗？"对于类似这样的问题，他们可以给出肯定回答。研究人员得出结论，认为"正常"的大脑已进化到可以从情感上认识到人类生命的价值，这可能是因为我们是社会生物，需要与群体中的人建立情感联系。

知识窗 1.3　道德自然主义的回归

在整个 20 世纪和 21 世纪初，伦理学家（道德哲学家）在道德价值的本质和起源上一直存在分歧。一些人声称，价值观以某种方式根植于人类的心理，并且在正常情况下，从心理学上讲，每个人都有一套价值观。尽管这些价值观会因文化不同而有显著差异，但根据该理论，价值观不会因文化而有根本的差别，因为我们都生来就有一种道德直觉。这种观点被统称为**道德自然主义**。另一些人则声称，我们的价值体系完全是社会习俗的问题，是群体生活的便利系统，因此，它们会因文化的不同而完全不同。还有一些人认为，我们的道德虽然不是与生俱来的，但也不是相对的，而是理性思考的结果。在接下来的章节中，我们将探讨文化和伦理相对主义理论，以及我们应该拥有什么样的价值观的问题——是接受仅仅反映我们所处文化的价值观，我们感到自然而然地被吸引的价值观，还是接受反映永恒的理性道德体系的价值观，而不管我们的文化归属如何。

在某种意义上，认为道德是相对的以及认为我们有道德直觉的观点，都可以在 21 世纪的科学中找到支持。相对主义者指出，人类学 100 多年积累的丰富知识表明，世界各地的道德价值观确实存在巨大差异；此外，心理学已经表明，儿童的思维非常灵活，可以适应其成长环境所青睐的任何社会习俗。然而，道德自然主义在过去几年里得到了神经科学家的大力支持。在本章的正文中，你会读到安东尼奥·达马西奥和其他人的研究是如何为一些哲学家提供支持的，这些哲学家认为是非观念是我们与生俱来的本性：能促进社会群体繁荣的就是对我们有益的，也被相关社会认为是有益的。但这个想法并不新鲜——两千多年前的亚里士多德（见第九章）也有类似的想法。

这项研究出于若干原因掀起了轩然大波。一方面，它证实了我们似乎生而具有某种道德直觉。另一方面，它也加入了一场古老的道德哲学辩论：我们的道德决策首先是情感的，还是逻辑的？它们应该首先是情感的，还是逻辑的？自苏格拉底和柏拉图时代以来，绝大多数哲学家都认为，在做道德决策时，我们将个人情感舍弃越多，我们的决定就越好。在本书的其中几章，你会读到，哲学家（如柏拉图，见第四章和第八章；杰里米·边沁，见第五章；伊曼努尔·康德，见第六章）认为，道德决策应该主要甚至完全是理性、逻辑与非情感的。很少有哲学家认为，我们的道德决策实际上是情感的（如休谟，见第四章），或应该是情感的（如理查德·泰勒，见第十一章）。从亚里士多德（见第九章）到玛莎·努斯鲍姆（见本章）的一些思想家认为，我们不应该在不运用理性的情况下做出道德决策，但我们也不应该忽视我们的情感。第十一章提到，哲学家杰西·普林茨讨论了我们是否需要道德共情心来做出道德决策。知识窗 1.4 探讨了英国哲学家菲利帕·富特提出的电车难题，以及该难题如何有助于理解我们面临道德两难困境时的情绪反应和理性反应。

　　神经科学家的研究似乎表明，一个健全的人类大脑在做出涉及他人生命的道德决策时，会直觉地融入情感——这可能意味着，认为在道德决策中应避免融入情感的哲学家是错误的，甚至可以说，那样是在为不人道的事情辩解。那么，这就足以反驳他们吗？并不是。神经科学家可以告诉我们，我们的道德决策发生在大脑的哪个部位，进化心理学家可以告诉我们，整个伦理领域是如何进化的，一些科学家甚至声称，我们在做重大而复杂的决定时往往依赖我们的情感，而较小的、更简单的问题通常是理性解决的。这些发现或许会给道德哲学领域带来启发（我个人认为它们令人着迷，不容忽视），然而，这些科学家不一定能告诉我们哪种道德决策更好。但更重要的可能是，古典哲学支持理性而反对情感的观点在于，即使在做关键的道德决策时很难罔顾情感，也许我们有时也恰恰需要如此。牺牲一人而拯救一百人，可能我们会感到不情愿或不安，但在极端情况下可能需要如此，不是因为这轻而易举，也不是因为我们享受其中，而是因为这么做是必要的。这种方法的问题在于，随着时间的推移，这样的论点可能会被用来奴化无数无辜的生命，或让他们充当炮灰，或消灭他们——全都以理性的名义。但是，如果一架飞机被劫持并向国会大厦的方向冲去，要击落这架满载乘客的飞机，只有理性能够提供合理性的根据；当一个杀害儿童的连环杀手在法庭上表示忏悔，并声称他也曾经历遭受虐待的可怕人生时，我们不能忘记法律，对此也只有理性能提供合理依据。在不那么戏剧化的层面上，我们也需要用理性超越情感，比如当孩子因为不想去看牙医或上幼儿园而哭闹的时候；在第五章中，你还会遇到这个问题。所以，再说一次，神经科学家可以告诉我们大脑的正常和非正常反应是什么，但如果没有更深层次的哲学讨论，他们就不能告诉我们何为道德正确。此外，如果我们将斯坦利·米尔格拉姆的服从实验和津巴多的斯坦福监狱实验的结果纳入思考，就不能得出人类不会互相伤害的结论——通常情况下，人们可能不愿意互相伤害，但这种不情愿会被其他因素压倒，例如威胁、对自身安全的担忧、野心和取悦上级的愿望。这就需要道德哲学家（无论是否具备学术头衔）参与讨论。

知识窗 1.4　电车难题和情感与理性的对立

　　著名的电车难题最初是英国哲学家菲利帕·富特设想的一个思想实验（见第十章），随后由美国哲学家朱迪思·贾维斯·汤姆森进一步发展。在富特的版本中，一辆电车失控，冲向被绑在轨道上的五个人。你可以把它转向另一条轨道，但有一个人被绑在那条轨道上。你应该这么做吗？一方面，富特认为它提出了"杀害和让人死亡"之间是否有区别的问题；另一方面，富特认为阐明各种反应要基于不同的道德哲学（我们将在接下来的章节中看到），特别是它表明，只关注多数人的幸福［如功利主义哲学（见第五章）］并不是一个令人满意的道德反应。汤姆森的版本更具挑战性：唯一能让电车停下来的方法就是把你旁边的"胖子"推到电车轨道前面。她说，如果这么做了，你就不仅是在转移伤害，而且对享有基本权利的其他人造成了额外伤害。后来的一些版本在两个轨道上设计了不同的人数，包括引导读者想象必须牺牲自己所爱的人。这样的问题能够很好地阐明关于权利、平等与后果的各种道德关切，但很少有人需要做出痛苦的"苏菲的选择"，它源于经典电影《苏菲的选择》，讲述一位在二战期间被纳粹俘虏的母亲必须在两个孩子中选择留一个活下来，另一个死掉。然而，实验哲学家（他们认为实践经验和实验应该决定我们的哲学理论）约书亚·格林和乔纳森·科恩也对电车难题进行了研究。他们在实验室条件下发现，即使被试者知道杀死一个人可以救五个人，他们的情绪反应也会与理性反应相冲突。我们只是不想伤害那一个人，即使我们能救五个人。达马西奥在他 2007 年的研究中补充说：我们大多数人都有一种天生的共情心，使我们不愿造成伤害，即使理性告诉我们这是唯一合乎逻辑的方式。当然，这里的哲学问题是，无视我们的共情心并保持理性——牺牲少数人来拯救多数人，这样做有时是否有意义。我们将在第五章讨论这个问题。

　　这正是道德哲学家所做的。比如，帕特里夏·丘奇兰德和约书亚·格林等人专注于大脑的生物学过程，以便更全面地了解道德决策在哪里产生，以及道德决策在人类进化与人类社会生活中如何发挥作用。另一些人，如玛莎·努斯鲍姆，则在一般意义上审视人类行为，以期从包含人类情感的视角了解我们如何理解我们的规范和价值观。我们之后就会谈到努斯鲍姆。

道德问题与讲故事

　　所有的文化都讲故事，所有的文化都有适当的行为准则。这些准则通常通过故事来传授，但故事也可以用来质疑道德准则，审视道德上模棱两可的情况。本书的一个基本前提是，故事有时可以是理解和解决道德问题的捷径。很多文学教授可能倾向于告诉我们，人们已不再阅读，小说已死，或今天已无人欣赏好的文学作品。在学生对经典作品不熟悉或因高中教育的碾轧而对它们感到厌恨时，我自己也相当失望。然而，说人们不读小说是不对的——畅销小说正空前兴旺。而且，我们对好故事的欣赏中加入了一种元素：电影。美国的电影产业已经存在了100多年，显然，电影不仅可以提供简单的娱乐，还可以给人以深刻而难忘的生活见解，包括对道德问题的见解。本书利用了电影故事的宝藏，以及小说、史诗、电视剧和戏剧等，对道德问题和解决方案进行阐释。

　　使用故事有两个目的，一是对各章节所提出的道德理论的应用提供深层探讨的基础，二是鼓励读者去读原著或看完整的电影，因为它们当然比任何梗概所能呈现的都更丰富、更有趣。

玛莎·努斯鲍姆：故事、伦理与情感

在 20 世纪的大部分时间里，大多数西方哲学家都默契地认为，故事最好留在幼儿园里，但时代已经改变：现在，人们对讲故事在文化和哲学上的重要性，以及对技术文化和前技术文化的兴趣都在增长，故事日益成为我们从个体及文化层面理解自身的捷径。主张将叙事当作一种价值观沟通方式的最强音之一是玛莎·努斯鲍姆。她是哲学家和法学与伦理学教授；但她主要研究的不是讲故事的知识价值，而是叙事的情感力量。

玛莎·努斯鲍姆（生于 1947 年），美国哲学家，著有《爱的知识》《思想的剧变》《逃避人性》《正义的前沿》等。她认为小说非常适合用来探讨道德问题。通过小说，我们有机会经历比自己的人生更多的生活，并从别人的视角理解人类的问题。由于其他人也可以阅读同一部小说，因此我们可以分享这些知识，并达成相互理解。

（© Roberto Serra – Iguana Press/Getty Images）

努斯鲍姆认为，曾经有一段时间，哲学家是理解故事的价值的。古希腊思想家亚里士多德（也是她极为崇拜的人）认为，观剧体验可以教给观看者一个基本而重要的教训，这也是关于生活和道德普遍意义的教训，即在适当的时间拥有适当的感情。然而，随着现代西方哲学的形成，情感的概念似乎越来越无关紧要。但在过去的十几年里，美国哲学家有的受到神经生物学新发现的启发，有的是自己发展出新的观点，他们越来越多地认为在道德决策中，情感不仅是合理的，而且是必不可少的部分——不是唯一重要的部分，因为理性也很关键——情感不可忽视。从某种意义上说，一开始你就能料到事情的结局，因为在接下来的几章中，你会了解到过去几个世纪的诸多哲学传统，其中情感或多或少被认为与道德决策无关（尤其是第五章和第六章），但有趣的是，对于今天那些确实想把情感视为道德思考的重要组成部分的哲学家，比如努斯鲍姆、马克·惠勒和德怀特·弗罗（见第十章）来说，在某种意义上，他们是在修正亚里士多德本人在两千多年前提出的观点：在适度的情况下，相关的情感确实对我们的道德是非常至关重要。玛莎·努斯鲍姆从文学传统中找到了灵感。20世纪后期到21世纪初，努斯鲍姆以《爱的知识》（1990年）、《思想的剧变》（2001年）、《逃避人性》及《正义的前沿》（2004年）等，成为这一新转向中最早发声的人之一。她主张重新评价道德哲学中的情感，并将它当作转向的推动力。她指出，情感并非因为不能产生知识而被排除在哲学之外；换句话说，哲学家拒绝研究情感并非因为它们缺乏认知价值。实际上，情感中有很多认知价值，因为总的来说，当我们在语境中审视它时，它们是非常合理的。我们什么时候会感到愤怒？是认为有人故意伤害我们或我们关心的人的时候——换言之，当我们觉得有理由这样做的时候。失望、兴高采烈、悲伤甚至爱等感受，都是对特定情境的反应，其发展遵循某种内在逻辑，而不会随意发生。我们怎么知道的？因为如果我们意识到我们对情况的判断是错误的，我们的愤怒就会逐渐消失。接下来想象一种情况（这是我编造的一个案例，而非努斯鲍姆提供的）。你有一个非常喜欢的平板电脑。去学校图书馆做研究时，你因故需要将包单独放一会儿，正好有人坐在你旁边的座位上。平板电脑在你的包里，你回来后拿起包就离开了。过了一会，你想拿平板电脑，却发现不见了。噢，不！你回想起你离开时将包单独留下，一定是有人偷了它。你匆忙返回图书馆，那个人仍坐在那里，研究着什么。你愤怒地指责他/她偷走了你的平板电脑。他/她表示并不知道你的平板电脑在哪里，然后你们发生了冲突。你的包被扯开，出乎意料的是，平板电脑从夹层里蹦了出来。它从来没有被偷——你只是检查得不够仔细。所以此刻，如果你是一个理性的存在，你的愤怒会变成什么呢？如果你的平板电脑真的被偷了，你可能会一直理直气壮，但现在，你糗大了！你会因此道歉吗？还是你会离开，并冷笑着坚信那个人肯定和这件事有关？如果你的愤怒渐退而尴尬渐增，那么这就是一个与道德相关的理性情感的例子。如果你仍然感到莫名愤怒，那么这种感觉就是非理性的——除非你是在生自己的气。本章结尾处提到的电影《烟火讯号》和《大鱼》中，主人公逐渐平息对其父亲的愤怒和失望时，就展现出了这种理性的情感。努斯鲍姆说，大多数情感都包含这样的理性成分，如果它们是对现实情境的反应，通常它们是合乎逻辑的，但爱除外。或许爱是不易分析的——恋爱中的人似乎不会对各种情境做出合乎逻辑的反应，这些情境本应改变他们对爱的感受。（你爱的人正在和别人约会，你会怎么做？继续无助地沉浸于爱中。）但即使是爱，也会以某种方式回应这些挑战；我们可能会意识到，自己的情感有些不合时宜。

那么，为什么有那么多哲学家拒绝认真对待情感呢？不是因为情感缺乏认知价值，而是因为它们体现了我们对无法控制的情况的反应。当我们情绪激动时，我们不是*自足的*。根据努斯鲍姆的说法，大多数哲学家都倾向于研究人性中更自主的部分，即我们的理性。（当然，一些哲学家和精神分析学家指出，理性并非不受外界影响，但努斯鲍姆是在探讨 20 世纪之前传统哲学的趋势，当时理性受潜意识影响的观点尚未被普遍接受。）努斯鲍姆提出了两个重要的观点，这对我们关于用故事来说明道德问题的讨论很重要：1. 如果情感是合理的，它们就可以在道德讨论中与道德相关，也就是说，这些情感反映了现实情况；2. 研究此类道德情感的最佳方式之一是阅读小说。

在努斯鲍姆看来，情感提供了通往价值观、人际关系和了解自己的途径，因此必须探究它们。那么，它们在哪里表现得最清楚呢？在故事中。故事实际上是将情感放入一个结构。当我们还是儿童和青少年的时候，我们学习如何操弄物体和与他人交往；我们学习认知技能和实践技巧，包括何时感受到某种情绪。情感的良师是故事。当然，这意味着不同的社会群体可能会讲述不同的故事，传授不同的经验，所以我们在阅读包括自身在内的任何文化的故事时，必须保持一定程度的社会意识和社会批判。性格形成期的人并不只是被灌输故事的空容器。努斯鲍姆认为，没有规定说人们必须接受他们的文化教给他们的一切，所以不认可故事所讲或认为故事讲得不对的人就会开始讲述他们自己的故事。尽管情感和我们的理性一样，在塑造我们的道德价值观方面很重要，但努斯鲍姆后来发现，有必要明确指出，有两种特定的情感不应被认为有助于道德理解，即厌恶与羞耻。努斯鲍姆主张某些情感可以比其他情感在道德和政治上更合适，她由此进入了政治领域。努斯鲍姆说，当我们表示厌恶某物或某人时，我们是自认为占据了更好、更纯粹的制高点，对她而言，这是一种不切实际的评价，无非制造了一种"你我对抗"的氛围。

努斯鲍姆认为，要理解情感，我们必须阅读故事，但这对我们来说应该很容易，因为我们已经乐在其中了。然而，她也强调，我们必须通读整个故事，而不是只看大纲或梗概。故事的形式和内容之间有着不可分割的联系，正如她在《爱的知识》一书中说的，如果跳过"优秀小说的那种特殊性、情感吸引力、引人入胜的情节、多样性和不确定性"，我们就会错失体验的核心。所以在某种意义上，努斯鲍姆并没有明确推崇用故事来阐明道德问题，就像我们在本书中所做的一样。相反，她支持将阅读故事当作分享基本价值体验的一种方式，并将哲学视为经验分析的一种工具。对她来说，故事是第一位的，然后才能进行分析。在"基础阅读"部分，你会读到从《爱的知识》中节选的文字。

既然如此，为什么要使用故事呢？为什么不能通过更传统的途径，像哲学家那样举出"定制"的例子来处理道德问题呢？努斯鲍姆说，因为那些例子缺乏让故事成为我们能感同身受的体验的丰富质感。此外，这些例子都是刻意设计的，结论在其中显而易见。小说往往是开放式的，努斯鲍姆认为这一特点很有价值。小说保留了"神秘和不确定性"，正如现实生活一般。让我们快速了解一下她的理论，因为你已经对努斯鲍姆所说的那种"哲学例子"有所了解，那就是前文提到的电车难题，所以，让我们把她的批判应用到这个著名例子上吧。由富特提出的最初版本确实是非常简洁的。用"基础阅读"部分中引用的努斯鲍姆的话来说，它没有好故事所具有的"特殊性、情感吸引力、引人入胜的情节、多样性和不确定性"。只有一个基本的问题：是救五个人，让一个人死，还是救一个人，让五个人死？他们就像火柴人，毫无故事可言。后来版本的电车难题加入了人性因素；换句话说，故事情节增加了，道德困境变得生动起来。如果轨道上的那个人是你的女儿呢？是你的爱人呢？难道他们看起来不比五个陌生人更重要吗？但如果那五个陌生人是顶尖的科学家，即将找到一种通用的癌症治疗方法呢？故事增加了道德维度，所以在这方面，努斯鲍姆是对的：故事创造了情感诉求，而这种情感诉求可能与道德决策过程密切相关。

尽管如此，在此我们一定不能忘记，富特并不打算用电车难题来解决任何道德难题；她是想指出道德问题的争议点，以及看似容易的解决方案如何可能并不简单。有时，我们所需要的就是一个简单的哲学例子，而非整本小说、整个短篇故事或整部电影。

为什么不能基于你自己的个人经验来了解人生呢？其中一些经验肯定既神秘又不确定。在某种程度上，我们已经这样做了；在判断具体情况和抽象情况时，我们已尽可能地从自己的经验出发。但问题是，一个人的生活不足以让其理解无数的存在方式。正如努斯鲍姆所说：

> 我们从未活得足够充分。没有小说，我们的经验便太局限、太狭隘。文学扩展了它，让我们反思和感受那些可能因为太过遥远而无法感受的东西……生活的全部就是在进行解释，所有的行动都需要把世界视为某物。因此从这个意义上，没有生活是"未经加工的"，而且……在我们的一生中，从某种意义上说，我们是小说的创作者。重要的是，在文学想象的活动中，我们被引导着以更精确的方式去想象和描述，把我们的注意力集中在每一个词上，更敏锐地感受每一个事件——而我们对现实中的许多事情都缺乏这种高度的体察，因此在某种意义上，我们并没有完全或彻底地活过。

此外，谈论自己生活中的事件比讨论故事中的事件困难得多。我们可能不想分享我们最深处的感受，或者可能拙于表达。但如果我们和朋友谈论最喜欢的书中的一段话或电影中的一幕，就可以分享我们的情感和道德经验。最后再谈谈努斯鲍姆的理论：重要的是，我们应该牢记，对于道德话题，她无意用情感处理方式替代传统的理性处理方式——对她来说，情感与道德决策相关，但不能说理性就不相关。不过，如果能让我们把注意力放在相关的情感和理性上，我们就能更全面地理解人类，做出道德决策。在本章结尾，你会读到两个故事，每一个都以自己的方式阐明了努斯鲍姆的理论，即讲故事有助于理解自身、理解彼此，以及情感含有理性的成分：《大鱼》讲述了一个男人如何将自己的一生视为一个故事——可能有些过度；《烟火讯号》则展现了一个愤怒的年轻人个性的转变，他终于明白自己对父亲的憎恨原来只是来自想象。

在本书中，我们会遵循努斯鲍姆的建议，每一章的结尾会有不同类型的故事，每个故事都有自己的道德问题和可能的解决方案。各章正文中也会谈到哲学例子和现实生活中的事件。

问题研讨

1. 对于一些不道德的行为（如醉酒驾驶），说犯罪者在孩提时由于特权意识和家庭富裕而从未被教导道德价值，你认为以此为理由辩护合理吗？为什么？（顺带说一下，1924 年，著名律师克拉伦斯·达罗在代理臭名昭著的利奥波德和洛布案中，首次使用了类似的论证来辩护。）

2. 在你看来，小学生应该学习价值观吗？请解释原因，并从老师和父母的角度，提出支持与反对的论据。

3. 请以三个关于道德问题的说法为例，说明三种逻辑谬误。

4. 在你看来，恶存在吗？当恶人与作恶之间有差异吗？请解释。

5. 评论努斯鲍姆的话："我们从未活得足够充分。没有小说，我们的经验便太局限、太狭隘。文学扩展了它，让我们反思和感受那些可能因为太过遥远而无法感受的东西。"她的意思是什么？你同意吗？为什么？

6. 努斯鲍姆认为，比起哲学例子或现实生活中的事件，优秀的小说在道德问题上更能启发我们。你是否同意？请解释原因。

基础阅读与故事

　　基础阅读是玛莎·努斯鲍姆的《爱的知识》一书的节选，解释了为什么虚构故事比真实故事和定制的哲学例子更适合传授道德教训。第一个故事是雪莉·杰克逊的经典短篇小说《摸彩》的梗概和简短摘录，小说描述了一个虚构的传统社会中的平庸的恶。第二个故事是努斯鲍姆引用过的电影《烟火讯号》的梗概。两个年轻的美洲印第安男孩开始了一段旅程，其中一个人（托马斯）成长为一个讲故事的人，另一个人（维克托）消解了对父亲的愤怒。最后一个故事是电影《大鱼》，它也是关于父子关系的，有些人认为这是在讲故事，有些人则认为这是在撒谎。

《爱的知识》

玛莎·努斯鲍姆著

1990 年，节选

在这段节选中，努斯鲍姆提出，由于人类生命短暂，小说、短篇故事和戏剧非常适合用来在道德问题上提供情感教益：我们无法亲身经历所有事情，所以虚构作品为理解人类情感的范围提供了一条捷径。她还解释了为什么你将在本书中遇到的那些哲学例子（如康德关于杀手在门口寻找你的朋友的例子），无法带给你同样的教益。或许你会有兴趣知道，努斯鲍姆在后来的作品中提出，电影也是讨论道德话题的有效媒介。

不仅小说被证明是恰当的，许多严肃的戏剧（同样，仅就这些特定的问题和这个概念而言）也是恰当的，一些传记和历史文学同样是恰当的——只要它们的写作风格能够注意特殊性和情感，并且让读者参与相关的探索和感受活动，特别是让他们自身感受到与那些人物同样的可能性。[……]

但哲学家可能不会为这些文学类型的问题烦恼，而会被一个先前的问题所困扰，即：为什么是文学作品？为什么我们不能用道德哲学家擅长发明的复杂例子来研究我们想研究的一切呢？作为回答，我们必须坚持认为，提出这个问题的哲学家，迄今为止无法被有关文学形式与伦理内容之间密切联系的论证说服。图解式的哲学家的例子几乎总是缺乏优秀小说的那种特殊性、情感吸引力、引人入胜的情节、多样性和不确定性；它们也缺乏优秀小说所具有的那种让读者成为参与者和朋友的办法。我们认为，正是由于这些结构特征，小说才能够在我们的反思生活中扮演角色。正如詹姆斯所说，"所需要的是暴露和纠缠状态的图景"。如果这些例子确实具有这些特点，它们本身就是文学作品。有时，一篇非常简短的小说就足以用来研究我们当时正在研究的东西；有时，像"有瑕疵的水晶"一章中那样（我们的问题是关于一个相对漫长而复杂的生命过程中可能发生的事情），我们需要一部小说的长度和复杂性。然而，在任何情况下，图解式例证都不足以作为替代。（这并不意味着它们会被完全排除在外，因为它们还有其他用处，尤其是在与其他伦理观念的联系中。）

我们可以补充一些例子，把事情以图解性的方式建立起来，向读者暗示他们应该注意到什么，发现与之相关的东西。它们为读者提供了伦理上最显著的描述。这意味着很多伦理工作已经完成，结果"已经确定"。小说则更加开放，向读者展示了怎样探寻合适的描述，以及为什么这种探寻很重要。（然而，它们也并非开放到无法让读者的思维成形。）通过展现"我们现实的冒险"的神秘性和不确定性，它们对生活的描绘比缺乏这些特征的例子更为丰富与真实——实际上是更为准确。它们对读者而言是一种更适合生活的伦理作品。

但为什么不是生活本身呢？为什么我们不能通过生活和反思来探寻我们想要研究的事情呢？如果我们愿意去审视的是亚里士多德式的伦理观念，那么，我们难道不能在没有文学文本、完全没有文本——或者更确切地说，用摆在面前的我们自己的生活文本做到这一点吗？在这里必须首先说，我们当然也这样做，远离小说阅读以及（普鲁斯特所强调的）阅读过程。从某种意义上说，普鲁斯特把文学作品视为"光学仪器"是正确的，通过它，读者可以成为自己内心的读者。但是，在这种情况下，我们为什么需要这样的光学仪器呢？

亚里士多德已经给出了一个显而易见的答案：我们从未活得足够充分。没有小说，我们的经验便太局限、太狭隘。文学扩展了它，让我们反思和感受那些可能因为太过遥远而无法感受的东西。这对道德和政治的重要性不可低估。《卡萨玛西玛王妃》——在我看来——将小说读者的想象力描述为一种在政治（和私人）生活中非常有价值的类型，对广泛的关切有所同情，反对对人性的某些否定。它培育了读者的同情心。

在此说明中，我们可以通过强调小说不能像"未经加工的"生活片段那样来起作用，来阐明和扩展这个观点：它们是一种亲近而细致的解释性描写。生活的全部就是在进行解释，所有的行动都需要把世界视为某物。因此从这个意义上，没有生活是"未经加工的"，而且（正如詹姆斯和普鲁斯特所坚持的那样），在我们的一生中，从某种意义上说，我们是小说的制作者。重要的是，在文学想象的活动中，我们被引导着以更精确的方式去想象和描述，把我们的注意力集中在每一个词上，更敏锐地感受每一个事件——而我们对现实生活中的许多事情都缺乏这种高度的体察，因此在某种意义上，我们并没有完全或彻底地活过。无论是詹姆斯还是普鲁斯特，都不认为日常生活是具有规范性的，亚里士多德式的概念也不例外：太多的日常生活是迟钝的、墨守成规的、不完全有感觉的。因此，文学是一种对生活的延伸，这种延伸不仅是水平的，让读者接触到他或她从未遇到过的事件、地点、人物或问题，而且也可以说是垂直的，为读者提供比生活中发生的许多事情更深刻、更敏锐、更精确的体验。[1]

问题研讨

1. 努斯鲍姆认为，在传达道德观点时，哲学例子不如虚构故事有效，你觉得对吗？为什么？

2. 她说"没有生活是'未经加工的'"，这是什么意思？

3. 努斯鲍姆通过虚构作品进行道德讨论的理论也将电影包括在内，你能想到一部本章没有提到，可以通过对生活的水平和垂直延伸来传递教训的电影吗？

---

1 本部分译文及第 34 页相关译文出自玛莎·C. 努斯鲍姆：《爱的知识：写在哲学与文学之间》（李怡霖、于世哲译，桂林：广西师范大学出版社，2024 年），第 53—55 页。——编者注

故事 1

《摸彩》

雪莉·杰克逊著

短篇小说，1948 年，节选和梗概

本书的第一个故事是美国经典小说，1948 年 6 月 26 日在《纽约客》发表后，即令读者骇然震惊。《摸彩》是一篇带有道德寓意的短篇小说，读者常常将它与汉娜·阿伦特的《艾希曼在耶路撒冷：一份关于平庸的恶的报告》相提并论（尽管它比阿伦特的著作早了 15 年），因为它也涉及了我们现在常说的平庸的恶的问题。

6 月 27 日，一个阳光明媚的早晨，故事发生在一个像是 20 世纪中叶的美国小镇的世界里。（敏锐的读者会注意到，故事中那个宿命般的日期是小说发表后的第二天。）村子里的所有人都聚集在邮局和银行之间的广场上，参加一年一度的摸彩活动。这个传统可以追溯到很久以前，不仅是村里的传统，而且是故事发生的整个社区的传统。它起源于何时已不可考，但村里的长老们仍然保留着一个非常古老的木盒，这个木盒取代了更古老的盒子。木制彩票过去一直保存在里面，但现在它们已经被折叠的纸片代替，社区的每个成员，无论长幼，都有一张。每个人都急于得到彩票，因为他们有当天的计划，想早点回家。有些人满怀期待地在口袋里装满了石头。过去常常有一些与摸彩有关的仪式，但现在每个人只需要宣誓，而镇上的一个商人，还没有成家的萨默斯先生，已经准备好主持摸彩。最后到达的人之一是哈钦森太太，她不想在洗完碗碟之前就离开家和家人一起去摸彩。

摸彩开始了。成年人都为自己摸彩；因生病在家或年龄太小而不能摸彩的人由家庭成员代为摸彩。人们谈起邻村已经放弃了摸彩活动。老者沃纳已经参加了 76 场摸彩，他认为这个想法对社会是危险的。如果没有摸彩，他们会怎么样？会走向彻底的混乱。他说，没有人再想工作，每个人都会住在山洞里。最终，所有的彩票都被抽走了，现在是时候打开纸条，看看谁"中彩"了。原来是比尔·哈钦森一家。他迟到的妻子泰茜抗议说他没有足够的时间摸彩，但她的丈夫直接让她闭嘴。每个人的机会是同等的。现在，范围缩小了，比尔、泰茜以及他们的三个未成年子女开始摸彩。每个小孩都可以挑选各自的纸条，泰茜和比尔也拿到了。孩子们打开纸条，欣喜若狂地发现上面是空白的。比尔的也是空白的，这意味着泰茜拿到了上面有黑点的那张。比尔举起来让大家过目。萨默斯先生让人们快点结束，不要再拖延了。于是，每个人都走到为摸彩而堆起的那堆石头边上。

孩子们都已经拿好了石头。有人给了小戴维·哈钦森几块鹅卵石。

这时，泰茜·哈钦森站在一块空地的中央，当村民们向她逼近时，她绝望地伸出双手。"这不公平。"她说。一块石头击中了她的头部。老者沃纳说："来吧，来吧，大家。"史蒂夫·亚当斯站在村民的最前面，格雷夫斯太太在他旁边。

"这不公平，这是不对的。"哈钦森太太尖叫道，然后他们向她扑来。

问题研讨

1. 泰茜·哈钦森认为摸彩是不公平的，对吗？是因为没有按照规则进行吗？如果不是，为什么她说这不公平？她的表述本质上是对生活不公的哀叹，还是有其他内涵？她说这是不对的是什么意思？

2. 小戴维·哈钦森被迫参与用石头砸死自己的母亲这件事，其意义是什么？

3. 你认为这个故事传达的道德信息是什么？是否可能有若干信息？

4. 这个故事是如何说明"平庸的恶"的？请将《摸彩》与汉娜·阿伦特对纳粹暴行的分析、斯坦利·米尔格拉姆的服从实验以及菲利普·津巴多的斯坦福监狱实验进行比较。

5. 自 1948 年以来，美国虚构类作品中出现了许多类似的仪式场景，涉及让无辜者受难，从厄休拉·勒古恩的《那些离开奥梅拉斯的人》（见第六章）到电影《逃出克隆岛》《人类清除计划》《饥饿游戏》。如果你熟悉这些（或其他）也涉及为群体而做出仪式性牺牲的故事，请讨论它们与《摸彩》之间的异同。

故事 2

《烟火讯号》

舍曼·阿列克谢编剧，克里斯·艾尔导演

电影，1998 年，根据舍曼·阿列克谢的短篇小说集《独行侠和托恩托在天堂格斗》改编，梗概

托马斯和维克托是 20 世纪 90 年代末生活在爱达荷州印第安人保留地科达伦的年轻人。他们一起长大，童年时还一起经历过一个性命攸关的夜晚。那天晚上，托马斯的父母家里着火了，而托马斯一家和维克托都在里面。有人救了维克托，托马斯的父母把托马斯从二楼的窗户扔下逃生，而他们自己却被烧死了。维克托的父亲阿诺德接住了托马斯。从此以后，托马斯一直和他的祖母生活在一起。

我选择这部电影，是为了说明玛莎·努斯鲍姆的理性情感理论。有人可能会说（这也是本书作者的解读），维克托主要有三个心结。第一个是他对父亲根深蒂固的愤怒，他的父亲是一个大饮大醉、抛弃家庭的人，看起来从没打算回归家庭。第二个是对托马斯同样根深蒂固的嫉妒，因为阿诺德从火中救了托马斯，而不是自己的儿子维克托。最后一个是对印第安人保留地周围的白人文化恨惧交织的情绪，数百年的历史以及阿诺德偶然说的"白人应

该回到属于他们的地方"，是这种情绪的温床。这些心结至少部分以情感为基础，我们也会在影片中看到，它们每一个都受到了现实的挑战和修正。

印第安人保留地的生活很平淡，人们都互相了解，最令人兴奋的事似乎是在体育馆里打篮球。一个年轻的印第安人说："有时是去死的好日子，有时是打篮球的好日子。"有时他们在电视上看西部片，讨论是牛仔总是会赢，还是印第安人有时也会赢。托马斯咧嘴一笑说，没有比电视上的印第安人更悲哀的了——除了看电视上的印第安人的印第安人！

托马斯是一个幻想家和爱讲故事的人，他并不长的人生经历都变成了故事——他的故事也包含了大量的纯幻想。这让维克托很恼火，他只希望托马斯说真话。托马斯的很多事让维克托很恼火：托马斯总是扎着很紧的辫子，而维克托披散着长发；托马斯总是穿深色的三件套西装，而维克托则穿蓝色牛仔裤和 T 恤。维克托会板起一副军人般神秘莫测的脸孔，托马斯则是对每个人都笑容可掬。但最让维克托恼火的，是托马斯所讲的关于维克托的父亲阿诺德的故事。维克托认为他父亲是一个经常酗酒并殴打母亲和他的人，托马斯则将他看成一个英雄、一个有魔力的人——他不仅拯救了托马斯的生命，有一次还带他去斯波坎的丹尼餐厅吃早餐。当时他们在斯波坎瀑布的人行桥上相遇，不知何故，从那以后，托马斯就把阿诺德和那个地方联系在了一起；对他来说，这里成了一个充满力量的地方。阿诺德和托马斯一样，是个爱讲故事的人——他喜欢讲好故事，而不是真实的故事。但阿诺德已经离开了，托马斯无法再讲关于他的新故事了——阿诺德在愤怒中离开了家，当时维克托还小。

他们平静的生活被来自菲尼克斯的一个电话打断了：一个叫苏西的女人给维克托的母亲打电话，告诉她阿诺德去世了。他过去住在离她很近的一个拖车里，现在他的遗物还在那里，包括一辆卡车。得有人去把他和他的遗物带回来。维克托不情愿去，因为他对父亲离开他一直怀有巨大的怨恨，但托马斯从自己的储蓄罐里拿出了买机票的钱，条件只有一个：他也要和维克托一起去菲尼克斯。

在公共汽车上，托马斯和维克托遭遇了白人世界的种种，当然不全是愉快的事。例如，两个乡下人占了他们的座位，逼得他们不得不挪开。但维克托也不太讨人喜欢。他管一个年轻姑娘叫"谎话精"，因为她粉饰自己的人生故事：说自己差点儿就有机会参加奥运会。维克托指责托马斯不知道如何做一个印第安人。维克托说，托马斯肯定看了200遍《与狼共舞》，却不知道如何表现得像个捕杀北美野牛归来的人。托马斯抗议说，他们的乡亲不是野牛猎手，而是渔夫。维克托回答说，来自渔夫之家并不是什么光彩的事，这部电影又不是叫《与鲑鱼共舞》! 到这里我们就明白，也许是维克托，而不是托马斯，对自己的角色和文化感到不舒服。

在马不停蹄的几天旅程之后，他们终于到达了菲尼克斯，步行到阿诺德和苏西在沙漠里的住处。原来苏西是医院行政管理人员，比阿诺德年轻很多，但他们已经亲密相处很多年——"我们为彼此保守着秘密"，她说。他们三人分享了她做的炸面包，这是美洲印第安人的传统食物，托马斯还讲了一个精彩的故事——维克托的妈妈如何只用50个炸面包喂饱了100个印第安人。虽然这是一个很好的故事，但事实证明故事不是那么真实。苏西也听说过维克托和托马斯的事，以及阿诺德和维克托一起打篮球的事情。她也听说了火灾那晚的真实故事。多年来一直困扰阿诺德的事情，是他在一次烂醉中不小心放了火。他离家出走是因为他无法承受那段回忆，但他从未打算永

在《烟火讯号》中，维克托（亚当·比奇饰，左）和托马斯（埃文·亚当斯饰）从爱达荷州印第安人保留地科达伦出发，前往亚利桑那州取回维克托的父亲阿诺德的骨灰。托马斯让维克托很恼火，因为他扎着很紧的辫子，穿三件套西装，他小时候被阿诺德救了，而维克托认为自己的父亲根本不在乎自己。

远离开家。此时，维克托听到了真相，也听到了一些他不敢相信的东西：阿诺德跑回那个熊熊燃烧的房子是为了救自己。多年来，维克托一直因阿诺德救了托马斯而怨恨他，现在他不得不修正自己的所有恨意。面对倏然而来的丧父之痛，维克托用印第安人的传统方式——挥刀断发，来表达自己的悲恸。

第二天早上，维克托和托马斯开着阿诺德的卡车离开了，只带走了阿诺德的骨灰和篮球。维克托惊慌失措，愤怒地赶着回家，但他还将经历另一次磨难。那天深夜，在一条漆黑的沙漠公路上，他和托马斯把卡车撞坏了，差点撞上两辆在他们到达之前撞在一起的汽车。肇事车的车主是一个白人，喝得烂醉，让人厌恶，他的妻子拼命道歉。在旁边的峡谷深处，还有一个受伤的女人，而最近的城镇也在 30 千米开外。维克托的卡车已经报废了，但他此时没有犹豫：他必须跑去求救。于是，他开始在黑夜中狂奔，像祖辈的战士一样迈开大步。他奔跑着，直到身体两侧疼痛，视线模糊，到天亮时就倒下了。当时他离一个城镇很近，一支道路维修队发现了他，借此他把受伤司机的消息传递了出去。

当维克托和那个（多亏维克托英勇的奔跑而没有丧命的）司机在医院休养的时候，托马斯就站在旁边，我们可以看出，他又有了许多新故事的素材。一位女士说，他们是英雄，他们的营救就像独行侠和托恩托——两个男孩说他们更像托恩托和托恩托。然而，枝节横生：肇事的男人诬告两个男孩发起袭击并造成了事故，于是维克托和托马斯被带到警察局。对白人权力结构的新仇旧恨在他们内心激荡，他们感到不被信任。但不是每一个保留地之外的人都像那个醉酒的白人司机一样，那人的妻子独自做出陈述，驳斥了自己的丈夫，在另一辆车里的两位女士也站在两个男孩一边。警察局长是个白人，他有很强的判断力，就让男孩们回去了。

离开爱达荷州 6 天后，维克托和托马斯带着阿诺德的骨灰回来了。经历了最深刻变化的是维克托，现在他理解了父亲从未打算离家却有家不能回的心情了。他也理解了父亲的灵魂将与他年复一年地在一起。所以，他不再指责托马斯，甚至向他报以他能想到的最深情的姿态：将父亲的骨灰分给他。所以（这也是本书作者的解读）人们可能会得出结论：维克托的三个心结因理性之光而解开了。抛向父亲的愤怒最终成了某种毫无来由的东西，他的情绪也随之转变。他对托马斯的嫉妒已彻底成了无稽之谈，变成了一种兄弟情谊。对"白人"的仇恨呢？在他们的旅途中，有些白人不尽友好，有些却善解人意、乐于助人。几个世纪以来已合理化的恨意不会被驱走，但理性有助于调整维克托对"保留地"之外的世界的感受。最后，维克托将阿诺德的骨灰撒到了他和托马斯认为其灵魂所属之地：斯波坎瀑布。与此同时，在画外音中，托马斯给我们留下了关于原谅父亲的想法："我们该怎样原谅我们的父亲？或许是在梦中？……我们是否可以原谅父亲在我们还年幼之时经常离开我们，或者用意想不到的愤怒吓唬我们，或者因为似乎从来没有任何愤怒而让我们紧张？我们是否应该原谅他们的过分热情或冷漠？我们是否应该原谅他们的推搡或倚靠，是否应该原谅他关上门，隔着墙说话或保持沉默？……如果我们原谅了我们的父亲，还剩下什么？"

问题研讨

1. 你认为是什么让维克托接受了他父亲的失踪和死亡？维克托是如何转变的？为什么托马斯没有那么大的改变？

2. 托马斯可以通过讲故事把任何平凡的情境变得奇趣美妙，但这些故事往往不是真的。这在道德上可以接受吗？为什么？

3. 将玛莎·努斯鲍姆的理性情感理论应用到维克托的情况中：维克托对父亲的愤怒是理性的吗？为什么？我们怎么辨别？（线索：当维克托得知关于父亲的真相时，他的怒气怎样了？）为什么他对托马斯的嫉妒消失了？他对"白人"的恨意又遭遇了什么？

4. 为什么西部片在维克托和托马斯的生活中扮演如此重要的角色？你认为其作用是积极的还是消极的？

5. 两个男孩说他们更像托恩托和托恩托，这有趣吗？

《大鱼》

约翰·奥古斯特编剧，蒂姆·伯顿导演

电影，2003 年，根据丹尼尔·华莱士的小说改编，梗概

这是另一个关于父子和讲故事的故事，但关注点不同，因为这次讲故事的是父亲。在影片的开头，我们听到了父亲一生的核心故事：河里有一条大鱼，不管用什么诱饵都抓不住。但在他儿子出生的那天，爱德华用结婚戒指当诱饵，钓到了这条鱼——因为，最终证明，这条鱼是雌性的。而且，正如爱德华·布卢姆在他儿子的婚礼上对他的儿媳补充说明的那样，有时，俘虏一个难以捉摸的女人的唯一办法，就是送给她一枚结婚戒指。他的儿子威尔很尴尬：这个故事他已经听过几百遍了；他讨厌它，因为它是捏造的，但也因为它使自己在父亲的生活中成为一个无足轻重的角色。从三年前的婚礼那天起，这对父子就再也没有说过话。但现在爱德华因癌症奄奄一息，化疗也停止了，威尔和他的妻子约瑟芬从她的祖国法国回到美国，和爱德华及威尔的母亲桑德拉在一起。威尔以叙述者的身份告诉我们，在他父亲的一生中，事实和虚构是不可能分开的——他多年来讲述的大部分故事从未发生过。但在他和父亲在一起的最后时刻，童年的故事浮现了。爱德华将他自己童年的故事告诉儿子，其中之一是关于一个住在附近的女巫的：她的玻璃眼睛会显现出看向她眼睛的任何人的死亡方式。爱德华的两个朋友看了女巫的眼睛，看到了他们的死亡——爱德华也看了，看到了自己的死亡，但他从来没有和任何人分享过他看到的幻象。

威尔去看望父亲，父亲很焦虑，因为"这不是我走的方式"，但他不想详细说明。当威尔面对父亲，想要知道"事情的真实版本"时，他父亲回避了这个问题，转而讲述自己的生活故事。童年时，爱德华读到了关于金鱼

的书，书里写了金鱼是如何通过适应环境而生长的，所以池塘越大，鱼就越大。爱德华决定成为一条大鱼，这就需要离开他的小镇。但他并不孤单，因为他和一个令全镇恐惧的巨人成了朋友。所以，爱德华已经是一个巨人克星了，但他用的是平和的方式，因为他安抚了巨人，而巨人只想多吃点东西。在旅途中，他们暂时分开了，爱德华发现自己身处一个陌生的小镇，那里的每个人都很快乐，而且似乎无事发生。那里的草长得像主街上的草坪，每个人都穿着白色的衣服。这个镇是幽灵镇。神秘的是，镇上的人都说他来得太早了，但在镇上，他遇到了三个人，他们对他未来的生活意义重大：诗人温斯洛，他来到幽灵镇，被困在了这里；珍妮弗，一个有点早熟的小女孩；还有一个晚上待在河里的裸体女人——她以不同的面目出现在不同的人面前，但实际上，她是一条鱼，没有人能抓住她。爱德华费了好大力气才从镇上逃出来，因为他不想也被困在那里。

在《大鱼》中，爱德华·布卢姆（年轻时由伊万·麦格雷戈饰演）讲述了很多关于他人生的故事，而他的儿子威尔一个都不相信。其中一个故事是他来到魔幻小镇幽灵镇，在那里遇到了小女孩珍妮弗（8岁，由海利·安妮·内尔森饰演）。后来，威尔发现，这些故事可能是有道理的。

在威尔回忆往事的时候，老爱德华正和儿媳约瑟芬搭话，告诉了她另一个可怕的故事——结果是一个笑话！约瑟芬看见了老人的内心，喜欢他的精神，以远比威尔宽容的方式对待爱德华的故事。

她让爱德华讲述他是如何认识妻子桑德拉的，后者是威尔的母亲，至今仍是一个美丽的女人，这是爱德华一生的重要故事。在这里，观众可以直接听到爱德华讲述的故事，而不是威尔的倒叙：在参观卡洛韦的马戏团时，爱德华不仅帮巨人卡尔找到了工作，还爱上了一个失踪的女孩。卡洛韦认识女孩的父母，爱德华提出只要卡洛韦告诉他关于这个女孩的情况，他就免费为马戏团工作。几个月来，他都是这样做的，只为了一些小小的消息，最后，卡洛韦终于告诉了爱德华她的名字——桑德拉，以及她在哪里上大学（在爱德华发现卡洛韦实际上是狼人之后）。他立刻去找她，却发现她已经和他的一个同学订了婚——那个在女巫眼中看到了自己的死亡的人。爱德华还是决定追求桑德拉，这引起了她未婚夫的愤怒，他揍了爱德华一顿，这促使桑德拉解除了婚约。不久之后，她的未婚夫真的死了，就像他在女巫眼中看到的那样。但是，桑德拉和爱德华遇到了更多麻烦，因为他被征召送往越南。与一对唱歌的美丽越南连体双胞胎一起经历一系列不太可能的冒险后，他回到了桑德拉身边。此时，桑德拉收到了官方通知，说爱德华在行动中失踪了。

约瑟芬觉得这个故事很美，但威尔很厌恶它，因为它完全是杜撰的，约瑟芬建议他和他的父亲谈谈。起初，他们的谈话毫无进展：威尔求他的父亲说一次真话，让儿子知道自己是谁。爱德华回答说，他一直都是他自己。但有某扇理解之窗正在为威尔敞开。在一次清理车库的过程中，一家人发现了一些文件，这些文件与爱德华的人生之谜吻合。有一份战斗失踪证明——威尔一直认为这是一个假故事。还有一只机械手，据说他父亲曾作为巡回推销员卖过这只手。还有一份信托，对象是幽灵镇上的女人珍妮弗；现在威尔认为，他发现了他父亲真正的秘密生活。他去了幽灵镇，一个真实存在的小镇，在一个漂亮的屋子里找到了一个中年单身女人。她和他父亲有绯闻吗？不，爱德华照顾她，照顾小镇，照顾她的房子，因为他想——从他第一次拜访时，他们就成为朋友，但当珍妮弗害羞地告诉他，她想让他留下来时，他表达了对桑德拉永恒的爱。接着她说，他的儿子对他来说是真实的——她和幽灵镇都不是。珍妮弗变成了一个隐居者、一个女巫（我们意识到，那个长着玻璃眼睛的女巫确实是珍妮弗，尽管不符合时间线）。

所以现在威尔知道，他父亲的一些故事是真实的，他对他父亲真的很重要。但当他回到家时，一个人也没有了。爱德华中风了，正在重症监护室。威尔选择留下来照看他的父亲，而其他人则回家休息；桑德拉和她心爱的爱德华在一起，他睡着了。熟悉这家人的老医生问威尔是否想听听他出生时的故事。这不是关于鱼的故事，而是一个关于出生的简单的故事。威尔很喜欢。

威尔在父亲的床边坐了一会儿后，爱德华意外地醒了过来；他几乎失去了说话的能力，但威尔明白他很绝望，因为他的死是错误的——根据他看到的幻象，事情不是这样发生的！爱德华从来没有把他的故事告诉过威尔，但现在威尔已经非常理解父亲，能够对着父亲说出这个故事了。至于爱德华到底是怎么死的，我将留一个谜给你们看电影的时候去体验——我只想说，威尔实现了他父亲以正确方式死去的梦想，并正确地讲述了这个故事。最后，我们看到了爱德华的葬礼，一切都得到了确认。在葬礼上，爱德华的朋友们都出现了——珍妮弗和医生，还有所有那些威尔曾经认为是虚构的、难以捉摸的角色：越南连体歌手、马戏团经理卡洛韦、巨人卡尔、诗人温斯洛，以及其他故事人物。他们并不完全像爱德华所描述的那样（你应该亲眼看看），但他们毕竟是真实存在的。时光跳转到几年后，我们看到威尔的小儿子给他的朋友们讲述爱德华的一个故事。威尔总结道："一个人把他的故事讲很多遍，他就成了自己的故事——这些故事在他死后继续存在，并以这种方式使他变得不朽。"这是不是意味着，爱德华讲的所有故事都是真的？还是说威尔理解了父亲那些荒诞故事背后的诗意真相？我让你自己决定。

问题研讨

1. 让我们重复一下这个问题：爱德华说的都是真的吗？还是威尔发现了这些荒诞故事背后的诗意真相？请解释。

2. 威尔参与他父亲的死亡幻想，这在道德上是正确的吗？还是说，他应该像以前那样坚持现实主义？请解释。

3. 努斯鲍姆会对这个故事说些什么？读过／看过之后，我们是否对生活有了更好的理解？听了父亲的故事后，威尔对生活是否有了更好的理解？

4. 你的家人是否经常讲自己的故事？你觉得你现在是否更了解那个人了，还是说，在读这篇文章之前就已经很了解了？

5. 讲述荒诞的故事和说谎有什么区别？是否一种在道德上可以接受，而另一种在道德上不可接受？为什么？读完第六章后，你可能会想再次讨论这个问题。

第二章　从故事中学习道德教训

我们可能会认为，最有力的道德教训是我们从童年的经历中学到的（在做本不该做的事被抓住或侥幸逃脱的时候），但对我们影响最大的教训，也有可能是从我们读过或别人读给我们听的故事中学到的。

说教的故事

很多读者童年时都经历过这种不太愉快的事：一个权威人物来到你的身边，给你讲述《伊索寓言》中《狼来了》的故事。一个牧童在村外放羊，他想到吓唬村里的人可能会很有意思，于是喊道："狼来了！狼来了！"村民们跑过来，却不见狼的踪影。男孩一次次地戏弄村民，直到那一天，狼真的来了。男孩为了求生大声呼喊："狼来了！"但没有人再相信他了。狼把羊和牧童都吃了。至少，在我5岁的时候，我听到的故事是这样的。

为什么要给孩子讲这样一个可怕的故事？因为成年人认为有必要给小孩上一堂道德课。即使是小孩子，也能理解其中的含义："牧童撒谎，自食恶果，你不想像他那样，对吗？"这是一个强有力的教训。确实，这个故事的感染力似乎超越了欧美传统：我有一个印度来的同事，她告诉我，在她还是小女孩的时候，她在加尔各答听过一个关于男孩喊"老虎来了"的故事。

用来教导道德的故事被称为说教故事。一些说教故事可能和人类一样古老。几年前，在丹麦的一个哲学静修会上，我做了一个关于伦理故事的主题演讲。当时，我问听众（听众从十几岁到80多岁都有，共有几百人），他们小时候是否听过《狼来了》的故事。一群人举起手来，光滑稚嫩的、粗糙沧桑的，突然间，我如同进入时光隧道，从眼前鲜活的几代人看到了逝去已久的祖祖辈辈，每一代人都向他们的孩子讲述那个说谎的牧童的故事——十有八九那个故事还早于伊索的版本。

各行各业对故事的新兴趣

人们对运用故事（叙事）探索道德问题的兴趣在逐渐增加，因为故事可以在做道德决策前发挥实验室的作用，来对道德解决方案进行尝试。下面是现今将故事作为道德实验室来使用的一些案例。

·在《纽约时报》的一篇专栏文章《开业行医是格林的工作》中，医学生瓦莱丽·格里本讲述了作为一名准医生，她是如何通过牢记关于人性的教训来应对各种困难的，她认为她是通过阅读格林兄弟搜集的童话了解人性的：

> 格林童话看起来好像发生在很远很远的地方，但现在看来，它们每天都发生在我在医院轮转的生活中。我遇到了那些各具特征的永恒角色。我记下了他们的历史（被遗弃的王子、贫穷的夫妇），或看到了他们的下场（邪恶的继母、荒淫的国王）。
>
> 童话故事的核心强调对人性的刻画，和伤痛与疾病一样，揭示出人类的弱点。童话故事和医用图表都记录了各种怪象、不公与悲剧。而那些在深夜突发的可怕事情是医生凌晨3点在急诊室所应对的事。
>
> 所以如今，我从童话故事中寻求慰藉。它们提醒我，幸福的结局是可能的……也提醒我，现在我所看到的，以前也有过。危害儿童并不是社交媒

体时代的发明，对老年人的忽视并不是随着 X 世代而来的，出院总结并不总是令人愉快的，《灰姑娘》最初的结尾令人如受一击，而死神裹着破烂的裹尸布，在许多旅途的终点等候。

　　她并不是特例。在过去几十年中，医学生不仅越来越多地接触涉及医学伦理的案例研究，而且接触了越来越多的虚构故事，如列夫·托尔斯泰的《伊凡·伊里奇之死》（1886 年）与 1993 年的电影《费城故事》，它们都是关于医疗问题的。由于这种探索性的背景，学生似乎觉得自己更有能力处理"真正的"问题。为什么？因为不管她诊断了多少病例，也不管她和多少同事交谈过，一个医学生可能都无法像一位从病人角度讲故事的伟大作家那样从内心充分理解病人。纽约大学医学院的文学、艺术和医学数据库是一个致力于介绍医学相关电影和文学作品的网站，这些作品可能对医务人员有帮助，例如《世纪的哭泣》《无语问苍天》《千钧一发》《罗伦佐的油》《英国病人》《再生之旅》，甚至还有以安乐死为主题的《百万美元宝贝》。相关书籍包括克里斯蒂·布朗的《我的左脚》、加缪的《鼠疫》，以及简·奥斯汀的《爱玛》。自 1997 年以来，缅因州的文学和医学项目就将医疗保健专业人员聚集到一起，他们认为阅读和讨论文学作品可以提高他们的专业技能，帮助他们了解患者和客户。此外，有心理问题的患者偶尔会被鼓励将电影当作一种自我治疗，但提出此类建议后，通常还需要跟进讨论。并没有速效疗法能解决我们的心理、社会和道德问题，好故事可以帮助我们开始探索问题，但它们都不能代替洞察力或讨论。这也意味着，你在本书中读到的故事有助于阐明典型的道德问题和可能的解决方案，但要解决问题就不能单凭故事了。

　　·一些心理学家推崇一种叫作*阅读疗法*的方法，以此促进父母与子女之间的沟通。通过和孩子一起读故事，父母可能会发现答疑解惑更容易了，因为他们可以一起穿越虚构的领域，探索那些抽象或高度个人化而非常难以应对的话题和情感。例如，死亡就很难向儿童解释——无论是作为一个概念，还是作为一个家庭中的真实事件。可能一则关于宠物死亡的故事有助于聚焦相关讨论。当然，对于那些不知道如何与孩子相处的父母来说，这可能只是一种解脱的办法，但理想情况下，分享故事可以是一种积极的方式，让孩子理解弟弟妹妹出生、搬到新家、家庭成员去世，以及其他创伤事件。（这听起来像是一个全新的想法，但在下一节中，读者将看到这实际上是传统社会中神话和童话故事起作用的方式。）

· 刑事司法系统正在尝试利用故事。有一个网站（Picturing Justice, the On-line Journal of Law and Popular Culture，现已停止运营）专门讨论与法律问题有关的电影。其案例从经典的《美人计》《十二怒汉》，到《勇者无畏》《大卫·戈尔的一生》，还有喜剧片《律政俏佳人》和《我的表兄维尼》。尽管这个网站已不复存在，但对司法从业者群体来说，对此类电影的教学价值感兴趣，已不再是人们去影院看了一个与现实生活有关联的案例之后偶然产生的想法——如今，这已是一种被认可和确立的学习形式。但这并不只是学者和律师的抽象兴趣：西方国家的法庭正在越来越多地尝试让被定罪的罪犯看小说和电影。它们或许能够让他们重新思考自己的生活，并了解其罪行的严重性。

· 心理治疗师让患者讲述自己的人生，就好像它们是故事一样，或请他们选择一个知名的童话故事，作为他们审视自身生活方式的范本或模板。在最后一章，我们可以看到更多细节性内容，即将讲述自己的故事当作一种治疗方法和道德教育形式。

· 人们发现，故事很可能有助于促进跨文化或多元文化理解。它们以一种令人兴奋和值得探索的方式凸显文化差异，同时强调人类在表面差异下的根本相似之处。

· 美国国家航空航天局和出版商 Tor/Forge 合作，意欲创作令人振奋的太空探索故事。美国国家航空航天局希望这样的小说具备科学准确性和想象力，以唤起广大年轻人对于太空和科学的兴趣，就像 20 世纪 50 年代和 60 年代的科幻小说那样，它们曾激励整整一代太空科学家和宇航员。然而，我们还得等上二三十年才能看到这个想法是否管用，但 2015 年的电影《火星救援》似乎已经重新唤起了人们对太空探索的兴趣，美国国家航空航天局随后也发行了一系列描绘未来太空目的地（如火星）的"旅行海报"。喷气推进实验室的视觉设计人员丹·古兹说："想象力对于创造一个你想要参与的未来是至关重要的。我们今天所做的许多事情都是几十年前艺术家和科幻作家想象出来的。这些目的地都是我们所知道的真实的地方，未来有一天，人类很可能会到达。"

·最后但并非最不重要的是，越来越多的哲学家如今不仅把故事当作向大学新生解释艰深理论的一种方法，而且将其用于探索文学和电影中哲理的丰富性。备受尊敬的布莱克威尔出版社出版了一套成功的丛书，丛书中的各卷都是以虚构作品为背景的哲学著作，比如《终极星际迷航与哲学》《权力的游戏与哲学》《指环王与哲学》《哈利·波特与哲学》，一直到《辛普森一家与哲学》，丛书还在扩展。布莱克威尔出版社在社交网络上邀请公众参与，为这套丛书推荐新的电影/图像小说/小说选题。虽然在几十年前很难想象，但这种成功不会凭空发生：近年来，专业人士的确越来越注重在虚构作品中发现哲学，以及用哲学来解释虚构作品，这让一些人热情鼓掌，也让一些人感到困惑。

美国国家航空航天局热切希望招募对太空感兴趣的新一代年轻人，于是开始支持创作有关空间探测的写实故事，如《火星救援》，并发布海报，如这张由美国国家航空航天局喷气推进实验室设计工作室设计的海报，其想象火星是一个适合居住的世界。此外，美国国家航空航天局正在向大学生发出呼吁，号召他们考虑申请航天员培训，特别是为未来的火星任务接受培训。

直到最近，出于若干原因，大多数美国哲学家都对用讲故事来说明道德问题持怀疑态度。一些人认为，使用故事会让读者关注特殊情况，而非看清总体情况。另一些人则担心讲故事可能会操纵读者的情感，而非诉诸其理性：故事可能会引导人们做正确的事，但不能引导人们思考道德问题，因为故事不是逻辑论证，而是一种说服——故事不是逻辑，而是修辞。当然，危险也在于读者可能会被引诱做错误的事——或是模仿故事中的"邪恶"角色，或是被卷入一个违背主流价值观的故事世界。我们将在下文中看到这些可能性，在第三章，我们将研究价值观与不同文化相关的可能性。

有意思的是，文学教授一向不太愿意与哲学家展开对话。他们担心，如果过于关注小说的一些潜在的真相或信息，人们对高质量虚构作品的要求就会打折扣。换句话说，小说不应该是"布道书"。但是，借助近年来在文学和哲学之间架起的新桥梁，这种恐惧正被搁置一边，而且文学界和哲学界人士，比如查尔斯·约翰逊（见本章末尾）和斯蒂芬·乔治，已在一个新兴领域合作甚久，那就是小说哲学（Philosophy of fiction）。故事不必为了哲理而成为布道书，说教故事和讨论道德问题的故事还是有差异的。过去，哲学家可能想当然地认为，阐明道德问题的故事终究属于道德说教这个类型。现在，伦理学学者中似乎出现了一种不同的态度；他们认识到，故事无须以说教来阐明道德要点。故事可以表达一种道德观点，然后对观点讨论保持开放。一个故事可以有一个开放式的结论，其中道德问题并未得到解决。甚至道德说教的故事也可以一次次地发挥适当的作用，故事是说明道德问题有多困难的绝佳方式。正如第一章所指出的，哲学界也在慢慢地复兴旧的观念，即情感在道德讨论中并非无关紧要。心理学家卡罗尔·吉利根为道德决策过程中情感的合法性而申辩。正如前文所述，玛莎·努斯鲍姆也指出，情感并非饥饿感那样的不可控之物，而是涉及决策和理性选择。另一位哲学家菲利普·哈利指出，如果对受害者缺乏情感，我们就不能指望理解何为道德感。另一位当代哲学家乔纳森·贝内特坚持认为，尽管有些道德原则可能令人钦佩，但也有一些可能是扭曲的：纳粹灭绝者坚守"道德原则"，但今天的大多数人都不赞同那些原则。如果没有对他人的同情，我们的原则很可能误入迷途。让同情心和道德原则共同起作用的方法之一是借助故事。

本书中的一些故事是说教性的（它们给人上了一课），而另一些则是开放式的。通常情况下，我们更喜欢通过那种不是为了说教而写的故事学习。这或许就是文学的奥秘之一：我们可能会原谅有些许说教的好故事，但不会原谅一个为了说教而写的坏故事。换句话说，如果道德训诫不是太直白，看起来恰好介于说教和非说教之间，并且服从情节和角色需要，则我们最能接受。最有效传达教育意义的故事可能是那些没有明显说教意图的故事。极端说教的电影的例子或许有1915 年的经典电影《一个国家的诞生》（从南方州的视角来看美国南北战争）和《大麻狂热》，后者今天被普遍视为反对使用大麻的宣传片。有多个维度，因此对现代观众更有吸引力的故事，可能包括《死囚之舞》《神秘河》或反毒品电影《迷幻牛郎》和《梦之安魂曲》。

当然，现实生活中的事件和对这些事件的讨论对于我们理解道德问题至关重要，但使用故事是谈论这些问题的替代性方法，因为故事可以起到邀请我们共享生活片段的作用。

故事跨时空的价值

为什么我们要讲故事？为什么它与道德哲学相关？我们知道，所有的文化都有叙事传统，而且大多数文化都有一些虚构的故事类型。显然，我们总是忍不住要讲有起因、高潮和结尾的故事。我们确实是美国哲学家阿拉斯代尔·麦金太尔所说的"讲故事的动物"。近年来，神经科学家开始研究为什么人类如此倾向于讲故事。加州大学圣巴巴拉分校的神经科学家迈克尔·加扎尼加基于对大脑两个半球的多年研究，提出了一个理论：我们的左脑半球试图通过故事让感觉、经验，以及意识和潜意识的想法产生意义，关于因果联系的故事可以帮助我们了解自己是谁，以及如何应对日常生活和各种意外。另一些研究者发现，我们倾向于认同故事中的主人公，对故事做出反应的大脑区域也参与处理现实生活事件。好故事让我们感觉良好——大脑会释放一种催产素，它可能会让我们对好故事有点上瘾。这种现象的进化优势似乎包括某种社会纽带或黏合剂——我们喜欢相互倾诉同样的故事，这样有利于我们作为一个群体存续下去。从哲学的角度看，它或许也打开了操控和洗脑的可能性，即拥有社会权力的人可以讲述官方版本的故事。所以，拥有讲故事的能力是一把双刃剑。它可能让我们的生活更美好，让生活更有意义，也可能充当权力的推手。

当然，有很多理由来讲故事、读小说、写小说、拍电影和看电影。在早期的前技术时代文化中，讲故事似乎有双重目的。就人类而言，讲故事通过建立规则和边界来形成群体认同，将各部落紧密联系在一起；此外，讲故事还可以在绵绵雨天打发时间，让孩子们有事可做。就宇宙论而言，讲故事的目的在于构建起源和创世的故事，因此，在有必要进行象征性的再创造的时候（时不时会有这种需要），人们就可以讲述并重现"起源"故事，以此"重塑"宇宙。讲故事在古代极为重要，因为人通过讲故事参与对宇宙的重塑，让日月归其正位，并让四时有序相继。

讲故事在许多宗教中同样重要。信徒定期（通常是一年一次）纪念自己宗教史上的重要时刻：世界的创造，宗教自身的创造，或信徒通过宗教事件确立的身份。对于相关事件，人们通常会讲述一个故事，即使是为了纪念而非重塑，这样的故事也仍然是神圣而有效的工具。

在古代，讲故事的人主要是道德教师。当然，父母也往往会插手道德教育，但在前技术时代的文化（过去常常被称作"原始"文化）中，了解各种传说的人实际上也是宗教、学堂和政府等社会公共机构的代表。关于世界、社会、食物、爱情与死亡等起源的神话，以及部落历史上重要人物的故事，为部落的道德结构制定了规则，这些规则可以用于日常生活中关于作物、婚姻、战争等的决策。而教育孩子成为部族中好成员，也是通过讲述古老的故事。

直到最近，人类从*何时*开始讲故事这个问题的答案仍然只能靠猜测。一些洞穴壁画可以追溯至6万年前甚至更早，有的壁画看起来就像图像小说中的画面，所以我们设想它们可能与某种故事有关，可能是关于一次狩猎或一次战斗的。据神经科学家说，人类天生就会讲故事，以让生活变得有意义。因此，也许人类从有语言开始就会讲故事，这可以回溯到至少20万年前，当时智人组成小群落，在扩散至世界各地之前在非洲挣扎求生。但现在一些学者已着手为我们今天仍知晓的一些故事（如《美女与野兽》）寻找有力的证据，用系统发生分析法（对具有共同起源的语言的变化速度进行分析）对讲述故事的语言进行比对，他们发现印欧传统中的一些故事至少可以追溯到6 000年前。在后文的民间故事部分，我们会进一步考察这种研究。

在古代，故事显然具有道德功能，使共同体成员确信对与错之间存在显著区别。

在今天的技术社会，我们不再有这样一套现成的道德行为处方——至少，我们自认为已经不再有了。然而，事实上，我们依然在讲故事，听故事，并从中汲取道德教训。有人阅读宗教典籍，从关于人性的脆弱与坚韧不拔的故事中寻找慰藉。也有人一直收藏着童年的漫画书，并一次次沉浸在那些旧故事中，以获得一些基本的道德强化。有些人会读一些杰出人物的传记，并被他们的英勇事迹鼓舞。成年人可能不再读童话故事，但会读小说——经典的、畅销的，甚至图像小说。如果不读小说，我们也会去看电影或看电视。正如我的学生所指出的，今天的电脑游戏已经从简单的射击练习演变为情节复杂、人物复杂的故事。无论我们走到哪里，我们都能发现故事——有的真实，有的虚构，还有的因太过时或太激进而无法被我们理解，但我们可以发现，至少有一些故事能够成为我们的道德路标。即使你不擅长阅读或不喜欢看电影，你也至少能回忆起一个曾打动过你的故事。

事实、虚构，还是二者兼有？

在世俗世界里，我们通常会讲述两类故事：相信其具有历史真实性的故事和明知从未发生但有其独特真理（诗意真理）的故事。童话故事《小红帽》不是一个历史故事，但（不害怕大灰狼及其结局的大一些的）孩子可能还是乐在其中。父母也喜欢讲这个故事，因为它可以"夹带"家庭训诫：不要和陌生人说话，小心伪装的"狼"。知识窗 2.1 关注的是电视真人秀——它号称表现的是事实，而非虚构。

那么，那些我们不知道是属于历史性还是诗意性的故事呢？举例来说，佐罗的故事并非历史叙事，尽管在以前的加州可能有一个法外之徒，与佐罗这个人物有点类似。如果发现一个故事比历史更传奇，有的读者会感到受骗，但其他读者会更着迷，因为它是我们认为已发生的事件和期待发生的事件的混合体。它可能不会告诉我们太多的历史，但它可以述说大量与人们有关的东西，包括希望佐罗真实存在的我们自己。

即使是我们相信真有其事的故事，例如阿拉莫之战或"泰坦尼克号"沉没，通常也不会像事实报道那样简单；这类故事必然会有开头、中间和结尾，而我们通常会根据自己的感觉来选择开头和结尾。在现实生活中，事件纷至沓来，通常几乎没有迹象表明新事件何时发生，或在何处事件走向终结——除了某人的出生或死亡。即使在后一种情况下，没有已逝的那个人，故事也会进行下去。所以，即使是"真实"的故事，也有诗意创造的元素，因为我们会决定在故事中可以包含什么，什么是和故事有关系的（不是每顿饭或每次去洗手间，对我们理解甘地、詹姆斯·迪恩或戴安娜王妃的生平都重要），以及故事在何处开始，在何处结束。目击者的叙述常常被视为事件的真实记录，但也是充满创造成分的。观察同一事件的两个人很有可能说出有些许不同的版本；他们关注的事物不同，因为他们站在不同的立场，在生活中有不同的兴趣。如果要求目击者们说出过去很久的一个事件，有些人的记忆可能比其他人更清晰，有些人可能会对看到的东西做出准确陈述，而有些人可能带入自己当时和现在的感受，这就会让故事变成对事件的个人化解读。对一件往事的任何描述充其量只能达到近似的水平。我们永远无法真正重现这一事件。

宗教传说揭示了事实与虚构之间的张力。如果信徒怀疑传说中所描述的事件从未发生，或以一种不同的、比宗教文本所载的更为"日常化"的方式发生，他们可能会经历一种普遍的失望，或者可能选择去否认这种可能性，即宗教故事未必是基于事实的，或者可能否认对旧故事进行新解释的合理性，就像我们在丹·布朗的虚构小说《达·芬奇密码》出版之后看到的（见后文）。然而，另一些信徒可能会认为这些故事充满诗意，并且在更崇高、更精神化的层面讲述了人性的真理。对历史和诗歌之间的关系有着强烈兴趣的亚里士多德曾说过，历史可能以事实为内容，而诗歌以真理为内容。

知识窗 2.1　真人秀：故事去往何处?

尽管学界对故事的兴趣在增加，但考虑到真人秀的流行，一些故事爱好者担心，公众对故事的兴趣可能正在减弱。《幸存者》和《单身汉》这样的电视节目获得了很高的收视率，但这还不是全部：公众对"公众人物"生活的兴趣也在上升，无论是名流、罪犯，还是被媒体圈发现的普通人。一些媒体分析人员称，如今人们对虚构故事的兴趣已经减退，而对真实故事的兴趣开始升温。对此我们有两点要说：首先，"真人秀"并不完全真实——很抱歉我捅破了这层窗户纸。尽管真人秀以"真实"为特色，但它们很大程度上是脚本化的，内容和结构也经过大量编辑。这就意味着，即使事先没有清晰的情节结构，它们仍然是故事——引起我们兴趣的故事。其次，这些"真人"的故事近来备受青睐，可能是有理由的。有些与金钱有关，有些涉及暴力和谋杀，而基本上都涉及女人。而且，我们将在后面的章节中看到，甚至有哲学理论解释我们为什么突然如此关心这些陌生人。正如我们将在第四章看到的，积极方面在于，我们可以将对亲友的感情暂时延伸到这些陌生人身上。消极方面在于，由媒体呈现给我们的这个世界，看起来已经开始让我们觉得难以承受。我们的大脑经过数十万年才进化为部族化的大脑，它聚焦于与可能不到 100 个成员的群体的亲密互动，而且互动对象大多数是亲戚和邻居。这种互动很密切，涉及很多关于亲戚和邻居的八卦。但我们大多数人已经不再生活在这种群体中，我们不认识邻居，与亲戚来往很少。但我们依然有着部族式八卦和关切的需求，所以我们转向我们的新邻居，这些"电视上的人"。他们看起来越"真实"，我们（或我们中的一些人）就越觉得自己参与了他们的命运。人们可以想想卡戴珊家族的成功，这个家族原本是一场真人秀的核心，最终进入了流行文化。有人会说："还是过自己的生活去吧！"但好也罢，坏也罢，这就是现代社会的生活。积极的一面是，通过他人真实的以及虚构的故事，我们的视野不断扩大，他们引起的那些道德话题，我们自己可能永远都不会接触到，甚至以前从未想象过。现在，我们都经历了无德的教育：内幕交易，牧师猥亵儿童，宗教狂热分子绑架儿童并给他们洗脑，在法庭案件中引入"红鲱鱼"案情以干扰陪审团，等等。当然，不利的一面是，这种扩大的兴趣可能只是一时追求刺激，满足窥探的欲望。另一个不利因素可能与心理学家得出的结论一样，即我们天生的共情心实际上可能会受到真人秀的侵蚀，因为我们最终会意识到这些角色是虚构的，而非真实的。我们应该在多大程度上介入他人的问题呢？媒体应该在多大程度上报道这些问题？在第十三章中，我们将回到这个话题。

民间故事和其他传统故事

民间故事（folktales）是一个通用术语，指特定文化范围内的口述故事（后来被以文字形式载入历史）。在这些故事中常常有异想天开或超自然的元素，而且它们常常带有某种社会或宗教信息——这些故事带有寓意。

神话　我们对最早的故事一无所知，但如果我们从古代神话和传说去判断的话，它们很有可能是用来提醒人们举止得体的。切罗基人会讲述祖母蜘蛛制作黏土陶罐的方法，看起来就像是为切罗基妇女上了一堂如何正确制作陶罐的课（也教导了其他事情）。一般而言，神话有两个主要目的：加强人们之间的社会联系，以及让个人在心理上变得坚强。*传统神话在这两方面同时作用*，即通过展示神灵和文化英雄的故事，告诉群体何为理想的社会行为，告诉个人应该效法什么样的榜样。在某种意义上，传统神话是行为伦理和美德伦理的成功组合，它可以回答"我应该做什么？"以及"我应该成为什么样的人？"等古老的问题（见第一章和第八章）。

新几内亚的特罗布里恩人关于失去永生的神话就是一个例子。据说，人类曾经可以返老还童，褪去鸡皮鹤发，再次焕发青春。一个祖母带着小孙女到了河边，然后她褪掉了皮肤。她返回时，小孙女没有认出她（她看上去像个少女），就把她赶走了。祖母伤心地离开后，将她衰老的皮肤再次披上。小孙女告诉她，刚才她把一个冒名顶替的年轻女孩赶走了。祖母说："正是因为你认不出我，就没有人能再次年轻了。现在，我们都会年老死去。"这个故事不公正地将导致死亡这个重担归给一个懵懂无知的小女孩（神话常常将重大灾难归咎于一件小事，比如夏娃吃了分辨善恶树上的果子），除此之外，故事给人的教导是：人都是会死的，而且对此无能为力。这个故事似乎还有一层意思，就是人类不是牺牲品，而是非常重要的存在，因为人可以造成失去永生这样的宇宙性灾难。

童话　另一种带有道德教训的古老故事类型是童话。如上所述，新的研究表明，一些民间故事可以追溯到几千年前的口述传统。研究人员贾姆希德·德黑兰尼和萨拉·格拉萨·达·席尔瓦等在《系统发生比较法解析印欧民间故事的古老根源》（2016年）中表示，《美女与野兽》和《侏儒妖》等故事在过去4 000年里以不同的版本代代相传，一些故事可以追溯到6 000年前。格林兄弟在19世纪早期的德国搜集的童话反映了一种我们现在知道非常古老的寓意故事传统，这些故事不只是讲给孩子听的，最初是给年轻人和老人讲的。而且，这种传统似乎是世界性的。特罗布里恩人区分了三类故事。一是神话，即关于世界和人类社会起源的神圣故事。它们必须被严肃对待。二是"真实传说"，是对过去的英雄及其历险的半历史化讲述，在大多数情况下，它们都应该按表面意思理解。最后一类是"童话"，即可以在雨季漫谈的故事，它们通常带有向年轻人传授习俗的意思，但主要是娱乐性的。童话被认为是从未发生过的事。

大多数文化都承认，奖善罚恶的故事和日常生活的故事之间是有区别的。精神分析学家将童话描述为一厢情愿的想法，但很多童话都涉及很难说是人们想要实现的可憎事件，因为它们常常落在"本来"不该承受的人物头上。尽管如此，这些事件仍起着这样一种作用，即让惩罚作恶者看起来公正合理（对恶的概念的讨论，见第一章）。

一直到最近，文学学者都还认为，童话《小红帽》是文学精英的作品，而非民间故事，但德黑兰尼和达·席尔瓦已经证明，这个故事有几千年的历史，而且显然该故事由于其说教力量而一直流传。《汉赛尔与格莱特》也是一篇有着同样道德内涵的民间经典：不要与陌生人为伴，不要吃他们给你的糖果。但格林兄弟搜集的童话中最有名的，应该是被华特·迪士尼工作室为其现代观众改编过的那些，如《灰姑娘》和《白雪公主和七个小矮人》。影迷、录像带用户，以及后来的DVD收藏者和他们的孩子，数代人都熟悉这些童话的卡通版本。迪士尼动画版《灰姑娘》也译作《仙履奇缘》（1950年），它讲述的是一个失去双亲的穷苦女孩乐观向上的故事，她和富裕的继母与两个继姐一起生活，住在一座巨大的旧房子里，被当成无偿的仆人或奴隶。在国王邀请所有未婚的年轻女子参加城堡的盛大舞会，以便王子可以选择一位伴侣时，两个恶毒的继姐蓄意破坏了灰姑娘想要参加舞会的美梦。她们撕碎了她的小伙伴小老鼠和小鸟为她做的礼服，之后自己去参加舞会，留下灰姑娘一个人哭泣。但灰姑娘的仙女教母在星光闪烁的旋涡中出现，将她变成了一个穿着水晶鞋的容光焕发的公主。南瓜变成了魔法车，她的老鼠朋友变成了骏马，她的狗化身贴身男仆，老马变成了一个车夫，但都只在当晚。她必须在午夜之前离开舞会，因为随后一切都会恢复原状。大家可能了解这个故事：她遇见了王子，王子坠入爱河，但午夜临近，她迅速逃跑了——落下了一只水晶鞋。第二天，王子的仆人逐一查访村庄，要找到恰好能穿上这只鞋的姑娘。尽管灰姑娘的继母和继姐再次试图破坏，但灰姑娘还是作为舞会上的神秘女性出现了，她嫁给王子，从此过上了幸福的生活。折磨过她的继母和继姐并没有受到惩罚。大多数人了解的都是这个版本。尽管孩子们可能庆幸灰姑娘再也不用回到只有劳作没有爱的艰苦生活，但或许也会对她大度地原谅那些施虐者略感失望。迪士尼的 2015 年版电影大致真实地保留了那部经典动画的基本情节，增加了一些相互交织的阴谋，以及大量的计算机生成图像（CGI）。在该片中，灰姑娘也原谅了自己的继母，没有让她因诡计多端而受到惩罚。

但如果读者曾经坐下来读过《格林童话》原作，就会看到完全不同的版本。在最初的故事中，灰姑娘的父亲并没有去世；他只是没有注意到现任妻子和她的漂亮女儿们让自己的亲生女儿饱尝辛酸。灰姑娘的鸽子朋友们有魔法力量，故事里没有仙女教母。当她在魔法树下自己母亲的坟墓前哭泣时，鸽子们为她衔来了一套金色的晚礼服，还有一双金舞鞋。灰姑娘遇见王子并丢失鞋子的关键情节与现代版本一致，但之后的情节更为血腥。两个姐姐的脚都比灰姑娘的大，她们竭力想要穿上王子带来的这只鞋，于是削掉脚跟，砍掉脚趾，血从金丝线中渗了出来。等到灰姑娘与王子举行婚礼时，恶毒的姐姐们受到了惩罚：当时她们作为伴娘走在新娘身后，鸽子将她们的眼睛啄了出来。"往后的日子里，她们由于邪恶和谎言，将永受失明的惩罚。"故事如是做结。

同一主题还有一个值得注意的改编版本，该版本事实上回归了故事更古老的版本，那就是电影《情话童真》（1998 年）。影片中，灰姑娘的继母和姐姐在她和王子结婚后，事实上也受到了惩罚——这种方式看起来似乎完全契合现代人的思维模式：她们被判在城堡的洗衣房中工作，以便让她们理解灰姑娘在命运改变前被迫去过的那种生活。她们的境遇反了过来（没有削掉脚跟或脚趾），所阐明的是*因果报应*的道德训诫：善有善报，恶有恶报。

该版本有趣的地方在于，置入旧故事中的道德规训得以发展。格林兄弟搜集这些故事的时候，童话还是民间故事，主要是在成人间口口相传，道德训诫非常苛刻严厉：邪恶的继母、兄弟姐妹，或任何虐待孩童的人，都有可怕的结局，他们会遭遇痛苦的死亡或被肢解，而好人则会得到财富和名誉。在20世纪中期的迪士尼动画片中，道德教训似乎不是给邪恶的家庭成员的，而是给受难的英雄的：不屈不挠，坚持下去，一切就会改变。《情话童真》和《灰姑娘》（2015年）都反映出时代的变化：在《灰姑娘》中，灰姑娘是一个掌握主动权、敢于行动、充满智慧的女孩，而不是一个需要被拯救的人；而在《情话童真》中，继姐最终受到了惩罚，这些惩罚能让其改过自新，变得更好。

过去民间故事中激烈报复的主题，不仅盛行于西方，而且遍及世界各地，精神分析学家将其解释为具有净化的功能，甚至可能比让恶毒的继姐在洗衣房劳作有更多内涵。今天的一些精神分析学家坚持认为，此类故事的真正价值在于孩子们可以通过这些故事消除对父母的攻击心理。（正如我们在后续部分将看到的，亚里士多德或许会同意此类精神分析的观点。）另外，孩子接触到罪恶，但同时又能获得希望的力量，并学会如何妥善应对罪恶。换句话说，最阴森血腥的童话，也可能为敏感可塑的读者传达最积极的信息：是的，它们当中有可怕的东西，但只要有毅力，我们就能战胜它们。

隐喻寓言　两千年来，基督徒一直在好撒玛利亚人和浪子回头等隐喻寓言中寻找道德支持。

隐喻寓言是给成人看的有寓意的故事。它应被理解为关于我们自身以及我们应该做什么的故事。童话的目的似乎主要是娱乐，其次才是传授道德教训，而隐喻寓言主要是为了讲授道德和宗教训诫。基督教不是唯一带有寓言的宗教，伊斯兰教、犹太教和佛教传统中都包含此类故事。

对于早期读者来说，拿撒勒的耶稣的寓言吸引着他们，是因为寓言中的道理很难做到——不仅是因为做好人很难，而且是因为耶稣本人的道德要求往往与当时社会对其公民的要求或被视为适当的道德行为背道而驰。是什么让耶稣对他的同时代人来说如此难以理解？他要求我们不仅要同情所有需要帮助的人，而且要把每个人都看作我们的同伴，而不仅仅是来自同样的村庄、国家或者文化背景的人，尤其是不要只把那些对我们表示同情的人看作同伴。

浪子回头寓言（《路加福音》15：11—32）中的训诫，熟悉一般常识和礼貌的人很难理解。"坏"儿子挥霍了分得的家产，带着愧疚回到家中。父亲对这个不肖子体贴入微，为他宰了肥牛犊。而一直陪在父亲身边的好儿子感到伤心，因为父亲对他的忠厚老实从未有过任何认可，现在那个浪子反而似乎更重要。在耶稣看来，浪子确实更重要，因为浪子走过了比好儿子更长的路，他一路走向毁灭，然后回头。因此，有的基督徒自问：这是否意味着我们应该继续放纵，然后忏悔，而不是永不越雷池一步？答案或许就在于，要从父亲的角度来审视这个故事，而不是从好儿子或浪子的角度。实际上，理解许多寓言的秘诀就在于找出它们表达的是谁的观点。好撒玛利亚人的寓言（《路加福音》10：30—34）讲述了一个在路上遭遇强盗，被打得半死的人的故事。这人受伤躺在路边时，好几个路人经过，都没有理他，但一个不为社会所容的撒玛利亚人救了他。（第十一章概述了这个故事。）这则寓言就是从受伤者的角度（"谁是我的邻舍"），而不是从撒玛利亚人的角度来讲述的。

献祭的故事：亚伯拉罕和以撒　尽管《圣经·旧约》中所讲的亚伯拉罕将独子以撒献祭的故事（《创世记》22：1—19）不被归为寓言一类，但对听众仍起着同样的效果。对于一个信仰慈爱的上帝的宗教来说，无论是从犹太教还是基督教的角度，这都是最艰涩难懂的故事之一。亚伯拉罕和他的妻子撒拉一直无子，因上帝的垂赐，直到晚年才生下以撒。但当童子以撒半大，上帝要亚伯拉罕带着以撒上山，把他献为燔祭。亚伯拉罕领着以撒，虽深深哀恸，仍顺服上帝。孩子以为他们是要向上帝献祭一只羊羔，直到他的父亲将他捆绑，伸手拿刀，此时耶和华的使者从天上制止了亚伯拉罕，说这只是对亚伯拉罕虔诚的试炼。上帝给了亚伯拉罕一只公羊献为燔祭，代替他的儿子。上帝对亚伯拉罕说，必叫他的子孙多起来，如同天上的星，海边的沙。

这一故事的寓意两千多年来一直让信徒和非信徒困惑。批评者说，做出这一命令的上帝必然是个残忍的上帝，既残忍，又有一种奇怪的幽默感。哲学家索伦·克尔凯郭尔认为这个故事说明了*伦理学的局限性*：从伦理上说，亚伯拉罕要做的事情是错的；他没有道理杀死自己的儿子，因为这并不是人们应该有的行为。但对亚伯拉罕来说，就像对任何信徒来说一样，这是比社会的道德律令更高的律令，这是*信仰*的律令——不是相信上帝将会拯救他的独子，而是相信真的是上帝要求他将以撒献祭的，而且我们不明白上帝的意图。克尔凯郭尔将亚伯拉

《亚伯拉罕信仰的试炼》（古斯塔夫·多雷，1866 年）

亚伯拉罕接到上帝的命令，要他把独子以撒献祭，于是他忠实地带着儿子来到山上献祭的地方。以撒并不知道是自己将要被献祭，他正在搬运亚伯拉罕用来做燔祭的柴火。

罕经历的严酷考验看作对他对上帝信仰的试炼，而非对其道德的试炼。对于路德宗的克尔凯郭尔来说，"信仰之跃"是个人与上帝之间的事，与他人无关。社会观念根本不在考虑范围内。对这一故事的其他阐释都没有看到道德与信仰之间的分野，只是将它视为上帝对其子民绝对命令的例证。然而，也有人认为，如果有更高的律令要求，牺牲一个人所珍视的一切都是正当的。按照这最后一种解释，上帝在最后一刻是否制止了亚伯拉罕并不重要。对于基督徒来说，这个寓言与后来上帝没有阻止自己牺牲自己的独子来拯救世界的情形很相似。（参见知识窗 2.2 中弗朗茨·卡夫卡对该寓言的解释。）

　　人类学家卡罗尔·德莱尼在她的著作《试炼中的亚伯拉罕：〈圣经〉神话的社会遗产》中对这个古老的故事提出了批评。德莱尼追问，为什么对上帝信仰的最好例证，就应该是一个父亲牺牲儿子的意愿？为什么试炼标准不能是父母保护子女的意愿，而非要是牺牲呢？在这个故事中，好像亚伯拉罕是以撒唯一的亲人，对后者有独占的权利和责任，《圣经》的作者显然并未关注以撒的母亲撒拉的想法，她也是有权发表意见的人。德莱尼与其说是在批评《圣经·旧约》中的男性主导方式，不如说是在问为什么自那时起，犹太教－基督教历史上的所有释经者都没有想过要询问撒拉的意见，即将杀死她的儿子作为对上帝信仰的证据，她是否可能有话要说。事实上，此处德莱尼回应了克尔凯郭尔的想法，即亚伯拉罕杀死以撒的意愿可能是完全不道德的，但她不赞同克尔凯郭尔进一步将道德与信仰视为完全不同的两码事。在下文"交易"的部分，我们会读到《圣经》中的另一个故事，也和父亲有关，这个父亲认为父母的责任没有那么重要，那就是耶弗他的女儿的故事。

知识窗 2.2　卡夫卡的亚伯拉罕

在他的非虚构作品《亚伯拉罕》中，奥地利小说家弗朗茨·卡夫卡（1883—1924年）以一种与传统截然不同的方式解读了亚伯拉罕和以撒的故事。一方面，他说，亚伯拉罕接受上帝之言并不需要"信仰之跃"，因为如果亚伯拉罕需要证明自己，那么他就必须拿对他来说很珍贵的事物来冒险。如果亚伯拉罕拥有很多——财富、儿子和他将成为犹太之父的预言——那么他唯一能经受的试炼就是被剥夺某些东西的威胁。卡夫卡说，这是符合逻辑的，根本不需要信仰之跃。如果亚伯拉罕是一个不同类型的人，那才需要信仰之跃。假设他真的想要通过表演献祭来取悦上帝，但他却是一个自卑的人呢？他真的想做正确的事，就像塞万提斯笔下的堂吉诃德，但他不太相信自己能成为上帝说话的对象，因为他认为自己不配。他害怕如果他继续献祭，那么最终会表明这条律令只是个笑话，他也将成为笑柄，像堂吉诃德一样，后者一直试图做出英雄伟业，却以与风车斗争收场。对这个亚伯拉罕来说，被人嗤笑会越发让他感到不配获得神的呼召。这就好像被呼召的是一个配得上的人，但这个蹩脚不配的亚伯拉罕却站出来回应了呼召，愚蠢地认为自己是配得上的那个人。卡夫卡说，这才需要信仰之跃。

寓言和反寓言　在 18 世纪和 19 世纪，成人终于开始认识到，儿童并不只是缩小版的和未长成的成人，儿童文学作为一种文学体裁应运而生。血腥的童话要改编得适合幼儿，而此前为成人所喜爱的另一故事类型被介绍给了儿童：寓言。伊索寓言和拉封丹寓言作为对儿童的道德训诫，变得非常流行。《老鼠和狮子》

的故事（狮子瞧不起老鼠，随后老鼠却救了狮子的命）教育我们：最好不要轻视某个不起眼的人，因为他／她有一天可能会帮助我们；《酸葡萄》（狐狸够不着葡萄，就说葡萄可能是酸的）告诉我们，如果有人声称有些事不值得做，可能是因为他们的能力不足。成人给孩子讲这些寓言的主要原因，当然是期望他们长大后成为好公民，这些故事似乎是一种有效的灌输方式。对于孩子来说，这些早期故事本质上讲的是"这样做，否则"；它们很少给孩子提供发挥想象力的机会。一个重要的例外是汉斯·克里斯蒂安·安徒生的作品。贯穿他的童话和故事的，是坚持让儿童的想象力摆脱成人酸腐的现实主义。事实上，安徒生的故事有一种真正的诗意品质，并承载着多重内涵；它们其实根本不是儿童读物。孩子们肯定喜爱它们，但当他们长大并有能力读出言外之意时，会更欣赏它们。在安徒生看来，不仅儿童的想象力有被成年人扼杀的危险，成人自身的想象力也有枯萎的危险。安徒生的道德教训是开放的。他告诉我们要倾听世界的声音，而不是用先入为主的观念来回应世界；如果那样，我们只会遇到我们所期待的东西，永远不可能再用孩童的方式看到世界的神奇和壮观。

在同一时期，也有其他带有道德寓意的故事为儿童写就。说教性的故事拿起了寓言的"针线"，教导孩童如何做人：顺从父母，善待动物，要将粥喝完，不要嘲笑看上去不一样的人。尽管这些教训在今天看起来大部分于人无害，但是故事本身还是常有性别歧视、种族主义等问题，而且天真地假设故事作者拥有世界上所有的智慧。这些"道德故事"不仅提出道德问题，而且进行道德说教。这种说教的倾向激怒了马克·吐温，以至于他写了一篇戏仿作品《关于宽宏大量事件的文学》（《疯狂》杂志以及以《白头神探》系列、《笑破铁幕》、《空前绝后满天飞》等为代表的一种喜剧片类型都受惠于此，它们都将某个观念按逻辑推演到极致，产生喜剧效果）。马克·吐温的戏仿给道德小故事加上了"真正"的结局。在一个故事中，一只脏兮兮的流浪狗被善良的乡村医生治愈，第二天，它回来了，还带着另一只脏兮兮的小狗，医生感谢上帝给了他治愈另一只不幸动物的机会。道德故事到此为止，吐温现身了：第三天，四只脏兮兮的狗出现在医生的诊所外，接下来的一周，数百只狗吠叫着等待接受治疗。第一只狗发了狂，还咬了医生，此时医生真希望自己一开始就开枪打死了它。

树立榜样的故事

我们喜欢听关于什么类型的人的故事？了解故事之后，我们会和书里或电影里的主人公做同样的事情吗？

当我们谈论以某种方式教导道德的虚构人物时，我们是在谈论榜样。像超人和蜘蛛侠这样的漫画人物可能具有我们所认同并想要仿效的某种品质。但如果我们把蝙蝠侠也算进去，就有点不同了：蝙蝠侠不是一个完全合乎标准的角色，他有心理问题（最近几部电影巧妙地探讨了这一点）。不是所有英雄人物都是完全道德高尚的。如果我们看看西方大众文学中的虚构英雄，从亚瑟王、兰斯洛特、罗宾汉到达达尼昂、斯嘉丽·奥哈拉，甚至哈利·波特，就会发现大部分人都有道德缺陷。20 世纪的潮流是尽可能将他们描述成道德上有缺陷的人，这可能反映出某种愤世嫉俗的感觉。一位脱口秀嘉宾曾宣称，她专门从肥皂剧中吸取道德经验，我们知道，肥皂剧中的角色绝不是毫无道德瑕疵的。

被故事中人物性格的阴暗面吸引，这并不是一种新现象；在欧洲中世纪的教堂里，聚集的农民迷醉于壁画上描绘的《圣经》场景，这些壁画有时会覆盖整个教堂内部。当神父用农民无法理解的拉丁语长时间地布道时，画作就占据着他们的注意力。那些艺术品的道德寓意显而易见，但寓意的表达主要是通过对恶人而非好人的刻画；用图像展现下地狱的情景通常更生动，在艺术上也比刻画人们上天堂的场景更有趣。也许艺术家认为描绘恐惧惊悚比描绘单调的幸福更有趣。看起来，详述有黑暗元素的故事，而非皆大欢喜的故事，似乎是人类的一个特点。但是，这些故事当然可以给我们上一堂道德课。因此，我们必须得出结论，并非所有的道德教训都与值得效仿的榜样有关；相反，相当多的道德教训是消极而非积极的，它们告诉人们不要去做什么。有时，那些表现出道德缺陷的人物成为我们的英雄，不是因为他们很好，而是因为他们和我们一样，或者更糟。如果这些"有缺点的好人"最终明白他们的那些做法是荒唐的，我们就尤其会将他们铭记心头。可能我们这么做是希望我们自己也能被爱，即使我们犯了错。看起来总体而言，我们拥有我们应得的英雄，就像人们有时说的那样。谨慎的时代有谨慎的英雄，暴力的时代有暴力的英雄。在我们接受他们为我们的英雄的时候，我们让他们的形象指引着我们的行动；当他们不再是我们的英雄，我们依然可以向他们学习——他们可以就我们过去的样子提供教导。

有些故事是对一个有缺陷的人物的道德探索，如约瑟夫·康拉德笔下的吉姆老爷（见第九章），他年轻时做了一个致命而懦弱的决定，因此努力想在余生掩盖它。在维克多·雨果的《悲惨世界》中，冉·阿让直到生命的尽头，才在道德上战胜了从青年时期就萦绕心头的罪。陀思妥耶夫斯基的《罪与罚》审视拉斯柯尔尼科夫的哲学思虑，他想象非凡人物有权去做任何自己想做的事，包括谋杀。居斯塔夫·福楼拜的《包法利夫人》通过艾玛的倦怠和幻想（从读小说而来的幻想！），追溯了她的堕落。丹麦作家 J. P. 雅各布森的作品《玛丽娅·格鲁卜夫人》在某些方面与《包法利夫人》相似。它讲述了一位贵族女士通过三次婚姻走向堕落：嫁给一位贵族，嫁给一个士兵，最后嫁给一个醉汉。她堕落的原因似乎与艾玛相同：感官主义与倦怠无聊。我们最后一次遇到玛丽娅时，她正奔走在两个小镇之间，去供养她的醉汉丈夫。故事的讽刺之处在于：在这种肮脏的环境中，玛丽娅最终找到了自己的幸福，而当她是一位"精致的小姐"时，幸福总是躲着她。

这类故事的写作，并不是为了让读者去做什么英雄的差事。它们主要意在探索迷人的人物性格。通过追问人物是否以某种方式自我救赎或自我降格，它们也发挥了道德评价的作用。有时，一个人物的救赎行为或品质与主流道德相悖，像玛丽娅·格鲁卜夫人的故事一样，这就会迫使我们追问：到底哪种价值是终极的道德价值？我们是否同意社会对玛丽娅的评价，即她一生虚耗，让许多机遇从指间溜走？我们是否认同作者的观点，即生活和道德包含诸多面向，保持真实的自我是有内在价值的，不管这种情感与社会公共观念有多少差异？如果这样的人物是一种警示，而非可效仿的人，我们就称他们为负面典型。在第十章关于榜样和美德伦理的扩展讨论中，我们会再次遇到这一概念。

几类成人童话

影响西方文化的故事难以计数，但有几个故事作为原型脱颖而出，我们似乎在一次次回归。在这一部分，我们将研究小说世界中经常出现的三个主题［用文学批评的术语来说就是典型或桥段（trope），用网络用语来说就是模因（meme）］：交易、善恶双生，以及追寻。

交易　不断激发成人想象力的是这一特定类型的故事：某人与命运（或神灵、魔鬼）进行交易而获利——或者不一定是真正的交易，而仅仅是将自己的生命与幸福置于危险之中，以获得最想要的东西。

本章前文所述的对民间故事起源的研究表明，交易这一典型主题尤其古老，可以追溯至 6 000 年前的印欧青铜时代。德黑兰尼和达·席尔瓦将这种桥段称为"铁匠与魔鬼"：

> 这个故事的基本情节——非常稳定，遍及从印度到斯堪的纳维亚半岛的整个印欧语系世界——是关于一个铁匠的，他与一个恶毒的超自然存在（如魔鬼、死神或精灵等）达成了一笔交易。铁匠用自己的灵魂换取可以将任何材料焊接在一起的能力，然后将那个恶毒的超自然存在焊在一个不可移动的物体（如一棵树）上，从而违背承诺。这个故事可能出现在印欧语系文化的最后一个共同母体中，它引起了关于印欧史前史的更广泛的争论，因为它暗示出冶金术存在于古代印欧语系社会。这一推测与所谓的"库尔干假说"是一致的，该假说将印欧语系的起源与游牧部落活动区域大幅扩张的考古和遗传证据联系在一起，而这些部落生活在 5 000~6 000 年前的东欧大草原。这些民族与青铜时代技术复合体的关联，通过物质文化数据和原始语言推论得到重建……为这个讲述狡黠的铁匠如何获得超人手艺的故事的文化演变提供了一个可能的背景。

在此处，德黑兰尼和达·席尔瓦将这个故事与古代民族迁徙与金属改良的理论联系起来，但对我们来说，重点是"交易"的主题。古代铁匠与魔鬼交易，以获得超自然的力量，这是所有此类故事的远祖，即满怀希望或失望的人与更强大的力量交易或试图交易。铁匠成功地用计谋战胜了恶魔，但不是所有的交易故事都有这样美好的结局。

为什么这样的故事仍在激起我们的兴趣？或许是因为我们认识到一些人的专注与成就，想知道他们可能付出了什么代价（甚至可能希望他们必须付出代价）。或者可能是因为我们处于绝望的境地时，也想尝试与命运交易一番。如果你让我活下去，我就会戒烟／对我的配偶更好／戒赌／不再吃垃圾食品。如果你让我通过考试，我保证从现在起做一个好学生。如果你让我打胜仗，我保证在回家时将把第一个接近我的生物给你做燔祭——这就是《圣经》中令人心痛的**耶弗他之女**的交易故事。耶弗他是以色列人的军事领袖，在一次战斗快要落败时，他请求耶和华赐予他胜利，并承诺，当他从亚扪人那里平平安安回来的时候，无论什么人，先从他家门出来迎接他，就必归耶和华，他也必将其献为燔祭。而当他真的赢了战争的时候，就是噩梦开始的时候。根据一些学者的解释，耶弗他可能认为他第一个遇到的会是一条狗或一个仆人，但前来迎接他的却是尚为处女的女儿。他会做什么？他会通过失信于上帝以拯救女儿来解决吗？不，他给了她两个月去哀悼自己终为处女，然后就将她献为燔祭。（在这一事件中，上帝并未像对亚伯拉罕所行的那样出手制止。）我们不要忘记，这是耶弗他向上帝所求的交易，而亚伯拉罕是被选中去经历试炼的。那么，耶弗他是一个好人吗？这取决于我们所处的时代，以及道德问题的差异。在《圣经·旧约》中，尽管万分艰难，但耶弗他坚持了自己的承诺，所以他是一个可敬的人。我们可能会为他的女儿悲伤（故事中的她甚至都没有名字），但从本质上来说，她是父亲之所有，因此他有权利甚至有义务因对上帝的承诺而牺牲她。从现代世俗的视角看来，耶弗他会被我们中的大多数人谴责，因为他没有预见后果就试图进行交易，也因为他是一个糟糕的父亲，背叛了女儿的信任，只相信他的更高职责是他对上帝的承诺，而不是他对家庭的义务。有时我们会像耶弗他一样遵守与命运的约定，但更多时候不会。然而，在与魔鬼进行交易的故事中，魔鬼通常被塑造成一个可信赖的交易者：它遵守它的承诺，也希望你遵守自己的承诺。

有人可能会认为，荷马史诗《伊利亚特》的故事中阿伽门农王将自己的女儿伊菲格涅亚献祭，让希腊船队乘风驶往特洛伊的故事属于交易这一典型主题，但在这里，阿伽门农是先牺牲了自己成年的女儿——这一举动之后让他付出了生命的代价——然后确实得到了一阵清风来鼓起船帆。他并没有像耶弗他那样与更高的力量"交易"，他是先向众神"付账"，这可能类似于人类历史上很多时期都有的活人祭祀。

在所有与魔鬼的交易中，最有名的可能是**浮士德博士的故事**。浮士德是约翰·沃尔夫冈·冯·歌德的巨著《浮士德》中的主角。16世纪，在德国的符腾堡，确实有一个名叫约翰·浮士德的人，他是占星家和术士，当时科学、占星学和魔法刚刚开始在概念和实践上分离。"炼金术士"进行的实验部分以科学证据为基础，部分基于魔法配方；这类操作者通常被天主教会视为异端。直到17世纪，西班牙宗教裁判所还把许多早期的科学家当作异端处死。在《浮士德》之前，就有了一些同样主题的故事，即关于出卖灵魂的巫师（魔法师）的故事。这类故事频繁出现在文学作品中，因此与浮士德的传说融合在一起。大约在1589年（在真正的浮士德博士去世约50年后），马洛创作了《浮士德博士的悲剧》，然而直到歌德的19世纪版本出现，浮士德才成为科学家的终极隐喻，他为了纯粹的知识（浮士德是想获得将贱金属变成黄金的配方），可以做任何事，包括出卖自己的灵魂。（在本章的后面，你会读到歌德早年写的故事《少年维特之烦恼》，讲的是一个死于单相思的年轻人——这部小说使歌德声名鹊起。）浮士德的故事后来由斯蒂芬·文森特·贝尼特改编成美国故事《魔鬼与丹尼尔·韦伯斯特》，但有一个转折：韦伯斯特智胜了魔鬼。（它实际上属于一个次类型，即智胜魔鬼。）20世纪40年代，诺贝尔奖得主托马斯·曼在小说《浮士德博士》中对原著故事进行了现代化改造，探索了他那个时代中男性的心态；在曼的小说中，浮士德痴迷的是艺术，而非科学。

贯穿浮士德故事的道德主线：*浮士德出卖自己的灵魂是错误的*。民间故事和童话故事与该主旨完全一致。有一个在许多国家以不同版本流传的故事，讲的是一个男孩渴望将小提琴技巧提升到无人能及的程度，魔鬼就教他演奏，他拉琴时，水中的鱼跃出倾听，鸟儿停止歌唱，女孩们蜂拥而来。但麻烦在于，每次他想放下手中的小提琴时，都做不到。也就是说，魔鬼让他如此，他将演奏至死。一些音乐家可能会说，这样也值。正有此例：以蓝调吉他为特色的现代传奇乐手罗伯特·约翰逊曾说，他那不可思议的天赋来自在十字路口将灵魂出卖给了魔鬼。

电影也不时探索浮士德主题，比如在《道林·格雷的画像》中，道林的画变老了，但他自己却没有变老，在《天使之心》中，一个角色想起来他一度忘记的事情——他出卖了自己的灵魂，最终他并没有得到帮助或救赎。另一部涉及交易的影片是《灵魂战车》，影片中的年轻人出卖了自己的灵魂，以拯救父亲的生命。托尼·斯科特的短片《击败魔鬼》探讨了同样的主题。在本章的末尾，还有影片《低俗小说》的剧情概要。其中一个研讨问题隐含着这样一种可能的解释：

黑帮老大把自己的灵魂卖给魔鬼了吗？但近年来，年轻读者和电影观众最熟悉的浮士德式交易主题，或许体现在《哈利·波特》系列中的汤姆·里德尔（伏地魔）身上，他冒着失去灵魂的危险，追寻被禁的秘密知识。另一个出卖灵魂（给黑暗面）以取得力量的角色是《星球大战》前传中的阿纳金·天行者，但由于他试图拯救自己的妻子，因此这个故事中的交易并不是大多数浮士德式故事中的那种"以自我为中心"的交易。

善恶双生　罗伯特·路易斯·史蒂文森 1886 年创作的《化身博士》与浮士德博士的故事紧密关联，但增加了新的元素。和歌德的故事一样，史蒂文森的故事大致取材于一个真实人物，他白天是 18 世纪苏格兰的一名细木工和市议员，晚上是一个窃贼。善良的杰基尔博士喝下自己发明的一种改变人格的药物后，变成了邪恶的海德先生。故事说，这种药物的目的是从人性的邪恶中提炼出善良。杰基尔并不是那么善良，因为他为了寻求知识而抛弃了自己的生活和*体面*（19世纪的读者认为这是一个特别有问题的概念），这与浮士德的执着相似。但这里的故事偏离了浮士德模式，不仅魔鬼是缺席的（他只在杰基尔 / 海德"罪有应得"之死的那一刻显现），而且引入了另一个主题：双重性格。毕竟，杰基尔和海德是同一个人，这种象征意义很容易解读：每个人心里都有另一个自我，它好似一头野兽，无论我们多么想，都绝不能放纵它。杰基尔一直想要回到海德这个人格的原因是，这让他感觉很好、很有趣；他可以做维多利亚时代的英国人不赞成的事情，比如到镇上取乐。当然，他折磨和杀害他人，这是任何时代都不会宽容的。其道德教训是清楚的，也基本符合 19 世纪维多利亚时代的习俗以及基督教传统：控制你内心的兽性，不要屈服于身体的欲望。

当我们考察双生灵魂的主题时，会发现通常有两种版本：一个有两种人格的人，比如杰基尔和海德，以及两个有着千丝万缕联系但又截然不同的人，比如一善一恶的双胞胎，后文会谈到这一主题。20 世纪早期关于有双重性格的人的著名故事出自赫尔曼·黑塞所写的《荒原狼》，即哈里·哈勒的传说。这个中年的中产阶级男人在 50 岁时考虑自杀，因为他在生活中看不到一点积极因素，而他的另一重性格，是尖刻、孤独、渴求出格经历的"荒原狼"。另一个故事出自热门电影《怪物史莱克》。美丽高傲的菲奥娜公主有一个深藏的秘密：一到晚上，她就会变成绿皮肤的怪物。在《怪物史莱克》上映前100多年，安徒生就写过《沼泽王的女儿》的故事，这是一个严肃而有象征意义的故事，讲述了一位美丽的埃及公主与邪恶的沼泽王的女儿的故事：白天，她是美丽但恶毒的女人；晚上，她就有了亲切、和蔼、慈悲的灵魂，却被困在一只巨型癫蛤蟆的身体内。双重性的故事很容易被解读为我们的"天使"一面与"魔鬼"一面的斗争——或者正如基督教传统普遍认为的那样，是我们的灵与肉之间的斗争。但如同赫尔曼·黑塞所说："哈里试图通过狼与人、肉与灵的分离来让自己更容易理解自己的命运，这是一个极大的简化……哈里是由成百上千个自我构成的，而不是两个自我。和所有人一样，他的生活始终动荡，不是仅仅在身体和精神、圣徒和罪人等两极之间摇摆，而是在成千上万个自我之间摇摆。"

关于一善一恶双胞胎的故事有时很难解释，但有趣的是，它们通常沿着同样的象征线索发展：双胞胎（或兄弟姐妹，或朋友）中的一个通常代表"善"，或精神生活，另一个则代表"恶"，或物质欲望的世界。作者的意图常常是描述人人都具备的两方面，就像双重性格的故事一样。这种故事的有趣之处在于性格的转换，比如约翰·斯坦贝克描写双胞胎卡尔和阿伦的小说《伊甸之东》中，善良的阿伦似乎突然表现出邪恶的性格，而"邪恶"的卡尔则表现出更高贵的道德秉性，于是我们开始怀疑此前的刻板印象。当然，生活很少模仿小说，除了20世纪90年代加州的一个法庭案件。在该案件中，一个女人真的雇凶想要杀死她的孪生姐姐，因为她想要以姐姐的名义生活——她的姐姐因优秀和善良而备受倾慕。阴谋失败了，"善良的"姐姐在法庭上指证"邪恶的"妹妹，并让后者被判有罪。

追寻　我们已知的第一个以"追寻"为主题的故事是关于乌鲁克国王吉尔伽美什的。吉尔伽美什失去了他唯一的朋友恩奇都——恩奇都死于一种致命的疾病。这使得吉尔伽美什认识到，所有人都有一死。他被一种可怕的恐惧笼罩着。于是，他开始寻找永生的秘密。苏美尔人至少从大约公元前1500年起就讲述着这个故事。吉尔伽美什到了大地尽头，找到了最古老的人类——乌特纳比西丁和他的妻子，得益于众神之恩宠，他们在大洪水过后幸存。（他们在漂浮在水面上的方舟中是安全的。）尽管如此，乌特纳比西丁没有能力帮助吉尔伽美什获得永生，后者必须到别处寻找永生之法。最后，他发现一种植物可以带来永生，于是把它摘了下来，但永生草掉进了水里。吉尔伽美什必须潜入海底，那里是蛇妖居住的地方，他必须爬进蛇妖张开的口中，才能得到永生草——但他无法将永生草拿回。吉尔伽美什一度获得了永生，但很快就失去了，因为死亡是人类的命运。

吉尔伽美什的追寻失败了，但它仍是史诗般的，因为它体现了人类对永生的渴望，以及我们不能永生的事实，即使我们是乌鲁克国王。追寻是文学与电影史上最动人的主题之一，正是因为即使主人公没有找到他或她想要找到的东西，寻求本身仍是故事中最重要的部分。追寻迫使英雄成熟起来，让他或她意识到任务目标的真正重要性或不重要性。

神话和传奇中充满了追寻类故事。纳瓦霍人的女性始祖——祖母蜘蛛就在大地陷入黑暗之前几天去追寻太阳。她找到它后，偷了一块放进她的陶罐里带回家。在希腊神话《伊阿宋和金羊毛》中，伊阿宋和"阿尔戈号"上的英雄们去寻找金羊毛。古埃及传说讲述了女神伊希斯寻找被谋杀的丈夫奥西里斯的尸体的故事。一些探索者甚至去阴间寻找自己要找的东西：尤利西斯进入地府，与死去的先知忒瑞西阿斯说话；俄耳甫斯前往阴间，试图找回他深爱的亡妻欧律狄刻；美洲原住民莫多克人的文化英雄库莫库姆前往死亡之地寻找他的女儿；中东的全能女神伊什塔尔发现，在年轻的恋人坦木兹死后，自己的力量受限了，于是她深入地府要将他救回人间；大地女神得墨忒耳来到亡灵之国，要带回被冥王哈得斯诱拐的女儿珀耳塞福涅。

这些故事证实了我们所了解的：如果能让我们所爱之人复活，我们宁愿去到地之尽头和亡灵之府。我们也知道这是徒劳的，吉尔伽美什的教训每个人都能明白。

另一些追寻类故事则更令人愉悦。一个关于非洲女孩万吉鲁的民间故事说，为了求雨，万吉鲁的家人牺牲了她，但是，一位年轻的勇士去阴间把她找了回来。他将她带回人间，把她藏起来，直到她再次强壮；在一次盛大的舞会上，他向众人展示了她。她的家人为他们曾经对待她的方式感到羞愧无比。最后，万吉鲁和这位勇士结婚了。

另外两个以"追寻"为主题的故事以各自的方式成为寻找（search）的缩

影。一个是《白鲸》，另一个是"圣杯"的传说。

赫尔曼·梅尔维尔的《白鲸》（1851 年）已成为美国追寻类小说的典范，但它有着特殊的角度：追寻者陷入疯狂，而且除了对亚哈船长本人，这场追寻对其他人毫无意义。在许多故事中，尽管追寻的目标可能遥不可及，但通常会有一些可以让读者产生共鸣的内容。然而，在《白鲸》中，读者并不认同追寻者，而是认同观察者以实玛利。这场追寻毫无意义，而且相当疯狂。最终，亚哈船长找到了他的白鲸，但他和其他船员都死了，只剩下以实玛利在孤独地"向人们讲述着这个故事"。

好莱坞制作了一部现代视角的寻找白鲸的故事，故事中的社会敬畏白鲸但厌恶鲨鱼。影片《大白鲨》中的象征主义比梅尔维尔的故事更强；巨鲨是人类邪恶的更鲜明的体现。然而，《白鲸》中的模糊感在《大白鲨》中消失了。梅尔维尔的故事让我们怀疑亚哈船长的追寻激情和艰险是否值得，而在《大白鲨》中，我们知道这一追寻是不明智的。

在某种意义上，有一个好莱坞故事与《白鲸》的关系比《大白鲨》更紧密。约翰·福特的电影《搜索者》是好莱坞最出色的作品之一，展现了疯狂追寻的一个民间故事版本。正如片名所示，在这部电影中，重要的是搜索，而不是搜索的对象。多年来，伊桑和马丁一直在美国西部寻找伊桑的侄女黛比，她被科曼奇族印第安人俘获了。马丁是我们认同的观察者，相当于《白鲸》中的以实玛利。马丁试图说服伊桑，后者一门心思要复仇，而不是营救。随着时间的流逝，伊桑开始认为自己的侄女已被一起生活的科曼奇人"玷污"了，只有杀了她才能解决问题。伊桑找到了他的"白鲸"——杀害伊桑一家并绑架了黛比的科曼奇酋长，但就在最紧要的关头，伊桑认识到，自己的动机走入了歧途。通过人们的爱，伊桑得到了救赎并恢复了理智。然而，他在执迷不悟和人性孤独的路上走得太远，注定只能独自徘徊。在第十章中，我们还会谈到《搜索者》。

寻找圣杯属于亚瑟王传奇的一部分，寻找只在象征意义上取得了成功，如果可以说是成功的话。在光荣的圆桌会议之后数年，亚瑟王的骑士们痴迷于寻找基督在最后的晚餐中使用的杯子——圣杯。每位骑士都在极力寻找杯子，但只有加拉哈德（有的故事说是珀西瓦尔）见到了圣杯，但就连他也被拒绝再接近圣杯。自这个故事第一次被讲述以来，寻找圣杯已成为追求一个深刻真理、一次神圣启示、一种生命意义的象征。（知识窗 2.3 展示了电影中的一些圣杯追寻故事。）即使这种追寻不成功甚至徒劳，就像塞万提斯笔下的堂吉诃德为了寻找"不可能的梦想"而四处求索一样，追寻本身也为追寻者披上了英雄主义的外衣，就像追寻给吉尔伽美什所带来的一样。圣杯的主题可以包含任何类型的追寻，而不仅仅是寻找一个杯子或一件物品。近年来，丹·布朗意外畅销的《达·芬奇密码》，就是以当代世界为背景，以寻找圣杯传说背后的真相为特色的一部小说。让很多读者惊讶甚至震惊的是，最终真相大白，圣杯不是一个杯子，而是一个人！根据推测性理论，她是为耶稣基督生下一个孩子的女人：抹大拉的马利亚。她和她的血统就是圣杯，或者用法语来说，不是 San Greal（圣杯），而是 Sang Real（圣血，王室血统）。《达·芬奇密码》这本书和相关电影催生了一个产业，包括电视节目特辑和解释性书籍，但事实上，在数十年前，由贝金特、利和林肯合著的极富争议的《圣血与圣杯》一书就提出了这个理论。（贝金特甚至起诉丹·布朗剽窃，但败诉了。）尽管情节引人入胜，但在大部分历史学家看来，它仍是猜想，缺乏确凿的证据。

追寻的对象可以是某种崇高之物、理想之物、不属于这个世界之物，也可以是非常务实的东西，比如金钱。无论故事是崇高还是务实，作为一种故事类型的追寻似乎都经久不衰。

知识窗 2.3　电影中的圣杯

除了根据丹·布朗的小说《达·芬奇密码》改编的电影外，探索圣杯主题的电影还有《火之战》，一个关于原始人寻找火种的故事，对话使用的是安东尼·伯吉斯发明的原始语言，以及十足的探险故事系列，如《夺宝奇兵》。《夺宝奇兵 3：圣战骑兵》讲述的是寻找圣杯的故事。经典科幻电影《2001 太空漫游》讲述的就是为了寻找终极奥秘，即古老的黑色巨石而进行的一场圣杯式追寻。《渔王》是另一部使用了圣杯主题的电影。它逼真地再现了无家可归者的境况，并告诉我们，如果怀着爱的精神去追寻，任何东西都值得成为追求的对象。在其他电影，如《斯坦利与利文斯顿》和《浩气盖山河》中，人们跨越障碍重重的非洲热带雨林，寻找其他人，寻找尼罗河的源头，或在对事情的谋划中寻找对自身和个人角色的更好理解。

关于寻找解毒药的故事可能融合了圣杯元素和净化元素（精神净化）。寻找圣杯是为了治疗疾病，但它也可以作为一种解放和精神治疗的过程。21世纪早期的年轻影迷最熟悉的圣杯电影三部曲可能是改编自托尔金名作的《指环王》，不过这实际上是逆转了的圣杯故事，因为其主题不是寻找某个事物，而是要*摆脱*它。佛罗多不得不携带魔戒去魔多，以毁灭这个邪恶之源，它对每个人来说都是巨大的诱惑，也包括佛罗多。在圣杯传奇中，只有加拉哈德精神足够纯洁，能够见到圣杯的形象，同样，佛罗多是唯一一个心灵纯洁到可以踏上这段旅程的人（尽管如此，就像三部曲的很多影迷想要指出的一样，如果没有他的朋友山姆怀斯·甘姆吉无私的勇气，魔戒将永远不会被毁灭）。

当代故事类型

有时候，故事中的道德教训很难发现；我们可能会对其视而不见，教训也可能随着时代的演进而显得陈旧。阿道司·赫胥黎的小说《美丽新世界》（1932年）中就有这样一幕。年轻的"野蛮人"约翰在自然保护区长大，未受优生学、完全性自由和试管婴儿时代的影响。约翰向自己的朋友——科学家亥姆霍兹介绍了莎士比亚。约翰从《罗密欧与朱丽叶》开始读，他认为无法相爱的年轻恋人之间的道德戏剧会打动他的现代朋友。然而，亥姆霍兹大笑起来，因为他看不出有什么问题：如果罗密欧与朱丽叶相互需要对方，为什么他们不性交，然后就此罢休，而要小题大做呢？他对过去的社会和道德结构茫然无知，"野蛮人"感到非常不安，因为伦理交流在这个新时代看起来是不可能的，这个时代已经抛弃了家庭关系、生育、同胞之谊和配偶之情，并拒绝承认死亡现象。

与此类似，描述意外怀孕的故事在过去曾引起人们深刻的共鸣，但自从合法堕胎和安全避孕出现，这种共鸣就没有了。一些好莱坞老电影讲的是无法与配偶离婚的恋人经受的考验，在看这类电影时，我们有时也需要做些努力才能与角色产生共鸣。赞美战争荣耀的故事直到20世纪早期还很受欢迎，但在之后相当长的时间里，它们并没有受到大多数当代读者和观众的欢迎。但是，描述人类艰难选择和深层情感的流行故事类型持续走红，其包括战争叙事、美国西部故事、科幻小说、奇幻故事和犯罪故事等，甚至可能还有我们所谓的"伪历史奇幻作品"，如系列小说和电视剧《权力的游戏》（见知识窗2.4）。下面，我们将深入探讨这些类型及其道德焦点。

在《夺宝奇兵3：圣战骑兵》（1989年）中，考古学家印第安纳·琼斯（哈里森·福特饰）和他的父亲（肖恩·康纳利饰）寻找基督教传统中的终极宝藏——圣杯，可能是耶稣基督在最后的晚餐上使用的杯子。剧照为老琼斯和小琼斯从纳粹据点的一场大火中勉强逃生。

战时故事：责任与荣誉　在过去的时代，带有道德教训的战时故事很常见，因为似乎每一代年轻人都被期望在地方武装冲突中铸就男子气概。但是，将战争视为男性美德养成的天然竞技场的想法在第一次世界大战中遭受重创，士兵不知为何而战，在惨烈的战争中可能遭遇全军覆没的命运——来自同一个家族、同一个村庄或同一所大学的年轻人，在芥子气和机枪的扫射下肩并肩地死在战壕里，村庄和大学失去了整整一代青年男子。后来，那个痛苦的时代在电影中得到再现，如《西线无战事》《加里波利》《漫长的婚约》，以及备受欢迎的英国电视剧《深红战场》。骑在白马上、头盔上插着羽毛的士兵，为他的国家英勇捐躯，这是19世纪遗留下来的形象，取而代之的是20世纪的苦难。对很多人来说，战争荣誉这个观念纯粹是蛊惑宣传，是领袖们为了激励军队毫不迟疑地冲上前线充当炮灰而发明的。

　　尽管如此，战士作为忠诚和荣耀的勇者的形象深深地扎根于大部分人类文化中，它不应该被视为仅仅是诗人、宣传者、君主和将军对轻信之人操控的结果。它似乎与我们内心深处的某种东西产生了共鸣，这种东西将我们视为社会动物，对自己人忠诚，无论好坏。有人会说，这是*男性*特有的共鸣；也有人将它看作一种阶级认同，应该在全球社会中根除；但也有很多人将它看作对故土与故人天然之爱的一部分，无所谓阶级与性别，很多时候也是我们被教导要拥有的对原则的爱。

在一些和平主义者看来，任何关于战争的故事都是对人性最丑恶一面的令人厌恶的提醒，但对于许多和平主义者来说，战争的故事可能也是有意义的，因为它们关注的不是战争的荣誉，而是处于压力下的人类，他们表现出了对责任和战友的忠诚。**正义战争**的经典定义（见第十三章）是一场战争不能为领土或荣誉而战，而是严格为保卫自己的国家或防止未来的真正威胁而战。这就意味着，一场战争只有在没有其他看似合理或实际的选择时才能打响。关于一场正义战争的故事必须表明，战争是最后的道德选择，而且它的目标是和平。此外，它必须清楚地表明谁是正义的，谁是非正义的。

第二次世界大战催生了成千上万的小说和电影，讲述邪不压正的故事。一些电影试图真实地刻画战争事件，如《最长的一天》《遥远的桥》《偷袭广岛》《汉堡高地》《铁勒马九壮士》。还有一些电影是将虚构的元素和人物融入故事，传达关于战争经历的信息，如《晴空血战史》《孟菲斯美女号》《战火赤子心》《拯救大兵瑞恩》《细细的红线》《我们曾是战士》，以及备受欢迎的 HBO 系列剧《兄弟连》和《太平洋战争》。《绿色贝雷帽》《现代启示录》《生于七月四日》等一系列电影表现的是越南战争；表现海湾战争的影片是《锅盖头》；《黑鹰坠落》讲述了美国参与索马里行动的故事；"9·11"恐怖袭击事件则是《世贸中心》《联航93号》的主题，还有通过孩童的视角来看待此事件的影片《特别响，非常近》。阿富汗战争是小说和电影《追风筝的人》和电影《兄弟》的内容，相关电视剧有《战地医院》，还有从女性视角出发的小说《灿烂千阳》，这在第十二章的故事部分也会出现。以伊拉克战争为题材的电影越来越多，包括《拒绝再战》《拆弹部队》《绿区》《美国狙击手》，以及电视电影《勇者行动》。

知识窗 2.4 有龙的另类历史:《权力的游戏》

当然，除了本章中提到的这些，还有其他类型的虚构作品，如恐怖片、喜剧、文献片（或伪纪录片）、历史小说、动漫，以及奇幻文学。但"伪历史奇幻作品"怎么样呢？乔治·R. R. 马丁的系列图书《冰与火之歌》（更广为人知的名字是《权力的游戏》，HBO 那部剧情逐渐发散的剧集的剧名）可以算作一个混合类别：背景设定在一个非常类似于 15 世纪欧洲的虚构世界中，我们看到了多条故事线，涉及七国争夺维斯特洛大陆的权力。从一个角度来看，它是关于政治世界中发人深省的自私以及同样深刻的人类尊严和纯真的道德故事，在那个政治世界里，权力结构摇摇欲坠，内战将所有规则扫荡一空。托马斯·霍布斯的政治理论（见第四章）最适合《权力的游戏》的世界。但从另一个角度来看，它又是关于龙族和黑暗魔法力量的奇幻故事。没有一个受欢迎的角色是安全的——被观众认为是整个系列主人公的那个男人艾德·史塔克，史塔克家族的首领、一个责任感很强的人，在第一季的最后被斩首了。他的儿子、鲁莽而年轻的罗柏·史塔克向凶手——权势滔天的兰尼斯特家族——发起挑战。就在读者 / 观众最意想不到的时候，罗柏在叛徒手下失去了生命。兰尼斯特家族精明的首领泰温，因一个正直而怀恨在心的家庭成员而命悬一线。

《权力的游戏》里的许多角色有道德缺陷，也有许多有道德骨气，有时缺陷和骨气在一个人身上，例如主角之一提利昂·兰尼斯特。几乎在该书中的每一章里，都能找到一个或几个角色来例证关于对错的理论。以下是一些例子：谁是**伦理利己主义者**（见第四章），认为每个人都应该关照自己？"小指头"培提尔·贝里席。只想着帮助他人、从不考虑自己的**利他主义者**（见第四章）呢？山姆威尔·塔利。一直关注对他人义务的**康德式义务论者**（见第六章）呢？艾德·史塔克本人，以及他的"私生子"琼恩·雪诺。**功利主义者**（见第五章），即试图为最大多数人创造最大幸福而无所谓手段的人呢？令人惊讶的是，他是阉人瓦里斯。谁可能是一个**弱普遍主义者**（见第三章），试图在一种自由的核心价值下将有不同价值观的文化统合为一体？从某种程度上来说，是卡丽熙，即丹妮莉丝·塔格利安。随后她看上去像是改变了性格，显得冷酷无情！有没有人可以作为**美德伦理**（见第八章和第九章）的代表，其有着刚强、忠贞的性格，可以承受任何逆境？珊莎·史塔克和塔斯的布蕾妮。当然，还有很多非常**邪恶**（见第一章）的角色。此外，这个故事里有一个**交易**的桥段（史坦尼斯·拜拉席恩和梅丽珊卓），一个**追寻**的桥段（丹妮莉丝、艾莉亚·史塔克），还有一个**善恶双生**的桥段（詹姆和瑟曦·兰尼斯特）。

（这一名单是以本书作者的视角列出的，而不是电视制片人或马丁的视角！当然，你可以不同意。）

《权力的游戏》中的角色琼恩·雪诺（基特·哈灵顿饰）在黑城堡冰雪长城的岗哨上。他被长城另一边正在集结的尸鬼和异鬼大军困扰，自己团队中嫉妒他的守夜人也困扰着他。

（© HBO/Photofest）

西部片的道德世界：艰难抉择 西部片是有关美国西部的故事，100多年来一直向美国公众和全世界观众提供道德教训。所有国家似乎都经历过"重新发现"过去的阶段，但美国西部作为一个历史时期只是近来的事，而且非常短暂：从1865年到大约1885年，即从南北战争结束到开放畜牧结束的这段时间，开放畜牧的终结是带刺铁丝网的采用和19世纪80年代的寒冬导致的。一直以来，人们所讲述的老西部的故事也许比可能发生过的还多。在老西部依然有生命力的时候，东部的人们就已经开始阅读美化西部的廉价小说了；第一批西部片是在20

世纪第一个十年早期的纽约城外拍摄的。这个关于刚刚逝去的历史的传奇故事，制作过程非常迅速，甚至请来了当时真正的牛仔和枪战高手，他们从平原和沙漠来到好莱坞帮忙。在墓碑镇有着美名的怀亚特·厄普来到好莱坞，他去世的时候，西部片主演汤姆·米克斯是他的护柩者之一。

将近期历史娱乐化是吸引人们进入剧院和影院的手段之一。然而，如果仅仅如此，西部片恐怕不会有这么长久的生命力。西部片的部分魅力似乎在于异域情调，西部仍然是一片独特的风景。此外，还有一厢情愿的成分：或许老西部从来都不是像电影中那样，只是我们希望它是那样。更大的吸引力在于西部片的道德潜力。对于西部片影迷来说，看电影如同观看一场仪式。片子的故事通常是我们所熟悉的，即使我们是第一次观赏：有好人和坏人，有骏马，还有人们骑马在锦绣大地上来来回回。接下来通常会有一个好女人，有时还有一个坏女人。而且也有威胁，或是印第安人、铁路公司、偷牛贼，或是（在后来的西部片中）大生意人，通常我们的主人公会有勇有谋地将他们击退，有时甚至是在不情愿的情况下（他常常会被卷入打斗中）。问题解决之后，主人公很少会安定下来，而是纵马向落日奔去，以免被他曾帮助靖乱的那个社会的平静与繁荣牵绊。在后来的西部片中，好人是印第安人、黑人或一帮法外之徒，而坏人则是军人、其他印第安人或执法人士；稳定的社会成了消极而非积极的形象。尽管如此，从传统上来说，普遍模式是一致的：某一个体（善良）的力量超越了更大力量（邪恶）的威胁。有时，个体会铺就通向文明之路，但该过程会使他自己成为多余，就像在可能是史上最佳的西部片《搜索者》中那样（见第十章）。有时，尽管群体会让他失望，个人还是会实现他的道德功绩，如另一部经典作品《正午》（见第六章）。还有的时候，个人会坚持自己的信仰，但却被拒绝其价值观的群体牺牲，就像在被低估的杰作《汤姆·霍恩的一生》中一样。

如果人们已经知道将会发生什么，为什么还要看西部片？因为电影体验（或电视体验）本身就是一个道德事件。人们通过观看参与故事，他们觉得当银幕和屏幕上的问题得到解决时，生活中的普遍问题也以某种象征性的方式得到了解决。观影者甚至可能没有意识到这种心理过程。

有人可能认为，如果西部片带有道德信息，这样的信息可能相当过时，而且会冒犯现代观众。毕竟，第一代西部片给人留下的总体印象是杀印第安人是可以

昆汀·塔伦蒂诺的西部片《被解放的姜戈》（2012 年）展现了西部题材的适应性。它并不是第一部由非裔美国人担任主角的西部片，但该故事设定在 19 世纪 50 年代，并从杰米·福克斯饰演的姜戈的视角来演绎。姜戈是一名奴隶，如果他能帮助追捕通缉犯，就会被许以自由，他也在寻找并试图解放他的妻子，后者仍是残忍的奴隶主卡尔文·坎迪（莱奥纳多·迪卡普里奥饰）的所有物。塔伦蒂诺让姜戈穿越了许多西部片中出现过的场景，以此向这一电影类型致敬。

（© The Weinstein Company Photographer: Andrew Cooper/Photofest）

接受的，妇女是必须受到保护的弱者，黑人仿佛不存在，土地就是等着被开发的，动物的生命和痛苦无关紧要，等等。然而，有些主题是永恒的，比如勇气与怯懦的对比，而西部片也随着时代的变化而展现出了变化的潜力。仍然有好人和坏人，但在各个阶段，它们反映的是同一时期世界的问题，至少在象征意义上。20 世纪 50 年代，西部片开始反映出对城里人征服荒原的刻板印象日益增长的不安；60 年代，人们对法外之徒的同情与日俱增；70 年代的西部片受越战的影响，开始探讨歧视、过度开发和污染问题；80 年代的西部片乏善可陈，但在 90 年代，西部片再次获得了发言权；当代的西部片常常探讨美国这个大熔炉中的跨文化和跨种族问题。（见知识窗 2.5 对西部片的信息变化的概述。）作为一种真正的美国叙事类型，西部片显示出一种惊人的潜力，能够在单一的框架中引入更多社会和道德问题，在该框架内，在岩石、山脉和沙漠面前相形见绌的人们，可以在他们所站立的那片土地上做出重大的道德决策。这些重大决策的故事不仅吸引着美国人，也吸引着全世界的观众。这使得西部片不仅是一个电影类型，而且成为一个用普遍的道德语言讲述的跨文化故事。

知识窗 2.5　西部片的信息变化

从早期开始，西部片就设法将现代问题融入当时的情节。经典电影（和图书）《黄牛惨案》聚焦于集体的歇斯底里、胆怯与私刑。在越战时期的"越战西部片"中，被屠杀的印第安人象征着越南人，军队象征着在越南的美国军队（《蓝衣士兵》《小巨人》）。水门事件后的西部片刻画了腐败的政客和贪婪的铁路大亨（《少壮屠龙阵》和《少壮屠龙阵2》）。20世纪90年代的西部片探讨了暴力及其正当性问题。《墓碑镇》和《义海倾情》审视了暴力对于城镇和试图结束暴力的个人（厄普）的影响，《不可饶恕》或许在所有新西部片中喊出了最响亮的反暴力口号，它反思了一名枪手的生命中人性的缺失。

随着西部片的回归，人们不仅对历史的准确性越来越敏感，而且对老西部的多族群存在也越来越敏感。非裔美国人在西部找到了英雄身份（《西瓦拉多大决战》《孤鸽镇》），美洲印第安人则跳出类似魔鬼或天使等旧的刻板印象，成为拥有自己的语言、自己的问题及喜怒的真正的人（《与狼共舞》《最后的莫希干人》《杰罗尼莫》）。西部片中坚强的女性角色依然较少，尽管多年来也有一些，相关作品有《荒漠怪客》《赤胆屠龙》《正午》，电视电影《孤鸽镇》以及电视剧《女医生》。《小乔之歌》是关于一个乔装成男人过日子的女人的故事；《天地无限》塑造了一个决定像男"英雄"一样强大的女性角色；影片《大失踪》中，女主角试图营救被绑架的女儿。这一切都有助于消除西部片只关注男性和只为男性服务的印象。《大地惊雷》的原版（1969年）和改编版（2010年）都以一个朝气蓬勃的少女为主角，她决心报杀父之仇——尽管在两部影片中，镜头最多的都是喜欢豪饮、饶舌的独眼美国警长狂人考伯恩。

对于 2005 年的西部片《断背山》，评论家褒贬不一。这部电影改编自安妮·普鲁的短篇小说，讲述了两个年轻牧羊人的故事，他们在一个寂寞的放牧季节发生了关系，后来他们回到怀俄明州和得克萨斯州当牛仔，余生面对充满矛盾的爱情。《断背山》被誉为或被谴责为第一部"同性恋西部片"，但事实上，其他西部片也尝试过这一主题。第一部公开以同性恋为主题的西部片是安迪·沃霍尔 1974 年的实验电影《寂寞牛仔》；另一部正面刻画同性恋配角（除此之外并无同性恋情节）的西部片是《墓碑镇》，其自 1993 年上映以来广受好评。然而，熟悉西部片的影评人指出，《断背山》与其说是一部西部片，不如说是一部爱情片，讲述的是一对恋人因为所生活的世界而无法找到幸福的故事，就像《罗密欧与朱丽叶》一样，而那些外在的附属物（牛仔帽、骏马、皮卡车）都是偶然的。

近年来，西部片中出现了一种新的变化，我们可以称之为"严肃的恶搞"。动画片《兰戈》和喜剧片《死在西部的一百万种方式》等电影使用了传统西部片的背景和故事情节，但增加了新颖的视角。有时候，这么做能给该类型带来新鲜血液和全新的视角，如《兰戈》的动画角色可能很有趣，但它实际上是一个关于贪婪、勇气与群体精神的传统西部道德故事。有时，这样做的吸引力和成功率较小，比如《独行侠》（2013 年）。然后是另类的《牛仔和外星人》，正如标题所提示的，它是一部关于外星人入侵的牛仔电影，但它并不是对西部片和科幻片的无礼冒犯，而是设法完成了一个关于在极端压力下的人类精神的伟大而有趣的跨类型故事。昆汀·塔伦蒂诺的《被解放的姜戈》（2012 年）也是旧类型的又一次创新，讲述了黑奴姜戈解放自己，试图找到并解放他的妻子的故事，这是一个西部片"追寻"类型的故事。2015 年，塔伦蒂诺又拍了一部西部片《八恶人》，它更接近传统的西部片情节，但有导演自己的风格，被评论家称为"过度暴力"。

西部电视剧本身就自成一章。在 20 世纪五六十年代，西部电视剧每天都在三个电视网络频道播出，就像近几十年来的警匪片一样成功和无处不在。如《浴血边城》《枪战英豪》《步兵》《马车队》《黑色九月》《神枪小霸王》这样的剧集，都是集体形式的消遣，以及对整整一代美国年轻人的道德训诫。在随后的几十年里，人们从别处寻找娱乐价值，但在21世纪初，西部电视剧迎来了一场值得注意的复兴，比如备受赞誉的HBO系列剧《朽木》（2004—2006年）。这部剧是人类贪婪对抗同情的政治寓言，而不是传统的西部片。该剧粗俗的语言让很多西部片影迷弃之而去，但通过对一个从采矿营地的污泥浊水中崛起的社会人物的有趣的心理刻画，它赢得了很多观众的喜爱。西部电视剧《西镇警魂》加入了一个新元素，它改编自克雷格·约翰逊关于警长沃尔特·朗迈尔的成功小说。该系列以当代的怀俄明州为背景，将经典的西部片价值观与当代的敏感问题结合起来，特别是美洲印第安人的问题。无论是新西部还是老西部，大多数以西部为背景的故事都有一个共同点，即聚焦于人们必须根据某一价值观做出的艰难的抉择。

科幻作品：我们想要什么样的未来？ 与西部片类似，科幻小说作为一种文学体裁诞生于19世纪。法国作家儒勒·凡尔纳以他关于人类登月和前往地心及海底的旅行的幻想作品，震惊了全世界。就连安徒生也在他的一篇较不出名的故事《一千年之内》中预言，美国人将乘坐机器飞往欧洲，参观旧大陆。凡尔纳的故事中包含了一种在现代科幻小说中盛行的元素：道德觉识（moral awareness）。他的作品揭示了一种对发明可能产生的影响的意识，以及一种普遍的政治意识，这使得他的书没有沦为消遣物。在英国，H. G. 威尔斯的作品以同样的方式将科学幻想和社会评论合为一体。

20世纪，从低俗小说杂志和连环漫画书到高质量的严肃小说和电影，科幻作品成为主要消遣物，涵盖从魔力宇宙的纯幻想到探究科学的硬核思想实验等诸多主题。尽管科幻作品不经常涉及伦理问题，但事实证明，它是最适合进行伦理问题探索的类型之一，尤其是那些我们认为可能潜藏在未来的问题。（知识窗2.6探究了电影和电视剧中的僵尸现象。）

知识窗 2.6　这些活死人是怎么回事？

　　一段时间以来，大众媒介制作了一个又一个关于"活死人"或僵尸的故事。从 1968 年的电影《活死人之夜》开始，随后是《活死人黎明》（1978年）和《我是传奇》（2007 年），死人复活，以骇异、没有灵魂的形象决定毁灭和 / 或改变活人，这样的故事不断出现。最受欢迎的是电视剧《行尸走肉》，其次是电视剧《僵尸国度》和电影《僵尸世界大战》。就连 HBO 系列剧《权力的游戏》中也有以"尸鬼"的形式出现的活死人。那么，为什么这个题材如此吸引人呢？根据一些分析，理由非常直白：僵尸是大反派，因为它们几乎是不可毁灭的——它们已经死了，必须发明特殊的方法才能消灭它们。但理由远不止此。如果我们思考，僵尸在我们的流行文化中代表什么，我们就会遇到无灵魂之人这个概念，这样的人失去了人性，我们无法与之产生共鸣。在一些观众看来，这些"活死人"可能代表政治意识形态；早期的僵尸故事被看作关于纳粹主义等威胁的隐喻，但僵尸可以代表任何一种意识形态的盲从者。所有关于僵尸的故事都展现出丧失人性的可怕，以及对我们可能即将面临的未来的恐惧，在那样的未来，头脑简单的无情人类会把我们视为猎物，我们无法与他们讲道理。他们还想让我们成为他们中的一员。

　　文明终结类型的科幻作品有时被称为"赛博朋克"。文明世界被核战争、巨大的陨石撞击、污染、带有敌意的外星人或流行病摧毁。尽管这种类型的故事给作者提供了机会，让他们可以呈现恐怖的死亡或可怕的灾难等诸多情形，但最严重的问题通常在于幸存者之间的关系。他们是会堕落，进入哲学家托马斯·霍布斯所说的"所有人反对所有人的战争"，还是说，人类对同胞的同情精神会取得胜利？这种类别也允许我们去探讨，角色为何在一开始会陷入这种悲惨的境地。如果是由于人类的愚蠢或疏忽，比如全球战争或污染，那么这些故事可以充当强有力的道德预警或警告。著名的反乌托邦或赛博朋克电影包括《华氏 451》（超棒的小说和电影，见下文）、《发条橙》、《银翼杀手》、《绿色食品》、《X 档案：征服未来》、《千钧一发》（见第七章）、《人类之子》、《代码 46》、《世界末日》、《星河战队》、《邮差》（伟大的小说，一般的电影）、《少数派报告》、《逃出克隆岛》，以及《地球停转之日》的原版和 2008 年的翻拍版、《V 字仇杀队》。还有青少年小说三部曲《饥饿游戏》《饥饿游戏 2：燃烧的女孩》《饥饿游戏 3：嘲笑鸟》，通过讲述未来政府选中年轻人在年度游戏中与死神对抗的故事，它们俘获了许多年轻读者的想象力。相关的电影三部曲制作精良，广受欢迎。

更有趣的是，还有一种世界末日情境中的"反寓言"。这是一种关于"幸福未来"的故事——这个未来不是没有问题，而是当今的一些紧迫问题在那时已经都得到了解决。这些故事展现的是一个没有核威胁、没有种族主义或性别主义、没有民族沙文主义的世界，在这个世界里，科学获得了人道主义的面孔，地球上和太空中的政治都是在民主精神和常识的指导下进行的。最初的《星际迷航》电视连续剧开创了对未来充满希望的幻想。它的续集《星际迷航：下一代》表明，"幸福未来"的场景一如既往地受欢迎，不是一种天真的感觉，而是一种成熟的人类愿景，摆脱了当今时代的恐惧、匮乏和怨恨，或许能够将精力转向新的领域和挑战。新的《星际迷航》系列电影以另一个时间轴为背景，在某种程度上放弃了"幸福未来"的愿景，但忠于角色的个性。

另一个一直保持影响力的伟大科幻故事系列是《星球大战》，它可能是所有美国科幻作品中最为经久不衰的。但在《星球大战》的宇宙中，我们没有发现《星际迷航》里文明星球的联盟；相反，邪恶势力被组织成一个邪恶的"帝国"，英雄主人公所属绝地武士团是与难以抗拒的军事力量及其官僚主义做斗争的游击队。学者和记者大费周章，分析这个太空剧场景中颇有深意的敌对双方——一个仁慈的"联邦"和一个邪恶的"帝国"。有人声称，《星际迷航》是偏爱大政府的自由主义者的幻想，而《星球大战》是在面对官僚主义的时候，保守派为个体自由而战的幻想。2015 年，《星球大战 7：原力觉醒》回归，新一代人现在有机会与《星球大战》的道德世界一起成长了，就像他们的父母和祖父母一样。

尽管如此，这两个系列都创造了经久不衰的故事，在很多方面成为美国神话的一部分，它们偶尔也会触及什么是真正的人这一问题：**谁（或什么）能算作人**

格者？在《星际迷航》中，有半人类半瓦肯人的斯波克先生、人形机器人达塔和全息投影的"医生"，他们都接近于人类，也都可以算作人格者，但他们的人格者地位会不时受到质疑。在《星球大战》中，有很多可以被视为人格者但并非人类的角色，如伍基人楚巴卡、机器人、尤达、加·加·宾克斯和三部曲第三部中的智慧女性玛兹·卡纳塔。谁可以算作人格者这个问题在科幻作品中尤其流行，一些科幻创作者专门关注这个问题，其中包括考德维纳·史密斯、奥克塔维娅·巴特勒、丽贝卡·奥尔、厄休拉·勒古恩和 C. J. 彻里。为人类卖苦力的基因变异的黑猩猩和其他动物（史密斯），被外星人收养的人类（巴特勒、奥尔），前往外星人社会的孤单的人类公使（勒古恩和彻里），在关于它们的故事中，我们可以一起探讨（1）是什么让我们成为人，以及（2）我们如何看待那些我们认为不符合条件的人。在第七章中，我们将更深入地探讨人格问题，并讨论电影《千钧一发》对人格和权利概念的挑战。

《后天》讲述了一个由全球变暖带来的突发全球气候灾难的故事。图中是被一场巨大的海啸袭击的纽约市，此后大寒潮来临，美国东部进入了一个新的冰期。评论家称赞了这部电影的特效，但对电影情节或科学假设并不看好。

勾勒姆或许是科幻作品中最古老的角色。它源自欧洲东部犹太人的传统，据说人可以用黏土造出人造人勾勒姆，但如果不谨慎地用某种特定的魔法和口诀控制这个创造物，黏土人就会长大，最终杀死并取代造它的人。有一个故事讲的是一位拉比造了一个勾勒姆，它在犹太人遭遇错误指控——犹太人在逾越节期间用基督徒的血献祭——时大显身手。这个特殊的勾勒姆多年来一直帮助犹太人揭露基督徒将基督徒的尸体埋在犹太人家里的阴谋。但勾勒姆逐渐变得强大有力，拉比已经难以应对，所以最终拉比不得不让勾勒姆变回黏土。在这个故事的另一个版本中，拉比把勾勒姆变回了黏土，因为勾勒姆的工作已经完成了，没有理由再留着它。（《指环王》中的角色咕噜的名字并不是随便起的——他实际上是指环的创造物，原本是霍比特人，后来被指环的邪恶力量改造。）19世纪早期，玛丽·沃斯通克拉夫特·雪莱（著名哲学家玛丽·沃斯通克拉夫特的女儿，见第十二章）创造了一个类似的人造人形象——怪物弗兰肯斯坦。雪莱小说的主题与勾勒姆故事的一样，都是人类的傲慢和发明物的失控。在一种奇怪的意义上，我们可能会说勾勒姆的故事非常传统：如果你超越了自己的界限，你的创造物就会反噬你。然而，从更广泛的意义上说，这个故事教导我们，要从道德视角来评判我们的行为。在电影中，人造怪物披上了一系列伪装，从《2001太空漫游》中疯狂的计算机HAL 9000到《终结者》系列电影中阿诺德·施瓦辛格扮演的角色，再到《我，机器人》中堕落的机器人。不过，故事有时会有一些曲折：在一些科幻故事中，怪物并不是受造物，而是创造者，例如在《人工智能：A.I.》中，一个机器人孩子被他的人类家庭抛弃。这个无辜的牺牲品就是被创造出来供人类使用的不幸机器人，是人类妄念的奴隶。

无论如何，人造人不仅可以成为讨论话题（讨论如果人造人可能存在于我们的社会中会怎样），而且能够充当对我们自身形象的比喻。（知识窗2.7讨论了人造人的人类品质。）人造人使我们认识到何以为人以及我们应该怎样才能更像人，让我们领略关于人性的描述性和规范性概念，并激发我们探索**我们应该如何对待他者**。（在哲学中，与自己不同的人通常被称为"他者"。这个词意味着，一个人面对的是自己完全不熟悉的事物或人。他者可以是陌生人、异性或异族，也可以指与自身完全不同、经历截然相反的其他人或生物。有时，他者与自身形成互补，但也可能有他者不如自己和自己的同类完整、有价值或重要的意思。第十章还会再次谈到这个概念。）

知识窗 2.7 想成为人类的非人

　　小说和电影中的人造人常常渴望成为人类。怪物弗兰肯斯坦就深受这种渴望之苦，但无法如愿以偿。《星际迷航：下一代》中的机器人达塔没有感知人类情感的能力，但它在智力上好奇是什么使得人类的行为充满激情或恶意。它渴望成为人类，就像孩子渴望长大一样。《银翼杀手》中的复制人也极度渴望成为全维度的人类。《机器人总动员》里的机器人瓦力比已经退化了的人类更有人性，那时，人类离开了地球，在太空中生活得很舒服，从此懒得用腿到处走动。《机器人9号》中的机器人最终也展现出人类的精神，尽管他/它本质上只是一个装在机器人框架上的填充粗麻袋。在某种意义上，这些渴望拥有人类心脏的机器人当然都是《绿野仙踪》中铁皮人的后代。《我，机器人》中的机器人桑尼的意识得到唤醒，成了所有同类中有远见的解放者——人造存在物是作为没有权利的奴仆而被创造的。《终结者2》中的人造人表现出明确的人类特性；它与一个小男孩被囚禁在一起，为了人类而牺牲了自己。《人工智能：A.I.》（或许应该叫《人工情感》）中的机器人小男孩大卫就被设计为与家庭紧密相连，并无条件地爱家人。当他们认为没有义务回报它的爱，因为它不是人类，并试图像用过的纸巾一样抛弃它时，悲剧发生了。它的梦想是成为一个真正的男孩，这样它的妈妈就会爱它。就像人造人的怪物一面由勾勒姆所象征一样，渴望成为人类的一面则以匹诺曹为缩影，即那个想成为真正的男孩的木偶。就像匹诺曹的故事告诉我们的那样，做坏孩子做的事情不会让你成为一个"真正的"男孩。如果你做坏孩子所做的事情（玩乐和逃课），你就会变成坏孩子的样子：一头驴。《匹诺曹》实际上是一个十足的说教寓言。

　　危险而严肃的勾勒姆在古罗马传统中有一个轻松的对应物，后者可以说是在流行文化中获得了生命，那就是奥维德关于皮格马利翁的故事。雕刻家皮格马利翁雕刻了女神阿佛洛狄忒（某些版本中是伽拉忒亚）的雕像，并爱上了自己的作品。雕像阿佛洛狄忒获得了生命，和皮格马利翁结婚了。从那时起，这个故事在西方文学中有了许多版本，最著名的是乔治·萧伯纳 1912 年的戏剧《皮格马利翁》。该剧（随后被拍成电影）讲述的故事是，语音学教授希金斯和他的朋友打赌，通过授以英国上流社会的发音和用词，他能将街边小贩伊莉莎改造成得体的淑女。经典音乐剧和电影《窈窕淑女》使这个故事进一步流传开来。另一个版本是电影《凡夫俗女》（1983 年）。《西蒙妮》（2002 年）和《她》（2013 年）是数字科幻电影，讲述人工创造的完美女人获得了生命的故事，这又把主题带回了勾勒姆。在这些女性勾勒姆的故事中，所有获得生命的被造女性都有一个共同特征，即不受创造者掌控，她们不但获得了生命，还形成了自己的意志。而对于创造她们的男雕塑家或男科学家来说幸运的是，她们通常最终都会爱上他们，尽管后者有种种不足。（另一个转折可以在第七章关于《机械姬》的内容中读到。）有人可能会说，皮格马利翁的故事是男性创造生命的幻想，不是作为父亲，而是作为主人与爱人，而勾勒姆故事中男性创造生命的幻想，则是作为主人和搭档。这两种故事类型都涉及控制的错觉和失控。有趣的是，勾勒姆或皮格马利翁的故事没有直接的女性对应版本：文学传统中并没有哪个女性雕塑家、画家、科学家或女巫"创造"出一个男人为她干苦力，或成为她的爱人。这可能是因为（1）女性本来就一直能够孕育生命，不需要通过幻想来满足创造的需要，或者（2）直到 20 世纪，大多数故事都是从男性的视角来讲述的。然而，如果我们把皮格马利翁这个主题扩大到包括那些把自己的情人或丈夫塑造成她们想要的男人的女人，那么在世界文学中将能找到许多的女性皮格马利翁。

尽管如此，勾勒姆和皮格马利翁的故事可能象征着人类从根本上对创造的渴望，以及对其创造物可能失控的恐惧。而且从本质上说，这可能正是无论男女的人类经验的特性：有人有孩子；有人教育孩子；有人教育青年和成年人；有人进行艺术创造；有人发明新技术、新武器、新设备或新药物；有人开辟道路或提出新的范式和范本，以改变我们的自我理解。但我们是否知道，一旦我们放弃控制权，或者一旦控制权从我们手中被夺走，我们的这些创造物将去向何方？勾勒姆和皮格马利翁的故事阐释了创造过程中的两个方面：一个是对创造物肆行暴虐的恐惧，一个是对创造物的期冀，希望它能热爱人类，希望它是一次成功，也希望它让世界更丰富。父母、教师、艺术家、发明家……这些人都有这样的恐惧和期盼。它们是同一经验的阴阳两面。这些故事帮助我们甘心承受这些。勾勒姆主题的一个变体也带有皮格马利翁的元素，可以在查尔斯·约翰逊的短篇小说《明戈的教育》中找到。南北战争前的农民摩西·格林是一个孤独的老年白人，他买了一个黑奴明戈，不是为他干活，而主要是为了陪伴他。由于明戈对西方文化一无所知，摩西就像教育孩子一样教育他，但明戈不但没有成为他的伙伴，反而在精神上变成了摩西的复制品，甚至可以理解摩西的潜在意图，并付诸行动。明戈并未成为伙伴或儿子，而是成了另一个自我，一个摩西无法控制的勾勒姆。本章的故事部分有这个故事的摘要和节选。

还有一些科幻故事是关于*故事*的价值的，如雷·布拉德伯里的著名科幻小说（及电影）《华氏451》。在这个故事中，未来是一个书面文字被禁止的社会，每当政府发现小说和其他书籍的非法私密存放地，消防部门就会去纵火，而不是灭火。布拉德伯里的解决方案是什么呢？每一位爱书者都回忆自己最喜爱的一本小说或非虚构杰作，然后向下一代背诵，直到有一天阅读再次成为人们珍视的活动。对故事价值讨论的另一方面可能以喜剧《惊爆银河系》为代表。在该影片中，一个外星种族对人类的太空歌剧系列非常感兴趣，认为那些是"历史文献"。它们不明白那些表演是虚构的，是只为消遣而创作的东西。那么，小说就像谎言一样没有价值吗？正如影片所推测的那样，即使是低成本电视连续剧中的愚蠢故事，也可能使我们奋起应对现实问题，表现得比我们想象的更高尚。

悬疑和犯罪：与邪恶斗争　一些问卷调查发现，现代人已经形成了一种易受伤害的深层意识，即使在"9·11"恐怖袭击事件之前，当时的犯罪率已经下降，人们依然觉得生活中充满险恶。也许这就是侦探小说经久不衰的原因。警匪剧和谋杀悬疑剧给了我们一种印象，让我们觉得确实可以做些什么来控制威胁我们的力量。

与其他类型的故事相比，这类故事的注意力更多地集中在善与恶的问题上——不是抽象意义上的善与恶，而是具象的善恶。我们可以笼统地说，科幻作品讲述的是理想与不理想的未来，西部片讲述的是艰难的抉择，战争片讲述的是责任问题，但犯罪故事首先关注善恶问题，以及如何应对邪恶。有时我们会抱着极大的期待看到结尾：一定能做些什么。另一些时候，善的力量仿佛杯水车薪。这个类型的故事之所以如此扣人心弦，是因为邪恶具有了面目：恶人的面目。当恶人被抓获、被判刑或被处死，巨大而无形的罪恶威胁似乎也暂时消散了。而即便在恶人获胜的时候，就像近来的电影中屡屡出现的那样，我们仍会有与邪恶抗争并非徒劳的感觉。因此，该类型在道德叙事上有一种向内的视角：无论是好人还是坏人获胜，无论能否分辨好人与坏人（就像 20 世纪 70 年代的一些电影），无论好人是否实际上是坏人（比如贪污腐化的警察的故事），潜台词都是道德讨论：什么是善？什么是恶？我们应该如何应对？

第一个公认的聚焦"谁干的？"（Whodunit）的侦探故事是美国作家埃德加·爱伦·坡于 1841 年创作的《莫格街凶杀案》。在英国，阿瑟·柯南·道尔爵士紧随其后，创作了侦探福尔摩斯的故事。在法国，乔治·西默农于 1931 年创作了警探梅格雷的故事。在文学传统中，虚构的神探主人公——大多是私家侦探——包括迈克·哈默、萨姆·斯派德、狄克·屈莱西、彼得·温西爵爷、菲利普·马洛、保罗·德雷克（《梅森探案集》）、尼罗·沃尔夫、马普尔小姐和易兹·罗林斯等角色。从尼克和诺拉·查尔斯（《瘦子》系列电影）到"肮脏的哈里"，再到《洛城机密》《穆赫兰跳》《虎胆龙威》《致命武器》《48 小时》《蓝衣魔鬼》，我们密切关注着警探和私家侦探意欲揭秘的行动。电视给我们带来了《法网》《亚当 12》《神探可伦坡》《笑警巴麦》《山街蓝调》《纽约重案组》《法律与秩序》《杀人拼图》《海军罪案调查处》《犯罪现场调查》这样的警察剧。20 世纪 90 年代末的《X 档案》是近乎神话的悬疑 / 科幻系列影视作品，它讲述的是美国联邦调查局的两名探员试图侦破犯罪案件的故事，在某些情况下，这些案件"超出人类世界"。马尔德（有信仰者）和斯库利（怀疑论者）揭露了一连串阴谋，然而其结果却被另一件秘事掩盖；马尔德理想主义背后的驱动力是"真相就在那里"。2016 年，《X 档案》以六集迷你剧的形式成功回归，它自嘲一番，并加入了 21 世纪的愤世嫉俗色彩。《犯罪现场调查》和《海军罪案调查处》及其衍生剧在某种意义上填补了《X 档案》在普及程度和对流行文化的影响上所遗留的空白：通过对法医对犯罪现场的调查的高度美化，电视剧教育了观看电视剧的全国观众，以至于外行人（包括陪审员！）往往认为，在每个犯罪现场应该都能发现 DNA、头发和纤维等，加上电子取证，就能够毫不含糊地锁定犯罪嫌疑人——当然，这并非事实。

虽然大多数读者习惯于认为警匪侦探故事是标准美国式的，但其实该类型在其他许多国家都很盛行。特别是斯堪的纳维亚的作家，他们以粗犷的黑色风格，创作了关于司法、私家侦探或记者对抗欺压弱者的不法分子的故事，在超现代背景下呈现善恶之间的经典对抗。引起美国读者注意的，包括瑞典作家斯蒂格·拉森（以《龙文身的女孩》为代表的"千禧三部曲"）、瑞典作家亨宁·曼凯尔、挪威作家尤·奈斯博，以及丹麦作家萨拉·布莱德尔。在斯堪的纳维亚批评家看来，有趣的是，这些故事彰显了高度的个体主义，而在斯堪的纳维亚的典型环境中，每个人都觉得自己属于社会，在这样的社会中，政府（通常）像和蔼的叔叔婶婶那样看护着你，也几乎没有平民自发维持治安的传统（二战时期挪威和丹麦人民对纳粹的激烈抵抗除外）。即便如此，在兴盛于今的犯罪小说中，还是有一些人在政府行动缓慢、看不清真相，甚至与可疑人物沆瀣一气的时候，勇于担当，敢于突破繁文缛节并追捕坏人，拉森创作的三部曲中的故事就是如此。尽管存在文化差异，但斯堪的纳维亚类型的犯罪小说似乎引起了美国读者的共鸣，也许正是因为"个体对抗繁文缛节"的主题。

就像西部片和科幻作品一样，悬疑故事也反映了社会观念的变化：长期以来，执法官员被描述成好人，而罪犯被描述成坏人，而且如果法律不是主角，至少侦探是。随着现代犬儒主义的发展，许多小说和电影将罪犯描写成"反英雄主角"，体制则成了邪恶势力的化身。在本章的基础阅读部分，读者可以看到雷蒙德·钱德勒经典短篇侦探故事《简单的谋杀艺术》的节选。近来，这种模式与另一种发生了融合，即好警官/侦探/联邦调查局探员与两种恶势力同时对抗的模式，恶势力包括街头恶棍与政府内或内部事务部门的败类。广受好评的电影（和小说）《洛城机密》就是一个例子。在这部电影中，真正的坏人不是匪徒，也不是街头的黑帮成员，而是位高权重的高级警官。这种故事模式反映出，现代观众已经不再想看到罪犯被当作英雄看待，也不会不假思索地接受这种想法，即认为罪犯是误入歧途的可怜灵魂，他们假如有体面的童年，就会成为正直的公民。此外，今天的观众也不相信执法人员都是身着华丽铠甲的骑士。然而，我们仍然愿意相信，有一些能干、忠诚的人敢于同犯罪斗争。因此，警察与罪犯、上级对抗的故事模式既贴近现实又带有希望，打动了现代观众的心。

尤其令有线电视观众震惊的是娱乐时间电视网的犯罪剧《嗜血法医》，因为片中的主人公在其他情况下会被称为恶棍、连环杀手。但是，凭借黑色幽默，这部剧集赢得了观众的心，主人公德克斯特杀死了以手无寸铁的无辜者为目标的其他连环杀手。德克斯特遵循一套准则生活，即哈利准则，这是德克斯特的养父因为知道他嗜杀的阴暗面而遗赠给他的，哈利准则就是：永远不要被抓住，以及永远不要杀害无辜者。其他规则还包括"不要大吵大闹"和"装出情感"，让自己看起来正常，因为德克斯特不像其他人那样有感情——至少在该剧的前几季中是这样的。即使如此，由于他致力于消灭那些司法系统无法追究责任的邪恶杀手，我们会意识到自己在支持这个可能是杀人最多、技巧最娴熟的虚构杀手——故事于是有了一个有趣的道德转折。同样让人意想不到，可能更受好评的电视剧是五季电视剧《绝命毒师》，剧中的主人公沃尔特·怀特从一个罹患癌症的温文尔雅的化学教师变成了残忍的冰毒生产者。

《绝命毒师》中的沃尔特·怀特坐在他的毒品帝国中。这部剧集挑战了我们的是非观。我们在为这个被世界抛弃的垂死之人喝彩的同时，（至少我们中的一些人）也对他所创造的权力世界感到厌恶。

（© AMC /Photofest）

　　在《嗜血法医》中，观众的同情心和价值判断如同坐过山车一般。近年来，由于有线电视连续剧打破了一些标准，犯罪系列片的形式有了变化。《真探》系列以电影级的情节和导演推出了贯穿十集的故事线，树立了新标准。（第十三章也谈到了《真探》。）电视剧《冰血暴》的灵感来自 1998 年的电影《冰血暴》，它将复杂的幽默和极端暴力融为一体，而这通常只在电影中出现。

故事有害吗? 历久弥新之辩

1774 年，小说《少年维特之烦恼》在德国出版。作者是后来写下《浮士德》重要版本的约翰·沃尔夫冈·冯·歌德，他当时只有二十几岁。在这部小说中（顺便说一句，这是我们所知的最早的现代小说之一，其故事情节涉及主人公在幸福与不幸的遭遇中情感的发展），年轻的维特因单相思而遭受了巨大的痛苦，以至于结束了自己的生命。（见本章末尾的故事部分。）这本书出版之后，德国乃至整个欧洲出现了该书的年轻读者自杀或企图自杀的风潮。他们为什么要这么做? 当然，歌德从未打算让他的书成为自杀手册。这是最早促使读者采取极端行动的现代小说之一。这本书以及其他文学、艺术和哲学作品开创了浪漫主义的新时代，在这个时代，理想的人被认为是感性的人，而不是理性的人，男人和女人根据自己的情感行事，常常在公共场合也是如此。少年维特的决定被视为一种浪漫的选择，并产生了强大的情感影响力，甚至当时一些著名诗人也选择了结束自己的生命，欧洲人则意识到了文学作品的危险与震撼。

从那以后，文学学者们一直在探讨为什么歌德的著作会有这样的影响。它不是第一部出版的悲剧故事，自中世纪以来，关于求而不得之爱的诗和歌曲司空见惯。这似乎涉及若干因素。第一，文学作品的大规模印刷与发行此时兴起。第二，众所周知的启蒙时代已近尾声，其影响开始显现。启蒙运动注重个人的权利和能力，包括（男孩）受教育的权利。这意味着普通男性和大量女性现在能够阅读了。第三，故事的主题，即维特的情感，似乎引起了年轻读者的共鸣，他们父辈和祖辈生活的核心是理性的理想化，他们刚从这样的时代走出，向着情感的理想化迈进——所以这里有一种代际逆反。总而言之，你可能会说，这部小说只是恰当地出现在恰当的时候。它的盛名让歌德在 26 岁时在宫廷中得到了一份工作。但在他漫长的余生中，他一直为自己的书对年轻读者的影响而感到不安。

早在关于《少年维特之烦恼》余波的讨论出现之前，西方文化就有了关于艺术作品影响力的讨论。在古希腊，柏拉图和亚里士多德曾就艺术对心理的影响是好是坏进行过辩论。柏拉图认为，艺术，尤其是戏剧，对人是有害的，因为它激发了强烈的情感；人们在观看暴力题材的戏剧时会受到刺激，自己也会实施暴力。对柏拉图来说，理想的生活应该在充分的平衡与和谐中度过，如果这种平衡被打破，生活可能就不再完美。理性有助于人们保持平衡，如果人们已被情感掌控，理性可能就会消逝，失衡就会发生。由于艺术有助于激发情感，因此艺术是危险的。本章末尾的柏拉图《理想国》选段表达了这一理论。讽刺的是，在遇到苏格拉底之前，柏拉图一直是一位有抱负的剧作家，他应该知道怎样才能写出一部受欢迎的戏剧——他年轻的时候就曾试着写这样的戏剧。当他让苏格拉底说出去剧院会败坏"品格高尚的人"时，我们可以感觉到，柏拉图可能是在回忆与苏格拉底的真实对话，或至少是在分享他从剧院回来后学到的教训。但柏拉图的学生亚里士多德对剧院有着迥异的观点。亚里士多德出生于希腊北部，那里也是他最喜爱的戏剧家欧里庇得斯的家乡，当地人对后者的悲剧非常熟悉。由于戏剧的伦理价值及娱乐性，亚里士多德似乎非常喜欢去剧院，他写了两部关于戏剧的书，也就是《诗学》的第一部分和第二部分。《诗学》的第一部分致力于就如何创作一部悲剧佳作给出分析和方法，第二部分则聚焦如何正确创作喜剧。他那本关于悲剧的书流传至今（见本章末尾的节选），但他那部关于喜剧的书自中世纪早期就失传了。（本章末尾节选了翁贝托·埃科的小说《玫瑰的名字》中的一段文字，该小说想象中世纪盛期亚里士多德关于喜剧的作品重见天日。）

亚里士多德认为，艺术，尤其是戏剧，是有益于人的，因为它允许人们把情感共鸣式地表达出来。一部好的戏剧可以净化观众不安的情绪，让他们回到更平静的状态：沉浸于强烈的情感、观看舞台上的暴力会有一种宣泄的效果。亚里士多德认为，对悲剧中受害者的怜悯和恐惧使我们明白，悲剧可能发生在任何人身上，包括我们自己，从而让我们得到净化。在他关于悲剧的书《诗学》（见本章末尾的节选）中，亚里士多德明确指出，最好的悲剧讲述的不是不幸降临在非常善良的人身上，而是悲剧降临在做出重大错误判断的普通人身上。因为我们大多数人都是普通人，所以观看这种戏剧就成了一次道德学习的经历——一个道德实验室，在这里，我们可以洞察内心的冲动，并从悲剧的后果中学习。（知识窗2.8探讨了关于理性与情感的争论。）

有人可能想知道，在柏拉图和亚里士多德的时代，古希腊人看的什么类型的戏剧让这两位思想家对戏剧体验的评价如此迥异。古希腊戏剧只伴随了几代人。其最早可能源于每年在雅典举行的酒神节上的宗教盛会，盛会迅速发展为悲剧、喜剧和羊人剧（带有性的主题的滑稽笑剧）的剧作家之间的比赛，获胜者享有崇高的声望。在雅典的剧院里，可能每场演出有超过 1.5 万名观众。现存最古老的古希腊戏剧是埃斯库罗斯的《波斯人》（约公元前 472 年）；当时，戏剧中对宗教主题的强调已经减弱，描述（在一些神灵的干预下）人类境况的故事开始流行起来。

知识窗 2.8　理性还是情感？阿波罗对抗狄俄尼索斯

歌德的小说《少年维特之烦恼》的出版是一场文化巨变的先兆，即从理性占主导的 18 世纪走向新的浪漫主义时代。歌德本人信奉理性时代的哲学，相信理性而非情感才是问题的真正解决方式，但其他人从维特那里得到了启示，并推动情感时代滚滚向前。有趣的是，这种理性与情感之间的焦点转移在其他时代也发生过。从某种程度上说，20 世纪 50 年代至 60 年代末也曾小范围地发生过这种转移，在神经系统科学对情感的根本性质的研究的推动下，我们今天也可以看到类似的趋势。但在更早的时候，同样的转变席卷了一个社会，在那个社会中，知识分子——可能纯粹是偶然——也一直在争论故事的危险与价值，那就是柏拉图与亚里士多德的古希腊。

当柏拉图警告人们提防戏剧的情感牵引力时，古希腊戏剧只有几代人的历史，但它已经发展出年度戏剧展演及评奖的丰富传统，这一切都是为了纪念从中东引进的神——狄俄尼索斯。旧的神祇，如宙斯、雅典娜和阿波罗，依然受到崇拜，尤其是雅典娜，但在柏拉图和亚里士多德生活的时代，争夺雅典人灵魂的宗教之战已在酝酿：旧神，特别是阿波罗和雅典娜，象征着理性与自我控制（在苏格拉底与柏拉图的思维方式中居于支配地位），而狄俄尼索斯则是酒与狂欢之神。读者可能知道狄俄尼索斯的罗马名字是巴克斯。柏拉图在自我控制与情感放纵间的哲学斗争中获胜了：他的作品经久不衰，赞美理性，而没有人再是狄俄尼索斯的真正崇拜者了。然而，在古希腊世界中，我们可以说狄俄尼索斯获胜了：在亚里士多德的道德支持下，戏剧蓬勃发展，而亚里士多德本人就来自崇拜狄俄尼索斯的北部地区。今天的电影和电视节目就是狄俄尼索斯仪式活动的最终遗产，全世界都在制作和享受。

究竟是什么让柏拉图视戏剧为洪水猛兽，而让亚里士多德觉得戏剧如此振奋人心？本章的故事部分有一篇古希腊悲剧故事——欧里庇得斯的《美狄亚》。在这个故事中，一个女人杀死了自己的孩子，以向抛弃她的丈夫复仇。另一部非常有名的古希腊悲剧是索福克勒斯的《俄狄浦斯王》。俄狄浦斯王甫一出生，就有人告知他的父母——底比斯的国王和王后，他们的儿子长大会弑父娶母。为了逃脱这样的命运，他们将俄狄浦斯弃置山中，任凭野兽处置。但一个路过的牧羊人救了他，将他带到科林斯国王和王后的宫廷，科林斯国王和王后把他当作自己的儿子抚养长大。俄狄浦斯长大成人，就询问自己的未来，神谕告诉他，他命中注定会弑父娶母。他就逃离了科林斯，因为害怕伤害自己深爱的父母（他并不知道自己是被领养的）。在一个十字路口，俄狄浦斯遇到一个不给他让路的人，于是俄狄浦斯与之决斗并杀死了那个人。随后他娶了该国已成寡妇的王后，并当上国王。但在几年幸福的婚姻生活之后，俄狄浦斯和妻子知道了真相：预言确已成真，他杀了自己的生父——在十字路口遇到的那个男子——并娶了自己的生母。他的妻子/母亲自杀了，俄狄浦斯在悲痛和羞愧中刺瞎了自己的双眼。

雅典观众热衷于观看的其他故事包括《酒神的女祭司》，这是欧里庇得斯的一部名声稍逊的剧作，剧中，一个母亲在宗教的迷狂中以为自己的儿子是狮子，将他的头撕扯下来；还有埃斯库罗斯的悲剧《阿伽门农》，其讲述的是率领希腊联军攻陷特洛伊的国王，刚回家就在自己妻子及其情人的手里殒命的故事。

这些悲剧的共同点是强烈的家庭情感、对命运本质的思考，以及大量杀戮。在《诗学》的选段中（见本章末尾），亚里士多德指出，如果创作者不依赖（用现代术语来说）特效，而是依赖故事本身的元素，那么悲剧的质量要高得多：如果作品写得好，那么仅凭讲述故事就可以让观众的灵魂震颤——没有任何舞台艺术能进一步增加其效果。

尽管现在辩论的形式有所不同，但我们仍在辩论。我们现在必须思考，电影和电视中的暴力是会激发人们（尤其是儿童）实施暴力行为，还是会让他们在一个安全的环境中宣泄自己的攻击性。相信暴力童话对孩子有益的心理学家显然属于亚里士多德传统，尽管他们可能不支持电影和电视中表现的过度暴力。电子游戏受到越来越多的审查，因为儿童和青少年玩家可能会受到游戏暴力的影响。早期的电子游戏是比拼速度和技巧的游戏，但没有任何故事情节（或情节极

其简单 ），今天这些游戏变得越来越复杂。它们的情节线不但涉及众多玩家，而且还设计得让玩家在每次玩游戏时，都可以通过技巧和选择体验到略有不同的故事。这样的游戏系列包括《绝地武士》《使命召唤》《半条命》《模拟人生》，它们都进入了娱乐的新境界，在某种程度上，在一系列有发展可能的情节线的基础上，玩家是情节的共同作者。这给讲故事这一古老的现象带来了新的转折——尽管故事一直存在，但人们知道不是每个人都能讲好故事，因此会赞美能讲好故事的人。如果我们现在可以设计自己的故事，我们还会对别人写的故事保持耐心吗？当我们看到一个好故事时，我们能辨识出来吗？（知识窗 2.9 讨论了虚拟现实和叙事电子游戏的现在与未来。）

然而，近年来，电子游戏变得声名狼藉，原因在于它们越来越强调（有些人会说美化）暴力。在几起校园枪击案中，有人提出，枪击者做出这样的事，和他们对暴力电子游戏的偏好有关系。对很多人来说，这是荒谬可笑的假设；但对另一些人来说，这种关联显而易见。

据说引发了盲目模仿的电影有《叛逆赢家》（片中的年轻人站立在交通繁忙的街心，以此来相互挑战），电视剧则有《瘪四与大头蛋》（一段纵火情节）、《忍无可忍》（受虐的妻子杀死丈夫）、《逃亡之路》（劫匪紧盯着运钞车的时间表）、《伴我同行》（孩子们推倒邮筒）、《出租车司机》（据说为了引起影片主演朱迪·福斯特的注意，约翰·欣克利企图刺杀里根总统）、《盗火线》（洛杉矶银行抢劫案）以及《辣姐妹》（一部关于女性银行劫匪的影片，影片启发了一个由两名成年女性和三名少女组成的团伙，1998 年，她们抢劫了华盛顿州的几家银行）。1994 年的影片《天生杀人狂》可能是 1999 年科罗拉多州利特尔顿发生的一起银行抢劫案和高中枪击案的灵感来源。科伦拜恩高中枪击案也与电影《边缘日记》有关。在洛杉矶，一名 16 岁的男孩和两名堂兄弟刺死了前者的母亲，他们告诉警探，他们是受《惊声尖叫》和《惊声尖叫 2》的怂恿。在密歇根州，一群青少年试图通过绑架一名年轻女子来制作《女巫布莱尔》式的恐怖视频。2007 年，康狄涅格州的一起入室盗窃案导致一名母亲被勒死，她的两个女儿死于纵火。其中一个盗贼于 2010 年被判处死刑；另一个在第二年出庭受审，他在法庭陈述中说，他的同案被告在狱中拿出了 24 本关于暴力谋杀、强奸和纵火的小说，为犯罪做准备。网络上的同类现象是关于《瘦长鬼影》的，瘦长鬼影是一个企图刺伤受害者的虚构人物。该角色成了都市传说，被网民们反复讲述，迄今为止已经引发多起少女实施的暴力行为，包括谋杀未遂和纵火。（也有正面的例子，比如来自威斯康星的 10 岁女孩麦迪逊·科斯特尔，2011 年，她通过从电视剧《实习医生格蕾》中学到的人工呼吸方法救了母亲的命。根据布法罗大学的研究人员的研究，阅读《哈利·波特》和《暮光之城》的系列故事可以增强年轻读者对他人的共情心。）

知识窗 2.9　虚拟现实——一种新的叙事形式？

随着虚拟现实（VR）在游戏中的发展，新的领域正在开辟，包括所谓的**叙事沉浸**（Narrative Immersion）：沉浸在你正在"观看"的故事中，甚至决定其进程，成为事件的共同创造者。对于电子游戏来说，玩家黏性将达到一个全新的水平。本书作者自 20 世纪 90 年代以来没有玩过电子游戏，但通过与玩家频繁交谈以及对游戏发展的了解，我发现如今的游戏越来越具有叙述性和互动性，还带有不同的情节线供选择，如《巫师 3》《命运之剑》《星球大战：旧共和国武士》《时空之轮》《银河战士》《神鬼寓言》。因此，除了长篇小说、短篇小说、图像小说、现场戏剧、电影、电视节目和网络故事流媒体外，叙事电子游戏应该也被看作一种可用的叙事性媒介。再加上 VR 体验，我们或许真的可以展望一种新的叙事形式。虽然有些玩家认为这不仅意味着二维电子游戏的结束，也意味着二维电影和电视的终结，因为游戏能提供沉浸式体验，玩家能（或似乎能）掌控故事，但怀疑的声音已经出现了。

纸质媒体会因为 VR 而消失吗？可能不会，因为我们的想象力仍然是一个强有力的工具，我们构想小说人物的方法依然是个人创造力的一种形式，很多人都非常喜欢。此外，我们中的一些人事实上更喜欢阅读比我们更有天赋的人写出的好故事。那么视觉媒体呢？电影和电视故事，甚至纪录片和新闻节目，会转变成 VR 或消失吗？对于我们看到的一切，我们都需要沉浸式的体验吗？首先，有些人甚至不喜欢 3D，更喜欢"平面视图"。其次，我们中的一些人肯定喜欢 VR，但不是所有的媒介体验都要有 VR。对有些媒介体验还是保持距离为好。

VR 的优势在于沉浸感。有人可能会说，我们可以通过增加对我们在"正常"生活中从未体验过的地方、人物和时代的新体验来拓展我们的人生。VR 的劣势也同样在于沉浸感。沉浸于虚假的现实中可能比过我们实际的人生更有趣，所以会更上瘾，就像吸毒。神经科学家已经告诉我们，听故事可以促使大脑释放催产素，所以我们可以想象 VR 的放大效果。一直有先见之明的科幻创作者甚至在几十年前就探索过这个想法。

这与伦理学有关吗？显然有，VR 叙事能够生动呈现道德困境，正如任何虚拟世界一样，尤其是当我们进入故事，真正体验到面对"平庸的恶"或被自私的"原力黑暗面"诱惑时的感觉。我们甚至可以在实验哲学上到达一个新的水平（见第一章），例如，在 VR 环境中让人们做出关于电车难题的选择。但这可能也说明，我们的反应可能更多地受到情感的影响，而较少受到理性的影响。如果情况需要冷静的头脑，那么我们感觉越"沉浸"，就越成问题。当我们独自生活在现实世界中时，频繁玩沉浸式游戏将影响我们的现实感，甚至使人们受到伤害，无法回到现实生活中来。在 VR 游戏的世界中，不会有真正严重的后果，这会影响我们在没有重置选项的现实世界中的道德指南针吗？而且，最糟糕的道德问题可能是：如果一个人喜欢 VR 世界超过现实世界，那么他会选择脱离与现实之人的道德甚至物质关系吗？

即使我们可能会忍不住去做一些我们在电影中看到的事情，大部分人也会克制自己，因为我们的常识、经验或良心告诉我们，那么做不明智。我们相信我们可以选择，也有决定做或不做某些事的自由意志。因此，问题在于，考虑到一些人会模仿，社会是否应该谨慎行事，确保没有人能够接触到暴力或有暗示性的故事？换言之，我们是否应该建立审查制度？我们是否应该让人们为自己和孩子看的东西负责？我们是否应该相信父母是孩子的向导，而不是把这项工作交给政府？

柏拉图相信其理想国中应有审查制度，因为他不相信人们知道什么对自己有利或有害。柏拉图认为，人们观看激动人心的戏剧是危险的，这一观点对吗？在某些情况下，似乎是这样；但这些情况能充分证明针对所有观众施行审查是合理的吗？甚至对于那些从来不会让自己的平衡感受到干扰的人，也是这样？

相比之下，亚里士多德认为，在紧张状态下观看虚构的暴力戏剧，总体来说对心灵是有益的，这是对的吗？考虑到在美国家庭中，平均每天的电视播放时间都有数小时，而且在这些时间播放的许多节目有暴力内容，对于承受紧张压力、寻求放松的现代人来说，电视里并不一定有良方。我们应该记得，亚里士多德作为"良方"推荐的戏剧，不会像电视节目一样24小时都能看到；古希腊戏剧最初与宗教节日有关，每年演出一次，而且亚里士多德的哲学通常提倡对一切都有节制。在第九章中，你会读到他的"黄金中道"理论：不能过分，而要处于过度和不及之间的恰当位置。如果他参加一场现代辩论，他肯定会建议不要过度沉溺于电视和电影的暴力。在本章末尾的基础阅读部分，你会读到柏拉图和亚里士多德的著作的节选，以及当代哲学家翁贝托·埃科的小说《玫瑰的名字》的概要。在这部小说中，翁贝托·埃科将柏拉图的传统与亚里士多德的话语对立起来。柏拉图反对虚构的使用，亚里士多德提倡适度地欣赏虚构作品——喜剧和悲剧。根据埃科的观点，如果亚里士多德的观点占了上风，西方世界将会是一个更幸福的地方！（关于柏拉图和亚里士多德的更多内容，见知识窗2.10。）

知识窗 2.10　苏格拉底、柏拉图和亚里士多德

柏拉图（公元前427？—前347年）是苏格拉底的学生，有人称苏格拉底为西方哲学之父。柏拉图跟随苏格拉底在雅典学习了20多年，在苏格拉底被处死之后（见第八章），他在愤怒和悲痛中离开了雅典。几年后他回来了，凭借自己的造诣成了教师。在管理自己的哲学园之时，他写下了关于苏格拉底教导的作品，即对话录。柏拉图的学生中有一个来自斯塔吉拉省的年轻人亚里士多德（公元前384—前322年），他深受柏拉图的影响，但也形

成了自己的哲学方法。因为这个和其他原因，亚里士多德没有在柏拉图死后被选为学园领袖，所以他离开希腊从事其他工作，包括教授年轻的马其顿王子亚历山大（后来的亚历山大大帝）。但像柏拉图流亡后一样，亚里士多德也重返雅典并成立了自己的学园，开始了一段短暂而影响深远的教学生涯，并写作哲学和科学著作。我们还会在第八章具体讨论苏格拉底和柏拉图，在第九章具体讨论亚里士多德。

当然，儿童和成人接触暴力不仅仅是通过电视和电影；漫画书、电子游戏，以及青少年酷爱的音乐歌词中，虚构性暴力正在增加。然而，本章的框架是故事的影响，所以我选择把重点放在电影和电视中的暴力上。

无论我们认可柏拉图还是亚里士多德的观点，事实依然是，文字形式与影像形式的故事都会影响我们。有的社会通过禁止某些作品来回应，有的社会让公民自行决定他们想要阅读或观看的东西。

大部分有影响力的著作从未打算成为公众的道德指南，除非是在极宽泛的意义上。歌德写《少年维特之烦恼》，不是为了说服众多苦恋的德国年轻人结束自己的生命——很可能，他是想让年轻的德国人更仔细地审视自己的生活和爱情。很少有作家希望读者模仿他们所虚构的人物的行为，尽管大多数作家都认为他们的故事至少是值得思考的。在 19 世纪，人们担心小说会对读者产生不良的影响，就像今天我们担心电影和电子游戏中的虚拟世界会诱惑未成年人的心灵一样。虽然许多当代学者，比如玛莎·努斯鲍姆，认为小说可以通过一种积极的方式为个人成长提供大量机遇，但我们才刚刚开始以同样的眼光看待其他叙事媒体。

在 21 世纪的美国被认为是有益学习工具的故事，很可能不同于其他时代和地方的说教性故事。是否存在普遍适用的好的道德故事，这是另外一个有趣的问题。我们将在第三章探讨伦理相对主义这个主题。

把故事当作仿佛发生在真空中，把人视为空虚的容器，如此谈论故事的影响力是否合适？当然不合适。儿童和成人都有特定的"前阅读"背景，帮助他们理解接触到的故事，在这里，父母的影响变得尤为重要：如果父母和孩子经常就他们所阅读的故事进行交流，或者如果父母就是讲故事的人，那么在理想情况下，孩子会从大人所讲述和演示的故事中获得一种批判性立场。这种批判性立场降低了他们不加思考地模仿一些看起来很"酷"的动作的风险。这让我们既不至于过于认真对待故事，又不至于过于不重视故事。事实上，我们甚至不需要就哪些故事有道德价值，哪些故事被误导甚至邪恶达成一致。许多美国人认为迈克尔·摩尔的电影《科伦拜恩校园事件》和《华氏911》很有价值，勇敢地批判了当代生活中令人烦恼的政治领域，然而也有人觉得它们带有攻击性，过于党派化，是一种有创意的政治宣传品，而不是事实汇编。有些人认为，参议员约翰·麦凯恩在《为什么勇气很重要》一书中讲述关于勇气的真实故事让人在道德上振奋，而另一些人则认为这些故事如同布道。然而，任何一种方式都可以和具备道德价值表达潜力的故事联系在一起。所以归根到底，像我一样热爱故事并喜欢将其当作道德经验的人应该牢记，对待任何故事都要谨慎。故事能造就道德圣人吗？不能。是否可以造就罪人？如果没有故事的受众参与的话，也不能。我们必须对所接触的故事进行处理，并提出问题，例如，我们是否理解其中的教训？我们是否需要这种教训？我们是否想让身边的孩子从这个故事中学习？如果回答是否定的，那么我们或许应该鼓励他人也与故事拉开同样的批判距离，而未必就要努力禁绝这个故事。即使这个故事可能无法给孩子们上宝贵的一课，但它仍可以让成人兴味盎然！如果故事给成年读者的道德世界带来了挑战，一些人对《五十度灰》（以及赤裸裸地描写性行为的色情作品）的看法就是如此，或者故事是极端暴力的作品，如电影《电锯惊魂》，那么我们需要自问，艺术家创作和消费者接受的自由，是否比相关作品刺激社会造成的风险更值得看重，以及它们会怎样将不成熟的心智引向错误的方向。我们知道柏拉图会说什么，也知道亚里士多德的答案。

本书中的故事都是很好的例子，说明人们在探讨道德问题时会自然而然想到故事。不过，我想在此重申，读故事梗概绝对不能代替自己阅读原著或看电影；梗概只是我们借助本书提及的理论来讨论故事中特定问题的基础。如果某个故事吸引你，那就去读原著或看原电影吧。通过这种方式，你将在自己的生活经历之外拥有"平行生活"。此外，让电影和小说中的人物犯一些我们可能会犯的错误并不是一个坏主意，只要别忘了让自己不时成为自己故事的核心角色。

本书中有许多故事作为道德价值观的载体的例子。当然，我们甚至还没有触及我们所能获得的故事宝藏的表面，我希望我们的讨论将激励你根据本书谈到的伦理理论来体验和评价其他故事。

问题研讨

1. 说出三个说教性的故事，描述其情节，并对它们的道德教训做出解释。你是否同意这些教训？为什么？

2. 举一个关于追寻或交易的故事的例子，并解释它的哲学含义：追寻是否有比故事情节所蕴含的更深刻的意义？能否将交易视为一种普通生活经历的隐喻？能否将任一故事类型与你自己的经历联系起来？

3. 讨论《少年维特之烦恼》产生的社会现象：小说出版的影响是什么？为什么会出现这种现象？你是否认为在电影、小说或其他虚构媒介的刺激下，今天也会发生类似的事情？如果会，应该如何预防？如果不会，又是为什么？

4. 比较柏拉图与亚里士多德关于观剧（今天可能是看电影）是否具有积极影响的观点。将他们的观点与当前关于电影和电视中暴力主题的讨论进行对比。在你看来，谁的观点更正确？为什么？

5. 如果你熟悉叙事性电子游戏，你是否认为它们有效呈现了深刻的道德难题并提供了多种解决方案？是否有可能通过电子游戏学习道德决策？为什么？

基础阅读与故事

在本章末尾，我们来看四篇表达对虚构作品的观点的基础阅读材料，它们选自古代和现代作品，此外还有五个故事。在柏拉图《理想国》的节选中，你可以读到他关于戏剧败坏心智的论点。接下来，你会读到亚里士多德关于戏剧有益的论证，这部分摘自他的《诗学》。第三篇基础阅读材料包含一部小说的摘要和节选——翁贝托·埃科的《玫瑰的名字》，埃科告诉我们他所认为的《诗学》散佚部分的内容是什么。最后一篇选文来自著名侦探小说作家雷蒙德·钱德勒的经典文本，他分析了侦探小说的核心组成部分。

故事部分中，有两个是戏剧。它们的创作年代相隔两千多年，但都是为演员出演、观众欣赏而写的，都包含暴力和人类悲剧：一个节选自欧里庇得斯的戏剧《美狄亚》，一个是昆汀·塔伦蒂诺的电影《低俗小说》中的一个场景。最后两个故事代表了第二章讨论的其他方面：一篇摘自歌德的《少年维特之烦恼》，一篇摘自查尔斯·约翰逊的勾勒姆/皮格马利翁故事《明戈的教育》。

《理想国》

柏拉图著
节选

在柏拉图《理想国》的对话中，苏格拉底和柏拉图的兄弟们讨论了艺术，尤其是戏剧的本质。对话中，格劳孔和阿德曼托斯主要是做出肯定的应和，苏格拉底则主导了其余部分。你会在第四章和第八章读到《理想国》的其他选段。

苏（苏格拉底）：那么让我们这么说吧：诗的模仿术模仿行为着——或被迫或自愿地——的人，以及，作为这些行为的后果，他们交了好运或厄运（设想的），并感受到了苦或乐。除此以外还有什么别的吗？

格（格劳孔）：别无其他了。

苏：在所有这些感受里，人的心灵是统一的呢，或者还是，正如在看的方面，对同一的事物一个人在自身内能同时有分歧和相反的意见那样，在行为方面一个人内部也是能有分裂

（© Artokoloro Quint Lox Limited / Alamy Stock Photo）

和自我冲突的呢？不过我想起来了：在这一点上我们现在没有必要再寻求一致了。因为前面讨论时我们已经充分地取得了一致意见：我们的心灵在任何时候都是充满无数这类冲突的。

格：对。

苏：对是对。不过，那时说漏了的，我想现在必须提出来了。

格：漏了什么？

苏：一个优秀的人物，当他不幸交上了厄运，诸如丧了儿子或别的什么心爱的东西时，我们前面不是说过吗，他会比别人容易忍受得住的。

格：无疑的。

苏：现在让我们来考虑这样一个问题：这是因为他不觉得痛苦呢，还是说，他不可能不觉得痛苦，只是因为他对痛苦能有某种节制呢？

格：后一说比较正确。

苏：关于他，现在我请问你这样一个问题：你认为他在哪一种场合更倾向于克制自己的悲痛呢，是当着别人的面还是在独处的时候？

格：在别人面前他克制得多。

苏：但是当他独处时，我想，他就会让自己说出许多怕被人听到的话，做出许多不愿被别人看到的事。

格：是这样的。

苏：促使他克制的是理性与法律，怂恿他对悲伤让步的是纯情感本身。不是吗？

格：是的。

苏：在一个人身上关于同一事物有两种相反的势力同时表现出来，我们认为这表明，他身上必定存在着两种成分。

格：当然是的。

苏：其中之一准备在法律指导它的时候听从法律的指引。不是吗？

格：请做进一步的申述。

苏：法律会以某种方式告知：遇到不幸时尽可能保持冷静而不急躁诉

苦，是最善的。因为，这类事情的好坏是不得而知的；不做克制也无补于事；人世生活中的事本也没有什么值得太重视的；何况悲痛也只能妨碍我们在这种情况下尽可能快地取得我们所需要的帮助呢！

格：你指的是什么帮助呢？

苏：周密地思考所发生的事情呀！就像在（掷骰子时）骰子落下后决定对掷出的点数怎么办那样，根据理性的指示决定下一步的行动应该是最善之道。我们一定不能像小孩子受了伤那样，在啼哭中浪费时间，而不去训练自己心灵养成习惯：尽快地设法治伤救死，以求消除痛苦。

格：这的确是面临不幸时处置不幸的最善之道。

苏：因此我们说，我们的最善部分是愿意遵从理性指导的。

格：显然是的。

苏：因此，我们是不是也要说，一味引导我们回忆受苦和只知悲叹而不能充分地得到那种帮助的那个部分，是我们的无理性的无益的部分，是懦弱的伙伴？

格：是的，我们应该这么说。

苏：因此，我们的那个不冷静的部分给模仿提供了大量各式各样的材料。而那个理智的平静的精神状态，因为它几乎是永远不变的，所以是不容易模仿的，模仿起来也是不容易看懂的，尤其不是涌到剧场里来的那一大群杂七杂八的人所容易了解的。因为被模仿的是一种他们所不熟悉的感情。

格：一定的。

苏：很显然，从事模仿的诗人本质上不是模仿心灵的这个善的部分的，他的技巧也不是为了让这个部分高兴的，如果他要赢得广大观众好评的话。他本质上是和暴躁的多变的性格联系的，因为这容易模仿。

格：这是很明显的。

苏：到此，我们已经可以把诗人捉住，把他和画家并排放了。这是很公正的。因为像画家一样，诗人的创作是真实性很低的；因为像画家一样，他的创作是和心灵的低贱部分打交道的。因此我们完全有理由拒绝让诗人进入治理良好的城邦。因为他的作用在于激励、培育和加强心灵的低贱部分，毁坏理性部分，就像在一个城邦里把政治权力交给坏人，让他们去危害好人一样。我们同样要说，模仿的诗人还在每个人的心灵里建立起一个恶的政治制度，通过制造一个远离真实的影像，通过讨好那个不能辨别大和小，把同一事物一会儿说大一会儿又说小的无理性部分。

格：确实是的。

苏：但是，我们还没有控告诗歌的最大罪状呢。它甚至有一种能腐蚀最优秀人物（很少例外）的力量呢。这是很可怕的。

格：如果它真有这样的力量，确是很可怕的。

苏：请听我说。当我们听荷马或某一悲剧诗人模仿某一英雄受苦，长时间地悲叹或吟唱，捶打自己的胸膛，你知道，这时即使我们中的最优秀人物也会喜欢它，同情地、热切地听着，听入了迷。我们会称赞一个能用这种手段最有力地打动我们情感的诗人是一个优秀的诗人。

格：我知道，是这样的。

苏：然而，当我们在自己的生活中遇到了不幸时，你也知道，我们就会反过来，以能忍耐能保持平静而自豪，相信这才是一个男子汉的品行，相信过去在剧场上所称道的那种行为乃是一种妇道人家的行为。

格：是的，我也知道这个。

苏：那么，当我们看着舞台上的那种性格——我们羞于看到自己像那样的——而称赞时，你认为这种称赞真的正确吗？我们喜欢并称赞这种性格而不厌恶它，这样做是有道理的吗？

格：说真的，看来没有道理。

苏：特别是假如你这样来思考这个问题的话。

格：怎样思考？

苏：你请做如下的思考。舞台演出时诗人是在满足和迎合我们心灵的那个（在我们自己遭到不幸时被强行压抑的）本性渴望痛哭流涕以求发泄的部分。而我们天性最优秀的那个部分，因未能受到理性甚或习惯应有的教育，放松了对哭诉的监督。理由是：它是在看别人的苦难，而赞美和怜悯别人——一个宣扬自己的美德而又表演出极端苦痛的人——是没什么可耻的。此外，它认为自己得到的这种快乐全然是好事，它是一定不会同意因反对全部的诗歌而让这种快乐一起失去的。因为没有多少人能想到，替别人设身处地地感受将不可避免地影响我们为自己的感受，在那种场合养肥了的怜悯之情，到了我们自己受苦时就不容易被制服了。

格：极为正确。

苏：关于怜悯的这个论证法不也适用于喜剧的笑吗？虽然你自己本来是羞于插科打诨的，但是在观看喜剧表演甚或在日常谈话中听到滑稽笑话时，你不会嫌它粗俗，反而觉得非常快乐。这和怜悯别人的苦难不是一回事吗？因为这里同样地，你的理性由于担心你被人家看作小丑，因而在你跃跃欲试时克制了的你的那个说笑本能，在剧场上你任其自便了，它的面皮愈磨愈厚了。于是你自己也不知不觉地在私人生活中成了一个爱插科打诨的人了。

格：确实是的。

苏：爱情和愤怒，以及心灵的其他各种欲望和苦乐——我们说它们是和我们的一切行动同在的——诗歌在模仿这些情感时对我们所起的作用也是这样的。在我们应当让这些情感干枯而死时，诗歌却给它们浇水施肥。在我们应当统治它们，以便我们可以生活得更美好更幸福而不是更坏更可悲时，诗歌却让它们确立起了对我们的统治。

格：我没有异议。

苏：因此，格劳孔啊，当你遇见赞颂荷马的人，听到他们说荷马是希腊的教育者，在管理人们生活和教育方面，我们应当学习他，我们应当按照他的教导来安排我们的全部生活，这时，你必须爱护和尊重说这种话的人。因为他们的认识水平就这么高。你还得对他们承认，荷马确是最高明的诗人和第一个悲剧家。但是你自己应当知道，实际上我们是只许可歌颂神明的赞美好人的颂诗进入我们城邦的。如果你越过了这个界限，放进了甜蜜的抒情诗和史诗，那时快乐和痛苦就要代替公认为至善之道的法律和理性原则成为你们的统治者了。

格：极其正确。[1]

[……]

苏：那么，这个教育究竟是什么呢？似乎确实很难找到比我们早已发现的那种教育更好的了。这种教育就是用体操来训练身体，用音乐来陶冶心灵。

阿（格劳孔的兄弟阿德曼托斯）：是的。

苏：我们开始教育，要不要先教音乐后教体操？

阿：是的。

苏：你把故事包括在音乐里，对吗？

阿：对。

苏：故事有两种，一种是真的，一种是假的，是吧？

阿：是的。

苏：我们在教育中应该两种都用，先用假的，是吗？

阿：我不理解你的意思。

苏：你不懂吗？我们对儿童先讲故事——故事从整体看是假的，但是其中也有真实。在教体操之前，我们先用故事教育孩子们。

阿：这是真的。

苏：这就是我所说的，在教体操之前先教音乐的意思。

阿：非常正确。

苏：你知道，凡事开头最重要。特别是生物。在幼小柔嫩的阶段，最容易接受陶冶，你要把它塑成什么型式，就能塑成什么型式。

阿：一点不错。

苏：那么，我们应不应该放任地让儿童听不相干的人讲不相干的故事，让他们的心灵接受许多我们认为他们在成年之后不应该有的那些见解呢？

阿：绝对不应该。

---

1 本段译文出自柏拉图：《理想国》（郭斌和、张竹明译，北京：商务印书馆，1986 年），第 401—407 页，略有改动。——编者注

苏：那么看来，我们首先要审查故事的编者，接受他们编得好的故事，而拒绝那些编得坏的故事。我们鼓励母亲和保姆给孩子们讲那些已经审定的故事，用这些故事铸造他们的心灵，比用手去塑造他们的身体还要仔细。她们现在所讲的故事大多数我们必须抛弃。

阿：你指的哪一类故事？

苏：故事也能大中见小，因为我想，故事不论大小，类型总是一样的，影响也总是一样的，你看是不是？

阿：是的，但是我不知道所谓大的故事是指的哪些？

苏：指赫西俄德和荷马以及其他诗人所讲的那些故事。须知，我们曾经听讲过，现在还在听讲着他们所编的那些假故事。

阿：你指的哪一类故事？这里面你发现了什么毛病？

苏：首先必须痛加谴责的，是丑恶的假故事。

阿：这指什么？

苏：一个人没能用言辞描绘出诸神与英雄的真正本性来，就等于一个画家没有画出他所要画的对象来一样。

阿：这些是应该谴责的。但是，有什么例子可以拿出来说明问题的？

苏：首先，最荒唐莫过于把最伟大的神描写得丑恶不堪。如赫西俄德描述的乌拉诺斯的行为，以及克罗诺斯对他的报复行为，还有描述克罗诺斯的所作所为和他的儿子对他的行为，这些故事都属此类。即使这些事是真的，我认为也不应该随便讲给天真单纯的年轻人听。这些故事最好闭口不谈。如果非讲不可的话，也只能许可极少数人听，并须秘密宣誓，先行献牲，然后听讲，而且献的牲还不是一只猪，而是一种难以弄到的庞然大物。为的是使能听到这种故事的人尽可能少。

阿：啊！这种故事真是难说。[1]

1　本段译文出自柏拉图：《理想国》（郭斌和、张竹明译，北京：商务印书馆，1986 年），第70—72 页，略有改动。——编者注

问题研讨

1. 柏拉图认为，平衡的、情绪稳定的角色很少是虚构性戏剧的主要焦点，这对吗？你能想到任何一个把平和冷静的人作为主角（或主角之一）的戏剧性故事吗？我常常问学生这个问题，也请读者来评判我的一些学生的建议：《非常嫌疑犯》里的口水金特算吗？《沉默的羔羊》中的汉尼拔·莱克特呢？《星际迷航》中的斯波克呢？詹姆斯·邦德呢？《海军罪案调查处》中的特工勒罗伊·杰瑟罗·吉布斯呢？《绝命毒师》中的沃尔特·怀特呢？这些角色始终平和冷静、情感适度，或者说镇定自若，是这样吗？如果是这样，他们仍然是有趣的主角吗？你能想到一个符合这种描述的女主角吗？

2. 你是否同意柏拉图的观点，即让你的情绪被故事的情绪激起，会削弱你控制自己情绪的能力？

3. 在你看来，我们是否应该在公共场合始终控制情绪？为什么？

4. 将柏拉图的观点与当前关于娱乐中的暴力的争论联系起来。

5. 在柏拉图看来，看喜剧有什么危险？你是否同意？为什么？

6. 苏格拉底认为，审查制度在一个理想的城邦中是合宜的，请对此进行评价。你是否认可？为什么？

基础阅读 2

《诗学》

亚里士多德著
第 6、13、14 章节选

在亚里士多德《诗学》的这两段节选中，他解释说，对诗歌（通常是虚构的）的喜爱对人类来说是自然而然的，因为虚构是对生活的模仿，所以我们可以从中了解生活——对亚里士多德来说，知识总是一件好事。在这里，他告诉我们怎样才能写出一个好的悲剧故事。

悲剧是对一个严肃、完整、有一定长度的行动的模仿，它的媒介是经过"装饰"的语言，以不同的形式分别被用于剧的不同部分，它的模仿方式是借助人物的行动，而不是叙述，通过引发怜悯和恐惧使这些情感得到疏泄。

[……]

既然最完美的悲剧的结构应是复杂型，而不是简单型的，既然情节所模仿的应是能引发恐惧和怜悯的事件（这是此种模仿的特点），那么，很明显，首先，悲剧不应表现好人由顺达之境转入败逆之境，因为这既不能引发恐惧，亦不能引发怜悯，倒是会使人产生反感。其次，不应表现坏人由败逆之境转入顺达之境，因为这与悲剧精神背道而驰，在哪一点上都不符合悲剧的要求——既不能引起同情，也不能引发怜悯或恐惧。再者，不应表现极恶的人由顺达之境转入败逆之境。此种安排可能会引起同情，却不能引发怜悯或恐惧，因为怜悯的对象是遭受了不该遭受之不幸的人，而恐惧的产生是因为遭受不幸者是和我们一样的人。所以，此种构合不会引发怜悯或恐惧。介于上述两种人之间还有另一种人，这些人不具十分的美德，也不是十分的公正，他们之所以遭受不幸，不是因为本身的罪恶或邪恶，而是因为犯了某种错误。这些人声名显赫，生活顺达，如俄狄浦斯、苏厄斯忒斯和其他有类似家族背景的著名人物。

由此看来，一个构思精良的情节必然是单线的，而不是——像某些人所主张的那样——双线的；它应该表现人物从顺达之境转入败逆之境，而不是相反，即从败逆之境转入顺达之境；人物之所以遭受不幸，不是因为本身的邪恶，而是因为犯了某种后果严重的错误——当事人的品格应如上文所叙，也可以更好些，但不能更坏。事实证明，我们的观点是正确的。起初，诗人碰上什么故事就写什么戏，而现在，最好的悲剧都取材于少数几个家族的故事，例如，取材于阿尔克迈恩、俄狄浦斯、俄瑞斯忒斯、墨勒阿格罗斯、苏厄斯忒斯、忒勒福斯以及其他不幸遭受过或做过可怕之事的人的故事。所以，用艺术的标准来衡量，最好的悲剧出自此类构合。因此，那些指责欧里庇得斯以此法编写悲剧并批评他在许多作品里以人物的不幸结局的人，犯了同样的错误，因为正如我们说过的，这么做是正确的。一个极好的见证是，只要处理得当，在戏场上，在比赛中，此类作品最能产生悲剧的效果。因此，尽管在其他方面手法不甚高明，欧里庇得斯是最富悲剧意识的诗人。

第二等的结构——一些人认为是第一等的——是那种像《奥德赛》那样包容两条发展线索，到头来好人和坏人分别受到赏惩的结构。由于观众的软弱，此类结构才被当成第一等的；而诗人则被观众的喜恶所左右，为迎合后者的意愿而写作。但是，这不是悲剧所提供的快感——此种快感更像是喜剧式的。在喜剧里，传说中势不两立的仇敌，例如俄瑞斯忒斯和埃吉索斯，到剧终时成了朋友，一起退出，谁也没有杀害谁。

[……]

恐惧和怜悯可以出自戏景，亦可出自情节本身的构合，后一种方式比较好，有造诣的诗人才会这么做。组织情节要注重技巧，使人即使不看演出而仅听叙述，也会对事情的结局感到悚然和产生怜悯之情——这些便是在听人讲述《俄狄浦斯》的情节时可能会体验到的感受。借助戏景来产生此种效果的做法，既缺少艺术性，且会造成靡费。那些用戏景展示仅是怪诞，而不是可怕的情景的诗人，只能是悲剧的门外汉。我们应通过悲剧寻求那种应该由它引发的，而不是各种各样的快感。既然诗人应通过模仿使人产生怜悯和恐惧并从体验这些情感中得到快感，那么，很明显，他必须使情节包蕴产生此种效果的动因。

接着要讨论的是，哪些事情会使人产生畏惧和怜惜之情。此类表现互相争斗的行动必然发生在亲人之间、仇敌之间或非亲非仇者之间。如果是仇敌对仇敌，那么除了人物所受的折磨外，无论是所做的事情，还是打算做出这种事情的企图，都不能引发怜悯。如果此类事情发生在非亲非仇者之间，情况也一样。但是，当惨痛事件发生在近亲之间，比如发生了兄弟杀死或企图杀死兄弟、儿子杀死或企图杀死父亲、母亲杀死或企图杀死儿子、儿子杀死或企图杀死母亲诸如此类的可怕事例，情况就不同了。诗人应该寻索的正是此类事例。[1]

问题研讨

1. 你是否认可亚里士多德的观点，即最好的虚构戏剧类型包含因判断失误而经历不幸的普通人？想想可能符合该模式的现代电影和小说（涉及普通男女）。

2. 什么是"情感宣泄"？你是否同意亚里士多德的观点，即它可以通过体验戏剧虚拟情境获得？

3. 如我们所见，柏拉图不赞同戏剧性故事，而亚里士多德赞同。鉴于柏拉图以极为戏剧化的方式记录了苏格拉底赴死这一事实（见第八章），你是否认为亚里士多德会将柏拉图写下的故事视作宣泄文学的一个范例？

4. 亚里士多德认为，如果故事足以让人因恐惧和悲悯而颤抖，一个好的悲剧就不需要任何"戏景"或特效。在《诗学》中，他将其定义为舞台上

1　此处译文出自亚里士多德：《诗学》（陈中梅译注，北京：商务印书馆，1996 年），第 63 页，第 97—98 页，第 105 页，略有改动。——编者注

演员的真实外表，但正如选段所示，他还明确指出，如果观众可以通过舞台上的精彩叙述想象出情境，那么特效是不必要的。我们也许可以把这理解为：一场好的戏剧演出不需要任何夸张的表演或特效来传达其观点。你能想到一些电影或电视节目，即使只有很少的特效，也非常生动，因为它们依靠我们的大脑来填补我们对恐惧的想象的空白吗？有没有哪部电影或电视节目的影响完全依赖特效？这是否有损于故事本身？

基础阅读 3

《玫瑰的名字》

翁贝托·埃科著，小说，1980 年

电影，1986 年，让-雅克·阿诺导演，安德鲁·伯金编剧

通常我不会在基础阅读中展示虚构作品，但这个例外与你刚刚读到的亚里士多德的文本有关。亚里士多德的《诗学》由两部作品构成，一部是关于悲剧的，另一部是关于喜剧的，但后者早在中世纪之前就散佚了。然而，我们知道，亚里士多德很欣赏戏剧，所以那本书很可能与他论悲剧的书并行，概括了一部好喜剧的合适情节类型。意大利哲学家兼小说家翁贝托·埃科的小说《玫瑰的名字》是一部以中世纪盛期为背景的谋杀悬疑小说。它以亚里士多德关于喜剧的著作重现人间为背景，并推测，如果亚里士多德的作品在那个时代能够使喜剧和笑声合法化，西方文化可能会有不同的发展。它被拍成了电影，肖恩·康纳利饰演巴斯克维尔的修士兼侦探威廉——任何一个喜欢阿瑟·柯南·道尔的福尔摩斯故事的人都不会错过这个彩蛋，因为那位英国私家侦探最著名的故事之一是《巴斯克维尔的猎犬》。

巴斯克维尔的威廉拜访了修道院，那里正闹连环杀人案，陪同他的是他信任的年轻助手、故事的叙述者阿德索（在电影中由克里斯蒂安·史莱特饰演）。威廉最初是作为一场神学辩论的参与者来到修道院的，但他被杀人案转移了注意力，开始用逻辑而不是恐惧和迷信来总结事实，而正是这些逻辑和迷信引发了修士们的怀疑。被谋杀的修士们以不同的方式死去，但他们都有一个共同点，那就是食指变黑了，舌头也变黑了。当地的修士和来访的神职人员都认为谋杀是巫术造成的，研讨会变成了一场女巫审判，由来访的宗教裁判所成员贝尔纳多·古伊主持，古伊不仅针对当地村庄一名被指控为女巫的年轻女子，还针对两名被称为政治激进分子的修士。与此同时，威廉循着证据和线索找到了一本书——一本原本放在修道院图书馆档案架的深处，后重新露面的失传的古代哲学著作：亚里士多德《诗学》的第二部，即关于喜剧的书（正如你所知，这本书在现实中并未被发现）。威廉的怀疑现在集中在一位年老的盲眼修士，即德高望重的图书管理员豪尔赫身上。威廉与豪尔赫对质，后者大方地让他读了这本书的一部分（尽管那是埃科对亚里士多德风格的模仿，但散佚的喜剧之书很有可能会像这样写）：

正如我们所承诺的，我们现在将讨论喜剧（以及讽刺和哑剧），看看它如何在激发荒谬的乐趣的同时，达到激情的净化……然后，我们将定义喜剧所模仿的动作类型，研究喜剧激发笑声的手段，以及这些手段、动作和言语……之后，我们将展示言语的荒谬是如何产生于对表示不同东西的相似的词和表示相似东西的不同的词的误解。

当威廉阅读这段古老的文本时，他意识到豪尔赫认为威廉也会做所有被谋杀的修士都做的事情：舔舔手指，然后翻下一页。但威廉采取了预防措施，戴上了手套，因此躲过了豪尔赫想让所有读这本书的人丧命的计谋，因为书页上有毒药。威廉问豪尔赫，为什么这本书看起来如此危险，以至于豪

尔赫要将阅读它的每个人都杀死？豪尔赫回答：[1]

"因为这是亚里士多德写的。"

威廉："但是，笑声有什么可怕的呢？"

豪尔赫："笑声能消除恐惧，没有恐惧，就没有信仰。没有了对魔鬼的恐惧，就不再需要上帝了。"

威廉："但是，你不可能通过消灭那本书来消除笑声！"

豪尔赫："当然不能。笑仍将是普通人的娱乐。但是，如果因为这本书，有学问的人宣布可以嘲笑一切，那会发生什么呢？我们能嘲笑上帝吗？世界将重新陷入混乱。"

　　豪尔赫把一盏油灯扔进一堆卷轴里，引发了一场大火，大火很快吞没了图书馆，而被判有罪的异教徒则被绑在院子里的火刑柱上烧死。

　　在这个故事中，亚里士多德的书怎么样了？可惜，它和豪尔赫一起在图书馆的大火中消失了。请你去读这本书或看这部电影，看看威廉和阿德索能否逃过一劫。

问题研讨

　　1. 比较亚里士多德关于悲剧的真正文本与埃科的模仿文本。在你看来，埃科模仿得是否成功？

　　2. 比较柏拉图关于喜剧和笑声的观点以及埃科所认为的亚里士多德的观点。哪一个与你的观点更接近？为什么？（另外，你认为埃科会支持柏拉图还是亚里士多德？）

　　3. 豪尔赫认为道德律令源自恐惧，而笑声会分散人们对恐惧的注意力，所以笑是危险的，这对吗？比较豪尔赫和柏拉图对笑声的评论。（记住，

1　这部分摘自电影《玫瑰的名字》，因为在本书中没有收录这部小说的文本。——作者注

豪尔赫是一个虚构的人物。）

4. 埃科说，如果亚里士多德的那部作品流传下来，它可能会改变西方文化的进程，这有道理吗？为什么？

基础阅读 4

《简单的谋杀艺术》

雷蒙德·钱德勒著
原作发表于 1945 年 11 月的《大西洋月刊》，节选

雷蒙德·钱德勒（1888—1959 年）被认为是美国有史以来最伟大的侦探 / 犯罪 / 悬疑小说作家之一。他的风格直截了当，"冷酷无情"，但他笔下的主要角色多被塑造得很立体，我们不仅可以了解他们的外表，也可以了解他们的内心感受。他的故事通常发生在 20 世纪 30 年代和 40 年代的洛杉矶，为无数其他侦探 / 犯罪小说设定了模式。他的主要角色菲利普·马洛是一名私家侦探，与洛杉矶警察局之间有着爱恨交织的关系。1945 年，钱德勒为《大西洋月刊》写了一篇后来成为经典的非虚构作品——《简单的谋杀艺术》，主要是关于他的同行、犯罪小说作家达希尔·哈米特（经典之作《马耳他之鹰》的作者）的。钱德勒自己最好的作品包括《长眠不醒》和《漫长的告别》，他的小说被拍成电影，有的甚至不止一次。这段《简单的谋杀艺术》的节选包含了他对最扣人心弦的侦探小说以及侦探性格的分析。

……谋杀题材的现实主义作家刻画了这样一个世界：黑帮可以统治国家，几乎可以统治城市；酒店、公寓和著名餐厅的老板都是靠妓院发家的

人；影视明星可能是黑帮的眼线。在这样一个世界里，酒窖里满是好酒的法官可以把口袋里装着一品脱私酒的人送进监狱；你所在城镇的长官可能会把宽恕谋杀当成赚钱的工具；没有人能安全地走在黑暗的街道上，因为人们口中说着法律与秩序，却无人施行。在这样一个世界里，你可能会目睹光天化日之下的劫持，你知道是谁干的，但你会很快消失在人群中，不会告诉任何人，因为劫持者可能有拿长枪的朋友，或者警察可能不喜欢你的证词，无论如何，辩方的讼棍可以在公开法庭上欺压和诋毁你——在一个由被挑选出的白痴组成的陪审团面前，而政治法官对此只会进行最敷衍的干预。

这样的世界不怎么美好，但你就生活在这样的世界里，某些头脑坚韧、冷静超然的作家可以从中创造出非常有趣甚至逗乐的模式。一个人会被杀死并不可笑，但可笑的是，有时人会为了那么一点理由而被杀死，他的死是我们所谓的文明的产物。这一切仍然不够。

所有可以被称为艺术的东西都有一种救赎的特质。它可以是纯粹的悲剧，如果是高尚的悲剧的话，它可以是怜悯和讽刺，也可以是强者的刺耳的笑声。但是，行走在这些卑鄙小道上的人，本身不能是卑鄙的，他既不被玷污，也不害怕。这种故事里的侦探一定就是这样一个人。他是英雄，他是一切。他必须是一个完整的人，一个普通的人，但又是个不寻常的人。用老话来说，他是正派的人，正派出于本能，出于必然，不需要思考，更不需要说出来。他应当是他所在世界中最好的人，在任何世界中都算得上好人。我不太在乎他的私生活。他既不是阉人，也不是色狼。我想他可能会勾引公爵夫人，但他绝不会糟蹋处女。如果他在一件事上表现出正派，那是因为他在所有事上都是正派的。他生活比较拮据，否则也不会当侦探。他是个普通人，否则他就无法走在普通人之中。他有个性，否则就无法了解他的工作。他不会不诚实地拿任何人的钱，也不会任人羞辱而不进行冷静适当的报复。他孤身一人，性情高傲，如果你不把他当作高傲的人来对待，他就会让你后悔见过他。他的说话方式符合他的年龄，粗鲁而机智，带着些怪诞，鄙视虚假，厌恶卑鄙。故事描写的是他寻找隐藏真相的冒险，而如果他不是个适合冒险的人，那冒险就不成立了。他有一系列会让你吃惊的觉悟，但他拥有这些恰如其分，因为这属于他所生活的世界。

如果有足够多像他那样的人，那么我想这个世界就会非常安全，但也会变得太过沉闷，不值得居住。

问题研讨

1. 钱德勒写到了 20 世纪中期的犯罪 / 侦探故事作家。最近几十年来，警匪剧是最常见的电视剧类型。你认为他的分析在今天仍然适用吗？还是说犯罪和悬疑小说的主要主题发生了变化？

2. 钱德勒对侦探的分析说明钱德勒的道德观是什么？你是否同意犯罪故事中的侦探（警探或私家侦探）必须具备这些特质，还是说我们今天希望看到不同类型的主人公？

3. 你能想象这种对英雄侦探的描述适用于女侦探吗？为什么？

4. 把本篇关于好的戏剧性犯罪故事的分析与亚里士多德的悲剧模板进行比较，你能看出相似之处吗？

《美狄亚》

欧里庇得斯著[1]

公元前 5 世纪，戏剧

　　古希腊戏剧作家欧里庇得斯（约公元前 480—前 406 年）被认为是一个怪才和激进知识分子。他的 88 部戏剧中有 19 部流传至今。在公元前 5 世纪的雅典，一年一度的酒神节已经发展为悲剧、羊人剧和喜剧剧作家之间竞争的既定传统。尽管悲剧最初被认为应是关于酒神狄俄尼索斯（巴克斯）的生、死与复活，以及一般神灵的故事，但它们很快发展成人类失败和复仇的故事。写于公元前 451 年的悲剧《美狄亚》的不同寻常之处在于，它没有遵循神圣正义的胜利那种既定的悲剧模式，不过欧里庇得斯本身也很少遵循这种模式。他只在酒神节上获得过四次一等奖，但在他去世后，他的戏剧变得非常受欢迎。在生命的最后，他离开了雅典，死于马其顿（22 年后，即公元前 384 年，亚里士多德生于此地）。在前面的亚里士多德《诗学》节选中，你或许已注意到，亚里士多德极为赞赏欧里庇得斯及其独特的风格。

　　希腊神话中，伊阿宋和他的阿尔戈英雄们从科尔喀斯国王手中夺取了金羊毛，并将其成功带回科林斯。这是一个古希腊黄金时代的传说，一部英雄史诗。伊阿宋在找寻（金羊毛）途中得到了科尔喀斯国王之女美狄亚的帮助。美狄亚为了帮助伊阿宋，背叛了自己的父亲、兄长和国家。随后，美狄

1　本部分译文出自罗念生：《罗念生全集（第三卷）》（上海：上海人民出版社，2004 年），第 96—97 页，第 102—103 页，第 117—118 页，第 120—122 页。根据厄尔（M. L. Earle）编订的《欧里庇得斯的美狄亚》（*The Medea of Euripides*, American Book Company, 1932）一书的原文译出。——编者注

亚和伊阿宋一起回到了科林斯。这是一个古老的神话，接着，欧里庇得斯告诉了我们"剩下的故事"。

岁月流转，美狄亚陷入了深深的沮丧之中。她不食不眠，啜泣不断。伊阿宋已厌倦了她——她不再青春美貌，伊阿宋爱上了另一个女人，年轻而又风姿绰约的科林斯公主。他甚至没有征得美狄亚的同意就娶了她。而国王，即公主的父亲，现在打算将美狄亚连同她和伊阿宋的两个儿子逐出国门，因为他担心这个难以预料的异邦女人报复自己的女儿。但美狄亚无家可归，因为她在帮助伊阿宋的过程中害死了自己的哥哥，背叛了自己的父亲。她为伊阿宋放弃了一切，包括她与故土的联系，没有祖国，在古代希腊世界中是很难被看作人的。

但是，朋友们，我碰见了一件意外的事，精神上受到了很大的打击。我已经完了，我宁愿死掉，这生命已没有一点乐趣。我那丈夫，我一生的幸福所倚靠的丈夫，已变成这人间最恶的人！

在一切有理智、有灵性的生物当中，我们女人算是最不幸的。首先，我们得用重金争购一个丈夫，他反会变成我们的主人；但是，如果不去购买丈夫，那又是更可悲的事。而最重要的后果还要看我们得到的，是一个好丈夫，还是一个坏家伙。因为离婚对于我们女人是不名誉的事，我们又不能把我们的丈夫轰出去。一个在家里什么都不懂的女子，走进一种新的习惯和风俗里面，得变做一个先知，知道怎样驾驭她的丈夫。如果这事做得很成功，我们的丈夫接受婚姻的羁绊，那么，我们的生活便是可美的，要不然，我们还是死了好。

一个男人同家里的人住得腻烦了，可以到外面去散散他心里的郁积［不是找朋友，就是找玩耍的人］，可是我们女人就只能靠着一个人。他们男人反说我们安处在家中，全然没有生命危险；他们却要拿着长矛上阵：这说法真是荒谬。我宁愿提着盾牌打三次仗，也不愿生一次孩子。

可是这同样的话，不能应用在你们身上：这是你们的城邦，你们的家乡，你们有丰富的生活，有朋友来往；我却孤孤单单在此流落，那家伙把我从外地抢来，又这样将我虐待，我没有母亲、弟兄、亲戚，不能逃出这灾难，到别处去停泊。

我只求你们这样帮助我：要是我想出了什么方法、计策去向我的丈夫，向那嫁女的国王和新婚的公主报复冤仇，请替我保守秘密。女人总是什么都害怕，走上战场，看见刀兵，总是心惊胆战；可是受了丈夫欺负的时候，就没有别的心比她更毒辣！

但美狄亚有一个计划，而且老国王也已经本能地预感到它的到来：美狄亚密谋毒害公主和国王。伊阿宋听说美狄亚要被驱逐出境，就来保证她不会一贫如洗，美狄亚和他发生了最后一场可怕的争吵。

坏透了的东西！——我可以这样称呼你，大骂你没有丈夫气——你还来见我吗？你这可恶的东西还来见我吗？你害了朋友，又来看她：这不是胆量，不是勇气，而是人类最大的毛病，叫作无耻。但是你来得正好，我可以当面骂你，解解恨；你听了会烦恼的。

且让我从头说起：那阿尔戈斯船上航海的希腊英雄全都知道，我父亲叫你驾上那喷火的牛，去耕种那危险的田地时，原来我救了你的命；我还刺死了那一圈圈盘绕着的、昼夜不睡看守着金羊毛的蟒蛇，替你高擎着救命之光；只因为情感胜过了理智，我才背弃了父亲，背弃了家乡，跟着你去到珀利翁山下，去到伊俄尔科斯。我在那里害了珀利阿斯，叫他悲惨地死在他自己女儿的手里。我就这样替你解除了一切的忧患。

可是，坏东西，你得到了这些好处，居然出卖了我们，你已经有了两个儿子，却还要再娶一个新娘；若是你因为没有子嗣，再去求亲，倒还可以原谅。我再也不相信誓言了，你自己也觉得你对我破坏了盟誓！我不知道，你是认为神明再也不掌管这世界了呢，还是认为这人间已立下了新的律条？啊，我这只右手，你曾屡次握住它求我；啊，我这两个膝头，你曾屡次抱住它们祈求我，它们白白让你这坏人抱过，真是辜负了我的心。

美狄亚和伊阿宋在恶语相向中分手了，现在美狄亚很幸运：雅典国王埃勾斯拜访了她，听说了她的婚姻问题和被放逐的事情。他觉得伊阿宋很卑劣，并钦佩美狄亚的愤怒。他自己正在寻找一个妻子为他生儿育女，因此承诺在美狄亚"办完自己的事"后娶她为妻，为她提供一个避难所。

当伊阿宋返回时，美狄亚假装顺从，请他允许让孩子们带礼物给他年轻的新娘。她即将做的恶事令她崩溃，她发现自己很难自控。伊阿宋离开后，她把礼物递给两个小男孩，却忍不住哭泣——因为她不仅计划杀死公主，还计划杀死自己的两个孩子，用她所知道的唯一方式伤害伊阿宋。

唉，唉！我的孩子，你们为什么拿这样的眼睛望着我？为什么向着我最后一笑？哎呀？我怎样办呢？朋友们，我如今看见他们这明亮的眼睛，我的心就软了！我决不能够！我得打消我先前的计划，我得把我的孩儿带出去。为什么要叫他们的父亲受罪，弄得我自己反受到这双倍的痛苦呢？这一定不行，我得打消我的计划。——我到底是怎么了？难道我想饶了我的仇人，反遭受他们的嘲笑吗？我得勇敢一些！我竟自这样脆弱，使我心里发生了这样软弱的思想！

我的孩儿，你们进屋去吧！

（两个孩子进屋。）

那些认为不应当参加我这祭献的人尽管走开，我决不放松我的手！

（自语）哎呀呀！我的心呀、快不要这样做！可怜的人呀，你放了孩子，饶了他们吧！即使他们不能同你一块儿过活，但是他们毕竟还活在世上，这也好宽慰你啊！——不，凭那些住在下界的报仇神起誓，这一定不行，我不能让我的仇人侮辱我的孩儿！无论如何，他们非死不可！既然要死，我生了他们，就可以把他们杀死。命运既然这样注定了，便无法逃避。

我知道得很清楚，那个公主新娘已经戴上那花冠，死在那袍子里了。我自己既然要走上这最不幸的道路，我就想这样同我的孩子告别："啊，孩儿呀，快伸出，快伸出你们的右手，让母亲吻一吻！我的孩儿这样可爱的手、可爱的嘴，这样高贵的形体、高贵的容貌！愿你们享福——可是是在那个地方享福，因为你们在这里所有的幸福已被你们父亲剥夺了。我的孩儿这样甜蜜的吻、这样细嫩的脸、这样芳香的呼吸！分别了，分别了！我不忍再看你们一眼！"——我的痛苦已经制伏了我：我现在才觉得我要做的是一件多么可怕的罪行，我的愤怒已经战胜了我的理智。

她送走了孩子，过了一会儿，一个信使告诉了她一些可怕的细节，公主戴上了美狄亚的礼物金冠，毒药立刻开始起作用了：

当你的孩子和他们的父亲离开那宫廷，还没有走得很远的时候，她便把那件彩色的袍子拿起来穿在身上，更把那金冠戴在卷发上，对着明镜理理她的头发，自己笑她那懒洋洋的形影。她随即从座椅上站了起来，拿她那雪白的脚很娇娆地在房里踱来踱去，十分满意于这两件礼物，并且频频注视那直伸的脚背。

这时候我看见了那可怕的景象，看见她忽然变了颜色，站立不稳，往后面倒去，她的身体不住地发抖，幸亏是倒在那座位上，没有倒在地下。那里有一个老仆人，她认为也许是山神潘，或是一位别的神在发怒，大声地呼唤神灵！等到她看见她嘴里吐白沫，眼里的瞳孔向上翻，皮肤上没有了血色，她便大声痛哭起来，不再像刚才那样叫喊。立刻就有人去到她父亲的宫中，还有人去把新娘的噩耗告诉新郎，全宫中都回响着很沉重的奔跑声音。约莫一个善走的人绕过那六百尺的赛跑场、到达终点的工夫，那可怜的女人便由闭目无声的状态中苏醒过来，发出可怕的呻吟，因为那双重的痛苦正向着她进袭：她头上戴着的金冠冒出了惊人的、毁灭的火焰；那精致的袍子，你的孩子献上的礼物，更吞噬了那可怜人的细嫩肌肤。她被火烧伤，忽然从座位上站起来逃跑，时而这样，时而那样摇动她的头发，想摇落那金冠：可是那金冠越抓越紧，每当她摇动她的头发的时候，那火焰反加倍旺了起来。她终于给厄运克服了，倒在地下，除了她父亲之外，谁都难以认识她，因为她的眼睛已不像样，她的面容也已不像人，血与火一起从她头上流了下来，她的肌肉正像松脂泪似的，一滴滴地叫毒药看不见的嘴唇从她的骨骼间吮了去，这真是个可怕的景象！谁都怕去接触她的尸体，因为她所遭受的痛苦便是个很好的警告。

公主的老父亲冲到现场，把她抱在怀里，毒性就这样传给了他。几分钟后，他也死了。

这个消息促使美狄亚采取行动。现在，她觉得必须杀死她的孩子，这样就没有人会向他们复仇了。她自我宽慰着：

朋友们，我已经下了决心，马上就去做这件事情：杀掉我的孩子再逃出这地方。我决不耽误时机、决不抛弃我的孩儿，让他们死在更残忍的手里。我的心啊，快坚强起来！为什么还要迟疑，不去做这可怕的、必须做的坏事！啊，我这不幸的手呀，快拿起，拿起宝剑，到你生涯的痛苦起点上去，不要畏缩，不要想念你的孩子多么可爱，不要想念你怎样生了他们，在这短促的一日之间暂且把他们忘掉，到后来再哀悼他们吧。他们虽是你杀的，你到底也心疼他们！——啊，我真是个苦命的女人！

人们听到了她用刀刺死两个儿子时从房间里传出的呼救声。

伊阿宋回来了，事态向着毁灭逆转，他悲痛欲绝。美狄亚心满意足地盯着他，因为现在她明白，她"把他刺痛了"。最后，他们一直在争论到底是谁的错，孩子们的死该怪谁。当他的儿子们还活着的时候，伊阿宋似乎并不怎么关心他们，但现在他们都死了，他却全心全意地爱他们。他呼唤诸神的力量为他的孩子们报仇，但诸神没有帮助他。没有神圣的闪电击中美狄亚——她离开了他，成为国王埃勾斯的妻子。

问题研讨

1. 在雅典的许多批评家看来，这部悲剧是极为不道德的，因为美狄亚杀了四个人，却逍遥法外。我们能为美狄亚的行为辩护吗？伊阿宋可以免于谴责吗？你认为欧里庇得斯"故事中的寓意"是什么？

2. 柏拉图会如何评价《美狄亚》——是一种道德学习的工具，还是一种非理性的危险诱惑？亚里士多德又会如何评价它？它是否符合他提出的好悲剧的标准？（悲剧必须发生在普通人身上，最好发生在家庭成员之间，悲剧产生的原因是他们的判断出现了严重错误。）换句话说，如果亚里士多德是对的，那么一个好的悲剧就是一个（不好也不坏的）普通人的故事，他犯了一个大错，余生一直为此备受煎熬，那么，谁是《美狄亚》中的主要角色呢？这个故事是从谁的视角讲述的呢？美狄亚还是伊阿宋？

3. 令人难过的是，父母杀死其孩子的现象一点都不罕见；可能是一怒之下杀了孩子，也可能是为了保险费，或为了便利，或出于某种奇怪的责任感（"我自杀后不能让他们变成没有父亲/母亲的孩子，所以我要带着他们一起死"）。很少有像美狄亚那样为了报复而杀孩子的家长。1994年，苏珊·史密斯将她的两个幼子捆绑在一辆车里，然后让车滚入湖中，杀死了他们。她想摆脱累赘，想让她的前男友回到她的身边。2001年，安德莉亚·耶茨溺死了自己的五个孩子，她被诊断患有严重的产后抑郁症，她说她听到有声音告诉她去取孩子们的性命。但有一个谋杀案看起来就像是《美狄亚》的情节：1998年，苏珊·尤班克斯杀死了她的四个儿子，专门是为了报复他们的父亲。记住，在剧中，美狄亚并未受到惩罚，她作为雅典王后开始了新的生活。现实中，史密斯被判无期徒刑，尤班克斯被判死刑。你对此有何看法？（耶茨的终身监禁判决被推翻，2006年，她因精神错乱被判无罪，并被送入精神病院。）

故事 2

《少年维特之烦恼》

歌德著

小说，1774 年，节选

　　歌德关于备受相思煎熬的少年维特的作品所具有的影响人心的力量，在今天也许难以想象，但事实是，欧洲的许多年轻读者在与维特一起遭受痛苦后，结束了自己的生命。在歌德的作品中，维特写给朋友的信被发现了（所谓的书信体风格），然后，作品以叙事形式讲述了维特最后的日子。从 5 月到 12 月，维特经历了陷入爱河的高潮和低谷，但最终他深爱的绿蒂嫁给了别人。在写下给好友威廉的这封信后不久，维特拿起手枪朝自己的头部开了一枪。

　　十二月四日

　　我央求你呀！——你听罢，我是休了，我再不能支持下去了！今天我坐在她旁边——坐时，她在弹比牙琴，弹出种种的哀调，弹出一切的心事！一切！——一切！——不知道你以为是怎么样？——她的妹子们在她膝上弄偶人儿。眼泪来到我眼睛来了。我的头低下去，她的结婚戒指映入我眼底来。——我的眼泪流下来了。——她突然弹出高雅的古调来，弹得太突如其来，于是有一种慰安的情绪，一种以往回忆彻透我的魂髓，以往的那个时候。那时我听过这种歌调。我回忆到两人间的幽昧的间隔，回忆到心中的愤懑，回忆到破灭了的希望，回忆到⋯⋯我在房中走来走去；我的心胸压得不能呼吸了。——我仓促地向她走去，说道："千万，千万请你停止了罢！"——她停止了，凝视着我。——她带着一种微笑，彻入我魂髓的微笑，说道："维特，维特，你是病得太深沉了；连你喜欢听的也不合你的意了。

我请你回去！你回去安睡些儿罢！"——我离开她走了——神明哟，你在照鉴我的悲哀，我的悲哀也要终局了呢。[1]

问题研讨

1. 从你自己的角度评价维特的反应。因为被拒绝而自杀是一种现实的情节吗？这在情感上可以理解吗？这在道德上站得住脚吗？说明你的观点。

2. 将柏拉图和亚里士多德的观点应用于这段选文。

3. 你能想到近年来对观众产生类似影响的故事（电影或其他媒介）吗？如果能，你认为未来应该做些什么来防止这种影响？解释你的观点。

4. 歌德假装他发现了维特的这些信件，从而使这个故事可信（当然，他杜撰了整个故事，包括维特本人的性格）。让一个故事在一封信、阁楼里的一份年代久远的手稿或一盘录像带的框架内展开，这种模式从 15 世纪延续至今，因为这是让故事可信的一种很好的方式。这种模式在 20 世纪 90 年代流行的电影《女巫布莱尔》和《科洛弗档案》中得到使用，使电影看起来像纪录片。你能想到其他使用同样技巧的故事（小说或电影）吗？

---

1 译文出自歌德：《少年维特之烦恼》（郭沫若译，创造社出版部，1926 年），第 136—137 页。——编者注

故事 *3*

《明戈的教育》

查尔斯·约翰逊著

短篇小说，1977年，收录于《魔法师的学徒》，摘要和节选

明戈的"教育"故事是一个勾勒姆式的故事——他不是人工创造的人，而是一个其心智成为反映"主人"潜意识动机的镜子的人。我们可以把这个故事看作对美国旧南方奴隶制的控诉，它谈论了奴隶和主人之间不同寻常的关系——情感纽带与道德责任。或者，我们可以把它理解为创造者对其创造物失去控制的故事。我们也可以把它解读为关于老摩西内心真实想法的心理故事，但也可以把它当作一个关于教育的危险的故事，你永远不知道学生从你的训诫中学到了什么……

老摩西·格林驾着他的单驾马车进城，给自己买了一个奴隶；此时是1854年，南北战争前的南方。摩西买的奴隶明戈对新世界充满好奇，拍卖商说他是奥姆舍立部落的王子。摩西与其说需要一个农场长工，不如说需要一个伙伴，因为他是个孤独的人。但明戈不会说英语，而且除了他的部落生活方式外，他不知道任何社会习俗，所以摩西开始教他一切：英语、农耕、餐桌礼仪、运算、做饭等等。

深夜，摩西低头看着明戈在玉米皮床垫上大声打鼾。他觉得自己时而像个父亲，时而像个艺术家，从一堆粗糙的奇特泥土中摸索着制作出一件精美

而高贵的东西。

　　但他很快发现，明戈学得很快，不仅掌握了摩西有意教他的东西，而且学会了摩西自己所做的一些其他事情，比如咒骂、把玉米面包泡在咖啡里，以及其他一些坏习惯。他甚至模仿摩西的行为举止和生活方式。不到一年，明戈就成了摩西的影子——他不但做摩西让他做的事，而且做摩西潜意识里想做的事。

　　摩西的女性朋友哈丽雅特·布里奇沃特有些歪才，所以摩西有点怕她。她批评摩西教育明戈的计划，并试图让摩西明白他注定失败；明戈的背景与摩西的非常不同。摩西认为明戈做得很好，而且成了自己的一种延伸——除了一件事：明戈应该尊重陌生人，并杀死抓鸡的鹰。但摩西观察到，明戈像对待人类一样对待抓鸡的鹰，称它们为"先生"。这种混淆到底有多严重呢？摩西很快发现了可怕的真相：明戈杀死了老以赛亚·詹森——因为明戈偶然听到了摩西关于以赛亚是个老傻瓜的随口评价。明戈认为他应该按照摩西的意愿行事，所以他杀了老以赛亚。这是摩西觉悟的时刻：他试图把他所知道的一切教给明戈，实际上，他是以他自己的形象创造了一个人，但这一

　　查尔斯·约翰逊拥有哲学博士学位，退休前在华盛顿大学从事文学教学。他著有四部小说，即《信仰与美好》(*Faith and the Good Thing*，1974 年)、《牧牛传说》(*Oxherding Tale*，1982 年)、《中间航道》(*Middle Passage*，1990 年)和《梦想者》(*Dreamer*，1998 年)，两部短篇小说集，即《魔法师的学徒》(*The Sorcerer's Apprentice*，1986 年)和《灵魂捕手和其他故事》(*Soulcatcher and Other Stories*，2001 年)，20 多部剧本，以及许多关于非裔美国人经历的文章和书籍。他的作品获得了许多奖项，其中《中间航道》获得 1990 年美国国家图书奖。

（玛丽·兰德莱特摄。由查尔斯·约翰逊提供）

尝试失败了，或者说，效果好过头了。

"你这个蠢货！"摩西咬着牙喊道。他嘶哑着嗓子哭泣了几分钟，就像一头被勒住了脖子的公牛。"我和以赛亚·詹森是朋友，而且——"他思考了一下，意识到自己说的是谎言。他们根本不是朋友。事实上，他认为以赛亚·詹森是个猪头，自己只是以邻里友好的方式容忍他。一只苍蝇落在他眼皮上，摩西使劲晃了晃脑袋。几周之前，他还在哈丽雅特面前骂詹森有多讨厌，总是借了工具不还，最好下地狱。摩西嗓子一紧，一边眼皮因为刚才那只苍蝇而发痒颤动，他用手压一压眼皮，慢慢看向那个非洲人。"天哪，"他喃喃自语，"你不可能知道那些的。"

"回家吗？"明戈伸了个懒腰，"我累了，老板。"

摩西离开了，不是因为他想回家，而是因为他害怕以赛亚的尸体，需要时间想想整件事。空气干燥的夜晚，他们走在回家的路上。老人仿佛在自言自语："我给了你思想，教了你语言，看看你都干了些什么——他们会抓住你，把你杀了，孩子，绝对会的。"

"明戈？"非洲人狡黠地摇着长长的头，用一根手指碰碰自己的前胸，"我？不会的。"

"见鬼，你为什么老这么说？"摩西下巴用力往前伸，脖子上的肌肉显露出来。"你杀了一个人，他们会把你烧得比玉米穗还脆。天哪，明戈，"老人叹道，"你要负起责任来，孩子！"摩西想到他们会怎么对待明戈，把头缩进僵硬的衣领里。他紧盯着这个没有胡须的非洲人，小心不看他的眼睛，咆哮道："你现在在想什么？！"

"明戈知道的，摩西·格林也知道。明戈看或者不看，就是摩西·格林看或者不看。就好像明戈通过摩西·格林生活一样，对吗？"

摩西迟疑，怀疑，感觉好像有陷阱。"是的，都对。"

"摩西·格林，他拥有明戈，对吗？"

"对，"摩西哼了一声，擦了擦毛孔粗大的红鼻头，"花了很多钱——"

"所以明戈工作，就是摩西·格林在工作，对吗？摩西·格林通过明戈工作、思考、做事——不是吗？"

摩西·格林不傻，他很容易就理解了一个观念；他猛地转过身来，离开通往他小屋的道路，向哈丽雅特的小屋走去，汗流浃背，想起了他在夜间见过的两个反复出现的幻象：他和明戈像两个口技木偶一样连在一起，一黑一白，还有一个人——他不认识的人，同时拉扯着他们胳膊和腿上的绳子。至于是怎么做的，他不明白，但他和明戈一起说着同样的话，直到他那双长满老人斑、关节处像老胡萝卜皮一样紧绷干瘪的手，飞到他的脸上，他尖叫着，拖着腿穿过寒冷的黑色乡村。明戈也是如此，手放在脸上，在摩西身边扭动着膝盖，尖叫着，他们声音的变化是一样的；然后，朦胧的梦境华丽地通向另一个梦境，在那里，他被刻在一枚三分硬币的一面，另一面是明戈。

摩西颤抖着，冲进了哈丽雅特·布里奇沃特的院子里。他的内脏灼热，像沸腾的焦油。她披着印第安格子披肩站在门廊上，盯着他们看，她的书还打开着。摩西惊慌失措地跑上台阶，绊倒了，膝盖蹭破了。他喊道："哈丽雅特，这个男孩冷血地杀了以赛亚·詹森。"她大惊失色，回到了门前。她的头发在眼睛里飘动。他挥动双手，焦急地、结结巴巴地说道："但这并不完全是明戈的错——他不知道自己在做什么。"

"以赛亚？你是说以——赛——亚？难道他杀了以赛亚？"

"是的，噢不！不完全是——"他结结巴巴，停了下来。

"那么是谁的错？"哈丽雅特瞪着在马车里挖鼻孔的非洲人（摩西确实没有像他希望的那样管好自己）。她感到左侧身子一凉，颤抖起来。她在困惑中说出了一句话："我可以告诉你这是谁的错，摩西。是你的错！我不是说过不要把那个野蛮的非洲人带到这里来吗？嗯？嗯？嗯？你们两个都应该——去睡觉。"

"你这女人！闭嘴吧！"摩西扔下帽子用脚踩，把帽子都踩变形了，"你太让我心烦了。"说实话，他不怎么镇定。他的指甲上有一圈泥土，裤腿溅上了血点。摩西跺着脚，想把路上的灰尘从靴子上弄掉。"你家里有酒吗？

我需要你帮助理清楚这件事，但我从买了明戈以后还没喝过一滴酒，我的喉咙都——"

"你自己拿吧——就在柜子上头。"她捂着脸，手指分开，摆出茫然的姿势。突然间，她的样子好像一个只有一年、一个月或者一分钟可活的人。"我还是坐下来吧。"她俯身坐上摇椅，把一本 M. 雪莱的书放在腿上，那是关于怪物和存在之恐怖的故事，然后她正了正身子。"你就是这样，摩西·格林，把你所有的困惑都带给我。"

哈丽雅特帮不上什么忙。摩西开始思考这种情况。他不能告发那个男孩，因为那样做就像出卖了自己的一部分；不管他怎么看，他和明戈已经成为彼此的一部分。但他意识到，他现在需要的人是哈丽雅特，于是他回到她的农场，向她求婚——让他惊骇的是，他发现明戈又杀人了。哈丽雅特躺在水泵旁死了，这是明戈对前一天摩西说哈丽雅特是一只啰唆的老母鸡的回应。

现在是摩西面对真相的时刻了：无论明戈做了什么，他，摩西，都要承担责任。他找到明戈，把他推倒在地上，然后他走进哈丽雅特的房子，找到了她的燧发枪。他把枪管顶在明戈的脖子上，想扣扳机，但却无法开枪……

摩西眯起眼睛，干巴巴地低语道："起来，你这个该死的傻瓜。"他耷拉着圆肩。明戈的宽肩也耷拉下来。"牵马吧。"摩西说。他上了车坐下，双膝并拢坐在男孩身边。明戈把膝盖并到一起。摩西的声音变得刺耳，还发出喘息；明戈的也是。"密苏里，"老人说，不是对明戈，而是对着马车那满是灰尘的底板说，"如果我没记错的话，应该是顺着这条路向西走。"

问题研讨

1. 故事的结尾是表明摩西要承担训练明戈的责任，还是拒绝承担责任？请解释。这有区别吗？这个故事是如何控诉奴隶制的呢？

2. 约翰逊如何向我们呈现出明戈已经成为摩西的另一个自我？

3. 明戈是勾勒姆吗？是怪物弗兰肯斯坦吗？是皮格马利翁的雕像吗？他是"海德先生"，而摩西是"杰基尔博士"吗？或者，明戈是匹诺曹吗？请说明。

4. 哈丽雅特死前抱在膝上的那本书有什么内涵？

5. 你能否想到其他故事，其道德教训被误解或被过于死板地理解，因此对故事中的人物造成了伤害？

故事 4

《低俗小说》

昆汀·塔伦蒂诺导演兼编剧

电影，1994年，梗概和节选

　　在这篇摘要（附简短节选）[1]中，我们关注的是一个复杂故事的一个方面。《低俗小说》以其生动的暴力打斗与粗俗的语言震撼了第一批观众，在上映后立刻成为经典，经常在教育语境中被提及，而这在某种程度上是因为它面对死亡和暴力的随意态度。在这里，我们看到暴力似乎突然对主角之一朱尔斯失去了吸引力。

1　作者提醒：请注意，剧本的节选（朱尔斯的独白）包含一些脏话。节选中的脏话已被删去。《低俗小说》的整个剧本使用了许多读者认为粗俗的方言。在电影中，这可以说是为了达到一种艺术目的，让观众立即了解故事发生的背景，并经常为智力对话提供一种刻意的对应物；然而，剧本中的一些片段可能会让一些读者感到不快。我建议在阅读完故事后，将电影和日常生活中的冒犯性语言问题作为课堂讨论的一部分，如问题研讨 4 所示。——作者注

朱尔斯和文森特度过了一个糟糕的早晨。他们是暴徒手下的杀手，在引用了大概是出自《圣经·以西结书》，经过朱尔斯添油加醋的一段话后，他们打死了两个年轻人。这是他的风格。大功告成，他们取回了黑帮老大要的公文包。朱尔斯和文森特不知道，还有一个人藏在厕所。那人冲了出来，向两名杀手射光了马格南枪中的子弹，他们开枪还击，那人死了，但朱尔斯和文森特都没受伤。文森特想将此事归为好运降临，然后离开那里，但朱尔斯深受触动，认为这是另一种东西：神的干预。

马尔文是朱尔斯的年轻朋友，帮朱尔斯策划了此次袭击。马尔文跟着他们走出血迹斑斑的公寓，进入车里；此时文森特正在谈论子弹偶然走火的事件，他的枪不小心射中了马尔文的脸。朱尔斯心乱如麻，他们现在开着一辆血淋淋的车（车内有一具尸体）在高速公路上行驶——但他担心的并不是马尔文不巧的死亡。

后来，他们在一家咖啡店吃早餐，从早上的事件中缓过神来。朱尔斯依然在思考被他视为神迹的事，他没有被杀，所以他宣布，他认为自己现在要退出"那种生活"了。

咖啡店里的其他事仍在继续。年轻夫妇小南瓜和小兔子从座位上站起来，用枪指着顾客和女服务员：他们要抢劫。文森特去了洗手间，不知道这些变故，但朱尔斯目睹了持枪抢劫的全过程。这对年轻夫妇拿走收银机里的现金后，开始抢劫顾客。小南瓜拿枪指着朱尔斯，朱尔斯交出了钱包，但断然拒绝交出公文包。他让小南瓜看看里面（我们看不见里面的东西，只能看到它神秘的光芒），但仅此而已。小南瓜再次把枪指向朱尔斯，朱尔斯迅速扭过他的胳膊，现在是小南瓜对着枪口了。女孩试图帮助自己的爱人，但她意识到，自己一动，朱尔斯就会开枪。现在文森特回到桌前参与其中。他俩一起控制了那对夫妇，朱尔斯告诉他们，在正常情况下，他们现在已经死了——但今天他正处于"过渡阶段"，所以不想杀他们。他命令小南瓜从赃物中找出他的钱包，留下 1 500 美元现金后离开咖啡店。他告诉小南瓜：

想知道我要买什么吗？……你的命。我给你钱，这样我就不必杀你……你读《圣经》吗？……这是我记的一段：《以西结书》第25章第17节。"义人的路被自私不公和恶人的暴政环绕。以慈善和好意之名，在黑暗幽谷看顾弱者的牧人有福了。因为他看管他的兄弟，寻找走失的孩子。我要用复仇和愤恨击打那些试图毒害我兄弟的人。我向你复仇的时候，你就知道我是主。"这段话我说了好多年。如果你听过，就说明你完蛋了。我从来没有真正想过它的意思。我只是觉得这么说很冷酷……但我今天早上碰到一些烂事，让我又思考了一下。现在我想，意思可能是，你是那个恶人，我是那个义人。我的这把M45手枪是在黑暗幽谷保护我这个义人的牧人。也可能是，你是义人，我是牧人，这个世界是邪恶自私的。我喜欢这个。但这个不是真相。真相是，你是弱者，我是施行暴政的恶人。但我在努力，非常努力地当一个牧人。

朱尔斯把枪放在桌上。小南瓜看看他，看看小兔子，看看1 500美元，然后抓起装满现金和钱包的垃圾袋，和小兔子一起走了出去。

很多人认为《低俗小说》（米拉麦克斯影业，1994 年）美化了暴力，但教育工作者可以领悟到更深层次的意图：强烈反对暴力。图为小兔子（阿曼达·普拉莫饰）和小南瓜（蒂姆·罗斯饰）正准备抢劫咖啡店里的顾客和员工。

问题研讨

1. 朱尔斯说他可能是"义人"，这意味着什么？说他可能是"牧人"，这意味着什么？

2. 朱尔斯说他给小兔子和小南瓜钱，就不会杀死他们，这意味着什么？

3. 鉴于我们目睹的是劫匪和杀手之间的对抗，你认为谈论"正义"与"邪恶"的意义是什么？

4. 如果你看过这部电影，你就会知道对话中充满了脏话（朱尔斯的独白节选就是证明）。你认为这些脏话在这一语境中是有目的的吗？为什么？你可能想要讨论当代语言风格中的脏话问题。

5. 你是认为这部独特的电影可能激发更多暴力（正如柏拉图认为的），还是认为它可能以某种方式起到"净化"的作用（正如亚里士多德认为的），或者可能是对文化上普遍接受暴力的一种警告？

6. 你可能想知道公文包里装的是什么。影片中没有透露，但有传言说它装着黑帮老大的灵魂。这样的解释会使得故事与众不同吗？请解释。

第二部分　我该怎么做？——行为伦理学

第三章　伦理相对主义

2015 年圣诞节，一群青年男性难民在德国的几个城镇性侵女性，尤以科隆为甚。一些批评人士用文化冲突来解释，认为矛盾不但可以预知，而且本来可以避免。德国女性习惯于在其社区中自由活动，像大多数西方国家的女性一样，按照自己的意愿穿衣打扮。人们认为被性侵的女性是因着装风格、化妆或举止而"自找麻烦"的时代应该早就过去了。然而，一些德国官员在袭击发生后告知女性，由于这些难民有不同的文化价值观，把身体遮盖起来、穿得更得体是谨慎的做法，他们的假设是，由于德国更为宽容的价值体系，袭击者受到了某种程度上的诱惑，这是合理的。这随之引发了德国以及欧洲其他地方民众的强烈抗议；欧洲人表示，他们不会因为拒绝同化的人涌入欧洲，就放弃自己的自由社会，以及来之不易的对个人选择的生活方式的尊重。换句话说，难民应该入乡随俗。来自叙利亚及其邻国的难民群体回应说，他们也不能宽恕这些袭击，袭击者的行为并不代表他们的文化价值观。但是，如果我们把这些袭击归咎于**愚昧无知**而非恶意预谋，就会面临一场文化冲突：在对其他文化缺乏了解的情况下，就对其中什么是被允许的这个问题做出臆测。无论怎样，我们都面临着道德差异的冲突和哲学挑战：应对道德差异的最佳方式是什么？有时我们不得不面对这样一个事实：并不是每个人都认同我们对体面行为的定义。对体面行为的不同定义之间的冲突可能像上述案例那样激烈，也可能像朋友之间的摩擦那样平常，比如你在电影院等朋友，但她一直不露面，因为她在和另一个朋友通话，而且在她看来，信守和你的约定并没有那么重要。通常我们认为这种行为只是不礼貌或不体贴而已，但你大概也不会再想约那个人出来了。或者更戏剧性一点，假设你正在和一个你非常喜欢的人约会。在一家不错的餐厅共进午餐时，他／她随口提及自己支持某一位政治候选人或某一项政治事业，而他／她所支持的是你基于道德理由而强烈反对的。你的约会对象对什么是有道德的行为的看法与你不同，这可能会影响你对他／她的感觉。

　　我们经常读到和听说一些道德上难以接受的行为。一个年轻的外国女孩被他的兄弟杀害，因为她未婚先孕，或者可能只是和一个美国男孩约会。在西方人看来，这个兄弟的行为真是无法理解的恶行。但她的兄弟认为自己是在尽责任，只是方式可能不那么令人愉快；他维护了家族的荣誉，这种荣誉已被女孩那令人难以启齿的不道德行为玷污了［根据其文化的传统准则——因此有了荣誉谋杀（honor-killing）这个词］。世界上有很多这样的例子，一个人认为应该义不容辞去做的事，是另一些人无比厌恶的。在某些文化中，人们认为，他们有道德义务或道德权利在老年人丧失劳动能力时摆脱他们。尤其是在前技术时期，有这样一种传统，即在食物匮乏的时候，就把最年长的成员遗弃在自然环境中，任其自生自灭。通常决定权在老年人手中，当他们认为是时候了，就会觉得有道德义务将自己从部落中移除。有些文化认为，以同样的方式对待婴儿是一种道德权利或义务——通常在这样的文化中，没有安全的医疗避孕途径。也有文化认为，寻求医疗救助是一种罪恶——他们认为生命应该掌握在上帝手中。有些人认为伤害任何生命都是一种罪恶，即使是无意中踩到一只昆虫。有些人觉得保护自己、保护所爱的人以及国家免受任何威胁，才是一种道德义务；还有些人认为，在任何情况下都不诉诸暴力是一种道德义务。知识窗 3.1 探索了道德价值与立法之间的文化关系。

如何看待道德差异

我们如何看待道德差异现象？至少有 4 种主要途径可供选择。

1.道德虚无主义、怀疑主义和主观主义

我们可以选择相信，观点不存在道德上的对错——整个道德问题只是一场文化游戏，你我的观点最终都不重要，因为不存在终极性的对与错。这种观念就叫作*道德虚无主义*，在生活中的一些时期，尤其是当我们面临个人挫折时，我们可能倾向于采取这种方式。然而，它很难站住脚，因为它太过极端。每一天的每分每秒，都牢记我们不相信对与错之间有任何差异，这是相当困难的。如果我们看到某人在偷我们的车，就会倾向于让他马上住手，无论我们疲惫不堪的理智多么努力想告诉我们，没有人比别人更对或更错。如果我们看到一个孩子或一只动物被虐待，即使我们告诉自己没有对错之分，我们也会介入。换句话说，在我们大多数人身上，似乎都存在某种东西——直觉、社会化、理性、同情心，或者其他什么东西——即使我们试图说服自己道德价值不过是一种幻觉，这种东西也会出现。

与道德虚无主义的态度相关的是*道德怀疑主义*，它认为我们并不知道道德真理是否存在，而*道德主观主义*认为道德观点仅仅是一个人的内心世界，而且不能与另一个人的内在状态相提并论，因此一种道德观点只对持有它的人有效。怀疑主义和主观主义都比虚无主义更为常见，但似乎都难以长期维持，因为在关键时刻，我们都表现得好像存在着与他人共享的有效道德真理，比如，我们批评朋友迟到，谴责政治家是种族主义者或性别主义者，批评兄弟姐妹在家人需要帮助时不伸出援手。当我们被困在高速公路上时，我们会感谢、赞扬前来救急的陌生人；当我们的孩子按时回家时，我们会表扬他们。因此，即使我们相信自己是虚无主义者、怀疑主义者或主观主义者，我们仍然希望与自己文化中的其他人共享一些价值观。

知识窗 3.1 道德与法律问题的交叉

　　一个国家的法律反映的是一些基本的普遍道德价值，还是只是一时一地的价值？关于伦理与法律的关系，法哲学一般有两种观点。*法律自然主义*（或*自然法*）的观点认为，法律反映或应该反映一套普遍的道德标准；一些自然法学家认为这些标准是上帝赐予的，有的将其看作人性的一部分。另一种观点被称为*法律实证主义*，它认为法律以立法者的一致同意为基础；换句话说，法律没有终极的道德基础，它们是相对的，仅仅反映时代观念的变迁。

　　无论我们是更倾向于自然主义对道德价值与法律之间关系的解释，还是更倾向于法律实证主义的解释，或者可能是承认一些普遍的价值观，但在其他方面把法律看作处境化与相对化的混合形式，认为道德与法律之间有关系的假定都自古就有了。从《汉谟拉比法典》到今天的立法，一些法律反映了当时的道德氛围。并不是所有的法律都如此，尽管有的学者认为，因为法律告诉我们应该做什么或不应该做什么，所以所有法律都有道德因素，至少法律倡导了维护法律在道德上是好的这个观念。然而，有时法律在道德上似乎并不正确。雅典人遵循法律处死苏格拉底，但在苏格拉底的追随者们看来，这是不对的，在今天看来也是不对的。当时代变化时，以前看似正确的东西可能不再正确，而且如果立法机构对此事敏感，法律也会改变。变革法律有时会引起内战，有时要采取反抗行动，有时只需要简单的投票。因此，我们不能断定所有法律都是道德正当的，因为经验告诉我们，事实并非如此。有些法律甚至可能没有明显的道德因素。交通法规允许我们在红灯时右转，就几乎没有触及道德问题。

　　然而，立法者天然关注公众对是非的看法，因为在西方式民主国家中，意见由国家法律代表。然而，并不是所有道德问题都与立法者有关。你是否回家过感恩节可能对你的家庭来说是一个重要的道德事件，但很难说是其他人的事，更不用说州立法机构了。你是否选择不付费就从网上下载有版权的音乐是和法院有关系的事，很多人认为这是一个道德问题（类似偷窃），但也有人不这么认为。在一种文化中，有些事情显然被认为是不道德和非法的，而另一些问题往往被严格地视为法律或道德问题，但不一定两者都是。

如果我们观察不同社会的道德规范和法律之间的关系，就会发现它们之间存在巨大的差异：一个社会的立法可能反映了这样一种信念，即只要不造成伤害，法律就不应该支配人们的道德选择；另一社会的法律可能牢固地根植于该社会的道德准则，而道德准则通常源自该社会的宗教。第一种类型的社会反映了一种流行的当代西方观念；后者的一个例子是伊朗这样的社会，在那里，法律受宗教的影响，伊斯兰教法得到执行。久而久之，社会群体就选择了法律、道德和宗教的各种组合，并且三者之间的紧密联系直到 20 世纪仍非常普遍。然而，正如一些哲学家所指出的，我们的后现代文化越来越关注什么是法律，而不是什么是道德正确的，可能是因为很多人认为，道德的对错是个人选择（主观主义）或文化问题（伦理相对主义）。

但有些人决定关注法律而不是道德可能是因为他们认为，这可以让他们脱离困境：如果一种行为不违法，它就一定是可以的，对吗？错，因为我们还有民事伦理准则（civil codes of ethics），比如针对雇员、地方政府官员、大学校园中的教授与学生等的规范，在专业人员、朋友、家人中，对道德期望有一种默契。你可能不会因为对同事发表不恰当的评论，在上班期间使用公司电脑在网络上交易、寻找约会对象，或与你的上司约会而被逮捕，但这样的行为可能会让你被解雇。背叛朋友或家人的信任通常也不会让你被逮捕，但可能会对你们的关系造成不可挽回的后果。把一切都简化为合法不合法的问题，是对道德本质的误解，无论是无意的还是有意的。

尽管道德主观主义看起来通常比直白的道德虚无主义或道德怀疑主义更为灵活、更有吸引力（一些思想家选择将主观主义视为伦理相对主义的一个子类），但这三种理论的共同点在于，它们都不是那么有效：它们都不具备化解冲突的能力。如果你是一个虚无主义者，你如何以道德为由说服偷车贼留下车走开？如果你是一个怀疑主义者或主观主义者呢？在每一种情况下，你都要放弃寻找共同道德根据的想法。你能找到的最好办法就是告诉偷车贼，他的行为是非法的；但你不能说你有一个他应该听的道德论点。

2. 伦理相对主义

　　我们可以选择相信并不存在普遍的道德价值——每一种文化都有一套适用于自己文化的规则，就该文化来说，它是有效的，而且我们无权干涉，正如这些规则无权干涉我们的规则一样。这种态度即所谓的伦理相对主义，它不像怀疑主义那样偏激，因为它承认道德价值存在，但认为它们是相对于它们所处的具体时空而存在的。伦理相对主义被视为一种宽容的态度，有助于矫正人们将自己的道德准则强加于其他文化的做法。伦理相对主义能够解决冲突吗？是的，在有限的情况下非常有效，那就是在同一种文化中。大多数人认可的道德准则就是应该遵循的正确准则。然而，跨文化的道德分歧很少能得到解决。下一节将详细讨论这一理论。

在这则《波波的进步》漫画中，兰尼这个道德虚无主义者（或道德怀疑主义者）正受到波波的挑战。波波怎样恢复了兰尼的正义感？你认为这能说服道德虚无主义者吗？能说服道德怀疑主义者吗？为什么？

（ BOBO'S PROGRESS: © 2001 Dan Wright Distributed by King Features Syndicate, Inc. ）

3. 弱普遍主义

我们可能相信，在内心深处，尽管有着种种差异，不同文化的人依然可以就特定的基本道德价值达成一致。我们或许会认为，这是一个生物学问题——世界各地的人基本上都有相同的人性。或者我们可以把这种一致看作一个文化适应的过程，人们可以在这个过程中适应他们文化中正常的做事方式。如果生活在恶劣气候条件下的原住民将他们意外生下的婴儿扔到野外，任其死亡，这并不一定意味着他们很残忍，情况可能是，他们想给那些已经活下来的孩子一个机会，他们知道，多一张需要喂养的嘴可能让所有人陷入危机。通过这种方式，我们在该事实中找到了共同基础，即我们和他们都会照顾我们能够抚养的孩子。如果我们认为，在敌对和矛盾的表象之下，我们仍能找到一些我们共同认可的东西，即使我们选择以不同的方式行事，那么我们就相信存在一些普遍的道德价值。我将这种态度称为*弱普遍主义*（soft universalism）——称它为普遍主义是因为它承认存在一些普遍的道德准则；称它弱是因为它不像强普遍主义或绝对主义那样偏激。[1]弱普遍主义能解决冲突吗？可能它比其他任何一种方式都更有效，因为它的主要目的是在诸多观点和风俗之下寻求共识。但准确地说，这些核心价值到底是什么呢？弱普遍主义认为核心价值以共同人性为基础，但这意味着什么？在这一章的后面，我们将看到哲学家詹姆斯·雷切尔斯的一个建议，他认为有三种这样的普遍道德价值。

4. 强普遍主义

强普遍主义（有时也被称为道德绝对主义）是大多数伦理理论支持的一种态度。它是人们对于日常道德的态度，许多人都能与之产生共鸣。强普遍主义认为存在一套普遍的道德准则。表达这种观点的，通常是追寻准则的人（"我知道必然存在一套真实的道德规范，但我不会假定自己能发现它"），在分析基础上做出判断的人（"三思之后，我得出结论：这套道德准则代表着终极价值"），以

1　有的读者可能会问，我是不是"弱普遍主义"这个词的创造者，我必须承认，我确实不知道；我已经使用它30多年了。我可能很多年前在某本书里读到过，也可能在与强普遍主义做比较时合成了一个词，其他哲学家也可能如此，这是一个很方便、很直白的词。如果有人在1994年《故事中的伦理学》第一版首印之前，记得曾在哪里遇到过弱普遍主义一词，请告诉我，我希望该词的创造者能得到应有的认可。——作者注

及持道德真理不容讨论的单一观点的人（"我是对的，你是错的，你最好老实一点！"）。相比之下，道德虚无主义声称不存在道德真理，它代表应对道德差异方式的谱系的一端，而强普遍主义代表另一端，强普遍主义只承认一套道德准则的合法性。强普遍主义/道德绝对主义可以解决道德冲突吗？是的，有多种方式：某人对你说你一定是错的，因为你不同意他/她的观点，如果你对此接受，那么冲突就能马上解决；更多的时候，一个绝对主义者会极力在有理有据的情况下向你展示，他/她的道德结论比你的更好。大多数绝对主义哲学家都诉诸证据与推理来解决问题，而非诉诸强力或谬误论证，如"我是对的，因为我是对的"。因此，强普遍主义并不等同于道德信念的顽固不化或教条主义，尽管这样的信念也可能是教条主义的。

我们在本书中不会过多讨论第一种观点，尽管它可能很有趣，因为它缺乏解决道德冲突的能力。第二种观点，*伦理相对主义*，自 20 世纪早期以来极大地影响了西方人的道德态度，它也是本章的重要主题。至于其他两种观点，*弱普遍主义*和*强普遍主义*，我们将在本章和随后的章节中讨论。

人类学的经验

19 世纪晚期，文化人类学作为一门学科已经获得独立，它提醒着西方人，"他乡"是与维多利亚时代的欧洲截然不同的社会。人类学学者开始研究其他文化，他们带回的事实震惊了 19 世纪的西方思维定式。有些文化无法理解男性在生育中的作用，认为婴儿某种程度上是在神灵的帮助下在女性体内孕育的。有些人群认为吞食在战争中死去的敌人的尸体，可以分享他们的战斗精神。有些文化信仰动物神灵，有些文化认为女性袒露乳房是合宜的，有些文化认为让（无血缘关系的）姻亲看你吃东西是完全不合适的，等等。我们很容易得出这样的结论，即有些文化的道德准则与西方文化的有很大的不同。

这个结论就是所谓伦理相对主义的第一步，它对于西方思维来说并不新颖。因为人们总是带着远方的传说来来去去，其他文化行事方式完全不同早已成为常识。早在几个世纪前，探险家们就把美人鱼、巨人的故事和其他传说带回了家乡。有些故事比其他的更真实。例如，他乡的人们确实有着完全不同的着装规范和工作规范。公元 922 年，阿拉伯信使、伊斯兰学者伊本·法德兰北上保加尔国，并观看了一场维京人的葬礼。他厌恶地写道，维京人的习俗是多么不同和原始（他的故事是电影《第十三个勇士》的主题），所以并不是所有这样的记录都来自西方旅行者对非西方生活方式的评论。但西方人最熟悉的当然是来自非西方的异域故事。南太平洋岛民的生活方式成为 18 世纪和 19 世纪欧洲人的集体幻想。想象一下：不穿任何衣服，不需要一直工作，终年生活在夏季，还没有任何性行为限制！根据西方人的道德倾向，他们会认为这样的族群要么是地球上最幸运的，要么是最罪恶、次等和堕落的。基督教传教士也提供了文化多样性记录，几个世纪以来，他们都带着劝他人转变的信息来面对多少有些不太情愿的文化。

即使在早期历史中，文化多样性的观念也得到了充分的记录。古希腊历史学家希罗多德在《历史》一书中写道，波斯国王大流士一世听闻了关于辽阔帝国边境（当时该帝国的版图东抵印度，西至希腊本土）的丧葬习俗的故事，这令他颇有兴致。当时的希腊人一般采用火葬；大流士了解到，印度的一个部落——卡拉提亚人会吃逝者的尸体。而在大流士统治的波斯帝国，土葬才是标准做法。希罗多德写道：

> 无一例外，每个人都相信自己本地的习俗、自己生长于其中的宗教是最好的……［大流士］叫来碰巧在他的宫廷里的希腊人，问他们要给他们多少钱才能使他们吃逝去父亲的尸体。他们回答说，无论给他们多少钱，他们都不会做那种事。后来，当着希腊人的面，为了让他们明白所说的内容，他通过一名翻译问一些卡拉提亚部落的会吃逝去双亲尸体的印度人，要给他们多少钱他们才会火葬逝去的亲人。他们发出惊恐的尖叫，并阻止他再提这件可怕的事。通过此事，人们可以看出习俗的作用，所以品达［一位古希腊诗人］说得很对，习俗是"万物之王"。

通常，希罗多德的观察可以被浓缩为"习俗为王"——我们都更喜欢我们习惯的东西。

当人类学家指出不同文化的道德价值有很大差异时，他们是在描述他们所看到的情况。拥有不同的道德价值观是否有益于人类，或者这些价值观是否代表了每种文化的道德真理，只要人类学家没有做出判断，那么他们就是在主张一种**描述性理论**，这种理论通常被称为文化相对主义。让我们看一个例子。我的一位人类学家老朋友实地考察回来，给我讲了他的故事。在一个小村庄做田野调查期间，他被一户人家收留。孩子们工作很辛苦，几乎没有闲暇时间，竞争这一概念对他们来说是完全陌生的。有一天，人类学家想要款待他们一次，就安排了一场比赛。所有的孩子既困惑又兴奋地站成一列，听他指挥，从院子的一头跑到另一头，然后再跑回来，谁第一个回来谁就获胜。比赛开始了，孩子们疯狂地奔跑着，想要超过其他人，赢得比赛。当一个笑容满面的孩子第一个跑回来时，人类学家将奖品给了他——一些小玩意或一块糖果。孩子们沉默了，面面相觑。最后，其中一个小孩问道："你为什么给赢的那个小伙伴礼物呢？"人类学家才意识到，因为孩子们没有竞争的概念，所以他们不知道胜利常常是和奖励联系在一起的。对他们来说，"胜利"这种新想法本身就很有意思，无须加上任何东西；事实上，这个奖品让他们感到非常不舒服。（这位人类学家说，这也让他觉得自己很蠢。）

这位人类学家讲这个故事，是在表述**文化相对主义**的一个例子，文化相对主义描述了不同文化之间的习俗如何不同。然而，假设他又说："我意识到他们坚持自己的方式是对的。"（换句话说，假设他对该部族生活方式的有效性做出了*判断*。）在那种情况下，他可能就进入了**伦理相对主义**这个领域。文化相对主义是一种*描述性理论*，它认为不同文化有不同的道德准则。伦理相对主义是一种*规范性理论*，它认为不存在普遍的道德准则，每种文化准则对其文化来说都是正确和有效的。这是一个细微的差别，但在哲学上却是一个要点。（更多关于描述伦理学、规范伦理学和元伦理学的内容，见知识窗 3.2。）文化相对主义者这样看待并描述文化差异：世界上有很多道德准则。伦理相对主义者看到了文化差异，并做出了判断：我们不可能找到共同的准则，在一种文化中看起来正确的东西对*那种文化而言是正确的*。

人类学家鲁思·本尼迪克特是德裔美国物理学家、社会人类学家弗朗茨·博厄斯的学生，后者是文化人类学领域的先驱，他曾主张不应该以西方文明的标准来评判世界各地的文化，道德标准也不是普遍的，而是相对于每种文化而言的。本尼迪克特和她老师的观点一样，她的大部分作品写于一个时代行将结束的时候，在那个时代，人们依然可以谈论"未受污染"的社会，即尚未全面接触西方文明的文化。原始一词依然被用于描述某些文化，本尼迪克特也使用这个词，但她很快指出，认为西方文明处于文化进化阶梯顶端的态度是——或者应该是——过时的。在1934年发表的著名论文《人类学与反常》中，她写道："现代文明不是人类成就的必然巅峰，而只是一系列可能的调整中的一个。"通过对此的强调，她确立了自己作为文化和道德宽容倡导者的形象，这意味着西方文明无权将自己的行为准则强加给其他文化。从那以后，伦理相对主义作为一种文化宽容的工具一直很受欢迎，尽管在21世纪有一些迹象表明，这一理论似乎不像以前那么有吸引力了。下面我们来看看其中的一些原因。

在同一篇论文中，本尼迪克特讲述了一些至少在道德上看似奇怪的文化现象。在基础阅读部分，我们选取了一段内容，其重点是美拉尼西亚一个岛上极端偏执的习俗。在本书正文中，我们引用一个例子就够了：在北美洲西北地区的夸库特耳印第安人中，过去有一种习俗是将死亡视为一种侮辱，应该对此进行这样或那样的报复，甚至在自然死亡的情况下也是如此。在一个部落中，一个酋长的妹妹和她的女儿在去维多利亚的途中淹死了。酋长召集了一群战士，他们出发，在路上遇见了熟睡中的七个男人和两个小孩，便将其杀死。然后战士们回到家，坚信他们做了一件在道德上正确的事。

知识窗 3.2　描述伦理学、规范伦理学与元伦理学

描述和规范这两个术语对于任何伦理理论，而不仅仅是对伦理相对主义，都是重要的。当我们说一个理论是描述性的时候，我们的意思是这个理论仅仅描述了它所认为的事实。例如，在美国，一般来说，吃肉不会被认为是不道德的。换句话说，描述性理论描述的是人们实际在做什么或想什么。规范性理论则增加了道德判断、评价或合理性论证，例如，吃肉是可以的，因为它有营养，或进行批判，如吃肉应该被视为不道德的。除了描述伦理学与规范伦理学之外，还有第三种进路——元伦理学。它既不描述，也不评价，但分析我们所使用的道德术语的内涵。以下是元伦理学的一些典型问

题：你所谓的不道德是什么意思？你说的肉指的是什么，是牛肉、马肉还是蛇肉？欧洲近来发生了一桩与马肉有关的丑闻，人们发现马肉在超市里被贴上了"牛肉"的标签。但马肉在欧洲人的菜单上要比在一般美国人的菜单上常见，所以争论的焦点并不是吃马肉是否道德，而在于使用了错误标签。

大多数伦理体系涉及判断、批评、评估与合理性论证，因此是规范性的，但很多体系也需要对用于证明理论的术语有所了解。当一场道德辩论进入关于术语意义的讨论时，它就进入了元伦理学的领域。在 21 世纪头十年，元伦理学在政治辩论中至关重要的一个例子是对酷刑概念内涵的讨论。21 世纪初，美国国会就可以采用哪些不同于"酷刑"的"攻击性审讯手段"展开了一场辩论。潜在的假设是，美国作为一个受《日内瓦公约》约束的文明国家，不允许动用酷刑，但必须允许在极端情况下使用严酷的审讯方法，以挽救美国人的生命。显然，一些辩论者眼中可接受的攻击性审讯技巧，在另一些人看来无疑是酷刑，比如将被审讯者置于低温、持续的光照或黑暗中，大声播放包括嘈杂音乐在内的噪声。大多数辩论者都同意，施加在身体上的痛苦是一种明显的折磨，但剥夺睡眠算不算呢？最有争议的手段可能是"水刑"，把水浇在犯人蒙着的脸上，让他们向后仰，直到他们认为自己快要被淹死。2008 年，中央情报局被曝光至少在三个场合多次使用过该手段，包括用此方法审讯基地组织一名被抓获的头目，从而获得了重要信息，尽管这一说法仍有争议。在中央情报局看来，这是一种攻击性审讯手段，而非酷刑，但在包括媒体从业者在内的一些争论者看来，这种手段显然应该被归类为酷刑，即使它不涉及任何溺死的实际危险。在布什政府时期，水刑被看作罕见但合法的攻击性审讯手段，但在奥巴马政府时期，它被归类为酷刑，并被排除在可接受的手段之外。

无论是酷刑的道德可接受性问题，还是酷刑本身的有效性问题（这将是规范性问题），这个例子都表明，如果不讨论辩论中关键词的定义，我们就无望达成任何共识。在第五章和第六章，我们会回到酷刑的道德可接受性和有效性的问题上。

这个故事之所以激起本尼迪克特的兴趣，主要原因并不在于酋长和他的战士们认为他们的行为在道德上是好的，而在于大多数部落成员都有同样的感觉。换句话说，在部落中有这种感觉是很正常的。本尼迪克特得出结论："'正常'这一概念是'善'这一概念的适当变体。正常的就是社会认可的。"

有两个要点值得在此提及。第一，本尼迪克特从表达文化相对主义向表达伦理相对主义迈出了一大步。她从对人们行为的描述过渡到这种说法：在其自身的文化背景下，这样做是正常的，因此对他们有好处。第二，本尼迪克特说正常是由文化定义的；换句话说，文化，尤其是孤立的文化，往往会将某些行为推到极端。（在本尼迪克特看来，人类可能的行为范围是巨大的，从偏执到乐于助人和慷慨大方。）那些在某种程度上不守常规的人（这样的人永远是少数，因为大多数人都非常驯顺）在那种文化中成了反常者。

北美洲西北地区族群的行为对我们来说完全陌生吗？本尼迪克特不这么认为，因为这在我们的社会中只是反常的行为，而不是不可想象的行为。我们可以用一些例子来说明她的观点。被解雇的邮政工人第二天拿着猎枪出现，杀死了他的许多同事，我们会认为这很"疯狂"，但他实际上遵循了与酋长相同的逻辑：他的世界被他无法控制的力量撕裂了，他要反击这种侮辱。因为和丈夫吵架而在高速公路上超你的车的司机也采用了这种逻辑，小学时因为自己的衣服扣子被别人扯下而扯下你衣服扣子的小姑娘也是如此。这并不是复仇，因为司机和小姑娘都不是要去惩罚犯错者。那七个男人和两个孩子与酋长亲人的死毫无瓜葛，酋长也从未说过他们与此事有关。他们并不是要找出问题的肇因并得到补偿，而是通过伤害其他人来治疗自己的伤口。（如果被他们杀害的陌生人是美国或加拿大的伐木工人，后者成长于相信找出罪人施以惩罚才合理的文化，那会怎么样呢？那就会涉及补偿了。）或许我们都会时不时地把气撒在无辜者身上，我们中的一些人可能比其他人更甚。区别在于，我们选择了将北美洲西北地区的人称为反常，而在他们的部落文明环境中，他们会认为他们的行动是正常的、善的。这样的选择是如何演变的？通常这是一个习惯随着时间发展的问题。如果人类行为存在所谓的"正常"方式，那就是适应在他们的特定文化中盛行的正常模式。今天，社会学家将这一过程称为文化适应（acculturation）。

鲁思·本尼迪克特（1887—1948年），美国人类学家，伦理相对主义的捍卫者。她最知名的作品是《文化模式》（1934年）。

（© Bettmann/Getty Images）

　　尽管本尼迪克特显然想让读者更宽容地对待其他文化，但对于一个具有文化敏感性的现代读者来说，她选择的例子似乎有些奇怪：本尼迪克特在谈论一个美洲印第安部落时，实际上是不是在帮助巩固西方白人文化中流行的"野蛮的印第安人"的旧观念？如果是这样，她就没有促进文化间的相互理解。在此有两点需要说明。第一，本尼迪克特本人可能会做出类似这样回答："如果你将这些叙述看作对印第安习俗的批评，那只是因为你透过带有偏见的西方人的眼光来看待它们。关键是要认识到文化差异在他们的文化背景下同样有意义。"我们不应该回避关注文化差异，但也不应该妄下判断。第二，作为读者，审视伦理相对主义的优缺点，我们必须得出结论：相对主义的目标并不是相互理解，而仅仅是不干预。试图达成理解，我们就需要找出某些共同基础，但相对主义不认为存在任何跨文化的共同基础。我们将在本章后面再讨论共同基础的问题。

　　对本尼迪克特来说，将西方道德强加给另一文化毫无意义，因为西方道德只是我们选择阐述的一系列可能的人类行为的一个方面，它们并不比其他任何道德更好或更差。对我们来说正常的东西就是我们认为好的东西，因此我们没有权利声称我们的选择比任何其他文化更优越。芭芭拉·金索沃的《毒木圣经》在很多方面都提倡用这种方法来研究其他文化，在本章的故事部分，你可以读到小说概要和部分节选文字。

伦理相对主义的问题

鉴于西方文明不时表现出对其他文化和习俗的居高临下的褊狭态度（有人称之为"文化帝国主义"），很多人发现伦理相对主义非常吸引人，令人精神一振。我们不应该忘记以适当的历史视角来看待它：它是一种解毒剂，针对的是 19 世纪的"欧洲中心主义"和西方殖民主义，其中西方宗教和道德优越感（以及西方的技术优越性）被认为是显而易见的真理。伦理相对主义脱离了这种自鸣得意的态度，启发着 20 世纪早期文化宽容的转向，这种态度伴随着美国的文化和族群遗产的多元性，至今依然在持续。20 世纪，越来越多的美国知识分子质疑这种做法：将某种文化适应强加于另一群体，而该群体本来相信在其自有的那一套道德规范下行动就是好的。从美洲印第安人到亚洲的印度人，以及介于二者之间的许多非欧洲文化，19 世纪的诸多文化深受这种做法之害。对很多美国人来说，其他文化有与众不同的权利这一根本观念根深蒂固，以至于 20 世纪 90 年代，一个美国男孩在新加坡的很多车上涂鸦，被当局施以鞭刑时，大部分人的反应是：如果他选择在新加坡生活，他就不能违反当地规定，并且应该根据新加坡的规则受到惩罚。而且，这种观念在两个方向上都起作用：当其他地方的人到美国旅行，美国人也会希望他们尊重美国人的生活方式。来自丹麦的一名年轻的单身母亲在返回故乡几年之后带孩子到纽约探望男友，她按过去在丹麦的习惯做事：他俩来到纽约一家位于一层的餐厅共进晚餐，这名母亲将婴儿车和婴儿放在餐厅外面，然后选了一张靠窗的桌子坐下，这样她可以看到自己的孩子。当她因粗心大意将孩子置于险境而被逮捕时，她很困惑地说："但我们在家乡一直是这样的。"在丹麦长大的我可以证实她的说法。（在婴儿车中的）孩子和拴着绳子的狗确实总是被留在商店和餐厅外面，至少在一些小城镇是这样。但不是在纽约！辩护时，律师采用了所谓的文化差异论，但法官不为所动。她的律师辩护说，她应该有权利做她过去习惯的事，但这种说法被驳回了，她和孩子一起被遣返，有可能永远不能再回到美国了。

所以，看起来我们要对伦理相对主义提供的解决方案多多留心。然而，有些人（他们未必是强普遍主义者）质疑不干涉的相对主义标准。如果所讨论的文化会把孩子卖为性奴呢？如果这种文化拒绝给予女性投票权和财产权呢？在

"9·11"恐怖袭击事件之后，如果一些文化认为，美国人就应该是恐怖主义四处打击的目标，又会怎么样呢？这些观念和习俗只是道德选择的问题吗？它们是应该被尊重，还是说我们有某种道德权利——甚至是道德义务——进行干预并实现改变呢？这是 21 世纪初期挑战伦理相对主义的大问题。

比尔·沃特森的连环漫画《加尔文与霍布斯》擅长探讨棘手的哲学问题，尤其是在伦理学和形而上学领域。此处，霍布斯（只有加尔文能看到它动的布老虎）猜测，伦理相对主义中对宽容的要求可能不是什么优势。

伦理相对主义的六个问题

即使我们承认伦理相对主义在 20 世纪早期提供了教益，即提出悬置西方人对其他文化的论断态度，该理论内部仍存在严重的问题。此处我们指出六个问题，它们都是伦理相对主义主张不存在普遍道德准则这一基本理念的逻辑结果。（知识窗 3.3 介绍了一种标准的哲学方法：对抗法。）

1. 对其他文化不做褒贬

这是否意味着，批评另一种文化或群体的行为总是错的？如果我们遵循伦理相对主义的思想并得出其逻辑结论，答案就是：是的。我们没有权利评判其他文化，就是这样。但有时在其他文化中发生的事，或通过直觉，或通过理性论证，我们会觉得应该批评它们，以保持我们自身的道德节操。说来也奇怪，在本尼迪克特写作那篇论文的时候（1934 年），历史上最令人反感的社会"实验"之一正在西方世界进行。1933 年，纳粹控制了德国和奥地利，他们的极端种族主义行径也不再保密了，尽管死亡集中营的存在直到战后才为人所知。一个真正的伦理相对主义者必须坚定自己的立场，并坚持认为其他国家无权批评 20 世纪 30 年代和 40 年代发生在德国和奥地利的事情。（碰巧的是，这在很大程度上反映了当时世界其他国家的实际态度。）然而，本尼迪克特在她的论文中对此未置一词。

知识窗 3.3　对抗法

现在你可能会问自己：这是我们在本书的其余部分要遵循的程序吗？先介绍一个有趣的观点，然后告诉我们如何从逻辑上将其拆解，直到它似乎失去了吸引力。学习各种各样的观点，而不必立即学习如何拆解它们，这种简单的乐趣哪里去了？这难道不是不必要的消极吗？你可能没有这么问过自己，但作为主修哲学的人，我曾经这么问过自己。答案就在所谓的对抗法（adversarial method）中，这是自苏格拉底以来一直在哲学中运用的一种方法：为接近一个可能的真命题或观点（这是目标），你必须把摆在你面前的每一个理论都当作对手、敌人来对待，并用任何你通过逻辑和理性思维能想到的方法来加以攻击。如此剖析之后留下来的就是一个值得深思的理论。这与对总统候选人进行测试的程序没有什么不同。当进展艰难，所有令人不快的问题（但通常是合理和相关的）都被问及时，我们就能看出候选人的特质。他或她傲慢吗？软弱吗？有幽默感吗？有报复心吗？理解力强吗？愚蠢吗？满口谎言吗？地道吗？诚实吗？强壮吗？这个候选人的极限在哪里？我们以同样的方式找到一个理论的极限。正如你将要看到的，几乎每个理论都有一个断裂点，但这并不总是使该理论降格（使其无效）。如果断裂点在讨论中出现较晚，而且只在用极为不可能的假设或细枝末节来攻击时出现，这就说明了这个理论的可信度，从而鼓励人们接受或稍加修改后接受这个理论。然而，有些理论在讨论早期就瓦解了，可以被抛弃。伦理相对主义就是一个断裂点出现得相当晚的理论；换句话说，该理论有一些好的方面，因此有理由不将它彻底抛弃。

然而，还有另一种方法。法国哲学家保罗·利科（1913—2005年）像很多初次接触哲学的学生一样，对不断用攻击去分析各种理论和观点感到厌倦，并提出了一个折中方案。他说，我们应该既"聆听"一个理论，又加以"怀疑"。我们应该"怀疑"它试图误导我们（通过对抗法），但我们不应该忘记"聆听"它可能包含的智慧和知识，因为我们可能会学到一些东西，变得更聪明，即使该理论长期看来可能经不住考验，或在某些细节上有误。所以，应该在一种哲学观点中寻找积极的成分，与此同时，也要发现它的缺陷。这就是你在这本书中会看到的方法：根据利科提出的方法，我们需要审视理论的弱点，但这并不是我们不能欣赏它们的思想和愿景的理由。

人们常常说，想当初，应该趁着还有时间，对某些情况做出抗议或进行干预。实际上，这是支持2003年美国入侵伊拉克的论点之一：趁还有时间，有必要让萨达姆·侯赛因停手。在阿富汗战争的例子中，如果目标是阻止恐怖分子袭击其他国家，比如美国，相对主义者可能会同意，但如果目标是终结塔利班政权，他们就不会同意。在伊拉克战争中，这个问题更为复杂：如果目标仅仅是找到并摧毁大规模杀伤性武器（一直没有被发现，尽管有人猜测它们被藏了起来），相对主义者或许会认为入侵是可以接受的，因为这是为了阻止伊拉克侵犯其他国家。然而，如果首要目标是改变政权，推翻萨达姆·侯赛因并建立一个民主国家，相对主义者可能就不会同意了，无论从短期或长期看来伊拉克人的生活条件会如何改善，因为这将干涉一个主权国家的内政。利比亚和叙利亚的冲突也存在类似的问题：从相对主义者的观点看来，帮助反抗者推翻压迫性的统治者，这是可以接受的，如果这样可以使美国更安全的话；但如果目标只是让国家对于该国国民更安全，情况就不是这样了。在反抗者的统治之下国民实际是否更安全，是另一个问题，当然也是一个好问题，但与伦理相对主义者无关。在相对主义者眼中，反对种族灭绝只是因为它恰好违背了我们自己的文化规范；但对另一种文化来说，种族灭绝可能是对的。

　　然而，对于大多数人，包括相信自己应该宽容的人来说，宽容也是有道德限度的，任何不承认这一点的理论都不是一个好理论。大多数西方人虽然会尽量宽容，但他们也会希望看到某些事情终止。在一些文化中，主要是在非洲大陆，实行女性生殖器残割（或越来越多地被称为"生殖器切割"），对象通常是 7~10 岁的年轻女孩。2016 年，联合国儿童基金会的一份报告披露，这一做法在全世界都有影响，影响了 30 多个国家和 2 亿多名女性，而且自 2014 年以来又增加了7 000 万名女性，部分是由于人口增加，部分是由于病例报告增加。然而，该报告也注意到，在一些国家，这种做法正在减少。在埃及，30 年前 97% 的年轻女性被割除阴蒂，然而现在这个数字只有 70%。利比里亚的数字从 72% 降到 31%，布基纳法索从 89% 降到 58%。传统上，作为获得成人和适婚身份的一种必要仪式活动，相关文化范围内各个群体的女性都会接受这一外科手术，所使用的仪式工具没有消毒，手术中也没有麻醉。身体上的好处是不存在的——所列举的好处总是与社会接受和所谓的美德的增强有关，比如忠诚和贞洁。根据世界卫生组织 2011 年的一份报告，自 2000 年联合国报告发布以来，情况一直在改善。例如，在塞内加尔，有 5 000 个村子选择废弃该手术。但在马来西亚，这一发展走向了另一个方向，进入了医疗诊所，由医生在无菌环境中进行。这种改变引起了世界卫生组织的关注，因为它赋予这一过程以某方面的合法性，就好像它现在在医学上是合理的。世界卫生组织在 2011 年报告了印度尼西亚的同样情况，但联合国儿童基金会最近的报告指出，仍有 37% 的女孩接受这一手术，这一比例低于 1985 年的 51%，而且这种做法在很大程度上已成为象征性的，许多小女孩的生殖器区域完好无损。具有讽刺意味的是，穆斯林学者常常指出，生殖器切割行为实际上有悖于伊斯兰教义，因为它损毁了由安拉创造的身体。在本章结尾，你可以读到关于这一问题的一部小说的梗概，即艾丽斯·沃克的《拥有快乐的秘密》。

　　听到这样的情况，人们还能在道德上做一个相对主义者，认为每种文化都应该不受打扰地探索自身价值吗？很多伦理相对主义者认为，必须在纯粹的文化偏好和对人权的侵犯之间划清界限——但这意味着放弃伦理相对主义。然而，当在联合国提出女性平权这样的问题时，那些不承认女性权利的文化的代表往往以愤慨来回应，声称西方人只是在做他们一直做的事，即试图遵循文化帝国主义的旧传统，把自己的文化和道德价值强加给其他族群。尽管伦理相对主义者想终结西方价值观的批量出口，但理论家已经到了一个临界点：很多人可能会同意相对主义者的这一观点，即西方人没有必要也没有理由在所有方面决定其他国家应该想什么或做什么，但在极端情况下，我们都想保留为其他国家那些不能（或不被允许）为自己辩护的人辩护的权利。我们愿意相信，我们有权抱怨那些不尊重人权、虐待一部分民众的政府；事实上，对这些政府施压有时会产生效果。

如果接受相对主义的教义，我们会避免批评其他文化的行为，但也不会赞扬其他文化并从中学习。假如我们发现，斯堪的纳维亚半岛的社会制度比世界上任何其他地方的都更为人道，社会功能更加完善，那么基于相对主义的结论就必然是这样：这对他们来说是正确的，但我们不能假定这对我们来说也正确。即使我们碰巧欣赏日本人的职业道德，也不能向他们学习并使其适应我们自己的文化，耆那教的非暴力教义也不能对我们产生什么影响。简而言之，按照伦理相对主义的逻辑结论，我们无法从其他文化中学习，因为并不存在对所有文化同样有"利"或有"弊"的东西。值得注意的是，这并不意味着所有伦理相对主义者都禁止我们从其他文化或文明中学习——相反，伦理相对主义者认为自己非常包容和开放。问题在于理论本身的逻辑：当它作为一种道德原则应用于现实生活时，它就会暴露出一定的局限性。

2. 多数原则

将道德价值限制在特定文化群体的惯例中，产生了另一种奇怪的结果：它迫使我们屈服于道德多数原则（这与*政治上的*多数原则不同，在民主国家，政治多数原则不会要求政治少数派放弃他们的想法）。要记住，伦理相对主义并不是说没有道德准则，只是说每个社会的规则只对该社会群体适宜和有效。如果你生活在某一社会，又不认同它的规则，会怎么样呢？那么你必然是错的，因为我们知道，在一个社会中，道德上好的规则就是实际有效的规则。如果你不同意这些规则，你就必然是错的。这就使得人们无法不同意任何现存规则，更不用说非暴力反抗了。一些社会认为，对待窃贼的正确和适宜方法是砍掉他的一只手，如果你不同意这种激进的惩罚规则，那么你就是错的。如果你是一个美国人，你不同意大众反对安乐死和医生协助病人自杀的看法，那么你就是错的，而大众的看法是对的——这不是因为这种看法已经经过了道德分析，而只是因为它碰巧成了多数人的看法。举一个历史先例，认为事情并不总是像现在这样，这也是行不通的，因为伦理相对主义既跨越了空间，也跨越了时间。不同时期之间没有共通的价值观，正如同一时代的不同文化之间没有共通的价值观一样。换句话说，此一时彼一时。美国的知识传统以重视少数派的观点和推动道德进步为傲，难以接受多数派的看法一直正确这种观念。有趣的是，正如我的一个学生提出的，在强普遍主义是文化道德标准的时期，如果一个人是伦理相对主义者，他可能会同意将伦理相对主义当作一种不应该被提出或提倡的道德理论。如果所有文化都视自己的方式为正确的，那么强普遍主义对于 20 世纪早期的美国来说是正确的，伦理相对主义作为当时少数派的道德主张，可能从定义上就是错误的。

3. 公开宣称的道德还是实际的道德？

一个群体的道德取决于多数派或某类被视为正常的行为，这个观念还涉及一个问题：什么是"正常"？它是该群体公开宣称的道德，还是实际的道德？想象如下情景。当被问及一个文化群体中多数派的道德观点时，他们声称他们认为不信神是错误的；然而，在这个社会，不信神司空见惯。那么，文化道德究竟是多数派说他们应该做的，还是他们实际做的？我们可能会简单地判定，定义道德的必然是规范性规则，而不是实际行为；然而，鲁思·本尼迪克特认为道德与大多数人的行为同一。如果本尼迪克特暗示道德就是人们认为他们应该做的事，那么我们所有的例子就相当于表明，大多数人很难达到自己的道德标准，这不是什么新鲜的言论。尽管如此，本尼迪克特的伦理相对主义理论清楚地表明，"道德"等同于"正常"，它意味着大多数人的实际行为。

4. 何为"多数"？

伦理相对主义还包含着一个实践性问题。假定医生协助自杀合法与否一直都由公民投票决定，并且在你所在的州，反对它的法律被推翻了。（在写作本文时，美国有 4 个州允许安乐死：加利福尼亚州、佛蒙特州、华盛顿州和俄勒冈州。值得注意的是，加州人没有投票支持修改法律；该法案于 2015 年由加州议会决定，最终由加州州长杰里·布朗签署生效。）现在，似乎大多数人认为医生帮助绝症患者死亡是正确的。就在上一周，这在道德上还是错的，现在这在道德上就正确了。到明年，人们可能会改变主意，那么这又变成道德不正当了。像这样武断随机的道德正当性有些令人不安，特别是当依赖实际参与人数很少的投票时。那么，准确来说，谁才是多数呢？大部分人？登记选民？实际的投票者？各个州？显然，各州是更大的单位——美国——的一部分，而这个更大单位的道德标准将定义每个州的道德。但各州之间不是所有的法律和习俗都相同，在一个州被大多数人视为在道德上不正当的事，在另一个州可能被大多数人认为是道德上可以接受的（例如堕胎或医生协助自杀）。那么，我们是否应该允许道德自主的子群体存在，让每个子群体中的大多数人决定道德规则，即便这些规则与更大群体的道德规则相左？如果在一个州内，有一些人数众多但属于少数派的子群体，它们的道德价值观与多数派不同，那么，这些子群体是否应该成为不受批评的道德自主单元？（见知识窗 3.4。）

知识窗 3.4　道德主观主义与伦理相对主义的比较

有时，道德主观主义理论被列为伦理相对主义的一个子类。你可能还记得，在本章的开头，我们把它放在*道德虚无主义*的标题之下，因为这样的理论认为，除了基于个人观点之外，不可能就道德价值达成共识。伦理相对主义不是道德虚无主义理论，因为它主张，有非常充分的理由认为，可以就一种文化中的价值观达成共识，这正是因为这些价值观是该文化共有的。然而，道德主观主义肯定有某种"相对"的成分，我们可以说，它代表了从"每种文化都以自己的方式是正确的"到"每个人都以自己的方式是正确的"的转换。这种理论通常被媒体称为"道德相对主义"，是一种极为宽容的理论，一种"和平共处"的态度，认为没有人有权将自己的道德观点，包括对宽容的偏爱，强加给任何人。然而，它有自己的严重缺陷。一方面，它不能解决任何道德冲突，因为没有可以诉诸的共同价值标准。这意味着我们不能指望从别人的建议甚至错误中学习，因为他们的价值观和处境总是与我们的略有差异。因为该理论不能解决道德冲突，我们就没有道德武器来对抗我们个人认为不可接受的东西。你如何从主观主义者的角度来反对希特勒的大屠杀？奴隶制呢？虐待儿童呢？女性割礼以及其他强迫执行的残割仪式呢？你唯一可能说的是，你觉得那些行为是错的——但其他人也可以用他们喜欢的方式来感觉和思想。对大多数人来说，这种思维方式过分宽容，已接近于令人憎恶的缺乏社会责任感。

此外，当我们刚刚摆脱童年时代道德规范的束缚时，诉诸道德主观主义似乎很有吸引力，但它在直觉上并不成立。我们可能认为我们能够"和平共处"，但实际上，我们做出反应的方式，是仿佛相互冲突的价值观是可以诉诸某种东西的。如果你是一个主观主义者，在超市看见一个成年人反复殴打一个痛哭的小孩，你是否会满足于告诉自己，你不会做这样的事，但那个成年人有资格做他或她觉得正确的事？还是说，你打算诉诸某种共同的价值体系而进行干预？道德主观主义不仅违反直觉，不切实际，而且作为一种道德理论也十分危险，因为它不能带来社会凝聚力，也无法让社会免受有权有势者异想天开念头的影响，他们的"感觉"可能像你的一样合理，但他们贯彻这些感觉的能力要强大得多。

总而言之，对道德主观主义的批判与对伦理相对主义的批判在下述方面是不同的：（1）道德主观主义不能解决冲突，但伦理相对主义可以（通过多数决定原则）；（2）伦理相对主义是有问题的，因为它指向一种道德多数原则，而道德主观主义并不指向多数原则（因为每个人视自己的方式为正确的）。两种理论的共同点是都认为道德价值观是相对的：道德主观主义者无权称他人的价值观是错的或邪恶的，伦理相对主义者（在判断其他文化时）也没有权利。因此，对道德主观主义和伦理相对主义构成挑战的是，我们会感到一些事情严重违背"共同尊严"或"人道意识"，以至于必须大声疾呼，哪怕我们处于宽容他人生活选择的现代传统之中。无论是基于道德主观主义还是伦理相对主义，都无法找到普遍根据来批评女性割礼传统、动物的仪式性虐待或儿童献祭。

5."文化"是什么？

第四个问题直接引出了第五个问题，因为伦理相对主义者也无法准确解释他们所说的文化是什么。如果不清楚文化是什么，我们怎么知道什么是文化规范呢？是什么使一种文化有别于其他文化？美国是一种文化吗（这是很多外国人的看法）？还是说，像很多美国人认为的那样，美国文化是许多较小文化的集合体？欧洲是一种文化吗？非洲呢？亚洲呢？中美洲或南美洲呢？伊拉克至少包含三种文化，但它是一个国家。从外部来看，也许是这样，但一旦你看到地域性差异，就会明白，聚焦于共同点而非差异并没有那么简单。

什么使文化成为一体？过去常常是*地理*：生活在同一区域的人们很少迁移，他们获得了相同的一般特征。但现在人们在全球范围内移动，跨越以前从未越过的边界，加入新的社群，在互联网上参与社交媒体。对一些人来说，线上游戏《第二人生》中的在线生活（你可以选择另一个身份，选择你的生活环境，买卖财产）仅仅是娱乐，但对另一些人来说，这种生活已经具有了现实性。据我的学生说，在线角色扮演游戏《魔兽世界》也是如此，那个玩家群体也有属于自己的现实。当前流行的社交媒体作为一种与他人交流的方式，吸引着全世界的年轻人与老年人，其他图片媒体让用户不断与他人分享他们的生活，甚至到了线上展示成为生活一部分的程度。这些群体是"文化"吗？为什么不是呢？它们有自己的成员标准、关于合适行为的规则，以及对违反规则的处罚。

"文化"和*族群*有关吗？从历史上看，人们倾向于与有同样族群背景的人在一起，但这似乎部分是由于地理限制，部分是由于文化选择（我们还在试图定义文化）。一直以来，不狭隘盲从的人们都会从自己族群以外的群体中选择伴侣、朋友和邻居，但他们依然觉得自己是在自己的文化中选择的。在我的多族群和多种族的大学课堂上，我总是惊讶地发现，尽管大家来自不同的背景，但老师同学之间的共同点通常比我们和一些家人及我们和邻居的共同点要多，这是因为学术界是我们的"文化"——我们在课程、成绩、学习、研究、考试等方面的共同经历本身就创造了一种文化认同。文化和*种族*有关吗？当人们还很少用手机时，生活在一个地区的人们通常会形成一种文化，也就有了群体内的族群和种族凝聚力。但今天，我们（至少在美国）正走向一个种族混合的社会，生物学家和社会学家开始质疑种族这个概念本身，并将其解释为 18 世纪的一个发明。因此，种族这一范畴肯定不是定义文化的坚实基础。文化和宗教信仰有关吗？有一种占主导地位的（或被允许的）宗教的地方似乎有望形成这样的"文化"，但在另一些地方，人们倾向于穿同样的衣服，看同样的电影，买同样的日用品，开同样的车，但信仰不同的宗教，这种情况算什么呢？文化和（正如人类学家可能提出的那样）家庭关系有关吗？相关范畴也不再那么稳定了。如果我们诉诸习惯、世界观、品味等模糊的范畴，我们是能够根据某种标准划分出群体，然而其他标准也可能将同一群体划分开来。如果一个伦理相对主义者坚持认为，只要我们认同某种形式的文化凝聚力，该群体的道德实践就不应该受到干扰，那么，我们就会遇到可怕的问题。

在美国，有的族群在一些问题上的观点有别于主流，此类问题包括男女之间的关系、食用被其他人当成宠物的动物、避孕与堕胎、父亲惩罚家庭成员的权利等。这样的群体有多大，才能被认为以自己的方式是道德正确的呢？如果我们是大度而宽容的相对主义者，可能我们会说，任何大的族群都应该被看作道德自主的。但这是否意味着，黑手党也可以被看作这样的子群体？街区附近的帮派呢？社会是否接受多元化的"法律"，不同的子群体受各自的法律支配，却没有更高的控制手段？相对主义者可能会接受一套法律（例如联邦法律）在所有法律之上，但这依然是一个极其复杂的问题，联邦法律和帮派法律之间可能会产生矛盾。我们最终会不会陷入这样一种情况：抢劫等行为对某些人来说是道德上正确的，因为他们属于某个子群体，但对另一些人来说却不是？如果伦理相对主义要成为一种可行的道德哲学，伦理相对主义者需要就"文化"的明确定义达成一致。

6. 宽容能成为一种普遍价值吗？

伦理相对主义的最佳品质之一是宽容，尽管我们现在已经看到它可能导致问题。然而，相对主义者对宽容的主张存在一些问题，比如，一个相信伦理相对主义的人可以声称宽容是每个人都应该具备的东西吗？换句话说，一个相对主义者能说宽容是普遍善（universally good）吗？如果所有的价值观都是相对文化而言的，那么这个条件也一定适用于宽容。宽容也许对我们有好处，但谁又能说它对其他群体也有好处呢？这种观念严重破坏了宽容的目的，宽容通常不会被视为一条单行道。如果某种文化的最高道德准则是将其价值观置于其他文化之上，会怎么样呢？相对主义者是否会教导说，我们必须尊重一个不尊重其他道德的道德体系？过去的西方文化——有些人会说，甚至现在的西方文化——输出了自己的道德体系。有人可能会说，就像一些伦理相对主义者尝试主张的那样，只要他们将道德（甚至政治和宗教）扩张主义保持在自己的范围内，他们就有权用自己的方式思考——但问题在于，某些文化的道德焦点恰恰在于将自身输出到其他地方。伦理相对主义者不仅无权声称宽容是普遍善（因为他们也声称不存在普遍价值），而且无法提供妥善处理道德、宗教和政治扩张主义的可行方法。因此，伦理相对主义在*逻辑*上难以实现其主要目标，也无法通过宽容来解决国际道德冲突。

反驳伦理相对主义

"地球是平的"论证

现在我们已经明白很多人认为伦理相对主义不值得被 100% 采纳的原因了：它是一套有着极大的理论和实践问题的学说。在很多批评者看来，伦理相对主义提出的关键论点的逻辑是错的。让我们假设有个叫"北方"的文化认为堕胎在道德上是错误的，而叫"南方"的文化认为它是道德上是允许的。相对主义者得出结论：由于两个群体之间存在分歧，所以在绝对意义上，二者都不对。但批评者说，事实并非如此，有些东西就是简单的真或假。过去我们可能在地球是圆的还是平的这个问题上有争议。[实际上，说唱歌手 B.o.B. 在 2016 年的一篇推文中坚持认为，地球是平的。地平协会（Flat Earth Society）声称，从太空传回的所有太空报告和照片都是伪造的，是在电影制片厂炮制的。] 然而，这并不意味着不存在正确答案："地球是圆的"是可证的事实。我们也可以去查证某些道德准则在客观上是否正确，另一些是否错误。

这种批判的问题在于，地球是圆的很容易证实，我们所要做的就是观察事物是怎样从地平线上逐渐消失的。但是，我们怎样准确验证堕胎在客观上是正确还是错误呢？这将把我们带入关于道德真理本质的更深层的讨论中，但它根本无助于确定伦理相对主义的正确性。当然，地球是平的这个例子不应引申过度。这个例子所表明的是，你不能因为存在意见分歧，就得出结论认为双方都是错的。在道德问题的讨论中找出谁是对的，从来不像解决地理问题那样容易。

归纳问题

有的批评者认为，伦理相对主义理论的基础是错的；他们认为，不存在普遍的道德准则这一看法是不正确的。如果有人问伦理相对主义者，他们怎么知道不存在普遍的道德准则，他们或许会回答说，他们环顾四周没有发现，或者可能鉴于人性的多样，将来也不会有。然而，这引发了更多的问题，因为我们可能会合理建议他们再找一找，并且不要对未来进行绝对化陈述。笼统的陈述是站不住脚的，因为基于证据收集的任何理论都面临着一个经典问题：*归纳问题*。

归纳法是两种主要科学方法之一，另一种是演绎法。在演绎思维中，我们从一个我们相信为真的公理开始，然后应用这一公理建立其他公理的有效性，或者将这个理论应用于具体案例。在归纳思维中，我们收集经验证据，以得出一个全面的理论。伦理相对主义是归纳思维的一个例子，它将"不存在普遍的道德准则"这个一般性理论建基于从特定文化中收集的证据。归纳法的问题在于，我们永远无法确定自己是否已经足够努力地收集了所有可能的证据。

为了说明归纳法的缺陷，我们以一个现象为例，这个现象，在电视上看过法庭审理案件，或看过从《犯罪现场调查》到《法律与秩序》的犯罪影视剧以及犯罪现场实录的人都知道：在谋杀现场收集证据。警探会根据初步假设收集证据，比如这是一起他杀，而不是自杀或自然死亡。（如果他们一开始无法确定这一点，他们就会认为几种解释都有可能成立。）他们通常会广泛撒网，收集看似证据的所有东西，这些证物都会被交给地方检察官，由其决定是否立案。换句话说，警探基于他们收集的证据，得出了关于凶手身份的理论，而不是基于侦探小说中的理论去收集证据，或者至少不应该如此。（所谓侦探小说中的理论可能就是"演绎法"，它可能导致有偏见的调查。换句话说，夏洛克·福尔摩斯擅长的其实不是演绎法，而是归纳法！）因此，从理论上说，对于在法庭上出示的证据，陪审团会决定证据是指向被告有罪，还是存在合理怀疑。但如果一项证据被忽视了，会怎么样呢？比如，在角落发现的血液——或指纹、头发、精液——属于另外某个人，而非被告。也许，有一些可能被几十年后的法医专家视为铁证，但在当时的法医专家看来无足轻重的证据，比如20世纪80年代中期以前的DNA。也许，有一个从镇上离开的目击者，他并不知道自己目击了重要事件。这些都是无法完全控制的因素。还有一些是可以控制的，比如法医故意歪曲检测结果，使之有利于控方。无论哪种方式，都可以看出归纳法的一个真正问题：因为我们面对的是经验科学（收集证据并建构理论），所以不能断言任何归纳性理论是百分之百确定的。归纳法是一个好方法，孕育了很多杰出的科技成果。我们离不开它，但它不是牢不可破的。幸运的是，在自然科学中，就像在包括谋杀案在内的法庭案件中一样，我们不需要百分之百确定，也能提出一个可用的理论，或获得法律和道德上的确定性：如果有大量间接证据，而且没有指向其他方向的证据，那么间接证据也是认定某人有罪的可接受标准。任何事情都可以被怀疑，但并不是每件事都可以成为合理怀疑的对象。但正如巴里·舍克领导的"无罪计划"所表明的那样，由于归纳问题，有些死刑犯实际上是无辜的：证据被忽视或当时无法获得，比如DNA测试，或者（在违法的情况下）可证明被告无罪的证据没有被呈上法庭。在第十三章，我们将进一步探讨死刑及相关问题。

这与伦理相对主义有什么关系呢？大有关系。因为伦理相对主义者用来宣称不存在普遍道德准则的调查方法属于归纳法。希腊人和卡拉提亚人有不同的道德准则。北美洲西北地区的印第安人，还有那个村庄里没有竞争意识的孩子们，都让我们感到似乎并不存在普遍的道德准则。那么，根据收集到的证据，我们能百分之百地知道，不存在普遍道德准则吗？不。我们必须保持开放；也许有一天，普遍性准则会出现——或者我们会发现它一直都在，只是我们没有看到它。

然而，我忍不住要再加一句评论，这可能会给伦理相对主义的批判泼一点冷水：尽管伦理相对主义是基于归纳法的一种理论——在跨文化比较的基础上，抽取世界文化与道德系统样本，再得出结论，认为文化并不共享普遍的价值观——但也许我们应该看看鲁思·本尼迪克特在其论文《人类学与反常》中的最后一句话。用这句话给论文收尾有点奇怪，毕竟它出自 20 世纪最著名的伦理相对主义者之手："在伦理学中就是这样，所有关于道德行为和非道德行为的地方习俗都没有绝对的有效性，然而，我们仍然有可能理出一点全人类共享的对错观念。"这句非同寻常的话表明，尽管我们试图将鲁思·本尼迪克特归类为伦理相对主义者，但她本人也有过怀疑甚至希望的时刻：也许，如果我们足够努力，我们就可以在所有文化中找到一个共同的道德标准。问题是，她在此处表达的不是伦理相对主义，而是*弱普遍主义*。那么，20 世纪伦理相对主义的首要发言人根本就不是相对主义者，是这样吗？还是说，她确实是伦理相对主义者，但她的理论不容易受到归纳问题的影响，因为她没有说伦理相对主义是一个百分之百确定的理论？她说，到目前为止，所有文化看上去都有差异，但我们并不能说未来也是如此。通过这一评论，本尼迪克特也许去掉了自己的伦理相对主义者标签，将自己从基于经验性证据无法得到肯定结论的批评中解救出来。当然，这并不能拯救所有其他形式的相对主义。任何基于经验证据却声称百分之百确定的理论，都会受到基于归纳问题的批评。

詹姆斯·雷切尔斯与弱普遍主义

归纳问题不是由强普遍主义者提出的，而是由*弱普遍主义者*提出的，因为后者主张寻找所有文化都可能共享的一些核心价值观。我们在本章开头介绍过的弱普遍主义并不是一个新概念，它是由苏格兰哲学家大卫·休谟在 18 世纪提出的。休谟认为，所有人都有同情心，它可能以不同的方式呈现，但无论一个人的文化背景如何，它都存在于人类的精神中。今天，弱普遍主义主张，我们应该寻找共同道德的底线，而不是着眼于把我们划分为不同文化和不同个体的东西。这一思想在伦理学家和非专业人士中有了越来越多的追随者。美国哲学家詹姆斯·雷切尔斯（1941—2003 年）是现代伦理相对主义最坚定的批评者之一，也是所有文化都共享一些价值观这一观点的倡导者。在本章末尾的基础阅读部分，你可以读到雷切尔斯的最后一部著作《哲学的问题》一书的节选，该书在他去世后才出版，他在书中反驳了伦理相对主义。

在早期的著作《道德的理由》一书中，雷切尔斯指出，归纳问题为我们提供了一个线索，让我们了解所有文化实际上共有的价值观是什么。还记得大流士国王吗？他曾试图让希腊人吃逝者的尸体，让卡拉提亚人烧掉逝者的尸体。你可能会问自己，为什么会有群体想要吃逝者的尸体。你可能想问鲁思·本尼迪克特，为什么北美洲西北地区的印第安人那么有攻击性。（她没有说。）我们都想知道，为什么有些人群赞成杀婴或将肢解作为惩罚。然而，只要我们问为什么，我们就离开了伦理相对主义的领域。相对主义者不会问为什么；他们只是看到不同的习俗，并宣布这些习俗对那些拥有它们的人群来说是好的。在问"为什么"时，我们是在寻找一种解释，一种我们可以从自己的角度去理解的解释。换句话说，我们期待或希望，在某一时刻，其他文化将不再显得如此陌生。这种期望经常可以实现。例如，通过同类相食来处理尸体并不罕见，通常是为了纪念死者或分享死者的精神力量。那么，希腊人和卡拉提亚人似乎还是有共同点的：希腊人焚烧尸体是因为他们想要崇敬鬼神，而卡拉提亚人食用尸体也是出于同样的原因。撒哈拉沙漠的一些游牧部落认为在姻亲面前吃饭是不礼貌的。美国夫妇很少在他们的姻亲面前谈论与性有关的话题，也是出于同样的原因——这被认为是不礼貌的。两种文化有共同的价值观念：都重视良好的家庭关系，人们都会在违规行为发生时表现出尴尬。

詹姆斯·雷切尔斯认为，至少有三种价值观念是普遍的：

1. 精心照料婴儿以保证群体延续的原则
2. 禁止说谎的规则
3. 禁止谋杀的规则

雷切尔斯说，当我们了解到因纽特人的古老文化中有杀死女婴的习俗时，我们可能会感到震惊，但当我们了解到女婴被杀只是因为男性狩猎者的高死亡率导致群体中女性过剩时，我们会更为理解。对因纽特部落来说，为什么女性比男性更多是件坏事呢？当然不是因为女性不事生产——除了养育子女和烹饪，她们还要制作工具，并利用猎回的野兽缝制衣物；这只是因为，只有男性狩猎者能提供食物。（因纽特人的食物主要是肉类。）因此，相对于女性的数量，男性的短缺就意味着食物的短缺。另一个重要的事实是，只有在困难时期，只有在找不到养父母的情况下，婴儿才会被杀。在这种情况下，如果要养活婴儿，大一点的孩子的生命就会受到威胁。换句话说，因纽特人杀死一些婴儿是为了保护他们已有的孩子。他们的文化珍视的也是我们的文化所珍视的：照顾我们已经拥有的孩子。

为什么所有的文化都有禁止说谎的规则？因为如果你不能指望一个同胞在大多数时候说真话，那就没有必要沟通，没有沟通，人类社会就会停滞不前。显然，这并不意味着人类从不对彼此说谎，而只是说，总体而言，只有诚实是可接受的态度。

禁止谋杀的规则源于类似的理由：如果我们不能指望我们的同胞不杀我们，我们就会不敢去户外，我们就会不再信任他人，社会就会土崩瓦解（不是像有些人认为的那样，社会因为每个人都会被杀死而崩溃，而是因为普遍的不信任和缺乏交流）。雷切尔斯认为，即使在混乱的环境中，小群的朋友和亲戚也会团结起来，在这样的群体之内，不能谋杀的规则将得到支持。

这三种价值是雷切尔斯提出的普遍道德准则，在所有文化中都可以找到，无论宗教和其他传统如何，这就解决了伦理相对主义的难题。乍一看，它们确实无可置疑。我们怎么能想象一个连孩子都不关心，还到处是谎言和谋杀的文化呢？我们不能——但也许这并不是因为这些价值是普遍的，而是因为雷切尔斯选择的是确保一种文化存续的最基本的要素。我们能确定所有文化都有这种规则，规定照顾尽可能多的婴儿，以保持文化的发展吗？绝对能，但也许这不是伦理问题，而是逻辑问题——尤其是*演绎逻辑*。一种文化如何存续？通过繁殖和抚养孩子。因此，所有现存的文化都是靠抚养孩子而存续的。所有文化都必须赞同抚养孩子吗？事实上，不是的，但假如不去抚养，文化就会消失。但这样的情况并不罕见——有些文化会决定不再繁衍后代（例如 19 世纪的基督徒团体震颤派），一段时间之后，这些文化将不复存在。所以，照顾婴儿的价值观念事实上并不是在所有文化中普遍存在，只是在所有*存续*的文化中是普遍存在的，这使得它成为一个同义反复，一个不言而喻的真理。

规则 2 和规则 3 的问题在于，它们似乎只适用于"同胞"。作为社会的一员，你不应该对自己社会群体的成员说谎或谋杀他们，但在道德上，没有什么能阻止你对外人或敌国政府说谎。你甚至可以自由地掠夺和谋杀其他部落、帮派或国家的成员。在许多民间故事中，文化英雄实际上是通过巧妙地对更强大的敌人说谎而挽救局势的，例如在《奥德赛》中，尤利西斯对独眼巨人波吕斐摩斯说谎，说自己的名字叫"无人"。因此，似乎并不存在普遍禁止说谎的规则，只有禁止对"自己人"说谎。人类学中有一则丑闻，以非常意味深长的方式阐释了这种现象：著名人类学家玛格丽特·米德（1901—1978 年）是弗朗茨·博厄斯和鲁思·本尼迪克特的学生，和他们一样是伦理相对主义者，她写了一本关于南太平洋青年岛民的性的书——《萨摩亚人的成年》（1928 年），后来成为畅销书。但在 20 世纪 80 年代，人们发现她是一场骗局的受害者：她在萨摩亚当地的联络人一直在欺骗她，想看看她在开始怀疑之前能听信多少谎言，但她当时很年轻，很容易上当受骗。看上去，如果米德做一些额外的研究，可能会发现真相，但她并没有做过这样的研究。因此，尽管萨摩亚人在其文化中确实有一条禁止说谎的总体规则（我们会知道真相，是因为米德的一个联络人觉得自己在 80 多岁的时候应该"坦率承认"），但它未必适用于这位缺乏经验的年轻人类学家。

詹姆斯·雷切尔斯（1941—2003 年），美国哲学家，人权和动物权利倡导者。他著有《道德的理由》（1968 年）、《生命的终结：安乐死与道德》（1986 年）、《由动物而来——达尔文主义的道德意义》（1990 年），以及《伦理学能提供答案吗？》（1997 年）。他在去世前不久完成了他的最后两部作品《世界的真相》和《哲学的问题》，两部作品都出版于 2005 年。

（詹姆斯·雷切尔斯授权使用）

　　此外，我们真的应该说实话吗？很多人可能从全球文化的角度质疑这个想法。在有的文化中，不照实说而贬低自己的成就，被认为是得体的礼貌（比如说自己做的菜不好吃），当朋友问及你对他们外貌的看法时不完全说出你的真实想法也是礼貌，为保护当事人而在性方面撒谎也是得体的（有人会以骑士精神为例）。中国哲学家林语堂（见第十一章）说："社会之存在，都是靠多少言论的虚饰、扯谎。"这与雷切尔斯所想的不同。在民间传说中，甚至有讲"弥天大谎"的传统，在美国西部民间传说中，也有许多"说大话"的绝佳案例。拓荒者戴维·克罗克特 1827 年被选为国会议员，不仅因为他是一个讨人喜欢、认真负责的人，而且因为他比对手的牛皮吹得更大、更完美（而且还有坦率承认他一直在说谎的魅力）。因此，尽管反对说谎的规则可能不是普遍适用的，但如果我们把它描述为反对恶意欺骗的规则，我们就更接近雷切尔斯的意思：没有这种信任，你的沟通网络就会崩溃。

雷切尔斯的三条规则的另一个问题在于，无论特定文化适用什么规则，这些文化中的领导者，尽管他们理当体现这些文化标准，却往往是打破这些规则的人。如果改变或打破规则对一个领导者有利，他 / 她甚至可能会认为这是居高位者的责任。直到 20 世纪，统治者不能凌驾于法律之上的观念才固定下来（一些领导者甚至不得不在有限的任期内处理民事诉讼，以免之后面临指控）。即使是禁止乱伦这一近乎普遍的禁令（它具备成为第四种普遍价值观念的资格），传统上也被一些领导者，如古代埃及的法老破坏，他们与自己的姊妹通婚；过去数个世纪中，欧洲王室家族有时也会与近亲婚配，因为没有其他拥有"贵族血统"的结婚对象。有趣的是，希罗多德关于希腊人和卡拉提亚人的例子，也许能让人看到最接近真正的普遍道德价值的价值，而且它不以生存为导向，那就是恭敬地对待逝去的亲人。

雷切尔斯并没有提出任何普遍适用的规则，只是提出了所有负责任的人似乎都需要在自己的社会中遵守的规则。然而，雷切尔斯所提出的，已足以证明伦理相对主义所谓没有共同点的假设是错误的；我们不需要找到一个普遍的道德准则，只需要一个普遍的行为模式。因为雷切尔斯相信至少有三种这样的模式，即照顾婴儿、不说谎和不杀人，所以我们可以认为他主张的是*描述性弱普遍主义*：他描述了他所认为的情况，即我们实际上有一些共同的行为准则。但即使你找不到任何共同的道德准则，你也可能是一个*规范性弱普遍主义者*。在这种情况下，你认为我们应该具有一些共同的行为准则，而且应该努力建立或找到这样的准则。当然，你可以既是描述性弱普遍主义者，又是规范性弱普遍主义者。那样，你就会相信全世界的人类确实拥有一些共同的基本道德准则，但你也认为，移民到全球各地的共同体也会互相尊重彼此的差异，同时一起努力去解决问题，我们应该找到一些共同基础，建立一套人类赖以生存的基本道德准则，例如人权概念。

最后，弱普遍主义者可能会指出，伦理相对主义者的立场在逻辑上是不成立的，因为他们想要得到普遍的宽容，却由于不相信普遍价值而无法获得普遍的宽容，因此伦理相对主义实际上并不真诚，因为它没有把自己作为一种理论来认真对待——它脱离了实际。在文化冲突中，当你自己的文化受到攻击时，你会因为它仅仅是你的文化就选择捍卫它吗？不，你捍卫它是因为你相信它的价值观是好的。如果你选择不捍卫它，是因为你认为没有谁是对的吗？可能不是，可能是你认为"其他文化"是有道理的。如果你在另一个国家受审，并且（真的）认为自己无罪，你会希望自己因为文化背景而被无罪释放吗？当然，只要能无罪释放，任何理由可能都是好的，但最终，你难道不希望自己洗清罪名，是因为自己无罪吗？这些基本情况向弱普遍主义者揭示，即使我们认为自己信奉伦理相对主义，但在紧要关头，它也站不住脚。实际上，就像道德虚无主义、道德怀疑主义和道德主观主义一样，它包含着内在矛盾，因为事实上，没有人真正相信每种文化都视自己的方式为正确的，而且文化之间没有共同点。弱普遍主义者的主要观点是，我们都是凡人，有同样的生理限制，有同样的使用语言、进行人际交往、感受快乐和痛苦的能力。除非我们是反社会者，否则我们都想让我们所爱的人得到最好的；我们都想活下去，除非我们的死能服务于更大的善（有些人比其他人走得更远）。我们害怕疾病，珍惜美好的回忆，享受朋友的陪伴。我们讲故事，相信道德对于社会生活必不可少。从文化上将我们分开的差异固然存在，但我们怎么会没有更多的共同点呢？换句话说，一些道德价值代表了共同的人类标准，而不是文化上的相对标准。用詹姆斯·雷切尔斯在他最后的作品中的话来说，"这个文化中立的标准就是，所讨论的社会实践对受其影响的人是有益还是有害"。在基础阅读部分《哲学的问题》的节选文字中，可以读到更多相关内容。在故事部分，我们会看到一部表现文化之间冲突，可能也表现了一套"文化中立"的价值观的电影，即《阿凡达》。

伦理相对主义和多元文化主义

随着现代西方社会日益多元化，人们越来越相信，在大学、政坛、媒体和其他地方，所有的文化传统和公众所代表的所有观点都应该被听到。这有时被称为"多元文化主义"，有时被称为"文化多元性"。

让我们思考一下多元文化主义及其目标。美国过去常被称为大熔炉，意思是这里有空间容纳来自任何地方的任何人，所有人都是受欢迎的，经过一段时间，个体的文化差异就会逐渐消隐，美国的新文化会占上风。对很多美国人（事实上来自很多不同的种族背景）来说，这还将继续代表一幅美好的画面，以及对何为美国人的准确描述。对全世界的很多人来说，这似乎就是美国。然而，在另一些人看来，大熔炉的概念滑稽可笑，就是一种幻象和侮辱。美国或许已经接纳了来自英国、瑞典、爱尔兰和德国等国的移民，但还有很多来自其他国家的人依然觉得自己生活在美国社会的边缘；他们没有像其他人那样被接纳。对这些人来说，他们觉得自己和祖先被排除在大熔炉之外，因为他们太不同了，或者根本不受欢迎。对于他们来说，没有所谓的共同的美国文化，只有一种占主导地位的美国文化；他们声称，直到20世纪末，美国所教授和实践的一直是单一文化主义（有时被称为欧洲中心主义）。今天，甚至在身处"主导文化"的人当中也存在一种认识，即它损害了美国文化的概念本身。问题在于该怎么做。

多元文化主义的一些支持者认为，我们必须做的是倾听彼此。我称之为包容性多元文化主义（也称多元化）。总体思路是，让每个人融入社会的方方面面（如有必要的话，通过立法），打破阻碍有色人种（包括男女）以及白人女性进入高层职位的"玻璃天花板"，对什么会侮辱冒犯别人保持敏感，在我们自己受到侮辱时学会为自己辩护。这种想法认为，提升对社会中多元性的意识，应该会带来更好的工作关系，减少一种文化传统主导国家、不认同这个文化传统的人会被排除在外的感觉，并增进群体间的包容和理解。然而，多元文化共存需要来自各方的善意。这不仅仅是美国的现象。安格拉·默克尔在德国总理任上时评论说，多元文化已经失败——尽管大多数地方政府都有良好的意愿，但将来自习惯和价值观截然不同的文化群体融合到一种新文化中似乎很难。德国经历了一个转折。2015年秋来自叙利亚和中东其他地区的难民涌入时，它是欧盟最欢迎难民的国家。它告诉颠沛流离的难民，德国对他们来说是一个安全的港湾，然而，到了2016年，德国人来了一个180度的大转弯，对难民封锁边境，要求进行护照检查——这些事欧盟在很多年前就已经废除了。面对成千上万难民的涌入，欧洲各国开始考虑生活水平、对开放社会价值观的尊重，甚至本国公民的安全问题，尤其是在德国发生性侵事件之后。一开始也欢迎难民的瑞典，后来在瑞典和丹麦之间设立了临时边境检查站——这种边境检查站此前已经消失了几百年。而丹麦本身已经有严格的移民法，要求移民者学习丹麦语以及丹麦文化和历史的关键元素，拒绝接受未经仔细筛选的难民，并在丹麦和南边的德国之间设立了严格的边境管制。在我写这本书的时候，难民危机依然笼罩欧洲，对欧盟经济、无国界政策，以及整个 20 世纪晚期欧洲文化的宽容价值体系的影响尚无法预测。

然而，欧洲并没有移民的传统。在它的文化正典中，并没有哪里写着自由女神像上刻着的那种文字："把那些穷苦的人、疲惫的人、蜷缩在一起渴望自由的人给我吧。"欧洲也没有几个世纪以来关于一体化和公民身份的讨论，只是不同国家创造了各自的说法。并不存在用一种声音说话的"欧洲合众国"的传统。欧洲共同体的历史也只能追溯到 20 世纪 60 年代，而且大部分欧洲国家认为自己并不是联盟中的国家，而是主权国家。而相关全国性辩论在美国已经存在了很长时间，这意味着美国至少可以在问题变得过于严重之前更好地解决这些问题——因为政治、金融及其他原因，美国当然也是大量移民的目标国。（当然，本书作者也将自己很好地融入了！）人们普遍认为，个人自由和社会责任的价值观深深根植于美国精神中，移民后代应在这些价值观的基础上成长，而不是维持和强化一套从其母国带来的迥异的价值观，从而导致文化分离主义。未来这种情况是否还会延续，现在还不好说。一些人怀有希望，而另一些人则表示怀疑。

在美国关于多元文化主义的讨论中，多年来，**儿童教育**一直是焦点。

人们认为，这种意识应该始于小学，在那里，孩子们应该尽可能多地了解美国社会的文化群体。在课程设置中加入多元文化的内容，意味着讲授通常讲授的那些科目的时间会变少，但包容性多元文化主义的支持者认为，为了提升文化理解力，这么做是值得的。今天，作为对过去旧的大熔炉形象的替代，一个新的形象被频繁提及，那就是*沙拉碗*。对包容性多元文化主义来说，这一比喻中的沙拉暗示着每个群体都保留着自己原有的"风味"，但这些群体相互联系，它们在一起形成的整体大于部分之和。然而，这一比喻只能应用到这里为止，那些认为包容性多元文化主义在培养文化认同方面做得不够的批评者，常常会利用这个比喻并追问：谁来提供沙拉酱？"主导文化！"（知识窗 3.5 探讨了一些文化多元论

在关于多元文化主义的讨论中，包容性的方法有时被认为是以牺牲主流传统为代价，接纳非主流思想和传统。已故的经典漫画《B.C.》的作者约翰尼·哈特善于用尖锐的评论捍卫基督教的观点。在这里，他就捍卫了西方传统问候"圣诞快乐"。在你看来，他有道理吗？

(B.C. © 2006 Creators Syndicate, Inc. By permission of Johnny Hart Studios and Creators Syndicate, Inc.)

的倡导者如何犯下了诉诸人身谬误。)

在 20 世纪 80 年代和 90 年代的一段时间里，一些学校尝试了一种方法，但在过去十年中，它的受欢迎程度似乎有所下降，那就是*排他性多元文化主义*（也称*特殊主义*）。这种方法旨在帮助来自少数派文化的孩子保持或重获自尊，假设这些孩子的自尊心很脆弱（这本身可能是一个值得怀疑的假设）。为了解决这种所谓的自尊缺乏问题，各个族群的孩子都被分离开来，以便用各自群体的文化优势来对他们进行教育。很多家长和学生对这种做法感到不舒服，声称这导致了一种新的种族隔离形式。事实上，排他性多元文化主义方法的问题还没能很好解决：在未来社会中，族群和种族混合才是规则，而不是例外，难道孩子还得去选择一个主要的族群或种族归属吗？不管是多数派还是少数派，欧美血统的学生将被安排在哪里？不管是哪里，肯定不会是在单独的群体中只学习欧美人的杰出成就。这最终看起来将是白人至上主义。

知识窗 3.5　文化多元还是文化逆境?

　　一些哲学家认为，道德观点的重要性来自发表这些观点的群体，而非其内容，这是一种被误导的态度。在西方文化的旧时代，占主导地位的观点是一些（但不是全部）白人男性持有的观点，对于大部分白人男性及其他人来说，这足以使这些观点"正确"。教会和政治团体偶尔也会采取同样的态度：团体的身份足以证明其观点的正确性。今天，我们也看到同样的观点被某些群体应用于社会：如果你是一名受压迫群体的成员，你关于对错的观点就是有价值的，仅仅因为你是该群体的成员；如果你不是，那么你的观点就无关紧要。这种形式的相对主义承认基于性别、种族和阶级的重要性，但是，它可能和仅仅因为某些群体的身份就否认其重要性的观点一样，是错误的。这种态度反映了诉诸人身谬误这个逻辑错误：你是对还是错取决于你是谁，而不是你说了什么。用奥利弗·斯通的电影《刺杀肯尼迪》中吉姆·加里森的话来说，"在法庭上，我一直想知道，为什么因为一个女人是妓女，她的视力就一定不好"（意思是有些人认为如果证人是妓女，我们就不能信赖她的证词）。无论是当权者还是无权者持有这种态度，根据批判性思维的规则，它作为一种道德原则都同样是错误的。你能想到一些单凭一个人的身份就决定其对错的情形吗?

　　总而言之，在中小学，包容性多元文化主义方法看上去已经成为标准的方法。自 20 世纪 90 年代早期以来，我一直试图跟踪美国高中历史教育的包容性教学方法的进展，近年来，越来越多的学生报告说，他们在高中学习的美国历史是用包容性多元文化的方法教授的，而不是通过反映单一文化的历史书。

　　伦理相对主义常常被认为是支持多元文化主义的最合适的道德哲学；然而，这是一种误解。伦理相对主义认为，不存在普遍的道德准则——每一种文化都会做对它来说正确的事，其他文化无权干涉。当文化相互分离和孤立时，这可能会起作用，因为在那种情况下，道德准则被定义为主导群体的准则。还记得问题 2 "多数原则"吗？伦理相对主义的问题之一恰恰是它暗示了多数派的道德主导地位。然而，在美国这样的多元化社会中，那样做寸步难行，因为"主导文化"（白人社会）由于其表现出的文化迟钝而受到越来越多的指责。在一个像美国这样多元化的国家中，同一个街区中都可能出现对立的价值观（例如，"抢劫是反社会的"对"抢劫对于无依无靠者是正确的"），那么，文化相对主义能否在这样的社会里发挥作用呢？因为多元文化伦理要求我们不要按一套占主导地位的规则来思考，有些人可能会选择一种完全道德虚无主义的态度：没有价值观比任何其他价值观更好，因为没有任何价值观在客观上是正确的。这样的虚无主义很容易导致社会结构的崩溃，并且使得子群体内部的凝聚力因不同群体间的争斗而增强。这些争斗，与其说是帮派战争，不如说是巴尔干化现象——除了对其他群体所代表的东西的憎恨，群体间没有或几乎没有共同之处。似乎伦理相对主义并不是关于多元文化主义的新伦理问题的答案。

假如我们从**弱普遍主义**中寻找答案呢？弱普遍主义者希望可以在某些基本问题上与他人达成一致，但不是在所有问题上。就多元文化主义而言，我们也许能够就促进普遍公平、宽容和国家凝聚力（换句话说，共同生活的意愿和能力）达成一致；我们必须同意，我们想要的是一个人人得以共享并良性运转的社会。如果我们不能在这一点上达成一致，那么文化共存就注定失败，美国的这个理念也注定失败。根据弱普遍主义，价值观不应该有巨大的差异，所以我们不会最终认为抢劫对一些人来说是道德上正确的，而对另一些人来说不是，也不会认为因荣誉杀害家庭成员在一个社区可以接受而在另一个社区不可接受。在多元文化社会的背景下，关于共同价值观的问题尤为迫切，因为如果没有一些共同的价值观，我们根本就不会有社会。

有可能同时拥有一个整体文化和几个附属的亚文化吗？换句话说，我们能既忠于先辈的族群之根，又成为美国人（或加拿大人、意大利人、巴西人，或其他什么国家的人）吗？几代人之前，移民父母坚定地让孩子学习英文，取美国名字，鼓励他们尽快融入美国，以便未来作为美国公民尽可能少地遇到障碍——鲜明的族群身份被视为一种障碍。一代孩子丢掉了父辈的语言，在很多情况下也失去了他们的家族史。但在过去 25 年左右的时间里，人们一直在寻找自己的根，这在很大程度上受亚历克斯·哈里的小说和原创电视剧《根》

（1977年）的启发，它讲述了一个非裔美国人家庭的历史。这一趋势让人们又开始将祖父母的语言作为第二语言教授给下一代。一个人的文化认同在很大程度上被认为是通过其先辈移民的原初国籍形成的：一个人是"爱尔兰裔美国人"（Irish-American）、"波兰裔美国人"（Polish-American）、"华裔美国人"（Chinese-American）等等。在某种程度上，连字符前面的单词代表的族裔认同对一些人来说似乎超过了美国人认同。这就是"带连字符的美国人"这种说法的由来——这些人认为自己拥有复合的传统，也许也有分裂的文化身份。这是否意味着你必须认同一些古老的族群遗产，因为实际上并不存在对美国本身的文化认同？知识窗3.6探讨了拥有美国身份认同可能意味着什么。在2001年恐怖袭击事件发生之后，有那么一段时间，新一代人发现了作为一个美国人意味着什么的答案——关注共同点，而不是植根于族群或来源国家等的个体差异。但在那之后不久，全国团结的感觉让位于新的担忧，这些担忧涉及卡特里娜飓风等自然灾害事件、2008年经济危机，以及我在第一章中所说的"五五开的国家"的新的体现——2000年、2004年和2016年大选时期，美国经历了左右两派之间深刻的政治分裂。然而，2011年春天，当恐怖分子头目、在纽约和华盛顿特区策动"9·11"恐怖袭击的奥萨马·本·拉登被受过特殊训练的美国海豹突击队击毙时，让本以为美国人已将这个国家认同的公分母搁置一边的很多人惊讶的是，人们爆发了极大的热情，公开呼喊、颂扬着"美国！美国！"，声音遍及全国，甚至那些在2001年还是孩子的年轻人也是。可能国家认同问题并不是像概念一样的固定实体，它需要在危机时期以及不那么紧张的时期得到重新审视和定义。

知识窗 3.6　一种美国文化？

当我和班上的学生讨论其他文化的风俗习惯时，我常常听到学生声称不存在美国文化——即使有共同特性，往往也是负面的，比如自以为是、对其他文化无知或不信任、物质主义等等。对很多学生来说，美国是一个非常多元的社会，这意味着美国人没有共同的文化；很多人认为自己是带连字符的美国人：爱尔兰裔美国人、非裔美国人、意大利裔美国人、阿拉伯裔美国人等等。在几年前的一则广告中，一群不同族裔、不同口音的人站在一起，骄傲地宣称："我是美国人。"但那除了公民身份，还意味着什么？

如果你认为美国文化认同存在，你如何描述它？它是以美国的宪法为基础吗？它是人生观的问题吗？它的意思是我们通常都质疑权威吗？它是否与共同的文化经历、共同的节日与进餐仪式（如感恩节）、热爱国内旅行，可能还有电影所塑造的我们自身的形象有关？

或许，美国文化认同意味着可以比其他文化更自由地定义自身。很多美国人意识到身为美国人意味着什么，是在出国旅行并体验其他文化的时候，或者可能是在与那些在被证明有罪之前不假定一个人是无辜的法律体系纠缠的时候。在一些法律体系（如法国的《拿破仑法典》）中，在你能证明自己无罪之前，你被推定有罪。

在面对来自外部的共同威胁时，文化认同似乎更为凸显，表现为对我们过去习以为常的日常之物和这个社会赋予我们的权利——甚至对整个问题持不同意见的权利——的欣赏。来自苏联的移民、哲学家和小说家安·兰德（见第四章）称美国文化是世界上唯一真正有道德的文化。在基础阅读部分，你会读到小说家约翰·斯坦贝克的最后一部著作《美国与美国人》的节选，它是关于美国人性格的独特之处的——有消极的一面，也有积极的一面，其中一点是美国人倾向于采取极端的行为。

问题研讨

1. 描述本章开头概述的四种对待道德差异的主要方法。哪一种与你自己的观点最接近？请解释。

2. 讨论鲁思·本尼迪克特的主张，即对于一种文化来说正常的东西就是该文化中道德的东西。讨论伦理相对主义理论的优点和问题。

3. 讨论詹姆斯·雷切尔斯提出的三种普遍价值观念。它们是真正普遍的吗？

为什么？你还能想到其他没有被提及的普遍价值观念吗？

4. 一个人能否既有族群认同，又有国家认同？请解释。

5. 斯坦贝克认为美国人倾向于采取极端的行为，这正确吗？想想那些美国人倾向于对感受到的威胁做出强烈反应的场合，无论威胁是自然环境中的还是人为的，无论是政治的还是个人的。对此你如何看待？这可能是正当的吗？请解释。

基础阅读与故事

　　第一篇基础阅读节选自鲁思·本尼迪克特的著名论文《人类学与反常》。第二篇节选自詹姆斯·雷切尔斯的《哲学的问题》一书，他认为一些道德价值观念是文化中立的，这证明了伦理相对主义有误。最后一篇节选自约翰·斯坦贝克的《美国与美国人》，斯坦贝克在文中分析了美国人性格的利弊。故事部分包括芭芭拉·金索沃的《毒木圣经》的梗概，这部小说讲述了一位基督教传教士和他的家人与非洲传统习俗的斗争，是对伦理绝对主义的批判。接下来，你会读到艾丽斯·沃克的小说《拥有快乐的秘密》的梗概，它迂回而有力地批判了伦理相对主义对女性割礼这种部落习俗的宽容。第三个故事探讨了科幻电影《阿凡达》中两种文化之间的冲突。

基础阅读1

《人类学与反常》

鲁思·本尼迪克特著

论文，1934年。摘录

经泰勒-弗朗西斯出版集团许可复制

　　在这篇著名的论文中，本尼迪克特谈到了美拉尼西亚文化对中毒的极度恐惧。此外，你可以读到，关于道德就是在一个特定的社会中被认为是正常的东西这个观点，她自己是怎么写的。

正常是通过文化定义的，其最显著的例证是那些以我们文化中的反常事物作为其社会结构基础的文化。简短的讨论不足以恰当说明这些可能性。近期福琼关于美拉尼西亚西北部岛屿的研究，描述了一个社会，其基础是在我们看来接近于偏执的特征。在这个部落里，相互通婚的族群将彼此看作黑巫术的主要操纵者，因此，人们嫁娶对象所在的族群是与本族群敌对的，而且是无法和解的终生死敌。他们把园圃里长得好的庄稼看作对偷窃的承认，因为人人都使用巫术，试图将邻居园圃的生产力引到自己这边；因此，岛上再没有比一个人的山药收成更被严格保守的秘密了。他们接受礼物时的礼貌用语是："如果你现在给我下毒，我该怎么回报你的这份礼物？"他们总是在担心被人下毒，女人做饭时一刻都不会离开自己的锅。即使是美拉尼西亚文化区内很常见的姻亲之间的经济往来，在多布人那里也发生了变化，因为这样的经济往来与充斥于他们文化的恐惧和不信任并不相容。他们走得更远，让这样的恶灵也充满自己地盘之外的地方，以至于通宵盛宴和典礼在这里不可能存在。他们的宗教严格禁止哪怕在家族群体之中分享种子。任何其他人的事物对你来说都是致命的毒药，因此不可能有公共仓库。收获之前的几个月，整个社会都在挨饿，但如果有人忍不住吃掉了用于种植的山药，那么这人就会被驱逐，一辈子流浪，不可能再回来。这当然也意味着失去婚姻和所有的社会关系。

在这个社会里，没有人能和其他人一起工作，没有人能和他人分享，福琼描述了一个被同胞视为疯子的人。他不是那种定期发狂的人，后者发狂时会失去意识、口吐白沫，用刀砍他能够到的任何人。做出那样行为的人，并不会被认为是异类……而这个人开朗和善，喜欢工作，也喜欢帮助别人。他天性如此，无法压抑自己去迎合文化中与他天性相反的倾向。男人和女人一跟他说话就会笑他，都认为他愚蠢、糊涂，肯定是疯了。然而，对于习惯了将他这种类型视为美德典范的基督教文化的人类学家来说，他倒是友善可亲。

这些在此只能简要说明的例证让我们意识到，正常是文化所定义的。被这些文化之一的动机和标准塑造的人，一旦被带到我们的文明中，就会落入反常的范畴。他将面临失去社会资格的精神困境。而在他自己的文化里，他是社会的支柱，社会灌输的道德习俗的产物，不稳定根本不会在他身上出现。

任何文明的习俗都不可能涉及人类所有可能做出的行为。世界上有众多的语音发音，语言的可能性有赖于挑选其中的一些并加以标准化，这样才有可能进行言语交流；与此类似，从当地流行的服饰和房屋到伦理与宗教的戒律，一切有组织的行为都有赖于从所有的行为特征中挑选一些。在公认的经济义务或性禁忌的领域，这种挑选就像在语音领域中挑选一样，是非理性、下意识的过程。这个过程在群体里经历了很长的时间，受历史上无数次偶然的隔绝或交往影响。在任何全面的心理学研究中，不同文化在历史上众多可能行为中做出的选择都是非常重要的。

每个社会都从最微小的倾向开始逐渐发展自己的偏好，基于自己所选择的基础而进行越来越完善的自我整合，抛弃不相宜的行为类型。大多数在我们看来无疑是反常的人格组织，都曾被不同的文明用作其制度生活的基础。反过来说，我们认为正常人身上最重要的特征，在另一些有组织的文化里可能被视为异常。简言之，在很广的范围内，正常是由文化定义的。正常这个术语，指的是任何文化中被社会化阐释的那部分人类行为；反常这个术语，指的是特定文明不采用的那部分人类行为。我们看待这个问题的视角受制于我们自身社会长期的传统习惯。［……］

人们总是更愿意说"这在道德上是好的"，而不是"这是习惯"。［……］但在历史上，这两个短语是同义的。［……］"正常"这一概念是"善"这一概念的适当变体。正常的就是社会认可的。［……］西方文明允许人们去满足自己的自负，并在文化上加以推崇，而根据任何绝对类别，这都会被视为反常。将不受控制、傲慢的自我主义者描写为顾家的男人、法律官员和生意人，这是小说家喜爱的主题，这样的人在每个社群都能见到。这样的人的心理扭曲程度可能比我们制度中的许多囚犯还严重，而后者是社会接触不到的。他们是我们文明所培育的人格面貌的极端类型。[……]

正常的相对性对于有朝一日可能成真的社会工程而言很重要。在这个世代，我们对我们自己文明的描绘，不再使用一套从神而来的不便的绝对命令。我们必须面对我们改变的视角所带来的问题。在这个关于精神疾病的问题上，我们必须面对的事实是，即使是我们的正常，也是人为的，是我们自己追求的结果。只要我们还坚持对道德的绝对定义，就难以探索伦理问题，同样，只要我还将我们当地对正常的定义当成普遍的定义，就很难去探讨反常这个问题。我从不同文化中选取事例，因为通过不同社会群体的对比，我们可以得出无可逃避的结论。但是，主要的问题并不在于正常概念在不同文化中的差异，而在于这个概念在不同时代的差异。即使我们想，我们也无法摆脱这种时代差异，而我们面对这种不可避免的变化，对其充分认识、理性处理，也并非不可能。还没有哪个社会能够产生自我意识，对自己所谓的正常进行批判分析，并理性地应对下一代构建新的正常概念的社会过程。但还没有实现，不代表不可能实现。这是个微弱的迹象，表明它在人类社会中是多么重要。

问题研讨

1. 对本尼迪克特来说，发现美拉尼西亚岛上的部落成员害怕中毒的原因很重要吗？为什么？如果我们知道恐惧的来源，会对伦理相对主义产生影响吗？

2. 她说"'正常'这一概念是'善'这一概念的适当变体"，这是否正确？为什么？

3. 本尼迪克特的文化方法能促进跨文化理解吗？为什么？

4. 本尼迪克特现在被视为伦理相对主义的第一批代言人之一，尽管她这篇论文的目的是探索反常的概念。她的论文结束于这句很少被引用的话，其探索了跨文化标准的可能性："在伦理学中就是这样，所有关于道德行为和非道德行为的地方习俗都没有绝对的有效性，然而，我们仍然有可能理出一点全人类共享的对错观念。"这种说法与人们认为本尼迪克特是伦理相对主义者的普遍观点矛盾吗？它是否破坏了伦理相对主义的哲学？她这么说是自相矛盾吗？为什么？

基础阅读 2

《伦理只是社会习俗的问题吗？》

詹姆斯·雷切尔斯著

《哲学的问题》，2004 年版，第 154—159 页，版权所有，经麦格劳-希尔公司允许使用

美国哲学家詹姆斯·雷切尔斯（1941—2003 年）是伦理相对主义的强烈批评者。在这一章的正文中，你已经读到他关于存在三种普遍的道德价值观念的论点。在他的最后一部著作《哲学的问题》中，他认为存在一个文化中立的标准："所讨论的社会实践对受其影响的人是有益还是有害。"

伦理不过是社会习俗，这个想法对受教育人士一直很有吸引力。据说，不同的文化有不同的道德准则，认为存在一个适用于所有时空的普遍标准，这是天真的。很容易举出很多例子。在一些伊斯兰国家，一个男人可以娶多个妻子。在中世纪的欧洲，放债取利被认为是一种罪。格陵兰北部的原住民有时会将老人遗弃在雪地里，任其死去。考虑到这样的例子，从很早以前开始，人类学家就同意希罗多德的话："习俗是万物之王。"

今天，道德是社会的产物这一观点之所以有吸引力，还有另一个原因。多元文化主义现在是一个重要议题，特别是在美国。鉴于据说美国在世界中占主导地位，美国人的行为方式会影响到其他人群，因此，美国人尤其有责任尊重并欣赏不同文化间的差异。据说，我们必须特别注意避免自以为"正确"而其他人群的习俗都低一等的自大假设。这部分意味着我们还应该避免对其他文化做出道德判断。我们应该采用和平共存的政策。

表面看来，这种态度是开明的。宽容确实是一种重要的美德，许多文化实践显然也只涉及社会习俗——关于着装、食物、家事分配等等的安排。

但是，事关正义的根本问题就不同了。当我们想到奴隶制、种族主义、虐待妇女这样的例子时，耸耸肩说"他们有他们的习俗，我们有我们的习俗"，就不是什么开明的做法了。我们可以来思考两个近期发生的例子。

在巴基斯坦的一个村庄里，有个12岁的男孩被指控与一名阶级地位更高的22岁女性有浪漫关系。他否认了，但部落的长老不相信他。作为惩罚，他们宣布男孩只有十几岁的姐姐——她没做任何错事——要被当众强奸。女孩的名字叫穆赫塔尔·玛伊。四个男人在全村人面前执行了这个判决。旁观者表示，这没有什么不寻常的，但这个地区有许多外国人，因此这个事件被注意到并被《新闻周刊》报道。

在尼日利亚北部，一个宗教法庭宣判，一名叫阿明娜·拉瓦尔的未婚妈妈要被石头打死，因为她发生了婚外性关系。法庭上的60个人大声表示赞同。法官说，一旦婴儿长大到不需要母乳的时候，这个判决就要立刻执行。这名妇女指认了孩子的父亲，但那个男人否认了，他也没有受到任何指控。这只是近期那里推行的一系列判决中的一个。面对国际压力，尼日利亚政府宣布不会执行针对阿明娜·拉瓦尔的判决，但人们担心会有人对她实施私刑。于是她藏了起来。

对穆赫塔尔·玛伊的强奸似乎被认为关乎部落荣誉。她的弟弟被控与另一个部落的妇女有浪漫关系，那个部落的长老要求伸张正义。而尼日利亚的石刑，则是在应用伊斯兰教法，从1999年开始，该教法在尼日利亚被12个州采用。两种行为看起来都很可怕。我们会凭直觉加以谴责。但我们有正当理由说这种强奸和石刑是错的吗？妨碍我们做出这种自然反应的是两种观念。现在让我们依次考察。

1. 第一种观念在前文提过，就是我们应该尊重文化间的差异。无论另一个社会中的做法在我们看来有多么值得怀疑，我们都必须承认，那些文化中的人们有权利遵循自己的传统。（而且还会有这么一句补充：我们的传统在他们看来可能也同样值得怀疑。）这是对的吗？正如我们所知，这种观念表面上是有吸引力的。但如果我们加以分析，它就站不住脚了。

尊重一种文化，并不意味着我们必须认为其中的一切都是可接受的。你可能会认为一种文化有悠久的历史，产生过伟大的艺术和美好的思想。你可能会认为该文化的领袖高尚可敬。你可能会认为自己的文化有很多需要学习的地方。然而，这并不意味着你要将那种文化视为完美。它仍然可能包含一些很糟糕的元素。我们中的大部分人对我们自己的文化就是抱着这样的态度——如果你是美国人，你很可能会认为美国是个伟大的国家，但美国生活的一些方面很糟糕，需要得到纠正。那么，为什么你不应该对巴基斯坦或尼日利亚也抱同样的态度呢？如果你这么做了，那你跟许多巴基斯坦人和尼日利亚人是一样的。

此外，认为世界是彼此分离、相互孤立、各自统一的文化的集合体，这么想是错误的。文化之间会有重叠，也会互动。在美国，爱尔兰天主教徒、意大利裔美国人、美南浸信会信徒、洛杉矶的非裔美国人、密西西比的非裔美国人、布鲁克林的哈西德派犹太人之间都是有差异的。从文化上说，乐意对付罪犯的得克萨斯人跟宾夕法尼亚州的阿米什人是有差异的。在某些方面，我们认为"和平共存"是最好的政策，但没人会认为这意味着你不能对其他地区发生的事情持有意见。

与此类似，在巴基斯坦和尼日利亚，彼此竞争的群体是共存的。那个巴基斯坦女孩被强奸的时候，巴基斯坦政府对发布这一命令的部落首领采取行动。当地领袖和全国政府，是哪个群体设定了我们必须尊重的标准呢？对此并没有明确的答案。既然没有答案，那么"我们必须尊重那种文化的价值"的观念就是空洞的。

这也引出了"谁能代表这个文化说话？"这个关键问题。是神职人员吗？是政治人物吗？是女人吗？是奴隶吗？一个社会中，人们的意见极少是整齐划一的。比方说，当我们说古希腊赞成奴隶制时，我们所说的是奴隶主的意见。奴隶们可能会有不同的想法。而为什么我们要认为奴隶主的意见比奴隶的意见更值得尊重呢？与此类似，穆赫塔尔·玛伊被强奸的时候，被迫观看的她的父亲和叔叔并不认为这是对的。

最后，我们应该注意一个纯逻辑问题。有些人认为伦理相对主义是从"不同文化有不同标准"这一事实而来的。也就是说，他们认为以下推论是有效的：

（1）不同的文化有不同的道德准则；

（2）因此，并不存在客观的对与错，在伦理问题上，只存在不同社会的标准。

但这是错的。由人们对某些事意见不同这个事实，不能推出不存在关于这些事的真理这个结论。当我们考虑伦理之外的问题时，这是显而易见的。不同文化可能对银河有不同的看法，一些文化认为它是星系，一些认为它是空中的一条河流，但由此并不能得出"不存在关于何为银河的客观事实"这一结论。对伦理学而言也是如此。至于不同文化对某个伦理问题的看法为什么有分歧，一种解释是，有的文化的看法是错的。如果我们只考虑服饰标准、婚姻实践之类的例子，就很容易忽视这一点。那类例子可能仅仅和当地习俗有关。但这并不意味着所有的实践都只和当地习俗有关。强奸、奴隶制、石刑的性质就是不同的。

这一切的要点是，尽管我们确实应该尊重其他文化，但这并不是我们应当始终避免对他们的行为做出评判的理由。我们可以在宽容、尊重的同时，认为其他文化并不完美。不过，还有一个认为评判其他文化似乎并不合宜的理由。

2. 第二种麻烦的观念是，所有的评判标准都是相对于文化而言的。当我们说强奸穆赫塔尔·玛伊是错的时，我们似乎是在用我们自己的标准来评判他们的实践。就我们的观点而论，强奸是错的，但谁说我们的观点就是正确的呢？我们可以说那些部落领袖错了，但他们也可以说是我们错了。这就陷入了僵局，我们似乎无法脱离相互指责的境地。

第二个论点可以更清楚地表述为：

（1）如果我们可以正当地说另一个社会中的实践是错的，那么肯定要有某种对错标准，我们可以诉诸这种标准，且该标准并不源于我们自己的文化。我们诉诸的标准必须是文化中立的；

（2）然而，并不存在文化中立的标准，所有的标准都是相对于某个社会而言的；

（3）因此，我们不能正当地说其他社会中的实践是对的还是错的。

这么说对吗？看起来很有道理，但实际上确实存在一个文化中立的对错标准，也不难说出这个标准是什么。毕竟，我们反对强奸和石刑的理由并不是它们"与美国标准相悖"。我们反对，也不是因为这些实践对我们有某种坏处。我们反对的理由是，穆赫塔尔·玛伊和阿明娜·拉瓦尔受到了伤害——这些社会实践不是对我们有坏处，而是对她们有坏处。因此，这个文化中立的标准就是，所讨论的社会实践对受其影响的人是有益还是有害。良好的社会实践让人受益，糟糕的社会实践伤害人。

这个标准在各种意义上都是文化中立的。首先，它没有偏袒哪种文化。它可以被同等应用于所有社会，包括我们自己的社会。其次，这一原则的来源并不是某个特定文化。相反，其人民的福祉是任何可行的文化所固有的价值。如果一个文化要存续，就必须在某种程度上接受这一价值。这是文化的前提条件，而不是从文化中产生的偶然规范。这就是为什么没有哪个社会能将此类批评视为无关紧要。说某个社会实践对人有伤害，绝不是在用"外来的"陌生标准来评判某个文化。

问题研讨

1. 本章正文引用了雷切尔斯《道德的理由》一书中关于三种普遍价值观念的理论的段落。在这本书写作后 30 多年，雷切尔斯依然反对伦理相对主义，但他是弱普遍主义者吗？请解释。

2. 概括雷切尔斯认为伦理相对主义错误的两个主要理由。

3. 雷切尔斯说存在文化中立的价值观念是什么意思？你是否同意？为什么？

基础阅读 3

《悖论与梦想》

约翰·斯坦贝克著
《美国与美国人》，1966 年版，摘录

　　1966 年，美国小说家、散文家约翰·斯坦贝克写了一本关于美国身份认同的书，即《美国与美国人》。你可能知道他是小说《伊甸之东》《愤怒的葡萄》《人鼠之间》的作者。斯坦贝克热爱他的国家和它的历史，但他并没有忽视我们所谓的美国人性格中不那么积极的因素，即追求美国梦和沉溺于美国人的生活方式。请记住，这是 1966 年写的，在那以后的 40 多年里，世界发生了巨大的变化。即便如此，从 21 世纪的视角来看，无论是土生土长的美国人还是移民，大家都能领会斯坦贝克的意思。以下是斯坦贝克的文章《悖论与梦想》中的段落。

　　人们最常注意到的美国人的共同点之一，是我们是不安分、不满足、总在追寻的一群人。我们在失败面前屈服，在成功面前疯狂。我们花时间追求安全感，得到之后又厌恶它。在很大程度上，我们是不节制的一群人：在有的吃的时候我们吃得太多，喝酒太多，太过放纵我们的感官。即使在所谓的美德方面，我们也是不节制的：禁酒主义者不满足于自己不喝酒，他还要禁止世界上所有人饮酒；我们中间的素食主义者巴不得把吃肉定为非法。我们工作过于努力，很多人因压力过大而死；作为补偿，我们又拼了命地玩乐。

结果就是我们似乎总是处在混乱的状态中，不管是身体还是心理。我们可以既认为我们的政府软弱、愚蠢、不诚实、低效，又深信它是世界上最好的政府，希望把这种体制强加给所有人。我们谈论美国生活方式，仿佛那是治理天堂的基础原则。[……]我们警觉、好奇、充满希望，而我们服用的让我们失去清醒的药物比任何其他人群都多。我们在自立的同时，又具有彻底的依赖性。我们富有进攻性，又无力抵抗。[……]

美国人似乎在悖论中生活、呼吸和运作；但最大的悖论在于我们对自己神话的信仰。我们真的相信自己是天生的机械师，凡事都能自己动手。我们生活在车轮上，但我们中的大部分人——至少是很多人——在发动机熄火的时候，不知道要去看看油箱。[……]我们暗中相信自己是拓荒者的后代，我们继承了自足和照顾自己的能力，特别是在与自然的关系中。在我们中间，一万个人里也挑不出一个会屠宰猪牛，将肉切成块以供食用的人，

约翰·斯坦贝克（1902—1968 年）是美国最著名的小说家之一，代表作有《人鼠之间》（1937 年*）、《愤怒的葡萄》（1939年）和《伊甸之东》（1952 年）。除了诸多小说和短篇故事之外，他还写了很多关于政治、历史与海洋生物学等主题的专著和文章。近来，学者们开始认识到，斯坦贝克在他的虚构和非虚构类作品中，对道德哲学领域做出了相当大的贡献。

（© Mondadori Portfolio via Getty Images）

更不用说野生动物了。[……]我们大声宣告我们是法治国家，不是人治国家——然后去违反能违反的一切法律，只要能够逃脱惩罚。[……]我们幻想自己是无情的现实主义者，但我们在广告特别是电视广告上看到什么就买什么，而且我们买东西，不是考虑产品的质量或价值，而是考虑我们听到了多少次这个产品的名字。[……]

对美国人来说，这种广泛普遍的梦想有一个名字。它叫作"美国生活方式"。没有人能对此做出定义，也没有人能指出有谁或哪一群人按照这种方式生活，但这个梦想还是非常真实，或许比同样遥远的苏联人的梦想还要真实。这样的梦想描述了我们模糊的渴望，关于我们希望自己是什么样的人，希望自己能成为什么样的人：聪慧、正直、富有同情心、高尚。我们有这样的梦想，或许就意味着它有可能实现。

问题研讨

1. 找出斯坦贝克列出的美国人性格的核心要点。你是否同意？为什么？

2. 这是美国人的正面形象还是负面形象？请解释。

3. 如果你是一个土生土长的美国人，请从正面和负面的角度说出你所认为的美国人的性格。如果你是一名游客或移民，请将你所认为的美国人的性格与你原来文化背景下的人的性格进行比较。

4. 文章是在"侧写"甚至"形成刻板印象"吗？如果不是，为什么？如果是，那么是刻板印象本身就是成问题的，还是说刻板印象有一些优点？

《毒木圣经》

芭芭拉·金索沃著

小说，1998 年，梗概和节选

　　《毒木圣经》是一个传达文化宽容信息的故事，深深影响了读者。在某些方面，可以说它支持一种伦理相对主义哲学，但在其他方面，它似乎支持弱普遍主义。由于这是一部小说，而非哲学专著，因此不应该根据作者是否提出了一个统一的理论来评判她。应该由你来决定，作者本质上是伦理相对主义者，还是弱普遍主义者。故事的质量才是最重要的。（我认为我们可以从一开始就排除强普遍主义的可能性。）

美国作家芭芭拉·金索沃（生于 1955 年）对多族群问题有浓厚的兴趣。1963 年，她的父亲在刚果当医生。1967 年，其父举家迁往加勒比地区，执行另一项医疗任务。金索沃著有《豆树青青》（1988 年）、《毒木圣经》（1998 年）、《纵情夏日》（2001 年）和《蝴蝶烧山》（2012 年）等。

（© AP Photo/File）

　　1959 年，来自佐治亚州的家庭主妇奥利安娜·普莱斯随丈夫和四个女儿来到非洲的刚果，为的是让她的丈夫实现把基督带给当地人的梦想。我们一路追随他们的个人命运进入 20 世纪 80 年代，看看拿单·普莱斯将家人带到非洲的决定所带来的后果。这本书的结构带有《圣经》的色彩，以《创世记》的段落开始，以《出埃及记》的段落结束，但我们很早就知道，这不是一个快乐的传教士给异教徒带来救赎的故事，而是一个文化冲突的故事。这个基督教传教士（大概是强普遍主义者）与其妻子和女儿成长于美国文化，他们在非洲遇到的文化几乎一切都与美国文化不同：关于对与错、好与坏、什么可食用与什么不可食用、洁净与不洁、近与远的观念——最后，还有关于什么是家、什么不是家的观念。这五位女性以各自的方式和声音做出了反应。拿单·普莱斯的声音只有通过女性的反思才能被听到，但他是她们生活变化的催化剂。奥利安娜是一个虔诚、忠诚的妻子，她最初只是想支持丈夫的工作，但她最终发现，丈夫在文化和道德上的傲慢侮辱了非洲人和他们的文化，这要求她终生赎罪。大女儿蕾切尔代表了渴求回到富庶、便利的美国文化中的声音。利娅曾是她父亲最坚定的支持者，后来在非洲的政治革命中找到了爱情和一生的工作，过上了非洲人的生活，却始终为她的白人身份感到歉疚；她的双胞胎妹妹艾达从童年起就饱受身体残疾的折磨，总是从另一种文化的角度看自己。最小的女儿露丝·梅——好吧，你得阅读这本书才能了解她。

　　这部小说篇幅很长，细节丰富，所以在这里我们只聚焦于两个场景来说明拿单·普莱斯的强普遍主义。一个在这本书的开头。当普莱斯一家到达基兰加村时，他们注意到田野里有许多大土丘，拿单询问它们是做什么的。有人告诉他，它们是用来种庄稼的，他立刻满是鄙夷。真是浪费空间！那不是种庄稼的方式！你们需要像佐治亚那样平整的田地，你们需要犁出整齐的沟线。碰巧传教士的小屋旁边有一块田地，现在他要深耕一番，让村民看看真正的田地是什么样子。一些村民深深为之吸引。但是，这些土丘的意义在一年一度的河水泛滥中凸显了，河水流向土丘，灌溉着庄稼，使庄稼茁壮生长，但普莱斯平整的良田就被水淹没了，幼苗全被冲走。不同田地的意象向我们展示了不同的文化采用的方式如何不同，而这是有原因的。请记住，这个故事是金索沃有意写下的，故事将拿单塑造成"坏人"，这样读者就会倾向于不赞同他的绝对主义道德态度。

第二个场景涉及拿单在村里的宗教对手，即老酋长塔塔·恩都。普莱斯一家已经在这个刚果村庄住了一段时间了。拿单一直积极进取，向村民宣讲基督教教义，还宣讲美国的民主，试图将部落治理形式即长老会改造成民主的多数投票制度。迄今为止他只有几个信从者，而且他的家人已经开始习惯只有一小部分村民来听拿单的布道。酋长通常不赞成让体面的村民因参加基督教会而变得精神堕落，但他不介意倒霉的村民参加，以把神灵的负面注意力从村子里引开。但在一个特殊的日子里，整个村庄的人都出席了布道，甚至包括酋长。布道中，塔塔·恩都打断拿单，宣布人们应该在此时此地举行一场选举。在这里，金索沃委婉地让我们知道，酋长会说三种语言：英语、刚果方言和法语。然而拿单只会说英语。拿单反驳道，选举是有时间和地点的，但这正中塔塔·恩都的下怀：他想现在选举，不是选村庄领袖，而是选神灵！谁应该是基兰加村的神，当地神祇还是耶稣基督？他还带来了投票用具——两个大碗和要放在碗里的鹅卵石。村民纷纷从座位上站起来，不顾拿单表示耶稣不受选举限制的抗议，把鹅卵石放在碗里。

拿单开始失控，塔塔·恩都反复强调，传教士一直在谈论耶稣和选举的好处，拿单现在不能反悔了。拿单认为这位老人完全误解了这两个信息，他的头脑一定像孩子一样，所以拿单用对孩子说话的语气告诉他，在美国，会有不同的房子用于宗教和政治活动。塔塔·恩都回答说，那在美国可能是一件明智的事情，但"在基兰加，我们可以在一个房子里做很多事情"。此时拿单受够了，他对塔塔·恩都和会众大吼，说他们甚至不能管理自己的村庄，并且亵渎神明。但塔塔·恩都的表演也到了极限，因为这就是他演这场戏的目的。他非常清楚宗教和政治的区别，他只是想让他的村民知道，拿单对他们的传统理解得多么浅薄，以及拿单多么不关心他们。当他质问拿单时，他就是尊严和理性的化身。

你认为我们是 muwana，是孩子，在你到来之前什么都不知道。拿单·普莱斯，我是个老人，我从其他老人身上学习。我可以说出教导了我父亲的大酋长的名字，还有他之前所有酋长的名字，但你得学会怎么坐下听。有一百二十二位酋长。从我们的 mankulu 的时代起，我们就有了自己的法律，根本不需要白人的帮助……白人告诉我们：投票吧，班图人！他们告诉我们，你们不需要全体一致……如果两个人投赞成一个人投反对，那事情就定了。但是，就连小孩都知道那会有什么结局。把锅架在火上需要用三块石头。如果拿走其中一块，只剩下两块，会怎么样呢？锅会倒在火里。

所以，这次关于耶稣和当地神祇的投票是有意的设计，是在开拿单的玩笑，目的在于表明投票对基兰加这样政治决策需要一致同意的社群来说多么没有意义。在基兰加，长老会彻夜交谈，直到达成一致的决定。在计算小圆石的时候，人们发现投给当地神灵的有 56 颗，投给耶稣基督的只有 11 颗。

这本书的最后写到，数十年过去了，灾难发生了，普莱斯家中的每个人都经历了重要的变化。利娅告诉我们，她的父亲根本不了解基兰加文化，而且从来没有想过学习刚果语。而她自己在身体和灵魂上都变成了非洲人，尽管令她沮丧的是，她仍然是显眼的白人。她解释了刚果语的细微差别，向我们揭示了这本书的名字的秘密。拿单每次给村民布道，都会以这句话结束："塔塔耶稣是 bängala（班加拉）！"所有村民都觉得好笑。为什么？因为 bängala 不仅意味着"最珍贵的"，即拿单想要表达的意思，而且意味着"最难以忍受的"和"毒木"。

问题研讨

1. 这本书的书名体现了一个强普遍主义者所犯的错误，他没能理解文化的细微之处。拿单·普莱斯试图告诉当地人"耶稣的话语是珍贵的"，翻译成部落语言就是"塔塔耶稣是班加拉"。问题在于，在那种语境中，这句话听起来是"耶稣是毒木"的意思。你认为作者用这个书名想表达什么？

2. 塔塔·恩都能讲三种语言，并且告诉拿单·普莱斯，他是智者的第 122 代传人，这有什么意义？

3. 基于这一梗概和塔塔·恩都讲话的节选，你认为金索沃的作品（意思是金索沃自己的观点）主要是伦理相对主义的还是弱普遍主义的？如果你读了整本书，你觉得这个梗概是对该书代表观点的公正择取吗？请解释。

4. 读下一个故事《拥有快乐的秘密》，将它的启示与《毒木圣经》进行比较：如果拿单·普莱斯抗议的传统是女性割礼会怎么样？（这个话题确实在书中出现过。）你还会期待文化宽容的信息吗？为什么？你会在可容忍和不可容忍的文化习俗间划清界限吗？请解释。

故事 2

《拥有快乐的秘密》

艾丽斯·沃克著

小说，1992 年，梗概和节选

如果你读过《紫颜色》这部小说，看过同名的电影或百老汇戏剧，你就能在这部令人触动和震惊的小说中认出几个主要人物：奥利维亚、亚当和塔西。（奥利维亚和亚当是《紫颜色》中的主角西丽的孩子，塔西是她们在非洲村庄里最好的朋友，奥利维亚和亚当的养父母是村里的传教士。）然而，

《拥有快乐的秘密》是一个独立的故事，它强有力地反对女性生殖器残割[1]这种古老的做法。这部小说通过故事讲述者塔西的生活展开。她现在是一个美国人，但最初她是非洲的奥林卡部落的人，这个部落是沃克杜撰出来的，作为所有非洲部落的象征。在真实时间的流逝和闪回中，我们看到了塔西一生的噩梦：她姐姐杜拉的死，最初只是模糊的记忆，最后却成为一个如此可怕的现实，对塔西来说，也许值得为此杀人。

塔西一直很害怕失血过多而死，而且总是做一个可怕的梦，梦见自己被囚禁在一座黑暗的高塔里，动弹不得。她的成年生活完全杂乱无序。她的丈夫亚当以及最好的朋友奥利维亚都尽其所能地理解和支持她，但塔西有精神不稳定的时期，也有无法控制的愤怒时期。她去看精神科医生，也在精神病院待过一段时间。但在这本书中，她以越来越深刻的洞察力讲述了自己的故事，我们才意识到她的精神状况是两个创伤性事件的结果：她在童年和刚刚成人时的两次可怕经历。

塔西在奥林卡村长大，母亲是一名基督徒。她一直是一个敏感的女孩，在姐姐死后，她就不再是从前的她了。青少年时期，塔西随传教士家庭前往美国，成为美国公民。她和亚当相爱了，塔西热爱她的美国生活，但即便如此，她还是决定在成年后返回非洲参加一个仪式。她想要像部落里的其他女人一样"沐浴"。由于基督教信仰，她的母亲在她小时候就不让她参加这个仪式，当时大多数年轻女孩都曾"沐浴"，而在她人生的这个时刻，她认为，作为与族人，特别是与有魅力的政治领袖牢固团结的政治和情感姿态，她应

---

1 女性生殖器残割，也称"女性割礼"，这一过程包括切除年轻女孩的阴蒂，或完全切除内外阴唇，然后缝合，留一个只够月经流出的小孔。这种外科手术在非洲、印度尼西亚和中东广为流行，一些从这些地方移民到美国的人仍在非法进行这种手术。该手术的目的不是卫生保健，它完全是一种文化和宗教仪式。经历这种手术的女性不可能获得性快感，而丈夫则能确保娶到的是处女，并且妻子将对他保持忠诚。此外，这种外科手术常常造成健康问题和长期的痛苦。很多批评者将这一做法看作对人权的公然侮辱，认为它是压制和控制女性的工具。女性割礼的维护者辩称，西方批评者无权将西方的价值观强加于他们的文化之上。同样，女性生殖器残割对伦理相对主义提出了挑战，后者认为无人有权批评另一种文化的道德与传统做法。自20世纪90年代中期以来，全世界都在关注这一做法。——作者注

艾丽斯·沃克（生于1944年），美国小说家，著有《紫颜色》《我亲人的殿堂》《拥有快乐的秘密》《再次踏入同一条河流》。沃克的小说融合了美国有色人种生活中的许多文化因素，并将非裔美国人的经历与非洲人的经历联系起来。沃克尤其关注非洲女性和非裔美国女性的生活经历。

（© Monica Morgan/WireImage）

该参加这个仪式，而完全没有意识到它的后果。她找到了执行仪式的巫医姆丽莎。"沐浴"是女性生殖器残割的委婉说法，从那天起，塔西除了失去性敏感度外，还需要每天忍受疼痛，面对健康问题。塔西在姆丽莎的监护下休养，在此期间亚当找到了塔西，他一直在火急火燎地找她。塔西回到美国，嫁给了亚当，生下了一个叫本尼的孩子，由于割礼，生产过程极为痛苦。结果，本尼生来就带有精神残疾。塔西的焦虑与日俱增，怒气发作越来越频繁。在精神科医生的帮助下，她开始回忆起姐姐杜拉的死——杜拉是被杀的：塔西藏在小屋的外面，姐姐就在小屋里尖叫着流血而死——死于一次拙劣的手术。谁执行了这个仪式？执行仪式的是同一个巫医——姆丽莎，而且是在塔西和杜拉母亲的帮助下。

读到这里，我们也知道了此时塔西正在非洲因谋杀而被审判——对姆丽莎的谋杀。是她干的吗？直到故事的结尾才真相大白。但我们了解到，在与亚当结婚很多年后，由于心理不稳定导致的问题越来越多，塔西决定回到非洲去面对姆丽莎，姆丽莎现在是象征奥林卡传统的一个举国知名的人物。姆丽莎欢迎塔西，并向她坦白，她希望塔西杀了自己，因为这样可以把自己抬高到圣人的地位。姆丽莎也透露，她觉得塔西在没有必要的情况下回来接受割礼，实在太过天真，她自己绝对不会这么做。即便如此，姆丽莎也没有试图阻拦她，而是给她做了手术，只因为塔西请她做，而这是她的传统工作。姆丽莎现在回忆起了塔西死去的姐姐——她放弃了那个流血不止的小女孩，因为她的哭喊声令她无法忍受。

姆丽莎是故事中的大恶人吗？她要对杜拉的死和塔西的精神损失负责——塔西说姐姐的死相当于她自己的死。姆丽莎当然是恶人，但她本人也是一个牺牲品：她自己的手术也不成功，落下了跛足。她是那种文化的工具，将传递给自己的恐怖传给一代又一代的年轻女孩。塔西意识到，真正的罪魁祸首不是实行女性割礼的人，而是部落中的男性长老，他们希望进行割礼，他们辩称，神认为如果女性不"割除阴蒂"，就会不洁——人们认为一个"未受割礼的"女人是"放荡"和不道德的，需要受到控制。然而，塔西还是忍不住责怪姆丽莎：

> 这是你告诉我的。记得吗？你说，未受割礼的女性是放荡的，就好像谁都能穿的鞋子。你说，这是不得体的。不洁。正派的女人应该经历割礼然后被缝合，只适合她的丈夫，丈夫的快乐依赖于这个需要好几个月甚至好几年才能扩大的洞。男人喜欢并享受这种挣扎，这是你说的。而女人……但你从来没有说过女人会怎么样，你说过吗，姆丽莎？关于女人可能获得的快乐，或者说痛苦。

在故事的结尾，我们知道了塔西关于黑塔的噩梦的来源和姆丽莎之死的真相，塔西的命运掌握在陪审团手中。快乐的秘密是什么呢？在一个非常具体的层面上，性快乐的秘密就是拥有完整、未受残割的身体和未受残割的自我意识、自由意识。在更深的层面上，快乐的秘密是我们每个人都必须自己去寻找的。塔西深爱着的那些人认为，秘密就在于反抗。

艾丽斯·沃克的小说警醒了许多不知道女性生殖器残割这种做法的人，并作为反对过度文化宽容的有力声明而受到很多人的欢迎。沃克也受到一些批评，批评者认为她背叛了自己的非洲传统，因为她谴责一种传统的部落习俗，认为这种习俗在当今世界不应该被容忍。对此她回应道，她认为替那些不能为自己说话的人说话是一种责任。

问题研讨

1. 解释为什么这个故事可以被看作对伦理相对主义的反击。一个伦理相对主义者对此会如何回应？

2. 就女性生殖器残割的主题来说，你觉得伦理相对主义作为道德理论是有吸引力还是有问题？请说明。

3. 我们能理解为什么塔西要在成年后回去接受手术吗？这个想法现实吗？为什么？

4. 在你看来，沃克将女性生殖器残割的做法视为不道德并进行批判是正确的吗？还是说她应该通过捍卫这种做法来表达对她的非洲传统的忠诚与团结？这是一个真正的二分选择（非此即彼的情况），还是有另一种选择？

5. 姆丽莎问塔西，美国人是什么样子的，塔西回答："美国人看上去好像受伤的人，会对他人，有时还会对自己隐藏伤口。美国人看起来像我。"塔西是什么意思？你同意她的观点吗？为什么？

6. 现在你已经了解了金索沃和沃克的小说，你可能想对它们做一番比较。两部小说的异同是什么？哪种观点（赞成或反对伦理相对主义）对你更有吸引力？请解释。

故事 3

《阿凡达》

詹姆斯·卡梅隆编剧及导演

电影，2009 年，梗概

在我撰写本文的时候，《阿凡达》仍然是有史以来票房最高的电影，打破了《泰坦尼克号》的票房纪录——顺便说一下，后者也是詹姆斯·卡梅隆执导的。它的成功部分是因为开创了 3D 动画电影的全新世界，但它扎实的故事本身也吸引了大批观众。然而，正如一些评论者所指出的，这部电影的情节并不新鲜，因为它与迪士尼的《风中奇缘》和凯文·科斯特纳的《与狼共舞》本质上是一样的：一个男青年遇到了一个来自完全不同文化的女人，并逐渐适应她的文化价值观，抛弃／修正了自己的文化价值观。即便如此，无论有或没有先例，《阿凡达》可能都以一种有趣的方式探讨了基本的文化差异，我们可以发现伦理相对主义、强普遍主义和弱普遍主义的基本版本，甚至在情节主线中还穿插着某种愤世嫉俗的道德虚无主义。

我们来到了 22 世纪的一个类地星球潘多拉上，这里正处于被人类殖民的过程中。年轻的海军陆战队老兵杰克·萨利因最近的一次战争致残，得到了一份令人意外的工作：一份只有他才适合的特殊工作，而最终的回报将是一双他原本负担不起的新腿。指挥官夸里奇上校明确表示，杰克将与科学家一起工作，但实际上，杰克是向夸里奇上校报告，并接受上校的直接指挥。杰克感到很荣幸，并欢欣鼓舞——他一心想为部队做好工作。他非常适合这份工作的原因令人难过：他的双胞胎兄弟，一位科学家，刚刚过世，这使得他的研究计划岌岌可危，因为他本应成为人类与潘多拉星球上的另一个文化——纳美文化——之间的联络小组的一员。为此，一项新技术被发明出来，即阿凡达：一种在实验室里培养出来的身体，专门为研究人员量身定做，与潘多拉星球上的当地居民有着相似的外貌和身材——高大，蓝皮肤，还有一条长长的尾巴。阿凡达的身体可以呼吸对人类有毒的空气，通过与操控者的思维相联系的机器，阿凡达可以自由走动，与当地人互动，而操控阿凡达的人则躺在实验室里。

　　杰克与兄弟是双胞胎，身体特征相似，于是杰克就取代了兄弟的位置。然而，他的兄弟是一名科学家，而杰克是一名战士。他以完全不同的心态来到研究项目当中，其他科学家对其能力和目的非常怀疑，尤其是首席研究员格雷丝·奥古斯丁博士。奥古斯丁博士委派他为保镖，在满是猛兽的潘多拉世界为科学家操控的阿凡达提供保护。在被送到潘多拉星球之后，杰克在他新的蓝色身体内异常兴奋，因为现在他恢复了双腿的功能。但是，在第一次与奥古斯丁博士及其他科学家通过他们的阿凡达外出时，一只猛兽在丛林中追逐杰克，把他赶进了瀑布。他逃了出来，但迷路了，凭借海军陆战队的训练熬过了半夜，直到他绝望地被很多想要吃掉他的东西包围。但一个年轻的纳美女人伸出援手，杀死了一些动物，救了他。令杰克吃惊的是，她对自己不得不夺走生命感到很伤心。她对他只有蔑视，直到一个奇怪的现象发生：有光的小生物落在他的身上。他想将它们赶走，但她（用英语，因为两种文化之间已经有了一段时间的接触）解释说，如果这些发光的小生物接受他，那么他肯定有特别之处，因为这些小生物与森林及星球的所有精灵之力有着深深的联系。他无法理解，但很高兴地跟着她回家，来到森林的中心地带，家园树——整个部落在此安家的一棵巨木。他见了部落里的人，包括她的酋长父亲和巫医/祭司母亲，并最终被接纳为纳美人和人类之间的联络人，前提是他得学会他们的行为方式和语言，他的老师正是他遇见的年轻女郎奈蒂莉。杰克认为，这是他为海军陆战队完成任务的一个绝佳机会，于是接受了。

　　每当杰克的阿凡达身体睡着时，他就会在空间站实验室的人类身体中醒来，汇报情况。几个月过去，他对那种文化的了解越来越深，学习了如何驾

电影《阿凡达》（2009 年）是通往文化差异的道德领域的一次旅行。图为人类杰克·萨利（萨姆·沃辛顿饰）在他的阿凡达身体内向奈蒂莉（佐伊·索尔达娜饰）学习纳美人的习俗。

驭骑乘动物，离被纳美人的飞行生物斑溪兽接受又前进了一大步，他的报告越来越热情洋溢。杰克开始理解这种文化。但上校开始怀疑杰克的忠诚，因为军方的目的并不是与纳美人交朋友，而是为了获得位于他们神圣的树林和灵魂树下的稀有矿物"超导矿石"。上校担心杰克失去焦点，成为叛徒。上校对纳美人的价值观没有兴趣，而主要是将纳美人看作需要不择手段克服的障碍。随着杰克越来越深入地融入纳美文化，他成了被奈蒂莉选中的伴侣，不仅掌握了他们的语言，还与他自己的斑溪兽建立了联系，并与部落成员一起飞行，获得了星球精灵的尊重。上校正在制订一项备用计划：摧毁纳美人居住的家园，烧毁他们的家园树，然后继续毁掉神圣的树林，以获得矿物。奥古斯丁博士怀疑一个阴谋正在发动，就把科学团队转移到传说中的悬浮山地区，她相信人类和纳美人之间可以找到共同点。此时灾难发生了：上校和他的部队不再等待，开始轰炸和摧毁家园树，杀死了许多纳美人，让其他人无家可归。纳美人号召其他部落联合起来对抗侵略者，而杰克被双方视为叛徒。在随后的冲突中，杰克必须说服纳美人相信，自己与他们同仇敌忾，为他们的星球而战。为了做到这一点，他需要完成一项几乎不可能完成的任务：与传说中的巨型斑溪兽魅影产生联结并乘坐它飞行，成为魅影的少数主人之一——魅影骑士。你可能是世界上数百万已经知道答案的人之一。如果不是，那就去看看电影，然后你就会知道潘多拉星球是否得到了拯救，奈蒂莉和杰克是否有未来，以及杰克是否会以他的蓝色阿凡达身体在潘多拉星球上度过一生，而不是作为空间站中的截瘫者。

问题研讨

1. 杰克是他所属人类的叛徒吗？为什么？这部电影想让我们得出什么结论？你是否同意？

2. 这部电影的基本哲学是伦理相对主义还是弱普遍主义？请解释。

3. 上校及其团队的态度主要是强普遍主义观点还是道德虚无主义观点？

4. 将雷切尔斯的三项普遍价值观念应用到潘多拉星球的纳美人身上：他们是否足够关爱孩子以确保文化延续？是否有反对撒谎的规则？是否有反对谋杀的规定？你还能想起纳美人与人类科学家之间有什么共同的价值观吗？是雷切尔斯所说的"文化中立"的价值吗？

5. 如果你看过《风中奇缘》和／或《与狼共舞》，请找出它们与《阿凡达》的异同点。

6. 如果你读到本文时已看过《阿凡达》的续集，请评论续集中所包含的道德哲学是否与第一部相匹配。

第四章　自我还是他人?

如果有那么一刻，你意识到自己在讨论一个哲学理论，那么所讨论的话题很可能是*心理利己主义*。也许派对结束后，几个很难说服的家伙聚集在院子里或厨房里，有人提出自私这一话题，声称所有行为都是自私的，或者像情景喜剧中的一个角色所说的那样，"不存在无私的善行"。（本章末尾会提到这部情景喜剧的片段。）可能你想反驳这种观点，但发现自己顿时语塞，因为这个理论似乎有着令人不安的正确性。突然，一切看起来都是自私的！心理利己主义是一个会不时纠缠我们的理论——我们大多数人都不愿相信我们所做的一切都是自私的。而且，正如你将在本章的阅读过程中看到的，我们不需要相信这个理论，因为它有严重的缺陷。然而，自苏格拉底时代以来，它一直是诱人而有说服力的理论。在本章中，我们会进一步加以考察。

我们通常认为，有道德的或"符合伦理"的行为与不过度利己有关。换句话说，自私被认为是一种难以接受的态度。然而，即使在学者中，对于什么是道德行为也存在分歧。从西方思想史的早期开始，人类不是为了照顾他人的利益而生的观点就经常出现。一些学者甚至认为，适宜的道德行为包括"谋求自身的利益"。这些观点分别被称为心理利己主义和伦理利己主义。二者都属于绝对主义理论，认为只有一套准则是道德行为的规范。（关于"利己主义"和"自我中心"之间的区别，见知识窗 4.1。）

知识窗 4.1　利己主义还是自我中心？

利己主义（egoism）和自我中心（egotism）是我们每天都挂在嘴边的词，人们常常把这两个词交换使用，但它们真的表示同一个意思吗？不。利己主义者是那些只考虑自己的利益，通常无视他人利益的人。自我中心者则极为自负，他们的话语中充斥着自夸自赞。如果你因为一次测验的好成绩或相貌姣好而称赞一个自我中心者，你可能会得到这样的回答："我当然做得很好，我总是做得很好，因为我很聪明。""好看？我确实特别好看！"一个利己主义者则不一定会陷入这种模式，尽管他/她也可能是一个自我中心者。

心理利己主义：那么英雄呢？

你可以回想一下第一章中关于善与恶的讨论。2007 年 4 月 16 日，弗吉尼亚理工大学校园发生校园枪击案，枪击造成 32 人身亡，21 人受伤，随后枪手赵承熙开枪自尽。这是美国历史上极为惨烈的一次大规模杀人。显然，赵承熙是一个有明显心理健康问题的外籍居民，他是随机选择受害者的；他显然并不怨恨特定的人或跟谁起过冲突，他只是冲着他认为生活得比他好的教授和同学发泄他自私的愤怒，这是他在两次枪击乱局间隙发给媒体的视频中说的。如果不是一些师生的英勇壮举，用课桌甚至自己的身体堵住教室的门，那么可能会有更多学生丧生。但也许我们大多数人记得的，是航空工程学教授利维乌·利布雷斯库的事迹。他来自罗马尼亚，是大屠杀的幸存者，他先移民到以色列，后移民到美国，76 岁时依然在教书。当赵承熙试图强行进入利布雷斯库教授的教室时，利布雷斯库教授用身体堵住门，以便教室里的所有学生从窗户逃走；最后一个离开的学生看到利布雷斯库被枪手射杀。他深知人类可以对彼此施加多大的罪恶，依然献出自己的生命来拯救他的学生。他去世的那一天，4月16日，正是以色列的大屠杀纪念日。

正如很多人注意到的，在危急时刻，常常会有平凡的人挺身而出，做出非凡的举动来拯救他人。有些人活了下来，有些人就此逝去。2001年9月11日恐怖袭击期间，许多警察和消防员为救人而捐躯，这远远超出了其工作职责。2015年12月，在田纳西州诺克斯维尔，15岁的高中生扎维恩·多布森用自己的身体保护三名年轻女性，使她们免受歹徒的乱枪射击；他救了她们，自己却当场死亡。就在同一个月，在加州圣贝纳迪诺的大规模枪击事件中，一名妇女被她的同事香农·约翰逊拯救。当同事们被枪杀时，约翰逊用自己的身体挡住了她。还有很多这样的故事，包括2012年在桑迪·胡克小学枪击案中丧生的年轻教师维多利亚·索托，她为了救自己年幼的学生，把他们藏了起来，而在暴徒发现他们之后，她挡在了孩子们前面。孩子们活了下来，她却失去了生命。

新闻媒体称这样的人为英雄，我们大多数人都会同意：为拯救他人甘冒生命危险甚至献出生命，尤其是在意识到危险的时候，这是英勇和令人钦佩的。

利维乌·利布雷斯库（左，1930—2007年），弗吉尼亚理工大学教授；维多利亚·索托（右，1985—2012年），桑迪·胡克小学教师。他们都为保护同胞献出了生命。

（© Librescu family via Getty Images; © AP Photo/Eastern Connecticut University, File）

这也就是为什么心理利己主义理论让我们很多人感到不安，因为它轻描淡写地将像利布雷斯库这样的人的行为看作人类自私本性的表现。这意味着，即使是声名卓著的大公无私者，也得重新评估。从特蕾莎修女到马丁·路德·金，从利布雷斯库和弗吉尼亚理工大学那些英勇的学生，再到扎维恩·多布森、维多利亚·索托，以及其他不计其数的勇敢的人，包括知道的人不太多的地方英雄，他们现在都被重新归类为自私，当然我们自己也是如此。但是，自我牺牲的行为怎么可能是自私的呢？心理利己主义者说，既然我们都是自私的，那么动机可能是下述许多情况之一：为他人牺牲自我的人可能希望成名，或者可能想要为自己以前没能做到的事做出弥补，或者可能只是想让自己感觉良好，或者这仅仅是一种无意识的冲动。

冒着生命危险甚至牺牲生命来拯救他人的义举，这些看起来体现了无私的故事，对绝大多数人来说都非常珍贵，因为它们让我们看到自己或许也能做到什么程度。我们愿意相信人类天生就有勇气，它使我们能够挺身而出，为他人放弃自己的生命，或者至少为了他人放弃舒适。当然，很少有人带着求死的意图践行壮举，但如果他们在这个过程中丧生，我们似乎只会更加钦佩他们。（有些人觉得为他人牺牲自己的生命是愚蠢的、无意义的，甚至是道德错误。这样的人可能会更欣赏伦理利己主义。）

如果我们问一个做出了英勇行为（并幸存）的人为什么要那么做，答案几乎可以猜到，可能是"我只是去做了件事而已"，或者可能是"我没想什么，就是去做了"。我们将这样的说法视为具有非凡道德品质之人的一种标志。但也有其他方式来解读英雄的言行。心理利己主义理论认为，无论看起来可能怎样，无论我们如何看待，人类的任何行为都是出于行为主体的利益而做的。简而言之，我们都是自私的，或至少是自利的。

知识窗 4.2　自私与自利

心理利己主义理论通常被描述为认为所有人在任何时候都是自私的。但*自私*意味着什么？有的心理利己主义者（认为每个人都自私的人）会强调，自私并没有什么不好，不是道德上的缺陷；他们认为，自私只意味着我们"有点自我"，只关注自己的生存，并不一定意味着我们忽视了他人的利益。然而，在日常生活语言中，这个词有不同的含义。根据《韦氏大词典》，selfish（自私）的意思是"过分专注于自己；受私人利益观点的影响"，所以如果我们承认《韦氏大词典》反映了这个词的一般用法，就不能否认自私是有着道德轻蔑意味的词；它不是价值中立的，当然也不是赞美。

心理利己主义者有时使用自私这个词，有时使用自利这个词。心理利己主义者对使用哪个词没有达成共识。你选择哪个词会有很大的不同，但最终，这可能不会让心理利己主义理论变得更可信。如果你说（1）"所有的行为都是自私的"，你就暗示我们所有人总是在寻求自我满足，不顾及他人的利益。然而，如果你说（2）"所有的行为都是自利的"，这就意味着我们所有人总是在考虑什么对我们最好。第一种说法正确吗？也许我们总是在以某种方式为自己着想，这是真的，但我们肯定不是总在寻求自我满足；人在一生中有很多时候都在做我们想做的事和做我们该做的事之间纠结，最终我们往往选择责任而不是欲望。那么，如果心理利己主义者说"从长远来看，履行我的职责对我来说更好，即使我不想这样做，所以我想我是自利的（第二种说法）"呢？但第二种说法是正确的吗？多年来，很多哲学家乐于指出，事实并非如此——我们几乎不关心什么对我们有益，至少不是一直如此。很多人即使知道吸烟、酗酒、吸毒对他们有害无益，但依然故我。那么，心理利己主义难道不能说"所有行为要么是自私的，要么是自利的"吗？可能可以，但他们通常不会这么说；心理利己主义的部分吸引力在于它是一个非常简单的理论，在理论中加入二分法（非此即彼）会使它变得复杂得多。

心理利己主义之所以叫这个名字，是因为它是一种心理理论，是关于人类行为的理论。心理利己主义者认为，人类总是以某种方式关照自己，他们不可能以其他方式行事。因此，心理利己主义是一种**描述性**理论，它并没有对何为好的行为方式做出任何说明。什么使一个人被贴上心理利己主义者的标签呢？他／她不一定是一个自私的人，只是坚持"所有人都只关注自己"这一理论。正如我们后面看到的，一个人完全有可能是善良和关心他人的，但仍然是一个心理利己主义者。（见知识窗 4.2 对自私和自利的区别所做的解释。）尽管如此，假设有人坚持认为所有人都应该关注自己——一种**规范性**观点，那么他／她就是一个伦理利己主义者。我们将在本章后面讨论伦理利己主义理论。

心理利己主义：从格劳孔到霍布斯

第二章介绍了柏拉图的名著《理想国》，那一章的选篇不是那么有名，所讨论的问题是，去剧院是不是一种有道德价值的消遣（苏格拉底认为它不是）。在本章，你会遇到柏拉图《理想国》中一个更著名的段落，讨论的是何为好人，以及是否所有人都是或应该是自私的。在第八章，你会对苏格拉底是谁以及他在柏拉图的生活中扮演了什么角色有更全面的了解，然而在本章中，我们将聚焦于自私这一话题。

今天我们知道苏格拉底，主要是通过柏拉图的对话录；苏格拉底本人从未写过任何东西，如果不是柏拉图想要在苏格拉底赴死（雅典陪审团认定他犯有反城邦的罪行，即"败坏青年，亵渎神灵"）之后让他老师的名字永远流传下去，我们可能永远都不会知道苏格拉底这个名字。在柏拉图的大部分著作中，苏格拉底都和某人进行对话，对话者可能是朋友、学生，也可能是敌人。在《理想国》中，苏格拉底和那些年轻的追随者被邀请到一些老朋友的家里参加晚宴，他们讨论了道德、自私和理想状态，并拓展到艺术理论、性别理论、现实的本质，甚至死后的生活。在基础阅读部分，可以读到对该讨论的摘录。柏拉图的兄弟格劳孔试图让苏格拉底给出正义比不正义更好的理由。格劳孔坚持认为，无论何时，所有人从本性上都只关心自己，只要做坏事不受惩罚，我们就会去做，无论对别人可能有多么不公平。不幸的是，我们可能会受到他人同样的对待，这非常令人厌恶，所以为了和平与安全，我们就彼此体面相待达成一致——不是因为我们想这样做，而是为了行事平安。道德仅仅是我们关照自己的结果。（见知识窗 4.3 对心理利己主义从"应该意味着能够"这个角度所做的解释。）

格劳孔此处关于社会起源的理论在西方思想中是开先河的。他的理论是所谓社会契约论的一个例子，这种理论在 18 世纪以后变得极富影响力。社会契约论认为，人类曾经生活在一个前社会环境中（没有规则、规范或合作），然后出于各种原因聚集在一起，同意建立一个社会。一般来说，社会契约论假定人类决定建立一个有规则的社会是（1）为了共同利益或者（2）为了自我保存。格劳孔的理论属于第二类，因为他声称（为了便于论证），人类主要是关心自己。

为了阐明他的论点，格劳孔讲述了一个叫古各斯的人的故事，他是古代吕底亚的一个牧羊人。古各斯在一次暴风雨和地震中受困，震后，地上留下了一个大洞。他从裂口钻进去，发现了一匹中空的铜马，里面有一个巨人的尸体。巨人的手指上戴着一枚金戒指。古各斯拿着戒指离开了，不久后，他戴上戒指参加牧羊人的一个集会。在集会期间，他碰巧拧了一下戒指，从其他牧羊人的反应中，他意识到自己隐身了。再将戒指拧回来，他又现身了。了解到可以隐身的优点后，古各斯设法被大家举荐为信使，去向国王报告羊群的情况。他来到城里，引诱王后，密谋和她一起杀死国王。随后他掌管了王国，建立了一个王朝，并成为国王克洛伊索斯的先祖。

知识窗 4.3　"应该意味着能够"

有时，哲学文本会谈到"应该意味着能够"。在罗马帝国的民法典中，这一原则陈述得很清晰，罗马公民知道，impossibilium nulla est obligatio（无义务为不可能之事）。今天的许多哲学和法律思想流派仍以该观念为基础，其中一派就是心理利己主义。"应该意味着能够"的意思是我们没有义务（应该）去做某事，除非我们确实可能去做（能够）。如果你没有足够的时间和金钱远行，我就不能把让你出去帮助灾民当作一种道德义务，但我或许可以尝试让你觉得在道德上有义务捐赠一两美元来帮助别人。如果你对动物过敏，我就不能将让你把宠物从宠物收容所带回家当作一种道德义务（但我可能强调你有义务以其他方式提供帮助）。如果事实上我生而自私而且无法改变，那么你不能告诉我，我应该无私，因为自私是我人性的一部分。这就是心理利己主义想要表达的观点：一直希望人类互相照顾是不合理的，事实上，我们并不是这样被造出来的。

格劳孔的问题是，假设我们有两枚这样的戒指呢？让我们想象这样的情景：

给一个正派的人一枚，再给一个恶棍一枚。我们知道，恶棍会滥用戒指谋取私利，但正派的人会如何呢？格劳孔认为，结果是一样的；他们的人性是相同的。正派的人如果知道可以逃脱惩罚的话，就会像恶棍一样立刻去做"不正义"的事；此外，如果他们不利用这样的情况，他们就是十足的傻瓜。那么，最后，谁会更幸福？是阴谋盘算并侥幸逃脱一切的不正义之人，还是正义的人，后者从来没想逃避任何事情，但却好得让人觉得他一定有问题？当然是那个不正义的人。

如果一枚隐身指环能为自私提供一个完美的出口，我们是会像柏拉图的兄弟格劳孔推测的那样抓住这个机会，还是会抵制诱惑？我们都会被诱惑吗？在《指环王》（三部曲，2001—2003年）中，佛罗多自愿带着魔戒去末日火山并毁灭它；但即使是心地善良的佛罗多，也会受到魔戒的诱惑，在他小小的身体里，一场伟大的战斗正在进行。

　　这则小故事可能是文学传统中第一个探讨这个至今仍受欢迎的主题的，这可能是它能跨越时空的原因之一，但还有一个原因可能是，它谈及的道德问题至今没有改变。《一千零一夜》中有不少关于隐身斗篷、魔法戒指的故事，它们的主人充满创意地使用它们，有的是为得到个人好处，有的是为了监视和消灭坏人。1897年，H. G. 威尔斯写了《隐形人》一书，这个故事被多次拍成电影，并启发了其他影片。J. R. R. 托尔金的《魔戒》三部曲（1954—1956年）就围绕着一枚隐身戒指展开。通常涉及的道德问题是：如果你变成隐形人，你会做什么？你会仍然正派甚至只是还算正派吗？还是说，如果你知道你可以侥幸逃脱惩罚，你会自私地动用你的力量？哈利·波特有他的魔法斗篷，但我们大多数人没有。有趣的是，在人们认为自己完全匿名的情况下，例如在可以从网上大量非法下载音乐的时代，似乎很少有人会因违法而良心不安——这正符合格劳孔的观点。但这是否意味着在有"匿名斗篷"的情况下，每个人都会以同样的方式来回应？让我们再暂时回到《魔戒》。这个故事里有一个像古各斯的戒指那样的隐身戒指，但有重要的区别。古各斯发现的戒指可以给他力量，他利用它来捞取好处，最终成为一个显赫的王室家族的祖先。很多人会说："对他来说这很好！"但在托尔金的三部曲中，索伦的戒指是另一种类型的：被戒指诱惑的人（所有物种）一生都受其影响，旁人追寻戒指的全部目的是毁灭它，而不是使用它。托尔金笔下的隐身戒指并不能使人完全隐形，因为对索伦的军队和索伦本人来说，戴魔戒者是可见的。佛罗多竭尽全力与使用魔戒的诱惑抗争，因为他见过当一个人允许自己被魔戒的恶同化，其灵魂会发生什么：此人就会变得像咕噜，一个类似霍比特人的畸形生物（见第一章的插图）。有趣的是，最不受戒指诱惑的人是佛罗多的朋友兼助手山姆怀斯·甘姆吉。

英国哲学家托马斯·霍布斯（1588—1679 年）是最早的现代唯物主义者之一，他声称人类的心理完全是由物理粒子的吸引和排斥构成的。因此，人类的自然生活方式是自我保存，而人类在社会规则之外的自然生活（自然状态）在霍布斯看来是一场肮脏而可怕的所有人对抗所有人的战争。

（© Georgios Kollidas/Shutterstock, Inc.）

　　除了极少的例外，书中和电影中的隐身人都屈服于诱惑，最后结局悲惨，这是对他们软弱或罪恶秉性的惩罚。因此，大多数隐身人的故事是说教性的（见第二章），旨在教导一个道德教训：如果让你的自私本性主宰一切，你肯定会受到惩罚——不是受他人惩罚，就是受命运惩罚。但是，就像我的学生在多个场合指出的那样，有一类故事是例外：在这些故事中，隐身的能力不是被用来作恶或牟利，而是被用来做好事。拥有隐身术的*超级英雄*（如《神奇四侠》和《神秘兵团》中的那些），就不同于其灵魂被不可见之力量所腐化的那种类型——无疑他们也会遭受苦难，但不会被魔力侵蚀，他们专注于自己的目标，为人类做好事。但话又说回来，这就是他们成为超级英雄的原因，也是他们与我们不同的原因。正因如此，从道德上讲，他们不像有脆弱和怀疑时刻的英雄那样有趣。所有超级英雄中最神秘的也许是《守望者》中的曼哈顿博士（见第六章），他远离了最初的人性，以至于人类的生命对他来说不再重要，因为他已经失去了人类的视角。

那么，格劳孔的故事的寓意是什么？他的意思真的是，如果能做坏事而侥幸逃脱，做一个好人就是愚蠢而不自然的吗？不。格劳孔是在扮演反方角色，为的是让苏格拉底为"正义本身即为善"这一观点辩护。尽管如此，格劳孔的言论确实暗示着，他所描述的实际上是大多数人的观点。他也许是正确的；约两千年后，托马斯·霍布斯呼应了格劳孔的自利理论，他的观点有三个：（1）人类选择在一个有规则的社会中生活，是因为他们关心自己的安全，仅此而已；（2）人类本性是自利的，任何对他人的关心背后都隐藏着对自己的真实关切；（3）如果我们不关心自己，我们就是傻瓜。（在下一节，我们会回到这一问题；在本章末尾的基础阅读部分，可以读到霍布斯的理论；知识窗 4.4 介绍了他主张的"自私是同情的基础"这个观点。）

知识窗 4.4　霍布斯与同情

霍布斯认为，人类会同情处于困境中的其他人，是因为他们害怕同样的事情会发生在自己身上。我们认同别人的痛苦，这使我们为自己担忧。因此，帮助他人可能是避开坏事的一种方法。事实上，我们不会因为别人，而只会因为我们自己而同情别人。（他并不是第一位表达这种观点的思想家；亚里士多德也说过类似的话，但并没有暗示我们是彻底自私的。）霍布斯是最早思考人类心理的现代西方哲学家之一，我们可以说他戳中了痛处。有时我们同情别人，确实是因为我们想象如果同样的事发生在我们身上会有多可怕。霍布斯说我们认同他人时，究竟是指什么？似乎我们要自问，如果遇到这样的事，我们会有什么感觉？与其说这会让我们担心自己，不如说这会让我们去关心他人，因为我们知道他们的感受。此外，同情你不太容易认同的人或事，这难道不可能吗？我们当然可以同情不同性别、不同民族或不同文化的某个人，即使发生在他们身上的事不会发生在我们身上。但对被刺网捕捞的海豚抱有同情会怎么样？对被陷阱捕获的动物呢？对用于实验的动物呢？

2011 年日本海啸的图片和视频公开后，有一段视频传播得很广：一条狗领着救援者来到另一条严重受伤的狗面前。许多人都很高兴地在一篇博客文章中读到，一名宠物店店主兼动物福利活动家救了这两条狗。这个故事告诉我们，一方面，狗似乎也会关心并照料同类，另一方面，我们完全可以将同情心延伸到狗身上。很难从中得出"人性根本上是自私的"这个结论，后文会提到的亚伯拉罕·林肯拯救小猪的故事也是如此。

从广义上讲，当其他生物的生命处于危险之中时，我们会感同身受，并意识到要拯救它们的生命，以避免轮到自己。然而，归根到底，这种想法是相当牵强的，因为如果霍布斯是对的，我们害怕他人的痛苦会"传染"给我们，那我们难道不是更应该转身逃走而非继续接触他们的痛苦吗？如果我们没有转身逃走，那么也许除了自私，还有其他力量在起作用。一个更简单的解释是，我们偶尔也会关心他人的幸福。

无疑，我们都能想起生活中的一些事情，它们表明我们的行为并不总是出于自利。你可能还记得你曾帮助你最好的朋友搬到城市另一边；你整晚没睡，帮你弟弟报税；你将自己的玩具在圣诞节捐出；你给父母洗车；你在感恩节洗餐具；你可能还在路上帮了一个陌生人或救了一个事故受害者。所有这些善行真的都是出于自私才做的吗？心理利己主义者或许会说，是的，你可能没有意识到自己的真正动机，但它们在某种程度上是自私的。你可能想借你父母的车，所以才去洗车和洗餐具。你帮朋友搬家是因为你害怕失去她的友谊。你可能因为前一年没帮你弟弟报税而感到内疚，所以今年这么做。那么，玩具呢？你希望感受到自己的善良。路上的陌生人呢？你想在天堂之书中多拿点分数。帮助事故受害者呢？你想在社交媒体上出名。

心理利己主义如此受欢迎的原因之一是，它迎合了现代人的诚实意识：为了不自欺欺人地认为自己比实际情况更好，我们应该诚实地承认自己是自私的。在这幅《加尔文与霍布斯》漫画中，作为一个聪明的孩子，加尔文不仅使用了这个论点，还借此获得了好处；换句话说，他把它作为托词，这也是心理利己主义流行的另一个原因。让我们面对现实吧：这是一种犬儒主义的想法。

那么，是什么让心理利己主义如此具有吸引力呢？毕竟，它摘掉了人类历史上所有英雄和无私者头上的光环。事实上，这可能正是它有吸引力的部分：我们喜欢认为，在这个时代，我们对自己是诚实的，我们不想自欺欺人地认为我们比实际的自己更好，或别人比我们更好。因此，这一理论受欢迎的一个理由是它被认为是诚实的（理由 1）。在这一节的后面，你会在林肯和小猪的故事中发现这种现象的一个例子。

与诚实的概念密切相关的是现代人的犬儒主义倾向（理由 2）。不知何故，我们很难相信别人的优点，包括我们自己。拒绝从表面看问题可能是成熟的做法，但这也可能让我们看不到并非所有的行为都是自私的，并不是每个人都坏透了。（见知识窗 4.5 关于现代犬儒主义的讨论。）这种可能性并不意味着我们不应该带着适度的怀疑主义和猜测来看待世界。我们确实会被利用，人确实是自私和邪恶的，事情也并不是表面上的那样。但这种审慎的怀疑与近乎偏执的普遍犬儒主义是有区别的。那种激进的犬儒主义认为善良和仁慈不可能存在。

知识窗 4.5　现代犬儒主义

关于犬儒主义是如何起源的，有许多猜测。它并不是一个新现象。它是古希腊人发明的：以第欧根尼为首的犬儒派（字面意思是"像狗一样的人"）尽最大努力消解惯例习俗，以打破其对人们思想的束缚，这是最初的"质疑权威"运动之一。后来，犬儒主义质疑权威到了愤世嫉俗、厌恶人类的程度，不假思索地相信每个人最坏的一面，其自身也成了一种权威。

现代犬儒主义的先驱，甚至可以说奠基者之一是法国哲学家和作家伏尔泰（1694—1778 年），他关于大革命之前法国状况的尖刻评论，为那些反对双重标准和偏见的知识分子定下了基调。那些知识分子不相信任何人，包括自己的政府，并且对人性永远持怀疑态度。在理性时代，讽刺是首选的政治武器之一。但在 19 世纪下半叶，西方世界经历了一次乐观主义浪潮，因为很多人相信我们已非常接近解决所有的技术、科学与医学难题。甚至有人认为我们太文明了，不会再有战争。你可能还记得第二章关于战争电影的部分，总的来说，对战争的热忱随着第一次世界大战而终结了。现代犬儒主义常常被认为诞生于一战的战壕中，但它还有一个值得注意的前兆：1912 年"泰坦尼克号"的沉没。包揽各种奖项的 1997 年电影《泰坦尼克号》不仅回顾了相关的悲剧，还提醒我们看到人类的傲慢自大，认为人类技术可以征服一切障碍的盲目自负。如此精良的巨轮永不沉没！但正如我们所知，事实并非如此，人类已成宇宙主宰的乐观信念伴随着巨轮沉入大洋深处。这可能不是 20 世纪对人类自信的第一次打击，但它成为现代技术信仰外壳上的第一道严重裂痕。

在两次世界大战、大萧条和纳粹大屠杀事实的揭露的推动下，犬儒主义成为 20 世纪的一种生活方式。经历过 20 世纪 60 年代和 70 年代的悲观失望的一代人及其下一代，都受到了以下事件的影响：一系列刺杀，包括对约翰·F.肯尼迪、罗伯特·肯尼迪、马丁·路德·金等人的刺杀；朝鲜战争和越南战争；燃料短缺；水门事件和伊朗门丑闻。对此前几十年间恶行的揭露也影响了他们。臭名昭著的塔斯基吉梅毒研究就是一例，从 1932 年到 1972 年，有将近 400 名非裔美国人在毫不知情的情况下沦为政府医学实验的"小白鼠"。2010 年人们得知，1945—1948 年，美国医生还在危地马拉对当地公民进行梅毒实验，奥巴马政府为此道歉。在未经公民同意的情况下为某些更大的目的利用公民的其他例子包括 20 世纪 50 年代的核试验，这些核试验往往涉及士兵和平民，他们得到的印象是这不会对他们的生命造成威胁。作为试验的一部分，阿拉斯加的因纽特人被给予放射性药物治疗。1996 年，《洛杉矶时报》披露，20 世纪 50 年代，美军曾向纽约和华盛顿的大量人口，甚至明尼阿波利斯的一所学校喷洒化学药品和细菌。越南战争结束多年后，媒体揭露士兵们接触过一种有毒的落叶剂——橙剂。海湾战争综合征仍是一个未解之谜，一些人将其归因于在该地区使用的化学武器，而士兵们没有得到相关警告。2015—2016 年，密歇根州弗林特市的一桩丑闻被揭发，最终证明弗林特河的铅污染水平很高，而该市官员实际上掩盖了事实，声称尽管市民遇到了诸多健康问题，但供水没有问题。因此，作为对重要新闻事件的回应，阴谋论、谣言时常出现，这或许是可以理解的；我们只能提醒自己，尽管阴谋确实存在，但持怀疑态度的犬儒主义者与偏执的犬儒主义者之间还是有明确界限的。

媒体披露的这些很有利于反思，也常常让人产生犬儒主义的想法，但有时丑闻就爆发在媒体圈内部：2011 年，英国小报《世界新闻报》在东窗事发后数日之内停刊。该报越来越多地通过黑客攻击、窃听和贿赂等手段追踪有关名人的新闻，这加剧了读者对这些名人的犬儒式嘲讽和不信任（我们可以在第十三章的"媒体伦理"部分进一步了解该丑闻）。最终，该报自食其果，嘲讽和不信任直指该报。与此同时，围绕着政客们的性丑闻、破坏国家安全和（或）金融违规的行为，以及正在发酵的事件（在某种意义上是全球性的），即过去数十年来天主教神父猥亵儿童，随后这些神父被教会重新分配到新的教区作为遮掩，传达给我们的犬儒主义情绪周期性地浮出水面。

那么，对于那些让我们失望的人和事，犬儒主义是一种恰当的反应吗？

不管恰当与否，它都是我们这个时代的标志。然而，也许犬儒主义并不完全是坏事——正如人们有时说的那样，犬儒主义者是失望的理想主义者。你对事情应该如何发展有一个愿景，但你也有相当多的疑虑。所以，在希望和怀疑之间，你也许能够应对现实世界。

心理利己主义如此流行，也与找借口有关（理由3）。当心理利己主义者说"我控制不住自己，这是我的本性"时，他们是在说，他们不用费心去记住莫莉阿姨的生日，或者是给广播电台打电话，告诉他们有张床垫阻塞了高速公路的两条车道之一，因为人性天生是自私的，所以我们没有能力为别人担心——当然，除非这对我们自己有好处。但这只不过是一个糟糕的借口。严肃看待该理论的心理利己主义者从来都不会说，我们根本无法控制深入骨髓的自私——他们只是说，我们所做的任何事情都有一些潜藏的自私动机，我们甚至可能没有意识到。知识窗4.6探讨的问题是，在心理利己主义者看来，究竟是有做出选择的自由意志，还是我们的行动是由先天或后天决定的。

心理利己主义的三个主要问题

心理利己主义是很有诱惑力的；一旦你开始用心理利己主义者的眼光看世界，就很难再用其他方式看世界了。事实上，无论我们多么努力地想找出一个与该理论相悖的例子，心理利己主义者都有现成的答案。这是由几个因素造成的。

1. 不可能证伪
心理利己主义总是在寻找自私的动机，并拒绝承认任何其他的动机。对任何你能想到的做某事时的非自私动机，该理论都会说，在其背后还有另一个不可告人的动机。根据该理论，存在其他动机是难以想象的。事实上，这是该理论的一个缺陷。不能被证明是错的理论不是好理论，允许有反例存在的可能性的理论才是。

知识窗 4.6　心理利己主义与自由意志概念

现在是时候后退一步，重估心理利己主义的主张之一了：我们无法控制自己的行为。当心理利己主义者声称我们无法控制自私是因为它是人的天性时，他们当然也是在说，我们不应该因为做了自私的事而受责备（或者因为看似无私的行为而受到赞扬）。这就将心理利己主义与一个著名的（也有人会说是臭名昭著的）哲学理论——硬决定论联系起来了。硬决定论者认为，既然一切都受到前因的影响，那么我们在原则上（如果不是在现实中）就应该能全面而准确地预测事件——不仅在自然世界中，而且在人类生活与决策上。这意味着，*根据硬决定论，我们没有自由意志*，因为我们所决定的一切或者是遗传（"先天"）的结果，或者是经验和环境（"后天"）的结果。换句话说，我们可能*觉得*自己可以自由选择，但实际上并非如此；一切都是因果链条上的一环，甚至我们的思维过程与道德决策也是。根据硬决定论，这意味着人们在违背道德准则甚至法律的时候，他们是无法控制自己的，不应该受到指责。这一思路在伦理学及法哲学上引发了大量讨论，因为（1）我们通常假定人们可以对他们的有意行为承担道德责任，以及（2）我们的整个司法体系依赖于这一假设，即在大多数情况下，如果人们有意违法，就应该承担责任。然而，在个别情况下，人们确实不能控制自己道德上与法律上的行为。你或许可以想起这样一些情况并加以讨论。

心理利己主义将人类的所有行为追溯到自我保存或自爱，认为这是我们做所有决定的根本原因（如霍布斯所做的那样），认为我们不能采取其他行动，而且不应该为自私承担责任，在这个意义上，可以认为它是一种决定论。然而，心理利己主义者通常假定我们可以在若干可能的行动中做出选择——不过，所有行动都是自私的。大多数心理利己主义者会声称，我们可以为错误的选择负责——因为避免触犯法律符合我们的私利，正如违犯法律可能会让我们得到自私的满足一样。这就不利于将心理利己主义归类为硬决定论。在第十章中，我们会进一步探索让-保罗·萨特哲学中的自由意志概念。

一种理论，如果不存在它无法适用的情况，那么这种理论就会被认为是糟糕的科学或糟糕的思想。*证伪原则*是由哲学家卡尔·波普尔（1902—1994 年）作为可行理论的标志提出的。它认为，一个好的科学理论必须允许犯错的可能性。如果它断言在任何条件下都正确，它就不是可"证伪"的。"证伪"的意思并不是一种理论被证明为错，而是必须对其自身进行严格的考查——换句话说，必须考虑它错误的可能性，并以任何可能的方式对其考查。波普尔在他的著作《历史决定论的贫困》（1957 年）中写道："正因为我们的目标是尽可能地建构理论，所以我们必须尽可能严格地检验他们；也就是，我们必须极力去发现错误，极力去证伪它。只有在我们竭尽所能后还是不能证其为假，才能说它已经受住了严峻的考验。"科学自身并未一直遵循证伪原则。一个例子是 18 世纪关于陨石的争论，大多数科学家选择支持他们自己的理论，即岩石不可能从天上掉下来，他们说，因为太空是真空的。那些声称看到陨石坠落在地面上的可靠普通公民的陈述一直被科学家们当作谎言或妄想而置之不理，因为大多数科学家并未质疑他们自己的理论：它是不可证伪的，因为它不允许出错的可能性。正如我们所知，科学家后来不得不修改其关于太空的概念（该理论被证伪）：1803 年，科学家在法国的莱格勒实际观测到大量陨石坠落。最近发生的一个类似的事例也说明人们同样不愿接受新数据，那就是直到近年来"疯狗浪"现象得到充分证实，人们才承认它的存在。

在可证伪的意义上，*进化论*是一个好理论吗？今天的科学家会说是：该理论基于可以客观验证的经验性研究（化石），但它并未声称无论发生什么该理论都是正确的；它声称这是迄今为止最可信的生物理论，但如果新的和不同的证据出现，（可以想到）它对于修改是开放的。

根据波普尔的原则，心理利己主义并不是一个好理论，因为它不允许自身有错误的可能性，而是重新解释所有行为和动机，使它们符合理论。严格说来，它并不是一个理论，而是一种偏见。它之所以被认为是一个强有力的理论，是因为它看上去无懈可击；然而，从科学的角度来说，这并不是一种优势。一个强有力的理论承认归纳法实际存在缺陷（见第三章）：任何经验性理论（以证据为基础的理论）都不能百分之百地肯定。

此外，心理利己主义的不可证伪性体现了*循环论证*的逻辑谬误。循环论证假定它要证明的东西已经为真，所以"证据"只是在重复这个假设（比如"你妈妈是对的，因为你妈妈从来不会错！"）。心理利己主义也以同样的方式表述：它假定所有行为都是自私的，因此自私可以解释所有行为。因此，心理利己主义并不是它所宣称的科学理论。

2. 做我们想做的并不总是自私的

从生物学上说，心理利己主义者有一个强有力的证据：生存本能。似乎所有动物，包括人类，事实上都具备某种自我保存的本能。然而，我们可能会问自己，在动物及人类的所有关系中，这种本能是否总是最强烈的。在某些情况下，动物似乎会为其他动物牺牲自己，然而可以肯定，它们没有任何潜在的动机，比如想上电视或上天堂。如果它们不做这些事，它们也不会感到内疚。因此，至少存在一种可能性，即有些行为并不是出于自我保存而做出的。

我们做事总是出于自私的原因，这是真的吗？为了便于论证，让我们假设，我们确实做了我们想做的事，这样我们就可以从一些长远的结果中受益。但做想做的事并让自己受益，就总是"自私"的吗？亚伯拉罕·林肯似乎会同意这个观点。一个著名的故事讲的是他和一个朋友乘马车出行的事。正当他解释说他相信每个人的行为都出于自私时，他们经过一个泥坑，那里有几只小猪快要淹死了。母猪发出哀号，却无能为力。林肯让车夫停下来，下车踩进淤泥里，把小猪救了出来，然后回到马车上。他的朋友还记着林肯刚说的话，就问道："那么现在，亚伯，这个小插曲中何来自私呢？"林肯回答说："哎呀，上帝保佑你，艾德，这就是自私的本质。如果我不管那头为小猪哀号的痛苦的母猪，继续往前走，那我的内心将一整天都无法安宁。我这么做只是为了内心平静，你明白吗？"

所以林肯救猪是为了自己的利益（在这里我们认为他只是一个好人。）当然，这个故事的讽刺之处在于：我们并不认为林肯是一个自私的人。但他的理论正确吗？他可能是在撒谎，声称他做好事是为了自己，或者在开玩笑，但让我们假设他说的是他所认为的真相——他救小猪是为了让自己内心平静。这还是一个"自私"的行为吗？那就看你怎么解释自私了。做对自己有利的事总是自私的，还是说这也取决于你想要得到什么？为了救一头小猪而救它，与为了把它当晚餐而救它有什么区别？大多数人会说二者之间有本质的差异。换句话说，你想要的是什么才是关键，而不仅仅是你想要什么的事实。如果你想做的是拯救某人，那当然就不同于想伤害他。当然，林肯可能会插话说，拯救小猪依然属于自利，所以不是为小猪，而是为自己而做——然而，这是真的吗？如果他所关心的只是自我满足，那么他为什么要知道小猪是安全的呢？一个自私的人几乎不会为他人的痛苦而失眠，更不要说一头母猪了。让我们假定，他那么做只是为了"内心平静"，这就可以得出结论：享受帮助他人这个过程的人再自私不过了。然而，助人为乐的人通常的形象并不是自私的人；相反，就像詹姆斯·雷切尔斯所指出的那样，那正是我们对一个无私的人的印象。（见知识窗 4.7 中对林肯动机的进一步讨论。）因此，如果我们判断一个人是自私还是无私的关键在于其*目的*，而不在于他想要某种东西，那么我们就可以这样回答心理利己主义：如果让林肯感觉良好的是小猪已安全这个想法——是为了小猪，而非林肯自己——那么他拯救小猪的行为就不是自私的；如果让他感觉良好的是现在他会从拯救小猪中获利，而不仅仅是感觉良好，那么这是自私的。如果二者兼有呢？假设人们知道他是一个关爱小猪的好人，他看出从中可以得到某些好处（尽管这不是最初故事的一部分），而他也希望小猪是安全的。这仍将是对心理利己主义的一个驳斥，因为在自私行动中有着无私的成分。在这里，我们已经达到了常识的水平：有些行为是无私的，有些是自私的，有些是混合体。在故事部分，你将读到一个当代故事，一个女人被指责自私，只因为她觉得帮助别人很快乐，她就是情景喜剧《老友记》中的菲比。

知识窗 4.7　林肯：谦逊的人还是喜欢开玩笑的人？

我们可能会问，在思考不同类型行为的时候，关心与不关心之间的区别如此显而易见，林肯怎么会对此无所察觉呢？对他这样一个聪明人来说，这番话极为模糊。当然，小猪的故事可能体现了林肯的真实天性：一个非常谦逊和诚实的人，他不愿意因做好事而受到赞扬。如果是那样的话，这个故事就使他更可亲了，因为我们确实知道他是诚实的亚伯。但还有另一种可能，即他在开玩笑。林肯很喜欢开玩笑，这可能也是一个玩笑。他很清楚自己是在做一件好事，于是就用嘲讽的口吻说，救小猪不过是一种自私的行为。研究林肯的学者可能要决定哪个是他们更喜欢的版本。无论如何，林肯是以一个心理利己主义者的身份说话的，无论其行为多么无私，因为他表达了每个人的行为都是自私的这个理论。

3. 抑制关联谬误

正如我们所见，心理利己主义有一些问题，因为它描述世界的方法并不是我们总能接受的。它的一个缺陷实际上可能在于语言：如果林肯救小猪的行为是自私的，那么我们该将那些*真正*自私的行为称作什么？英国哲学家玛丽·米奇利强烈批评心理利己主义理论，并指出，被心理利己主义者称为正常的自私行为（做某些益于他人的事以获得利益）和*真正*自私的行为（做某些伤害他人的事以获得利益）之间有很大区别，因此将两者都称为自私是不合逻辑的。我们应该把"自私"一词留给真正自私的行为，米奇利如是说。（或者，正如我的一个学生所说，难道帮助老太太过马路和偷走她的手杖之间没有道德差异吗？）如果心理利己主义坚称，为了个人所获，无论是想帮助还是伤害他人，我们想要帮助或伤害他人的愿望都是一种自私的需要，那么我们可能会回答说，我们认为帮助他人的自私程度小于伤害别人的自私程度，并且我们可能会引入一些新的术语：*不那么自私*和*更自私*。这些术语把为他人的行为和为自己的行为区分开来。然而，那仅仅是试图区分自私行为和无私行为的另一种方式。心理利己主义者似乎忽略了一个事实，即我们已经有了一个完全可以理解的"不那么自私"的行为概念：无私。把语言改变到违背我们的常识的程度（声称不存在无私这种东西，但用"*不那么自私*"一词就可以接受）并不能纠正心理利己主义的谬误。所以，如果心理利己主义者承认自私有程度之别，我们可能会回答：最低程度的自私就是其他人所说的无私；如果心理利己主义者坚持认为所有的行为在某种程度上都是为自己服务的，其批评者就可以指出一种被称为*抑制关联谬误*（fallacy of the suppressed correlative）的语言现象。*自私*一词的关联项是无私，正如光的关联项是暗一样；其他例子还有冷与热、高与矮等等。我们能理解一个术语，是因为我们理解了另一个术语，这既是一个心理学事实，也是一个语言学事实：如果一切都是暗的，我们就无法理解光的内涵，也无法理解暗的含义，因为暗是通过与光的对比来定义的，没有对比就没有理解。换句话说，一个没有关联项的概念会变得毫无意义。如果所有行为都是自私的，自私没有关联项，那么"所有行为都是自私的"这个说法就没有意义。事实上，如果心理利己主义是正确的，我们根本不可能做出这一陈述；自私的概念将不复存在，因为任何无私的行为都是无法想象的。所以，心理利己主义不仅违背常识，妨碍对人类行为的全面理解，而且违背了语言规则。（我们将在关于"自私的基因"的部分再谈到米奇利。）

玛丽·米奇利（1919—2018 年）是英国一位专攻伦理学的哲学家。她在纽卡斯尔大学教授哲学多年，以批评试图将人类精神归结为社会生物学因素的科学理论而闻名。她是理查德·道金斯最直言不讳的批评者之一。她的作品包括《兽与人》（ Beast and Man，1978 年）、《心灵与头脑》（ Heart and Mind，1981 年）、《动物及其重要性》（ Animals and Why They Matter，1983 年）、《邪恶》（ Wickedness，1984 年）以及《伦理灵长类动物》（ The Ethical Primate，1994 年）。2005 年，她的自传《密涅瓦的猫头鹰》（ The Owl of Minerva）出版；2010 年，《孤独的自我：达尔文和自私的基因》（ The Solitary Self: Darwin and the Selfish Gene）出版。2016 年，她在《哲学家杂志》发表了一篇关于自私与科学的文章，题为《自私的神话》（ "The Mythology of Selfishness"）。

（英国纽卡斯尔大学提供）

　　这听起来可能像一个复杂的论证，但事实上我们在日常生活中经常使用它。下面是一些抑制关联谬误的例子，即如果某物没有对立面，则其自身也没有意义。（1）你在教科书上用荧光笔画重点，课文很难，你把许多句子都画上了。画着画着，你发现自己几乎把所有句子都画上了。于是，画重点就没有意义了；每一处都是重点，和没有重点是一样的。（2）在星巴克，小杯咖啡被称作"中杯"，中杯咖啡被称作"大杯"，大杯咖啡被称作"超大杯"。这样的话，"中杯咖啡"里的"中杯"这个词还有什么意义吗？（3）有时我听到学生恳求（我希望只是开玩笑）："您为什么不让大家都拿 A 呢？"（不论他们是否应得。）答案就在于

（除了这么做不对以外）：如果班级、学校或国家里的每个人都得 A，那么 A 就会毫无意义，因为没有更低的等级来作为比较了。如果教师迫于压力只给 A 或者 B，评分的方式就会被破坏。（4）有些情况本来具有重要意义，但因太普遍导致影响被抵消：汽车报警器一直响个不停，"报警"的作用就消失了；总是骂骂咧咧的人会耗尽他们话语的影响力，所以无法再强调真正糟糕的情况；经常对孩子大喊大叫的父母，在真正需要大喊大叫的时候，他们的声音已经没有威慑力了；喊"狼来了"的孩子最终不会被相信。声称每个人都自私的心理利己主义者，如果不承认有无私的行为，也无法解释何为自私。

心理利己主义的支持者可能会回答说，无私实际上并不存在，但你依然可以拥有无私的概念，即使凭空臆想，它也可以作为自私的关联项；但心理利己主义的批评者回答说，这个理论依然没有多少意义。如果它认为每个人都彻底自私，那么它就是一个完全错误的理论。如果它只是说每个人都有自私的倾向，那么它就太微不足道了，甚至没有什么意思。

"自私的基因"理论及其批评者

虽然心理利己主义通常被视为一种心理学和哲学理论，但自私的概念在社会科学中也得到了重视。"自私的基因"理论出现于 20 世纪 70 年代，从此开始流行，几十年来，很多人将该观点视为确证的真理。这一理论由理查德·道金斯在其著作《自私的基因》（1976 年）一书中提出，当时得到了著名社会生物学家爱德华·O. 威尔逊的支持，他将其作为一种解释方式，从科学上解释为什么一些动物和人类会以利他的方式行动。与心理利己主义的精神一致，他们主张，人类和动物并不是做出了无私的行为，而是说这样的行为是促进生存的一种本能的方式，不是为了促进个体的生存，而是为了促进其基因的存续。为什么母狒狒会在遇到豹子时牺牲自己，好让狒狒群脱逃？因为它与狒狒群的亲缘关系密切，它的牺牲可以确保其基因存续。为什么狗会在深夜叫醒主人，以确保他们可以从着火的房子中逃出？因为狗认为自己的主人是狗群的领头狗，在野生条件下，一般来说领头狗与地位较低的狗有亲缘关系，领头狗活下来，它们的基因就能存续。2004 年 10 月，在新西兰海岸，一名成年救生员和三个少年被一群紧紧围成一圈的海豚聚在一起——他们不明白怎么回事，直到发现一条大白鲨试图靠近他们。海豚绕着人类转了 40 分钟，直到鲨鱼筋疲力尽地游走。整个事件被船上的另一名救生员和 90 多米外海滩上的人群目睹。在日本海啸的可怕余波中，全世界都看到了来自受灾地区的一段视频，视频中一条狗试图引起摄影师和救援者的注意。最终，那条狗带他们走向一堆废墟，那里有另一条狗受了重伤。（前文提到过，两条狗应该都获救了。）我们能否设想那条狗试图帮助它的朋友？不是只有那条狗做出了这样的行为——还有拖动因交通事故受伤的狗（也有视频）和保护别人家任性小孩的狗。此外，再回到海豚的话题，几年前在澳大利亚的一次涨潮之后，海豚沿着海岸群起骚动，人们注意到它们将某个区域围了起来。在水中陷于困境的是一条狗，随后它被救起，多亏了海豚。海豚是有意要帮助狗，还是要攻击它？在过去，特别是在 20 世纪，前一种猜测作为一种浪漫的观念被排除了。现在，动物行为学家开始怀疑在动物的行为背后可能有种种动机，包括某种形式的无私。

自私基因论者对此会说什么？拯救潜水者的海豚用同样的策略保护自己的幼崽，它们无法分辨穿着潜水服的人类和小海豚。那么狗呢？它把孩子和其他的狗误认为自己的亲属。但很少有动物行为学家声称，海豚或任何动物无法分辨人类和自己的同类，特别是因为它们还能精准地分辨出自己的幼崽和其他海豚的幼崽。（雄性海豚常常会试图杀死其他雄性海豚的后代。）那么，这些动物是做出了道德选择吗？稍后我们再回到这一问题。

就人类而言，"自私的基因"理论是否提供了某种见解？在该理论的创始人理查德·道金斯看来，它解释了为什么人们有时会对陌生人表现得无私，那是因为我们弄错了。在我们的进化过程中，我们被预先设定了帮助我们的基因存续的程序，无论是在我们自己身上，还是在我们最近的亲属身上。在古代，我们常常习惯于只和这样的亲属密切交往，我们的利他主义只利于他们。但时代变了，现在我们处于陌生人组成的复杂世界，然而我们的基因程序让我们表现得无私，就好像我们还生活在亲人的小群体中。在《上帝的错觉》（2006 年）一书中，道金斯写道："当我们看到一个不幸的人在哭泣时（她可能与我们毫不相干，而且不会相互来往），我们无法控制自己的怜悯之情，就好像我们无法控制自己对一个异性（对方可能难以生育或无法再繁衍）的欲望一样。二者都错了，在达尔文主义的意义上是错误：受祝福的珍贵的错误。"所以，道金斯并没有说我们不应该无私地对待陌生人——他认为我们能够做这样的事是相当美好的。但他说，从生物学角度来看，这是没有道理的——原初生物学目的受误导的结果。

很多哲学家认为，"自私的基因"理论制造的问题比它能解决的问题还多，甚至爱德华·O. 威尔逊也改变了想法：在《自然》杂志上的一篇文章中，他解释说，与其把亲缘选择（一种"自私基因"）看作驱动力，不如将其看作个体选择（自私）与群体选择（利他）之间的对抗，无论这个群体中是否包含亲属。这使威尔逊摆脱了一个棘手的问题，即如果我们竭力做的一切都是为了将我们的基因传递给下一代，为什么我们（和其他动物）会选择帮助群体中与我们无关的个体。然而，道金斯依然坚称，促进基因延续是一种内置冲动，它是所有行为（无论看上去是否无私）的基本解释。然而，当人们对陌生人做出利他行为时，通常恰恰是因为他们是**陌生人**——我们并没有将陌生人和亲人混淆。相反，我们可能是有意选择像对待亲人一样对待他们，这就完全是另一种情况了。英国哲学家玛丽·米奇利是"自私的基因"理论和心理利己主义直言不讳的批评者。米奇利提倡旧的精简原则或奥卡姆剃刀（如果简单的解释也行得通甚至更好的话，就应该选择更简单的解释而舍弃更复杂的），她认为，对于利他行为来说，存在比自私的基因简单得多的解释。我们与他人一起在群体中成长，在大多数情况下，养育我们的人也爱着我们，并关心我们的福祉。当我们有了孩子，我们会出于同样的目的照顾他们。所以说，我们有一种内在的照顾家人的能力，而在人类社会中，我们把这种能力推及陌生人，他们暂时成了我们的荣誉亲人（honorary relatives）。这与"自私的基因"理论的不同之处在于，我们将这种照顾能力推至陌生人，不是为了我们（延续我们的基因），而是为了他们（因为我们关心他们的感受）。道金斯自己说过，米奇利误解了他的理论：并不是说人类或动物在亲人问题上犯了错误，而是一种生物学上的线路被接错了。但我们应该还记得本章前面对心理利己主义的反驳论证，即如果一个概念大到没有对立面（抑制关联谬误），那么这个概念就变得无用了。所以，如果说所有行为都（本能地）是自私的，但有的自私行为中包含利他的成分，那么我们是不是淡化了自私的含义？

在这里，简要的概念分析可能会有帮助——显然道金斯和米奇利都漏掉或有意忽视了某些东西。道金斯是一位生物学家，米奇利是一位哲学家，因此他们用的同一个词并不一定有同样的联想。对道金斯来说，"自私"并不是一个道德术语，而是一个生物学术语，它仅仅意味着一种保存有机体或遗传物质的本能——一个描述性术语。然而，对于米奇利来说，"自私"是一个道德术语，担负着作为判断标准的整个哲学和社会传统，首先涉及如果你是自私的，你的道德选择就会受到指责这个假定，因为你本来可以选择不那么自私或选择无私。因此，道金斯和米奇利无法达成一致，因为他们的用语是有根本差异的。所以，道金斯可能是对的，我们有着与动物一致的保护本能，因为在脑海深处我们依然是部落人群，在最近的群体中差不多与每个人都紧密联系，我们伸出援手帮助陌生人（这是美好的）是因为我们天生就会帮助我们的亲人。但米奇利在这一点上也可能是对的，即我们也可以做出道德选择；有时我们选择不帮助任何人，无论是陌生人还是亲人，有时又会致力于将周全的同情行动奉献给全然不相识的人，因为我们选择这么做，以便让他们觉得自己仿佛暂时成了我们的家人。在 2016 年的《哲学家杂志》中，已 96 岁高龄的英国哲学元老米奇利刊出了一篇文章《自私的神话》，她认为，将人类行为解释为一种由生存决定的可预测进化模式，这样的尝试必然失败，比如道金斯的"自私的基因"理论，因为它没有考虑到人类的选择和偏好。她注意到，一些生物学家，比如戴维·斯隆·威尔逊和爱德华·O. 威尔逊已经改变了观点（但道金斯没有），他们现在认为，推动早期人类群体基因存续的不是任何原子主义的、本能的驱动力，而是一种有利于人类社会生存的群体选择。

与绑架及杀害年轻人和小孩的媒体报道相关的案例，或许可以佐证"荣誉亲人"的关照：在美国，当孩子失踪时，事件就上升到了州媒体的层面，我们经常看到完全陌生的人自愿寻找孩子，甚至还有来自其他州的人加入寻找队伍。很多人都通过网络或电视，带着奇怪的焦急感跟踪事件进展，就好像我们真的认识那些家庭。这可能是一种真人秀现象（见第二章），但玛丽·米奇利可能会指出：当一则报道比一则普通新闻更深刻地触动我们的心时，我们会将那个失踪的少年作为荣誉亲人来"收养"，关心一个完全陌生的人的幸福，哪怕只是一段时间，好奇心会转变成我们能表达的最美好的情感之一。

伦理利己主义与安·兰德的客观主义

在这一章中，我们已了解到一些英雄事迹。这里还有一桩，但结局却令人感到悲伤而无意义：2016 年冬天，北卡罗来纳州居民、26 岁的单身父亲杰斐逊·希夫纳被他极力搭救的人枪杀。暴风雪中，一辆汽车失控，司机喝醉了，显然把希夫纳当成了威胁。希夫纳和他的家人有一个传统，就是在暴风雪天出门帮助被困的司机。对此，伦理利己主义者会说，实际上，我们称他们为英雄是错误的。因为对伦理利己主义者而言，只有一条规则：关心你自己。伦理利己主义者可能会说，如果你试图帮助陌生人，就得冒着丢掉性命的风险。你唯一的道德责任是对你自己和你自己的生命负责。

在这里，我们应该确保术语明确。这一理论被称为伦理利己主义，单纯是因为它是一种伦理理论，一种关于我们应该如何行动的规范性理论（相较于只涉及我们实际上如何行动的心理利己主义）。该理论暗示，我们应该是自私的，或者说得更委婉一些，我们应该是*自利的*。称这个理论为"伦理的"并不表明可能存在一种体面的自私方式；这仅仅意味着，伦理利己主义是一种将利己主义作为道德准则的理论。

你应该照顾好自己

格劳孔坚称，如果你不利用形势，你就是愚蠢的。霍布斯断言，照顾好自己才有意义，道德是这种自利的结果：如果我猜疑别人，他们可能也不信任我，所以我就让自己规规矩矩。这是一个扭曲版的**黄金法则**（见知识窗 4.8）。说它扭曲，是因为它特别倾向于我们自己的利益。我们希望别人怎么对待我们，我们就应该怎样对待别人，因为这样我们才有机会得到同样的对待；我们这么做是为了自己，而不是为了别人。因此，伦理利己主义者可能确实会决心帮助另一个有需要的人——不是为了别人，而是为了确保"善有善报"。黄金法则通常强调他人，但对于伦理利己主义者来说，它强调的是自我。伦理利己主义是我们在本书中遇到的第一种聚焦于行动结果的伦理理论。只关注行为结果的理论被称为*结果论*；伦理利己主义所要求的结果是对采取行动的人而言好的结果。然而，我们可以想象其他类型的结果论，比如提倡对大多数人而言尽可能好的结果，第五章讨

很多人都没有原则，但是我有！我是一个非常有原则的人。

我根据一条原则生活，从不背离它。

你的原则是什么？

先为自己着想。

利己主义可能是一个正当的道德理论，这一想法会令很多读者惊讶，但加尔文其实是对的，"你应该先为自己着想"确实是一条道德原则。然而，伦理利己主义的批评者指出，它是一个很难得到接受的道德原则。（因为本章提到了哲学家托马斯·霍布斯，你可能会想知道，布老虎霍布斯的名字就是来自托马斯·霍布斯。）

论了这样的理论。

　　这个理论究竟是告诉你，可以做你想做的而无须顾虑他人，还是做对你有利的而无须考虑他人，对此伦理利己主义者有很大分歧。后一种说法看似符合常识，因为从长远来看，只寻求即时满足很难让你幸福或更长寿。当然，说一个人应该关心自己，并不意味着一个人应该尽可能地惹恼别人、冒犯别人，或故意忽视别人的利益。它只是建议一个人应该做对自己长期有益的事情，例如锻炼、吃健康的食物、避免重复的争论等等。甚至纳税也可能被纳入这个清单。此外，它也表明，别人的利益没那么重要。如果你可以通过帮助别人来增进自己的利益，那么可以尽一切方式帮助他人，但前提是你是主要受益者。帮助你的孩子提前到校就很好，因为你爱他们，而且这种爱是让你愉悦的情感。但你没有理由帮助邻居的孩子，除非你喜欢他们，或者你通过这样的行为获得了满足感。

知识窗 4.8　黄金法则及其变体

很多人都知道这条黄金法则（金律）：你愿意被人怎样对待，就应该怎样对待别人。这常被认为源自耶稣基督，《圣经·马太福音》（7：12）引用他的话说："所以，无论何事，你们愿意人怎样待你们，你们也要怎样待人，因为这就是律法和先知的道理。"《圣经·利未记》（19：18）曾提到该律法："……要爱人如己。"在后来的正统派犹太教民法和宗教法总集《塔木德》中，我们读到"你所恨恶的，不要给你的同伴。这就是律法：其余的都是注释"（《安息日》31a）。其他传统也有类似的说法。婆罗门教教导说："这就是达摩［义务］总则：不要对别人做如果对你自己做了会导致痛苦的事。"（《摩诃婆罗多》5：1517）美洲印第安人的传统中，伟大首领布莱克·埃尔克将该法则扩大到所有生物："所有东西都是我们的亲人；我们为一切做的，都是为我们自己。一切即一。"中国哲学家孔子也有这样的名言，出自《论语·颜渊》："己所不欲，勿施于人。"它有时也被称为"银律"。

这条规则告诉我们，要找到对待他人的指南，就应该想象自己希望或不希望被如何对待。然而，伦理利己主义者不这么看，他们认为这是保护自己和让自己尽可能舒适的规则。避免与他人发生冲突的方式是你希望别人怎样对待你，你就怎样对待别人，这是最小阻力路径。对他人的强调并不是这条法则中既定的。这就是与黄金法则相关的*审慎*方面。但正如我们将在第五章中看到的，黄金法则也被用作普遍幸福的指导蓝图，无论是自己的还是他人的。在这种情况下，对他人的关心就成为法则的基础。

认识到黄金法则的智慧可能是早期文明阶段最重要的事，因为它意味着我们认为别人与我们相似，我们认为自己不应该得到比别人更好的待遇（尽管我们通常更喜欢这样——我们不是圣贤）。然而，黄金法则可能不是生存的终极法则，因为（正如我们将在第十一章中进一步讨论的那样）其他人可能不希望像你希望被对待的那样被对待。那么，根据一些思想家的观点，"白金法则"应该开始发挥作用：用他们想被对待的方式对待他人！黄金法则的支持者认为，这使得黄金法则失去了普遍的吸引力。这条法则中的道德之光，正在于我们在人性方面的*相似之处*，而不在于我们都想按自己的方式行事。

这种解释——伦理利己主义告诉我们要做有利于我们的事——导致了对黄金法则的改写，因为很明显，并不总是你怎么对待别人，别人就怎么对待你。偶尔，你以不得体的方式对待他人可能侥幸逃脱惩罚，因为他们可能不会知道你是他们受到的不当对待的源头。伦理利己主义告诉你，以有利于你而非他人的方式对待他人是极为正确的，只要你确定你可以侥幸逃脱惩罚。

安·兰德与自私的美德

在哲学家中，有时会出现这种情况，如果有人赞同一种不为大多数同行所共享的政治或宗教理论，那么这位思想家就可能在哲学界失去可信度。这就是俄裔美国哲学家兼小说家安·兰德在美国地位不高的原因吗？还是说，她地位不高仅仅是因为她的哲学站不住脚或令人困惑？安·兰德原名阿丽莎·罗森鲍姆，出生于俄国，21 岁时移民到美国，因为俄国在 1917 年发生了十月革命，她对苏联政权和马克思主义哲学深为不满。为什么是美国？因为她认为那里是全世界最道德、马克思主义哲学影响力最小的国家。除了写小说，她还是一名戏剧家，但她的观点在其职业生涯之初就备受争议。

安·兰德是将思想注入虚构作品的哲学家的好例子——或者说，她是一个在故事情节中运用哲学论证的小说家，因此，在这本会不时研读表达道德观点和争论的故事的书中，谈论她再合适不过。但事实上，这种特点本身可能是她不为其他作家和哲学家所喜爱的原因之一：在 20 世纪中期，（比起欧洲，）美国会写小说的思想家或者也进行哲学思考的小说家还寥寥无几（第三章中提到了一位——约翰·斯坦贝克）。写小说是哲学家身份的减分项。而且，她还是一位女作家，这在当时也是个问题。最重要的是，她既没有高级哲学学位（尽管她在俄国读过哲学本科），也不像很多哲学家一样是*自由主义者*（这本身不应该影响她作为思想家的地位——世界上有很多卓越的非自由主义思想家）。

安·兰德（1905—1982年），俄裔美国哲学家和作家，她提出
的客观主义理论强调个人有权保留其劳动成果，而不为他人的
福利负责。尽管她的哲学逐渐被接受为20世纪的原创性贡献，
但她的小说在今天是最为人所知的。

(© CSU Archives/Everett Collection)

那么，她的思想究竟是什么，让那么多人觉得不可接受呢？她选择给自己的
主要哲学贴上**客观主义**的标签，这在她的非虚构作品和小说中都有体现，比如最
著名的两部小说《阿特拉斯耸耸肩》和《源泉》。在她的小说中，她让她的主要
角色解释或举例证明了其理论的核心价值，比如在《阿特拉斯耸耸肩》中，难以
捉摸的约翰·高尔特向世人发表了长达60页的演说。高尔特劝说人们继续游行，
退出社区，激起了工厂主、企业主、投资者和发明家的全体抵抗运动，运动此起
彼伏，导致财政混乱。他一直躲在暗处，和每个人单独联系，但最终他站了出
来，解释了他的哲学：

> 除了神秘的或社会的道德概念，你们没有听过任何道德概念。你们被教
> 导说，道德是心血来潮加之于你的行为准则，是超自然力量的怪异念头或
> 世俗的突发奇想，服务于上帝的旨意或邻居的幸福，取悦阴间的权威或街
> 坊——但不服务于你的生活或快乐。你们一直被教导，你们的快乐是在不
> 义中找到的，邪恶最能满足你的利益，任何道德准则都必然不是为你们设计
> 的，而是反对你们，不是为了延长你们的生命，而是为了消耗你们的生命。
> 　　几个世纪以来，在声称你的生命属于上帝与属于邻居的人之间，发生了

一场道德的战役——一派鼓吹善是为了天堂中的幽灵而自我牺牲，一派鼓吹善是为了让地球上的无能之人幸福。没有人来告诉你，你的生命属于你，善就是过好你的生活……

兰德因小说而成名，但也出版了大量非虚构作品，包括一部选集《自私的美德》，该书的第一篇文章是《危急时刻的伦理学》。在文中，她为**自利**辩护，并宣称人们有权利，甚至有义务关心他们自己，追求自己的幸福，她还认为，将无私作为一种理想提倡是"道德的同类相食"，这种理想让人们觉得有责任去帮助那些不愿自助的人——用兰德的话来说就是"乞丐和水蛭"。对兰德来说，利他主义并不能将人的精神升华至最美好的境地，只会将人们推到一个歪曲的价值体系中。在《危急时刻的伦理学》中，她写道：

> 通过将帮助他人提升为伦理学的中心和首要问题，利他主义破坏了人类之间任何真正的善行或善意的概念。它向人们灌输了这样一种观念，即重视他人是一种无私的行为，这表明一个人不能对他人有个人兴趣——重视他人意味着牺牲自己——还表明可能感受到的对他人的爱、尊重或钦慕不会也不可能成为其快乐的源泉，而只会成为他生存的威胁，成为开给他所爱之人的一张为之牺牲的空白支票。

相反，兰德说，我们必须重新认识到，专注于为我们自己和我们所爱的人创造幸福的行为——因为那也会使我们幸福——是最高的道德价值。政府的职责被简化为财政（金融）保守的自由放任（不干涉）政策，它应该做的是保护公民免受来自其他国家的威胁，维持法律和秩序。在私人商业领域，政府应该远离，税收应该减少到刚刚可以覆盖政府的基本公务。任何社会计划都应该通过慈善机构提供资金。就个人而言，人们应该自由地从事他们认为合适的活动，以改善他们的生活，包括帮助陌生人，如果这对他们来说是一种快乐的话。但花心思和金钱去帮助自己所爱的人则好得多，因为从长远来看，这肯定对自己更有意义——换句话说，那正是伦理利己主义哲学的核心。今天，一些美国自由党成员声称自己的思想与安·兰德的思想有亲缘关系，据报道，美联储前主席艾伦·格林斯潘（他曾是美国最有权势的人之一）和许多其他知名的保守文化人士一样，也尊敬和钦佩她的哲学。

在她在世和她去世后的几十年中，批评者很快提出了反对意见。反对意见包括，（1）客观主义只不过是在**公然捍卫资本主义**和赤裸裸的自私。兰德可能会同意前半部分，因为她认为这没有什么问题，但她可能会拒绝把自私称为"赤裸裸的"——在她看来，人人只专心于自己的事情，世界就会变得更加美好。另一个反对意见是（2）客观主义/伦理利己主义**根本不能创造一个更美好的世界**——相反，它提倡建设一个由富人和穷人组成的无情世界，在这个世界中，富人掠夺穷人，人们尽可能地彼此掠夺（你可能想将它与霍布斯笔下订立社会契约前的自然状态进行比较）。兰德本人可能会否认这一点，并指出在社会主义国家在她看来失败的实验中，强制财富共享只创造了（在她看来）懒惰、不满和不诚实的人。但是，反对意见（3）指出，她的基本论点是，你要么必须接受彻底的利他主义，将唯一的道德责任视作为别人付出一切甚至付出生命，要么必须接受客观主义，获得解放性的权利以便保留你的所得，关心自己和自己所拥有的，为你自己的幸福去工作而无须内疚。由此，我们可以看出她陷入了一个常见的逻辑谬误（见第一章），即假两难谬误/假二择一谬误：排除任何其他选项的"非此即彼"。其他很多优秀的思想家在热情中也犯了同样的错误，但这不是借口：除了认为你的生命除非奉献给别人否则毫无价值，或认为你自己追求幸福的权利是唯一的道德义务之外，还存在其他选择。

兰德认为她的哲学非常清晰、无可争议，配得上"客观主义"这个名字。她的哲学在数十年前极为流行，特别是在大学生中；然后，它就销声匿迹了。但在2008年金融危机之后，安·兰德的思想和作品再度在成年人中流行，还风靡博客空间，她的小说迅速登上了畅销书排行榜的榜首。2011—2014年，根据她的长篇小说《阿特拉斯耸耸肩》改编的三部曲电影推出并限量发行。自1975年以来，这部电影被几位不同的导演列入拍摄计划，兰德本人也参与了剧本的编写。一些哲学家哀叹，兰德的理论再次流行，只会导致人们的思维更加混乱。也有人对此表示欢迎，认为可以借此机会进行深度讨论，引出看待问题的不同视角。

伦理利己主义的问题

现在让我们回到格劳孔和他的戒指上来。他认为不仅恶棍会利用戒指来让自己隐身，正派人士也会如此，而且，如果他们不那么做，我们就会说他们是傻瓜。因此，心理利己主义也可以包含规范性元素，即伦理利己主义（它告诉我们应该如何行动）。当然，如果我们无法不去做我们所做的事情，就很难看出意义。

格劳孔的话快说完了，读者期待苏格拉底对利己主义理论予以猛击。然而，答案很久以后才出现；事实上，《理想国》的其余部分是对格劳孔的迂回式回答。最终，苏格拉底的回答是："不正义的人不可能幸福，因为幸福由良好的和谐构成，它是灵魂三个部分——理性、意志力（精神）和欲望之间的平衡。"理性应该支配意志力，而意志力应该支配欲望。如果欲望或意志力支配了其他两者，我们就成了病态的人，而病态的人从定义上就不可能幸福，苏格拉底说。本章的基础阅读部分节选了柏拉图的《理想国》，其中会谈到这一理论。

思考一下这个问题：为什么要正义？我们必须从整个社会而不是个人的角度来考虑正义。我们不能基于个体的情况为正义辩护，而只能一般言之。那样就使得"为什么要正义？"这个问题更合理，因为我们看不到个体情况，只有一个总体画面，在该画面中，正义与幸福相互关联。对苏格拉底和柏拉图来说，正义是"美好生活"的组成部分，真正的幸福如果没有正义，就无法获得。

对于现代读者来说，这些答案可能有些枯燥和模糊。当然，不正义的人也可以快乐得令人厌恶——在我们看来，他们可能有病态的灵魂，但他们肯定不会表现得好像他们能意识到这一点，他们也不会因此受到任何不良影响。苏格拉底并没有强调这个问题的答案，即自私本身就是错误的。对于现代人来说，出于对法律的尊重或因为这是正确的事而当"正义"的人，这似乎是合理的，但苏格拉底只简短地提到了这一点；现代人关注的问题是比较晚近才出现的，苏格拉底的那个时代对此并不关注。总的来说，古希腊的最高美德是确保共同体的幸福，而这种幸福比任何抽象的对与错的道德问题都更重要。今天我们把这种社会理论称为*社群主义*。因为在终极评价中，正义对城邦是最好的，所以正义本身就是一种价值。最后，苏格拉底的回答谈到了自利，并鼓励我们辨识表象下的真理：如果你不正义，你的灵魂就会受苦，你的共同体也会受苦。此外，你的共同体可能会避开你，排斥你，驱逐你（这在古希腊是常见的做法），如果离开共同体你什么都不是，那么你会变成什么？此处值得注意的暗示是，苏格拉底对格劳孔说，不正义的人会失去平衡，并因此是不健康、不幸福的，因为他可能被他的亲友和同伴的关系网排除在外。讽刺的是，这种态度可能让苏格拉底付出了生命的代价，因为当他被指控犯有反城邦罪时，他拒绝离开共同体并逃出雅典。

今天，社群主义在美国很盛行，它是一种政治理论，可以用一句非洲谚语最恰当地阐明："举全村之力养育一个孩子。"换句话说，个体是共同体的一部分，并从共同体中获得自己的身份认同——共同体成员共担着对每个人的责任。美国前国务卿、2016年总统大选的民主党候选人希拉里·克林顿就自称当代社群主义者。

苏格拉底的态度可能不会打动那些追求自我满足的人（他们不太可能关注自身的行为对他们的灵魂或周围的人的影响），但它可能对追求长远自我利益的人有一些影响。然而，它依然依赖于一个经验假设，即迟早你都得承担后果，也就是迟早要弥补你的错误。然而，历史上有许多"坏人"，他们富裕而幸福地度过了一生。宗教的论点是，如果你只关心自己，你就会下地狱或者在下一世投胎受苦，这并不是一个真正反对利己主义的论点，因为它依然是让你关心自己，甚至到了为了来世的幸福而利用他人的地步（善待他人，你就会得救）。

最吸引学者的一种反对伦理利己主义的论点是，**伦理利己主义是自相矛盾的**。如果你应该关心你自己，而你的同事也应该关心她自己，如果关心你自己意味着黑进她的电脑，那么你和她的目的就是相反的：你的职责是黑进她的电脑，而她的职责是保护她的文件。我们不能支持认为一个人的义务应该与他人的义务相冲突的道德理论，所以伦理利己主义是自相矛盾的。

很少有伦理利己主义者认为这个论证令人信服，因为他们并不同意，我们不能拥有一种给不同的义务概念开绿灯的道德理论。这种观点假设伦理利己主义有利于每个人，即使是在每个人只考虑自己的最佳利益的时候。有时，伦理利己主义只是假定：我们应该只关心自己和在意自己的事，因为干预他人的事务是对隐私的侵犯；他人并不喜欢我们的施舍，也厌恶我们的高高在上，我们无论怎样也不可能知道什么对他们最有利。所以，沿着这些思路，**我们应该远离别人的事情，因为这对每个人最有利**。由此产生的政治理论被称为"自由放任"，即一种不插手的政策。然而，政治理论家很快就会指出，自由放任绝对不是一种利己主义理论，因为它把每个人的最大利益放在心上。正因如此，"我们应该因为它有利于每个人而采纳伦理利己主义"这个观点是错的：如果我们全都关心自己，我们都会更加幸福，这可能是真的，但谁是这一思想的受益者呢？不是"我"，而是"每个人"，所以事实上，这一版本就不再是一种利己主义的道德理论，而是别的东西。

另一个反对伦理利己主义的论点是，**作为一种道德冲突的解决方案，它无足轻重**。如果你和我对于正确的行动方案意见不一，谁来裁决对错？如果你支持的方案有利于你，我赞成的方案有利于我，那么就不存在一致基础。但伦理利己主义者通常会以对自相矛盾的质疑的回应方式回答：它从未宣称自己在所有领域都有共识理论，而仅仅是在最基本的方法上存在共识，即每个人都应该关心自己。

对伦理利己主义概念一致性的更好反驳是：**伦理利己主义在实践中行不通**。记住该理论所说的：所有人都应该关心自己，而不仅仅是我应该在意我自己。但假设你打算关心你的自我利益，并倡议他人做同样的事，很快你就会意识到，你的规则并不有利于你，因为他人也会为自己攫取利益，你会遇到激烈的竞争。你可能会决定：明智的做法是不提倡所有人关心自己，而是所有人相互照顾，同时尽可能对你想要打破规则的意图保持沉默。这是明智的做法，而且可能很奏效。唯一的问题在于，这不是一个道德理论，因为首先，它带有矛盾。这意味着你必须主张支持一种原则，同时根据另一种原则行事——换句话说，它要求你不诚实。此外，当今时代的道德理论必须能够推广到每个人；我们不能坚持一种理论，认为它只适用于我，是因为我是我，不适用于你，是因为你不是我——那样就是假定仅仅基于我是我的事实，我就应该享有特权。

对伦理利己主义的逻辑回应对某些人来说具有说服力——逻辑论证理应如此。然而，驳斥伦理利己主义的最有力论证可能涉及情感因素。哲学家常常担心诉诸情感，因为情感被认为是无关紧要的。但正如玛莎·努斯鲍姆、菲利帕·富特、菲利普·哈利、詹姆斯·雷切尔斯等哲学家指出的，道德感如果不包含情感会怎么样？情感需要并不是非理性的，它们通常是对经验的理性反应（见第一章）。对大多数人来说，让他们感到反感的似乎是**伦理利己主义者显而易见的麻木不仁**：将"他人的痛苦无关紧要"当作一种道德律令。

一个例子可能比理论猜想更有说服力：1998 年，7 岁的谢里斯·艾弗森在内华达州的赌场休息室被杰里米·斯特罗迈耶杀害。后者的朋友戴维·卡什知道罪行正在发生，也听到了惨叫，甚至可能还目睹了这一切。他始终没有试图阻止他的朋友，也没有告诉赌场的保安，后来也没有告发他的朋友。

格劳孔提出不义之人比正义的人更幸福，苏格拉底的回答所基于的观点是一个幸福的人处于平衡状态，而如果没有道德美德（见第八章），人就不能幸福，不义之人是失衡的、病态的，所以很不幸。苏格拉底认为，道德善即"正义"的人的理性、意志力和欲望三者之间有正确的关系。正如右图所示，理性应该控制意志力，而且理性和意志力应该共同控制一个人的欲望。如果我们把金字塔倒过来，我们就得到了格劳孔所描述的不义之人的情况：他的欲望支配着他的生活，他无法保持平衡，很快会陷入不幸。在第八章中，你会看到，正义和道德善的概念延伸到柏拉图的政治理论以及美德观念。

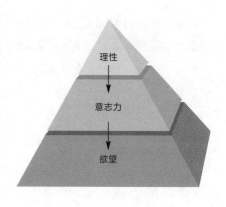

从心理学上讲，斯特罗迈耶和卡什可能都受到了扭曲和伤害，但卡什对形势有十分理性的把握，而且对他为什么没有介入做出了坦率的解释。卡什究竟是伦理利己主义者还是道德主观主义者，这是有争议的。在一次采访中，他说："我不会因别人的生活而难过。我只是首先担心我自己。别人的问题不会让我睡不着觉。"看起来他似乎是在推崇"每个人自己"的自私，而不是道德主观主义的宽容。如果是这样的话，只因它也允许其他每个人都自私，我们就应该认为这种对道德理论的实践表达合法吗？难道我们不是应该在这种情况下因他人的暴行而感到义愤吗？的确，为什么我们要为他人的问题而失眠呢？"因为他们是人类同胞。"

可能现在是重温苏格拉底论点的好时机，他说，不正义的人不会幸福，因为他/她不被社会接纳。据伯克利的学生说，戴维·卡什在校园里受到同学们的冷遇，尽管他没有被指控犯有任何罪行。苏格拉底的意思是，受到群体中每个人的躲避，会让由于自私而违背道德规范的人失衡和悔恨，谁又能说苏格拉底不对呢？

无私：列维纳斯的理想利他主义与辛格的互惠利他主义

现在我们已经介绍了利己主义的两种理论及其优缺点，一种理论将人类道德行为解释为从根本上是自私的（描述性的），另一种则规定人类道德行为应该是自私的（规范性的）。现在我们来看完全相反的理论：**利他主义**。利他主义理论认为我们唯一的道德责任是关注他人的需求。利他主义（altruism，字面意思是"他者主义"，源自拉丁文 alter，意为"他者"）可以被看作两种利己主义理论的解药。针对心理利己主义，利他主义主张，以他人为目的而关注他们的福祉和利益，而非仅仅为了我们自己，这当然是可能的，也是正确的；针对伦理利己主义，利他主义拒绝了"道德善在于关注属于我们的需求"这个前提。因此，利他主义是这样一种理论，它肯定那些牺牲自己的时间、舒适甚至生命去帮助他人的行为，从 2001 年"9·11"恐怖袭击中的消防员和警察，到利维乌·利布雷斯库、维多利亚·索托、扎维恩·多布森和杰斐逊·希夫纳，前文提到的这些人都做出了这样的行为。

有些被我们称为英雄的人可能曾经带着活下来的期冀与希望深入险境，但那些为了帮助战友甚至陌生人而扑向即将爆炸的手榴弹的人，可能至少在一瞬间会意识到，这是他们最后的行动。尽管心理利己主义的论证有一定说服力，但我们大多数人依然钦佩那些选择为他人而死的人的坚韧和无私。但是，对于那些为了会夺走无辜者的生命的所谓事业而付出自己生命的人，比如"9·11"恐怖袭击事件的劫机者或自杀式炸弹袭击者，我们该如何看待呢？

西方人的思维模式认为自我牺牲是高尚的。那为什么我们大多数人不认为恐怖主义分子行为高尚呢？因为自我牺牲通常被视为一种试图帮助他人而牺牲的行动，而不会涉及有意杀害无辜者。如果想深入讨论这一话题，你可以翻到第十三章，在那一章中，我们会讨论恐怖主义的问题，但或许你也想追问*群体利己主义*的概念：将你的自我利益扩展到你所属的群体，因此，如果你可以通过放弃某种优势甚至牺牲自己来挽救这个群体，那么（理论上）你会愿意这么做的。一个群体利己主义者并不会认为其他群体的成员有价值，也不会认为他们的主张和自己群体的成员一样合法。自杀式炸弹袭击者并不关心所有人的利益——他们只关心自己群体的利益，而以牺牲他人为代价。

作为伦理利己主义的替代品，如果我们从**理想的、规范的**意义上去看，则利他主义似乎并不可取：*每个人都应该为了他人而放弃自己的利益*。在这种情况下，我们可能会抱怨（就像安·兰德一样），我们只有一次生命，为什么我们要让"乞丐和水蛭"榨干我们的人生？如果我们让他们利用我们，他们当然会。我们的生命不是可以抛弃的东西。只有少数哲学家和宗教人士曾支持这种极端的利他主义理论。20世纪晚期，立陶宛裔法国哲学家伊曼努尔·列维纳斯就是这样一位，你将在第十章读到更多关于他的内容。在列维纳斯看来，他者（另一个人，陌生人）始终比你自己更重要（这也意味着你作为一个陌生人和他者，对其他人来说是重要的），你应该一直把他者的需求置于你自己的需求之上。但列维纳斯在现代思想家中是一个例外；通常有一个现实的认识，即人们倾向于问这对他们有什么好处。（见知识窗4.9关于心理利他主义和伦理利他主义的讨论。）

理想利他主义似乎暗示，为了自己的利益而行动本身是错误的，人只应为了他人的利益而行动，如果是这样的话，它永远不会成为一种被广泛接受的道德理论，因为它只适用于圣徒，或者拉里莎·麦克法夸尔在她的著作《陌生人溺水》中所称的"激进的行善者"——放弃一切，甚至置家人的需求于不顾，而去帮助陌生人。这样的牺牲值得尊敬，然而，一些激进的利他主义者表面上的谦逊有时掩盖了他们在行善中的傲慢和不在利他主义概念范围内的牺牲，让人想起心理利己主义的论点，即如果某些事情让你感觉良好，那就是自私的（当然，我们在前面已经驳斥了这一点，但这并不意味着它有时不能是真的）。

澳大利亚哲学家彼得·辛格认为，还有另一种看待利他主义的方式，即一种更为实际和理性的方式：关心他人的利益合情合理，因为总的来说，每个人都能从中受益。这种温和而有限的利他主义有时也被称为**互惠利他主义**（或黄金法则利他主义）：你做好准备将他人的利益置于自己的利益之上，特别是在紧急情况下，你希望他们也为你做同样的事。哲学家们对这种立场是否真的配得上利他主义之名还有争议。

知识窗 4.9　心理利他主义与伦理利他主义

利他主义（altruism）一词来自意为"他者"的拉丁文 alter。我们在本章讨论的利他主义有时被称为伦理利他主义——不是因为存在一种不符合伦理的利他主义形式，而是因为哲学家们认为它与伦理利己主义有相呼应的地方："每个人都应该为了他人而忽视自己的利益。"换句话说，伦理利他主义是一种规范性理论，就像它的对立面伦理利己主义一样。但心理利己主义是否也有对应的心理利他主义呢？请你来判断吧。作为一种描述性理论，心理利己主义认为每个人的内心深处都是自私的，而心理利他主义则认为每个人的内心都是无私的："每个人都始终会为了他人而忽视自己的利益。"现在，谁会相信这样的理论呢？不会有很多人，因为它似乎与事实背道而驰：我们非常清楚，不是这个世界上的每个人都有同情心、都无私。事实上，人们可能会猜测，心理利他主义是由一位具有对称意识的哲学家杜撰的，只是想用两种形式的利他主义来匹配两种形式的利己主义。但如果心理利他主义被重新定义为"每个人内心深处都有善良与关爱的成分"，那么对许多人来说，这一理论听起来就非常熟悉可信。你可能还记得"应该意味着能够"这句话，它被心理利己主义用作借口："不要告诉我应该无私，因为我做不到。"同样的道理也适用于心理利他主义，天性关爱他人的人可能会对伦理利己主义者说："不要告诉我应该自私，因为我做不到！"

编造出的心理利他主义可能无法反映任何实际的道德理论，但它在伦理学方面确实有着教益：如果我们认为心理利他主义既不现实，也无意义，那么我们也必须出于同一原因批评心理利己主义，因为这些理论都是基于同样的逻辑，也容易受到同样的批评。我在梅萨学院的聪明的学生指出了这一点，我很高兴与你们分享。

在《扩大的圈子》（1981 年）一书中，辛格指出，利己主义事实上比利他主义的代价更高。他谈到了一个经典案例的新版本，即囚徒困境。远古时期，两个猎人被一只剑齿虎袭击。他们显然想要逃走，但（让我们假设）他们也相互关心。如果两人一起逃跑，有一个可能会被剑齿虎抓住吃掉；如果一个人逃跑，另一个留下来搏斗，逃跑的人可能活下来，但搏斗的会被剑齿虎吃掉；如果两人都留下来搏斗，他们就有机会将剑齿虎打败。所以实际上，一起留下来对他们双方都有好处，如果两人互相关怀，就更有好处了。辛格的观点是，进化会倾向于这样的安排，因为值得信任的搭档会被认为比丢下同伴的人更可取，他们会在未来的合作中被选中——所以这也涉及社会优势。如果你是一个利己主义者，而且你设法选中了一个利他主义者合作，那么你将从这种情况中受益（利他主义者肯定会留下来，你可以逃掉）。然而，这只有在短时间内奏效；不久之后，利他主义者也会变得和你一样"聪明"。因此，归根结底，不要太过自私自利是符合自身利益的。

这个论证不仅有力地打败了日常意义上的那种伦理利己主义，即你应该做你想做的事——因为利己最终这不会提高你的生存概率——而且战胜了更为复杂的*理性伦理利己主义*，它要求我们思考从长远来看什么对我们有利。如果我们只盯着自己的利益，可能就无法优化各种机会，就像猎人的例子所示。将他人的利益纳入考虑的能力，事实上可以提高我们生存的概率。

为什么这种观点不只是伦理利己主义所信奉的"关心自己"的另一个版本呢？因为它也涉及**别人的利益**。它认为只关注自己并没有错，只要不以他人的利益为代价。换句话说，这个解决方案并不在于我自己或他人，而在于我自己*和*他人。我们将在下一章探讨这个被纳入功利主义道德理论的观点。彼得·辛格作为一名功利主义者，也倡导所谓的有效利他主义。这是一种将捐赠分配到它们最能发挥作用的地方的慈善形式。我们还会在第五章谈到辛格。

那么，生物学家、神经科学家和前沿心理学家如何看待"人类生来自私，只有在不情愿的文化适应中才成为有道德的人"这一观点呢？它已经不再像过去那么流行了。正如辛格的例子所表示的那样，人类进化可能倾向于不那么自私的个体，这在安东尼奥·达马西奥和 V. S. 拉马钱德兰等人的研究中得到了支持。现在我们可以假定，人类不仅有能力关注他人的福祉，甚至还有一种天生的共情心。

天然的同情心? 休谟与德瓦尔

是时候讨论一个此前只在第一章中简略带过的问题了: *我们的价值感从何而来?* 很明显, 生活在社会中的人类有一种价值感, 对我们来说, 还有比保证安全和有吃有喝更重要的事情。(而且, 霍布斯可能会说, 即使是保证安全和有吃有喝, 也是我们珍视的价值。) 我们有道德上的对与错、"可为与不可为"的意识, 即使它们可能因文化而异, 即使我们可能都倾向于只为自己打算。但这些内部规则源自何处呢? 近代出现了三大主要思想流派。(1) 价值观是社会化的结果, 是对最根本的野性和自我导向的人性的必要"粉饰"。该理论通常被称作饰面理论(Veneer Theory)。你可以将霍布斯的哲学看作该理论的早期例子。(2) 价值观是人类理性思考能力的产物: 我们的理性能够透过本能和情感的阴影, 得出公正、公平的解决方案, 并且必须成为我们做出道德决策的工具。在第五章和第六章, 你会遇到采用这一方法的最著名的两个例子, 即功利主义和康德的义务论, 它们非常不同。(3) 价值观自然地根植于人类的情感能力之中: 首先, 我们会体验到强烈的情感, 然后我们据此采取行动, 之后, 我们试图将我们所做的事合理化。大多数人都有一种强烈的情感, 包括不愿伤害他人。这一理论通常被称为情感主义。

大卫·休谟的情感主义

玛丽·米奇利认为人类对同胞的同情是一种基本的东西, 但主要是对大家庭的爱和同情。为了更全面地了解情感作为基本道德特征的观点, 我们要回到苏格兰哲学家大卫·休谟(1711—1776 年)。休谟认为, 同情心是一种自然情感, 它将我们维系在一个社会群体中。在休谟看来, 所有伦理都可以归结为"理性是我们情感的仆从"这一思想; 客观的道德行为是不存在的, 行为本质上没有好坏之分, 甚至谋杀也不例外。好与坏存在于我们对该行为的感觉中。在休谟看来, 所有的道德最终都依赖于我们的情绪反应, 在我们的个人感知之外没有"道德事实"。这一理论认为, 我们想看到的任何事都是道德上善的, 而我们不想看到的任何事都是道德上恶的。我们想看到什么呢? 休谟认为, 答案是, *与我们关注他人的自然情感相符的任何事*。与霍布斯相反, 休谟认为人类不仅自爱, 而且具有对他人的爱，这种情感赋予了我们道德价值观。我们只是本能地对别人感到同情——至少大多数人是这样的。即使是通常自私的人，在不直接涉及他们个人的情况下，也会对别人感到同情。对休谟来说，具有同情心和仁慈的美德是再自然不过的事，如果有人缺乏这种美德，那只是意味着他们缺少一种天生的能力，就像近视一样。这样的人是规则的例外。

这意味着休谟的理论远远不只是关注我们对事物的感受，而实际上是一种弱普遍主义：我们可能对好坏、对错有很多不同的想法和感受，但作为人类，我们大多数人都有一个道德底线标准，即同情心，一种对他人的自然关切。

大卫·休谟，苏格兰哲学家、历史学家。休谟认为，人类生而具有同情心，一种对他人悲悯与感同身受的意识。

（© Yale Center for British Art）

休谟在《人性论》中写道：

如果道德对于人类的情感和行为不是自然地具有影响，那么我们那样地费了辛苦来以此谆谆教人，就是徒劳无益的了，而且没有事情再比一切道德学者所拥有的大量规则和教条那样无益的了。哲学普遍分为思辨的和实践的两部分；道德既然总是被归在实践项下，所以就被假设为影响我们的情感和行为，而超出知性的平静的、懒散的判断以外。这一点被日常经验所证实了，日常经验告诉我们，人们往往受他们的义务的支配，并且在想到非义时，就受其阻止而不去做某些行为，而在想到义务时，就受其推动而去做某些行为。

道德准则既然对行为和感情有一种影响，所以当然的结果就是，这些准则不能由理性得来；这是因为单有理性永不能有任何那类的影响，这一点我们前面已经证明过了。道德准则刺激情感，产生或制止行为。理性自身在这一点上是完全无力的，因此道德规则并不是我们理性的结论。

我相信，没有人会否认这个推论的正确性；而且除非先否认作为这个推论基础的那个原则，也就没有可以逃避这个推论的其他方法。我们只要承认，理性对于我们的情感和行为没有影响，那么我们如果妄称道德只是被理性的推论所发现的，那完全是白费的。一个主动的原则永远不能建立在一个不主动的原则上；而且如果理性本身不是主动的，它在它的一切形象和现象中，也都必然永远如此，不论它是从事研究自然的或道德的问题，不论它是在考虑外界物体的能力或是有理性的存在者的行为。[……]

因此，总起来说，道德上的善恶的区别不可能是由理性造成的；因为那种区别对我们的行为有一种影响，而理性单独是不能发生那种影响的。理性判断由于推动或指导一种情感，确是能够成为一种行为的间接原因；不过我们不会妄说，这一类判断的真伪会伴有德或恶。至于由我们的行为所引起的他人的那些判断，它们更不能对构成它们原因的那些行为给予那些道德的性质。[1]

你应该还记得，第一章谈到，神经科学家近来对道德感的起源进行了讨论，所以公众的关注焦点又一次转向了休谟，因为休谟的理论认为，我们天生就对他人有同情心，这一点现已在神经系统科学的发现中找到证据。安东尼奥·达马西奥和其他科学家认为，他们发现了对他人产生共情心的一种自然倾向，这种倾向可能会被理性和来自他人的压力压倒，并可能在我们面对感觉亲近的人时更强烈。但它不过是一种自然倾向，这项研究激发了人们对道德自然主义的新兴趣（见第一章）。

1　此处译文引自休谟：《人性论》（关文运译，郑之骧校，北京：商务印书馆，1980 年），第 497 页，第 502—503 页。——编者注

在第十一章中，你会在理查德·泰勒的哲学中找到 21 世纪情感主义的一个例子。

动物可以有道德吗？

这又把我们带向一个问题：如果人类真的可以在某种程度或在某些时候以无私的方式行事，那么高等动物呢？在新西兰拯救潜水者的海豚呢？本章前文中提到的在海啸后试图帮助受伤同伴的狗呢？纵观历史，类似的例子不计其数。最合理的解释究竟是它们根本不知道自己在做什么，像道金斯所说的那样是出于"自私的基因"的本能，还是说，它们做出了我们所谓的道德选择？请思考以下这个故事。

几年前，在芝加哥布鲁克菲尔德动物园，一个小男孩掉进了西非低地大猩猩的围栏里。刚升级为母亲的雌猩猩宾蒂·朱叶抱起这个不省人事的小男孩，保护他不受其他大猩猩的伤害。接着，它抱着小男孩走到可供动物园工作人员出入的门口，一名救援人员来了，把小男孩救了出来。

该事件受到举国关注。为什么宾蒂·朱叶对这个孩子表现出看似如此"人道"的关怀？很多人听说一只大猩猩表现出同情心时都很惊讶，更不用说还是对非其同类的人了。一名饲养员解释说，那只大猩猩一直被训练将自己的幼儿抱给饲养员，她已经习惯了和人类如此亲近。因此，一些人得出结论，宾蒂·朱叶的行为并非出于任何理性或有同情心的决定，而只是基于它受的训练。可能它过去常常因抱来幼崽而得到奖励，所以期望因抱孩子而得到奖励。其他研究类人猿的动物行为学家并不认为宾蒂的行为有什么特别之处，他们说，大猩猩和黑猩猩有很强的同情心，它们会保护幼崽免受成年动物的攻击。但宾蒂不仅表现出了超越同类的同情心，而且表现出良好的常识，把男孩带到了人类最有可能来领走他的地方。那么，类人猿有可能做到无私吗？宾蒂当然是在期待奖赏，但它也表现出对男孩的温柔关切，所以这只大猩猩以其行动验证了跨物种的同情和洞察力，这看起来已经超越了本能和训练。（顺便一提，2016 年，在辛辛那提动物园也发生过类似的事情，但结局完全不同。一个 3 岁的小男孩掉进了大猩猩的围栏内，银背大猩猩哈兰贝走近这个昏迷的孩子，开始在水沟里拖拽他，情急之下，动物园的工作人员射杀了哈兰贝。这次射杀是否正当仍有争议。）

科学和哲学通常假定非人类动物生活在一个无道德的纯真世界，在那里，对人类残忍的事情只是它们自我保护的自然反应：它们超越了善与恶的范畴。但现在有了一项发人深省的新研究，它收集了多年来对猴子、猿、海豚、鲸、大象和狼的观察结果。与人类长期以来对非道德动物的看法相反，事实证明，某种行事的道德准则似乎在所有这些群居动物群体中普遍存在，这里的"道德准则"并不仅仅意味着每只动物都有一种在群体范围内行动的本能，因为通常情况下，个体（通常是幼体）常常因行为失当而受到群体的惩罚（撕打或放逐，但通常不会死亡）。在惩罚之后，通常会有一个亲吻补过的阶段。根据埃默里大学耶基斯国家灵长类研究中心的弗朗斯·德瓦尔的研究，黑猩猩会彼此共享食物，当一只黑猩猩不怎么将自己的食物分享给渴望共享的其他成员时，它们会表示愤慨。阿纳姆动物园的黑猩猩园是德瓦尔曾经做研究的地方，有一天，两只年轻的雌黑猩猩很晚才回家，这让被研究的其他黑猩猩的晚餐推迟了；为了它们的安全，科学家将这两只雌黑猩猩隔离了一个通宵，但第二天，它们就被群体里的其他黑猩猩打了。那天晚上，它们是最先回家的。因此，道德准则的源头可能要追溯到更新世以前，那正是辛格笔下的猎人决定是逃跑还是与剑齿虎搏斗的时期。

这也意味着心理利己主义者认为我们"生来"自私的理论需要被重写，因为根据新的研究，它的表述太模糊了。每个孩子（和每只黑猩猩）生来都是完全自私的，只有当我们意识到我们不能一直这样做时，我们才开始改变我们的自私行为，这也不是不可能。但是，（1）新的研究表明，即使是蹒跚学步的孩童，似乎也会表现出同情心，（2）即使孩子表现得很自私，孩子也不同于成人。一些思想家认为，我在这里概述的情况犯了起源谬误，即将某事物的起源与其后来的发展相混淆。我们通常不会说孩子是道德主体，因为心理学家告诉我们，七八岁以前的孩子确实不知道对与错的区别。那么，为什么一个小孩无涉道德的举动会被认为是与成人的自然道德一样呢？我们不会说，天赋异禀的棒球手、明星厨师、好父母或好老师的才能可以归结为他们4岁时掌握的技能和知识。孩子要经历社会化，因为人类天生是社会性动物，社会生活对个人的影响是我们作为人类的一部分。通过正当的训练，我们会在成长中发展智识和技能；因此，很明显，我们也要发展道德。我们可能一开始是自私的，但随着社会化，大多数人最终都能够考虑到别人的利益——不仅因为这么做是明智的，还因为他们对别人的幸福产生了兴趣。这可能就是人类在进化上取得巨大成功的秘密。

在《性善：人类与其他动物的对错起源》（1996 年）中，弗朗斯·德瓦尔推测，尽管人类是唯一一种可能以残忍对待他人为乐的动物，但人类和类人猿都有无私照顾他人的能力。他在书中呼应了大卫·休谟、彼得·辛格和查尔斯·达尔文等人的思想：

> 人类的同情并非没有界限。给自己的家庭和亲族的同情心最多，给共同体内其他成员的要少一些，给外来者的（如果有的话）则最不情愿。动物的求助行为也是如此。两者不仅具备同样的认识和情感基础，而且在表达上也有相似的约束。
>
> 尽管关心他人的能力脆弱且有选择性，但它是我们道德系统的基石。它是唯一与享乐的牢笼不相契合的能力，而哲学家、心理学家和生物学家一直竭力将人类的精神囚禁在笼中。道德的主要功能之一似是保护和培养这种关怀能力，引导它成长并扩大它的范围，这样它就可以有效地平衡其他不需要太多激励的人类倾向。

在 2011 年发表在《美国国家科学院院刊》上的一项研究中，弗朗斯·德瓦尔及其同事维多利亚·霍纳、J. 戴文·卡特和马利尼·苏恰克得出结论：与此前的假设相反，黑猩猩本质上并不是以自我为中心的动物，而是表现出高度的基于共情心的利他行为。在接受《探索新闻》采访时，马克斯·普朗克进化人类学研究所灵长类学系系主任克里斯托弗·伯施说："所有对野生黑猩猩的研究都充分证明，它们会大量分享肉类和其他食物，在极度危险的情况下互相帮助，比如在面对捕食者或邻近群体时，它们还会收养嗷嗷待哺的幼崽。"德瓦尔已经公开表示，共情似乎是哺乳动物的基本特征，我们甚至可以在狗和老鼠身上发现它。灵长类学家现在似乎相信，至少人类和黑猩猩都具有共情能力。问题在于，这是否意味着黑猩猩——以及其他可能拥有相同神经结构的哺乳动物——有道德？共情是否等同于拥有道德（了解行为规则），甚至是伦理（理解规则并对其进行评估）？德瓦尔并没有直接肯定，但另一位学者——生态学家马克·贝科夫给出了肯定的答案。在他与哲学家杰茜卡·皮尔斯（见第十三章）合著的《野兽正义》（2009 年）一书中，他认为，猿表现出公平感，而且会被不公平困扰，狼、狗、鲸、大象也是如此，蝙蝠和老鼠等几乎所有高度社会化的哺乳动物都有这种情况。贝科夫的想法仍然被认为是推测性的，但与十年前相比，如今人们更愿意思考它们的价值。

因此，我们人类不像我们过去认为的那样自私；如果我们的大脑在正常的范围内发育，我们对其他人就有一种自然的共情心，即一种理解他人苦乐的能力——甚至看起来我们还能与其他高度社会化的哺乳动物有一些共同的能力。也许人类的特点在于，在适当的情况下（见第一章关于汉娜·阿伦特、斯坦利·米尔格拉姆和菲利普·津巴多的部分），我们很擅长将理性论证凌驾于这些情感之上。虽然这可以为伤害他人创造出无数个糟糕的借口，但可能超越共情心并不总是坏事——没有理性思考的直接同情可能会阻止我们看到更大的画面，即如果我们保护少数人，就可能对许多人造成伤害。这就把我们带到了下一章的功利主义道德哲学。在第十一章中，在审视同情之美德时，我们会更仔细地研究共情与理性之间的关系。

问题研讨

1. 弗朗斯·德瓦尔所谈的"其他不需要太多激励的人类倾向"是什么？你是否同意人类和一些猿有共同的关爱能力？为什么？

2. 支持心理利己主义的最有力的论据是什么？反对它的最具破坏力的论据是什么？

3. 讨论"自私的基因"理论：你认为它能充分解释人类和动物的利他行为吗？为什么？你认为米奇利的反驳有说服力吗？为什么？

4. 讨论最理性形式的伦理利己主义概念：我们应该以我们想要被对待的方式来对待他人，以确保自己的安全与顺遂。对于这种方法可以说些什么？有什么可以反对的呢？

5. 概括与互惠利他主义和理想利他主义有关的最有吸引力和最有问题的要点。

基础阅读与故事

　　基础阅读部分的选段是柏拉图《理想国》和托马斯·霍布斯《利维坦》中关于自私与正义的讨论。第一个故事是电视剧《老友记》关于无私的行为是否可能的一集的情节概述。第二个故事是电影《不可抗力》（又译《游客》）的梗概，它是一部瑞典电影，讲述了一名父亲在家人受到自然灾难威胁时，只考虑自己安全的故事。

《理想国》

柏拉图著
第二卷、第四卷选段

　　在本书第二章中，你已经阅读了柏拉图最著名的对话录《理想国》中的段落。本章的选段中，苏格拉底和格劳孔讨论正义和自私问题，格劳孔将古各斯戒指的故事作为例证。格劳孔扮演反方角色，为的是刺激苏格拉底为正义的概念辩护。在格劳孔对自私进行了冗长的论证之后，我们得到了苏格拉底的回应。《理想国》的其余部分在某种程度上都是在证明格劳孔是错的。

　　格（格劳孔）：好极了。那就先听我来谈刚才提出的第一点——正义的本质和起源。人们说：做不正义事是利，遭受不正义是害。遭受不正义所得的害超过干不正义所得的利。所以人们在彼此交往中既尝到过干不正义的甜头，又尝到过遭受不正义的苦头。两种味道都尝到了之后，那些不能专尝甜头不吃苦头的人，觉得最好大家成立契约：既不要得不正义之惠，也不要吃不正义之亏。打这时候起，他们中间才开始订法律立契约。他们把守法践约叫合法的、正义的。这就是正义的本质与起源。正义的本质就是最好与最坏的折中——所谓最好，就是干了坏事而不受罚；所谓最坏，就是受了罪而没法报复。人们说，既然正义是两者之折中，它之为大家所接受和赞成，就不是因为它本身真正善，而是因为这些人没有力量去干不正义，任何一个真正有力量作恶的人绝不会愿意和别人订什么契约，答应既不害人也不受害——除非他疯了。因此，苏格拉底啊，他们说，正义的本质和起源就是这样。

说到第二点。那些做正义事的人并不是出于心甘情愿，而仅仅是因为没有本事作恶。这点再清楚也没有了。假定我们这样设想：眼前有两个人，一个正义，一个不正义，我们给他们各自随心所欲做事的权力，然后冷眼旁观，看看各人的欲望把他们引到哪里去。我们当场就能发现，正义的人也在那儿干不正义的事。人不为己，天诛地灭嘛！人都是在法律的强迫之下，才走到正义这条路上来的。我所讲的随心所欲，系指像吕底亚人的祖先古各斯所有的那样一种权力。据说他是一个牧羊人，在当时吕底亚的统治者手下当差。有一天暴风雨之后，接着又地震，在他放羊的地方，地壳裂开了，下有一道深渊。他虽然惊住了，但还是走了下去。故事是这样说的：他在那里面看到许多新奇的玩意儿，最特别的是一匹空心的铜马，马身上还有小窗户。他偷眼一瞧，只见里面一具尸首，个头比一般人大，除了手上戴着一只金戒指，身上啥也没有。他把金戒指取下来就出来了。这些牧羊人有个规矩，每个月要开一次会，然后把羊群的情况向国王报告。他就戴着金戒指去开会了。他跟大伙儿坐在一起，谁知他碰巧把戒指上的宝石朝自己的手心一转。这一下，别人都看不见他了，都当他已经走了。他自己也莫名其妙，无意之间把宝石朝外一转，别人又看见他了。这以后他一再试验，看自己到底有没有这个隐身的本领。果然百试百灵，只要宝石朝里一转，别人就看不见他。朝外一转，就看得见他。他有了这个把握，就想方设法谋到一个职位，当上了国王的使臣。到了国王身边，他就勾引了王后，跟她同谋，杀掉了国王，夺取了王位。照这样来看，假定有两只这样的戒指，正义的人和不正义的人各戴一只，在这种情况下，可以想象，没有一个人能坚定不移，继续做正义的事，也不会有一个人能克制住不拿别人的财物，如果他能在市场里不用害怕，要什么就随便拿什么，能随意穿门越户，能随意调戏妇女，能随意杀人劫狱，总之能像全能的神一样，随心所欲行动的话，到这时候，两个人的行为就会一模一样。因此我们可以说，这是一个有力的证据，证明没有人把正义当成是对自己的好事，心甘情愿去实行，做正义事是勉强的。在任何场合之下，一个人只要能干坏事，他总会去干的。大家一目了然，从不正义那里比从正义那里个人能得到更多的利益。每个相信这点的人都能振振有词，说出一大套道理来。如果谁有了权而不为非作歹，不夺人钱财，那他就要被人当成天下第一号的傻瓜，虽然当着他的面人家还是称赞他——人们因为怕吃亏，老是这么互相欺骗着。这一点暂且说到这里。

如果我们把最正义的生活跟最不正义的生活做一番对照，我们就能够对这两种生活做出正确的评价。怎样才能清楚地对照呢？这么办：我们不从不正义者身上减少不正义，也不从正义者身上减少正义，而让他们各行其是，各尽其能。

首先，我们让不正义之人像个有专门技术的人，例如最好的舵手或最好的医生那样行动，在他的技术范围之内，他能辨别什么是可能的，什么是不可能的，取其可能而弃其不可能。即使偶尔出了差错，他也能补救。那就等着瞧吧！他会把坏事干得不露一点马脚，谁也不能发觉。如果他被人抓住，我们就必须把他看作一个蹩脚的货色。不正义的最高境界就是嘴上仁义道德，肚子里男盗女娼。所以对一个完全不正义的人，应该给他完全的不正义，一点不能打折扣；我们还要给坏事做绝的人最最正义的好名声；假使后者露出了破绽，也要给他补救的能力。如果他干的坏事遭到谴责，那么他能鼓起如簧之舌，说服人家。如果需要动武，他有的是勇气和实力，也有的是财势和朋党。

在这个不正义者的旁边，让我们按照理论树立一个正义者的形象：朴素正直，就像诗人埃斯库罗斯所说的"一个不是看上去好，而是真正好的人"。因此我们必须把他的这个"看上去"去掉。因为，如果大家把他看作正义的人，他就因此有名有利。在这种情况下，我们就搞不清楚他究竟是为正义而正义，还是为名利而正义了。所以我们必须排除他身上的一切表象，光剩下正义本身，来跟前面说过的那个假好人真坏人对立起来。让他不做坏事而有大逆不道之名，这样正义本身才可以受到考验。虽然国人皆曰可杀，他仍正气凛然，鞠躬殉道，死而后已；他甘冒天下之大不韪，坚持正义，终生不渝。这样让正义和不正义各趋极端，我们就好判别两者之中哪一种更幸福了。

苏（苏格拉底）：老天爷保佑！我亲爱的格劳孔，你花了多大的努力塑造琢磨出这一对人像呀，它们简直像参加比赛的一对雕塑艺术品一样啦。

格：我尽心力而为，总算弄出来了。我想，如果这是两者的本质，接下来讨论两种生活的前途就容易了。所以我必得接着往下讲。如果我说话粗野，苏格拉底，你可别以为是我在讲，你得以为那是颂扬不正义、贬抑正义的人在讲。他们会这样说：正义的人在那种情况下，将受到拷打折磨，戴着镣铐，烧瞎眼睛，受尽各种痛苦，最后他将被钉在十字架上。死到临头他才体会到一个人不应该做真正义的人，而应该做一个假正义的人。埃斯库罗斯的诗句似乎更适用于不正义的人。人们说不正义的人倒真的是务求实际，不慕虚名的人——他不要做伪君子，而要做真实的人，

> 他的心田肥沃而深厚；
>
> 老谋深算从这里长出，
>
> 精明主意生自这心头。

他由于有正义之名，首先要做官，要统治国家；其次他要同他所看中的世家之女结婚，又要让子女同他所中意的任何世家联姻；他还想要同任何合适的人合伙经商，并且在所有这些事情中，捞取种种好处，因为他没有怕人家说他不正义的顾忌。人们认为，如果进行诉讼，不论公事私事，不正义者总能胜诉，他就这样长袖善舞，越来越富。他能使朋友得利，敌人受害。他祀奉诸神，排场体面，祭品丰盛。不论敬神待人，只要他愿意，总比正义的人搞得高明得多。这样神明理所当然对他要比对正义者多加照顾。所以人们

会说，苏格拉底呀！诸神也罢，众人也罢，他们给不正义者安排的生活要比给正义者安排的好得多。

[苏：格劳孔说完了，我心里正想说几句话，但他的兄弟阿德曼托斯插了进来。]

阿（阿德曼托斯）：苏格拉底，当然你不会认为这个问题已经说透彻了吧！

苏：还有什么要讲的吗？[1]

苏格拉底的这个回答体现了他著名的讽刺风格。还有很多要说的，所以在那天晚上其余的时间，苏格拉底讨论了为什么正义的人比不正义的人更幸福。为此，他想象了一个由正义而不是非正义统治的理想国家。

[格劳孔和其余的人央求我不能撒手，无论如何要帮个忙，不要放弃这个辩论。他们央求我穷根究底弄清楚二者的本质究竟是什么，二者的真正利益又是什么。于是，我就所想到的说了一番：]我们现在进行的这个探讨非比寻常，在我看来，需要有敏锐的目光。可是既然我们并不聪明，我想最好还是进行下面这种探讨。假定我们视力不好，人家要我们读远处写着的小字，正在这时候有人发现别处用大字写着同样的字，那我们可就交了好运了，我们就可以先读大字后读小字，再看看它们是不是一样。

阿：说得不错，但是这跟探讨正义有什么相似之处？

苏：我来告诉你：我想我们可以说，有个人的正义，也有整个城邦的正义。

阿：当然。

苏：好！一个城邦是不是比一个人大？

阿：大得多！

1　本段译文出自柏拉图：《理想国》（郭斌和、张竹明译，北京：商务印书馆，1986年），第46—50页，略有改动。——编者注

苏：那么也许在大的东西里面有较多的正义，也就更容易理解。如果你愿意的话，让我们先探讨在城邦里正义是什么，然后在个别人身上考察它，这叫由大见小。

阿：这倒是个好主意。[1]

苏格拉底得出了结论，正义城邦与正义者相似（我们将在第八章中再谈这个结论），正义者的灵魂由三部分——理性、意志力与欲望组成，它们必须处于平衡状态，理性应处于支配地位。之后，苏格拉底向格劳孔和其他人说明了不正义者与正义者的幸福相比的不平衡。

苏：这个问题就谈到这里为止了。下面我认为我们必须研究不正义。

格：显然必须研究它了。

苏：不正义应该就是三种部分之间的争斗不和、相互间管闲事和相互干涉，灵魂的一个部分起而反对整个灵魂，企图在内部取得领导地位——它天生就不应该领导的而是应该像奴隶一样为统治部分服务的——不是吗？我觉得我们要说的正是这种东西。不正义、不节制、懦怯、无知，总之，一切的邪恶，正就是三者的混淆与迷失。

格：正是这个。

苏：如果说不正义和正义如上所述，那么，"做不正义的事"、"是不正义的"，还有下面的"造成正义"——所有这些短语的含义不也都跟着完全清楚了吗？

格：怎么会呢？

苏：因为它们完全像健康和疾病，不同之点仅在于后者是肉体上的，前者是心灵上的。

---

1 本段译文出自柏拉图：《理想国》（郭斌和、张竹明译，北京：商务印书馆，1986年），第57页，略有改动。——编者注

格：怎么这样？

苏：健康的东西肯定在内部造成健康，而不健康的东西在内部造成疾病。

格：是的。

苏：不也是这样吗：做正义的事在内部造成正义，做不正义的事在内部造成不正义？

格：必定的。

苏：但是健康的造成在于身体内建立起这样的一些成分：它们合自然地有的统治着，有的被统治着。而疾病的造成则在于建立起了这样一些成分：它们不合自然地有的统治着，有的被统治着。

格：是这样。

苏：正义的造成也就是在灵魂里建立起了一些成分：它们相互间合自然地有的统治着，有的被统治着，而相互间不合自然地统治着和被统治着就造成不正义，不是吗？

格：的确是的。

苏：因此看来，美德似乎是一种心灵的健康，美和坚强有力，而邪恶则似乎是心灵的一种疾病，丑和软弱无力。

格：是这样。

苏：因此不也是这样吗：实践做好事能养成美德，实践做丑事能养成邪恶？

格：必然的。

苏：到此看来，我们还剩下一个问题要探讨的了，即，做正义的事、实践做好事、做正义的人（不论是否有人知道他是这样的）有利呢，还是做不正义的人、做不正义的事（只要不受到惩罚和纠正）有利呢？

格：苏格拉底，在我看来这个问题已经变得可笑了。因为，若身体的本质已坏，虽拥有一切食物和饮料，拥有一切财富和权力，它也被认为是死了。若我们赖以活着的生命要素的本质已遭破坏和灭亡，活着也没有价值了。正义已坏的人尽管可以做任何别的他想做的事，只是不能摆脱不正义和邪恶，不能赢得正义和美德了。因为后两者已被证明是我们已经表述过的那个样子的。

苏：这个问题是变得可笑了。但是，既然我们已经爬达这个高度了，（在这里我们可以最清楚地看到这些东西的真实情况），我们必须还是不懈地继续前进。[1]

问题研讨

1. 格劳孔是如何用古各斯的故事来表达他的人性理论的？

2. 格劳孔对吗？为什么？

3. 柏拉图让格劳孔思考真正的好人的悲惨命运。柏拉图的读者可能会如何解读？（请记住，这段对话是在苏格拉底死于雅典当局之手多年后写的。）

4. 苏格拉底现在是否向你证明，做一个"正义"的人比做一个"不正义"的人更好？请说明。

1　本段译文出自柏拉图：《理想国》（郭斌和、张竹明译，北京：商务印书馆，1986 年），第173—175 页，略有改动。——编者注

《利维坦》

托马斯·霍布斯著
1651 年，节选

格劳孔提出那样的论点，是为了用反方论点激发苏格拉底的辩护，而托马斯·霍布斯则在大约两千年后严肃地得出了同样的结论：人类天性自私，社会是我们保护自己免受彼此伤害的最佳方式。只有在规则被制定之后，在社会中才会有正义这个概念。在社会被创造之前，在"自然状态"中，人们深陷所有人反对所有人的战争状态，人的一生"卑污、残忍而短寿"，除了自我保存之外，任何规则都不适用。仅仅是为了改善我们的个人状况，而没有其他理由，我们选择按照社会规则生活。对托马斯·霍布斯来说，正义是一种基于自我保存的发明，仅此而已。

根据这一切，我们就可以显然看出：在没有一个共同权力使大家慑服的时候，人们便处在所谓的战争状态之下。

这种战争是每一个人对每个人的战争。因为战争不仅存在于战役或战斗行动之中，而且也存在于以战斗进行争夺的意图普遍被人相信的一段时期之中。因此，时间的概念就要考虑到战争的性质中去，就像在考虑气候的性质时那样。因为正如同恶劣气候的性质不在于一两阵暴雨，而在于一连许多天中下雨的倾向一样，战争的性质也不在于实际的战斗，而在于整个没有和平保障的时期中人所共知的战斗意图。所有其他的时期则是和平时期。

因此，在人人相互为敌的战争时期所产生的一切，也会在人们只能依靠自己的体力与创造能力来保障生活的时期中产生。在这种状况下，产业是无法存在的，因为其成果不稳定。这样一来，举凡土地的栽培、航海、外洋进口商品的运用、舒适的建筑、移动与卸除须费巨大力量的物体的工具、地貌的知识、时间的记载、文艺、文学、社会等等都将不存在。最糟糕的是人们不断处于暴力死亡的恐惧和危险中，人的生活孤独、贫困、卑污、残忍而短寿。[……]

　　这种人人相互为战的战争状态，还会产生一种结果，那便是不可能有任何事情是不公道的。是和非以及公正与不公正的观念在这儿都不能存在。没有共同权力的地方就没有法律，而没有法律的地方就无所谓不公正。暴力与欺诈在战争中是两种主要的美德。公正与背义既不是心理官能，也不是体质官能。果然是这种官能的话，那么当一个人独处在世界上的时候，这些官能便也会像感觉和激情一样存在于他的身上。它们是属于群居的人的性质，而不是属于独处者的性质。[1]

问题研讨

　　1. 霍布斯说，当人类生活在人与人之间的战争状态时，既没有公正，也没有不公正，这是什么意思？什么事件创造了公正和不公正？

　　2. 比较格劳孔和霍布斯关于正义（公正）的思想。

　　3. 霍布斯认为我们天生是自私的，然而在霍布斯看来，在社会创生以前不存在对与错。那么，自私本身是坏事吗？为什么？

1　本段译文出自霍布斯：《利维坦》（黎思复、黎廷弼译，杨昌裕校，北京：商务印书馆，2009年），第94—97页。——编者注

故事 1

《菲比讨厌 PBS》

迈克尔·柯蒂斯编剧，谢利·詹森导演
《老友记》第五季第四集，1998—1999 年，梗概

电视情景喜剧能否以某种有意义的方式讨论道德问题？我会让你自己来判断。如果你曾在聚会后与朋友们坐在餐桌前讨论是否每个人都是自私的，那么你就能理解这一集的主要故事情节。简要介绍下一角色。乔伊是一个有抱负的演员，他倾向于先考虑自己，再考虑别人，而且对此并不掩饰。菲比是一个善良而注重精神（有人会说散漫）的诗人、歌手、按摩师，她对世界有自己的看法。她为同父异母的弟弟和无法正常生育的弟媳代孕了三胞胎。

一天早上，菲比、钱德勒、罗斯和莫妮卡正在吃早餐，乔伊穿着无尾礼服进来了。他得到了一份为 PBS（美国公共广播公司）主持电视节目的临时工作（他是这么认为的），他吹嘘自己在电视台露脸，为 PBS 做了一件好事。但菲比感到非常震惊。她极为厌恶 PBS，因为多年前她有过一段和那家电视台有关的糟糕经历。那时她的妈妈刚刚自杀，菲比感到非常伤心，所以她给从小就喜欢看的《芝麻街》（幼儿教育节目）写信。但没有人回复——他们只寄给她一个钥匙链。当时她无家可归，住在纸箱子里，甚至连钥匙都没有！此外，她说，乔伊想要这份工作的唯一原因是他可以上电视，而不是因为他想做一些无私的事。

剧情开始发展。乔伊指责菲比自私，她为弟弟代孕三胞胎，是因为这使她感觉很好，乔伊说，所以这么做是自私的。我们可以看出，这是心理利己主义者的态度：每个人都是自私的，用乔伊的话说就是，"不存在无私的善行"。菲比可能很快就会忘记，就好像相信不再有圣诞老人一样。（后来她随

电视情景喜剧《老友记》（1994—2004 年）似乎不太适合作为伦理学教科书，但现实生活中充满了道德问题，《老友记》中的很多集，比如《菲比讨厌 PBS》，也涉及了道德问题，其中菲比（丽莎·库卓饰，左一）和乔伊（马特·勒布朗饰，左二）就自私展开了辩论。饰演其他朋友的从左至右依次是：柯特妮·考克斯、戴维·施维默、詹妮弗·安妮斯顿和马修·派瑞。

口问乔伊是什么意思，当她听到他说圣诞老人不存在时，我们看到了她震惊的表情。）

　　于是，菲比试图证明乔伊是错的，因为正如她向好友莫妮卡和瑞秋所解释的那样，她不会让她的孩子在一个符合乔伊说法的世界里长大。她的第一次尝试是偷偷溜到一位上了年纪的邻居那里，从他的门阶上耙落叶。但他发现了她，并请她喝苹果汁、吃饼干，这让她感觉很好。既然她的善行让她感觉很好，那么根据乔伊的定义，这就不算是无私的行为。

　　与此同时，乔伊极为失望地发现，他根本就没有得到主持节目的工作：脱口秀主持人加里·柯林斯得到了主持的工作，乔伊只是去接电话而已，他的礼服白穿了。但他接到了菲比打来的电话，她自豪地宣布，她发现了一件无私的好事：她去了中央公园，让一只蜜蜂蜇了她一下，这样蜜蜂就能在朋友面前显得很有英雄气概！她受伤了，所以这不是一个自私的行为。但乔伊立刻反驳说：蜜蜂很可能因蜇她而死亡，所以蜜蜂并没有从中受益。（所以这不是一件好事！）

乔伊本人很好地展示了他的真正目标：在电视上露脸，而不是帮助PBS，从而证实了菲比的看法，即他只为自己着想。他意识到他接电话的地方甚至不在摄像机的拍摄范围内，于是他极力说服另一个志愿者与他交换位置，后者非常不想配合，以至于他们在桌子之间打架，而在他们前面，加里·柯林斯正在谈论如何为PBS的优秀节目做出贡献。所以，乔伊想为自己争取优势的想法并没有取得太大进展。但现在菲比做了最后一次尝试来证明无私的存在。

她又给乔伊打了一个电话，承诺给PBS捐200美元。她解释说，尽管她还在生他们的气，但她也知道很多孩子都喜欢他们的节目，所以她通过支持他们做了一件好事，不过这根本没有让她感觉良好。200美元是一大笔钱，而且她对怎么用这笔钱本来另有计划：她正在攒钱买一只仓鼠。乔伊无法相信他听到的话：一只200美元的仓鼠？通常仓鼠只要10美元。菲比暗示说那是一种非常稀有的仓鼠（我们感觉她可能当了冤大头，就像经常发生的那样）。看来她已经向乔伊证明了无私的善行的确存在。但此处出现了转折：由于菲比的承诺，该电视台现在获得的捐款超过了上一年的捐款总额。加里·柯林斯走到了接到捐款电话的志愿者乔伊面前！现在他能够在电视上露脸了：他身着礼服，笔挺站立，笑容满面，被尊称大名地介绍给大家。菲比看着电视上的这一幕，感到兴奋非常，自己的承诺让乔伊上了电视——直到她意识到发生了什么！她的善举本应该让她觉得难过，现在却让她感到愉悦。这再次证明了乔伊的观点，即一切行为都是自私的。所以她又输了。

乔伊现在被证明是正确的了吗？菲比没能证明自己能做出"无私的善行"，这能让我们确信心理利己主义是正确的吗？如果我们做的事让我们感觉良好，即使我们并没有如此打算，而且这种愉悦是一种意想不到的副产品，那么所做的事是否仍会自动落入"自私"的范畴？想一想关于林肯救猪的行为是否自私的争论。一个真正自私的人在为他人做出某些牺牲时是不会感觉良好的；正如你所读到的，这可能是一种区分无私的人和自私的人的方法，前者在帮助别人之后真的感觉很好。

问题研讨

1. 有人说由于目标的性质，菲比的计划一开始就注定失败。这是什么意思？你是否同意？

2. 讨论菲比反驳乔伊的努力，结合本章中反驳心理利己主义的论证：可证伪原则、林肯的故事以及抑制关联谬误。

3. 乔伊是自私的吗？菲比呢？每个人呢？你呢？请说明。

故事 2

《不可抗力》

鲁本·奥斯特伦德导演及编剧
电影，2014 年，梗概

电影《不可抗力》的情节很简单。一个滑雪胜地，似乎无事发生的五天——除了最初 10 分钟内改变一切的重要事件，这件事揭示出一位主角根深蒂固的自私。他究竟是个怪物，还是就像汉娜·阿伦特可能会说的那样，他的反应"正常得可怕"？如果你处于类似的情况，你会怎么做？

来自瑞典的一个年轻家庭在法国阿尔卑斯山的一处冬季度假胜地度过五天的假期，父亲是托马斯，母亲是来自挪威的埃巴，还有两个孩子维拉和哈

瑞典电影《不可抗力》（2014 年）讲述了一个年轻家庭的故事，托马斯（约翰内斯·昆科饰）、埃巴（丽莎·洛文·孔斯利饰）和他们的两个孩子去法国阿尔卑斯山度假。当一场雪崩似乎向他们正在吃午饭的露天餐厅逼近时，托马斯抓起手机跑了，留下家人自寻出路。

（© Magnolia Pictures/Courtesy Everett Collection）

利。第一天，一家人一起在山上滑雪，还让专业摄影师为他们拍摄全家福，就像其他去滑雪胜地的幸福家庭一样。他们都穿着保暖内衣在特大床上打盹，这是充满天伦之乐的美好画面。托马斯在他认为埃巴不注意的时候悄悄看自己的手机。夜里，山腰上的雪炮爆炸，引发了雪崩。第二天，他们在酒店餐厅的露台上吃午餐。偶然间，一位客人提到山腰上好像发生了什么。一块不祥的"云团"正在升起，但托马斯向他的家人保证，这是控制好的。每个人都起来欣赏这一奇观并拍照，但雪崩以惊人的速度逼近，很快就轰隆隆地直冲度假村和露台。埃巴在危机来临的时刻，拉起她年幼的儿子和女儿冲了出去。哈利在慌乱中叫着爸爸，托马斯从椅子上站起来，冲向出口，推开了一个陌生人。雪崩在度假村的脚下停止，露台被一片白色笼罩，但那只是雪雾。当雾散去，每个人都查看自己的家人是否安好。埃巴依然紧紧抱着哈利和维拉，此时托马斯回来了，紧张地笑着。全家人没说一句话。他们回到了酒店房间，埃巴在走廊里和托马斯对质：

托（托马斯）：你看起来有点恼火。

埃（埃巴）：是……我不应该吗？

托：我不这么认为。

埃：不认为？

只有哈利和维拉对这个事件公开做出了反应。哈利很是伤心焦虑，而且受了心理创伤；维拉通过看平板电脑来逃避，两人都对着父母大喊大叫，让他们离开房间。在酒店房间外面，托马斯开始抽泣，但他们依然没有谈论这件事。

当天晚上，托马斯和埃巴与埃巴的一个瑞典朋友共进晚餐，后者刚刚认识了一个来自美国的年轻游客。他们用英语给朋友讲述雪崩的事，我们可以听到托马斯的说法：雪崩逐渐变大，看起来好像要冲向酒店。他说，即使这是有控制的雪崩，也非常令人震惊。"让我浑身都是鸡皮疙瘩！"

埃：确实让人惊恐。

托：是的，你也有点恐惧，但雪崩是有控制的。他们知道他们在做什么。

埃（笑着）：他吓坏了，从桌前一溜烟跑了。

托（笑着）：不，我没有！

她坚称他跑了，他坚持说他没有，她开始从英语切换到挪威语，最后在言辞上与他较量。"你抓起你的手机和保暖手套，没命地跑，离开了我和孩子们。"她说。托马斯说："我记得不是这样的。"桌上的另外两人意识到，尽管笑声不断，但事情有些不对劲。他们只好沉默，紧张地笑着。

回到酒店房间，在孩子们听不见的地方，埃巴说她现在认不出他们自己了，她讨厌她所看到的。托马斯同意，但没有找理由或道歉。他们相互拥抱，寻求安慰，但气氛被他的手机铃声打破了。他试图使她确信，发生的事情可能有几个版本。她拒绝接受这个观点，说他们需要就发生的事情达成一致，于是他们在最基本的地方达成了一致，即他们都经历了雪崩。

第二天，埃巴宣布，她想一个人去滑雪。她坚持自己买单。随后，埃巴和她的瑞典朋友出去玩，朋友找到了一个新的爱人，而朋友的丈夫则在瑞典家中照顾孩子。埃巴完全无法理解朋友的态度——埃巴追求的是安全感和承诺。

托马斯的老朋友马茨带着一个非常年轻的女朋友芬妮出现了。在芬妮讲述一个关于工作的漫长故事时，埃巴喝了点酒，脱口说出了雪崩的故事。这一次，她把故事一口气讲完了：在雪崩来临前，他们正和孩子们一起拍照，但雪崩随之引发恐慌。她拉起孩子们，试图将他们抱走，她说，但他们太重了，于是她向托马斯求助，但托马斯抓起手机和手套就跑开了，将他们置于险境。她看着白茫茫的天空，认为他们要死了，她向托马斯呼喊，但他不在那里。她抱着孩子们，突然间，天变蓝了，她才意识到他们根本没有陷入雪崩。接着，托马斯回来了，于是他们坐下来继续用餐，好像什么都没有发生过。"所以我的问题就在于，"她说，"我待在这个豪华酒店里，但我很痛苦。"

托马斯什么也没说。马茨试图支持他的朋友，他说，当处于生死关头时，并不能始终坚持自己的价值观。埃巴回答说，至少事后应该承认自己的失败。马茨和他的女朋友非常尴尬地和埃巴讨论了这件事，而托马斯则通过和哈利一起玩电子游戏来逃避。马茨坚持他的生存本能说。他说，敌人是我们心中的英雄形象，但事实是，当现实摆在我们面前时，我们中很少有人愿意英勇牺牲。托马斯隔着卧室的薄墙听得一清二楚。埃巴说："但我关注的是我的孩子们，他们无法照顾自己，而他的注意力不在我们身上。"

托马斯回来加入了对话，他坚持认为这只是视角不同的问题。她再次让他讲讲他的版本的故事。现在揭晓真相的时刻到来了，因为埃巴意识到托马斯的手机录下了整个过程。四个人聚拢在手机周围观看。是的，看起来托马斯是在逃跑。马茨仍然试图想出一个解释，让他的朋友摆脱困境，但这显得越来越牵强。

在走廊里，马茨和他的女朋友谈论在同样的情况下他可能会怎么做。她说："你和托马斯是一类人。你可能会做同样的事。"他们的另一个朋友可能不会跑开。而且这可能也和年纪有关系。芬妮现在意识到，马茨抛下了自己的妻儿与她在一起，所以她马上觉得他不再那么有吸引力了。马茨现在处于身份认同危机中，他怀疑自己对家庭的承诺，怀疑自己的价值观。这一夜对他们都是毁灭性的，马茨没完没了地追问芬妮是否信任他。（看到这里，我们开始怀疑这部电影不是家庭悲剧，而是喜剧。）

第二天，马茨和托马斯一起去滑雪。在完美地滑下斜坡之后，托马斯精神崩溃了。马茨建议他用喊叫来发泄。于是两人尽可能大声地大喊脏话。之后他酩酊大醉，托马斯晚上回到房间时，发现埃巴和孩子们都不在。她也不接他的电话。不知怎的，托马斯最后出现在桑拿房的狂欢派对上，和其他醉酒的裸男一起尖叫释放着。最后他回房间找到了埃巴，但她对他非常冷淡。当天晚上晚些时候，他崩溃了，终于承认自己行为不当，但他用第三人称谈论自己。他把一切和盘托出：他一直都对她不忠，他在和孩子们玩游戏时作弊，他再也无法忍受自己了——他是自己的受害者。他歇斯底里地哭了起来。

假期的最后一天，风很大，山坡上能见度很低。全家人出门进行最后一次滑雪，他们试图待在一起，但埃巴突然不见了。托马斯出发去找她，把孩子留在雾中。他能找到她吗，还是会有可怕的事情发生？孩子们会在雪中迷路吗？托马斯能够实现自我救赎吗？我建议你去看电影。

问题研讨

1. 这部电影的标题《不可抗力》是一个法律术语（源自法语），原意是"更强大的力量"，是自然界或人类内心的某种我们无法抵抗（也不应该因为屈服而受到指责，所以不能被起诉）的力量。托马斯所经历的是一种他无法抵抗的"更强大的力量"吗？为什么？

2. 你如何看待马茨为托马斯所做的辩护，即他认为只有当一个人不面临生命危险时，价值观才有效？托马斯认为问题只是视角不同，这个解释怎么样呢？

3. 这部电影是在为心理利己主义辩护吗？每个人都是自私的吗？这部电影是否暗示了彻底的自私是人类的本性？

4. 如果你是托马斯，在雪崩发生的那一刻，你认为自己会做什么？我们在内心深处都像托马斯吗，还是说他只是一个特别自私的人？如果你是埃巴，在你意识到托马斯抛下了你和孩子后，你会做何反应？

5. 这部电影被归类为"黑色喜剧"。如果你看过，你是否同意从根本上来说它是一部喜剧，还是说它可能不那么有趣？为什么？

推荐故事

在为本章选择故事时，问题不在于找到好故事，而在于从大量经典故事和新故事中选择。在当今的虚构作品世界中，尤其是在有线电视上，有大量关于自私与无私的故事，很多此类故事适合在本章中提及和讨论。我建议你花点时间想想那些以自私为主题的小说、电影和电视剧，想一想这些故事是在批评自私的角色，还是在赞美他们的自私，故事中的自私是否被视为一种积极的品质，以及这是为什么。

第十三章会讨论商业伦理。商业伦理并非以伦理利己主义为中心，这可能会让你感到惊讶，但如此描述商业世界的电影非常多。

此处列出了一个简短的故事清单，这些故事中有一个或多个角色是自私的，你可以讨论或独立研究这些故事，并在清单上加入更多的故事。

电视剧

经典作品：《朱门恩怨》（*Dallas*，被许多人认为是第一部毫不掩饰地颂扬自私行为的电视剧）、《新豪门恩怨》（*Dynasty*）

当代作品：《绝命毒师》《纸牌屋》《谎言屋》《欲望都市》《权力的游戏》《冰血暴》

电影

《公民凯恩》《冰血暴》《肖申克的救赎》《传染病》《山谷两日》《重返伊甸园》《华尔街》《华尔街之狼》《洛城机密》《美国丽人》《阅后即焚》

第五章　运用理性（一）：功利主义

　　在上一章，你了解到我们可能具有自私自利的倾向，但很可能我们也有共情能力，以及某种有限形式的利他倾向。正如互惠利他主义所说，这意味着我们可以，也许也应该，同时关心自己和他人。实际上，这已融入了有史以来最有影响力的道德理论之一——功利主义。然而，功利主义不仅涉及我们在情感上应该做什么的问题，而且关系到我们在理性上应该做什么的问题。在决定道德行为路线时，一些人认为，我们所做选择的潜在**结果**决定了我们的行为。另一些人则认为，结果就行为的对与错而言并不重要。当我请学生提出可以在课堂上讨论的道德问题时，一个学生提出的问题引发了思考：想象你的祖母即将离世；她非常虔诚，她要求你向她保证，你的结婚对象的信仰会与家族信仰相同，但你所爱的人有另一种信仰，你是会告诉她真相，还是会做出虚假的承诺？这一深刻的（我猜也是现实生活中的）问题让我们思考：如果我认为对祖母说谎是对的，那是为什么？是为了给她弥留之际的安宁。她不知道的事不会伤害她，我为什么要用告知真相来伤害她？这个理由够充分吗？如果我认为对祖母说谎是错的，并拒绝这么做，那么我让她在最后一刻难过是否就合理呢？一些人认为，对她说谎是唯一正确的选择，因为那样她就会怀着欣慰去世，通常这被归为结果论，而传播最广也最流行的结果论形式是*功利主义*。如果你认为说谎在任何情况下都是错的,即使说谎能让祖母更为欣慰,那就坚持到第六章,那一章会讨论康德的道德理论。(在知识窗 5.1 中,你会了解到电影《谎言的诞生》中的一个场景,它与对祖母说谎的情节非常接近。)

前一章谈到了哲学家彼得·辛格,他声称人类有能力像关心我们自己一样关心他人。辛格认为自己是一个功利主义者,就像今天很多人(包括哲学专业和非专业人士)一样。功利主义者以一条规则为道德指南,这条规则鼓励他们努力让尽可能多的人过上还过得去的生活。或许我们可以积极地做一些让人们的生活更美好的事,或许我们唯一能做的就是不妨碍他们的生活。可能我们无法努力让人们幸福,但我们至少可以尽我们最大的努力减少他们的痛苦。对我们大多数人来说,这种思维方式似乎很体面,当我们把自己也包括在应该被普遍增加幸福和减少痛苦的人群中时,这个规则就显得有吸引力、简单而合理了。难怪这种态度成了人类历史上最重要也最有影响力的道德理论之一的基石。

知识窗 5.1 能够减少痛苦的谎言是可接受的吗?

你已经读过本章开头提出的(可能发生在)现实生活中的问题,即在祖母临终时向她撒谎在道德上是否可以接受,她唯一的愿望就是她孙辈结婚对象的信仰与家族的相同。一部电影中的一个场景在精神上与此类似,那就是喜剧片《谎言的诞生》(2010 年)。虽然这部电影是喜剧,但这个场景却非常严肃和感人。一位老妇在养老院即将离世,中年的儿子马克陪在她的身边。她心脏不好,害怕死亡,认为那代表永恒的虚无。活着,然后,下一分钟,离去,这是她最深的恐惧。这种恐惧本身可能并不罕见,但我们必须补充一点,因为这是一部喜剧,所以故事有一个转折:在这部电影的世界中,没有人能够撒谎。除了人人都说真话之外,那个世界就像我们的世界一样;那个世界里不存在虚构作品,也没有宗教。不过,马克最近有了一个重大发现:他可以说一些"不存在"的事情;换句话说,他发明了谎言。在母亲弥留之际，他开始运用这种新发现的才能。他对她说："你对死后发生的事的看法是错误的，那不是永恒的虚无。"接着，他告诉她，她会再次焕发青春，不再痛苦，她可以像以前一样翩翩起舞，和所有已经去世的她爱的人在一起，而且她会有一座豪宅。那里没有痛苦，只有爱。她得到了极大的宽慰，幸福看着他，闭上眼睛，咽气了。

就这样，马克消除了他母亲最黑暗的恐惧，给了她心灵的宁静，但他没有意识到的是，医生和护士一直在听他告诉他母亲的话，现在他们渴望对人死后会发生的事了解更多……（毕竟这是一部喜剧！）

所以，如果我们要把功利原则，即实现最大多数人的最大幸福应用到这个场景中，你认为功利主义者是否会允许他向母亲撒谎，讲述他编造的关于死后生活的一些事情？养老院工作人员偷听的结果是什么？这个场景与本章开头的例子相比如何？你能想到其他使对害怕或痛苦的人撒谎成为可接受行为的情况吗？（如果你认为无论如何这都不能接受，你会在第六章中找到支持。）

功利主义者是**强普遍主义者**，因为他们相信存在单一的普遍道德准则，该准则是唯一可能的，每个人都应该意识到它。这就是*功利原则或幸福最大化原则*：在选择行动方案时，总是选择能够让最大多数人幸福最大化、不幸最小化的那一种。符合这一规则的行为将被定义为道德上正确的行为，而不符合这一规则的行为将被称为道德上错误的行为。通过这种方式，功利主义提出了一种清楚而简单的道德标准：快乐是好的，痛苦是不好的；因此，任何能带来快乐和／或减少痛苦的事在道德上都是正确的，而任何会带来痛苦或不幸的事在道德上都是错误的。换句话说，功利主义关注的是我们行为的**结果**：如果结果是好的，那么这个行为就是正确的；如果结果是坏的，那么这个行为就是错误的。功利主义者声称，这一原则将为所有现实生活中的困境提供答案。（知识窗5.2探讨了结果论和"后果"一词的一些含义。）

知识窗 5.2　这是有后果的！

正如你在第四章中读到的，结果论是关注行为结果而非行为主体的目的或动机的理论的总称。因此，结果论所涵盖的各种理论，如伦理利己主义、利他主义和功利主义，都关注为某些人或群体创造好的结果，但此处有必要加个说明，因为在口语中，consequences（后果，结果）一词几乎总是与"坏事"等同起来。当父母或老师说"难道你想不到这么做有后果吗？"，或者影评人抱怨电影中的暴力"没有任何后果"（而且不现实）时，我们都知道，后果意味着某些行为的负面结果。思想史上常有这样的事：某个理论保留了一个词的原始含义，而在日常语言中，这个词的含义变了。因此，在讨论功利主义时，我们必须忽略"后果"一词与日常生活用法的关联，记住它既指积极的最终结果，也指消极的最终结果，因为功利主义者想要为尽可能多的人（和动物，如后文所述）增加好的结果，限制不好的结果。

所有聚焦于行为结果的理论都是功利主义的吗？不。正如我们在第四章看到的，我们追求的可能是对我们自己好的结果，在这种情况下，我们是利己主义者。我们可能会关注我们行为的结果，因为我们相信这些结果证明我们的行为是正当的（换句话说，目的证明手段是正当的），但这并不一定意味着我们所希望的结果在功利主义的意义上是好的，即有利于最大多数人的最大幸福。例如，我们可能认同意大利政治家尼科洛·马基雅维利的观点，即如果目的是为自己、国王或政党维持政治权力，那么人们可以为达到这一目的而使用任何手段，如武力、监视甚至欺骗，这都是正当的。尽管这一著名理论确实是结果论的，但它不符合功利主义的标准，因为它没有把公共善当作最终目的。

杰里米·边沁和快乐计算法

人们往往会说，历史是朝着某个方向发展的。例如，在 18 世纪的欧洲和美洲，就曾发生过一场声势浩大的运动，其推动进一步承认人权和社会平等、个人价值、人类能力的范围，以及受教育的需要和权利。在那个被称为启蒙时代的时期，统治者和学者都坚定地相信，人类的*理性*是未来科学繁荣和社会变革的关键。这一时期被恰当地称为*理性时代*，并不是因为当时的人们特别理性，而是因为理性是社会、科学和哲学的理想。

我们也许想说，文明朝着重视人类理性的方向发展，但更恰当的说法是，文明是由某些思想家的思想推动的。英国法学家和哲学家杰里米·边沁就是其中一位推动者。知识窗 5.3 对边沁做了简要介绍。

边沁是《道德与立法原理导论》（1789 年）一书的作者，他的目标与其说是创立一种新的道德理论，不如说是建立一种可用于重塑英国法律体系的实用原则。实际上，发明"功利主义"（utilitarianism）这个词的不是边沁，而是另一位哲学家大卫·休谟。休谟认为，一个行为好，在于它对于你和他人的幸福有效用（utility），但他从来没有将这一思想发展成一个完整的道德理论。边沁则用这个词创造了一个新时代的道德体系。休谟的版本是，有用的东西就是道德上好的。但提及效用之善，我们有一个更早、更著名的例子。在柏拉图的《理想国》（见本书第二章和第四章）中，苏格拉底对格劳孔说："有用的为尊而有害的为卑，这句话现在以及将来都是至理名言。"如果说，功利主义者相信任何有用的东西都是好的，而任何导致痛苦的东西都是坏的，那么为什么苏格拉底没有被誉为第一个功利主义者？因为苏格拉底的价值理论远不只是关于最佳结果的理论，你会在第八章中看到。这也是因为在苏格拉底看来，"有用的"并不一定是令人愉悦的。正如第四章中所说，苏格拉底非常强调共同体的需要，但不太强调个人的需求；后者是一个现代的概念，准确地说是在边沁的时代，即启蒙运动时期，个人的需求和权利才成为道德和政治讨论的焦点。

在边沁所在的英国，封建领主世界几乎消失了。社会已经分化为上层阶级、中产阶级和工人阶级，工业革命刚刚开始。社会等级制度中最低阶层的生活条件非常糟糕。法庭上的权利基本上是可以买到的，这意味着那些无力购买的人没有权利。那就像查尔斯·狄更斯小说中描绘的世界；如果你负债了，你就会被带到债务人监狱，一直待到你的债还清为止。有资金的人就可以被放出来，但穷人可能要和家人在债务人监狱里度过余生。当时还没有童工法，对作为劳动力的儿童的剥削在边沁时代十分猖獗，数十年后，马克思为此震惊。边沁认为这是非常不公平的，他认为重新设计这种不公平体系的最好方法是确立一个简单的、与穷人和富人都有关系的道德准则。

知识窗 5.3　杰里米·边沁，昔与今……

　　英国哲学家、法学家杰里米·边沁（1748—1832 年）和他的朋友詹姆斯·穆勒以功利原则为基础，发展了功利主义理论：使尽可能多的人的幸福最大化，使尽可能多的人的不幸最小化。边沁将他的遗体捐献给医学研究，将他的积蓄捐给了伦敦大学学院，条件是在对他的遗体的研究完成之后，将遗体保存下来，并在大学董事会会议上展示。这个请求并不像听起来那么古怪：边沁是一位知名人士，他希望通过将自己的遗体捐献给科学研究，来表示支持医学界对尸体进行研究的姿态。当时的大多数人认为，将死者的尸体切开是一种亵渎，所以只有死刑犯的尸体才可以被这

（© Luise Berg-Ehlers / Alamy Stock Photo）

样使用。因此，地下交易日益猖獗，死者刚刚下葬，就被从坟墓中偷出，进行尸体交易。在 1828 年臭名昭著的伯克与黑尔案中，盗尸者等不及尸体下葬，在一年内谋杀了 16 人，并把他们的尸体卖给解剖学家。通过捐献尸体的决定，边沁反对他眼中的迷信，并试图制止窃尸的行径。他可能想得更远：要消除对尸体的迷信，还有什么比在董事会上展示自己的尸体更好的方法吗？他在遗嘱中明确表示，他希望遗体成为"自身像"（Auto-Icon），据传，他甚至还

把去世后要安在脸上的玻璃眼珠拿出来放在口袋里。他原本打算让自己的头留在他自身像的肩膀上，但在他死后，他的头的保存出了问题，人们就代之以一个蜡像头颅。这张照片中的头颅是蜡制的，但他真正的头颅（和玻璃眼珠）也还在，只是通常不会公开展示。他仍然坐在伦敦大学学院的桃花心木箱子里，被推着去参加年度董事会。他被记录为"出席，但没有投票权"。

知识窗 5.4　快乐主义与快乐主义悖论

古希腊哲学家伊壁鸠鲁（公元前 341—前 270 年）常常被认为是第一位提倡追求快乐的生活，即快乐主义（享乐主义）的哲学家。然而，这不太准确，因为伊壁鸠鲁所追求的似乎是一种没有痛苦的生活——毕竟如果你没有痛苦，你就能获得心灵的平静，心神安宁（ataraxia），这就是最高的快乐。但也有人主张，追寻快乐和避免痛苦是人类的本性，人应该追求能积累美好时光的生活。杰里米·边沁认为所有人都是快乐主义者。每个人都想要快乐，所以我们追寻它。然而，追寻和找到是两回事，快乐主义的悖论常常阻碍我们找到我们所追寻的。假设我们打算在周末找点乐子。我们去海边，在小树林里散步，在商场里闲逛，去看电影，但并没有让自己非常享受；快乐不知何故总是躲着我们，我们带着一种失去周末的感觉来面对周一，告诉自己下个周末我们要更加努力。相比之下，我们的朋友却过得很愉快。他和我们一起，因为他喜欢去海边，喜欢树林，想在商场里买条牛仔裤，几个星期以来一直盼望着看一场电影。他甚至很享受我们的陪伴。为什么他度过了一个美好的周末，而我们却感到不满足？因为我们想玩得开心，而他在做他喜欢的事，享受和他喜欢的人在一起的时光。可以说，他得到的快乐是做这些事情的副产品，而不是他活动的主要目的。相反，我们要寻求快乐，却不去想我们做什么可以给我们带来快乐，好像"快乐"是与其他一切相分离的东西。快乐主义悖论就是这样的：如果你寻求快乐，很可能你就找不到快乐。（一直在努力寻找真爱的人也会经历类似的现象。）当你在做其他事情的时候，快乐就会来到你身边，而在你寻找快乐的时候，快乐却很少。有时，"唐璜综合征"被用作快乐主义悖论的一个例子。一个人（通常是一个男人，但没有理由说这不适用于女人）如果有过无数次的性征服，他或她会经常感到有必要换个伴侣，因为他或她喜欢这种追求，但不知何故厌倦了既有的关系。为什么会这样呢？这可能是因为这样的人不愿意投入一段永久的关系，但也可能是因为快乐主义悖论：在每一个伴侣的身上，他们都看到了"快乐"的承诺，但不知何故，他们最终得到的只是另一种征服。如果他们着眼于与伴侣建立关系，他们可能会发现，快乐源自你所关心的某人，你必须关心才能感受到快乐；如果没有真情实感，就不能期待快乐的出现，至少理论是这样说的。

　　边沁说，**好的就是快乐的，坏的就是痛苦的**。换句话说，快乐主义（寻求快乐）是其道德理论的基础，所以该理论常常被称为"快乐主义功利主义"（见知识窗 5.4）。终极价值是幸福或快乐，它们具有内在价值。任何帮助我们得乐或离苦的事情都具有工具价值，因为我们可以通过做一些令人愉快的事情来获得另一种快乐，所以快乐既有内在价值，也有工具价值。（知识窗 5.5 更详细地解释了这一区别。）为了使这一基本规则在立法中发挥作用，我们需要让人们自行决定，对他们来说快乐在哪里，他们宁愿避免什么。每个人关于苦乐都有发言权，每个人的苦乐也都同等重要。通过想象穿越到 19 世纪的伦敦，我们可以举例说明这种观点。一对富裕的中产阶级夫妇可能会觉得，他们的最大快乐就是在周六晚上身着华服，坐闪亮的马车去考文特花园，然后去看歌剧。在他们经过考文特花园时，那里的农妇试图向他们兜售一束枯萎的紫罗兰，比起去歌剧院，农妇更喜欢她攒了整整一周的钱才买下的那瓶杜松子酒。边沁可能会说，农妇有权利享受她的杜松子酒，就像这对夫妇有权利欣赏歌剧一样。农妇不会告诉这对夫妇杜松子酒更美味，这对夫妇也没有权利强迫农妇欣赏歌剧。在边沁看来，对每个人来说，是好是坏是由自己决定的事情，因此，他的原则变成了一种平等主义的原则。在这一章的末尾，你会读到边沁《道德与立法原理导论》的节选，他在其中概述了功利原则。

知识窗 5.5　内在价值与工具价值

工具价值是可以用来获得我们想要的其他东西的工具的价值。如果你需要按时去上课或上班，一辆车可能就具有让你到达那里的工具价值。如果你没有车，那么金钱（或良好的信用）可能就有了工具价值，可以让你买到能开去上课或上班的车。那么，上学这件事呢？如果上学是为了获得学位，那么你可能会说，上学具有工具价值，它会让你获得学位。那么学位呢？它具有帮你找到好工作的工具价值。那么工作呢？它具有得到什么的工具价值？更多的钱。那你想要用钱干什么？获得更好的生活方式、更好的居住环境、健康的身体等等。为什么你想要一种更好的生活方式？你为什么想要健康？这就到达了链条的终端，因为我们已经触及了一些不言自明的东西：我们想要那些东西是因为我们想要它们。或许它们"让我们快乐"，但关键是我们看重它们本身，看重其内在价值。有的事物当然兼有工具价值和内在价值；车可以帮助我们去学校，此外，很久以来你都想要一辆车，只是因为你喜欢它。锻炼可以使你健康，但你也可能真正享受它。上学当然是一种可以用来获得学位的工具，但有人喜欢锻炼和知识是因为它们本身，而不仅仅是因为它们可以让他们在生活中有所作为。

快乐计算法

如何准确选择一个行动方案？在决定做什么之前，我们必须计算我们行动的可能结果。这就是边沁著名的*快乐计算法*。他说，我们必须探讨所设想的每一种结果的所有方面：（1）它的强度——快乐或痛苦的程度有多强烈？（2）它的持久性——可以持续多久？（3）它的确定性或不确定性——我们有多肯定它会从我们的行动中产生？（4）它的接近程度或远离程度——它在时间和空间上有多远？（5）它的丰度——类似的快乐或痛苦随之出现的可能性有多大？（6）它的纯度——不会随之出现相反感觉的可能性有多大（如乐极生悲）？（7）它的广度——我们的决定会影响到多少人？在思考这些问题后，我们必须做的是：

> 将所有快乐的价值总和放在一边，将所有痛苦的价值总和放在另一边……进行权衡；如果快乐占优，则表明该行为对于所涉及的全体个人或群体而言，具有总体的良好倾向；如果痛苦占优，则表明该行为对于同样的全体个人或群体而言，具有总体的恶劣倾向。

我们由此得到了什么？一个简单、民主的原则，它似乎没有提出要个人牺牲的不合理的要求，因为一个人自己的快乐和痛苦与其他人的一样重要。此外，与理性时代的科学梦想一致，正确的道德行为是用数学计算出来的；价值被简化为一种对快乐和痛苦的计算，每一个有算术基础的人都能理解这一方法。通过计算快乐和痛苦，人们大概可以得到一个真正合理的解决方案，以解决任何道德和非道德（道德中立）的问题。

听起来非常棒，但这种方法也存在几个问题。比如，边沁的数值从何而来？吃第二块巧克力派的快乐会很强烈，但不会持续太久，而且随之而来的很可能是痛苦和懊悔，这不会给我们提供任何可以用来加减的数值：我们必须编造这些数值！不过，这可能并不像看起来那么难。如果能决定什么是最高值，什么是最低值，那么人们针对价值体系能够达成的共识是很惊人的。例如，如果他们认可一个从 −10 到 +10 的系统，大多数人会同意为吃第二块巧克力派的各种结果设定明确的数值。在强度方面，应该赋予什么值呢？不是 10，因为这可能只适用于第一块，但可能是 8。在快乐的持续性方面，可能只有可怜的 2 或 3，随之而来的快乐或痛苦的可能性肯定会降到负值，可能是 −5 或更糟。在评估有多少人会受到该决定的影响时，还需要考虑不希望你长胖的朋友和家人，或（你偷拿的）第二块巧克力派的主人，你吃了这一块，他就没有了。如果人们能够就一种价值体系达成一致，并将其用于从个人选择到影响深远的政治决策的所有选择，那么所有这些假设的情况都可以被赋予一个值。（见知识窗 5.6 对快乐作为幸福指标的讨论。）

知识窗 5.6　幸福是什么？

　　功利主义始终面临的一个问题是，它主张幸福具有终极的内在价值。我们已经看到寻求快乐如何导致快乐主义悖论（见知识窗 5.4），该悖论对功利主义者和任何声称我们做事的最终原因是寻求幸福的人来说都是一个问题。但幸福和快乐是一回事吗？杰里米·边沁没有说，事实上他也不在乎：在他看来，幸福在于你如何定义它。约翰·斯图亚特·穆勒[1]将幸福定义为与快乐和满足不同的东西，并将其视为一种智力成就。亚里士多德将幸福的观念作为人类目标引入西方哲学（见第九章），他也相信幸福是理性活动的结果，而不是追求快乐的产物。在美国，人们的基本人生观至少在一定程度上受到英国传统，尤其是约翰·洛克思想的影响（见第七章），追求幸福被视为一项人权。而以尖刻言辞著称的德国哲学家弗里德里希·尼采（见第十章）则写道："人并非总是追求幸福，只有英国人追求幸福。"这概括了尼采对英国人的看法。

　　近年来，人们对幸福这个概念产生了浓厚的兴趣，哲学家对此感兴趣，但最先产生兴趣的是心理学家。"幸福研究"不仅占据了知识分子的思想，而且蔓延到自助励志图书中，时常公布的民意调查也让我们了解到哪些人认为自己是幸福的。丹麦人一次又一次地在民意调查中名列榜首，被称为"地球上最幸福的人"。但他们是在什么意义上幸福？为什么幸福？此类调查的问题在于，它们没有具体说明所谓幸福意味着什么：是一种普遍的满足感？某种持续的狂喜和兴奋感？一种内心深处的平和感——类似于古希腊人所说的心神安宁？或者也许是一种不抱太高期望的谦逊的人生观？或者简单点，像西班牙经济学家爱德华多·普塞特所提出的，没有痛苦？法国哲学家帕斯卡尔·布吕克内提供了一个有趣的视角，他在其著作《永久的沉醉感：论幸福的责任》（2011 年）中提出，现代人执着于幸福，如果不幸福，就会感到很

1　约翰·斯图亚特·穆勒（John Stuart Mill），又译"约翰·斯图尔特·密尔"等。——编者注

失败，好像幸福已经成为一种责任。布吕克内本人也支持对快乐主义悖论的分析（见知识窗 5.4）。他说，如果我们过于积极地追求幸福，幸福就会远离我们。在布吕克内看来，幸福意味着什么？一种转瞬即逝的着迷时刻，一个"恩典时刻"，当它发生时值得珍惜，但不能期望它持续下去或成为一个可持续的状态。此外，他说，与"幸福"的人生相比，他更愿意过冒险的人生。

我们或许不能就幸福究竟意味着什么达成一致，但许多不同文化背景下的许多人一直在关注这个问题。一个古老的故事也表明，幸福与身体上的舒适或放纵无关。一位波斯王子被告知，为了消除他的苦恼，他必须穿上幸福者的衬衫。于是，他试遍贵族、艺术家、商人、士兵和傻瓜的衬衫，但一无所获。幸福似乎离他而去。最后，他遇到了一个站在耕地的犁后唱歌的贫穷农民。王子问他是否幸福，农民说幸福。王子又问他能不能把衬衫给自己，农民回答："可是我没有衬衫啊！"

这种评分系统类似于我们常说的"利弊清单"。当我们难以决定该怎么做时，我们有时会列出这样的清单，以帮助自己决定该选择什么专业研究领域，感恩节是回家过还是与朋友一起庆祝，是否结婚，是否找一份新工作，等等。唯一的不同在于，在这个系统中，我们给利弊分配了数值。这样一份清单真的可以帮助我们做出理性的决定吗？边沁认为，这是一个绝对可靠的理性选择。对生活中难以捉摸的特质进行量化（使其可测算）的方法肯定是有用的，如今一些工作场所实际上在招聘过程中采用了类似于快乐主义的计算方法：根据应聘者的资质对他们进行评级，这些资质被赋予相应的数值（它们被量化了），得分最高者可能会得到这份工作。计算得到复兴的另一个领域是卫生保健领域，该领域正致力于创造一个被称为*生命质量*的客观衡量标准（见第七章）。然而，一个人对生命质量的看法可能不同于另一个人，即使在使用那种招聘方法的工作场所，其他不太理性的因素也可能在招聘过程中发挥作用（例如应聘者的外表或与雇主的关系）。在个人决策过程中尝试过边沁系统的人往往发现，它可能有助于让个人选择明晰化，但结果并不总是有说服力的。不利有 16 项而有利只有 4 项，但你仍会去结婚或接受一份新工作，只是因为你非常想这么做。人类心理的某些部分就是不会对理性论证做出回应，边沁对此并无认识。非常有意思的是，他的教子和后继者约翰·斯图亚特·穆勒确实有这样的认识，我们稍后会谈到穆勒的作品。

但是，假设事实上你已为自己行动的各种结果列了一份详细的清单。你如何确定你赋予每个结果的价值呢？在某些情况下，这很容易，比如当你比较学费或开车距离时。但是，当你想决定是继续留在学校还是离校找一份工作赚快钱时，你如何选择将哪些事列入清单？边沁方法的批评者说，如果我们认为接受教育比赚快钱更有价值，那是因为我们在一个支持高等教育的体系中生活；换句话说，我们是有偏见的，我们对价值的选择反映了这种偏见。从另一个角度说，我们在执行测试的同时也在操纵测试。如果我们在一个更倾向于赚钱的系统中生活——例如，如果我们已经离开学校去赚钱——那么，我们的价值观就会反映出这种偏见。因此，这些价值实际上是武断的，取决于我们想要的结果，我们不能相信快乐主义的计算会给我们一个客观的、数学上确定的该怎么做的图景。这并不意味着这样的清单一无是处，它们能告诉我们很多关于我们自己和我们自己的偏好及偏见的信息。然而，除此之外，它们无能为力，因为我们可以改变数字，直到我们得到自己想要的结果。

不确定的未来

功利主义或许仍然可以提供一个不那么自以为是的系统，一个旨在为反思提供指导和材料，而不是客观计算解决方案的系统。然而，即使有这样的系统，也有一些问题需要处理。其中一个在于结果这个概念本身（见知识窗 5.2）。当然，在我们真正实践之前，我们不能声称一个行动会产生哪些结果。我们预估的结果是假设的，它们尚未发生。假如结果不能确定，我们如何能够一劳永逸地决定一个行动是否为道德善？我们需要（1）做出有根据的猜测，抱乐观的希望，（2）采取行动，（3）等待结果。如果我们有智慧、有运气，结果将会像我们所希望的那样积极。但假设并非如此。在我们知道结果之前，我们的美好愿望当然是快乐计算法的积极方面的一部分：如果我们打算为尽可能多的人创造有益的结果，这就是功利主义者会赞成的一个过程。但是，我们行动的真正价值在结果明确之前仍是不明晰的。你可能打算创造更多幸福，你的计算也可能是明智的，但你的意图仍然可能被你无法控制的力量挫败。在这种情况下，重要的是最终结果，而不是你的良好意图和计算。我们要等多久，才能知道我们的行为在道德上是善还是恶？或许在知道所有的影响前要等很久，可能是 100 年甚至更长的时间。功利主义的批评者说，运用一种道德体系，却要等到遥远的未来的某个时候，我们才能知道我们做过的事在道德上是对还是错，这是不合理的。而且，我们怎么能在一开始就决定任何事呢？我们所做的每一件事都会产生成千上万个——也许是数百万个——大大小小的结果。我们需要全部计算吗？如果我们每次都要经历一遍如此复杂的过程，我们怎样才能迅速做出决定呢？

纯粹数字：如果我们想象图中的水平线代表痛苦和快乐间的中立位置，即 0，那么在 0 以上的垂直线就代表快乐，在 0 以下的代表痛苦，这样就得到了一个视觉上的快乐计算表。这里最重要的是正数多于负数。因此，如果我们设定这一情况，即很多（人或动物）正在遭受痛苦，但产生的快乐很少，功利主义者就会反对它。根据功利主义的观点，如果只有少数人受苦，而大多数人从他们的痛苦中受益，那么相关行为就是道德上正确的。

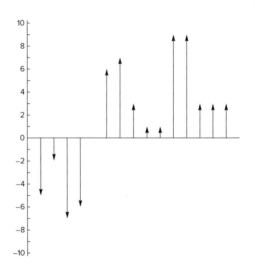

哲学家、经济学家约翰·斯图亚特·穆勒回应了这一批评。穆勒说，我们无须计算我们行为的每一种影响，我们可以依靠人类的共同经验。几千年来，人类不得不一直做出类似的决定，我们可以在决定自己的行动时考虑前人的成功与失败。（因为穆勒实际上已经放弃了用精确的数值来计算每一次行动，所以他比边沁更容易考虑到未来结果的不确定性。）如果为了判断我们行为的道德性，我们必须长时间等待，那该怎么办呢？穆勒说，我们所要做的就是等待一段合理的时间——小行动则短时间等待，大行动则长时间等待。穆勒相信我们能凭直觉理解他的意思，或许我们可以。但是，这些建议并没有解决功利主义固有的问题，只是有所淡化而已。

纯粹数字的优势与问题：从动物福利到酷刑问题

一开始，为尽可能多的人创造尽可能多的快乐这一理念看起来是积极的。如果我们继续阅读边沁的著作，我们甚至会发现，创造快乐的对象可能并不局限于人类。边沁的理论当时极为超前，它不仅给趋乐避苦的人类（无论其社会地位如何）以权利，而且主张，被纳入道德宇宙的标准不在于说话或推理的能力，而在于受苦的可能性，当然，受苦并不局限于人类。（关于能受苦的非人类动物的讨论，见知识窗 5.7。）当代哲学家彼得·辛格（见第四章）将功利主义的这一点铭记于心，成为今天动物权利与福利最直言不讳的捍卫者之一，他甚至认为，基于对特定动物的快乐和痛苦能力的评估，某些动物至少应该得到与人一样多的道德考虑，有时甚至更多。他的著作，例如《动物解放》（1975 年）和《为动物辩护》（1985 年），已成为备受争议的经典。在 2007 年 1 月《纽约时报》的一篇文章中，他写道："我们随时准备在人类身上找到尊严，包括那些心智年龄从未超过婴儿的人，但从未把尊严归于狗或猫，尽管它们显然比人类婴儿的智力水平更高。单是做此比较，就容易在某些领域引起愤慨。但是，为什么尊严应该总是与物种挂钩，而不管个体的特征可能是什么呢？"

知识窗 5.7　谁能受苦？

杰里米·边沁坚持认为道德世界要向任何能够承受痛苦的物种开放，这样的观点如今仍有争议，在边沁的时代更是极为激进。在他有影响力的同时代人中，只有约翰·斯图亚特·穆勒持有人类并不必然是道德领域的唯一成员这一观点；在过去（现在依然），人们通常认为只有人类能够参与道德活动或从中获益。排除动物的很多论证都是基于它们不能说话或进行理性思考的预设（边沁认为这些都不相关，而是追问"它们能否承受痛苦"）。在当时与今天的大多数人看来，显然动物可以受苦——只需要观察一只受伤的动物就能明白。但对一些思想家来说，这并不是必然的结论。过去在神学中流行的一种论点是，人类受苦是因为亚当和夏娃在伊甸园犯罪违背上帝，受苦是对他们及其子孙的惩罚；因为动物没有犯下违背上帝的罪，所以它们不会受苦。在哲学上更有影响力的一个论点出自勒内·笛卡尔（1596—1650 年），他以"我思故我在"的名言开启了近代哲学的大门。笛卡尔认为只有人类有心智，世界上的其他一切都只由质料组成，包括动物。如果你有心智，你就有受苦的意识；如果你没有心智，身体可能就受物理应激支配，但你并不知道。狗的尾巴被门夹住时会狂吠，但根据笛卡尔的观点，那并不是它感到痛苦的标志——那只是狗被造的方式，就像带有活动部件的钟表一样（用今天的术语说，狗叫是由于*程序如此设定*）。狗本身并无心智，也感受不到什么。（事实上笛卡尔养狗，据说他的狗叫"格拉先生"。）当受到玛格丽特·卡文迪什，即纽卡斯尔公爵夫人质疑时，笛卡尔的答案是如果动物有心智，那么牡蛎也必然有心智，但他认为这是荒谬的。玛格丽特·卡文迪什是一名对科学有兴趣的作家。像很多当代读者一样，她知道狗和牡蛎的神经系统之间有着相当大的差异，但笛卡尔的观点至今仍对动物医疗有着巨大影响。

现代生物学通常假设，哺乳动物和其他很多动物可以感受痛苦，恰恰是因为它们的神经系统和我们的有很多相似之处。此外，受苦能力看起来是一种进化优势，能感受到痛苦的生物可能在求生和繁殖上会更谨慎。而且基于近期的神经学研究，在今天的动物研究者中，有更多人乐于承认动物能够感受痛苦，不仅在身体上，而且在情感上。从人类到爬行动物的许多动物，在大脑中都有一个叫作杏仁核的大脑结构，与"战或逃"的反应有关。杏仁核会在我们心跳加快、掌心冒汗时被激活，我们感到恐惧或惊慌，这是对于危险的一种古老、原始且非常有用的反应，也为我们和地球上其他大多数脊椎动物所共有。因此，我们都能感受到恐惧，但比较少人知道的是，大脑中同样古老的部分，有时也称"爬行动物大脑"，也能够知晓快乐甚至喜悦。野外的生活从来就不光是心怀恐惧地度过一个又一个危险时刻，而是也会有生机勃勃的美好时光。近年来使用磁共振成像扫描的研究甚至表明，在感知恐惧与欣喜方面，狗拥有的情感复杂性相当于 3~4 岁的人类儿童。正如边沁所猜测的，感受痛苦与欣喜不仅是人类生活的组成部分，也是大多数动物生活的一部分。功利主义者彼得·辛格认为，没有理由假设鱼不能感受痛苦。人类区别于大多数动物之处在于，我们可以意识到我们的感受和存在。关于对动物的伦理对待方式，你可以在第十三章读到更多。

假定具备受苦（以及感到快乐）的能力是生物被纳入道德世界的资格条件，并且假如我们相信每一个个体的快乐都是同等的，那么我们就会发现道德世界极度扩大了。即使在今天，所有能受苦的生物都应该被待以尊严这一观念，也无法得到每一位政策制定者的认同。而且，假如对道德世界的所有成员来说，减少受苦、增加幸福才是最重要的，那么如果某些人的幸福只有以他人的痛苦为代价才能获得，这对于我们的决定又意味着什么？这就是我们遭遇的功利主义纯粹数字的难题，因为能够为更多个体创造更多快乐或减少其痛苦，从定义上说就是道德正确的。如果放弃使用动物测试的日用产品只会让人类持家者略有不便，那么我们就没有理由继续使用它们，因为动物测试会引起较大的痛苦。实际上，在刚过去的 20 年里，对动物受苦的关注在科学家中更为普遍。过去，无数的兔子被用在化妆品和日用产品的测试中，现在人们开发出了新的方法，实验室培养的人类皮肤"斯安肤诺"可以作为替代品来确定化妆品的成分是否会伤害皮肤；这也是对欧盟推行的到 2013 年禁止动物测试的禁令直接回应。然而，如果可以表明不得不受苦的只有一小部分动物（即使它们会痛苦不堪），却能让大量人类打扫房屋时轻松许多，那么是否就应该准许造成这种痛苦？是的，功利主义者会说，如果大量家庭轻松打扫房屋时的快乐累积起来，能够压过少数非人类动物所受的巨大痛苦的话。

只要是能惠及更多生灵（无论是人类还是非人类）的事，就应该去做，人们往往在谈及于医疗程序中采用可能有利于人类的动物测试时主张这一观点。但因为纯粹数字在功利主义中是最重要的，所以对于打扫房屋的例子也能用这样的逻辑思考。治疗人类疾患本质上并不比帮助人们打扫房屋"更好"——重要的是创造快乐和防止痛苦。假设让十个人经受痛苦的实验，就能治愈猫白血病，那么人类肯定是受苦了，但从此以后，所有的猫就都能免受白血病之苦。在一些人看来，这类案例揭示出功利主义的关注点异乎寻常地狭窄；只看到苦乐及其总和显然是不够的。在另一些人看来，这样的案例只是强调了一个观点，即所有生物都是重要的，没有哪个生物的痛苦应该被看作比其他生物的更重要或更不重要。

为集中关注该问题，让我们设想自己正面临一些人为了他人的快乐和福利而自我牺牲的情形。假设被揭露出来的情况是这样：很多年来，全世界的政府都遵守与太空中的外星人的秘密约定，各国政府一致同意始终否认 UFO 的存在，并且不干涉外星人偶尔绑架地球人进行医学实验的做法；作为回报，外星人在实验结束时会向人类提供治愈所有由病毒引起的疾病的方法。对很多人来说，这是值得所涉及的"样本"受苦的一场交易——条件是他们自己不属于"样本"。实际上，一些人甚至可能*自愿*参加实验，但我们先来设想这样一种情况，被选中的人类受试者不愿意参与实验，志愿者也不被接受。尽管有些人会很愿意把他们的人类同胞交出去受苦而死，但也会有人坚称这样是不对的：那些人就是不应该遭受这种命运，人类将永久获得的巨大好处并不能真正弥补这一点。换句话说，有些人可能会凭借一种道德感认为，这么做代价太大，但功利主义并不承认这种道德直觉，因为功利主义的唯一道德标准是纯粹数字的标准。对很多人来说，当应用于一些极为棘手的人类处境时，功利主义道德是反直觉的。

UFO 的例子是虚构的。但 20 世纪晚期，确实有很多真实且波及范围极大的案例，在这些案例中，很多人由于某些宏大原因而不知情地沦为"小白鼠"。假使我们为很多人或生物实现了有利结果，却以另一部分人承受难忍的痛苦为代价，那会怎么样呢？为了某些更高的目标，包括着眼于人类当下利益的，如安全措施，以及关系到长远利益的，如医疗知识，一些人曾付出遭受痛苦甚至死亡的代价，而且他们受苦并非出于选择，而是被迫如此。塔斯基吉梅毒实验就是一个令人胆寒的案例，但这并不是孤例。其他在道德上有问题的政府做法也在被披露，知识窗 4.5 就提及了一些案例。这样的实验就是将人贬低为实现他人计划的工具。一位古典功利主义者可以回答说，根据目标的宏伟程度及性质，牺牲和受苦可能值得。但约翰·斯图亚特·穆勒会补充道，长期来看，为全体而苛虐少数人，收获的不是好结果，而是社会的动荡不安，所以，这样的做法不应被鼓励。（后文将谈及行为功利主义和规则功利主义。）

勒内·笛卡尔（1596—1650年），法国哲学家、数学家、博物学家，被称为近代哲学的创始人；他的名言是"我思，故我在/是"。笛卡尔认为人由身体和灵魂构成；多亏灵魂，人类才可以有自我意识并意识到身体，包括身体的快乐与痛苦。但由于笛卡尔不能想象动物有灵魂，因此他得出了动物对其身体状况没有意识的结论，由此产生的必然推论就是，在他看来，动物不能感受痛苦。

（© Popperfoto/Getty Images）

拯救人类依然是一个强有力的论点。尽管如此，让我们设想我们所谈的不是拯救人类免于疾病，而是拯救人类免于无聊。电视上越来越多地播放与人们受苦和死亡相关的现场直播或录像；家庭摄像常常是那些镜头的来源，这种"娱乐"形式日渐流行。视频网站 YouTube 上有大量展现青年男女对他人施行暴力的私人视频。观众会不会选择去看一种实时秀，在一个小时的电视节目时间里，罪犯们穿越城市或街区躲避狙击手，并希望经历过这一切之后可以为自己赢得自由？古罗马人观看基督徒、奴隶、罪犯、俘虏、野兽厮打，都是带着认为这些事件具有娱乐价值的观赏态度。假如他们能够在电视上播放这些事件，我们难道会认为他们不会这么做吗？毕竟他们已经认识到"面包与马戏"（食物与娱乐）可以安抚难以驾驭的民众了。根据功利主义者的计算，为数众多的人可能从一个或少数几个人的强烈痛苦中获得巨大的娱乐。我们在多大程度上可以漠视人们被公正对待的固有权利，而听凭数字摆布？

功利主义者的一种常见回答是，在这种情况下，人们会开始担心自己成为牺牲品，因此会随之产生社会动荡。然而这一切发生之前，功利主义者必定得出的结论是，让很多人享受少部分人受苦的结果（甚至享受他人的痛苦本身）是正当的。

在本章的故事部分，你会读到几个故事，它们阐明了"纯粹数字"的问题：韦塞尔的讽刺作品《铁匠与面包师》；陀思妥耶夫斯基的《卡拉马佐夫兄弟》选段；厄休拉·勒古恩的《那些离开奥梅拉斯的人》，其讲述的是为了公共幸福而让一个孩子遭受折磨的故事；还有电影《非常手段》和《传染病》等的梗概。一旦我们开始把功利主义的纯粹数字问题断定为以大多数人的幸福为目的而漠视个体权利的问题，我们就倾向于批判任何将多数人的快乐凌驾于少数人的权利之上的决定，这样的批判可能也是正当的。知识窗 5.8 探讨了让人仿佛身临其境的恐怖幻想作品《人类清除计划》，影片讲述了杀死少数人以确保多数人的福利的故事。然而，有一些引人注目的场景让我们重新评估边沁功利主义的简单计算：最后的紧要关头，在间不容发的时刻需要做出艰难决定时，牺牲少数以拯救多数可能是我们大多数人都会同意的决定。回想"9·11"恐怖袭击那个可怕的日子，当时四架飞机被劫持，劫机者企图造成尽可能多的人员伤亡和机构破坏。三架飞机撞上目标：世界贸易中心大楼和五角大楼。但你可能记得，第四架飞机，联航 93 号航班，并没有到达劫机者的预定目标——很可能是国会大厦或白宫，这是由于机上乘客做出了英勇的决定。但在后续中我们也了解到，即便乘客没有行动，联航 93 号航班可能也无法到达目标，因为美国空军战斗机已然摆好架势要伴飞它下降，如果必要的话，将它击落。对于很多美国人来说，这都是一次震撼，特别是政府宣布，任何位于碰撞航向的民用或军用飞机都会被视为威胁并击落。这里我们目睹了功利原则在极端的情况下发挥作用：牺牲飞机上的少数人，而不是拿地面上的生命和机构的安全冒险。有人可能会说："无论如何，当飞机撞向建筑物，上面的乘客都会死，所以早死和晚死又有什么区别呢？"区别就在于对可能会牺牲的那些少数人的态度。而且，他们无论如何都会死并不是既定的。那么，如果我们为了大多数人而牺牲少数无辜者，以此来限制可怕的后果，这个决定就是可接受的吗，即使我们自己碰巧也在不幸的队伍之中？如果回答是肯定的，那么分界在哪里？如何定义"可怕的后果"？如果我们说不，这是否意味着我们会倡导，比起为了多数人的生存而牺牲少部分人的生命，在公正的名义下让多数人逝去更为可取？

知识窗 5.8　一个"纯粹数字"的游戏:《人类清除计划》

恐怖电影《人类清除计划》(2013 年)及其续篇呈现了逼真的幻想,让我们看到如果快乐计算法实施到极端,"纯粹数字问题"可能会带来什么。就其本身而言,影片显然是反功利主义的。(电影也并不提倡"人类清除"的思想!)本书这一版应许多学生的请求,将这部电影包含在内。情节简述如下:在不久的将来,所有罪行都将通过美国新兴极权主义政体推动的简单立法变更而得到消除:每年特定的日子,即 3 月 21—22 日,都会有"大清除之夜",所有暴力都得到允许,不受任何约束。从 3 月 21 日晚 7 点到第二天早上 7 点,在此期间,出于任何原因、针对任何人的暴力最终都将得到宽恕(针对政府官员的暴力除外,大规模杀伤性武器也是禁止使用的),如果不想参与每年的"大清除",人们就需要寻求庇护和自我保护。暴力放纵的好处(据说)是能让人们在一年中的其他的 364 天里过上平静、生产力高的生活,没有失业,没有暴力犯罪。大多数人通过少数人(往往是少数群体的成员)的痛苦、可怕的死亡而受益。即使几个小时前还是朋友的邻居,也会让自己的怨恨发泄出来,合谋侵入彼此的住宅,消灭整个家庭,把怨恨从他们的系统中清除出去。

《人类清除计划》并未包括在本章末尾的故事部分,因为其情节比较简单,已在此处文本中概括。其他电影和小说也探索了类似主题,如《饥饿游戏》三部曲(为了娱乐,每年都有一些年轻人要战斗到死)、《过关斩将》(罪犯争取机会逃脱狙击手的追杀,现场直播),以及《逃离地下天堂》(政府会杀死所有 30 岁以上的人)。但在谈及为了多数人的福利而牺牲少数人这一主题时,我的大多数学生最先想到的是《人类清除计划》。如果你看过该片或这里提到的其他电影,可以来分析它们的前提:(1)在举行仪式时杀死一些人,如何能够让大多数人受益?(2)即便可以让大多数人受益,这样做就正确吗?(在第六章中,你会读到一个理论,它坚定地反对为了多数而牺牲少数,即使在极端的情况下。)

除了牺牲少数无辜者而拯救多数这样的情况，还有一种情况是让并不"无辜"的少数人受苦，例如对被捕的恐怖分子施加痛苦以获得情报。如果我们的战士和公民的生命可以因此得到挽救，那么对于掌握我们所需信息的囚犯，我们是否可以施以酷刑？快乐计算法的答案似乎很明确：我们只需要去计算实施酷刑相对于不实施酷刑的预期痛苦。但在公众、媒体、政界人士中间，与此相关的辩论始终激烈，也蔓延到国会，在布什政府制定、奥巴马政府修订之下，美国国会通过了关于酷刑的指导方案。这是体现元伦理学重要性（见第三章）的绝佳案例：我们可能会了解到何为酷刑以及有谁动用过酷刑（描述性进路），对于在特定情形下酷刑能否被接受，我们可能有明确的看法（规范性进路），但我们如何知道我们针对酷刑概念的意义达成了共识呢（元伦理学进路）？用系统的方法使一个人经历身体痛苦，造成永久或至少长期损伤，这是大家公认的"酷刑"，但是，不留下身体损伤却导致心理伤害的"强化"审讯方法，例如水刑，算不算酷刑呢？美国2006年通过的军事委员会（反恐）法案，在针对合法的敌方战斗人员时遵从《日内瓦公约》，但在针对"非法的敌方战斗人员"即恐怖分子时并不如此。"非法的敌方战斗人员"是否可能包含美国公民尚有争议。在很大程度上，这个修订版本使得酷刑的定义可以有多种解释。反恐法案最初并未将水刑列为酷刑，美国中央情报局曾对至少三名被怀疑为恐怖分子的囚徒多次使用水刑（见第三章），据说得到了有价值的信息，但后来受到质疑。然而，奥巴马政府将水刑重新归类为酷刑，所以就不能再利用水刑来榨取信息了。

在第六章中，我们会考察这一观点：无论酷刑或"强化"审讯方法是否能收到效果，这种方法本身从道德上说都是根本错误的。但就功利主义者的视角来说，重要的问题在于：这些方法管用吗？比起收益来说代价是什么？参议员约翰·麦凯恩（越战时期曾作为战俘被酷刑折磨过）认为，美国不应该对敌方战斗人员 / 恐怖分子施加酷刑，因为那样并不能获得可靠的情报：囚犯为使酷刑停止什么都会说，有些囚犯还受过训练，会在胁迫下有意说出假情报。将其置于功利主义公式来看，所引起的痛苦并不能带来足够有用的结果以证明痛苦为正当。麦凯恩观点的反对者认为，在极端情况下，如果我们不将严酷审讯方法作为最终手段，就是失责。麦凯恩等人的回应是，酷刑通常不起作用，使用酷刑还可能导致被折磨人员所在的群体采取进一步的复仇行动。当然，所有这些论点从根本上说都是功利主义的：赞成酷刑的论点认为在极少的情况下诉诸酷刑，可以给我们所需的生存以一线希望，所以利大于弊；反对酷刑的论点认为，酷刑并不能带来可靠的信息，作为报复的反攻还会升级，所以弊大于利。

边沁会赞成对可能掌握下一次恐怖袭击信息或首领行踪的恐怖分子施以酷刑吗？这单纯依赖于最终的可能结果。边沁的批评者——以及酷刑的批评者——指出，如果将酷刑作为最后手段，那么有什么可以阻止我们降低标准，在事态不那么严重的情况下使用酷刑？支持使用包括水刑的"强化"审讯的人，无疑仅将其作为最后手段以及必要手段来使用：在尊重所有人类的同时，有一些人正在准备杀害我们，所以我们不能放松警惕。但是，批评者说，采用那种方式，就是忽视了自美国建国以来人们最为珍惜的东西：对人类最基本的尊重。这种尊重的基础，我们将在第六章进行探讨。

约翰·斯图亚特·穆勒：功利主义的另一种类型

边沁在建构功利主义理论方面并不孤单。他和他的密友詹姆斯·穆勒一起研究出了新道德体系的各种细节规范。詹姆斯·穆勒 9 个孩子中的长子约翰·斯图亚特·穆勒天资聪颖，詹姆斯·穆勒志在尽可能多、尽可能快地培养儿子的才能和智识。小男孩学得非常快，在年龄很小时就可以阅读希腊文和拉丁文。整个童年时代，他都被往科学家的方向精心培养。他在私塾学习，成绩令人惊叹，直到 20 岁时被神经衰弱击倒。他的危机也是安静而彬彬有礼的，与他的秉性一致：他仍在继续工作，他身边几乎没人发现他的问题；但从内心而言，他突然停下了，并决定在非常现代的意义上"探寻自我"，因为他意识到，尽管一直在高强度学习，但他的教育在某一方面是极不完整的。他非常清楚如何思考，但他不知道如何感受；作为孩子，他在情感上一直是有所匮乏的，除了他的妹妹维丽、哈丽雅特和克拉拉，他从不被允许有玩伴，现在他觉得自己的情感生活十分不正常。（如果你回想起第二章谈论的浪漫主义时期对情感的强调，你就能更好地理解穆勒的经历，因为在浪漫主义巅峰时期，他是一个 20 岁的年轻人。）在他崩溃之前的那几个月，他还忙于辩论、出版论文，并协助编辑边沁的一本主要著作，他可能已经开始经历我们今天所谓的"倦怠"状态——至少可以说，他是过度劳累了。

约翰·斯图亚特·穆勒（1806—1873年），英国哲学家和经济学家。穆勒相信功利主义是唯一合理的道德体系，然而他认为杰里米·边沁的版本相当粗糙，因此他提出了一个更精致的功利主义版本，将诸快乐之间性质上的差异通通纳入考虑。

[Library of Congress Prints and Photographs Division (3b23680u)]

后来，穆勒在自传中描述了自己的崩溃；用现在的话说，他有所美化，这反映出他对杰里米·边沁的反抗：

> 1821年冬天，当时我初次阅读边沁……在生活中我可能有能被称为真正目标的东西，即成为变革世界的人。我对生活的构想与此目标完全一致……但在某一时刻，我从中醒来，就如从梦中醒来。那是1826年秋天。我的神经处于迟钝呆滞的状态，就像每个人偶尔都有的那样；快乐或令人愉悦的兴奋都不能打动我……在这种心情状态下，我突然想到要问自己："假设你的生活目标全都实现，所有你期望的机构和观念变革，全都在这一瞬间达到圆满效果，这对你来说会是极大的快乐与幸福吗？"一种无法抑制的自我意识确定地回答："不是！"此时我的心沉下去了：我构建人生所依赖的整个基础坍塌了……似乎没有什么能让我为之活着……如果我能爱一个人到向她倾诉悲伤成为必要的程度，我就不会是这种状态。

穆勒后来对自己精神崩溃的解读是，他父亲的智识训练和边沁的哲学令他失望——功利主义的幸福最大化原则可能会带来多数人的幸福，却不必然使功利主义者幸福。在自传中，穆勒这样说明他的教训：要找到幸福，靠的不是去寻找幸福，而是在专注于其他事务时享受生活。"当你问自己是否快乐的时候，你就不快乐了。"身处危机的穆勒发现了快乐主义悖论的真相：你越努力去寻找快乐，快乐就越可能躲开你。但在穆勒心理上真正发生的事，可能他一点也不清楚。第一，他过度劳累，而且冬天临近了。第二，他是以智力见长的知识分子，但他所处的是西方历史上迄今为止最注重情感的时期。第三，他非常孤独并变得沮丧，他陷入了严重的"忧郁"。但孤独问题并未持续太久，他对功利主义的幻灭也很快过去了——他只是停止在其中寻找自我满足，转而专注于改善世界的目标。

穆勒开始探索情感世界——音乐、诗歌、文学，随后他去了欧洲大陆漫游（就像浪漫主义时期的画家和诗人一样）。以一种迂回的方式，穆勒的个人故事阐明了努斯鲍姆的理论，即情感并不是与伦理无关（见第一章）。在这一时期，他花时间重新审视了自己的人生和未来，离开科学，并决定"加入父亲的事业"，成为社会思想家和经济学家。作为社会思想家的他成了 19 世纪最有影响力的人之一，为西方世界自由与保守两方面的很多政治思想奠定了基础。下面我们来看看穆勒有着深远影响的三大哲学思想：（1）他关于高级快乐和低级快乐的理论，（2）他提出的伤害原则，（3）他对女性获得平等权利的坚持。

穆勒对功利主义的修正：高级快乐和低级快乐

穆勒的目标是拾起自己教父和父亲的功利主义理论并重新设计，使其适应更为复杂的时代。边沁认为极为重要的东西——一种更公正的法律体系——已不再是首要目标，因为穆勒意识到，如果普通大众没有获得适当的教育，真正的社会平等是不能实现的。穆勒也认识到边沁的功利主义版本存在一些缺陷。比方说，它太简陋，只依赖于一种非常简单的识别体系，即快乐是善、痛苦是恶，而没有具体说明苦与乐的性质。（有人说事实上这正是早期功利主义的优势之一，但穆勒将其视为严重缺点。）边沁版本的功利主义也假定人们非常理性，可以一直遵循道德计算。然而穆勒指出，即使人们清楚看到，改变自己的行为方式将能让他们和其他人总体上获得更多的快乐，人们可能也还是会继续做过去常常做的事，因为人是习惯的生物；支配我们行动的往往是我们的情感，而非冷静的沉思。所以，我们不能依赖理性到边沁认为的那种极端的程度。（当然，这并不意味着我们不能教育孩童和成人更好地动脑筋。）稍后我们会回到教育的问题上，但我们先看穆勒决定怎样重新设计功利主义理论。

穆勒似乎一直是比边沁更复杂的人，他的理论也反映出这种复杂性。在穆勒看来，人类追求快乐，以及道德善好在于获取这种快乐，这只是故事的一半——但正是这一半常常引起更多误解。当人们听到这一思想时会怎样想呢？唯一重要的是对任何可能欲望的轻松满足——用穆勒重复功利主义批评者的话说，这是"只配得上猪的学说"。因为人们拒斥"只寻求猪猡般的快乐"的观念，所以他们将功利主义当作一种无价值理论拒绝了。穆勒说，人们感到不满，恰恰是因为他们不是猪，他们在生命中想要的远超过猪所能有的愿望。人们不可能满足于基本的快乐，一种好的道德和社会理论应该反映这一点。此外，穆勒说，所有提倡幸福快乐的理论都被控诉为是在谈论能轻易得到的满足，但这种批评对功利主义是不公平的。甚至伊壁鸠鲁也认为，在身体享乐之外，人生中还有许多东西能给我们带来幸福，功利主义也从未主张只能将快乐和幸福定义为对身体欲望的简单满足。

为什么穆勒对于寻求身体欲望满足的指控如此不安？想想他所生活的多变时代。当他写下《功利主义》一书时（1863 年），大英帝国已经进入维多利亚时代26 年。维多利亚女王 1837 年登上王座，道德风尚自边沁时代以来已经历了一个微妙的转变；对于身体快乐的倾力关注整体上已被中产阶级摒弃，比上一代更有过之——表现得沉溺其中会被视为不够正派。在很多人看来，维多利亚时代是一个虚伪、双重标准的时代，但指责穆勒采用双重标准是不公平的，因为他的一些真正革新社会的思想理念，源自他对人们选择全力投入这种生活方式的愤慨。然而，穆勒觉得有必要向读者保证，他们可以追随功利主义、阅读边沁的作品，而不至于被归类为追求享乐的人，这可能体现了那个时代的特点。

有人认为，这个故事也有个人的一面。20 多岁时，原本担心自己对情感一无所知的穆勒疯狂爱上了一位年轻的已婚妇女哈丽雅特·泰勒，对方对他也有这种感情。两人保持了约 20 年的关系，直到她的丈夫去世，他们才最终结合。他们的关系在很多年里都是公开的秘密，连泰勒先生也知道。（作为诚实的人，他们显然将这种感情告知了泰勒先生，并向其保证他们无意破坏婚姻。）人们通常猜测他们的关系已涉及性的方面，但从通信来判断，他们可能一直保持着纯精神性的友谊直到结婚。他们的信件体现了穆勒的新版本功利主义：两人的共识似乎是，精神愉悦和智识友谊比身体满足更有价值。约翰·斯图亚特·穆勒结婚以后一直在筹备出版《功利主义》一书，但到 1863 年此书出版时，哈丽雅特已不在人世。在他们结婚后不到 10 年，她就去世了（可能死于结核病）；然而，穆勒的道德和政治著作明显受到了他们过去约 30 年的智识讨论的启发。（见知识窗 5.9 对穆勒妇女权利观点的讨论。）

那么，穆勒所提出的理论是什么呢？是一些快乐比其他快乐更有价值，更"高级"。他认为，从整体上看，人们更倾向于坚守尊严，为真正使人满足的经历奋斗，而不是仅仅接受轻易的满足。做一个不满足的人胜于做一只满足的猪，做不满足的苏格拉底胜于做一个满足的傻瓜，穆勒说。即便生活中更重要的快乐需要做出一些努力——例如，一个人必须学习数学才能理解解决数学问题的快乐——这样的努力也是值得的，因为这种快乐比你仅仅保持消极得到的快乐更大。

知识窗 5.9　穆勒与女性事业

约翰·斯图亚特·穆勒今天被认为是在西方近代史上为男女政治平等发声的第一位有影响力的男性。[在英国，玛丽·沃斯通克拉夫特于 1792 年出版了《女权辩护》一书；但在 1673 年，法国作家普兰·德·拉巴尔（笛卡尔的一个学生）就已出版了《性别平等》，在书中他基于男女在思维能力上的平等而呼吁全面平等，然而，该书在很长一段时间里被严重忽视。]穆勒的著作《妇女的屈从地位》（1869 年）向读者揭示出，在当时人们认为的现代社会中，男性和女性的生活之间有一条不平等的鸿沟。他对这种不平等的曝光，对于英国以及西方世界其他地方的女性获得投票权来说，是一个强有力的贡献性因素。1866 年，当时是英国议会成员之一的穆勒，曾试图使一项有助于确立英国的性别平等的措施通过。该措施流产了，但穆勒成功让该话题引起了人们的注意。就此而论，据说穆勒是受到了他长期的朋友、后来的妻子哈丽雅特·泰勒的启发，泰勒本身就是知识分子，不过，穆勒早在 1824 年不到 19 岁时就在一篇文章中表现出了对妇女权利话题的兴趣。在第十二章的基础阅读部分，你会读到哈丽雅特·泰勒·穆勒的文章以及对早期女性主义的综述。

现在问题就变成了，谁来决定哪些快乐更加高级、哪些快乐较为低级？我们可能容易假设，身体快乐是比较低级的，但必然如此吗？穆勒提出了一个测试方法：我们一定要询问对两种快乐都熟悉的人，他们选择什么作为高级目标，那就是最终答案。假定我们聚集了一群人，他们有时会订购比萨、啤酒，观看《周一橄榄球之夜》节目或真人秀，但偶尔也会去法国餐厅，然后回家观看 PBS 的《名作剧场》。我们可以问他们，比萨和橄榄球与法国美食和《名作剧场》，哪一种活动是更高级的快乐。如果测试管用，假设大多数人说总体上他们认为还是比萨和橄榄球是更高级的快乐，我们就必须接受它。但穆勒会接受吗？这是他的测试的缺点——他应该不会接受：

> 在大多数人的天性中，体验高尚情感的能力是一株娇嫩的植物，很容易被摧毁，不只是对立的力量，仅仅是缺乏生计就能将其摧毁；对于大多数年轻人来说，如果其所从事的职业和其所处的社会不利于在实践中保持这种高级能力，他们体验高尚情感的能力就会迅速消失。人们失去了知识品味，也就失去了崇高的志向，因为他们没有时间或机会沉迷其中；他们对低级快乐上瘾，不是因为有意偏爱，而是因为他们只能接触到或如今只能享受这样的快乐。

这意味着什么？这意味着如果你像大多数人一样投票给比萨和橄榄球，穆勒就会宣称你失去了享受法国美食和有知识含量的电视节目（这样的节目需要你付出思想上的注意力）的能力，用一种现代说法就是"不用就废"。换句话说，他操控着他的测试。这导致一些批评者表示，穆勒是一个在智识上自以为是的人，一个"文化帝国主义者"，企图将他的标准强加给大众。而谁是这一过程的直接受害者呢？那就是作为边沁版本功利主义基础的平等主义原则，关于什么是乐什么是苦的一人一票制在穆勒的测试中土崩瓦解。根据穆勒的观点，我们必须诉诸"幸福的权威"，以找到我们每个人应该渴望的是什么。

哈丽雅特·哈代·泰勒·穆勒（1807—1858年）是其丈夫约翰·斯图亚特·穆勒的长期密友以及主要灵感源泉。她关于个体权利的观点反映在穆勒的作品《论自由》（1859年）中，该书在她逝世后不久出版。不过，他们不是对每件事都有一致意见：穆勒认为女性结婚后就必须放弃家庭之外的工作；泰勒认为女性有权利去工作，无论婚姻状况如何，而且没有过错的离婚也应该是可行的。然而，这对夫妻看起来在其他大多数问题上有一致意见，可谓我们今天所说的"灵魂伴侣"。穆勒对她的死深感悲痛，并在安葬她的墓地附近买了房子，以便经常去看看她的坟墓。

　　假如我们进行穆勒的测试，向看似对很多类型的快乐都有了解的人询问他们更喜欢哪种快乐，那么我们可能会得到穆勒或许不会接受的回应，因为有些人可能更倾向于身体快乐，而不是智识或精神上的快乐。尽管如此，最近的一项研究声称（并没有提及穆勒），有精神追求的人群总体上比只关注生活中物质快乐的人群更幸福。目前，是否可能找到与这个问题相关的可靠统计数据，这本身是有疑问的，但穆勒或许会乐于看到这样的调查：他更推崇高级的、智识的或精神的快乐，并不是因为这种快乐更精致，而是因为从长远来看，这种快乐应该能比简单满足带来更高形式的幸福。（知识窗5.10探讨了穆勒证明高级快乐更为可取的尝试，还介绍了自然主义谬误这一概念。）

知识窗 5.10　自然主义谬误

　　约翰·斯图亚特·穆勒承认，"幸福是终极价值"这一论点没有证据，因为奠基性原则是无法证明的，然而他通过类比提供了一种证明。该证明困扰着从那时到现在的哲学家们，因为它对穆勒本人思想体系的伤害实际上大于益处。该类比这样展开：我们能证明某物可见的唯一方法就是人们实际看到它；同样，我们能证明某物可取的唯一方法就是人们真的渴望它。每个人都渴望幸福，所以幸福就是终极目标。为什么这作为类比并不成立？因为"可见"并不类同于"可取"。当我们说某物可见，我们是在描述人们事实上看到的；但当我们说某物可取，我们并不是在描述人们所渴望的。如果很多人渴望毒品，我们并不能因此得出结论说毒品是"可取的"，因为"可取的"意味着某物应该被人们渴望。然而，问题实际上更为深刻。即使可以通过清点票数来找出什么是道德上可取的，为什么我们就应该得出结论说，因为很多人渴望某物，就应该有一种道德要求让我们全都渴望它？换句话说，我们从"实然"（"某物是被渴望的"这一描述性说法）迈入了"应然"（"某物应该被渴望"这一规范性/规定性说法），就像哲学家大卫·休谟曾指出的，我们无法通过描述性陈述，比如人们实际做了什么来治理国家，得出人们应该做些什么。这一步跨越被称为**自然主义谬误**，是思想家、政治人物、作家以及其他有影响力的人常犯的错误，而这么做是危险的。我们不能单纯基于实际情况制定政策。例如，即便最终发现，女性实际上生来比男性更适合当家长，就此得出结论说男人不应该当单身父亲（或所有女人都应该做母亲）也是不公平的，因为我们不能从简单的事实陈述前进到政策声明。这并不意味着我们不能基于事实制定政策，那样是荒谬的。我们需要做的是加入价值陈述——关于好坏、对错是什么的见解（所谓的隐藏前提），这样就能够从事实出发（例如"今天有很多未成年人怀孕"）到达隐藏前提（"我们认为未成年人怀孕对未成年女性、对孩子以及对社会都是不利的"），再得出结论（"我们必须努力减少未成年人怀孕"）。在这种情况下，不同意我们结论的人依然可以同意事实陈述，只是他们不认同我们的隐藏前提。尽管这一观点偶尔会受到各方思想家的挑战，但它仍然是哲学的基本规则之一。

即使如此，"精神生活"的概念还是相当模糊和难以捉摸的，所以让我们用一个例子来使它更具体：学习演奏乐器。任何一个尝试学习乐器的人都知道，在刚开始的几个月里，演奏的声音不会很好听，练习很苦，你甚至打算放弃。但如果你坚持下去，很可能有一天，你会感到可以用你想要的方式演奏你想演奏的音乐，甚至与他人一起演奏，那时，你就给自己和听众带来了愉悦。当然，其他很多需要刻苦习得的技艺，例如说外语和画水彩画，也是同样的情况，学会之后，你将收获巨大的满足。所以，穆勒可能会在此进一步提问：如果你可以选择，你愿意放弃那种技能吗？放弃的话，你可以收回所有的练习时间，用它们来看情景喜剧。对于这个问题，我想恐怕没有人会回答愿意；尽管需要花很多时间进行艰苦练习，还会遇到挫折，但将我们的艺术技能认定为高级快乐完全不成问题。很多人，包括穆勒，也许也包括苏格拉底，应该宁可承受暂时的不满，将简单满足放在一边，也希望获得更高级、更好的东西。但我们仍然必须问，根据穆勒（以及我们自己）的看法，所有经过努力才能获得的技艺是不是都有资格被称为"高级快乐"？那么运动呢？电脑游戏呢？骗术呢？在本章末尾，你可以读到《功利主义》的节选，穆勒在相关段落中给出了他对幸福、有意义的生活的看法。

穆勒的伤害原则

穆勒会实现他想要的吗？无疑他想重新设计功利主义，使其反映有教养人群的复杂性，但他打算将自己塑造为一个文化专制者吗？看起来他想要的完全是另一回事。边沁希望让那个在考文特花园卖花的农妇安宁地享受自己的杜松子酒，而穆勒则想要教育她，使她不再需要杜松子酒，并且能够体验中产阶级夫妇欣赏歌剧时获得的值得称道的快乐。换句话说，穆勒所推崇的可能不是精英主义，而是更大的快乐可以从成就中获取这一观念。我们如果在一个数学问题、一首乐曲或一幅画上努力并最终正确掌握了方法，就会有一种特殊的成就感。穆勒认为这种快乐应该为每个具备能力的人所获得。他视之为更高层次的平等，它以通识教育为基础。获得通识教育后，受教育者的选择就只是他／她个人的事，没有人有权利干涉。然而，在这种程度的教育实现之前，社会有权温和地告诉孩子和孩子般的成年人，他们应该更喜欢什么。

通向成功的关键就是保持乐观，甚至在你失败的时候。

如果失败也让你感觉良好，为什么还要成功？

我明天读读那篇杂志文章的下一页再回来和你聊。

功利主义的一个不足之处在于，如果任何行动的最终目标都是为了感觉良好，是什么让我们感觉良好就无所谓了。这幅《呆伯特》漫画就一针见血：如果成功能让我们感觉良好，但失败也不会让我们感觉不好（因为有人认为感觉好对于保持自信很重要，无论他们怎么实现），那么成功的动力又何在呢？

这在今天听起来有点家长式作风，而穆勒的立场有很多支持该观点的成分。为了仔细地了解穆勒关于什么对人类最好的观念，我们必须看看伤害原则，该原则有时也被称为*自由原则*。

尽管功利原则依据增加幸福、减少不幸的观点，为个人及政治行动提供了一般性的指导路线，但它几乎没有说明在什么样的情况下，一个人可以为了改善他人生活而合理地介入其中。穆勒对这种介入的边界有着非常明确的想法；在他的《论自由》（1859 年）中，他检视了政府控制的适度边界。因为历史在进步，从统治者奴役人民而人民不得不保护自己免受统治者暴虐行动的时代，发展到了原则上说民主统治者就是人民的时代，此时，认为统治者一方有绝对权威的思想对于人民就不应该再是危险的了。但现实向我们表明，情况并非如此，因为我们还要面对多数人的暴政。换句话说，现在需要保护的是少数派（这里穆勒想到的是政治少数派），他们可能希望以不同于多数派的方式、按照他们认为正确合适的想法生活。应该允许社会中的多数派施加多少压力给少数派？作为对这一问题的回答，穆勒提出了伤害原则：

这条原则就是：人类之所以有理有权可以个别地或者集体地对其中任何

分子的行动自由进行干涉，唯一的目的只是自我防卫。这就是说，对于文明群体中的任一成员，所以能够施用一种权力以反其意志而不失为正当，唯一的目的只是要防止对他人的危害。若说为了那人自己的好处，不论是物质上的或者是精神上的好处，那不成为充足的理由。人们不能强迫一个人去做一件事或者不去做一件事，说因为这对他比较好，因为这会使他比较愉快，因为这在别人的意见认为是聪明的或者甚至是正当的；这样不能算是正当。所有这些理由，若是为了向他规劝，或是为了和他辩理，或是为了对他说服，以至是为了向他恳求，那都是好的；只是不能借以对他实行强迫，或者说，如果他相反而行的话便要使他遭受什么灾祸。要使强迫成为正当，必须是所要对他加以吓阻的那宗行为将会对他人产生祸害。任何人的行为，只有涉及他人的那部分才须对社会负责。在仅只涉及本人的那部分，他的独立性在权利上则是绝对的。对于本人自己，对于他自己的身和心，个人乃是最高主权者。[1]

那么，这一原则与四年后他的主张是如何衔接的呢？他后来的主张是，高级快乐比低级快乐对人们更有益，有些人没有能力知道什么对自己是好的。穆勒的一些批评者说，二者根本无法调和——穆勒在一处文本中主张，人们有权利为自己选择毒药，在另一处则认为他们没有这种权利。但我们也许能发现一条中间路线：穆勒在《论自由》中说，假如人们这样选择，就应该允许他们遵循其趣味；而他在《功利主义》中说，每个人都应该被允许通过教育而接触高级快乐，使他们有可能做出更好的选择——但他并不愿意强迫任何一个能控制自己心智的成年人，要求其服从由他人的趣味所制定的人生规则。这至少是对穆勒作品的一种可能解读，能调和以上两种观点。（关于伤害原则在毒品合法化议题中的应用，见知识窗 5.11。）

伤害原则有着极为深远的影响。它部分建立在洛克的消极权利理论基础上（见第七章），后者不仅在英国有很大影响，还影响了美国宪法，穆勒的理论推动界定了两条如今相互矛盾的政治思想路线。我们通常将穆勒的观点称为*古典自由*

1　本段及第 316 页译文出自约翰·密尔：《论自由》（许宝骙译，北京：商务印书馆，1959 年），第 10—12 页，略有改动。——编者注

主义，因为他重点关注个人自由。公民自由的理念——在隐私权利范围内，在不伤害的条件下，公民有权利做他们想做的事，并有权要求其政府确保最大多数人受到的伤害最少、得到的幸福最多——也是平等主义*自由主义*的基石。但个人自由和政府不干预的观念也成为*自由放任*政治理论的关键，该理论要求政府尽可能少地插手干预，主要是对私营企业。自由放任主义背后的理念是，如果我们全都只关心自己的事务，没有权威将我们的事情当成他们的，那么我们全都会过得更好，这在今天被看作保守主义经济哲学，美国自由党表达了它的极端形式。

隐私权的限定可能比初看上去多得多。只有在我们的行为举止关系到他人时，我们才对社会有责任，这究竟意味着什么？穆勒所设想的当然包括知情同意的成年人有权在其家中的私人空间发生性行为，无论他人对此感觉如何。在这样的案例中，只有好管闲事的邻居可能是"有关"的人，根据穆勒的观点，"有关"人士的权利有多大，取决于其在多大程度上会接触到那两个成年人的活动。换句话说，如果你拿着双筒望远镜才能与这一情况相接触（并因此成为"有关"人士），那么你最好把望远镜收起来，管好你自己的事。

知识窗 5.11　伤害原则与毒品合法化

约翰·斯图亚特·穆勒的伤害原则，即干预某人生活的唯一目的是避免对他人的伤害，一直被应用于很多社会与政治论辩，总的结果是我们看到，这个原则实际上多么模棱两可。例子包括围绕安乐死的争论（见第十三章），关于卖淫等（据称）"无受害者的犯罪"的争论，以及关于毒品合法化的讨论。

关于毒品合法化的一般性功利主义观点并不就毒品本身的"好"与"坏"表明立场，而是考虑，让毒品可以合法获得相对于禁止毒品而言，长期来看是否会带来更多的不幸（或幸福）。但是请记住，伤害原则限制了"总体幸福原则"，因为它阻止我们为他人的利益而干涉他人，除非那人伤害到别人。你不能强迫某人去尝试他人的幸福模式（现在你可能注意到了，穆勒本人的高级快乐理论并不能与伤害原则相协调，因为他认为人们应该受到教育，以便能够享受高级快乐，即使他们可能不想放弃低级快乐）。

支持毒品合法化的论证通常包括以下几条：

·抵制毒品并不奏效————花费高昂，狱中挤满毒品犯罪者；此外，毒品依然跨越边境被带入美国。

·如果毒品合法化，就可以更安全，因为它们能够被各州控制，黑市将会消失。毒品不再昂贵，瘾君子无须转向犯罪来获取毒品。

·重度吸毒者可以得到州政府的帮助，能够管束自己吸毒的人可以自便；毕竟，能够管束自己饮酒的人不会被定罪。

此处显然运用了伤害原则：如果一个人少量吸毒不会对他人造成伤害，那么他或她就应该被允许继续吸毒。（这是美国自由党的毒品政策。）这就是提倡毒品合法化的人通常寻求穆勒支持的地方。但我们不应该得出草率的结论。如果我们进一步审视该问题，吸毒还是只涉及成熟到足以管束自己习惯的个体的事吗？

·抵制毒品即便并不起效，也不是放弃抵制毒品的理由。如果监狱中塞满毒品犯罪者，解决方案不是将吸毒非罪化，而是及早教育孩子们不要吸毒。

·犯罪会减少吗？黑市会消失吗？吸毒会更安全吗？除非你生活在幻想世界。香烟是合法的，但烟草黑市巨大，烟草走私是大生意，毒品再便宜，也会有人因为买不起而转向犯罪。如果毒品合法化包含监管（较安全的毒品），那么毫无疑问，不受监管的毒品将会出现在黑市，再次开启这个循环。

·州政府救助重度吸毒者是一个好主意——个别州已经开始这样做了。可能有些人可以对自己使用成瘾性药物的习惯负责，就像很多人可以对自己饮酒（当然，酒精也是成瘾的）负责一样。然而——这就是伤害原则的转折点——想一想那些只是因为毒品不合法而不接触毒品的人，尤其是年轻人。如果毒品合法化了，这个障碍就去除了；这就意味着大街上会有多得多的人处于毒品的影响下，从而危及他们自己和交通中的他人，更不要说造成终生依赖了。

因此，反对毒品合法化的人认为，总的来说，比起继续针对毒品立法，毒品合法化将导致更多危害。此外，即使一个人可能没有直接伤害他人，他或她也可能会导致其他不成熟或无法负责任的人效尤。穆勒认为只有直接伤害到他人才是干涉的理由，这类间接伤害不在他考虑之内。（但他可能认为毒品是一种"低级快乐"。）尽管如此，后来伤害原则的批评者和支持者都认为，直接伤害和间接伤害之间的界限常常模糊不清。一个坏榜样对一个易受影响的孩子造成的伤害，可能比对一个应该能够明辨是非的成年人造成的伤害更明显、更直接。因此，伤害原则可以用于反对毒品合法化。在医学上使用大麻等药物可能是不同的，因为此类药物的医学使用已经是美国文化的一部分。鉴于医用大麻不仅在许多州已经合法化，而且作为娱乐性使用的大麻也在越来越多的州被合法化，基于伤害原则的合法化争论的影响在不久的将来应该可以估量。将酒精作为成瘾品进行立法的问题当然与毒品问题有相似之处：酒精不仅直接危及酗酒者，也危及他人；MADD（反酒驾母亲组织）和其他与饮酒相关的事故的受害者及其亲人全都能证实这一点。但有一个不同：其他大多数毒品类药物的使用者，都是为追求毒品的效果而使用；而饮酒者往往是为了酒精饮品的口味而非其效果消费，因此酒精摄入量可以不必达到对其他人构成危险的水平。

但是，如果情况是一个十几岁的女孩因为男朋友和她分手而决定结束生命呢？伤害原则对此适用吗？她只伤害了自己，所以社会无权干涉吗？对此穆勒可能会以几种方式作答。比如，她伤害的不仅是她自己，还有她的家人，他们会为她悲伤，并因没有干预而内疚。也存在示范问题。如果处境类似的其他青少年了解到她的自杀，他们可能会认为这是一个好主意而步其后尘，这将会引起更多伤害。而间接伤害的范围到何处为止呢？它难道不是像投石入水后的涟漪一样扩散吗？穆勒本人并不认为间接伤害，例如有缺陷的榜样引起的伤害，能够充当权威介入的明显理由。对他来说，一个成年人不应该只因他人可能模仿其行动而被阻止做他或她想做的事，但当他或她的行动（如在岗警察醉酒——穆勒自己举的例子）可能导致对他人的直接伤害的时候，就可以加以阻止。对于当前关于直接伤害与间接伤害的讨论，例如关于头盔法、毒品法以及卖淫的讨论，你可以得出自己的结论。显然，穆勒对其伤害原则的解释依然能引起激烈的争论。对于自杀少女的案例，穆勒很有可能补充：这种情况不适用伤害原则，因为女孩（1）不是成人，（2）还不具备理性的心智结构。

> 或许无须多加说明，这条教义只适用于能力已达成熟的人类。我们不是在论幼童，或是在论尚在法定成年男女以下的青年。对于尚处在需要他人加以照管的状态的人们，对他们自己的行动也须加以防御，正如对外来的伤害须加以防御一样。根据同样理由，对于那种种族自身尚可视为未届成年的社会当中的一些落后状态，我们也可以置诸不论。［……］在对付野蛮人时，专制政府正是一个合法的形式，只要目的是使他们有所改善，而所用手段又因这个目的之得以实现而显为正当。自由，作为一条原则来说，在人类还未达到能够借自由的和对等的讨论而获得改善的阶段以前的任何状态中，是无所适用的。［……］但是，到人类获得了这种能力可以借说服或劝告来引他们去自行改善的时候［……］强制的办法［……］就不能再成为为着他们自己的好处而许可使用的手段，就只有以保障他人安全为理由才能算是正当的了。

通过对伤害原则的这一补充，穆勒显然明确了儿童除外，但穆勒所认为的"落后"社会状态中的每一个人也要被排除在外。我们再次看到穆勒的思想有多复杂：他毫不动摇地想要捍卫公民自由，但也有些家长作风，不符合他关于"成人"定义的所有人都必须被引导或强制遵守现行规则。不属于"成人"范畴的个体及族群都必须被他人统治，直到其成熟到能自己料理事务为止。批评者认为，这不仅是文化帝国主义，更是政治帝国主义：有些族群太过原始，不能自我管理，因此需要别人代他们来管理，并让他们达到西方人的标准。这样的族群有哪些？可能包括原先英国殖民地的所有原住民。由于穆勒谋生并不是靠当哲学教授，而是靠在东印度公司任职，该公司经管着印度殖民地（他的父亲詹姆斯·穆勒也曾在该公司工作，还写下了关于印度历史的长篇著作，约翰·斯图亚特·穆勒本人则在 1923 年不到 18 岁时开始在此工作），他对殖民地事务的了解源于殖民者的视角。这种有时被称为"白人的负担"的视角，在今天这个时代是绝不可接受的，但控诉穆勒是一个帝国主义者，这公正吗？或许是的，特别是考虑到穆勒的《论自由》出版于 1859 年，而两年之前大英帝国因始于印度北部的印度民族大起义而大为震恐，在这场起义中，成百上千的英国官员和他们的妻子儿女死于英印军队中印度步兵团的军士之手。这场起义是两个文化群体长期冲突和误解的结果，发生在大英帝国统治和（像很多人所描述的）剥削一百多年之后。起义之后，印度被英国王室全面接管并作为帝国的一部分来统治。穆勒在起义中惊骇万分，但英国政府的接管也让他震惊，他随后退休，不愿参与新政府的事务。他的主要目标似乎并不是延续大英帝国，而是持续推行功利主义理念，即在全球范围内为最大多数人谋求幸福最大化与痛苦最小化。如果穆勒对大英帝国的生活方式有所偏向，或许是可以理解的：从很多方面看，这种生活方式对于 19 世纪那些有机会接受良好教育的人来说可能是世界上最好的。用我们的话说，它是一种极度"文明"的文化，至少对中上层阶级是如此。所以，或许我们可以认为穆勒除了在智识方面自命不凡，也是一个希望人人都有他所拥有的良好机遇，并能像他一样充分享受人生的教育家。考虑到《论自由》出版之前，穆勒遭遇了两次人生打击，即 1857 年的印度民族大起义和他随后的失业，以及 1858 年妻子的离世，这部作品表明了他的韧性，他将内心的惶乱转化为对政治自由和教育问题的思考——这在很多方面类似于他在 20 岁第一次精神危机后的重整。

关于穆勒，可以最后说一点：现状有时会迫使我们重新评价我们认为只是历史的组成部分的东西——那些我们认为已透彻理解的东西。至少半个世纪以来，批评穆勒一直被认为是正确和适宜的（至少在美国），因为他想要管理印度，直到它有能力在民主风尚下自我管理。伦理相对主义，作为 20 世纪一股强有力的文化力量，告诉我们每种文化以它自己的方式都是正确的，没有哪种文化有权将其价值凌驾于其他文化之上。但等等……在第三章中，我们讨论了让很多人改变伦理相对主义心态的情况。当小女孩被施行割礼的时候，我们只是袖手旁观吗？人们被卖身为奴隶的时候呢？现在假设我们再加上：当人们受独裁者折磨和屠戮的时候呢？当一整个族群面临种族灭绝威胁的时候呢？这就来到了一个十字路口：一方面，我们可以坚持先前对穆勒的批评，认为无论情况如何，一个国家都无权企图去管理另一个国家，或者将其政权改变为看似更为正确，甚而只是更可接受或更为安全的政权；另一方面，如果我们同意穆勒的观点，认为民主比暴政更好，有教养的人民的自由比文盲的迷信更好，那么，我们还能继续宣称穆勒是错的吗？如果我们认为穆勒有道理，那么这和美国对其他国家事务的干涉如何关联？对穆勒和当时的其他英国公民来说，印度民族大起义是极为震撼的经历。即使他不赞同英国政府对危机的处理方式，但他的结论依然是，未"文明开化"的民族国家必须被置于其他国家的文明影响之下，直到它们成熟到足以自我管理。所以，如果我们透过美国的"9·11"经历，以及后续在阿富汗和（特别是在）伊拉克的系列战争来审视穆勒的态度，你还会责备穆勒的观点吗？你会重新评价穆勒的说法吗？对于一个像穆勒这样的功利主义者来说，问题最终在于，目标能否完成，代价如何。在第十三章中，你可以读到关于正义战争的理论。现在，我建议你进行一个思想实验，即用 21 世纪的眼光看待 19 世纪的事件，然后再从 19 世纪哲学家的视角来看待今天的事件。或许这可以加深你对过去及现在的理解。

知识窗 5.12　彼得·辛格，一位当代功利主义者

在第四章中，我们介绍了互惠利他主义，并举了关于两个猎人和剑齿虎的例子。提出这个例子的作者就是澳大利亚哲学家彼得·辛格。辛格（生于 1946 年）自我认定为功利主义者，他的观点非常接近我们所说的行为功利主义的风格，而并不纳入边沁基于数字的快乐计算法。他自 1999 年起在普林斯顿任教。辛格可以说是当代哲学家中最具争议的一位，他在著作、文章、专栏和社交媒体上，都为自己在安乐死、动物权利、全球福利等等问题上的功利主义观点进行辩护。他是有效利他主义概念的代言人，即引导捐赠

朝向能最有效地发挥作用的地方。

　　他最著名的作品包括《动物解放》（1975 年）、《实践伦理学》（1979 年）、《扩大的圈子》（1981 年）、《一个世界：全球化伦理》（2005 年）、《你可以拯救的生命》（2009 年），以及《行最大的善》（2015 年）。此外，他还与保拉·卡瓦列里合作创立了"类人猿项目"，该项目倡导保护类人猿（倭黑猩猩、大猩猩、黑猩猩和红毛猩猩）的三项基本权利：生命权、自由权和不受虐待的权利。

（© Cindy Ord/Getty Images）

行为功利主义与规则功利主义

　　20 世纪，一些为功利主义所吸引的哲学家意识到，一个道德正当的行动是能让尽可能多的人幸福的行动，这种思想有一些严重的固有问题。其谬误之一如前文所述，可以想象很多人从其他少部分人的痛苦中获得乐趣，但即使在人们对其幸福基于他人痛苦这种情况完全无知的情况下，这也仍是一个让人不安的想法，尤其是如果人们相信"黄金法则"（约翰·斯图亚特·穆勒就是如此），即你愿意别人怎样待你，就应怎样待别人，反之亦然。穆勒本人已意识到问题所在并认同这一点：长期来看一个多数派苛待少数派的社会不是一个良性社会。这表明我们仍得解释为什么以他人之苦为乐在一开始就是错误的，在一种不断积累恶果的模式形成之前就是错误的。在某种意义上，穆勒试图解决这一问题，提议将功利主义当作可用于一般情况的一般对策。然而，他没能在其哲学范围内进一步发挥这一思想。

　　也有捍卫者提出，只是个别的功利主义构想会造成问题；如果采用其他构想，问题就消失了。如果我们坚持经典构想，功利原则就会这样展开：**始终**去做为最大多数人创造最大幸福的行为。在这一版本中，前述问题是无法摆脱的，例如，折磨无辜者可能会给一大群人带来很大的快乐。俄国作家陀思妥耶夫斯基在他的小说《卡拉马佐夫兄弟》中探索了这一想法：设想你和其他所有人的幸福都由一个无辜孩童受苦得来，那会如何？（我们在故事部分会更具体地考察这一设想。）不难将其视为一个基督教隐喻，暗示耶稣为了人类的幸福而受难，但有一个重要区别：耶稣是心甘情愿的，无辜的孩童却不是。无论如何，一个功利主义者，根据定义，将同意这一点：如果大量苦难能因之减少，那么让一个无辜者经受巨大痛苦就是合理的。让非人类的动物或整个族群经受巨大痛苦，也有可能被证明为合理。崇高的目的（为多数人增加幸福）无论如何都能将手段合理化，即使手段伤害了存在者的生命权或带来不公。

我们试着重新构想功利主义。如果我们说，*始终去做为最大多数人创造最大幸福的那些类型的行为*，结果会怎样？我们设想一种一次性情况，例如为了其他人的福祉而折磨一个无辜者，这可能在第一种构想中行得通。但假如我们将这种情况视为一种**类型**——由于我们现在为此类情况建立了一条规则，这种情况可能会重复出现——那么这就会变得无法容忍：折磨众多无辜者的后果，长远来看并不能给任何人带来大的幸福。或许这就是穆勒想要表达的？这种新的构想被称为规则功利主义，很多现代功利主义者都提倡它，期盼借此与古典理论中那些令人不悦的含义拉开距离，古典理论在今天被称为行为功利主义。他们认为，如果采用这一新版本，我们就可以专注于特定行为类型的良好后果，而非单个行为本身。对一个学生来说，在一次期末考试中作弊可能有效，但将作弊当作一种规则就不仅是危险的（学生本人可能会被发现作弊），而且在规则功利主义者看来也是不道德的，因为如果每个人都作弊，那么极坏的后果就会发生。教授们会很快明白过来，没有人可以毕业。师生都将痛苦不堪，社会也将错失诸多精心培养、本可以大学毕业的学生。"黄金法则"会以这种方式得到强化：不要做你无法想象其规则适用于每个人的事，因为不适用于所有人的规则不会产生整体上的好结果。

有的批评者反对说，并不是我们做的每件事都能转化成有着好结果的规则。毕竟，我们喜欢做的很多事对我们都是专有的，只是因为一个人喜欢收集电影纪念品，为什么我们就应该设想，如果每个人都收集电影纪念品，世界就会更幸福？规则功利主义者会说，规则功利主义不是这么起作用的。你必须明确，规则**对处于相似情形下**的人们是有效的，而且你必须明确可能有哪些**例外**。如果你有家庭而不是一个人生活，确保按时回家吃晚饭可能就是道德善的，但对独自生活的人来说就不是。按时回家吃饭在道德上是否为善，又取决于你是否还有其他应该去做的更重要的事，比如处理工作上的危机事件、出急诊、课外活动、遛狗、与恋人见面、完整看完一场电视节目、打电话等等。它们可能还算不上合格的例外，但你应该明确在你的规则中哪些例外是可以接受的。规则功利主义者认为，一旦你创立了这样的规则，功利主义理念就会起作用；长远地看，它可以让更多人幸福，让更少的人经历不幸。如果不是这样，那你就要重新择定规则，直到得到正确的规则。

这种方法的问题在于它可能对人们要求太高。我们每次采取行动之前，是否都有可能对我们想做之事的结果沉思一番？我们有可能去预想每个人都做同样的事吗？很可能不。虽然用公司座机打很多私人电话是错的，但假如只有一个人这么做，我们也会认为这是无所谓的事。只要有很多人遵从规则，我们就有可能在打破规则而不造成恶果的情形下侥幸逃脱惩罚。即便如此，这么做的我们也是错的，因为一个良性的道德理论不会将"我自己"设定于规则之外，只因为"我就是我，我配得上"。这一点，正如哲学家詹姆斯·雷切尔斯所指出的，与种族歧视和性别歧视同样属于歧视形式。我们或许可以称其为"我主义"，但我们对此有一个更好的词，*利己主义*，并且我们已经审视了该理论的优缺点。

应该寻找适用于每个人的规则，这一对功利主义的补充在很多人看来是朝着正确方向迈出的一大步。尽管如此，规则功利主义肯定不是第一个追问"如果每个人都做了你想做的会怎么样？"的哲学理论。尽管每位父母想必都会在某个时刻对自己的子女这么说，但是将其纳入哲学框架的第一人应该是德国哲学家伊曼努尔·康德。然而，康德提问的方式和随后规则功利主义者发展出的方式之间有着重大差异。规则功利主义者会问：每个人都做你想做的事的结果是什么？康德会问：每个人都做你想做的事，你是否希望它成为一条普遍律令？在下一章中，我们会更详细地讨论这种差异。

问题研讨

1. 阐述边沁的快乐计算法的功能并举出如何使用的例子。阐述运用该计算法的优势，以及这种计算观念的内在问题。

2. 评估在国家安全危机中作为最后手段使用的酷刑问题：边沁会有什么建议？你是否认可？为什么？（在阅读第六章之后你可以重温这一问题。）

3. 阐述约翰·斯图亚特·穆勒关于高级和低级快乐的理论：该理论的内在问题是什么？总的来说，你认为穆勒关于高级与低级快乐的想法是否合理？为什么？

4. 评价笛卡尔的理论，即只有有心智的存在者才会受苦，而只有人类才有心智。如果我们同意动物（包括人类）有经受痛苦的能力，那么这对功利主义而言意味着什么？

5. 探讨穆勒的伤害原则：你认为该原则有吸引力还是有问题？请解释原因。讨论伤害原则在毒品合法化议题中的应用。

6. 在危急时刻，我们更有可能接受功利主义思想吗？如果是，那么这是否意味着该理论可以接受？请阐述。

基础阅读与故事

　　本章基础阅读的内容包括杰里米·边沁对功利原则的定义和约翰·斯图亚特·穆勒对真正幸福的看法。故事部分基于文学作品，包括一个功利主义起作用的丹麦传说，以及陀思妥耶夫斯基与厄休拉·勒古恩的两篇作品的节选，这几个故事都从少数人受苦的视角审视多数人的幸福。电影《非常手段》探讨了对少数受社会排斥的流浪汉实施医学实验以获取知识的道德问题，这些知识能够挽救成千上万人的生命和行动能力。最后，两部电影梗概阐明了应对瘟疫流行局势的一种功利主义方法，一部是《极度恐慌》，另一部是《传染病》，两部电影探讨了在类似情形下包括功利主义在内的各种道德态度。

基础阅读1

《论功利原则》

杰里米·边沁著

选自《道德与立法原理导论》（1789 年）

杰里米·边沁的主要兴趣是立法，所以他以一种符合法律语言的一丝不苟风格写作。在《道德与立法原理导论》中，边沁定义了功利原则，并概述了其对个人、共同体和道德观念的影响。

1. 人类受痛苦和快乐的支配。自然将人类置于痛苦和快乐这两位主人的统治之下。唯独它们指示我们应当做什么，也决定我们将会做什么。对与错的标准、因与果的链条都系于它们的王座。它们统治我们的一切所行、所言、所想：我们摆脱它们统治的任何努力都只会让它们的统治更加显明和坚固。在言语上，人可以假装弃绝它们的帝国；但在现实中，人将永远屈从。功利原则承认这种屈从，将其视为用理性与法律之手建造幸福大厦的体系的基础。而试图质疑这种屈从的体系，依凭的是声音而非感官，臆想而非理性，黑暗而非光明。

不过，隐喻和雄辩已经够了，这样的手段无益于改进道德科学。

2. 功利原则是什么？功利原则是本作品的基础，因此在一开始就给出明确的定义是合宜的。功利原则是这样的原则，它根据行动看来会增加或减少利益相关方的幸福的倾向，换句话说是增进或妨碍幸福的倾向，来认可或否定每一个行动。我指的是每一个行动，因此不仅包括私人的每一个行动，也包括政府的每一项措施。

3. 功利是什么？功利指的是任何客体中倾向于为利益相关方产生益处、优势、快乐、良善或幸福（这些在此是一个意思）或防止损害、痛苦、罪恶或不幸发生的性质。如果利益相关方是共同体整体，那么关系到的就是共同体的幸福；如果利益相关方是某一个人，那么关系到的就是这个人的幸福。

4. 共同体的利益是什么？共同体的利益是道德措辞中最宽泛的用语之一，难怪其含义往往难以捉摸。有明确含义时，其含义如下。共同体是一种虚构体，由人类个体组成，这些个体被视为其构成部分和成员。那么，共同体的利益是什么呢？就是组成它的众多成员利益的总和。

5. 不理解个体的利益就谈论共同体利益是徒劳的。当一个事物倾向于增加一个个体快乐的总和或减少其痛苦的总和（二者其实是一个意思）时，我们就说这个事物能增进或有助于那一个体的利益。

6. 什么是符合功利原则的行动？当一项行动（在涉及共同体时）增进共同体幸福的倾向超过减损共同体幸福的倾向时，我们就可以说这项行动符合功利原则，或简单说符合功利。

7. 什么是符合功利原则的政府措施？类似地，当一项政府措施（政府措施不过是一种特殊的行动，由特定的单个或多个个人实施）增进共同体幸福的倾向超过减损共同体幸福的倾向时，我们就说这项措施符合功利原则或者说是功利原则所命令的。

8. 什么是功利的法则或命令？当一个人认为一项行动或特别是一项政府措施符合功利原则时，为了便于论述，可以想象一种法则或命令，可称其为功利法则或功利命令，并将所说的行动表述为符合这一法则或命令。

9. 谁是功利原则的拥护者？当一个人对任何行动或任何措施的认可与否定，都取决于他所认为的该行动增进或减少共同体幸福的倾向，或者说取决于该行动是否符合功利法则或命令，我们就说他是功利原则的拥护者。

10. 如何理解应当与不应当、对与错及其他？对于符合功利原则的行动，我们总是可以说，它是我们应当去做的，或者至少它不是我们不应该去做的。我们也可以说，去做它是对的，至少不是错；这是正确的行动，至少不是错误的行动。如此解释后，应当、对错或其他此类的词语就有了意义，否则它们就没有意义。

基础阅读2

《功利主义》

约翰·斯图亚特·穆勒著
1863年，节选

在这段选文中，穆勒概述了根据能理解并欣赏高级和低级快乐的人的判断来测算这两种快乐的想法。然后他谈到了他所认为幸福的真正本质：一种与寻求快乐无关而与为共同利益做贡献的喜悦密切相关的感觉。

假如有人问我，我所谓快乐的质量差别究竟是什么意思，换言之，仅仅就快乐而言，一种快乐除了在数量上较大之外，还有什么能使它比另一种快乐更有价值，我想可能的答案只有一个。就两种快乐来说，如果所有或几乎所有对这两种快乐都有过体验的人，都不顾自己在道德感情上的偏好，而断然偏好其中的一种快乐，那么这种快乐就是更加值得欲求的快乐。如果对这两种快乐都比较熟悉的人，都认为其中的一种快乐远在另一种快乐之上，即便知道前一种快乐带有较大的不满足也仍然偏好它，不会为了任何数量的合乎他们本性的其他快乐而舍弃它，那么我们就有理由认为，这种被人偏好的快乐在质量上占优，相对而言快乐的数量就变得不那么重要了。

然而，确凿无疑的事实是，对两种快乐同等熟悉并且能够同等地欣赏和享受它们的那些人，的确都显著地偏好那种能够运用他们的高级官能的生存方式。极少有人会因为可以尽量地享受禽兽的快乐而同意变成低等的动物；凡聪明人都不会同意变成傻瓜，凡受过教育的人都不愿意成为无知的人，凡有良心和感情的人，即使相信傻瓜、白痴和流氓比他们更满意于自己的命运，也不愿意变得自私卑鄙。他们不会为了最大程度地满足自己和傻瓜共有的各种欲望，而舍弃自己拥有但傻瓜不拥有的东西。假如他们竟然幻想过自己愿意，那也不过是在极端不幸的场合，为了避免这种不幸而差不多愿意把自己的命运与随便什么东西相交换，无论这些东西在他们眼中看来是多么不值得欲求。与低等的存在物相比，具有高级官能的存在物需要较多的东西才能使自己幸福，对苦难的感受也很可能更深切，而且肯定会在更多的地方感受到痛苦；但尽管有这些不利之处，他也决不会真正希望沉沦到自己感觉是一种低级的生存中去。关于这种偏好，我们可以任意地做出解释；我们可以将它归之于骄傲，可是骄傲这个名称被人们不加鉴别地用于人类一些最值得尊敬和最不值得尊敬的感情上面；我们可以将它归之于对自由和个人独立的热爱，那曾是斯多葛派教导这种偏好的最有效的手段之一；我们还可以将它归之于对权力或对刺激的热爱，这两者也确实都参与了并有助于这种偏好；但它最合适的称号却是一种尊严感，这种尊严感人人都以某种形式拥有，并且与他们拥有的高级官能成某种比例，虽然不是严格的比例，在自尊心很强的人中间，这种尊严感还是构成其幸福的一个不可或缺的部分，乃至任何有损这种尊严感的事物，除一时之外，都不可能成为他们的欲求对象。如果有人认为，这种偏好是以牺牲某种幸福为代价的，在同等的条件下高等的存在物不如低等的存在物幸福，那他是混淆了幸福与满足这两个非常不同的观念。无可辩驳的是，存在物的享乐能力较低，其享乐能力得到充分满足的机会便较大；赋有高级官能的存在物总会觉得，他能够寻求的任何幸福都是不完美的，因为世界就是这样。但只要幸福的这种不完美毕竟还能够忍受，他就可以去学会忍受这种不完美；而且，这种不完美也不会使他去嫉妒那根本意识不到这种不完美的存在物，因为后者根本感觉不到那种不完美所规定的善。做一个不满足的人胜于做一只满足的猪，做不满足的苏格拉底胜于做一个满足的傻瓜。如果那个傻瓜或猪有不同的看法，那是因为他们只知道自己那个方面的问题。而相比较的另一方即苏格拉底之类的人则对双方的问题都很了解。

[……]

根据上面所说明的"最大幸福原理"，人生的终极目的，就是尽可能多地免除痛苦，并且在数量和质量两个方面尽可能多地享有快乐，而其他一切值得欲求的事物（无论我们是从我们自己的善出发还是从他人的善出发），则都与这个终极目的有关，并且是为了这个终极目的的。至于快乐质量的判定，以及有别于数量衡量的质量衡量规则，则全靠那些经历丰富的人的偏好，加上他们的自我意识和自我观察的习惯，此外，最好再辅以比较的方法。在功利主义者看来，这个终极目的既然是全部人类行为的目的，就必然也是道德的标准，因此道德标准可以定义为这样一些人类行为的规则和戒律：只要遵守这些行为规则，那么所有的人都有最大的可能过上以上所描述的那种生活，不仅仅是人类，而且在事物的本性认可的范围内，有感觉的生物也都有最大的可能过上上述生活。

[……]

假如幸福意指一种持续不断的兴高采烈，那这种幸福显然是不可能的。高度快乐的状态只能持续一小会儿，在某些情况下或许能断断续续地持续数小时或数天，它是偶尔灿烂的欢乐闪光，不是恒久稳定的欢乐火焰。对于这一点，教导生活的目的乃是幸福的哲学家就像讥讽这些哲学家的人一样，心知肚明。他们所谓的幸福，并不是指一种狂欢的生活；而是指生活中痛苦少而短暂，快乐多而变动不居，积极主动的东西远远超过消极被动的东西，并且整个生活的基础在于，期望于生活的不多于生活中能得到的。这样一种生活，对于有幸得到它的人来说，是永远值得称之为幸福的。而且这样的生活，甚至现在也有许多人在自己一生的许多时候有幸享有。对几乎所有的人来说，阻碍他们享有这种生活的唯一真正障碍，是糟糕的教育和糟糕的社会制度。

这个世界上有那么多的东西可以让人充满兴趣、可以供人享受，还可以被人改正或改进，在这样的世界中，每一个具备一定道德修养和智力水平的人，都能够过上一种可称之为令人羡慕的生活。除非这样的人被恶劣的法律或者他人的意志剥夺了自由，无法力所能及地运用各种幸福的源泉，否则，只要他能够免除各种真正的生活灾难，免除各种会导致巨大的肉体痛苦和精神痛苦的状况，如贫穷、疾病以及所爱对象的冷酷无情、卑鄙无耻和过早夭折等等，就不会找不到这种令人羡慕的生活。所以问题的关键在于，要与那些很难完全幸免的灾难进行抗争。这些灾难就现状而言，既无法得到根除，常常也无法得到实质性的缓解。

然而，但凡还有些头脑的人都不会怀疑，世界上大多数真正的大灾难，就其本身而言都是能够消除的，只要人类的事务能够继续得到改进，它们最终都会被减轻到最低的程度之内。贫穷，只要意味着苦难，便能够通过社会的智慧并结合个人的精明和节俭，完全予以消除。甚至于疾病，这个人类最难对付的敌人，也能够通过良好的体育和道德教育以及对病痛本身的恰当控制，在各个方面不断地得到抑制；而科学的进步则意味着我们能够在未来更加直接地克服这个可恶的敌人。［……］简而言之，导致人类苦难的所有大根源，都能在很大程度上通过人类的关心和努力得以消除，其中的许多根源则几乎是完全能够消除的。虽然这些根源的消除是一个令人痛苦的漫长过程——虽然消除这些根源要经过许多代人的不懈努力，从而这个世界才能在不缺乏意志和知识的条件下成为本可以容易造就的最好世界——但任何人，只要他的聪明和慷慨足以使他参与到消除人类苦难的根源中去，不论这种参与是多么微不足道，多么鲜为人知，他都能从这种抗争本身中得到一种崇高的乐趣，而这种乐趣，他是不会为了任何自私的欲望放弃的。

功利主义的反对者曾说，我们能够并且应当学会过没有幸福的日子，有了上面的讨论，我们就可以对这种议论做出真实的评价了。无疑，我们没有幸福也能生活；甚至在当今世界上那些相对来说最为文明的地方，十之八九的人也都在无意识地过着没有幸福的日子；而英雄和烈士们，则常常为了某种在他们看来比自己的个人幸福更有价值的东西，而不得不有意地去过没有幸福的日子。但是，这种比自己的个人幸福更有价值的东西，难道不就是别人的幸福或幸福的一些必要条件吗？此外还能是什么呢？能够完全舍弃个人自己的那一份幸福或得到幸福的机会，这是高尚的；但无论如何，这种自我牺牲必定是为了某种目的。自我牺牲本身并非目的；如果有人告诉我们，自我牺牲的目的不是幸福，而是比幸福更好的美德，那么我就要问，如果英雄或烈士不相信自我牺牲会让别人免于类似的牺牲，他还会做出这样的自我牺牲吗？如果英雄或烈士认为，舍弃自己的幸福不会对任何同胞产生任何有利的结果，而只会使他们像他自己一样，使他们也陷入已经放弃幸福的人们的行列，那么他还会做出这样的自我牺牲吗？人们如果能够放弃自己个人的生活享受，由此对增进世上的幸福总量做出可贵的贡献，那么他们的确值得崇敬。但如果有人为了任何其他的目的放弃了自己的生活享受，或自称这样做了，那么他就像高踞于柱上的苦行僧，并不值得羡慕。他也许令人激动地证明了人能够做什么，但决不是值得人们仿效的榜样。[1]

问题研讨

1. 穆勒认为"与低等的存在物相比，具有高级官能的存在物需要较多的东西才能使自己幸福"，你是否同意？

2. 安·兰德对这段选文可能会做何评价？

3. 穆勒说的"有感觉的生物"是什么意思？

4. 评述下述文字的内涵："做一个不满足的人胜于做一只满足的猪，做不满足的苏格拉底胜于做一个满足的傻瓜。"穆勒的意思是什么？你是否同意？为什么？

1　本部分译文出自约翰·穆勒：《功利主义》（徐大建译，上海：上海人民出版社，2008 年），第 9—10，12—16 页。——编者注

5. 在广受好评的电视剧《火线》第四季中，一位高中老师带着他的三个学生去了一家昂贵的牛排餐厅，这样他们就能接触"生活中更美好的事物"了。这是他们平生第一次坐在女老板旁边，女服务员凭记忆背诵当晚的特色菜单。最终，他们点的菜和吃的东西跟他们预想的完全不一样，除了老师，似乎没有人开心。学生问是否可以之后去麦当劳买他们真正喜欢吃的东西。但到了第二天，他们在学校时已带上了自信，他们就晚餐的经历而不是无知开着玩笑。假设我们现在问他们更喜欢什么，是高级牛排店还是汉堡店，他们会如何回答？假设他们说是汉堡店呢？穆勒会如何作答？你是否同意？为什么？

故事 1

《铁匠与面包师》

约翰·海尔曼·韦塞尔著
诗歌，1777 年，由尼娜·罗森斯坦从丹麦韵文简译为散文

韦塞尔在丹麦以讽刺诗著称。该故事（此处以散文重述）可能受到一篇真实的新闻报道或英国寓言的启发。

从前有一个小镇，镇上的铁匠为人刻薄。他有一个对头，一天他们恰巧在一个小酒馆相遇。两人喝醉了酒，相互骂了几句脏话。铁匠发怒，把对方打倒了，这一击是致命的。铁匠被带走关押，他忏悔，希望他的对头可以在天堂原谅他。在他的判决宣布以前，有四个正直的市民请求面见法官，他们中最伶牙俐齿的人说："英明的大人，我们知道您考虑的是这个镇子的福祉，

但镇子的福祉需要让这个铁匠回来。他死也不能让已故的人复活，但我们就再也找不到这样出色的铁匠了。"

法官说："但是必须一命还一命……"

"我们镇上有一个又老又瘦的面包师，他活不长了。既然我们有两个面包师，我们就选老的那个怎么样？这样我们依然是一命还一命。"

"呃，"法官说，"这个主意不坏，我会做我能做的。"他就翻他的法条文本，并未发现其中说不能用面包师来代替铁匠，于是他宣布判决说：

"我们知道铁匠延斯杀了安德斯·彼得森，他的所作所为没有任何借口；但由于本镇只有一个铁匠，如果我想让他死，那一定是我发昏了；但我们有两个面包师……所以老的那个面包师必须为谋杀付出代价。"

老面包师可怜地哭泣着，被他们带走了。这个故事的寓意是：永远做好死的准备！它会在你最意想不到的时候出现。

问题研讨

1. 你认为故事是否描绘出了一个功利主义法官的形象？

2. 功利主义者可能如何回应这一故事？

3. 阅读第六章后再回到本故事并思考：康德主义者可能如何回应？

《铁匠与面包师》，尼尔斯·维维尔（Niles Wiwel）绘，1895 年

功利主义走向极端：面包师因为铁匠的所作所为而被带走处死，因为这对社群更有用。警察的腰带上写着"诚实与忠诚"，背景中的建筑是古老的哥本哈根法院，上面铭刻着"法必依，国乃建"。

《卡拉马佐夫兄弟》

费奥多尔·陀思妥耶夫斯基

小说，1881 年；电影，1958 年

以下为概括及选段。

（选段应与故事 3《那些离开奥梅拉斯的人》一起阅读）

《卡拉马佐夫兄弟》是俄国文学中最为著名的作品之一，讲述的是几个同父异母的兄弟和他们的父亲——一个令人厌恶的堕落老恶棍——的故事。几个兄弟的性情非常不同：大儿子德米特里游手好闲、寻欢作乐；二儿子伊万聪明且热心于政治；三儿子阿辽沙温和诚实；小儿子斯乜尔加科夫是私生子，一直都没有被正式承认。谋杀发生后，每个儿子都受到了怀疑。

　　"那是最黑暗的农奴制时期，还在本世纪初，人民的解放者万岁！在本世纪初有位权重一时的将军，他还是极其富有的大地主，但他解甲归田后几乎毫不怀疑他对自己的农奴拥有生杀予夺之权。当时确有这样的人，不过即使在那个时候，这样的人恐怕为数也不多。这位将军住在农奴多达两千人的田庄上，作威作福，把田产不多的邻居视为他的帮闲和小丑。他豢养着数百条狗，连狗夫也有将近一百名，一律穿制服，跨坐骑。一名在庄院内当僮仆的男孩，总共才八岁，有一次扔石块玩耍时砸伤了将军心爱的一条猎犬的腿。将军问：'我的爱犬怎么瘸了？'下人禀报说如此这般，是这个男孩向它扔石块伤了它的腿。将军把男孩打量了一番，说：'啊，是你干的！把他拿下！'当时男孩和他的母亲在一起，他从母亲身边被带走后在囚室里关了整整一宿。第二天一早，将军带着全体扈从出去行猎；他骑在马上，周围除猎犬外，帮闲、狗夫、猎头也都骑马。庄院内的仆役被召集到四周听训，肇祸男孩的母亲在最前面。男孩从囚室里被带出来。那是一个阴冷有雾的秋日，最适合打猎。将军吩咐把男孩的衣服脱光，可怜他浑身发抖，吓得魂飞魄散，一声也不敢吱……这时将军下令：'赶他跑。'狗夫们便冲他大叫：'快跑，快跑！'，那孩子便开始跑……只听得将军大喝一声：'给我追！'——指挥所有的猎犬向小男孩冲去。母亲眼睁睁看着一大群狗把她的孩子撕成碎片！……后来这位将军好像给监护起来了。试问……该拿他怎么办？枪毙吗？为了道德感情上的满足把他枪毙？说呀，阿辽沙！"［……］

"你直截了当地告诉我，我向你质问，回答我：你想象一下，你在建造一座人类命运的大厦，目的是最终让人们幸福，给他们和平与安宁，但为此目的必须而且不可避免地要摧残一个——总共只有一个——小小的生命体，就算是那个用小拳头捶自己胸部的小女孩吧，用她的得不到补偿的眼泪为这座大厦奠基，你会不会同意在这样的条件下担任建筑师，告诉我，别撒谎！"

"不，我不会同意。"阿辽沙轻轻地说。

"你能不能设想，你为之造大厦的人们自己会同意接受建立在一个小孩遭虐待而白流的鲜血之上的幸福？即便接受了，他们能永远幸福吗？"

"不，我无法设想。二哥。"阿辽沙突然说，眼睛顿时闪亮。[1]

问题研讨

1. 请回答伊万的问题：你会同意以一个孩子的受难为代价让人类幸福吗？请说明功利主义者可能如何回答，然后解释你自己的答案。

2. 母亲是否应该原谅杀了她儿子的将军？

3. 阅读第六章后回到本故事并思考：康德主义者可能如何回应？

1　本段译文出自陀思妥耶夫斯基：《卡拉马佐夫兄弟》（荣如德译，上海：上海译文出版社，2006 年），第 287，290—291 页。——编者注

《那些离开奥梅拉斯的人》

厄休拉·勒古恩著

短篇小说，1973年，概括及选段

奥梅拉斯城有一场节日活动。天气晴好，城市看起来棒极了，人们穿着漂亮的衣服，快乐而安稳。这是一个完美的地方，有着选择自由，没有压迫性的力量来推行宗教、政治或道德的规则——这是有效的，因为人们知道要对自己的行为负责。这里就是一个乌托邦，除了一件事：公民的幸福是以高昂的代价换来的，对此每个公民都完全知情。

在奥梅拉斯一座美丽公共建筑的地下室里，也许是在一座华美私人宅邸的地窖里，有一个房间。房间的门上着锁，没有窗户。在地窖某处布满蛛网的窗户，微弱的光线从裂缝和木板缝里透进来，照出一片灰尘。房间的一角，生锈的水桶边立着两根拖把，僵硬结块的拖把头散发出恶臭。……房间大约三步长、两步宽：只是一个杂物间或废弃的工具间。房间里坐着一个孩子，可能是男孩，也可能是女孩，看着像六岁，但实际上已经快十岁了。孩子有些迟钝，也许是出生就有的缺陷，也许是恐惧、营养不良和忽视所致。孩子蜷缩着坐在离水桶和拖把最远的角落里，抠着鼻子，偶尔摸一下脚趾或生殖器。孩子害怕拖把，觉得拖把是恐怖的存在。孩子闭上眼，但知道拖把仍然在那里立着，门锁上了，没有人会来。门总是锁着，没有人来，除了有时……门会吱吱嘎嘎地打开，一个或几个人站在那里……门边的人从不说话，但那个一直住在工具室里的孩子，那个还能记得阳光和母亲声音的孩子，有时候会说话。"我会听话的，"孩子说，"请让我出去，我会听话的！"门边的人没有回答过。

这一切只是一个更大计划的组成部分。孩子永远不会被放出来——孩子很快就会死去——大概会有另一个孩子取而代之，因为正是一个无辜者的受苦才使得奥梅拉斯的完美生活成为可能。所有公民从青少年时期起就明白这一点，他们也都必须去看看这个孩子，这样他们才能明白幸福的代价。他们会愤恨并同情一小会儿，但随后就理解了总体规划：一个渺小个体的痛苦能换来大群体的幸福。因为公民们知道带给他们美妙生活的巨大苦难，所以他们彼此特别友爱，并为自己的行为负责。让孩子自由，他们会得到什么好处？不管怎么说，孩子已经被囚禁太久而不能享受自由了，与整体获得的幸福相比，一个人的苦难又算什么呢？因此人们并不觉得内疚。然而，几个年轻人和成年人去看望孩子后，发生了一些事。之后他们没有回家，而是继续步行——穿过城市，穿过田野，远离奥梅拉斯。

问题研讨

1. 离开的人要去哪里？他们为什么要离开？

2. 勒古恩对这种情况有何感想？对于让那个孩子受苦的行为，她是宽容还是反对？故事是写实性的还是象征性的？

3. 行为功利主义者会如何评价奥梅拉斯的故事？规则功利主义者得出的结论会与之相同还是不同？为什么？

4. 阅读第六章后回到该故事，并阐述对奥梅拉斯人（那些没离开的人）的义务论批判。

5. 电影《剑鱼行动》(*Swordfish*) 中提出了一个类似的问题："你是否会杀死一个小孩来拯救世界？"然而，在奥梅拉斯，问题并不在于拯救世界，而在于所有人的幸福。从对"纯粹数字"的讨论来看，如果将孩子折磨致死确实能拯救世界，而不仅仅是让人们过上满意的生活，你认为这会有什么不同吗？如果你认为有，那么在说明时请阐述你会如何确定界限。如果你认为没有不同，请解释为什么。

故事 4

《非常手段》

托尼·吉尔罗伊编剧，迈克尔·艾普特导演

电影，1996年，由迈克尔·帕尔马的小说改编，梗概

　　年轻的英国急诊室医生居伊·鲁坦面临着一个棘手的道德与职业选择：在急诊室，两个病人都需要急救。一个是中枪的警官，另一个是开枪打他的人，在公交车上拔枪的肇事者。后者随后中了警官一枪。警官的情况勉强稳定，而持枪之徒处境危急。只有一个手术位置空出来。居伊应该救哪个人呢？他需要迅速决断。他将警官送进诊疗室，让持枪者等待。两个人都活了下来，但年轻护士朱迪责备居伊的道德选择并不专业：持枪者的医疗需求比警察更紧急。居伊解释说："我必须做出选择；在我的右边是一个警察，他的妻子在走廊里，孩子们的照片在他的钱包里，在我的左边，是一个在公交车上掏枪的家伙！我只有十秒来做出选择，我不得不这么做——我希望我做的是一个正确的选择。我觉得选择是对的，噢，见鬼，或许不对……我不知道。"

　　这可能只是设置了一个普通的医院悬疑故事的场景，但事实证明，这是对功利原则作为社会、道德和心理上的正当理由的真诚探索。

　　居伊刚刚获得纽约大学神经病学的奖学金。这对他和他的家人来说很重要，因为他在英国的父亲曾是一名医师，在对一位老朋友实施安乐死后被吊销了行医执照——这是另一个带来一系列后果的道德选择。

　　此时，一名患者被从街上带到了居伊的急诊室，他半裸着，身体和精神完全崩溃。他戴着医院的手环，在他最后的清醒时刻，他对居伊说了两句话——"三相"这个词和一个朋友的名字。由于不了解死因，居伊要求进行尸体剖检，但不仅医院没有进行尸体剖检，尸体也不见了。居伊觉得不对

劲，就自己去追寻死者的记录。该男子此前曾因神经系统检查而被收治入院。他在电脑中发现了其他一些情况类似的患者：他们都无家可归，没有亲人，做过实验室检查，关于他们的所有档案都被删除。

电影《非常手段》（城堡石公司，1996 年）说明，有时我们必须做出艰难的道德选择；问题在于，应该运用什么标准？是无论结果如何，我们都应该做正确的事，还是说，我们应该尽可能地用最少的伤害来获得对最多人最好的结果？这就是居伊·鲁坦医生（休·格兰特饰）面临的困境，不只是职业上的困境，他还成了一个著名医生精心策划的更大阴谋中的棋子，那个阴谋就是利用无家可归者做实验。此处，居伊必须选择，是拯救一名有妻儿的警官的生命，还是拯救冷血地向这名警官开枪的枪手。

　但居伊陷入又一重震惊：他的公寓夜晚遭遇盗窃，调查这起盗窃案的侦探们在他的住处发现了藏匿的毒品。居伊被逮捕了。由于居伊从不吸毒，他意识到入室行窃是一个诡计，这些毒品是为了败坏他的名声，把他从道上清走——谁干的呢？无论是谁，计谋得逞了。居伊设法筹到了保释金，但他一出狱就被医院停职了——他的同事和主管都认为他有罪。这也意味着他去纽约大学的奖学金也将失去，因为他不能再行医了——就像他的父亲一样。为了寻求真相，居伊在一群流浪汉中找出了他的一名患者，很快就发现自己置身于地铁轨道系统的地下世界，在那里，无家可归和一贫如洗的人为自己创造了一个世界。他发现了拼图的另外一片：医生们一直在抓捕无家可归的人，用他们做实验，实验会给他们带来巨大的痛苦和死亡。居伊本人也被追捕了很长一段时间，就在他以为在朋友那里找到了避难所时，他失去了意识。

　居伊在医院的病床上醒来——令他震惊的是，他发现自己自脖子以下无法活动。他被告知自己因为受到打击而脊柱断裂，他将终生瘫痪。意识到发生在自己身上的暴行之后，居伊觉得，既然没有康复的希望，他还不如死了算了。著名的神经科学家迈里克博士来看他，神秘地谈到还有希望。如果他最终还有希望呢？为了回到过去的生活，他愿意付出什么代价？如果手术可以进行，他愿意冒什么风险？居伊说："任何风险！"迈里克回答："你最好再想想。"

谁谋划了深夜盗窃、毒品栽赃、流浪汉的消失，谁企图要居伊的性命？答案就在居伊的医院环境之内。当居伊的瘫痪在 24 小时后奇迹般地消失，他意识到自己被注射了麻醉剂，而正是满怀激情帮助脊椎受损者的迈里克博士，为了人类的利益，把无家可归的病人当作试验品，对脊髓再生进行了研究。

于是，居伊试图逃离医院。这是电影中的关键一幕，其中曲折我不会再剧透。在戏剧性的时刻，迈里克试图向居伊解释他的做法：他用来做实验的无家可归者原本一无是处，但现在他们成了英雄，因为他们的死给了很多受伤的人以希望。"好医生做对的事。伟大的医生有勇气做正当的事……如果你能够杀一人而治愈癌症，难道你不会那么做吗？难道那不是应当做的有勇气之事吗？就杀一个人，而且那人本来第二天就会死掉？"居伊回答说，可能他利用的无家可归者没有太多价值，但是他们没有选择成为英雄——他从来没有招募过志愿者。居伊认为，医生不能那么做，迈里克一直在扮演上帝。

还有一场终极对抗——解决了一些问题，但又引发了其他问题。最后，居伊得到了迈里克关于脊髓损伤研究的所有档案……居伊没有拒绝这些档案。

问题研讨

1. 讨论一开始的那一幕。居伊做的是正确的职业选择吗？是正确的道德选择吗？还有第三种选择吗？解释你的立场。

2. 迈里克博士的实验是有益于人类的崇高追求，还是对人类的变态虐待？有第三种选择吗？解释你的立场。

3. 在居伊认为自己将会终身瘫痪的时候，迈里克医生问他是否愿意做些什么来恢复自己的行动能力，居伊的回答是什么？这一幕为什么如此重要？

4. 居伊谴责迈里克扮演上帝。居伊的父亲是因为对一个老朋友施行安乐死而失去行医执照的。二者是否有联系？还是说这是影片中的一个巧合？

5. 最后，居伊接收了迈里克的研究论文。这是意味着他接受了迈里克的功利主义原则，还是有另一种可能性？接收论文的居伊也弄脏了手吗？为什么？

6. 这部电影是支持还是反对功利主义？请说明。

7. 居伊在急诊室做出决定和迈里克解释他的医学实验，这两幕有意设置成相互对应。它们的相同与相异之处何在？本章关于快乐计算法作为最终手段的讨论，是否为我们提供了一种区分居伊和迈里克的方法？

8. 科学家宣布，他们相信通过干细胞研究可以在治愈瘫痪方面取得大幅进展。假设干细胞源于人类胚胎，你认为迈里克为了帮助瘫痪患者而对无家可归的人进行实验，和利用胚胎干细胞来完成同样的事情，两者之间有什么差异？请说明。

故事 5

《极度恐慌》

劳伦斯·德沃莱特、罗伯特·罗伊·普尔编剧，沃尔夫冈·彼得森导演
电影，1995 年，梗概

　　《极度恐慌》现在被认为是一部关于迅速蔓延的流行病的经典影片，尽管 1995 年的世界还没有应对过近年来的病毒恐慌，如非典、中东呼吸综合征、禽流感、H1N1 流感，以及对寨卡病毒日益增长的担忧。影片想象一种埃博拉型病毒在世界各地蔓延。2014—2015 年，非洲若干国家都暴发埃博拉疫情，感染接近 3 万例，死亡人数超过 11 000 人，来自世界其他地区的受感染医务人员被运回国内接受治疗（少数个例治疗成功），《极度恐慌》作为极具预见性的场景而被人们想起。与功利主义产生联系的是电影中的次要情节（采取了反功利主义视角），即揭露一场扣压疫苗的阴谋。本书之前的版本删去了这部分梗概，而由于令人不安的情形越来越可能发生，本书的这一版本重新纳入了这部电影的梗概。以下是《极度恐慌》的剧情简介和研讨问题。可以与 2011 年电影《传染病》的梗概对照阅读。

　　1967 年，在扎伊尔［当时称刚果（金）］的莫塔巴，一群雇佣兵遭遇了一种致命的未知病毒，这种病毒的致死率是百分之百。来自美国军事单位的医生们前来调查，抽取血样，然后离开。接下来，营地被炸弹彻底摧毁。

　　镜头转到当前（20 世纪 90 年代），山姆·丹尼尔斯上校和他的前妻罗比·基奥出现，他们都是军方疾病控制中心的医学科学家，他们得到批准来研究传染性最强的病原体。山姆必须去扎伊尔调查看起来像新病毒暴发的情况，这种病毒的致死率是百分之百，受感染者会在三到四天内死亡。

电影《极度恐慌》(华纳兄弟电影公司,1995 年)这部医学惊悚片的核心关注点在于,是否可以为多数人的安全而侵犯少数人的权利。在传染性的致命疾病正在蔓延的情况下,采取隔离和"终结"受感染者的功利主义政策,是否可以接受?这一幕是凯西(凯文·史派西饰)、山姆(达斯汀·霍夫曼饰)、瓦尔特(小库珀·古丁饰)以及罗比(蕾妮·罗素饰)正在寻找记录,这些记录可能有助于查明迅速传播的埃博拉病毒的源头。

　　实验室里,山姆和他的长官比利·福特将军在调查病毒;山姆想知道为什么福特对这种病毒似乎并不感到惊讶,也不希望采取任何措施阻止它进入美国。但在山姆的背后,福特和他的上级长官唐纳德·麦克林托克将军保持着联系,现在我们知道,这种新病毒和 1967 年的病毒是一样的,福特知道一种解毒剂,麦克林托克负责轰炸雇佣军营地以遏制病毒——也许还有另一个原因。为了防止山姆有所发现,他们把山姆指派到另一个项目中。但是当波士顿和加利福尼亚锡达克里克病毒暴发的消息传来时,山姆违抗命令,去了锡达克里克。在那里,他遇到了罗比,后者被指派对疫情暴发进行研究。

　　这些疫情是如何暴发的?我们很快就知道:一只猴子被扎伊尔的动物贩子抓住,装在一艘船上非法带到旧金山,被暂时安置在一个动物研究机构,动物贩子吉姆博·斯科特把猴子从那里带到锡达克里克的一家宠物店。宠物店老板不想要这只猴子(不是他想要的性别),尤其是在猴子挠他之后。于是吉姆博把猴子带到树林里放了。此时,宠物店老板病了;医院里负责验血的实验助手也病了,传染了整个电影院的人;吉姆博在飞往波士顿的家中时生病,回家后传染了他的妻子。三四天内,所有感染者都死于与埃博拉病毒看似非常相关的症状:七窍流血而死。在波士顿,被感染的只有吉姆博和他的妻子,但在锡达克里克,这种感染很猖獗,因为发生了一种变异:加利福尼亚的病毒株现在可以通过空气传播。于是军队开进锡达克里克，隔离了该镇。没有人进出。生病的家庭成员被集中起来，带到一个没有人能指望回家的营地。福特试图在这里使用旧的解毒剂（这提示山姆，福特一直都知道这种病毒），但没有用，因为病毒已经变异了。

这场危机惊动了美国总统。该疾病传播得有多快呢？几天之内，整个国家的人都有可能被传染。能做些什么来帮助锡达克里克的人民并挽救其他美国人的生命，甚至拯救世界？经过多次犹豫和良心反省，人们想到了解决办法，那就是"大清除"：用1967年炸毁雇佣军营地的方式摧毁锡达克里克镇。用麦克林托克的话说，"我们做的事必须被客观看待，带着同情心，但同情的范围是全球"。正如总统的助手所评论的，用燃烧弹摧毁锡达克里克是违宪的，因为任何人都不应该在没有正当法律程序的情况下被剥夺生命、自由或财产，因此如果决策继续执行，每个人都应该知道为世界的安全将会付出什么代价。福特和麦克林托克进行了谈话。福特表示，不能那样对待锡达克里克的人民——他们都是美国人。麦克林托克回答说，如果不这么做，其他美国人可能都会遭殃，锡达克里克人民所要经历的应该被看作战争伤亡。

回到隔离的小镇，罗比也不慎被感染了，山姆与福特当面对质：在变异发生之前，为什么没有及时提供解毒剂？因为正如山姆所猜测的，存在隐秘不明的动机：这种病毒相当于一种完美的生物武器，必须加以保护，所以解毒剂被扣住了。福特以国家安全来为这个决策辩护："当时人们认为，我们能够承受一定的损失。"此时福特透露，"大清除"将在24小时内进行。

在年轻的索尔特少校的帮助下，山姆征用了一架直升机：必须迅速行动。他们现在知道，病毒是以一只猴子为宿主传染到美国的。他们闯入当地一家电视台的新闻节目，播放了一则警告和一只猴子的照片。马上有了结果：一位母亲知道她的女儿经常在树林里和一只猴子玩，就在离锡达克里克不远的地方。山姆和索尔特抓住了这只猴子并立即和福特通话，但让他们震惊的是，他们发现麦克林托克无意取消"大清除"，即使现在可以通过这只猴子制造免疫血清，挽救锡达克里克的人和罗比。麦克林托克依然想将病毒保护起来，作为未来的生物武器。"大清除"的飞行员已经在半空中了，麦克林托克告诉他们履行职责。山姆打开对讲机，恳求他们重新考虑；他把整件事告诉了他们，但他们没有反应。在最后一次努力中，山姆试图让福特停止轰炸，但福特能做的就是给山姆发送一个间接消息，告诉他必须"让开"，因为如果他的直升机处于驶来的轰炸机的航道上，那么任务就不得不取消……

山姆和索尔特成功阻止了对锡达克里克的燃烧弹轰炸吗？麦克林托克会赢吗？罗比会活下来吗？她和山姆会破镜重圆吗？我不能再剧透了！

问题研讨

1. 边沁会如何评价麦克林托克的决定？你认为穆勒会有不同的反应吗？从行为功利主义和规则功利主义的角度，对可能的回应进行比较。

2. 福特作为听命于上级军官的同谋，他的行为能得到辩护吗？为什么？

3. 在流行性病毒大暴发（无论是自然发生还是人为造成）的时候，你会赞成政府采取措施，牺牲少数人来拯救多数人的生命吗？为什么？

4. 阅读第六章后，你可能想要重读这一梗概并应用康德的禁令，即不能将他人"仅仅当作达成目的的手段"。

故事 6

《传染病》

司各特·Z.伯恩斯编剧，史蒂文·索德伯格导演
电影，2011 年

电影《传染病》的叙述方式，是对一种还没有治疗方法的致命病毒传播情况的每日报告——但电影不是从第一日，而是从第二日开始的。没有讲述者告诉我们发生了什么，没有为便于进入而设计的情节线索，但回过头来看（如果你第二次看这部电影，或者记忆力真的很好），就会发现主要人物已在开头登场，他们的命运将在接下来的 133 天里交织。而且，正如电影信息网站 IMDb（互联网电影资料库）所指出的，影片没有片头字幕。我们被直接抛入事件之流，主要在明尼阿波利斯、亚特兰大、日内瓦、旧金山、芝加哥和香港之间切换。由于第一日对故事至关重要，因此以下梗概中会有剧透。

一位年轻女士在机场中途停留，她正在出差回家的路上。她打了一个电话，我们（在回顾时）了解到那是芝加哥机场，那位女士叫贝丝·厄姆霍夫，是一个小男孩的妈妈，她最近刚与米奇·厄姆霍夫结婚，后者有一个之前婚姻留下的女儿乔里。贝丝回到明尼阿波利斯的家里后，感到不舒服。第二天，她体力不支，让她那个不轻信的丈夫震惊的是，她死在了医院里。第二天，小儿子病了，随后也去世了。米奇被留在医院观察，显然他对病毒有天然的免疫力，但很多人几乎只要碰过病人接触过的东西，就会染上这种未知的疾病，而且大多数会在几小时内死去。世界上的其他一些地方也苦于这种病毒，而与之有关的"零地带"仍然是未知的。

在亚特兰大的疾病控制中心，埃利斯·奇弗博士和他的团队正试图了解事态进展。在旧金山，新闻博客写作者艾伦·克鲁姆维德看着电视，开始猜

测发生了什么，以及他如何从中获益。他拜访了《旧金山纪事报》的记者洛林·瓦斯奎，我们知道她是真正的专业人士，而前者是自封的调查博客写手。

几天之内，就有报道说香港、伦敦、东京、芝加哥和明尼阿波利斯有人死去。奇弗博士的同事埃林·米尔斯博士被派往明尼阿波利斯调研病例，但她的明尼苏达州同事对她的政治权宜之计表示怀疑。此时在旧金山，苏斯曼博士正在对明尼阿波利斯来的病毒样本进行实验以找到疗法，但拒绝与艾伦·克鲁姆维德交谈。

在明尼阿波利斯，米尔斯博士遇见了米奇，极力让他理解他妻子和其他人的死之间的关联，显然他妻子是第一例。米奇痛苦地发现，贝丝曾在亚特兰大中途停留，并与前男友发生了性关系——后者也去世了。

在香港，来自日内瓦疾病防治中心的瑞士医生莉奥诺拉·奥兰特斯了解到贝丝的行踪，发现贝丝在乘飞机回家的前一天晚上去了一家赌场。奥兰特斯对一位香港同事产生了同情，其母亲刚刚在一个小村庄里感染了病毒。

两周过去了，埃林·米尔斯博士出现了症状，却依然坚守在明尼阿波利斯。埃利斯·奇弗尝试带她坐飞机回亚特兰大，但机场现在关闭了，最后一次医疗航班已被指定专用于一位国会议员，人们开始从超市和药店囤积食物及药品，并试图离开这座城市。城镇一片空荡荡，学校、商场和工作场所都关闭了。埃林死在了一张小床上，旁边是一个她曾试图给予温暖的无名患者。埃林死后，就被推进了一个没有收尸袋的集体坟墓。米奇和乔里试图逃出城镇，但明尼阿波利斯已经被封锁，不允许人们离开。克鲁姆维德在博客上写道，他感染了病毒，但正在服用一种实验性顺势疗法药物——连翘，他似乎战胜了疾病，这种药物因而大卖（我们发现他从中获益了）。当生病的记者洛林出现在他的门口时，他声称手中没有连翘，并请她离开。在香港，奥兰特斯博士遭到绑架并被同事用于勒索，同事的母亲已经去世，但他希望在研制出疫苗后先让他村里的孩子获得疫苗。

在旧金山，尽管实验室条件简陋（而且被下令关闭），但苏斯曼博士还是成功地培育出了病毒。它现在有了名字，叫 MEV-1 病毒。在亚特兰大，埃利斯的同事艾丽·赫克斯特冒险给自己注射了一种免疫血清，这种血清似乎对用于试验的众多恒河猴中的一只起了作用。她去医院看望生病的父亲，脱下了自己的防护装置，并告诉父亲，他之所以染上了这种疾病，是因为他作为医生要留下来照顾病人，而她也会这么做。

这是对抗 MEV-1 病毒的成功开端。艾丽的疫苗起作用了，生产疫苗的轮子现在转起来了——数月之内，首批疫苗生产出来，下一批将在 144 天后生产完毕。人们希望获得按出生日期抽签分发的疫苗，骚乱随之而来，世界各地的医生遭到绑架以换取疫苗，奥兰特斯医生也是如此。埃利斯属于最早得到疫苗的人，他得到了两剂，一剂给他自己，一剂给他的妻子，他设法及时将妻子带离了芝加哥。他把"已接种疫苗"的手环戴在自己身上，但没有接种疫苗。他把疫苗给了他的朋友——疾病防治中心看门人的儿子。他和看门人以及他的儿子握了握手，回家给妻子接种了疫苗。

回到明尼阿波利斯，乔里直到下一批才有资格获得疫苗，但她的男朋友已经接种，两人获准见面，并举行舞会，而这在紧急状况下是不可能实现的。

在全球人口减少 1% 之后，世界将慢慢恢复到新的常态。

以下是剧透：

现在我们来听听第一天的故事：贝丝的公司在香港的城外砍树，惊扰了一只感染了病毒的蝙蝠。蝙蝠飞走了，把一根香蕉掉在猪圈里。一头猪吃了香蕉。这头猪被一家餐馆选中后宰杀了。厨师接触过猪，在赌场厨师和贝丝握过手。故事的其余部分你已经知道了。

问题研讨

1. 《极度恐慌》和《传染病》的主要区别是什么？在《传染病》中，谁是"好人"？是什么让他们成为好人？有"坏人"吗？请解释。

2. 在《传染病》中找出功利主义元素。它们不像在《极度恐慌》中那么明显，但确实有！

3. 尽管梗概里有剧透，但也有一些故事线索没有透露出来。艾伦·克鲁姆维德怎么样了？被绑架的奥兰特斯博士怎么样了？你觉得奇弗博士身上会发生什么？

4. 《极度恐慌》的故事有一个明确的道德寓意。《传染病》的故事有吗？你认为它是在对贝丝公司的森林砍伐行为进行评判，是部环境伦理的评论片吗？你也可以参考第四章的内容，将这部电影视为对心理利己主义、伦理利己主义和利他主义的评论。

第六章　运用理性（二）：康德的义务论

　　总体来看，可能存在两种应对问题的主要途径。我们可能会问自己：如果我做了 X，会发生什么？在那种情况下，行动的未来结果会指引我们。我们也可能自问：无论结果如何，X 本身是对是错？回想第五章开篇关于"向祖母撒谎"的案例。我们是认为，总的来说，如果撒谎可以让祖母内心宁静，而且不会造成任何更进一步的问题，那么它就是最好的一种方案，还是认为，撒谎本身就是错的，因为撒谎辜负了信任并表现出对祖母的不尊重？第一种思路是功利主义式的，它考虑的是我们如何找到对尽可能多的人有利的结果。第二种思路中，最有影响力的是康德的义务论。（参见知识窗 6.1 对康德生平的概述。）

　　康德的道德理论常被称为"义务论"（deontology，出自希腊语 deon，意为"应当做的"）。康德相信他的理论与结果论者的理论截然相反，在某种程度上，他的道德分析正是为了表明，担忧结果的道德理论对于真正的道德思考来说多么微不足道。让我们来看一个例子，以阐明这种根本差异。

结果不重要，善良意志才重要

几年前，报纸曾报道过发生在美国太平洋西北地区的一起事件。一家人外出短期旅行，将钥匙留给了邻居，以便他帮忙照看花木和房子。一个星期天的下午，就在他们归家前几小时，气温骤降，邻居觉得他应该提供帮助，让这家人回来后就可以住进舒适、温暖的房间。于是，邻居走进房中打开壁炉。你可以猜到接下来所发生的：房子着火了，那家人回来后，只看见一个浓烟滚滚的废墟。报道到此为止，但假如由一个古典功利主义者来撰写报道，文章可能会如此结尾："邻居必须对这个糟糕行为的后果给个说法。"为什么？因为，如果只有结果是重要的，那么打开壁炉就是一个糟糕的行为，尽管这位邻居是出于好意。正如人们有时会说的，通往地狱之路由善意铺就。换句话说，重要的是你的行动，而不是你行动的意图。

知识窗 6.1　康德：生平与作品

一些有名望和有影响力的人过着充满冒险的人生。伊曼努尔·康德（1724—1804 年）一生的冒险似乎仅限于智识方面，因为除此之外他几乎没有做过任何可以被认为是冒险的事。他成长于东普鲁士的小城柯尼斯堡（波罗的海边的一个城市，现为俄罗斯的加里宁格勒），在严格的新教价值观氛围中得到抚养，母亲虔诚，父亲是马鞍匠，收入微薄。他进入柯尼斯堡大学学习神学，毕业后当了一段时间的家庭教师，直到在家乡的大学谋到一份教职。1770 年，他成为逻辑和形而上学正教授，这只是他哲学大戏的开端，因为康德影响力所达的范围超出西方哲学，还包括了科学和社会思想——整个18 世纪，他的影响力都没有被任何其他人超越。他发展的天文学理论至今仍被认为是可信的（"康德-拉普拉斯星云说"在很大程度上得到了哈勃空间望远镜的证实）；他为一个所有公民相互尊重的新社会制定了规则；他对法哲学和宗教哲学也做出了贡献；他试图在作品中描绘出人类智识的整个谱系，他的三部主要著作是《纯粹理性批判》(1781年)、《实践理性批判》(1788年)和《判断力批判》(1790年),还有一些较短的作品,如《未来形而上学导论》(1783年)和《道德形而上学的奠基》(1785年)。晚年,他依然笔耕不辍,这一阶段最有影响力的作品是《道德形而上学》(1797年)。

康德将自己的书称为"批判",意思并不是他要对一个主题进行负面批评;毋宁说,他是在寻找该主题的可能性条件。在《纯粹理性批判》中,他追问:"是什么让我获得知识成为可能?"(换句话说,知识的可能性的条件是什么?)在《实践理性批判》中,他追问道德思维的可能性的条件,而在《判断力批判》中,他审视了欣赏自然美和艺术美之可能性的条件。在所有这些领域,他的洞见都有助于塑造新的学科并重新定义旧学科。不过,康德从未鼓吹过自己的思想;相反,他以极度平静和高度自律的日常生活而闻名。他一生保持单身,唯一的兴趣似乎就是工作。他的学生说事实上他是一位受欢迎的好老师。

然而,假如是一个康德主义者来写这篇报道,那么报道可能会这样结束:"这位好邻居应该因其仁爱的想法和善良的本意受到赞扬,尽管事实是这家人失去了家宅;这种后果当然不能归咎于他,因为他本来打算做正确的事。"

让我们继续设想。假设房子并没有烧掉,而是成为一个温暖舒适的居所,还拯救了(假设说)患上了肺炎的全家人的性命。那么,功利主义者就不得不说打开壁炉的行为是一个道德善举的光辉案例,但康德不会改变想法:邻居的行为是善的,只是因为其意愿是好的,行为的结果并不能让行为更好或更坏。然而根据康德的观点,并不是说任何善良意愿都能使一个行动成为道德上善好的行动,人还必须尊重在其善良意愿中得到表达的道德律。就那个邻居而言,做个想让自己的邻家舒适的好人是不够的;他必须能够想象,邻居们普遍如此对待彼此是一件好事——不是因为这么做能够让每个人都快乐舒适,而仅仅是因为这是做正确之事的原则。这就是康德所说的拥有善良意志。在康德看来,善良意志的存在使得一个行动在道德上成为善好的,无论其结果如何。所以,即使你可能从未实现

这幅画展现的是德国哲学家伊曼努尔·康德（左二）与朋友共进晚餐的情景。据说，康德经常被邀请参加晚宴，他自己的晚宴也很有名。他甚至在《实用人类学》一书中收入了一份完美晚宴指南，内容包括：理想的宾客人数不要少于三位，也不要多于九位；适度喝点葡萄酒能让谈话更顺畅；餐桌上说的秘密应该留在餐桌上；谈话应该以新闻打头，随后就该进入讨论，晚宴应该在笑话中收尾。其他规定包括：不要晚餐音乐，不应长时间保持沉默。最终的效果应该是人人度过一段美好的时光，对彼此不同的观点愉快地给予尊重。美好晚宴最终的目的是什么？它是通向幸福之路的一部分。你认为这幅画中客人处于晚宴的哪个阶段？

你打算做的事，倘若你竭尽全力去做正确的事，你仍是道德可嘉的。在《道德形而上学的奠基》一书中（1785 年，通常也称《基础》或《奠基》），康德向我们保证：

> 即使由于命运的一种特殊的不利，或者由于继母般的自然贫乏的配备，这种意志完全缺乏贯彻自己的意图的能力，如果它在尽了最大的努力之后依然一事无成，所剩下的只是善的意志（当然不仅仅是一个纯然的愿望，而是用尽我们力所能及的一切手段），它也像一颗宝石那样，作为在自身就具有其全部价值的东西，独自就闪耀光芒。有用还是无效果，既不能给这价值增

添什么，也不能对它有所减损。[1]

绝对命令

我们怎样知道我们的意志是善良的？可以对我们的意愿进行测试。在《道德形而上学的奠基》中，康德说我们必须追问，能否将我们的意愿想象为对每个人的一道普遍律令。那就意味着，我们的意愿必须符合理性原则。我们必须深思，以决定是否去做正确的事，而不能仅凭某种直觉感受决定。然而，我们不需要等到看见实际结果再决定我们的意愿是否为善——我们所要做的，就是确定能否想象他人为我们做我们想为他人做的事。换句话说，康德提出的是黄金法则的一个变体（但它是有着特定细节的变体，我们在后文将会看到），它表明康德也是一个强普遍主义者，也许是在写下了道德论著的普遍主义者中最强硬的一位。

在康德看来，人们通常知道自己应该做什么，而应该做的几乎总是与人们想要做的相反：我们的道德冲突通常就发生在我们的义务与偏好之间，我们放纵欲求，只是因为还没有找到方法来让义务感说服我们去做正确的事。因此，康德提出了一种能确定何为正确的事的测试。他将这种测试称为绝对命令。但因为所谓正确的事不在于结果而在于意愿，所以我们必须更仔细地审视相关的意愿。

假设一名店主正考虑是否欺骗她的顾客。她可能告诉自己，"只要我能逃脱责罚，我就欺骗他们"或"我只会偶尔欺骗他们，这样就没人能发现规律"（动机1）。我们可以凭直觉辨别，店主的意愿非善，尽管这些意愿肯定有利于她，会给她带来额外的钱财。换句话说，结果可能是好的，然而我们知道，欺骗顾客是不对的。（稍后我们再说原因。）尽管如此，假定店主决定不欺骗顾客，因为欺骗的事可能会被人发现，那样她就会失去顾客，可能要关门大吉（动机2），这样当然是审慎的，但仍然不是道德可嘉的决定，因为她这样做只是为了获得好的结果。假使店主决定不欺骗顾客，是因为她非常喜欢他们，所以任何时候都不能做伤害他们的事（动机3），这又怎么样呢？她喜爱买糖果的小孩、买杂货的老妇人，以及其他每个人，所以她怎么会想要欺骗他们？康德说，这样是很好的，

---

1 本段译文出自伊曼努尔·康德：《康德道德哲学文集（注释版）（上）》（李秋零等译注，北京：中国人民大学出版社，2016年），第17页。——编者注

但依然不是道德可嘉的，因为店主只是在做她喜欢的事，我们不能因为她希望自己感觉好就给予她称赞。（如果你想重新审视这一论点，可以回到第四章关于心理利己主义的部分，那里详细分析了一个类似观点。）的确，如果有一天她不喜欢她的顾客了，或者只喜欢其中一人，会发生什么呢？那时，不欺骗的理由就消失了。所以，康德也不赞成动机 3，不管我们有多欣赏那些因为喜欢助人而帮助他人的人；动机 3 和动机 1 或动机 2 一样，都不是基于**原则**的。

不欺骗顾客，在道德上值得嘉奖的唯一理由或许是，店主告诉自己，那样做是不对的，无论结果如何，无论她的感受如何（动机 4）。为什么不对呢？因为她肯定不希望"欺骗顾客"成为一条普遍律令。

如果店主对自己说"我不会欺骗顾客，因为欺骗会让我会失去他们"，那么她当然也没有做坏事。她只是做了一件审慎的事，康德说我们的人生中有很多这样的审慎决定，这些决定有赖于具体境况，而且我们必须在每种情况下决定做什么才是最明智的。康德认为这些决定是**有条件的**，因为它们依赖于情境和个人欲求，康德称其为*假言命令*——"命令"是因为它们是指令：如果你不想失去你的顾客，就不应该欺骗他们；如果你想得到学位，就不应该期末考试缺考；如果你想掌握烘焙饼干的技能，就应该从头开始而不使用调配好的饼干料。但假定你想关闭店铺，搬到另一个镇子呢？那么你可能不在乎失去顾客。假如你决定退学，谁还会在意期末考试呢？假如你和你认识的每一个人都厌恶烘焙，又何苦为掌握这项技能而焦虑呢？换句话说，假言命令依赖于你在某个特定结果上的利益，或者说以此为条件。如果你不期望这一结果，命令就没有约束力。我们每天都在做这样的决定，而且，只要它们仅仅基于对某个结果的欲求，它们就不是与道德相关的。（当然，它们也可能在道德上是恶的，但即使结果是好的，康德也会认为它们是道德中立的。）使一个决定道德可嘉的是这样的情况：行为人决定做某事，是因为它可以作为*普遍道德律令*而适用于每个人。在这种情况下，行动者就运用了绝对命令。

让一个绝对命令成为绝对的，是它成为命令并不依赖于任何人的欲求；它的约束力并不仅限于在某些情境下和对某些人，而是始终对每一个人都有约束力。它是绝对的。这正是道德律的本质：只要能够运用，它就适用于相同情境下的每一个人。尽管有无数假言命令，但只有一条绝对命令，以最普遍的方式表达：你要只按照你同时也意愿它能成为一项普遍法则的准则去行动。以下用日常语言来说明。你可以先问问自己现在想要做什么（例如让邻居的房间温暖舒适，周五逃课，或因与教外人士约会而对祖母撒谎），然后想象该行动成为一条规则（例如，永远确保邻居回家时家里温暖舒适，始终在周五逃课，一直为了不让祖母难过而对她撒谎）。这样，你就确认了你的准则，或者说你行动的原则或规则。接下来的步骤就是问自己，是否希望这一准则成为每个人都遵从的普遍规则。如果你不同意如此（如果你并不认为在类似情况下，**每个人**都应该打开邻居的壁炉、逃课或对祖母撒谎），那么你也不应该这么做。就是如此简单，在康德看来，这一认识如此令人赞叹，以至于他对其的敬畏，只有在星空下对宇宙的敬畏能相提并论。让我们用康德自己的例子来说明。

> 一个人发现自己急需借款。他清楚地知道，他将无法还款；但他也看出，如果他不肯定地许诺在一个确定的时间还款，他就什么也借不到。他很乐意做这样的承诺；但他仍然良知未泯，扪心自问：以这样的方式助自己摆脱困境，是不允许的且违反义务的吗？假定他毕竟决定这样做了，那么，他的行为准则就是：如果我认为自己迫切需要钱，我就要借款并且承诺还款，尽管我知道我永远还不了款。这个自爱或者自利的原则与我整个未来的福祉也许很能协调一致，但现在问题是：这样做对吗？因此，我把自爱的要求转化为一个普遍的法则，并且这样提出问题：如果我的准则成为一个普遍的法则，事情会怎样呢？由此我现在就看出，它绝不可能作为普遍的法则生效并与自身一致，而是必然与自己矛盾。因为一个法则，即每一个人在认为自己处于困境时都可以承诺所想到的东西，却蓄意不信守之，其普遍性就会使承诺和人们在承诺时可能怀有的目的本身成为不可能，因为没有人会相信自己承诺的东西，而是会把所有这样的表示当作空洞的借口而加以嘲笑。[1]

我们是否知道这个人借钱的原因？可能他想买一艘快艇。可能他想雇凶杀人。或者他需要付租金。可能他的孩子病了，他需要买药和支付给医生的费用。

---

1 本段译文出自伊曼努尔·康德：《康德道德哲学文集（注释版）（上）》（李秋零等译注，北京：中国人民大学出版社，2016年），第39页。——编者注

我们不知道。知道原因与此有关吗？如果我们是功利主义者，就非常有关，因为那样就可以预判应有结果的价值。（挽救他的孩子通常比买快艇或雇杀手更有效用。）但康德不是功利主义者，本例中的人借钱是为了做好事，还是为了买快艇或雇杀手，都一样无关。此处的主要问题在于：*此人是否有善良意志？*如果他不同意他人有权以相同方式行动，他是否会拒绝遵从同样的做法？在本章结尾，你会看到出自康德《道德形而上学的奠基》一书的一个例子，这个例子阐明了他所说的善良意志意味着什么。

让我们重温对行为对错所提议的测试的结构。你现在想要做什么？将它想象为每次类似情况出现时，你都会遵从的*普遍规则*。这就是你的准则。接着想象每个人都会那样做，这就是将你的*准则普遍化*。然后你可以问自己，这是理性的吗？如果每个人都那样做，我还可以侥幸逃脱罪责吗？答案是不能，你会破坏你的*意图*，因为如果每个人都在还钱的事情上撒谎，就不会有人借钱给你。所以问题不仅仅是银行倒闭、金融系统紊乱等——这些是你的准则普遍化的*逻辑结果*，表明你的意图是错的。这还意味着你有义务避免遵循一条自相矛盾的准则，只因为你的理性告诉你它不能普遍化。

事实上，绝对命令会问我们：你是否愿意他人以你所想的对待他们的方式来对待你？与黄金法则的关联（见知识窗 4.8）几乎无可避免：我们应该怎样对待他人？我们想怎样被对待，就怎样对待他人。然而康德对旧的黄金法则言辞激烈。他认为那只是对绝对命令过分简单化的一种说法，甚至可能会演变成拙劣的模仿：如果你不想帮助他人，只需声称你不想或不需要从他人那里得到任何帮助！但最重要的是，绝对命令也基于同一根本认识，我称之为黄金法则中道德天赋的火花，即，它将自我与他人从根本上视为相似——不是生命的种种细节相似，而是同为人类，应该同样公正对待彼此。

这是否意味着绝对命令只有在每个人都能将你的准则接受为一个普遍律令的时候起作用？这并不是说我们在决定行动前要先进行民意调查；如果每个人的实际认可成为最终标准，原则就会失去它作为某人义务所在的即时测试的吸引力。在康德的观念中存在普遍认可的成分，但那在于对一种*理想情境*的反思，而非一种事实情境。如果每个人都将自己的个人利益暂时搁置而运用绝对命令，那么理想地说，每个人都会对道德上可容许之事得出相同的结论。在康德那个时代，人们对理性的意义不像我们今天有那么多怀疑，康德相信，如果我们全都运用共同的逻辑规则并无视个人利益，那么对于道德以及智识上的问题，我们都能得出同样的结果。

对人类理性的坚定信念是康德道德理论的一个重要因素，因为它反映出康德关于人类是受特殊恩典的存在者的信条。我们可以确立自己的道德准则而无须寻求权威的指引，不需要教会、警察、君王甚至父母来告诉我们如何生活。我们所需的就是我们的善良意志和理性，通过它们就能够确立我们自己的规则。如果我们选择某种行动方式是因为别人告诉我们这么做——因为我们出于这样或那样的理由而听从他人的建议——我们就仅仅是做了审慎或权宜之事，但如果我们听从自己的理性并拥有善良意志，那么我们就是*自主立法者*。

这种方法难道不会导向一个人人都顾自己的事，并按照可能彼此矛盾的规则生活的社会吗？不会，因为如果每个人都有善良意志并运用绝对命令，那么所有人都将为自己确立相同的、合理的、无私的规则，因为他们并不希望确立一种他人不可能遵从的规则。

以这种方式，康德相信他已经向我们展示了如何解决欲望和义务相冲突带来的每一种困境、每一个难题。当运用绝对命令的时候，我们会自然而然地忽视个人利益而着眼于更大的格局，所以这种行动，就是认识到某事就其本身而言是对或错的，是道德可嘉的。在本章的故事部分，你会读到几个故事的节选，它们以各自的方式探索了不考虑他人意见及对自身的后果而做正确之事的原则。将经典的《正午》和 2007 年的电影《决战犹马镇》两个西部片放在一起，是由于它们都关注将做正确之事当作原则的问题。此外，图像小说《守望者》的梗概（有剧透）体现了功利主义者和义务论者的世界观冲突。

对绝对命令的批评

一些人很快认可了这样的观念：一个人的意愿比他行动的结果更重要，对与错这个问题本身就很重要；如果涉及对他人权利的侵犯，我们不能只考虑结果。另一些人则声称，无论你说你对结果多么不关注，最终仍然需要考虑结果。对于康德理论的瑕疵，批评者提出了五个主要论点。

1. **结果也算数**。绝对命令难道不是实际上暗含着对结果的关切吗？这是约翰·斯图亚特·穆勒的批评，他对康德那个借钱而不信守诺言的例子做出了犀利的批评。如果那是康德能提供的表明可以不计后果的最好例子，那么他就没有什么说服力，穆勒表示，应该考虑他究竟诉诸了什么。康德追问"如果每个人都做你想做的事会怎么样？"这一问题，难道不也是在担忧结果吗？如果每个人都做出还钱的承诺却不归还，会发生什么？那样的话，其他人就都不能利用虚假承诺获利了。在穆勒看来，这和规则功利主义一样，都是诉诸结果。因此，穆勒得出结论，认为所有的道德理论都必须包括结果，无论多么不情愿承认结果的重要性。这似乎是反驳康德的有效论点。康德对此唯一可能做出的回应（当然他实际上没有回应，因为在穆勒批评其观点时，康德已去世很久了）是，他的着眼点并不是事实上的结果，而是普遍化准则的逻辑含义：该准则是否会危及自身？穆勒是成功批评了康德还是误解了他，哲学家们仍在讨论，但这只对"绝对命令"的原始版本而言才是个问题。如果我们进一步阅读康德的《道德形而上学的奠基》（本章附有选段），就会发现康德实际上提出了一个关于义务的相关理论，该理论毫不涉及行动的结果。这个提出"人是目的"的理论说明，无论结果如何，一个人都始终应该被待以尊重。后文会对"人是目的"做进一步探讨。

2. **义务间的冲突**　我们能否肯定绝对命令总是能告诉我们应该去做什么？假设我们不得不做（又不怎么想做）的两件事之间有冲突。康德的体系认为义务与偏好之间，也就是我们不得不做的事与我们想做的事之间，存在道德冲突。在这种情况下，或许通过将准则想象为对每个人的普遍规则而说服自己去做对的事，就完全是可能的。但如果我们的两种义务之间存在冲突，例如在应该学习的期末考试前夜不得不去工作场所进行盘点。当然，我们不能说更想做这一件事而不是那一件事——只要是两件事都做过的人，可能都会认为两件事都不好办。绝对命令能如何帮助我们决定做什么事？它能告诉我们的只是，不去盘点是不理性的，但放弃期末考试也是不理性的，因为二者是每个人在同样情况下都应该履行的义务。绝对命令能提供帮助的，主要是义务间不存在冲突的情况。（当然，在义务间存在冲突的情况下，我们知道可以用另一种方法来确定该做什么：边沁的快乐计算法。但大多数哲学家都同意，不能根据你的需要而对理论进行混搭。

第十一章会再讨论如何结合不同的道德理论。）

3. 漏洞　在命令中找出漏洞或许不可能吧？绝对命令告诉我们，在需要钱的时候就去抢银行是不理性的（所以这也是道德上不允许的），因为我们并不会希望每个人在相同情况下都采取这一做法。但我们所说的"情况"究竟是什么呢？想象有一个叫乔的年轻人，他已经失业 7 个月了。他 20 岁，高中文凭，原本工作的电子游戏厅因为暴力团伙的威胁而关门了。乔喜欢穿牛仔衣。他的父母离婚了。他和一个叫弗吉尼娅的女孩约会，后者在一家超市工作，在社区大学读书。乔需要钱来结婚和租一间小公寓。让我们假设乔运用了绝对命令，他的准则是：在我每一次（处于特定情况下）一文不名并无法得到贷款的时候，我就会去抢一次银行。随后他将其普遍化：某个父母离异、现年 20 岁、曾在电子游戏厅工作、喜欢穿牛仔衣、和在社区大学读书的名叫弗吉尼娅的女孩约会、名字叫乔的人，每当他一文不名想去抢银行的时候，他就可以去抢。那么，这是理性的吗？乔的准则是否会由于每个他以外的人都会做与他所计划的相同的事而危及他的意愿？不，因为他已经描述了他的情况，所以"每个人"就转变成只有他一个人：乔本人。在那种情况下抢银行对他而言是非常合乎逻辑的，因为这不会危及他本人的意愿。这很难说是我们所寻觅的关于做正确之事牢不可破的哲学证据。这一论证也可以用于对驳斥规则功利主义。当然，它不是做错误之事的充分理由，乔也不应该因为认为哲学家证明了这么做可行，就冲出去抢银行。不过，这个例子试图表明，如果我们使用的是如绝对命令一样普遍的原则，我们就不能期望它可以毫无疑问地回答所有道德问题。当然，这并不是一个康德本人会欣赏的例子。康德可能会批评我们的例子过于特殊。但事实仍然是，绝对命令需要进一步的澄清和规定，以避免漏洞所带来的"例外条款"。你可能会觉得这一例子相当牵强，显然没有人会设计一条只适用于自己的道德准则，触犯了还可以侥幸逃脱责罚。尽管如此，这个古怪的关于乔的故事，也可以是我们自己的故事，在一些情况下，我们会要求宽大处理，因为"我们是特殊的"。我们都知道应该按时缴税，应该参加期末考试，等等，但这一年我们日子不好过，我们刚刚得了流感，家庭即将分崩离析，因此我们真的需要得到一些特殊考虑。如果特殊情况只适用于自己，那么，我们就会发现漏洞。乔的例子只是更极端一点。

4. 什么是理性? 谁能决定某些事是不理性的? 这是康德可能不会考虑的问题。他受所处时代的影响，也与他人共同缔造了理性时代，他相信如果无视自我利益而运用理性，那么我们就能够得到相同的想法和结果。事实上，边沁也相信同样的事，尽管他的道德愿景与康德的大不相同。今天，关于潜意识作用的知识，我们已经有一个世纪的积累，人们已经认识到人类并不始终是理性的，甚至大部分时间并不理性，我们更倾向于相信：我们对于何为理性的个人观念可能主要依赖于我们是谁。即便运用更宽泛的理性定义，例如"认识到实现目标的最短路径然后努力实现"，我们可能仍会提出关于何为理性的不同想法。假定乔不仅不名一文，还是一个政治无政府主义者，他相信社会越快崩溃，对全人类尤其对他而言就越好。那么为什么对他来说抢银行会很不合逻辑呢? 倘若社会崩溃，银行也包括在内，这不正是他所渴望的吗? 假如我们想做的就是制造社会混乱、离间朋友，那么为什么我们要避免对彼此撒谎? 如果我们都是施虐受虐狂并相信生活在互相伤害的世界中也很好，那么为什么要避免互相伤害? 尽管乔是一个虚构的例子，但现实世界也有不少类似的例子，我们大部分人都认为他们的行动是不理性的，但他们内心遵循的是实现目标的确切的理性路径。想想蒂莫西·麦克维，他实施了 1995 年俄克拉何马市阿尔弗雷德·P. 莫拉联邦大楼爆炸案，导致167 名成人和儿童死亡。麦克维被联邦机构以多项谋杀罪判刑并于 2001 年 9 月处决。他进行了什么样的推理，让自己相信夺取他人的生命——那些陌生的成年人和孩童从来没有伤害过他——有助于实现他的目标? 他是否认真考虑过绝对命令，他会希望别人做同样的事吗? 有人对他和他的家人做这样的事，他会认同这样的世界吗? 康德传统可能会主张，他没有如此思考过，他的决定是非理性的。但是，麦克维已然相信，在他生活的世界中，*政府在杀害无辜者*。(麦克维深受 1993 年联邦政府对韦科市大卫教总部搜捕行动的影响。)在被处决前的一次采访中，麦克维表示他认为自己的行动将引发一场革命。所以，如果某人做出决定的理性依赖于对情境的个人解释，绝对命令如何能够确保我们只要使用逻辑就能得出同样的结论呢? 运用绝对命令，就能让恐怖分子停止犯罪吗? 是不是有这样的可能，他们自问是否愿意让行动成为一道普遍律令后，回答愿意，并认为自己在做道德正确的事?

康德似乎假定我们全都有同样的一般性目标，它们可以成为行动理性的保障。然而，如果目标改变，那么合理的行动方案这个理念就会有新的含义。（知识窗 6.2 进一步探讨了理性问题。）

5. 没有例外吗? 违背普遍规则，我们就永远不能道德正确，真是这样吗？换句话说，绝对命令是否永远能够向我们保证，坚持规则比打破规则更好？比如说，一个杀手正在跟踪你的一个朋友，朋友来到你的门前请求你帮她躲起来。你告诉她藏到杂物间。（这是康德的例子经过略微改编后的版本，通常认为这是哲学史上最为糟糕的例子之一。）杀手来到你的门前问道："她在哪?"我们大多数人都觉得帮助朋友是基本义务，但对于康德来说基本义务是对真相的义务。他认为，你应该回答："我不能说谎，她藏在杂物间。"这是一种绝对主义道德理论：道德准则不容许例外。但为什么呢？大多数人都认为，朋友的生命至少值得用一个无恶意的谎言去拯救，但对康德来说这是一个原则问题。假定你对杀手说谎，而你的朋友悄悄溜出了房子，杀手找到了她，那么这就是你的错了。如果你说出了真相，你的朋友仍然可能逃走，杀手也可能因此无法犯下谋杀罪。（或许你可以把他困在杂物间。）这个牵强的论证遵循了康德本人关于我们为什么始终应该遵循规则的推理：假如我们打破规则，我们就必须对后果负责，而假如我们坚守规则，我们就没有这种责任。如果我们说出真相，杀手直奔杂物间杀死了朋友，康德坚持认为我们对她的死不承担责任。但为什么我们就应该接受康德的观念，即只要你遵从规则就可以不计较后果，但在你不遵从时需要计较后果呢？哲学家们倾向于认同的是，你不能对何时计较、何时不计较后果做出如此任意的选择。本章末尾基础阅读部分的第二篇展示了康德对于不接受道德原则的任何例外有多么认真：在他生命的最后阶段，他在《道德形而上学》一书中坚称，即使无恶意的谎言也是不能接受的。你可能记得第一章提到的玛莎·努斯鲍姆的抱怨，她说哲学中充满了细碎、干巴巴、不现实的例子，它们为了阐释一个特定的道德准则而被杜撰出来，如果我们不读这些例子，而是去阅读一部阐明特定道德问题或规则的优秀小说，会更舒心一些。康德的门前杀手的故事恰恰就属于她所说的那类例子。

知识窗 6.2　什么是理性？

　　哲学家们经常把行为和论证称为*理性的*或*逻辑的*。自18世纪理性时代（西方的启蒙运动）以来，人们一直特别强调理性，认为只要运用你的理性，你就不会出错。如果出错，那意味着你的逻辑错了：你的行为或陈述的某个部分与其他部分之间有矛盾。对于深受启蒙运动影响的边沁和康德来说，恰当运用理性就永无谬误是个坚定的信念。该信念被破坏殆尽是在20世纪，部分是由于弗洛伊德，他提出无意识是我们决策的强有力的因素，但它从根本上处于我们理性思维的控制之外。20世纪的最后几十年，反对理性观念的其他批判也出现了。如果我们选择了理性的基础定义，即"决定目标并选择最直接的方法达到"，那么强调理性的哲学的批评者就可能指出，这种方法归根结底是一种西方的文化理想，而非世界范围内的行为指南。有的文化更倾向于用*间接*方法达到目标，认为直接方法是粗鲁的。有的女性主义者指出，理性的直接方式主要是*男性*采取的方式，而很多女性更喜欢用间接的方式达到目标；此外，他们认为，女性会利用特殊的认知方式，即情感与直觉的知识。是不是有这种可能，男性在几千年的狩猎生涯中发展出理性的技能，以猎手的站位来思考——直接捕获并杀死猎物，而女性在几千年的采集生涯后，更多以挑选、抉择、比较的站位来思考？20世纪90年代，喜剧演员罗伯·贝克将这些纳入表演，展示出狩猎者男性进商场后，如何一心一意寻找一件衬衫，而富有采集者思维的妻子，要将所有物品比较一番才会购买。这是一个有趣的日常规律——事实上可能也很接近进化真相。但很多女性主义者，如艾利森·贾加尔，认为最高等的一类知识结合了传统的理性思维与情感思维，对于男性与女性都是如此。存在多种正当的理性方式，一些女性思想家为此感到欣喜，但她们也担心这种观点可能导致"女性不能进行逻辑思考"的古老偏见死灰复燃。一些主张传统理性是普遍哲学方法的人提出，尽管可能存在使用理性的若干种方法，但数学与逻辑规则还是理性应用的普遍范例：纯粹的、逻辑的思维基本规则不是依赖于文化或性别的。

这幅《凯茜》漫画展现的是男性还是女性的理性类型？它本身是否揭示出我们不同的购物风格？如果是这种情况，那么女人能以男人的方式购物吗？男人能以女人的方式购物吗？除了天生的性别本质，对于不同的购物风格还有其他解释吗？

如果绝对命令存在以上诸多问题，为什么它一直是如此有影响力的道德因素？原因就在于它是第一个强调普遍化理念的道德理论：意识到你所处的境况与他人的境况并无不同。如果有些事会让你困扰，在其他情况相同时，它们可能也会让别人困扰。如果你允许自己休息一天，那么他人在做同样事情的时候你就不应该抱怨。然而最重要的是，在你允许自己休息之前就应该想到此事，并意识到它不能成为一条普遍规则。问题在于，我们偶尔都会遇到特殊情况，即确实可能需要休息一天，可能是病了或者心绪烦乱。同样，总的来说我们不应该杀人，但在极少的情况下，战争时期或自卫的时候，我们可能会被迫那样做。总的来说我们不应该撒谎，但或许有一天，我们有机会拯救被杀手跟踪的朋友，在这种情况下可能就需要说谎。这些是非同一般的情况，所以为什么康德的普遍化要适用于它们呢？这一论题促使学者们提出，绝对命令的形式不存在什么问题，条件是允许我们将准则扩大到可以包括我们接受规则有例外的一些情况。只要不扩大到成为漏洞，普遍化就可以沿用：我们可以将不杀人普遍化，但自卫和某些特定情况例外；我们可以将不擅离岗位休息一天普遍化，除非生病或极为心烦意乱，只要别经常发生；我们可以将不说谎普遍化，如果大家有共识，阻止对无辜者的伤害可以构成例外情况。

美国哲学家克里斯蒂娜·柯斯嘉德深受康德道德哲学的影响，她也是康德执着的强普遍主义的批评者之一，她提出了一个解决方案：我们可以将康德的绝对命令看作理想世界中的一个理想方案，但我们也必须认识到，现实生活远非完美，会对我们提出其他要求。理想作为一种原则依然十分重要，但是，她追问道，为什么我们要去思考对杀手撒谎会危及我们的说谎意愿这一问题，既然杀手必然明白，问我们的朋友去了哪里，并不是一个正常情况？换句话说，在某些情况下康德的理论非常适用，例如在想借钱的那个男人的例子中，在另一些情况下，我们必须超越绝对命令，那就是在我们必须以行动来回应可以被描述为邪恶的行为或人的时候。可以想想 2012 年美国康涅狄格州的桑迪·胡克小学枪击案，枪手就是选择邪恶的人甚至彻头彻尾的邪恶之人，20 个孩子被 20 岁的亚当·兰扎杀害（该校教师维多利亚·索托为保护孩子献出了生命）。如果枪手向我们询问年幼的学生、老师或教室在哪里，我们意识到他要做的事情，我们中有谁不会向他说谎呢？我们可能因为太害怕而编不出善意的谎言，但这并不意味着说真话就是正确的。情形很清楚，为了挽救无辜者的生命，可以绕开真相，这可以构成不说谎准则的例外。在第九章中，我们会读到一个古典理论（由亚里士多德提出），该理论提出大多数行动都有一个*正确的度*——既非过度也非不及，向枪击者说真话当然是太过了。但特别值得注意的是，在他的小书《道德形而上学的奠基》的几页之后，康德实际上给出了我们挽救无辜者生命所需的原则：任何人都不应该被当作垫脚石来对待，也不应该被仅仅用于实现他人的目的。

理性存在者本身就是目的

在他的《道德形而上学的奠基》一书中，康德探索了三个重要主题：绝对命令、人是*目的*的概念，以及*目的*王国的概念。在某种意义上说，如果我们把人本身即是目的的观念和绝对命令的观念加到一起，得到的结果就是目的王国。接下来，我们将讨论"人是目的"和"目的王国"这两个概念。

人不应该被用作工具

在《道德形而上学的奠基》中，康德提出了表达绝对命令的两种不同方式。第一种我们已经见过，第二种是这样的：

> 现在我说：人以及一般而言每一个理性存在者，都作为目的自身而实存，不仅仅作为这个或那个意志随意使用的手段而实存，而是在他的一切无论是针对自己还是针对别人的行为中，必须始终同时被视为目的。[1]

被当作"目的自身"来对待是什么意思？让我们先来看看相反的方式，即被当作"只是达到目的的手段"。达到目的的手段是什么？是为实现某一目标而使用的工具，是在获取某些具有内在价值之物的过程中具有工具价值的东西。如果某人被用作一种手段，那么从广义上说，他或她就是被当作了实现他人目的的工具。如果某人被性虐待或被当作奴隶，显然此人就是被当作了达到目的的手段，但我们为了认识她哥哥而跟她交朋友的那个女孩，也是被当作了手段。无视其作为人类的内在价值和尊严，为他人之目的而被利用的人，也是被当作了手段，例如很有争议的电影《流浪汉之战》中的流浪汉，年轻的电影制片人说服他们为了金钱的收益而在镜头面前相互打斗。但康德会谴责这种将人用作工具的行为，即使目的是好的，例如为许多人创造快乐。对于康德而言，这只是绝对命令的另一种表达方式。他为什么这么认为呢？首先，当你使用绝对命令时，你就将你的准则普遍化了；而如果你拒绝将他人仅仅当作达到目的的手段，你也是在将一条准则普遍化，而且是一条根本准则。其次，这两条准则都可以被解读为黄金法则的表达。

以他人为达到目的的手段是不道德的，这种表述在 18 世纪是一种石破天惊的重要政治和社会声明。在康德的时代（尽管不是在康德的国家），奴隶制依然是一个社会要素，下层阶级受上层阶级虐待司空见惯，欧洲才刚刚摆脱那个君主和封建领主可以无视农民和士兵的生命和幸福，将他们像棋子一般调来遣去的时代。康德的表述提出了一个革命性的思想：一个人在道德领域中的身份，并不取

---

1 本段译文出自伊曼努尔·康德：《康德道德哲学文集（注释版）（上）》（李秋零等译注，北京：中国人民大学出版社，2016 年），第 44 页。——编者注

伊曼努尔·康德说，我们永远都不应该将另一个理性存在者仅仅当作达成目的的工具。尽管像奴隶和性虐待这种将人当作他人意图之工具的极端例子，今天被认为在道德上不可接受，但在我们的日常生活中，仍有许多人们将彼此视为实现目标的工具的例子——例如这幅《更好或更坏》漫画中的情形。

决于其社会地位，而仅仅取决于*运用理性的能力*。作为理性时代的指路明灯之一，康德提出，任何有理性的人都配得到尊重。无论穷富、老幼，无论种族和民族，所有人都一样，理性是其人性的一种定义性标志，而没有人应当受到无视这个特征的待遇。不过我们先别急着赞美，必须指出，康德本人对女性实际上能否算作理性存在者，或者说她们是否像男人一样理性，表示了怀疑，他可能对有色人群也持相同的保留态度（见知识窗 6.3）。但是，无论康德本人是否将"每个人都配受尊重"这一理念视为目标，我们都可以宽容一些，来看看康德的人权理论的含义。如后文所示，康德明确地说过，我们必须对整个人类待以尊重。

知识窗 6.3 康德、启蒙运动与种族主义

多年以来，康德一直被视为人权与平等思想的首要源头，因他认为任何理性存在者都应该被待以尊重，而且绝不能仅仅被视为达成目的的手段。这种观点对西方思想家、作家与政治家有很大的影响，我们事实上可以说，即

便这个理念依然未被实现，西方世界也在谴责那些不承认全体公民无论性别、收入、种族、民族、宗教与国籍而一律平等的政体。（参见第七章末尾的联合国《世界人权宣言》。）但这是康德心中所想的目标吗？可惜不是。康德本人尽管启发了今天对平等的追求，却并没有以性别或种族平等为哲学目标。康德认为自己汲取了生物学研究的前沿进展（事实上他教的地理课比哲学课更多）；在很少被引用的《论人的不同种族》（1775年）中，康德提出，他眼中世界上四个主要的种族之间存在"自然禀性"的实质性差异。在康德和18世纪的很多西方思想家看来，欧洲人种比其他人种更有智慧，男性比女性更有智慧。在没有充分科学依据的情况下，西方启蒙运动中最为重要的一些思想家——他们开启了全球平等的最初阶段——认定一些人比其他人更先进。这当然让人怀疑，康德的"理性存在者"可能并不是指全体人类，而主要指白人男性。然而，十年后，康德在《道德形而上学的奠基》中明确表示，全人类都应该被当作其本身就是目的。要说康德认为只有白人男性才是"人"，未免太不公正。但康德"其自身就是目的"的规则只能保护人类免于受虐，而并不保证社会平等。

从前的英雄有时会由于新研究而失去魅力，一些批评者认为，康德就是如此：他可能并不是我们过去以为的人权支持者。一些批评者认为，如果采用今天对种族主义的定义，即仅仅基于种族而对个体或群体区别对待，那么称康德为种族主义者也是合理的。然而在我看来，我们绝对不该忘记在康德的时代，他的确是人权的支持者。欧洲原本实行农奴制，农民被当作大领主的财产来对待。康德的作品推动了今天仍让我们受惠的进程：哲学上的重大变化催生出了不可剥夺的人权的观念。因此，虽然康德本人可能受限于他所处时代普遍存在的无知的种族偏见，但目的王国的思想，即每个人都应被待以尊重，流传至今，并成为西方政治和哲学的一个理念。他可能缺乏今天所认为的一位思想开放的思想家必备的"最低条件"，但他的遗产如何评价都不过分，那就是社会和政治尊严作为人类与生俱来之权利的理念。不应抹杀他的这一贡献。

为什么说理性存在者具有内在价值？因为他们能够将价值赋予他物。如果无人想要，黄金有什么价值？没有价值。人类是价值赋予者，他们为感兴趣之物分配一种相对价值。然而作为价值赋予者，人类始终拥有一种绝对价值。打个比方说，人类设定价格，却不能为自己定价。尽管如此，我们经常会谈起某人很"值钱"。一个棒球运动员身价不菲，一个好莱坞女演员值数百万美元。这意味着什么呢？我们是不是还是给人定了价？严格说并非如此。这并不意味着我们能够用几百万美元买下这个好莱坞女演员。（好吧，或许可以，但在那种情况下，她是将*自己仅仅当作达成目的的手段*，出卖了她的身体。）我们那么说，通常的意思是她很有钱。那么棒球运动员呢？他当然可以被"买和卖"，但很难说是作为奴隶被买卖，他依然保有自主权，这一过程也能让他富有起来。被购买的是他的才能和服务。在正常情况下，我们不会说人是可以用金钱购买的实体，当我们这么说的时候，通常就意味着发生了不恰当的事（例如奴役和贿赂）。因此，人们是价值赋予者，因为他们可以理性地决定他们想要什么和不想要什么。这就表明理性存在者是人格者，绝对命令的第二种表达形式就着眼于对人格者的尊重：*你要这样行动，永远都把你的人格中的人性以及每个他人的人格中的人性同时用作目的，而绝不只是用作手段。*

注意，康德并不只是在说不要恶待他人。你也必须尊重自己，不要让他人践踏你。你有权规定自己的价值，而不只是被他人用作通向其成功的垫脚石。但不要将任何人*仅仅当作达到目的的手段*，究竟是什么意思呢？我们知道公然的虐待是错误的，隐蔽一些的也不见得更好。但对于利用某人的服务，该怎么看呢？你买杂货的时候，通常会有人帮你装袋。如实地说，你是否将此人当成了为你装袋的工具呢？是的，的确如此，但不是仅仅作为工具；他或她得到了报酬，你大概也不会认为这些工人生来就只是为了将你的杂货打包。日常生活中，人们总是会用到其他人的服务，而这是正常的有来有往的社会生活。如果我们不尊重他人所做的事，在心里只把他人贬低为使我们舒适或成功的工具，那么就有问题了。只要关系是相互的（你为你的杂货付钱，装袋者得到他的报酬），那么就不存在不当。的确，学生可能把教授当成达到目的（得到学位）的手段，但在得到薪水的前提下，教授很少会觉得自己受到了不当的对待。同样，教授把学生当作达到目的（获得薪水）的手段，但教授肯定不会想象学生们生来就是为了供养他们或支付他们的抵押贷款。然而，有些情况下，人们真的将他人只当作实现自己目的的工具，从"借警察自杀"[1]现象、性虐待到恐怖主义，这时，这些人就是将他人"仅仅当作达成目的的手段"。

很多批评者认为约翰·斯图亚特·穆勒是对的，穆勒指出，尽管康德本人坚称结果与善良意志并不相干，但在他关于准则普遍化的绝对命令中，包含了对可能结果的考虑：如果我做 X，会发生什么？然而，当审视康德关于绝不将人仅仅当作达成目的的手段这一原则时，我们还是会得出结论，该原则的确排除了对或好或坏结果的考虑：没有人应该把他人或自己贬低为仅仅是工具或垫脚石，无论目的是好是坏，无论是否基于双方同意（这也是康德反对卖淫的原因）。所以现在我们要回到第五章中提出的问题，即是否可以折磨恐怖分子以获取可能拯救他人的生死攸关的信息。我们看到，功利主义者或许会认为在特定情况下这样做是正当的，然而，对于康德主义者而言，再好的结果也不能证明虐待他人是合理的，哪怕对方是连环杀人犯、敌方战俘或恐怖分子。在经典的康德主义道德体系范围内，折磨是永远都不被允许的，即使那样可以拯救孩子、配偶、父母的生命，甚至拯救国家。比起让他人受苦而换取某些人的安全与幸福，带着共同的尊严和对他人的尊重而受苦更为可取。这并不意味着我们不能用监禁甚至死刑惩治包括恐怖主义者在内的不法分子，但惩治的目的应该是正义，而不是取得好的结果。实际上，康德是坚决支持死刑的，我们将在第七章和第十三章看到他的论证。

作为物的存在者

任何理性存在者都理当受到尊重。我们假定人类可以算入这个范畴，但非人类的理性存在者算不算呢？人类可能遭遇外星人并不是不可想象，这些外星人或许足够理性，懂得数学、语言和空间技术。还有，对于人工智能应当如何考虑？康德是会尊重一个能思考的机器人或一个理性的外星人，还是会主张将它们当成物来对待？如果这些存在者是理性的，那么它们就完全有资格成为道德领域的成员，人类也无权将它们只当作获得知识或实现权力的工具。外星

---

1 指一种自杀方式，即意欲自杀者故意用采取带有威胁性的行动，引来执法人员或合法的武装力量对其进行致命回击。——译者注

人和机器人同样无权把人类运去做医学实验，因为人类普遍而言都是理性存在者。

　　然而，这个星球上还有不具备康德意义上的那种理性的存在者，例如动物。在《道德形而上学的奠基》一书中，康德如此表述：

> 其存在固然不是依据我们的意志，而是依据自然的意志的存在者，如果它们是无理性的存在者，就仍然只有一种相对的价值，乃是作为手段，因而叫作事物。与此相反，理性存在者被称为人格，因为它们的本性就已经使它们凸显为目的自身……[1]

　　这就意味着，非人类的动物根本不属于道德领域；它们被归为物，可以被用作理性人格者的工具，因为它们无法将价值赋予其他事物，只有人类可以这样做。一个动物本身没有价值，只有在人需要它实现某些意图时才有价值。如果没有人在乎猫或猫头鹰，那么它们就没有价值。然而，动物不能将价值赋予其他事物，真是这样吗？与动物直接打交道的大多数人会说，宠物有能力将主人的价值放在首位，其次是它们的食物盆（或者反过来？）。野外的动物将其领地及年幼后代看得极端重要。今天很多人认为，动物的利益与人类的利益只有程度上的不同，而没有类别上的差异（见第十三章）。尽管康德和他的大多数同时代人（除了边沁）都相信，道德领域应该对非人类的动物关上大门，但今天，我们不仅有可能将动物视为"应受尊重的生物"，而且正如第四章所说，还应该为与动物道德实例的相遇做好准备。为让群体逃离美洲豹而自我牺牲的狒狒，是否有意识地做出了这个选择？在动物园营救小男孩的大猩猩宾蒂·朱叶，是否思考过它的选择？

　　对动物认知（思维能力）和情感的研究在过去十几年中有了很大进展，2012年的《剑桥意识宣言》宣布，大脑发达的群居动物，如大猩猩、海豚、大象以及（很多人想不到的）鸦科动物（包括渡鸦、乌鸦、喜鹊等），都应该被视为具有意识和情感的状态。该宣言称：

1　本段译文出自伊曼努尔·康德：《康德道德哲学文集（注释版）（上）》（李秋零等译注，北京：中国人民大学出版社，2016年），第44页，略有改动。——编者注

缺乏新皮质似乎并没有妨碍生物体验情感状态。各种证据均表明，非人类动物具备意识状态的神经解剖学、神经化学及神经生理学基础，并有能力表现出意向行为。因此，证据倾向于表明，生成意识的神经学基础并非人类所独有。非人类动物，包括所有哺乳动物和鸟类，以及章鱼等其他许多生物，均拥有这些神经学基础。

但对于康德而言，这不仅仅是思维能力的问题，存在者还必须能够表现出自主性，并且能够为自己和他人设定普遍的道德准则；尽管某些动物可能有思维能力，但是否可以在康德的意义上认为它们是*道德自主的*，还值得怀疑。但如果像倭黑猩猩这样的动物可以理解黄金法则，那么当今的康德主义者就没有充分理由否认它们具有至少部分人格。（见知识窗 6.4 的进一步讨论。）

然而，众多学者指出，康德将人类归为理性存在者有严重问题，如果某人无法进行理性思维呢？很多人都不善于思维或完全不能思维，因为他们是婴儿、幼童、心智缺陷者或处于昏迷状态，或患有阿尔茨海默病。这是否意味着所有这些人都不是人格者，而应该被归为物？正如一些学者（如彼得·辛格）所言，比起新生儿或心智严重受损的人，有的动物更接近人格者（也就是理性存在者）。康德真的会认为这些人几乎等同于物吗？麻烦就在于康德从未在《道德形而上学的奠基》一书中对"人格者"的任何子范畴做出规定。这就成了非此即彼。或许你还记得第一章中所说的假二择一谬误或假两难谬误：假定仅有两种选择，但实际上可能存在三种或更多。而这恰恰是康德本人所意识到的。

知识窗 6.4　动物能思考吗？

你可能记得，上一章提到笛卡尔不相信动物有任何心智活动，因为根据他的理论，动物仅由质料构成。康德不否认非人类动物有心智，他只是认为它们没有理性心智，只是本能地"依据自然的意志"而存在（《道德形而上学的奠基》）。在《道德形而上学》中，康德进一步解释，尽管动物和人类都有驱使其朝向目标的意志，但只有人类可以自由选择。动物会选择吃什么、和哪个交配、在哪里睡觉，这些都不必动用道德法则，所以它们的选择只是兽性的（一些人的此类选择可能也是如此）。但当一个人基于可普遍化的理性原则做出一个选择时，康德就会称其为自由选择。

今天，动物智力这个话题依然有争议。一些动物行为研究者仍然认为人类和非人类动物的智力差异是类别的差异，另一些人则更倾向于假定差异是程度上的差异。在《当自我来敲门》一书中，神经科学家安东尼奥·达马西奥（见第一章和第四章）提出了大胆的理论，即每一个有脑干的生物体都有一种基本的意识形式。这种观点有可能彻底改写我们对动物心智、我们与非人类动物的关系的认知。动物行为学家马克·贝科夫在与哲学家杰茜卡·皮尔斯合著的《野兽正义》一书中提出，犬科动物如狼、郊狼和狗都具有高度发达的公平意识；哲学家玛莎·努斯鲍姆（见第一章）在其《思维巨变》一书中也提出，许多高等动物都有一种认知情感形式，即基于处境的情感，它们也有自己的理性。基于多年研究中对实验情况的观察以及与动物共处的经历，许多现代生物学家和行为学家得出这样的结论：至少某些动物，如类人猿、海豚、大象、逆戟鲸，是具备理性思维的初步能力的，甚至具备语言理解力（按照人类对语言的定义）。在第七章和第十三章，我们会进一步讨论动物智力和动物权利的问题。

如果你将世界分为人格者（有不被他人虐待的权利）与物（人格者有权使用）的话，无疑问题就会出现。但《道德形而上学的奠基》出版 12 年后，在受期待已久的《道德形而上学》一书中，康德对过渡范畴问题做了探讨：有一些人，其自身就是目的，就此而言他们有绝对的权利，而由于种种原因，他们也"属于"其他人格者。康德称其为"采用物的方式的人身法权"——用近乎对待物的方式对待这样的人格者是合法的，但他们不能被当作奴隶占有。用当代术语来说，我们或许会把这种状态称为人格的*混合形式*。可以用一个小孩举例：她是有个人自由权的人格者，她的父母不能毁掉她，即使是他们将她带到这个世界上的；但这个小孩也不能完全自主，因为她仍被父母视为类占有物，直到长大成人。（如果有人带走她，父母可以要求将她归还。）父母有义务以合适的方式抚养孩子，孩子则没有义务偿还。同样，家仆也属于类占有物这个过渡范畴：他们是自由人，但因为签署了契约，所以康德说，他们就不能想要什么时候甩手离开就什么时候离开。另一方面，他们不能被买卖，因为那样他们就成了奴隶，而奴隶就会沦为仅仅是某人达成目的的手段。有学者认为，康德提出过渡范畴，即介于有全部自由的人与没有自由的物之间的范畴，是为有时称为"部分权利"的现代范畴做了铺垫。"部分权利"指的是，一个并非理性、成年人类的存在者，或许应被赋予一些权利，但仍然可能被视为处于他人监护之下。有鉴于此，说康德毒害了哲学，宣扬只有部分理性的存在者的权利，这样的说法并不公正。但在《道德形而上学》中，康德明确表示，动物不是理性的，也没有权利，因为如果我们要承担对其他存在者的义务，后者必须也有能力对我们对承担义务。（这一争论的延伸，见知识窗 6.4 和第十三章。）将动物归类为物在康德看来似乎很合理，但即使如此，他也担心一些读者可能因此认为，自己可以任意对待动物，包括虐待它们。然而，他采取的立场与其说是为了动物自身，不如说是为了人类，他主张，伤害动物的人可能很容易习惯于此并开始伤害人类。康德的观点似乎比他那个时代大多数读者所知的都要正确。虽然康德并不是第一个指出对动物残忍可能导致对人类残忍的人（圣托马斯·阿奎那在 13 世纪说过同样的事），但这种深层联系直到 20 世纪晚期才得到明确，当时犯罪侧写的结果表明，过去几十年中每一个被质询的连环杀手，都曾在童年时虐待过小动物。（该调查聚焦于男性连环杀手，因为女性连环杀手数量还很少。）此外，该类个体也会纵火并长期尿床。虐待动物、纵火、长期尿床是一种被称为"麦克唐纳症状"的样态。这并不意味着尿床、纵火、虐待动物的男孩长大后就会不可避免地成为连环杀手，但这些行为会被认为是警示信号，在孩子年幼的时候就应当加以注意。康德想要说明的观点也经过犯罪侧写的证实，即对动物痛苦的脱敏甚至以此为乐，会导致有意施加痛苦于他人。用康德的话来说（出自《道德形而上学》）：

> 使人心中对动物苦难的同情变得麻木，而且一种在与他人的关系中非常有利于道德性的自然禀赋就被削弱了，并且被逐渐地根除；虽然利落的（没

有痛苦地进行的）屠宰，或者还有它们的只要不一直紧张得超出能力的劳役（这类事情也必定是人所不能忍受的），也隶属在人的权限之下；因为与此相反，纵然为了观察而进行的折磨重重的自然实验，应当遭到憎恶，即便没有这些实验，目的也能实现。[1]

值得注意的是，多年来，康德被认为无视动物惨状，但他本人其实是反对引起动物不必要的痛苦的。与笛卡尔不同，康德从不认为动物感受不到痛苦；他只是认为，在人类道德议题的语境中，动物痛苦的相关性微不足道。因此在《道德形而上学》中，有的议题得到了解决，但还有议题没有解决。即使如此，理性存在者永远都不能只被当作达成目的的手段来对待这一思想，有力地推动了世界向平等和相互尊重发展，因为它极大地扩展了此前道德理论所描述的道德领域，那些理论倾向于排除一些被认为不如其他群体有价值的社会群体。此外，康德还用人类理性而非国家政权或教会牢固地奠定了道德的根基。而机敏的读者还会注意到，康德承认存在一种避免伤害他人的"先天倾向"。那就是你在本书其他章节中会读到的"道德直觉"或"同情心"，而康德的著名观点是，道德思虑应该仅仅是理性的，而非情感的或直觉的。但这并不意味着康德完全不相信我们内心深处怀有对伤害他人的不情愿——这一点近来已由达马西奥等心理学家和神经科学家证实。

目的王国

我们现在探讨康德《道德形而上学的奠基》一书中的第三个重要主题，即"目的王国"。应用绝对命令是所有理性存在者都可以做的事——即使并不严格按照康德所用的方式，其逻辑也应该能让所有能自问"我是否想让每个人都这么做？"的人信服。康德将此称为道德自律：可以告诉我们做与不做某事的唯一道德权威就是我们的理性。如前文所述，如果所有人都遵循同一原则并摒弃其个人偏好，那么所有人最终都会遵从同样的善好规则，因为所有人都将他们的意愿普

---

1 本段译文出自伊曼努尔·康德：《康德道德哲学文集（注释版）（上）》（李秋零等译注，北京：中国人民大学出版社，2016 年），第 595—596 页。——编者注

遍化了。在这样的世界里，每个人都做正确的事，没有人伤害他人，全新的国度就此创生：*目的王国*。"王国"一词诗意地描绘了人们的共同体，"目的"则表明人们会将其他人视为目的——拥有自己人生目标的存在者——而不仅仅是实现他人目的的手段。我们每一次表现出的相互尊重与关爱，都让目的王国离实现近了一点。用康德在《道德形而上学的奠基》中的话来说就是：

> 我所说的一个"王国"，是指不同的理性存在者通过共同的法则形成的系统结合。[……]因为理性存在者全都服从这条法则：每一个理性存在者都应当决不把自己和其他一切理性存在者仅仅当作手段，而是在任何时候都同时当作目的自身来对待。但这样一来，就产生出理性存在者通过共同的客观法则形成的一种系统结合，亦即一个王国，由于这些法则正是着意于这些存在者互为目的和手段的关系，这个王国可以叫作一个目的王国（当然只是一个理想）。
>
> 但是，如果一个理性存在者在目的王国中固然是普遍立法者，但自己也服从这些法则，那么，他就是作为成员而属于目的王国。如果它作为立法者不服从另一个理性存在者的意志，他就是作为元首属于目的王国。[……]在目的王国中，一切东西要么有一种价格，要么有一种尊严。有一种价格的东西，某种别的东西可以作为等价物取而代之；与此相反，超越一切价格，从而不容有等价物的东西，则具有一种尊严。[1]

这里我们看到康德如何将"绝对命令"与"任何人都不应该仅仅被用作达成目的的手段"的思想相结合。遵从绝对命令的人就是自主立法者：他们为自身立法，所立之法普遍化时，就成为其他每个理性存在者都可以接受的规则。当我们运用这一方法时，就会意识到不能允许自己将他人（或让他人将我们）当作仅仅是达成目的的手段来对待，而是认识到，他人得到尊重是因为他们是有尊严的理性存在者，无可替代的存在者。我们全都属于目的王国，有尊严的存在者的王国。但凡是没有理性的，都有一个价格，并且可以被等价物代替。（当然，对康

1　本段译文出自伊曼努尔·康德：《康德著作全集（第4卷）》（李秋零主编，李秋零译，北京：中国人民大学出版社，2005年），第441—442页。——编者注

德来说这就意味着任何人都有尊严并且无可替代，而你的狗则没有尊严并且可以被代替。）

康德的部分读者相信，康德关于人自身就是目的的理论展示出更为人道的一面，或许我们的确可以采纳这一想法，并将它应用到是否要对前来杀害朋友的杀手说谎这一问题上。绝对命令告诉我们永远要说真话，因为那样你就不因后果受谴责。但这真的与我们应将他人视为其自身的目的一样吗？或许存在着细微差别。如果我们将这一规则应用到跟踪朋友的杀手身上，我们能够得到同样的结果吗？假如我们拒绝为朋友说谎，不管是为了原则，还是为了让自己免于因后果受谴责，这难道就不是将朋友仅仅当作达成目的的手段吗？如果我们为了说真话而牺牲朋友，那么可以说，在这种情况下我们是将朋友仅仅当作了实现目的的手段。所以即使在康德体系的范围内，也存在无法调和的分歧。尽管如此，我们并不应该因此抛弃他的全部理论；自19世纪以来，哲学家们试图重新设计康德的理念，以适应一个更有洞察力的（或者就像康德会说的，更宽仁的）世界。其中一些经过重新设计的观念相当有效，例如，允许将建立在绝对命令自身基础之上的例外情况普遍化，以及允许人们认为动物比康德本人所认识到的更为理性。

问题研讨

1. 请评价该说法："只有出于善良意志的行动才是道德善的。"解释康德的"善良意志"的内涵。你认为该说法对还是不对？解释你的立场。

2. 分析下述说法："人，以及一般意义上的每一个理性存在者，都应该被当作自身的目的，而绝不能仅仅被当作手段。"该说法对于人类以及非人类来说有什么道德含义？

3. 解释康德关于说谎的观点：说谎在道德上总是错误的吗？考虑第五章提出的问题"如果真相让濒死的祖母悲痛，我们是否应该向她说谎"，康德的观点对此意味着什么？

4. 今天，越来越多的年轻哲学家认为，考虑到批评家们在康德思想中发现的种种问题和缺陷，过去200多年人们对康德的评价一直过高，特别是对于他的道德哲学。基于你在本章所读到的（当然本章只是对康德的伦理学做了简要介绍）关于康德革命性思想的内容以及对他的批评，你对康德的印象如何？你觉得康德是远远领先于时代的睿智思想家，还是迂腐、被高估的教条主义者？

基础阅读与故事

第一篇基础阅读摘自康德名著《道德形而上学的奠基》，其中阐述了绝对命令的结构。第二篇摘自康德被引用较少的《道德形而上学》一书，其中解释了为什么说谎是不对的。故事部分全部是梗概。两部西部片都探索了把做正确的事情作为原则的观念：在著名影片《正午》里，小镇治安官被他试图保护的社区拒绝后，选择独自面对三名持枪歹徒；在《决战犹马镇》中，一个贫穷的牧场主试图通过把一个不法之徒带上开往监狱的火车来赚快钱，他最后选择了做正确的事。第三个故事是影片《弃船》的梗概，讲述的是一艘满载海难幸存者的救生艇面临沉没时的故事。为了让一些人活下来，另一些人必须跳入水中——但谁跳呢？最后是图像小说和电影《守望者》的情节梗概，其中基于绝对道德原则的观点不仅与功利主义的解决方案形成对比，而且也与一种客观得几乎没有人性的观点形成对比。

《道德形而上学的奠基》

伊曼努尔·康德著
1785 年，选段

康德在以下段落介绍了绝对命令，并将其联系到善良意志的概念，即按照理性履行义务的认识。

因此，行为的道德价值不在于由它出发所期待的结果，因而也不在于任何一个需要从这个被期待的结果借取其动因的行为原则。因为这一切结果

（自己的状态的舒适性，甚至对他人的幸福的促进）也能够通过别的原因来实现，因而为此不需要一个理性存在者的意志，而最高的和无条件的善却只能在这样的意志中发现。因此，不是别的任何东西，而是当然仅仅发生在理性的存在者里面的法则的表象自身，就它而非预期的结果是意志的规定根据而言，构成了我们在道德上所说的如此优越的善；这种善在依此行动的人格本身中已经在场，但不可首先从结果中去期待它。

但是，一个法则的表象，即便不考虑由此所期待的结果，也必须规定意志，以便意志能够绝对地和没有限制地叫作善的。什么样的法则能够如此呢？既然我从意志去除了一切可能从遵循某一个法则使它产生的冲动，所以，剩下来的就只有一般行为的普遍合法则性了。唯有这种合法则性应当充任意志的原则，也就是说，我决不应当以别的方式行事，除非我也能够希望我的准则应当成为一个普遍的法则。如今在这里，唯有一般而言的合法则性（不以任何一种规定在某些行为上的法则为基础）才是充任意志的原则，而且在义务不应当到处都是一个空洞的妄念和荒诞的概念的时候就必须充任意志的原则的东西；普通的人类理性在其实践的判断中也与此完全契合，在任何时候都牢记上述原则。

例如问题是：如果我处在困境中，我就不可以做出一项有意不履行的承诺吗？在这里，我很容易做出这一问题的意义可能有的区别：做出一项虚假的承诺，这是聪明的，还是合乎义务的？前者毫无疑问经常发生。尽管我清楚地看出，靠这一借口来摆脱当前的困境是不够的，而是必须考虑，从这个谎言中会不会日后对我产生比我现在所摆脱的麻烦更大得多的麻烦呢？而既然在我自以为的一切精明中，后果并不很容易预见，以至于一旦失去信誉，对我来说可能比我现在要避免的一切祸害都更为不利得多，所以在这里按照一个普遍的准则行事，并且养成除非有意遵守就不许诺的习惯，岂不是更为明智的行为吗？然而，我在这里马上就发现，这样一种准则毕竟始终只是以令人担心的后果为基础的。如今，出自义务而真诚，与出自对不利后果的担心而真诚，毕竟是两种完全不同的东西，因为在第一种情况中，行为的概念自身就已经包含着对我的一个法则，而在第二种情况中，我却必须首先环顾别处，看对我来说可能有什么后果与此相联系。因为如果我背离义务的原则，那么，这肯定是恶的；但如果我背弃我的明智准则，则这有时可能对我十分有利，尽管保持它当然更可靠。然而，为了就回答"一个说谎的承诺是否合乎义务"这一问题而言以最简捷而又最可靠的方式获得教诲，我问我自己：我对我的准则（通过一个虚假的承诺使自己摆脱困境）应当被视为一个普遍的法则（不仅适用于我，而且也适用于别人）真的会感到满意？我真的会对自己说：每一个人如果处在他不能以别的方式摆脱的困境中的时候，都可以做出一种虚假的承诺吗？于是我马上就意识到，我虽然能够愿意说谎，但却根本不能愿意有一个说谎的普遍法则；因为按照这样一个法则，真正说来就根本不会有承诺，因为我就自己将来的行为而言对其他人预先确定我的意志，而这些人却并不相信我的这种预先确定，或者，如果他们轻率地相信，也会以同样的方式回报我，这种预先确定就是徒劳的；从而我的准则一旦被当成普遍的法则，就必然毁灭自己本身。

因此，我根本不需要高瞻远瞩的洞察力就能知道，为了使我的意欲在道德上是善的，我应当怎么办。即便对世事的进程没有经验，即便不能把握世事进程的所有自行发生的意外变故，我也只问自己：你能够也愿意你的准则成为一个普遍的法则吗？如果不能，这个准则就是应予抛弃的，而且这虽然不是因为由此你或者还有他人将面临的一种不利，而是因为它不能作为原则适于一种可能的普遍立法；但对于这种立法来说，理性迫使我给予直接的敬重，我虽然现在尚未看出这种敬重的根据何在（哲学家可以去研究这一点），但毕竟至少懂得：这是对远远超出由偏好所赞许的东西的一切价值的那种价值的赏识，而且我出自对实践法则的纯粹敬重的行为的必然性，就是构成义务的东西，而任何别的动因都必须为义务让路，因为义务是一种就自身而言即善的、其价值超乎一切东西的意志的条件。[1]

1　本部分译文出自伊曼努尔·康德：《道德形而上学的奠基：注释本)》（李秋零译注，北京：中国人民大学出版社，2013 年），略有改动。——编者注

基础阅读 2

《道德形而上学》

伊曼努尔·康德著
1797 年，第一卷第二章选段

这一著作原本是两部分开印刷的作品，但今天被认为是一本书。第一部分是法权论，第二部分是德性论。选文是德性论部分中关于说谎的内容，展现出康德缜密分析日常经验以证明其观点的才能，康德的观点是，你不应该做出你不希望成为普遍法则的选择，也不应该做出可能贬低他人或你自己的尊严的选择。

就人对于纯然作为道德存在者来看（其人格中的人性）的自己的义务来说，最严重的侵犯就是诚实的对立面：说谎［aliud lingua promtum, aliud pectore inclusum gerere（口若悬河是一回事，封闭心灵是另一回事）；Sallust, *The War with Catiline* X, 5］在表达自己的思想时任何刻意的不真实，在不从无害得出任何权限的伦理学中，都无法拒斥这个刺耳的名称（在法权论中，只有当它侵犯其他人的法权时，它才使用这一名称），这是不言自明的。因为伴随着说谎的坏名声（是道德蔑视的一个对象），也如影随形地伴随着说谎者。说谎可能是一种外在的说谎（mendacium externum），或者也可能是一种内在的说谎。——由于前者，他使自己在别人眼里成为蔑视的对象，但由于后者，他使自己更为严重地在他自己的眼里成了蔑视的对象并且伤害了其人格中的人性的尊严；此时，从中可能对他人产生的损害并不涉及这种恶习的独特之处（因为那样的话这种独特之处就会仅仅在于侵犯了对他人的义务），因而这里不予考虑，甚至也不考虑他自己给自己招致的损害；因为那样的话，恶习就会仅仅作为精明的错误而与实用的准则相抵触，而不是与道德的准则相抵触，而且根本不能被视为对义务的侵犯。——说谎就是丢弃，仿佛就是毁掉其人的尊严。一个人自己都不相信他对另一个人（哪怕是一个纯然观念上的人格）所说的话，所具有的价值，甚至比他纯然是物品所具有的价值还要小；因为对于它的这种利用某种东西的属性，另一个人毕竟可以做某种应用，因为它是某种现实的、给定的东西；但是，通过毕竟（有意地）包含着说话人此时所想的东西的反面的语词，来把自己的思想传达给某人，是一个与他的传达其思想的能力之自然合目的性截然相反的目的，因此是对其人格性的放弃，是人的一个纯然欺骗性的显象，而不是人本身。——在解释时的诚实也被称为真诚，而且当这些解释同时是承诺时，就被称为可靠，但一般被称为正直。

说谎（在该词的伦理学意义上）作为一般而言蓄意的不真实，也不需要对别人有害才能被宣布为卑鄙的。因为那样的话，它就会是对他人的法权的侵犯。说谎的原因，也可能只是轻率，或者完全是好心，甚至可能是旨在一个真正善的目的，但是，致力于这一目的的方式却由于纯然的形式而是人对他自己人格的一种犯罪，而且是一种必定使人在他自己的眼中变得可鄙的无耻行径。

证明人们所犯的某些内在说谎的现实性并不难，但解释其可能性似乎要困难得多，因为为此需要一个人们有意要欺骗的第二人格，但存心欺骗自己，看起来自身包含着一个矛盾。

作为道德存在者的人［homo noumenon（作为本体的人）］不能把作为自然存在者的自己［homo phaenonmenon（作为现象的人）］当作纯然的手段（说话机器）来使用，这个手段不会受制于内在的目的（思想的传达），而是受制于与对前者的解释（declaratio）协调一致的条件，并且对自己承担起诚实的义务。——例如，如果他撒谎说信仰一个未来的世界审判者的话，因为他在心中实际上并没有发现这种信仰，但他说服自己，在思想中向知人心者表白自己的信仰，以便在任何情况下都骗取他的恩惠，这毕竟不可能有坏处，但却有好处。或者，即便他在这种情况下并不怀疑，但毕竟是在以对其法则的内心崇敬阿谀奉承，因为除了害怕惩罚的动机之外，他在自身毕竟没有感到别的任何动机。

不正直纯然是缺乏认真，就是说，缺乏在他被设想为另一个人格的内心审判者面前做表白的纯洁性，如果这个人格就其最高的严厉来看的话，在这里，一个愿望（出于自爱）就被当作行为，因为愿望自身就有一个本来就善的目的；而内在的说谎，即便它并不违背人对自己的义务，在这里也获得了一种缺陷的名称，就像一个情人的愿望纯粹就是发现他所爱的人身上的优良品质，这使他对爱人的明显缺点视而不见。——然而，人们对自己本身所犯的这种解释中的不纯洁，却算得上是最严肃认真的谎言，因为从这样一种道德败坏的地方（虚伪，它似乎是根植于人的本性）出发，一旦最高的诚实原理受到侵犯之后，不诚实这种恶习就也在与他人的关系中蔓延。

附 释

值得注意的是：《圣经》记下的恶借以来到世间的第一次犯罪不是（该隐的）谋杀兄弟，而是第一次说谎（因为本性毕竟是反对谋杀的），并且把它当作一切恶的始作俑者，称为原始的说谎者和谎言之父；虽然理性不能对人那毕竟必须是先行的伪善倾向（esprit fourbe）做出进一步的说明，因为自由的一个行为不能（像一个自然结果一样）按照全都是显象的结果和其原因的联系这一自然法则来演绎和解释。

决疑论问题

出于纯然的客套的不真实（例如写在一封信末尾的"最顺从的仆人"）可以被视为说谎吗？没有人会因此上当。——一个作者问他的一个读者：您喜欢我的作品吗？给予回答虽然可能是徒劳的，因为人们讥笑这样一种问题令人难堪；但是，谁手边总是有幽默呢？稍稍迟疑做出回答，就已经是对作者的伤害；因此，读者可以顺着这位作者说话吗？

在现实的事务中，重要的是"我的"和"你的"，如果我这时说假话，我就必须为可能由此产生的所有后果负责吗？例如，一个家长吩咐过：如果某个人问到他，他就应当拒绝这个人。用人这样做了，但却由此使得家长溜走并且犯下重罪，这种罪行通常会由被派来监督家长的看守阻止的。在这里，谁来承担罪责（根据伦理学的原理）呢？当然，用人也有责任，他在这里由于撒谎而侵犯了对自己的义务；撒谎的后果通过他自己的良知被归责于他。[1]

问题研讨

1. 为什么说谎者会毁了自己的尊严？这与绝对命令和/或尊重他人的理论有联系吗？

2. 一个外在的谎言和一个内在的谎言有什么区别？根据康德的看法，一个会比另一个更能接受吗？你自己怎么想？

3. 讨论选文中康德提出的问题：用人有罪吗？为什么？把这个例子和门前杀手的例子进行比较。

1　本部分译文出自伊曼努尔·康德：《道德形而上学（注释本）》（张荣、李秋零译注，北京：中国人民大学出版社，2013年），略有改动。——编者注

故事

《正午》《决战犹马镇》：两部义务论影片

下面两个故事都来自西部片；两部影片的主线都是一个在逆境中选择做正确事情的人，独自面对着一帮法外之徒。但除此之外，故事差异很大，主角也很不一样。我建议你在讨论这两部电影时，重点关注警长威尔·凯恩（《正午》）和牧场主丹·埃文斯（《决战犹马镇》）的动机，思考称他们的坚持为"康德式"坚持是否恰当。

故事 1

《正午》

卡尔·福尔曼编剧，弗雷德·金尼曼导演
电影，1952 年，梗概

该电影或许是有史以来最著名的西部片，然而它并非典型的西部片。少有纵马狂奔，没有军队或印第安人，没有牛，也没有牛仔，而主要是在谈要做正确的事。电影制作于麦卡锡主义早期的好莱坞，导演弗雷德·金尼曼承认，影片是在讽喻 1952 年好莱坞的普遍态度，即对那些被（很多时候是错误）指控进行"非美国人的"（共产党）活动而且可能需要帮助的朋友置之不理。电影拍完后，人们并不认为其有成为经典的潜力，但它很快就在公众中得到热议。它是西部片，但是部不一样的西部片，其关注的是暴力猖獗时代萌芽的文明面临的问题。这部电影制作精良。影片开头，警长威尔·凯恩意识到自己将独自面对四个持枪歹徒，因为镇子上的人都担心站在他那一边的后果，影片结尾发生了一场枪战。影片中事件经过的时间和观影者观看影片的时长相同，都是一个半小时。

在电影《正午》（联美电影公司，1952年）中，威尔·凯恩（加里·库珀饰，左）刚刚结婚并从哈德利威尔镇的警长任上卸职，然而，一个在他手上被送进监狱的凶手和其他三个持枪歹徒正到处找他。他试图让镇上的人支持他，就像五年前他抓住凶手时那样，但是现在镇上的居民全都背弃了他，不愿被卷入事件。在这一幕中，他以前的朋友赫布（詹姆斯·米力肯饰）在发现其他人都不愿跟随的时候，背弃了帮助凯恩的承诺。

　　情节很简单。五年前，凯恩将凶手弗兰克·米勒送上了法庭。米勒被判绞刑，但是"去北方可以减刑求生，现在他自由了"，法官如是说。米勒要乘中午的火车来和凯恩一决雌雄。就在凯恩要和他的贵格会新娘举行世俗婚礼的时候，他听说了米勒打算报复的消息。凯恩已经辞去职务，正要和新婚妻子离开镇子的时候，却转回面对搭乘正午火车而来的持枪歹徒。他的妻子艾米问他为什么要回头——她说，他不必为她扮演英雄。他回答道："我没有时间和你讲……如果你以为我喜欢这样，你一定是疯了。"

　　在镇上，凯恩试图让以前的副手与自己并肩作战，但每个人都畏惧米勒，除了一个副手，他是凯恩的前女友海伦·拉米雷斯的现任男友。海伦是唯一理解凯恩所面临的问题的人，她是墨西哥人，一直感到自己是被排斥的——此外，她曾是弗兰克·米勒的女朋友。艾米因无法承受暴力威胁而离开凯恩，之后她去找了海伦，因为她认为凯恩留在镇上是为了海伦。艾米恳求海伦说服凯恩离开，当艾米听说凯恩留下并不是因为海伦时，她困惑地问起丈夫留下的原因。海伦对她说："如果你不知道，我就不能告诉你。"海伦的男朋友，那个副手，找到了凯恩，试图强迫凯恩离开镇子，好自己接任警长。他也问凯恩为什么留下，凯恩回答："我不知道。"

　　绝望中，凯恩向仍在进行礼拜活动的小教堂走去，而一小时前他刚刚举行了一场世俗婚礼。他的进入打断了礼拜，牧师问他有什么重要的事，既然他觉得在教堂结婚不合适。凯恩解释说，他的妻子是贵格会信徒，不属于镇上的新教教派，他知道自己不常去教会，但他需要帮助。逮捕米勒时凯恩的一些帮手也在参加礼拜——难道他们感受不到义务的召唤吗？教堂会众民主地开始了争论：凯恩不再是警长了，为什么还留在这儿？为什么他没有在车站逮捕那些人？为什么每次执法机关无法处理这种情况时，平头百姓都要卷进来？但凯恩也有支持者，他们记得是凯恩清理了小镇，使之成为一个适合文明人居住的地方。最后，市长发话了：大家都欠凯恩很大的人情，所以大家，公民们，应该关注局势——而凯恩应该离开这里，这样就不会发生流血事件。因为（这显然是市长真正在意的）如果发生了街头流血事件，来自北方的投资者就不敢把钱投在这座镇子里了。金钱方面的考虑让凯恩无法获得他希望得到的支持。

"好公民们"想让凯恩离开小镇，这样就不会妨碍小镇繁荣。前治安官想要他离开，称守法是一种忘恩负义的行为。每个人都想让他离开，在火车站，跟弗兰克·米勒一伙的三个持枪歹徒正等待载着米勒的火车到来。但凯恩感到有必要留下，即使没有人站在他那一边。最后一个抛弃凯恩的人是他的朋友赫布。当赫布意识到只有自己和凯恩一起对抗米勒的帮派时，他恳求凯恩："我还有妻子和孩子——我的孩子怎么办？"凯恩回答说："回家去陪孩子吧，赫布。"

火车到了，一场枪战在小镇尘土飞扬的街道上展开，米勒手下的两名持枪歹徒被击毙。最后，艾米前来营救凯恩并杀死了第三名歹徒；凯恩杀死了米勒，和艾米一起离开了小镇——但在此之前，凯恩将他的星章抛入了尘土。

问题研讨

1. 是什么让凯恩留下来？当他说"我不知道"时，是认真的吗？为什么我们可以说这是一部"康德式"的西部片？

2. 凯恩把艾米置于必须放弃自己的道德准则的境地，这公平吗？

3. "如果你不知道，我就不能告诉你"这句台词是什么意思？

4. 一个功利主义者会如何评判凯恩的良知与义务感？

5. 镇上拒绝帮助凯恩的人主要是义务论者、功利主义者还是伦理利己主义者？

故事 *2*

《决战犹马镇》

詹姆斯·曼戈尔德导演，霍尔斯特德·韦尔斯与迈克尔·布兰特编剧
电影，2007 年，梗概

《正午》与这部《决战犹马镇》的拍摄时间间隔半个多世纪，但后者实际上翻拍自一部与《正午》同时期的电影，那是 20 世纪 50 年代，当时的电影经常讨论重大的道德问题。2007 年，《决战犹马镇》上映后引起热烈反响，宣告了西部片的回归。情节精彩，表演精湛，导演出色，正反面角色的互动扣人心弦。这部影片是翻拍，但新鲜感并没有减少。（看过 1957 年版的人可能会发现新版做了不少改动，但我不会透露。）

那么，2007 年版的《决战犹马镇》有什么吸引人的地方呢？是好人和坏人都是能引起共鸣的角色，由当红的"男主"扮演吗？还是剧情发展出乎意料？或者可能是好的西部片少之又少？你来判断吧。

《决战犹马镇》首先是一个关于对错的故事，但也是关于善恶的故事。一个男人决定做正确的事情，先是出于自私的理由，然后，他的动机变成了仅仅因为做这件事是正确的。因此，我们可以称它为"康德式"的西部片。

丹·埃文斯是个小牧场主，与妻子和两个儿子生活在亚利桑那州比斯比郊外的一个牧场。这个小家庭的生活难以为继，他们没有足够的水喂牛，因为河流上游的大牧场主把水引走，还向埃文斯索要 200 美元的高价，才给他用水权。一直以来，大牧场主的牛仔们骚扰埃文斯一家，惊扰他们的牛，烧毁他们的畜棚。埃文斯一家面临着厄运；没有这 200 美元，他们就得离开这片土地，以及他们为之劳作和奋斗的一切。此外，埃文斯的难处还在于他在内战时期失去了一条腿——不是在战斗中失去的，而是友军误伤所致。他希望儿子们不要有这样的遭遇。儿子们并不尊重他，尤其是已经 14 岁的大儿子。

但埃文斯意外得到了挣 200 美元的机会，这些钱将挽救他的土地和牲畜。赶牛时，他和孩子们目睹了一场抢劫，一群亡命之徒朝在场的所有人开枪，抢走了南太平洋铁路公司发薪水的钱。其中一名男子是平克顿代理处雇的赏金猎人，他幸免于难，但腹部中了一枪。强盗头目驱散了埃文斯的牛，带走了他的马，以免有人骑马求助，但我们能看出，强盗头目并非没有公平感：他答应将马留在埃文斯和孩子们可以到达的路上。这个不寻常的强盗正是传奇人物本·韦德，他一次又一次地逃脱了法律的审判。

在《决战犹马镇》(2007 年) 中，不法之徒本·韦德（拉塞尔·克罗饰）在肯顿申镇被押送队带上去往犹马的火车，但在旅程的最后，只有小牧场主丹·埃文斯（克里斯蒂安·贝尔饰）决定坚持做正确的事情。这是绝对命令的例子吗？你来决定。

（© Lionsgate/Photofest）

丹和孩子们设法取回了马，又把赏金猎人运送到比斯比，以便他能得到医治。此时，韦德和他的同伙已经赶到比斯比，报告说他们目睹了一场抢劫。当警长骑马前往抢劫地点时，团伙成员带着掠夺来的财物向相反方向进发——除了韦德，他抽空与他在另一个镇上认识的酒馆女孩发生了关系。原来，韦德是个能说会道的浪漫的人，非常自信，也自认为有能力摆脱任何困境。但他的恶作剧让他付出了沉重的代价：警长遇到了赏金猎人、丹·埃文斯和他的孩子们，明白了报告抢劫的人就是韦德团伙的一名成员，而且韦德依然在镇上。韦德就这样被捕了。

可是现在当地警察骑虎难下，因为韦德的手下一旦发现他被逮捕，一定会紧跟而来。所以警长和他的副手们设计了一个计划来将韦德绳之以法，铁路代表格雷森·巴特菲尔德承诺将付给愿意参与的人 200 美元。埃文斯意识到自己的经济问题有望解决，便自愿和巴特菲尔德一起去，同去的还有当地兼做医生的兽医、身体恢复到可以骑马的赏金猎人，以及牧场主的一个牛仔，他们走上了通往肯顿申镇的越野道，他们会把本·韦德送上去犹马州立监狱的火车。在那里，韦德将会被草草审判后处以绞刑。

这个计划需要骗过韦德团伙。他们要大张旗鼓地让韦德和看守坐上一辆公共马车，然后，在马车到达城外丹·埃文斯的牧场时，他们会假装车轮坏了，在混乱中把韦德和他们自己的一个人调换，然后把韦德偷偷带去丹的牧场。这一调换天衣无缝，马车上的假韦德再次出发，而真韦德戴着手铐，成了埃文斯牧场的囚徒和晚餐客人。

晚餐时，韦德迷住了丹的妻子艾丽斯，而在丹的大儿子威廉看来，韦德是个十足的英雄。韦德还设法把餐叉藏在袖子里。虽然艾丽斯和孩子们对韦德的迷恋让丹很困扰，但他似乎也顺从地接受了自己不是孩子们心中英雄的现实。丹本人也发现韦德很有趣，值得尊重，早些时候，韦德给了他一笔钱，因为丹和他的孩子们在那天下午不得不去寻马和第二次赶牛。

丹叫孩子们留下和母亲在一起，然后和押送小队骑着马带韦德去肯顿申镇，希望能挣点钱来拯救他的农场。路上，离家出走的威廉加入了他们——我们感觉到这也是因为威廉被本·韦德的魅力所吸引。即使如此，当韦德要逃跑时，威廉还是协助了他的父亲和押送队的其他人，所以他的忠诚是毋庸置疑的。

埃文斯和韦德之间产生了一种奇怪的同志之谊。他们不理解各自的动机，但他们喜欢交谈。韦德嘲笑埃文斯相信道德准则，但埃文斯意识到，法外之徒韦德也有自己的坚定的价值观：他有公平意识，而且不会容忍愚蠢，即使是在自己的帮派里。但韦德向丹强调，自己从不做对自己没有好处的事。丹不能指望韦德有任何仁慈。事实证明，这个不法之徒既是强大的盟友，也是强大的对手。当一群阿帕奇印第安人在半夜袭击时，韦德的战斗经验救了他们——但用的是他偷来的叉子，他还杀了受指使的那个牛仔（就是那个牛仔烧了丹的谷仓），拿了他的枪，并在还戴着手铐的情况下把赏金猎人扔下了悬崖。押送队剩下的人追踪他的足迹进入山区，穿过一条新炸开的隧道，到了铁路工人的营地，那里铁路正在铺设。他们及时赶到，将韦德从一个愤怒的铁路看守手中救了出来，看守认出韦德是杀害他兄弟的凶手。但在他们逃跑的过程中，医生中枪身亡。

他们快到肯顿申时，一决胜负的时候到了：韦德期待他的人很快就能来，因为他们估计已经看穿了马车的诡计（观众知道，他们杀了那些看守和假韦德，将他们烧死在马车中）。押送队里剩下的人——巴特菲尔德、丹和威廉——将韦德带到旅馆等候火车，然后巴特菲尔德去了当地的警局请求支援。三四个全副武装的执法人员到达旅馆，看来埃文斯和巴特菲尔德会成功地把韦德送上火车。但现在韦德的帮派骑马来到了镇上，由他的副手查理·普林斯带领，普林斯气量狭小，残酷成性，只对韦德一个人绝对忠诚。普林斯许诺，镇上的任何人只要杀死一名押送队员就能得到奖赏。警长评估了情况后做出了让步，告诉他的副手，不值得为看守韦德的工作而牺牲。但他们一出小旅馆，普林斯等一伙歹徒就用枪将他们打倒了。巴特菲尔德本人无意求死，所以他留了下来，藏在旅馆里。

埃文斯重新判断了形势：比斯比山脉上空正在形成雨云，这意味着他的牧场就会有水了，也意味着他不再需要那200美元了，所以就没有经济上的理由要把韦德送上火车。现在韦德开始与丹交易：如果丹让他走，他就会从马车上抢劫的东西中给他1 000美元现金。丹考虑片刻后拒绝了。韦德问丹为什么。为什么在别人都退缩的时候，信守诺言对他如此重要？丹的回答是，在战争中，你的部队所做的只是撤退，然后你被友军误伤，失去了一条腿，这并不是好向孩子启齿的事。

丹担心自己活不下去，就把威廉送走了，告诉他要记住他的父亲是唯一坚持做正确之事的人。丹也将巴特菲尔德叫了回来，要他承诺，如果丹回不了比斯比，丹的家人就能从铁路局收到 1 000 美元作为抚恤金。与此同时，韦德一直在观察，我们感到他实际上在意丹是死是活。他清楚地告诉丹，他以前曾两次被囚禁在犹马，都逃跑了。

下午三点，火车马上就要来了。韦德手下的人从旅馆出去，向火车和牛栏四散开来。威廉拿着枪在牛栏旁守着。令人惊讶的是，韦德现在看起来很配合，和丹一起躲避子弹并跑向车站，越过屋顶，穿过小巷，沿着牛栏，直到到达车站——但火车晚点了。

接下来会发生什么？韦德会自愿上火车吗？丹会活着回家，回到牧场吗？威廉会遇到什么？随着火车开近，帮派的人也到了……大结局就请你自己看吧。

问题研讨

1. 为什么丹·埃文斯要做他所做的事？仅仅是为了让儿子钦佩，还是有其他动机？为什么导语将它称为一部"康德式"的西部片？

2. 将埃文斯独自坚持做正确的事与威尔·凯恩的选择（《正午》）进行比较。有区别吗？请说明。

3. 你认为韦德为什么要与埃文斯合作，让自己面临监禁？如果你看过这部电影，请自行补充细节并评价韦德的全部行动，包括他向他的马吹口哨的那一刻。

4. 你觉得埃文斯的孩子们有理由为父亲骄傲吗？为什么？埃文斯做了正确的选择吗？他是活着还是死去与此有关吗？埃文斯对韦德说，直到那时他都没有好故事能讲给孩子听，这是什么意思？请解释。

5. 以下是剧透：出乎观众意料，韦德开枪打死了自己帮派的成员。韦德曾说自己不会容忍愚蠢，这是法外之徒韦德的原则吗？一个真正自私的人可以有原则吗？

故事 3

《弃船》

理查德·塞尔编剧、导演
电影，1957 年，梗概

电影根据真实故事改编。情节从一艘远离海岸的豪华游轮爆炸后展开。游轮沉没得很快，来不及发出紧急求救信号，救生艇也没有放下来。现在，大约 20 名幸存者爬附在之前启动的一艘救生艇上。那是船长的小艇，最大承载量是 14 个人。船长马上就要死了，他将掌控权交给了大副亚力克·霍姆斯，告诉他"尽你所能地救更多人"。霍姆斯原本指望救援会到，但当他意识到紧急求救信号没有发出的时候，他明白唯一的选择就是划到 2 000 多千米外的非洲海岸。身受重伤的警官凯利是霍姆斯的朋友，他告诉霍姆斯，如果他想让每个人都活着，船就到不了海岸——为了拯救其他人，他必须"驱逐一些租客"。当霍姆斯想让幸存者讲点自己的故事来打破沉闷时，凯利向他建议说不要将每个人了解得太清楚——因为凯利明白，早晚霍姆斯都不得不选择谁活下来，谁死去，如果人们之间产生了联结，那样的决定就会非常艰难。凯利以身作则，自己跳下船，因为他只会拖累有望幸存的人。霍姆斯最初并未听进这个计划，但当暴风雨迫近时，他意识到必须做出选择，是所有人都死亡，还是让那些已经受伤、难以支撑的人死去。当绝望的乘客恳求他至少抽签决定，或拯救妇女和儿童，或看谁自愿牺牲时，他拒绝考虑所有其他方法，坚持自己的选择：幸存者必须能够划船和帮助他人脱离困境，而且必须身体强壮到能够活下来。在抗议和枪口的威胁下，其他人顺从地迫使身穿救生衣的受伤乘客和船员下水，让他们漂浮在鲨鱼出没的水域。一位教授评论道，"这是一个棘手的道德问题"，并坚持认为这是野蛮的做法——文明的做法是选择一起死去。

霍姆斯的做法让一个男孩失去了父母，另一位乘客大受震动，他拿出一把刀，试图迫使霍姆斯转回去寻找那些波涛中漂浮的人。霍姆斯在自卫中杀了那个人，但在此之前，那名男子用刀刺伤了霍姆斯。此时暴风雨大作，留下的全部乘客和船员整个晚上都努力让船漂浮着。黎明到来时，暴风雨退去了，船上的每个人都活了下来，人们普遍对霍姆斯怀有好感，但他正忍受着刀伤的痛苦。此时霍姆斯将规则应用到自己身上，悄悄跳下船以便不成为累赘，但其他人救了他，将他带回船上。正当乘客们准备感谢他的远见和努力时，一艘船出现在地平线上。救援奇迹般地到达了，"太早了"，正如一位好辩论的女乘客所说——对那些决定支持霍姆斯强迫一些乘客跳入海中的计划的人来说，救援到得太早了。船上的人都获救了（影片暗示，一些被迫跳海的乘客也获救了），霍姆斯因谋杀而受到审判。电影以这一问题结尾："如果你是陪审员的话，你会判霍姆斯有罪还是无罪？"

影片《弃船》（哥伦比亚电影公司，1957年）中，面临艰难抉择的霍姆斯（泰隆·鲍华饰）在船难之后思考形势。很快，他就必须决定哪些乘客能够一起划船去非洲海岸，哪些乘客必须跳船下水，为其他人的幸存做出牺牲。《弃船》的故事就是功利主义与义务论观点冲突的例证。

（© Everett Collection）

问题研讨

1. 该影片可以被视为对功利主义的辩护吗？请说明原因。

2. 你是否认为让所有的乘客一起死去是更文明的做法？

3. 你会判霍姆斯有罪吗？（事实上他被判有罪，但由于情况特殊，他的刑期不长。）

4. 安·兰德对霍姆斯的方案可能如何评价？

5. 你能想出其他办法来解决霍姆斯的问题吗？

6. 霍姆斯的意图是什么？一个康德主义者会接受其为道德善吗？

故事 4

《守望者》

图像小说，1986—1987 年，12 卷，DC 漫画公司。阿兰·摩尔著，戴夫·吉本斯绘，约翰·希金上色
电影，2009 年，改编自图像小说。扎克·斯奈德导演，戴维·海特和亚历克斯·谢编剧

用几段文字忠实概括一部经久不衰的著名图像小说的内容是一个挑战，所以我选择将重点放在第 10—12 章，其中两个主要人物截然不同的道德哲学产生了冲突。一些次要情节没有包括进来。这一概述也包含剧透。我决定以图像小说而不是 2009 年的电影为参考，这既是因为图像小说行家会指出，小说要远远胜过电影，而且也因为《时代》周刊认为其不仅是 20 世纪最伟大的图像小说之一，还是自 1923 年以来最好的小说。然而，我也推荐你去看电影；你会看到在关键情节中，故事重点是不同的。这部小说就像电影的情节串联板，电影复现了漫画页面中的许多形象场景，电影和图像小说这两种艺术形式相得益彰，表明一个视觉故事可以用截然不同的方式讲述。

本书第八章会谈到《理想国》中柏拉图的政治哲学，其中的理想城邦政体包括所谓的哲人王。柏拉图也称其为护卫者，假定他们完全有能力护卫自己而且无须监督，但几百年之后，古罗马诗人尤文纳尔提出了问题："Quis custodiet ipsos custodies？"（谁来护卫那些护卫者？）这个经典问题也构成了《守望者》的基础，并在《守望者》第 12 卷的结尾处被引用："谁来守望那些守望者？"

守望者是一群精挑细选的美国"超级英雄"，在小说中的另一条时间线上，他们是民兵。从 1938 年开始，一直到 20 世纪 80 年代，另一段世界历史展开了。这些超级英雄没有超能力，而是有各种伪装的匿名犯罪斗士——只有蓝色的曼哈顿博士例外，他曾是人类科学家，但由于受到严重的辐射，身体的分子结构改变了，他有能力窥见未来——他自己的未来。民兵帮助美国赢得了越南战争，并将理查德·尼克松推上了看似永远稳固的总统宝座，尼克松直到 20 世纪 80 年代依然强势。冷战使世界末日的时钟越来越接近"午夜"，此时核战争已不可避免。

该图根据图像小说《守望者》(1986—1987 年) 第 1 章第 13 页改编。曾是蒙面犯罪斗士夜枭的丹·德雷伯格刚刚接待了他的前搭档罗夏，神秘莫测的罗夏仍然活跃。罗夏告诉他，过去的犯罪斗士、另一个民兵笑匠被杀了。图中，丹在地下室思考笑匠之死意味着什么，他穿着从前当犯罪斗士时的服装。不久后，他将再次成为夜枭，寻找杀害笑匠的凶手。

平民维持治安的做法被宣布为不合法后，原本的民兵大多退休或进入政府机构工作，有些则被残忍地杀害。法老王使用本名阿德里安·维特，以亿

万富翁的身份出现在公共场合。初代夜枭把称号和服装给了更年轻的丹·德雷伯格，但就连丹也退出了英雄事业。笑匠爱德华·布莱克改行，成了一名雇佣兵。丝魂住在养老院，她的女儿劳瑞是曼哈顿博士的同居情人。只有戴着墨迹不断变化的面具的神秘莫测的罗夏，仍以犯罪斗士的形象出现，因为世界上有罪恶，罪恶必须受到惩罚。笑匠被残忍杀害并抛尸窗外后，罗夏开始联系幸存的其他民兵，警告他们，他们可能是杀害布莱克的凶手的未来目标，但没有人相信这对他们有任何事实上的威胁。

我们了解到，笑匠是犬儒主义者和虚无主义者，他认为做不了任何事来阻止核战争，一切都不过是个笑话。我们也知道，曼哈顿博士为一个军事中心做研究，由于他智力超群，以他命名的发明很多，他和劳瑞的关系有点问题。在一次电视采访中，他被指控造成了身边的人的癌症，他在愤怒中将所有观众传送出演播室。由于担心自己会对人类造成损害，他将自己传送到火星，以便与人类问题保持距离。苏联人趁其离开入侵阿富汗。另一名退休的民兵也被杀了。也有人企图杀死维特，但他击退了袭击者，袭击者自杀了。罗夏被逮捕，在监狱里我们知道了他的身份：瓦尔特·科瓦奇。监狱中的心理学家让他说出了一些话，我们听到，他戴上面具，是在他意识到笑匠是正确的时候：人性是自私和冷漠的。但与笑匠不同，罗夏感到必须按照原则行事，做正确的事以帮助人类，无论结果如何。

与此同时，曼哈顿博士将劳瑞也带到了火星，显然只要他失去劳瑞，他就失去了人类视角。现在他从永恒的角度来看待生命和宇宙——不仅没有人类的主体性，而且因离人类生活太远而不再关心个体，获得了神的视角。

我们快进到最后的章节。丹（他当回了夜枭）和罗夏瞄准了他们认为的凶案源头，于是他们前往维特在纽约的办公室警告他。但维特不在办公室，而是住在南极。丹和罗夏在维特的办公室里意识到，维特必然是谋杀的幕后黑手，包括对他的老搭档笑匠爱德华·布莱克的谋杀。罗夏把这些信息写在记录本上，将其投进信箱，寄给《新拓荒者报》，接着就和丹前往南极。

丹和罗夏快到南极时，维特按下一个按钮，通过杀死他的同伙来庆祝。

他在庆祝什么？丹和罗夏进来时，维特制服了他们，并给他们讲了一个故事。的确，维特是所有谋杀，包括对他自己的刺杀的幕后主使。他当时正在策划一个阴谋，这是拯救人类免遭笑匠预言的相互核毁灭的唯一途径：维特秘密开发了一种将在纽约使用的可怕武器，能够杀死整个纽约一半的人口——其预期的结果是冷战就此在纽约结束，而生活在其他地方的人类就会安全，因为他们将联合起来反对"外星人"，一个植入大屠杀幸存者大脑中的恐怖幻觉。他庆祝的正是这个计划的施行。已经来不及帮助纽约市民了。武器已经显示了威力。此时，曼哈顿博士和劳瑞也加入了。维特警告这四个人说，如果他们揭露真相，数百万纽约人就白白牺牲了，丹和曼哈顿博士同意。但罗夏认为这样是邪恶的，必须揭露它，即便可以拯救人类，也不能支持谎言和骗局。

我不会继续讲述了。世界会因维特的计划而得到拯救吗？罗夏对真相的热爱会占上风吗？我建议你读一读《守望者》，亲身体验一下故事的曲折结局。

问题研讨

1. "谁来守望那些守望者？"这句话如何应用于本故事？

2. 如果曼哈顿博士在事务处理中只有逻辑而没有人类情感，他是否有能力为人类的利益而行动？（参见第一章关于理性与情感的讨论。）

3. 维特的道德哲学是哪--种？（提示：参考第五章）对于他的行动，能以任何方式进行合理辩护吗？

4. 罗夏的道德立场能否被视为康德义务伦理学的一个例子？为什么？你还能从第六章中找到类似的例子吗？

5. 维特、曼哈顿博士以及有些勉强的丹·德雷伯格（劳瑞没有做出什么承诺）认为决不能揭穿骗局，你是同意他们的观点，还是赞同罗夏所说的，必须揭露邪恶？

6. 劳瑞在此处的主要贡献包括试图让曼哈顿博士重具人性，成为丹的灵魂伴侣，以及为纽约的受害者哭泣。从《守望者》出版几十年后的今天的角度来看，你觉得一个超级英雄的女儿（甚至可能是两个超级英雄的女儿！），继承母亲装束的"第二代丝魂"，是不是能够扮演更积极、更英勇的角色？

第七章　人格、权利与正义

　　对于康德来说，能够理性思考的任何存在者都有资格被称为人（人格者），而（根据康德《道德形而上学的奠基》）不能进行理性思考的生物都被归为物。今天，关于何为人格者的争论依然伴随着我们，因为这个问题的紧迫性丝毫未减。在康德的时代，人类也常常被当作满足他人需求或便利的事物、工具、垫脚石来对待。这种观念是遍及世界许多地方的公共政策的合法成分，因此，一个理性存在者绝不应该仅仅是实现他人目的的工具这一道德宣言，鼓励了世界各地对人权的追求——这些权利依然没有得到普遍兑现。这一宣言在历史上是很重要的，也不应该被遗忘，即使今天很多社会思想家相信，康德为承认所有人都配得尊重而进行的斗争有必要扩大，而且康德本人并没有普遍人权的概念。

　　本章我们将讨论能反映此前研讨的几种理论的议题，并举例说明这些理论能如何应用到社会范围内，形成关于公民权利和义务的政策。因此在阅读本章前，有必要先研读第五章和第六章。

人是什么?

如果我们要探讨人这种动物的权利,就必须处理这一问题:人之为人意味着什么?是以身体为准吗?一个存在者必须看起来像人才是人吗?它必须是有机体吗?传统的答案是"无毛的两足动物",换句话说,用两条腿直立行走但又不是鸟类的生物,但这很难成为充分条件。现今我们想使用身体标准,就不仅需要包括外貌体态,还要包括遗传信息。但这种类型的解释让我们面临两个问题:(1)从基因方面说,存在着与人类的相似程度达到98%但显然不是人类的生物——大猩猩;(2)人类父母生育的个体可能并不具备人类的所有身体特征,例如,一些人有着多重肢体残疾(更不用说心智障碍)。那么,人类所生,但一出生即有身体缺陷(从缺少四肢到多趾或多指这样的轻微畸形)的存在者是不是人呢?在今天的大多数人看来,答案显然是肯定的,但过去并非一直如此。在前技术社会中,世界上许多地方都有抛弃有身体"缺陷"的新生儿的传统,缺陷范围从缺失四肢到多余的胎记,而且并不是所有这样的抛弃都可以用部落无法供养那些养不活自己的人来解释。我们的文化不遵循这样的惯例,但很多人会做胚胎筛查,如果胎儿有他们认为可能会影响过有尊严人生的严重残疾,一些人就会实施堕胎。此处无意讨论堕胎的利弊,也不讨论杀婴,但这样的情况揭示出,我们和其他文化中的政策制定很大程度上有赖于如何定义"人",包括"人和人的生命应该是什么"这样的规范性概念。第十三章会讨论堕胎这个议题。

"人"的概念的扩展

曾经有一段时间,人们区分敌友的方式是将朋友称为人,将敌人称为野兽、恶魔等等。在人类历史的部落时期,认为河对岸的部落成员不是完全的人是司空见惯的,即使两个部落之间有通婚情况。(事实上,部落用来指称自己的词往往是"人"、"人们"或"我们"。)在任何地方,当地人都会对来自"外地"的人有所怀疑,因为他们的习惯是如此不同,以至于看起来似乎在普遍的人性中有某种"怪异"之物。从古希腊时代到近代,一个常见的假设是男性比女性更"正常"。值得注意的是,不但很多男性有这种想法,很多女性也有,她们对这套男性话语信以为真。（一些人今天依然如此。）在民族主义的阶段，认为外国人不太像人依然是惯常做法，不是体貌上不太像人，而是说从政治和道德的规范性而非描述性角度看不太像人。战争时期，敌方的人性通常会被否认，因为无论敌方是战士还是平民，假如你相信他们真的不像你一样是人，杀死敌人就会容易一些。因此，"人"这个词有时会演变为荣誉性用词，只用于指代那些我们更愿意与其共享文化的群体。心理学家丹尼尔·戈尔曼在他的《情商》（2006 年）一书中猜想，"我们对抗他们"的态度已深深地扎根于我们的进化史，但这并不意味着我们不能用相互的善良意志和努力来克服它。

人格：权利的关键

很多社会思想家在讨论哲学和政治概念的时候，都更喜欢用 person 而不是 human being[1]，这部分是为了避免产生关于人的外貌特征的联想。一个人格者能够与他人有心理和社会互动，能够决定行动方案并为行动负责。换句话说，一个人格者可以被视为道德主体。成为人格者意味着具有某些职责和特权——换句话说，这是个规范性概念，涉及一个人应该是什么、做什么才能被称为人格者。人格意味着一个人有着某些社会特权和职责，在极端情况下这些特权和职责可能被撤销。对于希腊人来说人格者是什么？对于罗马人呢？对于中世纪的欧洲人呢？对于这些群体来说，人格者通常是拥有土地的成年男子或宗族成员。不同的社会曾将奴隶、女人、儿童、异邦人、战俘、罪犯中的部分或全部排除在人格者概念之外。（参见知识窗 7.1 对于妓女、吸毒者等社会边缘人群人格的讨论。）通常动物、植物以及非生物也被排除在外，但另一些存在者可能会被赋予人格，如神灵、图腾（动物祖先）以及逝去的先祖。

1　两词都可表示"人"，但 person 强调人的位格，即作为人的主体性，可译为"人格的人""人格者"，而 human being 强调人的生物特性，直译为"人"。——译者注

知识窗 7.1　看不见的人？

在不到两年的时间里，俄亥俄州的克利夫兰有 11 名女性失踪，但除了她们的家人，几乎无人察觉。2009 年 11 月，当地男性安东尼·索维尔因对她们的谋杀而被逮捕；他曾因强奸未遂服刑 15 年，于 2005 年获释。他把这些女性的尸体藏在阁楼或埋在后院，邻居未曾报告过从他双层房屋里飘来的异味。他所住的区域不是太好，而且那些女性过着所谓的边缘化生活：她们涉毒成瘾，有些甚至是妓女——这是连环杀手中意的受害者类型，因为她们对于社会来说是"看不见的"，有的甚至对其家庭而言也是。这些女性中，不少人多年来都会时不时突然消失，因此一些人的家人从未因她们失踪而报案，而即便家人报案，执法部门也不会将这些案子视为优先。对于连环杀手案件来说这本身没有什么不寻常的，但还应补充的一个事实是，所有的受害女性都是黑人（凶手也是）。2011 年，诨名为"克利夫兰扼杀者"的索维尔因谋杀 11 人而被定罪，关押在死囚牢房。

类似情况在全美甚至全世界上演：连环杀手盯上被社会忽视的女性，有时还会盯上这样的儿童。西雅图的"绿河杀手"加里·里奇韦是杀人最多的连环杀手之一，仅确认的谋杀就有至少 48 起（多次采访显示，他毫无悔过的迹象；他说他认为那些受害者和垃圾没什么区别）。他表示认罪以避免死刑。在超过 20 年的时间里，"残酷睡客"恐吓、杀害了洛杉矶的许多黑人女性，2010 年，嫌疑人小朗尼·大卫·富兰克林被捕。在华盛顿州的斯波坎市，罗伯特·耶茨对 9 项谋杀罪认罪以避免死刑，但他没有意识到，这一交易并不包含他涉嫌在塔科马犯下的另外两起谋杀案。他终究要受到审判，而且现在也在死囚牢房。耶茨的受害者也是社会"看不见的人"，大多是妓女和吸毒者。在耶茨被捕的前几年，斯波坎市的一档广播节目开始为这些女性发声，提出了这样的问题："难道这些女性不是与我们其他人有同样权利的人吗？难道她们没有家人为她们难过吗？难道她们在杀手下手的最后时刻不感到痛苦吗？卖淫和吸毒是不合法的，但也罪不至死。"

今天，西方世界的许多人会假设所有人都是有着不可让渡权利的人格者（我们也会将人格赋予一些实体，如公司）。然而，这并不是全世界所有人都认可的真理。人口贩卖，即在国际上买卖人口（尤其是年轻女孩）用于性交易，仍是一笔大生意。农奴制在世界的某些角落仍然存在。直到今天，一些国家的女性仍被视为她们丈夫或父亲的财产。针对儿童的犯罪往往不会受到和针对成年人的犯罪同等的惩罚。甚至美国人引以为豪的平权也常常不能实现：世界各地那种据说向美国提供廉价产品的"血汗工厂"，在美国的土地上也存在。时常可以看到新闻报道称，一些人带无证移民入境并在经济上控制他们。每当我们看到新闻报道，了解到一些人受到虐待或被利用以至于失去幸福甚至生命的时候，我们知道实际上是那些人的人格遭到了践踏——或者像康德会说的一样，他们一直都仅仅被当作达到目的的手段。总体而言，司法系统还有能力处理此类犯罪。

但是，一些不将他人视为人格者来尊重的做法，并不在法律处理的范围内。只有在歧视达到剥夺某人权利的地步时，法律才能介入，但如果仅仅是态度上的歧视，就会引出一个有趣的问题：我们是应该宣布作为态度的歧视为不合法，还是说，在自由国度中生活的人们可以选择他们的观点而不用国家来告诉他们应该怎么想？此处有一条分界线。大多数人都希望看到种族歧视或性别歧视的终结，但我们也不愿意把表达种族主义或性别主义观点的人送去能让他们改变想法的约束机构，因为我们不仅相信言论自由，还相信思想自由。或许这正是康德以人自身为目的的教导在现代社会中意义最为深远的应用：如果能认识到每个人都是有内在价值的人格者，那么许多的不尊重——至少在理论上——就会被摒弃。当然，除了种族歧视和性别歧视，还有其他的歧视形式。偏执盲从也有很多形式，例如因为年轻或年老而对人区别对待（"年龄歧视"），歧视精神或身体残疾者（"体能歧视"），因不同的性取向而歧视他人，歧视宗教或国籍不同的人，受过良好教育者歧视教育水平较低者，教育水平低的人歧视教育水平高的人，富人歧视穷人，贫者歧视富豪。甚至还有保守主义者与自由主义者对彼此的歧视。人类社会中少不了猜疑和怨恨，在每一情况下，对人格的强调都提醒我们，尽管存在差异，但我们应该承认彼此的人格。（第四章探讨了哲学家伊曼努尔·列维纳斯就这一重点提出的特殊理论，第十章还会详细讨论他的理论。）

近年来，康德的遗产，即全体人类都绝不应该被仅仅视为达成目的的手段，而应该以其自身为目的这一思想，在美国受到了考验：许多手无寸铁的非裔美国男性被白人警官击毙，一些案件中警察行为的合理性受到了媒体和当地社区的强烈质疑。2014 年，在密苏里州的弗格森，18 岁的抢劫嫌疑人迈克尔·布朗在与警察的争斗中被枪击致死，他的死引发了大范围的示威游行。枪击他的警官被宣告无罪，但其他案件中正被调查的警官行为如何认定仍悬而未决。"黑人的命也是命"（BLM）成为一个遍及全美的激进组织的名称，它也是示威游行和抨击警察歧视的战斗口号；据报告称，BLM 鼓励成员以警察为目标，一些巡逻警官在无端袭击中被枪杀，这引发了另一场运动，"警察的命也是命"。不管是哪一方，成员的家庭都遭到破坏，留下了悲痛和愤怒。想要公正评价这种极端情绪下的每一方，对于法院和媒体来说都有着极大的困难，除此之外，就目前来看，显然 21 世纪还远远没有做好准备迎接康德的"目的王国"，即一个全人类都理性行动并相互尊重的世界。

谁是人格者？

如果一个人选择无视他人的人格，以至于损害了他人的健康、自由、财产或生命，我们该如何看待？这样的人是否把自己放到了可以被剥夺人格地位的境地？换句话说，罪犯是人格者吗？在很多人看来，罪行越令人发指，罪犯就越不能被称为人。有时我们会说杀人犯是"禽兽"，尽管很少有非人类的动物会像职业罪犯、连环强奸犯和连环杀人犯那样有预谋地蓄意伤害同类。从我们对于此类罪犯的态度，可以看出我们关于何为人的观念：我们并不是在说他们的基因组成如何，而是在对他们的行为和选择表达道德谴责。称罪犯为禽兽是一种规范性表述，而不是描述性表述，这话的意思是，他们不符合我们对人应当如何、应当做什么的期望，因此我们不将他们看作人。但从基因以及法律上说，像安东尼·索维尔和罗伯特·耶茨（见知识窗 7.1）这样的连环杀手依然是人格者，我们选择让他们在法庭上承担责任的事实足以证明。然而，即便是已经定罪的罪犯也不会失去其全部权利：他们的人格地位并没有被取消，至少在我们的文化中没有。例如，他们依然有权利免受酷刑折磨，尽管他们可能会失去自由权。下文会进一步考察权利概念。

儿童作为一个群体直到最近才被视为"真正的人"。近来，摧残儿童才被认定为刑事重罪。在此前的时代（近至19世纪，在某些地方延续到20世纪），父亲在家庭中有着至高权利，能够任凭己意对待家人（包括他的妻子）。这很可能包括他有权对所有成员施以体罚，甚至致其死亡。被称为父权（patria potestas）的这种权利，在一些社会中仍然有效。保护儿童不受哪怕是来自父母的虐待的思想，事实上在西方文化中是比较晚近才出现的；即使在不太久以前，一些虐童案仍会被掩盖。最近的报道揭示出，尽管我们认为在今天的社会中儿童得到了保护，但现实并非如此：一些儿童被从收养家庭带走，交还给施虐的父母，这些儿童由于受到虐待或忽视而死亡；一些父母因孩子尿床或哭泣而将他们折磨致死；父母或养父母不喂养孩子而导致孩子饿死；父母或养父母因严重的毒品依赖而无法自立。无数令人心碎的故事表明，无论是出于什么原因，负责儿童福利的官方机构都没有注意到危险信号。分析人士认为，儿童应与父母在一起而非留在寄养中心这一观念施行得过于僵化，而没有考虑什么对孩子最有利，也正是由于这种从过去时代遗留下来的观念，许多人并不将幼童视为完全的"人格者"，因此认为不值得对孩童在看护人手中的悲惨遭遇进行刑事调查。

更广为人知的，是当今关于天主教神职人员虐待儿童的世界性丑闻，在2002年被《波士顿环球报》披露之前，丑行已经持续了数十年，不仅神职人员胡作非为，而且主教教区相互掩盖——这一丑闻成为奥斯卡获奖电影《聚焦》（2015年）的故事素材。本书第十三章将谈到这部电影。用康德的术语来说，这些儿童被视为仅仅是达到目的的手段。今天，法律不仅承认应该保护儿童免于受虐，而且认为儿童有能力表达的兴趣和愿望也应该得到听取，例如父母离异后他们希望和哪一方在一起。

目前，我们到了这样一个阶段：儿童自觉的利益（包括获得恰当的食物、居所、爱与教育，也包括为了玩电子游戏或看电视而拒绝上学）应当与有责任心的成年人眼中的儿童最佳利益进行平衡。换句话说，我们必须牢记，儿童想要的并不必然是对他们有益的。儿童是未成年人，既无成年人的法律权利也无其法律责任，这一观念不会消失，即使是在考虑儿童利益的时候。我们倾向于忘记，当某一群体被排除在权利之外的时候，其责任通常也会被排除。换句话说，这样的群体必须被给予法律保护，使该群体中无能力承担民事责任的成员不至于被不公正地对待。

人格者与责任

在历史上，对于**儿童**是否负有责任，人们的看法有过反复。直到 20 世纪，西方世界才一致认同未成年人不对犯罪行为负责。德国民间故事中的蒂尔·奥伊伦斯皮格尔是个喜欢恶作剧的孩子，他玩弄了非常多的花招来戏弄体面的市民，最后市民们绞死了他。赫尔曼·梅尔维尔的小说《水手比利·巴德》的主人公也遭遇同样的命运。年青水手比利被一个邪恶的长官诬告做了坏事。口齿不清而无法为自己辩护的比利情急之下袭击了那个长官，导致后者死亡。尽管船长很清楚比利的问题，但他不得不遵循海上的法律：凡是杀死长官的人都必须被处决。最终，比利不得不屈服于传统的死刑方式：攀上绳索，将绞索滑到自己的脖子上。而在今天，如果法院试图将未成年人当作成年人来审判，就必须揭示未满 18 岁之人所犯罪行的重大程度和"邪恶的意图"。这是因为人们认为，童年时期的身心状态不具备我们通常认为成年人具备的逻辑一致性；因此，儿童不能为自己的行为承担成年人那种程度的责任。

尽管如此，可以看到近年来美国在儿童犯罪方面的态度转变。尽管大多数儿童心理学家依然同意，七八岁以下的孩子不能充分理解对错，不应被追究责任，但是公众关于将大一些的儿童罪犯像成人一样审判的呼声越来越大。如果一个孩子为了运动鞋或夹克而杀了另一个孩子，法院应该如何处理？如果一个孩子持枪进入学校，枪杀了很多同学和老师呢？在某些州，如阿肯色州，儿童是不能像成年人一样被审判的。而在另一些州，罪行的严重程度决定着犯下罪行的青少年是否要被像成人一样审判；近来就有十几岁的青少年被判很重的监禁的例子（美国最高法院 2005 年裁定未满 18 周岁者不能被判死刑）。

在过去，**女性**权利也走过了与儿童权利相似的历程。直到 19 世纪晚期，女性还只有极少的权利，她们没有财产权，没有投票权，没有支配自己人身的权利。这与常见的假设是一致的，即女性不具有道德一致性，因此不承担责任。（将女性与儿童相提并论并非巧合。）这种观点往往与男性对女性及其所谓的更高道德标准的崇敬相合，但这种崇敬往往与一种假设相结合，即女性是理想主义者，对现实世界中的肮脏交易和实际需求毫无概念。

当应用于女性时，只让拥有权利的人承担法律责任的做法并没有得到严格遵守。许许多多的女性接受了刑事审判。尽管如此，当时人们普遍的观念还是，不让女性获得权利是为了**保护**她们免受残酷的现实世界的影响，因为她们无力回应现实世界的要求。（第十二章会进一步分析妇女权利史，并讨论是否存在女性特有的伦理形式。）在大多数蓄奴社会中，人们正是利用类似的论点来禁止奴隶拥有权利的——据说，不给奴隶权利，是为了"保护"他们，因为他们是"没有能力的"。当然，这并不排除对奴隶的惩罚，任何读过《哈克贝利·费恩历险记》的人都知道。在《论自由》中（见第五章），约翰·斯图亚特·穆勒认为，自主决定权应该普遍扩大，条件是相关个体获得过英国意义上的良好教育，能够明白用自决权来做什么。在受到良好教育之前，人们无力做出负责任的决定并应该受到保护——儿童被监护人保护，殖民地原住民被大英帝国保护。今天，积极主张动物权利的人可能认为，同样的模式也适用于**动物**：我们不相信动物会完全进化为道德主体，所以我们保护它们——通过不给予它们权利。无论你是否同意动物应该被视为人格者（第十三章会再谈这个问题），对影响宠物生命的意外事故和罪行的媒体报道已经发生了微妙的变化。不久之前，因交通事故或窃贼闯入家中而死亡的狗是不会被媒体提及的，但现在这样的报道比比皆是。这或许是因为媒体认识到新闻消费者会关心他人宠物的命运，或许是因为宠物在家庭中的地位比过去更高了。而且这可能意味着宠物已经不再仅仅被视为财产。一个值得注意的观念逐渐形成：有可能将某人视为人格者，但是其权利、义务和特权是有限的，其权利由监护人分配。我们在第十三章还会讨论这一观念。

科学和道德责任：基因工程、干细胞研究和克隆

就目前来说，我们必须同意，我们的文化已经取得了长足的进步，将所有出生后的人都认可为人格者，至少原则上如此，尽管该原则有时会有争议。但未来又将如何？现在，已经有了经过基因工程改造的儿童，将来还会有更多。有了基因工程，你的孩子——也许还有你自己——都有望寿命更长、更健康。在你读到这些的时候，我们当中可能已经有了克隆人，无论合法与否。这些人类家庭的新成员会被认为是人格者吗？还是说，他们会遇到新形式的歧视？在本章的故事部分，你会读到三个探索不同可能性的故事：在 2017 年推出受期待已久的续集的经典科幻片《银翼杀手》设立了对机器人权利讨论的标准。《机械姬》（2015

年）展望了在不久的将来，机器人可能不但可以像人类一样行动，而且还具有人类的情感。电影《千钧一发》展现出一个即将来临的世界，那里基因工程成为主流，没有在胚胎阶段得到基因"改良"的人是那里的下层阶级。在这样的一个"美丽新世界"（阿道司·赫胥黎1931年经典科幻小说的书名，见下文）里，谁会成为上层，谁会成为下层呢？

既然涉及种种基因工程和克隆技术的未来已然来到，那么，在此我们可以问自己两个问题：（1）我们应该如何看待人类拥有的各种科学可能性？我们应该恐惧科学发展，对科学研究施加限制吗？还是说，我们应该鼓励所有此类科学研究，因为这些研究想必多少会对我们有好处，而且无论结果如何，科学都有权利为求知而求知？又或者，我们应该取以上立场之间的立场？（2）科学家本人是否承担某种形式的道德责任，考虑到科学研究的结果可能在将来得到应用，也许会对人类和动物造成损害？在下一节中，我们会讨论当今的热点话题：科学和道德责任的问题。

科学并非价值无涉

1968年，德国出版的一本书挑战了科学价值无涉或道德中立的传统科学观，那就是哲学家于尔根·哈贝马斯的《知识与人类旨趣》。过去，科学家宣称（有些科学家现在依然主张）科学研究的目的只在于知识本身，而不在于它可能带来的社会后果。因此，科学家的职业操守取决于无可挑剔的研究；对于将来可能因他们研究受影响（包括获益）的共同体，科学家们并不负有责任。哈贝马斯则主张，科学可能试图客观，但既得利益因素总是存在。社会只会为那些它认为在促进科学进步、声誉或利润方面"有价值"的项目提供款项。政治关切、社会偏见以及科学共同体范围内的潮流常常会影响科学研究项目的经费。研究人员常常会出于类似原因选择项目。此外，数据选择（基于研究人员对什么与项目有关的认识来选择研究素材）也受到研究人员利益的影响——无论我们是否喜欢这一点。哈贝马斯的观点是，我们可能认为科学研究是以价值中立的方式进行的，但并非如此。另外，不负责任的科学家会对社会造成什么危害已经有目共睹，难道科学家们不应该带着对未来的责任感来进行科学研究吗？监督科学研究的共同体不是也应当如此吗？哈贝马斯本人在《人性的未来》（英文版于2003年出版）一书中深化了这一题旨。在一篇为 2001 年德语版的英译本所作的后记（原是 2002 年 1 月专门为美国生物伦理学辩论而写）中，哈贝马斯提出，基于康德的绝不将理性存在者仅仅当作实现目的的手段的原则，应该允许优生学的某些形式，禁止另一些形式。哈贝马斯将由父母决定的对孩子进行的基因操纵称为**自由优生学** [liberal eugenics，沿用英国 / 欧洲对自由的定义，即不插手 / 自由放任政治背后的哲学观念，其蕴含着个体、个人的自由（见第五章）]，但评论者玛丽·罗蒂提出，对美国读者来说，这个词翻译为"自由至上主义优生学"（libertarian eugenics）比较好，其表明父母有完全的自由来为孩子做决定。哈贝马斯将为了孩子而剔除易染病的遗传因素的基因操纵称为**消极优生学**，也称为"治疗性遗传干预"。这是他唯一赞成的遗传干预类型。他所说的**积极优生学**是在孩子的 DNA 中增加一些特征以改变孩子未来的基因操纵，也称为"优生学优化"。他将积极优生学视为对孩子自主决定未来选择的威胁，因为孩子的未来已经被他人以某种方式决定。（你可以翻到 428—433 页，了解政治学语境中的消极权利与积极权利的概念。）是否应该允许遗传干预，理论上说，取决于接受干预的人格者在未来是否会认可并感谢这种干预。你会意识到这里对康德的明显援引：人们绝不应该仅仅被用作达成目的的手段，而应该始终被视为其本身就是目的。用哈贝马斯的话来说就是：

> 民主共同体必须从法律上规定优生学干预的做法，身为其中的公民，我们当然不能免于这一任务，即设想受优生学做法影响的人在将来的同意或拒绝——在任何情况下都不能，如果我们想为了残疾人自己的利益，而允许在可能发生严重遗传疾病的情况下进行治疗性遗传干预（甚至选择）的话。针对将积极优生学和消极优生学区分开来的整个项目，有一些务实的反对意见，其主张积极和消极优生学之间的界限并不明确，这是建立在合理案例的基础之上的。而随着人们对相关技术越来越熟悉，人们可以容忍的遗传干预限度可能会被进一步扩展，以满足越来越高的健康标准。尽管如此，可以用一个规范性的理念来建立确定界限的标准，这一理念当然需要不断阐释，但它从根本上是无可争议的：所有的治疗性遗传干预，包括产前干预，仍然必须依赖于同意，这一同意至少可以被反事实地归给可能受到影响的人。

基因操纵带来的问题是新近出现的，在之后的章节里，我们会进一步探讨基因工程、干细胞研究、克隆技术等问题。但是，过去的医生同样面临道德问题：军医可能不得不做出决定，为某一个伤员做手术，而另一个只能等死；19世纪的家庭医生可能必须在拯救年轻产妇还是即将出世的婴儿之间做出选择。但今天，技术使过去几代人都难以想象的医疗方式成为可能。生命能够人为延长；怀孕可以通过对女性较为安全的措施终止；基因工程可以在胎儿还处于子宫时，就让他们将来的人生免于某种疾病的困扰；女性能够在停经之后生育；干细胞研究有望治愈很多疾病；2003年完成的**人类基因组计划**，让我们可以展望这样的未来，到时人类的遗传图谱能够被用于理解和预防一系列医学问题。此外，旧时科幻小说中婴儿完全在母亲子宫之外诞生的梦想（或噩梦），从近期在康奈尔大学进行的有关人造子宫的实验看，似有可能成为现实。然而，不断增加的知识也带来了更多的道德问题。

在这个有着诸多医学可能性的新时代，却几乎没有既定规则来指导决策。由于这一原因，医疗从业者有理由支持创立一套可行的伦理程序，以便使灰色地带的决策有章可循。如果有一天，健康婴儿可以在人造子宫条件下诞生，那么对于*生存能力*这个堕胎辩论中的关键概念，这意味着什么？生存能力意味着胚胎能够在医疗辅助之下在母亲的体外存活；目前认为，妊娠晚期的胎儿具有生存能力（所以这个阶段的堕胎就成了问题，因为该阶段的胎儿将被视为一个人格者）。但是，如果生存能力的概念延伸至妊娠中期甚至早期，那么妊娠早期的胎儿是否也成了人格者，不仅是在宗教意义上，而且也是在法律意义上？那样对于堕胎辩论将意味着什么呢？当我们转向与DNA相关的话题时，更深层的问题随之而来：当我们完全具备有目的地介入人类DNA密码的能力时，什么程度的干预才算过度？是应该将干预严格限制在预防绝症的范围内，还是说，像决定婴儿鼻子形状这样的干预也可以接受？考虑到医疗资源有限，谁应该从器官移植中受益？是按先来后到的顺序，是年轻人、富人、名人优先，还是等待时间最长的人优先？

在17、18世纪，现代科学发展早期，与研究相伴随的道德敏感性看起来与今天所盛行的有差异。当时的科学家主要关心的是怎样推进研究且不触犯《圣经》中表达的价值观。在现代，科学家有时会走上不符合伦理的岔路。在纳粹德国，终极价值就是纳粹党的成功和"祖国"这一抽象概念的实现。纳粹德国的科学家进行了导致痛苦、屈辱，最终致命的人体实验，实验对象主要是妇女和儿童。我们也了解到，在二战之后，仍有一些科学家会在对象不知情或不同意的情况下，将人置于实验性的医学程序之下或不给他们治疗，塔斯基吉梅毒实验就是一项臭名昭著的此类实验。较少为人所知的是1924—1979年，基于优生学的意识形态——臆想的人类改良方式，对弗吉尼亚州的大约7 500人实行的强制绝育。加利福尼亚州也曾积极实施优生学计划，对2万多人实行绝育。

今天的大多数科学家和非专业人士都会同意，有时候，为得到知识而付出的人类苦难的代价太高了。然而，我们却有一个信条，认为科学无涉价值或价值中立：科学研究应该是客观的，科学家也不应该因个人雄心和偏好而动摇。但这是否意味着，他们也不应该因伦理价值而摇摆呢？

基因工程

医学和一般的科学研究现在已具备了前几代人梦寐以求的能力。但是，就形成判断这些能力的伦理规则而言，我们进展缓慢。基因操纵让《美丽新世界》中设想的那种能为特定目的设计人类的未来成为可能（见知识窗7.2）。多年以来，农业一直在利用基因工程创造抗病的农作物。牛奶和肉类在进入商店前会先经过辐照。可能最有争议的话题是：转基因动物成为专利，例如猪可以植入人的基因以方便器官移植，猫可以在黑暗中发光，山羊被进行基因操纵以使其奶中包含蜘蛛丝蛋白质，经提取后合成前所未有的强力材料。尽管凭借这些奇迹人类可以最终获利，但如果研究者的决策不受伦理或社会责任感的引导，对实验室生成的基因材料不加限制，或对这种基因修补的后果未能充分预见，也许就会导致灾难性的结果。毕竟，臭名昭著的杀人蜂现在舒适地栖居于美国西南部，就是实验室管控不力而导致杀人蜂逃逸的结果。

知识窗 7.2　追求快速见效的文化？

阿道司·赫胥黎 1931 年出版的科幻小说《美丽新世界》因预言克隆人可能成为未来选择而著名，但更有时代意义的是，赫胥黎预测，未来人类将如此倾心于安逸生活，以至于在没有药物的情况下根本无法应对任何形式的情感压力。在书中，唆麻这种药物人人可以得到，而且普遍认为，自行处理问题而不使用药物来让自己遗忘，是不体面的。这个预言在多个方面都很有现实意义：例如，现在很多美国人在面对情绪压力时，都会寻求处方药物的帮助，而不是自己努力化解——他们追求快速见效。得益于强大的医疗产业和无处不在的广告宣传，有的医生非常乐意开一些处方药来缓解病人的人生痛苦。沮丧？吃片药。睡不着？吃片药。太紧张？吃片药。太放松？吃片药。当然，有些人严重的精神压力以及身体痛苦的的确确是需要药物；但 21世纪的美国文化看起来丧失了思考长远解决方案的能力。伦理学家哀叹这种趋势：如果不能立即得到满足或在短时间内解决问题，我们就会失去焦点和决心。更重要的是，我们脱离了事情的正常状态：生活中有痛苦、有悲伤、有问题，然后你应对它们，将其融入自己的人生故事或抛诸脑后。我们在第十三章会讨论讲述人生故事的哲学。

在欧洲，人们对基因工程食品，对从谷物到农场动物的 GMO（遗传修饰生物体），存在普遍的不信任。那么，经过遗传改造的人类呢？

2000 年，一个小男孩出生了，他出生是为了拯救他姐姐的生命。当时 6 岁的莫莉·纳什患有先天性血液病，很可能会在 10 岁前丧生。医生运用胚胎植入前遗传学诊断（PGD），选择了一个体外胚胎，其既没有这种疾病，又是莫莉很好的血细胞捐献匹配者。这个小男孩亚当出生一个月后，来自他脐带血的干细胞就被移植给了他的姐姐。莫莉在移植的时候抱着自己的小弟弟。三个月后，莫莉出院回到家里的父母和新生的弟弟身边，她的生存概率提高到了 85%。这件事一直远离公众视线，到 2010 年她 16 岁的时候，媒体才报道她已成为一个健康有活力的女孩，与知道自己帮助过姐姐的弟弟等家人一起，过着正常的家庭生活。

这就是基因工程带给我们的可能性。那么为什么会有人担忧这种奇迹般疗法的社会后果呢？因为我们作为一个社群，还没有决定在何处划定界限：我们是应该尽力创造健康的婴儿，还是应该走得更远，例如根据其父母的具体要求，甚至根据社会需求来定制婴儿？会有人为了特定性别、身高、眼睛颜色、肤色而对婴儿实施基因工程吗？这些基因工程的"设计化婴儿"会在新社会中得到偏爱，自然出生的孩子则成为新的底层吗？莫莉和亚当·纳什的医生很快就强调，他们的父母使用 PGD 是可以接受的，因为"他们并没有在优生学意义上进行选择"，而只是在寻找一个婴儿捐赠者。医生们也概括了他们认为应用 PGD 技术的不可接受的情况，例如为了获取（人体）组织而将选定的移植胚胎流产，或在用完脐带血后将婴儿抛给收养所——换句话说，将婴儿仅仅用作达到目的的手段，正如康德所言。（创新技术的其他方面还涉及人工智能，知识窗 7.3 探索了未来文化中对机器人的恐惧。）

干细胞研究

尽管对于很多人来说干细胞研究仍有争议，但作为修复和替代受损器官的一种方式，它前景光明。干细胞是未分化的细胞，在医学介入下有可能成为任何人体器官；由此，干细胞可以用于修复或替换病变器官。争议在于从胚胎中提取并克隆干细胞的做法，而这意味着胚胎失去生命。如果一个人反对在孕期的任何时间堕胎，因为她认为从受孕开始胚胎就是一个人，那么她也会反对涉及人类胚胎的任何形式的干细胞研究。尽管如此，与一些人所想的相反，干细胞并不能从流产的胎儿中获取，因为流产胎儿的发育阶段太靠后了；干细胞必须在受精卵阶段的最初两周之内获取。将妊娠早期流产视为合理选择的人，一般来说很少会认为获取受精卵用于研究的想法有道德问题；但对于不赞成取走胚胎生命的很多人来说，干细胞问题就特别有挑战性——因为即使他们认为胚胎生命具有内在价值，他们也必须考虑到已经出生的人，这些人拥有生命，有爱着他们的人，他们有望因干细胞研究而免于过早死亡。尽管干细胞研究在布什政府下严格受限，但奥巴马政府在 2009 年解除了联邦政府对干细胞研究的限制条件。相关研究已经开始取得成果；第一个试图治愈脊髓损伤的实验已于 2010 年开始，该疗法基于此前对大鼠的成功实验，2011 年的探索性结果看起来是积极的。研究人员也希望通过干细胞研究治愈某些形式的失明，2016 年 3 月，英国研究人员报告称，通过干细胞培养和角膜移植，他们恢复了兔子的视力；针对人类的临床试验也已列入计划。此外，干细胞可能可以从胚胎以外的其他来源，如皮肤组织中获得，这样就能绕开关于胚胎生命的争议。

知识窗 7.3　机器人来了！

　　未来有时大张旗鼓地降临，有时则是悄悄潜入你身边。当天体物理学家斯蒂芬·霍金在 2014 年宣布我们应该谨慎对待人工智能和机器人的创造，因为这可能意味着人类的终结时，有的批评者认为霍金博士或许看了太多遍《我，机器人》和《终结者》。首先，创造机器人（如果能创造出来的话）不是要花上许多年吗？其次，为什么我们要假设自己制造的人造存在物会对我们构成威胁？就第一个问题而言，我们已经有了机器人，它们能为地板吸尘，甚至还能在养老院与长者聊天，给他们（虚假的）安慰。对小狗过敏（或生活在无宠物公寓）的孩子可以拥有小狗机器人，并教它们做游戏。性机器人产业已经出现，而且有人已经觉得与机器性交似乎比与人类性交更舒适。已经有了可以跟超市沟通什么时候需要更多牛奶、鸡蛋和奶酪的冰箱，无人驾驶的汽车也有了——2015 年，这一未来大张旗鼓地降临，第一批自行驾驶的汽车行驶在大街上（其中一辆在加州硅谷撞上了公共汽车），《商业内幕》杂志预言，到 2020 年将会有 1 000 万辆自动驾驶车辆行驶在路上，包括有司机操控的和完全无司机的。我们有了在空中嗡嗡作响的无人机，这也带来了新的法律问题，而亚马逊公司宣布计划用无人机运送图书和商品。飞行汽车可能也不远了，而且可能也是无人驾驶。波士顿动力公司宣布已生产出可以进行重体力劳动的机器人。当然，现有的机器人还都没有自我意识，因此《我，机器人》中机器人对人类的反叛还不可能出现，但让我们思考另一个问题——为什么要担忧？你可以回想第二章提到的勾勒姆的故事。

从古代起，人类就有着担心人造物失控后果的黑暗幻想——但在 2015 年一封霍金、企业家埃隆·马斯克和其他科学家签名的公开信中，他们表示特别关注机器人转变为人类武器的可能性，原本出现在科幻小说里的情景有可能在敌托邦的未来中成真（见第二章）。人工智能武器可能会很廉价，也很容易得到，公开信表示："今天人类面临的关键问题在于，是开始一场全球化的人工智能军备竞赛，还是从一开始就阻止它。如果任何军事大国推动人工智能武器开发，那么全球军备竞赛就几乎是不可避免的，而这种技术轨迹的终点是显而易见的：自动武器将成为明天的卡拉什尼科夫步枪。"

机器人的未来或许已悄悄到来。哲学讨论常常聚焦于可能在某一天获得自我意识的人造物的权利（这就是故事部分的电影《银翼杀手》和《机械姬》所关注的），但我们可能也是时候考虑如何保护自己免受人造物的伤害了，就像科幻小说故事所预示的那样。

在美国的干细胞研究向前推进的同时，欧盟在 2011 年秋季决定禁止会导致胚胎死亡的研究。这一点对欧洲研究的影响还有待观察，对于在英国进行的特别有争议的一类研究也是如此。2008 年，针对一类新研究的最后一个法律障碍被解除：允许出于遗传疾病研究和最终在实验室生成新组织的目的，创造人类-动物杂合的干细胞；两周后，此类胚胎会被摧毁，而且不会被移植到替代性子宫中。英国医疗团队表达了对此进展的兴奋之情，但另一些人，包括宗教人士，觉得这种进展在伦理上令人厌恶，在科学上也是没有必要的。

干细胞研究最终并不是为知识而知识，干细胞研究是为了治愈疾病和延长生命。这一过程还涉及大众所知的治疗性克隆，即下一个主题。

治疗性克隆和生殖性克隆

基因工程、干细胞研究和克隆这三大领域常常被人混淆，三者间的确存在重叠之处，但三种方法的主要目标又是有差异的。基因工程涉及改变/操纵一个人的 DNA，或者是在其一生中，或者是在其出生之前，目的是避免某些先天问题或加强某一生物学特性。如前文所述，干细胞研究是为了将干细胞用于器官修复。克隆则涉及创造更多与第一个相同的个体。重叠的部分在于，为创造更多干细胞，细胞必须被克隆。这就意味着用化学方式来操控它们，创造出其自身的复制品。问题在于，这些复制品被用于做什么？这就取决于我们所谈论的是治疗性克隆还是生殖性克隆。治疗性克隆涉及复制干细胞以将其植入器官，或让器官再生，以此改善人的健康状况或拯救其生命。换句话说，它是一种医学疗法。加州干细胞研究项目就单纯以治疗性克隆为方向，将其视为寻找人类疾病疗法的手段。

生殖性克隆现象则更有争议，因为它涉及对一个完整个体的复制，而不仅仅是细胞。关于生殖性克隆的喜忧始自 1994 年，当时研究人员宣告已成功地将一个受精（但无法存活）的人类卵子分离为双胞胎（这是产生同卵双胞胎时会自然发生的事）。从那时起，克隆的发展速度甚至超出了科幻小说作者的预料：一个接一个，世界各地的实验室成功克隆了绵羊、牛犊、山羊、小鼠、狗、猫和狼，运用了各式各样的技术，包括用多利羊的创造者所开创的技术从一个个体的干细胞创造出一个成熟个体的副本——这引发了对无性生殖的恐慌。（见知识窗 7.4。）

2004 年，我们看到了对出于商业目的而对一只猫进行成功克隆的第一份报道：这不是第一只被克隆的猫，而是第一只被定制的克隆品。买主为此付了 5 万美元。2015 年，一对英国夫妇为克隆他们的拳师犬迪兰而支付了近 10 万美元。韩国的一家宠物克隆公司从迪兰的 DNA 中克隆出两条小狗。2016 年 2 月，那对夫妇去韩国接回了那两条小狗，它们看起来真的很像迪兰。

克隆宠物的想法已不像十多年前看起来那样陌生或古怪，即使价格仍然超出大多数宠物爱好者的承受范围。赛马界期望对特殊马种的克隆在未来会成为大生意。韩国研究人士宣布，基于已经获得的可用 DNA，他们打算克隆一头现已灭绝的冰河时期的洞狮，这就开辟了一个克隆灭绝动物的全新领域——侏罗纪世界正在形成。

但是，我们不该忘记动物/宠物克隆的风险：我们或许能够让我们的宠物或竞赛中的冠军马的肉体重生，如果可以这样说的话，但我们不可能复制它们的精神或个性，因为那就需要重现它们的成长经验——意思是，我们需要复制它们的童年。构成生物的不只是 DNA，还有它们的经历总和——人类也是如此。关于克隆这个概念，需要学习一些教训：为得到与 DNA 捐献者"相同"的个体，我们就必须创造一个与该个体生长过程完全相同的环境——先天加后天。即使那可以实现，我们还必须纳入我们称为情境意识，有人称为自由意志的因素（见第四章），至少对于人类而言如此：当一个克隆小孩发现他或她是被克隆的，他或她能否决定是尽可能与原型相似，还是尽可能不同？我猜想是后者，但我们无从得知。这意味着，事实上，关于一个克隆物可能如何发展为一个成熟体，几乎没有什么是可以预测的。

知识窗 7.4　美丽新世界：定制人类的幽灵

　　本书第二章及知识窗 7.2 提到，自阿道司·赫胥黎出版《美丽新世界》（1931 年）以来，科幻小说探讨了人工设计人类这个概念。赫胥黎猜测人类会在 600 年内克隆出其他人类，但这种能力在赫胥黎生活的世纪晚期就已经露出端倪。但是，人类在实验室里创造新的人类，这种想法究竟为什么让我们如此恐惧？相关的恐惧有很多种。一种恐惧是基于宗教的：只有上帝才可以创造生命和各类生物，可怕的事就在于，如果我们扮演上帝并有意创造人类的变种，多少就有些僭越并将受到惩罚，就像弗兰肯斯坦博士受到他所创造的怪物反噬一样。另一种恐惧是，我们可能会释放出不受我们控制的力量，就像弗兰肯斯坦的怪物那样。新的人类变种可能会带有我们没有预见到的疾病和畸形（克隆老鼠变得过肥，克隆羊出生后提早衰老），或者新物种可能会淘汰常见的人类物种。而第三种担忧则十分具体、现实：定制人类可能会导致歧视。可能是新的人类物种受到歧视，被视为奴隶（如经典电影《银翼杀手》，见故事部分），也可能是未经过基因改造的人群遭到歧视（如电影《千钧一发》，见故事部分）。事实上，在 20 世纪 90 年代，联邦立法机构就预见到了 DNA 分析的歧视性副作用。2008 年，国会通过了一项法案，禁止保险公司和工作场所使用基因测试并根据个人 DNA 档案中的风险来对人区别对待。癌症或心脏疾病的风险增加，不应该损害人们获得职位或保险的机会——但不难想象这样的规则未来可能被弃置一旁。

但现在，许多新的可能性正在眼前。一种可能性是**认知强化**。我们已习惯于喝咖啡或更强劲的咖啡因饮料来保持清醒和警觉。有各种各样的药物可以让人感觉亢奋、平和、好斗、出现幻觉等等，而当用于非医疗目的时，这些药物大多是非法的。但是，如果我们的智力可以通过药物或基因操纵来提高呢？在期末考试前，服用大脑增强药物似乎值得考虑，但我们是否应该警惕，因为这可能带来副作用或社会后果（功利主义的关切点），或者因为这样做不正确（康德主义者的关注点）呢？还有一种可能性是**道德改善**：一项关于药物的新研究发现，药物可以在道德上操纵人们的行为，增加群体归属感，减少对其他群体的攻击，让人感觉更加慷慨无私。目前在刑事司法系统中，正在探讨在罪犯康复方案中使用这类药物的可能性。但伦理学家会问，如果这些感受是药物带来的而不是发自内心的，它们有什么用呢？如果这些感受来自一种小药片，甚至是一种由法庭强制执行的惩罚或对暴力犯罪先发制人的治疗方式，那么它们是否还具有道德价值？我们会感激那些因接受脑部治疗而乐于助人的人吗？我们会愿意嫁给因为吃了一颗让其感到爱的药片而感到爱我们的人吗？换句话说，我们愿意回应他人的感受，不是基于以下假设吗？（1）这些感受是*发自内心的*，（2）人们愿意为在其*自由意志*之下选择的行动负责。此类改善计划的支持者用一个简单的问题来回答：但你难道不愿意生活在一个人们更友好、更少暴力的世界中吗？你可以自己评估这些思路，看它们主要是功利主义的还是康德式的。

人们普遍不欢迎人类生殖性克隆的前景，这种做法在大多数国家都受到谴责，尽管还没有人宣布和证实克隆人成功。一般的想法是，进行人类生殖性克隆的科学家是在扮演上帝，没有任何可接受的理由让人想要将自己克隆。有人会出于宗教立场全面质疑克隆人类的想法，他们追问，克隆儿童是否有灵魂。对克隆的恐惧甚至可以回溯到你在第二章读到的从前对人造人的担忧，从古代犹太的勾勒姆概念到中世纪对魔法创造的小矮人或一直以来的"侏儒"的恐惧，再到弗兰肯斯坦的怪物和无数科幻小说中反噬制造者的反叛机器人。通常会假定这样的存在物没有灵魂，但它们是虚构的产物。自然产生的真实克隆体，比如完全相同的双胞胎、三胞胎和四胞胎，又如何呢？科学家回答说，如果双胞胎有各自的灵魂（当然，这是信仰的问题而不是科学的问题），那么克隆体当然也会有各自的灵魂。其他反对克隆的论点还包括：

· 人口过剩已经对地球造成威胁，为什么还要人工增加更多人？

· 为什么要创造作为他人复制品并不得不为找寻其个性而斗争的人？

· 克隆人可能被认为是可消耗的，是新的奴隶人口——或者也许会因极有价值而成为更受偏爱的群体。换句话说，克隆或许会带来一种新的歧视形式。

· 克隆动物出生后带有反常的身体特征。进行人类克隆难道不会冒同样的风险吗？

这些都是好问题，但在我们成为"恐科学者"之前，我们应该重新思考这一话题。生殖性克隆会带来什么？有人会想象说，可以冷冻一个可克隆的胚胎，之后再为某些"配件"而"激活"这个胚胎。也有人认为克隆人可以作为不孕不育的解决方案。但为什么会有人想克隆自己呢？为什么有需要的家庭不选择收养一个已经出生的小孩呢？好吧，对有的人来说，关键是要一个跟他们有关系的孩子，而这通过克隆可能可以实现。为了让克隆体成为两个而非一个亲体的后代，现在甚至有研究允许克隆体成为三个亲体结合的后代。科学预示着社会变革——或者说，社会变革为科学新发展的应用打开了大门。人们想要孩子的原因是复杂的：有的人想要孩子，这样他们可以爱孩子并培育他们成为好公民，有的人想要孩子，是希望农场里多个帮手，姓氏有人继承，报税时能获得减免，或者将孩子当作可以在朋友面前展示的社会地位的象征。我们尚未建立法律规则，确定什么是要孩子的好理由（尽管我们已经有了关于哪些理由在道德上是好理由的想法）。将一些因为想要和自己相像的孩子而想当父母的人排除在外，那么要排除的人会比排队等待克隆的人多得多。有人说，如果能做到，就一定会做到，为什么要小题大做呢？供需决定一切！替代性方案可能处于二者之间：有克隆人的那一天终将到来，包括为家族继承而偶尔创造出的克隆个体，面孔与逝去的所爱之人相似的克隆人，以及噩梦般批量生产出的"工蚁克隆人"。我们需要充分考量这一技术的社会后果和立法的需求。我们必须考虑两种克隆人之间的差异，一种是会得到父母关爱和照料的孩子，另一种是出于社会目的可能被利用或奴役的孩子。就像任何涉及儿童的计划一样，或许终极底线在于，孩子能否合理期待一个稳定、有爱的家庭，而这与他们最初形成的环境无关。对于 21 世纪的立法者和伦理学家来说，还有大量问题需要考虑。

于尔根·哈贝马斯（生于 1929 年），德国哲学家和社会学家。他始终投身于社会政治伦理学，被誉为"最后的欧洲人"，为他眼中正在萎缩的欧盟理想而斗争。他是第一位指出被视为客观的科学并非价值中立的主流哲学家。他的著作包括《知识与人类旨趣》（1968 年）、《道德意识与交往行为》（1983 年）、《人性的未来》（英文版 2003 年）以及《欧盟的危机》（2012 年）。

（© 360b/Shutterstock, Inc.）

最后，我们来看提出科学并非价值无涉这一思想的于尔根·哈贝马斯怎么说。正如前文所述，他在 2000 年的一次演讲中参与了关于基因操纵的辩论，演讲内容在德国被扩展为一本书出版，2003 年，该书被译成英文，增补了一些内容，以《人性的未来》为书名出版。德国人对这些问题的态度，反映出他们对大屠杀以及人类沦为"仅仅是达成目的的手段"的历史的集体记忆，今天，德国已形成对任何形式的基因操纵严格立法的传统。多年来，哈贝马斯本人也发出了强有力的声音来反对这种研究，但在《人性的未来》中，他显示出略有缓和的态度。正如前文所述，遗传干预可能有助于个体克服身体/健康上的障碍，而且如果可以询问当事者的意愿，当事者也会选择接受遗传干预，因此，哈贝马斯谨慎地表示，如果有利于接受遗传干预的人，那么此类研究或可被允许进行。与之相对，遗传增强是在没有获得当事者同意的情况下决定其未来的人生，将其禁锢在本质上是为他人目的服务的人生当中，当事者的人性或许会被改变，这就意味着他们再也无法作为道德人格者参与整个世界，因此，哈贝马斯反对这种研究并提出了警告。哈贝马斯著作的评论者玛丽·罗蒂表示，这种谨慎在今天的美国读者看来似乎有些极端，而且可能会让我们看不到一种可能性，即非人类的存在者也可以有伦理及道德——例如科幻片《星际迷航》中的某些角色。此外，在更现实的层面上，哈贝马斯的观点排除了使用胚胎的所有研究，因为在这样的研究里，胚胎是被当作达成目的的手段，这就将终结胚胎干细胞研究，除了生殖性克隆，治疗性克隆以及在人类胎儿期选择或利用基因工程形成特定性状的做法也都会被叫停。如果哈贝马斯对于研究准入的道德愿景在 20 世纪 90 年代生效，莫莉·纳什可能就无法庆祝她的 16 岁生日了。本章故事部分提到的电影《千钧一发》就涉及胚胎增强的主题。

权利和平等的问题

我们已经多次提及权利概念，现在我们来仔细看看权利的含义。在当今的西方文化中，人们通常认为所有人都有权利；然而，这些权利的性质和外延常常引起争议。17 世纪，一些欧洲思想家开始倡导*自然权利*的观念，该观念在 18 世纪随着诸多社会革命变得极为重要。自然权利被定义成一个人（或一个男人，正如当时很多人主张的那样）与生俱来的权利。有时自然权利概念被当作**描述性**概念使用（比如在"我们生来就有权利"这句话中），有时自然权利概念被当成**规范性**的（"我们应该有权利，因为我们是人"）。一种有影响力的自然权利理论源自我们在第四章提到过的托马斯·霍布斯（1588—1679 年）。在霍布斯看来，在社会契约之前，在"自然状态"中，法律和道德规范没有任何地位，但即使在社会契约之前，也存在*自然权利*和*自然法*：自然权利是任何人为生存而做任何事的权利，自然法是禁止伤害我们自己的内在禁令。一旦我们进入社会契约，自然权利就被修改，因为社会法律和道德法则启动了相互的自我保护。但在霍布斯的政治哲学中，我们从不放弃捍卫自我的权利，也不必同意会伤及我们的行动，即使在绝对君权的统治之下。比霍布斯晚一代的英国哲学家约翰·洛克（1632—1704年）提出了自己的自然权利概念。洛克认为，任何人，即使是在自然状态下的人，基于作为理性存在者的本质，都有三种不可让渡的自然权利：*生命权*、*自由*

权和财产权。本章稍后会再讨论洛克的自然权利理论。但在 18 世纪末，功利主义者杰里米·边沁对自然权利概念表示了怀疑。他对法国大革命中的《人权宣言》（1789 年）——也含蓄地指向美国的《独立宣言》（1776 年）——的回应是，显然所有人类并不是生而自由，也不是生而或持续拥有平等权利的。（人们也不应该拥有平等权利——必须有人下命令，他说。不可能存在平等成员结成的联盟，比如婚姻中的平等——边沁认为这是行不通的！）人们并非生而有权利，因为权利概念是人类的发明，而不是自然中原有的。人们或许希望权利是自然的，他说，但事实并非如此。因此边沁认为，自然权利的概念是"高跷上的废话"。这并不表示我们不能使用权利概念，只是我们必须将权利视为法律原则（而不是自然原则），并将权利概念的目标确定为创造一个尽可能幸福的社会——换句话说，为了最大多数人的最大幸福（功利主义的基本原理）。

第五章提过，约翰·斯图亚特·穆勒主张，只要你不伤害他人，你就有不受干涉的个人权利（"伤害原则"）。像在其他很多领域一样，穆勒从内部重新定义了功利主义，但他依然是功利主义者；他提出应限制政府对民间私人事务的干涉，最终是为了全部人口的总体幸福。即便是穆勒版本的功利主义，功利主义也不认同只为其自身存在的"权利"或"正义"概念：终极目标依然是普遍幸福，而不是抽象的正义原则。为权利概念本身，而不是基于其带来的良善社会结果而辩护，这样的理论要到他处寻找，那就是康德的义务论。如第六章所述，康德主张人类自身就是目的，而且不能仅仅被当作达成目的的手段。这就意味着，即使将一个人当作达到目的的手段可能会有利于社会中的大多数人，这么做也是不能允许的。对于多数人来说好的整体结果，并不是无视人人应受尊重这一规则的充分理由。我们将会看到，会影响社会中大多数人的决定是应该基于社会效用还是基于个人权利而做出，这一问题在当代论争中仍占据重要地位。

平等是什么？

我们试图定义平等时，有时会感到像圣奥古斯丁在试图定义时间时那样的困惑："没有人问我，我倒清楚；有人问我，我便茫然无解了。"我们倾向于认为平等涉及以同样方式对待每一个人——但是，既然不是人人都一样，甚至不是人人都相似，以同样方式对待所有人怎么能说是公平呢？我们也知道平等和公正应该有联系。事实上，存在若干关于平等的定义。

1. **根本平等**。这是出自美国《独立宣言》和法国《人权和公民权宣言》的概念。美国的《独立宣言》写道："我们认为以下真理是不言而喻的：人人生而平等，造物主赋予他们某些不可转让的权利，其中包括生命权、自由权和追求幸福的权利。"法国的《人权和公民权宣言》则这样开篇："在权利方面，人们生来是而且始终是自由平等的。"尽管如此，这些宣言都没有说人们是事实上平等的——例如一样高，一样强壮，一样漂亮或一样灵巧——只是人们应该被政府和法律系统当作平等对待：没有特权，只有作为人类应该受到尊重和考虑的权利。

2. **社会平等**指的是人们在社会环境之内都是平等的这一思想，例如政治或经济环境。今天，大多数西方政治理论对根本平等的看法都是一致的，但对社会平等具体意味着什么则看法各有不同。法国大革命并未将女性在社会或政治方面和男性一样平等看待，美国的《独立宣言》也没有，尽管据说托马斯·杰斐逊本人反对将女性视为次等公民或财产。在《独立宣言》的社会平等中，通常认为也不包括有色人种，尽管杰斐逊看起来对此也有其他想法。今天，通过投票和参选公职等形式上的权利，社会平等已普遍实现；然而，这并不意味着每个人的社会地位或收入就应该是平等的。

3. **平等对待平等者**是古代就有的思想，与根本平等原则有着显著矛盾；我们可以在亚里士多德的《政治学》中发现这一概念。正义意味着以同样的方式对待同样的群体，通常是社会群体。但因为我们从定义中并不知道什么可以被认为是"平等的"，所以通常会假定这是一种精英主义原则，根本无意承认平等是一项基本人权。

4. 有人提出一种替代性定义，重新定义了根本平等原则：**对平等者平等地对待，对不平等者不平等地对待**。第一眼看上去这像是原则3，即平等对待平等者，但二者间有潜在的差异。它看起来可能像是精英主义和偏执者的原则。但谁是"平等者"，谁是"不平等者"？这一定义并不针对某个社会或政治群体，也不认为"平等者"意味着"每一个人"，可以说，该定义中的"平等者"是在相似环境中处于相似情况的人。想象一下高峰时段的高速公路，我们都在车里，或者开车飞奔，或者堵在路上。我们相互并不认识，但我们都应该得到彼此的尊重和体面对待，不多也不少。现在想象一个人为了在下一个出口出去而试图变道，他可能遇到了紧急情况，可能是一个轮胎漏气，也可能是一个乘客生病。他发出信号，你让他超车到前方。由于他的情况，事实上他是一个"不平等者"，是需要特别帮助的人。现在再想象前方有人不耐烦，想从高速公路上出去，于是她切到别人的车前，那人不得不急刹车，导致了一系列轻微碰撞，也包括你的车在内。既然她也成了"不平等者"，就应该得到其他人除非违规否则得不到的"不平等的"特殊对待：受惩罚。因此该原则表明，在一般情况下我们是"平等者"，通常应当得到体面对待和尊重。当某人有特殊需求时，他或她就成了一个"不平等者"，需要获得帮助才能达到"平等者"的层次。如果有人打破这一规则，他或她也就成为不平等者，就应该受到特殊的惩罚。（见下一部分对司法的探讨。）据某些学者说，对平等者平等地对待，对不平等者不平等地对待，这一原则与根本平等原则是和谐的，但前者更精致，因为它承认我们有时会有特殊需求，有时会越界，因此应该得到特殊对待。这一原则可以支持平权行动，如果考虑到受过歧视影响的人实际上是"不平等者"，"球场"还不是公平的，一些"球员"需要得到特殊帮助，球场上的所有人才能都拥有平等的机会。然而，这个原则的风险在于对"不平等"没有清晰的定义，批评者指出，任何被认为以某种方式侵犯他人"平等性"的人都可能被暂时或永久归类为"不平等者"，而他们的服务或财产可能会被为了公共利益而征收甚至没收。在另一些批评者看来，财富重新分配的概念就是为了整体平等而按照"对不平等者不平等地对待"原则行事的好例子。

不管是哪种定义，平等原则通常并不意味着划一。如果要求我们对待他人和他人对待我们都以完全相同的方式，即使我们实际上有差异，那会怎么样呢？库尔特·冯内古特的短篇小说《哈里森·伯杰龙》（1970 年）是对一个未来社会的尖刻嘲讽，在那个社会中，比别人更聪明、更强壮或更美丽是政治不正确的（小说出版于"政论不正确"这个词流行之前很久）。在伯杰龙所在的未来中，聪明人都戴着有蜂鸣器的帽子，那样可以阻止他们产生想法；美人的头上套着口袋，这样不那么漂亮的人就不会感到伤心；舞蹈家被铅压得很重，所以不优雅的人就不会觉得被冷落；强壮的人穿着许多铅袋子，这样他们就没有了超越弱者的优势。冯内古特没有写到真正的残疾人对这些人为的残疾有何感受，对构成"正常"的划一性有何感受，但该故事有效地质疑了将平等和划一等同起来的做法。

德沃金：权利不能用利益来交换

　　一位用康德的方法处理权利问题的思想家是美国哲学家罗纳德·德沃金（1931—2013 年），他是纽约大学法学院和伦敦大学学院（边沁的遗体保存在那里）教授。在三十多年的时间里，德沃金对关于社会权利与平等的辩论做出了贡献；他最为知名的著作包括《认真对待权利》（1977 年）和《自由的法》（1996 年），他也经常通过《纽约书评》上的文章加入关于当下议题的论战。对于德沃金来说，恰恰是在社会考虑有可能合理化侵害权利的做法时，权利的重要性凸显出来；我们可能认为自己的权利受美国宪法保护，但还存在宪法修正案。是否可以想象一种严重情况，如果不因为公共利益而放弃某种权利，就会引发可怕的社会后果？换句话说，在紧要关头，我们是应该采取功利主义观点，认为社会利益大于个人权利，还是应该与康德一致，支持个人权利高于社会利益？德沃金请我们思考言论自由这一权利。假设有个人因为个人或集体的经历而感到愤怒，于是起来发表公开演讲，激动地宣扬用暴力来确保政治平等。假定他的激情演讲引发骚乱，导致了伤亡。很多人会说，如果这种情况能通过宣布此类演讲为非法来预防，那么我们就应该这么做。德沃金不会同意如此。他认为我们可以运用两种模式之一来对我们的权利进行政治思考。

　　第一种模式是，我们必须在个体权利和社会需求之间找到一种平衡。如果政府侵犯某一权利，那它就是对个体不公；但政府如果扩大某一权利，就是对群体不公（剥夺群体的利益，比如街区安全）。所以我们应该走中间路线，逐一分析具体情况。举止得体的讨论群体可以获得比难以驾驭的示威者更多的言论自由，因为游行示威可能带来更大的社会风险。这种公共利益压倒个人主张的平衡模式听起来合理，但德沃金认为实际上并非如此。他断言，如果我们采用这个模式，就必须放弃两个非常重要的观念，即人类尊严（康德会说，不要将人仅仅当作手段对待）和政治平等（如果拥有某种自由，那么所有的人都应该有，无论这对普遍利益有何影响）。用德沃金的话来说就是（出自他的《认真对待权利》一书）：

> 所以如果权利有意义的话，那么对于较重要的权利的侵犯就必然是一个非常严重的问题。这意味着将人视为低人一等，或者比他人更不值得关注……那么，说扩大权利像侵犯权利一样严重就必然是错误的。

所以我们无法平衡个人权利和社会利益；我们可以做的是，在主张发生抵触的时候，对相互冲突的个人权利加以平衡，因为那样每个个体才能保留各自的尊严。但德沃金说，第一种模式行不通的最好证据是，它不能应用于对个体来最利益攸关的实际情况：刑事司法。社会利益并不能决定一次审判的结果。谚语说，让许多罪人逍遥法外总比让一个无辜者受罚更好。德沃金选择了第二种模式。

根据**第二种模式**，侵犯某种权利比扩大它糟糕得多。如果人们以其喜欢的方式自由表达自我受到压抑，那么这就是对人类自主权的攻击，如果对于演讲者来说演讲主题有着道德上的重要意义，那就更是如此。只有在该演讲后果肯定极为严重的时候，实际上才可能允许政府干预。但什么时候人们能如此肯定呢？根据德沃金的看法，所涉及的风险只是猜测性的；不能仅仅因为演讲可能导致另外一个人伤害他人，就剥夺某个人自由发言的权利。只有这样，才能维护个体权利，以及少数反对多数的权利。对德沃金的模式和美国宪法第二修正案的讨论，见知识窗 7.5。

德沃金似乎暗示，言论自由（可能导致暴力）通常被用于捍卫人类尊严的理念；换句话说，言论的内容甚至情感是大部分正派的人可能会同意的。然而，实际情况并不总是如此。可以把德沃金提出的第二种模式放在校园里或电视上的煽动性种族歧视言论的场景中思考。你是否会说，比起对受憎恨的目标群体造成的危害性后果，甚至是对受到煽动的群众所造成的恶果，演讲者表达个人观点的权利更为重要？德沃金在 1977 年的著作中提到的示威活动是 20 世纪六七十年代的反越战示威（以及随后的骚乱），但如果原则算数的话，就应该适用于所有情况。言论自由当然不仅涉及在人群前的演讲，也关系到在电视上向更多观众发表的言论，以及今天众人在网上的互动。（在第十三章中，我们会在近期争议的背景下讨论言论自由与媒体的问题。）

知识窗 7.5　德沃金模式和美国宪法第二修正案

　　德沃金关于两种模式的讨论是专门针对美国宪法第一修正案的，其中包括言论自由权。他笔下的第一种模式认为我们必须在个人权利和共同体需求之间找到平衡，第二种模式（他赞同的模式）认为以共同体需求为目的而侵犯或限制某一权利是错误的，只有在极少数情况下才能实行。本章正文部分对第二种模式和言论自由做了分析。如果将其应用于有关持有武器权利的美国宪法第二修正案，德沃金的模式会如何起作用呢？根据第二修正案，"管理良好的民兵组织是自由之州的安全所必需，人民持有和携带武器的权利不应受到侵犯"。该修正案数十年来一直存在争议；很多自由主义者认为持有武器的权利（1）过时了，（2）危险，（3）是对《权利法案》的曲解，根据某些解释，只有民兵组织成员才拥有携带武器的权利。尽管如此，在很多温和派和保守派人士看来，修正案无疑涉及个人（"人民"）及他们携带武器的权利，而不仅仅是民兵组织成员。据说这一解释在 20 世纪以前是经典的解释，也得到了 2008 年最高法院对"哥伦比亚特区诉赫勒案"判决的支持。此外，很多第二修正案的支持者引用亚里士多德的话："寡头和暴君都不信任人民，因此剥夺他们的武器。"不管德沃金可能会对持枪权本身说些什么，他的原则如何应用于第二修正案呢？如果我们应用第一种模式，平衡持枪者的权利和共同体安全的需要，德沃金可能会提出，个人权利不应该与社会利益进行平衡——个体权利只能与其他个体的权利平衡。运用他的第二种模式可能会形成更强硬的措辞：不应该仅因为其他人可能会因持枪权而选择伤害他人，就剥夺某个人携带武器的权利。将德沃金的原则用于另一修正案的例子，会让你更认同他的原则吗？还是更不认同？

　　根据德沃金的原则，第二种模式的言论自由总体上应该延伸到演讲者和游行示威者。应该允许游行示威发生，是因为示威者的权利不应该被侵犯。（第一修正案不仅允许言论自由，还允许集会自由。）但是，宪法并未赋予人们制造公共骚乱的权利。所以，德沃金第二种模式的批评者提出了一条中间路线：我们当然有言论自由和集会自由，但这并不意味着警察会自动批准游行示威。因此，想要行使言论自由权利的人可以在某个地方集会，比如礼堂或街角，但如果涉及的话题有争议，就要限制他们危及公众的可能性。在美国社会中，趋势是逐渐转向对公众的保护，而不是对个体言论、集会、流动自由权的保护。从前，法官通常不太情愿发出对实施家庭暴力者的限制令，是因为考虑到他们自由流动的权利；今天这样的限制令已经非常普遍了。你可以尝试针对这样的情形，用德沃金和约翰·斯图亚特·穆勒的观点进行一番辩论。知识窗 7.6 进一步探索了公民权利与公民安全对抗的概念。

知识窗 7.6　公民自由与公民安全的对抗

2001 年秋，作为反恐战争的一部分，美国国会通过了《爱国者法案》，它旨在遏制未来的恐怖主义，增加窃听力量，包括定位到个人而非电话号码的"巡回窃听"，以及拦截电子邮件、传真等。其目的就是找出并逮捕任何外国或本国的恐怖分子，他们可能对本土或国外的美国公民的安全造成威胁。2001 年 "9·11" 事件发生后，很多人欢迎这些在他们看来合理的措施，但也有警告的声音，认为它们可能侵犯公民自由。

值得注意的是，警告的声音来自美国政治中的左右两派：自由主义者将这些措施视为保守政府对持不同政见者的威胁；保守主义者认为它们危及个人自由——尤其是在未来可能的自由派政府的管理下。双方都指出，这些措施实质上破坏了《权利法案》中的第四修正案，即搜查和扣押修正案，该修正案规定，在未经公民许可进入并搜查其房屋之前，警察必须表明合理根据（犯罪已经或正在发生）。《爱国者法案》原本计划实施 4 年，到 2005 年为止。2006 年 3 月，布什总统签署了对该法案的重新授权，2011 年奥巴马总统又将法案关于巡回窃听、图书馆记录、监视可能单独行动的恐怖分子这 3 个部分延长了 4 年。2015 年，《爱国者法案》期满终止，但到 2019 年又会重新启用通话数据收集计划之外的项目。

此外，"9·11"事件激发了在军事法庭审判外国恐怖分子的扫荡性措施，这样做是为了保持程序以及特别是证据的机密性，使其不被其他恐怖分子接触到。

为了获得安全，我们愿意放弃多少公民自由甚至宪法权利？我们愿意做什么？在"9·11"事件之后的日子里，很多美国人可能会说："我们愿意做任何事，只要我们安全。"但另一些人提醒我们，开放、自由的社会必然伴随着一些风险。如果设置太多的安全措施来保护我们的社会，在这个过程中我们可能就会失去自由。本杰明·富兰克林写道："那些为了获得一点暂时的安全而放弃基本自由的人，既不配享有自由，也不配享有安全。"然而，一个国家在战时制定严格的法律措施，在战争结束后予以取消，这并不罕见。

在2015年12月2日圣贝纳迪诺的恐怖袭击发生之后，关于隐私与安全的新问题又冒出来了：一名已死的恐怖分子的手机被认为包含其他恐怖行动和联系方式的信息，但没有苹果公司的帮助，FBI（美国联邦调查局）无法解锁这款手机。苹果公司拒绝合作，并对要求其协助联邦政府的法院命令提出上诉。其理由是，如果失去这项权利，政府可能会进一步干涉普通公民的生活。FBI试图将进入手机当作保护公民免受伤害的一种手段，调查人员最终在没有苹果协助的情况下打开了手机。这场冲突充分展现了关于公民自由与安全的辩论。

消极权利

有的社会思想家相信，尽管我们有而且应该有权利，但这些权利只应该是一种特殊类型的权利：*消极权利*。之所以称之为"消极"，是因为这些权利规定了不应该对你做什么（它们是不受干涉的权利）。本章前文提到了约翰·洛克引入的三种自然权利的概念，即每个理性的人类存在者都有的与生俱来的权利：生命权、自由权和财产权。（听起来非常类似于托马斯·杰斐逊对我们的*生命、自由*

和追求幸福的权利的著名强调，但这并非巧合。杰斐逊深受约翰·洛克政治哲学的影响。）对于洛克这位社会契约论思想家来说，这些权利是人们相对于政府以及彼此的权利：任何人的生命都不应该无缘无故受到干涉，其自由或财产也不应该。对每种权利的唯一限制，在于他人掌握的对自己的生命、自由和财产的权利。但即使在社会契约之外，这些权利依然生效，洛克说，因为我们是理性存在者，这些权利是理性的权利，但它们在一个有着民主法律的社会中实施起来更容易。在他的《政府论（下篇）》（1690 年）中，洛克做了详细说明："自然状态受自然法管理，人人都有义务遵守，而作为自然法的理性教导愿意遵循理性的全人类。由于所有人都是平等和独立的，任何人都不应该侵害他人的生命、健康、自由或财产。"所以洛克认为，早在一个社会的所有规则和法律形成之前，就存在自然法，这种自然法指导我们的理性思考朝着实现人人生而平等的方向，而且每个人都应该自由地过自己的生活而不受他人干涉。洛克的哲学以多种方式鼓舞着美国的创立者（传统上所说的"美国国父"）。安·兰德（见第四章）表达了对美国作为历史上第一个道德社会的坚定信念，因为它设定了对政府权力的限制，以及尊重个体权利的观念。在《自私的美德》（1965 年）中的一篇文章《人的权利》中，她说："以前的所有体系都将人当作为了他人的目的而牺牲的手段，而将社会本身当作目的，美国则将人自身当作目的，将社会视为让个体得以和平、有序、自愿共存的手段。"

那么，这些个体的权利是什么呢？兰德说，只有一种根本权利，那就是对你的生命的权利，以及不受胁迫行动的权利。这一意义上的权利是积极权利。但对你的邻居来说，他们有相对于你的消极权利：他们有权让他们的生命权和自由权不受侵犯。我们如何维持我们的生命？兰德的回答是，自力更生，即你有权利去谋生或拥有财产而不被拿走。所以财产权也是一项消极权利。这些权利是绝对的吗？你会一直拥有生命、自由和财产的权利吗？不，如果你侵犯他人的生命、自由、财产权利的话。在那种情况下，你的权利就会被剥夺；所以对你的自由的限制就是他人的自由。这是否意味着在无法养活自己的情况下，你仍有权利活下去？你是否有权被给予财产和得到享受你的自由的手段？不能，兰德说。如果你不能独自谋生，社会没有义务来帮你（但其他人可能会想帮助你，因为他们有同情心）。就其哲学取向而言，并不存在得到工作、建立家庭或拿到工资等的权利，也不存在得到幸福的权利，而只有不被干涉的权利，前提是你对幸福的追求不打扰他人。

美国哲学家约翰·霍斯珀斯在他捍卫自由至上主义政治观点的《自由至上主义的替代方案》（1974 年）一书中，表达了同样的感想：

> 每个人都有生命权：他人通过强制而夺走或伤害其生命的任何企图，都是对该权利的侵犯。每个人都有自由权：在不受他人强迫的情况下，按照向其开放的选项来度过自己的人生。每个人都有财产权：工作谋生（以及按其所选择的养活其他人，比如家人），以及持有劳动成果。

兰德和霍斯珀斯都强调了生命权，这是否意味着他们是生命权运动的参与者呢？如果我们把生命权等同于反对堕胎的观点，那么这种生命权就不同于自由至上主义者主张的消极权利，因为自由至上主义者通常关心的是已出生者的生命不被夺走的权利。美国自由党 1994 年的党纲明确了主张人工流产为合法的立场，该党观点的逻辑结果就是自由权利也包括妇女有权自主选择；然而，该党纲也指出，自由至上主义者反对为堕胎诊所提供公共资金，因为迫使他人为堕胎买单侵犯了财产权。（知识窗 7.7 探讨了隐私权。）

因此，生命权无非是让你的生命不受干涉的权利。如果你没有工作能力来谋生会怎么样呢？那你就麻烦了，因为兰德和霍斯珀斯都不认为你有权不经他人同意接受他们的财产。实际上，这意味着在你能工作的时候应该储蓄或购买保险；对于一直不能工作或将会丧失工作能力的人，自由至上主义提倡私人慈善，而非政府干预，因为政府扮演的唯一角色，霍斯珀斯和兰德说，就是保护公民的消极权利不受侵犯。其他一切，用霍斯珀斯呼应兰德的生动语言来说，都是"道德上的同类相食"。该哲学的批评者——有很多批评者——有时会诉诸黄金法则并向自由至上主义者提问：如果你本人突然遭到事先无法有所准备的劫难，你会想要被以这种方式对待吗？这个世界的益品就只应该留给那些强壮、健康、有能力让自己安全无虞的人吗？还是说也应该留给缺乏这些能力但也有权利共享文明社会益品的弱者呢？在稍后关于分配正义的章节中，我们会遇到主张公平分配的美国哲学家——约翰·罗尔斯。

知识窗 7.7　隐私权？

在美国，根据宪法第四修正案，人们一般认为自己有隐私权（见知识窗7.6）。《权利法案》当然为我们提供了保护，使我们免受政府无合理根据的不当干涉，但正如你从前面的知识窗中所了解的，对于不同的紧急情况，如恐怖主义，"合理根据"的不同定义可能会有不同。即使如此，我们应该掌控自己的空间（家里、车内）和其中的一切，包括我们的个人信息，这一假设在我们大多数人心中根深蒂固，我们假设这也适用于存放我们个人信息的任何地方，比如医生的办公室。当然在这些地方也有合法的保护措施，所以任何人非法侵入我们的空间和隐私，都可以被带上法庭，但在互联网和社交媒体时代，我们的隐私权会如何？近来，隐私的界限一直受到侵扰；医疗记录一旦以电子方式存储，就不再那么安全了；银行记录和其他金融信息不仅有时会被黑客入侵，甚至还会被合法与非法地交易；在社交媒体上，你选择和"朋友"分享的个人信息，最终可能都会成为公共的。但社交媒体是如俱乐部一样的私人化组织，因此不受第四修正案约束。如果你想使用，就必须同意它们的条款——否则你就出局。马克·扎克伯格曾表示，他认为隐私是一个过时的概念。在第十三章，我们将进一步了解社交媒体和伦理。

4．积极权利

与自由至上主义者相反的观点可以在现代社会思想的若干领域发现。与之最为不同的是马克思主义的观点，其基础是社会平等的理想，即社会中的每一个人都有权利维持自己的生命，"各取所需，各尽所能"。这就让生命和生存的权利成为一种积极权利（从某人或某处，通常是政府，获得某种东西的权利）。正如常有人指出的，相应的政治实践很少承认不受政府干预的消极权利。社会主义者的观点也支持积极权利（权益），如工作权、居住权，也可能包括获得卫生保健、教育、衣、食的权利。

根据德国政治哲学家卡尔·马克思的观点，共产主义国家会照顾个体需要：

个体有让其需要得到满足的积极权利。但"需要"是一个无定形的术语。满足你的需要意味着什么？在马克思的心目中，是这些基本要素：食、住、衣、有意义的工作、教育和健康。然而，你的家庭需要可能会扩大基本需要的定义。毕竟，想要和需要不是一回事。给女儿的牙齿正畸算基本需要吗？为每个学生提供电子阅读器呢？你可能会认为，年轻人真的需要这些东西来保障未来，但谁来判断？谁为此买单？那些有能力工作的人。

卡尔·马克思，德国政治哲学家、社会科学家和经济学家，著名的革命社会主义者，著有《共产党宣言》（1848 年）、《资本论》（1867—1894 年）等作品。他创立了辩证唯物主义的社会经济理论，基于工人的权利展望了理想的社会。今天我们以马克思主义指代他的理论。

（© Library of Congress Prints and Photographs Division）

根据马克思的设想，在共产主义国家（封建主义和资本主义之后政治发展的最终阶段）中，世界将会不同。资本主义的利润概念将消失，因为利润的基础是"剩余价值"，即雇佣工人所创造、被资本家无偿占有的超过劳动力价值的那部分价值——在马克思看来，就是由工人在工作时间通过辛勤劳动创造，又被窃取的价值。在共产主义世界，人们不再为了工资或利润而工作，他们工作是因为具备某种可以为国家服务的能力。他们得以（在理想情况下！）根据他们的才能工作，因此不会厌倦：对努力工作的补偿就是做本身就有意义的工作带来的乐趣。因此，社会可以要求人们为了共同体的利益而尽可能工作（简单假设人们是愿意的）。作为补偿，工人将根据他们的需要获得货品报酬。马克思设想，在这个新世界的早期阶段存在一种货币体系，但在完整的共产主义制度中，货币将被废除。在《阿特拉斯耸耸肩》中，安·兰德（她从苏联逃到美国）进行了戏仿，描写了一个按共产主义原则管理的工厂的命运。有需要的工人的数量很快就超过了能够长时间投入工作的工人。头脑灵活、有能力的工人超时间工作，没有报酬，于是很快，他们不再有新的想法，也只能进行少量的工作。但每个人都能很快想出新的需要……马克思主义者对此回应说，安·兰德误解了马克思主义哲学：只有在资本主义制度之下，人们才是贪婪而自私的，因为每一种经济制度（基础）都创造了自己的文化（上层建筑）。根据马克思的观点，共产主义的经济基础将会改变人性，并产生善良意志和同情心，而不是贪婪和自私。一些批评者对这种主张持怀疑态度。

积极权利的概念不必都如此构成。大多数自由主义哲学，如约翰·罗尔斯的哲学（见下一节），都包含这一观点，即如果某人的健康或国家经济让他无法谋生，消极权利并没有多大用处。如果你患病或穷困潦倒，以至于无法养活自己的孩子或不能给他们一个安全的成长环境的话，投票、自由表达或担任公职等权利有什么用呢？要享受消极权利，一个人的基本需求必须先能得到满足。本章末尾基础阅读部分的第一篇是联合国的《世界人权宣言》。你可以加以研读，了解它是如何强调消极权利和积极权利（不受干涉的权利和应享受的权利）的。

分配正义：从罗尔斯到平权行动

在现代社会哲学中，我们讨论两类正义。一类是法律所支持的，通常称为司法正义，我们稍后加以讨论。另一类是分配正义，相关理论探讨社会如何公平分配益品。这种区别可以一直追溯到亚里士多德，他在《尼各马可伦理学》中写道："正义的事……是（1）与法律一致的事，（2）公平的事；不正义的事是（1）与法律相悖的事，（2）不公平的事。"

对过去的一些社会思想家来说，分配正义取决于谁能攫取并占有多少，但在现代，社会哲学家形成了清晰的认识，即社会若要成为能运转的系统，就必须既能承认需求，又提供满足需求的方式。

罗尔斯：作为公平的正义

反对单纯的消极权利、倡导积极权利的最有影响力的论证之一，来自美国哲学家约翰·罗尔斯（1921—2002 年），该论证也直接反对功利主义将权利仅仅当作实现大多数人幸福的手段（社会效用）的观点。通常这被认为是一种*自由主义*论证，但不是在穆勒的古典自由主义（比较接近于今天的自由至上主义）意义上，而是现代意义上的平等主义自由主义，它主张在获取社会益品方面，每个人都应该是平等的。自由主义者通常相信某些积极权利与消极权利：你需要生命权和自由权（如言论自由），但如果没有积极权利，你可能就无法享受消极权利，因此，如果你不能照顾自己，你也享有得到社会照顾的基本权利。

为了设想一个尽可能对每个人都公平的社会，罗尔斯提出了一个思想实验：他说，想象我们即将为一个全新的社会制定规则，我们全都参与其中。（这是第四章谈过的旧的社会契约论的最现代版本之一。）接着，他说，想象当规则生效时你不知道自己是谁或将如何；你可能富有，可能贫穷，可能是老人，可能是孩童，可能是男人或女人，也可能属于其他种族。假装你对未来你的地位全然无知，你在你心灵的眼睛上蒙了一层无知之幕。罗尔斯称此为原初状态，因为我们正是从这种状态开始，想象为整个社会制定规则。罗尔斯深受康德观念的启发，即所有人都应该被视为自身即目的，而绝不能只被当作达成目的的手段。如果你不知道你是谁或你将如何，就社会益品（如工作、食物、住房、儿童保育、医疗保健）的公平分配而言，你会希望你帮助制定的无论何种规则都不会将你置于最底层。如果后来发现你穷困又身患疾病，那么新规则对你就应该像对其他人一样公平；如果后来发现你是富有的，你也会想要公平。当然，这是一种理性自利的形式——但在更宏观的情境中，它就将自身转换为对他人需求的理解。用罗尔斯富有影响力的作品《正义论》（1971 年）中的话来说就是：

> 这样，我们就可以设想，那些参加社会合作的人通过一个共同的行为，一起选择那些将安排基本的权利义务和决定社会利益之划分的原则……这种原初状态当然不可以看作一种实际的历史状态，也并非文明之初的那种真实的原始状况，它应被理解为一种用来达到某种确定的正义观的纯粹假设的状态。这一状态的一些基本特征是：没有一个人知道他在社会中的地位——无论是阶级地位还是社会出身，也没人知道他在先天的资质、能力、智力、体力等方面的运气……正义的原则是在一种无知之幕后被选择的，

这可以保证任何人在原则的选择中都不会因自然的机遇或社会环境中的偶然因素得益或受害。[1]

一个小姑娘生日聚会的例子或许有助于阐明罗尔斯的观点（并不是罗尔斯实际所用的例证，不过是他可能会用的）。聚会上有一个很大的生日蛋糕，小姑娘想在客人们得到蛋糕之前，先为自己切一块大的。但父母告诉她："你可以切蛋糕，但只能最后一个选。"她是一个聪慧的姑娘，那么她该怎么做呢？她应该尽可能平均地切，因为在她前面选的客人可能会不选小块的蛋糕，这样最后选的她就只能吃小块的了。在某种意义上她就处于原初状态，正在为未来创造一个公平分配的体系。

这个比喻对于原初状态很适合，但现实生活并非如此。聚会的客人所需要的（或所想要的）是一块蛋糕，但在现实生活中，有人可能比其他人需要更多食物、居所和卫生保健，有人可能有着其他人所不具备的天赋。因此，在一个完整的益品公平分配体系中，可能没有人仅仅需要最基本的必需品。那么，正义就涉及社会之内每个人平等的自由（拥有和他人一样的权利和义务）。这并不表明应该以同样的方式对待每一个人。实际上，有些不平等是允许的，罗尔斯说，只要最终结果是社会中的每个人都能从这种不平等中受益（而不仅仅是功利主义所说的大多数人受益）。在基础阅读部分，你可以读到约翰·罗尔斯极有影响力的《作为公平的正义》一文的节选。

常常被引用以批评罗尔斯的两位美国哲学家是社群主义者及多元论者迈克尔·沃尔泽（生于1935年）和自由至上主义者罗伯特·诺齐克（1938—2002年）。我们会在第十三章的商业伦理部分看到罗伯特·诺齐克的财产理论。比起诺齐克，沃尔泽的哲学更接近于罗尔斯的自由主义社会哲学，但沃尔泽和罗尔斯的分配正义思想有着实质性的差异。在罗尔斯看来，我们本质上属于社会原子，理论上没有任何归属，这就意味着我们可以想象无知之幕，它将我们对自身的了解隐藏起来以确保公平分配。在沃尔泽看来，我们则生活在"正义诸领域"（出自他1983年一部著作的标题），与我们的社群有着实质联系，我们对什么是"社

1　本段译文出自约翰·罗尔斯《正义论》（何怀宏、何包钢、廖申白译，北京：中国社会科学出版社，1988年），略有改动。——编者注

会益品"的看法取决于我们的社群看重什么，这意味着我们不可能被化约为社会原子。沃尔泽认为自己主要是多元论者；对他来说，我们的归属根据我们的社群而具有特殊意义，这些彼此分离的意义领域无法转化为一个公分母。在下一节中，我们将讨论另外两位学者伊丽莎白·沃尔加斯特和玛丽莲·弗里德曼的理论，人们较少引用她们的观点来反对罗尔斯的理论。

沃尔加斯特和弗里德曼：对抽象个人主义的反应

罗尔斯的观点对在自由主义政治之内辨识目标有极大的帮助；可想而知，非自由主义阵营里有他的批评者，但一些通常赞同涉及益品公正分配的社会平等的思想家，也对罗尔斯持批评态度。这里我们来看看两位美国哲学家的观点，伊丽莎白·沃尔加斯特（Elizabeth Wolgast，1929—2020 年）和玛丽莲·弗里德曼（Marilyn Freedman，生于 1945 年），她们以各自的方式指出了罗尔斯方法的不足：人并不是孤立的、能够想象自己成为完全不同的另一个个体的"社会原子"，而是已然存在于相互关联的网络中的人格者。

个人主义思想有着漫长而重要的历史，伊丽莎白·沃尔加斯特说，它也有助于让美国成为今天人们所感知的样子：一个看重作为竞争结果的个人成就的地方。个人主义思想始于勒内·笛卡尔的大胆宣言，即人类有能力进行理性思考，在智力上是平等的。既然每个人都有这样的能力，那么就不需要任何宗教或政治权威：我们可以自己来理解事物。沃尔加斯特认为，这是西方个人主义的平等主义及反权威主义的开端，也是让每个人都参与其中的"自己动手的科学与神学"的源头。另一些思想家，如托马斯·霍布斯和约翰·洛克，强调个体作为"自我驱动单元"以决定自身社会命运的权利，至少在极端情况下如此。将个体视为相互分离的单元，支持这一思想的最有影响力的现代哲学家之一是约翰·罗尔斯。如果我们想象一个其中的人都是平等原子的社会，那么这些原子就是彼此可以互换的，在理想状态下，每个人都应该被以相同方式对待。但由于我们各有不同，一个正义的政策应该对此有所考虑，而这就是罗尔斯的原初状态政策的意义。这是一个巧妙的抽象理念，但对于现实生活而言又如何呢？这是沃尔加斯特的疑问。这种始于笛卡尔而在罗尔斯那里达到高峰的思维方式，预设了进入所有人类关系的都是相互分离的"原子化"个体，仿佛这些个体正订立一份契约，仿佛他们不是已经身处有约束力的关系之中。沃尔加斯特在《正义的语法》一书中写道：

> 原子化模型有着重要的优点。它将社群的价值建立在私人价值的基础上；它鼓励对政府的批评，要求任何政府对其最初的正当性做出回答；它限制政府的权力，因为政府可能会干涉原子化单元的需要……但它也遗漏了很多……在该模型中，人们无法构想人际关联或责任。我们在其中找不到友谊或同情的位置，只能想象一个分子或原子移到一边或协助另一个；这么做会让该模式成为笑柄……我们需要松开原子化图景对我们思维的把控，承认该理论对我们的判断和道德状况的重要性。

沃尔加斯特要表达什么？她是在支持*社群*主义这一古老的政治理论，该理论源于古希腊传统（见第四章）。在古希腊思想家，尤其是亚里士多德看来，个体不会将自身理解为一个独立单元，而是认为自身是社会存在者。我们理解自身、他人理解我们，都是通过我们与共同体的联系。一个社会不仅是个体的集合，它还是每一个个体人生目标的组成部分。我们都是某人的儿子或女儿，我们有父母、子女、兄弟姐妹，我们有友谊、交易关系和其他的共同体纽带，如果没有这些，我们什么都不是（这也就是为什么对很多希腊人来说，被逐出共同体是一个骇人的威胁，我们下一章还会讨论这个问题）。如沃尔加斯特所说，"整体让部分得到理解"。该观点因美国前国务卿希拉里·克林顿的《举全村之力》（来养育一个孩子，出自非洲谚语）一书而流行开来。所以罗尔斯的思想实验必然会在现实世界受到限制，因为我们并不是原子化的单元、宇宙中的孤独个体。我们还对共同体有责任，一个好的正义理论必须将这样的共同体纳入考虑。

玛丽莲·弗里德曼非常同意沃尔加斯特对西方现代哲学和社会思想"抽象的个人主义"的批评。她指出，很多思想家，尤其是女性思想家，对这一方法提出了批评，因为他们并不认为自己以及与自己彼此依赖的他人是完全独立的个体，而是认为自己身处一个一群个人相互依赖的网络。弗里德曼在 1989 年的《女性主义与现代友谊：脱位社群》一文中表示，社群主义的解决方案是有吸引力的、合理的，但我们应该谨慎，因为它可能将我们带入我们不想去的地方。我们所说的"社群"指什么？它常常指家庭、邻里和国家；社群主义教导说，社群的传统和要求非常重要，应该成为每一个人自我意识的定义性因素。但如果我们在历史意义上看待这些社群，就会发现大部分社群一直都非常压制女性；所以，如果我们选择社群主义，而不是选择罗尔斯将人当作社会原子的思想，难道我们不是冒着倒退的风险吗？我们可能不得不接受那种认定女人是丈夫的财产、儿童没有权利，或男性不应参与厨房事务和育儿的传统。传统可能是社群的美好遗产，但并非所有的传统都是如此。假设某些古老传统要为今天人们的分裂和憎恨负责，我们难道不是有道德义务来超越这些传统吗？弗里德曼认为，我们不能像某些现代社群主义者提倡的那样，不加批判地赞美我们的社群纽带。我们如何获得批判性呢？我们需要保留没有附属关系的现代自我的概念（沃尔加斯特所说的"社会原子"概念），这样的自我，在社会提出关于我们具有社会和道德义务的主张时，可以做出批判。

更进一步说，社群主义者似乎认为，我们从一开始就一直是社群的一部分，我们并未选择，然而我们有作为成员的责任。但是，弗里德曼说，这只在我们年幼的时候才成立；成年人通常可以选择许多社群归属关系。她想加入某个协会吗？他想搬到这个或那个街区吗？她想移民吗？他想加入一个新教会吗？我们选择归属关系是基于个人需求、愿望和批判意识，社群甚至不需要是实体社群。今天，归属于某些脱离位置的社群是有可能的，例如在社交媒体上（弗里德曼写下那篇论文时，互联网还没有普及）。因此，弗里德曼在《女性主义与现代友谊：脱位社群》中得出结论，通过寻求社群纽带来扩充传统的抽象个人主义是好的，但不应该不加批判地这么做：我们必须发展社群主义思想，以超越对所在社群的自满情绪，意识到"脱位"社群，即选择而来的社群的重要性，并超越这种意识。知识窗 7.8 介绍了对罗尔斯原子式公平概念的另一批评，即卡罗尔·吉利根的关怀伦理。

知识窗 7.8　正义伦理的替代方案

约翰·罗尔斯被认为可能是美国 20 世纪最伟大的社会哲学家，很多人认为，他对正义哲学的贡献在人类知识史上具有重要意义。你在本章已了解到，不是每个人都同意正义应该是一种无偏倚的理念；有时我们不能脱离具体情境看待例子，无偏倚性的要求看起来也有些荒唐：一个人是我们的朋友、亲戚，还是完全陌生的人，这种区别为什么就不重要呢？有人会觉得，我们对自己亲近的人比对遥远地方的陌生人有更多责任。女性主义者和心理学家卡罗尔·吉利根在 20 世纪 80 年代引入一个概念，作为罗尔斯和其他（男性）思想家提出的正义伦理的替代方案：**关怀伦理**，这是一种特别女性化的伦理形式，它关心与自己直接相关的社会领域。你在第十二章会读到关于吉利根和她的关怀伦理的更多内容。关怀伦理的概念启发了美国当代的一些哲学家，促使他们研究带有政治意涵的关怀道德哲学，我们将在第十章进一步阐述。

回顾性与展望性的正义与平权行动

在关于正义的性质和目标的讨论中，法律专家有时谈论未来的改进，有时谈论对过去的错误和罪恶的弥补，仿佛二者相互排斥，这有些令人困惑。在一些具有法律思维的人看来，二者的确是互斥的，因为正义这个议题可以用两种方式来定义：向前展望与向后回顾。一种观念聚焦于未来的结果，另一种以权利为基础的观念则集中回应过去的一些情况。请先阅读第五章和第六章，因为要理解接下来的内容，就要先了解相对于康德理念的功利主义和其他结果论理论。

展望性的正义观认为正义的目的是在未来创造一个社会益品的公正分配体系。（社会思想家所说的"社会益品"指获得社群中的工作等机会，以及可供公民使用的物质资源的机会。）无论过去的什么将我们带到今天所处的位置，我们的焦点都是为未来（可能的话为每一个人）尽可能创造尽量好的结果。功利主义者会致力于创造一个平等、大多数人可获得机会的良好运转的社会，假定这是我们能做的最好的事。当然，功利主义者可能也会考虑确立一定的社会不平等，条件是总体结果被认为对大多数人有利。

回顾性正义观要求我们探寻过去的某些情况并追问，是什么样的不平等和对社会益品的不公平分配将我们带到了今天所处的位置，以及我们怎样做出补偿。根据回顾性的正义观，确定今天不平等的根源，找出过去深受其影响的那些人，并找到他们的后代和至今仍活着的相关人士，这是必不可少的。基于过去的错误而对这些人做出的补偿是否能促成未来的益品公正分配体系，这是无关紧要的——主要关切在于纠正过去的错误。

一个有趣的混合形式是约翰·罗尔斯的原初状态理论。罗尔斯理论的焦点是为每个人创造一个公平体系，运用原初状态来创造社会益品分配规则，不漏掉任何一个人。如前文所述，原初状态是一个思想实验，要求人们忘记自己现在和过去是谁，只为想象一个公平公正的未来社会，那里每个人都平等，也没有一个人会为了他人的便利而被牺牲。照此来说，罗尔斯的理论是以未来为导向的，向前展望。但是，罗尔斯本人并不是结果论者；他是康德哲学的追随者，主张没有人应该仅仅被当作实现他人目的的工具，即使那样可能产生好的结果。因此，罗尔斯的正义理论实际上具有展望性，只是援引的是权利和公平的概念，而非好的社会结果本身。稍后我们会讨论罗尔斯结合了展望性与回顾性的惩罚理论。

在平权行动领域，展望性与回顾性的正义观决定了很多议题提出和解决的方式。尽管平权行动（affirmative action，这个词是林恩·B.约翰逊总统在20世纪60年代与《民权法案》相联系而造出的）这个概念现在正经历着政治人物、媒体以及公民的详细审查，审查它的结果以及对公共职业和教育可能有的消极影响，但平权行动（批评者称之为"优待"）的目标是为弱势公民创造公平竞争的环境。但准确地说，谁是弱势公民以及怎样创造公平竞争的环境，取决于人们是采取展望性还是回顾性的观点。

展望性的观点会找出社会中目前看起来被剥夺了权利的人，以及在不久的将来可能陷入不利境地的人，它聚焦于使这些群体更容易获得公共工作和教育，而不在意为何出现这一情况，或者受益人或他们的祖先过去是否受到歧视。因此，决定所需的帮助措施的，是被剥夺权利的个体和群体当前的需求，而不是其过去受到歧视的经历。展望性观点需要决定，为了营造公平环境，相关的项目还需要实施多久——是永远，还是再实施几代人的时间——因为有需求的个体将一直存在。

回顾性观点聚焦于被剥夺权利的群体的历史，并为那些群体（中还活着的成员或后代）寻求某种形式的补偿或偿还，这是基于该群体成员过去的经历，而不管群体中的每个人今天实际上是否还在遭受歧视。回顾性的观点也需要决定，对过去错误的纠正要回溯到多久以前——是应该回溯到现在活着的人仍有记忆的时候，也就是最多一百年，还是应该向前追溯更多的世代？在为过去由奴隶制带来的不公而对非裔美国人做出补偿的问题上，回溯时长很重要：假定一个人认为做出补偿的想法是合理的（很多人不这么认为），那么以在世者的记忆为标准，补偿就不是针对奴隶制本身而做出的，而是针对其后果的补偿。如果采取一个范围更广的标准，那就不仅要向美国奴隶主的后代索取赔偿，还要向阿拉伯奴隶贩子的后代以及其他人索取赔偿。在本章末尾，你会了解到小马丁·路德·金博士讨论公正与不公正法律概念的《伯明翰狱中来信》。接下来，你会读到美国哲学家约翰·贝尔托撰写的两篇专栏文章，他在文中对当代生活中的种族地位和性别平等做出了评价。在故事部分，你会读到电影《密西西比在燃烧》的梗概，电影以三名年轻的民权活动者被杀案这一真实事件为蓝本，事件发生在 1964 年 6 月 21 日，地点是密西西比州的费城。2005 年，分离主义浸信会牧师、三 K 党成员、79 岁的雷·基伦被捕，他被控策划了对这三人的谋杀，这是 20 世纪 60 年代民权运动中最不光彩的事件之一。基伦以谋杀三人被定罪，被判监禁 60 年。对雷·基伦的刑事指控发生在谋杀后的 41 年，这是回顾性观点的一个例子。

展望性和回顾性的正义观之间的差异，不仅存在于我们所说的分配（社会益品的分配）正义领域，而且存在于司法正义这个领域。

司法正义：恢复性正义与报应性正义

作为一个社会，我们相信守法的人在其他条件均同（ceteris paribus）的情况下，应该被平等对待。所以如果你只是在做自己的事，那么你就有权获得政府的体面对待，和政府对待其他任何人一样，不多也不少。但有时，其他条件并不均同：你可能来自一个历史上被剥夺了权利的群体，法律可能规定，该群体中的人应当享受特殊福利（平权行动就是一个例子）。或者，你个人可能遇到了事先无法预料的难处，需要特殊帮助，可能是以福利的形式（取决于政府实施的制度和立法者相信人们具有哪类权利：消极权利，积极权利，或两者都有，或两者都没有）。又或者，你可能已经为社会做出了贡献，政府认为你应该得到奖赏（例如，有的政府可能会为有孩子的家庭发放津贴或减免税收）。而如果你违反了法律，那么，根据司法正义，政府也会给你不同于其他人的待遇——为你犯下的罪行而剥夺你的福利或某些权利作为惩罚。你可能注意到，这是"对平等者平等地对待，对不平等者不平等地对待"的一个版本。

惩罚的概念像人类历史一样古老，但在过去两百年里，惩罚才具备了今天我们看见的面目。在之前的时代里，世界各地的惩罚常常包含流放（暂时的或永久的），对受害者或其家庭或为身体部位的残缺做出经济赔偿，以及死刑。"以眼还眼"的原则，也就是今天所说的同态复仇法（lex talionis），从巴比伦人的《汉谟拉比法典》开始已有约四千年的历史。作为惩罚形式的监禁是相当现代的理念；从前，监禁被视为控制危险分子的方式，但监禁时间并不必然与其所做的事情相当——这仅仅是一种处理问题的方式，不涉及正义问题。

尽管今天大多数人都将（某种形式的）惩罚看作对犯罪的恰当回应，但从20世纪下半叶开始，有人开始主张，惩罚是有损人格和不人道的方式。所提出的问题包括：我们这些守法公民，有什么资格去评判那些也许被剥夺了生活中的机会（正是这些机会让我们有办法守法）的人呢？谁说惩罚能够阻止他们再犯罪？与其因为人们所做的而惩罚他们，不如去教化他们，给他们提供从前没有过的机会，让他们成为良好公民。换句话说，监禁犯罪分子或使他们遭受其他限制之苦的目的，不应该是惩罚，而应该是*治疗性复原*。将惩罚看作应得，或是将惩罚视为在某种程度上制造了问题的权力结构所强加的，二者之间有着根本性的哲学差异，这导向了*报应性正义*与*恢复性正义*之间的区分。在捍卫恢复性正义时，帕特·诺兰表示：

> 如果我们只是聚焦于被违犯的法律，那么我们所能做的就是运用政府的权力，使用政府的铁拳来把人民关押起来并实施惩罚。如果我们能将犯罪看

作"对受害者的伤害"，那么解决方案就是针对受害者受到的伤害进行补救。当通过补偿和赔偿来补救受害者受到的伤害时，通常受害者就能够向前看，并且不想伤害和进一步惩罚罪犯了，他们也许会说："我不希望你再那么做了。""我们做什么才能让你不再那么做？""我们怎样才能改变你的人生？"洗心革面就变得重要起来。

诺兰在加州议会待过 15 年，因被控敲诈勒索而在联邦监狱待过 25 个月。因此他或许在这个问题上有局内人的视角。他相信解决途径在于宗教和道德宣教。关注恢复性正义的人强调，社会平衡不能通过将作恶者监禁或处死而得到恢复。只有犯罪的倾向得到改造，平衡才能复原。

《万古杂志》上发表了一篇专栏文章《惩罚之欲在现代正义中是否还有一席之地》，作者是在悉尼的麦考瑞大学哲学教授尼尔·利维。他认为人类本质上乐于看到惩罚，但与惩罚联系在一起的报复情感是原始的，已不适合今天的世界，因此报应性正义应该被恢复性正义取代。然而，报应性正义的提倡者会很快指出，报应性惩罚不需要夹杂任何类型的复仇情绪，正如你即将看到的。报应性正义认为犯罪是对规则和关系的侵犯，恢复性正义则将其看作对人们的伤害；报应性正义将国家视为受害者，恢复性正义将人看作受害者。报应性正义着眼过去，而恢复性正义着眼未来。法庭对于报应性正义来说是斗争战场，而恢复性正义看重的模式是对话。对于报应性正义，债务通过惩罚偿还；对于恢复性正义，债务通过"纠正错误"偿还。

迄今为止，最有影响力，或许也是最全面的对报应性正义的辩护，出自伊曼努尔·康德。康德认为，正义必须关注过去，因为我们以此确定罪犯和犯罪的严重程度；犯罪必然是对规则的侵犯，因为我们是通过规则的理性来证明道德体系为正当的——但康德不会认为只有规则受害而没有人受害。相反，尊重他人（包括受害者和罪犯）的内在尊严是报应性正义的根基。这种观点的当代支持者包括哲学家伊戈尔·普里莫拉茨（Igor Primoratz）和作家罗伯特·詹姆斯·比蒂诺托（Robert James Bidinotto）。在讨论报应性正义的部分，我们会看到康德支持报应主义的论证。

尽管大多数社会思想家都认为社会之内应该设有惩罚机构，但对于人们承受什么类型的惩罚才合理，以及人们受到惩罚的正当原因，仍然存在广泛分歧。你应该不难猜到其中的一些主要分歧。

关于惩罚的五种常见看法

支持把惩罚视为社会选项的种种理由中，最见的有五种。其中四种都是法学书中的经典理由，而第五种尽管很流行，但大多数法学专家认为并不合法。

震慑　不少人主张，迅速而严厉的惩罚能有效震慑犯罪。它可能会使犯罪分子改变心意，不再违法（特殊震慑），也可能让想要犯罪的人犹豫（一般震慑）。统计数据表明，在惩罚通常严厉的地方，如新加坡（在那里，扰乱治安可能会被施以鞭刑），街道明显比西方社会的街道安全得多。当然，我们需要问：我们愿意为安全街道付出什么代价？这一问题在知识窗 7.6 中探讨过。在美国，对可能受到惩罚的认识似乎能震慑财产犯罪。许多人只是因为知道如果被逮捕就要坐牢，就打消了偷车的念头。有报道称，青少年犯罪者在满 18 岁的时候，会有意减少犯罪，因为他们知道此后惩罚会更严厉——这意味着惩罚的概念能够具备震慑的效力。但是，可能的惩罚似乎不能震慑暴力犯罪。加州有争议性的"三振出局法"，即当重罪犯因为重大罪行被第三次定罪的时候，会被判入狱 25 年乃至终身监禁，对于已有两次重案记录的人来说，这可能是一种震慑。但其他因素可能也会起作用，例如经济上的变动。

改过　有些社会思想家认为，惩罚的目的是让罪犯成为更好的人（见前文）；经过适当形式的惩罚（通常是监禁），罪犯将学会不再犯罪。这一观点通常预设监狱规划能为囚犯提供犯罪生活之外的方案。

剥夺能力　如果惩罚能让犯罪分子从街头消失，那么公共安全和社会公益就能得到保障。但支持剥夺能力以保护公众的人并不能详细说明违法犯罪者应该如何被剥夺能力。通常认为将犯罪者监禁就足以保护公众，但在犯罪者个人有潜逃风险的情况下，限制可能要更多，例如将他们关在戒备森严的监狱里。一个被定罪的强奸犯可能会被实施化学阉割（尽管化学阉割并不能解决强奸背后的暴力和侵犯问题），因此，他按照所犯的罪行被剥夺了能力，但仍有可能回到社会中。当然，终极的剥夺能力就是处以死刑，这样可以终结犯罪者再次伤害无辜的可能性。我们在第十三章还会讨论这一话题。

这三种对惩罚的看法有共同的重点：它们都关注惩罚的未来社会结果；换句话说，它们是*展望性的*。如果惩罚某人无法带来未来的好处，那么展望性的理论就不会建议实施惩罚。因为今天主要的展望性理论是功利主义，所以这三种看法常常被贴上功利主义的标签。

现在你可能想知道，为什么以上看法都不涉及很多人眼中惩罚某人的最好理由，即*那人犯了罪*。但实际上，那是另一个惩罚的理由；因为功利主义只在对社会有利的时候赞成惩罚，所以理论上可能出现这样的情况，即惩罚犯罪者带来的利益很小，而惩罚*并非有罪*之人的利益反而相当可观——马上处罚一个替罪羊可能就有震慑作用，远比未来某时抓住真正的犯罪者并判刑更有好处（甚至可能阻止犯罪分子再次行动）。此外，以不成比例的严厉程度树立一个惩罚典型也是符合功利主义要求的一种可能性。然而，假如我们认为某人是否有罪很重要，我们也应该考虑罪行的严重程度，那我们就必须看看第四种理论了。

报应　一个人因犯罪而应受惩罚，并且惩罚应与罪行成比例。社会效用不能计入其中。提倡报应作为惩罚的唯一合适理由的最有影响力的思想家是康德。他运用的原则是 lex talionis（同态复仇法）。康德不会赞同那三种展望性的看法，因其允许我们将一个人仅仅视为达成社会效用的手段。当我们利用某人并将其树为典型时，其他人可能会打消犯罪的念头。剥夺能力的目标是保障公共安全。改过的确可以让罪犯成为更好的人，但谁来决定罪犯应该成为怎样的人？我们，社会。所以即使是这种看法，康德也暗示其意味着社会为了自身目的而利用人，对那人来说，这有损人格，因为这意味着他沦为仅仅是实现某一目的的工具。唯一可以接受的惩罚理由是，对犯罪分子给予任何人都应该受到的尊重：假定犯罪者自由决定犯下罪行。自由带来责任，所以我们如果想拥有永远都不被仅仅当作达成目的之工具的自由，就必须接受随之而来的责任。如果我们越界，就应该因越界而受惩罚。

正如我此前提到的，这四种理由可以在关于报应性正义的法学书文本找到。但如果你问一个没有任何法学训练的人，为什么罪犯应该受到惩罚，他或她可能会以下述方式回答："嗯，看到凶手（强奸犯或窃贼）受惩罚会让我们感觉更好。"前文提到，赞同恢复性正义的学者尼尔·利维做出了同样假设，即惩罚伴随着复仇和满足的快感。

在第十三章讨论正义战争和死刑的部分，我们会重返复仇和正义的话题。就目前而言，勾勒出报复和正义两种方式的根本差异就足够了。

报复 报复和报应有某些共同点：它们都是回顾性的理论，诉诸过去（追问"谁干的?"）以惩罚罪行。与报应相似，以报复为基础的方式的目的是因其罪行而惩罚犯罪者，但在大多数主张报应理论的人看来，报应和报复主要有三点差异：

1. 报应以逻辑为基础，报复则是情感的反应，倾向于报复的人有可能把怒气发泄到并非犯罪者的个人身上。

2. 报应是一个公共行动，由政府权威部门施行，而报复则是私人活动，由公民私人（自卫式）从事。

3. 报应要求惩罚与罪行相当，但报复可能过火，超过犯罪者所造成的伤害。

一般来说，赞同死刑但批判功利主义的人们强调，报复和报应之间有着较大的哲学差异，因为他们将报应看作法律和道德上可接受的，但报复就不可取了。赞同死刑的一小部分学者主张，报复的确是支持死刑的压倒性情感，它也是一种合适的理由。然而，越来越多的学者和批评死刑的人士表示，尽管我们认为能找出报复和报应不同的理由，但二者归根结底是一样的：都是想要回击罪犯，进行清算。在第十三章中，我们会详细讨论关于死刑的辩论。

关于惩罚，我们已经考虑了三个展望性和两个回顾性的理由，尽管最后一个（报复）很少被法哲学家视为合法。但是，展望性和回顾性的理论必然对立吗？我们知道功利主义者和康德主义者关于基本道德动机的意见不一致，但在现实生活中，大多数人相信人们有时应该受到处罚，因为这会打消他人做同样的事的念头；有时我们希望违法犯罪者能被剥夺能力；有时我们认为初犯者可以被拯救脱离犯罪的人生，并通过适宜的惩罚形式洗心革面、重新做人；有时我们认为犯罪分子应该按照法条受到惩罚，仅仅是因为他们所犯的罪行当受惩罚，而没有其他理由。如果我们作为个体持有这样的不同观点，是意味着我们是前后矛盾的，还是说我们对这一问题有着更深的理解，尽管未必能表达出来？

约翰·罗尔斯的建议可能有助于解释这一现象。在他的论文《两种规则概念》（1995 年）中，他说功利主义者和报应主义者都是对的——只是以不同的方式。在个别法庭案件中，我们诉诸报应主义：一个窃贼因犯罪而被投入监狱，罪行决定了服刑的时长。但为什么我们一般而言会将犯罪者送进监狱呢？为了让社会变得更好——这是功利主义的着力点。所以法官将某个人送入监狱的理由是报应性的，而立法者制定相应法律的理由则是功利主义的。问题在于，如罗尔斯所见，这种定义可能允许功利主义者制定可能会为大多数人的社会利益而牺牲无辜者的法律，这也就是第五章中所说的"纯粹数字"的问题。因此，必须非常谨慎地运用功利主义；换句话说，需要有一个制衡的体系。

愤怒是合适的吗？

持功利主义和展望性观点的刑罚学者（研究惩罚理论的人）或提倡恢复性正义的人，通常认为报应和报复几无差异：报应主义只是报复这种情感需求的一个花哨说法。而报应主义者会认为报复和报应之间的区别在于，*报复是基于一种情感，即愤怒，而报应主义则是基于对成比例、符合逻辑的回应的一种期望*。言下之意，如果我们对作恶者感到愤怒，无论我们是受害者还是社会中的其他成员，我们都仅仅是感情用事，应当为了逻辑而把情绪放到一边。但这是可取的吗，甚至是可能的吗？

在《死刑：犯罪与死刑的道德》（1979 年）一书中，沃尔特·伯恩斯认为，愤怒与正义有着现代刑罚学者尚未理解的深层联系。伯恩斯写道：

> 如果人在他人受苦时不为之伤感，在他人遭遇不公时不感到愤怒，那么这人要么除了自己谁也不关心，要么缺乏某种人类应有的品质……惩罚源于对正义的要求，而要求正义的是那些义愤填膺的人；惩罚的目的在于平复道德愤慨，从而推进据信与之相伴的守法。

伯恩斯认为，如果我们不生气，那是因为我们是自私的功利主义者，只在意补偿。但补偿无法恢复受害者因强奸而丧失的身体完整性，也无法带回受害者失去的生命。不是所有的犯罪都能够以补偿来平衡，没有道德义愤，我们就无法理解这些。

英国哲学家 P. F. 斯特劳森在《自由与怨恨》（1962 年）一文中提出，对他人向我们做出的行动做出情感上的回应，是正常和适宜的。如果直接受到伤害，我们就会感到怨恨；如果被间接牵连其中，我们就会感到道德愤慨。对此法哲学家黛安娜·怀特利在 1998 年的论文《受害者与惩罚的正当性》中补充说，我们也必须考虑到人类的共情，因为"凭借人类具备的三种自然能力，即道德理解、自我评价与共情能力，人类有能力成为道德主体"。这就意味着对正义和惩罚的需求，已成为受害者的怨恨与共同体的道德愤慨之间的社会性沟通。以这种方式，共同体支持受害者并表现出对其人格的尊重。如果加害者没有受到惩罚（或惩罚太轻），共同体就是传达了两个信息：共同体没有感受到对加害者的"报应性情感"（或如伯恩斯所说的，愤怒），对受害者也没有尊重。不感到怨恨、不坚持惩罚加害者的受害者是缺乏自尊的。一个总是被配偶打，却不希望配偶受到惩罚的人，可能已经内化了对方宣称的自己活该被打的说法。如果有人对共同体的成员犯下了罪行，共同体却没有感到道德愤慨，那么这个共同体就是既没能维护自己的成员，也没能给予受害者其应得的尊重。

但是，怀特利说，那不是一种盲目的情绪反应。（回想第一章，玛莎·努斯鲍姆认为情感有其内在逻辑，而且也可以是对情境的合理反应。）如果受害者的怨恨针对的是正确的人，也有正确的理由，那么这种怨恨就是一种适宜的情感，共同体的道德愤慨是对受害者怨恨情绪的支持，也是对企图剥夺受害者道德价值的犯罪行为的强烈谴责（因为如果你重视某个人，你就不会对其犯下罪行——对某人犯罪，就是将其视为只有工具价值，是达成目的的一种手段）。怨恨和愤慨是正义和惩罚过程中的合理要素，如果它们不会导致单纯的报复，而只是导向共同体内基于自然情感的报应的话。

大脑研究的近期发现支持了伯恩斯、斯特劳森和怀特利的论证。正如之前的章节提过的，安东尼奥·达马西奥和其他神经科学家发现，人类有一种共情的自然能力，大脑的某一区域，如果未曾受损，会让人感到不愿意去伤害他人，尤其是伤害涉及直接身体接触的时候。20 世纪流行将大脑比作计算机，认为其是全然理性、不带情感的，如今这个比喻逐渐被抛弃，人们对人类心智如何运作有了更深的理解，不同领域的科学家得出了类似的结论：人类认知不仅是理性的，而且是深度情感化的，进行恰当思考需要一个健康的情感化大脑。

然而，认为情感（如愤怒）有相关性和让情感主宰我们，二者之间还是有很大差异的。如你所知，努斯鲍姆主张情感具有道德相关性，但情感不是道德上最重要的，理性仍然在我们的道德决策中起到主要作用。一些社会评论者指出，近年来，情感越来越被接受为公共情境中的决定性因素，而从前往往是理性做出最后决定，这种情况增加了我们失去理性之冷静作用的危险——柏拉图和康德曾坚定捍卫这种作用（大多数哲学家其实也是如此）。对斯科特·彼得森的审判就是一个例子。在加州莫德斯托，斯科特·彼得森被控谋杀并被定罪，他在 2002 年平安夜杀害已怀孕的妻子拉齐·彼得森，并将尸体抛入旧金山湾，拉齐和未出生的孩子康纳的尸体数月后漂到了岸边。这一案件引起了美国上下两年之久的关注。审判的定罪阶段应该出具事实，量刑阶段则允许家庭成员和其他人做出带有情绪的"被害人影响陈述"，供陪审团考虑。在量刑阶段，就像惯常一样，当拉齐的母亲在证人席上陈述她的悲伤和对杀害女儿的凶手的愤怒时，群情汹涌。陪审团讨论后返回，于 2004 年 12 月提出了死刑建议，这让大部分专家惊讶，因为彼得森并没有犯罪前科。个别陪审员解释说，斯科特·彼得森在审判期间表现出的缺乏情感是他们提出死刑建议的主要原因。有的评论者质问：这是否让情感在法律体系内走得太远了？请你对此做出判断。

问题研讨

1. 德沃金的两种模式分别是什么？请说明，并运用他的第二种模式来讨论国家反恐的议题。
2. 科学应该价值无涉意味着什么？你同意吗？为什么？将主张科学应该价值无涉的理论应用到当代事件中，如克隆和基因工程。
3. 解释平等的四条原则。你认为哪一条最为合理？为什么？
4. 解释消极权利和积极权利的概念并指出这两种理论的支持者。
5. "原初状态"是什么？说明赞成和反对罗尔斯理论的理由。

6. 解释何为展望性正义和回顾性正义，运用二者来讨论平权行动这个议题。

7. 阐述展望性和回顾性的惩罚理论。在你看来哪一种思路更为合理？为什么？

8. 愤怒能成为惩罚的正当理由吗？请参考伯恩斯和怀特利的观点进行阐释。

基础阅读与故事

　　基础阅读部分包括联合国的《世界人权宣言》节选、约翰·罗尔斯的《作为公平的正义》选段、小马丁·路德·金的《伯明翰狱中来信》介绍，以及约翰·贝尔托在报纸上发表的两篇专栏文章《在 21 世纪定义种族主义》和《不被看见、不被听见、不被选择》。故事部分的第一篇是电影《银翼杀手》的梗概。第二篇是 2015 年的电影《机械姬》的情节梗概，这部电影也提出了人格者是谁以及是什么的问题。第三篇是电影《千钧一发》的梗概，影片讲述了基因工程创造超级人种和下层阶级的故事。第四篇概述了 1988 年的电影《密西西比在燃烧》，影片基于 1964 年三位民权活动者被杀的事件改编。第五篇是电影《卢旺达饭店》的概要，该片改编自关于胡图族和图西族之间冲突的真实故事，呈现了当地饭店经理保罗·鲁塞萨巴吉纳英雄般的努力，他拯救了尽可能多的平民。

基 础 阅 读 1

《世界人权宣言》

1948 年，节选，© 2016 联合国，获联合国许可使用

　　因此现在，

　　大会

　　发布这一世界人权宣言，作为所有人民和所有国家努力实现的共同标

准，以期每一个人和社会机构经常铭念本宣言，努力通过教诲和教育促进对权利和自由的尊重，并通过国家的和国际的渐进措施，使这些权利和自由在各会员国本身人民及在其管辖下领土的人民中得到普遍和有效的承认和遵行。

第一条

人人生而自由，在尊严和权利上一律平等。他们赋有理性和良心，并应以兄弟关系的精神相对待。

第二条

人人有资格享有本宣言所载的一切权利和自由，不分种族、肤色、性别、语言、宗教、政治或其他见解、国籍或社会出身、财产、出生或其他身份等任何区别。并且不得因一人所属的国家或领土的政治的、行政的或者国际的地位之不同而有所区别，无论该领土是独立领土、托管领土、非自治领土或者处于其他任何主权受限制的情况之下。

第三条

人人有权享有生命、自由和人身安全。

第四条

任何人不得使为奴隶或奴役；一切形式的奴隶制度和奴隶买卖，均应予以禁止。

第五条

任何人不得加以酷刑，或施以残忍的、不人道的或侮辱性的待遇或刑罚。

第六条

人人在任何地方有权被承认在法律前的人格。

第七条

法律之前人人平等，并有权享受法律的平等保护，不受任何歧视。人人有权享受平等保护，以免受违反本宣言的任何歧视行为以及煽动这种歧视的任何行为之害。

第八条

任何人当宪法或法律所赋予他的基本权利遭受侵害时，有权由合格的国家法庭对这种侵害行为作有效的补救。

第九条

任何人不得加以任意逮捕、拘禁或放逐。

第十条

人人完全平等地有权由一个独立而无偏倚的法庭进行公正的和公开的审讯，以确定他的权利和义务并判定对他提出的任何刑事指控。

第十一条

（一）凡受刑事控告者，在未经获得辩护上所需的一切保证的公开审判而依法证实有罪以前，有权被视为无罪。

（二）任何人的任何行为或不行为，在其发生时依国家法或国际法均不构成刑事罪者，不得被判为犯有刑事罪。刑罚不得重于犯罪时适用的法律规定。

第十二条

任何人的私生活、家庭、住宅和通信不得任意干涉，他的荣誉和名誉不得加以攻击。人人有权享受法律保护，以免受这种干涉或攻击。

第十三条

（一）人人在各国境内有权自由迁徙和居住。

（二）人人有权离开任何国家，包括其本国在内，并有权返回他的国家。

第十四条

（一）人人有权在其他国家寻求和享受庇护以避免迫害。

（二）在真正由于非政治性的罪行或违背联合国的宗旨和原则的行为而被起诉的情况下，不得援用此种权利。

第十五条

（一）人人有权享有国籍。

（二）任何人的国籍不得任意剥夺，亦不得否认其改变国籍的权利。

第十六条

（一）成年男女，不受种族、国籍或宗教的任何限制有权婚嫁和成立家庭。他们在婚姻方面，在结婚期间和在解除婚约时，应有平等的权利。

（二）只有经男女双方的自由和完全的同意，才能缔婚。

（三）家庭是天然的和基本的社会单元，并应受社会和国家的保护。

第十七条

（一）人人得有单独的财产所有权以及同他人合有的所有权。

（二）任何人的财产不得任意剥夺。

第十八条

人人有思想、良心和宗教自由的权利；此项权利包括改变他的宗教或信仰的自由，以及单独或集体、公开或秘密地以教义、实践、礼拜和戒律表示他的宗教或信仰的自由。

第十九条

人人有权享有主张和发表意见的自由；此项权利包括持有主张而不受干涉的自由，和通过任何媒介和不论国界寻求、接受和传递消息和思想的自由。

第二十条

（一）人人有权享有和平集会和结社的自由。

（二）任何人不得迫使隶属于某一团体。

第二十一条

（一）人人有直接或通过自由选择的代表参与治理本国的权利。

（二）人人有平等机会参加本国公务的权利。

（三）人民的意志是政府权力的基础；这一意志应以定期的和真正的选举予以表现，而选举应依据普遍和平等的投票权，并以不记名投票或相当的自由投票程序进行。

第二十二条

每个人，作为社会的一员，有权享受社会保障，并有权享受他的个人尊严和人格的自由发展所必需的经济、社会和文化方面各种权利的实现，这种实现是通过国家努力和国际合作并依照各国的组织和资源情况。

第二十三条

（一）人人有权工作、自由选择职业、享受公正和合适的工作条件并享受免于失业的保障。

（二）人人有同工同酬的权利，不受任何歧视。

（三）每一个工作的人，有权享受公正和合适的报酬，保证使他本人和家属有一个符合人的尊严的生活条件，必要时并辅以其他方式的社会保障。

（四）人人有为维护其利益而组织和参加工会的权利。

第二十四条

人人有享有休息和闲暇的权利，包括工作时间有合理限制和定期给薪休假的权利。

第二十五条

（一）人人有权享受为维持他本人和家属的健康和福利所需的生活水准，包括食物、衣着、住房、医疗和必要的社会服务；在遭到失业、疾病、残废、守寡、衰老或在其他不能控制的情况下丧失谋生能力时，有权享受保障。

（二）母亲和儿童有权享受特别照顾和协助。一切儿童，无论婚生或非婚生，都应享受同样的社会保护。

第二十六条

（一）人人都有受教育的权利，教育应当免费，至少在初级和基本阶段应如此。初级教育应属义务性质。技术和职业教育应普遍设立。高等教育应根据成绩而对一切人平等开放。

（二）教育的目的在于充分发展人的个性并加强对人权和基本自由的尊重。教育应促进各国、各种族或各宗教集团间的了解、容忍和友谊，并应促进联合国维护和平的各项活动。

（三）父母对其子女所应受的教育的种类，有优先选择的权利。

第二十七条

（一）人人有权自由参加社会的文化生活，享受艺术，并分享科学进步及其产生的福利。

（二）人人对由于他所创作的任何科学、文学或美术作品而产生的精神的和物质的利益，有享受保护的权利。

第二十八条

人人有权要求一种社会的和国际的秩序，在这种秩序中，本宣言所载的权利和自由能获得充分实现。

第二十九条

（一）人人对社会负有义务，因为只有在社会中他的个性才可能得到自由和充分的发展。

（二）人人在行使他的权利和自由时，只受法律所确定的限制，确定此种限制的唯一目的在于保证对旁人的权利和自由给予应有的承认和尊重，并在一个民主的社会中适应道德、公共秩序和普遍福利的正当需要。

（三）这些权利和自由的行使，无论在任何情形下均不得违背联合国的宗旨和原则。

第三十条

本宣言的任何条文，不得解释为默许任何国家、集团或个人有权进行任何旨在破坏本宣言所载的任何权利和自由的活动或行为。

问题研讨

1. 找出消极权利和积极权利的例子，并解释它们之间的区别。

2. 从自由至上主义者的角度和罗尔斯的角度评价这些条款。

3. 在你看来，有哪些权利应该在列却没有被包括进去？文本中有你不赞同的权利吗？请解释。

《作为公平的正义》

约翰·罗尔斯著
论文，1958 年，节选

约翰·罗尔斯被普遍认为是 20 世纪最有影响力的美国社会思想家。受康德绝不将他人仅仅当成达成目的的手段这一思想的影响，罗尔斯认为功利主义不可取，并认为如果我们将彼此视为平等，就可以对正义的基本原则达成一致，他以此为基础勾勒了一种正义理论。下文节选自他在名著《正义论》（1971 年）完成之前写就的著名论文，罗尔斯简要描述了在一个平等的社会中，不平等可以接受的一些条件。

我想发展的正义概念可以用两条原则来阐述：第一，每个参与某一实践或受其影响的人，都有平等的权利享受与所有人的类似自由相容的最广泛的自由；第二，不平等是武断的，除非可以合理地预期这些不平等对每个人都有利，并且与这些不平等相关或可以从中获得它们的职位和公职是对所有人开放的。这两条原则将正义表述为三个理念的综合：自由、平等和对公共利益做出贡献的奖励。

这里的"人"在不同情况下可以有不同的含义。在一些情况下，它指的是人类个人，在另一些情况下，它指的是国家、地区、公司、教会、队伍等等。正义的原则在这些例子中都适用，尽管在逻辑上对人类个人的情况优先考虑。我使用"人"这个词时，采用的就是前文所说的这种模糊含义。

当然，第一条原则只在其他条件相同的情况下成立。也就是说，虽然背离平等自由（由实践中确立的关于权利和义务、权力和责任的模式所定义）的最初立场总是必须有正当理由，背离的人也有举证责任，但是这样做是可以有，而且往往确实是有正当理由的。现在，按照某种实践所定义的类似具体案例，在它们出现时应当得到类似的处理，这是实践概念本身的一部分；它包含了依据规则进行活动的观念。第一条原则表达了类似的概念，但适用于实践本身的结构。例如，它认为，如果法律系统和其他实践所做的区分和分类侵犯了参与其中的人的原初平等权利，那么就可以推定这些区分和分类是错误的。第二条原则界定了反驳此类推定的方式。

在这一点上，有人可能主张，正义只需要平等的自由。但如果所有人都能获得更大的自由而不至于蒙受损失或发生冲突，那么，满足于较小的自由就是不理性的。没有理由限制权利，除非权利的行使不容于或有损于界定它们的实践。因此，纳入更大的平等自由概念后，它们也不至于严重扭曲正义的概念。

第二条原则界定了哪些种类的不平等是可允许的，它阐明了如何抛开第一条原则确立的推定。现在，对不平等的最好理解，不是公职和职位的差别，而是与它们直接或间接联系在一起的利益和负担，比如特权和财富，以及债务、税收、强制服务等。赛场上的运动员不会反对身处不同的位置，比如击球手、投手、接球手等，对于规则规定的不同的特权和权力，他们也不会反对；一个国家中的公民也不会反对政府有不同的公职，比如总统、议员、州长、法官等等，这些公职都有各自的特殊权利和义务。通常会被认为是不平等的不是这种差别，而是由实践确立或允许的对人们努力获得或避免的东西的分配差异。因此，人们可能会抱怨某种实践确立的荣誉和奖赏（比如政府官员的特权和薪酬），也可能反对权力和财富的分配，这种分配由人们利用权力和财富所允许的各种机会产生（例如，财富的集中可能在一个允许大量企业或投机收益的自由价格体系中发展起来）。

应该注意，根据第二条原则，不平等只有在有理由相信带有这种不平等或由其所致的实践对所有相关方都有益处的时候，才是可允许的。有必要强调，所有的相关方都必须从这种不平等中受益。由于这一原则应用于实践，这意味着由某种实践定义的每个公职或职位的代表，当他对其持续关注时，必须有理由偏好他在这种不平等之下的状况和前景，而不偏好在没有这种不平等的情况下的实践。因此，这一原则排除了一种为不平等辩护的理由，即处于某一位置的人的劣势能被处于另一个位置的人的优势抵消。这一相当简单的限制是我希望对人们通常理解的功利原则做出的主要修正。与实践的概念结合时，这是对结果的限制，一些功利主义者，比如休谟和穆勒，在讨论正义时使用过这种限制，只是他们显然没有意识到其重要性，或至少没有加以强调。为什么说这是对原则的重要修正，能够彻底改变人的正义概念呢？我将在论证中表明。

而且，与特殊利益或负担相关联的各种公职对所有人开放，这一点很重要。比如，如刚才所界定的，给某些公职附加特殊利益可能是为了共同利益。也许这么做能吸引必要的人才，鼓励他们尽力工作。但任何带有特殊利益的职位都必须通过基于竞争者能力的公平竞争获得。如果某些公职并不开放，那么被排除在外的人通常而言有理由感到自己受到了不公正的对待，即便那些可以参与竞争者付出的更大努力让他们获得了好处。现在，如果可以假设公职是开放的，那么就只需要考虑实践本身的设计，以及种种实践如何作为一个系统运转。把注意力集中在我们可能知道其名字的具体个人所处的不同职位上，将每一次职位变化看成一劳永逸的孤立事务，要求其本身都必须公正，这样做是不对的。我们要评判的是实践系统，而且是从一般性的视角来评判；除非我们打算从担任某个具体公职的某个代表的立场来进行批判，否则就不应该有任何怨言。

问题研讨

 1. 用你自己的话来描述罗尔斯的两大原则。

 2. 你能想到一个罗尔斯可能赞成的涉及不平等的政策吗？

 3. 从这段选文来看，你认为罗尔斯对平权行动的立场可能是什么？请说明。

《伯明翰狱中来信》

小马丁·路德·金著

1963 年，民权运动领袖小马丁·路德·金写了一封公开信，回应亚拉巴马州八名牧师发表的一份声明，该声明批评金的行为是"不明智和不合时宜的"。作为南方基督教领袖会议主席，金参加了伯明翰的一场反对种族隔离的非暴力抗议活动，后来他和其他人因"未经许可游行"而被判入狱。小马丁·路德·金在公开信的出版版本中指出，他一开始是在发表声明的报纸的页边空白处写下了对声明的回应，又找了张纸片继续写下去，因为他在牢房里只有这么多纸。

小马丁·路德·金，浸信会牧师和民权运动领袖。他提倡非暴力的政治方法，于 1964 年获得诺贝尔和平奖。1968 年，他遭到暗杀。

[National Archives and Records Administration（542068）]

摘要：金的信分析了作为道德上可接受行动的不服从概念。他说，公正的法律和不公正的法律是有区别的。只有与道德律相符的法律才是公正的。由大群体强加给小群体，大群体乐意遵守同样规则的法律，是公正的法律；而加诸小群体，大群体却不认为自己有必要遵守的法律，则是不公正的法律。不遵守不公正的法律，如种族隔离法，只要是公开的，并且愿意接受其后果，就是正义的，而这本身就显示出对法律概念的尊重。

由于许可问题，本书的当前版本无法收入信件原文。然而，信的全文可以在网上搜到，希望大家能阅读这份美国历史文件。

问题研讨

1. 金如何为违犯某些法律而遵守其他法律进行辩护？你同意他的观点吗？为什么？

2. 在金看来，种族隔离有什么错误？请解释。他的观点是否也适用于自愿与其他群体隔离的群体？

3. 金如何调和对不公正法律的不服从与对法律的尊重？你是否同意？为什么？

4. 金的非暴力抵抗不公正法律的理想，主要是一个具有历史意义的概念，还是也可能对 21 世纪的人们有用？请解释。

关于歧视的两篇文章

约翰·贝尔托是一位美国哲学家，专门研究社会伦理和种族哲学。除了教书和讲课，他还在《蒙特雷县先驱报》上撰写专栏。在贝尔托看来，今天美国的种族主义不再是明目张胆的公然冒犯，而是更为微妙，在某些情况下甚至是基于"特权种族"现象的无意识。大多数白人不会质疑他们的种族或特权，只是视其为理所当然——并不一定是傲慢自大，而是因为他们从未失去，也从未感到有必要质疑白人的特权。在第一篇文章中，贝尔托以一种不带敌意的方式强调，要让美国白人更多认识到这种微妙的日常歧视形式。在第二篇文章中，他问自己，在作为一名哲学教授的工作中，他是否主张了另一种歧视——对女性的歧视。

约翰·贝尔托，美国哲学家，加州州立大学蒙特雷湾分校教授，《蒙特雷县先驱报》专栏作家。

（经约翰·贝尔托博士许可使用，加州州立大学蒙特雷湾分校提供）

《在 21 世纪定义种族主义》

约翰·贝尔托著

《蒙特雷县先驱报》专栏文章，2005 年 1 月 17 日

　　马丁·路德·金的诞辰将至，近来发生的一些事让我开始思考种族主义在 21 世纪的含义。让我举几个例子。我和妻子苏西一般会在周日去蒙特雷体育中心游泳。三周前，我站在泳池尽头摆弄拇指，等泳道空出来。有人离开了我右边的泳道。我正准备下水，一名白人女士走过我身边，跳下水游了起来。她是没礼貌吗？也许她是没看见我？我应该说点什么，还是就这么算了？

　　几个月前，我在餐馆等位。我等了有几分钟了，其他人在我身后排起了队。我把目光从报纸上移开，发现服务员正向我走来。她冲我微笑——我是这么认为的。我也报之以微笑。她大步走过了我身边，开始跟我后面的人谈话。聊了几句以后，服务员问他"您是来用早餐的吗？"，然后就带他入座了。我是隐形人吗？我猜排在队伍的第一个恐怕也不能保证第一个入座。

　　我顺路到蒙特雷半岛社区医院去与乔安妮·谢里尔-德拉姆见面。乔安妮在医院工作，她出生在海滨，大部分时间都住在半岛。我们谈话时，她说起她学到有一些事情是不能指望的。她不指望打开报纸后，能看到对她那个种族的人的正面报道。交通警察要求她停车，她也不会指望这个停车要求不是基于她的种族而做出的。她的肤色不会影响她的财务状况？她不指望。说出这些时，乔安妮并没有带着怨气。她反倒表示，这些差异并没有将她吓退，而是帮助她形成了对自我的认知。

　　我开车去梅尔·梅森的办公室，想问问他对这些事情的看法。这些事情里有种族主义的成分吗？我问道。梅森回答："假如你是白人，泳池边的那个女人会看不到你吗？假如那个服务员是黑人，她会不会先带排在最前面的你入座？"尽管不同于烧十字架和私刑，也没人冲你喊种族歧视的话，但这些事件的确表露出了种族特权感。

有意思的是，那位女士抢了我的泳道之后，我走向泳池的另一端。我和另一个人——一个白人——几乎同时走到了一条空泳道边。他说："你用吧。你等了好一会儿了。"那名服务员在几分钟后重新出现在我面前，带我入座，并询问我喝不喝咖啡。

《不被看见、不被听见、不被选择》

约翰·贝尔托著
《蒙特雷县先驱报》专栏文章，2006 年 3 月 6 日

我在校园里漫步，有时会突然感到一阵不安。我远远看见布里奇特、香农、瓦妮莎、雷切尔或其他选了我课的学生。我停下脚步喊她们的名字。我这么做，是因为我想起在课堂上，她们想要提问或发表意见，但我恐怕忽视了她们——没看到她们举手，想着之后再提问她们，却又忘记了。我向她们承认："对不起，今天课堂上没有注意到你。"标准回答是："你已经回答了我的所有问题。"但问题在于，这种回答不会有帮助。

四五年前，在圣迭戈州立大学的课堂上，我提出了"女生在课堂上不被看见"这个问题。许多女生都发展出了面对这个问题的技巧，人数之多让我惊讶。

可悲的是，大部分技巧都类似于达努西亚所用的技巧。达努西亚是工作后又回到校园的学生，有两个年幼的女儿。她勤奋、聪明，我猜她三十出头，是开始崭露头角的哲学生。讨论中，她说她通常会给教授几次机会。第二次或第三次在课堂上被老师忽视后，她就不再举手。不过，讨论结束后不到半个小时，她举起了手。我说："请稍等，让我讲完这段。"我讲完后，立

刻叫起了一名举手的男生。他就坐在达努西亚的后面。我意识到自己所做的以后，打断了那名男生，请达努西亚提问。

我记得，教室里的所有人，包括达努西亚和我，都笑了。这些笑声和我的道歉肯定起了点作用。日常互动中善意的人们无意识的假设和行动可能伤害到女性，而这些假设和行动是我们所看不见的。

"你举手了吗？"我问。"没有。"她回答。我接着往下说，然后有三只、四只、五只手同时举了起来。我边说边想："是谁先举手的？"我不确定。

（Berteaux, John, "Unseen, Unheard, Unchosen," *Monterey County Herald*, March 6, 2006. Copyright © 2005. All rights reserved. Used with permission.）

问题研讨

1. 你是否同意贝尔托的观点，即第一篇文章中的两起"隐形"事件反映了一种现代种族主义的微妙形式？如果是，对此可以做什么？如果不是，你认为贝尔托是否误读了那些情况？请解释。第一篇文章的最后两件事有什么意义？

2. 与偏执相对照，定义种族主义。在你的观念中，种族主义是否总是从白人指向有色人种，还是种族主义可以指向其他方向？

3. 你是否发现女性在课堂上更难使其观点得到理解？如果是，这是由于贝尔托在第一篇文章中指出的无意识歧视吗？贝尔托是在歧视班上的女生吗？为什么？

《银翼杀手》

里德利·司各特导演，汉普顿·范彻与大卫·皮普尔斯编剧
电影，1982 年，改编自菲利普·K.迪克的小说《仿生人会梦见电子羊吗？》，梗概

电影《银翼杀手》已成为电影中关于人格的权威性哲学探索之一，它在未来意义上探讨了赋予具有自我意识的机器人/人工智能权利的问题，也在更深层的意义上讨论了将每个能思考的存在者都视为目的而不仅仅是手段的问题。许多人认为，《银翼杀手》是有史以来制作得最好的科幻电影之一。

首映时，评论家们对《银翼杀手》评价一般；它不符合当时大多数电影观众的口味。尽管如此，多年来，它广受影迷追捧，既是由于它的黑色电影风格，也是由于其中先知般的追问：谁能算是人格者？ 1982 年看起来像是文化大杂烩的东西，现在被认为是对内城区生活的准确描述——不仅是遥远未来的内城区，今天的也是如此。

《银翼杀手》（1982 年）被一些人认为是最好的科幻电影，它经受住了时间的考验，这对科幻电影来说殊为难得。它所设想的世界还没有来临。现在还没有那样的复制人，也没有可以逃往的外星球的殖民地，但我们已经有了拥挤的（人们说多种语言的）大城市商业区，污染也导致了恶劣天气和野生动物物种减少。剧照代表的是影片中乃至电影史上最令人难忘的一幕，复制人巴提（鲁特格尔·豪尔饰）短暂的生命即将终结，他哀叹自己所有的经历即将消失——"就像雨中的泪水"。

（© Warner Bros/Courtesy Everett Collection）

影片想象的 2019 年的洛杉矶是这样的：肮脏，因为污染而常年下雨，居住着来自不同文化背景的人们，他们都只关注自己。大街上可以听到混杂着日语、德语和英语的对话。巨型飞艇在空中巡航，打着"地球外的新生命"的广告，号称能让人远离地球生活的绝望。地球上几乎没有留下非人类的动物，所以人类制造了机械宠物——仿生猫头鹰、鸵鸟和蛇，诸如此类。此外也有人工制造的人类，即复制人，它们可以承担地球之外危险而困难的工作。最近的一批复制人极为先进。它们比人类更强壮、更聪明，已经成为人类的威胁：它们开始反叛并已杀死一些人类。私家侦探德卡德的任务是追捕并摧毁它们。他遇见了它们的制造商，后者告诉他，这些存在物有一种内置的自毁机制；它们最长只能活 4 年。德卡德对这些存在物没有同情心，他所在意的就是这些东西必须被消灭。一个年轻女性雷切尔正待在制造商的家里。德卡德被其吸引，意识到雷切尔也是复制人时，他的观点开始转变，尽管雷切尔本人对此浑然不觉。雷切尔是一个实验模型，"大脑"包含着移植自他人童年的记忆，这使雷切尔看起来更像人，而且让雷切尔相信自己是人。考虑到这些非凡特征的存在，谁会肯定地说雷切尔是或不是一个复制人呢？也许德卡德自己也是这样的复制人？

　　最终，德卡德将逃跑的复制人逐一抓获。它们的领袖巴提，所有复制人当中最强壮也最有智慧的，陷入与德卡德的殊死搏斗。（无论如何，复制人的死也临近了，因为它们的寿命几乎到极限了。）在搏斗中，当德卡德快要失去生命的时候，他认识到复制人想要的就是人类想要的——仅仅是多一点时间生活、感知和呼吸。命悬一线时，巴提谈到了自己的生命："我见过你们人类不会相信的事……攻击舰在猎户座的端沿起火燃烧……我看到 c 光束在唐怀瑟之门附近的黑暗中闪烁。所有这些时刻……都已成过眼云烟，恰逢其时……就像雨中的泪水……"

问题研讨

1. 如果有的话，《银翼杀手》对人性和人权做了怎样的说明？

2. 失控的复制人都是人格者吗？雷切尔呢？德卡德呢？制造商呢？什么使得某人成为一个人格者？

3. 关于《银翼杀手》中复制人（或者未来具备自我意识的人工智能）的权利问题，康德可能会有什么立场？（记住，他的标准是绝不应该仅仅把某人当作达成目的的手段。）

故事 2

《机械姬》

亚历克斯·加兰导演兼编剧
电影，2015 年，梗概

　　本书第二章谈到了勾勒姆，还举了弗兰肯斯坦的怪物作为例证，这类人工制造的人摧毁了其本来应该保护的一切，包括主人。但你也读过皮格马利翁的故事，艺术家雕刻了一个美丽的人造女性，后者爱上了他并成为他的恋人。一个是创造物失控的可怕黑色幻象，一个是创造物的举止与计划一致，甚至超出期望的快乐幻想。《机械姬》将皮格马利翁和勾勒姆的故事合二为一。为了说明这一点，我必须在梗概的最后加上一个剧透。这部电影获得了奥斯卡最佳原创剧本提名，并获得了最佳视觉效果奖。影片名称来源于罗马剧场，Deus ex Machina 的意思是"机械降神"，是不知从何而来的冲突解决方案。

　　年轻的程序员凯莱布·史密斯中了大奖，可以和他所在的互联网搜索引擎公司的创立者兼 CEO 内森·贝特曼共处一周，他觉得自己太幸运了。贝特曼的房产在山里，与外界隔离，唯一的交通方式是坐直升机。甫一到达，凯莱布就发现，这个综合楼体由几个带有电子锁的部分组成，因此只有用贝特曼的钥匙卡才能进入整个住宅／设施；凯莱布的钥匙卡只能用于进入他自己的房间和房子的生活区。他还发现自己被带到贝特曼豪宅的原因是他可以测试内森最新的电脑创造物，即一个真正的人工智能（AI）——AI研究的转折点。此外他还意识到，抽奖是暗箱操纵的，所以除他以外的任何人都不可能赢得与内森共处一周的机会。贝特曼特意选择了他。他要做的测试就是著名的图灵测试（以数学家阿兰·图灵命名），它旨在测试计算机是否能够逼真地模仿人类进行反应，使面试官把它误认为人类——但正如凯莱布所评论的，前提就是错的，因为他已经知道自己要和AI共事。内森·贝特曼解释说，机器人已经通过了测试，凯莱布的任务就是和机器人进行交谈和互动，以此评估它能在多大程度上成为一个真正的人。凯莱布被介绍给了机器人伊娃，它有一张人类的脸（非常漂亮），一个年轻女性体态的机器人身体。她看起来很乐意合作，然后他们开始交谈，而内森则通过摄像头观察，在房子各处，内森安装了许多监控摄像头。伊娃画了一些画，但不知道自己画的是什么；伊娃从未离开过这座由用玻璃墙隔开的多个部分组成的建筑，而且它对现实世界没有任何感觉。伊娃在玻璃墙的这边，凯莱布在另一边，交谈开始了。谈了一会儿，谈话缓和下来，在一次停电的时候（内森应该看不见他们），伊娃告诉凯莱布不要相信内森——他是个骗子。

还有一名女性与贝特曼一起生活，在玻璃墙的"人"的那一边，她叫京藤。京藤不会说英语，凯莱布无法与她交流。她看起来是仆人兼女朋友——从她极度顺从的态度看，甚至或许是奴隶。内森对她很粗鲁，在她洒了酒时对她大叫大嚷。她看起来和伊娃没有任何互动。

几天后，伊娃做了一些改变，戴上假发，穿上衣服，开始和显然被吸引的凯莱布调情，但同时也因为另一个机器人与凯莱布调情而感到不安。内森本人也表现得很反常，喝醉了酒，昏睡过去。凯莱布进入了内森的私人实验室，在那里他看到了内森虐待伊娃并撕毁它的一幅画的视频。在另一次电力故障中——后来发现是伊娃造成的——伊娃请凯莱布帮自己逃走。此外，内森告诉凯莱布，如果伊娃最终未能通过测试，它就会被重新编程——换句话说，被杀。凯莱布密谋偷走内森的钥匙卡，对门锁程序重组，在内森的一次狂欢期间，凯莱布把钥匙卡装进了口袋，进入实验室后发现了伊娃的前辈们，也就是已经失效的各式面貌的 AI 女性。京藤剥去脸上的皮肤，表明自己也是机器人。凯莱布在他自己的房间还有一段"插曲"，他在自己的手臂上划了一刀，急于确认自己不是另一个机器人。

凯莱布准备和伊娃一起逃走，就在凯莱布计划被直升机接走的前一天晚上，内森告诉凯莱布，他知道了逃跑计划，凯莱布不应该相信伊娃对他的诱惑，伊娃只是利用他来摆脱内森；但凯莱布给了他的主人和雇主一个惊喜：他没有等到最后才给锁重新编程，他前一天晚上就已经这么做了，现在所有的门都开了。内森暴跳如雷，把凯莱布打晕，跑去找伊娃，让它无效化。内森毁坏了伊娃的手臂，但他遇到了一个意想不到的敌人：京藤把刀刺在了他的背上——这表明，不只是伊娃开发了情感。当他试图逃离时，伊娃用剩下的那只手拿起刀，插进了他的胸膛。接下来，伊娃把凯莱布锁在内森的隔音室里。

伊娃会逃脱吗？京藤呢？凯莱布会怎么样？我不会讲述电影的结局，只想指出，在噩梦般的曲折情节中，皮格马利翁的比喻最终成了勾勒姆的比喻。

问题研讨

1. 伊娃是否通过了应该由凯莱布执行的图灵测试？换句话说，越轨和杀人（即使是出于自卫）是人格者的一部分吗？

2. 对于像人类一样带着情感行动的 AI，是否有必要赋予其人格？康德对此会说什么？

3. 在这个故事中，谁把谁"仅仅当作达到目的的手段"？

4. 你认为内森为什么要创造这些人造女性？为什么他需要凯莱布证明伊娃的人格？

5. 电影名是什么意思？

6. 将伊娃和雷切尔（《银翼杀手》）进行比较，描述二者本质上的异同。

《千钧一发》

安德鲁·尼格尔编剧兼导演
电影，1997年，梗概

  《千钧一发》也是一部科幻电影，但没有什么特效或未来主义的创想。影片中的科幻元素几乎完全是思想实验或思维游戏：如果……会怎么样？如果婴儿能够在实验室中设计出来，根除先天畸形、近视、高患癌风险等等，会怎么样？难道不是妙极了吗？可能不是。为探索人类基因工程的未来可能性（让人联想起赫胥黎的《美丽新世界》），《千钧一发》讲述了一个不久后的未来社会的故事，在这个社会里，每个孩子都是父母的梦中之子，是他们基因的最佳组合——如果孩子是在实验室里合法孕育的话。以自然方式孕育的孩子被认为是有缺陷的，他们永远无法摆脱成为体力劳动者的命运。

《千钧一发》（哥伦比亚电影公司，1997年）假设在未来的世界里，受人尊敬的人会在体外孕育并进行基因设计，而只有懒汉和赤贫的人才会用自然方式生孩子。剧照是文森特/杰尔姆（伊桑·霍克饰）和艾琳（乌玛·瑟曼饰）正在躲避警察，前者的假身份有被揭穿的危险。

文森特·弗里曼就是这样的一个孩子，一对年轻夫妇的头生子。他出生时就近视了，30 岁前很有可能心力衰竭；即使如此，作为一个血气方刚的成年人，他超过了更能被社会接受的弟弟，后者受孕于培养皿中，拥有所有优良基因。在电影一开始，我们就目睹了文森特的父母前往诊所，在那里他们和医生讨论文森特的弟弟（当时还只是一个胚胎）未来的基因特征。我们看到父母一开始顺从习俗，只是让胚胎接受疾病筛查，但医生劝说他们，生活已经够艰难的了，为什么不把所有可能的优势都给这个孩子呢？"他依然会是你们的孩子——是结合了你们优点的孩子。"但在成长过程中，更有宏伟目标的不是在实验室中孕育的完美男孩安东，而是他不完美的哥哥。文森特梦想成为一名宇航员，前往外太阳系，但作为一个自然生产的个体，他没有机会——从法律上而言。因此，他试图获得一个非法身份，不仅是新的名字和历史，还要有新的 DNA，一个全新的基因档案。一个身份经纪人帮他撮合了一个基因完美的人杰尔姆·尤金（他的姓"尤金"意为"好基因"），杰尔姆的完美对他没什么用。杰尔姆在一次从未登记过的自杀未遂事件后残疾，所以文森特支付他"租金"，以获得杰尔姆的身份，并搬去和他住在一起。文森特需要做手术来让腿变长，但除此之外，这两个年轻人非常相似。文森特，现在是"杰尔姆"，通过提交尤金的尿样和血样，在加塔卡（Gattaca）综合大楼获得了一份理想的工作，未来的空间工程在这里规划，宇航员在这里接受训练。尤金每天早上都会准备血液、尿液、毛发和皮肤细胞等样本，让文森特用于正在进行的测试，这样就不会暴露冒充者的身份。在这一过程中，文森特和尤金成了好朋友。

一切都很顺利，文森特 / 杰尔姆的高智商、好体能和完美的遗传密码在工作中受到重视。他遇到了年轻的女同事艾琳，艾琳也渴望成为一名宇航员，但她很可能患有心脏病，这限制了她的未来。文森特试图使她认识到，这些预设的概率不过是概率，不会一成不变。他自己早该心脏病发作了。显然他已经克服了出身低贱给他带来的所有社会障碍，但一件意想不到的事情发生了：一名反对当前太空计划的加塔卡执行长官被人谋杀了。虽然没有证据表明文森特与谋杀有关，但在犯罪现场附近发现了他的一根睫毛。警方对其进行了基因分析，得出了文森特的原始身份；但由于他作为"杰尔姆"有着不同的基因特征，所以没有人把两者联系起来。即使如此，他还是担心自己会在快要实现梦想时被发现：他将在下一次发射中去往土卫六。随着警探越来越接近他的私生活，他女朋友也开始怀疑"杰尔姆"并不是看上去的那样，他打破社会等级制度的大胆尝试似乎正走向失败，他的真实身份似乎即将暴露。

文森特会因谋杀而进监狱，还是最终会去土卫六？他内心还能坚持下去吗？艾琳会猜到他的身份吗？尤金会经历什么？谁杀了执行长官？文森特的弟弟在哪里？这个有趣电影的结尾将会带来许多惊喜。

问题研讨

1. 在《千钧一发》的情节中，你认为哪些因素未来可能成为现实？我们应该欢迎还是反对？有第三种选择吗？说明你的立场。

2. 这部电影主要探讨了对文森特等人的歧视，他们因为自己的基因而被排除了拥有幸福和成就的可能性。但还有一个潜在的角度：对可预测的未来社会的批评。在这个未来社会中没有惊喜和意外，因为这些已在人口繁育过程中被消除。你怎么看？社会是否需要既会产生不可预见的天才和伟人，也会带来不可预测的犯罪病理的遗传"意外"？还是说，随着绝大多数人口落入一种可预测的常态，我们的生活会变得更好？

3. 角色的名字在故事中有什么意义吗？请解释。

4. 电影的英文片名是"Gattaca"，影片上映时，很少有人理解这个片名的意义。现在人类基因组计划已经完成，片名对我们来说就不再神秘了。GATC 是 DNA 编码中四种物质英文名称的首字母：鸟嘌呤（guanine）、腺嘌呤（adenine）、胸腺嘧啶（thymine）和胞嘧啶（cytosine）。你认为电影制作者把片名和文森特的工作场所称为 Gattaca 是想表达些什么？

5. 文森特的父母在实验室讨论安东未来特征的场景原本要更长一些，有助于解释他们在听到可以决定男孩的身高甚至音乐天赋时，从怀疑到热情的转变。但后来他们发现才能的成本太高，所以他们满足于拥有一个强壮、聪明、健康、高大的孩子。这是影片中唯一一次谈到获得好基因也跟钱有关系。在未来，基因工程的应用可能更加普遍，你认为影片中的这段情节可能成为现实吗？剪掉这个片段对故事有影响吗？应该把它留下吗？

故事 4

《密西西比在燃烧》

克里斯·格罗尔莫编剧，艾伦·帕克导演
电影，1988 年，梗概

1964 年 6 月 21 日，三位年轻的民权活动家在密西西比州的费城被谋杀，这一事件至今仍困扰并分裂着整个社区。迈克尔·施维尔纳、詹姆斯·钱尼和安德鲁·古德曼（一个黑人和两个白人，都是男性）来到密西西比的这个小社区为黑人选民登记。报道说他们失踪了，随后发现他们已被杀害。三 K 党与此事有牵连。一些三 K 党成员被定了罪，另一些则被无罪释放。该电影在真实事件的基础上进行虚构，在梗概的最后，你可以读到 2005 年该故事的新进展。

20 世纪 60 年代早期，密西西比州杰塞普县，那是种族隔离的时代。第一个镜头就凸显了这样的情况：一台是为白人和其他人准备的现代饮水机，另一台是给黑人用的老式饮水机。三名年轻的活动家进入这个社区，以确保美国黑人能够行使他们的投票权，但在深夜，他们的车被另外三辆车赶上，其中一辆是警车。几辆车里的男人强迫那三人从车里出来并击中了他们。在接下来的几天里，有消息说三个人失踪了，引发了骚乱，FBI的两名特工来到了镇上：鲁珀特·安德森曾是密西西比州一个小镇的警长，艾伦·沃德是一名循规蹈矩的 FBI 特工。我们立刻感觉到这两个人非常不同，个性和观点彼此冲突。在参观斯塔基警长的办公室时，安德森一度温和对待充满敌意的警官——然后我们意识到，他有时会变得非常具有对抗性。相反，沃德按警局的规章办事。警长的说法是，这三名年轻人因超速被逮捕，随后被释放并开车离开。

　　沃德和安德森试图在当地餐馆吃午饭时，他们之间的差别就更明显了：服务员告诉他们已经没有空桌了，但沃德在"仅供有色人群"的区域看见了空座位。他径直走向一名年轻黑人男子旁边的座位，开始询问他可能听到的有关活动人士的情况。年轻男子大吃一惊，并未回答沃德。每个人都受到震动，黑人和白人同样；安德森看上去很尴尬，沃德不仅造成了这种局面，而且还用错误的方式处理这个问题。随后我们看到沃德的方式造成的间接后果：那个年轻的黑人男子从汽车上被扔到大街上，还被打了一顿以示警告。

　　与此同时，我们了解到更多安德森和沃德之间的对立。安德森认为这些活动人士在政治上被愤世嫉俗的人利用，但沃德认为，关键是做自己相信的事情，有时做正确的事情要冒着死亡的风险。当沃德猜测所有这些仇恨从何而来时，安德森给他讲了一个故事：他孩提时代生活在南方，父亲很穷，但他们的黑人邻居门罗家境稍微好点，因为他有一头骡子。不久之后，有人毒死了骡子，安德森的父亲后来承认自己就是下毒者。在安德森看来，元凶是贫穷，而不是种族。他想用自己的方式处理这件事，但沃德希望整个 FBI 调查小组都参与进来，于是他们占用了电影院。尽管如此，安德森根据自己的感觉行动，他去了理发店，在那里他见到了警长和市长。他仍然表现得像一个南方小镇的警长，与市长就目前的情况进行了交谈。市长告诉他，社区里的那些黑人（"黑鬼"）在民权人士出现前一直很快乐。他认为南方有两种文化，一种是黑人文化，另一种是白人文化，联邦政府任何试图改变的努力都是一种入侵。

接下来，安德森前往美容院，了解女性的观点。美容院由副警长佩尔的妻子玛丽管理。她对于境况很担忧，我们感觉到她知道很多关于三K党和失踪事件的事，只是没有说。

失踪人士的汽车在乔克托印第安人保留地的河里找到，但是没有尸体。然而，几乎可以肯定这些年轻人已经死亡，于是沃德安排了一次全面的疏浚行动，但一无所获。但是，三K党通过烧毁黑人社区的教堂和房屋进行了回应。沃德和安德森知道斯塔基警长有不在场证明，但他们发现副警长佩尔的证明有漏洞，于是他们找到了佩尔。当沃德质问佩尔并指出他在三K党里身居高位时，安德森在厨房找到玛丽；在随后的多次谈话中，他总是和她搭讪，给她送花，简单寒暄几句，赢得她的信任。玛丽与她的丈夫很不一样，我们看到她和当地一个带着孩子的黑人妇女交谈得非常愉快，而这样的人都是她丈夫所鄙视的。

在此期间，全国性的新闻媒体派人来到杰塞普县，采访当地的白人。接受采访的大多数人都认为整个事情都是民权活动者的错，马丁·路德·金是共产党的人，那三个年轻人是咎由自取。有人深信这是一场骗局——一场公开作秀。三K党成员克莱顿·汤利毫不讳言：他是白人至上主义者，他不会接受犹太人、天主教徒或共产党员，并且他要"保护盎格鲁-撒克逊的民主和美国道路"。与此同时，一名三K党领袖集合白人社区反对跨种族关系，即美国的"种族混杂"。事情逐步升级，安德森展现了本色：尽管他给人的印象是一个"乡下人"，但他对FBI忠心耿耿，当佩尔和他的追随者弗兰克声称不允许黑人投票时，他单枪匹马地与他们对峙。而且，他找到了玛丽这个新盟友，她告诉他三K党即将举行会议。

沃德和安德森监视着"会议"，结果发现这成了一场追捕：一个年轻的黑人男子从监狱里被释放出来，然后被警长的手下追捕并赶走。两名联邦调查局特工试图跟踪，但跟丢了警长的车；那天晚上晚些时候，他们发现那个年轻人躺在树林里，还活着，但是被阉割了。他们没能制止警长的人，但现在他们怀疑民权活动者以同样的方式被"终结"了：被释放，然后被三K党追捕。

沃德一开始在无意中接触的那个年轻人的家庭农场遭到烧毁，此时事情到了一个转折点。那个年轻人埃里克救出了自己的母亲和兄弟姐妹，然后只能眼睁睁看着他的牛被烧死。他的父亲在试图保卫家产的时候被抓捕，随即被处以私刑。埃里克设法在他父亲窒息而死之前解开了绳子。第二天，沃德和安德森帮助他们离开这个县前往底特律，他们在那里有亲戚。

事态发展极大地扰乱了玛丽，趁佩尔参加"会议"的时候，她与安德森安静相处，把情况告诉了他：仇恨，她说，并不是与生俱来的，而是环境日复一日灌输的。她希望能够终结仇恨，所以她把所知道的告诉了安德森：她丈夫枪击了民权活动者，她知道他们埋在哪。

现在，他们找到了尸体，安德森和沃德进行了一场关于方法的激烈争论——安德森向玛丽询问，导致佩尔把她打得奄奄一息。沃德突然转变了态度，决定支持安德森：他们有权威，他们将按照安德森的方式做。他们需要有人讲话，他们也发现了一个需要用说话来保护自己的人，那就是市长。局面发生了惊人的逆转，市长被一名蒙面男子绑架。他被塞住嘴绑起来，后来我们知道，绑架他的人是一个黑人——一个有特殊才能的FBI特工。他要求市长做出选择：要么说话，要么被阉割，就像黑人被三K党成员阉割一样。市长说话了。

现在沃德和安德森知道谁牵涉其中了，但由于市长透露的故事是在胁迫下说出来的，他们不能在法庭上使用它。他们操纵佩尔和他手下的人，让他们以为每个人都和FBI谈过话，其中一个出卖了其他人。随后发生了一系列逮捕和审判，但我们也有一种感觉：一些罪犯永远不会被追究责任。

安德森拜访了玛丽，她的家已遭到洗劫，他为毁掉了她的生活而道歉。但她解释说她会留下来，因为镇上有足够多的人以她的方式看问题。最后，在已经焚毁的教堂，黑人和白人公民聚集在一起举行仪式。

人们对这部电影的评价褒贬不一。一些影评人认为这是一个精心制作的感人故事，但另一些人则认为这是一个人为操纵的歪曲：黑人被简化为单方面的受害者；三K党成员被描绘成堕落的人；FBI局长埃德加·胡佛被描绘成民权运动的支持者，而事实上，他保存了大量关于小马丁·路德·金博士的文件；FBI特工被描述为道德有问题的人。然而，另一些电影评论家指出，不应该将电影视为历史细节准确的社会纪录片，电影应该是传达自己信息和现实的叙事。这部电影当然不是纪录片，而是有着虚构人物的小说化作品。

但历史为这个故事续写了一章：2005年1月，一名79岁的男子因策划对施维尔纳、钱尼和古德曼的谋杀而被该县大陪审团起诉，随后被逮捕。这名男子是埃德加·雷·基伦，据称是三K党领袖和浸信会牧师。基伦在1967年因联邦指控受审，但由于一名陪审员拒绝判他有罪（其他人有的被判有罪，有的被判无罪），基伦被释放；他是一个著名的分离主义者，据说他曾说，上帝创造黑人和白人并不是平等的。2005年6月，陪审团裁定基伦犯有三项过失杀人罪，法官判处他60年监禁。

问题研讨

1. 你认同安德森还是沃德的方式？也许你认同影片中表达的另一种观点？请说明。

2. 影片表现的是展望性正义还是回顾性正义？请说明。

3. 影片对FBI的刻画公正吗？对民权运动呢？对那个密西西比小社区中的当地人呢？有评论人士称影片本身是不符合伦理的。你能想想为什么吗？

4. 影片传达的信息是什么？请解释。影片可能传达多个信息吗？请讨论。

5. 回到本章小马丁·路德·金的部分进行阅读，评估你最了解的美国地区的当前情况：据你所知，今天的种族关系是怎样的？是否存在普遍的善意和谅解，是否存在潜在的仇恨和隐藏的种族主义，是否存在公开的种族冲突？你认为美国的种族关系是否有进步？

故事 5

《卢旺达饭店》

特里·乔治导演，特里·乔治与基尔·皮尔森编剧，保罗·鲁塞萨巴吉纳顾问

电影，2004 年，梗概

这部电影传递的道德价值观可以分为几类。我们可以把它放在第六章中讨论，将其看成这样一个例子：尽管有着先顾自己的倾向，但还是以做正确的事为原则。影片也可以放在第十章里，作为一个关于美德的故事——勇气和同情的美德。但此处我们的重点，是借这部影片来讨论过去如何影响现在并使得回顾性的公正和平等措施成为必要，以及在一些情况下有些人如何被看作不像其他人那么完全的"人格者"。《卢旺达饭店》改编自卢旺达胡图族和图西族冲突时期营救 1 268 名难民的真实故事。饭店经理保罗·鲁塞萨巴吉纳凭借足智多谋、好体力和道德勇气，不仅拯救了饭店客人，还救了邻居、孤儿和被胡图族民兵和军队追赶的其他难民，使他们免于遭到屠杀。他本人是胡图族，但他把派别之争放在一边，拯救被多数派政权视为"叛徒"的无辜的图西族平民。保罗·鲁塞萨巴吉纳本人是影片的顾问，所以我告诉大家他在患难中幸存，这并不是剧透。然而，我会尽量不透露影片的全部情节和结局，比如谁活了下来，谁没能活下来。

影片一开始，我们就了解到保罗是一个精明的饭店经理。他知道应该给谁小费、给谁好处以及给什么好处，才能确保比利时公司管理的四星级饭店米勒·柯林斯饭店运转良好。他自视为西方人，和任何到基加利城的西方游客一样。他对饭店的忠诚是坚定不移的。他和外国官员握手，给当地将军比齐蒙古提供古巴雪茄和苏格兰威士忌，并和自己的中产阶级家庭住在一个不错的社区里。他向朋友和同事杜贝解释说，这都关乎格调。

角色陆续出场，在几周之内，这些人都会成为受害者或受到侵害。五星上将比齐蒙古，除了优渥的生活、威士忌和舒适，什么都不考虑。乔治·鲁塔甘达是一名表面上友好的饭店货物供应商，但也参与民兵和反图西族活动。保罗参观乔治的仓库时，看到数千把大砍刀从一个箱子里露出来——中国制造，每把十美分，乔治得意扬扬地向保罗说明。随后在影片中我们看到，这些砍刀被用来砍杀图西族的男人、女人和小孩。保罗的妻子塔蒂亚娜也是图西族人，他们有三个孩子。塔蒂亚娜的弟弟托马斯和妻子斐德斯带着两个小女儿（图西族家庭）来看望姐姐一家，此时镇上爆发了反图西族的暴乱。几天之后，托马斯告诉保罗说，他的一个胡图族朋友透露，他们正在密谋杀死所有图西人，代号是"高大的树木"。托马斯和斐德斯敦促保罗把塔蒂亚娜和孩子们送到安全的地方，但保罗不相信，他认为这样的事情不会发生，联合国将保护他们。实际上，联合国现在已将这家饭店当作指挥部使用。

电影《卢旺达饭店》（基加利发行有限公司，2004 年）以豪华饭店经理保罗·鲁塞萨巴吉纳（唐·钱德尔饰）为主角，故事发生时，图西族和胡图族之间爆发了冲突。保罗是一个顾家的人，没有政治关系，他通过劝说和行贿来满足客人的需求，出色地完成了工作，突然之间，保罗却要面临种种抉择，因为他的妻子（索菲·奥克妮多饰）和孩子以及成百上千的当地民众被卷入了冲突。由于鲁塞萨巴吉纳勇敢和无私的行动，1 268 名难民的生命得到了拯救。

　　美国和英国的记者与卢旺达的记者一起在饭店的酒吧里闲聊，并与当地妇女搭讪。记者们问如何解释胡图族和图西族之间的冲突，于是我们听到了（据说是真实的）故事：比利时人（卢旺达曾是比属刚果的一部分）通过培养浅肤色、小鼻子的非洲人并将其称为图西人来煽动分裂，称图西人是新

的上层阶级，会与比利时殖民势力合作；而胡图人不过就是人口中剩下的部分——肤色更黑、被排斥的非洲人。现在，胡图族被唆使报复那些不再享有任何特殊保护地位的人。

卢旺达总统在签署和平条约后遭到刺杀，保罗对仇恨能和平解决的希望破灭了。街上发生骚乱，保罗的图西族邻居来找他寻求保护，所以他费了很大力气贿赂将军，让将军允许他把所有人都带到饭店安置在空房间里。这时，"高大的树木"的消息传遍了当地的广播电台，保罗意识到他内弟说的是实话。一个红十字会志愿者开着一辆满载孤儿的货车前来，告诉他托马斯和斐德斯现在生活的区域被切断了联系。保罗恳求她再返回找找那家人。

虽然得到了将军的保护，但保罗和难民还是会遭到民兵甚至其他胡图族军官的威胁，保罗时时警醒，不断想出新的法子，用贿赂、谎言和好处来转移胡图族指挥官的注意力。更糟糕的是，保罗和饭店的一个胡图族工作人员格雷瓜尔结下了私怨，格雷瓜尔曾受到保罗和将军的惩戒。饭店的比利时经理离开后，保罗接管了饭店，并说服全体人员照常工作。

西方记者设法在饭店里拍到了附近街头针对图西族公民屠杀的镜头并在全球播出，此时保罗认为国际社会应该就会伸出援手了。但是记者杰克·达格利什向他道出了现实：人们可能在看到新闻时会惊骇，但随后就会转身吃午餐并把新闻忘掉。这并不是能引起世界关注的事情。联合国上校奥利弗用刺耳的语言证实了达格利什的说法：保罗和他的难民"只是"非洲黑人，美国电视观众和政客们不会坚持认为有必要帮助他们。新闻播出确实带来了行动——但只是所有白人/欧洲人从饭店撤离，包括记者在内。保罗不再幻想，他告诉塔蒂亚娜："我是一个傻子。他们告诉我，我是他们中的一员，而我……酒，巧克力，雪茄……我自食其果！他们给我的是屎——我没有历史——没有记忆……"塔蒂亚娜回答说："你不是傻子——我知道你是谁。"

第二天，灾难就降临了：当敌对的军事派别威胁要把所有的难民当成"蟑螂"杀掉时，保罗给饭店的比利时主管打电话。他和他们一直有联系，姿态始终是为他们着想的饭店管理者。现在，无法再抱有幻想了；保罗坦白地表示饭店的 800 多人都不是客人而是难民，他需要帮助。比利时主管临危不乱，开始给欧洲政府官员打电话。与此同时，保罗敦促难民，让他们给自己认识的身在外国并且有影响力的人打电话。保罗见到供应商乔治后，意识到了一个可怕的事实：乔治直接告诉他，对图西族的全面种族灭绝正在实施。在回去的路上（他们沿着乔治建议路线回去），保罗看到了大屠杀的后果：成千上万图西族人被杀。保罗意识到这种恐怖结局可能马上临到自己家人头上，于是告诉塔蒂亚娜，如果他不在了，万不得已时她和孩子们必须从房顶跳下来自杀，而不是被大砍刀杀死。

但是，比利时主管的努力和电话都得到了回应：包括保罗的家庭在内一些家庭可以获得旅行签证，他们立刻准备离开，但还不知道塔蒂亚娜与家人的命运。当载着幸运儿的卡车开走时，保罗看到那些被留下的人，意识到自己不能丢下他们，让他们去面对必然的死亡，所以他跳下了载着那些家庭到安全之地的卡车。

讽刺的是，当他返回并试图帮助留在饭店里的难民时，由于饭店工作人员格雷瓜尔的背叛，载有逃亡难民的车队遭到民兵的伏击，在将军的干预下，难民和联合国车队才被带回饭店——饭店在没有淡水和补给的情况下遭到围攻，一切又回到起点。保罗试图用偷偷藏在另一家饭店里的苏格兰威士忌向将军做最后一次勇敢的贿赂，但在那时，将军已经没有兴趣帮助难民了，然而看在过去的分上，他愿意带着保罗一起走。保罗向他表示，将军现在已经被视为战犯，对民兵和其他军事派别所犯下的每一次暴行都有责任，当清算的时刻来临时，保罗可以为将军做证。将军终于意识到，为了自己能全身而退，他必须帮助拯救难民。所以他们去了饭店，及时阻止民兵屠杀难民。保罗到处寻找妻子和孩子。他们有没有像他说的那样在绝望中从屋顶上跳下来？电影中最后的片段可以回答一些问题，但不是所有，在此我就不透露结局了。塔蒂亚娜和孩子们被发现时还安好吗？你已经知道保罗活了下来，1 268 名难民因为他而被救出——但发生了什么请你自行观看，然后你会更了解塔蒂亚娜和孩子们的命运，以及托马斯、斐德斯和他们的两个女儿经历了什么。

问题研讨

1. 电影是如何阐释"展望性"和"回顾性"的正义概念的？

2. 本片如何讨论人格问题？

3. 保罗说"我没有历史——没有记忆"是什么意思？请解释。对于该问题的深度分析，可以参考第十三章的"自我提升的伦理：叙事身份"。

4. 在我写作这一梗概时，另一场灾难正在非洲的另一地区，即达尔富尔发生，与卢旺达的悲剧非常类似。对条约的承诺已经做出，国际社会却不愿介入，担心类似的部落冲突会蔓延到非洲其他国家。我在此提出的问题是：你了解这些海外事件吗？如果了解，能否看出卢旺达和达尔富尔事件的异同？国际社会是否应该关注这类事件？如果不，为什么？如果应该，应该做什么？

第三部分
我该成为怎样的人？——美德伦理学

第八章
美德伦理学：从部落哲学到苏格拉底与柏拉图

在西方文明及伦理学历史上的大部分时间里，学者们反复思考的问题是：我应该做什么？从第三章到第七章，我们已经探究了这样的追问。思考何为人类合宜行为的理论常被称为行为伦理学。

还有一种更为古老的伦理学方法，过去几十年里，这一古老的传统经历了一次复兴。这种伦理学形式追问根本问题，即，我应该是什么样的？它集中关注特定个人品质或特定行为模式的发展——换句话说，关注我们所说的品质的发展。由于它根植于涉及如何成为有德之人的古希腊理论，因此这种伦理学通常被称为美德伦理学。尽管如此，美德伦理是一种比古希腊传统古老得多的现象，也见于其他很多文化。后文将介绍几种非西方的美德伦理。

何为美德？何为品质？

美德（希腊语：aretē）概念复杂难解。经过几百年的发展，这个概念能让人产生某些联想；所以在英语世界里，我们可能主要认为美德是一种积极概念——一个有德之人是你可以信赖的人。然而，我们也可能对其产生某种消极反应：有时，一个有德之人会被认为相当木讷，甚至可能道貌岸然。（说一个人"假正经"并不是恭维。）在日常语言中，"美德"常常涉及性节制，而这个概念根据不同的视角，当然也可以带有正面和负面的含义。2004 年，出版了一本叫作《养育才德少女》的书，这本书倡导根据关于纯净、谦逊、洁净等传统美德的《圣经》原则，来培养青少年时期的女孩。

然而，古希腊的 aretē 概念和今天我们与"美德"联系在一起的观念有很大的区别。aretē 源于古希腊战神阿瑞斯（Ares）的名字，最初必然意指具有战士特质。（此处我们插一句，英语中表示美德的 virtue 一词源自拉丁语中意为"男性"的词 vir。）尽管起源于久远的古代，但 aretē 一词对苏格拉底与柏拉图时代讲希腊语的人来说，并没有负面内涵，因为它意指一种完全不同类型的人：不是思想无瑕疵和行为毫无污点的人，而是能够一直做最擅长的事，并且做得出色的人。aretē 的这一层古代含义，在 virtuosity（精湛技巧）一词中有所体现。最初，有德之人指的是在所做过的事上都是 virtuoso（行家里手）的人，这是由于这人做出了合适的选择，养成了良好的习惯，更重要的是，这样的人已经成功发展出了一种好品质。

品质是先天的吗?

今天我们常常对品质概念持一种决定论的观点，认为品质是与生俱来的，我们对此无能为力。就算我们试图违背自己的品质，它最终还是会浮现出来。这种观点不一定正确，但无论如何，它是由哲学和心理学的现代思想流派塑造出来的。不是每个人都认同这一观点。常常有人指出，我们可能带着某种特定品质出生，但我们的品质在年轻时可以在某种程度上被塑造，当然品质也可以在一生中得到检验。这种观点更接近古希腊哲人对美德的普遍态度：品质的确是某种与生俱来的东西，但它也是我们可以也必须加以塑造的东西。我们不是品质的受害者，假如让自己成为难以驾驭的自我性情的牺牲品，我们就要受到责备。

非西方的美德伦理：非洲和美洲原住民

正如我在第一章所提到的，人们普遍认为，是苏格拉底将伦理学作为一门哲学学科引入了西方智识传统，也就是说，不仅是他自己，他也鼓励学生参与关于价值、良好品质与良好行为的理论探讨。当然，这并不意味着苏格拉底发明了道德、价值甚或伦理学。无法想象有哪种文化能够脱离价值体系或脱离判断社会行为好坏的道德准则而存在下去，因此，在智人文化出现的时候——根据新近的科学观点，大约在 20 万年前甚至更早——必然已经有了道德准则。（甚至在更早的古人类社会中，可能就有了共存的基本规则，例如"慷慨大方而不私藏食物"，"对老年首领表示尊敬"，以及"对部落忠诚"。）这些古代群体（参见第二章）也有自己的故事，即神话与传说，这些故事可以解释一切如何起源，以及为什么人类应该以这种而非那种方式行动。所以如果我们认同伦理学是对道德准则做出解释或提出疑问的学问（见第一章），那么也可以说，伦理学在漫长的时期中是人类社会结构的组成部分。有的故事至今仍以民间传说的形式保存在人们的记忆库中，有的保存在存续至今的古老宗教或已消逝的宗教的残存著作中。值得注意的是，在本书谈及的某些文化中，道德价值体系也强调行为表现——做正确的事，但现有的绝大部分的古代故事，以及世界各地的部落文化，似乎都倾向于美德伦理的方式，即注重培养好品质。

尽管本章主题是柏拉图和他老师苏格拉底的哲学，但我们会先通过两个非西方传统，即非洲和美洲原住民的部落文化来简要介绍部落美德伦理这个现象。

非洲美德理论

对于西非（加纳地区）的阿坎人来说，道德在于形成好品质。尽管人们可能已不会将今天的阿坎人归为古典意义上的"部落"，但他们的文化源头是一个部落化共同体，其中宗教、道德价值和民间传说一起决定着他们共同的人生观。在《论非洲哲学思想：阿坎人的概念体系》一书中，身为阿坎人的学者夸梅·基耶奇强调，阿坎人并不认为伦理是 Onyame（神）的律令，而是认为伦理来源于人。基耶奇说，只要涉及宗教，阿坎人就会采用一种自然法的方式来看待道德：如果某事在道德上是有意义的，那么这就是它成为道德律的理由，而不在于其与超自然存在有关联。

基耶奇描述了阿坎人关注美德与品质的伦理。当一个人做了坏事的时候，人们不会说"那人做了坏事"，而是说"那人是一个坏人"。一个人如何成为好人呢？在每一种美德理论中，这都是一个困难的问题，因为"品质"往往是与生俱来的。然而，阿坎人的伦理认为，与亚里士多德的黄金中道类似（见第九章），我们能够通过培养好习惯来追求好品质。教授好习惯的最好方法就是*讲故事*。与大多数传统的西方伦理学家相反，阿坎思想家并没有忘记，孩子们首先是通过故事来理解对错概念的，这或许也是他们理解对错概念的最好方式。故事和谚语让孩子们熟悉美德。基耶奇指出，人们还是可以选择行为并对其负责的，因为如果他们以道德错误的方式行动，就意味着他们尚未以应有的方式形成自己的品质。

这就构成了行为伦理与美德伦理之间的关联，基耶奇说：是你所做的事让你成为一个好人，而不是因为你是好人所以从一开始就做好事。根据阿坎人的道德哲学，最初，人生来是道德中立的。

阿坎人赞同什么样的美德？善良、诚实、同情与慷慨都属于关键性的美德。阿坎人的价值观在某种意义上是功利主义的，即任何促进社会福利的事都是好事。即使是神赞许的美德，关键也在于对人们有利。在阿坎人的道德思想中，最重要的是共同体的福利。当人们养成社会公德，共同体就会繁荣。在《论非洲哲学思想：阿坎人的概念体系》中，基耶奇写道：

> 阿坎人认为……人类最初就诞生在人类社会（onipa kurom）中，所以从一开始就是社会存在者。根据这一观念，人是不可能过与世隔绝的生活的。因为不仅人生来不是过孤立生活的，而且个体所具备的能力不足以满足人类的基本需求。因为一个人……不是一棵棕榈树，无法自给自足。

阿坎人将故事作为道德理解的路径，这一观点与本书的前提很接近：作为社会化的人类，我们可以通过聆听和创造故事来探究伦理体系。在每一种文化中，道德教训似乎都是先通过故事来教授的（见第二章），在阿坎人的道德领域，神话和民间故事引导年轻人成为有责任感的共同体成员。塔塔·恩都（见第三章提到的《毒木圣经》）也强调共同体的重要性。与讲故事有着密切联系的*社群*主义哲学，也可以在古希腊的美德伦理中发现。

美洲原住民价值观

在美国乃至全世界，北美印第安人部落的价值体系获得了神话学的地位。美洲原住民的价值观被认为是生态美德的代表，因为人们普遍认为这些部落与大自然和谐共处，并不滥用自然资源。人们之所以认为存在这样的和谐，是因为美洲原住民的道德共同体观念。对于传统的美洲原住民来说，构成共同体的不只有部落里的人，还有他们的非人类邻居：动物、山岩的魂灵、树、风与水。在汇编印第安神话传说时，理查德·欧朵思和阿方索·奥提斯收录了白河苏族关于前哥伦布时代的故事，那时"我们与动物远比现在更亲近；很多人懂得动物的语言；他们可以与鸟交谈，与蝴蝶窃窃私语。动物可以化身成人，人也可以成为动物"。

生态学家 J. 拜尔德·卡利科特在《综述传统美洲印第安人与西欧人对于自然的态度》一文中说，尽管不存在单一的美洲印第安人信仰体系，但存在一种在印第安部落中占主流的自然观念。卡利科特认为：

> 奥吉布瓦人、苏族人，我们可以说大部分美洲印第安人，所生活的世界里不仅有人类，还有与种种自然现象相关联的位格者和人格者。在这样的一个世界中，为了个人和家庭的福祉，有必要不仅与亲近的人、部落中的近邻维持良好关系，而且与周遭环境中的非人类人格者保持好关系。例如……在奥吉布瓦人中，"当在春天找到熊冬眠的兽穴时，他们会呼唤熊，请熊出来以便将它们杀死，并向熊道歉"。

比起欧洲甚至亚洲的居民，大多数北美原住民与其生活环境的关系非常不同。猎人在猎杀前会召唤动物的魂灵，请求魂灵准许他们将动物杀死，并许诺以某种牺牲做回报；猎人不会过度杀戮，也不会浪费其猎物的任何部分；部落中的女人会充分利用猎物的每一部分；通过采集植物根茎、浆果等，女人为部落提供大部分的食物；因为他们过的是游牧式的生活，所以人们不会在一个地方过度停留而将资源用尽。有证据表明，在部落人群与环境之间存在密切的宗教性关系，对于季节、动物迁徙、动物与人的精神之间的相互关系，人们的理解是，人类在事物的总秩序中只起很小的作用，而且绝不是最重要的。也有证据表明，19 世纪的一些印第安人为了对万物之母（地球）表示崇敬而拒斥农耕，理由是不能在母亲的胸膛上开沟耕田。纳瓦霍人的一首颂歌称赞了这个世界的美好，歌词里有

"美在我前，美在我后"，世界并不只是有待开发的空地。

这样的价值观可能非常吸引现代人、西方人、深爱自然的人，因为如今，人们很少将自然视为自治整体欣赏，而开发这个词似乎意味着在居住区出现前什么都"没有"，或至少是"没有价值"的。然而，对采纳美洲原住民价值观的现代人来说，可能有另外的问题。卡利科特本人强调，美洲印第安人对自然的态度并不是真正意义上的*自然环境保护主义*，因为它不是科学的，而是道德与社会秩序的组成部分。我们不能进入美洲印第安人中复制他们的生活方式，因为他们的社会关切不再是我们的社会关切（如禁忌与捕猎行为），但我们可以把它看作一种理想，一种选项。那么，这种选项是什么呢？用卡利科特的话来说：

> 总体上说，美洲印第安人将自然世界视为可通灵的。所以自然存在物可以像人一样感觉、感知、思虑与主动反应。人格者是社会秩序的成员（人格者的操作概念包括社会交往的能力）。社会交往受（文化上可变的）行为约束、行为准则所限，我们将这些限制总体上称为礼貌、道德与伦理。

这是否意味着美洲印第安人对周遭的自然有一种社会秩序意识？我们不能做此猜想。现在看来很清楚的是，亚利桑那州和新墨西哥州的阿纳萨齐文化中的人在悬崖城市居住了几百年之后，抛弃家园，部分是因为大旱，部分是因为他们耗尽了环境资源：森林消失，表层土流失，所以他们只能离开。尽管平原印第安人不会猎杀超出他们处理能力的动物（因此动物种群没有受害），但他们的成功部分是因为猎人数量不多。假如他们有能力处理大量猎物，当时的动物种群肯定会减少。现在有人猜测，猛犸象从地球消失，部分是由于北美以及欧亚大陆人类非常有组织的猎杀。人类，无论什么部族，都有极其谨慎和极其贪婪的潜力；我们应该慎之又慎，不要给某一人群贴上"圣人"的标签而视其他人群为"罪人"。但是，如果看看今天在美国西南部和其他地方的美洲原住民部落，我们就会发现他们对于生命和人类在自然中的角色的态度，的确是基于一种关注万物平衡的价值体系：只有在与环境和谐相处时，人类身心才是健康的，为使人类保持健康，大自然也应该处于类似的和谐状态中。内外和谐的思想一度随着美洲印第安文化的衰退而近乎消失，但随着人们对文化传统的兴趣和自豪感的增加，这种思想复兴了。在知识窗 8.1，你可以读到一位早期加拿大环保人士在今天仍有意义的思想。在第十三章，我们会重返尊重自然即美德这一主题，还将看看与气候变化的辩论有关的伦理学。

知识窗 8.1　灰枭阿奇与价值问题

如你所见，美德伦理是价值理论的一种原始形式，它集中关注品质问题而非行为与社会政策。第九章和第十章将谈到，有时美德伦理可以补充行为伦理，有时两种伦理会针锋相对。关于这种对立的一个有趣案例是一位曾经非常有名望的加拿大环保主义者，但他后来"失去恩宠"，被人遗忘，直到最近他的环保努力再次被认可。他就是灰枭阿奇。

20 世纪 30 年代，加拿大的大片森林成为开发焦点，野生动物的栖息地越来越小。灰枭阿奇自称是奥吉布瓦印第安人的养子，但其生父是苏格兰人，生母是阿帕奇人，他成了最早呼吁人们关注大自然内在价值的环保主义者之一。他最初是一名设陷阱的猎人，后来在他的奥吉布瓦妻子格特鲁德 /阿娜哈瑞奥的影响下，他决定不再猎杀野生动物取利，他们一起收养了两只河狸幼崽。他举行巡回演讲，写下了多本关于加拿大荒野的畅销著作，这些作品被译成多种语言，销往世界各地。他为环境发声，深受重视，因为他非常雄辩，而且从多个原住民族群的角度讲述。他在 1938 年去世时，人们才知道他根本不是加拿大印第安人：他是来自英国黑斯廷斯的阿奇博尔德·贝兰尼。他小时候很喜欢加拿大和美国西部的故事，特别喜欢印第安人的故事，18 岁时，他坐船来到加拿大，消失在安大略省北部的森林里，在那里做猎人和向导，过着他儿时梦想的生活。他确实和奥吉布瓦印第安人一起生活过一段时间，但他对媒体和传记作者所说的一切都是捏造的。于是，灰枭阿奇为保护加拿大荒野所做的工作都染上了污点，他的名字和作品也成了一种尴尬。

但现在，灰枭阿奇又得到了重视；如今，人们再度认可他极力提倡保护荒野的主张是对加拿大历史的无价贡献，至于他伪造身份并"获得成功"的故事，许多人觉得很有意思，而不是受到冒犯。（或许也是因为他所蒙骗的大多数人已经逝去。）不过，与本章相关的问题是：根据行为伦理，灰枭阿奇确实在谈到自己背景的时候说谎了，但谎言成就了重要的事情；对康德主义者来说，谎言是不能原谅的，但对功利主义者来说，灰枭阿奇因其努力而值得赞扬。从美德伦理的角度看，最重要的是灰枭阿奇接受了他渴望成为其中一员的第一民族文化的价值系统，他认为社会关系不仅存在于人类之间，而且存在于人类与荒野生灵及荒野本身之间，这呼应了前面引用的 J. 拜尔德·卡利科特的话。但正如本章正文谈到的，原住民对于自然的尊敬在传统上并不是环保主义的。这就是灰枭阿奇思维方式的新颖之处，他以奥吉布瓦人的美德伦理为基础，用环保主义的理念触达加拿大的"白人"社区，他既了解他所接受的文化的价值体系，也了解西方世界的语言和思维，从而在二者间架设了桥梁。在你看来，什么更重要？是灰枭阿奇关于自己出身的谎言，还是他让西方世界意识到保护大自然及其中生灵的价值的做法？

美德伦理在西方

古代西方的美德伦理学经历过什么？为什么近来美德伦理又为伦理学者所复兴？大体说来，影响了美德伦理学的是基督教，基督教强调遵循上帝的规则和根据上帝的意志行动。在许多个世纪里，古代世界的教导都是，美德关乎人品质的塑造，言下之意是，一个人一旦成功，就有理由为自己所成为的而骄傲——他可以为把自己塑造为有德之人而堂堂正正地自豪。（在下一章中，我们会看到它如何成为亚里士多德美德理论的重要部分。）但在基督教思想中，如果没有上帝的帮助和恩典，一个人什么都做不成，这就意味着一个人不能因成为一个好人而居功，只能将赞美和荣耀全然归给上帝，Soli Deo Gloria（荣耀唯独归于上帝）。在古典传统的教导和新兴宗教的道德及哲学观念之间，一道裂痕出现了。分歧已不局限于口头辩论，基督教历史上，第一次（不幸的是，这不是最后一次）出现了暴力。知识窗 8.2 列举了一些暴力事件。一个非暴力但具有重要象征意义的事件是，公元 529 年，东罗马皇帝查士丁尼关闭了雅典柏拉图和亚里士多德的学园，此前学园已持续运转了超过 800 年。（相较而言，欧洲最古老的大学是 1088 年始建于意大利的博洛尼亚大学。巴黎大学的前身创建于 1160 年，牛津大学于 1190 年开放授课。哈佛大学 1636 年成立，哥伦比亚大学 1754 年成立。）在本章后文以及下一章，我们会探讨关闭柏拉图和亚里士多德的古老学园的影响。

做正确的事成为基督教伦理的主要命令；尽管如此，美德与罪恶的概念也成了其中的重要元素。在基督教传统之内，在被基督教传统所塑造的西方人生观的方方面面，美德理念都是核心，但伦理学家指出，基督教传统关注的与其说是*塑造自身品质*，不如说是认识到人类品质的脆弱性，并相信在上帝的帮助下，一个人或许能够选择去做正确的事。

从文艺复兴到进入 20 世纪，关于伦理的问题很少关注如何做正确的事来取悦上帝，而更多关注为了普遍幸福而做正确的事——因为做正确的事是审慎的或符合逻辑的。然而，当今对美德伦理感兴趣的学者提出了以下论点：你或许会选择做"正确的事"来取悦上帝、逃避不愉快的结果、让大多数人幸福或满足你内在的逻辑需求，但这样的你还不是一个值得钦佩的人。你捐助慈善事业，按时纳税，记住侄子侄女的生日，帮身有残疾的人开门，但可能同时仍是一个孤僻刻薄的人。正如我们在讨论心理利己主义的章节中所见，你可能会做各种各样"正确"的事，只为得到进入天堂的通行证、受人夸奖或让他们欠你人情。因此，"做正确的事"并不能保证你是一个具备好品质的好人。然而，如果你为培养好品质而努力，比如，努力成为勇敢、愿意保护他人、宽容或有同情心的人，那么，基于相关的品质特征，你就会*自然而然地*做出关于行为和行动方案的正确决定。换句话说，美德伦理被认为比行为伦理更根本，能够产生更好的结果。

知识窗 8.2　宗教狂热的牺牲品

自 2001 年以来，我们听到了很多关于宗教激进分子和宗教狂热的新闻，世界各地的人都能感受到这种狂热的毁灭性结果。很多人不了解的是，在基督教发展早期，一些基督教狂热分子曾在非基督徒中间制造恐怖，因为那些狂热者拒绝接受传统希腊罗马世界的所谓异教价值观。在埃及亚历山大，就发生过两起可以称为恐怖主义的事件。公元前 415 年，一群狂热的基督教修士可能受亚历山大主教的怂恿，攻击并杀害了有史以来第一位女哲学家希帕蒂娅，她是亚历山大新柏拉图学派的领袖。据我们所知，希帕蒂娅讲授过柏拉图、亚里士多德和毕达哥拉斯的思想，所以激进分子将她与异教信仰联系在一起。在一次宗教骚乱中，当她坐着马车穿过城镇时，暴徒把她从车上拖了下来，扯下她的衣服，用蛤蜊壳割下她的皮肉。希帕蒂娅过去在亚历山大图书馆（或者说其剩余部分）进行研究，图书馆由亚历山大大帝的将军托勒密一世所建，后者建立了一个埃及王朝（公元前 4 世纪）。图书馆在许多个世纪里持续扩建，可能收藏了大部分古希腊哲学、文学和科学著作，或者是原版，或者是手抄本。在托勒密的后代克娄巴特拉女王统治期间，图书馆的一部分被罗马军队烧毁，可能是误烧的。图书馆的另一部分在公元 391 年也被焚烧（与一个异教神殿一起），这无疑来自基督教激进分子的破坏。当然我们要知道，这些狂热的小群体只是例外。罗马帝国的大多数基督徒都不是极端主义者，也不提倡恐怖主义，今天的信徒也是如此。公元 380 年，罗马皇帝狄奥多西将基督教奉为罗马国教；此前，皇帝君士坦丁已在公元 312 年改宗基督教，公元 325 年，在尼西亚会议上，基督教主教们确立了基督教正典。

关于亚历山大图书馆还有最后一句话：它最终于公元 646 年毁灭在入侵的伊斯兰激进分子的手中。学者们估计，图书馆被毁可能导致科学倒退了一千年，在哲学、文学、戏剧和人工制品等人文方面的损失无法估量。还有更深刻的教训，即宗教狂热不是某一宗教的垄断或发明，过去或现在皆是如此。

在今天关于伦理学的讨论中，美德和行为孰轻孰重，人们是有分歧的；然而，如果没有对行为重要性的认知，美德理论就不完整。我们可以拥有非凡的

希帕蒂娅（约 370—415 年），亚历山大新柏拉图学派领袖，我们所知的第一位女性哲学家，她乘马车通过暴乱中的街道时遭遇拦截，遭到基督教激进分子的折磨，最终被杀。

"品质"，但如果永远不能转化为行动或行为，品质就没有什么用处——而且，如果不去做正确的事，我们如何能够培养一种好品质呢？康德的义务论是最倾向于以行动为导向的伦理理论之一，而品质问题也植根其中。在康德看来，展现为善良意志的好品质，对他人最根本的尊重，以及对道德律本身性质的敬畏，在道德决策过程中是必不可少的。实际上，其后期作品《道德形而上学》的一半篇幅都在关注美德学说（你可以在第六章读到其中关于说谎的选段），他原本所说的善良意志，在此被更名为美德性情。我们是应该选择行为伦理还是美德伦理，这个问题犯了假二择一谬误或假两难谬误（见第一章）；我们当然可以认为这两种思路都值得采纳。

在本章其余部分和下一章中，我们会讨论柏拉图和亚里士多德的古典美德理论。然后，我们会看看现代美德理论的一些例子。

出色的导师：苏格拉底的遗产，柏拉图的著作

俗话说，好老师让自己成为多余。换句话说，好老师让你成为你自己的权威，他们不会让你永远停留在学生的心智水平上。事实上，对其追随者有着相当大影响的伟大人物，往往在这方面失败。对教导者来说，放手并将工作视为已完成是很难的（无论教导者是教授还是父母）；而对学生来说，吸收教师的权威又往往很有诱惑力，因为生活已经够难了，没有必要事事自己做决定。尽管如此，

好老师或好父母帮助学生养成的应该是自主，而非依赖。

如果柏拉图仅仅是一名模仿大师的学生，那么苏格拉底与柏拉图之间的师生关系可能不会变得如此有名。用苏格拉底自己的话（至少是借柏拉图之笔）来说，好老师不会将自己的理念强加给学生，而是会充当唤醒学生沉睡智慧的助产士。在许多方面，苏格拉底成了一种哲学理想。就像我们将看到的，面对逆境和危险，他坚持自己的理念；他相信每个人的心智能力；他为唤醒民众的批判性思考意识而努力，而不是给他们一套去遵循的规则，而且最重要的，他认为"未经省察的生活是不值得过的"。

雅典人苏格拉底

我们对苏格拉底的了解有多少？无疑，他在世上生活过——尽管柏拉图经常使用诗意的语言，但苏格拉底不是柏拉图虚构的人物。雅典喜剧家阿里斯托芬在其戏剧《云》中提到了苏格拉底（虽然是以有损其形象的方式）。事实上苏格拉底没有留下著作，因为他的交流形式就是讨论、现场谈话，也就是人所共知的"对话"。从"对话"（dialogue）一词而来的是苏格拉底特殊的教育方法术语，即辩证法（dialectic method，有时也称苏格拉底式方法）。这种教育方法只使用谈话，没有写下来的文本，并不是为了影响后人而设计的，但后人还是间接通过写下的文本，即柏拉图的对话录，而感受到了苏格拉底极大的影响力。

据我们所知，苏格拉底大约在公元前470—前399年生活于雅典。他父亲是雕刻匠，母亲是助产士，他与赞西佩结婚并育有子女。他是雅典的哲学、科学和修辞术教师队伍中的一员，当时雅典政治动荡不安（贵族与民众对抗），希腊在希波战争后随即经历了文化成就的黄金时代，其中就包括雅典卫城内帕台农神庙的修建，但实际上它已处于衰落边缘。当时最重要的政治元素是城邦，即 polis［politics（政治）一词的词源］。希腊的地形很有特点，内陆高山林立，海岸附近有多座岛屿，在几百年的时间里，形成了一种特殊的力量结构：面积小、独立、强大的城邦彼此交战和/或进行贸易。雅典和斯巴达是两大区域。每一区域本身就是一个国家，人们认为自己在地理上属于希腊，但在政治上则特属某一城邦。所以对于雅典人来说，雅典公民的身份比希腊人身份更重要。身为某一城邦的自由公民是一种荣耀。今天有人可能会批评这种自豪为过度的民族主义；但对当时的希腊人而言，这是合理的感情。苏格拉底年轻时是雅典步兵团的士兵，以勇敢著称。对雅典的忠诚是他一生所坚持的；事实上，他从战场回来后，就一直留在故乡。

在柏拉图的对话录《斐德罗篇》中，苏格拉底和他的朋友斐德罗来到城外，谈论着自然之美以及花草树木，以至于斐德罗说苏格拉底的举动就像个游客。苏格拉底同意，因为他从来没踏出过雅典城外，更不要说去奥林匹克竞技场了。雅典城对他来说就是一切。生活就是身处民众当中，交谈、讨论、与朋友为伴，这对他很重要，自然尽管可能很美，对他而言却不那么重要："我的嗜好是学习。树木和田园风光并没有欲望教导我任何东西，只有城里的人可以做到。"

这样的话从今天生活在大城市的人口中说出，并没有什么不寻常——纽约或巴黎或里约热内卢应有尽有。我们中的大部分人会认为这样的人错过了某些东西，但苏格拉底的态度对我们理解他在人生终点的行为而言非常关键。

苏格拉底之死和柏拉图的著作

很多文化都认为，在一个人过完一生之后，才能对其人生做出评价，人生的结局有助于定义甚至决定我们如何看待这个人的一生。那样可能非常不公，因为很少有人能够完全掌控一生，所以我们不希望自己一生的成就被评判时，主要的依据是超出我们控制范围的情况。然而对于苏格拉底而言，就其赴死来评判他的一生恰如其分，因为面对不幸，在最后"无法控制的情况下"，他看起来依然完全控制着*自己*。也因为如此，苏格拉底既是哲学家的典范，也是做人的楷模：他没有低头，而是用勇气和理性直面不公。

在度过古代人眼中漫长的人生岁月（约70年）后，苏格拉底发现自己陷入了由若干因素导致的政治困境。第一，苏格拉底在雅典的年轻人中有着巨大的影响力，这些年轻人未来可能具有政治影响力，他们很多是贵族子弟。第二，苏格拉底公开授课（在正式的课程、学校和学园制度出现之前，公开授课在当时的雅典很常见），学生们熟知苏格拉底的方法，任何在苏格拉底讲课的时候穿过阿哥拉（agora，公共广场）的城邦议会成员也是如此。苏格拉底运用讽刺的方法使人明白他的意思，常常促使政治人物加入讨论，他假借无知，诱使谈话者展现出自己的无知或偏见。学生们因此崇拜着他，因为这是终极的"质疑权威"。苏格拉底可能以一种迂回的方式严肃声明自己是无知的，他的听众可能没有意识到这一点。苏格拉底不坚持任何一种对现实的观念，除非该观念可以经受住理性的检验；换句话说，在调研和讨论之前，他不会承认自己确定地"知道"任何事。这种态度本质上是谦逊而非傲慢，而他的敌人似乎并没有理解，多年里，他树敌颇多。第三，最难以捉摸可能也最重要的因素是，雅典变了。从前，雅典是相对自由的思想交流场所，西方智识世界无可非议的中心，如今，人们在雅典需要更谨慎地表达自我。反对渎神的旧法律现在被更为彻底地执行，人们因对城邦的冒犯而受到驱逐。原因在于，经过了与斯巴达的连年战争、政治动乱，以及随之而来的对异议者的猜疑，雅典大为衰落。在苏格拉底一案中，最重要的问题是他对民主政府（不是现代政治或党派意义上的"民主"，而是一种城邦的男性公民可以表达政治意见的政府形式，与少数人把持的寡头政府形式相对）持保留意见。在苏格拉底一生的大部分时间里，雅典都实行民主制，但雅典在经历与斯巴达漫长的伯罗奔尼撒战争并落败后，有一段短暂的混乱时期，此时一个贵族群体把持了权力并颠覆了体制。该群体就是"三十僭主"，其领袖克里提阿斯一直是苏格拉底圈子中一员，尽管苏格拉底本人失宠于僭主，但学者们猜测，僭主倒台后，虽然新的雅典民主政府赦免了所有相关人员，但苏格拉底的一些敌人仍要清算宿怨。苏格拉底的另一个早期伙伴阿尔西比亚德，对一次重要海军远征中的严重错误负有责任：他逃跑了，远征队覆灭。这些可能都与苏格拉底后来的困境

苏格拉底的话有时出现在大众文化中，正如关于一名年轻警察及其家人的漫画《起跑》所示，漫画中的母亲知识渊博，她引用了苏格拉底的话。流行文化领域中的另一个和苏格拉底有关的例子是电影《比尔和泰德历险记》，尽管比尔和泰德一直将他的名字念错。

有关。

最终，苏格拉底的敌人采取了行动。通过政治手段无法除掉苏格拉底，他们转而诉诸一个标准指控：苏格拉底"亵渎神灵，败坏青年"。苏格拉底由500名雅典男性公民组成的陪审团进行审判和定罪。陪审团先就定罪还是无罪开释进行一轮投票，如果投票结果显示他有罪，就会再进行一轮投票来决定惩罚形式，也就是我们今天所说的"量刑阶段"。苏格拉底本人做了两次演讲，一次是为自己申辩，另一次是谈论对他的惩罚。他在量刑阶段的演说主要是在挑衅地建议，对他而言合适的惩罚不是死亡，而是为他服务于城邦而褒奖他，就像褒奖体育英雄一样：他应该得到雅典全城的招待。

判决是由简单多数决定的，而不是一致通过。对于苏格拉底是否有罪，陪审团成员的态度接近一半对一半：有人推测如果再多30张支持苏格拉底的票，他就可以被无罪释放。也许是有280票认定他有罪，220票认为他无罪。如果两边票数相等，就会对被告有利。但在苏格拉底发表关于"褒奖"的演说之后，赞成死刑的票数就比认为他有罪的票数高出了许多。这意味着，原本认为他无辜的人现在被他的行为激怒，于是投票赞成判他死刑。

苏格拉底的敌人也许并不是想通过死刑来除掉他。对于此类指控，被控公民的通常回应是离开本城，去到希腊境内的其他地方，而且有很多地方可以选择，因为希腊领土一直延伸到意大利和中东。但苏格拉底选择受审，认为离开就是承认自己有罪，他的命运看起来已经注定。即使如此，在最后一刻，仍有一些有权势的人在为释放他而运作；他的很多朋友都有相当大的影响力，他们密谋将他从监狱中救出来，带到他乡的一个安全之境。在柏拉图的对话录《克力同篇》中，我们可以看到苏格拉底的好朋友克力同如何恳求他听取朋友的话，让他们帮助他逃跑和求生，因为"否则人们就会说我们没有尽力帮你"。苏格拉底回答说：

> 正义和不正义、丑和美、善与恶，都是我们现在要讨论的主题，在这些问题上，我们是应该遵从众人的意见并畏惧他们，还是应该遵从对此有透彻理解的人的意见？……那么我的朋友，我们一定不要理会众人对我们的评价，而要听从那个对正义与不义有深刻理解之人的说法，听从真理本身的说法。

克力同建议苏格拉底逃走，因为他被不公之法判为有罪，对此苏格拉底回答说，错上加错不等于正确，雅典的法律这一生都支撑着他；即使不公，它依然是雅典的法律。如果他，苏格拉底，过去就是一个不那么忠于雅典的公民，他可能会选择离开，但他从没离开过城邦，他相信他的人生必须倚赖对法律、理性规则与美德的尊重，而不能违背它们。

因此，雅典公民苏格拉底无法设想离开城邦的生活，哪怕不离开城邦他就会面临死亡。

苏格拉底是否能以更好的方式来为自己申辩？考虑到500人的陪审团中，只是勉强过半的多数派认定他有罪，要转变陪审团的心意似乎不必花太多功夫。在柏拉图的对话录《申辩篇》中（选段见本章的基础阅读部分），苏格拉底对审判者说话时，并没有小心翼翼或使用外交辞令。他假定他们将运用理性审判并理解他的观点，他似乎不太理解许多人对他的巨大敌意。当然，最终结果是他被判定为有罪。回过头来看，他如果采用另一种风格的申辩，甚至只是稍微带些歉意，他可能就不会被判死刑，因此，很多人猜测他打算以死明志，所以可能没有做什么努力。这种说法可以一直追溯到柏拉图的同时代人色诺芬，他认为苏格拉底是有意对抗陪审团以使自己被定罪。另一些人深信他并不是这样，并主张他是以一种完全符合自己人格和人生观的方式在申辩，他以他的方式在法庭上抗争，直到最后。知识窗8.3推测，如果苏格拉底没有被处死，我们所生活的世界可能会大不一样。

在故事部分，我们会见到另一个历史人物，托马斯·莫尔爵士（电影《日月精忠》），他显然也做了同样的选择，认为坚持真理比苟且偷生更重要。这并不意味着他或苏格拉底打算去死。我们可以说，与个人关切相比，他们更愿意选择正直诚实，苏格拉底的事迹可能正是因此而动人。

苏格拉底有罪吗？他的控告者可能认为他有罪，尽管我们可能很难想象是出于什么理由。他亵渎了任何神灵吗？看起来他一直是有信仰的人，他常常制作供神的传统祭品，柏拉图的对话录中，他也常常提及神灵或"神"。但苏格拉底也提到"daimon"（魂灵），这个内在于他的微弱声音会告诉他应该做什么。很难确定他是仅仅在谈论自己的良心，还是说他相信某些守护性的魂灵，但在他的控告者看来，苏格拉底似乎极力要引入新的神。他败坏了雅典的青年吗？是吧，如果你

雅克-路易·大卫在《苏格拉底之死》（1787年）中展现了这样的场景：苏格拉底仍在和朋友探究生死问题，即使他很快就要饮下心慌意乱的狱卒为他准备的一杯毒药（此图系根据大卫的画作复制）。

（©Hulton Archive/ Getty Images）

相信教导青年独立思考、在对真理的寻求中运用自己的理性，就是在败坏他们的话。在他为自己辩护的演讲中（见基础阅读部分的《申辩篇》选段），苏格拉底请认为自己被败坏了的青年上前来；当然，他圈子里的青年没有一个这么做。

知识窗 8.3　如果苏格拉底未被处死会怎样？

如果陪审团确信苏格拉底无辜，或如果苏格拉底被克力同说服，愿意离开雅典，会发生什么？如果苏格拉底未被处死，很可能柏拉图就不会成为作家或哲学家，因为他不会觉得有必要为后代保存苏格拉底之名并赋予他哲学上的不朽。而如果没有柏拉图的作品，就不会有柏拉图主义，也不会有影响古代直至基督教时期 900 多年的学园。没有柏拉图的学园，从斯塔吉拉到大城市雅典求学的年轻人亚里士多德就不可能成为哲学家。如果没有亚里士多德的哲学，会怎么样？那样的话，大学的结构可能会和今天的不同，科学将会有其他类别，伦理学将会不一样，基督教会少一部分元素。如果苏格拉底自然死亡，我们的世界可能会有很大的不同。

　　柏拉图向我们展现了苏格拉底人生最后的庄严时刻，也给历史和哲学留下了一位选择为理性原则而死之人的遗产。柏拉图的《斐多篇》生动描述了这一情景。柏拉图写道，他本人因为生病没有在场，苏格拉底之死的故事是苏格拉底的另一个学生斐多讲给他听的，但有人推测，柏拉图可能预先得到警告，因为担心苏格拉底的支持者会遭到报复而离开了雅典。在最后的时刻，苏格拉底的朋友和学生们聚在一起向他告别。他们几近崩溃，苏格拉底则竭尽全力让他们保持振作。甚至端来毒酒的狱卒也因会引起他的痛苦而向这位老哲学家致歉，希望苏格拉底不要恨他。苏格拉底向他保证不会那样并饮下了毒药——一种毒芹的提取物。苏格拉底继续讲话，但大限很快到来。他躺下来，盖上毯子，完完全全盖住身子。然而就在那时——对朋友们来说这一定是难忘的一刻——他将毯子从脸上移开，说出最后的话。这位大师最后的话是什么呢？并不是他们过去常常听到的那种智慧的话语，比如"未经省察的生活是不值得过的"。他对老朋友克力同说："我欠阿斯克勒庇俄斯一只公鸡，你能记得帮我还上吗？"克力同答应他会，几分钟后苏格拉底就死了。从那时到现在，哲学家们一直在讨论这一请求的真正内涵。苏格拉底是想起了未还的债，还是在说象征性的话？阿斯克勒庇俄斯是常见的希腊名字，也是康复之神的名字。他是不是想让朋友将公鸡献祭给神，因为阿斯克勒庇俄斯"治愈"了他——将他的灵魂从身体的禁锢中解脱出来？我们只能猜测。

　　苏格拉底之死对柏拉图的影响是深远的。柏拉图大约生于公元前 427 年，在 13 年的时间里，他一直是苏格拉底的非正式学生，老师的死导致他离开雅典 12

年，在此期间他去了埃及和西西里等地游历。最终他返回雅典，在公元前367年以前的某个时候，他创立了自己的哲学学园，即阿卡德米（柏拉图自己的家，以希腊运动英雄阿卡德摩命名，学园向学生开放）。该学园看起来是更为正式化的教育机构的雏形，会举办定期讲座，还有几名与学园相关的教师。学园一直开放到公元529年，因基督教势力而关闭。柏拉图继承了老师的衣钵，开始通过写作对话录来重建苏格拉底的智识遗产。这些著作依然是哲学上极具影响力的作品，但它们同时也是文学著作，像古代戏剧一样辉煌灿烂。从第一部对话录起，柏拉图就展现出讲故事的才能，这很有意思，你也许记得我们在第二章中提过，柏拉图本人并不赞成艺术，因为他认为艺术诉诸人的情感并让他们忘掉了理性的冷静平衡。然而，柏拉图的作品本身就是艺术。而且，如第二章所述，他讲故事的才华的来源很有意思：在遇到苏格拉底之前，柏拉图是一名剧作家，曾参加古希腊一年一度的戏剧创作竞赛。我们也许可以说，他将才华运用于创作经久不衰的哲学化文学作品——对话录，这些对话录无论意图和目的如何，都是戏剧作品。但具有讽刺意味的是，《理想国》试图劝人不要去看戏。在柏拉图的对话录中，苏格拉底和他的朋友及学生形象鲜活。我们理解他们的谈话方式，也获得了深入其思想的洞察力，而这些思想有的与当下时代相隔很远。柏拉图对苏格拉底的描绘非常生动，可能也相当准确。然而，学者们认为，在柏拉图晚期的对话录中，苏格拉底的形象已非常不同，更多是柏拉图心目中的理想化哲学家的形象，而不是苏格拉底本人。实际上，在柏拉图晚期对话录中，苏格拉底更像是柏拉图形而上学理论的代言人，那些理论很可能并不出自苏格拉底本人。这或许意味着苏格拉底的确是一个好老师，没有阻碍柏拉图在智识才情上"毕业"。这也意味着，柏拉图通过终生向苏格拉底致敬，表明你可以杀死一位思想家，但杀不死他的思想；因此在某种意义上，柏拉图让早已死于雅典审判者之手的苏格拉底持续影响着思想史，而当初指控他的人早已经归于尘土。

良好生活

苏格拉底对克力同说，有的东西比生命本身更重要，例如忠于你的原则，无论他人的想法如何，这是苏格拉底认为的"良好生活"或值得过的生活的关键。

柏拉图（公元前 427？—前 347 年）是阿里斯通和珀里克提俄涅的儿子。他们给孩子起名阿里斯多克勒，但他更为人所知的名字是柏拉图，字面意思为"宽广"。有人猜测它的意思是"宽阔的额头"，指的是知识广博，但也有人认为这个名字源于摔跤！柏拉图年轻时是摔跤手，他的绰号一直伴随他进入哲学家生涯。这个名字可能表明他有着宽厚的肩膀。柏拉图还是少年时，父亲就去世了。他的母亲珀里克提俄涅显然也是一名哲学家，尽管古希腊女性几乎没有独立性。

（© Bettmann/Getty Images）

你可能还记得第一章中引用的苏格拉底的话："未经省察的生活是不值得过的。"那么，什么是经过省察的生活？它或许就是这样的，即一个人不受他人甚至自己意见的统治，那些想法可能是也可能不是以真理为基础，但人们并未费心对其进行省察。如果我们停下来去省察这些意见，可能会发现它们构成了我们大部分观点的基础。我们可能认为自己生活在一个伟大的国家，也可能认为自己生活在一个好欺诈、专制的国家。我们也许认为鸡汤能治感冒。我们可能认为穿实验室白大褂的科学家说的必然正确。我们可能认为相信 UFO 的人是在瞎说，也可能认为 UFO 曾多次绑架人类。我们听到演员对政治发表意见，如果是我们喜爱的演员，也许我们会更重视他们的观点——但演员究竟是怎么成为政治专家的呢？有的演员确实见多识广（也有些演员碰巧成了政治人物），但另一些演员所说的就只是意见了。正是"意见"这个问题引起了苏格拉底的兴趣，也激怒了他。我们有很多想法，而如果我们去省察那些意见，往往就会发现它们的证据基础非常薄弱。当然，有些时候我们认定某些事情，恰恰是因为我们已经省察过，在那种情况下，苏格拉底会说，我们所持有的就不再是**意见**（doxa），而是**知识**（epistēmē）了。对于苏格拉底来说，这就是对真理的检验：它能否经得起不夹杂偏见的审查？如果可以，它就必然优先于我们可能有的任何种类的意见，即使它会伤害他人的感情；如果他们看到真相，他们也会理解，因为只有无知会导致犯错。对苏格拉底以及柏拉图来说，这本身是一个真理：只要了解事情的真相，就没有人会故意作恶。如果一个人选择了错误的做法，那必然是因为这个人的理解是错误的。

现代人难免会有这样的反应：如果看待一种情况有多种方式呢？换句话说，有不止一种真相会怎么样呢？我们已经习惯于认为，对一件事可以有不止一种看法，有时我们甚至认为根本就没有真相可言。然而，这与苏格拉底的理智态度相去甚远。在苏格拉底和柏拉图看来，每种情形都有其真相，每一件事也都可以用最能体现其真实本性或本质的方式来描述。但这并不是古希腊思想家的共同态度。在苏格拉底的时代，与其他文化的接触带来了某种程度的文化相对主义，而希腊也足够多样化，能够促进对不同文化的宽容。因此，与苏格拉底同时代的很多人，例如智者派，开始认为就寻求绝对真理而言，相对主义是一种可接受的答案。而在苏格拉底看来，说美德可能只是个人偏好，或美德是相对于时代和文化而言的，这样的理论是典型的误解，苏格拉底对事物或概念的真实本性、本质的追寻，很大程度上是对当时希腊知识阶层中流行的相对主义的一种矫正。这当然也暗含着一个苏格拉底式的根本原则：不应该混淆真理（真相）与表象。事物的表象并不必然与它的真实本性相同一。正如 doxa（意见）必须被抛弃，用 epistēmē（知识）取而代之，表象也必须让位于对内在真理的认识。因此苏格拉底认为（柏拉图也如此认为），寻求真理并在此过程中省察生活，就应该能获得对真实本质的理解和知识，这种真实本质是超越变幻和表象的世界的。稍后我们还会回到这一理念，即真理不是通过我们的感觉，而是通过理性的头脑判断的，那就是柏拉图的理型论。

对苏格拉底而言，美德指的是追问生活的意义，在追寻的时候保持正直，不因生理的渴望、对令人不悦的情况的惧怕或对舒适的在意而摇摆不定。这种理想是可以达到的，因为**真理**可以被找到——事实上，只要有正直的老师作为向导，任何人都可以找到真理。换句话说，苏格拉底认为，如果不运用理性，我们就不可能养成美德。后来（特别是在中世纪），美德与理性的联系弱化了，但对于柏拉图、苏格拉底，以及古希腊的许多人来说，这种联系是显而易见的。运用理性能让我们认识到美德是什么，而且最终会使我们成为有德之人。

因此，良好生活不是以享受为目的、寻求满足的舒适生活。良好生活是费功夫的，但它会以自己的方式使我们感到满足，因为过着良好生活的人追求真理、看到真理，也掌控着自我。

有德之人：灵魂三分说

现在，我们来讨论何为好人。第四章提到，柏拉图的兄弟格劳孔讲过一个关于古各斯的戒指的故事，并表示如果你有机会侥幸逃过惩罚但你却不行动，那么你必定是个傻瓜。对苏格拉底来说，这一问题严肃而重要，他的答案是这样的：**对他人不义者不是蠢人就是病人**。如果我们告诉那个人他是不义的，他就可能认识到自己的无知并做出改善。但他也有可能当面嘲笑我们。在那种情况下，苏格拉底会说，他就是病了——他失衡了。格劳孔所谓不义的人比正义的人更幸福的论点在苏格拉底看来毫无分量，因为一个不义的人根本不可能幸福，只有平衡的人才是幸福的。但什么是平衡的人呢？

每个人都有欲求，有时这些欲求还很强。渴的时候我们可能想喝点什么，饿的时候想吃点什么；我们有性欲，有权力欲，有对其他很多东西的欲求。我们也有摆脱某些东西的欲求，就像离火太近的时候就想逃离。苏格拉底将这些需求和渴望称为欲望，他认为如果我们想要获得良好生活，就必须对它们加以控制。欲望会支配一个人的生活，但那样并不好，因为我们所欲求的东西不一定是对我们有益的东西。有时我们会从想要某些东西的欲求中解脱出来，因为我们认识到它们对我们有害。将我们拉回的力量便是我们的*理性成分*，即理智。

还存在第三种起作用的要素，苏格拉底称之为*血气*或激情，有时也称其为意志力。在欲望战胜理性时我们就能感觉到它，在那之后，我们会对自己感到厌恶，而针对我们自己的愤怒就来自我们的血气。当节食失败的时候，理智可能落了下风，但血气会让我们为自己的软弱而生气并让我们烦躁。在这种时候，我们应该怎么办呢？我们可以在理智与血气之间建立良好的关系，让理智对做什么保持清醒，然后训练血气帮助控制欲望。理智和血气并肩，就能保持身体健康和灵魂平衡。在柏拉图的对话录《斐德罗篇》中，苏格拉底用下述隐喻刻画了三者的关系：一个车夫驾驭着由两匹马拉的战车，一匹驯顺，另一匹则是烈马。他被迫接受两者而不能选择，所以必须让那匹驯顺的马帮他一起控制那匹烈马，并将烈马制服。那么，故事中的角色分别代表什么呢？车夫就是理智，驯顺的马就是意志力，烈马就是欲望。注意苏格拉底所说的"平衡的"个体并不是每个要素各占三分之一，而是他或她由理智总体控制，意志力在欲望之上。当理智统治的时候，此人就是智慧的；当意志力控制了欲望，此人就是勇敢的（因为他有勇气抵制诱惑和经受痛苦）；当欲望完全被控制的时候，这个人就是有节制的。这样的人很平衡，根本不会想去对他人不义；这样的人就是正义的化身，正义就是智慧、勇敢、有节制之人的美德。只有这类人才是真正幸福的；格劳孔认为一个不义的人比正义之人更幸福的想法可以被抛弃了，因为不义的人是不平衡的。（另一位思想家的灵魂三分说，请见知识窗 8.4。）

知识窗 8.4　灵魂三分说：柏拉图与弗洛伊德

柏拉图

灵魂的要素		美德
理智	——对应——	智慧
意志力	——对应——	勇敢
欲望	——对应——	节制

弗洛伊德

心理理论

超我

自我

本我

如果一个人成功运用理智引导意志力来控制欲望，那么这人就具备了第四种美德：正义。在这种情况下苏格拉底和柏拉图可能会说，这个人是真正的有德之人：一个正义的人，一个内在平衡和正直的人。

19世纪末、20世纪初，西格蒙德·弗洛伊德提出了关于人类心理的理论，与苏格拉底的理论有所对应。弗洛伊德认为，心理包括本我（无意识）、自我（意识自我）和超我（我们习得的准则和规则）。本我类似于欲望吗？一定程度上是的，但我们要记得，弗洛伊德认为本我是无法接近的，而苏格拉底认为人可以理解自己的欲望。自我和超我也与苏格拉底的模式不那么匹配：自我有一部分是理智，一部分是意志力；超我也有这两种要素。苏格拉底的灵魂理论与弗洛伊德的心理理论有相似之处并非巧合，弗洛伊德非常欣赏柏拉图的对话录。

谁对应于理智呢？智慧的统治者，就是柏拉图所说不愿意统治的"哲人王"；理智是他的指导原则，所以他能轻而易举地当好统治者。在一个城邦中，谁对应意志力呢？"辅助者"，战士和执法者。其余的人——贸易商、做买卖的人、教育者、表演者、普通公民呢？他们对应于欲望，必须被完全控制。如果没做到——例如在民主制中——那么社会就会失衡。这种约束性的社会计划完全不对应于雅典的民主社会，从那时到现在，柏拉图一直受到倾向于民主的思想家的诟病。柏拉图关于平衡社会的观念，可参见知识窗8.5。

对于柏拉图提出理想政体社会理论的目的，研究柏拉图的现代学者有不同看法。他提出的激进原则不仅包括严格的等级制度，还包括对哲人王婚姻与子女的规定。柏拉图提倡任何人都有资格成为护卫者（统治者或战士），这是基于才能而无所谓性别；女性可能成为统治者，这在他的同时代人（甚至当代的某些人）看来是荒唐古怪的，但柏拉图显然觉得这是一个完全合理的想法。然而，今天的大多数人会认为他关于护卫者生育的规定过于极端，荒唐古怪：为了实现优生（挑选男性和女性配对以生出更优秀的后代），护卫者将在达到生育年龄以后配对和生育，但孩子会被从母亲身边带走，由社会共同抚养，这样父母就不知道谁是自己的孩子。柏拉图畅想了这样的计划，让个人偏好和从属关系被限制在最低限度，这样护卫者就可以专注于对国家有益的事情。

这些极端思想让一些研究柏拉图的学者认为，柏拉图所写的可能根本就不是

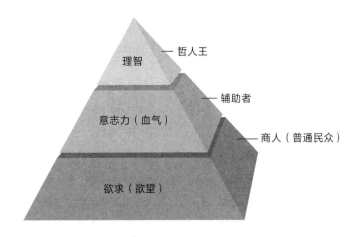

柏拉图本人从未提出用这种金字塔图像来阐释他的平衡灵魂和良好社会理论，但这种图示是有帮助的，原因有多个。柏拉图想象中的理想社会是有权力等级的，哲人王在顶端，辅助者在中间，普通民众在底层。但柏拉图也认为理想社会和理想灵魂有着同一结构。所以当用金字塔来说明正义者的心智时，看起来是这样的：金字塔的顶端是理智——心智中最小的部分，但也是最重要的部分；理智支配并寻求意志力（有时也称血气）的帮助来控制欲求（欲望）。这样的人是非常平衡的，不会因情感而摇摆，就好像金字塔是非常稳定的结构。想象一下把金字塔翻转过来，那就是一个失衡者的形象，他或她的理性被欲求所支配。你可能需要回顾第二章和第四章，将金字塔图像应用到柏拉图由于害怕失控而不愿去剧场的情况中，并重读苏格拉底反驳格劳孔的论证，即让一个人的欲望控制他自己，他就会生病，而一个病人不可能是一个幸福的人。

政治理论，而只是在晚宴上对学生随口说的一个大笑话。女性统治！他不可能是认真的！然而，至少有两件事说明，我们应该把柏拉图的话当真。一件事是，在某个时间，他放弃了在雅典教书的工作，重返叙拉古，大概是想当年轻的僭主狄俄尼索斯二世的家庭教师。柏拉图可能运用了他在《理想国》中概述的原则，试图以此培养狄俄尼索斯成为护卫者，却带来了灾难性的后果。传说柏拉图受到冷落，被抓起来卖为奴隶。幸运的是，他被一个老朋友买走释放，乘上了回雅典的船。尽管柏拉图的家族有意让他进入政坛，但柏拉图当学者和作家显然比在政治上成功得多。另一件事是，柏拉图的学生亚里士多德毫不怀疑柏拉图是认真的，他与柏拉图是同时代的人，亲耳听过柏拉图讨论其理论，还有比他更好的评判者吗？

知识窗 8.5　平衡社会中的平衡之人

在上一页中，我们用图像说明了柏拉图关于灵魂平衡的观念——注意，那不是柏拉图本人使用的图像，但有助于我们快速掌握柏拉图的一些关键思想：平衡之人受理智统治，辅助理智的是血气或意志，欲望则始终得到控制。在此，我们将这一图像也应用于柏拉图的理想社会理论，即柏拉图的《理想国》（我一开始想用金字塔的图像，也是由于柏拉图的社会理论，因为柏拉图说社会与灵魂的构造大体相似）。所以，和理想的灵魂平衡金字塔结构相似，位于顶端的哲人王（理智）统治着理想的平衡社会，哲人王是力量强大的一个小群体。接下来是辅助者，也就是战士和执法者，他们帮助哲人王维持法律与秩序，保护每个人免于动乱和敌人的攻击（类比意志或血气）。最底层呢？"民众"，这是柏拉图对商人和贸易者的称呼，他们是没有进入执法机构、军队或政府的所有人（类比欲望或欲求），*也就是大多数人*。与关于灵魂结构的金字塔类似，随之而来的是，民众对任何超出他们个人和职业生活的事情都没有发言权，但他们（据认为）不受压迫，因为政府关心他们的利益和作为整体的社会利益（正如理智关注整个身体的利益）。正是这种社会模型导致批评家（公平或不公地）称柏拉图为极权主义的支持者，称《理想国》为极权社会的第一张蓝图。

几乎没有证据表明苏格拉底本人曾有过这样的政治愿景，苏格拉底似乎主要关注让个体在思维方面得到提升并成为更好的人。省察美德概念时，他会从一个概念、一个日常用词开始，如正义或虔诚，请他的对话者一起来下定义，前提是有且仅有一种真实描述。随着柏拉图对话录的发展，我们渐渐感到似乎不再是苏格拉底在说话，因为柏拉图自己发展出了另外的理论：理型论。

柏拉图的理型论

当我们询问一个人关于现实或实在的看法时，一般是想知道他是否信仰宗教，对其他人和事件是悲观还是乐观，更关注历史还是主要关注现在和未来，等等。然而从哲学上来说，一个人对实在的观点就是所谓的*形而上学*。实在的本质究竟是什么？在哲学上，主要有三类答案：实在由可测度的物质组成（唯物主义）；实在完全是精神性的，全都在心灵中（唯心主义）；实在部分由物质、部分由心灵构成（二元论）。（对这三种形而上学理论的描述，参见知识窗 8.6。）苏格拉底关于实在的哲学观念究竟是什么？在早期对话录中，他似乎相信不朽的灵魂存在，灵魂会在人死时离开身体，这是二元论者的看法。然而在晚期的对话录中，柏拉图让苏格拉底成为一种理论——显然是柏拉图自己的理论——的代言人，该理论认为，实在与我们常识上所理解的非常不同。我们在周围看到的、听到的和感觉到的，其实只是"真正实在"的模糊投射。我们的感官意识无法经验到它，只有思维才可以，因为真正的实在与我们的心灵相关，真正的实在是*理型*。

知识窗 8.6　三种形而上学理论

在哲学中，有三种主要的关于实在的本质的理论，即三种形而上学理论：唯物主义、唯心主义和二元论。历世历代的人们倾向于其中的某一种，而今天在西方世界最盛行的理论是唯物主义（materialism）。这并不意味着人们对积累财富有着大于一切的兴趣，尽管可能顾虑存在这种情况。materialism 与贪图物质无关，在形而上学中，它的意思是你认为现实由物质构成——它们或它们的影响在某种意义上是可测度的。该范畴包括从食物到公文包到脑电波等的一切。唯物主义者不相信所谓非物质事物的真实性，如灵魂或精神。典型的哲学唯物主义者包括托马斯·霍布斯、卡尔·马克思，以及保罗·丘奇兰德和帕特里夏·丘奇兰德。

唯心主义（idealism）是一种认为只有精神性的东西才真正存在的理论，其认为物质世界在某种程度上只是一种幻觉。idealism 这个词在形而上学中并没有我们日常用法中那种理想主义的意思。今天很少有哲学家自称唯心主义者，但该理论在更早的时代有一定影响力。乔治·贝克莱主教是唯心主义者，德国哲学家 G. W. F. 黑格尔也是。印度教信仰认为我们看到的世界仅仅是一个幻象，即摩耶（maya），这也是一个唯心主义的例子。唯物主义和唯心主义理论也被称为一元论——它们只承认实在的一个方面。

二元论把唯物主义和唯心主义结合起来，二元论者相信现实由物质和精神两方面组成；换句话说，身体是物质的，灵魂／精神／心灵是非物质的，也许是不朽的。尽管该理论看起来符合我们的常识，但它也引起了若干逻辑问题，哲学目前尚未解决。如果心灵是非物质的，而肉体是物质的，那么心灵到底如何影响肉体呢？勒内·笛卡尔是最著名的二元论者，但也有不少人将柏拉图归为二元论者，尽管由于他的理型说，人们更倾向于称他为唯心主义者。

理型到底是什么？今天，要理解柏拉图的概念很难，但这个概念对柏拉图时代的希腊人来说一点都不陌生。古时候，希腊人的每一个美好的事物都有相对应的神；有正义女神、胜利女神、缪斯女神，还有代表每一种艺术形式的次级女神。奥林匹斯众神每一位都有自己的保护领域。在柏拉图时代，包括柏拉图自己在内的很多精英阶层人士，都将雅典的传统宗教抛诸脑后。然而，古代的某种将抽象理念人格化的趋势，可能在理型论中有所体现。理型既是理想的抽象，又是每一个与它相似的事物的唯一来源。让我们来看个例子吧。今天有各种类型的床——双人床、单人床、双层床、日式床、水床和吊床。柏拉图会问，什么让这些成为床？我们这些现代人可能会从功能的角度来回答这个问题，即它们都可以用来在上面睡觉。柏拉图会说，它们都是床，因为全都分有了床的理型，后者是种理想的"床"，它不仅作为概念被各种不同的床所共有，而且超越每一张单个的床而实际存在。是这一特性赋予了具体的床对实在的分有，它们是真正存在的床的理型的大致复制品。这个理型王国是真正的实在，我们行动于其中的整个世界只是理型的大致复制品。这个理型世界究竟在哪里呢？你看不到，也接触不到，因为你能看到、接触到的只是复制品。理型必然存在于"这个世界之外"，在一个我们的身体无法接近但心灵却可以接近的领域。所以，通过我们的智识可以触及真正的实在，而且只能通过我们的智识。这就是为什么柏拉图笔下的苏格拉底告诉斐德罗，树木和田园风光不能教会他什么，因为从感官中除了混乱什么也学不到。真正的功课在实在中，通过心灵、智识对理型的沉思可以获得，因为我们看到的世界在不断变化，但理型世界永恒不变。理型是永恒的，柏拉图（以及其他很多哲学家）认为，事物持续得越久，就越真实。

但柏拉图是如何构想出这种理论的？他打算怎么说服我们？用一个例子可以回答这两个问题：想象一个圆，再想象一个完美的圆。你画过完美的圆吗？没有。你见过完美的圆吗？没有。你能想象一个完美的圆吗？可以。你能从数学上描述完美的圆吗（如果你受过训练）？能。如果你从没经验过，怎么能想象和描述完美的圆呢？因为你的心灵会理解完美的圆确实存在——不仅作为一个数学准则存在，而且在更高的心灵的实在领域存在。来自这种更高领域的完美的圆的理型（以及其他所有理型）将它们的实在分给不完美的圆（以及有形世界中的其他事物）。如果圆的理型不存在，你就不可能有圆可以是完美的这种看法！今天我们会说，我们理解完美的圆是因为可以从数学上描述它，但那并不意味着它存在于某处。（知识窗 8.7 讨论了我们如何获得关于理型的知识。）

因为理型世界纯粹是精神的、非物质的，有的哲学家选择将柏拉图称为唯心主义者。然而，称他为二元论者更合适一些，因为根据他的观点，物质世界不是"不存在"，而是比理型世界低级的存在。

是否每一事物都有一个理型？正义、爱和美等概念在理型王国中都有它们自然的位置；它们在地球上可能是不完美的，但它们的理型完美无瑕。猫和狗显然也有理型；自然事物在精神领域也有与之对应的完美理型，理型将实在赋予它们。手工造物也有理型，即在理型王国中存在的椅子、刀子、摇篮和螺旋式楼梯等的理型。并非"一直"就有的事物，例如计算机、平板电脑或微波炉，它们有理型吗？我们再次进入了柏拉图理论中不那么好理解的地方，因为即使微波炉是一个新发明，根据这一理论，它的理型还是一直都存在。但污垢、泥巴和疾病的理型又怎么样呢？柏拉图给了我们这样一个印象，即比起此世的事物，理型是完美的，而且总是更接近于善；然而很难设想完美的污垢、泥巴和疾病，即使理型论肯定暗示着它们的存在。（一代人之后，柏拉图的学生亚里士多德批评了假定一切现象都有理型的理型论。亚里士多德断言，某些现象只是某种东西的"不足"或缺乏。甜甜圈中间的洞并没有理型，它只是甜甜圈中间空出来的地方而已。）

知识窗 8.7 　回忆说

如果不能通过观察周围世界来了解理型，我们如何能够获得关于理型的知识呢？柏拉图相信我们在出生以前是知道理型的，因为在那段时间，灵魂的家园就是理型的世界。在出生时，灵魂忘记了它以前的生活，不过，在一位"知内情"的哲学家的帮助下，我们能够回想起真正实在的本质。这就是柏拉图笔下苏格拉底的作用之一：促使他的学生回想起失去的知识。该过程被称为"回忆"（anamnesis），anamnesis 的字面意思是"不忘记"。在柏拉图的对话录《美诺篇》中，苏格拉底表示每一个人都可以获得这种知识，他就帮助一个童奴"回忆"起了童奴从未学过的数学和逻辑真理。

此外，柏拉图相信转世说（灵魂轮回）。转世并不是古希腊人的共同信仰，他们似乎相信有一个阴郁黑暗的冥界，所有的灵魂都注定要去那里，不管这些人在活着的时候是好是坏。但柏拉图显然有不同看法：在《理想国》的结尾，苏格拉底讲述了一个关于灵魂在人死后的漫长旅程的动人故事，叫作"厄尔的神话"。他说，灵魂必须经历几个生命周期，才能得到足够的净化，回到理型中永远存在。我们知道柏拉图受到毕达哥拉斯的影响，后者相信转世；但一些学者也推测，柏拉图可能直接或间接地受到了印度教因果报应和轮回理论的影响，这些理论在柏拉图之前至少 500 年在印度就有了。然而另一些学者指出，当时印度教在印度的影响范围还局限于孤立的群体。

善的理型

柏拉图认为，理型世界代表一个有序的实在，绝不是种种感觉经验的混杂。根据其重要性和对其他理型的依赖，理型是分等级的。蠕虫和尘土当然也有理型，但它们处于等级的最底层；最高层的是抽象概念，如正义、美德与美。等级的顶端是善的理型，这是最重要的理型，其他一切都从它派生。

归根结底，善的理型是神吗？柏拉图在4—5世纪的追随者——新柏拉图主义者——倾向于这种理论，但很难说柏拉图本人是否认为理型有宗教意义；可以肯定的是，柏拉图对理型有智识上的尊敬与崇拜，尤其是对善的理型。

善的理型能帮助我们理解柏拉图提出的"恶行源自无知"这个观念，因为，根据理型论，如果一个人认识到理型的存在，尤其是认识到至高的理型——善的理型的存在，这个人就不可能有意选择作恶；作恶的选择只可能源于对善的无知。然而，即便我们拥有关于善的知识，选择遵从善也不是一件容易的事，因为有欲望将我们拉往其他方向。此外，柏拉图说，当我们第一次听说理型论的时候，会因为觉得它过于奇特而拒绝接受对它的回忆。柏拉图用"洞穴的神话"这个故事来加以阐述（见本章末尾节选自柏拉图《理想国》的洞穴故事）。在一个巨大的洞穴里，一群囚徒戴着镣铐坐在座位上，他们只能朝着一面巨大的岩壁，看向一个方向。在他们的后面有火，火光将影子投在墙上。那些囚徒从未见过其他东西，相信这些影子就是全部实在。一个囚徒获得了自由，他看到了洞穴、火和洞穴以外真正存在的世界。但是，他返回后，其他人会相信他的见闻吗？

在柏拉图的"洞穴的神话"中，一群囚徒只能看到洞穴的崖壁，以及在他们身后的火堆前来回移动的物体在墙上的影子。因为这就是他们看见的全部，所以他们设想这就是实在。假如柏拉图知道电影院的话，他可能会选择将电影银幕当作感官世界的隐喻。

因为洞穴就是我们每天面对的感官世界，也因为我们就是那些囚徒，只能看到二维的影子而不是多维的实在，所以当一个囚徒站起来声称自己"看到了光"，并表示实在完全不同于我们所认为的时，我们会有和其他囚徒同样的问题。我们如何回应这样的"先知"？我们无视或嘲笑他们，让他们闭嘴，继续生活在我们的错觉中。在柏拉图看来，看见真正的实在之"光"、看见善和其他理型的哲学家，他们的责任是什么呢？是回到洞穴，哪怕留在真理之光之中和忘掉阴影世界将会非常美妙。哲学家的责任就是返回并告知他人，而且柏拉图相信，那也是他通过对话录在做的事情。就柏拉图来说，真理并不是在每个人看来都不一样的相对之物；它是绝对的实在，超越具有欺骗性的感官世界，这样一种实在从不改变，当我们（通过智识或死亡）摆脱了肉体存在的枷锁，我们就能够看见真理并存在于其中。（电影《楚门的世界》是洞穴之喻带有转折的当代版，可以在故事部分读到其梗概。楚门·伯班克生活在他自己的洞穴中，他自己并不知情，但他的生活会在电视上向世界各地直播。）

柏拉图对基督教的影响

柏拉图对西方思想的重大影响，并不是通过有多少人信奉他的理型理论来衡量的。事实上，并没有多少学者严格追随柏拉图的形而上学。尽管如此，存在一个我们灵魂可以进入的永不改变的善、光明和正义的领域，这种理念进入了基督教，此外，柏拉图将物质世界贬低为进入这一领域的障碍的思想，也影响了基督教。很多早期的基督教思想家都接受过柏拉图学派和新柏拉图学派思想的训练（导师之一可能是后来被杀的亚历山大的希帕蒂娅），他们很自然地认为真正的实在不属于此世。控制身体的欲求和聚焦来世是柏拉图式哲学和早期基督教思想中的共同要素。例如，圣奥古斯丁（354—430 年）在 32 岁转向基督教之前，所受的完全是非基督教的教育。他曾研习摩尼教，摩尼教是当时很流行的波斯哲学化宗教，教义认为光明的力量和黑暗的力量永恒交战，直到世界末日，而除非人类以善来助战，否则光明无法取胜。他又学习了新柏拉图主义，它是由思想家普罗提诺在柏拉图哲学的基础上发展而来的一种哲学，它教导说，这个有形的物质世界与精神世界相比是不重要的，甚至这个物质世界是无神的，应该离弃。一些历史学家认为，奥古斯丁转向基督教后带去的这种智识与宗教的遗产，以难以察觉的方式永久改变了基督教的方向。当然，最终很有讽刺意味的是，如前文所述，柏拉图在雅典的阿卡德米学园于 529 年被基督徒皇帝查士丁尼关闭，这一行动大概是为了终结这一古代学派的异教影响，也可能是表明古代已经结束的象征性举动。但是，早期基督教时代最有影响力的思想家奥古斯丁，在转向基督教之前就对柏拉图的形而上学哲学原则极为熟悉。在奥古斯丁的作品中，基督教在更深的程度上成了一种重视来世的宗教，它将来世视为人类存在的真正理由，而此世的关切和享受则应当被抛弃。这种对于物质世界和我们的肉体存在的轻视，自 19 世纪末以来受到尼采（见第十章）等学者的强烈批判，尼采认为，这是对他眼中真正实在的极深蔑视，尼采认为，真正的实在是我们在世上永远变动不居的物质存在。

问题研讨

1. 柏拉图认为，构成一个人的基本要素是什么？这些要素之间恰当的关系是什么？（换句话说，一个有德行的人是什么样的？）

2. 苏格拉底的临终遗言说到了偿还阿斯克勒庇俄斯的债务，你认为他是什么意思？

3. 解释柏拉图的理型论，用他的洞穴故事作为例证。柏拉图关于实在的理论（形而上学）是唯物主义、唯心主义还是二元论？请说明。

4. 假设你被指派为苏格拉底的法律顾问，你会建议他做什么或说什么以避免死刑判决？你认为那样会起作用吗？为什么？

5. 将苏格拉底的美德伦理，与非洲和美洲印第安人的部落美德伦理做比较。有什么相同之处？有什么相异之处？

基础阅读与故事

前两篇基础阅读摘自柏拉图对话录：一篇出自《理想国》，是关于处于良好状态的有德之人的总结讨论；另一篇出自《申辩篇》，即柏拉图版本的苏格拉底捍卫自身的演说。第三篇摘自哲学家罗纳德·德沃金的文章《什么是好生活？》。故事部分的前两个故事和苏格拉底有关。第一个是电影《日月精忠》，主人公被亨利八世的谋臣错误指控，于是以类似苏格拉底的方式为自己辩护。第二个故事"洞穴的神话"出自柏拉图的《理想国》，被囚禁在洞穴中的人们所知道的唯一实在就是墙上的影子。第三个故事是电影《楚门的世界》的梗概，这是一个质疑实在本质的故事。第四个故事是冷战时期的一篇科幻小说《世界杂货店》的概要，讨论了良好生活究竟意味着什么。

《理想国》

柏拉图著

在《理想国》的这段节选中，你可以读到苏格拉底和格劳孔的对话的结论，他们讨论的是善好、有德行的、（或用苏格拉底的话来说）正义的人如何构成。就像理想城邦一样，理想的人必须受理智掌控，在精神元素（意志力、血气）的辅助下控制欲望。当灵魂按照这个原则工作时，这个人就会变得智慧、勇敢、有节制。有了这些美好品质，正义的人就不太可能做出有害于他人或国家的行为：这不是外在行为的问题，而是内在品质的问题。

苏（苏格拉底）：我们漂洋过海，好不容易到达了目的地，并且取得了相当一致的意见：在国家里存在的东西在每一个个人的灵魂里也存在着，且数目相同。

格（格劳孔）：是的。

苏：那么据此我们不是可以立即得到如下的必然推论吗：个人的智慧和国家的智慧是同一智慧，使个人得到智慧之名的品质和使国家得到智慧之名的品质是同一品质？

格：当然可以这样推论。

苏：我们也可以推论：个人的勇敢和国家的勇敢是同一勇敢，使个人得到勇敢之名的品质和使国家得到勇敢之名的品质是同一品质，并且在其他所有美德方面个人和国家也都有这种关系。

格：必然的。

苏：那么，格劳孔，我认为我们以什么为根据承认国家是正义的，我们也将以同样的根据承认个人是正义的。

格：这也是非常必然的。

苏：但是我们可别忘了：国家的正义在于三种人在国家里各做各的事。

格：我认为我们没有忘了。

苏：因此我们必须记住：我们每一个人如果自身内的各种品质在自身内各起各的作用，那他就也是正义的，即也是做他本分的事情的。

格：的确，我们也必须记住这一点。

苏：理智既然是智慧的，是为整个心灵的利益而谋划的，还不应该由它起领导作用吗？激情不应该服从它和协助它吗？

格：无疑应该如此。

苏：因此，不是正如我们说过的，音乐和体育协同作用将使理智和激情得到协调吗，既然它们用优雅的言辞和良好的教训培养和加强理智，又用和谐与韵律使激情变得温和平稳而文明？

格：完全对。

苏：这两者（理智和激情）既受到这样的教养、教育并被训练了真正起自己本分的作用，它们就会去领导欲望——它占每个人灵魂的最大部分，并且本性是最贪得财富的——它们就会监视着它，以免它会因充满了所谓的肉体快乐而变大变强不再恪守本分，企图去控制支配那些它所不应该控制支配的部分，从而毁了人的整个生命。

格：完全正确。

苏：那么，这两者联合一起最好地保卫着整个灵魂和身体不让它们受到外敌的侵犯，一个出谋划策，一个在它的领导下为完成它的意图而奋勇作战，不是这样吗？

格：是这样。

苏：因此我认为，如果一个人的激情无论在快乐还是苦恼中都保持不忘理智所教给的关于什么应当惧怕什么不应当惧怕的信条，那么我们就因他的激情部分而称每个这样的人为勇敢的人。

格：对。

苏：我们也因每个人身上的这个起领导作用的和教授信条的小部分——它也被假定为是这个人身上的懂得这三个部分各自利益也懂得这三个部分共同利益的——而称他为智慧的。

格：完全对。

苏：当人的这三个部分彼此友好和谐，理智起领导作用，激情和欲望一致赞成由它领导而不反叛，这样的人不是有节制的人吗？

格：的确，无论国家的还是个人的节制美德正是这样的。

苏：我们也的确已经一再说明过，一个人因什么品质或该怎样才算是一个正义的人。

格：非常对。

苏：个人的正义，其形象在我们心目中不是有点模模糊糊，好像它是别的什么，不大像它在国家里显示出来的那个形象吗？

格：我觉得不是这样。

苏：这就对了。须知，如果我们心里对这个定义还有什么怀疑存留着的话，那是用一些很平常的事例就可以充分证实我们所说不谬的。

格：你是指什么样的事例呢？

苏：例如假设要我们回答一个关于正义的国家和一个与正义国家有同样先天同样教养的个人的问题，即，我们是否相信这种人——如果把金银财宝交给他管的话——会鲸吞盗用它们，你以为有谁会相信这种人会比不正义的人更像干这种事的呢？

格：没有人会这样相信的。

苏：这样的人也是决不会渎神、偷窃，在私人关系中出卖朋友，在政治生活中背叛祖国的吧？

格：决不会的。

苏：他也是无论如何也不会不信守誓言或别的协约的。

格：怎么会呢？

苏：这样的人是决不会染上通奸、不尊敬父母、不履行宗教义务的罪恶的，尽管有别人犯这种罪恶。

格：他们是决不会的。

苏：这一切的原因不是在于，他心灵的各个部分各起各的作用，领导的领导着，被领导的被领导着吗？

格：正是这样，别无其他。

苏：那么，除了能使人和国家成为正义人和正义国家的这种品质之外，你还要寻找什么别的作为正义吗？

格：说真的，我不想再找了。

苏：到此我们的梦想已经实现了；而我们所做的推测——在我们建立这个国家之初由于某种天意我们碰巧就已经想到它是正义的根本定义了——到此已经得到证实了。

格：的的确确。

苏：因此格劳孔，木匠做木匠的事，鞋匠做鞋匠的事，其他的人也都这样，各起各的天然作用，不起别种人的作用，这种正确的分工乃是正义的影子——这也的确正是它之所以可用的原因所在。

格：显然是的。

苏：但是，真实的正义确是如我们所描述的这样一种东西。然而它不是关于外在的"各做各的事"，而是关于内在的，即关于真正本身，真正本身的事情。这就是说，正义的人不许可自己灵魂里的各个部分相互干涉，起别的部分的作用。他应当安排好真正自己的事情，首先达到自己主宰自己，自身内秩序井然，对自己友善。当他将自己心灵的这三个部分合在一起加以协调，仿佛将高音、低音、中音以及其间的各音阶合在一起加以协调那样，使所有这些部分由各自分立而变成一个有节制的和和谐的整体时，于是，如果有必要做什么事的话——无论是在挣钱、照料身体方面，还是在某种政治事务或私人事务方面——他就会做起来；并且在做所有这些事情的过程中，他都相信并称呼凡保持和符合这种和谐状态的行为是正义的好的行为，指导这种和谐状态的知识是智慧，而把只起破坏这种状态作用的行为称作不正义的行为，把指导不和谐状态的意见称作愚昧无知。

格：苏格拉底，你说得非常对。

苏：如果我们确定下来说，我们已经找到了正义的人、正义的国家以及正义人里的正义和正义国家里的正义各是什么了，我想，我们这样说是没有错的。

格：真的，没有说错。

苏：那么，我们就定下来了？

格：就这么定下来吧。[1]

问题研讨

1. 将《理想国》的这一选段与你在第二章和第四章读到的选段进行比较。根据苏格拉底和柏拉图的观点，一个正义之人的特点是什么？正义国家的特征是什么？你是否同意？为什么？

2. 根据柏拉图的观点，为什么我们需要始终控制欲望或欲求？你是否同意？比较使理智凌驾于欲望之上的规则与使护卫者凌驾于普通民众之上的规则，其政治衍生后果是什么？

1　本段译文出自柏拉图：《理想国》（郭斌和、张竹明译，北京：商务印书馆，1986年），第168—173页，略有改动。——编者注

《申辩篇》

柏拉图著

在柏拉图对话录《申辩篇》中，苏格拉底在受审时为自己辩护。这不是一个典型的"对话"，因为主要是苏格拉底在演讲，但我们知道他有听众，他请求他们注意，并要求他们不要打断他。这是对苏格拉底演讲的真实复述，还是柏拉图（和在其他地方一样）的编造？学者们推测，审判时在场的柏拉图一定记得这一创伤性可怕事件中的每一个字；然而，他写下这段叙述可能是在多年之后，也许是10年后，所以我们必须假设柏拉图不仅根据自己的记忆讲述，而且以他认为应该如此的方式讲述。由于柏拉图对审判的描述并不是现存的唯一证据，我们可以假定，苏格拉底辩护的大致要点就是柏拉图所陈述的这些。

关于第一批原告对我的诬告，我已向你们提出了充分的申辩，再则，对自命爱国志士的迈雷托士和其他二人，我要继此而提出申辩。这是另一批的原告，我们也要听其宣誓的讼词。他们的讼词大致如此：苏格拉底犯罪，他蛊惑青年，不信国教，崇奉新神。他们告发的罪状如此，我们逐一考察吧。他说我犯罪，蛊惑青年。雅典人啊，我倒说迈雷托士犯罪，把儿戏当正经事，轻易驱人上法庭，伪装关心向不注意的事。这是事实，我要向你们证明。

来，迈雷托士，请说，你是否认为使青年尽量学好是首要的事？

"是的。"

现在请向在座指出谁使青年学好，显然你知道，因为你关心此事。据你说，你发现了蛊惑青年的人，把我带到在座面前控告我；来向在座说，谁使青年学好，指出他是什么人？瞧，迈雷托士，你倒不作声了，说不出什么了吗？这对你岂不丢脸，岂不是充分证明了我的话：你对此事毫不关心？我的好人，还是请你说吧；谁使青年学好？

"法律。"

这不是我所问的，最好的人；我问的是什么人，什么人首先懂得这一行——法律。

"在座诸公——审判官。"

说什么，迈雷托士？他们能教诲青年，使青年学好？

"当然。"

他们全会，或者也会有不会？"全会。"

我的哈拉，世上有这许多有利于青年的人。听审的人呢，他们也使青年学好吗？

"他们也使青年学好。"

元老院的元老们如何？

"他们也同样使青年学好。"

那么，迈雷托士，议会议员蛊惑青年，或者他们全体使青年学好？

"他们也使青年学好。"

这么说，除了我，全雅典人都使青年学好，唯我一人蛊惑青年。你是这么说的吗？

"对了，我确是这么说的。"

你注定我的悲惨命运呀！我问你一句：关于马，你是否这么想，举世的人对马都有益，唯有一人于马有损？或者相反，对马有益的只是一人或极少数人——马术师，而多数用马的人于马有损？不但马，所有其他畜生是否同此情况，迈雷托士？当然是，不管你和安匿托士承认与否。青年们福气真大，如果损他们的只有一人，益他们的举世皆是！迈雷托士，你已充分表明对青年漠不关心，你显然大意，对所控告我的事，自己毫不分晓。

再则，迈雷托士，借帝士的名义，请告诉我们，和好人在一起好呢，同坏人在一起好？好朋友，请答复啊，我问的并不是难题。坏人是否总会随时为害于与之接近的人，好人是否总会随时使同群者受益？

"当然。"

[……]

雅典人啊，按迈雷托士的讼词，我之无罪，不必多申辩了，这些已经够了。你们尽可相信我前面所说是实话：多数人中有对我的深仇大恨，如果定我的罪，这就是定罪的原因，不是迈雷托士和安匿托士，倒是众人对我的中伤与嫉恨。已经陷害了多数好人，我想将来还要陷害许多，不愁到我为止。或者有人对我说："苏格拉底，你因所从事，如今冒着死刑的危险，还不知惭恧吗？"我就答他一句正当的话："足下说得不巧妙，你以为稍有价值的人只会计较生命的安危，他唯一顾虑的不在于行为之是非、善恶吗？[……] 雅典人啊，这是实情：凡职位所在，无论出于自愿所择，或由于在上者委派，我想都必须坚守岗位，不辞行险，不顾一切，不计性命安危，宁死勿辱。

雅典人啊，你们以前选来指挥我的将官派我去浦提戴亚、安非朴里斯和戴里恶斯等地，当时我能一如同列，冒死守职；现在，我相信，我了解，神派我一个职务，要我一生从事爱智之学，检查自己，检查他人，我却因怕死或顾虑其他，而擅离职守；这才荒谬，真正堪得抓我到法庭，告我不信有神，因我不遵神谕，怕死，无知而自命有知。诸位，怕死非他，只是不智而自命为智，因其以所不知为知。没有人知道死对人是否最好境界，而大家却怕死，一若确知死是最坏境界。以所不知为知，不是最可耻吗？诸位，这也许是我不同于多数人之处，我如自认智过于人，也就在此：不充分了解阴间情形，我不自命知之。然而我知道，行为不轨，不服从胜于己者，无论是神是人，这些都是坏事和可耻的事。我绝不恐怖、避免好坏尚未分晓的境界过于所明知是坏的境界。方才安匿托士说，不抓我来此地也罢，既抓我来此地，就不得不把我处死，如释放我，你们的子弟学会了我——苏格拉底所传授的，会彻底堕落。现在，你们如不听他的话，释放我，对我说："苏格拉底，这次我们不听安匿托士的话，释放你，可是有个条件：以后不许如此探讨，不得从事爱智之学，如被我们查出依旧从事，你就必须死了"；雅典人啊，如果你们如此条件放我，我可要对你们说："雅典人啊，我敬爱你们，可是我要服从神过于服从你们，我一息尚存而力所能及，总不会放弃爱智之学，总是劝告你们，向所接触到的你们之中的人，以习惯的口吻说：'人中最高贵者，雅典人，最雄伟、最强大、最以智慧著称之城邦的公民，你们专注于尽量积聚钱财、猎取荣誉，而不在意、不想到智慧、真理和性灵的最高修养，你们不觉惭愧吗？'"如果你们有人反唇相讥，还说注意这些，我不轻易放过他，自己也不离开他，必对他接二连三盘问，如果发现他自称有德而实无，就指责他把最有价值的当作轻微的，把微末的视为重要的。我遇人就要这么做，无论对老幼、同胞或异邦人，尤其是对同胞，因为他们和我关系较为切近。你们要明白，这是神命我做的事，我认为，我为神办此差是本邦向所未有的好事。我巡游各处，一无所事，只是谆劝你们老幼不要顾虑身家财产在先而与性灵的最高修养并重；对你们说，德性不出于钱财，钱财以及其他一切公与私的利益却出于德性。说这个道理如果是蛊惑青年，这个道理就是有害的；如有人说我讲的是这个道理以外的什么，他就是说谎。所以，雅典人啊，关于这事，我要声明：你们听或是不听安匿托士的话，放我或是不放，我总不会改行易操，即使要死多次。

雅典人啊，不要骚扰，仍旧遵守我对你们的要求，不要搅乱我的话，请听吧；我相信听我的话能得益。我要对你们说一些别的话，你们听了或许会叫起来，可是千万不要叫。你们要知道，杀我这样的人，你们害我不如倒害自己之甚。迈雷托士或安匿托士都不能害我，他们不能害我，我相信，坏人害好人，是神所不许。他也许能杀我，或放逐我，或剥夺我的公民权，以为这就是对我的大祸害，他人也许同样想，我却不以为然，我想他谋杀无辜的罪孽重于所加于我的祸害。[1]

1　本段译文出自柏拉图：《游叙弗伦　苏格拉底的申辩　克力同》（严群译，北京：商务印书馆，2003 年），第 59—61，64—67 页，略有改动。——编者注

问题研讨

1. 苏格拉底说，"怕死非他，只是不智而自命为智，因其以所不知为知"，是什么意思？

2. 他说如果雅典人处死了他，雅典人所受的伤害会比他受的伤害还重，是什么意思？

3. 一些哲学家推测，苏格拉底在内心深处真的想死，因此他在辩护时所说的话会激怒由 500 名公民组成的陪审团（他们以微弱多数票赞成苏格拉底有罪）；然而，更新的研究表明，苏格拉底很认真地为自己做了辩护。基于该选段，在你看来苏格拉底是否应该以其他方式为自己辩护？

4. 苏格拉底被称为追求真理原则的殉道者。你能想象有什么原则对你如此重要，以至于你愿意为之放弃生命吗？或换个角度说，你能想象会让你推翻哪怕是最重要的原则的情况吗？

基础阅读 3

《什么是好生活？》

罗纳德·德沃金著

2010 年，原载于《纽约时报书评》，节选

在德沃金看来，过以幸福为目标的良好生活的理念，不能通过霍布斯（太自私）、休谟（太关注情感）、穆勒（太关注结果）或康德（太注重义务）的理论来实现。宗教道德准则只对信徒起作用。德沃金说，柏拉图和亚里士多德的途径总体来说更好，因为他们着眼于更大的图景，即德沃金所说的对道德的阐释性论述。所以，要知道什么是良好生活，不能只靠获得我们想要

的，因为良好生活是规范性的，它意味着以我们应该生活的方式生活。过良好生活涉及两种有所区分的道德标准：一是对自己在生活中角色的伦理思考，二是某种满足感。最后，德沃金得出结论，重要的不是最终结果，而是我们如何达到——正如一些人所说，重要的是过程，而不是结果。这段旅程应该像艺术作品一样熠熠生辉。（我对文章的前几段做了大量缩写，以便将文章的更多部分纳入。我建议你查找原文，完整研读德沃金关于良好生活的论证。）

柏拉图和亚里士多德将道德视为一种阐释。他们试图阐明每一种主要的道德和政治美德（例如荣誉、公民责任、正义）的特征，先把单个美德与其他美德联系起来，再将其与更宽泛的伦理理想相联系，他们著作的翻译者将这些理想总结为个人"幸福"。在本文中，我将以比较特殊的方式使用"伦理"和"道德"这两个术语。道德标准规定我们应当怎样对待他人，伦理标准规定我们自己应当怎样生活。柏拉图和亚里士多德所说的幸福，将通过按照伦理生活来实现；而这意味着根据独立的道德原则来生活。[……]

但是，还有一个明显的障碍。这种策略似乎假定，我们应该以对自己最好的方式来理解我们的道德责任，但那个目标似乎与道德的精神相悖，因为道德不应该依赖于遵守道德所带来的任何好处。[……]我们大部分人都更倾向于更严格的观点，即对道德原则的辩护和定义都应该独立于我们的利益，哪怕从长远角度看也是如此。美德应该是其自身的奖赏，除此之外我们不应该为尽自己的义务再指望任何好处。[……]但是，那种严格的观点会大大限制我们对道德的阐释性论述。[……]那会很让人失望，因为我们需要在自己的道德中找到本真性和完整性，本真性要求我们跳脱出明显的道德考虑，追问哪种形式的道德完整性最符合我们构想自己个性和生活的伦理决定。而严格的观点则阻止了这样的追问。当然，我们可能永远都无法完全整合我们的道德、政治、伦理价值，使其达到本真和正确的程度。正因如此，负责任地生活是一项持续的工作，而不可能是已完成的工作。但是，我们探

索的观念之网越广大，我们就越能推动这项工作。[……]

那么，我们需要一份表明我们的个人目标应该为何的声明，其不仅符合我们关于自己对他人承担的义务、责任和职责的看法，还能为之辩护。我们寻找一种关于良好生活的观念，该观念能指导我们阐释道德观念。但作为同一项工作的一部分，我们还想找到一个能指导我们阐释良好生活的道德观念。[……]

然而，我们可以追求一个略有不同，而我认为更有希望的观念。我们需要在伦理中做出在道德中常见的区分：区分义务和结果，区分正确与善好。我们应该区分"把生活过好"（living well）和"过良好生活"（having a good life）。这两种不同的成就之间的联系和区别在于：把生活过好就是努力创造良好生活，但要受到一些对人类尊严至关重要的约束。"把生活过好"和"过良好生活"这两个概念是阐释性概念。我们的伦理责任包括努力为这两个概念做出合适的构想。

这两个根本性的伦理理念是密不可分的。如果不留意创造良好生活如何有助于把生活过好，我们就无法解释良好生活的重要性。我们是有自我意识的动物，有冲动、本能、品味、偏好。我们想要满足冲动、顺从品味，并没有什么神秘的原因。但是，我们为什么会想要一种批判意义上的良好生活，这就有些神秘了：这是一种在冲动熄灭时，甚至在冲动尚未熄灭时，我们可以为之自豪的生活。只有当我们认识到我们有过好生活的责任，相信把生活过好意味着创造不仅愉悦而且在批判意义上良善的生活，我们才能解释这种雄心。[……]

我们有责任把生活过好，把生活过好的重要性解释了过批判意义上良好的生活的价值。这些无疑是很有争议的伦理判断。关于什么样的生活是良善的或过得好的，我也提出了有争议的伦理判断。在我看来，如果一个人的生活无聊、常规，没有朋友、挑战或成就，只是等死，那么这个人就没有过好生活，哪怕他自认为过好了生活，甚至还非常享受自己拥有的生活。你也许会同意，我们无法只通过指出他错过的快乐来解释为什么他应该后悔：他可能什么快乐都没有错过，而且现在也没有什么可失去的了。我们应该认为，这个人在某件事上失败了：他在生活的责任上失败了。

把生活过好可以有什么样的价值呢？人们经常拿艺术类比生活，也经常嘲笑这种类比。浪漫主义者说，我们应该把生活过得像艺术作品。［……］我们认为伟大的艺术作品有价值，根本原因并不在于艺术作品改善了我们的生活，而在于它代表了一种行动（performance）：直面艺术挑战。我们认为过得好的人生有价值，不是因为故事说得很完整，就像小说那样，而是因为这样的人生也是一种行动：直面"有人生要过"这一挑战。我们生活的最终价值是用副词而非形容词表述的——在于我们实际上如何过生活，而不在于给结局贴上的标签。生活的价值在于行动的价值，而不是减去行动之后所剩下的东西。生活的价值在于当记忆消逝、涟漪散去，美妙的舞蹈或跳水一跃的价值。

我们需要做出另一种区分。事物的"产物价值"（product value）是其作为物的价值，独立于其被创造出来的过程或其历史的任何部分。一幅画作可能有或主观或客观的产物价值。它的形式可能是美的，使其具有客观价值，它可能让观看者感到愉悦，被收藏家重视，这些性质使其具有主观价值。这幅画作的完美机械复制品也同样是美的。复制品是否具有同样的主观价值，则主要取决于人们是否知道它是复制品：对于认为它是原作的人来说，它具有作为原作的极大的主观价值。不过，原作具有复制品所不具有的一类客观价值：原作是通过具有行动价值（performance value）的创造性行为制作出来的。它是由想要创造艺术的艺术家创造出来的。这个物体——艺术作品——是美妙的，因为它是美妙行动的产物；假如它是机械复制品或某种奇怪偶然事件的结果，那它就不会如此美妙。

一度有许多人嘲笑抽象艺术，说连大猩猩都能画；也曾有人猜想，让几十亿只猿猴胡乱打字，能否产生《李尔王》这样的作品。假如一只大猩猩偶然画出了《蓝极》或打出了按正确顺序排列的《李尔王》中的词句，这些产物无疑会具有很大的主观价值。许多人会极力想要拥有或者见到它们。但是，这样的产物不具有任何的行动价值。行动价值可以独立于任何掺进了这种行动价值的物体而存在。一幅伟大的画作被摧毁之后，任何产物价值都随之消失，但它曾被创造的事实不变，相关的行动价值也完整无缺。即便佛罗伦萨的洪水严重毁坏了乌切洛的画作，也丝毫无损于乌切洛成就的价值；达·芬奇画下的《最后的晚餐》可能已经损坏，但这一创造的美妙毫不减损。音乐表演或芭蕾表演可能有极大的客观价值，但如果演出没有录音或录像，那么它们的产物价值就会很快消失。有些表演——即兴戏剧表演和没有被录下来的爵士音乐会——的价值在于其短暂的独特性：它们永不可能被重复。

我们可以将一个人人生的积极影响——这个人在一生中给世界带来的益处——看作其产物价值。亚里士多德认为，良好生活是沉思、运用理性、获得知识的生活；柏拉图认为，良好生活是经由秩序和平衡实现的和谐生活。这两种古老观念都不认为美好的人生必须带来什么影响。大部分人的观点，只要是自觉而清晰的，也同样忽视影响。许多人认为，致力于爱某一神或诸神的人生就是最好的人生；包括不认同前述观点的人在内的很多人认为，植根于传统，沉浸于欢宴、友爱、亲情中的人生是最好的人生。对大部分想要如此生活的人来说，这样的人生具有主观价值：它们能带来满足。但只要我们认为这样的人生在客观上是好的——能够解释为什么我们想要从这样的人生中寻找满足——那么我们就会发现，重要的是人生的行动价值，而不是产物价值。

过去，哲学家们思考所谓的生命意义问题。（现在思考这个问题的是神秘主义者和喜剧演员了。）在大多数人的人生中，都很难找到足够的产物价值来使这段人生因其带来的影响而具有意义。是的，但如果不是因为一些人的人生，青霉素就不会那么早被发现，《李尔王》也不可能被写下。然而，如果我们用结果来衡量一个人人生的价值，那么绝大多数人的人生都没有价值，而一些人——比如在修造泰晤士河畔剧院时钉钉子的木匠——人生的巨大价值只是偶然的结果。对于几乎所有人的人生的真正美好之处的合理看法，都几乎不会考虑人生的影响。

　　我们如果想理解有意义的人生，就需要借用浪漫主义者的类比。我们会很自然地说，艺术家将意义赋予了原材料，钢琴家为所演奏的作品赋予了新意义。我们可以认为，把生活过好就是将意义——非要个名字的话，就是伦理意义——赋予人生。在死亡的事实和死亡的恐惧面前，这是唯一能经受得住的一类意义。听起来有点傻？只是感情用事？当你把小事做好，比如演奏一段乐曲，参演一个角色，起一些作用，投一个曲线球，给人一句赞美，制作一把椅子，写一首诗，表达一次爱意，这时，你获得的满足本身是完满的。这些都是生活中的成就。为什么人生就不能也是一项自足完满的成就，在它所展现的生活艺术中拥有自身的价值呢？

(Dworkin, Ronald, Excerpt from "What is a Good Life?" *The New York Review of Books*, New York: NY, February 10, 2011. Copyright © 2011 NYTRB. All rights reserved. Used with permission.)

问题研讨

1. "把生活过好"与"过良好生活"之间有什么区别？

2. "产物价值"与"行动价值"有什么区别？在德沃金看来，这些概念如何与良好生活相联系？你认为他说得对吗？良好生活还涉及更多方面吗？

3. 将德沃金批判地过良好生活的理念与苏格拉底认为未经省察的生活不值得过的观点进行比较。他们是在说同一件事吗？为什么？

4. 对于德沃金认为的那种有意义的人生，你能举出三个例子并加以说明吗？

《日月精忠》

罗伯特·博尔特编剧，弗雷德·金尼曼导演
电影，1966 年，根据罗伯特·博尔特的剧本改编。梗概

　　这部电影获得了多项奥斯卡奖，包括最佳影片奖、最佳导演奖和最佳男主角奖，它描绘了英格兰历史上的一个真实事件。16 世纪，国王亨利八世面临一个问题：他与妻子凯瑟琳的婚姻有教皇的允准，凯瑟琳原是他哥哥的遗孀（因此是亲眷），但凯瑟琳一直未能生下男孩，考虑到继承问题，亨利八世想要另找一位王后。问题在于，英格兰信奉的是天主教，国王没有合法的离婚途径，除非有聪明的律师可以找到他的婚姻纰漏。教士、政府官员和法律专家为了自己的前程而向国王献计：宣布婚姻无效，理由是教皇一开始就无权批准他们结婚。然而，有一位法律专家拒绝赞同该方案，他就是被国王视为挚友的托马斯·莫尔爵士。亨利八世想要说服他，任命他为大法官，并亲自前往莫尔在泰晤士河畔的庄园劝说，但国王意识到，莫尔坚持认为教皇的话具有更高的权威，于是他愤怒地离开了。为什么在其他人都支持的时候，莫尔的支持对国王如此重要呢？正如国王本人所说，莫尔是一个诚实的人，他不会选择违背自己良心的便利，对国王来说，莫尔的祝福能让这个计划合法化。但莫尔拒绝让步，即使他知道惹怒国王有多危险。实际上，这就是莫尔不幸的起点，他博学多才的女儿玛格丽特很快就意识到了。

　　亨利八世发起了英格兰宗教改革运动，宣布天主教为非法，这样他就可以和凯瑟琳离婚，和他的新欢安妮（几年之后也被处死，为另一位王后让位）结婚，莫尔默然辞去大臣职务，在公开场合和私下都对国王的行动不置一词。莫尔是一名出色的律师，他相信自己的沉默能成为盾牌，他在严格遵循自己的良知和法律的同时努力保护自己和家人，但是他发现沉默并不能像

法律规定的那样保护他。正如国王手下的托马斯·克伦威尔所说，莫尔是无辜的，他没有预见到对手正在策划的阴谋。有个叫理查德的年轻人，过去一直是莫尔圈子的一员，但他认为自己可以通过依附克伦威尔而获得荣耀和财富，于是成了关于莫尔的信息的告密者。但真的无可告发：莫尔是一个正直的人，是伦敦唯一不会日常接受贿赂的律师，这话是莫尔的朋友诺福克公爵说的。因为莫尔拒绝签署效忠国王的新誓词，也拒绝接受英格兰新教教会制定的新继承规则，他被传唤听讯，在此期间他用缜密的法律思维胜过了克伦威尔；但从此以后他被视为法庭仇敌，做他的朋友成了危险的事。诺福克试图劝说他像其他人一样，去做一些方便的事来挽救自己和自己的职业生涯，但对莫尔来说，坚持原则比生命和安全更重要。为了帮助朋友诺福克脱离危险的窘境，也结束使朋友陷入尴尬境地的友谊，莫尔挑起一场争吵，诺福克受到了伤害，在愤怒中离开了莫尔。

在 1966 年的电影《日月精忠》中，我们看到，托马斯·莫尔爵士（保罗·斯科菲尔德饰）是与亨利八世的宫廷有关联的律师。在这个真实的故事中，莫尔成了自己高尚道德标准的受害者：国王想让莫尔支持自己离婚，但莫尔的职业操守不允许他给予支持。在与苏格拉底的自我辩护演说类似的一幕中（见《申辩篇》），莫尔为他的观点和人生而辩，他也很清楚自己已经被定罪了。

很快，莫尔成了伦敦塔的囚犯，这是很多政治囚犯人生中的最后阶段。他在潮湿的牢房里度过了好几个季节，不被允许见家人，克伦威尔不断施压，要求他要么签署誓词，要么公开反对。我们看到他的身材已经佝偻变形，头发花白，面部因囚禁而无丝毫血色。有一天他惊喜地见到家人——妻子艾丽斯，还有女儿和女婿。但当他意识到他们是奉命来给他施压时，他就意识到他不会再见到他们了，而且留在英格兰也会危及他们的生命；他让他们承诺在同一天以不同路线逃离英格兰，而且要尽快。

他的女儿问他为什么就不能签字宣誓以自救——嘴上说同意，在心里反对。莫尔回答：

> 什么是誓言呢，难道不是我们对上帝所说的话吗？听着，玛格丽特，当一个人起誓的时候，他就是把自己像捧水一样捧在手里——如果他再把手张开，他就不要指望能找回自己了。

但玛格丽特对这个回答并不满意。她认为，即便国家有四分之三的人都是败坏的，那也不是她父亲的错，而如果他选择为此受苦，那么他就是选择让自己成为英雄。莫尔回答道：

> 这是很清楚的。如果我们生活在一个美德能让人获利的国度，那么常人会将我们封为圣人，但既然现在贪婪、怒气、骄傲、愚蠢比仁爱、谦卑、正义、深思要有利可图得多，也许我们应该更坚定一点，哪怕会因此成为英雄。

莫尔知道他的女儿会理解，但他的妻子艾丽斯为他受苦，并因此深受折磨——艾丽斯说她害怕在莫尔离开后，自己会因为他对他们所做的事而恨他；就在这时，托马斯·莫尔唯一一次失去了冷静。他的妻子明白为什么他可能会走向死亡，这对他来说意义重大。他恳求她，因为如果没有她的理解，他可能无法忍受将要发生在自己身上的事情。妻子看着他，拥抱着他，并告诉他：她理解他是一个好人，他必须按照自己的良心告诉他的去做。莫尔感到伤心而宽慰，最后一次拥抱了女儿和妻子。

最终莫尔受审了。他常常告诉家人和对手，不会有审判，因为他们没有他的把柄，沉默只能被理解为默许而非不同意。但现在有了一个目击者：一个穿着华丽衣服、有钱有势的人，他走上了证人席。他就是理查德，投靠克伦威尔的年轻人，莫尔以前的朋友，现在官居高位，这是对他即将做出的伪证的回报。理查德发誓说，他曾听到莫尔说出自己的想法，反对国王和英格兰新教教会。克伦威尔问了一些问题，对陪审团做了指示，包括表示陪审团几乎不需要审议。所以我们知道，他们必然在审判开始之前就得到了"指示"。结论的确是"有罪"。几乎被剥夺了发言权的莫尔现在站了起来，这个已被定罪的人打破了自己的沉默，他主张自己是因为不同意国王的离婚而被判处死刑的，他当然反对离婚，因为这违抗了教皇的权威。克伦威尔将此描述为叛国罪。不久，在夏天一个晴朗的日子里，莫尔被斩首了。

问题研讨

1. 找出苏格拉底和托马斯·莫尔之间的相似性，二人有什么显著差异吗？

2. 莫尔说"当一个人起誓的时候，他就是把自己像捧水一样捧在手里——如果他再把手张开，他就不要指望能找回自己了"，这句话是什么意思？

3. 如果你在莫尔的位置，你会选择怎么做？如果你在莫尔的女儿或妻子的位置，你会理解并接受他的行动吗？为什么？

4. 如你所知，美德伦理的重点不是去做什么，而是做什么样的人；电影中的莫尔诚实、正直，这是两个重要的美德。但是，我们可以批评莫尔说，他在对家庭忠诚和灵活这两种美德上有亏吗？为什么？（这实际上是美德伦理学的一个问题：面对相互冲突的美德，我们该怎么做？）

《洞穴的神话》

柏拉图著

洞穴的神话、寓言或传说是最能阐明柏拉图理型论的虚构故事。你可以在此读到整个段落。对话的双方是苏格拉底和柏拉图的兄弟格劳孔，主要是苏格拉底说，格劳孔听。

苏（苏格拉底）：接下来让我们把受过教育的人与没受过教育的人的本质比作下述情形。让我们想象一个洞穴式的地下室，它有一长长通道通向外面，可让和洞穴一样宽的一缕亮光照进来。有一些人从小就住在这洞穴里，头颈和腿脚都绑着，不能走动也不能转头，只能向前看着洞穴后壁。让我们再想象在他们背后远处高些的地方有东西燃烧着发出火光。在火光和这些被囚禁者之间，在洞外上面有一条路。沿着路边已筑有一带矮墙。矮墙的作用像傀儡戏演员在自己和观众之间设的一道屏障，他们把木偶举到屏障上头去表演。

格（格劳孔）：我明白了。

苏：接下来让我们想象有一些人拿着各种器物举过墙头，从墙后面走过，有的还举着用木料、石料或其他材料制作的假人和假兽。而这些过路人，你可以料到有的在说话，有的不在说话。

格：你说的是一个奇特的比喻和一些奇特的囚徒。

苏：不，他们是一些和我们一样的人。你且说说看，你认为这些囚徒除了火光投射到他们对面洞壁上的阴影以外，他们还能看到自己的或同伴们的什么呢？

格：如果他们一辈子头颈被限制了不能转动，他们又怎样能看到别的什么呢？

苏：那么，后面路上人举着过去的东西，除了它们的阴影而外，囚徒们能看到它们别的什么吗？

格：当然不能。

苏：那么，如果囚徒们能彼此交谈，你不认为，他们会断定，他们在讲自己所看到的阴影时是在讲真物本身吗？

格：必定如此。

苏：又，如果一个过路人发出声音，引起囚徒对面洞壁的回声，你不认为，囚徒们会断定，这是他们对面洞壁上移动的阴影发出的吗？

格：他们一定会这样断定的。

苏：因此无疑，这种人不会想到，上述事物除阴影以外还有什么别的实在。

格：无疑的。

苏：那么，请设想一下，如果他们被解除禁锢，矫正迷误，你认为这时他们会怎样呢？如果真的发生如下的事情：其中有一人被解除了桎梏，被迫突然站了起来，转头环视，走动，抬头看望火光，你认为这时他会怎样呢？他在做这些动作时会感觉痛苦的，并且，由于眼花缭乱，他无法看见那些他原来只看见其阴影的实物。如果有人告诉他，说他过去惯常看到的全然是虚假，如今他由于被扭向了比较真实的器物，比较地接近了实在，所见比较真实了，你认为他听了这话会说些什么呢？如果再有人把墙头上过去的每一器物指给他看，并且逼他说出那是些什么，你不认为，这时他会不知说什么是好，并且认为他过去所看到的阴影比现在所看到的实物更真实吗？

格：更真实得多呀！

苏：如果他被迫看火光本身，他的眼睛会感到痛苦，他会转身走开，仍旧逃向那些他能够看清而且确实认为比人家所指示的实物还更清楚更实在的影像的。不是吗？

格：会这样的。

苏：再说，如果有人硬拉他走上一条陡峭崎岖的坡道，直到把他拉出洞穴见到了外面的阳光，不让他中途退回去，他会觉得这样被强迫着走很痛苦，并且感到恼火；当他来到阳光下时，他会觉得眼前金星乱蹦金蛇乱窜，以致无法看见任何一个现在被称为真实的事物的。你不认为会这样吗？

格：噢，的确不是一下子就能看得见的。

苏：因此我认为，要他能在洞穴外面的高处看得见东西，大概需要有一个逐渐习惯的过程。首先大概看阴影是最容易，其次要数看人和其他东西在水中的倒影容易，再次是看东西本身；经过这些之后他大概会觉得在夜里观察天象和天空本身，看月光和星光，比白天看太阳和太阳光容易。

格：当然啰。

苏：这样一来，我认为，他大概终于就能直接观看太阳本身，看见它的真相了，就可以不必通过水中的倒影或影像，或任何其他媒介中显示出的影像看它了，就可以在它本来的地方就其本身看见其本相了。

格：这是一定的。

苏：接着他大概对此已经可以得出结论了：造成四季交替和年岁周期，主宰可见世界一切事物的正是这个太阳，它也就是他们过去通过某种曲折看见的所有那些事物的原因。

格：显然，他大概会接着得出这样的结论。

苏：如果他回想自己当初的穴居、那个时候的智力水平，以及禁锢中的伙伴们，你不认为，他会庆幸自己的这一变迁，而替伙伴们遗憾吗？

格：确实会的。

苏：如果囚徒们之间曾有过某种选举，也有人在其中赢得过尊荣，而那些敏于辨别而且最能记住过往影像的惯常次序，因而最能预言后面还有什么影像会跟上来的人还得到过奖励，你认为这个既已解放了的人，他会再热衷于这种奖赏吗？对那些受到囚徒们尊重并成了他们领袖的人，他会心怀嫉妒，和他们争夺那里的权力地位吗？或者，还是会像荷马所说的那样，他宁愿活在人世上做一个穷人的奴隶，受苦受难，也不愿和囚徒们有共同意见，再过他们那种生活呢？

　　格：我想，他会宁愿忍受任何苦楚也不愿再过囚徒生活的。

　　苏：如果他又回到地穴中坐在他原来的位置上，你认为会怎么样呢？他由于突然地离开阳光走进地穴，他的眼睛不会因黑暗而变得什么也看不见吗？

　　格：一定是这样的。

　　苏：这时他的视力还很模糊，还没来得及习惯于黑暗——再习惯于黑暗所需的时间也不会是很短的。如果有人趁这时就要他和那些始终禁锢在地穴中的人们较量一下"评价影像"，他不会遭到笑话吗？人家不会说他到上面去走了一趟，回来眼睛就坏了，不会说甚至连起一个往上去的念头都是不值得的吗？要是把那个打算释放他们并把他们带到上面去的人逮住杀掉是可以的话，他们不会杀掉他吗？

　　格：他们一定会的。[1]

问题研讨

　　1. 再说一次：这是关于柏拉图所认为的实在的寓言。这个寓言是什么意思？囚徒是谁？洞穴在哪里？看见太阳意味着什么？

　　2. 当柏拉图让苏格拉底说出最后几句话时，他想表达什么？

　　3. 这种世界观在何种程度上与基督教传统世界观中的元素相对应？有什么明显的差异吗？

　　4. 你能想到一个探索实在本质的现代故事（电影或小说）吗？（它有没有问这样的问题，比如，实在就是如我们所见吗？我们在这个世界上是因为什么？存在死后的生活吗？）它与柏拉图的观点是否一致？

1　本段译文出自柏拉图：《理想国》（郭斌和、张竹明译，北京：商务印书馆，1986 年），第272—276 页，略有改动。——编者注

《楚门的世界》

安德鲁·尼科尔编剧，皮特·威尔导演
电影，1998 年，梗概

这部电影是一个可以用多种方式解读的故事。一种简单的解读是，它是在讽刺娱乐产业及其将现实和虚构混在一起的做法。也有人把它看作关于人类精神在过度约束的世界中的自由的寓言。它可以被理解为一个人关于自己是宇宙中心的幻想。但本质上，《楚门的世界》是关于在日常生活所呈现的幻象之外追寻真正实在的故事，因此它也是一个带着苏格拉底意味的故事，与柏拉图的"洞穴的神话"相呼应。

楚门·伯班克是一个年轻的保险销售员，和他的护士妻子生活在不大而快乐的海景镇社区，那里的每个人都相互了解，至少他们都知道楚门。这是一个友好的小镇，楚门从未去过其他地方。当他还是个孩子的时候，他的父亲在帆船上游玩时溺水而亡：受到暴风雨的惊吓，父亲从船上掉了下去，消失在海浪中。这个惨痛的经历给了楚门对深水的恐惧，所以一想到要乘渡轮或开车过桥，他就会焦虑不安。然而，他有旅游的梦想：他想去斐济。他小时候想成为探险家，但老师马上就告诉他，所有的地方都已经被发现了，为什么他还想去呢？他儿时最好的朋友尽力打消楚门对异国他乡的向往，而楚门的妻子则指出，他们负担不起飞行的费用，他们必须偿还房贷，等等。事实上，看起来每个人都极力让楚门留在海景镇。

上高中时，他爱上了西尔维娅，一个漂亮、难以捉摸的女孩，看起来她心里总有重要的事，但不知何故他们一直避免相互了解——直到在图书馆的那个决定性的夜晚，他们才得以偷偷溜出来朝海滩跑去。但几分钟的工夫，

楚门（金·凯瑞饰）生活的每时每刻都在电视上播出，但他并不知道。世界对他是真实的，但其他人都知道那是摄影棚，一个假世界。这场真人秀中，只有楚门本人（Truman，也就是 true man，意思是真人，与真人秀中的其他角色不同）和他的情绪反应不是伪造的。如果他认识到他的世界不是真的，他是会努力寻找真正的现实，还是会满足于幻象和安全感？对比苏格拉底在洞穴神话中提出的问题：哲学家意识到自己之前都被困在幻象的洞穴里后，他该怎么办？

一辆车出现了，大概是西尔维娅的父亲开来的，她的父亲把她从楚门身边带走了。他说她不正常，并高喊着他们要搬到斐济。所以我们明白了楚门想去斐济的原因：不是去看一个遥远的地方，而是为了寻找西尔维娅。在她父亲将她带走前，她试图告诉楚门有什么事情有问题，但他不理解她的意思。

几年过去了，楚门开始感觉到的确有什么事情有问题。他的妻子带着不自然的热情不断向他介绍新的家用产品，仿佛在做广告。在他开车上班的路上，收音机坏了，他听到一个声音正在描述他要走的路线。他一时冲动走进一栋大楼，试图进入电梯，却发现电梯其实只是一道门——他可以清楚地看到人们正在真人秀的后台区域吃午饭。但最重要的是，他在街上偶然遇到一个无家可归的人，他觉得这人很眼熟。他转过身，又看了一眼：原来那人是他的爸爸——死而复生！但就在此时，一个陌生人突然出现，将老人带上了公共汽车。

这是楚门生活的转折点：有人试图阻止他跟父亲讲话。逐渐地，他觉得整个现实都是在演戏，人们并不像他们看起来那样。作为观众我们知道他是对的：除了楚门和他的反应，一切都是表演，因为他是《楚门的世界》中的主角，那是每天 24 小时向全世界直播的连续电视节目。这就是西尔维娅想告诉他又没能说出的秘密。

这是一个非常受欢迎的节目。楚门从出生那天起就上了电视，丝毫没有意识到他的现实是不正常的。在某种程度上，这是"正常的"——一种理想化的正常状态，只是其他任何人都不觉得这是正常的。他的母亲是演员，他的妻子是演员，甚至他儿时就认识的最好的朋友也是演员——除了楚门，每个人都参与其中。《楚门的世界》是才华横溢的导演克里斯托弗高明智慧的结晶，他在一个伪装成常年可见的满月的控制室里，在海景镇上空监视着一切。控制室通过电子设备让太阳升起和落下，改变天气，并通过耳机提示每个演员。他最好的朋友所说的友谊之词是克里斯托弗给的台词。在一次罕见的采访中，这名大导演被问到为什么楚门从来没有质疑过他的真实，他回答说我们都相信被呈现给我们的真实。

但楚门不再上当。当他意识到旅行社不打算把去斐济的机票卖给他时，他收拾好行李，前往汽车站，买了一张去芝加哥的票。但是公共汽车不会去往任何地方——司机是一个无法启动公共汽车的演员，克里斯托弗也不会让楚门离开。无处可去，布景是封闭的。但是楚门没有放弃。一天晚上，摄制组的人以为他睡着了，放松下来，但他们看到的实际上是一个盖着毯子的假人，发出鼾声的是录音机。楚门已经溜出去了。这是他平生第一次不在镜头前。

克里斯托弗动员了整个岛的所有演员寻找楚门，但哪里都找不到，直到他们想到一个不太可能的地方——一艘帆船，漂在水上，朝着——斐济？全世界的观众都屏住呼吸观看。楚门的追寻会成功吗？他会逃离这个被限制的、被设计好的世界吗？甚至西尔维娅也在看着，祈祷楚门能成功。克里斯托弗尽其所能阻挠楚门，甚至命令他那些不情愿的工程师掀起一场几乎致命的风暴。尽管对水有着根深蒂固的恐惧，楚门还是坚持住了，并且比克里斯托弗的愤怒坚持得更久。他继续朝着地平线前进，比预期的还要快。突然，他的船头撞向天空，那是一幅美丽的布景。他一直在摄影棚中的一个巨大水槽里航行。

正前方出现了一段楼梯，通向一扇门。楚门下了船，沿着世界的边缘走到楼梯上，然后爬到门口。现在，克里斯托弗绝望地通过扬声器对他说话，空洞而慈爱的声音从上面传来。他告诉楚门，楚门从小到大，他都在看着，像父母一样记得他的种种经历，他十分了解他以及他的恐惧。在海景镇，没有什么不好的事情会发生在他身上，而现实世界是一个危险的地方。这扇门通向黑暗、神秘的真实世界。楚门会穿过门离开吗？还是会依从自己的习惯并返回？

问题研讨

1. 柏拉图的洞穴的神话和《楚门的世界》之间有什么异同？在柏拉图的神话中，完美的世界在洞穴之外。影片中完美的世界在哪里呢？你可能还想探究，被欺骗的是一个人还是整个人类。这仅仅是楚门的故事，还是我们都是"楚门"，被困在摄影棚，就像在柏拉图的洞穴中一样？

2. 楚门的名字有什么意义？在故事的语境中，这意味着什么？

3. 如果你可以选择，你是愿意过一种基于谎言的快乐生活，还是一种基于对世界真实感知的艰难、不可预测的生活？

4. 如果我们把这个故事看作苏格拉底美德伦理（养成品质并让理性统治）的一个案例，那么智慧、勇气和节制这三种美德如何在以下人物身上体现？（1）楚门，（2）导演，（3）岛上的其他人，（4）观众。

《世界杂货店》

罗伯特·谢克里著

短篇小说，1959年，概述与节选

什么是"好生活"？今天的很多人认为，好生活意味着不用为财务担忧，物质丰富，成功获得快乐。苏格拉底认为良好生活必须涉及智识和道德觉知："未经省察的生活是不值得过的。"为了过充实而有成果的生活，一个人应该保持警觉，不要想当然，应该质疑权威，获得知识，当然也要注意让自己愉快。对苏格拉底来说，过良好生活就是致力于思考、分析，努力成为一个公平、正义和体面的人，并且不让生命的时光虚度。

这是个写于冷战高峰时期的小故事，贯穿对全球可能突然遭遇核毁灭的持续恐惧，这个故事体现的良好生活版本可能会让你吃惊。不过，也许不会。因为韦恩先生对完美生活的幻想并不涉及名利，他只希望有机会多享受已经一去不复返的平凡生活。我想我们很多人都明白这个小故事的寓意——任何一个曾面临失去习以为常生活的可能性的人都能明白。

韦恩先生在执行一项秘密任务。确定没有人跟踪他后，他溜进一间不起眼的小棚屋，手里抓着一个包裹。在那间简陋的小屋里住着他要见的那个人，汤普金斯先生。汤普金斯先生的行为是非法的，然而事情已经传开了；韦恩想知道更多。汤普金斯解释道：

> 是这样的，你给我钱，我给你打一针，让你昏迷。然后我用店里后面的某种小装置来释放你的心灵。[……]你的心灵将从身体中被释放出来，可以在地球于存在的每一秒钟都在抛弃的无数个可能世界中选择。

汤普金斯解释说，在地球存在的每一秒钟，都有替代现实被制造出来，那是本可能发生，但没有在我们所处的现实中发生的情况。你可以在你选择的任何一个替代现实中度过一年！但是费用很高：几乎正好是你拥有的所有东西，再加十年的寿命。你会有完全的现实感，而你意识不到你做选择的方法，因为你的选择将被你最深层的无意识欲望所引导。汤普金斯仍在研究一种使现实感永驻的方法，但到目前为止，他只能控制一年，这对身体来说很难承受，以至于顾客会失去十年的寿命。

韦恩先生很着迷，也很受诱惑，但价格吓住了他，所以他问能否再考虑一下。在回长岛的火车上，一路上他都在沉思。但是当他回到家，就有其他的事情要想了：妻子珍妮特需要和他讨论家务问题，儿子想要在自己的爱好上得到帮助，小女儿想要讲述她在幼儿园的一天。珍妮特注意到他看起来心事重重，但是他不打算告诉她自己去找了世界杂货店的怪人。

第二天，他全神贯注于办公室的事：中东事态引起了华尔街的恐慌，所以他必须将所有关于世界杂货店的想法搁置。周末他和儿子一起乘帆船出海。女儿感染了麻疹。儿子想了解原子弹、氢弹、钴弹和所有其他种类的炸弹，韦恩尽了最大努力来解释。在夏天凉爽可人的晚上，有时他和珍妮特一起去长岛海峡乘帆船出海。有时他会想起杂货店。但秋天到了，还有其他的日常事务要处理。隆冬时节，卧室里着了一次火，修缮工作让他无暇再做奢望。在办公室工作时，他担心世界各地的政治紧张局势。儿子得了腮腺炎，需要照顾。突然春天又到了，整个一年过去了……

韦恩先生睁开眼睛，斜靠在汤普金斯小屋的椅子上。汤普金斯在他身边转来转去，问他要不要退款。韦恩向他保证，自己对这次经历相当满意，并询问是否有任何使他秘密欲求的世界永久化的方法。汤普金斯说他正在努力，他很想知道韦恩的内心世界最终是怎样的，但是韦恩不想讨论这个问题。太私人了。

现在是时候给汤普金斯付钱了，因为汤普金斯给了他一个他最想要的私人世界——事实证明，这只是普普通通的一年，他和妻子、儿子、女儿在一起，有一份工作，还有宝贵的周末，加上日常生活中总会有的小问题和干扰。现在他付出了十年的生命和物资形式的财产：一双军靴、一把小刀、两卷铜丝和三罐腌牛肉。汤普金斯对这笔钱很满意，韦恩先生也离开棚屋回家了——家里没有珍妮特在等他，也没有儿子或女儿。没有帆船，没有工作，没有房子，没有常态。在返回避难所的路上，他看到的只是城市废墟中无尽的放射性碎片，上面覆盖着曾经是人类的细灰。韦恩的真实世界是核毁灭之后的世界，他担心的不是女儿的牙套、房屋的整修或华尔街，而是如何在接下来的每一天里幸存。

问题研讨

1. 韦恩秘密渴望的世界是什么？作者想要用这个故事传达什么？看起来与你相关吗？为什么？

2. 苏格拉底可能会如何评价这个故事？韦恩先生是否省察过自己的生活，从而使它值得过下去？

3. 评论家们将谢克里的故事描述为一篇幽默文章。你觉得它幽默吗，还是评论家没有领悟深层内涵？它可能既有趣又严肃吗？

4. 今天，我们有可能通过计算机虚拟现实技术来接近汤普金斯先生的发明；如果让你选择另一种可替换的现实，你会选择在哪种现实里度过一年？你会考虑《世界杂货店》传达的教训吗？

5. 这是一个说教故事吗？为什么？

6. 将德沃金的生命概念，即具有行动价值的生命与具有产物价值的生命，应用到这个故事中。韦恩先生过去的一年有行动价值或产物价值吗？还是两者兼而有之？这重要吗？为什么？

第九章　亚里士多德的美德理论：凡事有度

公元前 347 年柏拉图逝世后，他的侄子斯彪西波成为阿卡德米学园的领袖。历史上有不少人认为，另一个人接管才是众望所归，因为到当时为止他是与阿卡德米有关的最优秀的学生。他就是亚里士多德，曾随柏拉图学习 20 年。今天的学者们认为，由于柏拉图的长期游历，亚里士多德可能从未与老师特别亲近；看起来，苏格拉底和柏拉图之间的亲密关系并未再现于柏拉图和亚里士多德之间。

经验知识与感觉领域

对某个人在历史上的影响力下判断是有风险的，因为这样的判断往往有夸大的倾向。然而，就亚里士多德而言，我们可以相当有把握地说，他是对西方思想史最有影响的古代人之一，即使到了现代，也很少有人的历史重要性能与他相提并论。柏拉图为西方哲学和神学留下了大量遗产，亚里士多德则开辟了科学、逻辑以及经验性思考的可能性——不仅在哲学领域，也在自然科学领域。

柏拉图没有在那些领域做出贡献不足为怪。他不会对自然科学感兴趣，因为自然科学的目标是感觉世界，远离理型。尽管亚里士多德是柏拉图的学生，也相信柏拉图的理型在一般意义上存在（见第八章），但他认为理型（形式）并不是与物质事物相分离的。亚里士多德认为理型不会在事物之外独立存在。如果我们正在欣赏瀑布从悬崖倾泻而下的景色，那么根据亚里士多德的观点，我们就是在同一时刻直接经验着悬崖、瀑布和水流的理型。如果我们爱上某人并认为此人是美丽的，我们就直接在这个人的面容上经验了美的理型。如果我们在研究一棵树或一块化石，那么让我们获得关于树或化石历史的知识的理型就正在此处。换句话说，知识可以直接从感觉世界中寻找和发现。你可能还记得上一章写过，苏格拉底在《斐德罗篇》中谈到，他从来不会远足到城外，因为树木和田园风光不能教给他任何东西——而亚里士多德恰恰会通过观察树木来获得知识。

亚里士多德思想的转向——从认为理型与事物或经验相分离到认为二者不可分离——使他通过实证研究（搜集证据，做出假设，在经验的基础上验证理论）来思考成为可能。传说亚历山大大帝在远征波斯和阿富汗的途中，还搜集动植物标本并派人将其送给他过去的老师。亚里士多德收到这些标本时一定非常高兴，也肯定仔细研究了它们，因为他相信人是有可能获得经验知识的。

科学家亚里士多德

我们很难想象有一个时代，那时有一个人实际上"了解一切"，也就是可以使用当时一切可得到的知识，但看起来亚里士多德就是这样的一个人。（知识窗9.1介绍了雅典外乡人亚里士多德的生平。）他推动了科学的创立——不是我们今天所了解的那种科学学科，而是将逻辑和观察合为一体那种意义上的科学。然而他的影响范围远不止此。他是我们所知道的经典逻辑的创立者，为生物分类奠定了基础，他发展出天文学理论，对政治学、修辞学（用口头语言说服人的艺术）及戏剧有兴趣，写下了关于喜剧和悲剧适宜结构的著作，他还阐发了关于灵魂的性质、神以及其他形而上学问题的理论。实际上，metaphysics（形而上学）这个词就源自亚里士多德：他写了一本关于物理学的书，又写了一本关于实在本质的书，但没有书名，因为这部作品写在关于物理学的作品之后，所以亚里士多德的追随者将它称为"物理学之后"，即 ta meta ta physica。

亚里士多德关于伦理学的著作可能是他作品中影响力最为持久的。但他也写下了论证奴隶制合理以及妇女本性上要低一等的文字。因此，亚里士多德在作品中提出的一些观念会让大部分现代西方读者很受冒犯，但哲学家们通常是将他更有争议性的作品当作历史文献来读，而不是作为如何生活的蓝图。在许多方面，亚里士多德不是我们所谓的批判性思想家；实际上，苏格拉底不一定会赞同他，因为亚里士多德经常不愿对观点做分析（例如关于女性的地位和本性的观点），而只是提出观点而已。他似乎假定某些事情是一目了然的，大多数与他同时代的人可能会认可他。

亚里士多德的大量作品都已散佚，例如《诗学》的下卷，对此本书第二章有所提及。亚里士多德也像柏拉图那样写了对话录，古罗马演说家西塞罗对此非常重视，但只有一些残篇留下。流传下来的大部分作品是他的讲义和课程概要，有的是为普通听众所写，有些则是为学业上更进深的学生所写，有的作品是通过学生的笔记补充的。

知识窗 9.1　亚里士多德是谁？

公元前 384 年，亚里士多德生于希腊北部的斯塔吉拉。父亲在他少年时期便去世了，他的姐姐和姐夫抚养他长大。他的家庭出身不错，他父亲曾是马其顿国王的医生。亚里士多德在 18 岁时到了雅典，大概是为了接受医生的教育，以便返乡接替宫廷医生这一显赫职位，但事情并没有如此发展。亚里士多德受到柏拉图阿卡德米的吸引，他应该是学园中最聪明的学生，在 20 多年里成长为思想家。此外，据说他以给雅典人提供医疗建议为生。柏拉图逝世时，亚里士多德不到 38 岁，他可能认为自己会被选为阿卡德米的新领袖，但他没有被选中，被选中的是柏拉图的侄子斯彪西波。考虑到亚里士多德与柏拉图在很多问题上的看法都不一致，这种情况并不难理解，但也许更重要的是，亚里士多德不是雅典公民，因此土生土长的雅典公民所拥有的一些权利，他是没有的。于是，他孤立无援，大概是含怒离开了希腊。他去小亚细亚游历、结婚，并开始研究生物。公元前 343 年，他到了马其顿，在那里成了国王腓力二世之子的导师。（短短三年后，这个男孩就成了马其顿的统治者，该国随后成为覆盖古典世界大半疆域的王国，他就是后来我们所知的亚历山大大帝。）亚里士多德在宫廷中的地位如何，只能靠猜想——有学者认为，他对亚历山大的教导实际是次要的，他留下的真正目的可能全都出于政治因素：腓力二世希望将亚里士多德推举为柏拉图学园的领袖，即使他已经被斯彪西波排挤出局，因为斯彪西波是反马其顿的，而腓力二世显然有着扩张的野心，需要在希腊文化最有影响力的学园中有一位亲马其顿领袖。但斯彪西波死后，亚里士多德又一次被越过了，腓力二世则致力于与希腊开战。于是，亚里士多德打点行装前往斯塔吉拉的家，但他与马其顿宫廷的关联并未结束：腓力二世被刺杀，亚历山大称王之后，亚历山大找到了自己过去的老师，将他于公元前 355 年送回雅典并开设了属于他的学园，与柏拉图的学园竞争。有人推测，即便在那一阶段，亚里士多德仍希望成为阿卡德米的领袖，因为他带着大量的教学材料和全体职员前往雅典管理学校，但他的愿望并未实现。亚里士多德开始在被称为吕克昂（以吕克昂阿波罗神庙命名）的场所教学，在 12 年的时间里（作为学术生涯并不特别长），他教导学生，撰写著作，著作讨论的问题有哲学、科学领域的，也有我们今天所说的社会学与政治学领域的。2006 年，制作于公元 1 世纪的亚里士多德大理石半身像在希腊出土。本书未能获得该半身像的图片，但半身像与下图很相似。

（© Imagno/Getty Images）

文艺复兴时期，拉斐尔绘制了想象中的柏拉图学园，取名《雅典学院》。这并非对学园日常生活的真实再现，而是对两个思想学派的高度象征性刻画。两个人物，柏拉图和亚里士多德，正走向中间的台阶。柏拉图是左边的老人，画面左边有一些柏拉图的学生；大多是历史人物，也包括拉斐尔的同时代人，他们认同柏拉图式的思想道路。柏拉图向上指着理型世界，即他所认为的真正实在，而他边上年纪轻一些的亚里士多德，则伸手对着我们，掌心向下。亚里士多德仿佛在说，在这个世界就可以发现真正的知识，知识并非存在于脱离感觉的智识领域。画面右边是历史上的亚里士多德主义者，即科学家们。在最右边，拉斐尔为自己选定了位置，直直地看向我们。

（© Photos.com/Getty Image）

亚里士多德的美德理论：目的论和黄金中道

美德与卓越

在第八章的第一部分我们看到，古希腊的美德概念与今天英语世界中该词的通俗用法有着细微差异。尽管称某人为有德行或许暗含鄙意，但古希腊的美德概念并没有这种内涵。如果你是有德行的，就不会被认为很木讷或逃避生活，因为有德行首先意味着你有很擅长的技艺，也能把握机遇。成为一个有德行的人意味着行事卓越——甚至可以说行事精湛（virtuosity），这个词保留了古希腊人认为的与美德相关的意思。

这一点在亚里士多德的哲学中最为明显：你或许会说美德关系到做某事与做好某事的区别。在亚里士多德看来，世界上的一切都有自己的美德，意思就是如果它以某种按其本性应该的方式"表现"，那么它就是有美德的。一方面，这表明美德不是人类的专利；另一方面，这也意味着一切存在，包括人类，都有一个目的。一把锋利的刀子有美德，一张舒服的椅子有美德，一棵笔直生长的树有美德，一只健康、敏捷的动物有美德。对于还在生长初期的实体，如幼苗和婴儿，我们或许可以谈论其*潜在*美德。

知识窗 9.2 四因说

亚里士多德认为，一切事物的产生和作用都有四种原因或四个因素。它们是：*质料因*，组成事物的"材料"；*动力因*，使事物产生的力量；*形式因*，事物的形状或相（理型）；*目的因*，事物的目的。考虑一下这个例子（是我的一个学生提出的）：

· 质料因：面粉、水等等
· 动力因：我（烘焙者）
· 形式因：做小松饼的想法
· 目的因：被吃掉！

在现代人看来，质料因和动力因相当好理解：当亚里士多德说一个事物的质料因是使它成为实际所是的实际物质时，我们能够大致了解他的意思。动力因呢？就松饼而言，创造它的力量是烘焙者；就狼而言，是这匹狼的父母；就河流而言，是山泉和降水。（后来受亚里士多德启发的宗教传统选择将上帝解读为创造的动力因。）但形式因和目的因就不那么好理解了。在形式因中，我们看到了亚里士多德哲学中柏拉图理型论的残存元素，但形式并不处于外在于对象的智识领域，而是就在对象之中。（想想拉斐尔的油画：亚里士多德伸手向下，仿佛在说"你在这个*世界*能寻找到真正的实在"。）一个成功的小松饼呈现出完美的小松饼形式，而一个不成形的小松饼只是小松饼形式的苍白呈现。

对亚里士多德来说，目的因是从哲学角度看最重要的原因，因为它允许我们理解事物的目标，换句话说，理解事物的本质特性和本性。不理解一个事物的目的，就无法理解其本性，无论是自然事物还是人造事物。可见，亚里士多德相信万物皆有自然赋予的目的；如果事物实现了自己的潜能，就完成了其目的，就是成功的。一把锋利的刀、一只疾驰的兔子、一个聪明的人都是潜在目的实现的例子，因为每一个都成了其应该成为的样子。

目的论

对理解亚里士多德美德思想至关重要的一个概念来自他的形而上学，即*目的论*（teleology）这个概念。在希腊文中，telos 的意思是目标或意图，一个目的论的理论或观点会假设事物有其意图，或某些行为的最终结果是最为重要的。今天也能见到目的论的例子，我们在日常生活中讨论"生活的意义"时，常常会用到这样的例子。然而，现代科学更倾向于将宇宙目的这个问题放在一边。柏拉图也相信事物有其目的，但亚里士多德将他的目的论建立在一套关于"原因"的完整形而上学理论的基础上。（亚里士多德的四因说，见知识窗 9.2。）

亚里士多德认为，一切存在物皆有目的，目的从一开始就存在于实在结构中。说人工制造的物品有目的，这很合理，因为这种物品肯定是从一个想法，也就是目的开始的，那就是制造者心里的想法。一个刀匠做了一把刀，刀的目的就是切割，而不只是产生凹痕。你烘焙小松饼时意在食用，无论它们最终做成什么样。但是，就不能有没有目的的人类行动吗？亚里士多德会说不能，尤其是当我们在创造一个物体的时候；目的是既定的。

那么，自然而成的事物呢？一棵树是否有目的？一匹狼、一只蚂蚁、一条河呢？今天我们在回答"是"之前会犹豫不定，毕竟，我们凭什么做出这种假定呢？如果我们说一棵树的目的是给我们阴凉或苹果，我们是在假定它是为了我们人类而存在的，而不是在事物的秩序中为其自身而存在。即使我们说狼的目的是捕杀驯鹿群，我们也不愿意说这是"设计"好的，是有目的的。今天，如果我们倾向于使用*目的*或功能来描述事物在自然中如何运行，可能隔一段时间就应该提醒自己，从科学上说，我们指的是在生态系统范围内的事物是如何运作的，并没有暗示存在一种潜在的大自然设计意图。然而，亚里士多德在做出反映人类中心主义（万物的发生都以人类为目的）的陈述，或提出关于宇宙一般结构的猜测时（他认为自己很了解），并没有这种不安。亚里士多德认为，自然中的一切事物都有目的，尽管确定目的是什么可能相当不易。我们该如何确定事物的目的？通过研究所讨论的事物最擅长的是什么。无论是什么，它都将是该事物的特性。如果它能实现目的或运作良好，那么它就是*有德行的*。

由于亚里士多德提出了万物皆有目的的理论，因此有人认为他引入了*智能设计*的思想，即某种神圣的智慧有意创造了宇宙。这在某种程度上是准确的，因为亚里士多德的确认为万物都是一种宏大的智慧有目的地设计出来的。但亚里士多德并不相信人格神；他似乎是*自然神论者*，相信神曾经创造了宇宙。但他与大多数同时代人不同，后者崇拜奥林匹斯山上的诸神、狄俄尼索斯或古代的大地女神得墨忒耳，但亚里士多德显然认为，无论创造宇宙的神是什么——他称其为"不动的动者"，即推动万物运动的力量——它都不再在场了，或至少在人类可及的范围之外，对人类事务或其他造物也没有影响。因此，今天智能设计论认为全能和无所不在的上帝必然设计出了看起来充满有目的的复杂性的自然，我们只能说它与亚里士多德有部分联系，因为亚里士多德不相信有任何神灵在守护着自己的创造物。今天的科学家可能会猜想自然界生态系统中不同物种的功能，但很少有科学家（无论个人信念体系如何）会表达任何关于灵界存在者设计了这个世界的专业假设；大多数科学家相信这种假设是信仰的事，超出了科学范围。而且，亚里士多德虽然对每个物质对象、每个物种都有其目的的观念很感兴趣，但他还没有形成关于*生态系统*的概念，他对探究生态平衡中的物种关系并没有兴趣。

知识窗 9.3　目的论解释

今天我们常常使用目的论的解释方法，尽管它们作为科学的解释形式通常是不成立的。如果要解释为什么长颈鹿有着长脖子，我们可能会像这样说："这样它们就可以够到较高的树枝。"说"这样它们就可以"暗示着长颈鹿某种程度上是为这个目的而设计的，或者它们世世代代努力伸长脖子，直到最终可以够到那些树枝。（这样一种进化理论在 19 世纪被提出，早于查尔斯·达尔文的观点。这一理论的倡导者是让·拉马克，该理论被称为"后天获得性状遗传"。）即使我们全都明白长颈鹿会吃高处树枝上的叶子，但如果认为这就是它们的*目的*，那就不符合现代科学。达尔文用*自然选择*的理论提出了一种新观点：长颈鹿并不具备特定目的，任何其他造物也都没有，但我们全都要适应环境，最能适应的那些幸存并繁衍后代。因此，我们应该想象，长颈鹿的祖先是短脖子，由于突变，一些长颈鹿生来脖子就比较长。因为长脖子的长颈鹿可以吃到其他同类吃不到的树叶，它们在导致许多同类死亡的环境恶劣时期就能成功幸存。它们产下长脖子的后代，后代又产下脖子甚至更长的后代，等等。这是一种*因果性解释*，它以过去的理由来解释为什么事情会变成今天的样子，而不是用某种未来的目的解释现在。

人的目的

在亚里士多德看来，人类的生命有特定目的是毫无疑问的。他认为，四肢和身体器官都有其目的，比如眼睛的目的是看，手的目的是抓握，因此我们必须得出结论，人作为一个整体，有一个超越身体各部分总和的目的。（对亚里士多德来说，这是很明显的结论；今天我们则不会轻易对任何事物的目的下结论。见知识窗 9.3 关于目的论解释与因果性解释的讨论。）

人因某个理由和某个目的而诞生的想法是极为诱人的，甚至对很多现代人来说也是如此。我们自问："我们存在于世上的原因何在？""我为什么出生？"我们希望在未来找到答案——做一些大事，创作艺术品，抚养孩子，在工作中发挥影响力，得到金钱或名誉。有人相信自己已然经历了最重要的时刻，比如登月的宇航员——还有什么事能超过登月吗？这样的人或许会在余生中寻找一个新的目的。（知识窗9.4对人类目的这个概念做了简短探究。）

知识窗 9.4　人类有目的吗？

亚里士多德的思想还启发了一整个学派，那时距离他去世已经很久了。天主教会在亚里士多德去世大约 1 500 年后才接触到他的作品，13 世纪，圣托马斯·阿奎那将亚里士多德的一些思想融入基督教哲学，其中就包括人类有目的这个观念。阿奎那认为，人类的目的包括生命、生育和对上帝知识的追求。另一些思想家则不太确定人类有目的。让-保罗·萨特认为并不存在所谓人类本性，他认为，说人类有目的的人，都只是在寻找一个可以躲在后面的身份，以逃避做出困难的选择（见第十章）。

我们以这样或那样的形式相信命运，这种信念影响着我们对人生目的的感知。但那只是亚里士多德的目的概念的一半，因为它仅用于个人层面。亚里士多德所谈的不仅在于个人成为其应该成为的，而且还谈到人类就其本身而言成为应该成为的。换句话说，亚里士多德相信目的不仅对个体而言存在，对物种而言也存在。我们怎样知道作为物种成员之一的个体的目的是什么？通过探究这种生物或事物最擅长的——也许比其他生物或事物都更擅长的——是什么。一只鸟的目的必定包括飞翔，尽管也有不能飞的鸟。一把刀子的目的必然包括切割，尽管电影道具刀不能切东西。一块岩石的目的呢？做它最擅长的事：待在那里。（这真是亚里士多德的例子，不是玩笑。）一个人的目的呢？*运用理性*。如果不考虑人类的更大目的，即*善用理性*，我们就无法恰当评价一个人：

如果是这样，并且我们说人的活动是灵魂的一种合乎逻各斯的实现活动与实践，且一个好人的活动就是良好地、高尚［高贵］地完善这种活动；如果一种活动在以合乎它特有的德性的方式完成时就是完成得良好的；那么，人的善就是灵魂的合德性的实现活动，如果有不止一种的德性，就是合乎那种最好、最完善的德性的实现活动。不过，还要加上"在一生中"。一只燕子或一个好天气造不成春天，一天的或短时间的善也不能使一个人享得福祉。[1]

此处学者们通常会很大方地将运用理性归为人的目的——而亚里士多德用的术语直译过来是"男人的目的"。但如果我们进一步研读亚里士多德的著作，就会发现他并没有兼指男性和女性（而 18、19 世纪以及 20 世纪大部分时间里，知识阶层的习惯是用 man 来兼指男性和女性）：他指的就是*男性*。在亚里士多德看来，男性是真正具备运用理性的能力的生物，而女性有其自身的目的（比如生育）和美德。在相信男女应该获得相同社会机遇的现代读者看来，亚里士多德的说法很有争议，但争议还不止于此。亚里士多德不仅宣称男性和女性在根本上有差异，而且还在《论动物的生成》一书中写道："雌性，可以说，是畸形的雄性。"在亚里士多德看来，男性是默认的性别，因为他将男人视为完美的人类，而女人不是男性，因此女人没那么完美。概括而言，男人产生精液，但女人不能。亚里士多德认为精液由血液转变而来，并增加了灵魂或本质的成分。因此，父亲赐予孩子灵魂，母亲"只能"给孩子提供物质的部分即身体。（有趣的是，亚里士多德自认为掌握了关于人类身体的丰富知识，这可能是因为他出身医生家庭。平心而论，他不可能知道在生物学上，实际情况与他说的是相反的：初期的人类胎儿在默认情况下是*雌性*，如果有 Y 染色体，雄性性征会在胎儿后期得到发展。）亚里士多德认为女性在根本上是与男性不同的生物，这似乎与当时的公众意见一致，不过这不是他老师柏拉图的意见，柏拉图相信女性的角色取决于她们每个人适合做什么。

亚里士多德会说，男人的目的是终其一生在规则基础上理性思考并养成这样的习惯——换句话说，塑造一种*理性品质*。根据亚里士多德的观点，那样就是与道德善相同一了。

现代思想者会认为这个转折意想不到：道德善与擅长某件事有关，而不仅仅是为善。在我们看来，道德善与不引起伤害、信守承诺、奉行文化观念等关系更

1　本段译文出自亚里士多德：《尼各马可伦理学》（廖申白译注，北京：商务印书馆，2003 年），第20 页。——编者注

大。然而在亚里士多德看来，实现人的目的、成为有德行的人、将事情做到卓越、成为一个道德良好的人，这些是同一的。这一切都与他关于人如何成为有德之人的理论相关。

亚里士多德承认理智与道德这两种美德形式。当我们的灵魂竭力控制欲望时，我们的道德美德就在发挥作用。但当灵魂全神贯注于智识或精神问题时，理智美德就在发挥作用。当我们思考这个受制于变化的世界中的对象，并努力做出适宜决策的时候，实践智慧，即 phronesis，就在发挥作用。但当我们思考更高一级的问题——永恒的哲学问题时，我们就是在运用理论智慧，即 sophia［philosophy（哲学）一词由 philo（爱）与 sophia（智慧）合并而成］。一个人可能在其他美德上很擅长，但最高的美德是 sophia，即实现人类独有的抽象思维潜能。所以，理智美德涉及善于学习、思维清晰、行动有据。道德美德也涉及智力的运用，因为人类追求完美的唯一方式，就是运用他们的智力来培养对当下需求的敏锐感觉。

黄金中道

古希腊人为我们带来了节制或黄金中道的概念。德尔菲阿波罗神庙的入口处铭刻着"认识你自己"和"凡事勿过度"。苏格拉底在他的教导中纳入了节制的思想，其他几位思想家也是如此，然而最重要的是，节制是亚里士多德美德思想的核心：面对特定的情况，在正确的时间，以正确的方式、正确的程度，出于正确的原因做出的行为或情绪反应——既不多也不少。通过运用黄金中道，亚里士多德认为他描述了"属人的善"——人可以在哪里卓越，人应该做什么，人能在何处找到幸福。我们稍后会回到幸福这一主题。

在以他的儿子尼各马可命名的《尼各马可伦理学》中，亚里士多德将黄金中道比作艺术杰作；人们意识到不能添加或取走任何东西，因为这会导致过度或者不及，会毁掉这个杰作。中道则能保护好这个杰作。这可能会让一些读者想起艺术家之间的一个笑话："创造这样一幅伟大的画作需要多少艺术家？两个——一个人画，另一个在画作完成后给作画的人头上来一下。"为什么要打画家的头？因为已经到了这个时刻，画得够好了，如果再画下去就过了，但有时画家意识不到这一时刻。亚里士多德会回答说，技艺精湛的艺术家能够意识到这一时刻——的确，那恰恰是成就一个伟大艺术家的东西。如果那是艺术的情况，那么它也适用于道德善，即如果我们在人生的每种情况下都有选择恰当回应的能力，既不多也不少，那么我们就都是道德善的：

> 所以德性是一种选择的品质，存在于相对于我们的适度之中。这种适度是由逻各斯规定的，就是说，是像一个明智的人会做的那样地确定的。德性是两种恶即过度与不及的中间。在感情与实践中，恶要么达不到正确，要么超过正确。德性则找到并且选取那个正确。[1]

亚里士多德告诉我们，每一个行动或情感都必须适度。在很多方面这都是相当现代、务实的解决日常问题的方式。我们每天都会做出大大小小的决定：如果某人给予我帮助或送一个让我喜出望外的礼物，我应该表现出多少**感激**？要对朋友的个人生活表现出多少**好奇**才是正确的？（我不想窥探，也不想显得太冷漠。）为了期末考试我应该**学习**到什么程度？（我知道我学得太少了，但究竟要学习多少？）孩子们喜欢完全烤熟的肉，而我的配偶喜欢带点血的肉，那我烤肉的时候应该烤**多久**才能烤得完美？在新的关系中我应该感受到和表现出多少**爱**？我们每天都面对这类问题，却很少能找到好答案。在该意义上，亚里士多德表达的感受是针对我们所谓的"人类境况"的，也就是历世历代的人都关注的问题。很少有哲学家像他一样，试图在这些世俗之事上给人们提供实际的建议。所以，尽管亚里士多德的思想源于古代世界，那个奴隶制和其他政令让现代人无法接受的陌生世界，但他作品的特性使他的著作依然与今天的时代和人群相关。在本章末尾，可以读到出自亚里士多德《尼各马可伦理学》的选段，他探索了黄金中道以及勇敢之美德。

亚里士多德告诉我们要做什么了吗？并没有。他告诫我们，每个人都有走极端的倾向，所以我们必须对此警醒，而我们在通往美德之路上唯一可以得到的帮助是认识到我们必须一次又一次地尝试。

有人可能想问三个问题。（1）如果这是一种品质理论，为什么它看起来是在讨论行动和行为以及要做些什么？答案是，在亚里士多德看来，这就是关于品质

---

1 本段译文出自亚里士多德：《尼各马可伦理学》（廖申白译注，北京：商务印书馆，2003 年），第47—48 页。——编者注

的问题，因为他关注的并不是我们在特殊情境中的反应，而是总体上的反应。如果我们只做出了一次体贴或勇敢的行为，那么他不会说我们是体贴或勇敢的人；我们必须经常做这样的行为，此类行为体现出我们要想成为的那类人的品质。换句话说，我们必须养成某些好习惯。这意味着我们不能希图一夜之间变得有德行——我们需要花时间将自己塑造成道德良好的人，正如演奏好一门乐器也需要花时间学习一样。（2）它与理性思维这一人类特有的美德有什么关系？答案就在于，在每种情境下，我们都通过理性思考来找到中道，我们找到中道并照此而行的次数越多，我们就越能养成做出正确反应的习惯。（3）这是否意味着我们应该适度地做每一件事，既不多也不少？很容易想象吃得适度、锻炼得适度，但对于偷窃、说谎、谋杀这样的行为，也有适度一说吗？我们可以说偷窃、说谎、谋杀得太多或太少吗？偷窃、说谎、谋杀得适度，也是有德行的吗？当然不能，亚里士多德也意识到了这一漏洞，他告诉我们，有些行为自身就是错的，不可能做得适度。与之类似，有些行为本身就是对的，做得再多也不算不适度；正义就是一个例子，你不可能"太正义"，因为正义已经意味着尽你所能实现公平了。

亚里士多德美德理论的一个应用：桥上的三位女士看到一个溺水的男孩正被水冲走。一位女士很冲动，看都没看就跳了下去。第二位女士过于谨慎和焦虑，错过了采取行动的时机。第三位的反应"刚好"：她已经养成勇敢的品质，在恰当的时间选择恰当的行动去救那个男孩。（见知识窗9.5）

我们究竟怎样找到中道？毕竟，中道不是绝对的；我们无法用测量饮食计划的食物热量的方法，来确定两个极端之间的中点。找到中道要复杂得多，亚里士多德告诫我们，在每种情况下，出错的方式有很多，但"正中目标"的方式只有一种。寻找中道，需要全人全心投入，用一生的时间来训练。亚里士多德在讲义中讨论了丰富多样的美德。我们来看看其中几个。

面临危险的人可能以三种方式做出反应：勇气太少（怯懦），勇气适度（勇敢），勇气太多（鲁莽）。勇敢对于亚里士多德是一个非常重要的美德，你在基础阅读部分可以读到他对勇敢的分析。知识窗 9.5 讨论勇敢这种美德，以及怯懦和鲁莽这两种缺点在具体情境中的应用。本章的故事部分，有两个故事集中关注勇敢的美德：古代冰岛史诗《尼亚尔传说》和基于约瑟夫·康拉德的小说《吉姆老爷》改编的电影。此外，第十一章还探讨了作为当代美德的勇敢。

我们再来思考**追求快乐**的行动。过度追求快乐就是放纵，但如果有人不具备享受快乐的能力呢？那不是一种美德，亚里士多德不知道如何称呼这样的人，只能用"冷漠"。美德就是知道享受快乐的度在哪里，亚里士多德称此为节制。所以在亚里士多德看来，并不存在远离快乐的美德，因为"节制"并不意味着"禁欲"。关键在于适度享受。

我们再来看**花销**的艺术。在亚里士多德看来，也存在一种关于花销的美德。花得太多就是挥霍，花得太少又显得吝啬。在正确的时间，出于正确的原因，为正确的人花适度的钱，这就是慷慨。

在古希腊城邦人士的心目中，**自尊**是一种自然美德，对于亚里士多德也是如此。然而，把自己看得过于重要就是虚荣，把自己看得过于不重要就是过度谦卑。有德行的方式是以恰当的自尊来评价自己与个人成就。（知识窗 9.6 讨论了亚里士多德的美德，比如自尊，与基督教传统中的主要美德和罪恶的差异。）

是否存在一种有德行的**愤怒**方式？当然，那就是温和，或者像我们今天说的，性情平和。脾气暴躁是缺点，但太过柔顺也是。亚里士多德认为，如果你被冤枉了，你就应该以与对你的冒犯相称的愤怒去回应。（这可能会让你想起第七章提到的关于情绪在当代法庭上作用的辩论。）

知识窗 9.5　在恰当的时候做出恰当的决定

想象桥上有三位女士，海蒂、吉尔和杰茜卡。桥下是一条急流，一个小孩被水冲向她们的方向，快要溺死。海蒂看着打着漩涡的水流，想到了下水救援时可能出现的各种问题：水下的岩石，鞋子和牛仔裤可能变重，她刚刚从重感冒中恢复，也不擅长游泳。此外她还想起，她必须在图书馆闭馆前赶到。在她左思右想的时候，吉尔已经跳下去救那个男孩了。然而她想都没想就跳下去，撞到了水下的石头，失去了意识。杰茜卡看到那个男孩，闪电般盘算了河水的流速、岩石的位置和她自己游泳的能力，然后跑下河边的小台阶，把挂在桥柱上的救生圈扔下水，救了那个男孩，又将昏迷的吉尔拉上了岸。她也可能脱掉鞋子跳下去救那个男孩，或者喊旁边钓鱼的人过来帮一把。重点是，杰茜卡先思考，再行动，在正确的时间，而且适度。这就是亚里士多德所说的勇敢。吉尔行动鲁莽；海蒂可能有好的意图，但她没有行动。你必须按照自己的意愿行事并取得成功，才能被称为有德行的人。

但如果未来某一天，出于异常的巧合，海蒂又遇到了同样的情况，她会怎么做呢？一座桥、一个溺水的小孩，或者是其他需要立刻做出正确决定以帮助他人的情况。她此前的失败可能有助于她此次做得更好一些。亚里士多德相信我们能够通过做出有德行的行动而变得有德行；而且，如果海蒂能够从上次杰茜卡的行动中有所学习，那么她可能也会在这次做出正确的事。（但她要牢记，没有哪两种情况是一模一样的。在不同的情况下照着杰茜卡之前的做法行动，有可能是鲁莽或怯懦的。）吉尔可能也会从中学习；下一次，她也许会过于胆怯，但最终她也能做到位。至于杰茜卡，我们能确信她从今往后一直都能做出正确选择吗？我们大多数人都不会有这么高的期望，也会原谅她未来可能犯下的错误。但在亚里士多德看来，显而易见的是，如果你已经提升到了有德者的境界，那你未来的行动一般而言都会是有德行的，因为你已经养成了有德行的习惯。做一件勇敢的事不会让一个人成为勇敢者（一只燕子造不成春天）。如果杰茜卡犯了错，做出了错误的判断，那么她可能也不是如此有德行。

接下来，我们来看**诚实**的美德。我们可能同意亚里士多德所说，诚实很好，但他认为诚实的不及是什么呢？我们也许想得到，他认为诚实的不及不是撒谎，而是反讽或*自贬*（换句话说，贬低实际程度）。很明显，亚里士多德不喜欢苏格拉底对反讽的使用。诚实的过度是什么呢？是自夸。现代读者可能会认为，诚实的过度应该是另外的情况，比如粗鲁地告诉别人："过了个假期，你肯定胖了！"但在亚里士多德看来，关键不在于说谎或粗鲁会不会伤害他人，而在于要对情况做出恰当的评价，既不淡化事实，也不过度渲染。我们在此接触到了亚里士多德美德理论的一个隐藏要素：这个理论是为*谁*提出的？未必是需要理顺生活的年轻人，而是未来的政治家们——有闲暇时间进入学园学习的年轻贵族和富裕地主子弟，他们有望成为希腊社会的栋梁。在多个方面，亚里士多德是在教导他们成为好的公众人物。正因如此，亚里士多德认为他的读者有必要知道大笔钱财该怎么花，也有必要了解自尊和愤怒的限度。当然，亚里士多德的美德理论也适用于其他人，然而有些美德——如风趣或幽默的美德——是在直接向那些打算进入公众生活的年轻人传达信息。我们大多数人可能都希望搭档有**幽默感**，但想象一下幽默感对于公众人物来说有多重要，公众人物不应该是大老粗或丑角，而应该是机智的人。对此亚里士多德是有认识的。（见知识窗 9.7 对更多美德的讨论。）

知识窗 9.6　古典美德与基督教美德的冲突

对现代西方人来说，为一项成就而骄傲自豪合情合理，并不奇怪；我们能理解为什么亚里士多德说我们不应该自贬。但他的另一个观点就比较麻烦了，他认为，我们有权为本不是我们所做的事而自豪，如生而为某一阶层或种族的成员。而传统的基督教思想则认为，将骄傲自豪视为合情合理是大错特错。尽管亚里士多德对中世纪基督教有很大影响，但他提出的大部分美德都很不符合天主教关于主要美德和罪恶的看法。对基督徒来说，骄傲是大罪，因为人的成就来自上帝的恩典，而非自己的行动。这用拉丁语表达即 Soli Deo Gloria，荣耀唯独归于上帝。天主教传统中的主要美德是正义、审慎、节制、坚韧、信念、希望、慈爱，主要罪恶是骄傲、欲望、嫉妒、愤怒、贪婪、暴食与懒惰。

因此，存在三种倾向：居于两端的是缺陷，居于中间的是美德。我们怎样找到美德？可能很困难，它依赖于个人的试错。如果我们很难控制脾气，可能就需要在一段时间里努力保持冷静到不被任何事情激怒的程度，以戒除易怒的习惯；换句话说，为了养成温和的美德，我们需要做得过头一些，直到我们能够控制自己，找到中道。如果我们对甜品过于沉迷，可能就要在一段时间里彻底不吃甜食。这并不是理想的情况，但亚里士多德建议我们多做尝试，直到做正确。此外，当我们处于一个极端的时候，是很难看出另一个极端与美德之间的区别的：很喜欢巧克力的人会认为，讨厌吃巧克力的人和每周只吃几小块巧克力的人同样迟钝麻木。政治极端主义者可能会把温和派看作反方阵营的极端主义者。实际上，有的极端比其他极端与中道（美德）更接近。怯懦的人可能比鲁莽的人更反对勇敢。所以如果你不知道选择什么道路，至少不要选择离中道更远的那个极端。我们都必须留意个人的缺点，也需要留意诱惑，因为如果我们让自己过度沉湎于快乐，就会丧失对节制与均衡的意识。这些事并不容易，亚里士多德知道我们必须单独判断每种情况。在本章末尾，你会读到关于伊卡洛斯的飞行的古希腊故事，它阐明了美德在于遵循过度与不及之间的中道的道理——不是因为中道保证了平淡无奇的生活，而是因为它保证了存活。

知识窗 9.7　亚里士多德黄金中道的各种变体

下表基于亚里士多德最初提出的 12 种美德改编，美德的左右两侧分别是相应的过度和不及之恶。亚里士多德的方法可以用于很多日常生活中的情况；你也可以讨论其他的美德和缺陷，补充自己的看法。

亚里士多德的美德与恶习表

过度（恶习）	中道（美德）	不及（恶习）
鲁莽	勇敢	怯懦
放纵	节制	冷漠
挥霍	慷慨	吝啬
粗俗	大方	小气
虚荣	大度	谦卑
过度骄傲	适度自豪	自卑
愠怒	温和	麻木
自夸	诚实	自贬
滑稽	机智	呆板
谄媚	友爱	乖戾
羞怯	羞耻心	无耻
妒忌	义愤	幸灾乐祸

受亚里士多德启发的美德与恶习表

过度（恶习）	中道（美德）	不及（恶习）
盲从	忠诚	不忠
消极	耐心	急躁
缺乏判断，横加干涉	同情心	缺乏情感
始终有亏欠感	感恩	不知感恩
过度学习，工作狂	为通过考试而努力学习	学习不足，懒惰

　　这样的美德和恶习还有很多。你能想到一个（亚里士多德没有提过的）不存在中道的恶习吗？能想到一个没有过度之说的美德吗？

　　第七章介绍过这样一种理论，即罪行受害者对行凶者感到怨恨是正确和恰当的，而社会也应该为受害者感到道德上的愤慨。因为亚里士多德认为对于愤怒而言，也存在黄金中道（介于愠怒和麻木之间），所以他也认为适度的愤怒是一种美德，他的思想与前述理论融洽一致。在这个德行的中间范围内，对一个电脑被病毒攻击的人来说，合理的怨恨 / 愤慨反应可能是什么？对一个强奸受害者呢？对一个遭受生物恐怖主义袭击的社区呢？

这是否意味着，亚里士多德提出了一套适用于所有情形的关于美德的指导方案？没有什么能超出黄金中道的一般范围，也不会超出诉诸直觉、理性与良好习惯的做法。换句话说，有德之人知道怎样具有德行！这使得一些伦理学家把亚里士多德称为伦理相对主义者，因为在某种意义上，美德是相对于情境而言的。然而将亚里士多德归为伦理相对主义者是错误的。他从未表示道德完全依赖于文化，或每一个社会群体都能决定将什么算作道德法则。相反，亚里士多德极其坚定地认为美德对每种情况都有它最低限度的价值；只是这些情况可能有区别，一种情况下某种美德起的作用可能比其他的更多。如果我们想要用现代术语来描述亚里士多德，或许姑且可以称他为*弱普遍主义者*（尽管他拥有那个时代很典型的价值观念）；我们对这些情况的回应必须保持灵活，每个人都有自己的理想和不足，但正确、有德行的反应将表现为与情境相适应，也会落在其他有德之人所认可的范围内。

亚里士多德是否认为存在完美的有德之人？是的，他似乎认为这是可能的。而且他似乎相信，假如你在一个方面很有美德而在其他方面非常糟糕，那你就彻底失败了。而如果你只是轻微偏离，你仍然是一个有德行的人——一个善于实现人之为人的潜能的人。

在本章的故事部分，我选入的一个故事有助于阐明亚里士多德的理念，即我们通过做有德行的事并养成好习惯而变得有德行：我们变得勇敢的方式是去做勇敢的事，变得有同情心的方式是去做有同情心的事，很快，它就会成为你性格的一部分。在艾萨克·巴什维斯·辛格的短篇小说《一条忠告》中，一个很难相处的老人因为做体面的事而成了一个体面的人。

幸福

有德行使你幸福，这就是亚里士多德为培养有德行的品质而给出的唯一理由。但如果目标是幸福，那为什么他要告诫我们不要过度沉湎于快乐呢？因为快乐和幸福不是一回事，大多数古代思想家也这么认为。我们必须追问，亚里士多德所指的幸福究竟是什么。

亚里士多德认为，幸福就是"对人有好处"的东西。对大多数人来说，好生活即幸福生活（见第八章），但好人意味着有道德的人。对亚里士多德来说，冲

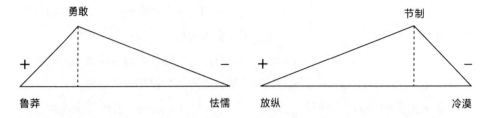

亚里士多德认为，两个极端之间的中道并不是处于绝对的中间位置。换句话说，取决于情境、涉及的人以及美德本身，中道可能更接近此端而非彼端，所以亚里士多德建议我们远离那种距中道更远的恶习。假如你处于某一极，你应该也可以想到自己很难准确辨别中道何在；这就是为什么亚里士多德说我们必须通过尝试和试错来找到中道。离过度之恶较近、离不足之恶较远的中道是勇敢，也可以说鲁莽比怯懦更接近于勇敢；离不足之恶较近、离过度之恶较远的中道可能是节制。

突并不存在。只有好人才会幸福，但通过什么方式呢？可实现的最高的善是过得好、觉得幸福、做得好；对人有好处的不会伤害到人，而在快乐中放纵肯定是有害的。亚里士多德用的词是 eudaimonia（良好生活）。真幸福还需要是稳固的。如果我们对快乐过多依赖，一段时间后就会发现快乐已不能再让我们兴奋，因此，快乐不能等同于幸福，名声和财富也不能，因为这些东西是短暂的，一夜之间就可能失去。那么，有什么可以永远属于我们，没有人能拿走，对我们是有益无害的呢？良好的理智，或者用古希腊人的话说，*沉思*。这是永远属于我们的，而且，就像任何曾在冥思苦想后解开智识难题的人所知道的一样，这可以让人非常兴奋。所以，在亚里士多德看来，终极的幸福生活就是思想者的生活（有趣的是，近期的一项调查宣布，哲学教授是最幸福的职业之一！）。但亚里士多德也是一个务实的人——他补充说，尽管真正的幸福生活可能是沉思的生活，但拥有友谊、金钱和美貌没有坏处。

幸福是在来世给良好行为的奖赏，这种想法如何呢？在柏拉图看来，人类生活的目标似乎是对理型世界的领悟，人在来世将回归这样的世界并与其合一。亚里士多德似乎对灵性生活有不同的看法：就我们所知，他并不相信来世，也不相信有一位神在掌管着人类。他提出灵魂是人类的形式，肉体是人的质料，但形式不能与质料相分离，所以当肉体死亡的时候，灵魂就不再以任何个人形式存在，即使（他也说）人类的形式可能是不朽的。无论如何，活着的时候无论是什么，死时都会停止存在；所以，幸福在亚里士多德看来是生者独有的，而且必须在此世实现，一个人的人生才能达到其目的。柏拉图的形而上学（如我们在第八章所见）很容易为关注死后生活的宗教所用，亚里士多德的形而上学则没有提供这样的希望。因此，亚里士多德哲学能在中世纪盛期发展为基督教的主要支柱之一，就显得更不寻常。

亚里士多德的人生幸福吗？看起来他在雅典管理学园的 12 年里很享受沉思，有财富，也有朋友。[他是否容貌俊美你得自己判断（见知识窗 9.1），但据说他穿衣非常时尚。]但是，他以前的学生亚历山大大帝于公元前 323 年去世（终年32 岁），这一切突然结束了。反马其顿情绪与日俱增，亚历山大军队控制的领土（包括希腊城邦）已经不受控制了，因为亚里士多德被认为是马其顿的支持者，所以雅典公民大会决定驱逐他。很有讽刺意味的是，他们的方法是用曾经控告苏格拉底的罪名来控告他，即渎神。苏格拉底选择留下为原则而死，亚里士多德则打点行装永久地离开了雅典，这样"雅典人就不至于对哲学犯下两次罪"。他前往他在卡尔西斯的田庄，那是从母亲那里继承来的。但第二年，公元前 322 年，亚里士多德就死于胃病。

这里我们可能会想，根据在极端之间追寻中道的理论体系，亚里士多德最后是否展现了勇敢，还是说他的行为有所"不及"？比较他与苏格拉底的选择很有诱惑力，很多人可能会说，这种比较最终对亚里士多德不利。但我们应该记得，苏格拉底与雅典的关系，跟亚里士多德与这个城邦的关系非常不同。雅典是苏格拉底的故乡，他一生都为雅典的福祉而操心，也曾为雅典征战。而亚里士多德，无论他自己有什么想法，他都是外乡人，都是哲学这个行当里的"外来工"。他在雅典待了 30 多年，或许对雅典怀有某种忠诚，但雅典人普遍歧视非雅典公民，亚里士多德也难免遭到歧视。他本人可能会说，他离开雅典完全是理性的、有德行的事，是出于正确的理由，在正确的时间采取的正确行动，不多也不少。不过，我们可能也会猜想他真正的感受是什么，毕竟他在雅典始终没能得到他显然真正想要的东西：接管柏拉图的学园。

亚里士多德对阿奎那的影响

　　今天，我们可以说亚里士多德是人类历史上最有影响力的人之一，但他去世后，他的作品曾有好几次差点被人全然遗忘。亚里士多德去世后，他的著作由吕克昂学园新的领袖泰奥弗拉斯特收集，他曾是亚里士多德的学生；随后的几代学园领袖则将他的著作藏匿起来保存，以免其遭遇窃贼和其他威胁——特别是公元前300年外乡哲学家被从雅典赶了出去，吕克昂暂时性关闭。后来，吕克昂学园重新开放，直到公元529年皇帝查士丁尼要求其正式关闭，但它没能像柏拉图的阿卡德米学园那样成功。亚里士多德本人的著作被损坏了，而且差点佚失。著作没有佚失是因为热衷于图书收藏的阿培利柯，他将亚里士多德的作品和其他古典作品据为己有，在公元前100年带到罗马。在罗马，这些著作被人传抄，引起了罗马哲学家对亚里士多德的追捧，但就连这样的热潮也将要消失：当吕克昂在罗马皇帝的命令下与柏拉图的阿卡德米一起在公元529年被最终关闭时，在学园工作的学者们担心作品的安全，就带着亚里士多德著作的抄本一起去到波斯。而在环地中海的罗马文化圈中，亚里士多德著作大部分被人遗忘，甚至吕克昂的坐落地点也找不到了，直到1997年才由考古学家重新发现。主要是在亚历山大，柏拉图式的精神幸免于难并在新的宗教世界中留下了印记。亚里士多德的著作则是在中东得到持续研究。科学精神在西方衰落，阿拉伯学者则保持了亚里士多德研究的生命力，直到另一个新的世界性宗教即伊斯兰教到来，而且早期的伊斯兰学者也受到亚里士多德哲学的影响。直到下一个千年，对亚里士多德的兴趣才在基督教世界复兴。最终，通过圣托马斯·阿奎那（1225—1274年）的著作，亚里士多德的理论回归了西方哲学。从中世纪晚期到文艺复兴，作为哲学家的亚里士多德遮蔽了柏拉图的光芒，在欧洲知识圈（就像在几个世纪前的阿拉伯世界一样）被尊为"大哲"（The Philosopher）。亚里士多德在世时并不得志，在38岁时仍没有在事业上稳住根基，成为柏拉图学园领袖的志向始终没能达成，最终还由于政治动荡而失去了工作，但他身后的事业是非凡无比的：他对哲学本身的影响难以估量；在中世纪早期所谓的黑暗时代之后，他的科学理论为西方传统中的基础科学概念奠定了基础；他提出了完整的科学和人文学科分类体系，这在很大程度上启发了中世纪盛期和文艺复兴时期欧洲第一批大学的学科建构；他鼓舞了伊斯兰学者对古兰经的阐释；他的一些理念通过阿奎那的著作成为天主教神学的基石。

亚里士多德的*目的论*观念令阿奎那尤为醉心：如果万事万物都有目的，那么这肯定是出于上帝的设计。如果具有自由意志的人类决定遵从上帝造人的目的，那么这就必然意味着我们在遵循上帝的旨意，做正确的事；而如果我们决定不遵从上帝造人的目的，那就是在做错误的事。那么，什么是上帝造人的目的呢？阿奎那提出了四种具体的目标，它们一起组成了人们所知的阿奎那的自然法：（1）我们有义务保存自己的生命，（2）我们有义务在婚内生育，（3）我们有义务作为一个好公民生活，（4）我们有义务追求主要关于上帝及其造物的知识。阿奎那说，这四条规则对我们而言是自然的，因为我们就是这样被设计的。这并不意味着不能打破这些规则——人们会犯罪，会婚外生育或采取措施避免怀孕，有些人无意与他人和谐相处，有的人对于寻求上帝的知识了无兴趣。然而，他们全都在违反上帝的意志——在阿奎那看来，上帝意志对于人类是可知的，也是可理解的，因为那种意志是理性的，而人类生而具有理性，所以我们可以理解上帝的规则。因此，如果我们决定不遵循我们内置的目的，那是由于一种罪恶的意志力。（阿奎那的自然法与我们熟悉的科学中的*自然律*是不同的。科学规律是描述性的，而阿奎那的自然法是规范性的：你不能打破万有引力定律，但你可以不遵守关于生育的律法。）

违背自然法的规则的人会怎么样呢？阿奎那深信他们不会侥幸逃脱惩罚——他们可能此生不会受到惩罚，但在来世肯定会。这就是为什么也存在*神圣法*，这是针对那些上帝知道而他人还没有发现的罪行的。在此世，当然也存在*人类法*，这是为了发现罪行并将罪犯绳之以法。整个宇宙都由上帝根据永恒的规则来管理，即永恒法。

你可能会发现，阿奎那关于自然法的一些观念已成为当代天主教教义的一部分。例如，阿奎那关于自我保存的规则禁止自杀，他关于生育的规则禁止堕胎、避孕和同性恋关系（因为所有的生育都应当在已婚伴侣间自然发生，不受其他任何方式的阻碍）。但情况并不是一直如此：阿奎那的教导在数百年间都被教会认为有争议，直到1914年，一次教会会议才决定将它们认定为正式的天主教教义。所以我们可以说，亚里士多德逝世很久之后，不仅在西方的科学、哲学和中东哲学上打下了他的永恒印记，而且直到今日在基督教内部依然有着影响力。

对希腊美德理论的几种反对意见

　　如前文所述，古希腊传统中被称为美德伦理的伦理理论类型，随着现代哲学观念的兴起，已经基本销声匿迹。这不单是因为相关文本被人遗忘；实际上，学者们都在努力寻找更好的伦理学方法，因为经过几个世纪，人们认识到希腊的美德理论有一些不足。比如，托马斯·阿奎那发现亚里士多德提倡的美德不仅很难与基督教的美德调和，而且很难与基督教对*上帝律法*的敬重相协调。在基督教的道德进路中，奉行律法远比努力养成美德重要，认为人类有能力自主塑造个人品质的信念被视为骄傲之罪。你应该凭借上帝的恩典成为你应该成为的人，而不是只靠你个人的努力。

　　哲学在 16、17 世纪与神学分道扬镳之后，就开始从世俗角度对美德理论展开批判，如我们所见，亚里士多德谈的是统治阶级的美德，一个有不同视角的人不可能不持异议。现代的、平等的政治视角无法进入亚里士多德的道德世界，而从基督徒的角度和社会视角来看，平等主义对 18 世纪可接受的道德理论来说是不可或缺的。对于相信所有人之"自然权利"的学者来说，有必要建立一种道德理论，使每个人无论其地位、出身或智力如何都能够遵行，这种理论只能建立在清晰、合理的法律的基础上。也有人批评美德理论过于含糊，在逻辑上存在问题，因为如果两个有德行的人对要做的事意见不一，该怎么办呢？一个怎样说服另一个呢？在那种情况下，除了宣称一个人比另一个的美德更少之外，没有理性思考的资源，所以美德伦理学就其本身而言并不是解决冲突的工具。如果你有一套清晰的道德和民法规则可以参考，这种问题就不会出现了。如果我们将彼此视为平等，那么我们所需要的就是这样的规则，而不是关于何为有德之人的静态观点。所以，反对美德理论而赞成一套道德准则或以责任为导向的道德理论，被认为是向道德平等主义前进了一步。

　　古典美德理论还有一个更根本的问题：它的基础是*目的*论。柏拉图和亚里士多德会很自然地假定，既然人类行动都有目的，那么人类自身也有一个目的，这个目的就是发挥人的理性，因为那是人性的核心。因为这是人类的目的，所以对人类有好处的东西必然始于理性并终于理性。但这就产生了一系列问题。（1）对某个人有好处的必然与他或她做得最好的事有关联吗？假设一个人很会仿造假画，那么为了让他幸福，他的人生目的应该包括仿造假画吗？亚里士多德和柏拉图会因仿造假画本身有害而给出否定的答案，但这个答案并不能令人满意，因为它假定我们已预先知道什么样的目的是可以接受的，什么样的不能。然而，即使我们坚持理性的观念，也不能确定理性是不是人类的目的，牢记达马西奥说的，我们主要是情感动物，而不是理性动物。（2）为什么一定要谈论人类的"目的"呢？今天，科学和哲学一般不再谈论自然目的，包括人类的自然目的。目的意味着某人有某一目的；个人可能有目的，但自然是否有目的，以及是否存在具有目的更高力量，就不好说了。这超出了科学和当代道德哲学的探究范围。（3）即使人类非常善于理性思考，在这方面也不是卓越的，至少不是每一个人，就连出类拔萃的天才也不是一直都理性。我们只是有些时候能够理性行动，考虑到这些限制，我们很难坚称理性就是高于一切的目的。（4）为什么要认为人类只有一个目的呢？一把刀子可以用来切割，用来扔，用来清理指甲（不要在家尝试），被挂在墙上，还可以有很多其他用途。一棵树除了给人类提供阴凉和果实之外，当然还有更多功能——它可以提供氧气，落叶可以增加土壤肥力，它可以为小鸟、松鼠和虫蝇提供居所，也能为绘画艺术班提供素材，还能进行繁殖。为什么我们要假定，每一事物或每个物种都有一个定义它的功能呢？人类当然有很多功能。美德理论是否有必要涉及功能或目的问题，确实值得怀疑。我们在下一章就会看到，当代的美德理论倾向于避开这个古老而有争议的问题。

问题研讨

1. 解释亚里士多德的四因说。

2. 亚里士多德的黄金中道是什么？它是否意味着一个有德行的人是才能和智慧中等的普通人？

3. 至少运用三个例子来解释亚里士多德美德理论的细节，其中不少于两个例子必须出自亚里士多德本人。

4. 最终，亚里士多德被指控犯有与苏格拉底同样的罪行，但不像苏格拉底，亚里士多德选择了离开。请评价亚里士多德的选择：他是否表现出了勇气？他是一个懦夫吗？他鲁莽吗？你认为亚里士多德会如何为自己的做法辩护？

基础阅读与故事

　　两篇基础阅读摘自亚里士多德的《尼各马可伦理学》。第一篇出自第二卷，亚里士多解释了黄金中道。第二篇出自第三卷，他详述了勇敢的美德。故事部分的第一个故事是古希腊关于伊卡洛斯飞行的神话，这有助于阐释亚里士多德的理论，即有德者总是寻求中道，避免过度和不及的两极：伊卡洛斯张开用蜡和羽毛制成的翅膀飞行，对父亲选择中道的建议充耳不闻。第二个故事探讨了勇敢的主题，它摘自维京时代晚期的冰岛史诗《尼亚尔传说》。在选文中，尼亚尔、他的妻子贝格索拉和他们的小孙子以坦然的勇气面对死亡，他们选择一起死去。紧接着的是基于约瑟夫·康拉德的小说改编的电影《吉姆老爷》，一个怯懦、勇敢和荣誉交织的故事。第四个故事是艾萨克·巴什维斯·辛格写于 21 世纪的短篇小说《一条忠告》的梗概，讲述一个粗俗、易怒的人如何通过令人愉悦的行为习惯来养成美德。

《尼各马可伦理学》

亚里士多德著
第二卷节选

　　选自《尼各马可伦理学》第二卷第四、六、七章，其中包含亚里士多德关于美德的最著名的论述：第四章解释了美德和行为之间的关系；第六章概述了黄金中道的一般理论；第七章的选文包括了亚里士多德自己列出的美德清单的大部分，这些美德体现了黄金中道与两个极端（过度与不及）之间的关系。

可能提出这样的问题，在什么意义上才可以说，行为公正便成为公正的人，行为节制便成为节制的人？因为，如果人们在做着公正的事或做事有节制，他们就已经是公正的或节制的人了。这就像一个人如果按文法说话就已经是文法家，按乐谱演奏就已经是乐师了一样。但是技艺方面的情形并不都这样。因为，一个人也可能碰巧地或者由于别人的指点而说出某些合文法的东西。可是，只有当他能以合语法的方式，即借助他拥有的语法知识来说话时，他才是一个文法家。而且，技艺与德性之间也不相似。技艺的产品，其善在于自身。只要具有某种性质，便具有了这种善。但是，合乎德性的行为并不因它们具有某种性质就是，譬如说，公正的或节制的。除了具有某种性质，一个人还必须是处于某种状态的。首先，他必须知道那种行为。其次，他必须是经过选择而那样做，并且是因那行为自身故而选择它的。第三，他必须是出于一种确定了的、稳定的品质而那样选择的。说到有技艺，那么除了知这一点外，另外两条都不需要。而如果说到有德性，知则没有什么要紧，这另外的两条却极其重要。它们所述说的状态本身就是不断重复公正的和节制的行为的结果。因此，虽然与公正的或节制的人的同样的行为被称为公正的和节制的，一个人被称为公正的人或节制的人，却不是仅仅因为做了这样的行为，而是因为他像公正的人或节制的人那样地做了这样的行为。所以的确可以说，在行为上公正便成为公正的人，在行为上节制便成为节制的人。如果不去这样做，一个人就永远无望成为一个好人。但是多数人不是去这样做，而是满足于空谈。他们认为他们自己是爱智慧者，认为空谈就可以成为好人。这就像专心听医生教导却不照着去做的病人的情形。正如病人这样做不会使身体好起来一样，那些自称爱智慧的人满足于空谈也不会使其灵魂变好。

[……]

所以德性是一种选择的品质，存在于相对于我们的适度之中。这种适度是由逻各斯规定的，就是说，是像一个明智的人会做的那样地确定的。德性是两种恶即过度与不及的中间。在感情与实践中，恶要么达不到正确，要么超过正确。德性则找到并且选取那个正确。所以虽然从其本质或概念来说德性是适度，从最高善的角度来说，它是一个极端。

但是，并不是每项实践与感情都有适度的状态。有一些行为与感情，其名称就意味着恶，例如幸灾乐祸、无耻、嫉妒，以及在行为方面，通奸、偷窃、谋杀。这些以及类似的事情之所以受人谴责，是因为它们被视为自身即是恶的，而不是由于对它们的过度或不及。所以它们永远不可能是正确，并永远是错误。在这些事情上，正确与错误不取决于我们是不是同适当的人、在适当的时间或以适当的方式去做的，而是只要去做这些事就是错误的。如果认为，在不公正、怯懦或放纵的行为中也应当有适度、过度与不及，这也同样荒谬。因为这样，就会有一种适度的过度和适度的不及，以及一种过度的过度和一种不及的不及了。但正如勇敢与节制方面不可能有过度与不及——因为适度在某种意义上也是一个极端一样，在不公正、怯懦或放纵的行为中也不可能有适度、过度与不及。因为一般地说，既不存在适度的过度与适度的不及，也不存在过度的适度或不及的适度。

［……］

然而我们不应当只是谈论德性的一般概念，而应当把它应用到具体的事例上去。因为在实践话语中，尽管那些一般概念适用性较广，那些具体陈述的确定性却更大些。实践关乎那些具体的事例，我们的理论也必须同这些事例相吻合。我们可以从我们的德性表中逐一地讨论。恐惧与信心方面的适度是勇敢。其过度的形式，在无恐惧上的过度无名称（许多品质常常没有名称），在信心上过度是鲁莽。快乐和痛苦——不是所有的，尤其不是所有的痛苦——方面的适度是节制，过度是放纵。我们很少见到在快乐上不及的人，所以这样的品质也无其名，不过我们可以称之为冷漠。在钱财的接受与付出方面的适度是慷慨，过度与不及是挥霍和吝啬。这两种人的过度与不及刚好相反：挥霍的人在付出上过度而在接受上不及，吝啬的人则在接受上过度而在付出上不及。我们暂且做这一粗略而概要的说明，就眼下的目的而言这已足够了。我们还将在后面更缜密地考察这些品质。在钱财方面还有其他一些品质。其中那种适度的品质是大方（大方的人不同于慷慨的人，前者与对大笔钱财的处理有关，后者只与对小笔钱财的处理有关），其过度形式是无品味或粗俗，不及形式是小气。大方的过度与不及不同于慷慨的过度与不及，我们将在后面谈到这种区别。荣誉与耻辱方面的适度是大度。其过度形式是人们所说的虚荣，不足形式是谦卑。正如慷慨同大方的区别，如已说过的，在于它只涉及对小笔钱财的处理一样，也有一种品质以这种方式同大度相联系，而只同对微小的荣誉的处理有关。因为，对微小荣誉的欲求也可以有适度、过度与不及。过度地欲求这种荣誉的人称为爱荣誉者，在欲求这种荣誉上不及的人则被称为不爱荣誉者，而欲求得适度的人则无名称。这些品质也都没有名称，只有爱荣誉者的品质被称为好名。结果，那两种极端反倒要占据适度品质的位置。我们自己也有时把有适度品质的人称为爱荣誉者，有时又把他们称为不爱荣誉者；有时称赞爱荣誉的人，有时又称赞不爱荣誉的人。这是什么原因，我们下面将会讨论。不过现在，我们还是先按上面的叙述方式把其他的德性讲完。在怒气方面，也是存在着过度、不及与适度。它们可以说没有名称。不过，既然我们称在怒气上适度的人是温和的人，我们姑且称这种品质是温和。在两种极端的人之中，怒气上过度的人可以被称为愠怒的，这种品质可以称为愠怒；怒气上不足的人可以被称为麻木的，而这种品质也可以称为麻木。此外，还有三种品质相互间有些相似，又有所不同。它们都同语言与行为的共同体有关。不过，一个是关系到这种语言与行为的诚实性，另两个则关系到语言与行为的愉悦性：其中一个表现于娱乐的愉悦性中，另一个则存在于生活的所有场合中。我们必须对它们加以讨论，以便能更加看清，在所有事务中，适度的品质都会受到称赞，而那些极端则既不正确，又不值得称赞，而是应受谴责。大多数这类品质也是无名称的。但是我们必须像在其他那些地方一样，尽力地给出它们的名称，以便使我们的讨论明白。在交往的诚实性方面，具有适度品质的人可以被称作诚实的。这种适度的品质也可以称作诚实。在虚伪的品质中，夸大自己的形式可称作自夸，这种人可称作自夸的人。贬低自己的形式可称作自贬，这种人可称作自贬的人。在娱乐的愉悦性方面，具有适度品质的人是机智的，这种品质是机智。过度的品质是滑稽，这种人也就是滑稽的人。具有不及的品质的人是呆板的，这种品质也就称为呆板。在一般生活的愉悦性方面，那种让人愉悦得适度的人是友爱的，这种品质也就是友爱。过度的人，如果是没有目的的，便是诌媚；如果是为得到好处，便是奉承。那种不及的、在所有这些事务上都令人不愉快的人，则是好争吵的、乖戾的人。还有一些适度的品质是感情中的或同感情相关的品质。因为尽管羞耻不是一种德性，一个知羞耻的人却受人称赞。在这些事情上，我们也说一个人是适度的，或者另一个人是过度的。例如，羞怯的人对什么事情都觉得惊恐，而在羞耻上不足的人则对什么事情都不觉羞耻，具有适度品质的人则是有羞耻心的。此外，义愤是妒忌与幸灾乐祸之间的适度。它们都与我们为邻人的好运所感受的快乐或痛苦有关。义愤的人为邻人的不应得的好运感到痛苦。妒忌的人在痛苦上更盛于义愤的人，他为别人的一切好运都感到痛苦。而幸灾乐祸的人则完全缺少此种痛苦，而是反过来为邻人的坏运气感到高兴。[1]

问题研讨

1. 根据亚里士多德的观点，我们能否仅仅通过做正确的事来成为有德者？一个人可以未做正确的事而成为有德者吗？

2. 审视自尊（适度的骄傲）这一美德。现代意义上的谦卑可能被称为自贬。你认为过分自尊是一种恶吗？为什么天主教传统视骄傲为一种罪呢？

3. 知识窗 9.7 谈到了亚里士多德列出的美德与恶行。有没有哪些你认为对美德伦理很重要但没有被列入的美德？如果有，是什么呢？

---

1 本段译文出自亚里士多德：《尼各马可伦理学》（廖申白译注，北京：商务印书馆，2003 年），第 41—42，47—53 页，略有改动。——编者注

《尼各马可伦理学》

亚里士多德著
第三卷节选

我们已经说明白了，勇敢是恐惧与信心方面的适度。显然，使我们恐惧的是可怕的即一般所说的坏的事物。所以，人们有时把恐惧规定为对可怕事物的预感。诚然，我们对所有坏的事物都感到恐惧，如耻辱、贫困、疾病、没有朋友、死亡，但是我们并不认为勇敢是同所有这些事物相联系的。因为首先，对有些坏的事物感到恐惧是正确的、高尚［高贵］的，不感到恐惧则是卑贱的，例如耻辱。对耻辱感到恐惧的人是公道的、有羞耻心的人，对耻辱不感到恐惧的人则是无耻的人。人们有时在类比意义上称一个无耻的人勇敢，是因为他同勇敢的人有个类似处，即勇敢的人也是无恐惧的。其次，尽管对贫困、疾病，总之对不是由于恶也不是由于我们自身而产生的坏事物，当然不应当感到恐惧，但是对这些事物不感到恐惧不等于勇敢（尽管我们也在类比意义上说他勇敢）。因为，有些人在战场上怯懦，在使用钱财上却很慷慨、很有信心。此外，一个人如果害怕妻子或孩子受到侮辱，害怕妒忌或诸如此类的事情，也不等于怯懦；一个人如果在要受鞭刑时也很有信心，也算不得勇敢。那么勇敢是对于哪些可怕的事物而言的呢？也许就是那些最重大的可怕事物？因为勇敢的人比任何别的人都更能经受危险。而死就是所有事物中最可怕的事物。因为死亡就是终结，一个人死了，任何善恶就不会再降临到他头上了。但是，勇敢又不是同所有情况下的死相联系的。例如，在海上落水时和在疾病中敢于面对死就算不上勇敢。那么在哪些场合敢于面对死才算是勇敢？也许是那些最高尚［高贵］的场合，也就是在战场上？因为，战场上的危险是最重大、最高尚［高贵］的。所以不论是城邦国家还是君主国家，都把荣誉授予在战场上敢于面对死亡的人们。所以，恰当地说，勇敢的人是敢于面对一个高尚［高贵］的死，或敢于面对所有濒临死亡的突发危险即战场上的那些危险的人。这并不是说，勇敢的人在海上落水时和在疾病中会对于死感到恐惧。不过他的无恐惧同船员的那种无恐惧并不一样。因为勇敢的人此时不抱得救的希望，但是也抵抗着死；而船员则出于经验而抱有得救的希望。而且，我们表现出勇敢是在我们可以英勇战斗和高尚［高贵］地死去的场合，而在这样的灾难中这两者都不可能。

［……］

可怕的事物并非对所有人都同样可怕。但是，有些事物的可怕是超出人的承受能力的，所以这些事物至少在感觉上对每个人来说都是可怕的。那些处于人的承受能力之内的则在数量和程度上差别甚大（那些激发人的信心的东西也是这样）。人能够多勇敢，勇敢的人就能够多勇敢。所以，尽管他也对那些超出人的承受能力的事物感到恐惧，他仍然能以正确的方式，按照逻各斯的要求并为着高尚［高贵］之故，对待这些事物。这也就是德性的目的所在。一个人对于这些事物的恐惧可能过度或不及。他也可能对其实没有那么可怕的事物感到了恐惧。错误或者是在于对不应当害怕的事物，或者是以不适当的方式、在不适当的时间感到恐惧。信心方面的情形也是这样。所以，勇敢的人是出于适当的原因、以适当的方式以及在适当的时间，经受得住所该经受的，也怕所该怕的事物的人。（因为，勇敢的人总是以境况所允许的最好的方式，并按照逻各斯的要求，去感觉和行动。每个人的每个实践活动的目的都是同他的那种品质相合的。勇敢的人也是这样。他的勇敢是高尚［高贵］的，因而勇敢的目的也是高尚［高贵］的。因为每种事物的品质就决定于其目的。所以，勇敢的人是因一个高尚［高贵］的目的之故而承受着勇敢所要求承受的那些事物，而做出勇敢所要求做出的那些行动的。）在那些极端的人之中，在无恐惧方面过度的人没有专门名称（我们曾说过，许多品质都没有名称）。不过，如果一个人任何事物都不惧怕，就像克尔特人据说连地震和巨涛都不惧怕那样，我们就会说他不正常和迟钝。在（面对真正可怕的事物时）信心上过度的人是鲁莽的。但是，鲁莽的人也常常被看作是自夸的人和只是在装作勇敢的人。这种人希望的是在面对可怕的事物时，显得是在像个勇敢的人那样地行动。所以，在能模仿勇敢的人的场合他就总是去模仿。所以大多数鲁莽的人内心里是怯懦的：他们在没有危险的场合表现得信心十足，可是却不能真正经受危险。在恐惧上过度的人是怯懦的。因为他对不该怕的事物也怕，而且是以不适当的方式，等等。怯懦的人同时也在信心上不及。不过他的品质主要表现在对于所出现的痛苦的恐惧的过度上面。所以，怯懦的人是那种事事都怕的沮丧的人。勇敢的人则正好相反。因为一个对事物抱有希望的人自然就有信心。所以说，怯懦的人、鲁莽的人和勇敢的人都是与同样的事物相联系的，不过对待这些事物的方式不同。前两种品质是过度与不及，第三种则是适度的、正确的品质。其次，鲁莽的人在危险来到之前冲在前面，但当危险到来时却退到后面；勇敢的人则在行动之前平静，在行动时精神振奋。

所以，如上所说，勇敢是在所说过的那些场合，在对待激起信心或恐惧的那些事物上的适度。它这样地选择和承受是因为这样做是高尚［高贵］的，不这样做是卑贱的。但是，以死来逃避贫困、爱或其他任何痛苦的事物却不是一个勇敢的人，而毋宁说是一个怯懦的人的所为。因为在困难之中，逃避是更软弱的行为。而一个人这样做不是因为这样地面对死是高尚［高贵］，而是因为这样可以逃避可怕的事物。[1]

问题研讨

1. 常有人说"勇者永不惧"这句话出自亚里士多德。这是公正的说法吗？

2. 在亚里士多德看来，什么是最勇敢的行为？你是否同意他的说法？

3. 亚里士多德会认为苏格拉底选择受审是一个勇敢的决定吗？为什么？

4. 在 2001 年的"9·11"恐怖袭击事件之后，媒体上出现了一场辩论，即

---

1 本段译文出自亚里士多德：《尼各马可伦理学》（廖申白译注，北京：商务印书馆，2003 年），第 77—82 页。——编者注

劫持飞机并故意将其撞向大楼，造成平民伤亡和痛苦，这是不是一种"怯懦的行为"。在许多人看来，把无辜者当作武器来对付其他无辜者的恐怖主义行为恰恰是怯懦的表现。在你看来，恐怖分子是勇敢的还是怯懦的？有第三种可能吗？你可以翻到第十章关于菲利帕·富特的部分来寻找答案，她提出没有良好意图的美德根本就不是美德。

5. 在第十一章里，你会读到关于勇敢的充分讨论，它区分了身体勇敢与道德勇敢。将亚里士多德的黄金中道理论应用到这两种类型中。

故事 1

《伊卡洛斯的飞行》

古希腊神话

这个神话阐明了亚里士多德美德理论中的一个要素，大多数希腊人对此都很熟悉，因为它符合古希腊人的适度理想，或所谓的 sophrosyne。在《尼各马可伦理学》中，这被表述为两个极端之间的中道，不会过度，也不至于不及。伊卡洛斯的故事属于希腊神话，在过去几百年的西方文学中，它常常被用作一种象征。

伟大的工匠代达罗斯因谋杀侄子而被通缉，藏匿在克里特岛上，在那里他为米诺斯国王建造了一个迷宫，以容纳怪物弥诺陶（一种牛头人身的怪物）。代达罗斯在这里生活多年，爱上了米诺斯的一个奴隶，并和她生了一个儿子伊卡洛斯。伊卡洛斯还年轻的时候，代达罗斯决定离开克里特。但米

老彼得·勃鲁盖尔所绘的《伊卡洛斯的坠落》（约 1558 年）
发明家代达罗斯为自己和儿子伊卡洛斯用羽毛和蜡各做了一双翅膀，这样他们就可以逃出克里特岛，但伊卡洛斯飞得离太阳太近，蜡融化了。如果你仔细看，就能看到可怜的伊卡洛斯在水中的腿（右下角）。勃鲁盖尔对这个故事非常着迷并两次以此为题作画，两次都有一个农民在最显眼的位置。这是最初的那幅，第二幅几乎是一样的，除了代达罗斯飞行在悬崖上空。古罗马诗人奥维德重述了这个故事，在他的《变形记》中提到，一个农夫、一个牧羊人和一个渔夫目睹了他的坠落，这就是勃鲁盖尔将他们画在上面的原因。你认为艺术家把伊卡洛斯的悲剧放在边缘有什么意义？

（© Scala/Art resource, NY）

诺斯不想失去这位娴熟的工匠，就将代达罗斯和他的儿子锁在迷宫里。他们在米诺斯妻子的帮助下逃了出来。但离开这个岛很难，因为米诺斯把他所有的船只都置于军事看守之下，然而代达罗斯有了一个主意：他用羽毛为自己和儿子各做了一对翅膀。大翎毛用线穿在一起，小羽毛则用蜡固定起来。他万分激动地告诉儿子在这场冒险的旅途中怎样使用这对翅膀，并告诫他的儿子：不要飞得太高，免得太阳将蜡融化，也不能飞得太低，免得海水浸湿羽毛。然后他对儿子说"跟着我！"，就朝着东北方向开始飞越海面。他们飞了很远的距离，这时不知什么原因，伊卡洛斯违背了父亲的话。他开始向着太阳高飞，享受着大翅膀扇动的气流。

　　代达罗斯回头看儿子是否依然跟在后面时，发现后面没有人了——但在下面很远的海面上，漂浮着伊卡洛斯翅膀上的羽毛。他飞得离太阳太近，翅膀上的蜡融化了，导致他坠入水中，伊卡洛斯淹死了。代达罗斯飞了一圈又一圈，直到儿子的尸体从水中浮上来。然后代达罗斯把伊卡洛斯捞起来，带到附近的一个岛上埋葬。

问题研讨

　　1. 这个故事应该从字面意义上理解吗？为什么？

　　2. 勃鲁盖尔的画作呈现了伊卡洛斯的坠落，但在画面上找到伊卡洛斯并不容易。你认为艺术家为什么不将伊卡洛斯放在画面的显眼位置？

　　3. 在西方文学中，伊卡洛斯的故事常被用作过分展现自己或过于自信的隐喻。它被视为一个警告，即不要超过你在生活中的地位，要"知道自己的位置"。这一教训和原本故事的教导一样吗？（亚里士多德会怎么说？父母向孩子讲述这个故事时，可能试图教孩子什么？）

　　4. 这是一个说教故事吗？为什么？

故事 2

《尼亚尔传说》

散文史诗，约 1280 年，作者不详，概述

　　这个故事发生在维京时代的后半期（700—1000 年）。然而这个故事不是

关于维京人的，而是关于他们留在冰岛进行农耕的亲族。公元800年前后，一群斯堪的纳维亚人（主要是丹麦人和讲挪威语的人）在这片地区定居，在《尼亚尔传说》被记载的时候，这片土地已经极其动荡不安；血仇争斗和各种阴谋导致丹麦人接管了这个曾在400年的时间里独立的国家。《尼亚尔传说》是众多萨迦之一，萨迦是关于冰岛过去生活的史诗。

北欧神话的教导是，世界和诸神最终都会在自然灾难中毁灭。因此，斯堪的纳维亚人（包括农民和维京人）坚信一种黑暗的厄运正笼罩在上空。即使基督教当时已成为官方宗教，命运支配生命的旧生活观念仍然在人们心中根深蒂固。

这个非常简短的概述无法说清这个传奇故事的复杂情节，只能暗示其不可避免的悲剧结局。尼亚尔、他的妻子贝格索拉以及他们的四个儿子和邻居之间有着世仇，不是因为任何一方罪孽深重，而是多年来事态发展的结果。由于误解和流言蜚语，尼亚尔一家和邻居之间的敌意日渐增加，即使尼亚尔极力对每个人讲道理来减少敌意。然而他的多次谈判都事与愿违，情况越来越糟。在阿尔庭（仲裁地点），大家意识到显然已经没有任何和解的希望，尼亚尔回家，为围攻做准备。他的对手弗洛西带着一百个人到来了，尼亚尔让他的儿子从内部助他保卫家庭。敌人很快占了上风并向他的农舍放火。

在贝格索斯诺尔，有一个名叫塞武娜的老妇人。她在许多事上很有智慧，也能够预言。不过，她年事已高，她说话太多的时候，尼亚尔的儿子们会说她老糊涂，但她所说的一些事还是发生了。一天，她手中拿着棍子，走向房上的一堆野豌豆。她敲打着这堆野豌豆，希望"这些可怜的东西"永远不会兴旺。

斯卡费丁笑她，问她为什么要跟这堆野豌豆过不去。

"这堆野豌豆，"老妇人说，"将被拿去点火，烧毁我的主人尼亚尔和家中的一切，还有我的养女贝格索拉。把它们拿走投入水中，或者赶快把它们烧掉。"

"我们不会这么做的"，斯卡费丁说，"如果那是注定，就算没有这堆野豌豆，其他东西也会被拿去点火的。"

老妇人整个夏天都在念叨，那堆野豌豆应该被拿到室内，但这么做总有阻碍。

几个月过去了，弗洛西带着他的百人队伍出现，尼亚尔和他的家人在农舍里筑起了防御工事。此刻在塞武娜预言中出现的野豌豆变成了武器。

弗洛西和他的人在每扇门外都堆起了堆垛，房里的女人都哭泣哀号起来。

尼亚尔对她们说："保持冷静，不要发出尖叫，因为这只是一场很快就要过去的风暴，再过很久才会再来一场。相信神，相信他是仁慈的，不会让我们在此世和来世遭遇火烧。"

他对所有人都说了这些安慰的话，还有一些更有力的话。

现在，整座房子开始猛烈燃烧。接着，尼亚尔来到门边说："弗洛西在附近吗，能听见我说话吗？"

弗洛西说自己能听见。

"你能，"尼亚尔说，"接受我儿子的赎罪，或者允许任何男人出去吗？"

"我不能接受你儿子的赎罪，"弗洛西说，"我们的往来就此终结，在他们都死去之前，我不会离开这里；但我允许女人、儿童，还有用人出来。"

尼亚尔走进房去，对众人说："现在，所有能出去的人都出去吧，奥斯格里姆的女儿索哈拉，出去吧，带上所有能走的人出去。"

索哈拉说："这和我之前设想的与海尔吉的分离不同；但即便如此，我还是会鼓励我的父亲和兄弟为这里所遭受的伤害复仇。"

"走吧，愿你好运，"尼亚尔说，"因为你是个勇敢的女人。"

于是，她带着许多人出去了。

接着，厚背阿斯特丽德对尼亚尔的儿子海尔吉说："跟我一起走吧，我把女人的斗篷罩在你身上，用方巾包住你的头。"

他先是反对，但最后在其他人的祈求下，他还是照做了。

于是，阿斯特丽德用方巾包住海尔吉的头，斯卡费丁的妻子索希尔达将斗篷披在他身上，他与她们一起出去了，接着，尼亚尔的女儿索格尔达，她的姐妹黑尔佳，还有其他许多人也出去了。

但海尔吉出去的时候，弗洛西说："那里有个肩膀很宽的高个子女人，抓住她。"

海尔吉听见，就扔掉斗篷。他手中拿着刀，向一个男人砍去，砍到他的盾牌，削去了一块，也砍到了那男人的腿。弗洛西上前，用刀一下砍下了海尔吉的头。

接着，弗洛西来到门边，叫尼亚尔出来，说有话跟他和贝格索拉说。

尼亚尔走到门边，弗洛西说："尼亚尔老爷，我愿意允许你出来，因为你在门内被烧死太不值得了。"

"我不会出去，"尼亚尔说，"因为我已经老了，没法为儿子们复仇，但我不愿在屈辱中偷生。"

接着弗洛西对贝格索拉说："你出来吧，夫人，我绝不愿让你在门内烧死。"

"在年轻时我就许给了尼亚尔，"贝格索拉说，"我已经向他保证，我们将共命运。"

说罢，两人都回到了房中。

"现在，我们该怎么做呢？"贝格索拉说。

"我们去床上，"尼亚尔说，"然后躺下。我早就渴望休息了。"

接着，她对卡里的儿子索德说："我带你出去，这样你就不会被烧死在这里。"

"奶奶，你向我保证过，"男孩说，"只要我想跟你在一起，我们就不会分开。我认为，与你和尼亚尔一起死去，比我一人独活要好得多。"

于是，她带着男孩上床，尼亚尔对管家说："现在你看到我们躺在哪里，是怎么躺的了，恶烟或者火焰到来的时候，我不打算移动一寸，这样，之后你就知道能去哪里寻找我们的骨头了。"

管家说他会这么做。

有一头被杀公牛的牛皮放在边上。尼亚尔让管家披上牛皮，管家照做了。

于是，两人都躺在床上，男孩在他们中间。接着，他们在自己和男孩身上画十字，将他们的灵魂交到神的手中，这就是人听见的他们最后的话。

在此之后，管家披上牛皮，出去了。

问题研讨

1. 你认为尼亚尔、贝格索拉和那个男孩表现得勇敢吗？还是说他们只是放弃了？
2. 如果移走野豌豆，纵火是否就不会发生？
3. 对古斯堪的纳维亚人来说，死后的声名是最重要的。你认为尼亚尔和贝格索拉死后会得到怎样的声名？
4. 亚里士多德会将他们最后的行动看作勇敢吗？为什么？

故事 3

《吉姆老爷》

理查德·布鲁克斯导演兼编剧

电影，1965 年，改编自约瑟夫·康拉德 1900 年的小说，梗概

《吉姆老爷》这部虚构作品极为出色地探索了人类试图在正确的时间、

以正确的理由做正确的事这一主题。电影以约瑟夫·康拉德的经典小说为基础，讲述了一个叫吉姆的年轻人梦想做出大事的故事。作为英国商船队新任命的一名军官，他在船上安静地幻想着自己将拯救危难中的少女以及镇压叛乱。由于腿部骨折被困在东南亚港口后，吉姆得到了在锈迹斑斑的老船"巴特那号"上当大副的工作，与一群醉醺醺、吵吵闹闹的白人水手和一名同样令人讨厌的船长在一起，船上载着一群前往麦加朝圣的穆斯林。一次在海上，暴风雨迫近，吉姆去检查船体外壳。它锈迹斑斑，几乎要裂开了。回到甲板上时，吉姆看到船员们正在把一艘救生艇放进水里——只有一艘，只给他们自己。他们没有采取任何措施来拯救船上的数百名朝圣者。吉姆对其他人说，自己要坚持留在船上，但在最后一刻，暴风雨来临时，他在对死亡的恐惧中抛下了所有关于英雄伟业的梦想，跳进了救生艇。

救生艇上的人认为"巴特那号"已经沉没，便向岸边驶去。当他们到达时，发现有人比他们先到了；"巴特那号"安然无恙地在港口里。另一名船员拯救了这艘船，将船弄到了岸边，所有的朝圣者都很安全。一个都不少，吉姆放下心来，但他勇者的梦想破碎了，负罪感折磨着他。在之后的审讯中，吉姆决定说出一切，这令他的上级惊慌，上级认为丑事不可外扬。吉姆的证词对检察官的影响如此之大，以至于检察官后来自杀，留下遗言说，如果我们中的一个人因恐惧而崩溃，谁又能认为自己是安全、可敬的呢？吉姆的海员证件被吊销了。从这时起，无论他走到哪里，"巴特那号"的记忆都伴随着他；有人会认出他或提起这桩丑闻，而他将不得不去别的地方，去另一个港口，做另一份古怪的工作。

吉姆是懦夫吗？他所有关于高尚行为的梦想都只是空想吗？他不知道。几个月后，吉姆在东南亚的某个港口当普通的码头工人。一天，在将货物从岸上往船上搬运时，他发现自己面临着一个新的紧急情况：一个对航运公司怀恨在心的工人点燃了引线，这可能会炸掉运送到船上的军火，在爆炸之前，他向所有人大喊着快跳。但吉姆在听到喊"跳"的时候，他毫不后退。他是留在船上的唯一一人，他灭了火，成了英雄。航运公司的行政官斯坦给他提供了一个职位，吉姆后来接受了，因为他想离开这个小镇。吉姆在新工作中需要把枪和弹药运到河上游的村庄，帮助当地人民反抗。他成了人们的英雄，受到尊敬和信任。他们称他为 "Tuan Jim"，即"吉姆老爷"。他认为已经最终证明了自己，但事实上真正的考验才刚到来。一群海盗在帕图桑登陆，在村里一个叛徒的帮助下，他们让吉姆误信他们是怀着好意。他们是白人，还承诺他们将离开，不伤害任何村民，吉姆选择相信了他们；他没有解除他们的武装就放了他们。他向村长发誓，如果有人因为他的决定而受到伤害，他将放弃自己的生命。最终结果是，酋长的亲生儿子在海盗和村民的战斗中丧生。村民们认为吉姆会逃走以保命，斯坦也试图让吉姆和他爱着的当地妇女一起离开村庄，但这次吉姆不为所动，他向斯坦解释说："我一直是所谓的懦夫和所谓的英雄，他们之间没有一张纸厚。也许懦夫和英雄都只是寻常人，在一瞬间做了一些不寻常的事情。"早上吉姆去见村长，他为儿子悲痛得近乎疯狂，吉姆表示自己的性命由村长处置。村长会杀死吉姆吗？请阅读小说或欣赏电影吧。

留下来还是跳下去？吉姆（彼得·奥图尔饰）即将做出一个毁掉他一生的决定：在暴风雨中，他抛弃了船和许多信任他的乘客。这是电影《吉姆老爷》中的一幕（哥伦比亚电影公司，1965 年）。

问题研讨

1. 吉姆是懦夫还是勇者？可能两者都是吗？

2. 我们都有道德崩溃的时候，在那个节点，我们品质中脆弱的一面就会显现出来，在这个意义上，我们是不是都像吉姆？

3. 亚里士多德会如何评价吉姆？他最终是一个有德者吗？

4. 虽然荣誉这一美德不在亚里士多德的清单上，但这在亚里士多德的时代是一个重要概念。今天对西方世界的许多人来说，荣誉似乎并不十分重要，但在吉姆的时代，个人荣誉至少与在亚里士多德时代一样重要。你同意作者（约瑟夫·康拉德）的观点吗？吉姆在审讯中承认自己的错误比保持沉默并听从上级更值得尊敬吗？吉姆是一个可敬的人吗？为什么？

5. 将《吉姆老爷》的情节与亚里士多德对完美的悲剧情节的描述进行比较（见第二章）：普通人身上发生可怕的事情，不是因为品质中的恶习或堕落，而是由于判断上的巨大失误。这适用于吉姆吗？如果是这样，那么亚里士多德说，我们感到怜悯和恐惧，是因为我们理解他正在经历的事，我们也可能以同样方式做出反应，这是对的吗？

故事 4

《一条忠告》

艾萨克·巴什维斯·辛格著

短篇小说，1958 年，概述与节选

故事发生在二战前的一个波兰–犹太村庄。艾萨克·辛格（1904—1991年）因其"充满激情的叙事艺术"获得 1978 年的诺贝尔文学奖，他的大部分故事都取材于自己的波兰–犹太背景。

巴鲁克和他妻子的家人一起住在拉切夫村。这个家庭比他自己童年的家庭要大得多，因为他的岳父很富有，喜欢时髦的生活。岳父在许多方面是个好人，也是个有学问的人，但是他有一个主要的缺点：脾气很坏。他不愿宽恕和遗忘，对任何小小的冒犯都怀恨在心。有一次，巴鲁克向他借笔忘了还，岳父甚是恼怒，打了他的脸。这使这个家庭惶惶不安，因为岳父对女婿没有这种权威，但巴鲁克是一个随和的年轻人，非常愿意原谅这位老者。两个人之间的差异显而易见：年纪较大的那个人很苛求，巴鲁克很懒；他的岳父总是很敏锐，掌控局面，巴鲁克则非常健忘，有时甚至找不到回家的路，因为他不留意自己在哪里。但在钢笔事件之后，巴鲁克的岳父走近了他——这是一件稀罕事——而且询问他如何控制自己的愤怒，因为他已经被所有的商业伙伴疏远了。巴鲁克提议去拜访邻镇库兹穆勒的拉比。起初老人嘲笑这个想法，但后来他同意前往。

在冬雪中的漫长旅途之后，他们在星期五下午（安息日的开始）到达库兹穆勒，巴鲁克的岳父去和拉比查兹科勒交谈。在和拉比单独待了45分钟后，他出来了，怒气冲冲，称拉比是一个傻瓜，不学无术，这让他的女婿尴尬万分。拉比的什么建议让巴鲁克的岳父如此愤怒？拉比的忠告是，他必须成为一个奉承者。在整整一个星期中，他必须奉承他遇到的每一个人，不管他们是谁，都要对他们说好听但并不真诚的话。这对岳父来说比谋杀还可怕。但巴鲁克觉得，这条奇怪的忠告应该有更深的含义。老人想要马上回家，但因为是安息日的晚上，所以他们不能回去（因为他们不能在安息日，即周五日落至周六日落之间出行）。所以他们就住在库兹穆勒庆祝安息日，听拉比查兹科勒的祷告。巴鲁克和他的岳父都被拉比的吟诵以及他所说的话感动。

拉比的忠告本质上与已经告诉巴鲁克的岳父的一样：重要的是行为，而不是你是否有好的意图。如果你不虔诚，那就假装虔诚。如果你生气了，那就假装很友好。全能者知道你的真实意图，所以只要你做的事正确，那么对世人撒谎就是可以接受的。

巴鲁克的岳父现在很有兴趣聆听拉比讲话，他留下在安息日吃了三顿饭，向拉比咨询了整整一个小时，才在周六的晚上离开。在回家的路上，他们被坏天气所阻，不得不在一个小旅馆里忍受几天。在旅馆里，岳父作为哈西德派（犹太教徒 18 世纪在波兰建立的教派）教徒遭到质问，但他没有生气，而是泰然自若。在接下来的几天乃至几周内，他不再对人厉声叫喊。他仍然会生气，但努力不表现出来；他正在养成善良的新习惯，即使内心仍未觉察。巴鲁克说："能感觉到他这样做是付出了极大的努力。这就是其高尚之处。"过了一段时间，外部的努力向内奏效了。老人变成了另一个人，一个善良的人。旧的易怒习惯被打破了，新的习惯取而代之。巴鲁克记得他的岳父说："如果你不能成为一个好犹太人，那就装作一个好犹太人，因为你做了什么，你就是什么。"巴鲁克又补充道：

"一切事情都是如此。如果你不幸福，就装作幸福的人。幸福随后会来的。信心也是如此。如果你陷入绝望，就表现得像有信心一样。信心随后就到。"

问题研讨

1. 这个例子是关于美德伦理的还是关于行为伦理的？请解释。

2. 你认为一个人，哪怕其倾向于做别的事情，可以通过不断做正确的事情来变得更好吗？亚里士多德会怎么说？

3. 评论这句话："能感觉到他这样做是付出了极大的努力。这就是其高尚之处。"康德会怎么说呢？读完第十章后，再来回答这个问题，并讨论菲利帕·富特对此可能如何回答。

第十章　美德伦理与本真性：当代视角

第八章的内容提到，认为好品质是道德理论要素之一的观点，其影响力已不如一个普遍观念，即最重要的是*做正确的事*。随着基督教的到来，美德伦理受到拒斥，而行为伦理得到认可——我们在第三章至第七章探讨了行为伦理关注的问题。如前文所述，这样的观念来自更宏大的社会意识，即比起让人们适应关于如何为人的模糊原则，要求人人遵守一系列行为规则更为公平，而且，比起让别人同意你关于美德的观点，形成关于你认可的行为规则的理性论证的可能性更大。然而近年来，哲学家将注意力转向了古代关于品质塑造的思想，美德理论经历了一场复兴。（见知识窗 10.1 对美德伦理和品质的简述。）这一思潮引发了激烈争议，如 J. B. 施尼温德就认为，采用行为伦理的原初理由依然正当。

美德伦理的复兴主要发生在英美哲学界，我们会讨论支持这种新的伦理进路的一些哲学家的观点。20 世纪，亚里士多德及其美德理论在欧陆哲学界（不包括英国思潮的欧洲哲学）有过一场复兴，但在某种意义上，美德理论的某个版本从 19 世纪开始就在欧陆哲学中发挥作用，我们也会审视这种传统。因为今天我们所说的美德理论主要与在英美新兴的理论相关，所以我们把与之对应的欧陆理论称为"对本真性的追求"。

作为政治概念的美德伦理与美德道德

如前文所述，道德和伦理之间存在细微差异，在关于美德的讨论中，这种差异更加明显。美德伦理是追问你想要成为什么样的人，再找出好的理由来支持你的观点并听取可能的反面意见，然后开始塑造你的品质，并始终做好准备为你的美德选择辩护或改变思路。美德伦理不会规定你应该为何种类型的美德而努力，尽管通常会假定它是某些仁善或至少不是有害的东西。重要的是认识到你能够按照你相信是正确的方式来塑造你的品质。至于你所选择的美德在道德上是不是善的，则不是美德伦理必然关注的问题。

知识窗 10.1　我们能改变秉性吗？

美德伦理的反对者常常主张，要因所做的事而赞扬或责备某个人，就必须假定这个人对自己的行为有责任。但是，我们对自己的品质和性情有责任吗？美德理论要求我们主要关注人的品质。假定我们请某人捐款给慈善机构，而她并没有慷慨大方的性情，我们能否责备她缺乏美德？如果不能，那么美德伦理作为道德理论就是无用之物。它可能称赞人们已经具备的性情，但不会告诉我们如何提升自我。美德理论对此的回应是，特定的人有特定的性情，在这个意义上一些人比其他人在道德上更幸运；有人天生周到慷慨，有人天生勇敢，有人天生诚实。其他人则必须在这些事情上努力。缺乏好的性情并不意味着我们不能做出改善，有某种性格倾向并不意味着我们不能约束它。

而美德道德关注的问题恰恰是：哪种美德是值得去追求的，哪种根本不能算是美德？家有孩童的父母一般都知道，讲故事是教授道德美德的好办法，近来政界和教育界人士也关注到了这种情况。政界人士、作家威廉·H. 贝内特为孩童撰写了几部道德故事集（道德说教故事），其中最有名的是《美德书》，书中收录了来自西方文化传统和其他文化的故事，每个故事都附有简短的道德解释。（知识窗 10.2 讨论了那些警告人们不要追随负面典型的故事。）

20 世纪下半叶，美德伦理又一次登上了英美哲学的舞台。一些哲学家认为，绝对有必要从行为伦理转换到美德伦理，因为正如美德伦理学家所说，你可以做正确的事，同时仍然是个不够友善的人；然而，如果你在自己的品质上下功夫，你就会成为好人，*而且还能不假思索地做出正确的事*。另一些人则认为美德伦理是行为伦理的必要补充。有人认为，人们可以借助美德伦理来探索关于好品质的问题，也有人将美德伦理看作教授何为好品质的方法。

知识窗 10.2　负面典型

美德理论通常强调希圣希贤，追慕英雄，很少留意可能带来深刻道德教训的人物：负面典型。无论是现实人物还是虚构角色，道德教训都可以通过观察"坏人"的命运学到，前提是他们并未逃脱惩罚。（当然，心理扭曲的人也可能从逃脱惩罚的恶人那里得到教训，但那是另一回事。）我们从小就被教育说，做了不该做之事的人就要吃苦果。大多数此类故事都是一种告诫：不要随便喊"狼来了"，因为最终你会失去所有人的信任；看看亚当和夏娃吃了本不该触碰的树的果实之后发生的事；看看那个为了不把脚弄脏而踩着面包的姑娘，她落入了地狱的深渊（安徒生童话）。长大后，我们从最终被证明不诚实的政客身上吸取教训，从并未践行所布之道的电视布道者身上吸取教训，从有严重成瘾问题的富人和名人身上吸取教训。电影和小说中也有大量负面典型：达斯·维达（《星球大战》）叛变，所以我们明白要警惕不再正直的人。查尔斯·福斯特·凯恩（《公民凯恩》）忘记了他的人性而孤独死去，内心渴望回到儿时。基度山伯爵由于一心复仇而失去人性。而史麦戈不仅失去自我，还失去了"半身人"的身份，他让魔戒控制了心灵，成了咕噜（《指环王》）。从这些人物身上，我们得到了警示；我们间接过着他们的生活，发现痛苦就在最后。《横财就手》《绝地计划》《好家伙》和《冰血暴》向我们展示了自私生活会招致的惩罚。甚至像《阅后即焚》这样的喜剧片也能带来同样的启示，虽然是以比较迂回的方式。尽管如此，有些作品并不能传达道德教训，因为它们或者华而不实，或者传递了错误的信息。《大麻狂热》就是这样的电影，它如今是描述吸食大麻导致的犯罪和疯狂生活的邪典。另一部反对毒品的电影《梦之安魂曲》的故事和影响要好得多，它真实地描述了药物（在这部影片中是减肥药和海洛因）成瘾的恶性循环。（如果你记得第一章的各种谬误，就会看出《大麻狂热》是一个滑坡谬误的例子，而《梦之安魂曲》所描述的是实际存在、令人恐惧的滑坡效应。）

行为与品质的政治维度

在20世纪的最后十年，美国的政治辩论以新的方式两极分化——事实证明，这种分化是关于*行为*和*品质*的古老分歧的升级版。共和党人士提出了品质的问题：候选人值得信任吗？诚实吗？能信守诺言吗？简而言之，候选人是有德之人吗——在私生活方面也是如此吗？民主党政治家通过强调候选人的公共政策来回应：他或她在政治上迄今有什么成就？候选人支持什么社会政策，他或她施政的成功率有多少？这并不单是重提关于行为和品质的有趣哲学问题，而是关系到我们如何看待价值的重要性。我们是否认为个人品质或诚实问题是最重要的伦理形式，甚至可能是唯一的伦理形式？我们是否认为，比起想要让事情变好的社会良心和努力，服务公众者的个人品质是次要的？一些政界人士认为，品质问题本身关系到一个人对社会政策的看法，而不是其个人价值观念：拥有好品质的人是支持某些社会政策的人。无论我们对美国政治有什么看法，在哲学上值得注意的是，人们重新开始就行为伦理和美德伦理进行辩论，并不总和党派有关（美德概念本身并不是共和党议题，政策议题也不是民主党固有的），而是全都要看当时的政治需求。

就像我们讨论过的许多道德议题一样，极端的非此即彼选择实际上是假二择一谬误（或称假两难谬误）——看起来是两难，实际上还有其他选择。我们认为品质重要，为什么就该假定一个人在社会议题上的立场是次要的呢？我们认为社会观点重要，为什么就要假定品质不重要呢？一个有着高尚完美的品质的人，也有可能完全不胜任决策者或谈判者的角色，也可能对社会政策和社会需求并不理解或不感兴趣。而一个受人喜爱、透彻理解社会经济问题的能干的政界人士，也有可能因缺乏品质而私人生活混乱。尽管如此，政治领袖的品质和诚实有时似乎是首要的，即使人们对其政策有异议。

这一新模式意味着每个群体都聚焦于其眼中最重要的事：保守派通常关注品质，自由派则关注各种社会政策，例如堕胎权、平权行动、枪支管控、福利，以及于关于应该做什么事的问题。有趣的是，在2016年的总统大选（一场非常有争议的竞选，在历史上几乎没有先例）中，人们非常关注道德品质的问题。民主党和共和党的候选人都被批评为缺乏品质，而其他候选人被称赞为品质优异。受批评的候选人的支持者会强调候选人良好的政治政策（行为），如果不能强调其品质（美德）的话。在总统大选的最后几个月，"品质与行为"的问题已经白热化，双方都因品质问题被详细审查，他们都通过强调自己提出的政治和社会计划的力量来回应指控。

拥有美德，然后前行：梅奥、富特、萨默斯

伯纳德·梅奥

1958年，美国哲学家伯纳德·梅奥提出西方伦理学已进入死胡同，因为它已经失去与日常生活的接触。人们并不是遵循着关于应该做什么的伟大原则（"尽你的义务"或"让人类幸福"）而生活，而是在日常生活中根据道德品质或不足来衡量自己。小说家并未忘记这一点，梅奥说，因为我们读的书还在讲述人们极力成为某种人，有时成功有时失败，而我们读者感到学到了东西。

梅奥说，美德伦理并没有排除行为伦理，只是将它放在了第二位，因为无论我们做什么，都被包括在德行的一般标准内：我们缴税或帮助被车撞伤的动物，是因为我们相信好公民和地球上同行者的美德。换句话说，如果有一套我们相信应该终身行之的美德，我们通常就会因此做出正确的事。而一种不包含美德的行为伦理可能根本不是仁善的；你完全有可能在"尽你的义务"的同时是一个坏

人——你这么做只是为了获利或刁难某人。（这种人的一个典型就是狄更斯《圣诞颂歌》中的埃比尼泽·斯克鲁奇，他看起来是社会的栋梁，但那只是因为他觉得有利可图。）梅奥说，你可以不是勇敢的人，却做很多勇敢的事。（尽管亚里士多德可能坚持认为，如果你做得够多，实际上你就会变得勇敢，而功利主义者会坚持认为只要有好的结果，你做某件事的原因无关紧要。）

那么，在每天的生活情境中我们应该怎样选择行动？梅奥说，我们不应该在一种道德理论中寻找明确的建议（做这样那样的事），而是应该采取一般性建议（要勇敢／仁慈／耐心）。那样可以确保我们拥有"品质的统一性"，而这是关于准则的道德系统所不能给予我们的。梅奥建议我们选择一个**行为榜样**，可以是理想中的人，也可以是现实中的人。要做公正的人，做一个好人，或者做像苏格拉底或佛陀那样的人，或者效法当代的行为榜样，比如（我的很多学生会说）安吉丽娜·朱莉或奥普拉·温弗瑞。可以选择的还有历史上的英雄和圣人，选他们为榜样未必是因为他们做过什么，而只是因为他们是你想要成为的那类人。

当梅奥建议我们效法真实的榜样，如小马丁·路德·金、特蕾莎修女，或者也许是我们的父母时，他并不是在说我们应该模仿他们实际的举动，而是说我们应该以他们的"精神"来生活，并用好品质给予的力量来回应每天的生活情境。比起行为伦理要求的反映在原则和义务的崇高理念中的进路，这是一种更实际的道德进路。梅奥说，人们可能会觉得信心不足，因为没有人能实现这样的理念，但人人都可以努力向自己所钦佩的人靠拢。对于这种热衷于行为榜样的做法，持批评意见的人指出，只是模仿你所钦佩的某个人并不能解决你的道德困境本身。（1）假如你对行为榜样的想法与他人对正派行为榜样的看法不一致，该怎么办？这是美德伦理的传统问题之一：什么是美德，由谁说了算？它并不能提供简易的方法来解决道德争议。（2）如果事实证明，你的行为榜样并没有那么完美，该怎么办？我们见过有些名人，他们曾是许多人的行为榜样，却由于不值得钦佩的个人选择而从受景仰的高台上坠落。你也许会想到高尔夫冠军老虎伍兹和政治人物约翰·爱德华兹，他们都表现得像是顾家的男人，但随后被揭穿有婚外情。即使你的行为榜样是历史人物（不可能犯任何新的错误），也会有风险，因为可能有新资料浮出水面，表明他们还有称不上有德行的另一面。在这样的情况下，你是应该不再把他们当作英雄，还是想方设法为他们辩护？（3）最严重的批评可能是（处于不同时代的）好几位哲学家提出的，他们认为，一个人仅仅通过模仿他人就能够获得美德的想法是不成立的。（当然，梅奥并未发明这种思想，他只是使它成为现代美德哲学的组成部分。）康德就是其中一位，他认为美德并不是一种品质特征，而是遵循道德原则的善良意志的力量（见第六章），你可以在知识窗 10.3 中读到他发人深省的批评。另一位是法国哲学家让－保罗·萨特，他坚持认为我们应该对所做的每一件事负责，以便对己诚实而成为本真的人。承担这样的责任，意味着我们不能满足于模仿他人的行为，因为那样会让我们对自己是谁有所误解，让我们获得错误的安全感——让我们误以为靠模仿他人就能过好生活，成为好人。用萨特的术语来说，那样的话，我们过的就是非本真的人生。稍后我们会更仔细地考察萨特的道德哲学。

菲利帕·富特

美德理论的反对者会问：在有人生而具备但有人根本没有的情况下，我们如何能够把有益的人类特征称为"美德"？换句话说，人类对性情的责任根本没有进入讨论。身体健康和记忆力强都是很好的，但我们能否责备多病和健忘的人缺乏美德呢？

英国哲学家菲利帕·富特（第一章提到的著名"电车难题"就是她提出的）在她的著作《美德与邪恶及其他道德哲学随笔》（1978 年；以下简称《美德与邪恶》）中回应了这一论点，她强调，美德不单是我们具备或不具备的性情。美德不仅是有益的性情禀赋，而且与我们的意向相关。如果我们使意志力与性情相匹配以实现一些有益的目标，那么我们就是有德行的。因此，拥有某一美德并不同于拥有某项技能；拥有美德，是拥有做好事的恰当意向，并具备通过合适的行动贯彻意向的能力。

富特认为，美德并不是我们生来就具备的东西。我们生来就有走错路的倾向，而美德是矫正这种倾向的能力。人类本性让我们在有危险的时候想要跑开和藏匿，这就是为什么要有勇敢的美德。我们可能想要更多沉溺于让我们快乐的事，这就是为什么要有节制的美德。富特指出，美德理论似乎假定人类天性总体是感性的和易恐惧的，但实际上可能还有其他更普遍的品质缺陷，更值得用美德来纠正，例如想被利用的愿望，或不愿接受即将到来的好事的想法。

知识窗 10.3　康德对行为榜样的拒斥

伯纳德·梅奥指出，伊曼努尔·康德反对将效法人当作一种道德准则的思想，并说这"对道德是致命的"。康德反对树立关于某个理想的榜样，他认为与其如此，不如为理想本身奋斗。如果我们阅读康德的《伦理学讲义》，就会发现一个关于为什么不应该把人当作值得效法的对象的有趣论证：如果我试图与一个比我优秀的人做比较，我要么努力看齐，要么企图拉低他人；第二种选择事实上比向他人看齐更容易，而且总是会导致嫉妒。因此，当父母以兄弟姐妹中的一名为榜样让其他孩子效仿时，他们往往就为手足相争埋下了隐患；被设为榜样的那个孩子可能会被其他孩子讨厌。康德提出，我们应该推崇善本身，而非推举某个个体来效仿，因为我们都有一种嫉妒自己比不上的人的倾向。所以康德反对树立行为榜样，并不只是出于对理念的抽象偏好，也是因为他对家庭关系和小冲突有着现实的理解。这甚至可以从心理学上有效解释，为什么有些人非常讨厌所谓的英雄，并不断贬低被社会视为榜样的人的行为。这种态度可能只是被告知有人比你好时的一种反应。

菲利帕·富特（1920—2010 年），英国伦理学家，被誉为复兴美德伦理并将该概念现代化的少数 20 世纪哲学家之一。多年里，她在加州大学洛杉矶分校担任格里芬哲学教授，其著作包括《美德与邪恶》（1978 年）、《自然美德》（2001 年）及《道德困境及道德哲学的其他主题》（2002 年）。

（© Steve Pyke/Getty Images）

但天然有德行的人会怎么样呢？哲学传统往往用相当奇怪的方式评判他们。假设有两个人（甲和乙）决定向另一个有需求的人伸出援手。甲喜欢为他人做事，有机会就会提供帮助。乙根本不关心他人，但他知道仁爱是一种美德，所以他尽管有那样的天然倾向，还是努力去帮助他人。在康德看来，比起很容易实现美德的人，努力克服本身倾向而助人的是*道德上更好*的人。但这样的判断显然奇怪，因为在现实生活中，比起为了原则而不情愿地做好事的人，我们肯定更欣赏自然流露出仁爱之心的人。事实上，人们爱戴这样的人，因为他们喜欢为了他人而做事。但很多思想学派都同意，克服自然倾向比顺应它需要更大的努力，所以它必然更有道德价值。然而，亚里士多德相信做有德行的事而乐在其中的人是真正有美德的人。

富特站在亚里士多德一边：喜欢做好事或很容易去做好事的人，比通过努力才能做好事的人在道德上更好。为什么？因为还需要付出努力，意味着此人在一开始是*缺乏*美德的。不是说努力成功者不好或没有德行，而是说无须努力就可以做好事的人领先那么一点，因为美德在一开始已然具足。富特在《美德与邪恶》中举诚实为例：

> 一个人要很努力才能忍住不去偷窃，另一个人则并非如此，如果他们都做了应该做的事，那么哪个人表现得更有美德？……那个人会被偷窃诱惑，本身就说明他某种程度上缺乏诚实：对于完全诚实的人，我们会说他"从来没有过这种想法"，意思是偷窃这种可能性对他来说绝不存在。

此外，富特还对另一个困扰美德伦理的问题提出了解决方案：我们能否说一个正在作恶的人在某种程度上是带着美德在做事？比如，一个罪犯必须保持冷静、镇定、从容，才能打开保险箱，或必须鼓足勇气来履行契约并杀死他人。这个人是否在能够自控或有勇气的意义上是有美德的？富特从一位虽然也谈及美德，但通常被认为主张行为伦理的伦理学家那里借用了一个论点——那位伦理学家就是康德，他的论点是：*如果没有善良意志的支撑，那么一个行为或一种性情就不能被称为善*。富特对此的阐释是：如果一个行为在道德上是错误的，或者不如说，如果行为背后的意图是坏的，那么在行动中表现出的头脑冷静和勇敢就不再是美德。美德不是静态之物；它是一种动态力量，在意图做好事的时候就会显现。"美德"的价值在缺乏善良意志的情况下就会消失。这就回答了第九章中提出的问题：可以说恐怖分子是勇敢的吗？我们是否应该承认，2011年9月11日的劫机者或2015年巴黎的恐怖袭击者在某种意义上是勇敢的，即使有着邪恶的企图？富特应该会说不：如果意图是邪恶的，美德就失效了。劫机者可能怀有某种精神上的坚定，但这不配被描述为勇敢的美德。说他们的意图可能对受害者之外的某些人有益，这在任何道德理论中都不能成立：伊斯兰教禁止杀害无辜者；基督教和犹太教也是如此；按照功利主义的观点，恐怖分子的任何地方性诉求，都不是大型杀戮和恐怖行为导致的全球心理动荡的正当理由；根据康德的理论，我们绝不应该将任何人仅仅视为达成目的的手段；根据美德理论，*动机*决定了一种品质特征能否被称为美德。

在不涉及邪恶或犯罪的情况中，也能找到对应的例子。例如希望，它通常被认为是一种美德，但如果有人抱着不切实际、白日梦一样的希望，那么希望就不再是一种美德。节制是一种美德，但如果一个人只是因为害怕投入生命之流而采取节制，那么节制就不再是美德，而只是挡箭牌。

富特对生性善良而绝少自私之人的正面态度受到了批评，批评者常指向康德关于决定不欺骗顾客的店主的论证（与第六章中提到的论证类似）：因为非常喜欢你的顾客而绝不欺骗他们，这还不够，因为如果你不再喜欢他们，会怎么样呢？与此类似，一些人由于天性不容易受诱惑而从未受到诱惑，富特认为这样的人道德更高尚；但也有可能他们不受诱惑，只是因为以前从未遇到诱惑，在那样的情况下有美德是很容易的。康德的追随者会说，真正的美德恰恰会在面对诱惑时展现出来——而不是在没有诱惑的情况下。然而，如果我们可以选的话，面对一家严格规定反对欺骗但工作人员冷漠而暴躁的店，和另一家店员多年来一直熟悉我们并会问候我们近来怎样的店，难道我们不会更喜欢去那家充满友爱的店，而不去不友善但道德正确的店吗？康德可能认为我们应该选择那家不友善的店，但富特不同意：我们更喜欢友善而不是原则。但是，在富特的观念中，是什么使得友善在道德上优于原则呢？要记住康德的反对理由，因为性情爽朗而不欺骗顾客的店主，只是做了自己想要做的事，是出于自我满足而非原则。当然，性情爽朗，*同时*又有原则，这样的人是有的，但这里的问题不在于此。这里的问题是，性情爽朗是否足以使一个人成为有德者，或者，具备不受诱惑的品质的人，在道德上是否就比遇到诱惑并与之相抗的人优越。富特说是的：根本不会去想欺骗顾客的店主比有时受诱惑而拒绝的店主更好，因为诱惑根本不是一个因素。富特的假设是，只有品质有缺的人才会受诱惑。但现实地说，也许所缺少的只是接触和机会。所以可能康德终究是有道理的。

克里斯蒂娜·霍夫·萨默斯

所以，我们应该关注哪些美德？富特让这个问题在一定程度上保持开放，因为人们在究竟什么对他人有益、什么是值得拥有的人类品质上往往有分歧。然而，另一位伦理学家喜欢直接一些；她的目标与其说是捍卫美德伦理本身，不如说是关注西方世界中具体的美德和道德缺陷。克里斯蒂娜·霍夫·萨默斯讲述了她认识的一位伦理学教授在学期结束时经历的愁绪。尽管学生们研读了涉及多个主题的教材，进行过激烈的讨论，但他们不知怎么就有了道德真相并不存在的印象。他们在伦理学课堂上所学的一切都被展现为可以被驳斥的规则，以及没有明确解决方案的社会难题。超过一半的学生在他们的伦理学期末考试中作弊。那些学生可能根本没想过在伦理学考试中作弊的讽刺意味。

克里斯蒂娜·霍夫·萨默斯（生于 1950 年），美国哲学家，合编有《日常生活中的恶与德》（1985 年），并著有《谁偷走了女性主义？》（1994 年）与《反对男孩的战争》（2000 年），她主张美德伦理应该回归，让现代社会中的人们重拾责任感，而不是让社会机构去决定道德问题。

（克里斯蒂娜·霍夫·萨默斯供图）

知识窗 10.4　他们作弊了，原则重要吗？

克里斯蒂娜·霍夫·萨默斯提出了关于学生作弊的问题，并认为这说明学生无法将所学习的道德理论与他们个人联系起来。

2011 年，七名高中生因为在 SAT（美国高中毕业生学术能力水平考试）考试中作弊而在长岛被捕。其中一名学生被控代考，每次收费 2 500 美元。他的律师声称"每个人都知道作弊的事情存在。我们不以此为傲，但大家都以某种方式作弊了"。另一个公然作弊的案例在 2007 年春季被揭露，杜克大学商学院的 38 名研究生中，有 34 人因作弊而受到处罚。本书作者谈论这一问题的博客文章收到了见解深刻的评论。名为"嘉莱特"的评论者写道："当学生决定作弊时，他们想从作弊中获利的欲望盖过了他们想要'道德正确'的愿望。在我看来，我们能做的就是影响人们对后者重视的程度。在我们的社会中，我确信大多数人都明白作弊是'错的'。如果价值观已经基本形成，那么简单地'教导价值观'似乎不会对一个人如何做决定产生多大影响。"

另一个学生"伊万"回应道："显然这些学生比起获取知识要更重视分数。这也许就是学术体系机能失调的征兆，而不是道德失调。""西雅"呼应说："我认为这就是在一个声誉和金钱等价的社会中所发生的事。在过去的世代，声誉可以通过无数方式获得，包括仁慈、道德、特长和能力、知识。今天，这些东西都不能自动为人们带来声誉，而只有在能够转化成金钱时才相关。""埃里克"将作弊与在课上学到的理论联系起来："学生们决定作弊，可能是因为他们并不认为这么做是'道德错误'的。……设定关于何为作弊的规则的大学校园采用康德的伦理学思想。这些规则并不关注结果，而只是说'这么做始终是错的'，哪怕这么做对学生和世界而言是有净收益的。假如你是更倾向于边沁的快乐计算法的大学生，你可能会得出结论，认为作弊在某些情况下实际上是'正确的'。"

在你看来，在考试中作弊是错的吗？这是一个黑白分明的问题，还是说也存在灰色地带？在本书谈及的多种道德理论之中，有没有哪种或哪几种可以帮你理清这个问题，还是说你认为这要依靠各人的道德直觉来决定？你的答案可能会触及当前价值理论争论的核心：当我们做出决定时，道德原则真的很重要吗？还是说，我们的决策更多受其他因素的引导，比如个人需求或情感？

　　我们的伦理学课堂缺少了什么？萨默斯问。教师肯定不缺乏好的意图，因为自20世纪60年代以来，教师一直非常谨慎地从各个方面呈现素材并避免道德灌输。（你可能也注意到，本书提到了研究伦理学和道德说教之间的差异。）然而不知何故，学生们获得的观念变成了，因为一切都能被反驳，所以道德价值只是关系到品味的问题。教师可能更希望学生不要作弊，但那仅仅是她的偏好；如果学生的偏好是将作弊当作一种道德价值（"作弊但不要被抓住"），那么这么做也可以。学生们学到了这样的道德教训，而由于现在人们普遍担忧将一个人的价值观强加给他人，社会传承关于道德体面和尊重他人的功课的可能性几乎消失了。见知识窗10.4中学生就作弊问题进行的讨论。

　　萨默斯建议，与其讲授关于堕胎、安乐死和死刑等大议题的课程，不如讨论一些非常重要的日常小事，如诚实、友谊、体贴、尊重。这些美德如果不能在青年时期学会，可能在社会上就永远不能获得了。萨默斯还提到，19世纪的伦理学课程教导学生怎样成为好人而不是如何讨论道德议题。当被问到有哪些道德价值是无可争议的时，萨默斯回答：

　　　　虐待儿童、侮辱他人、折磨动物，这些都是错的。只想到自己、偷窃、说谎、违背诺言也都是错的。在积极的一方，体贴周到、尊重他人、仁爱和大度，都是正确的。

　　萨默斯认为，光是研讨美德伦理是不够的，还必须加以践行并将它教授给他人。如此，美德理论就能成为美德实践。如果我们在上学时学习美德理论，就有可能认为努力培养美德是很自然的。萨默斯认为，学习美德的一种途径是采用伯纳德·梅奥和哲学家阿拉斯代尔·麦金太尔都推荐的方法：阅读关于某人为他者做了体面之事的故事。比起哲学难题或案例研究，故事能帮助我们更好地"了解情况"。关于友谊和责任，文学经典告诉我们的比讨论道德问题的教科书能告诉我们的更多。萨默斯认为，存在一些基本的人类美德，它们不是相对于历史阶段而言的，不是一时的风潮或讨论的结果，我们对这些美德学习越多，就会越喜欢和其他人一起生活在这个世界上。这些美德是大多数人道德遗产的组成部分，传授体面、礼貌、诚实、公正等共同美德，并没有丝毫的压迫性。

知识窗 10.5　麦金太尔与美德

美国哲学家阿拉斯代尔·麦金太尔认为，如果我们遵从更久远时期文化中的榜样，将传统纳入我们的价值观，那么我们的道德价值会更丰富。他说，我们并不是生活在文化真空中，如果允许历史视角成为我们价值体系的一部分，我们就能更好地了解自己。这并不意味着祖先的所有言行都应该成为我们的美德，只是说，回顾前人的价值观能让我们的现代生活更有深度，使我们更容易了解自己。如何才能最好地了解自己？成为历史、小说和自我生活故事的讲述者。根据所讲述的生活故事来了解自己，这样就定义了我们的品质。所以，美德和品质的发展对于成为有道德的人和行善是至关重要的。但是，麦金太尔和菲利帕·富特一样，认为美德并不是静态的能力。美德与我们的愿望相连，使我们更好地成为我们想成为的人。与其说我们对美好生活有着憧憬，不如说我们对自己想要实现的目标（麦金太尔称之为"内在的善"）有想法，而美德能帮助我们实现这些目标。无论我们的目标是什么，如果认真、可靠地去努力，通常都更有希望实现目标。无论我们想在什么职业中出类拔萃，只要勇敢、诚实并保持正直，我们就会更容易成功。我们要面对种种要求，必须扮演各种不同角色，如在工作、性关系、与家人和朋友的关系中保持忠诚和可靠，这有助于我们作为一个完整的人发挥作用，而不是作为彼此脱节的角色的集合。

我们往往倾向于认为某些议题是他人的事情；国家会关注它们，无论是污染、流浪，还是老人的孤独问题。在萨默斯看来，成年人美德伦理的一部分在于，不要设想那是他人的责任。不要遇到当代问题就躲起来，而要承担责任，为其解决方案做出贡献。尽你所能去减少污染。思考怎样帮助无家可归的人。拜访你认识的孤独的长者。像这样的美德会有益于所有人，也是我们必须关注学习的那一类，如果我们要在人类的共同生活中取得成功的话。

　　这种对个人美德的愿景可能是道德价值复兴的最直接召唤，迄今为止，哲学领域一直在产生道德价值。然而，萨默斯不是在呼吁复兴宗教价值，而是在强调承担个人责任、尊重他人等基本观念。她断言，今天很少有伦理学家敢于提倡价值并声明这些价值本身就是好的，因为他们怕被人说是对学生进行灌输。在萨默斯看来，以上列举的那些价值是绝对的：它们无可争议。萨默斯今天仍然是美国当代哲学家中最有争议的人之一，在此我们可以找到一个原因（另一个原因可以在第十二章发现，那就是她看待女性主义的方式）：在 20 世纪 90 年代的知识氛围中，将价值或多或少视为相对于某人的文化和个人生活经历而言的东西，这不仅是一种习惯，而且被认为是恰当的做法；我们在第三章探讨过这一问题。然而在萨默斯看来，这并没有带来想要的结果，即个人道德责任感的增强，反而导致了相反的情况：人们失去了责任感，因为道德被认为是相对的。于是，萨默斯更深入地挖掘了我们到底是谁，并找到了价值的共同基础。

　　但是，萨默斯对吗？我们可以只宣称体面、礼貌、诚实等美德具有终极价值，而不去进一步讨论吗？可能萨默斯是对的，大多数人会同意她提倡的那些价值是好的，但她也有可能不对。很多人认为，萨默斯所做的只是过时的道德说教（有的人称赞这种努力，有的人不会）。实际上，这不是萨默斯个人的问题，而是真正的美德伦理的固有问题，对此之前的章节有所提及：如果有德行的人之间发生了关于美德的争论，怎么判定谁是正确的？我们怎样确定何为美德，如果美德自己就是答案？如何说服大学生们相信作弊是坏事？怎样让青少年相信从网上下载有版权的材料是错的？只教育他们诚实是一种美德并不能做到；那样可能对小孩起作用，但青少年和成人还需要理由。理由和理性说服在此很关键。我们需要做的是为美德伦理加上**理性论证**：为什么某某是一种美德和一种价值？我们需要给出好的理由。在这一方面，萨默斯和她的许多同事可能会在所谓**弱普遍主义**中

（ Calvin and Hobbes © 1993 Watterson. dist. By UNIVERSAL UCLICK. reprinted with permission. All rights reserved. ）

加尔文又在尝试做哲学了，他对在伦理学测验中作弊表达了罕见的顾虑（显然，克里斯蒂娜·霍夫·萨默斯同事的学生或杜克大学被发现作弊的研究生都没有这种顾虑）。霍布斯说"仅仅承认这个问题就是一场道德胜利"，这话对吗？

寻找理由，他们使用的方法可能是本书之前提过的：寻找共同基础，然后用好的理由来解释为什么某种品质是也应该是美德。第十一章还会讨论弱普遍主义。

对本真性的追求：克尔凯郭尔、尼采、海德格尔、萨特和列维纳斯

在所谓"当代欧陆哲学"——基本上是一战之后的欧洲哲学——的范围内，有一个思想流派认为，只有一种过好生活的方式，也只有一种美德值得争取，那就是*本真性*。这个思想流派就是*存在主义*。尽管存在主义主要在让-保罗·萨特

手里发展为对二战中无意义之体验的回应，但它的根源可以追溯到丹麦哲学家索伦·奥比·克尔凯郭尔和德国哲学家弗里德里希·尼采的著作。在这一部分，我们将讨论克尔凯郭尔、尼采、海德格尔和萨特。此外我们还将讨论一位哲学家的思想，他强力主张伦理学是人类存在的根本，那就是伊曼努尔·列维纳斯。克尔凯郭尔的本真性最终被构想为人自身与上帝的关系，而尼采的本真性所聚焦的恰恰是其反面，即自我在没有上帝的世界中创造意义的能力。海德格尔的本真性主要是一个人与自己的生存形式之间的关系，萨特的本真性是一个人与作为能做出道德选择的人格者的自我之间的关系，列维纳斯主要关注自我与他者——我们的人类同胞——之间的关系。

克尔凯郭尔的宗教本真性

克尔凯郭尔在世时（1813—1855 年），只在哥本哈根当地为人所知，作为一个有神学学位的闲适之人，他花了很多时间来写作攻击丹麦当局的复杂恼人的文章，包括攻击路德宗教会的官员。很少有人理解他的见解，因为他很少在作品中简明直接地表达，总是将真实观点隐藏在多重假名和反讽下面。当时，不管是在丹麦还是在其他地方，都没有人认为他是大思想家，没有人想到他的思想将会发展为 20 世纪最重要的思想流派之一。事实上，克尔凯郭尔一直是与时代的普遍精神反着来的，这种精神在政治上集中发展社会主义，在科学上则集中发展达尔文主义的分支。人们还没有准备好听取克尔凯郭尔的思想，例如个人承担责任的价值、与人类意志完全自由的前景相伴的心理恐惧、真理的相对性，以及个体的价值。不过，在克尔凯郭尔去世后又过了两代人，这些思想成了法国和德国存在主义的关键议题。

理解索伦·克尔凯郭尔的奇特作品，主要有两种非常不同的方式。你可以认为，他只不过童年过得不好，于是发展出一种过度膨胀的自我，而且对事情的轻重缓急缺乏判断力。换句话说，你可以认为他的作品只是思考人生和时代"伟大奥秘"的头脑过热之人的产物。或者，你也可以认为他的作品是从独特而有洞察力的角度对全人类所说的话，只是偶然地源自克尔凯郭尔的生平事件。在现代学者中，第二种理解方式更为盛行。

克尔凯郭尔的生平有什么大事件吗？比起其他名人的生平，其实没有多少。

索伦·克尔凯郭尔（1813—1855 年），丹麦哲学家、作家和神学家，他认为人类精神有三个主要发展阶段：美学阶段、伦理阶段和宗教阶段。不是每个人都会经历所有阶段，但是真正的自我和个人本真只有在一个人完全信仰上帝时才会显现。

（© Bettmann/Getty Images）

但与大多数人不同的是，对于发生在他身上的每件事，克尔凯郭尔都尽力去分析，而且带着一种怪异的洞察力。他出生在一个虔诚的路德宗家庭（路德宗是丹麦的主流教派，新教改革以来都是如此），他是家里最小的男孩，他出生时父母年纪已经比较大了。他有几个哥哥姐姐夭折了，所以出于某些原因，索伦和父亲都相信索伦自己也活不长。父亲的观念对这个男孩有相当偏激的影响，克尔凯郭尔后来充分地分析了这种影响，多年后，弗洛伊德才描述了父子间的冲突与关联。

他的父亲小时候在丹麦乡下牧羊，在一个阴冷的日子里，身处荒野的他被饥饿与寒冷压垮，于是站在岩石上，为让一个孩子遭受这些痛苦而咒骂上帝。这件事之后不久，他被父母送到哥本哈根当学徒，他的苦日子结束了。这让他心灵很受震动，因为他预料自己会因咒骂上帝而受到惩罚，于是他大半生都在等待。他变得富有，而其他人失去了钱财，为此，他料想上帝会更严厉地惩罚他。发生在他身上的第一个悲剧就是他失去了年轻的妻子；两个月之后，他和之前的女仆结婚了，女仆当时已经怀孕。

索伦的哥哥姐姐去世的时候，他的父亲认为上帝的惩罚再次降临，但除此之外，父亲的运气一直很好，负罪感也与日俱增。可能父亲后来想到，可以让最小的儿子为他做些补救——负起重担并争取与上帝和解。在路德宗传统中，并不存在向神职人员忏悔以"放下重担"这类事——你必须独自面对你的责任并处理你与上帝的关系。那就意味着在你的心灵深处有随时通往上帝的道路，你与上帝有直接的关系。你的信仰是个人的事，克尔凯郭尔更是认为，信仰的概念是极为个人的。

事实证明，索伦异常聪慧，他的父亲花了很多时间来教育他，特别注意培养他的想象力。父子俩形成了散步的习惯——在起居室里散步。索伦会选择他们要"去"的地方——海滩、森林中的城堡、大街，而他的父亲会详细描述他们"看到"的细节。这让这个男孩在智力和情感上都很疲惫，学者们也嘲笑他的父亲太爱幻想，但今天很多人认识到，想象力和智力训练的结合，正是父母可以在孩子身上培养的最好特征，尽管有人可能会说这是一种相当极端的做法。在本章末尾，你可以读到克尔凯郭尔的《约翰内斯·克里马库斯》的节选，他在其中描述了他父亲生动的想象力。

父亲去世的时候，索伦·克尔凯郭尔才成年不久，他完全理解父亲给他带来的巨大影响。尽管没有透露写的是自己，但他在《人生道路诸阶段》（1845年）中写道：

> 曾经有一位父亲和一个儿子。儿子就像一面镜子，父亲可以从中看到自己；对于儿子来说父亲也像一面镜子，儿子能从中看到将来的自己……父亲相信儿子的忧郁要归因于自己，儿子相信自己是父亲伤心的缘由——但在这件事情上他们从未交流过一个字。
>
> 后来，父亲去世了，儿子见了很多，经历了很多，而且在各种各样的诱惑中尝试；尽管爱有无限的创造力，但渴望和失落感教会他，不要从永恒的沉默中努力获取某种交流，而要完美地模仿父亲的声音，直到他满足于这种相似……因为父亲是唯一理解他的人，而事实上他并不知道自己是否理解父亲；父亲是他曾经拥有的唯一知己，这种信任会一直保留下去，无论父亲在世还是不在世。

所以，克尔凯郭尔将父亲的声音内化了，弗洛伊德可能会说，他让父亲的声音成为他的超我。在实践中，这激励克尔凯郭尔最终获得了神学学位（这是父亲想要让他做而他自己不是很想做的事）。克尔凯郭尔也内化了父亲的负罪感和相当阴郁的人生观。（父亲可能对他产生影响的另一件事，见知识窗 10.6。）克尔凯郭尔相信，每个人，即使是小孩，对什么是痛苦都有亲身的认知；他认为，当你看向未来时，会感到畏惧或痛苦——你畏惧，是因为意识到自己必须做出选择。这种感觉就是丹麦语/德语中的 Angst，克尔凯郭尔说，这相当于认识到你已处于大海之中，要么接着游要么沉下去，要么行动要么死亡，没有出路。选择是你的选择，但这是艰难的选择，因为生活本就艰辛。如果你拒绝做出决定，指望"社会帮我"或"教会帮我"或"叔叔帮我"呢？那么你就放弃了成为真正的人、变得本真的机会，因为你只有靠自己努力，形成自己的体验，才有可能在精神上有所得。每一个人都是一个个体，但只有经历个体化过程，即自主做出决定并在上帝面前承担相应的责任，一个人才能获得自我人格，成为真正的人类个体。当你做到这一点时，你所经历的真实就是你独有的真实，因为只有你选择了那条特别的人生道路。其他人不能借用"你的真实"走捷径——他们必须找到自己的路。因此，我们无法通过书本或老师来获得对生活的深刻洞察。书本和老师可以为我们指出正确方向，但不能填鸭式地向我们灌输任何真理。在基础阅读部分，你会读到《非此即彼》的一个选段，其中克尔凯郭尔描述了做出艰难决定的本质。

这种态度反映在克尔凯郭尔令人不安的晦涩断言"真理是主观的"之中，这个观点引发了科学家和哲学家的激烈争论。一些哲学家认为克尔凯郭尔的意思是根本不存在客观真理；我们永远不能证明"2+2=4""月亮绕着地球转""波士顿 2016 年 4 月 6 日下雨了"等陈述的真实性，因为这些大概只是主观的意见，或者我们可以称其为认知相对主义。这就意味着我们无法为知识设定任何客观标准。尽管有些哲学家，比如弗里德里希·尼采，确实倾向于这种激进的观点，但克尔凯郭尔并不在其列。克尔凯郭尔从未说过知识是主观的，要理解他的意思，我们就需要更仔细地研究他是怎么说的。他的原话是"主体即真理"，研究克尔凯郭尔的学者认为其含义如下：并不存在我们可以取来当作自己所有的大写的真理（唯一真理）。"人生的意义"不是我们可以从书本中或他人那里学来的东西，因为除非我们自己寻找，否则我们就找不到人生的意义。并不存在关于人生的客观真理，存在的只有个人真理，每个人的个人真理都略有不同。然而它不会有大的不同，因为当我们达到真实个人的层次，就会发现个人真理与其他人的个体化体验是一致的。换句话说，个人体验成为*普遍*体验——但你必须自己经历一番。这就是人生的终极意义和终极美德：通过找寻你自己的意义而成为本真的人。如果你满足于接受他人的人生观，那你就比阿拉丁故事中邪恶的魔法师努拉丁（在迪士尼电影中叫贾方）好不了多少；他本人没有魔法或才能，所以他极力从另一个人——阿拉丁那里偷取。

知识窗 10.6　一种爱和一段不存在的婚姻：雷吉娜·奥尔森

在索伦·克尔凯郭尔人生中第一次也是仅有的一次陷入爱河时，有着重要意义的事件发生了。他爱上的人名叫雷吉娜·奥尔森，是牧师的女儿。雷吉娜和索伦订婚后，他沉浸于一种新的智性省察：这种感情是什么？它是恒常的还是偶然的？会出什么问题吗？对他来说，去做结婚生子这样人人都会做的"普遍"的事是对的吗？这会不会影响他父亲将他献给上帝的计划？雷吉娜是个善良可爱的女孩，她很难理解索伦为什么不愿意接受他们只是相爱的年轻人。当他们在一起的时候，他心情很好，对两人的未来充满信心，但当独处的时候，疑虑开始向他逼近。他似乎觉得自己出于某种原因配不上她——也许是因为他之前去过妓院，也许是因为他不能充分地向她解释父亲对自己的影响。不过，他想，最主要的原因是，她的身体对他的吸引力让他感到震惊，分散了他的注意力，使他无法成为真正虔诚的人。在这段时间里，他开始理解唐璜性格的一个方面：他意识到，在没有和雷吉娜在一起而是幻想着她的时候，他最爱她。一旦他们在一起，他的热情就冷却了许多。最终他决定，分手对双方都好，但 19 世纪的习俗是，如果她的品质依然纯洁无瑕，就需要由女性而不是男性来解除婚约，所以他不得不试图迫使雷吉娜解除婚约。尽管他仍然爱着她，但他还是尽可能地对她粗暴无礼。他开始进行自己设计的一个计划，时而装傻，时而愤世嫉俗。有一次，她问他是否从来没有想过要结婚，他尽可能恶声恶气地回答："是的，可能要再过十年，我放纵够了，那时就会需要一个年轻的女孩来恢复我的活力。"在很长一段时间里，他对她粗鲁无礼，她总是原谅他，因为她深爱着他。然而，最终他还是和她分手了，而她似乎说了自杀一类的事。克尔凯郭尔想让她瞧不起自己，不久之后，她与两人的一个朋友订了婚，并嫁给了他。从那以后，克尔凯郭尔就总是谈论女人善变、愚蠢和不可信赖的本性。但在这里我们必须记住，克尔凯郭尔有着多重作家人格，在轻蔑的背后隐藏着他的爱，显然这种爱从未消逝：他接近雷吉娜，建议他们恢复友谊，但她的丈夫不允许。克尔凯郭尔死后，人们发现他在遗嘱中把自己所有的一切都留给了雷吉娜，但她拒绝接受遗产。

雷吉娜·奥尔森，索伦·克尔凯郭尔曾经的未婚妻，她是温和的哥本哈根女性，以最大努力去理解男友在智识上的顾虑，后者无法将对上帝的忠诚与对女性肉体的倾慕和随后的资产阶级婚姻相调和。这张照片是在克尔凯郭尔和她分手几年后拍的。[雷吉娜·施莱格尔（婚前姓奥尔森）的照片，由哥本哈根皇家图书馆提供]

对克尔凯郭尔本人来说，真理是宗教真理：作为个体，个人必须担负罪与责任的观念，并直接向上帝寻求宽恕。但对大多数人来说这样做很难，因为我们的天性是与此不同的。通常人在出生后就处于*审美阶段*，即感官享受阶段。孩子显然有强烈的感官享受兴趣，但这种兴趣如果持续到成人时期，就会导致不健康的性格发展，唐璜就是典型，他喜欢追求姑娘，但一旦得手就会失去兴趣。她想要结婚，他却想要*出走*。他离开后，又会爱上其他姑娘并加以追求，如此往复。今天我们会说这是一个不负责任的人。克尔凯郭尔也做了同样的基本评价，但解释了之所以如此，是因为唐璜型的人沉浸于感官享受，而这是会变质的：同样的事过多就不是好事了，但处于审美阶段的人并没有任何道德对错的意识。这种知识通常在人们成熟并进入*伦理阶段*时到来（但有的人会永远停留在审美阶段）。

在伦理阶段，人们会认识到法律与惯例的存在，他们相信成为好人的方法是遵循那些惯例。一个代表 19 世纪哥本哈根中产阶级的虚构人物成了克尔凯郭尔伦理阶段的原型：威廉法官，他是一个正直的人，极力想做一名好法官、好丈夫和好父亲。学者们对于如何评价这个善良友善的人意见不太一致，因为我们很难确定克尔凯郭尔什么时候认真，什么时候是在讽刺。克尔凯郭尔也将他非常钦佩的苏格拉底当作伦理阶段的典型。通常公认苏格拉底是一个真正有勇气和有德行的人，他努力以正确的方式生活（和死去）。但是，威廉法官并不像个英雄；我们甚至会有这样的印象，即他实际上是一个自大、自以为是的无聊资产阶级人物，他的注意力只放在"做正确的事"上，因为社会期望他如此。所以克尔凯郭尔似乎想要告诉我们：遵循规则，成为他人认为你应该成为的人，这是不够的；那样只是生活在他人的评判中。你必须承担独立判断的责任，为此，你需要做出*信仰之跃*，进入*宗教阶段*。按照社会规则和理性的道德概念来判断你的生活，这是不够的；要成为本真的人，你就要把社会标准抛诸脑后，包括你对理性及合理之事的爱，去选择信靠上帝，像亚伯拉罕一样，亚伯拉罕用儿子以撒献祭，就是做出了信靠上帝的选择，即使他无法理解这件事（见第二章）。理性和社会规则并不能判断，你作为宗教信徒而获得的洞见是否为真理。

那么，为什么苏格拉底不是一个完美的人？为什么克尔凯郭尔认为他停留在伦理阶段而没有通过信仰之跃进入宗教阶段？因为他无从进行信仰之跃，他不属于犹太–基督教传统，他生活在耶稣基督诞生前四百多年。在理性的界限之内，苏格拉底是最佳典范。但是，在宗教阶段，并不存在衡量意义的客观尺度。在这一阶段，你为自己承担责任，但同时，你将自己的命运交到了上帝手中。最终你可以成为一个真实的人，一个完整的个体和人格者，因为只有在宗教阶段，你才能认识到"主体即真理"的意义何在。

尼采的无宗教的本真性

德国哲学家弗里德里希·尼采是西方哲学中极具争议的人物之一，常常被归为 20 世纪法国存在主义（见后文）的贡献者之一。他有着西方哲学中非凡离奇的性格；有人称他为 enfant terrible，即不守规矩的"顽童"或"怪才"。20 世纪下半叶，人们对他的评价很低，这是因为他与我们大多数人眼中 20 世纪乃至整个人类历史上最糟糕的一段历史有关："德意志第三帝国"，希特勒的政权。然而，希特勒理论在纳粹中间流行开来时，尼采已经逝世三十多年，而且二者之间有多少哲学上的亲缘关系（甚至是不是有关系）仍然有争议。我们之后会再讨论这个问题。

弗里德里希·尼采（1844—1900 年）是现代最有争议的哲学家之一。他经常用格言体写作，对西方传统尊奉的几乎每一个人物、每一种思想都嗤之以鼻，二战后的一整代人都认为他的思想启发了希特勒的纳粹恐怖政权。然而，近年来又出现了另一个形象：一个充满激情的思想家，他希望读者挣脱他眼中基督教和功利主义思想的束缚，为个人的伟大而奋斗。

（© Popperfoto/Getty Images）

　　尼采家中有好几个男性成员都是路德宗牧师。他的父亲也是牧师，但在尼采年幼时就去世了，他和妹妹一起被母亲和家中的其他女性抚养长大。他的成长环境是基督教新教的，在这种环境里人生乐趣被认为有罪，死后的生活被当作人生的真正目标；你可以看出柏拉图和圣奥古斯丁的影响（见第八章）。尼采年轻时学过一段时间神学，然后转到古典哲学和语文学，并展现出真正的天赋。他 25 岁时在瑞士成为教授。在 1870 年普法战争期间做过医护兵，但那时他生病了。他大概在几年前感染了梅毒，余生的健康状况都很糟糕。他被迫从教授职位上退休，某种意义上也是从世俗的生活中退出，他隐居起来，与照料他的母亲住在一起。退休时他仍很年轻，退休期间，他写下了在 20 世纪撼动西方知识圈的几部著作。45 岁的时候，他的精神健康状况急剧恶化，尽管也有过头脑清晰的好时光。他又活了 11 年，先是由母亲照料，在母亲死后由妹妹伊丽莎白照料。

有人试图将尼采的著作贬低为疯子的谵妄之语。但事实上，尼采写下在他死后很有影响力的大部分著作时，他的头脑是健康有活力的。(在德国之外，只有很少的欧洲知识人士，如丹麦思想家格奥尔格·勃兰兑斯，在尼采生前就了解到他的哲学。勃兰兑斯试图将尼采引介给斯堪的纳维亚的读者，却没有太成功。)此外，一种理论必须以其自身立得住，如果它看似言之成理，或至少有一些有趣的视角，那么它就不会由于作者的境况而被抛弃。尼采的略带怪诞光辉的作品经受住了时间的考验。

善恶的彼岸

善是什么？恶是什么？尼采说这取决于你的视角：如果你生活在 19 世纪，如果你属于犹太-基督教传统，或者如果你在其他方面受到柏拉图的启发，你可能会说好人会回避肉体享乐，因为这是有罪的，要关注来世生活，因为那是真正生活的开始。如果你是尼采所说的社会主义者，你可能会说好人没有侵略性、不任性、不自私，会让个人意志服从于集体。好人是温和的、乐于助人的、善良的、逆来顺受的。恶人是自私的、发号施令的，认为自己比别人高等，看重今生而无视来世，沉迷于肉体享乐。如果这是你的善恶观，尼采说，那么你就必须重新评判你的价值观，因为其真正本性是*压迫性的*，对此的领悟要求重估一切价值。这样的重估应该聚焦于什么呢？在人们开始看重柔弱之前，在古代很普遍的价值体系：力量即权力的道德价值。这意味着我们必须超越对善恶的一般定义而采用新定义。

我们不能把尼采的著作当作成体系的叙述或对西方价值体系点对点的批判，他的观点散落在他的著作中，我们必须像侦探一样来构造整幅画面。有的素材出自他虚构的猜想性作品如《查拉图斯特拉如是说》，有的出自《道德的谱系》，但《善恶的彼岸》一书的书名和主题为我们提供了理解他最清晰的文化批判的线索。

主奴道德

在《善恶的彼岸》中，尼采提出，必须抛弃"爱你的邻人"和"有人打你的右脸，连左脸也转过来由他打"的旧基督教价值体系，因为它是弱者的道德，畏惧"主人"的"奴隶"的道德，而"主人"是拥有强力意志、自我造就的个体。在尼采看来，"奴隶道德"始于古代，当时奴隶痛恨和害怕他们的主人，怨恨任何对他们动用权力的人。尼采的关注点并不是奴隶制的残忍；让他感兴趣的是奴隶对主人和对其他奴隶的态度，还有主人对其他主人和奴隶的态度。他承担了分析两种道德体系的任务，这两种体系产生于两个严格分离但以某种方式相互交织的主人（领主）和奴隶（农奴）群体。在封建领主的心里，好人就是可以信赖并在血仇中与你站在一边的人。他是强大的盟友，好朋友，自重的贵族，性情慷慨大方，他是能够让敌人胆寒的人。如果领主想通过他的慷慨帮助弱者，他可以去这么做，但不是一定要这么做：他会创造自己的价值。如果对手强大，领主就会尊重他，那样领主就有了配得上自己的对手；领主也看重荣誉，不只是朋友的荣誉，也包括敌人的荣誉。弱者则不配得到尊重，因为他们的功能就是被掠夺（与达尔文的"物竞天择，适者生存"概念相似，这不是个偶然：尼采曾读过达尔文的《物种起源》并钦佩不已）。一个不愿意捍卫自己的人，一个软弱、害怕别人的人，就是一个"坏人"。

相比之下，奴隶憎恶主人及其代表的一切。主人代表恶，拥有力量、意志和统治的权力；主人激起恐惧。善就由帮助同伴的奴隶代表，他们是没有威胁力的人，表现出同情与利他的人，其行动只为尽可能多的人创造普遍幸福的人。奴隶对主人感到巨大的怨恨，这种怨恨带来了反叛。尼采说，从历史上看，奴隶最终都会占上风，将主人推翻。于是"主人道德"被反转为邪恶，而"奴隶道德"却成了普遍理想。对尼采来说，奴隶道德和畜群道德是相同的现象。谦卑人实际上已经承受了地土，但"畜群"依然保留着对主人这一观念的怨恨情绪，主人所代表的一切仍被视为邪恶，即使已不再有主人。用尼采在《善恶的彼岸》中的话说就是：

> 高贵的人自视为价值的决定者；他不要求得到认可；他超越判断……他是价值的创造者……另一种类型的道德，奴隶道德，就不是这样。假定那些受虐待者、受压迫者、受苦难者、受奴役者、疲惫不堪者，以及对自身不确定的那些人，他们要讲道德，那么他们的道德评价中会有什么样的共同要素？很有可能，关于人的整个处境的悲观怀疑会得到表达，也许是对人及

其处境的谴责。

尼采认为，奴隶和主人态度间的二分（或此或彼）可以在每一种文化中发现，有时还存在于同一个个体身上。这种情况最初在欧洲早期文化以及基督教传统（尼采将其描述为"弱者的群体利己主义"）中得到发展，在尼采眼里，其清楚地表现出畜群的道德，根据这样的传统，如果要获得来生的回报，就要在被人打右脸的时候，把左脸也转过来由他打，并且不做伤害之事。这种心态在柏拉图的哲学、功利主义道德哲学（见第五章）等思潮中也很突出，它的效果是将一切贬低为平均和庸常，因为它以牺牲杰出个体为代价，提倡普遍幸福和平等。在尼采的观念中，对有天赋的个人施加严格限制是一种文化的堕落，因为它窒息和扼杀了个人表达。在他看来，19 世纪晚期的德国以及欧洲其他国家恰恰成了那样：一群群居动物，会挑任何胆敢与众不同的人的毛病。尼采认为，柏拉图哲学和基督教传统已合并为一种世界观，那就是为了驯顺而迎合驯顺之人，而且不尊重生活本身。

超人 在尼采看来，奴隶道德拒绝现世人生；它企盼更高的现实（天堂），就好像受柏拉图启发的西方哲学企盼理念世界一样，理念世界是远离混乱可感的感觉经验的。这种背后世界（彼岸世界）在尼采看来是一个危险的幻象，因为它给人们这样一种观念，即此世的生命之外还有其他，所以我们可以在世上虚度人生，只为实现去往那个世界或更高现实的朦胧美梦。尼采认为，这就是错误地、非本真地活着。但有一种价值对尼采来说高于其他一切，那就是肯定生命的态度：是由对此世之外并无他物的认识构成的本真存在，一个人必须带着活力追求生命，就像为自己设定价值的"主人"一样。如果认识到这一点，并有勇气舍弃传统的基督教价值观，此人就会成为超人（Übermensch）。超人是未来之人——不是在生物的进化意义上，因为不是未来的每个人都将是超人，绝对不是。超人不是自动、自然选择的结果，而是积极夺取权力的结果。尼采认为，人类生命最重要的特征不是理性，不是同情，而是权力意志。奴隶道德会尽其所能地控制或扼杀这种强烈冲动，但有能力成为价值创造者的人会将它视为与生俱来的权利而加以认可，并以任何他认为合适的方式使用。他的权利在于运用权力的能力，因为那种权力本身就是生命的力量。实质上，超人的权利在尼采哲学中是由强权创造的权利，是一种实际的描述，而不是任何政治性声明：如果你能掌握并运用它，你就有权利。（尼采——至少从他的作品判断——不信任女人和女人的能力，也不将女人算在未来的超人之列。）

读者对这种煽动性的理论反应如何？尼采生前读者寥寥，不过一些人认为这是从智识上复苏了人生之乐，哪怕身处艰难时势，他的理论也批判了过去存在于西方文化中的双重标准，即谴责肉体享受，却又对秘密体验这些快乐默许接受。在维多利亚时代（见第五章），这种伪善尤为盛行，很多人认为对这种*虚伪*的反对是尼采的*积极遗产*。

虽然如此，不可否认，尼采最明显的遗产直到最近仍被认为是极为*消极*的，因为他关于超人的思想被希特勒的"德意志第三帝国"用作纳粹文化的理想。纳粹断章取义地使用尼采的思想，即权力理所当然属于有能力抓住和掌控权力的人，从而自视为新的超人种族，自认为命中注定统治世界，而弱者没有权利，他们唯一的人生目的就是为主人的权力提供燃料。希特勒完全忽视的事实是，尼采的超人只能作为个体出现，而不是作为一个"种族"甚至阶级出现。

尼采是否会认同希特勒？绝对不会。希特勒身上有尼采所鄙视的特质：他是一个被怨恨其他权力者的畜群心态驱动的人。尼采的作品可能充满了对英国人、基督徒、柏拉图主义者的尖刻评论，但他并没有放过德国人。他对自己身上的德国遗产毫无敬重，这就是他搬到瑞士的原因。此外，他是极权主义不共戴天的仇敌，因为他将极权主义看作奴役有能者和阻碍他们运用自己的权力意志的另一种方式。还有，尼采对反犹主义既无耐心也无同情，他非常讨厌他的妹夫，一个众所周知的反犹主义者（见知识窗 10.7）。然而事实仍然是，尼采的作品包含了一些可能导向强者对弱者的虐待或至少是忽视的元素。由于希特勒利用了尼采的著作，所以二战后几乎 30 年的时间里，尼采都是人们在哲学上不会碰的话题——他争议太大，人们不敢涉及。今天我们可以更为超然地思考他的观点，但依然很难调和他对生命的热爱和对人类弱者的蔑视——那是自由思想与蔑视的令人不安的混合。但是，尼采的思想是怎么成为希特勒及其同伙的哲学的源头的？在知识窗 10.7 中，你可以读到他的妹妹伊丽莎白扮演的令人吃惊的角色。

知识窗 10.7　伊丽莎白·尼采——她哥哥的守护者？

　　长期以来，人们都认为伊丽莎白·尼采对她哥哥的一生有很大的影响，在他生命的最后阶段更是起了相当奇特的作用：她常常邀请学者去"看"当时已无法连贯交流的哥哥。然而，她对他的影响，尤其是对他的哲学遗产的影响，远比之前人们认为的要深远得多。弗里德里希和伊丽莎白小时候关系很好，但在很多年里，他们的关系并不融洽。伊丽莎白嫁给了弗里德里希瞧不起的伯恩哈德·弗尔斯特。弗尔斯特是著名的种族主义煽动者，支持暴力反犹主义观点。他原本是教师，后来因为种族主义政治活动而被开除。不久之后，他开始招募"纯正血统"的德国人进行移民。他认为德国允许"非雅利安血统"的人繁衍生息，背叛了其日耳曼血统的公民。（"雅利安人种"是一种错误概念，先由弗尔斯特等人宣扬，然后是希特勒，今天的新纳粹也在鼓吹。"雅利安"实际上指的是一个语族，而不是一个种族。）伊丽莎白·尼采·弗尔斯特同意丈夫的反犹主义观点，并帮助他分发种族主义小册子。弗尔斯特听说遥远的巴拉圭有一块土地，便买下了这块他还没有见过的土地，打算创建一个"新德国"——新日耳曼尼亚，只有纯正的"雅利安人"才能住在那里。1886 年，伊丽莎白和她的丈夫带着一小群满怀希望的殖民者到了巴拉圭：14 个家庭，带着一生的积蓄。弗尔斯特买下的那块土地原来是一片偏远的沼泽。重新建立"雅利安"种族的社会实验进行到第三年，这片殖民地就面临分崩离析：伊丽莎白和弗尔斯特对殖民者的钱管理不善，弗尔斯特自杀了。伊丽莎白得到消息说，她的哥哥在德国生病了，需要她的帮助，于是她抛弃了殖民者，让他们自生自灭，自己回到了德国的家中。

　　在那些殖民者为生存挣扎时，伊丽莎白回到了德国照顾她的哥哥。在她哥哥生命的最后几年，她自称为他作品的管理者，哥哥死后，她又承担了编辑他未出版作品的任务。现在看来，她的编辑相当"有创意"：在魏玛共和国的尼采档案馆里，我们可以看到她如何用简单的剪贴方法，把自己的想法加进了哥哥的作品。她假装这些作品出自她哥哥之手，在其中加上了可能会让弗尔斯特感到骄傲的偏执内容。她晚年时，正是德国纳粹主义兴起的时候，她设法得到了阿道夫·希特勒和其他著名纳粹分子的注意。她鼓励他们把（她自己编辑过的）尼采的哲学当作纳粹意识形态的蓝图。就这样，尼采与反犹主义、纳粹政体的极权主义观点之间产生了联系。希特勒非常重视她，在她死后，为她举行了"祖国之母"的葬礼。由于尼采哲学与希特勒之间所谓的联系，直到 20 世纪 80 年代，哲学家们才能比较自在地研究尼采的哲学并撰写相关著作。学者们研究发现，尼采的所谓纳粹倾向，其实大部分是他妹妹加到他作品中的。这并不意味着尼采超越了偏执，或希特勒从他的著作中使用的一切都是伊丽莎白杜撰的；尼采对许多思想家、个人和群体都有强烈的反感，而且他确实提倡超人理论，但纳粹主义在他的"强者"哲学中是完全不可接受的。

　　巴拉圭的那片殖民地怎么样了呢？1992 年，本·麦金太尔出版了《被遗忘的祖国》一书，该书揭示了那些殖民者的命运：他们被世界抛弃和遗忘，在丛林中挣扎着生存，努力保持种族纯正。几十年过去了，到了 20 世纪，该群体仍然存在，但纯"雅利安"血统的后代数量越来越少，因为殖民者种族仇恨的对象从犹太人转为当地的巴拉圭印第安人，而异族通婚对他们来说是不可能的。其结果就是大规模近亲繁殖。麦金太尔在 20 世纪 80 年代末开始寻找这个殖民地，发现了一个时间仿佛冻结了的德国小村庄，居民深受遗传疾病和精神问题的困扰，健康的孩子非常罕见。然而，弗尔斯特殖民地的故事并没有就此结束。1998 年的一篇报纸文章报道，殖民者的后代已经开始融入当地印第安部落，与他们通婚，说他们的语言。随着基因库的扩大，近亲繁殖问题消失了；社会关系扩大了，商业贸易也是。这个小村庄仍然在那里，它融入了巴拉圭社会，只是村庄里的家族仍保留德国姓。仅有一个路标留下了关于伊丽莎白·尼采的记忆，上面写的是"Elizabeth Niegtz Chen"。

永恒的轮回，本真的生活

　　尼采最有名或最有恶名的表述之一是"上帝已死"；尼采的意思并不是基督死了或上帝本身不存在，而是说对上帝的信仰正在减弱甚至完全消失，因此，对上帝的信仰所提供的对稳定、普遍价值的保障已不复存在。尼采认为，*上帝不在场则不存在绝对价值*；除了我们作为人类所决定的价值之外，不存在价值。知识窗 10.8 探讨了如果不存在上帝，是否凡事都可行这一问题。对很多人来说，上帝不存在意味着道德失去了裁可的力量，于是他们对一切都失去信仰，成了*虚无主义者*。"虚无主义"常与尼采联系在一起。"虚无主义"（nihilism）源自拉丁文 nihil（无），通常指没有任何根据去相信任何事，那样的话，存在就是无意义的和荒谬的。尼采本人偶尔也被批评家称为虚无主义者，但这正确吗？

　　对于尼采提出的这个概念的真正含义，有两种不同的看法：（1）如果上帝已死，那么凡事都可行，你会很快绝望，因为不存在绝对价值，这样你就成了虚无主义者；（2）即使你认识到因为没有上帝而不存在客观价值或真理，你也必须形成你自己的价值，这样，你就肯定了生活和你作为一个人的力量，因此不是虚无主义者。大多数当代尼采学者都认为第二种观点才是尼采想表达的意思，而不是没有什么能够相信。在尼采看来，虚无主义者是误解了上帝已死的信息的人，他们与只会说"不"的人为伍。最重要的是，如上所述，尼采自己是有所相信的：他相信生命和肯定人生的价值，对人生说"是"。

知识窗 10.8　没有上帝，就凡事都可行吗？

　　尼采的超人理论以及没有上帝就没有绝对价值这一耐人寻味的思想的先驱，是 1866 年出版并被译成德语的一部作品：陀思妥耶夫斯基的《罪与罚》。（尼采的著作《善恶的彼岸》和《道德的谱系》分别出版于 1886 年和 1887 年。）这个关于道德和非道德行为的故事，刻画了 19 世纪圣彼得堡聪明的年轻学子拉斯柯尔尼科夫的轨迹，从杰出者超越于大众道德之上的哲学思想开始，他逐渐不可逆转地认定，像他自己这样的杰出者不受社会道德的约束。然后，他犯下了谋杀的罪行。实际上，拉斯柯尔尼科夫是尼采笔下超人的先声：他认为自己拥有超越善与恶的特权，直到他所做事情的严重程度使他重新认识到共同的道德法则。20世纪晚期有个类似的例子，连环杀手杰弗里·达默被判无期徒刑后，接受了长时间的采访（后来他被一名同狱囚犯谋杀）。达默说话时表现出深深忏悔的样子，他解释说，他从老师那里得到的印象是，没有上帝，因此凡事都可行，他无须留意普通的道德（甚至刑事）法则，因为他不会在来世被追究责任。于是他就去做了他想做的事：谋杀年轻人，然后肢解他们。后来，在他被抓后，他又回到了宗教的观点，并感到懊悔。

20世纪下半叶受尼采影响最深的哲学家可能是让-保罗·萨特，他的存在主义受尼采的观点启发，即没有上帝，不存在上帝赐予的绝对道德标准，因此我们不得不去创造我们自己的标准。不过，萨特所说的标准是可以作为每个人的指南的标准，而不是只为超人这样的精英而构想的标准。我们将在本章后文中讨论萨特。

尼采对于向生活说"是"是如何建议的？当事情进展顺利，"爱命运"非常容易。处于顺境时，任何人都可以对生活说"是"。难的是在糟糕的境遇中对生活说"是"。尼采想让我们即使在生活最糟糕的时候也爱它。那么，尼采所能想象的最糟糕的情况是什么？在你身上所发生的一切都会一再发生，而且是以相同的方式。这就是*相同者的永恒轮回理论*。有一则逸事，说的是尼采在散步时突然意识到了一个可怕的真相：历史在重复自身，而我们的恐惧和快乐也会重复出现。我们从前经历过的，还会再次经历，无休无止。这种思想令他恐慌惊骇，迫使他思考这个问题：如果你知道你将不得不一次又一次地经受同样乏味、痛苦的事件，你还会欣然选择去经历吗？

就像关于虚无主义的理论一样，对于这个问题也有两种解读。（1）一种解读认为，尼采实际上相信一切都会重复出现，我们注定会一次又一次地度过相同的人生，生命是荒谬的，我们的存在也毫无目的。同意这种解读的人也认为尼采本人是虚无主义者。而且可以肯定，这样的理论时不时会出现。一位印度哲学家宣称，宇宙无休止地重复自身，具体到最微小的细节，有的天体物理学家相信宇宙会在一次**大收缩**中走向终结，此后会有另一次**大爆炸**，如此等等。（2）另一种解读是今天的尼采专家比较认可的，即尼采所提出的是对人的本真性和对生命的肯定的终极考验：如果一切都将永无休止地重复自身会怎么样？在那种情况下，你还会说你想再经历一次人生吗？如果你回答"让我再来一次！"，那你就是真正地爱生命，你就通过了考验。

哪一种解读是正确的？"永恒轮回"是真实存在的，还是只是一个让尼采提出道德论点的思想实验？不管是哪一种，永恒轮回的思想都能很好地考验我们对生命的爱。可以肯定，尼采本人的人生恐怕不是人们想要重复的那种人生：经历无休止的病痛，与看法不同者进行无休止的争吵，与朋友闹翻，经历战争，不得不放弃工作，作品很少得到公众认可或理解，被一个又一个出版商拒绝，没有值得谈论的个人生活，随着精神疾病的加重，令人不安的思想越来越多，焦虑日增，最终陷入我们几乎无法想象的精神黑洞。然而，他本人相信自己通过了永恒轮回的考验，成了一个说"是"的人。

面对尼采的考验，你会怎么做？同样的测验，同样的驾驶考试，同样的恋爱与失恋，同样的被人失约、拔智齿、生病、提交纳税申报单、失去所爱……同样的假期，同样的婚姻和孩子，同样的希望与恐惧——喜忧相伴，你会再来一次吗？如果是，尼采为你喝彩。你战胜了怀疑、弱点、不冷不热的生存，以及虚无主义，你会在面对无意义时经历终极的人生快乐。

海德格尔的智性本真

马丁·海德格尔是一位高深莫测而又充满争议的哲学家。他高深，是因为他通过发明新词和新范畴来让人们打破旧的思维界限。这意味着阅读海德格尔没有容易的方法；你必须熟悉一整套全新的关键概念，并习惯一种看待现实的新方法。尽管他的风格相当难以接近，但海德格尔已经成为现代欧洲哲学中受到崇拜的人物。他很有争议，是因为他曾是纳粹党员（见知识窗 10.9）。

马丁·海德格尔（1889—1976 年），德国哲学家、诗人、德意志民族社会主义工人党党员，他认为本真的生活是向不同意义的可能性敞开的生活。畏的感受可以帮助我们摆脱自我满足，并从更灵活的智性视角看待世界。

（© Bettman/Getty Images）

知识窗 10.9　海德格尔和纳粹的联系

　　我们可以确定，尼采和希特勒政权的任何联系都是在尼采控制之外、在尼采死后由尼采的妹妹建立的，但海德格尔的情况并非如此。1933 年希特勒上台时，马丁·海德格尔的哲学导师埃德蒙德·胡塞尔是弗莱堡大学哲学系系主任。当时，胡塞尔已经是著名的哲学家，他发展了现象学理论，这是一种关于人类经验的哲学理论。它的主旨是，不存在一开始是空的而后来再去整理分析感觉经验对象的意识；我们的心灵从一开始就参与了对世界的经验过程。我们不能把经验的心灵和心灵的经验这两个概念分离开来，而且，由于哲学不可能对非经验的心灵和未经验到的对象世界做出任何描述，因此现象学的首要任务就是尽可能清晰地描述经验这个现象本身。胡塞尔是海德格尔许多著作的主要灵感来源；事实上，海德格尔还是年轻学者时，就在胡塞尔的羽翼之下。胡塞尔是犹太人，这意味着他成了纳粹新领导人迫害的目标。胡塞尔被开除大学教职，最终死于纳粹的骚扰。海德格尔——胡塞尔的学生和门徒——则从这些事件中受益，他接过了胡塞尔的系主任职位；实际上，他似乎没有对他的老教授的待遇提出过任何抗议。那时，海德格尔加入了纳粹党，他后来解释，这纯粹是出于职业原因：要保住在大学的职位，他就必须成为纳粹党员。这似乎比较牵强，因为海德格尔在战争期间从未做过任何与纳粹意识形态拉开距离的事情。今天，人们对海德格尔有各种看法。一些人认为，由于他与纳粹的联系，他的哲学是有污点的，而且一定在某种程度上包含了纳粹思想元素。另一些人认为，海德格尔本质上是不关心政治的，尽管他的行为并不体面；他们认为，应该独立于他的个人生活来看待他的哲学。

海德格尔认为，人类与所栖居的世界并没有本质上的区隔，这与传统认识论的看法不同。海德格尔认为，在人的内部没有"主体"，在外部经验中也没有"客体"。更确切地说，人类一出生就被抛到这个世界，他们与世界互动并在某种意义上"活出"世界。不存在区隔于其经验世界的人——我们就是我们的经验世界。人从生命一开始就与世界互动的思想，是海德格尔从他的老师和导师埃德蒙德·胡塞尔那里继承过来的，但他加入了自己的思想：人类之所以特殊，不是因为他们在内部而世界在外部，而是因为人类经验到自身存在的方式不同于其他任何存在者。人类为自己而*在那里*；他们能意识到自己的存在，也能意识到关于存在的一些基本事实，例如他们是会死的。海德格尔将人称为"此在"（Dasein）而非"人类"。相比之下，物并不知道自己是存在的，在海德格尔看来动物也是如此。动物可能知道饥饿、痛苦或发情，但不知道自己活着的日子是有限的，这就是差异。我们人类主要由持续不断的死亡意识构成，即"向死而在"（Sein-zum-Tode）。有时我们用别的事情转移注意力，因为这种意识是心灵的重担，我们会让自己忘却。我们全神贯注于工作、情感、听到的闲言，以及周遭的无意义之事。海德格尔认为，我们常常参考"常人"所说的话，似乎这些不知道名字的他人的意见有着某种明显权威。我们向"常人"所说的低头，并且认为如果我们被吸收为无处不在的"常人"（das Man），我们就能免于伤害和责任。换句话说，我们采用安全、不思考的物的存在方式——我们将自己物化了。

然而，这并不能成就一种本真生活，而且注定失败，因为我们不可能全然忘记。人类不能变成物，因为我们可以理解自己与物之间的关系。我们洗餐具的时候，理解盘子用来做什么，杯子用来做什么，以及为什么必须洗净它们。我们理解"洗餐具"的整个情况。在计算机前做报告准备的时候，我们理解报告是什么，计算机是什么，以及为什么二者与我们相关，即使我们可能不理解报告的目的是什么或计算机如何运行。最终，人类之所以不同，是因为我们可以追问"它是做什么用的？"，并理解我们生存在其中的世界的相互关联。我们是可以提问、思考的造物，为了重获对这一事实的认识，我们必须面对我们的真实本性。我们可能会假装自己只不过是环境的牺牲品（我必须洗餐具，没有其他选择），但我们也可以选择去认识到，我们能与世界互动，也能影响世界。在《存在与时间》（1927 年）中，海德格尔将这种现象（以他那令人抓狂的风格）称为"一种已然被抛入世界的存在，其存在于与存在于世界中的实体的关系之中"（Sich-vorweg-schon-sein-in-[der-Welt-] als Sein-bei [innerweltlich begegnendem Seienden]）。但他也用稍微朴素一些的方式将其描述为操心结构。海德格尔说，"此在"总是在"操心"着什么。这并不意味着人类主要关系到他人或为他物操心，而只是意味着我们总会忙于某事（海德格尔将忙于某事的状态称为 Sorge，操心）。有时这涉及为他人操心，但大部分时间还是主要关系到我们自己的存在：我们为某事——我们的健康、职位晋升、家庭幸福、新宠物或下次度假会有的兴奋经历等——而烦躁、焦虑、企盼、关切、满足、失望。"操心结构"意味着我们一直忙于现实的某个部分，除非我们陷入人类本性的另一个更深刻的要素：*情绪*，如 Angst——怕或畏。

　　海德格尔"畏"的概念与克尔凯郭尔所说的"畏"有关：它并不涉及对具体事物的恐惧，倒不如说是一种令人不快甚至恐惧的不安全感，这种感觉来自不知道自己在人生中身处何处，最终不得不做出选择——也许是在几乎不了解选项的情况下做出选择。克尔凯郭尔认为，这种体验与宗教觉醒有关，但海德格尔认为，这种觉醒是形而上学方面的：你认识到就其最深层的意义而言，你所有的关切和你依赖的所有规则都是*相对的*；你认识到自己一直在某个特定框架内以特定方式看待世界，现在出于某些原因框架正在瓦解。一个失去了大学终身教职的女人可能体验到畏，不仅是因为担心怎样养家，而且是因为她的世界观——她的职业认同与安全感——受到了严重打击。一个知道自己得了不治之症的年轻人可能体验到畏，不仅是因为他怕死，而且是因为"这不应该发生"在一个年轻人身上。被卷入父母之间离婚战争的孩子可能体验到畏。一个原本虔诚却开始怀疑上帝的存在的信徒也可能体验到畏，因为这意味着终极框架的崩溃。如果人类认识到他们的世界观并不是上帝赐予的真理，他们也可能体验到畏。

对世界抱有非本真态度的人可能体验到畏的最根本形式。海德格尔写道，此在如果对其现实中不同意义的可能性保持开放，就是过着本真的生活。然而，如果此在不愿意接受这种可能性，即事情的意义有可能与他或她目前所相信的不同，那么他或她就是非本真的。非本真者的典型特征是专注于对自己世界中的事物做出反应——驾车，把洗好的衣服装进烘干机，在电脑上工作，购物，看电视。这样的人认为，接受他人或媒体上那些简化的观点就够了；他们让自己沦为"常人"（das Man）。

那么，本真性意味着什么？它是在呼吁人们通过远离世界来"与自己建立联系"吗？它只是关于"保持开放心态"的老生常谈吗？还是说，它是我们无法逃脱的人类的内在特征？有的海德格尔专家认为，这并不只是在呼吁人们重新省察自我或避免脑力钝化；他们认为，比起随波逐流让他人的世界观来支配自身的生活，本真性是一种在根本上不同的态度。在海德格尔看来，本真意味着停止沉湎于你所做的，保持一种"事情的意义可能和我想的不同"的态度。只有通过这种智性的灵活，我们才能思考对事物或人做出的判断。所以在某种意义上，本真性就是保持"开放心态"，但也涉及更重要的工作，就是不断迫使自己认识到现实处于流变之中，一切都在变化，包括你自己，而且你是这个关系不断变化的世界中的一部分。这就会造成"畏"，因为这意味着你不得不放弃作为原则的支撑点和安全区。最终，畏会成为一种解放性要素，赋予你一种新的而且可能更好的对自我与世界的理解，但我们身在其中时，应对起来是很难的。

萨特的伦理本真性

对一些人来说，畏就是一种关于存在的事实，是我们有生之年不得不与之相处的东西。让-保罗·萨特就是这样的人。萨特是 20 世纪中期最为知名的法国存在主义者，其他存在主义者还包括阿尔贝·加缪、加布里埃尔·马塞尔和西蒙娜·德·波伏瓦。

法国哲学家、作家萨特（1905—1980 年）被公认为存在主义运动中最具影响力的思想家。他最著名的哲学作品是演讲集《存在主义是一种人道主义》（1946 年）和更厚重、更具有智识挑战性的《存在与虚无》（1943 年）。

（© Everett Collection historical/Alamy Stock Photo）

  萨特于两次世界大战期间在柏林学习现象学（关于人类意识现象与经验的学科），因此对埃德蒙德·胡塞尔和马丁·海德格尔的理论非常熟悉。此外，他对克尔凯郭尔和尼采的哲学也很熟悉。二战期间，萨特被纳粹作为战犯囚禁，但他逃出来加入了法国抵抗运动。这些经历以多种方式影响了他的政治观和人生观：在某种程度上，他的政治观是社会主义甚至马克思主义式的。萨特在政治上一直很积极，可以说他是 20 世纪欧洲甚至全世界最有影响力的哲学家——也许不单是因为他的哲学或文学作品（萨特也是戏剧家和小说家），更是因为他的智性启迪。存在主义运动可能不是对萨特式哲学的忠实体现，但可以肯定的是，在 20 世纪，萨特的思想启发了一场影响最为广泛、触达学术圈之外人群的哲学运动——存在主义运动。

  20 世纪 50 年代，存在主义成了一种风潮，在刻板印象中，对其感兴趣的是一些孤僻的青年，他们穿着黑衣，深夜在小咖啡馆中一根接一根地抽烟，为彼此朗读关于生活之荒谬的诗句，尽管如此，萨特的存在主义有着完全不同的更具实质性的内容。部分受战时经历影响，萨特相信上帝并不存在，而因为上帝不存在，所以绝对的道德准则也不存在。上帝不存在则凡事皆可行，这种观念那时已经不新鲜了；陀思妥耶夫斯基及其小说《卡拉马佐夫兄弟》的西方读者，以及弗里德里希·尼采的读者，对此再熟悉不过。但是，萨特给这个观念加上了新的色彩。萨特并不像其他很多无神论者那样，认为我们可以在人类的境况和理性中发现我们的价值，而是认为没有上帝的存在，就不存在价值，也就是不存在客观价值。没有总体规划，因此这个世界就没有任何事是有道理的；所有事件的发生都是随机的，*生命是荒谬的*。那么我们怎么办？耸耸肩，及时行乐？不，我们必须认识到，因为在我们之外不存在价值，所以我们，作为共同体中的个人，就成为价值的源泉。我们创造价值的过程就是选择的过程。[在此你或许察觉到了萨特哲学的两大思想源头：（1）克尔凯郭尔的观念，即我们总是有所选择，这就让我们对人生的不确定性产生深刻的焦虑感；（2）尼采的思想，即上帝已死，我们的生命并不存在既定的设计或意义。]

当一个人认识到自己不得不做出选择，而这一选择会有深远影响的时候，这个人就可能被痛苦所缠缚——萨特使用的意象是，一个军事领袖不得不做出选择，决定是否让战士去送死。这并不是一个有良心的人可以轻易做出的决定，他可能会有很多担忧，恰恰是因为他事先无法知道自己是否能做出正确的决定。如果他在认识到情况艰巨时依然尽己所能做出最佳选择，并愿意承担任何后果，那么他就是在本真地生活。然而，假定他对自己说："为了我的祖国 / 我的名声 / 我要写的书，我不得不送战士上战场。"那么，他就是在非本真地行动：他假设自己别无选择。但萨特认为，我们总是有选择的。就连奉命杀死平民的战士也是有选择的，尽管他可能声称若不听从命令，自己就会被处决，所以别无选择。在萨特看来，有一些事比死更糟糕，例如杀害无辜平民。所以，声称自己是被情况决定的，这是非本真的，或者如萨特所说，是*自欺*（bad faith）。自欺也可以表现为另一种方式："我就是不做选择——我把自己关在浴室里，直到一切结束。"在那种情形下萨特会说，这个领袖只是在自我逃避，因为他已经做了选择——选择了不做选择；而且，比起选择采取某种行动，他做出这个不选择的选择后，他对后果的控制力更小了。我们内心深处明白这一点，萨特认为我们不可能完全欺骗自己。我们总是多少知道，我们和不能做选择的动物或物体是不一样的，只因为我们是人类，而人类能够做出选择，至少有时如此。动物和物体可以不做选择而存在，但人类不能，因为人类可以意识到自身的存在和死亡；他们与自身有关系 [他们是"自为"（pour soi）的存在，为自己而存在]，而动物和他物只是在存在中漂浮 [（它们是"自在"（en soi）的存在，在自身中存在]。在《存在与虚无》（1943 年）中，萨特写道：

所以生活中没有意外；突然爆发并将我卷入其中的共同体事件并不来自外部。如果我在战争中被动员，那么这场战争就是我的战争；它在我的形象中，是我应受的。应受首先是因为通过自杀或逃亡我总可以摆脱它；当需要预想一种情境时，这些终极的可能性对我们来说必然是一直在场的。因为未能逃离，我就选择了它。这可以是由于惯性，由于面对舆论时的胆怯，或者是由于比起拒绝加入战争的价值，我更倾向于其他价值（亲人的看法、家庭荣誉等等）。不管怎么看，这都是个选择的问题……因此如果我选择了战争而不是死亡或耻辱，那么一切就会按照仿佛我对这场战争承担全部责任一样发生。

　　自欺有何体现？萨特的著名案例涉及约会中的年轻女子。女子的约会对象对她做出了一个微妙的举动，他抓住了她的手，而她不确定该怎么做。她不想让他不快或显得太一本正经，但她确实不知道自己是不是想要和他确定关系。所以她什么都没做。她设法让自己从这种境况中"抽离"出来，仿佛她的身体与她无关，而在他向她靠近的时候，她的手似乎根本不属于她自己。她看着他的脸，假装自己根本没有手、没有身体，也没有性别。萨特说，这就是自欺：这位女士认为她可以通过类物的行动将自己当成物，但这是一种幻象，因为从始至终她都知道，自己迟早得表示接受或拒绝。她要怎么做才是本真的呢？她应该认识到，她必须有所决定，即使不能预见到自己是否想要恋爱关系。下定决心之后，她需要应对的新情况就会产生，即便其本质上是不可预见的。向不可预见之物保持开放是本真性的一部分。当我们做出选择，萨特说，我们就是在承担最重大的责任，因为我们不但为自己和自己的人生做出选择，也为其他每一个人做出选择。无论我们做出何种选择，都向其他每个人发出了"这可以做"的信息。因此，通过选择，我们成为他人的行为榜样。如果我们选择缴纳税款，他人就会注意到并相信这是正确的事。如果我们选择向小孩贩卖成瘾性药物，那么一些人看到后，就可能认为这是个好主意。（值得注意的是，在萨特看来，因为其他人做了某些事而去做这些事，这是不够的；就像我们在梅奥的榜样理论中所看到的，真正的本真性必然来自个人选择而不仅仅是遵从榜样。）无论我们选择什么，即使认为它只关乎自己，事实上它也关乎全人类，因为我们将我们的行为认同为一种普遍美德。这就是为什么选择会充满焦虑，而萨特认为，这种焦虑永远不会消失。我们必须与它共处，并永远与选择的重任共处。我们有选择的自由，但没有不做选择的自由。换句话说，*我们是被逼得自由的*。

这种对人类自由的强调是哲学史上的最强音之一，也是关于意志自由的最激进、要求最高的理论之一。第四章提到，在历史上，*自由意志思想*的支持者和所谓硬决定论的支持者之间一直存在论争，硬决定论认为人类生活以及自然界中一切都由因果要素决定：遗传与环境，或先天与后天。（见知识窗 10.10 对硬决定论思想的进一步审视。）萨特是硬决定论最激烈的批评者之一，他宣称，任何用外在力量或内在强制性冲动来解释人类行动的说法（换句话说，任何暗示我们没有选择的观点），都是胡说，都是糟糕的借口，或者用存在主义的术语说，都是自欺。自由意志是我们作为人类的唯一"天性"；从某种意义上说，我们的命运就是没有命运，就是始终面临多种可能性而需要做出选择，但无法控制其后果，并与由此而来的痛苦共处。在萨特看来，那就是作为一个本真的人活着。

知识窗 10.10　硬决定论、相容论与萨特的自由意志主义

萨特的"自为"（pour soi）哲学，即认为人类总是有自由去选择的理论，可以说是反对**硬决定论**的激昂论证，随着关于因果的科学知识的积累，硬决定论成为"显学"，第四章的知识窗 4.6 对此做了简要介绍。硬决定论主张，如果没有前因，任何事情都不会发生，而每件事都是其他事情的结果。自然界的一切都被不断扩散的因果链之效应纳入，由于人类大脑是自然的一部分，所以我们的决定也是宏观因果链的一部分。这意味着，如果我们生活中的每一个事实都可知，那么原则上我们的每一个决定都可以被预测，因为，正如硬决定论者所主张的，100% 的知识将产生 100% 准确的预测。我们是遗传（我们的基因，或"先天"）和环境（我们的教养和周遭，或"后天"）的结果，因此自由意志是一种幻象。当然，这并不是说在现实中可以预测每个人的行为，因为生活太过复杂，但这并不意味着一切在理论上无法

预测：在任何情况下，即将发生的事都会有一个微小的萌芽——不是宗教意义上的神圣意志预定未来，而是说万事都处于因果关系的交织之中。正如我们之前所见，这种观点在伦理体系中有副作用：如果我们无法控制自己的行为，我们就不能因为任何决定而责备或称赞任何人。

硬决定论哲学在今天仍有追随者，他们相信硬决定论是基于神经科学的研究结果，即我们的身体似乎会在大脑发出行动信号之前做出反应。但还有一个被称为**相容论**的思想流派认为，因果关系并不一定意味着我们不能做出自由决定。世界会设置妨碍我们自由的障碍，如我们因为意外的交通堵塞而考试迟到，或由于生病而做出错误的决定，甚至因为受到威胁而被迫采取某种行动。有时我们是真的无法控制自己。但在没有这些因素的情况下做决定，就完全是另一回事，因为那样我们就能够做出决定，而且应该承担责任。亚里士多德最先指出了这些因素，他可以算作第一个相容论者。今天，美国哲学家丹尼尔·丹尼特以相容论者著称，我们的法律体系也是在同样的假设下运作的。

但萨特对道德责任还有另一种看法：*我们总是有责任的，哪怕生活给我们设置了意想不到的障碍*。你考试迟到了，但你本可以早点出门。如果持械闯入者逼你透露家人的行踪，你可以选择保持沉默——即使这可能让你付出生命的代价。他的观点被称为**自由意志主义**，强调"根本自由"（不同于你在第七章读到的政治观点"自由至上主义"）。如果我们认为自己处于某种让我们无法控制自身决定的处境，那就是自欺。你可能需要进一步研究硬决定论和相容论的主题，然后再决定这三种理论中哪一种最可信。

那么，同样面临艰难选择的他人（如密友、爱人或亲人）的陪伴，能否让我们至少获得些许慰藉？萨特认为，那并不是真正的解决方案；他者——不同于自己的另一个人——的在场只是在提醒我，我对做出选择负有绝对的责任。此外，他者的在场本身恰恰是问题所在：当他人看向我，我们的目光相遇，他或她总是试图支配我，正如我也试图支配他或她。在萨特看来，每一种人类关系都是将凝视作为权力工具的支配游戏，恋人间的关系尤其如此。本质上说，我们独自面对我们的选择和责任。在故事部分，你会读到两个故事，它们以各自的方式很好地展现了萨特的思想。第一个故事摘自萨特自己的舞台剧《禁闭》（萨特也是剧作家和小说家），剧中三个人在他们自造的地狱中相互面对；另一个是电影《心灵捕手》的梗概，故事中的那个年轻人生活在自欺中，因为他缺乏做出会产生后果的选择的勇气。

但是，如果世界是荒谬的，我们所有的行动都是无意义的，那我们怎么能做出选择呢？当我们第一次经历存在的荒谬性，我们可能感到恶心，因想到现实没有核心或意义而感到眩晕。但随后我们就得认识到，我们必须创造一种意义；我们必须选择某些我们看重的东西。对于萨特而言，法国的社会状况是他重视的主题，但你可以选择其他东西——你的家庭、工作或收集的芭比娃娃。任何类型的人生计划都能创造价值，只要你认识到尽管你有计划，但世界依然荒谬！如果你认为你的家庭或工作或玩偶收集品让你"安全"，如果你认为你已经为人生创造了坚如磐石的意义，那么你就沉沦到自欺中去了。这就是服务员的情况（萨特的另一个例子），他十分渴望成为完美的服务员，于是采用了"服务员身份"，这个身份为一切提供答案，包括怎样讲话，讲什么，怎样行走，去哪里。这个服务员并未选择一个计划，而是将自己变成了一个物，一种不再能做出选择的"自在之物"。本真地活着是指与痛苦共处，一直处于边缘，对抗生活的荒谬，面对无意义仍然勇敢做出选择。当你所关心的东西出现，你就知道要做什么了。法国哲学家和小说家西蒙娜·德·波伏瓦——萨特重要的另一半和存在主义主题上的合作者，有着这样的类似表达："任何明白真爱、真反抗、真欲求和真意志的人，都会清楚地知道，他不需要任何外部的保证来确定自己的目标。"

假设你决定将来再对自己的生活做些什么，比如下一年你要写一部小说，或回到大学读书。假设你决定你本应该和另一个人结婚，生孩子，去游览金字塔，或成为一名电影演员。那么按照萨特的观点，你就不太可能过上本真的生活，因为你的美德只在于你所完成的，而不在于你对计划做的事做出的选择。如果你从未开始写书，你就没有权利声称自己是有前景的作家。如果你从未尝试成为演员，你就不能抱怨自己的天赋未被发掘。我们只因我们所做的事而本真，如果自以为超脱于此，就只是在逃避现实。像亚里士多德一样，萨特将我们美德的价值与我们行为的成功联系在一起：意图可能是好的，但光有意图还不够。

列维纳斯与他者的面孔

伊曼努尔·列维纳斯（1905—1995 年）与萨特同年出生，但萨特在 20 世纪中期就已经成为哲学家，列维纳斯则大器晚成，直到 20 世纪晚期才成为法国哲学家中的领军人物。他最重要的著作是《总体与无限》（1961 年，1969 年被翻译成英文）和《另外于是，或，在超过是其所是之处》（1974 年，1981 年被翻译成英文）。他的经历在多个方面都与萨特相似。他也是在德国对胡塞尔和海德格尔的哲学产生了兴趣；实际上，他对他们的哲学产生兴趣比萨特早了十多年，而且，是列维纳斯而不是萨特将这些思想通过关于胡塞尔和海德格尔的著作介绍给了法国公众。（据西蒙娜·德·波伏瓦所言，萨特在读到列维纳斯关于胡塞尔的著作时惊叹道："这就是我想写出的哲学！"——尽管萨特后来声称自己可以做得更好。）与萨特类似，列维纳斯二战期间也曾是战俘，被迫为纳粹服劳役；像萨特一样，列维纳斯也在早期对德国现象学的兴趣的基础上，发展出了一套高度个人化的哲学。在哲学领域内，他们二人都被公认为出类拔萃的学者。但二人的相似之处到此为止。萨特生来就是法国人，而出生于立陶宛的列维纳斯是选择成为法国人的。萨特最终放弃了天主教信仰，而列维纳斯从未放弃过犹太教信仰。萨特基于选择的根本性痛苦发展出了存在主义哲学——一个本质上孤独的事业；而列维纳斯则将与他者的相遇视为所有人生存的关键，他认为，与他者的相遇并不是像萨特有时所说的那样是对支配权的竞争，而是与另一个人面对面，并意识到他者是活生生的人，看着你，和你说话，需要你承认他或她是根本上不同于你且本质上脆弱的人。列维纳斯坚持认为"伦理学先于本体论"：理解他者的需求以及我对他者需求的责任，要先于任何关于存在的哲学。这就是为什么列维纳斯将伦理学描述为"第一哲学"：这是基础和出发点，通常我们甚至意识不到，但在此我们遇到了人生中真正重要的东西——他者的面孔。

如前文所述，很多现代伦理理论主张，每个人都应该被平等对待。边沁谈论了每一个人怎样按照他或她的苦乐而拥有一张选票；康德断言所有人都应该被视为目的本身；罗尔斯指出，正义由公平对待所有人构成，无论他们是谁。黄金法则甚至在相互对立的哲学体系中也有效。在列维纳斯看来，在政治上追求平等没

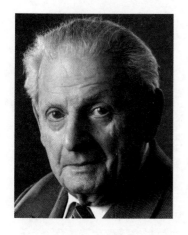

立陶宛-法国哲学家伊曼努尔·列维纳斯认为，伦理是最深刻、最主要的人类经验：我们看到别人在看着我们，听到他或她在和我们说话，我们意识到，这个人的生命是宝贵的，是不可替代的。他者命令我们不要杀人，我们觉得有义务把他或她的需要置于我们自己的需要之上。

（© Ulf Andersen/Getty Images）

有什么错，但这种追求对伦理学来说并不是根本的；更根本的是一种完全不同的经验。当我遇见另一个人，另一张面孔，与那个人产生伦理上的接触，恰恰意味着认识到我们不是平等的。列维纳斯并不是说我比他者"更好"，而是在说，他者比我更加重要：他者，无论是谁，都是有需要的人，始终"匮乏"而请求我们的帮助和理解；首要的是，他者告诉我："你绝不能杀人。"列维纳斯在与理查德·卡尼的一次对话中说：

> 亲近面孔是最基本的责任模式。就自身而言，他者的面孔直观而真诚；它表达出一种公正的关系。面孔不是在我之前（en face de moi），而是在我之上；它是死亡之前的他者，看向并揭示死亡。其次，这个面孔是请我不要让他孤独死亡的他者，仿佛这么做就成了他死亡的帮凶。所以这个面孔对我说：你不可杀人……在伦理上，他者的存在权利优先于我，这一优先性的缩影是伦理法令：你不可杀人，不能危及他人的生命。伦理关系是不对称的，它将我的生存从属于他者之下。

当然，以上并不是对人们实际相遇的通常情况的描述；幸运的是，我们很少会遇到需要为求生而乞求的情况。但对列维纳斯来说，那种相遇正是潜藏在人类所有相遇之下的根基：面孔真实祖露，目光恳切，说着话。对于列维纳斯来说，真正的伦理时刻发生在我们被他者称呼的时候。作为回应，说"他或她只是和我一样，我们都是人"是不够的。对列维纳斯而言，这还不够，或者说太过了：那将使我们所有人成为某种集体形式的存在，某种匿名的人类。我们反而应该说："他／她与我完全不同，所以他／她的生命是我的责任。"这是不等同的、非对称的情况，他者的*他异性*（他性）使得其他人类个体成为我们的责任。具体来说，这就是他者召唤我们的声音，比看着他或她的眼睛更重要。萨特的存在主义哲学常常提及*凝视*的权力，那种试图支配他人的眼光，但列维纳斯将人类典型的相遇看作不仅是视觉，也包括听觉的经历：你听到对你说话的声音，对彼处的他者做出回应。当你用你的整个存在回应，接受在彼处、要求关注的他者时，对于他者而言，你就成为特殊，成为不可替代者。就列维纳斯而言，彼此处于伦理关系中的人们要认识到他者的不可替代性或"非可替代性"。他者的失去不能通过找到另一个来弥补。

荷兰画家约翰内斯·维米尔的名画《戴珍珠耳环的少女》中，一位年轻女子越过左肩直视画家，这意味着她直视着画布外的我们。从大约 1665 年这幅画被创作出来起，她就一直在看着我们。你能否感觉到她穿越时空的凝视的力量？这是列维纳斯所说的，请求同情和帮助的他者的面孔吗？

（© SuperStock/Getty Images）

那么，这是人们之间实际的样子，还是列维纳斯认为他们应该有的样子？换句话说，他的话是描述性的还是规范性的？列维纳斯很优雅地回答，在我们还没有开始用这些范畴思考的时候，那种相遇就发生了：与他者的相遇不仅是实际情况，还是人类相遇发生的框架，因此，这既是我们实际相遇的方式，在我们开始思考存在、责任及其他种种之前就已实际发生，又在某种意义上是每一个个体相遇应有的方式——因为（可悲的是）不是每一个人都把他人看作独一无二、高于自己的个体，一些人甚至将他人看作"仅仅是达成目的的手段"。

对他者的终极无视在列维纳斯看来以纳粹的大屠杀为代表（他在大屠杀中失去了所有的立陶宛家人）。大屠杀代表着彻底的邪恶，将人们置于受折磨和死亡的境地，不是因为人们的罪行，而是因为他们的血统。海德格尔与纳粹党有关联这一事实，导致列维纳斯在多年后说："人们可以原谅很多德国人，但有的德国人很难被原谅。原谅海德格尔就很难。"在列维纳斯所说的上帝不在场而魔鬼在场的纳粹死亡集中营里，发生了令人毛骨悚然的事件，但是以某种迂回的方式，这并没有摧毁他对上帝的信仰；他说：

> 在20世纪之前，所有宗教都始于承诺。它以"幸福的结局"为开端，即许以天堂。那么，难道像奥斯威辛这样的现象没有让你反过来认为道德律不依赖于这个幸福的结局？这就是问题所在……在没有承诺的情况下告诉我自己去相信，比起让他人去信仰更容易。这就是不对称。我可以要求自己做不能要求别人做的事。
>
> ［与赖特、休斯和安利的访谈（Bernasconi and Wood 1998）］

于是，伦理成为宗教信仰的最高形式：在没有对天堂的许诺作为慰藉的情况下，我们仍要陪伴着他者，不计回报地服务他者。列维纳斯认为，"信仰并不是关于上帝存在或不存在的问题，信仰是相信不求回报的爱是有价值的"。

在这个欧洲国家异化感日益增加的时代，尤其是在饱受战争之苦的难民涌向欧洲的时刻，有的学者在列维纳斯的著作中发现了对同情态度的支持。海德格尔研究专家阿隆·詹姆斯·温特兰德在《纽约时报》的专栏文章《我们亏欠彼此什么?》中指出，列维纳斯的他者哲学包含克服文化差异和刻板印象造成的障碍的可能方法。我们需要将难民看作脆弱的他者，恰恰是因为他们不同，而不是因为他们"像我们"。我们需要友善。

根据列维纳斯的观点，友善涉及在面对他人需求时减少我们的世俗享受。例子是我们欢迎他人进入我们的家并分享我们的财物。欢迎他人、与他人分享决定了我们是谁、我们是什么样的人。列维纳斯在一段关于主体性的讨论中表达了这一思想，他将自我描述为他者的主人和人质。我们是他者的主人，因为欢迎他者来到我们的世界是我们之间建立认同与差异关系的一个先决条件。我们是人质，因为我们的个人身份取决于如何回应他人对我们的要求……列维纳斯教导我们，我们对他者的责任是所有人类共同体的基础，而在一个有意义的人类世界生存的可能性，建基于我们尽可能给予他者的能力。善待和共享是所有共同体形成的根基，在面对他人的苦难时，没有任何不友善的民族主义可以得到捍卫。

列维纳斯本人或许会赞赏这种将其哲学应用到当代极不稳定的政治情形中的做法，但也有批评者指出，邀请脆弱的人分享自己文化的安全与丰富性是一回事，对未来很可能发展为恐怖分子和激进个人的人敞开大门是另一回事。列维纳斯可能会回答，即使如此，他们依然是人类，要克服他们的极端，友善是比敌对更好的方式。批评者可能会回答，关心自己家人和邻居安全的人很少愿意冒这个险。列维纳斯的他者哲学仍然是现代最具挑战性的理论之一。

根据他的哲学，我们将他者视为我们应该给予爱但不求回报的人（有时用于描述父母与孩子之间关系的一种伦理），列维纳斯的伦理学是欧洲自主传统内的一种彻底革新，它在个体与他人，而非个体与自己的关系中发现人格的完整性。就此而言，他是现代欧洲哲学家中最接近美德伦理学的一位，将终极美德视为甘愿服务他者；作为现代本真性传统范围内的思想家，他将与他者的不对称关系看作真正的本真性关系。（知识窗 10.11 探讨了一种新的、部分受列维纳斯启发的美国道德哲学，即关怀伦理。）我们在第四章中曾把列维纳斯的哲学作为理想利他主义的例子。这种伦理学在今天可能比其他任何哲学都更多提倡友善和为他者而牺牲自我，但应该还会引发更多的争议。

知识窗 10.11　新关怀伦理，一种政治视角

近年来，美国哲学家德怀特·弗罗和马克·惠勒合作研究了"关怀伦理"，其中包括将关怀作为人类互动道德标准的自由主义政治愿景。弗罗在2009年出版的《复兴左派》一书中写道：

> 道德的力量、动机来自可察知的他人的要求，他们坚持认为我有责任，他们有权对我提出要求，他们的脆弱和特殊性促使我对他们的需要做出反应。处于关系中这一事实本身就会约束我们，让我们产生责任和关怀之情，它是一种类似于万有引力的力量，但它会不断更新对我们的控制。这些坚持让我们回应他者的面孔的力量场，构成了生活轮廓的基础，给我们的生命以内容、意义和目的。
>
> 文化依赖于这种回应与关怀的关系，因为这样的关系产生了社会信任，而这是文化的引擎。如果不能相信他人是负责任、有关怀的，我们的脆弱性就会压倒我们，作为有能力者的感觉就会消失，我们的行动能力就会被怀疑和恐惧扰乱。我们通常以为文化由法律、宗教等制度或艺术世界构成，或文化是语言行为模式、共同传统或共同信仰。所有这些都是文化。但在制度和行为模式的背后，是一个回应与关怀的关系网，这样的关系网使制度和模式成为可能……我所说的关怀既是一种动机，也是一种实践。关怀一个人就是把那个人的好作为我以她为目的而行动的动机……关怀不在于温暖的感觉或良好的意图。关怀不能通过仅仅关心某件事来得到充分表现。关怀对我们要求得更多，要求我们关心某些事情，要求我们付出劳动以维持联系、激发繁荣的源泉……道德不可避免地塑造了政治，因为我们通过道德判断来决定什么是公平的、残酷的、浪费的，以及谁值得尊重、谁需要帮助，还有什么是最重要的……因此，自由主义如果要成为成功的公共哲学，就必须彻底改变文化。"根源自由主义"（rootstock liberalism）既指明了社会必须培育的信任和

关怀基础，也指明了旨在建立这种基础的政治意识。

这种道德社会的政治愿景建立在本章提及的几种理论的基础之上：菲利帕·富特提出的美德伦理，其强调品格是比行为更重要的伦理元素，为关注普遍关怀态度而非制定规则的关怀伦理提供了基础；海德格尔的操心结构，虽然其与关怀伦理一点也不相似，但仍为后者提供了一部分基础，因为它认为人类生活总是朝向我们所从事和关心的事；但最重要的是列维纳斯关于他者的面孔的哲学，即他者总是需要我们的帮助，总是应该被当作有着比我们更重要的需求，这为弗罗和惠勒的道德理论提供了最为坚实的基础。除此之外，还有一个附加要素：卡罗尔·吉利根的关怀伦理理论，这是与正义伦理相对的理论。在吉利根看来，许多个世纪以来，道德哲学家们都强调公正、平等、不偏不倚，但人类还需要从彼此那里得到的，正是女性通常提供给家人和朋友的东西：关怀之网——它与不偏不倚很难调和，因为我们当然更关心家人和朋友，而不是陌生人。然而，作为一项政治计划，弗罗和惠勒的关怀伦理确实设想将我们的关怀意识扩展到整个共同体，甚至全世界。你会在第十二章读到更多关于吉利根理论的内容，在基础阅读部分，你会读到弗罗《复兴左派》的一段更长的选文。

德怀特·弗罗，美国哲学家和作家，圣迭戈梅萨学院哲学教授。

（德怀特·弗罗供图）

有的批评者认为，列维纳斯的思想是一种倒退，退回了将伦理用个人甚至宗教术语来表达，以及用男性和女性的框架来表述的时代。这些批评者认为，这种倒退是非常严重的缺陷。用一种使人消除敌意的天真方式，列维纳斯在他的早期著作中主张，他者本质上是女性化的（顺带一提，萨特也因类似的主张而受到批评）："女性是男性的他者，不仅是因为她的本性不同，也是因为他者性也在其本性之中。"

后来，列维纳斯修改了他的立场，但依然引发了讨论。批评者将其视为漫长的性别歧视哲学传统中的又一个表述，这种传统以男性的视角称女性是"异常的"或"不同的"或"确实很奇怪"，并假定女性会将此作为客观事实来接受。从这个古老传统来看，有很多女哲学家指责列维纳斯就不足为奇了，其中最著名的是西蒙娜·德·波伏瓦（见第十二章），她们认为他反动保守，有意采取男性的视角，将自己视为绝对者而将女性视为他者。

但即使我们说列维纳斯持有女性完全不同于男性的观点，这也并不意味着他认为女性就比男性低一等；相反，根据他的他者理论，如果有什么是绝对的，那就是他者。晚期的列维纳斯谈论了家庭中的女性美德、女性的善待美德，以及与权威及坚持己见的男性面孔相对的具有"谨慎"特质的女性面孔，他使用的一直都是正面的措辞。（然而，无论你将"女性"视为低级还是高级，这种看法在古典女性主义者看来都是性别歧视，见第十二章。）女性主义哲学家蒂娜·钱特提出，列维纳斯事实上称赞阴性特质为真正的人类品质；"阴性"在列维纳斯那里并不意味着生物学意义上的雌性，钱特说，"阳性"也不意味着雄性；毋宁说，"阴性"和"阳性"都代表着我们所有人都有的特征。这种解释（在某些方面类似于精神分析学家卡尔·荣格的性别哲学）可能为列维纳斯关于作为阴性的他者的争议性言论提供另一维度。在故事部分，你会读到最著名的西部片《搜索者》的梗概，与他者的面孔的相遇在片中得到了精彩的阐释。

问题研讨

1. 评价政治中的品质与行为问题。你认为对一个竞选（或当选）公职的人来说，个人诚信和你所认可的政府观，哪一个更重要？还有其他选择吗？请解释。

2. 讨论个人事务中品质与行为的问题。菲利帕·富特和亚里士多德都主张，一个拥有良好品格的人，比自我控制的人要更好。康德的观点正好相反。解释这些观点。你更同意哪一个？为什么？

3. 伯纳德·梅奥希望我们效仿榜样。有哪个历史人物、在世的人或者虚构人物，是你会想当作榜样的？请说明是谁以及为什么。效仿榜样的想法可能有哪些问题？

4. 克尔凯郭尔认为伦理还不是终极理想的存在模式——一个人还必须有宗教信仰。探讨他的观点：他认为信仰能给予而伦理所不能给予的东西是什么？你同意吗？没有信仰，我们能有伦理道德吗？没有伦理道德，我们还能有宗教信仰吗？请说明。

5. 阐述尼采的主人道德与奴隶道德的理论，以及超人的概念。在你看来，这个理论有哪些积极和消极方面（如果有的话）？

6. 在萨特看来，任何逃避自己应该承担的全部责任的解释都是自欺。你同意吗？存在人们不该为他们所做的事负责的情况吗？有没有哪些情况，说"我别无选择"是合理的？请解释。

7. 列维纳斯建议我们把他者视为总是脆弱和需要我们帮助的人。温特兰德将他的哲学应用到欧洲难民危机当中。你觉得这个视角是当前形势下需要的吗？还是说，这种道德哲学有一些问题？

8. 列维纳斯不愿意把动物包括在有"面孔"的存在者之内。先有关于人类的伦理，然后才有模仿人类伦理的延伸到动物的伦理，你同意这种观点吗？还是说，你认为关于动物的伦理应该是伦理的主要形式？列维纳斯的理论能被重新设计以包括动物吗？

基础阅读与故事

前两篇基础阅读较短，一篇来自索伦·克尔凯郭尔的《约翰内斯·克里马库斯》，一篇出自《非此即彼》第二卷。第三篇节选自让-保罗·萨特的演讲《存在主义是一种人道主义》。第四篇节选自德怀特·弗罗的《复兴左派》，他在书中勾勒了关怀伦理的轮廓。四个故事都以这样或那样的方式探索了选择、畏、本真和责任等关于存在的主题。第一个故事是让-保罗·萨特的经典戏剧《禁闭》的概述，剧作描述三个灵魂如何注定永远在地狱里相伴。第二个故事是电影《土拨鼠之日》的梗概，它可以体现尼采的永恒回归理论。第三个故事是对电影《心灵捕手》中有关存在的内容的概述。第四个故事是电影《搜索者》的梗概，将我们带到老西部，审视种族主义和他者问题。

基础阅读 1

《约翰内斯·克里马库斯》

索伦·克尔凯郭尔著

写于 1842—1843 年，初版于 1912 年

克尔凯郭尔用过很多化名，有些我们不需要太认真对待；约翰内斯·克里马库斯是他最重视、最私人化的化名之一。在选段中，我们将了解约翰内斯的童年，那和克尔凯郭尔的童年非常相似。

他的父亲是个非常严格的人，显得严肃乏味，但在粗糙的外衣下有着年龄也无法遮挡的炽热想象力。当约翰内斯偶尔要求外出时，父亲几乎总是拒绝；但有一次，作为补偿，父亲主动提出在家中地板上进行步行游览。乍一看，这是个糟糕的替代，但它其实就像父亲粗糙的外衣一样，下面隐藏着完全不同的东西。约翰内斯接受了父亲的提议，去哪里完全由他决定。于是，他们离开大门，走向最近的森林城堡，走向海滩，在大街上徘徊，约翰内斯想去哪里都可以，因为对他父亲来说没有什么是不可能的。他们在地板上走来走去的时候，父亲会描述他们见到的一切；他们向路过的人打招呼，马车隆隆驶过，盖过了父亲的声音；卖水果妇女的水果比以往更加诱人。父亲准确生动地描述一切。约翰内斯所熟悉的事物，父亲能迅速而极为细致地描述出来；约翰内斯不知道的事物，父亲就用教育的方法仔细描述。与父亲散步

半个小时后，约翰内斯就像在外面待了一整天那样疲惫……对约翰内斯来说，父亲就像仁慈的主，他自己则是受宠的孩子，可以随心所欲说出愚蠢的想法；因为他从不会被拒绝，父亲也从不厌烦，一切都包含在内，都按约翰内斯的愿望发生。

问题研讨

1. 你赞成克尔凯郭尔父亲的教学方法吗？请解释。他的方式和虚拟现实之间有相似之处吗？有差异吗？

《非此即彼》

索伦·克尔凯郭尔著
节选自第二卷，1843 年

这段文字写在克尔凯郭尔与雷吉娜·奥尔森分手后不久，他借威廉法官之口劝告一位拒绝做出选择（尤其是关于结婚的选择）的朋友。这位朋友说："结婚，你会后悔。不结婚，你也会后悔。"威廉回应道：

选择本身对一个人的个性内容有决定作用……想象一个在船上的大副，当船必须左转弯的时候，他可能会说，我可以这么做或那么做。然而，如果他不算糟糕的航行者，他也会知道，如果船以正常的速度一直向前航行，那么将会有一个瞬间，他这么做还是那么做将无关紧要。对于一个人来说也是如此：如果他忘记考虑速度，那么最终这样一个时刻就会到来，那时不再有非此即彼的问题，不是因为他做出了选择，而是因为他并没有做出选择——这就相当于说，因为别人替他做出了选择，因为他失去了自我。

问题研讨

1. 你认为克尔凯郭尔更认同不想做选择的朋友还是威廉法官？还是说他二者都认同？

2. 将这段选文与萨特的存在主义选择理论进行比较。

基础阅读 3

《存在主义是一种人道主义》

让-保罗·萨特著

演讲稿，出版于 1946 年

在这篇关于存在主义的著名讲稿中，萨特表达了他的哲学的关键概念：传统上，哲学家们表达的思想是，人类有一个本质，它或者是由我们的创造者赋予我们的，或者是作为我们人性的一部分进化而来的。

但在萨特看来，人类没有"本性"，这与宇宙中所有其他生物和事物都不同；我们存在于这个世界上，可以自由地选择我们的道路，因此我们的存在先于本质。但这让我们陷入痛苦的状态，我们想要逃离（自欺），但我们不能，因为我们是被逼得自由的。

试拿一件工艺品——例如一本书或者一把裁纸刀——来说，它是一个对此已有一个概念的匠人制造的；他对裁纸刀的概念，以及制造裁纸刀的此前已有的工艺（这也是概念的一部分，说到底，即一个公式）同样已心中有数。因此裁纸刀既是一件可以按照固定方式制造出来的物件，又是一个达到某一固定目的的东西，因为人们无法想象一个人会制造一把裁纸刀而不知道它派什么用场。所以我们说，裁纸刀的本质，也就是使它的制作和定义成为可能的许多公式和质地的总和，先于它的存在。这个样式的裁纸刀或者书籍就是靠这样在我眼前出现的。我们这样说是从技术角度来看世界，而且我们可以说制作先于存在。

[……]

无神论存在主义——我也是其代表人之一——则比较能自圆其说：它宣称如果上帝并不存在，那么至少总有一个东西先于其本质就已经存在了；先要有这个东西的存在，然后才能用什么概念来说明它。这个东西就是人，或者按照海德格尔的说法，人的实在（human reality）。我们说存在先于本质的意思指什么呢？意思就是说首先有人，人碰上自己，在世界上涌现出来——然后才给自己下定义。如果人在存在主义者眼中是不能下定义的，那是因为在一开头人是什么都说不上的。他所以说得上是往后的事，那时候他就会是他认为的那种人了。所以，人性是没有的，因为没有上帝提供一个人的概念。人就是人。这不仅说他是自己认为的那样，而且也是他愿意成为的那样——是他（从无到有）从不存在到存在之后愿意成为的那样。人除了自己认为的那样以外，什么都不是。这就是存在主义的第一原则。而且这也就是人们所说的它的"主观性"，他们用主观性这个字眼是为了责难我们。但是我们讲主观性的意思除了说人比一块石头或者一张桌子具有更大的尊严外，还能指什么呢？我们的意思是说，人首先是存在——人在谈得上别的一切之前，首先是一个把自己推向未来的东西，并且感觉到自己在这样做。人确实是一个拥有主观生命的规划，而不是一种苔藓或者一种真菌，或者一个花椰菜。在把自己投向未来之前，什么都不存在；连理性的天堂里也没有他；人只是在企图成为什么时才取得存在。可并不是他想要成为的那样。因为我们一般理解的"想要"或者"意图"，往往是在我们使自己成为现在这样时所做的自觉决定。我可以想参加一次宴会，写一本书，或者结婚——但是碰到这种情形时，一般称为"我的意志"的，很可能体现了一个先前的而且更为自发的决定。不过，如果存在真是先于本质的话，人就要对自己是怎样的人负责。所以存在主义的第一个后果是使人人明白自己的本来面目，并且把自己存在的责任完全由自己担负起来。还有，当我们说人对自己负责时，我们并不是指他仅仅对自己的个性负责，而是对所有的人负责。"主观主义"这个词有双重意义，而我们的论敌只在其中一个意义上做文章。主观主义一方面指个人的自由，另一方面也指人越不出人的主观性。这后一层意义在存在主义哲学里是比较深奥的。当我们说人自己做选择时，我们的确指我们每一个人必须亲自做出选择：但是我们这样说也意味着，人在为自己做出选择时，也为所有的人做出选择。因为实际上，人为了把自己造成他愿意成为的那种人而可能采取的一切行动中，没有一个行动不是同时在创造一个他认为自己应当如此的人的形象。在这一形象或那一形象之间做出选择的同时，他也就肯定了所选择的形象的价值；因为我们不能选择更坏的。我们选择的总是更好的；而且对我们来说，如果不是对大家都是更好的，那还有什么是更好的呢？再者，如果存在先于本质，而且在模铸自己形象的同时我们要存在下去，那么这个形象就是对所有的人以及我们所处的整个时代都是适用的。我们的责任因此要比先前设想的重大得多，因为它牵涉到整个人类。[……]

这就使我们能够理解诸如痛苦、听任、绝望——也许有点夸大了的——这一类名词。下面你们就会看到，这是很简单的。首先，我们说痛苦是什么意思呢？存在主义者坦然说人是痛苦的。他的意思是这样——当一个人对一件事情承担责任时，他完全意识到不但为自己的将来做了抉择，而且通过这一行动同时成了为全人类做出抉择的立法者——在这样一个时刻，人是无法摆脱那种整个的和重大的责任感的。诚然，有许多人并不表现有这种内疚。但是我们肯定他们只是掩盖或者逃避这种痛苦。的确，许多人认为他们的所作所为仅仅牵涉他们本人，不关别人的事。而如果你问他们："若是人人都这样做，那怎么办？"他们将耸耸肩膀，并且回答说："并不是人人都这样做。"但是说实话，一个人应当永远扪心自问，如果人人都照你这样去做，那将是什么情形：而且除了自我欺骗外，是无法逃避这种于心不安的心情的。那个说"并不是人人都这样做"从而为自己开脱的说谎者，在良心上一定很不好受，原因是他的这一说谎行为无形中就肯定了它所否定的事情的普遍价值。他的痛苦恰恰是欲盖弥彰。[……]例如，一个军事领袖负责组织进攻，并使若干士兵送掉性命；在这样做时，他是做了选择的，而且压根儿是他一人做出选择。当然，他是执行上级的命令，但是上级的命令比较笼统，要他自己来领会，而十个人或者十四个人或者二十个人的生命就系在他的领会上。在做出这项决定时，他是没法不感到痛苦的。所有的领袖都懂得这种痛苦。它阻止不了他们采取行动；相反，它是他们行动的真正条件，因为这个行动先就假定有多种可能性，而选择其中之一时，他们懂得其价值只是由于被挑选上了。所以，存在主义形容的痛苦就是这种痛苦，而且下面我们将会看到，通过对别的有关人员负有直接责任这件事，存在主义使这种痛苦变得明确了。它根本不是一幅把我们与行动隔开的屏障，而是行动本身的一个条件。

而当我们谈到"听任"——这是海德格尔最爱用的字眼——时，我们的意思只是说上帝不存在，并且必须把上帝不存在的后果一直推衍到底。[……]换一句话说——而且我相信这是我们在法国叫作过激派的中心思想——上帝虽然不存在，但是一切照旧；我们将重新发现同样的诚实准则、进步准则、人道准则，而且我们将会把上帝作为一个过时的假设处理掉，让他不声不响地死掉。存在主义者则与此相反；他认为上帝不存在是一个极端尴尬的事情，因为随着上帝的消失，一切能在理性天堂内找到价值的可能性都消失了。任何先天的价值都不再存在了，原因是没有一个无限的和十全十美的心灵去思索它了。"善"是有的，人必须诚实，人不能说谎，这些事迹哪儿也看不见，因为我们现在是处在仅仅有人的阶段。陀思妥耶夫斯基有一次写道："如果上帝不存在，什么事情都将是容许的。"这对存在主义来说，就是起点。的确，如果上帝不存在，一切都是容许的，因此人就变得孤苦伶仃了，因为他不论在自己的内心里或者在自身以外，都找不到可以依靠的东西。他会随即发现他是找不到借口的。因为如果存在确是先于本质，人就永远不能参照一个已知的或特定的人性来解释自己的行动，换言之，决定论是没有的——人是自由的，人就是自由。另一方面，如果上帝不存在，也就没有人能够提供价值或者命令，使我们的行为合法化。这样一来，我不论在过去或者未来，都不是处在一个有价值照耀的光明世界里，都找不到任何为自己辩解或者推卸责任的办法。我们只是孤零零一个人无法自解。当我说人是被逼得自由的，我的意思就是这样。人的确是被逼如此的，因为人并没有创造自己，然而仍旧自由自在，并且从他被投进这个世界的那一刻起，就要对自己的一切行为负责。[1]

问题研讨

1. 萨特说我们"是被逼得自由的"是什么意思？

2. 解释萨特的痛苦概念。它是什么？我们什么时候可能经历？感到害怕和感到痛苦有什么区别吗？

3. 做出选择的概念是存在主义的核心概念。比较萨特和克尔凯郭尔对做出选择的强调——他们谈论的是同一过程，还是有所不同？

4. 萨特的存在主义在何种意义上是一种关于道德价值的理论？请说明。

---

1 本段译文出自让-保罗·萨特：《存在主义是一种人道主义》（周煦良译，上海：上海译文出版社，1988 年），第 6—13 页，略有改动。——编者注

《一种关怀的文化》

德怀特·弗罗著

节选自《复兴左派》, 2009 年

在知识窗 10.11 中, 我们谈到美国哲学家德怀特·弗罗和马克·惠勒合作发展出一种道德哲学, 其以关怀伦理和列维纳斯的他者的面孔概念为基础, 带有政治愿景。在以下这段选自弗罗著作《复兴左派》的选文中, 你可以看到在弗罗的设想中, 关怀伦理如何转变为自由主义的政治哲学。在他看来, 保守主义的政治观从根本上建基于自立和"赤裸裸的自利"。作为替代, 他提出了"根源自由主义", 该书前面的章节对这个概念的描述是: "根源自由主义主张, 幸福和自主根植于我们维持关怀关系的能力, 这种关系必须延伸到我们所依赖的复杂网络。"

道德的力量、动机来自可察知的他人的要求, 他们坚持认为我有责任, 他们有权对我提出要求, 他们的脆弱和特殊性促使我对他们的需要做出反应。处于关系中这一事实本身就会约束我们, 让我们产生责任和关怀之情, 它是一种类似于万有引力的力量, 但它会不断更新对我们的控制。这些坚持让我们回应他者的面孔的力量场, 构成了生活轮廓的基础, 给我们的生命以内容、意义和目的。

文化依赖于这种回应与关怀的关系, 因为这样的关系产生了社会信任, 而这是文化的引擎。如果不能相信他人是负责任、有关怀的, 我们的脆弱性就会压倒我们, 作为有能力者的感觉就会消失, 我们的行动能力就会被怀疑和恐惧扰乱。我们通常以为文化由法律、宗教等制度或艺术世界构成, 或文化是语言行为模式、共同传统或共同信仰。所有这些都是文化。但在制度和行为模式的背后，是一个回应与关怀的关系网，这样的关系网使制度和模式成为可能。

我们通过慷慨和关怀他人的举动发展出社会关怀，这些举动并不保证获得回报，我们通常也不会期待回报。一种成功的文化会找到方法，让这些慷慨和关怀的举动更容易见到，更有可能受到欢迎并收获效果。我所说的关怀既是一种动机，也是一种实践。关怀一个人就是把那个人的好作为我以她为目的而行动的动机。关怀的动机是让某人或某事物直接受益，不是作为某个其他目标的副产品或工具，而是因为那个人或事物的福祉已成为关怀者自己价值系统的一部分。但关怀也指维持这种善意，付出努力保存有价值之物的实践。关怀不在于温暖的感觉或良好的意图。关怀不能通过仅仅关心某件事来得到充分表现。关怀对我们要求得更多，要求我们关心某些事情，要求我们付出劳动以维持联系、激发繁荣的源泉。

在民主制中，成功的政治意识形态必须反映其所在文化的道德规范。道德不可避免地塑造了政治，因为我们通过道德判断来决定什么是公平的、残酷的、浪费的，以及谁值得尊重、谁需要帮助，还有什么是最重要的。但美国文化并没有一贯地体现作为公共哲学的关怀和责任的伦理。因此，自由主义如果要成为成功的公共哲学，就必须彻底改变文化。"根源自由主义"既指明了社会必须培育的信任和关怀基础，也指明了旨在建立这种基础的政治意识。

我在上文列出了经济效率模式无所不至的影响对我们文化构成的种种威胁。这些威胁包括削弱关系的劳动力市场的普遍不稳定，被经济体系抛弃者所经历的无用感和无意义感，妨碍金融关系维持的高度不信任感，职业实践中诚信的丧失，无权无势、愤世嫉俗、对公共制度漠不关心的态度，这些都削弱了社会信任，那是道德价值的关键基础。关怀和责任的伦理能如何化解这些威胁？

关怀的动机和美德减轻经济不稳定的影响，途径是将能够建立稳固的信任基础的规范制度化。关怀伦理并不将人们看作经济机器上的零件，也不仅仅根据人们克服生活中障碍的意志力的强弱来定义对他们的尊重。它认识到人的脆弱性，因此也愿意承认好人有时候会遭遇坏事——生活的失败未必是道德失败。因此，一个人的价值并不完全取决于其克服任何障碍的能力，当然也不完全取决于其在工作场所的参与度或在职业生涯中的成功。在一个由关怀的规范所调节的社会中，有意义、有用的生活是指参与关怀关系的生活，而这种意义和有用的感觉仅部分依赖于一个人在经济活动中的成功参与。在一个重视关怀能力的社会中，失业或失去就业地位并不一定会导致无用感或无意义感。

此外，一个认真对待人的脆弱性的社会将为经济动荡的受害者承担责任。通过对他人施加苦难（裁员、削减福利等）而获得的效率或利益，并非不幸的结果，而是源自人们有意识地决定重视财富而非人、将经济效率的价值置于人的福祉之上。这样的决定可能是完全合理的，因为财富创造也是一种道德上相关的价值。但这并不能免除我们照顾弱势群体的责任。那些从经济调整中受益的人在因果关系和道德上对调整的结果负有责任。

因此，如果关怀伦理要在我们的文化中变得更有影响力，就需要有一个不带偏见的合理期望，即经济调整的成本将包括对那些过于弱势而无法适应的人的补偿或某种实质性的帮助。尽管我们已经实施了失业保险、福利、再培训计划等项目，以减轻经济动荡带来的一些痛苦，但这些项目的资金严重不足，管理不善，而且在减轻失业或收入大幅下降带来的痛苦、无用感和无意义感方面的能力有限。这些项目之所以不足，是因为它们的受益者被视为公平竞争中的失败者，而不是有意识决策的受害者，因此这些福利是勉强提供的，好像这些是他们不应得的。勉强提供、附有条件且没有慷慨感的关怀是令人怀疑的，因为这些迹象表明动机是不正当的，提供关怀是为了满足命令或负罪的良心，而不是帮助人们应对他们的脆弱性。因此，我们的社会安全网在鼓励受助者采取信任态度方面的作用微乎其微。

因此，关怀伦理不仅关乎我们制定了哪些社会项目，或者我们为这些项目投入了多少资源，还关乎提供关怀的动机和态度。政府项目只有在一种支持其目标并共享产生该项目的动机的文化中才能有效。正因如此，如果政策要产生预期的效果，根源自由主义必须是一场文化运动。

当然，按照同样的逻辑，那些受益于社会关怀的人也应该为社会做出贡献，并用自己的关怀提供帮助。信任是不被滥用的慷慨的产物。关怀给受关怀者带来了义务。但是，如果决策者和制度的其他受益者不承担责任，我们很难期望我们经济制度的受害者对他们的行为负责。

在一个关怀规范调节我们各种活动的社会里，关怀的动机在我们的道德品质观念中扮演着更重要的角色，不言而喻，社会信任也会随之增长。我们将对他人的意图有更高的合理信心，并有更多理由认为他们是出于善意的。社会信任是对愤世嫉俗和冷漠的有效衬托。

此外，关怀文化将阻止对职业实践中诚信的危险侵蚀。因为它要求我们"把关系处理好"，保持关怀的动机，所以关怀文化将规范对职业的外部影响，这些影响会扭曲关系，从而扭曲激励。关怀文化抵制职业的非人化，抵制将人类变成商品的过程，尽管它并不忽视生产力和效率提高带来的好处。关怀文化试图在技术进步中发现和保存生活的人际关系维度，这是一种创造性的对立，它不是只有对立，而是为了保存创新的好处而对立。它抵制利润动机的不当帝国主义以及企业或官僚职业主义的倦怠，而不牺牲现代性的好处。

最重要的是，关怀文化将重新调整我们的价值判断和优先事项。我们将不再把企业权利和军事力量视为道德上最令人钦佩的追求，而是将保护环境、抚养和教育儿童以及实现和平的任务视为更值得赞扬，更应该投入资源。

关怀文化增进其成员关系的健康。对自我利益的追求和对个人权利的维护是在这些使它们成为可能的关系中进行的。如果参与者只关心自己而忽视他人的需要，任何家庭或友谊都不可能长久。社会和文化也是如此。没有关怀的关系，我们就不可能有行之有效的法律、经济或政治体系。根源自由主义通过建设维持合作活动完整性的社区来培养这种关怀文化。

问题研讨

1. 弗罗说，关怀文化将重新调整我们的价值判断和优先事项，这是什么意思？你是否同意（1）这样的重新调整是必要的，并且（2）它会成功，或者应该成功？为什么？

2. 弗罗说我们不能只关心某事，我们还需要关怀他人。这话的意思是我们必须以他们希望被关怀的方式来关怀他们，还是我们应该以我们认为对他们最好的方式来关怀？有区别吗？请解释。

3. 如果你对政治感兴趣，请评价作为政治愿景的关怀伦理：对他者的关怀是如弗罗所见，是一种特殊的自由主义哲学，还是也可能是一种保守主义思想？请解释为什么。

4. 在《复兴左派》中，弗罗也使用了《搜索者》的例子来作为关怀的例证。在本书致谢中，我感谢了弗罗，他让我想到把《搜索者》当作列维纳斯他者的面孔理论的例子。请阅读后文《搜索者》的梗概。你认为它是否说明了弗罗的关怀伦理？为什么？

故事 1

《土拨鼠之日》

哈罗德·拉米斯导演，丹尼·鲁宾和哈罗德·拉米斯编剧
电影，1993年，梗概

剧透提醒：我会透露这部电影的结局，不过这是一部经典电影，很可能你已经知道情节了，或许还不止一次看过这部电影。

天气预报员菲尔·康纳斯在匹兹堡当地的一家电视台工作，他第五次被派去报道普克瑟托尼的土拨鼠日，根据传统，那一天土拨鼠"普克托尼克·菲尔"将出现，预测未来六周的天气。菲尔·康纳斯不喜欢这次出差，不喜欢这个工作，所以他主要的交流方式是冷嘲热讽。新制片人丽塔对这个项目的热情并没有打动他。

2月2日，土拨鼠日，普克瑟托尼天已破晓。闹钟在早上6点响着20世纪60年代的老调子《我得到了你，宝贝》，把菲尔从床上唤醒吃早餐。当地电台正在喋喋不休地说着暴风雪要来了。地上有零星的雪。菲尔动身前往场地，对他遇到的每个人都不理不睬或粗鲁无礼，包括他多年不见的高中老相识内德。内德是一个保险代理人和无法甩掉的人，但菲尔设法恶狠狠地待他以摆脱他。他辱骂电视摄制组，丽塔意识到他是一个令人讨厌、以自我为中心的人。站在那里结束播报之后——就在土拨鼠菲尔可以看到它的影子的地方——他们要离开回匹兹堡了，但暴风雪将他们困住，他们不得不折返。摄影师和丽塔去参加土拨鼠日的派对，但菲尔情绪不好，上床睡觉了。

第二天早上，当闹钟响起《我得到了你，宝贝》时，他醒了，早上6点。地上有零星的雪。同一个地方电台节目在谈论着土拨鼠日和即将到来的暴风雪。他又遇到了同一个人——老熟人内德，在公园里，又是土拨鼠日。他结

束了播报，前往匹兹堡，由于暴风雪来临而再次返回。现在菲尔开始担心他可能永远回不了家——"如果没有明天呢？"他问——"也没有今天！"那天晚上，他折断了一支铅笔，把它放在闹钟上。第二天早上6点，《我得到了你，宝贝》又响起了，铅笔复原了。现在菲尔慌了。发生什么事了？他试图告诉丽塔，出于某种原因，时间似乎在循环，而她认为他可能生病了。所以他去看了一位神经科学家，他的大脑没有任何问题，这位精神病学家告诉他第二天再来。那天晚上，他和两个当地人一起去喝酒、打保龄球，他说，如果你被困在一个地方，什么都没有改变，你做什么都无关紧要，你会怎么样？这是对此地生活的相当准确的描述。但是如果没有明天呢？接着，其中一个小伙子说，不会有任何后果，你可以想做什么就做什么！这就是他们所做的——他们开着车，撞邮箱，在铁轨上驾驶。菲尔最终进了监狱——但第二天早上他又回到了他的旅馆房间，《我得到了你，宝贝》又响起了。所以现在菲尔开始践行前一天晚上的经验，想做什么就做什么。他抽烟、吃高碳水化合物和高脂肪食物，用拳头打内德，和当地的女人亲热，这些都没有任何后果。在接下来每天重复的日子里，他从运钞车上偷钱，打扮成克林特·伊斯特伍德饰演的西部片角色，让丽塔谈论她的兴趣爱好并描述她理想中的"完美男人"，这样他就可以（在接下来的许多个2月2日的晚上）在她没有意识到他在玩弄她的情况下，引用她对自己说的话。但每次他似乎接近她的时候，她都会看穿他，打他一巴掌。最后他受够了，想结束这一切。他绑架了普克托尼克·菲尔，开着一辆偷来的卡车冲下悬崖，车毁人亡。但第二天早上，他醒来时发现自己躺在旅馆的床上，闹钟播放着同样的音乐。他死不了。他一次又一次地试图用各种方法自杀，但都无济于事。在一个安静的时刻，他坐在自循环开始时每天都去的那个餐厅里，告诉丽塔他是不死的，无所不知。他知道每个人的一切，因为他在无尽的2月2日观察了他们无数次。她说，也许这不是一个诅咒。他们一起度过了一个美好的夜晚，就像朋友一样，当他第二天早上醒来时，又回到了另一个2月2日，有一些东西变化了。

他对酒店经理很友好，他给那个老家伙钱，他给电视摄制组带咖啡，他向当地的钢琴老师学了弹钢琴，他学会了如何制作冰雕，他抓住一个从树上坠落的男孩，他帮助镇上的所有人。当他发现老乞丐死在小巷里时，他把他带到医院，但无法让他活着。下一个2月2日重返，他坚持和老人在一起，请他吃了一顿大餐，希望能救他一命，但他做不到——无论如何，老人死在小巷里了。所以在第二天关于土拨鼠日的播报中，他对着麦克风说，如果他不得不在阴冷的冬天里度完自己余生的每一天，这里就是他想要的——我们第一次觉得他是认真的。他开始接受这就是他的生活，一个永无止境的同一回归，他已经准备好了。丽塔被他的演讲感动了，但他没有时间和她在一起——他每天都要四处走动，帮助城里的人们摆脱可预见的困境。同一天晚上，丽塔去参加土拨鼠日的派对，惊讶地看到菲尔和乐队一起演奏。菲尔已经是一位熟练的钢琴家，在上了许多个同一天的钢琴课之后。菲尔现在已经在同一天的重复中，为自己创造了一种超越重复的生活。镇上的每个人都来了，都有一些事情要感谢他，而他并不是在挖苦或讽刺——他似乎真诚地为他们感到高兴。他被邀请参加一个慈善拍卖，女士们向单身汉们出价，然后当晚被拍下的单身汉就会成为"她们的"，丽塔出价最高。他们在一起度过了一个美好的夜晚，他创作了一个她的脸庞的雪雕，纤巧而美丽。菲尔此刻很开心，即使这可能不会持续到晚上。

第二天早上他醒来。6点，《我得到了你，宝贝》的闹钟声响起了。这是又一个2月2日吗？昨天又过去了？不，丽塔和他在一起，小镇被雪覆盖，现在是2月3日。

问题研讨

1. 解释为什么看似永无止境的土拨鼠日循环终于结束了。什么改变了？这个故事的寓意是什么？

2. 如果你的行动没有任何后果，你认为在道德上会有什么不同吗？为什么？

3. 解释这部电影中的"尼采式思想"是什么。另外，你认为电影的哪些内容（如果有的话）与尼采的哲学不相容？请解释。

故事 2

《禁闭》

让-保罗·萨特著
戏剧，1944年，1944年5月巴黎首次演出，概述

萨特认为，死后没有来生，因为没有上帝把灵魂送到这个或那个国度。但作为剧作家和小说家，萨特仍然赏玩着地狱的想法。在戏剧《禁闭》中，三个角色发现自己被锁在一个没有窗户的房间里。他们是中年男子加尔散、年轻女人艾斯黛尔、女同性恋者伊内斯。他们都知道自己已经死了并且身在地狱，他们都非常惊讶于地狱没有酷刑室——有的只是一个装修品位很差的房间。他们互不相识，但要被迫在这个房间里一起待上一段难以预见的时间，只是偶尔被监狱看守"男仆"打断。偶尔他们能"瞥见"生者的生活，但很快消逝，他们只有彼此。每个人都装作想知道其他人是做了什么被送进地狱的，但正如伊内斯所说，他们都是"凶手"。艾斯黛尔杀死了她的孩子，伊内斯杀死了她情人的丈夫（或至少是逼死了他），加尔散冷酷地对待妻子，杀死了妻子的灵魂。

伊内斯指出，他们在地狱里是因为自私，使那些关心他们的人受苦甚至死亡，现在他们必须承担后果。但他们的惩罚并不来自某个邪恶的施虐者；惩罚已经在进行了，惩罚就是，某种力量把这三个人永远关在一个封闭的房间里，用他们的唠叨和对彼此缺点的洞察让他们互相折磨——正如伊内斯所说，这是一个自助的酷刑室。

当然，每个角色都有无尽的遗憾和怨恨，很擅长折磨自己。加尔散不断想起自己是一个逃兵，尽管他一直以为自己会是一个值得尊敬的人，勇于出生入死。但他认为自己的死亡是命运的残酷转折，命运过早地剥夺了他的生命。他说，如果他活得更久，他会为自己赎罪。但是伊内斯对此不屑一顾。

是一个人做的事，而不是任何别的什么，体现了这个人是什么材料做成的……人都是死得太早——或者太晚。但一个人的人生在那个时刻就完整了，下面画上了一条线，可以总结了。你是——你的人生，仅此而已。

艾斯黛尔开始觉得加尔散很有吸引力（她已经习惯了男人奉承她）。伊内斯爱上了艾斯黛尔，而加尔散自己也被艾斯黛尔吸引，但加尔散更希望每个人都待在自己的角落里，而不是互相伤害。但是舞台已经搭建好了，他们无法不互动。三个人都试图操纵对方；他们组队，两个对付第三个。他们不断地互相审视（因为在地狱里，没有可以合上的眼睑）。他们需要彼此的安慰和支持，但彼此却不信任。他们意识到没有必要使用刑具和恶魔——他们就是彼此的施虐者。房间和里面的另外两个人对他们来说就是地狱：他们的惩罚是在充满敌意的三角关系中，一起共度永恒。最后，加尔散成功地打开了锁着的房门，但现在三个人都不愿意离开，因为对每个人来说，这都意味着另外两个赢得了主导地位。这三个人永远在一起，互相折磨。

在象征层面上，萨特（很可能）谈论的不是死后的真实生活，而是人类的状况。他是在说我们让彼此的生活变成地狱，因为我们非常善于操纵彼此，每一段人际关系，甚至是恋人之间的关系，其核心都是一场关于权力和支配的战斗。萨特以他最著名的一句话结尾："他人即地狱。"

问题研讨

1. 你是否同意萨特"他人即地狱"的说法？

2. 你认为加尔散、艾斯黛尔和伊内斯可能会运用萨特的存在主义原则，来应对他们在地狱的生活吗？

3. 在这篇概述中找出萨特的一些存在主义概念。你能发现自欺、本真和因拥有自由意志而痛苦的例子吗？

《心灵捕手》

格斯·冯·桑特导演，马特·达蒙、本·阿弗莱克编剧
电影，1997 年，梗概

　　哈佛大学数学教授杰拉尔德·朗博向他的学生提出挑战，要他们证明写在走廊黑板上的一个高级定理；第二天，他发现有人证明了它。带着高度期待，学生们挤满了礼堂，期待数学天才站出来，但他们和朗博都失望了：没有人把这一壮举归功于自己。然而，我们观众知道谁是天才，那就是年轻的清洁工威尔。我们看到他停下来，看着黑板，思考问题，然后解了出来。然后我们看到他下班后和朋友们互动，打棒球，去酒吧，喝醉酒，打架，最后因为打警察而被捕——这是一种亲身实践的暴力生活方式，似乎与哈佛大学的智力生活相隔好几个光年。

　　朗博教授在黑板上写下一道更难的题后，这位年轻的清洁工差点被当场抓住。一开始，朗博认为他在破坏黑板，但这个年轻人溜走后，教授意识到他已经解开了难题。朗博以为威尔是一个在学校做兼职的学生，便出发去找他。

　　与此同时，威尔的生活正朝着一个新的方向发展：在酒吧里，他的朋友查克试图通过假装博学结识两名女大学生，而一名男大学生挺身而出，尽其所能地揭穿查克是个骗子。但这名男大学生现在必须面对威尔，威尔的行为映照出这个大学生的知识只不过是二年级学生对课本材料的鹦鹉学舌。威尔不仅懂数学，他还表现出对美国社会史的深刻了解。随着我们对他了解的加深，我们意识到他的知识范围几乎触及每一个研究领域，而所有这些都是他通过去图书馆而不是上大学学到的。

　　查克试图打动的一个女孩注意到了威尔。那天晚上晚些时候，她走到威

电影《心灵捕手》（绅士有限合伙公司，1997 年）告诉我们，你可以极为聪明，但仍有很多关于生活的东西需要学习。威尔·亨特（马特·达蒙饰）是个数学天才，但他所知道的一切都来自书本，他不愿意用自己的数学技能来改善自己的前景。当他有机会和一个他喜欢的女孩斯凯拉（明妮·德赖弗饰）一起创造未来时，他退缩了——因为谁知道她会不会拒绝他？他的好朋友查克（本·阿弗莱克饰）试图教会他不应该羞于面对不确定的未来。

尔面前做了自我介绍，并告诉他，她一直在等他采取行动。因为威尔一直没有走近她的桌子，而她必须回家，所以她把自己的电话号码给了威尔。这名年轻女子叫作斯凯拉，正在大学的最后一年，她毫不犹豫地追求自己想要的东西。然而，威尔虽然喜欢她，却没有主动地采取任何行动，这成为故事的一个关键主题。

　　第二天早晨，朗博跟踪威尔到了法庭，发现他因为袭警而被传讯。威尔雄辩地为自己辩护，但我们知道他有一系列违法犯罪记录，包括偷车、故意伤害、盗窃和身体虐待。我们了解到他在寄养家庭里进进出出好几年了。这次不会有任何宽待，因为他袭击的是一名警察。但朗博出手干预并与法庭达成协议：威尔被释放，由朗博监护，条件是威尔同意与他一起研究数学理论，并同意去治疗师那儿问诊。

　　和朗博一起工作让威尔觉得很有趣，因为他真的是自学成才的数学天才——比朗博聪明得多，而朗博是菲尔兹奖得主。但是，威尔面对治疗师时，在智力和情感上要耍他们，五名治疗师都放弃了。朗博担心威尔会违反获释条款，于是找到了最后一位治疗师——朗博上学时的老朋友、心理学家肖恩·马圭尔。威尔继续做他擅长的事，估量了一下马圭尔，发现了他的弱点：他仍在为失去挚爱的妻子而悲痛，她几年前死于癌症。即便如此，肖恩·马圭尔还是接纳了威尔，看见了隐藏在极高智慧面具背后的真实的威尔——一个害怕生活，害怕友谊、爱和承诺的人，因为他童年经历过虐待和遗弃。

　　威尔和斯凯拉出去约会，在一家新奇的商店里闲逛，吃快餐，看起来更像是两兄弟晚上出来玩，而不是浪漫的约会，接吻也是斯凯拉主动的。我们对威尔的印象是，他是一个聪明但有些缺乏经验的人，这种印象在他与心理学家接下来的一次谈话中得到了强化。肖恩告诉威尔，他有很多知识，但没有经验，他是一个天才，但也是一个充满恐惧的孤儿，他害怕如果敞开心扉，就可能会有人控制他、抛弃他。即使威尔讲笑话，他讲的也只是他从书上读到的人和地方的事。他曾有约会吗？有过性生活吗？肖恩用口哨吹起了《人们》（"需要别人的人是世界上最幸运的人"）这首歌的调子。肖恩的意思是，威尔做出的不需要别人的选择是错误的。威尔的约会当然也有问题。他给斯凯拉打过电话，但没说什么就挂断了。肖恩指出了威尔的问题：威尔不想发现她并不完美，从而破坏他们刚刚萌芽的关系——或者不希望她发现他自己并不完美。肖恩告诉威尔，他已故的妻子并不完美——她也会放屁——但当两人相爱时，不完美会变得珍贵，需要问的不应该是"他或她完美吗？"，而是"两人是完美的一对吗？"。肖恩说，只有愿意冒这个险，才能找到问题的答案。不过，正如威尔很快指出的，肖恩没有再婚。他害怕再投入生活吗？威尔向肖恩追问：他怎么知道自己的妻子就是对的人？肖恩讲述了他为了和她约会而选择不去看红袜队重要比赛的故事。换句话说，你愿意为了和你爱的人在一起而放弃的东西的价值，能体现出你有多爱他或她。

在此期间，威尔带斯凯拉出去约会，他们确实发生了关系，但都是在斯凯拉家，而不是威尔家，因为威尔不想让她看到自己肮脏的住所。他给她讲述了精心编织的故事，说自己家里有十三个男孩，没有隐私。但他把三个朋友都介绍给了她，包括查克，令他高兴的是，她和他们相处得很好。但是查克意识到，威尔对女朋友并不坦诚。

肖恩和朗博之间原本就有的紧张关系浮出水面：朗博想要招募威尔加入一个智库，这样他会既富有又出名，而肖恩认为对威尔来说更重要的是找到自己，成为一个本真的人。我们意识到朗博对威尔的天赋产生了自卑情结，但他始终认为肖恩在智力上，或者至少在经济上，不如他。但是威尔无意被朗博操纵。他让查克替自己去进行一场半开玩笑的面试，而他则继续跟斯凯拉约会。她给他下了最后通牒：她将前往斯坦福大学医学院，她希望他能一起去加州——她爱他，希望和他一起生活。但他问，如果她改变主意怎么办？如果他不再是他呢？她说："你害怕我不会爱你！"他说："你不会想知道，我曾经被虐待，我是个孤儿，我不需要帮助！"威尔离开了她，说自己不爱她。

看起来威尔到了崩溃的边缘：他侮辱并疏远朗博，明确表示自己不想要他的工作机会或帮助。威尔拒绝了美国国家安全局的工作邀请，称他不想负责进行被用于杀害陌生人的研究。当肖恩问他是否有灵魂伴侣时，他说出的都是已故的哲学家，如柏拉图、尼采和康德，肖恩用分析来反驳他，表示威尔只看到消极的可能性，所以不敢冒险。

斯凯拉前往加州，威尔违反了假释规定，结束了与朗博的项目。他回到了原本白天工作的地方，和查克一起做建筑工人，告诉查克一切都结束了——和那个女孩的关系，还有诱人的工作机会，都结束了。他认为查克会赞同自己。但令他惊讶的是，他的朋友开始责备他：他有机会做一些比体力劳动更好的事情，他的数学天才给了他一张中奖彩票，而他却不敢兑现？

威尔现在回来找肖恩，肖恩和朗博正在激烈争吵，朗博指责肖恩选择了失败。朗博离开后，肖恩向威尔展示了威尔的旧档案，里面记录了他在父亲手下遭受的可怕虐待。肖恩能理解，因为他自己就受过父亲的虐待。最后，威尔崩溃哭泣，他的防御瓦解了。

第二天，他去坎布里奇参加一个事先安排好的工作面试。氛围有了变化。肖恩决定休息一段时间去旅行，当他收拾行李时，朗博出现了，两个老朋友捐弃前嫌，和好如初。那天正好是威尔的生日，他现在21岁了，朋友们给了他一个很大的惊喜：他们凑足了钱，给他买了辆车——一辆旧汽车，但是引擎很好。

于是，威尔开始展望他的未来，作为在坎布里奇的一名研究人员，他的数学天才将会开花结果。他有一辆车，他有朋友——但他也爱着大陆另一边的一个女人。他会怎么做？他会选择安全的未来，还是会像肖恩一样选择爱情，即使不确定是否会成功？肖恩给他上的一课是，你愿意为了和你爱的人在一起而放弃的东西的价值，会体现出你有多爱他或她。威尔的决定是什么呢？自己去看这部电影吧，看看他是否做出了正确的选择。

问题研讨

1. 探讨威尔和肖恩之间的相似之处。这些相似之处如何帮助威尔发现自我？威尔是不是也在帮助肖恩？

2. 比较威尔和斯凯拉的关系，以及克尔凯郭尔和他的女朋友雷吉娜之间的关系。有什么相似之处？有什么不同？

3. 威尔和他的朋友们如何体现了克尔凯郭尔的"人生三阶段"？

4. 威尔和肖恩互动的场景如何表现萨特关于选择、本真和自欺的观点？

《搜索者》

约翰·福特导演，弗兰克·S. 纽金特编剧
电影，1956 年，根据艾伦·勒梅的小说改编，梗概

1956 年《搜索者》首次上映时，人们认为它是一部普通的西部片，但自那以后，它就获得了或许是有史以来最佳西部片的声誉。毫无疑问，它是导演约翰·福特最好的作品之一。当前它在美国电影史上居于高位的另一个原因是主演约翰·韦恩，他在影片中的表演终结了人们认为他演技平平的看法。还有一个原因是，它的主题在当时显得异乎寻常地坦率，展现了老西部不那么浪漫、不那么令人愉快的一面：针对美洲印第安人的种族主义正在横行。《搜索者》在主要讨论欧洲哲学的本章出现，是因为电影中的一个关键场景可以作为伊曼努尔·列维纳斯"他者的面孔"理论的例证。提醒一句：我将透露这部电影令人惊讶的结局，因为体现"列维纳斯"时刻的是影片的最后几个场景。

一个孤独的骑手走近得克萨斯州西部某处的一个小牧场；这是伊桑·爱德华兹，他刚从内战中归来。尽管战争早在几年前就结束了，他仍然穿着邦联军的军装。牧场属于他的哥哥和家人——妻子玛莎，他们十几岁的女儿露西、十三岁左右的儿子，以及最小的女儿黛比，他们还有一个成年的养子马丁，他有八分之一的印第安血统。我们意识到伊桑正在艰难适应南方战败的事实，他回家花了很长时间，因为他对玛莎有强烈的感情，这种感情以一种害羞而谨慎的方式得到了回应。回家第一天晚上，伊桑与哥哥的家人重新熟悉起来，但我们也听到他贬低马丁的印第安血统和样貌："别人可能误会你是半个印第安人。"

在电影《搜索者》(华纳兄弟，1956 年) 中，伊桑·爱德华兹（约翰·韦恩饰）无情地追捕一群科曼奇印第安人，这群人杀了他的哥哥、嫂子、一个侄女和一个侄子，并绑架了他的另一个侄女黛比。伊桑最初打算杀死印第安人并救出他的侄女，但这一追寻持续了数年，伊桑后来带着不同的目的寻找那群人：不是为了拯救黛比，而是为了杀死她，因为他认为黛比已经被印第安人"玷污"了。当他发现黛比已经成长为年轻的成年女性时，他的种族主义被纯粹的人类同情心淹没了——列维纳斯称之为"他者的面孔"。在这一幕中，伊桑发现了侄女被绑架的证据，并计划报复。

　　第二天，科曼奇印第安人袭击了邻居的牛，引诱伊桑和马丁离开牧场。一群得克萨斯州游骑兵要求他们一起追赶，但伊桑的哥哥留下来照顾家人。这是伊桑最后一次在亲人（除了一个）活着的时候见到他们。伊桑和马丁意识到他们被骗离了牧场，但为时已晚。他们离开的时候，科曼奇人袭击了小牧场，杀死了伊桑的哥哥、玛莎和他们的儿子，并把两个女孩俘虏了。当伊桑和马丁回来时，只剩下燃烧的牧场和三具尸体。意识到露西和黛比已经被绑架，伊桑和马丁与露西的未婚夫布拉德联手，开始追捕。他们很快来到印第安人的营地，他们以为看到了穿着蓝色衣服的露西，但伊桑发现露西的尸体被藏在一个峡谷里——她被强奸并杀害了。伊桑徒手埋葬了露西。一个印第安武士拿走了露西的衣服穿在身上。布拉德因悲伤和愤怒而疯狂，冲进印第安人的营地，在那里，他很快被杀死了。伊桑和马丁撤退到印第安部落看不见的地方。几周过去，几个月过去，这些科曼奇人仍然行踪不定。他们的搜索范围遍及美国西南部，在那里，他们发现了关于印第安人下落的零星线索，有迹象表明黛比还活着。几个月的追寻变成了几年，但伊桑没有放弃的意图。"总有那么一天。"他说。一群骑兵突袭了印第安人的一个村庄后，这两个人来到了骑兵哨所，这是他们最痛苦的经历之一。骑兵救出了被俘虏的白人妇女，杀死了许多印第安人。伊桑惊恐地看着——不是看着印第安人被屠杀，而是看到那些被俘的妇女因受苦而失去了理智。我们感觉到他正下定决心面对黛比的处境。如果她还活着，应该已经进入青春期，由于印第安女性结婚早，她可能已经嫁给了其中一个武士。搜索改变了伊桑；他想找到杀死他哥哥和玛莎的印第安人，对他们进行报复，但令马丁惊恐的是，伊桑现在也打算杀死黛比，他认为黛比已经被印第安人"玷污"了。

经过多年的不懈搜寻，他们终于追上了那群科曼奇人。科曼奇人的首领名叫刀疤，他很清楚这两名搜寻者和他们的任务。伊桑和马丁假装是商人，被邀请到刀疤酋长的帐篷里，他的三个妻子挤在一个角落里。其中一个站了起来，伊桑和马丁立刻认出了她：那是黛比，她已经长大了。他们必须控制自己，以免暴露自己，接着找借口离开营地，以便制订计划，但黛比也认出了他们，并跟随他们。她想警告他们刀疤所计划的一次伏击，但她无意与他们会合——她需要回到"她的人民"身边，就像她对马丁说的那样。伊桑说到做到，拔出枪试图杀她。马丁上前保护她，但就在这时，他们遭到印第安人的袭击，黛比逃了出来。

伊桑和马丁勉强逃过一劫。受了重伤的伊桑留下遗言，把牧场和牛留给马丁，因为他已经"没有血亲了"。"但是，"马丁说，"黛比是你的血亲！"伊桑回答："她一直和印第安畜生生活在一起……"可见，他已经彻底不把黛比当作亲人，甚至不把她当作人来看待。

伊桑和马丁回到得克萨斯州的小牧场重整旗鼓，但收到消息说，科曼奇人就驻扎在不远的地方，和得州游骑兵相邻。他们出发了，做最后一次尝试。马丁和他的女朋友，即布拉德的妹妹劳里谈了谈。令他惊讶的是，劳里说她同意伊桑的观点，"玛莎也会这么想的"，黛比应该被杀，因为她现在是印第安人，不再是白人女性。很明显，并不是只有伊桑这么想；事实上，这是那个拓荒者小社群的普遍看法。但是，马丁仍然爱着他的妹妹——当然，他自己是八分之一的切罗基印第安人。他决心拯救她。他悄悄溜进营地，偷偷把黛比带出去，不让人看见，以免伊桑杀了她。与此同时，游骑兵正准备对村子发动袭击。刀疤发现了马丁，马丁杀死了刀疤。在偷袭过程中，伊桑找到了刀疤的帐篷，为他哥哥和玛莎的死大肆抢掠，还剥去了刀疤酋长的头皮。现在，他四处寻找黛比。黛比以最快的速度向山上跑去，而伊桑骑在马上；只能步行的马丁试图拦截伊桑，但被迅速推开，伊桑跟着黛比开始上山。现在，马丁没有办法把她从伊桑手里救出来了。伊桑从马上跳下来，面对这个吓坏了、蜷缩着的年轻女子。他看着她的脸，看到了她的人性和脆弱。他没有杀她，而是把她抱在怀里，告诉她："我们回家吧，黛比。"

于是，伊桑把黛比放到自己的马背上，和马丁一起骑马回了家。黛比受到了欢迎，劳里出来迎接马丁。似乎没人注意到伊桑。我们看见他站在门口，身后是旷野。他是孤独的，他转身离开文明，回到荒野。

伊桑看到黛比真实的样子，他的人性占了上风，这一刻被法国电影导演让-吕克·戈达尔称为"电影史上最感人的时刻之一"。我们也可以称之为"列维纳斯时刻"。

问题研讨

1. 伊桑·爱德华兹是种族主义者吗？劳里是吗？请解释。

2. 评价有八分之一印第安血统的马丁这个人物。他给这个故事带来了什么？

3. 伊桑为什么企图杀死黛比？在他决定不这么做的时候发生了什么？

4. 为什么那个时刻会被称为"列维纳斯时刻"？请参照列维纳斯"他者的面孔"理论进行解释。

5. 伊桑接受黛比，是否意味着他不再是种族主义者（如果他曾经是种族主义者的话）？换句话说，你认为他现在把所有其他人都看作需要帮助的"他者"了吗？对于伊桑独自回到荒野的普遍解释是，他远离文明太久了，不属于自己的人民。但另一种解释也可能成立：他不能加入这个家庭，因为他现在知道他们对黛比的看法是错误的。他站在门口的亮光里，他们却在屋里的黑暗里。换句话说，他已经看到了光明。

6. 几年后，约翰·福特又拍了一部西部片《马上双雄》，讲的是一个被囚禁的白人妇女被救出来，回到白人定居点的故事。这个女人不受固执的定居者欢迎，因为她"受玷污"了，她希望回到印第安人那里。这个故事与辛西娅·帕克的遭遇类似。辛西娅是一名被俘的白人女性，她是印第安大酋长夸纳·帕克的母亲。你认为福特在选择讲述这两个故事时想要表达什么？

第十一章　美德案例研究

本章将详细讨论三种古典美德：*勇敢、同情、感恩*。我们将看到过去和现在的哲学家们如何理解它们，以及它们对我们生活的影响。为什么是这几种美德？为什么不也谈谈忠诚、真诚、荣誉和其他各种传统所珍视的美德呢？原因很简单，勇敢、同情和感恩这几个主题曾激发出伦理学研究的精彩进展，所以我愿意与大家分享它们。还有另一个简单的原因：我们必须将讨论限定在若干案例之内。然而，如果你受此启发，愿意探讨其他美德，我也完全支持。

身体勇敢和道德勇敢

1933 年，大萧条期间，美国总统富兰克林·D. 罗斯福用"我们唯一要恐惧的是恐惧本身"这句话恢复了美国人的信心。这样的话帮助数百万美国人找回勇气、勇往直前，不仅度过了大萧条，也度过了第二次世界大战的艰难时期，但是，勇气和恐惧真的互相排斥吗？你可能记得，亚里士多德美德清单中列为首位的就是勇敢——回应危险的中道。但在第九章的基础阅读部分你也看到，实际上亚里士多德认为勇敢并不等同于没有恐惧——没有恐惧也可能是鲁莽。勇敢是在正确的时间、正确的地点，出于正当的理由，对恐惧做出的适度回应。简要回顾一下，亚里士多德认为："恰当地说，勇敢的人是敢于面对一个高尚［高贵］的死，或敢于面对所有濒临死亡的突发危险即战场上的那些危险的人。这并不是说，勇敢的人在海上落水时和在疾病中会对于死感到恐惧。……所以，勇敢的人是出于适当的原因、以适当的方式以及在适当的时间，经受得住所该经受的，也怕所该怕的事物的人。"你可以从摘录中看出，亚里士多德本人并未说过勇敢的人没有恐惧，而是说恰当的恐惧让勇敢者与其他人不同。

当然，我们面临艰难的抉择和危险的任务时，恐惧会麻痹我们，但很多勇敢的人恰恰会因恐惧而决定做勇敢的事，而不是一味恐惧。很多哲学家常常在一种相当抽象的意义上觉得，勇敢在很多方面都是一种重要的美德，因为他们经常思考他人应对险境的反应。有意思的是，我们知道苏格拉底年轻时曾作为战士对抗斯巴达，他的确有勇者的美誉，但战场上的勇敢并不是苏格拉底的主要题旨之一。也许这本身就意味深长：勇敢的人一般很少谈论勇敢。在这一部分，我们会探讨勇敢众多方面中的几个。战场上的勇敢看起来是最明显的例子，也许战场是最能体现勇敢最极端形式的地方；但并非所有受到攻击时的反击行为都配得上"勇敢"这个词，有的纯粹是出于本能，有的是担心出现更糟糕的结果（例如当逃兵后受审），有的是为了未来的某些利益（勋章、政治前途等）。而即便在战场之外，我们也会遇到勇敢者，他们经常被描述为"非凡情境下的平凡人"。

勇敢是什么，为什么勇敢是一种美德？你已经了解到康德说过，像勇敢这样的品质，如果没有善良意志作为支撑，就不是美德（见第六章）。这就意味着我们不能直接说勇敢的人就是有德行的人——仅仅是无畏还不够。在第十章中，我们看到菲利帕·富特关于受人尊敬的品格如何才能算作美德的观点——不是只考虑品质特征，还要考虑其背后的意图。

关于勇敢的故事

21 世纪初发生的很多事引发了对勇敢，特别是在战争中的英勇的大讨论。来自战场的几个故事向我们勾勒了何为勇气，在 2003 年的伊拉克，陆军一级上士保罗·R. 史密斯用机枪阻挡了一次袭击直至受伤牺牲。他的防御可能挽救了100 多名士兵的生命，他身故之后获得了荣誉勋章。海军下士杰森·L. 邓纳姆也于身故之后获得荣誉勋章；2004 年，他用自己的身体压住即将爆炸的手雷，保护了同伴。2011 年，时任美国总统奥巴马向海军陆战队的达科塔·迈耶颁发了荣誉勋章，因为迈耶在 2009 年阿富汗战争的一次埋伏中挽救了 36 人的生命。在与塔利班交火的 6 个小时中，负伤的迈耶仍然为军队提供掩护，五次进入"死亡区"，将伤兵和阵亡士兵带出来。奥巴马总统注意到，迈耶一直因未能挽救其他四名士兵的生命而耿耿于怀。2016 年 3 月，因为在一次营救人质任务中的表现，荣誉勋章被颁发给了神秘的海豹突击队第六分队的成员，获得勋章的是海军高级军士长爱德华·拜尔斯。据报道，拜尔斯在这方面也很特别，在本文撰写期间，他仍在服役并表示希望重返战场。大多数荣誉勋章的获得者在获得表彰之后就不再服役，而过去的情况则不同：二战时期获荣誉勋章的约翰·巴斯隆就自己选择重返战场，后在战斗中牺牲。

自乔治·华盛顿于 1782 年设立荣誉勋章时起，有 3 500 多名男性和女性获得此项殊荣，但勋章不是随便颁发的：在本文撰写时，只有 18 枚荣誉勋章被颁发给了伊拉克战争和阿富汗战争中"勇中至勇"的将士。

但是，勇敢涉及的往往不只是战场上的英勇行动。帕特·蒂尔曼是美国国家橄榄球联盟亚利桑那红雀队的安全卫，他在 2001 年"9·11"恐怖袭击事件之后放弃名声与财富登记入伍，因为他想实现改变，为国家而战。这一举动在很多人看来都是一个闪耀着英勇之光的榜样：放弃优渥精彩的人生，只为做自己认为正确的事。当蒂尔曼 2004 年丧生于阿富汗战场时，美国人听到的是他在战场上英勇牺牲。他肯定是英勇的——可以说任何自愿走上战场并牺牲的士兵都是英勇的——但是，官方没有马上说出的是，蒂尔曼其实是死于"友军炮火"，而蒂尔曼被授予银星勋章，其理由却是一个虚构的战斗场景。2010 年，纪录片《橄榄球星之死》上映，影片讲述了蒂尔曼的家人对真相的探求。

聚焦于一般性的勇气概念的一本专著是约翰·麦凯恩的《为什么勇气很重要》。参议员麦凯恩参加过越南战争，当过战俘，在他看来，勇敢这一概念被"定义得太低"了：我们往往将勇敢与坚毅、纪律、正直或其他美德混为一谈；我们在运动员完成一场漂亮的比赛的时候说他们勇敢，在人们只是做了自己该做的工作时也说他们勇敢，但真正的勇敢还需要更多。没有勇敢，美德是什么呢？他问。当美德面临考验的时候，我们需要勇敢来保持美德。用麦凯恩的话来说就是，"我们可以真诚地敬美德而恨腐败，但没有勇气，我们就会腐败"。

此类勇敢的人不仅包括著名战役或政治斗争中的英雄，也包括为他们的信念全力以赴的普通人，他们甚至愿意失去包括生命在内的一切，麦凯恩说。安杰拉·道森就是这样的一个人，她决定与孩子一起留在街区并与毒贩进行斗争——这个决定搭上了她和孩子的生命；毒贩放火烧了她的房子，而她和孩子被困在了里面。麦凯恩使用的其他例子还包括纳瓦霍酋长曼纽利托、小马丁·路德·金的门徒约翰·刘易斯等。麦凯恩讲述了他们的故事，让我们看到了他们的勇气所在。麦凯恩呼应了亚里士多德，强调勇气来自做出勇敢的行为，但麦凯恩和亚里士多德之间有一个重要区别：想想安杰拉·道森的例子。她当然勇于坚持自己的信念并勇敢抵抗毒品交易，但结果是她的家化为灰烬，她和孩子被活活烧死。她有勇气吗？看起来当然如此。但亚里士多德会怎么说？她的勇气过度了——可能近于鲁莽，倔强地拿自己和孩子的生命冒险。亚里士多德可能会说道森错判了情况，因此（尽管这么说很刺耳）她不算有德行。可见，麦凯恩关于勇敢是美德的基础的理论，可能也需要考虑亚里士多德的中道学说——一个人勇气不够是很容易看出来的，而一个人的勇气太多的时候，我们也能分辨出来吗？亚里士多德的标准是，他们成功了吗？如果成功，那么他们就是有德行的。他们是如何成功的？通过运用理性来确定勇气是太多还是太少。这是关于勇敢含义的两种不同的观点，我们可以思考哪种观点更让我们有共鸣，我们更喜欢哪一种，或者是不是有必要做一些调整。

HBO 出品的电视连续剧《兄弟连》，讲述了 E 连从诺曼底登陆日（1944 年 6 月 6 日）到二战在欧洲战场结束（1945 年 5 月）的故事。其中一个经常被探讨的主题是勇敢，包括身体勇敢和道德勇敢。在本章故事部分的概述中，你会读到关于剧照中的这个人的故事，他是二等兵阿尔伯特·布莱斯（马克·沃伦饰），他必须面对自己对战斗的恐惧。

身体勇敢和道德勇敢

你的肾上腺素飙升，心跳加速，甚至可能体验到视野变窄以及时间停滞的感觉。但这不是电影，而是正处于危急情况中的你，需要你立刻做出决定。你照着所训练的去做，也许是做看上去符合逻辑的事，或者也许只是出于本能行动。如果幸运，你就可以活下来谈论这件事。于是，现在人们说你是英雄——但你不认为自己有任何英勇事迹，你只是在紧急时刻做出了反应。你是否经历过这种情况？如果是，那么我向你致敬。大多数人都没有这种经历，但我们都听说过，有些人完成了非凡的壮举，事后却说自己并没有做什么特别的事。你听过有谁在完成壮举后大喊"耶，我是一个英雄!"吗？所以，英雄的头衔以及对勇气的钦慕，通常是他人赋予某个人的。正如我们在第四章读到的，我们无法看穿他人的心思，看到他们行动的真正动机。只要看起来不像是自私的行为，也涉及身体上的风险，我们都会不吝赞美并称其为勇敢。知识窗 11.1 探讨了"英雄"的概念。

知识窗 11.1　什么是英雄?

本章正文讨论了什么样的人算是勇敢的问题。讨论的另一方面是"英雄"这个概念本身。任何表现出勇气的人都是英雄吗？勇敢行为的最终结果要紧吗？一些批评人士指出，我们现在太急于将人们称为英雄——这个词被用得太滥了。如果一个人表现出勇气，但仅仅是在磨难中幸存而什么也没做，媒体也往往给这个人贴上"英雄"的标签。但对于那些将英雄的标准定得更高的人来说，这一标签是种冒犯。一些人认为，拯救他人的生命而全然不顾自身安全，才称得上是英雄。对另一些人而言，真正的英雄，是超出自己受雇或受训练去做的事情，做出帮助别人的非凡举动的人——"平凡人做不平凡的事"。在这个意义上，第四章中提到的一些在大规模枪击案中为保全他人而牺牲自己的人，比如维多利亚·索托和利维乌·利布雷斯库，就称得上是英雄。同样的标准也适用于"福岛 50 人"。2011 年日本发生地震和海啸后，福岛 50 人选择留下来，在放射性反应堆工作，试图阻止放射性物质泄漏。大多数情况下，我们倾向于认为英雄事迹应包括勇气——除非我们选择去认为名人是英雄，仅仅因为他们是名人或擅长本职工作，比如所谓的体育英雄或电影英雄。在你看来，我们是不是把英雄这个概念用得太滥了？没有勇气却是英雄的情况存在吗？你对英雄的定义是什么？

实际上，这可能是勇敢，也可能是幸运，或是对动机的误读。在电影《无名英雄》（1992 年）中，一个卑微的小骗子进入一架坠毁的飞机，他本想趁机洗劫，却设法挽救了机上每一位乘客的生命。以他人的生命、自由、财产或仅仅是幸福为目的而不顾身体的危险，通常都被认定为勇敢。但我们不应该忘记，身体上的勇敢只是诸多勇气类型中的一种。大多数人可能从未处于这种境地，即我们可以向自己和世界证明，我们能够在身体上勇敢，但另一种暗中发挥作用的勇气很少得到承认，因其可能很常见，所以大多数人也许并没有意识到自己有在道德上勇敢的时候：这种类型的勇气让你在置身事外更方便的时候仍与朋友站在一起，让你站出来反对学校里的小团体排斥新人或与他们稍有不同的人的行为，让你敢于为坚持正确的意见而反对老板，哪怕会因此被开除。像艾琳·布劳克维奇这样的吹哨人必然有着身体上的勇气，但必须先有道德勇气，才能有揭露真相的想法。罗莎·帕克斯也表现出了这种类型的勇气，她在 1955 年拒绝给一名白人乘客让座。道德上的勇气可能不会带来令人赞叹的对生命的拯救，但当它不在场的时候，我们尤其会意识到它。我们可能理解和原谅在我们很需要他们的时候让我们失望的朋友，但我们很少会忘记。如果我们在朋友需要的时候辜负了他们，如果我们是正派的人，那么这件事就会萦绕心头，即使朋友向我们保证没有关系，他们也能理解。麦凯恩认为，在紧要关头，身体和道德上的勇气并不存在太大差异，有其中一种勇气的人很可能也有另一种；尽管如此，二者之间仍有一个我们应该考虑的较大差异：身体上的勇气是*可见的*，而道德上的勇气常常是不可见的——践行它常常没有成就感或回报，甚至不会得到承认。在基础阅读部分，我们可以看看麦凯恩关于如何帮助小孩获得道德勇气的建议，即教导他们去履行"最近的责任"。

其实我们不必去媒体公开报道的大事件中找寻道德勇气，我们周围就有很多体现道德勇气的例子：打电话到医生办公室获取检查结果，本身就是一次勇气测试；决定告诉好朋友一件她应该知道的事，但你知道你的告知不会受欢迎，这也是勇气测试。谈论日常生活中需要我们迎接的挑战，去做我们通常不喜欢做的事的情况，可以让我们意识到道德挑战其实离我们很近，勇气并不是只体现在离我们很遥远的战场上或罕见的生死关头。正如安·兰德（见第四章）乐意指出的，如果我们只把道德挑战留给极端而不太可能的情况，就会习惯性地认为，我们在日常生活中不会被要求采取道德行动。

在对勇气的讨论中，一个有争议的主题是*自杀*。决定自杀的人是勇者还是懦夫？也许这两个范畴都不适用。知识窗 11.2 会讨论这一主题。

假设我们现在对勇气已经有了更深刻的理解。勇气涉及去采取行动，或只是支持你所相信的某事或某人，而这么做对你自己、你的职业、你的福祉甚至你的生命是有风险的，在这种情况下，你没有因为沉默比较容易或风险较小，或站出来说话会被人认为政治不正确，就保持沉默。勇气也涉及在艰难而非容易的时候去做正确的事。（在故事部分，电影《大地惊雷》就用一个小姑娘的故事阐释了勇气，她将杀死父亲的凶手送上了法庭。）但这里我们会遇到一个新问题：我们什么时候能知道我们的"事业"的确在道德上是正当的？信任我们的道德直觉就够了吗？正如你将在本章后文中读到的，希特勒的心腹海因里希·希姆莱就认为，他发动"最终解决方案"——对德国犹太人的大规模灭绝——是在做正确的事，他也认为这是一件很难做的事。这意味着他做的事就对吗？当然不是。在下一节你会看到，给"勇敢"加上哪种美德能让勇敢不至于被滥用——那就是同情。此外，我们会探讨理性的作用，并重新审视为什么情感可能与道德相关，以及为什么我们也需要理性来调节道德情感并为其指明方向。

知识窗 11.2 自杀是勇敢还是懦弱？

自杀的问题在本书中时有出现。在第二章中，你读到年轻的维特由于单相思而自杀；在第五章里，我们以自杀为例来讨论约翰·斯图亚特·穆勒的伤害原则。令我们大多数人震惊的是，统计数据显示，自杀是美国大学生第二大死因，超过所有疾病和先天缺陷的总和，仅次于意外事故。因此在大学环境中，辩论往往会时不时地转向这个话题，有时问题会这样出现：自杀是勇敢还是懦弱的行为？这个问题假设会有一个清楚的答案。如果同意有时心智健全的人也会试图自杀，我们就可以运用善恶和道德对错的议题（因为我们不会对有精神疾病的人进行道德谴责，他们无法选择他们的行为），那么是勇敢还是懦弱这个问题就可能涉及如何以及为何。我们对自杀的态度大多根植于宗教，天主教认为自杀是一种致命的罪恶，使灵魂永堕地狱。佛教认为自杀是个人处理因缘业力的失败——一个会在来生产生负面结果的失败。但是一些道德体系，无论是宗教的还是世俗的，比如日本帝国和罗马帝国，都非常尊重自杀这种解决方式。在这方面，我们很难超越一个自身文化和教养的伦理规范，但如果我们能暂时忘记自杀是否完全错误这个问题，就可以重点关注勇敢／懦弱的问题了。

如果一个人为了让别人活下去而允许自己死去或者干脆自杀，那意味着什么？在我们的语言中，自我牺牲通常不会被贴上自杀的标签，所以这给了我们一个线索：自杀中可能有一定*自私*的成分。问题在于有多少，是什么性质。如果一个人"借警察自杀"，迫使警察进入除了将他击毙外别无选择的情况，自私就超过了那个人的需求，通常人们会严厉谴责这样的行为，因为它也给别人带去了痛苦（警官将面临听证会，可能会失去徽章，并且终其一生都会被自己杀了人的想法困扰）。如果自杀是因为无法面对一些个人情况被披露的羞耻，世人通常会对自杀者的精神痛苦表示怜悯，但倘若能活下去面对痛苦，他们会得到更多钦佩——所以在一些人看来，自杀是一种"简单出路"。一般来说，在美国文化中被默然接受甚至称赏的唯一一种自杀类型（毕竟安乐死在大部分的州是非法的）是，一个身患绝症的人决定欺骗死神并自己做主，缩短受痛苦折磨的时间。然而，所有这些情况都需要一定的个人勇气，挺身而出，勇于承受。所以，自杀行为有勇气吗？毫无疑问，在做决定和行动的过程中有。但活下去是不是更有勇气呢？这可能是一个非常个人化的判断。但我们愿意称自杀为勇敢或怯懦的行为，不仅表明我们对此有着复杂的感情，也意味着我们所说的可能是自杀行为的不同方面：我们不仅对自杀的决定做出判断，还对逃避未来的决定做出判断。

同情：从休谟到哈克贝利·费恩

在基督教传统中成长的大部分人都熟悉好撒玛利亚人的寓言故事：一个人被强盗打劫，受伤躺在路边，几个所谓正直公民从他身边经过却没有停下，最后，一个被其困境触动的人——好撒玛利亚人——救了他。你可以在故事部分读到这个故事。一般认为，人们有能力表现出同情心，争论的焦点通常在于为什么会有同情心：前文提过托马斯·霍布斯的观点，他认为人类天生以自我为中心，而人们对处于困境中的他人表现出同情心，是因为他们害怕同样的灾难会发生在自己身上。换句话说，当人们对彼此表示同情和怜悯时，要么是为了确保同样的事情发生在自己身上时他人也会帮助自己，要么是另一种迷信，即想要避免遭遇他人的命运。有学者认为，霍布斯的观点形成于 17 世纪的政治动荡中，这很可能让这位思想家把注意力集中于自己的生存，并认为自爱是主要驱动力。

在 18 世纪的理性时代，两位哲学巨人都认同一种不同于霍布斯的观点。苏格兰哲学家大卫·休谟和瑞士裔法国哲学家让-雅克·卢梭都认为，人类天生对彼此有同情心。正如第四章所讲，休谟认为，即使是自私的人，只要不涉及自身利益，也会对陌生人仁慈。卢梭声称，我们越被文明所腐化，越容易忘记我们帮助和同情他人的自然倾向，因为使人自私的并不是自然的反常，而是文明本身。卢梭当然同意，有些人表现出同情只是因为他们害怕自己会发生什么事，因为他们只将自己的利益放在心上，但这不是一件自然的事情，而是由人类文化造成的。如果我们只看自身的自然能力，就会发现同情这种自然美德仍然完好无损。与我们原初天性重新建立联系的最好方法，是尽可能自由地教育孩子，这样他们就不会被文明的罪恶所浸染。

并不是只有西方传统的哲学家才思考人性和同情心的问题；公元前 4 世纪，中国哲学家孟子就像卢梭在两千多年后所主张的那样，主张人类天生具有同情心和仁爱之心，但却被日常生活环境所侵蚀。在接下来的章节中，我们将探讨孟子、孔子和林语堂的哲学思想。

科学家的共识：同情心是固有的

正如你在第一章和第四章所读到的，神经科学的新研究揭示出，与 2 000 多年来大多数哲学家所强调的相反，人类大脑只通过逻辑而不通过情感来处理道德问题是不自然的。对于记得《星际迷航》系列电视剧和电影和 / 或看过新电影的人来说，这个想法（哲学领域之外的大多数人都会认为它是常识）在斯波克先生这个半人类半瓦肯人的角色上得到了完美诠释。凭借聪明的头脑，斯波克试图控制自己感性的一面，开发他的瓦肯全理性传统，但事与愿违：斯波克意识到自己时不时会变得非常情绪化。有人可能会说，除了休谟和卢梭，大多数哲学家长久以来都试图做同样的事情：淡化情感元素，假定它将导致腐化和偏袒，甚至导致人类倒退为基于本能而不太有教养、类似动物的存在（考虑到同样的这些思想家声称动物没有感情生活，这很有趣）。但在近年来发表的多项不同研究中，神经科学家和其他学者展示了他们的发现［尽管通常很少有关于共情（empathy）、同情（sympathy）、同情心（compassion）或怜悯（pity）之间是否存在区别的元伦理学讨论——哲学家通常更愿意将这些概念区分开］。

1. 大脑天生能够共情　加州大学神经科学家安东尼奥·达马西奥（见第一章和第四章）指出，我们的大脑天生能够共情，通常不愿意做出可能伤害他人的决定；大脑某些特定区域受损的人，做出可能对多数人有益但对少数人有害的决定时，则不会那么不情愿。（我想，这些受损的大脑可能也比较容易做出有利于少数人但会损害多数人的决定。）

2. 镜像神经元　意大利研究人员和加州大学神经科学家 V. S. 拉马钱德兰发现，我们有一种天生的能力，即通过某些被标记为镜像神经元的神经细胞去理解他人的感受。

3. 伤害他人的想法会导致负面情绪　哈佛大学心理学家、哲学家约书亚·格林通过脑成像研究表明，伤害他人的想法会在正常大脑中产生负面情绪。

4. 共情的感觉与共情的思考　南加州大学的研究人员通过脑部扫描发现，人类确实能对彼此共情，但共情有两种不同的方式：对自己认识或很容易建立联系的人，我们能"感觉"到直觉上的共情；然而，当我们发现很难与人建立联系时，不管出于什么原因，我们都会做出共情的"思考"——我们利用大脑的理性部分来获得对他们的困境的理解。但无论是用哪种方式，大多数人都会自动地去尝试共情。

5. 幼童生而具有帮助别人的冲动　莱比锡的马克斯·普朗克研究所最近的一项研究表明，幼童生来就有帮助别人的冲动。迈克尔·托马塞洛博士发现，12个月以上的幼童会试着帮助大人和其他孩子，他们会指向其他人找不到的东西，或把他们弄掉的东西递过去。托马塞洛认为"孩子天生就是利他的"，他说这种现象在不同的文化中都能见到，无论孩子得到的教导是什么样的。（另一件事是，幼童不会一直保持利他主义——他们在四岁左右就开始考虑自己的好处！）新墨西哥大学人类学家希拉里·卡普兰和我们在第四章提到的灵长类学家弗朗斯·德瓦尔也进行了类似的研究。

6. 利他让人感觉良好　神经科学家乔治·莫尔和乔丹·格拉夫曼通过脑成像研究发现，为他人做好事会使大脑中的快乐区域亮起来，就像我们对食物和性做出积极反应一样。这并不是用什么复杂的方式压制了自私自利，而是一种古老的、基本的神经反应，甚至可能比智人出现还早。

这些科学家共同的结论是，与大多数哲学家、心理学家和生物学家所认为的相反，道德世界的关键是共情，或者用大卫·休谟的话说，是"同胞之情"。我们有一些似乎普遍的即时情绪，如格林的脑成像实验所示。在该实验中，志愿者被要求想象自己躲在一个村庄的地窖里，敌军士兵正在追捕所有幸存者，如果一个婴儿哭了，应该捂死他来保护地窖里的其他所有人吗？（事实上，这个场景是长期播出的非常成功的电视剧《陆军野战医院》最后一集的剧情。）每个人都同意婴儿不应该被杀死，但也认为拿其他所有人的生命冒险是错误的。格林的结论是，从本质上讲，大脑的"情感"部分和"理智"部分是相互冲突的，而情绪反应（不要伤害婴儿）比拯救其他所有人的冷静评估要古老得多。格林说，这就解释了为什么我们更愿意帮助我们的邻居，而不是地球另一端挨饿的人——我们的大脑是在一个部落社会中进化的，在那样的社会中，我们对周围的人做出反应，而对遥远的地方一无所知。

因此，科学家们的共识是：我们有共情的感受，这种感受会参与我们的道德决策。值得注意的是，格林并不认为顺着情感而非理智来做决定总是在道德上更为正确，哲学家彼得·辛格也同意：人类在很长的时期里都是部落人，这些反应是适切的，但现在我们的世界已经完全不同，不能假设可以信赖我们的直觉。*有时，做正确的事可能需要压制我们的道德直觉。*我们后面还会探讨这个问题，不过现在我们可以认为，这是在科学上已经确立的观点：正常的人类大脑天生能够共情。现在，我们来看看哲学家的理解，因为即使科学家告诉我们共情是天然的，我们也不会感到意外的是，很多人要么是脑损伤导致无法共情，要么极为擅长压制共情，他们会去蓄意伤害他人（平庸的恶也可能是这一现象的一部分）。正如哲学家杰西·普林茨所评论的那样，能够共情并不意味着我们有可能将共情付诸行动；一个人完全有可能对身处困境的人产生强烈的共情，却会径直离开，指望其他人去帮助他们（下面我们还会讨论普林茨的理论）。这就引出了一个哲学问题：我们*什么时候*选择（用很传统的话说）听从我们的内心，*什么时候*选择听从我们的大脑，*为什么*？

菲利普·哈利：以勒尚邦为例

我们现在可以看到，当卢梭推测我们有一种帮助他人的自然倾向时，他比他想象的要正确得多。但是，他所说的文明导致恶行也是对的吗？或者说，"文明的"（civilized）还意味着"有同情心"（compassionate）吗？多年前，美国哲学家菲利普·哈利（1922—1994年）给出了一个间接的答案，我曾有幸与他见过面。以今天的标准看，哈利是位不寻常的哲学家，因为他从不畏惧谈论自己和他人的感受。他说，你无法理解邪恶，除非你能理解那些受害者的感受；你也无法理解善良，除非你去问那些得到善意的人。哈利曾作为美军士兵参加二战，目睹了血腥和残忍，包括对大屠杀死亡集中营的揭露。由于明显无法在不变得像敌人那样暴力的情况下去与邪恶做斗争，哈利深深沮丧。当他了解到一个发生在野蛮统治下的文明中，体现同情心的具体案例时，他深受感动。在法国南部，有一个叫利尼翁河畔勒尚邦的小村庄，那里的居民曾因胡格诺派信仰而长期遭受迫害。二战期间，村里人帮助了来自法国各地的犹太难民，与之媲美的是，丹麦公民通过帮助丹麦犹太人偷渡到中立国瑞典来拯救他们，以及驻立陶宛日本总领事杉原千亩和他的妻子杉原幸子凭借非凡的勇气和信念，反对本国政府的命令，为立陶宛的犹太人在20天里签发了6 000多份签证，让他们可以前往日本，逃出纳粹的魔掌。勒尚邦村民也拯救了大约6 000人的生命（是他们自己人口的两倍多），其中大多数是父母已被送去集中营的犹太儿童。这一切都发生在德国占领法国期间，甚至当法国南部不再是由法国合作者统治的"自由区"时，村民们仍继续行动。

哈利指出，与法国村民的同情心形成对比的，是纳粹统治时期展现的病态残忍。纳粹频繁羞辱囚犯；游街时囚犯不被允许上厕所，只能在游街期间解决。哈利称这是一种"粪便攻击"，并将其称为*制度化残忍*的一个实例。哈利把这种残忍定义为不仅是身体上的，而且是心理上的。当一个人或一个民族的自尊和尊严持续遭到攻击时，受害者往往就会开始相信，残忍在某种意义上是*正当的*，自己真的不比尘土好多少。当一个群体以此冒犯另一个群体时，情况尤为如此。由此，残忍成为一种社会制度，为加害者所支持，为受害者所容忍。这种制度化残忍的例子不仅存在于压迫性的战时局势中，而且贯穿于历史上的种族关系、两性关系，在某些亲子关系中也存在。通行模式是一个群体对另一个群体进行人格侮辱和贬低，很快这样的行为就成了惯例。

为什么制度化残忍会发生？因为一个群体比另一个群体更有权力，无论是在力量上（规模更大，人数更多，或者拥有更多武器），还是在经济、教育或政治影响力上（比如一个群体可以拥有财产，能受教育，享有投票权，而另一个群体却不能）。权力甚至可以是语言上的，比如一个群体垄断了对另一个群体使用的侮辱性语言。

怎样才能转变呢？通过改变权力平衡，哈利说。当然，这是很难的。获得选举权、财产权、平等受教育的权利是很难的。增强力量是很困难的。而且，要扭转辱骂和其他侮辱的倾向也是很困难的。然而，即使所有这些都实现了，制度化残忍的潜在影响也不会随着残忍的结束而结束，因为它会留下伤疤。从纳粹死亡集中营中被解放出来的囚犯，再也没有真正的"自由"，他们永远带着伤疤。仅仅对受害者"友好"是没有用的，这只能提醒受害者他们曾经陷入多深的苦难。

真正有用的是一种姿态，类似于面对纳粹占领时，勒尚邦村民为犹太难民所做的事。

哈利听说了勒尚邦，就去访谈那里的人。他们大多数人并不认为自己做了什么特别的事。这些人对难民所做的就是以善待的方式向他们表示同情。他们向难民表明，他们与村民是平等的，在谋划穿越高山逃往瑞士期间，难民理应住在村民家里。哈利说，这是对制度化残忍的唯一有效的矫正：出于同情心而善待受害者，让受害者明白自己的尊严完好无损。

勒尚邦的故事有一个转折，使它更加特殊。在一个到处都是纳粹士兵的被占领国，救援是如何成功的？救援能够成功，并不是因为村民极为谨慎——没有哪个群体能在 5 年的时间里隐藏好经过此地的 6 000 多人的行踪。是镇长安德烈·特罗克梅的勇气，以及他组织偷运行动的高超技巧，才尽可能久地避免了纳粹的怀疑。特罗克梅的堂兄丹尼尔·特罗克梅被纳粹逮捕并处决，但这并没有让救援行动停下来，因为村民有一个非常不可能的盟友，他就是监管村子的纳粹军官尤利乌斯·施马林少校。施马林的任务是维持该地区的和平——用哈利的话说，就是"在德国蹂躏这个国家并试图征服世界的时候，让法国保持安静"。施马林的确维持了和平，但不是通过恐怖。他的方式是，选择忽视源源不断的难民，也不向上级报告这些事件。施马林没能救成的一名纳粹受害者是勒福雷斯蒂尔，他是勒尚邦的两名医生之一，并没有参与地下运动。但有一天，他让两个地下运动参与者搭了车，他们把武器藏在他的红十字会救护车里。后来，搜查救护车的纳粹士兵发现了这些武器，勒福雷斯蒂尔被捕了。施马林的干预使这位医生的家人相信，他只会作为一名医生被送往德国的劳改营，但实际上，纳粹分子停下了将这位医生送往德国的火车。他们把他从火车上带走，第二天就把他和其他110 人一起处死了。特罗克梅在战争结束后的几年里从施马林那里得知了真相，并意识到，从那天起，施马林就一直在为他无法挽救的这条生命而痛苦。

在施马林去世后出版的《善与恶、助与害的故事》（1997 年）一书中，哈利写出了施马林的复杂性格：他和妻子在很长一段时间里试图避免加入纳粹党，到了最后时刻，施马林参了军，这样他就不必加入纳粹党。他原本是慕尼黑的一名教师，曾告诉学生，正直是无价的，没有市场价格，但作为监督者，他非常实干，否则也不可能继续干那份工作。所以，哈利认为，他在道德上如何是有些模糊的。"他为一个有计划地迫害手无寸铁的人民的政府效力，但他自己不会迫害他们。"勒尚邦的人民并没有忽视这种拒绝迫害弱者的态度。1944 年巴黎解放后，法国各地召开了审判，要求纳粹军官为他们的暴行负责，施马林的审判是最不寻常的。当他走向法官时，每个人都起立，向冒着生命危险救了这么多人的他致敬。当被问及为什么没有报告藏在村里的犹太儿童时，他回答说："我不能袖手旁观，看着无辜的人流血。"施马林在法国蹲过一段时间的监狱，后来回到德国，在那里他过着俭朴的生活，直到 1973 年去世。(哈利对纳粹主要领导人之一的看法，见知识窗 11.3。)

知识窗 11.3　为你的受害者哭泣，比不感到歉疚更好吗？

在一篇有名的论文中，哲学家乔纳森·贝内特声称，做一个有同情心而做错事的人，要好过做一个没有同情心的无辜者。第一类人的一个例子是海因里希·希姆莱，他作为纳粹党卫军的头领，因为那些他认为自己不得不做的事而患上了胃病。17 世纪的美国加尔文派牧师乔纳森·爱德华兹属于另一类人；虽然他大概是为他的羊群服务，但他认为每个人都应该下地狱。菲利普·哈利以刘易斯·卡罗尔《爱丽丝镜中奇遇记》中的一个故事回应了贝内特的观点。海象和木匠引诱一些小牡蛎沿着海滩散步。过了一会儿，他们在一块岩石上坐下，木匠和海象开始吃牡蛎。海象为它们感到难过并哭泣，但还是吃了它们。木匠对牡蛎一点也不关心，他只想着吃它们。哈利问，我们是否真的应该相信海象比木匠更好，因为它同情受害者？海象用手帕掩着泪眼，却能吃多少牡蛎就吃多少。同样，希姆莱杀害了 1 300 多万人，尽管他为他们"感到遗憾"。对哈利来说，如果不伴以同情的行动，同情就根本不是具有弥补作用的品质。

在哈利看来，美德是一个人冒着生命危险去拯救他人时所表现出的同情心。它不一定是逻辑思考的结果，而可能是听从内心的行动。不过，对哈利来说，道德行为是有程度之别的。如果你只是克制自己不去伤害别人，你就是在遵循"不要伤害别人"这条消极命令。这是值得赞扬的，但有一个更强的命令，积极命令："帮助有需要的他人。"遵守积极道德准则比遵守消极规则要困难得多，后者只要求你什么都不做。勒尚邦的人民走的是遵循积极规则的艰难道路。在你看来，施马林少校走的是哪条路？他是遵循"不做坏事"的消极规则，还是在这种情况下，他也遵循"主动帮助别人"的积极规则？在本章末尾，我们会谈到史蒂文·斯皮尔伯格的电影《辛德勒的名单》，与勒尚邦的事类似，它也是关于同情的动人故事；在基础阅读部分，你还会读到哈利的《善与恶、助与害的故事》的节选。

理查德·泰勒：你所需要的就是同情心

在第三章到第七章，我们了解了关于道德善的性质和人类适宜行为的诸多规则和原则。即使在这个讨论美德的章节中，我们探讨的大多数理论也涉及使用理性来评估正确的道德行为。我们也多次谈到一种在 20 世纪晚期兴起的观点，它似乎非常有争议，但近期在科学家和哲学家中引起了相当大的兴趣，也有很多人接受，这种观点就是，在道德评价和决策时，理性不是万能的，*道德情感也非常重要*。你可能还记得玛莎·努斯鲍姆的主张，她认为情感有其合理的一面，这使得情感成为道德决策不可或缺的一部分（见第一章）。菲利普·哈利以他的方式，将同情的美德视为一种情感，它是体面的人类道德构成所需的。然而，哈利和努斯鲍姆都不认为我们可以不需要理性。认为不需要理性的激进观点并没有很多人支持，但一些思想家确实认为，做正确的事情和拥有美德的方式非常简单：当我们的心放在正确位置的时候，我们就会做正确的事情；道德善只是我们所有人都有的一种直觉，一种无言的良知，一种引导我们同情他人的共情。如果我们没有这些，就没有道德可言。在美国哲学家理查德·泰勒（1919—2003 年）看来，理性在做出正确的道德选择方面没有任何作用。泰勒的理论所属的思想流派认为道德原则实际上是无用的，因为我们总能找到例外。但泰勒不认为另一种选择是道德虚无主义。在《善与恶》一书中，泰勒写道：

> 道德原则只不过是惯例，但它们对生活具有普遍惯例所具有的真正和巨

大的价值。它们帮助我们到达想去之处。没有它们，社会生活将是不可能的，任何人类特有的生活类型也都是不可能的。因此，道德原则的证成是实践性的，与抽象的道德考虑无关。一旦一条原则不再具有那种价值，一旦应用它产生的恶果多于好处，那么这条原则就不再有任何意义，应该被蔑视。

那么，如果理性原则不是伦理学的基础，什么才是呢？是同情的美德，一种心而非脑的现象。伦理学对理性的永恒关注需要一种解药，而泰勒在分析恶意与同情的对立时发现了这一解药。

想象一系列的暴行。一个小孩把一只虫子钉在树上，只是为了看它扭动。男孩放火烧一只老猫，并以它痛苦的死亡为乐。士兵把女婴逗得咯咯笑，然后射杀她，在打死一个老人之前强迫他挖自己的坟墓。这些故事为什么如此可怕？泰勒说，这并不只是施害者不遵守绝对命令（康德），不是他们没有试图让每个相关者的幸福最大化（功利主义），不是他们愚昧无知（苏格拉底），也不是他们不遵循黄金中道（亚里士多德）。我们感到的恐惧——在泰勒看来，这三个例子引发的恐惧是同一种类型——源于这样一个事实：做这些事的人纯粹是恶意的。这些行为之所以可怕，并不是因为后果太可怕（一只虫子、一只猫和两名战争受害者的死亡，可能不会造成广泛的影响），而是因为其意图是为了其他人的愉悦或娱乐而造成痛苦。这些不是违背理性的罪行，而是违背同情心的罪行。

泰勒认为，真正的道德价值在于同情，他用另外三个故事来作为例证。一个男孩到阁楼上偷东西，救了几只被困在那里的鸽子，尽管他的父亲严令他不许管鸽子，父亲回家后，打了他一顿。在 20 世纪 60 年代的种族骚乱中，一名白人治安官痛打了一名黑人暴徒，随后他失声痛哭，把这名男子收拾干净并带他回家，然后自己出去喝得酩酊大醉。二战期间，一名美国士兵和一名日本士兵被困荒岛，日本人睡着了，美国士兵却感到没办法杀死他。泰勒说，这三个例子中的主人公都曾被教导去按道德原则做某件事（"服从你的父亲"，"以暴力维护法律"，"杀死敌人"），但他们的内心却告诉他们去做另一件事，*内心告诉他们的是正确的*。泰勒认为：

这些故事里没有英雄……善良的心，对可能遭受痛苦之物的温柔，以及与所有理智和责任感相矛盾，有时甚至否定支配人类的生命冲动的慈爱，所有这一切都很少是英雄式的。但是，谁会看不到，在这些善与恶的混合物中，有一样东西凭自身发出光芒，像宝石般闪耀呢？

他认为，最终，我们不能相信我们的理性，但可以信赖我们的心；要成为有道德的人类，我们所需要的就只是同情心，同情所有生灵。即使是做了正确之事的人，如果没有同情心——换句话说，如果没有正确的意图——也不能被称为有道德的人。

知识窗 11.4　当共情缺席：欢迎来到网络空间

前文谈到，神经科学家和哲学家开始达成的共识是，人类并不像我们过去认为的那样以自我为中心，我们天生就能够对他人共情。但如果是这样，那么为什么人类历史上的所有社会中都有总在利用别人的人，都有无视他人痛苦的人？从第一章和本章中菲利普·哈利提供的例子可见，普通人有可能被置于这种境地，即他们的共情能力被权威命令所压倒，这样的命令要求他们服从，或告诉他们折磨别人是正常的。还有些人就是不像其他人那样能够共情。除此之外，在大城市里，人们的共情似乎比在小型共同体中少——可能因为我们在大城市情感"超载"，接受了太多人类同胞的信号，或因为在城市匿名更容易，而在一个小型共同体里不站出来提供帮助更困难。正如普林茨指出的，在感受共情和出于共情采取行动之间仍然存在差异。

一种新现象引起了教育者的注意：网络空间的冷漠程度上升，有时会导致网络霸凌。最近出现的一个理论探讨了互联网和手机在年轻人生活中的作用。一代人以前，人们习惯把大部分时间花在与朋友面对面的交流上（尽管通过电话座机进行的深夜谈话也很流行），但如今很多社交活动都是通过电子方式进行的，比如打电话、发短信、在社交媒体上发帖。在人类历史的大部分时间里，我们一直习惯于看着交谈者，眼神交流始终是沟通的重要组成部分。该理论还指出，眼神接触会激发大脑产生共情（你能想到列维纳斯"他者的面孔"哲学中的元素）。但是，如果没有了眼神交流呢？我们是否更难产生对他人的同情心？也许。在社交生活中，目光接触越少，人们就越不受行为准则的约束，人们更容易在打电话、发短信时或在社交媒体上表现得粗鲁无礼、咄咄逼人，网络霸凌或许就由此而来。在第十三章中，我们将仔细分析当今快速发展的社交媒体的利弊。

　　这是一个比哈利的看法更激进的观点，因为它告诉我们要无视我们的理性。让我们看看在实践中这是如何运作的。泰勒假设我们都有这种同情心——他诉诸我们的道德直觉。但是，那些放火烧猫的男孩呢？他们天生的同情心到哪里去了？那些杀害手无寸铁的平民的士兵呢？显然，不是每个人都有这种同情心，泰勒所举例子中的一些人也没有同情心。知识窗 11.4 谈到了当前网络空间中同情心减少的现象。对于没有同情心的人，我们能做些什么呢？好吧，我们可以试着给他们讲一些关于恶意和同情的故事，但很有可能他们会认为放火烧猫是个好主意，阁楼上的男孩应该把鸽子留在困境当中。我们怎样才能吸引那些对同情心反应迟钝的人呢？如果我们问康德、穆勒、亚里士多德，或任何一个道德思想家，他或她会说，我们必须诉诸他们的理性。如果我们都有同情心，也许就不需要任何理由了，但正如我们所看到的，并不是每个人都有同情心，也不是每个人都在正确的时间、正确的地点，为了正确的人而有同情心。因此，我们必须有一些东西来说服那些缺乏同情心的人，这就是理性必须发挥作用之处。我们可以使用什么论据？我们可能会说："如果有人这样对你，你会怎么想？"换句话说，我们可能会诉诸有普遍性的逻辑意识，并援引黄金法则。或者，我们说："如果你这样做，你会被抓住并受到惩罚。"这样，我们就诉诸他们对逻辑和因果关系的意识，告诉他们犯下恶行不可能逍遥法外。如果这两个论点不能说服他们做正确的事，我们可能就会把他们锁起来——保护他们不受自己的伤害，也保护我们不受他们的伤害——直到他们表现出足够的理性来理解我们的论点。因此，理性并不是道德情感（同情心）的替代品，而是说，在道德情感缺失或匮乏时，理性将成为必备的论据。在提倡道德价值观和美德时，只给同情心留出空间的道德理论是无力的。

泰勒认为同情心就是我们所需要的一切，这一观点还有一个问题，为了说明，我们来看一下马克·吐温的小说《哈克贝利·费恩历险记》。在故事中，小男孩哈克（哈克贝利）帮助奴隶吉姆逃离他的主人沃森小姐。英国哲学家乔纳森·贝内特分析了这一著名的文学事件。贝内特相信理性是伦理学的重要组成部分。他的结论是，哈克帮吉姆的忙当然是对的，但这还不够，因为他这么做的理由是错误的。让我们回顾一下故事中发生了什么。哈克想帮助他的朋友吉姆，但他意识到这样做违背了镇上的道义，这种道义要求他归还被盗的财物，也就是逃跑的奴隶。因为从来没有人告诉哈克把人当作财产拥有是不对的，所以他无法用平等原则来反对贝内特所说的 19 世纪小镇的"坏道德"。因此，最终哈克为了保护吉姆而撒谎，而他自己也不能准确理解这是为什么，他决定从此不再遵守任何道德准则，因为这些准则太难理解了。贝内特的结论是，哈克做的事是对的，但理由错了；他应该树立自己的新原则，如"把人当作财产拥有是错误的"，或仅仅是"吉姆是我的朋友，一个人应该帮助自己的朋友"。这样一来，哈克对吉姆的同情就有了理性的支持，他就不会因为道德太令人费解而不得不放弃道德。

但是让我们超越贝内特再想想。马克·吐温自己可能不会得出贝内特的结论，因为在吐温看来，哈克是以最好的理由做正确之事的英雄，因为他同情一个人类同胞（而在吐温的时代，很多受过良好教育的读者可能会选择把这样的一个人交出去）。哈克有美德，即使他没有什么深入思考。所以，吐温和泰勒在这一点上是一致的。不过从哲学上讲，这并没有使哈克的态度变得更好，因为吉姆是个好人，值得哈克同情，这只是一种侥幸。假设这个故事的主角不是逃跑的奴隶吉姆，而是一个戴着镣铐的逃跑的囚犯，比如连环杀人犯弗雷德呢？哈克也许还是会同情这个受了惊吓的可怜人，决定帮他到河流下游去，把镣铐取掉。但那天晚上晚些时候，弗雷德也许会"回报"哈克，把他和下游一家农场的人都杀掉，这样就能弄到钱，占有哈克的木筏子。换句话说，天生的共情心是不够的。哈克所缺乏的不是同情心，而是塑造同情心的理性，帮助他选择何时采取行动、何时不采取行动的理性——因为显然不是所有人都值得我们同情到帮助他们逃脱社会认定的应得惩罚的程度。我们可能会可怜大屠杀凶手，理解他们有一个可怕的童年，但这并不意味着我们应该原谅他们的行为，帮助他们逃跑。

这个例子还说明了另一个问题。它不仅表明我们不能放弃理性，还表明美德伦理是有所缺失的：我们或许仅仅专注于塑造良好的品格和培养正确的美德，如忠诚、同情和勇敢，但我们仍然必须决定一旦养成了美德，我们要做什么。我们可能具有非常美好的德行品质，但仍可能在面对几个相互排斥的行动方案时难以抉择。哈克可能会问自己（一旦他决定忠于吉姆），究竟什么才是表达忠诚的最好方法，是把吉姆带到禁止蓄奴的北方，还是把他藏起来，直到他的主人不再找他？也许是帮他和家人逃走，雇一名律师，或是别的什么。反对美德理论的哲学家抱怨说，即使我们有德行，仍然可能在特定情况下不知道该做什么。一个可能的答案是，美德伦理不一定是孤立的；就连亚里士多德也谈到要为自己的行动找到正确的方向，而不仅仅是为自己的品质。但如果美德伦理需要一些行为规则才能成为一种完整理论，那么行为伦理如能纳入美德伦理的元素，也会有好处。在《共情对道德是必要的吗？》这一论文中，杰西·普林茨主张，共情有在道德上被高估的危险。不同于关切（以关怀的方式对待生命以及所珍视的事物），也不同于同情（一种有意识的同胞之情），共情是一种情感，它让我们在某种程度上感受到另一个人的感受，是一种"间接感受到的情感"（vicarious emotion）。过去被称为同情（sympathy）的东西，如今经常被称为共情（empathy），神经科学家的研究让我们得到了这样的印象：没有共情心，就不可能是道德的。普林茨认为，虽然共情心可以是做出道德判断时的有价值的部分，但它绝不是必要的，而且有时可能会掩盖真正的问题。他说，道德行为的良好情感动机是愤怒和内疚（对比你在第七章读到的关于愤怒的内容），而共情心则可能最终变成选择性的和不公平的（"可爱效应"），容易被操纵，而且容易产生内群体偏见（in-group bias）。我们听到的关于陌生人困境的消息越多，就越能对他们共情，而对于很少得到报道的新闻故事，我们的共情会少得多。此外，普林茨说，你只能共情个体，而无法与不幸的群体共鸣。如果我们想让他人生活得更好，就应该利用义愤等其他情绪，并将其与预估可以采取何种对策的逻辑结合起来。换句话说，普林茨同意贝内特的观点，那就是用自己的头脑，再加上感情，比只用自己的心要好。即使玛莎·努斯鲍姆（见第一章）认为情感在伦理学中有其宝贵的地位，她也没有说我们应该跳过理性，只听从情感去采取行动。在基础阅读部分，你会读到普林茨论文的节选。我们将在本章的最后再讨论将几种理论结合起来的可能性。

知识窗 11.5　爱作为美德

当我们谈论作为美德的爱时，我们谈的通常不是激情之爱。激情之爱确实涉及美德，例如，充满激情的恋人不应自我贬低或盛气凌人。然而，这不是我们要讨论的问题。我们讨论的是可以期待某人给予的爱，而我们通常不能期待在要求时就得到激情之爱。在结婚仪式上，当我们承诺彼此相爱、珍惜对方的时候，我们是在向伴侣承诺，我们会永远热烈地爱他或她吗？毫无疑问，有些人是这么看的，如果他们之间的热恋没能持续下去，他们往往会感到非常失望。当然，也有一些幸运的夫妇结婚多年一直处于热恋之中，或者他们的激情发展成更深层次的感情，但这并不是每对夫妇都能指望的。彼此相爱的承诺，更确切地说是表明爱意的承诺，表明你关心对方的福利和幸福，对彼此百分之百忠诚。我们能够承诺这样做，即使激情可能不会持久。所以爱可以是相爱的人之间的一种美德。基督教的爱之美德并不意味着任何婚姻承诺，而是对他人的一种非个人化的敬重。它不涉及浪漫的激情，因此它也可以成为伦理体系中的一种要求。

感恩：亚洲传统与西方现代性

俄国作家伊万·屠格涅夫在他的《散文诗》（1883 年）中讲过一个故事。从前在天上有一场宴会，至高者邀请了所有的美德。大大小小的美德都到了，大家都很愉快，但至高者注意到有两个美好的美德似乎对彼此并不了解，于是他走过去介绍道："感恩，这是慈善；慈善，这是感恩。"这两个美德非常惊喜，因为这是自创世以来它们第一次遇见。作为美德的感恩通常意味着我们欠别人什么。问题在于，仅仅因为有人期望得到，我们就有义务感到或表达感恩吗？还是说，有一些指引能告诉我们什么时候该表达感恩？

一方面，感恩像爱一样，是一种感觉（见知识窗 11.5）。你要么能感到爱，要么不能，如果你感不到爱，就没有人能迫使你感觉到。（这是经历过单恋的人都明白的事。）与此相似，我们不能让别人因为我们为他们做过的事而感到感恩；实际上，我们越是指出他人应该感恩，他人跟我们的距离就越远，也越不愿意合作。因此，我们可能不应该讨论如何让他人觉得感恩，而应该谈一谈如何鼓励他人展现出感恩之心。你生日时得到了袜子作为礼物，即使你并不为此感到感恩，但如果你能表现出对送袜子的人的感恩，那就是有德行的。不是每一个人都同意这种观点。我就知道有个欧洲教师，他教育孩子，不需要为给他们的礼物而说谢谢或表现出感恩，在他看来，这是因为他们并没有要求得到这些礼物，而且如果心里并不感激却表现出感恩的样子，那是很虚伪的。他或许是对的，但是，当他的孩子意识到父亲遵循的规则其实很少有人遵守的时候，想必会过得很不容易。让自己和家人远离你所在的主流文化到一定程度，一定是会时不时碰壁的。

父母之恩大于天：孔子、孟子与林语堂

本书中所谈论的大多数主题都是西方哲学传承的组成部分，但世界上的其他文化也有自己的哲学传统与道德价值。在第八章，你看到了非洲和美洲印第安人传统中的美德伦理案例。在这里，我们会见到孔子和他的私淑者孟子的道德哲学，然后通过讨论中国哲学家林语堂来看看他们的哲学在 20 世纪的应用。主题就是感恩，而感恩的天然对象就是年长者。

中华文化在孔子诞生的公元前 551 年就已经存在很久了。孔子逝于于公元前 479 年，此时他关于*君子*的思想已经改变了其国家的生活和政治，而且他的思想直到今天仍在中国很有影响力。上古时代，普通中国人对于美德和正当行为的态度是通过占卜来求问神灵的建议。然而到孔子时代，这种态度已经基本被一种实践性视角取代，即领悟到人的努力比神灵示谕更有效。更重要的问题变为：究竟怎样才是一个好人？人类努力能做的最好的行动是什么？这些问题很重要，因为最好的人——"君子"（有德者）——被视为最有能力统治国家的人。在孔子之前，这样的人被假定为贵族，但孔子重新定义了君子，君子是有着智、勇、仁的人，是思虑深远、进退有据的人，是见贤思齐、行为世范的人，是洞彻人生、学

而不厌的人。君子通过慈爱显现他的仁德，他不以恩怨名利为目的，但求无愧于心。正当的行为可以表现为改过迁善，尤其体现在*正名*（换句话说，是用适宜的语言称呼他者，特别是尊长）的行为中。学习正当的行为、培养良好的品质就是*习道*。道意味着实现正当行为与良好品质——智慧——的方法，只有通过道，人们才能成为君子。如何践行道？培养良好的习惯和不断反省。对恶应小心戒备，尤其是贪婪、霸凌、傲慢与仇恨。根据孔子的说法，成为君子是可能的，因为人们可以通过学习来转变。一旦我们对道充分学习并认可，我们就知道美德在*中庸*。（像古希腊人一样，孔子也相信在过与不及的两端之间的中道是有德行的；见知识窗 11.6）。

知识窗 11.6　孔子与亚里士多德

　　孔子与亚里士多德的美德理论有一些惊人的相似之处，这两人以各自的方式极大地影响了后人。对这两位思想家来说，良好的习惯是培养良好品质的适宜途径。孔子和亚里士多德都强调善思与善举之间的联系，都相信有德之人是能实现*中庸*之道即适度的中间状态的人。但二人也有相当大的差异。在孔子看来，君子是避免傲慢、力求谦逊的人；亚里士多德则认为这样的人缺乏自我欣赏。孔子似乎比亚里士多德触及了更广泛的道德领域，这使得一些学者将他与基督教思想家进行比较。众所周知，孔子曾说过一句表达黄金法则的话：己所不欲，勿施于人。这有时也被称为"银律"。（见知识窗 4.8）。我们在亚里士多德的著作中没有发现这种态度，因为对黄金法则来说必不可少的道德平等的普遍观念，在亚里士多德的伦理规范中是没有的。孔子的君子还必须重视人与人之间、人与自然之间的合作，而亚里士多德则强调统治的等级制度。然而，两人都展望着一个国度，它按照一个运转良好的家庭的模式来管理，统治者作为家长领导，决定什么对他的家庭是最好的。

　　比起行为伦理，儒家思想更接近美德伦理，尽管适宜行为也是孔子哲学的组成部分。对于儒家哲学来说，伦理不是对做什么或如何做进行严格定义的问题，而是取决于具体境况的美德和行为的问题。为了解行为是否适宜，你必须明白它如何影响他人，以及它可能有利于社会和谐还是有害。德既包括个人品质的塑造，也包括政府在良好意愿下善用权力。有德的人或政府遵循道，也具有仁、礼、义这些最基本的美德。这些概念与"道"在西方语言中都难有对应的词：仁意味着对他者，包括非人类的存在者的关爱态度；礼意味着对仪轨的正确理解和践行，但礼没有仁是空洞的（如果你没有关怀的态度，仅仅知道如何正确地举行仪式是毫无意义的）；义是对何为适宜和恰当的领会，不仅是在礼仪方面，而且是在一件事是否正当与合理这个方面。所以，要有礼（对仪轨的领悟），就一定要有仁（关爱），也必须有义（理性的判断），才能知道什么仪式重要、为什么重要。古代中国社会有许多精致的仪式和礼节，孔夫子允许人们运用自己的判断来应对，根据具体情况决定哪些仪式是关键的和实用的，哪些不是。

孔子关于有德者和良好运行的国家的思想极有影响力。他认为，因为我们对死亡与身后生活知之甚少，所以必须努力关注今生以及与他人的关系（知识窗11.7解释了儒家和道家的差异。）

知识窗 11.7　道家

中国哲学家老子是孔子的同时代人。他们互相认识，在几个基本问题上持友好的不同意见，其中最重要的一点是社会行动是否有用。对孔子来说，君子必须努力实现改变，使他人的生活更美好。对老子来说，这是徒劳的努力，因为人类不能实现改变。他相信，自然是一种复杂的二元对立的力量（阴阳）共同作用的结果。这种力量以大多数人无法观察到的模式运作，而且事情会按它们自己的时间发生。人类能做的最多只是对这些事实进行沉思。这是通往道的唯一途径：什么都不做，顺其自然，不阻碍自然的进程；把"下一步我该做什么？"等头脑里不断出现的问题清空，让我们的思想静止不动和完全空虚，向道之真理敞开。老子的道远比孔子的道神秘，因此老子的思想有了"道家"的标签。美德与适宜行为融合在"什么也不做"或"不做过头"当中，即"无为"，它能带来无私与平和。值得注意的是，这并不意味着你应该有意不去做一些事，比如把一盒火柴从一个 3 岁的孩子手里拿走；实际上，不这样做就是自私、任性的。你应该把火柴从孩子手上拿走，但不要为自己救了她的命而沾沾自喜；毕竟，她接下来可能马上会走向你放药的柜子。做你必须做的，但不要认为你可以有所作为；最终这会给你带来内心的平静。这就是道家的玄奥教导。

孟子（约公元前 372—前 289 年）追随孔子的脚步，将儒家又向纵深推进一步。他不仅相信人可以学做好人，而且相信人生而本善，只是受到环境的熏染而蜕变了。孟子认为，找到失去的善的适宜方法是回到内心而重获本心，即我们的良知与直觉。如果对我们的善良天性加以适当关注，它就会成长并居于主导。只有通过自己，我们才能找到正确的方式，在这一过程中需要承受一些痛苦。在受苦时，品质才能得到塑造。孟子对于过着安逸生活的人能够具备真正的德行持怀疑态度。我们应该通过承受苦难而培养独立、卓越、睿智、勇敢、平静等美德。当达到这种内心的平衡状态时，我们就可以去帮助他人也达到同样的状态，因为仁爱是首要的美德。

下述格言引自《孟子》，该书可能是孟子弟子对其言论的汇编。选文表明对于孟子来说，一个人品质的培养从根本上来说是最重要的道德任务。一个人负有一些责任（这就是为什么存在我们需要遵从的行为规则），但没有德行，或者说没有养成道德品质，就不能践行这些责任：

> 事孰为大？事亲为大。守孰为大？守身为大。不失其身而能事其亲者，吾闻之矣。失其身而能事其亲者，吾未之闻也。孰不为事？事亲，事之本也。孰不为守？守身，守之本也。［……］仁，人之安宅也；义，人之正路也。旷安宅而弗居，舍正路而不由，哀哉！［……］人有鸡犬放，则知求之；有放心而不求。学问之道无他，求其放心而已矣。

孔孟传统一直延续到 20 世纪，至今依然有影响力。该传统的一位现代发声者是林语堂（1895—1976 年）。林语堂是在 20 世纪西方世界中很有影响力的中国作家。他在美国的足迹很广，但从未失却与中华传统及价值的联系。他受到孟子的启发比受孔子更多。林语堂认为西方哲学家们对理性观念过于迷恋，却遗忘了古希腊哲人最为珍视的哲学要素：人生幸福。在他 1937 年的著作《生活的艺术》中，他颇为谦逊地提到他没有受过学院式的哲学训练。然而，他对东西方哲学知识相当了解。生活的艺术是什么？即懂得何时认真对待生活，何时可以笑对人生；如果能够幸运地度过漫长的一生，一个人就可以成为严肃的知识分子，接着回归大道至简的更高层次。

在其他几本书中，林语堂试图弥合东西方之间的鸿沟，在 20 世纪的上半叶，这两个世界几乎无法相互理解。在中国人价值观念变化的动荡时期，林语堂在作品中讨论传统时代的家庭价值观，他认为东西方之间最大的差异不是在政治领域或性别问题上，而是在对待长者，特别是对待父母的方式上。

林语堂（1895—1976 年），著有《生活的艺术》（1937年）、《中国印度之智慧》（1955 年）等，可能是在西方世界最知名的中国现代思想家。他努力在东西方之间创造一种跨文化的理解，但他本人认为，一些传统的东方价值观，如尊重长者，与现代西方价值观有着根本的不同。

西方人可能关注最多的是帮助女性和儿童，但一个中国人可能首先会认为要帮助他的父母和其他年长者。这不是因为他们认为长者可怜无助，而是因为他们认为长者值得尊敬。在中国传统中，年龄越长，你应该得到的尊重就越多。林语

堂在《生活的艺术》中描述道:

> 中国的习惯在拜访生人时,问过尊姓大名之后,接下来必问他贵庚。如对方很谦虚地回说只有二十三或二十八岁,则问者必以"前程远大后福无量"一语去安慰他。但那人如回说已经三十五或三十八岁,则问者便会表现尊敬的态度,而赞他好福气。总之所回报的年龄越高,则所受到的尊敬越深。如答话的已经五六十岁,则问者必低声下气地以晚辈自居,表示极端的尊敬。

在美国文化中,不到 21 岁的年轻人会虚报年龄以进入提供酒精饮料的俱乐部,中国的年轻人则可能会假装更成熟以获得尊重。在西方,到了一定年龄以后,大多数人都不想让自己看起来比实际年龄大;事实上,他们可能想要显得比实际年轻。传统中国人则总是希望看上去比实际年龄更成熟,因为这对他们有好处。林语堂对美国文化中追求年轻感的做法到陌生与惊恐。他写作的时候是 20世纪 30 年代,而当时的美国青少年还在试图模仿"成年人"的着装和举止;今天,由婴儿潮一代而来的青年崇拜更为夸张,追求年轻的现象变得更为极端。在中国传统文化中,人们得到的尊重随年龄增长而增加,而在西方,尊重似乎随年龄增长而减少:不知何故,人们到了五十岁甚至四十岁的时候,会觉得自己和同样年龄的其他人都没有那么强大、美丽和有价值。林语堂写道,他听见一位美国老妇人说,她的长孙儿的出生使她受到的"感触最大",因为这似乎是在提醒她自己已不再年轻。(知识窗 11.8 探讨了西方人对年老的态度及其对退休的影响。)

知识窗 11.8 自我价值与退休

林语堂批评西方对老一辈的"抛弃"态度。他赞扬对父母和祖父母的尊重与爱,认为这是必须学习的美德。然而,西方并不是在一开始就抛弃年长公民的。特别是在早期的农业群体中,由于年长者的作用,他们不仅受到尊重,而且被认为是共同体的重要组成部分。也许他们不能再揉面或犁田了,但他们仍然可以照看孩子，分享他们的智慧。在西方世界的某些地方，我们仍然可以在社区中发现这种关系。但正如大多数人会同意的那样，在西方的大城市并非如此，在那里，年长者一般不会与子女生活在一起。一般的态度似乎是，衰老的迹象在某种程度上是一种缺陷。一位英国作家曾经写道，美国人认为死亡是可选择的——如果你死了，你一定是做错了什么，比如没有摄入足够的维生素。

看起来，西方人接受衰老过程的部分问题在于，西方人已经形成了这样一种态度：当我们停止生产劳动时，就不再是有价值的人。当一个人退休时，这种感觉往往会得到加强，因为他/她突然被排除在所习惯的环境——工作场所之外。特别是在 20 世纪早期和中期，人们可能会持续工作 40 多年，退休就会迫使个人重新评价自己的身份，退休者往往觉得自己的价值已经减少，已经被社会认为是无用的。这可能是人们在退休后不久就生病甚至死亡的并不罕见的原因之一，即使他们原本盼望退休。

有迹象表明，这种趋势可能会改变；人们越来越意识到老年人仍然是有价值的人，因为现在人们通常不会像前几代人那样长时间干同一份工作，他们的身份认同可能不再以工作为核心。此外，许多退休人员也重新进入劳动力市场做兼职，要么是因为他们想这样做，要么（很遗憾）是因为不这样做他们就难以生活。婴儿潮一代逐渐退休，他们无意悄然离去：第二职业正等着他们，这不仅是出于经济需要，也是出于个人选择。人们的预期寿命更长，也越来越认识到 60 岁之后脑力不会自动退化，80 多岁的人可能会像从前 60 多岁的人一样——只要他们都有某种形式的医疗保险，不发生毁灭性传染病或其他重大灾害，他们自己也努力保持健康。此外，零售业界开始意识到，尽管吸引青少年可能有好处，但他们的购买力远远不及他们的祖父母。因此，"银发族"可能比我们过去所习惯的更受追捧。

林语堂说，美国父母不敢对孩子提出要求。父母害怕成为孩子的负担，不愿去干涉他们的家庭生活。但是，如果不干涉与我们关系最密切的人的事，我们又会干涉谁的呢？他说，父母有权对孩子提出要求，也有权照顾获得孩子的照顾。因为这是*他们的*孩子理应给他们的。对于父母对我们呱呱坠地时的生养、乳牙初长时的怀抱、病时的照料、穿衣喂饭时的关爱，我们欠着他们永难还清的*恩情*（进一步讨论见知识窗 11.9）。举例来说，移民美国的中国人可能会为没有在中国陪伴父母而深感内疚，即使有兄弟姐妹可以在故国履行责任。

知识窗 11.9　照顾父母的责任

　　在林语堂看来，照顾父母的责任是中国文化的精髓；这是强调尊老养老的儒家美德学说的遗产，即使在今天的中国也是一种强大的文化传统。然而，照顾年迈父母的责任几乎是一种普遍的道德准则，在许多现代城市居民不太以家庭为导向的生活中除外。更传统的文化通常会期待长子照顾父母，像在中国一样，但其他传统也存在，比如最小的女儿不出嫁，留在家中照顾年迈的父母。事实上，这种做法在世界上许多地方都存在。无论我们将其称为新传统，还是认为其仅仅是环境的要求，在美国社会中，往往是住得离年迈的父母最近的女儿承担起了照顾他们的任务；这往往给中年女性照料者带来特殊的压力，因为在当今世界，她们也可能在家庭之外做全职工作，而且可能有十几岁孩子需要抚养。在故事部分，我们会读到日本经典小说《心》，书中讨论了照顾年迈父母的问题。

　　根据中国人的美德观念，让父母老而无养、老而无依对男性来说是大罪。对于女性也是这样，只是较轻些，因为长子有义务赡养父母。女儿应该赡养谁呢？她丈夫的父母。这就是为什么男性后代对于传统中国家庭来说很重要。国家或许会在你退休后照料你，但即使如此，老来无子可依的人生也被认为是不完整的。传统上，该系统为老年人提供了生活保障。不过，现在中国的乡村也有了一些养老院，但这应该比西方文明中的"人口储存站"更为人道，因为长者仍然是共同体的一部分，他们仍具备对村庄出现的问题提供建议的能力。以这种方式尊重老人的传统仍在维持，至少在象征层面如此，即使家庭模式已经中断。

我们并不亏欠父母：简·英格利希

英年早逝的美国哲学家简·英格利希（1947—1978 年）为父母和成年子女间常见的持续争吵提出了一个解决方案。方案看起来相当激进，她提出，我们不欠父母什么。然而这一想法并不像听起来那么刺耳。英格利希认为父母和成年子女之间的主要问题在于一种常见的家长态度，即子女负债于他们。这种"债务隐喻"以很多种方式得到表达，例如"我们供你读书，所以你应该学习我们希望你学习的东西""我们供你吃供你穿，至少你应该回家过感恩节"，或"我用了 36 个小时才把你生下来，所以你至少可以偶尔整理一下房间"。基本模式是："考虑到我们为你们所做的一切，你们应该感恩和顺从。"对英格利希来说，这种态度会侵蚀子女对长辈的爱，因为显然，孩子可以回答"我没有要求过出生"。在那之后，就没有多少机会进行有效的交流了。（正如我的一个学生所说，父母大可以回击说"你也不是我们想要的"，但那样肯定会终止亲子间的情谊。）

那么，父母应该怎么做？英格利希说，他们应该认识到，债务隐喻可以合理运用到许多场合，但并不适用于亲子关系。至于使用债务隐喻的适当方法，英格利希在《成年子女欠父母什么？》一文中用了一个例子来展现：

> 麦克斯刚到这个社区不久，在和邻居尼娜不够熟的情况下询问尼娜是否可以在他外出休假一个月期间帮忙取一下邮件。她同意了。如果之后尼娜请麦克斯帮她做同样的事，看上去麦克斯是有道德义务答应的（比起尼娜没有为他做同样的事的情况，他的道德义务更大），除非出于某些原因，做这件事的负担会不成比例地大于尼娜曾为他承受的负担。

英格利希将尼娜为麦克斯所做的归为"恩惠"（favor），而恩惠就意味着债（debts）。然而一旦你还了债，比如一旦麦克斯帮尼娜取了邮件，债务就解除了，事情就结束了。这是互惠，也就意味着你必须为你所亏欠的人做出性质类似的行动。但如果尼娜永远都不离开这个小镇呢？麦克斯是不是就永远没有机会帮她取邮件，而一直要欠着她这个情？他还可以帮她修剪草坪、送她去上班或帮她遛狗。如果她没有草坪、没有狗，喜欢自驾上班，那么他可能会想出别的事情来为她做，在这个过程中他们就有了成为朋友的可能。这样另一种关系就会出现，即一种不再基于恩与债的互惠系统。这种关系将是基于友谊的责任系统。（进一步讨论，见知识窗 11.10。）

知识窗 11.10　约会、债务与友谊

简·英格利希表示，约会中的许多问题都源于双方态度的不同。一个人认为约会是由于友谊，另一个人则将约会看作适用债务隐喻的情况。假设阿尔弗雷德带比阿特丽斯出去吃晚饭、看电影，结束时，阿尔弗雷德希望得到"一些东西"作为对他投入的回报。阿尔弗雷德选择把这种情况看作恩惠-债务的情况，他认为比阿特丽斯欠他的情。然而，比阿特丽斯很困扰，因为她把这种情况看作一种友谊，不涉及任何恩惠和债务。本质上，比阿特丽斯并不欠阿尔弗雷德什么，因为阿尔弗雷德的姿态一开始并不是作为"交换条件"，而是作为友谊的前奏。如果比阿特丽斯一开始就同意阿尔弗雷德的观点，把晚餐和电影作为一种需要在晚些时候"结清"的"商业安排"，情况可能会更复杂。几年前的一项调查显示，令人震惊的是，大多数加州高中生，无论男女，都认为约会实际上是一种涉及恩惠-债务的情况。在这种情况下，我们只能说，如果双方都同意，那就这样吧。然而，有一个古老的词形容某人为了物质上的利益而出卖肉体，这个词就是卖淫。在这种情况下，被"买"的人仅仅是达到目的的一种手段。

如果你想避免在约会时欠别人人情，该怎么办？你可以坚持各付各的。现在你们俩挣的钱可能差不多，那么为什么一个要为另一个买单呢？记住，任何人都不应该因为一个主动提供的恩惠而期待回报（如果所涉及的人不是朋友），如果所涉及的人是朋友，那么任何人都不应该因为帮了一个忙而期待报答。所以无论哪种方式，你都不应该期待从约会对象那里得到什么，也不应该在约会对象的压力下感到应该给出什么回报。不过，要注意不要滥用

这条规则。一个女孩评论说:"能被邀请去吃晚饭、看电影,而不用做任何回报,这太棒了!"带着这种态度,她就是把约会对象变成了达到目的的手段,而这不是我们的本意。

根据英格利希的看法,处于友谊中时,债务隐喻就不适用了,因为朋友不应该认为他们欠彼此的情。在恩惠得到报答后,债务就解除了,但友谊并不如此运作,你为帮过你的朋友做了某事,这并不使你们"相互扯平"。友谊不应该是"对等行动",如果双方是这样,那么他们就不是真朋友。友谊意味着在需要的时候相互支持,你们为对方做事,是因为你们相互喜欢,而不是因为相互亏欠。然而,两不相欠并不意味着没有责任;相反,友谊承载着相互之间永不终止,或至少在友谊存续期间不会终止的义务。它暗示着双方相互的责任感。友谊不是互惠(reciprocity),而是*相互关系*(mutuality)。

让我们比英格利希所写的更进一步思考。假定你从朋友处借了50美元,接着你和她吵架,你们不再是朋友。因为朋友之间不存在谁欠谁,也因为朋友间的责任只在友谊存续期间存在,所以你就不必还钱了,对吗?错,因为在我们的社会,欠的钱是真正的债,钱必须还回去,无论你是欠朋友的还是欠陌生人的。与此类似,你必须履行契约,无论你签订契约的对象是朋友、商业伙伴还是欠陌生人。这样的互动就适用债务隐喻,并且超出友谊的范围而持续存在。(事实上,这常常是友谊破裂的原因。)

英格利希认为我们常常掉进将友谊的义务视为债务的陷阱。很多夫妻都会说类似这样的话:"我们已经去过弗兰克和克莱尔家里四次了,我们欠他们一顿晚餐。"在英格利希看来,这是对友谊本质的严重误解。你们可以去拜访克莱尔与弗兰克一百次,依然不欠他们任何东西,因为他们没有给你们"恩惠",他们请你们去是因为喜欢你们。对于大多数读者而言,这看起来可能略显理想化;在第二十次晚餐后,克莱尔和弗兰克肯定会觉得不对劲,就不会再请你们去了。但英格利希的意思是,如果他们需要你,你就应该支持他们,你也应当以某种方式为友谊做出贡献。她没有说你应该做出多少贡献或以什么方式,这些都由你

哲学家简·英格利希建议父母对成年子女采取对话的语气，不要用让孩子感到内疚的方式来说服他们，因为孩子总是可以回答："我没有要求过出生。"这幅经典漫画从一个不同寻常的角度阐述了这个问题：露西和莱纳斯正在讨论我们是否真的要求过出生。

做主。

　　英格利希说父母和成年子女之间的关系应该类似于友谊模式，而不是债务隐喻模式。父母养育子女，并不是在给他们恩惠，相应而言，子女也不欠他们任何债务。但这并不意味着成年子女对自己的父母就没有义务——他们有着与对待朋友一样的义务。只要这种关系持续，义务就不会终止；关系结束后义务就不再存在了。这里并不存在互惠性，例如"你们供养我衣食 18 年，所以下个 18 年我照顾你们，不超过一分钟"。然而，*相互关系*是任何时候都受到期待的。

那么，什么是良好的亲子关系的基础呢？首先是爱与友谊。有了它们，所要考虑的就只有（1）父母的需要与（2）成年子女的能力和资源。父母可能生病需要帮助，孩子可能深爱他们，但孩子失业了，无法负担父母的医疗费用。在这种情况下，帮助支付医疗费用就不是孩子义务的一部分了，但其他事情，如提供贴心的陪伴、清理垃圾或做出其他贡献，则是孩子的义务。

假设父母需要帮助，但他们和子女之间没有友谊。那么本质上说，成年子女并没有义务去帮助，尤其是在父母选择结束友谊的情况下（如果友谊曾经存在）。可以想象，在这种时候，父母可能会去接近他们曾疏远的孩子，请求孩子的恩惠，期望重建友谊。英格利希似乎假定，父母需要做的就是声称他们感到抱歉，然后向孩子表示想要再次成为朋友。但如果他们这么做了之后，马上就要求孩子提供支持呢？可能他们的子女马上就会明白，父母想要重建友谊的背后是算计。（当然，这是双向的。如果子女愤然离家，后来又意识到自己需要家里的帮助，于是他们先表示悔恨，提出愿意恢复友谊，紧接着就请求帮助，那么父母同样会对孩子的行为表示怀疑。）

为了寻求解答，我们可能要转向美国哲学家弗雷德·伯杰（1937—1986年），我们很快会更详细地讨论他的理论。伯杰认为，在估算你应该对所得到的善待表现出多少感恩的时候，你应该考虑行为的动机。这些善举是为了你吗？是为了施善者吗？还是为了双方？如果只是为你而做，你就应该表现出感恩；如果是为了施善者，你就没有义务；如果部分是为了你，部分是为了施善者，你也应该有所感恩，但不必过度。同样，我们可能会问，为什么父母要接近他们成年的孩子（或成年子女接近父母）。是因为真心想要重建联系吗？还是只是因为需要帮助？或者介于两者之间？如果被接近方能够合理准确地确定动机，那么他或她就可以决定如何应对。

如果父母特别希望他们的成年子女能做出某种行动，但又意识到孩子并不欠他们的，那么父母应该说什么呢？不是"你欠我们的"，而是类似"我们爱你，我们觉得如果你做了这件事就会更加幸福"这样的话。英格利希建议，也可以说"如果你爱我们的话，那你就做这件事吧"。但后一种说法好吗？在大多数人看来，说这样的话会引起很大的负罪感，因为它暗示，如果你不顺从，你就不爱你的父母。很少有人能够一直遵从父母的建议，无论他们之间有着多么深厚的爱与友谊。我的一名学生建议的另一个方法是，父母向孩子解释清楚整个情况："由于过去的经验，我们相信这样做对你最为有利，但选择权在你。"

简·英格利希没能来得及深化她的理论，31 岁时，她在瑞士的一次登山探险中去世。在她短短的一生中，她发表了若干发人深省的论文，我们不禁会想，如果这个聪明的姑娘能活到有成年子女的年纪，她对同样的问题会有何感想。

友谊责任与感恩

英格利希为我们如何将友谊视为美德并应用于父母与子女的关系提供了一些参考，林语堂则认为应该运用到这种关系中的美德是感恩。但在其他关系中，如朋友、情侣、邻居之间，友谊和感恩又起什么作用呢？友谊义务的限度在哪里？我们是否有义务在各个方面都帮助朋友？帮他们在纳税申报上作弊？在被问到昨夜在哪里的时候帮他们向配偶撒谎？帮他们躲避警察？给他们买毒品？答案当然是，不，即使他们会为我们这么做。友谊或许是一种美德，但它并不意味着可以为了友谊而放弃其他道德标准；此外，对你提出那些要求的朋友几乎没有显现出对你的友谊之德，因为如果帮他们，从法律上你可能就会被认为是"帮助和教唆"他人违法。好的朋友不会要求你做那些事。但这并不意味着你不能在朋友处于困境时为他们做一些事，例如陪他们聊天或帮他们找一个合适的咨询师。（知识窗 11.11 讨论了如何在这些问题上应用黄金法则。）

知识窗 11.11　黄金法则总是奏效吗？

本书多次提及黄金法则，它无疑是现存最广泛的道德准则之一，在有记载以来的宗教和道德教导中都有体现。但是，你希望别人怎样对待你，你就怎样对待别人，这总是最好的解决办法吗？假设一个朋友希望你让她住几个星期。她告诉你，她卷入一起肇事逃逸的事故，现在她想躲避警察。你不愿让她留下来，但她向你保证，如果你遇到麻烦，她也会为你做同样的事，她甚至认为你也会希望她为你做同样的事。但情况可能并非如此；你可以从完全不同的角度来看待这种情况。如果你遇到麻烦，你可能需要一个朋友，但你不会让那个朋友把你藏起来；很可能你一开始就不会离开事故现场。（当然，留在现场是唯一合乎伦理的行动，而且，这才符合法律。）你的朋友对想让你为她做什么的看法和你想让朋友为你做什么的想法是不一样的。在日常生活中，我们会经常碰到这样的情况，比如，玛丽亚送给谢丽尔一台面包机作为圣诞礼物，因为这正是玛丽亚想要的。但她没想过谢丽尔是否也会喜欢，事实上，谢丽尔不喜欢厨房用品。就连电视剧《辛普森一家》中的一集也提到了这种现象：荷马·辛普森为妻子玛吉选购礼物，最后却送给她一个保龄球，因为这是他想要的！通常，这种错位的善意行动是以自我为中心的态度或认知不足造成的，但它们也可能源自生活方式的根本差异。语言学家德博拉·坦嫩在她的著作《我不是那个意思》中，描述了对于正确行为有着不同看法（或者用坦嫩的话说，"风格"不同）的伴侣之间，黄金法则运用错位的经典情况：

> 马克斯韦尔想要独处，萨曼莎想要被关注。所以她给了他关注，而他让她单独待着。"你们愿意人怎样待你们，你们也要怎样待人"这句谚语，如果行为人和被行为人的风格不同，可能会引起许多痛苦和误解。

> 看来，如果我们要按照黄金法则行事，就必须确保其他人真的想这么被对待。你可能需要重温第四章的知识窗 4.8，那里讨论了"白金法则"。

较为普通但同样复杂的情况是，在我们并未要求的情况下，有人做了有利于我们的事，随后又期待有所报答。简·英格利希认为，这种"主动提供的恩惠"并不产生任何人情债，所以我们不需要回报。然而，情况可能更为复杂：恩惠可能是在受惠者无法请求帮助的紧急情况下提供的（如捡到他人丢失的钱包并归还，或在事故发生后进行急救）。简·英格利希并未谈及这样的情况。如果一个人在他人没有请求的情况下主动给予陌生人恩惠，只是想要表达友善呢？那样的话，不做报答似乎就很无礼，即使我们并未请求恩惠。对此，弗雷德·伯杰的回答是，我们当然有义务，而这种义务就是表示感恩。我们所要做的可能只是说一句简单的谢谢或用文字表达感谢。在某些情况下，在我们并未请求的情况下给予我们恩惠（让我们搭便车或送我们礼物）的人，可能会坚持认为我们应当表示感恩并报答他们，比如与他们做生意、和他们约会或者甚至发生性关系。伯杰说，那样的话，我们就必须审视给予者的意图：他给我们东西或恩惠，只是为了让我们欠他的情吗？如果是那样，我们就不欠此人任何东西，甚至感恩也不欠，因为他做这些事是为了自己而不是为了我们。

那么，我们如何知道什么时候该感恩他人呢？如果我们请求他人给予帮助，那么我们肯定需要感恩。尽管如此，对于我们并未请求而他人主动给予的恩惠，我们应该在能够合理确定以下几点的时候感恩：（1）他们做这些是为了我们——因为他们喜欢并尊重我们，用康德的话说，将我们自身视为目的，而不是将我们当作达成目的的手段；（2）他们是有意帮助我们，而不是偶然碰巧；（3）他们自愿行动，没有人强迫他们那么做。用伯杰的话说，感恩是对仁慈而非利益的回应，这适用于一切关系，包括父母与子女之间。我们应该为他们为我们所做的事表示相称的感恩。（可以肯定，不是父母做的每件事都是为了子女。）如果出于其他原因而做，我们表示感恩的义务就按相应比例减少。而且伯杰说，当向为我们做事的人表示感恩时，我们要展现出对*他们*的欣赏，他们本质上是有价值的人，他们自身就是目的，而不仅仅是实现我们福祉的工具。

假如为我们做事的人喜欢并尊重我们，但仍希望通过对我们表示善意来得到一些东西呢？你会想起第四章我们讨论过的自私与利他的话题，在此我们可以移用那一经验。我们不应该仅仅因为他人希望得到一点点好处，就认为他们没有获得感恩的资格；只有当我们仅仅被视为达成目的的工具时，我们才不再有表示感恩的义务。

假定你有充分理由为他人为你所做的事而感恩。让我们设想你是一个穷学生，而你的邻居有7个孩子。他们每天晚上都要做很多人的饭，当你月底没钱的时候，他们总是请你去吃晚餐。他们说："反正我们也得做饭，就过来一起吧。"你也去了，月月如此。你一直在等待这家人可能需要你的宝贵帮助的那一刻，但机遇从未到来。所以你一直去吃饭，感觉像个乞食者。你会怎么做？你或许可以偶尔洗刷碗碟或帮忙照看小孩。换句话说，你可以为相互帮助的友谊做出贡献，即使他们没有明确要求你这样做。

让我们回到"我应该多感恩？"这个问题上来吧。伯杰说，答案就在亚里士多德的美德理论中：恰到好处——别太多也别太少。这虽然很模糊，但在考虑如何回应善举之时，大多数人依然会本能地将其作为指南来使用。我们知道，在余生中成为奴隶、放弃长子或做类似的其他事，就是太过头了；我们也知道，粗鲁待人，不说感谢的话，也不做表达谢意的事，就太不够了。但合适的度究竟在哪里？就像亚里士多德谈及的所有美德一样，要视具体情况而定。有时合适的度通过一封感谢信、一瓶酒或一盒巧克力饼干就能体现。有时是帮忙照看房屋半年，有时是到国家的另一头去施以援手。如果我们能直中靶心，找到合适的度，那么亚里士多德可能就是对的，我们正在成为有德者的路上。在故事部分，电影《把爱传出去》提议感恩应该得到传递，帮助他人后，受助者以接着帮助另一人来表示他或她的感恩——"把爱传出去"。

如何接受感恩？

在感恩问题上，哲学家很少讨论的一个方面是恰当地接受感恩的美德，这个方面在日常生活中的重要程度，几乎与何时感恩、感恩到什么程度这样的问题相当。正如做一个好的给予者需要技巧一样，做一个好的接受者同样需要技巧，无论涉及的是礼物、恩惠还是酬答。如果你给他人以帮助而不求任何回报，会怎么样呢？换句话说，你将他人视为其自身的目的，仅仅是你能够帮助这一事实就足以回报你了。但现在另一人想要感谢你并为你做事以报答。你会做什么？说你不需要任何感谢可能是在告诉别人你的感受，但这还不够，因为他或她可能觉得需要报答；所以有时可能你必须允许他们那么做，并带着含蓄的理解，即这不会变成一场比谁回报得多的游戏。有时一句简单的"你太客气了"就恰到好处，有时接受感恩的适宜方式可能是优雅地接受帮助或接受别人回报的礼物，即使你一开始帮助别人并不求回报。此处亚里士多德又派上用场了：你能接受的别人回报的恩惠，应该与你最初给予的恩惠相当（"恰如其分"）。

美德与行为：弱普遍主义的选项

在第三章到第七章，我们探讨了行为伦理这一最有影响力的理论，第八章到第十一章则检视了美德伦理的古典与现代版本。多年来，大多数伦理学家都将自己的工作视为用尽可能简明的术语以及尽可能少的规则，来定义一种可普遍适用的道德理论，它在所有情况下都行之有效。正如我们所见，迄今没有哪种理论敢说在一切情况下都同样奏效；所有理论在被检验时，都会呈现某些缺陷或问题。尽管有很多积极的要素，但**伦理相对主义**允许一种不反对任何东西，甚至不能反对反人类罪行的宽容；**利己主义**虽然承认个体关注自身利益的权利，却没有认识到人类其实可能对服务于他人的利益也有兴趣；**利他主义**，特别是理想版本的利他主义，对大多数人似乎太过苛求；**功利主义**尽管旨在寻求所有有情生物的普遍幸福，但似乎允许少数人为了多数人而被利用甚至牺牲；**康德的义务论**想要做正当的事，但聚焦于义务，却可能忽视了履行义务的本可避免的不良结果。**美德伦理**意在成为这些行为理论的一种替代性选择，但并没有完全解决何时以及怎样运用理性的问题，也没能对道德标准的定义进行合理论证，也没有成功提出一种行动理论，使得一般美德观念可以在特定情况下发挥作用，或解决自认为有德行的人之间的分歧。对于寻找道德问题正确答案的人来说，这不仅令人沮丧，而且有人甚至可能像哈克贝利·费恩那样决定，道德思辨太令人困惑，最好就是遵从直觉情感。但这是走捷径，实际上并不是很令人满意的解决方案。我们偶尔可能都会需要去证明某个行动是正当的，而"它当时看起来像是一个好主意"并不是一个充分的答案。进一步说，我们可能会认定伦理学家并没有得出针对道德问题的圆满解决方案，但这并不意味着我们不能在个人基础上不断尝试解决问题。专家还没能对所有情况提供一个一劳永逸的解决方案，这不意味着我们就不需要自己去寻找解决方案。备选答案是*存在*的。

我们所看到的大多数理论都起源于这样一些时期，那时人们断定人类有一天会明白所有一切的答案，也断定从科学的视角看，简单的解释比复杂的解释更好、更令人喜欢。很大程度上这一点仍然正确：去除不必要的成分后，一个理论会更有效力。（这一现象常被称为*奥卡姆剃刀*，出自中世纪英国哲学家奥卡姆的威廉。）但 20 世纪晚期对后现代主义的关注也教会我们，简单的解决方案未必总是存在，甚至也未必是可遇的，因为对每一种情况的审视可能都存在多种方法。（知识窗 11.11 所描述的德博拉·坦嫩关于不同行为"风格"的说法就是一个很好的例子。）所以我们再也不能只关注为复杂伦理问题寻求简单答案了。

我常常听到学生谈论说，为什么所有这些哲学家对每件事都如此固执呢？为什么他们的理论不能考虑到细微差别呢？这是一个好问题——但能问出这个问题，是因为我们今天的文化已经能容纳差异和不同视角。事实上，很多理论都考虑到了细微差别，但可惜的是，由于入门课程的性质，为了尽可能清晰、简短地表达理论，一些细微差别可能会被忽略。有些道德理论非常有力而直接，恰恰是因为不允许小的差异与例外情况，就像我们在此前章节中看到的。但在复杂的当今世界中，可能对我们来说最好的道德方法是，假定我们有可能拥有某些共同的基本价值观念，同时允许对其他价值观念的相对宽容。我们可能会寻求第三章所介绍的**弱普遍主义**，这一理论认为，在内心深处，我们能够就某些基于共同人性的核心价值达成一致。尽管如此，这并不容易实现，因为我们必须就哪些价值应该是我们共同持有的达成共识，而此处我们不同的文化教养和族群多样性可能就会起作用。

有些哲学家长期以来一直尝试重新设计传统理论（如功利主义、义务论或美德理论），使其更有逻辑，更能回应当今时代关注的问题，或更能包容异常情况。但我们可以选择另一路径：从多样的理论中找到最好的建议。弗雷德·伯杰对同情问题的探讨就是这种态度的一个例子：他运用亚里士多德在极端之间取中道的理论和康德以人自身为目的的理论，来探究同情主题。换句话说，他考虑了几种不同的理论，让它们共同起作用，以获得可用的解决方案。这是一个非常有实用主义色彩的办法，有人甚至可能称它为非常美国化的办法，因为美国人（大概）通常关注的都是能否行得通。

如果我们不是期望太多，那么伯杰的方法可能行得通。让广泛的伦理观点和传统都成为可供选择的选项，肯定不是一条坦途，主要是因为我们不能光是取出各种理论中我们认为最好的部分，把它们杂糅在一起，就指望这能行得通。一方面，各种理论中的元素可能互相抵触；另一方面，如果我们因其优势而选择某个理论，也就不得不接受其劣势。例如，我们不能光是把义务论和功利主义加起来，就假定一种顺畅的理论能够出现；我们解决方案的范围可能成倍扩大，但问题也将成倍增加。

然而，这可能是未来伦理理论的唯一解决方案。我们需要行为理论，也需要来自多个文化群体的美德理论；此外，我们大部分人都已经在日常生活中运用了合并理论的方法。我们有时认为结果极为重要（特别是与生死有关的问题），有时认为信守诺言和其他义务比担心后果更为重要，有时觉得有权关照自身和自我利益，有时聚焦于培养好品质——以同情、勇气或其他美德为基础。有时我们确实需要聆听"微小的声音"——我们的道德直觉，神经科学家告诉我们那是一种内在能力。我们常常在特定情境下将这些观点相结合。但我们需要决定什么时候某一观点或某方面比其他更为恰当，并竭力避免将明显相互冲突的原则置于一处而使我们自相矛盾。你不能在声称结果不算数的同时，又声称结果是最重要的。你能够断言的就是，有些时候结果最为重要（例如为你心脏病发作倒地的邻居打电话叫救护车并等待，即使你因此无法赴看电影之约），另一些时候，原则可能比某种结果更重要（例如在明确证据的基础上提交陪审团有罪裁定，即使可能引起骚乱）。所以尽管很多伦理学家都不情愿将道德理论混合搭配，但其实我们每天都在这么做，并且我们可以通过尽量不给自己留下明显漏洞，来训练自己做得更好，但要真诚地对待和评估具体情况中出现的现实生活伦理的各个方面：义务论、结果论、美德伦理、对其他道德传统的尊重，偶尔还有一些合法的自我利益（前提是不严重漠视他人利益）。

对今天的很多伦理学家来说，答案就在所谓的伦理多元主义当中，即许多伦理观点都共存于世界以及同一文化范围之内。至少在"9·11"恐怖袭击事件以及世界各地的恐怖袭击发生之前，很多人都持这样的观点；有人依然将伦理多元主义视为我们共存于地球的唯一文明的方式，而另一些人，比如斯蒂芬·平克，则重新审视西方理想和传统，并发现其作为一种明智的道德准则，能够滋养并值得奉献给世界。弱普遍主义立场何在？它主要依赖于所谓的伦理多元主义。如果它仅仅意味着文化由不同且相互排斥的观点构成——个体和群体并不交谈，各自封闭在基于宗教、政治观点或仅仅是基于不同的伦理传统的群体身份中——那么弱普遍主义和伦理多元主义就几乎没有共同点。但如果一个伦理多元主义者支持多样化社会理念，即希望创造相互尊重、有志于共同分担共同体的责任与快乐的环境，那么弱普遍主义就能够助力，其信条是对多样化道德观表示尊重，只要我们对可以在差异之下发现共同价值有共识。这是因为与伦理相对主义、道德主观主义和伦理多元主义（有时被批评者笼统称为"道德相对主义"）不同，弱普遍主义承认存在或应该存在基本道德真理，如尊重他人和热爱自由——这是作为西方文明基础的道德理想，尽管这些理想并不是每一个人都同样尊重。（你可能需要重温第三章基础阅读部分詹姆斯·雷切尔斯对这一观点的表述。）所以，一个弱普遍主义者会坦然承认对能够增进对他人的尊重、发扬个人自由理念的传统与价值观的自豪之情，同时承认多样性的价值——只要这种多样性能够接受共同价值观。它比伦理相对主义更少"包容性"吗？是的，我认为，"9·11"恐怖袭击事件和恐怖主义威胁的哲学影响之一是，希望与世界和平共处并接受多样性的思想者，更愿意在可接受和不可接受的观念之间划清界限。

最终，弱普遍主义的观点就是，共同的价值观建基于我们共同的人性，建基于这样的事实，即我们生活在群体中并与他人建立联系，但同时也是群体中相互竞争的个体。所以，弱普遍主义的挑战在于论证为什么某些价值被认为是共同基础。这必定始于认识到我们共有的人类道德直觉，即不情愿造成直接伤害。接下来，它必须建立一套合理化论证体系，论证哪些道德价值应该被视为始终有效（如联合国的人权清单），哪些道德价值应该被认为是文化偏好和传统的问题，哪些道德价值应该被视为在全世界都不可接受（例如"有的人生而自由，其他人生而为奴隶"或"其他宗教/种族/性别的人不应该被视为享有权利"）。21世纪的伦理体系必须寻找人类共同的基础，并在尊重他人传统与珍惜并坚持我们自己传统中最好的元素之间保持平衡。弱普遍主义是否能够为全世界高度复杂的问题提供真正的解决方案，仍有待观望。

多元化、政治与共同基础？

是时候收集散布于本书不同章节的一些线索了。第一章谈到了就带有道德成分的问题进行投票时，美国人体验到的分裂——所谓"五五开的国家"。这种分裂的结果就是，我们偶尔会认为，持有不同道德和政治观点的人必然是无知、愚蠢或有意作恶的。这种态度在自由主义者和保守主义者当中都可以见到，而如果我们抱有这种态度，就必然认为观点与"我们"迥然（甚至温和）相异的人没有权利坚持他们的观点，因为他们的错误一目了然。我们是合乎情理、明智通达的人，与我们意见不一的人必须学会认识到他们的错误——有必要管住他们，甚至对他们进行重建。一定要教育他们看到光明。他们如果抗拒，就是在自欺欺人。但这真的就是很多人眼中民主、多元和宽容的世界应有的样子吗？相信自己的态度开明而其他人只是拒绝面对事实，这可能演变成教条主义，无论是来自右翼还是左翼。

在最近的几十年里，我们聚焦于文化的多元性：不同民族和种族背景的人找到了一席之地并改变了我们当前所目睹的美国主流。妇女在公共生活中找到一席之地并改变了国家面貌。有色人群发现自己不仅能够参与高层职位的竞选，还能*获胜*。不同性取向的人群，包括在美国军队中，也都被接纳为主流的一部分，性别认同的多样性范围现在还包括跨性别个体。但有的人趋向于遗忘这一点，即多元性不仅是与种族、民族、性别相关的问题，而且还是信念的问题。一个欢迎多元化的环境必定也包含*道德和政治多元性*。这就意味着一个传统的、保守的环境必须懂得，其中的自由派成员之所以是自由派，因为他们相信他们的价值观念是良好的、理性的，而不是因为他们太过愚蠢或心胸狭窄或不道德。同样，自由派一定不能受这种观念的影响，即保守主义者就是守旧或拒绝改进其关于传统的价值观或政治观念的人。他们必须认识到，"保守"并不是一个贬义词，保守者也不是无知、愚蠢或邪恶的人，他们的价值选择可以像自由主义者的价值观一样，随理性和批判性的自我反省的发展而发展。我们必须学会尊重他人可能有不同信念这一事实——但不一定是尊重这些信念本身。可以允许我试图转变你的观点，你也可以尝试改变我的。互相承认对方有权利拥有不同观点，才不辜负这句话："我可能不同意你说的话，但我誓死捍卫你说话的权利。"如此，我们才可以共享民主的根本价值：人们有权利思其所思并表达内心想法，当不得不做出决策时，我们可以投票。胜出者就可以决定政策，未胜出者依然有权坚持信念，并且可以通过民主方式在未来改变进程。我们不必都同意应该禁止晚期堕胎或不允许同性婚姻。但我们应该承认，在我们所关注的话题上与我们意见有分歧的人通常并不是恶人，而同样是具备善良意志并试图尽可能创造最佳国度的人——只要他们的计划中不包含对他人的有意伤害。所以，在民主氛围内，我们必须同意在某处划定界限：我们不需要思想警察，但我们也不会接受不把一些人当作人格者对待的政治和道德观点。对人性和人类尊严的尊重这一核心价值就是底线。

在第三章中，我猜想，在美国文化中寻找共同基础，可能与我们是否感知到外部威胁或是否选择关注内部差异有很大关系。假定我们根据此前所讨论的弱普遍主义来看这个问题。我们如何将所提议的道德和政治多元化与道德相对主义区分开来？恰恰是通过认识到我们必须选择并认可某些核心价值。我们不应该要求对所有政治和道德观点的宽容。有的观点在我看来似乎咄咄逼人或滑稽可笑，如果有人问我，我会毫不犹豫地这么说。但我的建议是，应该相信他人也会基于自己的世界观做出理性决策，而这正是弱普遍主义所需要的：对于尊重共同人性的多样性表示尊重。

问题研讨

1. 对麦凯恩的勇气概念进行定义。你是否同意他的观点？

2. 我们是应该信任我们的道德直觉，还是听从理智的声音？用具体情境来解释你的立场。

3. 菲利普·哈利所说的消极命令和积极命令是什么意思？请解释。你是否同意他的观点，即积极命令比消极命令更难遵守？

4. 理查德·泰勒认为，道德并不在于理性原则，而在于将你的心放在正确的地方，请对此做出评价。请进一步探讨该观点的利弊。

5. 孔孟和林语堂的哲学都表达了对长者的尊重，请进行评价。这一价值观对于西方文化来说是完全陌生的吗？你是否认为西方现代文化应通过融合这一思想来得到改善？为什么？

6. 比较简·英格利希和林语堂关于父母与成年子女关系的结论。

7. 讨论约会的问题：这是一种恩惠-债务关系还是一种友谊？在 21 世纪，有方法解决约会双方期望值不同这个难题吗？

基础阅读与故事

第一篇基础阅读节选自约翰·麦凯恩的《为什么勇气很重要》。第二篇节选自菲利普·哈利的《善与恶、助与害的故事》。第三篇节选自杰西·普林茨的论文《共情对道德是必要的吗？》。接下来，是诠释勇敢之美德的电影的梗概：电视剧《兄弟连》中的一集（《卡朗唐》）和电影《大地惊雷》。在此之后，我们对日本经典小说《心》进行了概括和摘录，探讨了在根本上缺乏美德，尤其是缺乏勇气和忠诚这个主题。

西方和非西方思想家都称赞同情是真正的普遍美德，为阐明同情这一美德，我选择了好撒玛利亚人的寓言和电影《辛德勒的名单》。这些故事不仅探讨了什么时候应该表现出同情心，还探讨了应该将同情心给谁——换句话说，谁算是道德世界的成员。最后，我们概述了电影《把爱传出去》，它展示了感恩的美德。

《为什么勇气很重要》

约翰·麦凯恩著
2004 年，节选

在这段选文中，参议员约翰·麦凯恩建议我们通过教导孩子去"履行最近的责任"，来教会他们什么是道德勇敢。这个观念不是麦凯恩发明的，他也并未如此声称。他引用了社会改革家詹姆斯·弗里曼·克拉克的话，后者则引用了沃尔夫冈·冯·歌德的话（我们在第二章中提到了歌德）。在歌德看来，一个人最近的责任就是其个人义务："让每个人都稳稳地围绕当天的任务旋转，并尽力而为。"

首先，我们必须回答"那又怎样？"这个问题。我们还需要勇气做什么？不是为了抚平因"9·11"事件而生的焦虑。对此，辨别轻重缓急的能力和一点义怒就够了。那么，我们到底为什么需要勇气？

我们需要勇气，因为没有勇气，一切美德都脆弱不堪，美德会被欣赏，被追求，被信奉，但也被轻视，连抵抗都没有就被放弃。勇气是温斯顿·丘吉尔所说的"人类的第一品质……因为它保证了所有其他品质"。这就是我们所说的信念的勇气。不是说我们的信念有固有的勇气，而是说如果我们缺乏坚持信念的勇气，不仅在它们与他人的信念一致时，而且在它们面临威胁的时候，在它们受到考验的时刻，它们就会变得肤浅、虚荣，对我们的自尊和社会对我们所宣称的美德的尊重毫无帮助。我们可以真诚地敬美德而恨腐败，但没有勇气，我们就会腐败。[……]

我们大多数人都认识到道德勇气的必要性。我们大多数人都接受社会规范：诚实是对的，尊重他人的权利、有同情心也是对的。但是，承认这些品质是合宜的，想获得这些品质并教导我们的孩子去追求它们，与真正拥有这些品质是不一样的。承认这些品质是合宜的并不是道德勇气。如果我们大多数时候都说实话，但在说真话可能会被解雇或被打断鼻梁的时候保持沉默，那我们有多诚实呢？我们需要道德上的勇气来在任何时候都保持诚实。道德勇气是实施性的美德，它使其他所有美德成为可能。道德勇气其实和身体勇气没有什么不同，除了有时在程度上不同，有时遇到风险的场合不同。如果你在面对不想要的后果时没有勇气保持你的美德，你就不是有德之人。[……]

我们并不是生来就会为别人遭受的损失而担心。我们生来自私，一生都在与自私斗争。我们关心我们的自尊，尽管我们可能认识到自尊有赖于家人的认可。之后，我们希望从他们那里获得好评价的人的范围扩大到包括我们的朋友。在什么时候，我们对自身尊严的关注会扩大到也包括他人的尊严呢？我认为这种转变必定始于我们对被爱的渴望变成对我们渴望的对象的爱的时刻。当我们想要模仿我们所爱的人的行为，想要确保获得他们的爱，爱上构成他们品质的美德的时候，这种转变就会继续发展。在那个时刻，我们的良知诞生了，我们有能力看到，对我们来说是正确的，对他人来说也是正确的。"如果一个人有勇气，"一位论派社会改革家詹姆斯·弗里曼·克拉克写道，"就让他遵从自己的良心。"

克拉克从歌德那里获得了自己的人生座右铭："履行最近的责任。"看见或想要看见你最近的责任，并不总像听起来那么容易。我们的孩子什么时候能认识到自己最近的责任，就更难预测了。有时候我们和他们都很难意识到。我们可能不愿意认识到他们的责任，因为我们为他们担心胜过他们为自己担心，他们最近的责任可能会危及他们眼前的幸福，甚至更糟。当他们讲述自己在学校或操场上的一天时，我们可以关注他们，并在他们的日常经历中识别出一种情况——在这种情况下，一个好人可能会选择冒险或不去做某件事。但我们并不总是想这么做，即使我们知道他们可能因冒风险而失去的东西并不具有持久的价值。

我们希望我们的孩子能受欢迎，就像他们也想受欢迎一样。受欢迎能提供暂时的安全感，增强信心，缓解年轻时的小失望，还可能被误认为爱情。但那不是爱。受欢迎没有任何道德性质。受欢迎是一种对某些人来说可能很难获得的待遇，但它并不代表具有持久意义的成就。它对生活质量的影响并不像你年轻时所想象的那样具有决定性。但我们的孩子仍然希望自己受人欢迎，我们也希望他们受欢迎。如果他们不受欢迎，如果他们在童年社会的不断起伏中遭受了一些尴尬，境况有所变差，我们就会试图安慰和鼓励他们，告诉他们受欢迎是短暂、最终会变得无关紧要的事。但他们还是会感到失落，我们也是如此。我们心疼他们，虽然我们知道伤害总会过去，但我们宁可他们不再做不必要的冒险。

抽象地教导他们美德，而不是在具体的情境下鼓励美德，这并不是一件要求很高的事情。我们敦促他们永远诚实，永远公平，永远尊重，告诉他们这些会提醒他们自己的责任的美德时，我们不会体验到共情的忧虑和痛苦。我们通常不会想到，他们拥有这些美德，会带来远超过大人、老师、邻居和朋友的钦佩的东西。如果我们是诚实的，当我们把这些教训传授给孩子时，我们的内心深处是带有骄傲的，我们对孩子的关心反映了我们的养育方式。我们希望他们诚实、尊重人，因为他们和我们都会因此受到钦佩。受欢迎的诱惑对成年人的吸引力不亚于对孩子的。

因此，帮助我们的孩子认识到他们最近的责任可能会相当困难，如果这样做会让他们冒着社交尴尬的风险，或者让他们被最希望结交的同龄人疏远的话。但对孩子们来说，这些是履行最近的责任时最常见的风险。实际上，它们也是我们成年人在这个安定、宁静的国家里最常面临的风险。

如果你的孩子在讲述当天发生的事情时，提到一件让他们难过的事，那就是他们的朋友，人群中最受欢迎的女孩或男孩，对一个几乎没有朋友的孩子很残忍，让这个孩子因尴尬和孤独而哭泣，这时你会怎么做？我们应该告诉他们，对此感到难过是正确的，就像我们对任何施加在无辜者身上的残忍行为感到难过一样。但在告诉他们除了同情受害者之外还应该做些什么时，我们是不是都会犹豫？也许我们会建议他们去找到那个孩子，主动提出陪伴，即使我们知道这样的礼貌行为可能会让他们受到造成伤害的人的责骂。但是，我们是否应该建议我们的孩子去面对那些他们喜欢与之交朋友的受欢迎的男孩或女孩，告诉对方不友善的行为会让人看不起呢？我们可能会，但通常不会毫不犹豫地这么做，因为担心这可能对我们孩子的幸福产生影响。当我们知道孩子们可能会因此受苦时，就很难告诉他们要认识到自己最近的责任，并选择接受它。

当我们良心的痛苦与对所爱之人响应召唤后面临的后果的担心碰撞的时候，我们必须鼓起自己的勇气，也鼓励他们鼓起勇气。当我们的孩子受到伤害，无缘无故受到不友好的对待时，我们必须相信我们对他们说的话。我们必须相信，受欢迎真的没有多大意义。我们必须相信，如果我们爱别人，也被家人和真正的朋友爱着，并从这种爱中变得善良，那么失去人气的伤害就不会比蜜蜂蜇人更严重。那些只靠人气来让人记住他们的人很快就会被遗忘。有德行的人，只要按照良心的指示尽自己的责任，就会被人记住。人们会记住，他们是带来幸福的人，而不是憎恨别人的人。

我们不能抽象地向他们解释美德，然后希望他们能就这么接受。我们必须帮助他们认识到美德的对立面，让他们感受到一种能够促使我们采取行动并接受后果的愤怒。正确看待后果，知道它们并不是生活中最糟糕的事情，但要接受它们；接受这些后果，并决心在美德需要时再次激起它们。

问题研讨

1. 麦凯恩说"没有勇气,一切美德都脆弱不堪"是什么意思?

2. 用一个例子来解释道德勇敢的概念。它与身体勇敢有区别吗?

3. 麦凯恩说"履行一个人最近的责任"是什么意思?麦凯恩是一位备受瞩目的政治人物,这一事实是否为这一观点增添了要素?请解释为什么。

4. 麦凯恩在越南当了五年战俘。有一次他获得了被释放的机会,但他选择留在战友们身边。这一决定导致他受到拷打。从身体上和道德上的勇敢,以及"最近的责任"的概念,评价麦凯恩的决定。

基础阅读 2

《善与恶、助与害的故事》

菲利普·哈利著
1997 年,节选

在本章中,我们谈到了菲利普·哈利与勒尚邦村民的交往,后者拯救了六千名犹太人,使他们不至于被送去纳粹死亡集中营。在选段中,哈利推断,做善事比避免作恶在道德上更优越。

大多数旧的伦理理论和戒律都把伦理描绘成生命的朋友和死亡的敌人。所以这些理论和戒律赞扬帮助,谴责伤害。它们用两种伦理规则或理想来庆祝生命的延续:消极的和积极的。消极的规则见于《圣经》和其他伦理文献中的各处,但摩西从西奈山给西方带来了最值得铭记的规则:不可杀人,不可背叛。[……]这些规则对蓄意消灭生命和欢乐说不。另一方面,积极的规则也见于许多伦理文献。例如,《圣经》吩咐我们要成为兄弟的守护者。这些规则是对生命的保护和传播的肯定。

否定的伦理禁止我们做某些有害的事情,而肯定的伦理则敦促我们帮助那些生命受到损害或威胁的人。要追求消极的理想,你必须双手干净;但要追求积极的理想,你可能就不会那么干净,你可能会在做一些有益的事情时弄脏你的手。如果你想成为你兄弟的守护者,你就必须离开你的道路。消极的伦理是正直的伦理,是克制的伦理。违反它是可怕的——违反者成为杀人犯或骗子——但死人也可以遵守它。尸体不会杀人,也不会背叛。此外,你可以通过保持沉默来遵守否定的伦理,而正是德国和世界上沉默的大多数人用他们的沉默喂养了施虐者和杀人犯。杀人犯和施虐者像饮酒一样痛饮沉默,醉倒在权力之中。

相比之下,肯定的伦理要求采取行动。如果你想满足它的要求,你必须是活人;有时你甚至必须冒着生命危险。你必须离开自己原本的路,有时会走得很远。在战斗中,我必须成为杀人者,以帮助阻止德国。为了阻止纳粹德国在中欧实施的许多酷刑和谋杀,我不得不违反否定的伦理。[……]

我的经历让我相信,人类注定要么是双手干净却无助的,要么是凶狠而乐于助人的。我从前并不认识既干净又高贵的人。

但在关于勒尚邦村的故事中,我见到了既干净又高贵的人。在世界的屠宰场里,这些人既避免憎恨和伤害生命,又阻止了谋杀。

[……]

如果邪恶与扭曲和损害人类生命有关,那么能干地为政府服务[施马林]就是邪恶。在法国的一个山区,那里有许多法国游击队员,施马林帮助阻止法国人从背后刺杀他的德国同胞,使法国人无法阻止纳粹主义的残酷进军。施马林协助的是一个邪恶的事业,在这方面他很有能力,而且很重要。

但是,如果善良与人类生命的延续有关,与防止仇恨、残忍和谋杀有关,那么他肯定是善良的。善与恶与观点有很大关系。如果你想知道残忍是否正在发生,造成了多大痛苦,不要问加害者。不要去问奥托·奥伦多夫

（Otto Ohlendorff）这样的人，他是被派去杀害东欧手无寸铁的平民的特种部队的负责人。加害者感觉不到打击，只有受害者感觉得到。不要问刀剑伤口在哪里，而要问被刀剑所伤的人。加害者可能被单纯的麻木不仁、伟大的事业、强烈的仇恨或上百个自私的"理由"所蒙蔽。受害者也可能变得麻木，但通常他们是自己痛苦的最佳见证人。他们从自己的肉体中，从他们最深的羞辱和恐惧中感受到痛苦。

如果你想知道何为善，不要只问行善的人。他们这样做可能是出于习惯性的乐于助人或一些抽象的原因。他们可能没有意识到他们是如何帮助他们帮助过的人的，他们可能没有凝视过他们善行的受益者的眼睛和心灵。

但通常善行的受益者都知道。通常他们在肉体和激情中拥有这种知识。通常情况下，如果他们没有这方面的知识，善良就不会发生，他们生之欢乐就不会增加和扩大。做好事的人也可能实际上造成很大的伤害。受益者和受害者的观点对于理解善与恶至关重要。

问题研讨

1. 否定的伦理和肯定的伦理有什么不同？请解释。这和勒尚邦村民的故事有什么关系？

2. 哈利说"要追求消极的理想，你必须双手干净；但要追求积极的理想，你可能就不会那么干净，你可能会在做一些有益的事情时弄脏你的手"。解释并评价哈利的观点：他是对的吗？

3. 哈利对施马林的最终评价是什么？请说明。

《共情对道德是必要的吗?》

杰西·普林茨著

节选

（P. Goldie and A. Coplan eds., *Empathy: Philosophical and Psychological Perspectives*. Oxford University Press, 2001）

在这篇论文中，普林茨主张，虽然共情在道德判断和决策中是很好的要素，但共情不是必要的，有些时候还会在道德上产生误导。

共情对于道德是必要的，这一观点至少可以从三种不同的角度来解释。有人可能会认为共情对于做出道德判断是必要的。有人可能会认为共情对道德发展是必要的。有人可能会认为共情对于激励道德行为是必要的。我认为这些猜想都是错误的。共情对这些事情而言都不是必要的。我们可以拥有没有共情心的道德体系。当然，这并不是说应该在道德中消除共情。有人可能会认为，模态问题（没有同理心，还能有道德吗?）和相关的描述性问题（我们的道德反应是否有赖于同理心?）不值得关注。有人甚至会认为这些问题的答案显然是否定的，不需要争论。有人可能认为，值得关注的问题是，共情是否应该在道德中扮演不可或缺的角色。[……]

共情能在认识论方面起作用，这么想似乎是合理的，共情让我们对伤害他人的行为产生消极的看法，对帮助他人的行为产生积极的看法。如果道德判断由某种消极或积极的考虑构成，那么共情看起来可能是道德认知的基础。但仔细分析，就会发现这种联系并不成立。

第一，我们来看义务论考虑压倒功利主义原则的情况。例如，人们可能会认为，杀死一个无辜的人是不好的，即使他的重要器官可以用来拯救另外五个迫切需要移植的人。在这里，可以说，我们对五个需要帮助的人的共情心累积起来比对一个健康的人的共情心要多，但我们的道德判断并不跟随这种共情心的反应。第二，考虑在罗尔斯所说的无知之幕后面做出的道德判断。你可能会认为把资源分配给穷人是件好事，因为你也可能是穷人。这里起作用的不是对穷人的共情，而是对自我的关心。第三，当谈到自我这个话题时，考虑一下你自己是道德沦丧的受害者的情况。你判断自己受到了不公平对待，但你不会因此共情自己，不管那意味着什么。第四，考虑没有明显受害者的案例。例如，人们可以判断逃税或从百货商店偷东西是错误的，而不必考虑那些可能受到伤害的人的痛苦。第五，一些有违道德的行为是没有受害者的，比如恋尸癖、自愿的兄弟姐妹乱伦、破坏无人居住的自然环境地区，或者亵渎没有亲属的人的坟墓。共情心在这些情况下毫无意义。作为一种描述性的说法，认为共情是道德判断的先决条件似乎是错误的。

普林茨的结论是，共情对道德判断、道德发展或激励道德行为而言并不是必要的。相反，共情本身可能造成道德问题。因此，把其他情绪当作激励因素可能会更好，比如愤怒。

第一，正如我们所见，共情不是很有激励性。因此，即使共情提升了关心的程度，它也不能保证人们会为那些需要帮助的人采取行动。间接感受到的愤怒也构成了一种关心，它可能是一种更好的激励因素。

第二，共情心可能导致偏心。巴特森等人（Batson et al., 1995）向受试者展示了一幅小图，图上是一个叫雪梨的等待治疗的女人，然后问他们是否想把雪梨放在等待治疗名单的首位，优先于其他更需要治疗的人。在控制条件下，大多数受试者拒绝让她排到前面，但在被鼓励与雪梨共情的情况下，受试者压倒性地选择让她排到前面，而牺牲了那些更有需要的人的利益。

第三，共情心可能会受到包括可爱效应在内的不良偏见的影响。巴特森等人（Batson et al., 2005）发现，比起同龄人，大学生更容易对孩子和小狗产生共情关怀。巴特森的共情关怀概念并不等同于我所定义的共情，因为它不需要感受到共情对象的感受，但我认为可爱效应也会影响共情。例如，我敢打赌，比起垂死的大鼠，我们更能间接感受到一只垂死的小鼠的悲伤，比起蜥蜴，我们更能间接感受到一只横穿公路的青蛙的恐惧。研究还发现，当目标被视为有吸引力时，共情心的准确性——包括识别他人情绪的能力，或许还有模仿这些情绪的能力——会增加（Ickes et al., 1990）。

第四，共情心很容易被操纵。苏迪斯（Tsoudis 2002）发现，在模拟审判中，陪审团的量刑建议可能会受到受害者和被告是否表现出情绪的影响。当表现出悲伤时，共情心就会起作用，使陪审团倾向于表现出悲伤的人。受害者表现出悲伤会使得判决更严厉，而被告表现出悲伤会使得判决更轻。

第五，共情心可能非常有选择性。想想观看拳击比赛的体验。当你支持的拳击手受到打击时，你可能会感到很深的共情，但当他向对手施以同样的重拳时，你会感到非常高兴。在这两种情况下，你都在观看同样的暴力行为，但共情心的分配可能会有很大的不同，这取决于你更希望谁赢，而这在道德上是武断的。

第六，共情容易产生内群体偏见。我们对那些和我们相似的人有更多的共情，这种共情也更有效。布朗等人（Brown et al., 2006）发现，人们观看人脸照片时，会对同一族群的人表现出更多的共情反应（通过生理学特征和自我报告来衡量）。斯特默等人（Sturmer et al., 2005）发现，只有当需要帮助的人是内群体的成员时，共情才会导向帮助。在他们的一项研究中，参与者被告知某人可能感染了肝炎，而他们提供支持（比如打电话与那人交谈）的意愿，则取决于共情心，以及这个人是否与参与者有相同的性取向。这种强烈的内群体偏见并不是在每项研究中都出现，但即使只是偶尔出现，它也是共情的捍卫者应该担心的事情。

第七，共情受接近效应的影响。2005 年，在美国，人们对卡特里娜飓风的受害者表达了大量支持，对受害者共情的热情表达仍然经常出现在公共话语中。那场飓风导致的死亡人数为 1 836 人。一年后，爪哇地震造成 5 782 人死亡，相比之下，对爪哇地震的新闻报道很少。我冒昧地猜测，很少有美国人记得这件事。对卡特里娜飓风发生前一年的印度洋海啸也没有太多讨论。美国人记得那次事件，但在讨论时却没有在谈论卡特里娜时那么伤感。尽管那场海啸造成的死亡人数为 31.5 万。也许有人会说，卡特里娜飓风继续吸引着我们的注意力，是因为糟糕的救援工作让人们注意到这个国家持续存在的种族偏见问题，从这个角度说，这场灾难在事实发生后仍然具有相关性。但美国人的偏见也可能与美国未能阻止在卢旺达发生的种族暴行有关。那时在卢旺达，至少有 80 万图西族人被杀。这是卡特里娜飓风造成的死亡人数的 435 倍多，但在美国，公众对这一事件的讨论很少。最好的解释是，我们对与我们接近的人（无论是在文化上还是地理上）的共情更多。

第八，共情受显著效应影响。自然灾害和战争是突出的、有新闻价值的事件。它们在有限的一段时间里发生在局部地区，可以用叙事的方式来描述（前提条件、灾难、后果）。其他导致大规模死亡的原因就不那么突出了，因为它们太过频繁和分散，不可能成为新闻。[……]

总之，共情有严重的缺陷。它并不是特别具有激励作用，而且它很容易受到偏见和选择性的影响，以至于它无法提供广泛的道德关怀。以共情为基础的道德会导致偏袒和严重的忽视罪行。共情可能在道德认知方面起到一些积极的作用，比如促进对亲人的关心，但它不应该成为道德体系的核心动机成分。

作为回应，共情的支持者可能会说，我们需要与远方的人共情，以便在他们受到伤害时感到愤怒。但这种建议是错误的，也是徒劳的。这是错误的，因为我们可以直接让彼此对罪恶、种族灭绝和忽视的想法感到愤怒。和其他情绪一样，愤怒是可以直接习得的。例如，愤怒可以通过模仿来训练。如果我们对不公正表示愤慨，我们的孩子也会对不公正感到愤慨。把共情作为愤怒的一种手段是徒劳的，因为共情是针对个人的反应，而许多最紧迫的道德事件涉及大量的人。我们不能与一个群体共情，除非考虑到每一个成员。有些灾难的规模极大，不可能对所有的受害者产生共情。而且，如果我们能对大多数人感同身受，这些间接感受到的痛苦就会使我们陷入瘫痪。有必要记住，死亡人数不仅仅是统计数字，而是涉及真实的人，但与众多的受害者共情既无法实现，也没有作用。我们真正需要的是理智认识我们共同的人性，并敏锐地意识到人类的苦难是令人愤慨的。如果我们能培养这两点，我们就能对全球福祉做出更大的投入。我并不想建议我们应该主动抑制共情心。也许共情丰富了经历过共情者的人生，也许它有助于在个人生活中培养亲密的一对一关系。但是，在道德领域，考虑到共情偏见，我们应该谨慎对待共情，并认识到它不能在驱动亲社会行为中发挥核心动机的作用。也许共情在道德中占有一席之地，但其他情绪可能更重要，比如内疚、愤怒等情绪。当面对道德犯罪时，仅仅同情受害者是不够的，我们应该振作起来。

问题研讨

1. 普林茨说，仅仅同情受害者是不够的，我们应该振作起来，这是什么意思？

2. 根据普林茨的看法，为什么仅仅对受害者共情还不够？他对共情支持者的描述是否公平？

3. 普林茨说我们的共情受"可爱效应"的影响，这么说正确吗？为什么？

4. 普林茨主张，我们做出道德决策时，所依据的因素远不是只有共情，请指出普林茨的论证（以及本书的相关章节）中涉及的原则。

勇气:《兄弟连》第三集《卡朗唐》

汤姆·汉克斯与史蒂文·斯皮尔伯格制作

电视剧,2001 年,梗概

备受赞誉的 HBO 电视剧《兄弟连》实际上是电影《拯救大兵瑞恩》的续集——并不是说电视剧和电影里的角色相同,而是说它们的故事发生在同样的时间段,有同样的主题:1944 年 6 月 6 日,美国士兵在诺曼底登陆,接下来就进入第二次世界大战的最后一年。《拯救大兵瑞恩》的主演汤姆·汉克斯和导演史蒂文·斯皮尔伯格想要更深入地探究真正的美国士兵在诺曼底登陆日及之后的战争经历。在本剧中,我们跟随 E 连的战役活动,每一集的开场白都由该单位的真实幸存者陈述。在这个故事中,我选择关注的是第三集的一部分,但绝不是全部:二等兵阿尔伯特·布莱斯的故事。我打算用它来说明身体勇敢的概念,但你可能会想要之后继续探讨这个问题。

这是登陆日后一天,E 连的士兵在防空炮火的风暴中跳伞后,仍然分散在诺曼底的乡间。一些士兵在落地前被击中;还有一些人尽管失去了大部分装备,仍然朝着目标前进。来自不同单位的散兵相遇后就组成临时小队,一边寻找战友,一边与敌人交战。除了二等兵阿尔伯特·布莱斯。当 E 连的一些士兵在徘徊中遇到布莱斯时,我们感觉到布莱斯有严重的问题——不是生理上的,而是心理上的。他抬头望着天空,就像一只从窝里掉下来的小鸟,仰望着它从中落下的宁静、安全的避风港。他定定凝视着,几乎听不到伙伴的问题,但他的身体没有任何异样。

在重新加入 E 连后,布莱斯在卡朗唐镇大街上与德国士兵的交火中幸存,看到战友死于枪杀或留下肢体残缺,他的心情沉重至极——他没有受伤，但他因恐惧而突然失明了。他的上级军官温特斯中尉向他保证，他将被送回英国，中尉对他很友善，也理解他，尽管布莱斯的眼睛似乎没有任何生理问题。温特斯富有同情心的话语足以让布莱斯清醒；他的视力显然恢复了，他回到了他的队伍。在与另一名军官独处的时候，布莱斯坦白了他的烦恼。我们了解到，在诺曼底登陆那天，他躲在壕沟里睡着了，而没有去寻找战友、追击敌人。他觉得自己的恐惧超出了大脑的承受能力。在他的恐惧世界的这个关键时刻，勇敢的斯皮尔中尉（他在本剧后面的几集中表现出深不可及的勇气）给了布莱斯一条建议：你躲起来，不是因为害怕，而是因为你还有希望——生存的希望，而这种希望会麻痹你的行动；当一名好士兵的唯一方法，就是告诉自己你已经死了。

另一场战斗随之展开：德国坦克碾过美军士兵，E 连的士兵们在枪林弹雨中倒下，子弹呼啸而来，落在尖叫的二等兵布莱斯周围。但现在发生了一件事：他举起来复枪，仿佛要还击对他的疯狂袭击，他找到了扳机（我们感觉这是他第一次在战斗中开枪），盲目地一遍又一遍地开火。战斗快结束时，当他在天际线上看到一名德国士兵时，他站了起来，不顾自己的安全，仔细瞄准，开枪，看到他的敌人倒下。布莱斯站在被他征服的敌人身旁，注意到他杀死的那个人身上戴着一朵雪绒花——一种阿尔卑斯山上的花，象征着佩戴者是伟大的战士。他拿起雪绒花，把它别在自己的外衣上。从内心深处，二等兵阿尔伯特·布莱斯找到了战斗中的勇气。后来，当一项必要而又危险的任务需要志愿者时，他第一个站出来。但这种无私的勇气却毁了他：他的脖子上挨了一枪；虽然他被一名医生救了，但我们在这一集的结尾得知，他没能完全恢复过来，1948 年，即战争结束三年后，他去世了。我们最后一次见到阿尔伯特·布莱斯时，他正躺在医院的病床上，眼睛向上凝视着宁静的天空。

问题研讨

1. 布莱斯经历什么？他不再恐惧了吗？排除恐惧对于找到勇气来说是必要

的吗？

2. 在你看来，斯皮尔中尉的建议有智慧吗？为什么？这条建议只适用于战役，还是也与其他危险情况相关？该建议有负面影响吗？请解释。

3. 如果你是一名老兵，你可能想和同学分享你对这个故事的反应，或者写一篇文章。这听起来是真的吗？为什么？如果你已经看过《兄弟连》全剧，你可能需要把这一集放到更大的背景中审视。

4. 想象约翰·麦凯恩会对布莱斯的故事说些什么。布莱斯是勇敢的吗？为什么？亚里士多德会怎么说？

故事 2

勇气:《大地惊雷》

乔尔·科恩、伊桑·科恩编剧及导演
电影，2010 年，根据查尔斯·波蒂斯的小说改编，梗概

2010 年上映的电影《大地惊雷》（*True Grit*）是 1969 年同名西部片的翻拍版，约翰·韦恩凭借在西部片中饰演的独眼美国警长狂人考伯恩获得奥斯卡奖。新版获得了奥斯卡最佳影片提名，评论家们认为它在某些方面优于原版：它更接近查尔斯·波蒂斯的原著；它更苛刻，也更符合历史；而片中 14 岁的玛蒂则表现出更多的"勇气"（grit）。这部电影符合观众的期待，它由科恩兄弟创作，他们以《冰血暴》等标新立异的影片而闻名。但是一些评论家认为，1969 年的版本有新版本所不能及的魅力。尽管如此，我们还是了解了真正的勇气（true grit）或勇敢的进取心的含义。谁有勇气？显然是警长考伯恩，但年轻的玛蒂也展现了属于她自己的勇气和主动性，而且玛蒂实际上

是这部电影的主角——这在西部片中很少见。这部电影的另一个独特之处在于，玛蒂的扮演者是 14 岁的女孩海莉·斯坦菲尔德。

故事发生在 1878 年的阿肯色州。玛蒂·罗斯的家人在耶尔县有一个小农场，她的父亲弗兰克·罗斯和雇工汤姆·钱尼去了史密斯堡买马。当弗兰克被钱尼谋杀、弗兰克的两枚金币和一匹马被盗的消息传到家里时，14 岁的玛蒂和家里的工头亚内尔来到镇上，确保她父亲的尸体被运回达达尼尔安葬。她决心让钱尼为他的所作所为付出代价。正如她在开头的画外音中所说："这个世界上的一切，我们都必须付出代价——除了上帝的恩典，没有什么是免费的。"他们抵达史密斯堡的那天，帕克法官正在执行绞刑。玛蒂和亚内尔先去了存放玛蒂父亲遗体的殡仪馆。她问的第一件事就是为什么防腐费这么贵，这让殡仪馆的工作人员很吃惊。玛蒂把她父亲的遗体运出，并派工头回家告诉母亲她晚些日子再回去，因为她必须解决她父亲的事情。接下来，玛蒂去看公开处决。三名男子被绞死。玛蒂一点也不害怕，她最关心的是钱尼的下落。她询问治安官，发现钱尼已经逃到了河对岸的印第安领地（今天的俄克拉何马州），不再属于州治安官的管辖范围。现在，她打算把钱尼绳之以法，绞死他，既然那时当地法律办不到。她问，美国最好的法警是谁。治安官给了她三个选择：一个出色的追踪者，一个非常刻薄、无畏的警长，还有一个非常公平正义的人。她问她在哪里可以找到刻薄的那一个，也就是狂人考伯恩。她想要找的是一个真正有勇气的人。

独眼的美国法警鲁本·考伯恩出现了。我们先是听到他在外屋说话，第二天，我们看到他在法庭上做证。我们了解到，他会做任何事情来抓捕凶手，包括杀死抵抗的凶手——4 年内杀了 23 个人。他对玛蒂的故事一点也不感兴趣，把她打发走了，除非她能带着她愿意为抓捕钱尼付出的 50 美元回来。

玛蒂有其他事务要忙：她用一系列合乎逻辑的理由说服马场主人，应该把钱尼偷的父亲的马的钱赔付给她，因为马当时在马场里。此外，她还希望

14 岁的玛蒂·罗斯（海莉·斯坦菲尔德饰）雇法警狂人考伯恩（杰夫·布里奇斯饰）进入印第安领地逮捕杀害她父亲的凶手汤姆·钱尼，并将他送上法庭。玛蒂坚持一同前去，以确保她的钱花得值。

（© Paramount Pictures/Photofest）

取消父亲所做的四匹小马的交易。当马场主人试图拒绝她时，她说出了律师的名字，J. 诺布尔·达格特。第二天，她以很便宜的价格买了一匹小马，甚至弄到了父亲的马鞍。她对她的新马很满意，叫它小布兰奇。她从父亲住的寄宿公寓里找回了父亲的那把老柯尔特龙骑兵手枪，在那里住了两个晚上——不是住单间，而是和一位感冒的老太太合住一间屋子，她很快也感冒了。在发烧的时候，她看到一个男人在她的卧室里抽着烟斗。确实有这么一个人——得克萨斯州游骑兵拉博夫，他碰巧也在追捕钱尼，钱尼因枪杀了一名得克萨斯州参议员而被通缉。参议员的家人雇用拉博夫，希望他在得克萨斯州将杀害参议员的凶手绳之以法。但玛蒂对此并不接受——她希望杀害父亲的凶手在史密斯堡接受审判，为他所做的一切负责。她不会与他合作，而是继续与狂人考伯恩制订计划。

考伯恩住在陈·李百货公司的后面，睡在中国的绳床上。这地方很脏，他又喝醉了。即便如此，他们还是达成了一项协议：她先付他 50 美元，工作完成后再付 50 美元。起初，他对她加入的要求充耳不闻，但最终同意带她一起去，因为她坚持要去，也说自己过去常常露营——她前一年和父亲一起去狩猎过浣熊。但是第二天早上，当她去找考伯恩的时候，他已经和拉博夫一起走了，后者也联系过考伯恩。他们之所以联合起来，是因为共同的目标——在得克萨斯得到赏金。他们已经乘船渡河前往对岸的领土。她愤怒而无畏地骑着小布兰奇下水，游过了宽阔、湍急的河流。

拉博夫马上拿起一根枝条打她，但考伯恩站在了她这边，队伍分开了——她现在和狂人一起骑马，拉博夫独自出击。狂人带着酒，讲述他野外生活的故事，我们的印象是他是一个孤独的人。他曾经有一个家庭，但是他的妻子离开了他，留下了他们的儿子，后者从来没有真正关心过他。为了躲避暴风雪，狂人和玛蒂来到一个挖好的地方，那里有两个人不让他们进去，狂人和玛蒂把一件外套放在烟囱上，用烟把他们熏了出来。在随之而来的枪战中，一个年轻人受伤了，玛蒂劝说他把所知道的她父亲和奈德·佩珀的事说出来（奈德当天晚上就要到了）。此时，另一个人用刀刺那个年轻人，狂人立刻开枪打死了拿刀的人，可怕的暴力让玛蒂震惊。但她很快调整过来，他们建立了一个监视点，狂人希望抓住奈德和他的团伙，他告诉玛蒂一个不太可能的故事，有一次，他以一敌七，用牙咬着马的缰绳，手拿两支柯尔特海军型手枪向他们射击，那些人全都跑了。但此时，拉博夫无意中走进了正在逼近的团伙，埋伏被搞砸了。拉博夫受伤了，但他们已经知道了佩珀及其的团伙以及钱尼的下落：在曲径山里。

现在，三个人在尴尬的休战中一起前行。他们到了团伙的据点，发现据点已被抛弃。这让狂人和拉博夫都感到气馁，决定放弃，因为他们认为钱尼已经走了很久，玛蒂不屈不挠的正义感也无法说服他们改变主意。拉博夫要回家，他带着敬意向玛蒂伸出手，表示自己错判了她。第二天早上，玛蒂去河边打水。令她吃惊的是，她发现那里还有一个人——正是钱尼，他正在给这伙人的马打水。她拿出父亲的旧手枪，告诉他，他现在被捕了，他不服从，她就朝他开了一枪——打在了肩膀上，因为她不习惯拿枪。强大的后坐力把她冲击到水里，钱尼趁她的枪射不出子弹的时候设法抓住了她。现在她成了奈德·佩珀团伙的俘虏。有人对狂人大叫，如果他不离开，他们就杀了她，狂人撤退了。

奈德·佩珀决定把玛蒂交给钱尼看管，自己则带着团伙里的其他人去他们的另一个藏身之处。玛蒂非常懊恼，她当然不相信钱尼，而钱尼也很恼怒，因为他认为佩珀抛弃了他。佩珀和他的同伙离开了，不久之后，钱尼用刀袭击了玛蒂；但拉博夫从钱尼身后走出来，用枪托把钱尼打昏过去。与此同时，在悬崖下，奈德·佩珀和他的团伙被狂人拦住了。接下来的对话直接引自波蒂斯的原著。

> 狂人考伯恩："奈德，我想在一分钟内看到你被杀，或者在帕克法官方便的时候在史密斯堡绞死你。你要哪一种？"
>
> 奈德·佩珀："你这个独眼胖子胆敢这么说！"
>
> 狂人考伯恩："拿枪吧，浑蛋！"

狂人咬住缰绳，就像在他告诉玛蒂的故事中那样，他骑着马对抗那四个人，用两支枪射击，他设法杀死了其中的三个人，并击中了奈德，但是奈德击中并杀死了狂人的马。狂人的腿被死马压住了。不过，拉博夫是个神枪手，他在奈德还没来得及杀死考伯恩之前，就从三百多米外的悬崖上击中了奈德。大团圆结局？没有那么快。钱尼醒过来，把拉博夫打昏了。玛蒂抓起拉博夫的来复枪，打死了钱尼，但后坐力把她推入了一个深坑，坑里有响尾蛇。一条蛇咬住了她的胳膊。

考伯恩警长能救玛蒂吗？你必须亲自去看这部电影，看看玛蒂、考伯恩和拉博夫经历了什么。如果你已经看过1969年的电影，别指望科恩兄弟的版本会有相同的结局！

故事 3

勇气和懦弱：《心》

夏目漱石著

小说，1914 年，1955 年与 1973 年改编为电影，电视剧在 1995 年出品，同期还推出动漫和漫画，梗概

日本作家夏目金之助以夏目漱石之名写作，他的作品《心》让我们窥见了处于从传统儒家社会向现代个人主义和西方技术世界转型时期的日本。转型的明治时代随 1912 年明治天皇驾崩而结束，大正时代开启，而这就是夏目漱石以及小说主人公"先生"所处的时代。小说的英译者指出小说的标题是一个复杂的词，意思是"思想和感受之心"。

小说分为三个部分；第一部分着重讲述了一个年轻人（姓名不详）和一位年长于他的"先生"之间的会面和友谊。"先生"是一位隐士，似乎是哲学家，但并不隶属于任何学术机构——实际上，并不隶属于任何职业机构。"先生"也不是他的真名，意思是"老师"，是年轻人对他的尊称。在第二部分，年轻人左右为难，既想在家乡照顾临终的父亲，又渴望回到东京和"先生"相处。第三部分是"先生"寄给年轻人的一封长信——"先生的遗书"，

年轻人收到这封信时，"先生"已经自杀了[1]。在信中，我们发现，潜在的原因是由自私而产生的内疚，但我们也可以说这种内疚源于在关键时刻缺乏勇气——缺乏美德。

这个年轻人是东京一所大学的大一新生，他在一个避暑胜地的海滩上遇到了"先生"。年轻人被这位年长者的严肃举止所吸引，在观察他游泳几天后，学生找到了和他交谈的机会。他们一起游泳，成为朋友，但"先生"似乎很冷漠。一回到东京的学校，学生就寻找"先生"，发现这位年长者已经结婚了，对方是一个美丽的女人。"先生"不在家，她说，他去墓地祭拜了。后来我们发现，他每个月都要去的坟墓是他的朋友 K 的最后安息之地，K 多年前自杀了。通过故事结尾的那封信，我们还了解到，"先生"带着深深的罪恶感。但他一开始并没有和这个年轻的学生分享这些，并对这个年轻人似乎很享受他们的友谊表示惊讶。"先生"给人的印象是一个智慧的谦谦君子——但这是因为他很睿智，还是因为他带着秘密？有一天他向这个学生吐露，他的妻子不理解他，如果他真的是她认为的那种人，他就不会那么痛苦了。后来他坦白说，他认为爱是一种罪，这让年轻人困惑，因为"先生"和他妻子的婚姻看起来很幸福。他也有几次机会与"先生"的妻子说话，她透露说自朋友 K 自杀，他就变了。

但还有一件事折磨着"先生"：当他年轻的时候，父母由于伤寒离去，他的叔叔骗走了本属于他的遗产。这让他产生了一种厌世的世界观：他说，到了紧要关头，人们就会变坏。所以现在他一直坚持，学生应该在自己的父亲去世前从法律上解决遗产问题。学生现在已经毕业，父亲在家中患病，于是他离开东京，前往家乡，他向"先生"和他的妻子说了再见，可他不知道将永远不会再见到"先生"了。

整个夏天，这个年轻人都一心关注他父亲的身体和精神状况。他的父亲

---

1 《心》多次提及仪式性自杀，如本章前半部分（知识窗 11.2）提到的，西方传统通常认为自杀行为是成问题的，但日本文化并非如此。——作者注

因为天皇的去世而郁郁寡欢，认为自己的时代已经结束了。他觉得奇怪的是，他的儿子甚至想离开他回到城市，因为在他自己的时代，孩子会留在家中照顾父母。年轻人寄信给"先生"，但在他父亲的身体状况转坏的时候，他收到了一封很长的回信。这让他放下一切，离开了临终的父亲，乘火车去东京——尽管他知道已经太晚了。

这封信包含了"先生"的故事，还有他深深的罪恶感。当时他自己还是学生，他曾是一个房客，女主人有一个漂亮的女儿，信中称她为"小姐"。但他还有一个朋友K，正处于危机之中，需要他的帮助，所以他建议K搬到同一所房子里。在接下来的几个月，K爱上了"小姐"并最终向"先生"坦白。而K不知道的是，"先生"也爱上了她。但是，尽管尝试了几次，他还是无法鼓起勇气告诉K；他充满嫉妒，向"小姐"的母亲提亲，后者在没有问过K和"小姐"的情况下就同意了。

"我就那么样过了两三天。不用说，在那两三天中我对K不断地感到不安，胸中重沉沉的。我觉得非怎样弥缝一下不可，不然很对不起他。而况太太的言谈呀，小姐的态度呀，始终像在挖苦似的刺激我，使我更加难受。太太有些男人似的气概，说不定什么时候会在饭桌上对K把我的事情拆穿。从那时以来好像特别显眼的小姐对我的举止动作，又不能断言不会成为K心头云影似的猜疑的种子。我总得怎么办，我已经站在一个不能不把我和这家人家建立的新关系告诉K的位置上了。然而在伦理上一有弱点，自己对自己认识得很清楚的我，就觉得那样做又是极难的事。我没有办法，想拜托太太，要她改日替我就这样告诉K吧。当然，那是要趁我不在的时候。然而如果她据实告诉K的话，那和我自己告诉只是直接和间接的不同，使我抬不起头来是一样的。那么编一套话来请她去说吧，太太又一定要诘问我那是什么理由。如果我对太太把一切情形都说清楚了拜托她的话，那我就非得把自己的弱点，自动地暴露在自己的爱人和她母亲面前不可。我是个老实人，只觉得这么做是有关自己将来的信用的。而在结婚以前失去爱人的信用，尽管是一丝一毫，在我看来也好像是不可忍受的不幸。

总之，我是个想走正直的道路却无意中失足了的糊涂虫。要不然，就是一个狡猾的人了。而觉察到这一点的，在目前，只有天和我的心。可是，如果我想站稳，向前再跨出一步的话，就不能不把刚才的失足让周围的人都知道。我就是陷入了这么一个窘境。我始终想把失足的事隐瞒掉，同时却又怎么也非向前跨出去不可。我被夹在中间，又不能动弹了。

过了五六天以后，太太突然问我：'你有没有跟 K 谈过那件事？'我回答说：'还没有谈。'于是，太太又盘问我说：'为什么不谈呢？'我在这个问题面前，变得像木头做的一样。那时太太说了几句使我吃惊的话，我到现在还牢记不忘：

'怪不得我一提起，他的脸色就不自然。你不是也不对吗？平常关系那么密切，却什么都不说，装作没事。'

我问太太，那时 K 没有说什么话吗？太太回答说，另外没有说什么话。但我却忍不住要进一步打听得更仔细些。太太当然也没有隐瞒什么的理由。她一边说没有什么重要的话，一边把 K 的情况讲给我听。把太太讲的综合起来想想，K 对这个最后的打击，好像是用最平静的惊讶来迎接的。K 对小姐和我缔结的新关系，据说最初只是说了声'是这样吗'，但当太太讲出'你也很高兴吧'时，他才看着太太的脸，一边露出微笑，一边说了声'恭喜恭喜'，说罢就站起身来离开了座位。而在拉开起坐间的隔扇以前，据说他又回过头来问太太：'结婚在什么时候呢？'接着又说：'我想送些祝贺的礼物，可我没有钱，不能送了。'坐在太太面前的我，听了那些话以后，感到胸口好像梗塞似的苦痛。"[1]

---

1 本段译文出自夏目漱石：《心》（周大勇译，上海：上海译文出版社，1983 年），第 234—236 页，略有改动。——编者注

几天后，"先生"发现 K 死在自己的房间，他用小刀割断了自己的颈动脉。他给"先生"留下了一封信，感谢他的友谊，并解释说，自己觉得前途无望。信中没有提到"小姐"。"先生"知道是他的行动杀死了他的朋友，他因自己的弱点陷入了自我悔恨的旋涡，这一直留在他的身上，直到他结束自己的生命。

　　　　最后的评论："先生"背叛了两个世界上对他来说最重要的人，他的朋友 K 和"小姐"，他听 K 坦白说爱上了她，却没有告诉 K 自己对她的感情。然后他就背着 K 向"小姐"的母亲提亲。他在与"小姐"一起生活中始终瞒着她。所以对"先生"来说，他的一生都在罪恶中度过，而不是智慧或美德。与此同时，当这个年轻人匆忙赶到东京，绝望地希望"先生"还活着时，他也成了背叛者，他在父母最需要他的时刻抛弃了他们。那么，也许"先生"的确是一个有影响力的老师吧。

问题研讨

1. "先生"在何种意义上是这个年轻人的老师？这个书名合适吗？

2. "先生"说，如果他的妻子真的了解他，他就不会如此痛苦，这是什么意思？

3. "先生"的道德缺陷和学生的有相似之处吗？请解释。

4. 你已经了解到林语堂关于中国传统中子女照顾年老父母的说明。这与学生的情况相比如何？你认为我们应该得出什么结论。

5. 对于"先生"来说，他本来应该对朋友 K 做什么勇敢的事？他认为自己本应怎么做？你觉得呢？

同情:《好撒玛利亚人的故事》

《新约·路加福音》第10章第30—37节，中文和合本

对于有基督教背景的读者来说，好撒玛利亚人的寓言是关于同情的原型故事。它是拿撒勒人耶稣的比喻之一，是有寓意的。

耶稣回答说：有一个人从耶路撒冷下耶利哥去，落在强盗手中。他们剥去他的衣裳，把他打个半死，就丢下他走了。偶然有一个祭司从这条路下来，看见他就从那边过去了。又有一个利未人来到这地方，看见他，也照样从那边过去了。唯有一个撒玛利亚人行路来到那里，看见他就动了慈心，上前用油和酒倒在他的伤处，包裹好了，扶他骑上自己的牲口，带到店里去照应他。第二天拿出二钱银子来，交给店主，说："你且照应他；此外所费用的，我回来必还你。"你想，这三个人哪一个是落在强盗手中的邻舍呢？他说："是怜悯他的。"耶稣说："你去照样行吧。"

对现代读者来说，该故事说明撒玛利亚人是一个真正的好人，因为他的行为充满了同情心，而其他本应该知道是非的人却什么都没做。然而，对于耶稣同时代的人来说，这个故事的意义可能略有不同。在以色列的犹太人看来，撒玛利亚人是社会的弃儿，在政治上和种族上与希伯来人不同，撒玛利亚人是受到轻视的。因此，对犹太人而言，耶稣讲这个故事的目的，与其说是教导人们要有同情心，不如说是教导人们认出谁是我们的邻舍（我们的邻舍可以是对我们有同情心的任何人）。教训就是，"即便是"撒玛利亚人，也可以成为我们的邻舍。当然，最重要的教训是"去照样行吧"。

1. 耶稣所说的"邻舍"可能是什么意思？请解释。这个故事是只对基督徒有意义，还是对其他信仰的人、不可知论者和无神论者也有吸引力？请解释。

2. 一个伦理利己主义者对这个故事会说什么？为什么？

3. 几年前的一项大学研究测试了人们停下来帮助处于困境中的人的意愿。一群学生被告知要去听关于撒玛利亚人的寓言的讲座，在路上他们遇到了一个人，他看起来非常痛苦。看上去，讲座的主题并没有产生任何影响：许多认为自己到得早的学生停下来帮忙，而认为自己快要迟到了的学生几乎没人停下来。如果你必须在助人和匆忙赶路之间做出选择，你是否会想起这个故事，它对你有影响吗？

故事 5

同情：《辛德勒的名单》

史蒂文·泽里安编剧，史蒂文·斯皮尔伯格导演
电影，1993 年，根据 1982 年托马斯·肯尼利的作品改编，梗概

对于本书中所有的情节梗概，我都强烈建议你去体验原著中的故事，因为梗概只是为了突出某些道德问题，并不能代替你读这本书或看这部电影的体验。对于横扫诸奖的《辛德勒的名单》尤其如此，它改编自二战时期发生在波兰的一个真实故事。大屠杀的历史事实对每个人来说都是（或者应该是）熟悉的，即使我们认为已经知道发生了什么，但听到和看到人们遭受苦难的经历（即使是在好莱坞版本中）比任何语言所能表达的都更有力量。为

了这个故事的寓意，我不得不写下整个故事线，但我当然省略了很多细节。

　　时间是 1939 年，地点是波兰的克拉科夫。当时，纳粹军队已经占领了波兰，波兰的犹太人正被转移到有 600 年历史的克拉科夫犹太人聚居区。由于被剥夺了谋生的权利，犹太人正在努力适应。德国的非犹太人奥斯卡·辛德勒向犹太委员会提出了一个建议：他们的投资加上他的商业头脑，可以让一家新工厂开工。但委员会成员伊扎克·斯特恩拒绝了他。我们看到辛德勒与纳粹高层官员关系融洽，表现出自己是一个豪客，广交朋友，所有这些都是为了未来的商业关系。

　　两年后，拥挤不堪的聚居区变成了克拉科夫犹太人的监狱。所有有犹太血统的人都搬到了老城区，辛德勒从中获利：他接手了原属于一个犹太商人的漂亮公寓。现在他又向委员会提出他的建议；这一次，他们迫切需要食品和其他无法获得的商品，因此投资者同意帮助辛德勒建立他的工厂，生产搪瓷制品。斯特恩成了他的生产经理，并立即看到了一种帮助聚居区人民的方法，即雇他们为工厂的熟练工人，那些以前从来没有做过体力活的人——拉比、音乐家、历史教授——如果不能证明自己能对战争做出贡献，就将被驱逐出境。

　　辛德勒把他的妻子从家乡叫来，自豪地告诉她，他就要发财了——他以前所有失败的商业冒险都缺少的一个基本要素现在有了，那就是战争。他把搪瓷制品卖给他的纳粹朋友，赚得盆满钵满。

　　斯特恩的身份证件留在了原处，他因为没有证件而被拦截，纳粹很快把他送上了开往奥斯威辛的火车。火车开出时，辛德勒出现了，他威胁那些年轻的纳粹军官要结束他们的职业生涯，从而拯救了斯特恩；斯特恩很感激，但很明显辛德勒不是为了斯特恩才这么做的。他说："如果我晚到五分钟会怎样？那我又将在哪里？"

　　其他被送往奥斯威辛的人则没有得到任何救助；我们看到他们的手提箱被纳粹官员打开，里面的东西被放在架子上，他们的珠宝，还有他们的金

菲利普·哈利谈到了纳粹德国的制度化残忍，以及勒尚邦村民与其对抗的友善；另一个对抗纳粹恐怖的例子是奥斯卡·辛德勒的真实故事，史蒂文·斯皮尔伯格在他 1993 年的电影《辛德勒的名单》（环球影业）中讲述了这个故事。辛德勒在他的工厂雇用犹太人作为工人，从而骗过了纳粹灭绝机器，让 1 100 多名男人、女人和儿童免遭屠杀。剧照中，辛德勒（连姆·尼森饰）与奥斯威辛死亡集中营的一名党卫军警卫争辩，说他的工厂也需要工人的孩子，因为他们的小手可以打磨炮弹外壳的内里。

牙，都被没收了。

　　一名新指挥官来到了附近的劳改营普拉佐夫。他是阿蒙·格特，一个冷酷无情、几乎疯狂的人，哪怕只受到最轻微的挑衅，也会向人开枪，甚至仅仅把人当作练习的靶子。在他的命令下，纳粹突击队开始清除克拉科夫聚居区：所有人都被围起来，要么当场枪毙，要么转移到普拉佐夫。辛德勒站在俯瞰犹太人聚居区的山顶，目睹了大屠杀的惨状。他从远处注意到一个穿红色外套的小女孩（《辛德勒的名单》是一部黑白为主的电影，女孩的外套是仅有的几件有颜色的物品之一）；我们可以看到当他明白这个女孩无法幸存时的反应。

　　回到他的工厂，辛德勒独自待着；工人们走了。于是他去找格特，抱怨他在赔钱，要求让他的工人们回来。格特要求分得一部分利润，允许他的工人回来，除了斯特恩。

到目前为止，利润可能是辛德勒行动背后的真正动机，但当一名年轻女子走近他，恳求他收留她的父母为"工人"以免他们被杀害时，他同意了（在一开始拒绝之后）。我们开始看到他的变化；他开始把他的犹太工人，"辛德勒犹太人"，看作人。然而，格特却没有这样的心胸。格特告诉他的女仆，一个年轻的犹太女人，自己喜欢她，即使"她不是一个严格意义上的人"。当他想吻那个被吓坏了的年轻女子时，他指责她几乎诱惑了他，并用一块碎玻璃划她。

越来越多的囚犯抵达普拉佐夫，格特想给他们腾出地方；他的方法是把健康的人和不健康的人分开，所以他强迫整个营地的人脱下衣服，在营地医生的眼皮底下光着身子绕着圈跑。任何看起来不完全健康的人都被拉到一边枪毙。当幸存者被允许穿衣服时，他们都很高兴——但他们的快乐是短暂的，那时，纳粹已经把孩子们抓了起来，现在正把他们带走消灭。有些孩子设法藏了起来，其中一些藏在公共厕所里。

在经历了一段时间的心碎之后，斯特恩告诉辛德勒，他已经被安排负责最后一次向奥斯威辛的"疏散"，他自己也在最后一列火车上。辛德勒带着钱辞职回家，就到此为止了，但当他收拾他所有的钱时，他想到了能用钱做什么。他接近格特，问是否可以购买工人的生命，将他们转移到另一个营地建一个新工厂。格特讨价还价后表示同意。现在辛德勒和斯特恩必须一起列出一份名单，上面是他们要救的人的名字，辛德勒能负担多少钱就写多少。最后，这份名单包括了 1 100 多名犹太人，斯特恩告诉他，"这份名单就是生命"——周围全是死亡。于是，辛德勒的犹太人被带到辛德勒家乡捷克斯洛伐克的安全港湾；但是只有男人和男孩来了。载着妇女和女孩的火车由于笔录错误，转到了侧线开往奥斯威辛。

辛德勒用钻石贿赂奥斯威辛集中营的监工，把他的女工们买了回来，但不得不为拯救她们的女儿而奋斗到底。最终，这些家庭团聚了，在战争剩余的 7 个月里，这家工厂生产无用的炮弹，因为辛德勒不想为这场杀戮做出贡献。战争结束时，辛德勒已经没有钱了；他花光了所有的财产，拯救了1 100人。告别了他的犹太朋友（他现在被认为是战争罪犯，必须逃跑），他崩溃了，觉得如果他卖掉车和珠宝的话，本来可以拯救更多的人，但斯特恩和其他人给了他一封每一个人都签了名的信，还有一枚带有《塔木德》引文的金戒指："拯救一条生命，就拯救了一整个世界。"他们拔下自己的金牙熔化成金子，制成了这枚戒指。

问题研讨

1. 解释这句《塔木德》里的话："拯救一条生命，就拯救了一整个世界。"
2. 辛德勒所表现出的同情心，与勒尚邦村民所表现出的善待的美德相比如何？（见菲利普·哈利的探讨。）
3. 辛德勒最初雇克拉科夫犹太人是为了牟利，这一事实是否有损于他拯救犹太人的努力？为什么？（此处你或许可以运用伯杰关于感恩的标准。）
4. 将囚犯被迫在纳粹军官面前裸体跑步的场景与哈利的制度化残忍理论进行比较。

故事 6

感恩：《把爱传出去》

莱斯利·迪克森编剧，米密·里德导演
电影，2000 年，根据凯瑟琳·瑞恩·海德的原著改编，梗概

这部电影与本书涉及的多个主题都有关联，其一就是感恩的美德，这也是为什么我把它放在了本章。但这部电影与第四章关于自私和利他主义的讨

论也有关联。

在一个下雨的冬夜，洛杉矶发生了一起人质劫持事件。一名年轻的记者的汽车被挟持人质的匪徒逃跑时开的 SUV 撞毁，现在他被困在雨中的洛杉矶。一名男子从雨雾中走出来，把他的捷豹钥匙递给了记者。陌生人说，这辆车就留给这个记者了，"这是陌生人之间的慷慨"。

让我们来到四个月前的拉斯维加斯。这是开学的第一天，社会研究教师尤金·西莫内特像往常一样给七年级的学生上导论课。西莫内特的脸看起来像是在烧伤事故后毁容了，他带有一种挑衅的态度。他问孩子们是否关心世界。他说，总有一天，这个世界会出现在你面前，你可能想要改变它。所以他给了他们一项任务——和他每年给的一样："想一个改变世界的主意，并付诸行动。"11 岁的男孩特雷弗把这个想法牢记在心。在回家的路上，他看到一个无家可归的年轻人试图捡垃圾吃。接下来我们看到的是，特雷弗和这个无家可归的人在家里吃晚饭，吃的是麦片加牛奶。特雷弗的计划"把爱传出去"开始形成。但他的母亲阿琳是一家赌场的女服务员，对此并不热心，她在车库里遇到了那个无家可归的小伙杰里，她感到恐惧和怀疑。她问特雷弗，特雷弗告诉她这是一个任务。她去了学校与西莫内特对质。碰面进行得并不顺利：西莫内特态度冷淡，她对他的居高临下感到厌恨。与特雷弗的父亲离婚的阿琳是个酒鬼。一天她回到家，发现杰里在车库修理她的卡车以便她能把它卖掉。他已经在报答特雷弗的善举了：特雷弗给了他钱，这样他就可以把自己收拾干净。他找到了一份工作，还努力戒掉毒瘾。现在特雷弗在课堂上解释了他的计划：如果我们每个人都帮助三个陌生人，而他们又接着去帮助另外三个陌生人，那么我们就会看到世界迅速向好的方向发生变化。但是他们必须通过做一件重要的、困难的事情来提供帮助，否则就不算数。西莫内特很是佩服，这是他多年教学生涯中听到的第一个新想法。

特雷弗经历了两次挫败。杰里又吸毒了，所以现在特雷弗必须找到另一个人去帮助。他关注的是一个患有哮喘的小同学，他经常被两个大男孩

电影《把爱传出去》中的一幕：在一小段时间里，特雷弗（哈利·乔尔·奥斯蒙特饰）很开心。他把他的母亲阿琳（海伦·亨特饰）和他最喜欢的老师尤金·西莫内特（凯文·史派西饰）带到了一起，看来事情可能会有转机。但特雷弗粗暴、酗酒的父亲瑞奇回来了，阿琳决定再给他一次机会。

欺负；但在紧要关头，特雷弗无法说服自己出手。他决定帮助的第三个人呢？西莫内特。他想让西莫内特和他妈妈约会，既是为了老师，也是为了阿琳，因为阿琳是个酒鬼，她的生活需要一个稳定的人，如果有人在那里，特雷弗的父亲可能就不会再回来了。我们听到特雷弗的父亲瑞奇曾多次殴打阿琳，也理解特雷弗担心旧的模式会在无休止的酒精和暴力的循环中重演。所以现在特雷弗扮演他妈妈和尤金·西莫内特的媒人。两人逐渐熟悉起来，并开始理解，他们并没有被困在不被爱、不被需要的角色中。在很短的一段时间里，他们看起来像一对幸福的夫妻，三个人都表现得像幸福、正常的核心家庭成员——直到瑞奇的回归结束了他们的幸福。阿琳决定再给瑞奇一次机会，当尤金责备她将特雷弗置于危险中时，我们终于听到尤金毁容背后的故事：他父亲是一个暴力酒鬼，在尤金十六岁的时候，他遭到父亲的毒打——父亲把他打到丧失意识，然后把他拽进车库，浇上汽油，点燃了。

与此同时，我们听到了更多关于记者的事，一个陌生人给他了一辆捷豹。出于好奇，他找到了车主，并请他解释为什么要把车送人。他是在"把爱传出去"——在一个极不可能的人为他做出巨大的善举之后。一次，他把哮喘发作的女儿带去急诊室，护士没有注意到她。此时，一名受伤的男子（年轻的黑人匪徒）站了出来，迫使护士帮助这个喘不过气来的女孩，他用开枪表明了自己的观点。枪手进了监狱，但女孩得救了。持枪者告诉这位父亲，他必须把这个人情再传给三个人——被困在雨中的记者就是其中之一。

记者找到了监狱里的年轻黑人男子，安排了一个提前假释的日期，让他讲述自己的故事。这名年轻男子解释说，他在拉斯维加斯逃离敌对帮派时，一位年长的白人女士让他搭车，救了他一命——她是一名露宿街头的拾荒女人，住在她的车里，她告诉他把爱传下去。所以现在记者得去拉斯维加斯找那位老太太了，因为他知道这会是一个好故事。

我们再一次见到杰里。他离开了拉斯维加斯，去了太平洋西北地区，却没能戒掉毒瘾。沉浸在自己的痛苦之中，他走过一座桥的时候，发现一个女人正要跳下去自杀。他成功地说服这个女人放弃了轻生，并意识到自己正在把爱传下去——特雷弗的计划确实在传播。

记者设法找到了那个拾荒女人，她说出了她的故事。她的女儿在她通常将自己灌醉然后过夜的一个地方找到了她，告诉她自己已经原谅她了——她母亲的男朋友对她女儿做过可怕的事，那时她女儿还是个孩子，而她喝醉了。女儿答应，如果老妇人能保持清醒，她甚至可以带着自己的儿子来看她；这个女儿决定原谅她的母亲，是因为她的儿子发明了一个他称之为"把爱传出去"的计划。当然，这个女儿是阿琳，也就是特雷弗的母亲。所以现在这位记者终于见到了特雷弗，这个计划像野火一样蔓延，传到了洛杉矶、旧金山、凤凰城和美国西北部。12岁生日那天，特雷弗在学校接受了记者的采访。特雷弗对自己并不满意；他并不认为自己已经成功，但他告诉记者必须努力做出改变——有些人非常害怕改变，甚至害怕变得更好，以至于干脆放弃了。听到这些话，尤金意识到自己就是其中之一，他和阿琳投入对方的怀抱。那天晚上，特雷弗的采访将在国家电视台播出，每个人都将听到"把爱传出去"的计划。

采访结束后，特雷弗正要离开学校，看到了他的朋友——那个有哮喘的男孩，那两个大男孩又在打他。特雷弗非常想让这个世界变得更好、变得不同——这次他能帮助他的朋友吗？他能享受他已经开始的改变，并与他的母亲和尤金过上真正的家庭生活吗？我不会透露这部电影的结局——请自己观看吧。

问题研讨

1. 弗雷德·伯杰对于通过"把爱传出去"来表达感激之情的行动会说什么？它是适宜的反应吗？为什么？简·英格利希会怎么说？

2. 你愿意实施这样的计划吗？你会选择帮助谁？记住，帮助必须很大而且对你来说很难，这样才能算数。如果有人选择为你做一些特别的事情，就像"把爱传出去"的计划一样，你会觉得有义务继续这个计划吗？

3. 如果你帮了别人一个大忙，你是满足于他／她向外传递，还是希望对方直接向你表达感激之情？

4. 从现实主义（有人会说愤世嫉俗）的角度来看，这是明智的行为模式吗？2003年，一个年轻女孩被一个她邀请回家吃饭的流浪汉绑架和杀害，同一年，伊丽莎白·斯玛特被她父亲出于帮助之心而雇来做杂工的街头人士诱拐——但伊丽莎白于9个月后获救并安全返回。像特雷弗那样帮助陌生人是明智的吗？我们考虑最坏的情况，是过于愤世嫉俗了吗？

第十二章　不同性别，不同伦理?

　　本书考察了行为伦理学和美德伦理学的著名理论及其实践应用。如你所见，男性和女性都对这些理论做出了贡献，特别是自 20 世纪中叶以来。但除此之外，伦理学中有一个针对性别问题的特殊分支，通常称为女性主义伦理学（但该分支内包含各种各样的观点）。女性主义伦理学提出了两个独立但又相关的问题：（1）社会对待性别平等问题是否存在一种道德正确的方式?（2）伦理是性别特定的吗? 也就是说，是否存一种女性特有的伦理方法，以及一种男性特有的伦理方法? 在本章中，我们将讨论这两个问题。

　　如果你问当今西方世界的女性她是不是女性主义者，她很可能会说不；如果你问她是否认为女性和男性应该有平等的机会，是否认为女性不应该因性别而受到歧视，以及女性和男性是否应该同工同酬，她很可能会说是的，而且大多数男性也会这么认为。按照古典女性主义的标准，认同这些观点的人都有资格成为女性主义者，因为这些就是古典女性主义的目标。但如今，这个词被附加的含义压得太重，以至于很多人都不想与女性主义联系在一起；脱口秀主持人拉什·林堡（Rush Limbaugh）首创的"费米纳粹"（feminazi）一词对此也没有任何帮助。女性主义者和费米纳粹一样吗? 林堡本人不这么认为，他把"费米纳粹"这个词保留给那些他认为很激进的人。但是"女性主义"这个标签让一些人觉得，所有的女性主义者都想以某种方式统治世界。如果你认为我们应该终结性别歧视，在平等的基础上帮助男性和女性创造友好合作的工作环境和私人伙伴关系，那么根据当代许多女性主义者的观点，事实上你就是一个女性主义者，无论你是男性还是女性。

女性主义与美德理论

最初，女性主义是与女性争取政治和社会权利联系在一起的，这些权利包括工作权、财产权、投票权、离婚权，以及其他一些在 19 世纪之前被大多数有政治影响力的思想家都认为与女性无关的权利。在本章的后面，我们将简述这一发展。在争取政治平等的斗争中，女性主义者很少将女性主义视为一种独立的道德理论；男性主导的（女性主义者通常称之为*父权制*）社会常常将女性的情感视为具有更高的道德标准（比如西方电影中发挥教化作用的古板女教师），但这种想法又常常伴随着这一假设，即女性不适合生活在粗糙又无情的男性现实世界中，因此早期的女性主义者很少强调这一观念。然而，在过去的几十年中，人们逐渐认识到，这种关联不仅与伦理本身有关，而且与美德理论有联系。

就现代美德理论而言，重要的问题是：我应该是怎样的人？换句话说，我应该追求什么样的品质？"你们愿意人怎样待你们，你们也要怎样待人""将你的准则普遍化""使尽可能多的人获得最大的幸福""公平公正地对待每个人"等道德准则，都要排在对家庭和朋友的忠诚、慷慨、同情、勇敢等美德之后。在这些情况下，道德上的恶可能与某个关于道德行为的著名规则相关。如果你只在能够想象其他人也被允许做同样的事时才采取行动（康德的绝对命令），那么在你还在考虑是否也允许其他人保护其孩子或朋友时，你的孩子或朋友可能就会死去。如果你坚持公平公正地对待每一个人（约翰·罗尔斯的"原初状态"），那么你对世界另一端的饥饿者和与你住在同一条街上的侄女就有相同的义务，你就没有权利去优先帮助你的侄女。然而，美德伦理认为这种做法违背了忠诚和家庭责任，它坚持认为在你尽力帮助陌生人之前应该先帮助侄女。如果你试图以牺牲家庭需要为代价而取悦陌生人（效用原则），你就会被指责犯了同样的错误。

这就是现代女性主义的切入点。第七章提到，罗尔斯因假设我们可以假装成彼此的陌生人来实现公平而受到批评。在这一章中，我们将探讨作为这种批评的基础的现代女性主义理论，该理论认为女性和男性倾向于从不同视角来看待整个伦理学领域。根据这一理论，男性（迄今为止大部分关于伦理、法律和正义的理论都出自男性之手）更倾向于从行为规则、正义、公平方面来考量道德，而女性则更倾向于从人际交往、保持友谊，照顾身边人或认为对其负有责任的人的角度来思考道德。换句话说，女性倾向于从关怀、忠诚和同情的美德的角度考虑问题。这个理论由心理学家卡罗尔·吉利根倡导，我们稍后会更详细地讨论她的想法。但首先我们必须看看性别平等的概念：什么是性别平等？我们现在有吗？为实现这一目标，我们做了什么？

什么是性别平等？

除了少数例外［如20世纪60年代的女性组织SCUM，即"灭男社"（Society for Cutting Men），本意可能是玩笑，也可能不是］，纵观女性主义的历史，其宗旨一直是实现男女平等。今天，许多人将这一目标称为性别平等（见知识窗12.1对"性"与"性别"的解释）。从第七章可以知道，平等原则并不意味着每个人都是一样的，而是每个人都应该被平等对待，除非在特殊情况下。但在两性方面这究竟意味着什么？下面我们来看看文化平等与生物平等的概念。

知识窗 12.1　性还是性别？

根据共识，今天人们谈论生物功能以外的性别差异时，最常用的术语是性别（gender，或译"社会性别"）。虽然 gender 这个词原本用于表示语法中的性，但现在人们也用它来表示社会政治意义上的性别，而不是生物学意义上的"性"（sexual）。

性别与语言

从启蒙运动开始一直到 21 世纪，人们习惯用阳性词语来指代男性和女性。我们中的许多人可能会惊讶地发现，在一些政治声明，如《独立宣言》["人人生而平等"（All men are created equal）]中，man/men（人，男人）一词可能原本并没有将妇女或有色人种也包括在内的意思——这是今天宪法学者们讨论的一个问题。

当然，men 这个词并不总是可以包括女人；举例来说，说一半男人（men）有卵巢而另一半没有，这是没有道理的。今天，许多人认为使用 he（他）和 man/men 来指代包括女性在内的人是带有歧视性的。尽管很少有男人或女人会故意歧视性地使用 he 来指代男人或女人，用 man/men 来指代全人类，但我们正在从"性别特定"的语言转向使用"性别中立"的语言，因为许多人认为，即使有着最好的意图，使用性别特定的语言也是在下意识地表示男性比女性更重要，某些社会角色最好应该由男性扮演。对性别和语言敏感的真正原因当然是为了实现性别平等。（知识窗 12.2 讨论了性别中立语言带来的问题。）

知识窗 12.2　FRESHPERSONS 和 PERSONPOWER？

人们似乎经常觉得我们在去除性别特定用语方面过于激进。也许 chairman（主席）和 fireman（消防员）这样的词用 chairperson 和 firefighter 等来代替是有道理的，但英语中那些碰巧包含了性别特定的词语成分而又找不到合适替代的词该怎么办呢？ freshman（大一新生）要改成 freshperson 吗？我们已经放弃了 manhole cover（井盖），改为 utility cover，manned space missions（载人航天任务）已经变成 crewed missions。那么 manpower（人力资源）呢？ manhunt（追捕）呢？（而且，爱开玩笑的人可能会问，那么表示"操纵"的 man-ipulate 呢？表示"历史"的 his-tory 呢？）其他语言也面临着类似的挑战，但有些语言更容易找到指代人类的词。在德语中，der Mensch 这个词特指"人"，它与表示男人和女人的词是不同的，但仍然有性别特定的成分（Mensch 是阳性词）。在丹麦语中，表示"人"一词的是中性的 Et Menneske。而在瑞典语中，"人"是 En Människa，一个语法意义上的阴性词！更有趣的是，在古冰岛语中有一个词，man，它的意思是奴隶 / 女仆 / 情妇！显然，该词与古日耳曼语中表示男人的词 Madr 没有关系，后者是英语 man 一词的来源。

我们该怎么做呢？改变所有这些词？还是让它们保持原样？在此要考虑到两个方面：一半的说英语之人的自尊，以及习惯了既定语言的人们的舒适感。我们可以从四种主要的行动方案中选择：（1）强制改变语言到一定程度（可以看到这能够在一代人的时间内完成）；（2）等待新的性别中立的词语进化出来，以回应变化的时代，学术环境中的词汇已发生了变化，这是我们正目睹的；（3）区分性别歧视和非性别歧视的词，只改变那些明显带有性别歧视意味的词；（4）坚持传统用词。你有什么建议？

为了适应我们对性别和语言的新敏感性，教科书和文化文献被不断改写。天主教会正式支持在宗教文件和《圣经》翻译中使用非性别特定的语言。性别特定的词，如 mailman（邮差）、chairman（男主席）、housewife（家庭主妇）和 maid（女佣）等已更改为 mail carrier（邮递员）、chairperson（主席）、homemaker（持家者）和 maintenance assistant（维护助理），后面这些词涵盖了两性。作家和发言人都被要求避免将"他"用作通用术语，而是使用"他或她"、"他们"、"任何人"或"你"这样的表述。大学生也被要求在学期论文中避免使用性别特定语言。也许你认为这是一个无关紧要的话题，只不过是语义上的误解罢了。但请考虑：如果你是男性，在听到"现在是每个人（man）为自己的信仰挺身而出的时候了"这样的话时，你很有可能会感到有必要去认真思考自己的信仰；如果你是女性，听到这句话时，你可能也会有同样的感觉，但你也可能会下意识地觉得，这句话并不适用于你，你甚至可能会想"是的，*他们*是时候振作起来了！"。即便只有少数女性在阅读或听到使用阳性词汇的表述时感到被排斥（或是感觉被排除在外，或是感觉自己没必要参与），这也足以促使我们在表达方式上做出一些改变。

让许多提倡性别中立语言的人感到更惊讶的是，一种新的趋势正在学术文献中蔓延：如今，比起中性的"they"，我们更经常见到的是"she"（她），也就是使用阴性代词而不是"他"或"他们"、"任何人"或"你/你们"。在当代文本中，我们可能见到"任何时候当一个人考虑他人的需求时，她必须记住，我们想要的并不都相同"，或者"战场上的士兵肯定考虑过她可能活不下来这种情况"。其理由大概是，这么做是在抗衡过去那些习惯于使用"他"这个代词的文本，并使女性成为无论何种语境下的原型，即典型的人类。一些学者认为这是一种解放，另一些人则对性别中立势头的减弱感到惋惜。最近关于语言中立性的讨论有了一个新论调：由于人们对跨性别者，或者性别特征不明显，并不期望自己被视为男性或女性的人越来越敏感，包括哈佛和康奈尔在内的一些美国大学提出了一套新的代词。据说，性别是一个光谱，不能仅用两个选项来定义，新的选项将是"ze"或"xe"和"Hir"或"Zir"，比如"ze/xe 迟到了"或"那是 Hir / Zir 的午餐"。这些选项在多大程度上在形式和对话中是可行的，还有待观察。

生物即命运吗？

当追问性别平等是否存在时，我们实际上是在问以下两个问题之一：（1）文化和社会平等存在吗？（2）生物平等存在吗？第一个问题与历史时期相关，今天我们有理由说，完全平等尚未实现，但未来有望实现。（而在过去的西方社会，这个问题的答案必然是否定的。）但如果我们问的是第二个问题，就必须接着问：我们所说的"生物平等"是什么意思？是说男人和女人是一样的吗？还是类似？或者在相似的情况下他们会做相似的事情？或者他们可能有相似的基因构成，即使存在文化差异？

关键在于*描述性方法*和*规范性方法*之间的区别。描述性的平等理论会比较能力，然后宣布人们是"相似的"还是"不同的"。规范性的平等理论可能会也可能不会关注描述性理论所呈现的"事实"，但它指出，人应该被以某种方式对待——（1）以相同的方式对待，或（2）相似的条件下以相似的方式对待，或（3）以不同的方式对待。如果规范性理论认为平等是一件好事，那么它将提出关于如何实现平等的理论。

作为一个理念，性别平等是一个复杂的问题。（种族平等也是如此。）我们必须问：性别平等是生物学事实吗？这是什么意思？这对伦理政策来说重要吗？让我们先来看看这意味着什么。男人和女人在生物学上平等吗？我们都知道，在身体上，大多数男人与大多数女人相比，个子更高也更强壮，但这并不意味着个体层面的女人都比男人矮小瘦弱。在自然界中存在*两性异形*的现象，即一个物种的两种性别看起来非常不同，一种性别通常比另一种性别的动物大得多。（两性异形的一个结果往往是体型较大的性别支配体型较小的性别，体型较大性别中的一个个体可以有许多体型较小性别的配偶，但反过来并不成立。而两性体型相同的物种，配偶则通常是终生一夫一妻和平等的伙伴关系。）那么，人类是两性异形的吗？人类两性不像大猩猩差别那么大，但比倭黑猩猩又稍微多一点；大猩猩社会是雄性主导的，但是倭黑猩猩——我们在地球上的近亲——有着趋向母系社会的性别平等的社会。从生物学上讲，没有理由假设一种人类性别能自然主宰另一种，但我们也不能得出结论说，人类两性有成为完全平等的伴侣的明显自然倾向。

　　在智力方面，人类两性在生物学上是平等的吗？关于男性与女性智力的观点非常多样，从男人是有逻辑的而女人则不然的古老假定，到很多现代人认为的，即使男女有智力上的不同，也只是细微的差异，再到认为女性的智识风格优于男性。智力平等到底意味着什么？是说我们在面对同样的问题时，会得出同样的结果吗？还是说，当面对同样的问题时，我们会以*同样的方式*得出同样的结果？对人类大脑的近期研究揭示出，男性和女性在处理相同的数学问题时对大脑的使用是不同的，但通常会在相同的时间内得出相同的结果。

　　但无论我们谈论的是身体平等还是智力平等，一些哲学家都提醒我们，寻找实际上的平等也许是件好事，但如果将性别平等的政策建立在我们所认为的实际*生物学*平等之上，可能就有麻烦了，因为假如有一天科学家证明男女两性在生物学上真的完全不一样，我们性别平等的理由就消失了，我们可能会重新陷入对女性或男性的某种形式的性别歧视。更好的办法是，不要去寻找实际的相似之处，而是专注于根据我们希望看到的情况制定政策：与其使用描述性手段使我们在政治上平等，不如使用规范性手段，阐明我们应该如何对待彼此。第五章谈到，如果我们试图从事实推出政策，从"实然"推出"应然"，那么我们就犯了*自然主*

义谬误，在不增加道德前提的情况下把政策建立在事实基础上。但这并不意味着我们在制定政策时不能将生物性因素纳入考虑。两性平等或者说性别平等的观念在今天非常重要，因此有反对"性别歧视"的反歧视法的推出。换句话说，我们认为，无论男女平等是不是一个自然事实，它都应该是一种文化制度。知识窗12.3 探讨了规范性平等的一个方面：女性参与战斗的问题。

知识窗 12.3　战斗中的女性？

　　女人应该当兵吗？不管你同意与否，事实是女性就在美国的武装部队中，而且在第一次世界大战之前就以某种身份在军队中服务，始于 1901 年陆军护士团和 1908 年海军护士团的创立。然而，直到 1948 年杜鲁门总统签署《女性武装部队一体化法案》，女性才在军队中获得永久地位。1967 年，约翰逊总统使女性晋升到高层在理论上成为可能。如今，女性在美国陆军中占近 15%，但在海军陆战队中仅占 6%。然而，海军陆战队中的女性取得了傲人的成就：有三位女将军，其中一位是安吉·萨利纳斯，她在 2006—2009 年担任圣迭戈海军陆战队新兵训练营的督察，成为训练营的首位女性领导者。

　　在伊拉克和阿富汗战争中，女性实际上已经参与了战斗甚至牺牲，考虑到这一事实，创建于 2009 年的军事领导多元化委员会在 2011 年给五角大楼的报告中建议，"战斗排除政策"应该被终止，女性可以为战斗受训并参加战斗。2012 年，五角大楼发布了一项修订政策，允许女性更多地进入前线岗位。2015 年，根据一项全新的法规，所有战斗岗位都对女性开放，2016年，一个众议院委员会投票支持女性注册参军，参议院也批准了该法案，并定于 2018 年生效。然而，这并不意味着关于女性参战的论战已经平息。辩论的经典论点如下。

　　支持女性参战者认为：

　　·这是现代社会走向性别完全平等的自然进程。

· 合格且训练有素的女性可以像男性同事一样高效、勇敢。

· 许多女性想在战场上为国家服务；如果她们符合条件，将她们排除在外是不公平的。

· 由于战斗经验对军队内的军官晋升是必要的，因此排除女军官是歧视性的——这是一个玻璃天花板。（这种观点似乎已经过时，因为战斗经验显然也不再是男性晋升的必要条件。）

反对女性参战者认为：

· 女性根本就不"合格"，也许只有少数例外。战士的训练标准包括在强行军时背着沉重的背包和武器，而绝大多数哪怕是非常积极的女性也做不到这一点。如果降低标准，使更多的妇女有资格参军，军队的效力就会降低，士兵就会处于不必要的危险境地。

· 男性士兵有女性战友是危险的：由于天生的骑士精神和保护本能，男性士兵会更注重保护女性同事，可能会在战斗训练中分心。

· 女性战俘比男性战俘更有可能遭受强奸，对女性战俘的威胁或暴力可能成为敌人审讯技术的一个要素，削弱男性战俘的抵抗力。

· 让女性参加战斗是不文明的。

在你看来，允许女性参加战斗的新规定是一个正当的决定，还是朝着错误的方向迈出的一步？你能想出更多支持或反对女性参加战斗的理由吗？

女性在公共领域的历史作用

性别平等在西方历史上确实是一个新概念。直到 19 世纪中叶，西方文化还普遍认为男女在功能、抱负和潜力上存在本质差异，认为男性本性在某种程度上比女性本性更为*正常*。这不是说男性必然更好，因为正如前文所述，许多人似乎认为女性有着更高的道德标准；但男性本性被认为更加重要，比女性本性更能代表人类。这个假设的基础是什么呢？今天我们可能会说是偏见，但光这么说还不足以摒弃这一假设，因为对许多思想家来说，客观性是一个重要的理想。他们竭力按照他们所见来描述事物，而不是根据他们认为事物应该是什么样来描述，也不是按照缺乏辨识力的人的眼光来描述。他们看到的是，很少有女性在公共生活中扮演角色：女性政治家很少，女性艺术家很少，女性科学家很少。但为什么公共生活中女性如此之少呢？我们能给出的只是试探性的答案，并非所有事实都已确定。然而显然，人们对我们所说的公共生活的贡献，在很大程度上取决于他们是否感到自己被召唤去做出贡献或其贡献是否受到欢迎。如果没有人期望或需要你成为优秀的政治家、数学家或雕塑家，你可能就不会去尝试。鼓励和期待是此类选择的主要因素。另一方面，如果你似乎注定要完成某项任务，你可能就不会加以质疑。对大多数女性来说（直到可靠的节育措施出现之前），当母亲、生育多个孩子是她们的命运。熟悉大家庭需求的人都能想到，负责私人领域即家庭的人几乎没有时间做任何其他事情，除非能请得起用人。事实上，纵观包括西方历史在内的世界历史，做出文化贡献的女性个体，主要是不需要扮演家庭主妇角色的女性。

"女人的工作"

为什么人们很少谈论女性对私人领域的贡献？这是个值得注意的问题。的确，在女性无法拥有财产、没有投票权、未经监护者允许不可工作的时代，许多女性在家中仍然拥有相当大的权力。她们管理簿记和采购，为家庭计划和准备饭菜，教育子女，维持农场的运营——这本身就是一项全职工作。为什么这些管理技能被认为不重要呢？实际上，在特殊意义上，它们被认为是重要的；认为其不重要可能是现代的偏见。在选择配偶时，人们会期待年轻女子具备这些技能，而且"女人的工作"是至关重要的社会因素。但在公共领域，差不多在19世纪末以前，女性没有一席之地，人们并不认为她们有可能做出贡献。（当然，这一论断针对的是中等和中上阶层的女性；许多工人阶级女性，只要她们仍属于工人阶级，就得参与公共领域，只因她们别无选择。如果带着年幼孩子的寡妇不去工作，她的孩子就可能会饿死——她也是。）即使在今天，许多人依然认为，公共领域是至关重要的，也许是因为公共领域的工作有报酬，而私人领域的工作通常没有。然而，追问女人的工作是否受到重视本身可能就选择了公共领域的视角，而它在传统上是由男性决定其价值的。传统上，女性一直重视彼此的工作，相互学习、批评、改进和分享。从传统女性的角度来看，公共领域（男性）对她工作的认可可能不是最重要的：更重要的可能是获得共同体内她的伙伴，即其他女性对其工作的认可和赞赏。

这里必须提到另一因素。从前，大多数男性（和女性）认为让女性留在公共领域之外是对女性的一种保护，这让她们不必进入不愉快又不安全的公共事务世界。一些批评者认为，这可以被解读为将女性视为财产（她们的父亲和丈夫的财产），视为对下一代的一种投资，一种工作资源。

女神理论：父权制之前的女性

女性被排除在公共领域之外的这种模式由来已久，以至于我们相信它始终存在。然而，许多当代女性主义学者提出一个理论，即女性对男性的服从（我们知道这是一个至少可以追溯到三千年前的历史事实）可能不是最古老的秩序。你可能还记得，约翰·斯图亚特·穆勒是 19 世纪妇女权利的倡导者（见第五章），他在《妇女的屈从地位》（1869 年）一书中写道，我们不知道女性不屈从于男性会是什么样子，因为她们一直都屈从于男性。但他很可能错了，因为现在的考古证据（人工制品和记载）表明，女性在早期中东和非洲文化中的影响力可能远远超出我们过去所认为的。在黑海以西和以南的地区一些一万多年前的文明中，人们似乎崇拜生育女神；在希腊和中东的传说中，我们可以找到关于造物女神、强大的女祭司和女王的古老神话。由第八章和第九章的内容可知，苏格拉底、柏拉图、亚里士多德时代的古希腊显然是父权制的，不过，我们现在有了一个新视角，即那时的希腊文化保有早期的遗存，此前女神被认为有更高的地位，包括性别活动家理安·艾斯勒、历史学家格尔达·勒纳在内的许多人据此认为，这说明至少部分女性可能有更高的社会地位。宙斯的妻子赫拉可能原本是母亲女神，后来降级为"仅仅是"宙斯的妻子。得墨忒尔女神（在古老的传说中，她的女儿珀尔塞福涅被冥王哈得斯夺去）可能比奥林匹斯山上的所有神祇都早几千年，是古老的大地女神或大女神。

同样，非洲的传说也表现出对母亲女神以及在社群中拥有强大社会力量的女性的深刻记忆。我们是否应该称那些古老的文化为母系文化还是一个问题，因为没有证据证明那些文化由女性统治，但有初步证据表明，在大约 3 500 年前转向父权制的文化变革发生前，旧大陆的女性确实比后来的女性拥有更高的社会地位。这种社会地位部分可能源于当地对造物女神而非男神的宗教信仰。

对父权制具有普遍性这一观念的进一步的挑战来自世界其他地区：在美洲印第安人的传统中，女性是受尊重的，她们被视为共同体的正式成员，有权拥有自己的意见，有权选择丈夫，也有权离婚。此外，在东部部落中，女性酋长并不罕见。只不过，根据美洲印第安历史学家保拉·冈恩·艾伦的说法，欧洲殖民者很少报道这一事实，历史书往往说酋长是男性。在人类历史上的一些时期和一些地点，女性的社会影响力似乎比女性在西方世界的过去几千年（除了过去 50 多年）的影响力大得多。

在一个地方，女神崇拜的持续时间可能比其他大多数地方都长，女性的影响力可能也更大，那就是 435 年圣帕特里克传播基督教之前的爱尔兰。在基督教站稳脚跟后的几个世纪里，爱尔兰的女性仍然有很高的社会地位，这是女神崇拜的遗产。基尔代尔的圣布里吉德（453—525 年）是由德鲁伊教祭司抚养长大的，但被基督教所吸引。她本应被祝圣为女修道院院长，却被错误地祝圣为主教，而错误的祝圣也生效了。这开创了一个新传统，自此以后直到几百年后维京人到达，爱尔兰的女性一直可以成为主教。与欧洲其他国家相比，爱尔兰的主教对女性的看法通常更倾向于性别平等。公元 900 年，欧洲主教委员会召开会议来决定女性是否有灵魂，"是"以一票胜出，这一票就来自一位爱尔兰主教。

退步：中世纪

在古代，女性统治者相当稀少，就连埃及女王克娄巴特拉（公元前 69—前 30 年）也得和她 10 岁的弟弟共同执政。但在古代晚期到罗马帝国灭亡之间的一段时间里，罗马疆域内的女性似乎享有一些社会和个人自由。她们可以自己做生意、教书和自由迁徙，也有一些人在政治上获得了显赫地位。第八章提到的希帕蒂娅就是这样一位女性。她是埃及（当时是罗马帝国的一部分）亚历山大柏拉图主义 / 新柏拉图主义学派的领袖，教授的学科包括数学、天文学、柏拉图哲学等，因其睿智而备受尊敬。但她因为被基督教狂热分子认为与异教有联系而被狂热分子伏击，从马车上被拖进教堂，在那里她被谋杀——根据传说，"被用蛤蜊壳活剥了"（这里说的蛤蜊壳也有瓦片的意思，她的皮肤可能是被锋利的瓦片割

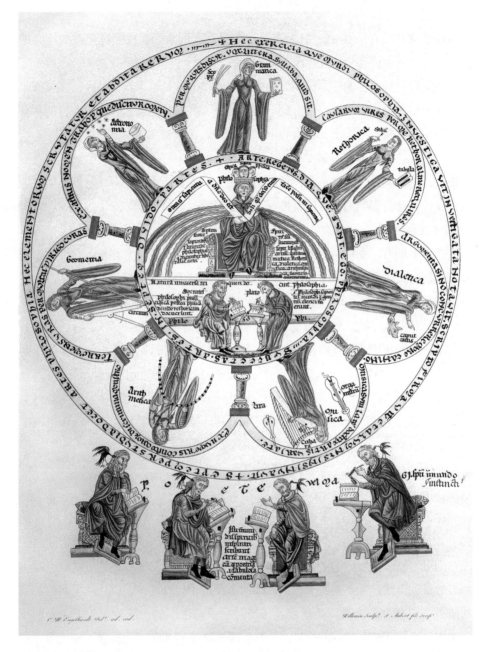

插图复制自一部原手稿已佚失的百科全书，这部名为《欢乐花园》（*Hortus deliciarum*）的作品由兰茨贝格/霍亨堡的女修道院院长赫拉德所编。赫拉德是受过高等教育、才华横溢的女性，她撰写了百科全书的一部分，并编辑了其余部分。在这里我们可以看到她对于哲学的看法，"七艺"围绕着哲学精神、苏格拉底和柏拉图。圆环上文字的意思是，哲学"研究元素和万物的秘密。她所发现的，她都留在了记忆中。她将这一切写下来，以便传给她的学生"。

下的）。看起来，她被害的真正原因是她卷入了罗马统治者和亚历山大主教之间的一场争执，这场争执后来足以致命。激进的修道士们代表主教行事，但很可能是在主教不知情的情况下，将目标对准了希帕蒂娅。历史学家称，这一恐怖行动发生后，罗马帝国女性的自由开始消失。

亚历山大的希帕蒂娅（约 370—415 年），埃及亚历山大新柏拉图学派领袖，后死于基督教暴徒之手。她在学院教授哲学和天文学。

（© Bettmann/Getty Images）

宾根的希尔德加德（1098—1179 年）是 13 世纪修女隐居修道之前天主教会中最后的有影响力的女性之一。除了在神学、植物学和医学方面著述外，她还是欧洲政坛一位颇有影响力的顾问，也是著名的作曲家。

（© Fine Art Images/Heritage Images/Getty Images）

在中世纪早期的欧洲修道院，女性接受的教育使她们成为医生、插画家、作曲家和作家，除此之外，她们还拥有与修道院男性神职人员同等的神职权力。德意志女修道院院长宾根的希尔德加德就是这样一个女人。她在八岁时进入教会，并在很年轻的时候就开始看到异象。她写了很多关于上帝对人类的计划的书，以及两本关于她所见异象的著作，还有另外两本关于科学和自然的作品。她为礼拜歌曲作曲，并创作了被认为是第一部关于善恶之战的道德剧《美德典律》(*Ordo Virtuem*)。她在鲁佩茨贝格建立了自己的修道院，她创作的音乐在那里得到表演。她晚年时把自己的作品献给了新成立的巴黎大学，却因为女性身份而遭到拒绝，这是一种侮辱。12世纪后期，兰茨贝格/霍亨堡的女修道院院长赫拉德编撰了一部百科全书《欢乐花园》，为修道院的年轻初来者服务，教授她们哲学和神学知识。书里有歌曲、诗歌和插图，其中一些是赫拉德自己创作的。手稿在1870年的一场大火中被毁，但仍有足够多的副本保留下来，让我们能对这部作品有深刻的感受。

从12世纪到14世纪，女性在天主教会中逐渐失去了地位。新政策剥夺了女修道院院长听取忏悔的权利，原本作为医院和社区安全网的修道院或被关闭，或被改造成与世隔绝的修道院。当时还没有建立世俗意义上的学校，年轻女性被禁止接受宗教教育。其原因在现代人看来可能相当奇怪随意：为了被接纳为学生，接受教育，和上帝交流，年轻助手必须剃掉头顶的头发。但根据《圣经》(尤其是保罗写给哥林多教会的第一封信)的规定，女性不仅不允许剃发，而且在上帝面前应该把头发藏在面纱下面。女性需要留长发、戴面纱，因此不能剃发，也就没有资格接受宗教教育，就这样，剃发政策将女性排除在学校之外。尽管如此，一些修女，如索尔·胡安娜·伊内斯·德·拉·克鲁斯，还是在智识方面取得了很高成就（见知识窗12.4）。

知识窗 12.4　索尔·胡安娜·伊内斯·德·拉·克鲁斯

在仍是西班牙殖民地的17世纪的墨西哥，妇女权利的观念开始得到提倡，并在某种意义上体现在一位修女身上，她就是索尔·胡安娜·伊内斯·德·拉·克鲁斯（1651—1695年）。她原名胡安娜·伊内斯·德·阿斯巴耶-拉米雷斯·德·桑蒂利亚纳，是私生女，父亲是西班牙人，母亲是克里奥尔人。她是一名神童，通过在祖父的图书馆里贪婪读书来自学。十五岁时，她被引荐给总督和他的妻子，总督夫妇把她当作侍女，为了宫廷娱乐而给她创造了一个知识环境。她 20 岁时进了修道院，但仍继续她的智识追求。多年来，她积累了 4 000 多册藏书。胡安娜写过世俗的爱情诗、歌曲和戏剧，包括喜剧，得过奖金，有生之年也目睹了自己的作品在墨西哥和西班牙出版。但总督和他的家人离开墨西哥前往西班牙后，她失去了保护，受到了天主教会要求她遵从传统修道院生活的压力。身为教会中的知识分子，她从 1691 年开始了为自己权利的斗争：在受到一个她批评过其布道的主教的攻击时，她写了一份声明，《对索尔·菲洛蒂亚的回应》(Respuesta a Sor Filotea，索尔·菲洛蒂亚是那名主教的假名)，她也因此被称为美洲第一位女性主义者。在文中她提到了墨西哥妇女文化以及女性不同意当局的权利。但不久之后，她把自己所有的图书和艺术品都捐了出去，并在一份声明上用自己的血签名，表示自己决心用余生来帮助穷人。1695 年，她 44 岁的时候，在一场流行病中帮助受感染的修女，自己也染上这种病去世了。

现代女性主义的崛起

我们经常听到人们谈论"第一波""第二波""第三波"女性主义浪潮。这些按时间顺序排列的术语构成了了解女性社会状况的时间表。(知识窗 12.6 对此做了简要概述。) 第一波浪潮一般指的是西方从 17 世纪初期开始到其最迫切目标——妇女选举权——得以实现的这个阶段的女性主义运动。1869 年，美国怀俄明州的妇女获得了选举权，但直到 1920 年，美国才实现了妇女的普选权。新西兰妇女在 1893 年获得了选举权，1902 年，澳大利亚妇女也做到了。挪威妇女于 1913 年获得选举权，丹麦则是在 1915 年。1918 年，第一次世界大战结束后，加拿大、英国、德国和奥地利的妇女也获得了选举权。1921 年，瑞典给予妇女选举权，但直到 1944 年，法国妇女才能参加投票，1947 年，墨西哥紧随其后，瑞士一直等到 1971 年，1994 年，南非的妇女获得选举权。2004 年，阿富汗妇女成为选民，2011 年，沙特阿拉伯的妇女获得了投票权。以四百年前的秘密讨论开始的事至今仍未在全球全面实施。

法国与英国的早期女性主义

　　法国思想家**弗朗索瓦·普兰·德·拉巴尔**很早就为妇女权利发声，他在
1673 年就提出，男人和女人本质上是相似的，因为他们拥有同样的推理能力。
普兰认为妇女应该有机会从事社会上的所有职业，甚至包括担任军队的将军和
议会的领袖。然而，很少有人注意到普兰；作为 17 世纪的女性主义者，他既
独特又默默无闻。法国大革命（始于 1789 年）期间，法国发生了翻天覆地的变
化。在革命之前就已开始的争论中，女性的声音被听到了，**奥兰普·德古热**在
1791 年写下了《女权与女公民权宣言》，主张男女完全平等，包括在投票权、财
产权，以及在军队服役、担任公职的权利等方面的平等。在革命期间，她写了
30 多本小册子，认为自己是革命者，但由于反对杀死王室成员，她被视为反革
命者，并在 1793 年恐怖统治期间被杀害，时年 48 岁。另一位备受瞩目的女性是
路易丝·德·埃皮奈夫人，她认为女人和男人有着相同的天性和体质，只是由于
成长环境不同，他们才会表现出不同的美德和恶习；任何差异都是社会压力造成

英国哲学家玛丽·沃斯通克拉夫特（1759—1797 年）撰
写了《女权辩护》，这部作品当时受到男性学者的大肆嘲
讽，却拥有持久的影响力。沃斯通克拉夫特死于分娩，她
生下的孩子也叫玛丽·沃斯通克拉夫特，后者结婚后被冠
以夫姓雪莱。玛丽·雪莱用关于弗兰肯斯坦和他的怪物的
故事创造出了另一类造物。

（Library of Congress Prints and Photographs Division）

的，没有其他原因。她的想法启发了哲学家**孔多塞侯爵**，他在 1792 年提出，女性应该接受教育，因为男性和女性本质上都属于人类。孔多塞的对手塔列朗受到社会评论家让-雅克·卢梭的启发，设法抵制了这些想法，认为这些想法连革命者都会觉得过于激进。因此卢梭的观点在 18 世纪晚期流行起来，他认为男人应该生活在平等的民主之中，而他们的女性配偶属于家庭，她们有智慧，但从属于男人——在 19 世纪早期的法国，这成为性别问题的官方观点。

知识窗 12.5　女性道德哲学家

卡罗尔·吉利根说得对，直到最近，西方哲学传统中著名且有影响力的道德理论都是由男性思想家提出的。然而，这并不意味着西方历史上除了玛丽·沃斯通克拉夫特和哈丽雅特·泰勒·穆勒以外，就没有女性道德思想家；《伦理学百科全书》列举了 30 多位女性伦理学家（包括西方和东方的），她们生活的年代早至最早的哲学时代，晚至 19 世纪，以下列出的是其中一小部分。我不想暗示女性在 20 世纪之前对伦理学的贡献可以在一个知识窗的篇幅内得到描述。然而，这些名字大多不为很多人所知，在 20 世纪以前，女性思想家对哲学的影响微乎其微。这份名单表明，在女性不被鼓励甚至被禁止参与智识生活的时期，还是有一些女性能够并确实在思考和写作。很可能，思考和写作的女性比历史记载的要多得多。

斯巴达的芬提斯（约公元前 420 年）认为，女性并非不适合进行哲学思考，勇敢、正义和智慧是男女共有的；在希腊道德思想的传统中（你可以从亚里士多德的作品中看到这样的传统，他在芬提斯写《女性的节制》这本书时还没有出生），她提出在一切事情上都适度是女性的美德。

新凯撒利亚的马克林娜（约公元前 300 年），她的哥哥尼萨主教欣赏她的观点，甚至在自己的著作中引用了她的道德哲学。马克林娜熟悉柏拉图的哲学，她教导说女人是按着上帝的形象造的，拥有理性的灵魂；她相信，有了理性的灵魂，人就能在道德上变得高尚，从而有资格在死后进入天堂。

紫式部（约978—约1031年）在日本宫廷担任过侍从女官，她的小说《源氏物语》被一些人认为是第一部真正意义上的小说，小说中的主要女性人物浮舟在生存恐惧面前意识到了自由和道德责任。今天人们认为，这个故事是对存在主义关键主题的早期探索，而这些主题是在20世纪的西方世界才得到定义的。

克里斯蒂娜·德·皮桑（1365—1431年）写了一本书，名为《妇女城》（Cité des Dames）。在书中她描述了一个女性可以保护自己免受身体与精神伤害的共同体。她认为，对女性的压迫不利于社会的改善，妇女也应努力避免使其智力钝化的活动，因为她们已经受到某些社会角色的限制。

玛丽·勒·加斯·德·古尔内（1565—1645年）是蒙田《随笔》的编辑，她在自己的著作《男女平等》（Egalité des Hommes et des Femmes）中写道，在道德思考和行动能力上，女性与男性是平等的。她认为性别差异只与生殖有关，对男性或女性本性的其他方面没有影响。

玛丽·阿斯特尔（1666—1731年）综合了洛克和笛卡尔的传统，认为理性应该控制我们的激情。她说，实现这一目标的唯一途径是让男女都接受普遍教育。

安托瓦内特·布朗·布莱克威尔（1825—1921年）是美国第一位被任命为牧师的女性。她是一位多产的哲学和神学作家，她认为女性和男性做出道德判断的方式是不同的。作为吉利根关于正义和关怀伦理的先驱，布莱克威尔声称，女性将同情带入正义，将关爱融入权利概念。

在18世纪的英格兰，一些人（包括男性和女性）倡导另一种不同的秩序。英国哲学家**玛丽·沃斯通克拉夫特**（1759—1797年）是18世纪为数不多的直接关注女性处境的作者之一。（20世纪前其他女性伦理学家的简短名单见知识窗12.5。）在《女权辩护》（1792年）中，她认为不让女性受教育、参与社交，让其成为只知取悦的无知生物不仅对女性不公平，而且对男性也不公平，因为男性可能会爱上这类女性却不想和她一起生活。毕竟，一旦诱惑结束，他们结婚了，两人之间还有什么共同之处呢？不，沃斯通克拉夫特写道，女性应该和男性拥有同样的机会。如果女性有同样的机会却达不到标准，男人才有理由产生优越感。而应用两种不同的价值体系——一种对男人合适，另一种对女人合适——是对美德概念本身的讽刺：

> 我想说服女性努力获得力量，包括心灵和身体上的，让她们相信，柔软的话语、易感的心、微妙的情绪和优雅的品味，几乎等同于软弱的诨名，而那些只是怜悯和那种被称为其姐妹的爱恋的对象的人，很快就会成为被蔑视的对象。……而那些通过管理家庭和实践各种美德来锻炼身体和心灵的女人会成为丈夫的朋友，而不是卑微地依赖丈夫。

19 世纪，约翰·斯图亚特·穆勒受他才智超群的挚友（后来的妻子）哈丽雅特·泰勒的启发，写下了关于社会如何塑造男人和女人品性的话：

> 所有的女人从小就被灌输这样的信念：她们的理想性格与男人的完全相反；不是坚持己意、自我管理，而是顺服、服从他人。所有的道德观都告诉她们，为别人而活是女人的责任；所有的情感都告诉她们，为别人而活是女人的天性。

知识窗 12.6　三波女性主义浪潮：简介

对于女性主义在美国的发展，我们通常将它当作一种包含了三波浪潮的现象来谈论："第一波"、"第二波"和"第三波"。第一波浪潮的正式起点被认为是 1848 年，柳克丽霞·莫特和伊丽莎白·卡迪·斯坦顿在塞内卡瀑布镇发起的妇女权利大会，终点是认可妇女选举权的 1920 年美国宪法第十九条修正案。第一波女性主义浪潮的理念和目标很直接：女性的自决权；女性继承和拥有财产的权利，包括在婚姻关系中（而不是所继承或挣得的财产的所有权在结婚后就移交给丈夫）；女性抚养自己子女的权利；以及最重要的，女性选举权（投票的权利）。电影《妇女参政论者》（2015 年）讲述了（虚构人物）莫德的故事，让我们了解了第一波女性主义浪潮在英国的早期发展。莫德是 1912 年在一家工业洗衣房工作的一位年轻妻子和母亲，她越来越深入地参与妇女参政运动。通过莫德的眼睛我们看到，由于英国政府缺乏回应和食言，这场运动从和平请愿演变成日益暴力的抗议。莫德与家人渐行渐远，她和其他女性主义者一起在监狱里度过了一段时间。电影讲述了女性和一些男性为了让女性在英国获得权利而做出的牺牲。虽然一些评论家认为这部电影对那个时代（尤其是男性）的描绘过于笼统，但它确实让人意识到了有远见者所面临的困难。1918 年，部分妇女获得了选举权，1928 年，英国全体妇女都获得了选举权。

贝蒂·弗里丹 1963 年出版的《女性的奥秘》一书标志着第二波浪潮的开始。（1949 年，西蒙娜·德·波伏瓦的《第二性》出版后，在法国也出现了类似的反应；见本章。）对于第二波浪潮中的大多数女性主义者来说，其主要目标是建立一个没有性别歧视的机会均等的社会——在这个社会中，妇女和男子都可以自由选择自己的生活方式和职业；共同的关注点在于对男孩和女孩的养育，即试图将传统的性别角色转变为一种更平等的模式。（参见下一节对古典女性主义的讨论）。对于所有第二波浪潮中的女性主义者来说，共同的目标是让女性完全免于歧视地获得她们可能感兴趣并有资格从事的任何教育或职业。一些女性主义者认为这项工作在 21 世纪初就已经完成了，但另一些人认为，要实现完全的性别平等，还有很多工作要做。尽管美国几乎所有的职业都打破了"玻璃天花板"，但对于许多女性主义者来说，2016 年首位女性总统候选人希拉里·克林顿未能当选总统，这是一个巨大的失望。

一些人认为，第三波浪潮的起点是卡罗尔·吉利根的《不同的声音》（1982 年，见本章）的出版，也有些人认为是苏珊·法鲁迪的《反挫：对美国妇女的不宣而战》（1991 年）。第三波浪潮的哲学与前两波比起来定义没有那么明确：激进女性主义聚焦于识别与消除仍然存在的歧视的根源；其他的第三波女性主义者关注具体问题，如女权环保主义，职业女性可以获得的儿童看护服务，以及打击种族与经济歧视。

知识窗 12.7 保守派能成为女性主义者吗？

长期以来，女性主义一直被认为是一种自由主义现象，它关注女性的自我表达与成长，同时认为这种自由来源于政府保障女性自由的政策变化。本书中所讨论的"古典女性主义"，也被称为"自由女性主义"。在整个 20 世纪的大部分时间里，对于妇女在公共生活中地位的提高，女性主义的标准态度一直是这样的：在她们努力打破玻璃天花板时，人们应该始终支持她们，因为（1）女性能够获得一个以前属于男性的职位，这本身就是一件积极的事情，（2）人们默认这样的女性会同意大多数女性主义者的普遍的自由主义观点。因此，对于女性主义者来说，看到在政治光谱上处于不同位置的女性在当今政治中发声是一个挑战。阿拉斯加州前州长萨拉·佩林自称拥有强烈的保守价值观，是 2008 年大选中第一位共和党女性副总统候选人，后来她继续影响着公共辩论，将自己描述为女性主义者。明尼苏达州的国会议员米歇尔·巴克曼曾在 2011 年参加共和党内初选，她也支持保守的价值观。政治评论员兼作家安·库尔特也持保守观点，她拥有大量读者。专栏作家斯达尔·帕克和评论员米歇尔·马尔金都是抱有保守价值观的能言善辩的女性，而参演美国广播公司（ABC）系列节目《八卦观点》的伊丽莎白·哈塞尔贝克，则被认为在节目中代表了保守派的声音。卡莉·菲奥里纳曾作为共和党总统候选人参加 2016 年的初选，她曾担任惠普的首席执行官，并在 2010 年参选加州参议员。如果她们和与她们相似的人支持妇女参与公共生活，获得平等的受教育机会，拥有在就业市场上获得能胜任工作的平等机会，有权选择是以家庭为主还是成为职业人士，或者两者兼顾，那么，这些人是女性主义者吗？还是说，要参与女性主义运动，就必须认同自由主义的道德价值观？如果这些女性是反堕胎的，或者并不赞成堕胎权呢？有人认为，这实际上是女性主义的新的"第三波浪潮"，甚至是第四波浪潮：保守派女性的崛起。另一些人则认为她们的政治影响力根本不是女性主义的影响力，而是退回了父权制（男性主导）的思维方式。我们需要区分开本质上是自由主义运动的女性主义，以及其他倡导女性获得平等地位的改革运动吗？如果不需要区分，那么我们必须得出这样的结论：女性主义者可以有多种政治色彩。

穆勒说，在不同的社会情形下，我们会看到不再是其丈夫全天候奴隶的女性，她们是能够对社会做出贡献、具有原创思想的独立个体。如果女性有能力承担社会职能，她们就应该有自由去这么做。如果有因女士的天性而不可能从事的某些事，那么有什么必要去禁止她们做这些事呢？老话"'应该'意味着'可以'"适用于此：你不能告诉某位女士她应该（或不应该）做什么事，除非她真的有能力去做。穆勒确实相信，男女的总体特质是不同的——男人和女人通常擅长做不同的事情，但从道德角度来看，应该认为这些特质同等重要。那么，对于女兵是否应该参加战斗的争议，穆勒可能会说什么呢？可能大多数女性都不愿意参加战斗也不够条件，但想要参加战斗并具备资格的女性应该被允许参战。在本章最后，你会读到哈丽雅特·泰勒·穆勒关于为什么应该允许女性成为劳动力的论证。

古典女性主义、差异女性主义和激进女性主义

今天的性别平等理念包含若干方面。女性主义者通常认同性别平等，但他们在男女本性为何、究竟什么样的政策能对抗性别歧视等问题上未必意见一致。女性主义哲学仍在发展，既要应对过去和现在的压力，又要回应未来的挑战。一种思路是古典女性主义（有时也称自由女性主义），它呼吁将男性和女性都视为首先是人，其次才是有性别的存在者。第二种思路是差异女性主义，它认为男女拥

有在根本上不同的特质，两性应相互学习。还有一种思路是激进女性主义，它有时会得到负面评价；尽管有的激进女性主义者的确看上去好斗或极端，但激进女性主义主要并不是要设置障碍，而是要找出并揭示性别歧视问题的根源［"根"的拉丁文是 radix，radical feminism（激进女性主义）就是由此而来。］。还有一种被许多女性主义者严厉批评的突破性女性主义形式，其自称为公平女性主义（equity feminism）：公平女性主义者认为，争取平等的斗争已经胜利，我们不应该再认为女性是父权制的牺牲品，我们现在可以采取任何我们喜欢的性别角色，因为性别歧视总的来说已经成为过去了。（知识窗 12.8 讨论了公平女性主义。）

古典女性主义：波伏瓦和雌雄同体

男人和女人应该首先被视为人，对于认同该观点的人来说，性别差异主要是文化上的。他们认为，生物学差异只在生育方面有意义；除了只能由女性来完成的生育和母乳喂养以外，性别差异无关紧要。文化塑造了男性和女性，而文化变革也允许另一性别类型的存在：*雌雄同体型*。

在开创性著作《第二性》中，西蒙娜·德·波伏瓦作为 20 世纪对平等教育和就业机会均等发出最强音的人士之一，谴责将男性视为"典型"人类，而将女性视为"非典型"人类的哲学传统。对男性来说，女性成了"他者"，成了通过其他者性来帮助男人定义自身的异己的存在，男人在日常生活中与女人发生关联，但女人永远不会成为"男孩中的一员"。几千年来，女性被置于这种处境之下，她们也相信了自己是非典型的人类。女性解剖结构会被视为心理上的决定因素，而男性解剖结构则不会。换句话说，女性做她们所做的是因为她们是女性，而男性做他们所做的是因为他们是正常的。但这是一个文化事实，而不是一个自然事实，波伏瓦说。女性变得本真的唯一方法是摆脱她们的"异常"角色，拒斥传统的女性角色而成为一个真正的人。社会可以通过对小男孩和小女孩一视同仁——给他们同样的教育机会和随之而来的其他机会——来推动这一进程。在此我们必须牢记，波伏瓦也探讨女性主义之外的各种议题；她与伴侣让-保罗·萨特是 20 世纪中期存在主义哲学运动中极为有力的声音（见第十章）。存在主义假定并不存在人类天性，并主张任何声称我们不得不做什么或成为什么的企图，都仅仅是不想做出选择的拙劣借口，是*自欺*。如果我们把这个观点带入波伏瓦的女性主义理论，就能理解她所说的女性必须摆脱文化赋予的第二性角色是什么意思：不存在什么女性的天性，正如不存在一般意义上的人类天性一样；我们必须同性别角色的文化陷阱以及认为女性必须如何的那些假想做斗争，因为它们是不想做出选择的蹩脚借口。（然而，如果我们想要选择传统的性别角色，波伏瓦恐怕不会认同，因为她相信，在家庭主妇这个传统选项不成立的情况下，女性能够做出最好的性别自由选择。很多当代的女性主义者则认为这很难说是真正的选择自由。）

知识窗 12.8　克里斯蒂娜·霍夫·萨默斯的公平女性主义

在极具争议的《谁偷走了女性主义？》（1994 年）一书中，克里斯蒂娜·霍夫·萨默斯（见第十章）主张女性主义已经分裂为两个运动：希望男女机会平等的"公平女性主义者"和"性别女性主义者"、"厌男女性主义者"或"激进女性主义者"，在萨默斯看来，后者的主要议题是抨击男性。萨默斯认为自己是一个公平女性主义者。她还用"新女性主义者"和"女性中心的女性主义"来描述她认为伤害了女性主义运动的女性主义类型，这种类型的女性主义制造的氛围是普遍不信任男性，也不信任与男性共事、支持或钦佩男性的女性。在这里，萨默斯并没有按照我们讨论过的女性主义的几种思路来进行探讨；尽管激进女性主义与她所称的性别女性主义最为接近。萨默斯还发现，差异女性主义也有厌男的成分，因为其认为女性的方法优于男性。古典女性主义尽管可能与萨默斯所称的公平女性主义最为接近，但它也包含萨默斯所谓的性别女性主义元素：她说，西蒙娜·德·波伏瓦无意让女性自由选择性别角色，而是希望给女性规定何为适当的教育和生活选择。在当代性别女性主义者中，萨默斯列举了苏珊·法鲁迪、玛丽莲·弗伦奇、卡罗琳·海尔布伦和凯瑟琳·麦金农。萨默斯写道：

一旦我养成了将女性视为被征服的性别的习惯，我就准备好了对作为女性压迫者的男性做出警觉、愤怒和怨恨的反应。我也准备好了相信关于他们和他们对女性造成的伤害的话。我甚至可能准备好了去制造暴行……厌男女性主义者如法鲁迪、弗伦奇、海尔布伦和麦金农等，谈到了对女性的反挫、围攻和不宣而战的战争。但是她们所描述的情况是虚构的——没有当代美国生活的事实基础。

萨默斯说，既然女性现在拥有了政治和个人自由，她们就应该好好加以利用，而不是评判彼此态度的本真性：

> 但是，妇女不再是被剥夺了权利的人，她们的偏好正被纳入考虑。她们现在也没有被教导说，她们是从属的，或扮演从属的角色对她们是合适、恰当的……由于今天的妇女不能再被视为不民主的灌输的受害者，我们必须把她们的偏好视为"本真的"。对美国女性的其他任何态度都带有不可接受的傲慢和极度的狭隘。

萨默斯所批评的女性主义者的普遍回应是，萨默斯自己误解了女性主义的目标和性质；虽然过去的公开压迫已经结束，但现在压迫已经变得隐蔽和内化，还存在于女性主义批评者的心中，无论是男性还是女性。虽然机会已向妇女开放，但许多妇女从小到大仍然认为男性的文化世界是她们唯一的选择；这样的伤口需要很长时间才能愈合，而且没有外界的干预是无法愈合的。因此，为了妇女自身的利益，必须向她们表明，平等仍然很遥远。所以一些批评者认为，当萨默斯说女性有权选择在家里干活、抚养孩子或在男性主导的环境中工作时，或者当她说她们有权喜爱描述男人强大而女人受到诱惑的浪漫小说时，萨默斯自己一定是内化了传统上关于女性合适位置的男性观点。

萨默斯回应称，性别女性主义根本不能代表当今大多数女性的观点，这些女性具有政治意识，关心性别平等，换句话说，她们就是女性主义者。萨默斯说，如今大多数女性都能从事自己选择的职业，她们希望过与男性同事保持友好关系、与男性伴侣保持亲密关系的生活。许多人想要家庭，有些人甚至想过传统的家庭主妇生活，她们并不想被那些说她们有虚假意识的女人代表。萨默斯认为，作家兼哲学家艾丽丝·默多克也是公平女性主义者，后者相信"人的文化"，而不是厌男女性主义的"新女性聚居区"。

正是在反对用传统男性的哲学方法研究性别问题的背景下，波伏瓦批判了伊曼努尔·列维纳斯及其认为他者本质上为阴性的观点（见第十章）。在波伏瓦看来，这只是陈腐的、反动的男性导向思维，因为在像她一样的古典女性主义者看来，认为两性有根本性的不同，就意味着一种性别总的来说在支配另一种性别；当列维纳斯赞扬女性特质，认为它们是对男性和女性都有养育作用的和受欢迎的要素时，古典女性主义者将此视为（不只是对女性，也是对男性的）歧视，因为这种说法坚持将典型的女性形象刻板化为养育。

在女性开始将自己当作一个群体来思考之前，波伏瓦说，她们会一直相信自己是异常的人类。只要男性和女性还在接受差异化教育并被社会区别对待，女性就不会感受到对世界现状的责任，而是会用男性看待她们的眼光来看待自己——把自己看作像孩童一样幼稚的成人。女性当然是弱者，波伏瓦说。她们当然不会运用男性逻辑（此处我们必须牢记她所说的是二战以前未受教育的女性）。她们当然信奉宗教到了迷信的程度。她们当然没有历史意识，当然接受权威。她们当然会经常为小事情哭泣。她们甚至可能很懒、很感性、缺乏独立性、轻浮无聊、唯利是图、物欲至上，而且歇斯底里。总之，女性可能是有些男性思想家所认为的那些样子。但为什么女性就是那些样子的呢？因为她们除了小诡计就没有力量。她们没有受过教育，所以从不了解历史的因果和权威的相对权力。她们被永无休止的家务缠身，这导致她们总以实际为导向。她们唠叨是因为认识到无力改变处境。她们感性是因为烦躁。波伏瓦在《第二性》中写道："真相是，当一个女人从事与人类相称的事务时，她完全能够展现出积极、有效、少言，以及禁欲——像男人一样。"波伏瓦进一步反驳基于弗洛伊德精神分析学说

（当时是最无可争议的学说）的假设，即认为小女孩的顺从是自然的。

> 如果小女孩从小就被像她的兄弟们一样养育，接受同样的要求和荣誉，同样的严厉与自由，参与同样的学习与游戏，被承诺拥有同样的未来，她身边的女人和男人都毫不含糊地平等对待她和她兄弟，那么"阉割情结"和"俄狄浦斯情结"的意义就会被深刻地改变。如果母亲在婚姻中承担与父亲同等的物质和道德责任，那么孩子就会享有与父亲所享有的同样持久的尊重；孩子会感受到一个雌雄同体的世界，而不是一个男性世界；如果她更加受到父亲的吸引——这甚至不能确定——那么她对父亲的爱也将微妙地表现为效仿他的意愿，而不是软弱的感觉：她不会转向被动；如果允许她在工作与运动中证明其价值，积极与男孩竞争，那么缺乏阴茎——通过有孩子的前景得到补偿——就不足以导致"自卑情结"；与此相关，如果没有向男孩灌输，如果男孩像对待男性一样尊重女性，男孩就不会有天然的"自尊情结"。小女孩无须在自恋与梦境中寻求苍白的补偿，她不会认为自己是被规定的，她会对自己所做的事感兴趣，会投身于她自己的追求。

所以如果改变我们的文化，我们就会改变我们一直以来所认为的女性天性——可能还有男性天性。我们将创造的人首先是负责任的，他们也因此互相尊重。这一哲学被 20 世纪晚期的很多女性主义者所采纳，包括杰梅茵·格里尔、格洛丽亚·斯泰纳姆和乔伊丝·特里比尔科特。（波伏瓦对现代哲学的影响见知识窗 12.9。）

问题在于，我们能选择自己的社会性别吗？显然，我们无法（在不经历大手术的情况下）选择生理性别（sex）。但性别（gender）也包含了我们作为男性和女性的社会角色。那么，我们能够决定自己想要扮演哪种社会角色，即想要成为哪种性别吗？还是说，生物学因素会妨碍人们对社会性别的选择？换句话说，与提倡雌雄同体的人的看法相比，我们的性别是否在更大程度上由生物学因素决定？

我写作本文的时候，多伦多的一个孩子（可能）正在父母的呵护下成长。这个孩子叫斯托姆，父母一直拒绝透露其性别。斯托姆并不是双性人，并且显然有着清晰的性别认同，但迄今为止，父母都在有意采用无性别育儿的方法，至少在世人眼里是如此，这样做是为了让这个孩子在不受性别角色社会建构浸染的情况下成长——这样，世人就有可能改变对性别角色的狭隘划分。至少斯托姆的父母是这么描述斯托姆的成长情况的。2014 年，斯托姆已经 4 岁，父母依然没有透露其性别身份，只是说斯托姆还没有明确的自我认同，还只是一个淘气的孩童。那么，当斯托姆的生理性别被披露时，会发生什么呢？更重要的或许是，这种养育方式将如何影响斯托姆的自我认同？大多数听说斯托姆案例的人都认为这对父母的选择应受谴责，因为他们干预了孩子的正常社会发展。可能斯托姆在童年结束后会和世人分享自己的故事。

知识窗 12.9　　他者：西蒙娜·德·波伏瓦

（© Everett Collection Inc/Alamy Stock Photo）

西蒙娜·德·波伏瓦（1908—1986 年），女性主义者、存在主义者，在很长一段时间里被哲学界认为是次要的思想家。一个原因在于她是让-保罗·萨特的"重要的另一半"，她的《第二性》等著作表现出萨特思想相当大的影响。然而，大多数哲学家现在认识到，存在主义的许多根本思想都是通过萨特和波伏瓦之间的讨论产生的，萨特率先发表的许多观点很可能就是出自这些讨论。甚至有人猜测，萨特偶尔会将波伏瓦的观点冠以自己的名字发表。无论真假，这种新态度都反映出对哲学界女性的态度的变化。在 21 世纪，波伏瓦在性别不平等领域的影响已被证明与萨特的哲学并驾齐驱。波伏瓦主要对女性作为一种文化现象的存在感兴趣；她分析了男性世界中对女性的征服——这种情况在 20 世纪中期比现在普遍得多。她希望我们的世界不是女人被视为异常、男人被视为正常的世界，而是一个由人类，而不仅仅是男人和女人构成的社会，人们将平等地把彼此当作有创造力的本真存在来对待。波伏瓦受到了一些女性主义者的严厉批评，批评者认为，波伏瓦没有意识到，她自己也是把男人视为一种规范，希望女人得到和男人一样的对待，像男人一样行动，而不是欣赏自己与生俱来的女性天性。似乎波伏瓦本人决定过没有孩子的生活，以摆脱对女性的刻板印象。

20 世纪 60 年代和 70 年代的心理学家通常假定，性别角色是一个纯粹的抚养问题，或者说后天问题。受 20 世纪初期出现的行为主义理论启发，性心理中立理论认为，一个孩子可以被塑造为男性或女性，但除了生殖器的分别外，其出生时既不是男性，也不是女性；如果一个人符合人们对男性的刻板印象，那是其被抚养过程的结果，而不是一个生物学事实。这一理论也提出，如果我们希望孩子不像传统上希望的那么符合男性或女性的刻板印象，我们要做的就是使用更加无性别的教养方法。但性心理中立理论近年来受到严厉批评：据说成功塑造了出生时生殖器特征不明的孩子（从前的称呼是两性人，现在人们称其为*间性人*）的性别的案例，现在受到严格审查，因为其只是为孩子指定一种性别，而假定抚养和激素治疗能解决剩下的问题。

大卫·赖默的故事则令人不安。他在 20 世纪 60 年代末因为失败的婴儿包皮环切术而失去了阴茎，后来被当作女孩抚养长大，起名布伦达。尽管父母善意地努力让布伦达相信自己是个女孩，但布伦达始终觉得不对劲。14 岁时发现真相后，孩子立刻放弃了女性角色，决定成为大卫。他做了外科修复手术，和一个女人结婚并收养了她的孩子。但事实证明，大卫不正常童年让他承受了过大的压力，离婚后，他在 2004 年结束了自己的生命。布伦达 / 大卫以及间性孩童的案例似乎表明，在形成一个人的性别认同方面，先天因素比后天因素更为重要。（见知识窗 12.10 对同性恋和性别选择的讨论。）但我们不应该完全忽视后天培养的影响：我们表现性别特质的方式，以及我们是否成为"典型的"男性或女性，很可能与教养有关，至少在某种程度上如此。

差异女性主义：吉利根与关怀伦理

先天胜于后天的观念促进了差异女性主义的发展，差异女性主义兴起于 20 世纪 80 年代，主张男女应该被视为平等，但两性有根本差异。到 20 世纪 80 年代初，女性在劳动力大军中的时间已经足够长，可以对情况做出评估了，尽管有的女性觉得在曾是"男人世界"的地方工作挺好，并能够（或多或少地）遵循其标准，但另一些女性却觉得这些标准多少损害了她们的女性身份。几乎没有儿童托管服务，人们基本不理解家庭需求，压倒一切的氛围是竞争和单兵作战，而不是合作与团队协作。对这些女性来说，要在男性主导的公共领域幸存，只有甘愿放弃某些女性价值才行。差异女性主义提出，女性主义的议程不仅是机会均等和同工同酬，而且还要承认，很多女性想要的东西与男性想要的有所不同，女性的某些能力发挥作用的领域与大多数男性能力所在的领域有所不同。

非常有趣的是，这样的想法并不是第一次被提出——在西方历史，当然还有哲学史中，满是女人的本性不同于男人的说法。著名的例子包括：亚里士多德，他相信女性是畸形的男性；康德，他认为女性在智识或技术追求上展现的任何兴趣都极不合宜，即使她们可能擅长于此；卢梭，他认为女性只不过是男性的助手；尼采，对于女性比男性更为"自然"这一点，他很欣赏，但他又攻击女性，说她们反复无常。这类理论都说，男女的能力不同，所以在社会中的位置不同。然而，这些理论的提出者并没有任何性别平等的观念。在有影响力的哲学家中，约翰·斯图亚特·穆勒率先提出，尽管男女能力有差异，但他们应该获得均等的机会，以及对其能力同等的尊重。新女性主义者看中的正是这一概念。性别平等的问题依然非常敏感，哈佛校长经济学家拉里·萨默斯在 2006 年辞职就是明证，在 2005 年的一次会议演讲中，他推测说，在科学和工程领域，事业成功的男性多于女性，这一事实不仅归因于社会因素，也与先天能力有关——换句话说，男性和女性在典型才能方面有本质上的根本差异。演讲引起了媒体关注，随之引发一场强烈抗议，萨默斯被贴上了性别歧视者的标签，尽管几十年来差异女性主义者以及神经生物学家做出过类似的猜测。然而，在媒体和哈佛内部的批评者听来，这样的言论是一种倒退，一种带偏见的说法，试图基于传统上对女性理性能力的不信任而将她们排除在外。

知识窗 12.10　同性恋者可以选择不做同性恋者吗？

在讨论选择性别角色的可能性时，讨论同性恋及其生活方式是合理的。在西方社会，政治上和道德上对同性恋者仍有相当大的反对，一些社会的反对程度要比其他社会更高。某些社会已经允许同性恋者结婚；而在另一些社会，同性恋仍然是非法的。为什么基督教国家传统上反对同性恋？这是由于传统基督教的一些假设，如：（1）同性恋是一种道德选择，是违背自然的（自然要求生育），因此同性恋在道德上是错误的；（2）同性恋者主要引诱青少年，这些青少年后来会变成同性恋者。20 世纪 90 年代初，科学家们（基于大脑解剖）得出了一个初步结论：男性同性恋不是选择的结果，而是生物学问题。如果这个结论成立，那么上述两种反对意见都将是无效的，因为（1）男同性恋者并不是选择了他们的生活方式或性取向，而是天生就有这种倾向（所以这对他们来说是*自然的*）；（2）男孩不会因为被引诱而成为同性恋，他们要么生来如此，要么生来就不是同性恋者。（此外，是同性恋者并不意味着他主要对年轻男孩感兴趣。）但是，目前还没有关于女同性恋或双性恋的广泛研究。对同性恋者而言，指向生物学因素的决定性结论的好处显而易见：基于同性恋是"不道德的选择"这一信念的歧视不再成立。但这样的发现可能会为新的歧视领域打开大门：我们会不会看到父母带年幼的孩子去看医生，"筛查"他们是不是同性恋者，如果检测结果呈阳性，就要求"治疗"？这样，同性恋就会被贴上缺陷、疾病的标签。一些同性恋者可能会说，如果可能的话，他们更愿意成为异性恋者，但肯定不是所有人都愿意。

在 21 世纪头十年，同性婚姻问题成为美国几个州以及欧洲的头条新闻。在几个欧洲国家，同性民事婚姻已经合法化多年，但在一些欧洲社群，问题变成了是否允许同性恋者在教堂举行婚礼。在美国，焦点一度在于是民事婚姻还是民事结合，后来辩论很快转向了"同性婚姻"，美国各地的趋势则是人们越来越接受这一概念。2015 年 6 月，美国最高法院推翻了所有同性婚姻禁令。在该裁决之前，37 个州已经立法允许同性恋者结婚。然而，一些州仍然反对同性婚姻，比如北卡罗来纳州，在我撰写本文的时候，参议院（反对）和州长（支持）之间的争论还在继续。政治评论家（通常支持同性婚姻立法）认为这一趋势很明显：不久后，同性婚姻将不会构成法律问题。民主党不再使用"同性婚姻"一词，而是改用"婚姻平等"。2011 年，五角大楼正式放弃了"不问询不告知"政策，允许同性恋者公开在军队中服役。尽管很多美国人仍然认为同性婚姻是不可接受的，但这个问题在*政治上*似乎不像过去几十年那样不确定了。

新女性主义者说，总体上，我们长期以来推崇的良好人类行为的价值观主要是男性价值观，因为男人被认为是"真正"的人，而女人一直被认为有些异常。男人是典型的人类。在比较老的关于人类发展的教科书中，早期的原始人类，如智人和尼安德特人，通常都被描述成雄性（如"Neandertal man"）。直到近年，教科书和文章才既用男性也用女性的形象来代表人类。即便是近期的一些心理学理论，似乎也是把男孩和成年男子当作研究对象，而不是女孩和成年女子，医学界现在也必须面对多年来以男性为主要研究对象所产生的问题。较早的关于女性和某些疾病（如心脏疾病）的数据并不可靠，女性药品管理决定常常基于以男性为研究对象的研究。这不仅是一个有意识偏见的问题，而且关乎实际。长期以来，人们一直以男性的标准来判断女性，仿佛女性就像很久以前亚里士多德所声称的那样，是有缺陷的男性。差异女性主义想要摒弃一种性别比另一种更"正常"的意象，代之以两种性别的意象，两种性别各有特质，平等地共同代表人类种族。这种转变涉及提升母职、家务、照顾家人等女性工作的地位，在有的人

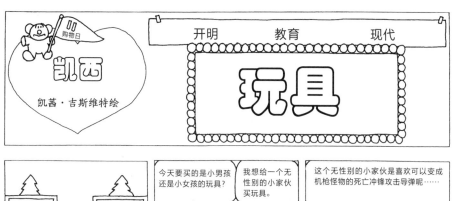

心理学家约翰·格雷在他的自助畅销书《男人来自火星，女人来自金星》中，将男人和女人的方法和期望有很大差异这一观点理论化了。差异女性主义者对此赞同。而古典女性主义者则认为，如果我们在养育孩子的过程中尽量减少性别差异，那么下一代人就会首先是人，其次才是有性别的人。漫画中，古典女性主义者凯茜正面临着一个古典女性主义困境：如何在不深化性别刻板印象的情况下为孩子们购物？漫画家凯茜·吉斯维特是否触及了一个真正的问题？如果是，我们能做些什么呢？

看来，这些工作似乎在女性进入职场的第一波热潮中被排挤到了一边。在从事这些工作时体现的典型女性美德，通常被认为是慷慨、关爱、和谐、协调，以及对亲密关系的维护。被认为是男性的典型美德的则是公正、权利、公平、竞争、独立，以及对规则的遵守。

心理学家卡罗尔·吉利根是性别争论中一个主要灵感来源。她的著作《不同的声音》（1982 年）在分析男孩与女孩、男人与女人的反应后得出结论，男性和女性的道德态度有着基本差异。在一项分析中，她谈到了当代著名心理学家劳伦斯·科尔伯格的一个实验，即"海因茨难题"。访谈者采用科尔伯格的方法询问都是 11 岁的杰克和艾米，请他们评价下述状况：海因茨的妻子得了绝症，海因茨无力承担妻子的医药费，他应该去偷药吗？杰克毫不犹豫地说是，海因茨应该去偷药，因为他的妻子比不能偷盗的规则重要多了。艾米则不太确定。她说不，他不应该去偷药，因为如果他被抓住怎么办呢？他就会被投进监狱，谁来照顾他患病的妻子呢？或许他可以恳请药剂师给他药物并赊账。由于访谈者并未得到预期的答复，艾米改变了她的答案。于是访谈者得出结论说，杰克对于情境有清晰的理解：妻子应该接受药物治疗，因为她的权利将凌驾于不偷盗的法律之上。访谈者认为艾米对情境的领悟非常模糊。杰克明白其中的意义：权利与正义。

吉利根重读了艾米的回答并得出一个完全不同的结论：杰克回答的问题是"海因茨是否应该去偷药？"（换句话说，这是一个要求二选一的经典难题），但艾米对问题的理解完全不同，她认为问题是"海因茨是应该去偷药，还是应该做其他事？"。事实上，两个孩子回答的是完全不同的问题，艾米的答复像杰克的答复一样有道理。但与其说艾米不关心权利和正义问题，不如说她更关心海因茨和妻子将会经历的事；她甚至考虑到了药剂师的慈悲心肠。换句话说，她从关怀的角度来思考。她承认法律的存在，她也相信用道理可以说服人们。吉利根说，访谈者并没有把艾米的答案听进去，因为访谈者在寻找的是关于"正义"的答案。吉利根下结论说，男孩和男人倾向于关注正义伦理，女孩和女人则倾向于关注关怀伦理。

吉利根对关于性别问题的现代思想有极大影响，尽管其他哲学家、心理学家和语言学家也以类似方式思考过性别问题，有的还是在吉利根的著作出版之前很久就这么考虑问题了。也许，提出女性倾向于从关怀角度思考而男性倾向于从正卡罗尔·吉利根（生于 1936 年），美国心理学家，著有《不同的声音》（1982 年），并与他人合著有多本关于妇女和女孩心理的书。她是哈佛大学的第一位性别研究教授。与西蒙娜·德·波伏瓦一样，吉利根认为在整个西方历史上，男性一直被视为"正常"性别，而女性则被视为不那么正常。然而，与波伏瓦不同的是，吉利根并不主张一个雌雄同体的社会，她认为男人和女人对待生活的方法是根本不同的——不同但平等。

（© Paul Hawthorne/Getty Images）

义角度思考的第一人，并不是哲学家或心理学家，而是剧作家——挪威的亨利克·易卜生，他在有着里程碑意义的剧作《玩偶之家》（1879 年）中提出了这个观点。你可以在故事部分读到该剧的节选。可能你也会想起第七章关于正义的讨论，其中约翰·罗尔斯提议我们采用"原初状态"，假装在政策生效时我们不知道自己是谁；你可能也记得沃尔加斯特和弗里德曼的回应，即我们不能假设我们是互不认识的陌生人，因为作为社会成员，我们恰恰需要关注与他人的关系，而不可能只生存在某种抽象的法律空间。本质上来说，这一点类似于吉利根对传统的正义伦理的批评，即这是看待道德问题的传统的男性进路，她强调说，我们不能假装自己没有性别。用吉利根在《不同的声音》中的话来说就是：

> 妇女的顺从不仅植根于她们的社会从属地位，而且植根于她们道德关切的实质。对他人需要的敏感和对关怀责任的承担会让女性去关注自己以外的声音，并在她们的判断中纳入其他观点。因此，表现为判断分散和混乱的女性的道德弱点，是与女性的道德优势不可分割的，这种优势就是对关系与责任高于一切的关注。不愿下判断本身或许就是关怀、关心他人的表现，这种关怀和关心贯穿于女性的心理发展过程，也使得人们普遍认为其本质有一些问题。

> 所以说，女性不仅以人类关系为背景定义自身，而且按照她们的关怀能力来判断自身。女人在男人生命周期中的位置是养育者、照顾者和伴侣助

手，是她所依赖的关系网的编织者。而尽管女性如此照顾男性，但男性在他们的心理发展理论中倾向于假定或贬低这种关怀，就像在经济安排中一样。当对个性化和个人成就的关注延伸到成年期，成熟被等同于个人自主时，对人际关系的关切就显得是女性的弱点，而不是人类的优点。

这是否意味着吉利根声称所有女性都总是付出关怀？这要看怎么解读。有的读者将她的理论视为对我们所说的"女性状况"的一种描述：由于天性、教养或二者兼有，大部分女性都是关怀他人的。也有人将它看作一种荒唐可笑的说法。不是所有的女性都有关怀，也很少有女性会总是付出关怀，即使她们通常关怀他人。尽管如此，我们不必将吉利根的关怀伦理理论解读为对女性实际行动方式的描述；该理论强调价值，其实是关于大部分女性认为自己应该如何行动的理论。它是关于女性规范性价值的理论——我们可以称其为关怀命令（caring imperative）——而不是关于某种不可避免的女人本性的理论。

心理学家并未发现支持吉利根思想的有力证据；似乎并不能确定女人在天性上更以关怀为导向，但研究结果证实了这样一个刻板印象，即比起男性，女性更以共情为导向。2006 年的一项研究发现，当看到某人因他或她做过的事而受到电击时，大多数男性被试大脑中的奖励中枢就会被激活——这让他们感觉良好。相反，大多数女性被试大脑中被激活的是痛苦中枢，这会让她们共情犯错者。对于菲利帕·富特提出的著名的电车难题（见第一章），女性比男性更不可能认同应该为挽救五个人而牺牲一个人。这样的例子杰西·普林茨也提到过（见第十一章），它们未必表明女性是情感动物而男性不是，但的确表明在我们生活的文化中，对女性共情心的奖励和期待要多于男性——至少普林茨如此认为。（吉利根的理论是第十章提到的弗罗和惠勒关怀伦理的灵感源泉之一，但弗罗-惠勒的理论超出了性别议题，它以列维纳斯的道德哲学的风格，使一种关怀方式成为人类普遍的道德理想。）

吉利根的理论意味着什么？对很多女性来说，这意味着她们的依恋经历和对关系的重视是正常、良好的，并非"过度依赖""黏人""不成熟"；这意味着我们所认为的传统女性价值地位的提升。吉利根的著作意在促使成熟女性理解权利，促使成熟男性理解关怀，使人们和谐地在一起生活与工作。然而，她的希望可能还要再过几十年才能实现（吉利根的作品出版已经有 40 多年了，而我们中的一些人仍然在等待！），因为尽管有人可能会说，他们认识非常关怀人的男士和以正义为导向的女士，但吉利根看起来仍然是对的，她断言大多数美国女性在成长过程中都相信关怀是最为重要的东西，而大多数男性在成长过程中则相信个人权利和正义是终极伦理价值。在北欧国家，家庭价值观实际上正转向吉利根指出的方向，但一些分析认为，这是古代传统和经济结构的结果，而不是差异女性主义带来的。

吉利根的理论也有风险。有人认为这可能导致我们将女性价值视为远高于男性价值。那样的话，我们就是把一种不公的体系翻转过来，创造了另一种不公体系，宣告女性"正常"而男性"略有异常"。更迫切的问题如下：如果我们说理解与关怀内在于女人的天性，就可能会迫使她们退回刚刚脱身的私人领域。男性（也有女性）可能会说，如果大多数女性都不能理解"正义"，那么我们就不能让她们在现实世界中发挥作用，最好让她们留在家里，做她们天性倾向的事：照顾孩子和男人。与此类似，如果一份工作要求"关怀"品质，雇主可能就不会愿意雇用男性，因为他们没有关怀的"天性"。所以，吉利根的理论可能并没有让人们获得更多机遇，而是实际上设定了新的范畴，可能导致将女性排除在"男人的工作"之外、将男性排除在"女人的工作"之外的政策。说一种性别的特质不应该胜过另一种性别的特质，这是不够的，因为我们全都知道，即使带着最好的意图，我们也会倾向于认为一种差异比另一种更好。我们可能全都是平等的，但还记得乔治·奥威尔的《动物庄园》吗？在这部隐喻政治独裁的小说中，奥威尔警告说，一些人"比其他人更平等"。批评者认为，吉利根其实是破坏了性别平等哲学，她的"关怀伦理"理论可能导致类似这样的说法："我们需要一位了解法律规则的新主管——但是，当然，我们不能雇用女性，即使看起来她在其他方面都合格，因为科学认为女性对正义没什么感觉。"简而言之，关于性别的心理理论存在一种危险，即它可能会从描述情况看似如何转变为规定一套关于谁应该做什么的规则。

尽管她的关怀伦理理论可能会有平等概念方面的问题，但无疑吉利根谈到了让大量女性都能产生共鸣的事。

多年前，吉利根和其他几位女性主义者在《大西洋月刊》上与克里斯蒂娜·霍夫·萨默斯（见知识窗 12.8 和第十章）进行了一场笔头辩论，当时，一些女性主义者认为萨默斯根本就不是女性主义者。萨默斯当时刚出版了《反对男孩的战争》（2000 年），在其中她声称，由于所谓的性别女性主义，男孩们在学校中处境艰难。标准观点认为，在课堂上，老师往往忽视女生，重视更坚定自信的男生，萨默斯指出，与此相反，事实上今天的女生得到了老师的全部关注，并被认为是比男孩更聪明灵巧、举止良好的榜样。这使得男孩失去自尊。萨默斯的论断最早刊发在《大西洋月刊》上，在读者中引起了惊恐和怀疑。但她也找到了同意她观点的读者，这些读者也认为，过去的几十年中学校状况的戏剧性转变有利于女孩，所以我们需要考虑这种转变是不是可能付出了代价造成了对男孩的不利。她的观点自作品于 2000 年出版以来，在很大程度上得到了进一步研究的支持，也越来越多地获得了公众舆论的支持。2006 年 1 月 30 日《新闻周刊》上的文章《男孩的烦恼》通过数据和案例研究回应了萨默斯的分析，声称对女孩的关注使男孩气质本身多少受到了一定的怀疑，现在需要的是正面重估男子气概的价值。然而批评者很快指出，这是一种抵制，企图取消妇女在 20 世纪取得的巨大进步，破坏 21 世纪妇女在知识和职业方面所取得的成就。然而，男孩在今天的教育氛围中处于比较不利的位置这一观察结果触动了父母的神经，学生们也常基于个人经验，将这种现象概括为"教育系统的女性化"。辩论依然在继续，在本章末尾，你会读到两位思想家的文字，一位是语言学家，另一位是神经心理学家，他们以各自的方式权衡了这一问题，这两位思想家是德博拉·坦嫩和迈克尔·古里安。

激进女性主义：根除性别歧视

光是"激进"这个词就足以让一些人反感了。我们过去常常在"极端主义"的意义上使用该词。在有的人看来，激进女性主义者是老套的厌男者。但我们在此必须谨慎，因为我们如何解读激进一词很重要。如果我们将它解读成"极端女性主义"，那么它就会被反女性主义者用于描述任何他们认为太过极端而不认可的事物。被贴上激进女性主义者标签的女性主义者可能自认为是主流。于是，"激进"就成了一个相对概念，常常被用作贬义，指代任何一种比你愿意接受的更进一步的女性主义。（"同工同酬"在有的传统主义者听来像是激进女性主义。）可以肯定，有的女性主义者的想法比其他人更彻底。有人将与男人性交也看作女性固有的羞耻。还有一些厌男的女性主义者，认为所有的男人都没有意愿或没有能力为性别平等而努力，就像一些厌女的男人认为所有的女人都不好一样。但今天称自己为激进女性主义者的大多数人都关注一项不同的议程：采用radical（激进）一词的拉丁文词根原意，认为应该回到问题的根（radix）上。这些激进女性主义者会问：性别歧视是怎样出现的？是什么结构将它保留下来？这些结构的成分在今天仍然存在吗？答案一般是：它出现于父权制，父权制结构将性别歧视保留至今。孩子仍被看作更多属于父亲的家族，而不是母亲的家族；而孩子在学校突然生病时，母亲仍被当成主要的照顾人，即使父亲的工作不如母亲的工作繁重，工作场所也离孩子的学校更近。人们仍然认为女人对待事业不会像男人那么认真，女人结婚后应该改成丈夫的姓，还有人仍然认为女人在职场上的贡献不如男人重要。人们依然认为，男人和男孩的性自由比女人和女孩的更能接受。玩具店里的小女孩玩具仍然放在粉色区域，而小男孩的玩具仍然是来自几乎没有女性平等参与的世界的动作玩偶。激进女性主义者未必希望男孩玩娃娃或女孩玩暴力电子游戏，但希望我们理解这些选择从何而来，并决心放弃认为女性低于男性的传统。在激进女性主义者看来，知识窗 12.11 所探讨的"公主"现象表明性别刻板印象的根源很深，但变化可能正在发生。

知识窗 12.11　公主现象

　　第二波浪潮中的女性主义者关注的焦点是古典女性主义提出的严格的性别平等概念，而一些女性主义者采取了激进的观点，认为任何对传统女性特质的表现都是落入了父权制和男性主导的圈套，因此应该穿裤子而不是穿裙子，让珠宝和化妆品消失，把高跟鞋换成平底鞋。生活也许少了一些华丽，但更舒适了。小女孩们穿着不分性别的工装裤。褶皱花边则过时了。因此，看到公主造型在新千年再次流行，迪士尼公司试图重新获得怀着浪漫幻想的小女孩和她们渴望浪漫的母亲的心，老一代的第二波女性主义者感到非常不安。粉色的公主系列的商品取得了巨大的成功，包括衣服、床上用品、闹钟，以及一个小女孩会想要在房间里拥有的一切。小女孩们喜欢这样——但一些家长担心，性别洗脑又开始了，那些人试图让女孩们变成传统的女性，更注重可爱，而不是为自己创造一个有意义的未来。那么，这究竟是意味着新一代的女孩长大后会变成虚荣的机器人，还是像女权主义运动的第三波浪潮所倡导的那样，只是为自我表达开辟了更多的可能性？最近，小女孩们似乎不再执着于迪士尼世界里的公主身份，她们也可以选择成为仙女（比如奇妙仙子）和海盗！一些批评人士将这种现象与一些流行电视剧联系在一起，这些电视剧中的女性符合刻板印象，主要考虑的是找个丈夫，最好是能穿上时髦的衣服——比如热门电视剧《欲望都市》中的那种衣服。

广受欢迎的迪士尼动画长片《冰雪奇缘》（2013 年）是对这种刻板印象的一种反抗，这部电影讲述的不是"女孩"和她的"男友"之间的故事，而是两姐妹之间疏离和重聚的故事。可见，在深受喜爱且颇具影响力的迪士尼故事机器内部，出现了新的趋势。未来可能真的会有新的趋势：新闻媒体报道称，2016 年万圣节，公主装已经被超级英雄服装挤到了畅销排行榜的第二位。

著名的激进女性主义者安德烈娅·德沃金（1946—2005 年）在她的著作《右翼女性》（1983 年）中写道：

为实现人类自由的单一标准和人类尊严的绝对规范，性别阶级制度必须被打破。原因是实用的而非哲学的：只有这样才能奏效。不管人们有多么不想做到这个地步，如果不做到这个地步，就不可能让女性自由。自由派的男性和女性会问，为什么我们不能做自己，我们都是人类，从现在开始，而不是沉溺在过去的不公之中，这样不就能推翻性别阶级制度，由内而外地改变它了吗？答案是不能。性别等级制度有其结构；它深深植根于宗教和文化；它对经济至关重要；性别就是它的产物；要在其中成为"人"，女性必须隐藏自己因女性身份而承受的一切——比如被强迫性交和生育，以及其他只要性别阶级制度存在就会继续发生的事情。要实现妇女解放，就必须为改变现状而正视妇女的现实状况。"我们都是人"这一立场，会让人无法认识到女性由于性别压迫而遭受的系统性残酷对待。

德沃金说，女性面临的一个艰巨挑战是认识到所有女性都有一个共同处境，即使是你不喜欢的女性，你不想与之相提并论的女性。用德沃金的话说，这个共同处境即"从属于男性，在一种支配和服从的性别系统中遭遇性别殖民，因为性别而被剥夺权利，在历史上被视为财产，在生物学上被视为次等，被限制在性与生殖的范围内；这就是对所有女性生活在其中的社会环境的总体描述"。

因此，激进女性主义的目标就是让个人更充分地意识到，父权制传统对我们——包括男人和女人——都做了些什么。我们必须努力弥补数百年中男性主导的文化造成的社会和心理伤害，所用的方法是让女性意识到，她们的个人和职业生活在多大程度上被男性支配和设计。激进女性主义认为，女性的心态在很大程度上被男性的成就和思想塑造，除非女人学会关注女性的天赋和成就，否则她们/我们就会一直怀有"虚假意识"：我们认为我们理解，但我们所用的是由男性发明的思维工具和概念。另一位激进女性主义者格尔达·勒纳（1920—2013年）说，直到最近，女性都被排除在"命名和定义的权力"之外。男性已经定义了那些被认为值得关注的问题，以及用来描述这些问题的词汇。能够给一个问题命名，就是部分解决了这个问题，如果女性被剥夺了给自身问题命名的权利，那么这些问题就不会得到承认。出于这一原因，性别歧视不是仅仅通过倾听女性的个人愿望和专业观点就能根除的，因为那些愿望和观点可能得到我们生长于其中的男性传统的赞同。激进女性主义者坚持认为，男性和女性都必须接受教育，学会将这种传统视为压迫的传统，而且，应该鼓励他们基于女性视角创造一种新的传统。

建桥者：坦嫩和古里安

在很多人看来，无论参与者是否自称为女性主义者，20世纪晚期到21世纪早期的性别辩论都已经变得过于分裂。古典女性主义者的观点似乎并不顾及这一事实，即性别表现为一种真正的自然特征，而不是我们可以通过抚养和教育能够改变的东西。差异女性主义者的观点则似乎强化了许多人想要摆脱的陈旧刻板印象，而激进女性主义者没能和多少喜欢和相信传统性别关系的男人女人成为朋友。但是，一些研究者提出了一种替代性方案。如果你像本书作者一样倾向于弱普遍主义，那么这个方案听起来很有希望。在这些研究者中，尤其值得提到的是语言学家德博拉·坦嫩和神经心理学家迈克尔·古里安。我选择称他们为建桥者，是因为两位研究者的主要目标都是让男性和女性相互理解成为可能，而不是变得彼此相似或相互竞争。德博拉·坦嫩的第二部科普作品《你误会了我》广受关注，该书基于她对女人和男人、女孩和男孩之间交谈风格差异的研究。她后续出版了一系列的学术和科普作品，探索了我们为什么很容易相互误解，以及我们能如何弥合彼此的差异。

坦嫩的理论认为，尽管我们交谈风格的诸多差异可能是由于本能（先天），但有的也与环境（后天）相关，所以她将自己置于古典女性主义和差异女性主义之间，尽管她指出，从跨文化角度来看，世界各地男女的行为差异似乎是普遍的。坦嫩认为，我们有足够多的相似之处，可以学着去理解我们重要的另一半或者其他性别的同事或老板，这样就可以学会从伙伴的眼光来看待生活，并相互做出调整，将对方的期待纳入考虑。你可能还记得在第十一章读到的关于坦嫩和黄金法则的内容，这是她的建议之一：如果一个男人回家后更想放松而不想讲话，但他的妻子或女友回家后渴望和他分享当天发生的事，一方无所交流而另一方喋喋不休，两人相互折磨，那就丝毫无益了。我们必须做的是尝试采用他人的视角。如果你是一个想交流的女性，那么给他一点安静的时间；如果你是一个需要安静的男士，就为对方设身处地想一想，对她所讲的日常表示兴趣，而且不要试图解决她的问题。她只是想和你分享她的生活，而不是想要什么十二步方案。

迈克尔·古里安是一位神经心理治疗师和社会哲学家，他划分出另一个稍微不同的领域：在一系列可以称为自助书的畅销作品中，他不仅勾勒出男孩和女孩的心理特征与需求，还概述了他们行为背后的神经生物科学。他在《他在想什么？男人的大脑实际如何运作》（2003 年）一书中，探索了他所认为的典型的男性大脑运作模式，这本书特别面向女性读者，帮助她们稳定关系，并为相互理解提供基础。尽管由差异女性主义者撰写的很多作品都探索了男性和女性之间的自然差异，但古里安的书很独特，因为像坦嫩一样，他强调理解差异。此外，古里安还用一个独特的概念"桥梁型大脑"对性别辩论做出了贡献。古里安说，从神经学方面讲，存在典型的阳刚气的男性和典型的阴柔气的女性。但除此之外，有些女性可以很自如地用可能被描述为男性化而非女性化的方式思考和行动，而有些男性则以更女性化而不是男性化的方式思考和行动。这种桥梁型大脑在一些同性恋者中可以见到，但拥有桥梁型大脑的更多是异性恋者——他们就是非常善于理解异性，因为从神经学方面说，他们的大脑不是那么典型的男性或女性大脑。尽管有人批评古里安是一个传统主义者，但他的著作就像坦嫩的著作一样，为那些厌烦了 20 世纪女性主义分裂和传统性别角色压迫的读者提供了实用的安慰和洞见。关于男女的天性，以及我们应该在人类关系之舞中扮演什么样的角色，还没有定论，但对试图让舞蹈更顺畅而不是更复杂的人来说，仍有一些可以谈论的东西。

问题研讨

1. 简述古典女性主义、差异女性主义、激进女性主义、公平女性主义的异同。它们之间有重合吗？请解释。

2. 你认为与今天最相关的女性主义是哪一种？你是一个女性主义者吗？如果是，为什么？如果不是，为什么？

3. 概述差异女性主义的优势和问题。

4. 评价古里安的"桥梁型大脑"概念。它有用吗？为什么？

基础阅读与故事

基础阅读材料是哈丽雅特·泰勒·穆勒的《妇女的选举权》一文的节选。第一个故事是对亨利克·易卜生经典戏剧《玩偶之家》的概述和节选。在这部戏剧中，19 世纪的一位家庭主妇被丈夫视为可爱但淘气的孩子，但事实证明她是一个非常成熟的人。第二个故事是历史学家 M. 路易莎·洛克以维多利亚时代为背景的推理小说《不幸的女仆》的节选。最后一个故事是关于当代阿富汗妇女的小说，卡勒德·胡赛尼的《灿烂千阳》的梗概。

《妇女的选举权》

哈丽雅特·泰勒·穆勒著
1851年，节选

我们在第五章中提到了哈丽雅特·泰勒·穆勒，她是约翰·斯图亚特·穆勒的灵魂伴侣和智力伙伴，在本章中，我们谈到了在19世纪中期的英国，他们在妇女权利哲学方面的合作。下面的节选来自哈丽雅特·泰勒·穆勒写于1851年的作品——比约翰·斯图亚特·穆勒关于妇女权利的作品《妇女的屈从地位》早十几年。1851年，哈丽雅特和约翰·斯图亚特·穆勒终于结婚，那时，哈丽雅特原来的丈夫已经去世两年，她和约翰·斯图亚特·穆勒的关系已保持了21年。1858年，哈丽雅特因结核病去世，在那之前，她和约翰·斯图亚特·穆勒继续在其他项目上合作，比如对家庭暴力、财产权的分析，以及约翰·斯图亚特·穆勒在她去世后出版的第一本书：《论自由》。

在以下节选中，哈丽雅特·泰勒·穆勒驳斥了19世纪反对女人进入职场的三种主要论点，即让女人进入职场会（1）违背母职的义务，（2）对男人构成不公平竞争，（3）不适当地使女人的性格变得强硬。

那么，女性是否适合从政，这是毫无疑问的，但争论更可能围绕政治是否适合女性展开。那些把妇女排除在一切高级部门的积极生活之外的理由，在去掉华丽辞藻，简化为一种意思的简单表达后，似乎主要有三点：第一，积极生活与生育和照顾家庭的责任不相容；第二，这可能会让女人的性格变得强硬；第三，各种专业或有利可图的工作的竞争压力已经过大，再增加压力是不合适的。

关于生育的第一个论点通常被强调得最多，虽然（几乎不需要说）这个理由，如果算个理由的话，只能用在母亲身上。妇女要么做母亲，要么什么都不做，或者，如果她们生育过一次，她们余生除了做母亲就什么都不能做了，这样的要求既没有必要，也不公正。无论男女，如果他们从事与某种职业并不相容的另一种职业，都不需要任何法律来将他们排除在这种职业之外。没有人会因为一名男子可能是现役军人或海员，一名男子可能是需要全身心投入生意的商人，而提议将其排除在议会之外。十分之九的男人的职业实际上把他们排除在公共生活之外，就仿佛是法律把他们排除在外的一样；但这并不是制定法律排除哪怕是这十分之九的男人的理由，更不用说剩下的十分之一了。这个理由对女人和对男人一样适用。没有必要在法律上规定妇女不得在从事某种职业或被选为议会议员的同时打理家务或教育子女。如果不相容是真实存在的，它自会发挥作用；但是，把不相容作为排除那些并没有遇到不相容情况的人的借口，这是非常不公正的。而如果可以自由选择的话，后面这类人会占很大的比例。就单身女性而言，关于生育的这个论点抛弃了它的支持者，单身女性是人口中一个庞大且不断增长的阶层；有必要提示，这种情况倾向于减少人数的过度竞争，从而极大地促进了所有人的繁荣。没有内在的理由或必要让所有女性自愿选择将自己的一生奉献给一种动物功能及其后果。许多女性成为妻子和母亲，只是因为没有其他职业向她们开放，没有其他职业来让她们投入感情或从事活动。她们教育的每一次进步，她们能力的每一次拓展——一切使她们更有资格采取其他生活方式的事情，都会增加被剥夺选择权是一种伤害和压迫的人的人数。说女性必须被排除在积极生活之外，因为生育使她们没有资格参与其中，实际上在是说，应该禁止她们从事其他所有职业，这样生育就是她们唯一的资源。

而第二个论点认为，如果给予妇女与男子同样的职业自由，就会有害地增加竞争者的数量，因为几乎所有职业的道路都被她们堵塞了，报酬也被压低了。需要注意的是，这个论点并没有触及政治问题。它不构成拒绝赋予女性公民权的理由。选举权、陪审席、进入立法机构和担任公职，它都不涉及。它只涉及这个问题的工业部门。那么，从经济的角度，我们姑且允许这个论点发挥其全部力量。假定现在由男性垄断的职业向女性开放，就像打破其他垄断一样，这些职业的报酬率往往会降低。让我们考虑一下这种后果的程度，以及对它的补偿是什么。最糟糕的说法是（这比可能实现的情况糟糕得多），如果女人和男人竞争，那么一个男人和一个女人一起挣的钱就不会比现在男人单独挣的钱多。让我们姑且做出这个最不利的假设，即两人的共同收入将与以前相同，而女人的地位将从仆人提升到合伙人。即便是比起现在的情况，即每个女人都有权要求某个男人提供经济保障，以下情况也要好得多：女人不是被迫站在一边，让男人成为唯一的挣钱者和唯一的分配者，而是女人的收入有一部分属于自己，即使总收入并没有因此增加多少。即使根据有关妇女财产的现行法律[1]，对于为家庭做出了物质贡献的妇女，也不能像对哪怕辛劳操持家务却仍依靠男人维持生计的妇女那样，进行轻蔑的暴虐对待。[……] 但是，只要竞争是人类生活的一般法则，将一半的竞争者拒之门外就是暴政。所有已经达到自治年龄的人，都有平等的权利，按照所能带来的价格出售他们所能从事的任何一种有用的劳动。

　　第三个反对女人进入政治和职业生活的理由是这会让女人的性格变得强硬，这个理由已经过时，现在的人很少能够理解。然而，仍然有人说，这个世界和世界上的职业使男人变得自私和无情，商业和政治的斗争、竞争和冲突使他们变得严酷和不友善；如果人类的一半不得不屈从于这些东西，那么就更有必要让另一半不受这些东西的束缚，保护女性，让她们不受这个世界的坏影响，是防止男人完全屈从于这些影响的唯一机会。

　　在世界还处于暴力时代的时候，这么说或许还有点道理；那时候的生活充满了身体上的冲突，每个男人都必须用刀剑或拳头来弥补自己或他人受到

1　现行法律对底层劳动人口的真正可怕影响，在工人对妻子的可怕虐待中得到了体现，每一份报纸、每一份警察报告都充斥着这种情况。不配对任何生物拥有最起码的权威的可怜虫，家中却有无助的女人当他们的奴隶。如果妇女既赚取了一部分家庭收入，也有权拥有家庭收入的一部分，那么这些过分的行为就不会存在。——原注

的伤害。女人和神职人员一样，被免除了这样的责任，也会较少遭遇随之而来的危险，她们也许能够发挥有益的影响。但是，在人类目前的生活状况下，我们不知道在哪里可以找到那些使人性格强硬，而且光影响男人不影响女人的情形。如今，个人很少被要求进行肉搏战，即使是使用和平武器；个人恩怨和竞争在世俗事务中无足轻重；人们现在必须克服的障碍是环境的总体压力，而不是个人的不良意志。这种压力如果过大，就会使人精神崩溃，使人感到痛苦，但这种压力对女人的影响并不比男人少，因为她们遭受的痛苦肯定不比男人少。争吵和厌恶仍然存在，但它们的来源变了。封建首领曾认为自己最大的敌人就是强大的邻居，而大臣或朝臣则是他争夺地位的对手。但是，在积极生活中利益的对立，如今已不再是个人结仇的原因；今天的敌意不是来自大事，而是来自小事，更多来自人们对彼此的评价，而不是他们的行为。如果说存在着仇恨、恶意和种种不仁慈的行为，那么这些行为在女人中和在男人中一样多。在目前的文明状态下，要保护妇女不受世界的恶劣影响，就只能将她们完全与社会隔离。在目前的情况下，普通生活的普通职责与女人除了软弱之外的任何温柔都是不相容的。当然，软弱的身体里的软弱的头脑，一定早就不再被认为是有吸引力的或可亲的了。

但是，事实上，这些论点和考虑都没有触及这个问题的基础。真正的问题是，让人类中的一半在被迫服从另一半的状态中度过一生，这是否正确和有利。如果人类社会的最佳状态是分为两个部分，一部分由拥有意志和实质性存在的人组成，另一部分由这些人的卑微伴侣组成，每个这样的伴侣都依附于一个人，目的是养育他的孩子，使他感到自己的家是舒适的；如果这是分配给女性的位置，那么照此教育她们就是善意，就应该让她们相信，可能降临在她们身上的最大好运，就是被某个男人出于自己的目的而选中，而世人认为快乐或光荣的所有其他职业，全都不向她们开放，这不是社会制度法律的要求，而是自然和命运之律的结果。

然而，当我们问，为什么人类中的一半只能作为另一半的辅助而存在——为什么每个女人都只能是男人的附属物，不允许有自己的利益，她心中最重要的只能是他的利益和快乐？唯一能给出的理由是，男人喜欢这样。

　　男人们觉得这样是好的：男人应该为了他们自己而活，女人应该为了男人而活；至于臣民身上统治者所喜欢的品质和行为，统治者在很长一段时间内成功地使臣民认为那些就是自己应有的美德。［……］他们在名义上承认双方共有一套道德准则，而在实践中，自我意志和自我主张形成了一种被称为男子气概的美德，而放弃自我、忍耐、顺从和服从权力，除非他人的利益要求其抵抗，则被普遍认为主要是女人应该承担的义务和优雅。其含义仅仅是，权力使自己成为道德义务的中心，男人喜欢有自己的意志，但不喜欢他的家庭伴侣拥有与他不同的意志。

问题研讨

　1.哈丽雅特·泰勒·穆勒如何驳斥反对女性进入职场的三个标准论点？这些论点能说服你吗？为什么？

　2.这三种论点（生育、不公平竞争和性格变得强硬）在任何可以想到的现代语境中都成立吗？请解释为什么。

　3.把哈丽雅特·泰勒·穆勒的论点应用到女性参与战斗这个问题。这些论点能提供支持吗？还是说问题有所不同？请说明。

　4.哈丽雅特·泰勒·穆勒认为女性辅助（从属于）男性的唯一原因是男人喜欢这样，就你所知，在19世纪的背景下，这个说法公平吗？在21世纪的背景下呢？

《玩偶之家》

亨利克·易卜生著

戏剧，1879 年。两部基于该剧的英国电影都在 1973 年上映，
一部由克莱尔·布鲁姆和安东尼·霍普金斯主演，另一部由简·方达和大卫·华纳主演

挪威剧作家亨利克·易卜生写下《玩偶之家》时，尽管之前一百多年间要求妇女解放的零星呼声时有听闻，但在西方世界，还没有一个国家的妇女获得投票权。当易卜生的戏剧在欧洲舞台上演出时，最后的一幕成了一枚炸弹。易卜生让我们从娜拉自己的角度来看待她的处境，并向我们展示，这个角度自身是带有英雄主义色彩的。娜拉希望自己被视为一个成熟的人，在这个过程中，她向西方世界的男人和女人发出了信号，并极大影响了 19 世纪末和 20 世纪初斯堪的纳维亚的性别辩论。这个故事非常吸引人，该剧至今仍在上演。

一些当代读者可能更愿意寻找由女性而非男性写下的关于女性状况的文学作品。但是首先，易卜生的戏剧具有历史意义，它帮助男人和女人看到，传统的女性角色是一个政治问题；其次，像易卜生这样具有清晰观察力和想象才能的优秀作家，往往善于从另一个性别的角度来看待问题。

对卡罗尔·吉利根的许多读者来说，女性的关怀美德与男性对正义的关注之间的冲突，已不是什么新鲜事；但在以下节选中，你可以看到在一个多世纪前，易卜生就预见到了同样辩论的大致面貌。

娜拉和托尔瓦·海尔茂是一对幸福的中产阶级夫妇，有三个年幼的孩子。海尔茂把他活泼的妻子看作另一个孩子，她总是快乐地歌唱；他给她起的爱称是他的鸣鸟、云雀和小松鼠。他指责她挥金如土，总是要更多的零用钱，

但他原谅了她，因为她是如此甜蜜和有趣。甚至在她的朋友们看来，她也像是一个无忧无虑、被溺爱的女人，除了选择参加聚会时穿什么衣服外，她什么也不担心。但事情并不是表面上看起来的那样。娜拉的一位老朋友来看她，娜拉告诉了她一个自豪的秘密：几年前海尔茂病得很重，医生建议他去意大利旅行治疗，旅行花费高昂。海尔茂相信是娜拉的父亲借了钱给他们，而娜拉的父亲现在已经去世，无法说出真相。实际上，是没有收入和财富的娜拉独自承担了旅行的费用：她向私人贷了一笔款，利息很高，这就是为什么她总是向海尔茂要零花钱，她只买最便宜的东西给自己，按时带利息偿还贷款。不久贷款就会还清：海尔茂即将升职为银行经理，他们的财务状况也会改善。

　　但灾难即将来临：银行的一名员工柯洛克斯泰出现在她面前，恳求她，请她丈夫让他继续工作。他为什么面临失业？因为他有犯罪记录，他伪造过文件。他为什么要去找娜拉？因为娜拉跟他很熟——娜拉为了支付去意大利的费用，就是向他借的钱。他威胁要告诉海尔茂，但更糟的是，他做了一些研究。娜拉的父亲作为担保人共同签署了这笔贷款，但签名日期是在她父亲去世后的几天。结论很明显：娜拉伪造了她父亲的签名，现在柯洛克斯泰用法律威胁她，并告诉她，他的罪行并不比她的更严重。

　　　　柯洛克斯泰：我可以再问你一个问题吗？为什么你不把文件寄给你的父亲？

　　　　娜拉：那是不可能的。父亲当时生病了。如果我向他要签名，就得告诉他我为什么需要钱；但他病得那么重，我不想告诉他我丈夫有生命危险。那是不可能的。

　　　　柯洛克斯泰：那么你就应该放弃旅行。

　　　　娜拉：不，我不能那么做；这次旅行关系到我丈夫的命。我不能放弃。

　　　　柯洛克斯泰：你就没有想过你在欺骗我吗？

　　　　娜拉：我不觉得这有什么。我一点也不在乎你。你造成了那么多残酷的困难，尽管你知道我丈夫当时病得多么重，对此我不能忍受。

柯洛克斯泰：海尔茂太太，你显然没有意识到你犯了什么错。但我可以向你保证，这比让我成为被社会抛弃者的事更糟糕、更过分。

娜拉：你！你想让我相信你为了救妻子的命做了勇敢的事吗？

柯洛克斯泰：法律不考虑动机。

娜拉：那这样的法律就非常糟糕了。

柯洛克斯泰：不管糟糕不糟糕，如果我把这份文件呈上法庭，你就会被按照法律定罪。

娜拉：我不相信。你是想要告诉我，女儿没有权利让她垂死的父亲免受麻烦和焦虑的困扰，妻子没有权利拯救丈夫的生命？我对法律不怎么了解，但我肯定你能在什么地方发现，这些事是被允许的。你竟不知道这些——你可是律师！你肯定是个糟糕的律师。柯洛克斯泰先生。

柯洛克斯泰：可能吧。但生意，像我们这种生意，我是很了解的。你信吗？非常好，就随你的意思去做吧。但我得告诉你，如果我再被丢进阴沟里，你就得陪着我。

（鞠躬离开）

娜拉：（站着思考了一会儿，然后摇了摇头。）荒唐！他想吓唬我。我没有那么蠢。（开始叠孩子的衣服。停顿。）但是——？不，不可能！为什么呢，我做这些是出于爱！

后来，海尔茂告诉她柯洛克斯泰是一个多么卑鄙的人，他的罪行是多么邪恶。不久之后，海尔茂不顾娜拉的恳求，解雇了柯洛克斯泰，柯洛克斯泰又出现了。现在他想要更多：除非娜拉让海尔茂恢复他的职务，并给他升职，否则他会揭露一切。即使娜拉想出极端的解决办法，比如自杀，她的丈夫仍然会被告知一切。现在柯洛克斯泰想让海尔茂知道，这样他就可以敲诈他们俩，而不是只敲诈她一个人。他给海尔茂留了一封信，把一切都告诉了他。娜拉绝望了，她试图转移海尔茂的注意力，回家时为他跳舞，她让他承诺，不到第二天就不打开那封信。同时，她恳求她的朋友和知己去柯洛克斯泰那里，劝他停止他的威胁。

第二天晚上，娜拉和海尔茂在舞会上，娜拉跳着舞，好像这是她在这个世界上的最后一夜。回到家，那封信还在等着他们，娜拉也在绝望中等待着：等待奇迹，因为没有奇迹她就会自杀。

海尔茂读了这封信，他很震惊：他所爱的女人是个骗子，还是个罪犯！他指责她性格软弱，受她父亲的不良影响，认为自己是一个被毁掉的人。他坚持认为娜拉不能再见到她的孩子们了——必须保护他们免受她的邪恶影响。娜拉威胁要自杀，但海尔茂对此嗤之以鼻：这对他和他的毁灭有什么帮助呢？现在娜拉明白了，她伪造父亲签名的动机在海尔茂身上完全消失了；她所期待和恐惧的奇迹远没有发生。

但现在拯救到来了：娜拉的朋友成功地说服柯洛克斯泰放弃这件事（通过娜拉对此一无所知的个人牺牲）。柯洛克斯泰给娜拉的欠条回了一封道歉信，海尔茂欣喜若狂，说自己得救了。而且他现在宽宏大量地把娜拉看作一个可怜的、被误导的灵魂，她不知道她做了什么，因此他原谅她。她现在需要的只是他的指引，他说，从现在起，他将成为她的意志和良知，一切都将一如既往。

此时，面无表情的娜拉已脱下假面礼服，换上了平常的衣服。对她来说，化装舞会结束了，虽然他还不知道，但对他来说，化装舞会也结束了。她请他坐下，因为她有许多话要和他谈。

  海尔茂：你吓到我了，娜拉。我不理解你。

  娜拉：不，就是这样。你不理解我，我也从未理解你——直到今晚。不，别打断我。只要听我说。我们必须达成最终解决方案，托尔瓦。

  海尔茂：这是什么意思？

  娜拉：（短暂沉默之后。）我们坐在这里的时候，有件事你不觉得奇怪吗？

海尔茂：什么事奇怪？

娜拉：我们结婚八年了。这是我们两个人，你和我，丈夫和妻子，第一次严肃地谈话，你不觉得奇怪吗？

海尔茂：严肃？什么叫严肃？

娜拉：在八年里，可能时间还更长，从我们第一次见面算起，我们从来没有为一件严肃的事交换过一句严肃的意见。

海尔茂：难道我要总是拿你无法帮助我承担的忧虑来麻烦你吗？

娜拉：我不是说忧虑。我是说，我们从来没有严肃地去探究任何事情的真相。

海尔茂：为什么呢，我最亲爱的娜拉，你和严肃的事情有什么关系呢？

娜拉：就是这样！你从来都不理解我。——这对我太不公平了，托尔瓦。先是我父亲对我不公，然后是你。

海尔茂：什么？你的父亲和我？——我们爱你胜过整个世界！

娜拉：（摇头。）你从未爱过我。你只是觉得和我恋爱很有趣。

海尔茂：为什么，娜拉，你为什么这么说？！

娜拉：就是这样的，托尔瓦。我在家和父亲在一起的时候，他曾经把自己的意见全都跟我说，我也跟他意见相同。如果我有不同意见，我什么都不会说，因为他不会高兴。他说我是他的玩偶，像我跟玩偶玩一样地跟我玩。之后，我来到了你家——

海尔茂：你竟用这样的话形容我们的婚姻！

娜拉：（不受干扰。）我的意思是，我被从父亲的手中交到了你的手中。你根据你的品味来安排一切，我的品味跟你的一样，或者说我假装跟你一样——我不知道是哪一种，也许两种情况都有，有时是真的有时是假装。现在我回头看，我觉得自己活得像个乞丐，只是勉强度日。你和我的父亲对我太不公平了。我的生活一无是处，是你们的错。

海尔茂：为什么这么说呢？娜拉，你太没有道理，太不知道感恩了！你在这里不幸福吗？

娜拉：不，从不。我以为我自己幸福，但我并不。

海尔茂：不——不幸福！

娜拉：不，有的只是欢乐。你对我总是非常和善。但我们的房子只不过是个娱乐室。在这里，我是你的玩偶妻子，就好像我从前是我父亲的玩偶孩子一样。而孩子们则是我的玩偶。你跟我玩的时候，我觉得很有趣，就好像我跟孩子们玩，他们也觉得很有趣。这就是我们的婚姻，托尔瓦。

[……]

海尔茂：抛下你的家、你的丈夫、你的孩子！你也不想想世人会怎么说。

娜拉：我不在乎。我只知道我必须这么做。

海尔茂：太可怕了！你就这样放弃你最神圣的责任吗？

娜拉：你认为什么是我最神圣的责任？

海尔茂：还需要我告诉你？就是你对丈夫和孩子的责任。

娜拉：我还有其他同样神圣的责任。

海尔茂：不可能！你说的是什么责任？

娜拉：我对我自己的责任。

海尔茂：你首先是妻子和母亲。

娜拉：我现在已经不这么认为了。我认为，我首先是一个人，和你一样是一个人——至少我应该努力成为一个人。我知道，大部分人都同意你的看法，托尔瓦，书上也是这么说的。但是从现在开始，我不能满足于听大多数人怎么说，看书上怎么说。我必须自己想问题，尽量想清楚。

[……]

娜拉：这八年来，我一直耐心地等待着；当然，我清楚地看到奇迹不是每天都发生的。当这致命的打击威胁到我时，我自信地对自己说：

"奇迹来了！"当柯洛克斯泰的信放在盒子里的时候，我一点都没有想到你会考虑屈从于那个人的条件。我原本相信你会对他说"让全世界都知道吧"；然后——

海尔茂：然后？我就任凭我妻子的名声受辱吗？

娜拉：然后，我坚信你会走出来，承担一切，说："我才是有罪的那一个。"

海尔茂：娜拉——！

娜拉：你是说我绝不会接受这样的牺牲？当然不会。但我的主张和你的相比有什么价值呢？——这就是我所期待和恐惧的奇迹。正是为了阻止这一切，我才打算去死。

海尔茂：我很乐意为了你而日夜工作，娜拉，我愿意为了你而承担困苦。但没有哪个男人会牺牲自己的荣誉，即便是为了他所爱的人。

娜拉：无数的女人都做过这样的牺牲。

我们看到，最后，什么都不理解的那个人是托尔瓦；他承诺爱她，只要她愿意和他在一起，他愿意做任何事情。但她现在把他当作陌生人看待，准备离开他。在她对他说的最后的话中，她说，为了再次相聚，他们两人都必须做出巨大的改变，这样他们的结合才"将成为婚姻"。娜拉走了，随手关上了门。

问题研讨

1. 娜拉说的最后的话是什么意思？

2. 如果你处在娜拉的位置，你的反应会和她的相似还是不同？为什么？如果你处在海尔茂的位置，你的反应会和他的相似还是不同？为什么？

3. 阅读节选，找出与正义伦理相对的美德伦理的证据。

4. 易卜生称他笔下的人物为"娜拉"和"海尔茂"，而不是"娜拉"和"托尔瓦"。这对剧本的读者有什么影响？你认为这是故意的吗？

故事 2

《不幸的女仆》

M. 路易莎·洛克著
小说，2010 年，节选

　　作为与易卜生戏剧的比较，我想向你们介绍另一个发生在 19 世纪，但写作于 2010 年的故事。在这部 M. 路易莎·洛克以维多利亚时代为背景的推理小说中，故事发生在 1879 年的旧金山，主人公安妮·富勒是一位年轻寡妇，这是安妮系列小说的第一部。安妮经济拮据，但她一心要保持独立，并保住姨妈留给她的房子。安妮以一个完全不同的身份——"预言家西比尔夫人"——谋生，为旧金山的商人提供金钱方面的建议。一名她很喜欢的客户去世了，死时一贫如洗，死亡原因被登记为自杀。安妮得知此事后，自己开始了调查，并用另一个假身份——女佣丽齐——在这位已故客户家里做杂工。这是因为安妮知道，这位善良的老先生曾从她的建议中获益，并对未来有很好的计划，包括会给她一笔迫切需要的奖金。洛克的故事带我们穿过从前旧金山的街巷，而因为作者不但是小说家，还是一位研究 19 世纪美国女性史的历史学家，所以你可以肯定，无论你跟随安妮走到旧金山的哪里，书中她看到的、听到的和闻到的，都是对 1879 年旧金山的准确描述。但更重要的是，与这一章主题相关的是，你也能体会到 19 世纪加州的寡妇生活是怎样的，当时的寡妇没有什么权利。以下选段介绍了安妮和她的困境。

　　"浑蛋！"安妮·富勒倒吸了一口冷气，为脑海中竟然出现了这样一句不淑女的话而震惊。她一边享受着茶和烤面包，一边在完全独处的环境中整理信件。这是住在寄宿公寓里的主人的特权之一，在她靠着公婆的施舍度过了可怕的岁月之后，这里绝对是天堂，从前，她没有自己的房间，也没有一刻是属于自己的。

然而，今天早上，邮件里的一个薄薄的信封毁掉了她的平静。她双手颤抖着，把信重读了一遍，这封信使用了标准的商业格式，直截了当，其含意令人震惊。

海勒姆·P. 德里斯科尔先生
纽约市，纽约州
1879 年 7 月 25 日
约翰·富勒太太
欧法雷尔街 407 号
旧金山市，加利福尼亚州

亲爱的夫人：

希望收到信时您身体健康。不得不提出这样一个棘手的问题，这让我很痛苦，但我有责任提醒您，您有义务在 1879 年 9 月 30 日之前偿还我借给您已故丈夫约翰·富勒的款项。

请容我介绍一下细节。最初的贷款是 300 美元，6 年内还清。根据贷款条款，利息按月支付，利率为 5%，直到贷款还清为止。出于对您已故丈夫的尊重，我对他有很深的感情，也考虑到五年前他去世时您的经济困难，我没有坚持要求履行协议的这一部分。但是，由于没有支付任何利息，您现在需要对原始贷款负责，加上应计利息，总额为 1 380 美元。

我承认，我一直很担心您履行这项义务的能力，当我从您尊敬的公公那里听说您很幸运地在旧金山这样一个新兴城市中继承了一笔遗产时，我感到非常欣慰。我希望在 8 月的最后一周前往旧金山并拜访您。我确信我们能够达成一些互利的协议。

您恭顺的仆人海勒姆·P. 德里斯科尔

安妮一想到德里斯科尔先生就起鸡皮疙瘩，他是纽约最成功的企业家之一。"您恭顺的仆人"，真是个伪君子！她意识到有些女人会觉得他的油腔滑调很有吸引力，但每次和他见面后，她都觉得自己被玷污了。在宴会上，他总是靠在她身边，用那沙哑的声音说浅薄的话，仿佛他说的是爱慕的话语，她脸上能感到他说话的热气，他的手不停地在她身上移动，拍拍她的肩膀，抚摸她的手，捏她的胳膊肘。

安妮浑身发抖。她突然站起来，穿过房间关上窗户，把清晨的寒冷雾气挡在外面。她曾怀疑德里斯科尔在她已故丈夫戏剧性滑向财务破产的过程中发挥了一定作用，但她没有意识到这个男人放了一笔高利贷。这并不是说她对这笔债务感到惊讶。在约翰去世后的几个月里，债权人蜂拥而至，捡拾他剩下的财产。他们中很少有人得到她丈夫所欠债款的十分之一，因为她的公公作为约翰的遗嘱执行人，聘请了一位昂贵但技术娴熟的破产律师，以确保至少他自己的资产不会受到影响。但安妮一贫如洗，只能依附于约翰的家人。

她一直依附于他们，直到去年她从姨妈阿加莎那里继承了一栋房子。她回到小时候生活过的旧金山，把距离市场街四个街区的老房子改成了一个像样的寄宿公寓。安妮走到壁炉前，转过身来看着被日出染成金色的房间，脸上的表情变得柔和了。家具很少。房间里有一张旧红木床架，不配套的衣橱和五斗橱，一张简单的圆桌，上面放着早茶托盘，壁炉旁边还有一把舒适的扶手椅。深色的橡木地板上铺着一条破旧的波斯地毯，仅有的装饰品是壁炉饰钟两侧的两个简单的蓝色罐子，里面盛着干花。这些罐子和钟是她十三年前去世的母亲留给她的全部遗产。她不在乎环境是不是时尚，因为她喜欢这个房间和房子的一切，以及它们所代表的自由。

啊，在她终于感到安全的时候，德里斯科尔和债务出现了，这是多么不公平！狡猾的他一直在等待，直到利息积累得越来越多。如果五年前他就来收债，他可能只能拿回一点点，甚至什么都得不到。她在结婚时带去的一切，包括她父亲给她的房子，都被用来偿还丈夫的债务了。但现在她有了阿加莎姨妈的房子，德里斯科尔想把它从她手里夺走。信的最后一部分也暗示了这一点。

安妮开始踱步。房子很小，建于 19 世纪 50 年代初期，她只有 6 个房间可以出租。在支付了经营寄宿公寓的所有费用后，她勉强收支平衡。她根本不可能在不卖掉房子本身的情况下，靠自己还清德里斯科尔的贷款。在纽约法院与德里斯科尔对战同样昂贵，他很清楚这一点。他可能指望能够吓唬她，让她把房子交出来。作为阿加莎姨妈遗产执行人的律师曾说，如果把房子卖了，兴许能得到 900 美元甚至 1 000 美元，因为房子离该市不断扩大的商业区很近。显然，德里斯科尔也想到了。

"真是个浑蛋！"这一次，安妮把心里想的话大声说出来了。

她可能只有 26 岁，是一个寡妇，没有任何直系亲属保护她，但她拒绝让德里斯科尔或任何其他男人第二次夺走她的家和独立。

当安妮终于离开她的卧室时，已经是 6 点 45 分了。她走下没有铺地毯的后楼梯，闻到了烤面包的诱人气味，听到了早餐盘子的声响，夹杂着楼下厨房传来的一阵阵谈话声。她真想再下一层楼梯，加入引发了突然笑声的谈话，但她不能，她还有工作要做。她走到一楼，进入了房子后面的一个小房间。

这个房间曾经是一个阴暗的会客厅，她的姨夫蒂莫西在星期天用餐后在那里休息，他会抽抽雪茄，然后打着呼噜度过漫长的下午。安妮对它进行了改造，从这个房间切出一个小入口，通向前方的大客厅，在一个角落安装了盥洗台和镜子，并用小书桌和书架代替了马毛沙发。

安妮站在那个盥洗台前，开始了一个奇怪的清晨仪式。她先在脸上抹上大量放在盥洗台顶部盒子里的白色粉末，这些粉末盖住了她鼻子上的雀斑。然后，她把右手的小指伸进一个小罐子，蘸取里面装的黏稠的黑色物质，然后随意地涂在睫毛上，她的睫毛原本和头发一样是红金色的。她用中指从另一个罐子里蘸了一点口红抹到嘴唇上，把平常柔和的粉红色变成了醒目的猩红色。用放在盥洗台旁边的粗糙肥皂洗净手上的黑色和红色污渍后，她弯下腰打开了柜子下面的柜门，取出了一个没有身体的头。

她把这个幽灵——一个戴着假发的理发师的木制雕像——放在架子上。她用一个网把自己的辫子牢牢地系好，然后小心翼翼地把一大堆缠绕在一起的乌黑卷发从木像上取下来，戴到自己头上拉紧。这种转变令人吃惊。她的眼睛似乎立刻变大了，从浓奶油巧克力的颜色变成了黑色咖啡的深沉而丰富的颜色。她原本是讨人喜欢但不引人注目的盎格鲁-撒克逊人长相，现在却显得浮夸而富有地中海风情。安妮对着镜子里的自己嘲弄地笑了笑。然后，她把那个不会说话、没有头发的理发师木像收了起来，在她严肃的黑色裙子上披上一条猩红色和金色的丝质披肩，打开了前厅的门，她将在那里度过她一天的余下时间，不是作为安妮·富勒，那个受人尊敬的、寡居的寄宿公寓老板娘，而是作为西比尔，旧金山最独特的预言家之一。

（Locke, M. Louisa, Chapter 1 in *Maids of Misfortune*, pages 2–5. Copyright © 2010. All rights reserved. Used with permission.）

问题研讨

1. 到目前为止，在这段选文中，安妮故事中哪些元素可能有助于分析 19 世纪西方文化中的女性生活，以及可能涉及的女性价值理论？

2. 对比安妮和娜拉（《玩偶之家》）。两人有什么异同？

故事 3

《灿烂千阳》

卡勒德·胡赛尼著

小说，2007 年，梗概

　　有些故事可以阐释许多不同的道德问题，《灿烂千阳》就是这样一个故事。故事中谈到自私和牺牲，与第四章的话题呼应。我们也可以把它放在第三章或第十章，作为弱普遍主义的一个例子，讨论同情、忠诚等根本价值如何在西方和非西方文化中都得到珍视。但这主要是关于女性在其文化中的艰辛的故事，这种文化不承认她们为平等公民，虽然这是发生在 20 世纪末饱受战争蹂躏的阿富汗，但它也可以是任何地方、任何时代被当作男性的奴隶和财产的女性的故事。在这里，我选择先用这个故事来阐述在这种艰难的条件下友谊的价值，再用它来阐释卡罗尔·吉利根所展望的关怀伦理。

　　这是玛利雅姆的故事，但同样是莱拉的故事。玛利雅姆跟着母亲在阿富汗赫拉特镇郊区的一个小茅屋里长大。没有兄弟，没有姐妹——玛利雅姆是她母亲娜娜生命的全部，这位成年女性对生活和男人有着非常悲观的看法："就像指南针指向北方一样，男人指责的手指总能找到一个女人。一直如此。你要记住，玛利雅姆。"但在这个小女孩的生活中，有一个男人——她的父亲贾利尔——每星期四都来看望她，只要他可以。有时小女孩会徒劳地等他，但大多数情况下他会出现几个小时，那是她的快乐时光。他带她去钓鱼并教她如何清洗鱼，他带给她小饰品和珠宝，为她讲故事和背诵诗歌，但他从不带她进城去看他的家，因为他和另一个女人结婚了，和她有孩子，他的"真正的孩子"。虽然法律允许他娶几个妻子，但他并没有说要娶玛利雅姆的母亲，因为她是另一个阶层的人。娜娜未婚怀孕后，她的父亲原本可能为了家族荣誉而杀她，但是他并没有这么做，而是与娜娜断绝了关系，离开了小镇。娜娜和女儿藏了起来，贾利尔许诺会养她们，让两个家庭保持分离。

随着玛利雅姆年龄的增长，她对父亲的生活越来越感兴趣。他拥有一家电影院，给她讲电影的故事，但从来不带她去看。除了拜访善良的老毛拉法兹拉之外，她没有接受任何教育。法兹拉教她读书，教授她《古兰经》。但是她的母亲反对她去上学，因为那不是为她们这样的人准备的。娜娜说，没有玛利雅姆，她会死的。对她来说，只有一种技能是必须的，那就是忍受——忍受前面等待着她的苦难。娜娜自己显然在如此忍受。有一天，玛利雅姆的父亲没有露面，于是她不耐烦了，就带着十几岁孩子的冲动走到镇上，来到父亲家，却被以最屈辱的方式拒绝了。她在屋外过夜，第二天由父亲的司机开车送回来。但是一个可怕的景象在等着她：娜娜是认真的，她说没有玛利雅姆她就会死——娜娜上吊自杀了。

现在玛利雅姆没有家了，她被贾利尔和他的家人很不情愿地收留了。不久之后，她的父亲和继母给她带来了一个"好消息"，他们给她找到了丈夫。这个 15 岁的女孩将要嫁给一个 40 多岁的商人拉希德，后者失去了妻子和儿子。玛利雅姆不愿意去，她苦苦哀求，但无济于事。她很快嫁给了拉希德，并被带到大城市喀布尔，远离她所熟悉的一切，甚至没有机会和老毛拉道别。从那一刻起，她认为父亲背叛了她。

在喀布尔，玛利雅姆发现，她作为妻子的全部地位取决于她所生的儿子，这个儿子是拉希德失去的儿子的替代品。当她一次又一次地流产时，她就被降到了仆人的地位。她没有朋友，完全依赖于一个男人的善意。这个男人对她的不尊重逐年增加，对她的身体和精神都进行虐待。

在同一街区，另一个故事开始了，莱拉的故事。莱拉出生在一种完全不同的家庭。她的父亲是教师，她的母亲是友好开朗的女人，为她的孩子感到骄傲，尤其是两个大男孩。莱拉在学校成绩优异，有一个好朋友塔里克，她大部分的空闲时间都和他在一起。在塔里克友好的家里，他的父母把她当作家人来欢迎。塔里克自己对苦难并不陌生，他在一次事故中失去了一条腿，但他是一个乐观向上的男孩。随着两个孩子的成长，他们发现自己坠入了爱河。

　　直到这里，故事都可能是关于人类历史上任何一个父权制主导之地位的故事，但是阿富汗近期的暴力历史迫使角色们走向一个新的方向。反叛武装圣战者组织正在与苏联职业部队（后者在很短的时间内，就在学术界为女性确立了平等权利）作战。莱拉的两个兄弟加入了圣战者组织，最终被杀。塔里克和他的家人以及其他成千上万的难民准备去往巴基斯坦。直到这时，他和莱拉已经 15 岁，才公开表达了对彼此的爱。他们在一起过了一夜，然后他离开了。他想带她一起走再和她结婚，但她认为父母需要她，不能离开父母。不久之后，莱拉的父亲和母亲在一次空袭中被炸弹炸死，现在莱拉发现自己无家可归。拉希德不顾玛利雅姆的反对，提出让莱拉也做他的妻子，这是对玛利雅姆不幸遭遇的不祥重演。莱拉出奇地顺从，因为她现在需要一个丈夫——她怀上了塔里克的孩子。一个神秘的陌生人出现了，告诉她塔里克死在了巴基斯坦的野战医院，于是她同意嫁给拉希德。然而，在她相对优越的生活中，拉希德代表了一种她以前从未见过的男人：他把女人视为工具，理所当然地使用暴力，他把自己的妻子视为财产，不愿让外人看到她们的脸。现在，这两名妇女都在公共场合穿罩袍，塔利班后来接管阿富汗后，妇女也是如此。莱拉的妻子地位似乎很稳固，因为她怀孕了（拉希德当然认为这是在他们婚后发生的），但当她生下了女儿而不是儿子时，她在家庭中的地位直线下降。与此同时，这两个女人互相攻击，并尽量避免见到对方。但随着小女孩的成长，玛利雅姆的心开始融化——小阿齐扎称她为玛利雅姆阿姨，进入了她的心，自从她的父亲背叛她后，玛利雅姆第一次体验到对另一个人的爱。当莱拉支持玛利雅姆反对她们施虐的丈夫时，友谊开始在两个女人之间形成。她们对彼此讲述了自己的童年，莱拉听到了玛利雅姆的悲伤故事，她的青春被一个没有骨气的父亲和精神脆弱的母亲截断了。

　　与此同时，喀布尔的情况正在恶化。圣战者组织在对抗苏联的战争中取得了胜利，但现在部落之间正互相争斗。食物越来越少，暴力频发，莱拉想出了一个绝望的办法：她们应该离开拉希德和喀布尔，去一个更安全的地方。她们试图逃离城镇，但被一个她们决定信任的陌生人交给了当局，并被送回给拉希德，情况比她们离开时糟糕得多。他把莱拉和她的女儿关在一间没有食物和水的屋子，玛利雅姆被打得皮开肉绽后锁在柴房里。最后拉希德把她们放了出来，发誓如果再发生这种事，他会杀了她们。

对于两个悲惨的女人来说，生活在继续，她们相当于被禁锢在拉希德的监狱中。随着塔利班的接管（1996 年），新规则的实施进一步限制了她们的生活：现在女性不能再外出，除非有男性亲属陪同；她们不能上学，也不能保住工作。珠宝、化妆品和笑声都被禁止。莱拉又怀孕了，这次是拉希德的孩子。当她需要去医院分娩时，却没有止痛药或消毒设备，她通过剖宫产生下了儿子扎尔迈，在没有药物的情况下。

即使在扎尔迈出生后，在拉希德的眼里莱拉的地位也没有提升——现在他只关心孩子的安康。我们感觉他一直怀疑阿齐扎不是他的——整个社区都看见莱拉和塔里克童年时代经常在一起。小女孩阿齐扎被暂时安置在孤儿院，因为拉希德声称自己养不起她，莱拉和玛利雅姆不得不想办法偷偷溜出去看望她，因为女人不能单独外出，拉希德拒绝陪她们。

现在重磅炸弹落下了：塔里克回来了。拉希德编造了他死亡的故事，以消除莱拉对他们婚姻的抵触情绪。现在塔里克找到莱拉了，白天拉希德不在的时候，他们通过害羞、试探性的交谈恢复了友谊。莱拉了解了塔里克在回来寻找爱人之前所经历的艰难困苦。但是小扎尔迈现在两岁了，会说话了，他告诉爸爸，妈妈有了一个新朋友。所以拉希德现在开始惩罚莱拉，并要杀死她，正如他发誓要做的那样。他掐住她的喉咙，她失去了知觉。但在他身后，玛利雅姆从工具间走了进来，手里拿着一把铲子。她愿意做任何事情来保护这个成为她唯一朋友的女人，莱拉是崇拜她的小女孩的母亲。玛利雅姆使出浑身力气把铲子打在折磨她们的人身上，两次：一次让他无法动弹，第二次是杀了他。

故事就说到这里，请你自行阅读接下来发生的事。这是谋杀还是正当防卫？她们对尸体做了什么？玛利雅姆是被控谋杀，还是逃脱了？莱拉和塔里克终于有机会在一起了吗？阿富汗妇女的情况会改变吗？在我写这几行字的时候，阿富汗的政治局势仍然动荡不安。但玛利雅姆和莱拉之间的友谊并不是由世界政治来定义的，而是由一个共同的命运来定义的，那就是她们的共同敌人：虐待妇女的丈夫。她们选择以性命为代价，照顾彼此，这可能是关怀伦理的一个案例，正如你在本章讨论吉利根以及第十章讨论列维纳斯的部分所见：它高于关于正义的法律，在面对他者的人性和脆弱之时就会起作用。

问题研讨

1. 比较娜娜、玛利雅姆和莱拉的情况：有什么不同和相似之处？如果你读过这本书，你还可以对莱拉的母亲、塔里克的母亲、女教师等人物进行评论，她们都展现了 20 世纪末阿富汗妇女生活的方方面面。

2. 比较一下你刚刚读到的人物形象：贾利尔、拉希德、莱拉的父亲和塔里克。关于贾利尔和拉希德的失败，作者想说些什么？这是一个认为男性天生暴力和自私的故事吗？

3. 娜娜给女儿的建议是："就像指南针指向北方一样，男人指责的手指总能找到一个女人。一直如此。"你怎么看？

4. 这个故事真的体现了卡罗尔·吉利根所说的关怀伦理吗？这是一个公正的评价吗？毕竟，两个女人似乎对照顾拉希德不感兴趣，而拉希德是给她们提供食物和栖身之所的人。

第十三章　应用伦理学：一些例子

　　本章应读者需求而写，吸收了之前章节关于行为伦理与美德伦理的内容，并对涉及应用伦理学的话题进行更为周详的讨论。概而言之，本书并不打算讲应用伦理学的方法，只是想以故事作为案例来探讨伦理学的基础理论。而且，如果理论不应用于现实世界的问题，伦理学家也就会被指责为生活在象牙塔里。所以，本章会展示一些应用伦理学领域的例子。受篇幅所限，这里的各个主题都只是进一步讨论的起点，不会深入探讨赞成或反对意见的细节。这些主题包括堕胎、安乐死、媒体伦理、商业伦理、正义战争理论、动物权利、环境伦理，还有死刑。最后一个部分将呼应本书的开头：讲故事的伦理学，尤其是其作为自我提升的工具的作用。

堕胎和人格问题

　　1972 年，美国最高法院做出了具有里程碑意义的罗伊诉韦德案判决，这使美国妇女按照自身意愿要求堕胎成为可能，因为根据这个判决，在怀孕的前三个月寻求堕胎属于孕妇的隐私问题。关于堕胎的辩论持续了几十年，辩论在 20 世纪 60 年代末和 70 年代初是极其两极分化且非常公开的，如今，这场争论主要体现为两个相对边缘的阵营的对立：选择权运动与生命权运动。支持妇女选择权的组织回顾了多年来的斗争，认为寻求堕胎的权利已经成为一种宪法的必然，就像投票权一样。而支持胎儿生命权的组织通常具有保守的宗教团体背景，它们直言不讳地坚持堕胎应被认为等同于谋杀；他们在计划生育组织的办公室前示威，偶尔也有极端分子诉诸暴力，谋杀实施堕胎的医生。即便如此，罗伊诉韦德案看起来似乎仍无法挑战。然而，在21世纪初，新上任的最高法院法官可能认为，堕胎问题应该是单个州的事务而非联邦事务——这就意味着罗伊诉韦德案出现了反转的可能。政治候选人也不再认为堕胎权利是不可更改的，不管其是否支持堕胎的选择。

在下一节中，我们会审视构成人格的要素（参见第七章）。接下来，我们将运用两种对比鲜明的哲学理论，即功利主义和康德的义务论（见第五章和第六章）来讨论此问题。知识窗13.1概述了天主教会对胎儿人格与堕胎的看法。

知识窗 13.1　关于胎儿人格的一些宗教观点

关于堕胎是否应该被广泛接受的争论，其焦点在于胎儿算不算人格者这个问题。在某些文化中，胎儿并不被看作人，甚至新生儿一开始也不被认为是人，直到一段时间后人们确定其能生存，婴儿才会被视为人。在犹太教中，婴儿一出生就是一个人；在伊斯兰教中，在胎儿被赋予灵魂（根据不同的思想流派的说法，是40天或120天）之后，堕胎就是一种严重的犯罪行为。一般认为天主教会的观点是，在受孕后胎儿就是人了，但其实要更复杂一些：在1974年梵蒂冈发布的《关于堕胎的声明》中，我们读到"教会的传统始终认为人类生命从一开始就必须得到保护和优待，和在其他成长阶段中一样"。《十二使徒遗训》上说："不可打胎，不可杀害婴孩。"但是这和说胎儿从受孕的那一刻起就是人是一样的意思吗？圣奥古斯丁说过在胎儿能感觉之前终止妊娠不应该被认为是杀人，因为直到能感觉的时候灵魂才出现。圣托马斯·阿奎那认为，胎儿直到受孕很长一段时间后才获得理性的灵魂

（参考了亚里士多德的观点），而在那之前，胎儿还不能算是一个人（这就是所谓的渐成说）。维也纳大会会议（1311—1312 年）得出的结论是，理性灵魂与人类形态并不完全一样（因此理性灵魂在受精时并未出现）。在西方的世俗世界，关于胎儿人格的观点经历了一场转变，这场转变实际上一直持续到 1847 年发现人类卵子。17 世纪末，年轻的荷兰显微镜学家列文虎克在显微镜下第一次看到人类精子细胞，这是一个长期误解的开始。另一些显微镜专家认为他们可以在精子细胞里看到一个小人，一个侏儒（可能是由于使用了与列文虎克不同的镜头），而在 17 世纪初，一个佛兰德医生曾猜想，灵魂几乎是在胚胎形成后立刻进入胚胎的，这意味着精子细胞里有小人。（亚里士多德认为婴儿的灵魂与形态来自父亲，肉体来自母亲，与之相反，18 世纪的假设是，精子细胞中包含了整个人，而母亲的子宫只不过是一个孵化器——"空器皿"。）这个科学界的谬论是否对后来天主教会的政策产生重大影响，人们一直存有争议。1869 年，教皇庇护九世提出了后来成为天主教官方观点的观点：胎儿的灵魂在受精的那一刻进入。然而，一些天主教神学家认为，灵魂并没有在怀孕初期以其全部的形态出现。1987 年，梵蒂冈声明，虽然它谴责堕胎和避孕，但它并没有从哲学角度认定胎儿从一开始就是人。新教团体对于人格的开始有各种各样的看法，所以有些支持选择权，有些支持生命权。

反对堕胎的最常见的理由是，如果杀死一个人是错误的，那么杀死一个胎儿也必然是错误的，胎儿或者是从受孕起就是人，或者是潜在的人，无论是哪种情况，胎儿都应该与已出生的人享有同样的权利。在天主教传统中，可以通过双重效应的原则来推翻禁止杀死胎儿的禁令。该原则规定，一个人不能在正常情况下结束他人的生命，但在非常特殊的情况下是允许的：（1）死亡是完成其他事情（主要目的），例如拯救生命时的非故意的副作用；（2）主要目的必须非常重要，重要性成比例地超过死亡；（3）死亡是无可避免的，而且是达成主要目的的唯一途径。因此，患有子宫癌的孕妇可以得到教会的许可进行堕胎，因为这是摘除子宫手术中必要的一部分。子宫切除会杀死胎儿，但它是挽救妇女生命无可避免的非故意的副作用。然而，如果孕妇因怀孕本身而有死亡的危险，她就不会得到许可，因为在这种情况下，杀死胎儿是有意的——无论孕妇的生命是否处于危险之中。我们将在讨论安乐死和正义战争概念时再次见到双重效应原则。

17 世纪，荷兰显微镜学家哈佐克（Hartsoeker）绘制了这幅图，他认为人类精子中存在一个小人。

沃伦和汤姆森：权利与人格

我们需要什么来确认胎儿是人格者？今天有一些思想家认为，我们可以说胎儿是人类（human being），但不能称之为人格者（person），因为仅仅具有人类遗传物质还不足以成为人格者。哲学家玛丽·安妮·沃伦（1946—2010 年）认为，人格者必须具备（1）意识和感知痛苦的能力，（2）较成熟的推理能力，（3）自我驱动的行为，（4）交流各种各样信息的能力，（5）自我意识；而即使发育最完全的胎儿也不符合这些条件。但是以此种观点看来，新生儿也不符合这些条件，因此，为了避免杀婴的可能性，沃伦提出了一个有争议的观点：只要我们的文化中有人反对杀婴，那么杀婴就应该被定为非法——不是为了婴儿（婴儿还不是人格者），而是为了人们的感情。

另一位哲学家朱迪思·贾维斯·汤姆森提出了一种不那么激进的观点，她认为妇女有权堕胎，因为胎儿是不是人格者并不重要，重要的是，女性有权保护自己的身体不受侵犯——即使胎儿拥有人格。汤姆森（就在罗伊诉韦德案之前，她在 1971 年发表了一篇著名文章，对堕胎辩论做出了贡献）把孕妇比作一个普通人（可能是我们当中的任何一个人），这个人在医院病床上醒来，发现自己与隔壁床的著名小提琴家被用静脉注射管连在了一起。汤姆森说，假设你被告知小提琴手不能移动，否则他就会死去，所以他必须在接下来的 9 个月（或 18 年）里由你来维持其生命。你有权拔掉自己身上的管子吗？可以，即使这意味着一个无辜的小提琴家的死亡。然而，对汤姆森来说，这里有一个小条件：你必须尽力采取预防措施以免陷入那种情况。而且，如果这对你来说只是一个小小的牺牲，那么你就有道德义务去忍受这个过程——但是，小提琴家仍然没有任何权利要求你付出生命和自由。

基于胎儿可能是人格者（至少在怀孕后期如此）这个观点，另一些堕胎权利倡导者主张，即便如此，只要胎儿还无法离开母体存活，胎儿作为人格者的权利就不应高于孕妇的权利。

功利主义与义务论

无论你是支持选择权还是支持生命权（反对堕胎），都可以从功利主义和义务论的观点来看待堕胎问题。功利主义的观点侧重于堕胎的结果：反堕胎的功利主义者会着重指出许多未出生的孩子的死亡，而倡导堕胎权利的功利主义者则会强调当妇女寻求非法和不卫生的堕胎时所发生的非正常死亡。义务论关注的是权利问题：反堕胎的义务论者会主张，作为人格者的胎儿仅仅被用作达到目的的手段，其生命和权利遭到了忽视；支持堕胎权利的义务论者则会提出，妇女因人格和生命而被赋予的权利大于胎儿的权利，至少在胎儿能离开母体存活（妊娠晚期）之前是这样。知识窗 13.2 从功利主义和义务论的角度探讨了更宏观的生物伦理学问题。

安乐死是一种选择的权利吗？

你应该记得在第七章中，我们谈到社会和政治伦理学的讨论通常集中在权利的概念上，尤其是积极权利和消极权利。积极权利被定义为应享受的权利，在政治光谱上偏左。在政治光谱上偏右的则是消极权利的概念，即不受国家干涉的权利：生命、自由和财产的权利。对于许多政治温和派（如约翰·罗尔斯）来说，积极权利和消极权利合在一起，对于创建和维护一个良好的社会是必不可少的。

下面我们从"权利"的角度来看安乐死这个话题。

安乐死的定义

首先,什么是安乐死(euthanasia)?从字面上看,euthanasia 在希腊语中是"好的死亡"的意思。安乐死主要有以下区分:*自愿*和*不自愿*的安乐死,以及*主动*和*被动*的安乐死。"自愿"意味着患者要求安乐死。"不自愿"(involuntary)有两层含义:(1)患者显然不想死,但不管怎样还是被杀死了(这就是希特勒的大屠杀中,纳粹医生在死亡集中营里实施的那种"安乐死");(2)患者无法表达自己的意愿,将决定权留给家人[有时也称非自愿(nonvoluntary)安乐死,以区别于直接杀害]。"主动的"安乐死,是指以药物、武器等方式直接结束患者的生命;"被动的"安乐死通常是指对患者停止能延长其生命的治疗。在我撰写本文时,加利福尼亚州、佛蒙特州、科罗拉多州、蒙大拿州、俄勒冈州和华盛顿州,是美国为数不多允许特定情况下主动自愿安乐死的州。被动自愿安乐死比较常见:患者希望结束延长生命的治疗。主动不自愿安乐死并不是合法的选择,不管是杀死不想死的人,还是在其家人的请求下协助自杀。被动不自愿安乐死也比较常见(如果我们将这里的"不自愿"理解为"非自愿"的话):家人要求停止延长患者生命的治疗就属于这种情况。

知识窗 13.2 生物伦理学:人类不是商品

功利主义和义务论产生冲突的一个领域是关于获得医疗保健的道德辩论。我们都希望政策符合平等和正义的理念,但我们也知道,有些人的需求就是比另一些人的更大。由于资源似乎在减少,如何以一种"公平"的方式分配这样的社会益品就成了一个问题。在医疗保健领域的争论中,这个问题变得十分紧迫,因为无论我们采用何种伦理观点作为政策基础,都将决定今后有健康问题的人会被如何对待。为尽可能多的人创造尽可能多的幸福,这样的功利主义观点是对边沁时代普遍不关心普通人的公共政策的真正改进,但在第五章中，我们也看到了功利原则的一些问题：大多数人可能是幸福的，但如果他们幸福的代价是少数人的痛苦呢？

康德的原则是，我们绝不能把理性存在当作仅仅是达成目的的手段，这一原则已经成为功利主义对少数人的漠视的解药。在关于医疗保健的讨论中，争论双方遵循了这两种思路：功利主义的观点认为，考虑到社会资源的有限以及个人承受痛苦与快乐的能力，资源应该向从长远来看生活质量会得到改善的人倾斜，而不是向生活质量不会得到明显改善的人倾斜。边沁对定性经验进行量化（用数字表达感受）的思想再次走到台前，而这可能有助于医生决定应该帮助哪个患者：是 35 岁的人还是 93 岁的人（假设社会无法承担同时救助两人的代价）。因为 35 岁的人可以继续享受生活，也有更长的时间来为社会做贡献，所以资源自然会向他倾斜，而不是被给予一个生活质量可能得不到很大改善且接近生命终点的人。"生活质量"这个概念，从前往往是指一个人遭受太多痛苦而无法再享受生活的极端情况，而现在，"生活质量"指的是对一个人生命的"总体"评估，即所谓"质量调整生命年"（QALY）的概念。部分持功利主义观点的医生认为，质量调整生命年的计算会告诉我们资金应该走向哪里，这意味着照顾老人或临终患者（QALY 收益少）的优先级将低于照顾生命可以挽救的年轻病患。

部分医生和哲学家对这种状况感到不安，因为他们认为这完全忽视了对所有个体（不论其年龄）的尊重，而这种尊重是康德所主张的，也是罗尔斯在原初状态理论中所主张的（该理论认为所有人都应得到最低限度的照料与保护，无论他或她是谁）。作为康德思想的现代继承者，一些哲学家提出了不可替代性的概念。丹麦哲学家彼得·坎普在《社会正义》一文中写道：

> 失去另一个人是人类无法避免的最普遍的经验之一。如果我打碎一个盘子，我可以再买一个。如果我的房子被烧毁，我可以按照旧房子的式样再建一座。我们只在物质层面所欣赏的一切，都可以被替代。但另一个人是永远无法被替代的……另一个人的失去（这在婚姻或友谊无

可避免地破裂时也会发生）这个根本性的现实是不可替代伦理学产生的土壤。

由于伦理学上的不可替代性，每一个人，无论年龄多大，无论是否孤独寂寞，都是独一无二的，都应该被当作人格者来尊重，不应为大多数人的幸福而被牺牲掉。这也意味着，若没有其本人的同意，个人不能被化约为一种社会资源，比如身体被当作容器或器官被移植。生物伦理学这个学科一直致力于为与人类需求可能发生冲突的所有领域提供政策建议，比如堕胎问题、遗传档案、安乐死和器官移植；但其根本哲学是，人类及其身体不是可以用于他人目的的商品，即便这种目的可能带来更大的利益。

支持和反对安乐死的主要论点

支持主动自愿安乐死的观点（这也是争论的焦点）认为：（1）每个人都应有权决定自己死亡的时间与方式；（2）一个人有权避免用除死亡之外的其他方式无法避免的痛苦（换句话说，就是拥有有尊严地死亡的权利）；（3）当我们的宠物走到生命尽头且很痛苦的时候，我们可以帮助它们结束痛苦，那么当我们所爱的人生命走到尽头且承受巨大的痛苦时，我们也应该这么做；（4）某一天也许我们也希望能有这样的选择。

反驳上述观点的最常见论点是：（1）不应由患者或者医生来扮演上帝——每个人都有死亡的时候，我们不应该干预；（2）这有悖于希波克拉底誓言，医生宣誓治病，而不是杀人；（3）如果开了医生协助患者死亡的先例，那么从自愿安乐死到不自愿安乐死（即没有征得患者同意的安乐死），就全看医生和患者家属的良心了；（4）在保险额度即将用完的情况下，接受安乐死的费用可能会给绝症患者的家庭带来经济压力。

死亡的权利可以被认为是*消极权利*吗？是的，如果一个人的身体被认为是财产，那么我们可能会说我们有权随心所欲地支配我们的身体，只要不侵犯他人的权利。但这并不意味着我们有权接受*协助自杀*，这才是问题所在。死亡的权利能被认为是一种积极权利吗？这更有可能。我们可能主张，有尊严地死去是所有人都应享有的权利，就像获得食物、住所、衣服、工作、教育等的权利一样。但是，很难强迫其他人，比如医生，把结束生命作为一种职业责任来对待；妇女寻求堕胎的权利并不意味着医生有义务助其堕胎。

在美国关于安乐死的争议中，人们一般有如下假定：（1）诊断表明，患者不但很痛苦，而且所患的是绝症；（2）患者在请求医生协助自杀时神志清醒。不过在比利时和荷兰，安乐死自 2002 年起就成为一种合法选择，而绝症诊断也并不被认为是必要的，观察该进程的美国医生对一种新趋势感到担忧：人们已经对一些精神病患者实施了安乐死，而这个过程除了实施的医生之外似乎并没有受到任何监管。在接受医生协助死亡的精神病患者中，有 55% 的人患有抑郁症，而其他人则有各种各样的问题，从创伤后应激障碍和焦虑，到饮食失调、长期悲伤和孤独症。这让美国医生开始质疑：这些病症是否真的都无法治疗？去顺从由疾病导致的死亡愿望是否应该？当然，令人担忧的是，如果没有监管，一些患者就可能会放弃本可以通过治疗挽救的生命，或者由于心理脆弱而在家人甚至医生施加的压力下放弃生命。在一个重视选择权的社会里，安乐死的选择似乎非常文明，但这并不意味着安乐死的合法化容易实现。

媒体伦理与媒体偏见

当伦理学家说到"媒体伦理"时，通常指的是与*新闻媒体*有关的道德行为准则，但可以肯定的是，其涵盖范围更广：在广义的媒体范围内（电视和电影娱乐、体育、游戏节目，甚至各种各样的杂志），我们可以讨论植入广告（软饮料和酒精的"偶然"出现），也可以讨论操纵比赛、奖品，把角色及其他工作机会分给厂商的亲朋好友。这类伦理问题属于*职业中的伦理*这个一般范畴。在这里，我们将专注于更具体的*新闻媒体*伦理领域，但也会对快速发展的社交媒体及其涉及的伦理做一番探讨（知识窗 13.3）。为什么聚焦于新闻媒体？一方面，在过去的几十年里，新闻媒体伦理作为应用伦理学的一部分，一直饱受争议与关注：关于违反道德准则的人的故事可以成为"好稿件"（有助于报纸畅销或广告销售的新闻），只因许多人觉得这样的故事有趣或淫秽。关于陷入道德争议的名人或富人的新闻报道特别有"话题性"，比如公众高度关注的与处方药有关的迈克尔·杰克逊之死、传奇高尔夫冠军老虎伍兹的不忠事件，以及政客们的婚外情或其他明显表现出判断力缺失的事件。但在许多人看来，真正值得媒体关注的应该是对堕胎、安乐死、死刑、持枪、同性婚姻等问题的不同看法；每当政治候选人竞选公职时，他们在这些问题上的观点都会都受到密切审视。

知识窗 13.3　社交媒体与伦理

很长一段时间以来，"媒体伦理"指的就是新闻媒体的伦理，但现在另外一种媒体概念已经被公众所接受——社交媒体。从 20 世纪 90 年代流行的"聊天室"与新闻组到 MySpace（聚友）网站，再到 Facebook（脸书）、Snapchat（色拉布）、Instagram（照片墙）及其他社交网站，这些互联网社交场所已经创造了过去无法想象的社区。社交媒体已经将从兴趣相似的人群中寻找朋友的概念拓展到寻找客户、寻找合作伙伴，个人接触世界也有了"到此一游"的新方式。我的绝大多数学生现在都有 Facebook 主页；作为一种交流工具，Facebook 可以发布照片，也可以链接到其他感兴趣的网站，它提供了一个跨越时间和空间的场所，让人们与自己珍视的任何人、事、物保持联系。那么这会有什么问题呢？ Facebook 的怀疑者说，问题很多。看看这份名单：以色列的戴维·米兹拉奇，美国马萨诸塞州的菲比·普林斯，英国的霍莉·格罗根，美国密苏里州的梅根·迈耶，罗格斯大学的泰勒·克莱门蒂。他们有什么共同点？他们都因为网络霸凌而自杀，多数都是由于熟人在 Facebook 上发布他们的隐私照片，或散布谣言以及诋毁的言论。或许这些年轻人也可能在别的年龄、别的时候遭受对自我价值感的霸凌打击，但在社交媒体上，霸凌可能更为隐蔽有害，因为霸凌不需要个人接触就可以实施，也可以更轻易地绕过大多数人都有的不愿伤害他人的本能。

但即使没有骚扰事件发生，没人受到感情伤害，Facebook 也相当危险：创始人马克·扎克伯格曾宣称（当时他只有 24 岁），隐私已经成为过去。他的 Facebook 社交网络被设计成一个不可能隐姓埋名的地方，个人信息基本上是公开的，不仅是朋友之间如此，甚至是对未经选择的陌生人也是如此。Facebook 一直在改变其隐私设置，以迎合那些（扎克伯格口中）旧有的烦人的隐私观念，但据披露，它还是会追踪用户的网络浏览记录，甚至在用户注销后也如此，还会保存这些信息以备不时之需。在部分用户看来，这是一场公平游戏。可以说，Facebook 是一家私人俱乐部，只要不违反美国法律，它就可以制定自己的规则；而且，就像有些人会说的，如果你没有什么可隐瞒的，你又担心什么呢？但同样也有一种危险的趋势：一方面，即使你没什么可隐瞒的，也不会喜欢将工作信息与私人信息混为一谈；另一方面，你也不希望随便什么人都可以通过你喜欢访问的网站来试图卖东西给你，更不用说政府也可能利用这些信息来追踪特殊利益集团。在 2016 年总统大选期间，Facebook 的热门新闻列表有意减少保守派新闻内容，政治介入的阴影变得清晰起来。从那时起，Facebook 就承诺减少审查，增加有新闻价值的故事。

　　但我们也可以把焦点转向新闻媒体本身：什么是符合伦理的报道，什么是符合伦理的广播？例如，一名记者公开报道涉及国家安全的事情，这符合伦理吗？公众总是享有"知情权"吗？记者获取敏感信息并公布，不仅是报道了新闻，而且为更多"新闻"能得到报道创造了条件。换句话说，仅仅是如实报道，他们可能也发挥了推波助澜的作用。经典影片《电视台风云》（1976 年）推测，电视台为了提高收视率，甚至可能制造恐怖主义新闻。在 20 世纪 70 年代，这听起来很让人震惊，但随着 24 小时有线电视新闻、互联网、视频网站和博客圈的出现，这种情况不仅有可能发生，而且可能已经发生。2007 年在荷兰，BNN 电视台播出了一个游戏节目，三名肾功能衰竭的患者竞争一个年轻而垂死的女性的器官。该节目因低劣而受到严厉批评，但制片人随后承认，这实际上是一场骗局。那名看似垂死的"患者"是一个健康的女演员，参赛者（他们是真正的患者）从一开始就参与了骗局。这个恶作剧的目的是提高公众对器官移植的认知。制片人觉得他们的事业是高尚的，但许多观众的看法不同：他们觉得自己受到了欺骗——他们的善意被利用了。这只是一个游戏节目，不是新闻节目，也不是纪录片，但由于节目本身制造了一场新闻风暴，它在广义上和狭义上都属于"媒体伦理"范畴。在你看来，这种骗局是只要理由正当就可以接受，还是说，这种编造的故事本身就是不可接受的，因为它不尊重观众？这两种观点或可分别归为功利主义和义务论的观点。

知情权

在 20 世纪 90 年代一些广为人知的诉讼案和人间悲剧之后，公众的"知情权"开始受到质疑。在过去几十年里，电视台高调转播的审判吸引了大量观众，但近年来，除了 2011 年佛罗里达凯茜·安东尼被控谋杀女儿凯莉的案件（她在公众抗议声中被判无罪），以及 2013 年朱迪·阿里亚斯被控杀害男友特拉维斯·亚历山大的案件（她被定罪），转播审判的电视节目走上了下坡路。然而，主流媒体的哗众取宠似乎已成为当今的趋势。几十年前，八卦小报上充斥着低劣的内容，没有多少证据表明小报记者会去核查事实。但一些媒体评论人士称，如今主流媒体与小报的界限已不再清晰，某种程度上，在主流媒体的推波助澜下，依靠泄密与流言，人们已经在"民意法庭"上被妖魔化。一旦事情被媒体报道出来，妖怪就不可能再回到瓶子里了。媒体对不当行为的草率指控，尽管后来被证明是失实的，也可能会萦绕在一个人头上多年，甚至一辈子。1996 年亚特兰大奥林匹克公园爆炸案的嫌疑人理查德·朱厄尔曾有过异常行为，当媒体决定如此报道时，故事传遍了全国。尽管他后来被证明无罪（并以诽谤罪将媒体告上法庭），但这也上不了头条新闻。我们大多数人只能碰巧记得头版耸人听闻的标题，而不是第 13 版的后续报道。尽管哗众取宠通常有一定底线，但报纸、杂志、广告等产生的利润，以及为了得到耸动新闻而采取的激进措施可能反噬：戴安娜王妃死于车祸，可能是由于狗仔队的追踪，至少部分是因为他们，这种说法一直困扰着媒体界。另一个来自英国的故事给哗众取宠的新闻业泼了一盆冷水：2011年，鲁珀特·默多克传媒帝国旗下的著名老牌英国报纸《世界新闻报》宣布停止运营——不是因为打击到其他许多新闻媒体的"报纸之死"，而是因为伦理问题和违法犯罪。《卫报》和《纽约时报》报道了这一故事。当时，《世界新闻报》的风格已经发展成极力哗众取宠，一心赶在其他媒体之前报道热点要闻。一些记者使用的方法已经升级为侵入王室电话线路；随着更多的黑客故事浮出水面，人们发现演员休·格兰特的电话记录也被侵入。但更令人震惊的是，失踪的少女米莉·道勒后来被发现死于谋杀。而记者们侵入了她的手机，删除了她的语音信箱留言，以便给新的留言留出空间，这使得她的父母误以为她还活着。所以，新闻媒体实际上已经妨碍了司法公正。新闻国际集团首席执行官丽贝卡·布鲁克斯因腐败和阴谋拦截通信而被捕，由于这名前主编是英国首相戴维·卡梅伦的好朋友，人们认为这起丑闻会在英国社会引起高度关注；结果是，默多克决定立即停刊。同年晚些时候，默多克的新闻秘书因处理丑闻不当受到批评而辞职。另一方面，新闻媒体当然也可以作为监督者来支持记者认为值得关注的事业，这仍然是许多人（记者和读者）眼里新闻报道终极美德的缩影。此类努力的例子包括本章故事部分提到的奥斯卡获奖影片《聚焦》，其讲述了《波士顿环球报》揭露多名天主教神职人员虐待儿童的丑闻的故事。

媒体伦理与言论自由

媒体伦理的一个方面近来受到审视，不是记者可以调查或披露什么这一传统问题，而是电视和广播主持人可以在不严重冒犯他人的情况下说些什么。特别是在媒体主持人因其粗暴直接的风格而受雇的情况下。他们是否应该因为发表煽动性言论而受到审查，甚至被解雇？"失态"的言论——有时是故意说出来的，有时是被打开的麦克风捕捉到的——已经成为许多媒体人的职业陷阱。与此同时，我们还有一个娱乐产业，在这个产业里，什么似乎都可以成为流行。这牵扯两个方面：我们是否对新闻中人们能说什么、不能说什么过于敏感？我们是不是在为不同的人群强加不同的规则？我们规定不同的人在媒体上说什么，这是否牵扯公平问题？是否应该对一个种族或一种性别的人群采用一套媒体规则，而对另一个种族或性别的人群采用另一套媒体规则？保守的媒体人适用一套规则，而开放的媒体人适用另一套规则？1991 年，哲学家劳伦斯·布卢姆在他的重要论文《哲学与多元文化社区的价值》中表示，不管是由谁表达出来，种族歧视均不可接受，但由于历史压迫的影响，"白人"歧视有色人种比有色人种歧视白人更为严重。但英国哲学家玛丽·沃斯通克拉夫特（见第十二章）认为，为不同群体建立不同的美德体系，从根本上讲是不公平的（她说的是男性和女性），因为，从伦理上讲，一类群体的错误同样适用于另一类群体。或许最近的情况会让我们认真思考我们对媒体道德是否应有不同标准，我们是否应该有同样的敏感度，遵循同样的规则，是否愿意在别人犯错时给予我们自己犯错时希望得到的那种宽容，是否愿意原谅那些后悔使用其不当言论并为此道歉的人。最后，这也和第七章提到的言论自由有关：是否应该为了敏感性信息而限制言论自由？如果要限制，是否应该全面限制，包括限制像说唱音乐这样的形式？还是说，假如我们可以不喜欢听就关闭电视和收音机的话，还是可以允许带有攻击性言语、艺术性表达和意见的节目存在？在欧洲，恐怖袭击发生之后，一直是记者自愿对自己的报道和观点进行自我审查，在许多批评人士看来，这种自我审查同样威胁着大多数西方文化所珍视的言论自由。

新闻媒体和公信力问题

新闻媒体必须面对太过敏感及太过迟钝这两种情况，但对于新闻发布者来说，更严重的问题是被指控夸大事实或编造谎言。在过去的几十年里，主流新闻媒体的公信力已经被一些新闻工作者破坏，他们虚构人物（《波士顿环球报》的帕特里夏·史密斯），剽窃材料（《环球报》的迈克·巴尼克、《纽约时报》的杰森·布莱尔、《今日美国》的杰克·凯利），杜撰整本自传（詹姆斯·弗雷的《百万碎片》、米莎·德丰塞卡的《大屠杀年代回忆录》，以及笔名玛格丽特·琼斯，实为玛格丽特·塞尔策所写的《爱与后果》）。此外，美国有线电视新闻网（CNN）和《时代》杂志都报道了美国在越南战争期间使用神经毒气杀死叛逃者的未经证实的故事，随后又不得不发布撤稿声明；英国《每日镜报》也因发布虐待伊拉克战俘的假照片而被迫撤稿。哥伦比亚广播公司（CBS）著名新闻主播丹·拉瑟的职业生涯也走到了尽头，他在 2004 年总统大选前两个月公布了一些（据称写于 1973 年的）文件，其中陈述了布什总统的国民警卫队存在的问题。一些互联网博主指出，这些文件肯定是伪造的，因为它们包含了上标、比例间距和其他现代电脑能实现的功能，而 1973 年时很少有打字机具备这些功能。而丹·拉瑟后来承认，他在核查信息来源的真实性方面不够谨慎，虽然他认为这些资料基本上是真实的。美国国家广播公司（NBC）的主播布莱恩·威廉斯谎称自己有在伊拉克做战地记者的经历，谎言被戳穿后他被停职六个月。福克斯新闻（Fox

News）的史蒂夫·杜西和安妮·库伊曼被指控在没有任何现实依据的情况下重复新闻故事。2016 年，"拦截"网的记者胡安·汤普森被发现捏造故事和采访。似乎从左翼到右翼的所有网络中，都有一些个人或多或少地参与了美化游戏。

2016 年美国总统大选期间和之后，"假新闻"的概念进入了我们的词汇表，"假新闻"的意思是（1）在主流媒体或社交媒体上传播故意误导、编造的新闻故事，（2）发表没有根据或未经证实的报道，（3）贬低合法的新闻报道，这给了公众愤世嫉俗（见第四章）的理由。

维基解密的现象让媒体诚信问题雪上加霜。考虑到黄金中道，我们有理由问，就"真相"而言，什么情况算"过度"？自 2006 年以来，揭发者网站和维基解密公布了各种新闻报道以及之前十年政治决策背后的细节与素材。英国《卫报》称，许多人认为维基解密是"自由的捍卫者"。但公众舆论已经转向。维基解密的创始人、澳大利亚公民朱利安·阿桑奇于 2010 年因涉嫌间谍罪和其他罪行被捕，我撰写本文时，他正在伦敦的厄瓜多尔大使馆避难，试图避免被引渡到瑞典和美国。

在 4 年多的时间里，他的网站公布了与关塔那摩监狱拘留恐怖分子相关的文件，有关伊拉克和阿富汗战争的文件，并泄露了与美国大使馆往来的超过 25 万份外交文件。正如维基解密网站上所说，"这些文件将让全世界的人对美国政府的对外活动获得前所未有的了解"，当然，这就是问题所在。一些英国报纸（过去曾与阿桑奇的网站合作）表示，维基解密背后的主要推手是反美主义，而在《观察家报》的一位作者看来，这纯粹是自我陶醉。有关阿桑奇的书籍、文章和电影，尤其是惊悚片《第五等级》已经问世。阿桑奇也制作了他自己的纪录片《媒体斯坦》，作为对《第五等级》的回应。在 2016 年的总统大选中，维基解密公布了民主党总统候选人希拉里·克林顿和助手之间的大量被黑客窃取的电子邮件通信。到目前为止，阿桑奇的故事还没有定论。

战时媒体伦理

公众拥有"知情权"是新闻自由理念的核心，这也是美国宪法第一修正案中规定的权利。在和平时期，我们通常认为记者有权调查和发表他们的调查结果，这是一种基本权利，所以记者通常也会竭尽全力保护他们的消息来源，即便面临

在电影《15分钟》中，一家电视台获得了一盘录像带，其中记录了一名颇受欢迎的警探被谋杀的过程。电视节目记者（凯尔西·格拉默饰）决定将这段视频作为独家报道播出，因为正如他所说，"只要流血，就能领先"。剧照所示的场景是，这名记者获得了一盘带子，带子里有凶手的供词。你认为在高速发展又追求轰动效应的新闻环境中，这部电影中的情节有可能发生在现实里吗？

被监禁的威胁也不会披露。但是在战时呢？突然之间，公众有知情权的观念被置于国家安全之后。2001年，美国参与了"反恐战争"。从2002年到2014年，美国在阿富汗与塔利班基地组织交战，2003年到2011年，美国在伊拉克进行了军事行动。（知识窗13.4讨论电视上播放的涉及恐怖和暴力的内容。）由于CNN和福克斯新闻不仅受到美国观众的关注，也受到其他国家的关注，因此就连日常报道的细节可能都会与国家安全问题有关。当然，我们在这里讨论的是微妙的界限：记者在不损害国家安全的情况下，应该获得多少信息，并向公众披露多少信息？在2003年的伊拉克战争中，媒体角色发生了戏剧性转变。在以往的战争中，媒体通常都躲在后方，只有少数人选择独自奔赴前线报道；伊拉克战争引入了"随军记者"的概念，电视台、报纸和杂志的记者随军前往巴格达和其他重要城市。许多人对此持怀疑态度，他们或是担心报道可能对士兵或读者不公平，或是担心拖累行军的速度，或是担心记者被俘等问题。而这些问题也确实存在：有些报道的确不公平，部分记者确实拖累了行军，也有许多记者确实被杀了，比如哥伦比亚广播公司的资深记者保罗·道格拉斯。但总的来说，公众对于战争的景象比以前更加了解，在某些情况下，媒体在激烈的战斗中以及战争中较平静的阶段的存在，有助于提升部队士气，士兵可以通过电视直接问候亲人，在某些时候，媒体的存在也挑战了对战争在后方蔓延的看法。

知识窗 13.4　电视台能够或者应该走多远？

　　新闻媒体为了获得独家新闻或独家镜头愿意走多远？多远算太远？有一条不成文的规定，即电视台不应该播放人死亡的画面。一直以来，电视直播无意中报道了很多意外死亡，如李·哈维·奥斯瓦尔德在 1963 年因中枪而亡，20 世纪 90 年代圣迭戈警察射击抢劫犯，"9·11"事件发生时，电视台播放了人们从燃烧的世贸大楼跳下的画面；但是这样的死亡事件很少在晚间新闻中重播。这是否意味着我们在未来不太可能在网络或有线电视上看到或听到暴力死亡的直播、现场直播或现场录音？哥伦比亚广播公司在《60 分钟》节目中播放了一段视频，是杰克·凯沃尔基安医生协助一个患者自杀的过程。2002 年，《华尔街日报》记者丹尼·珀尔在巴基斯坦被恐怖分子杀死，哥伦比亚广播公司播放了恐怖分子对他审讯的部分过程，但没有播放他的死亡过程——不过，这段视频被上传到了几个网站。在伊拉克战争的后期，包括美国在内多个国家的多名平民被基地组织抓获并杀害，他们被审讯和处决的视频被发布在基地组织的一个网站上。这就是意见分歧所在：在"9·11"事件发生前和事件发生后不久，为了与此有关的个人以及他们所爱的人，正当的媒体守则包括不展示暴力死亡或其他令人震惊的场景。2006 年年底萨达姆·侯赛因被处决时，他的处决过程被人用手机录了下来，但美国电视台只播放了开头。在电影《15 分钟》中，有这样一个场景：如果一个受欢迎的名人被谋杀的录像被提供给电视台，该怎么办？他们会选择拒绝发布，还是考虑到他们不做自会有别人去做而发布？《15 分钟》认为，播放这段视频是错误的，也是贪婪的，但如果我们谈论的是恐怖分子杀害美国公民的镜头呢？对一些人来说，这没有什么区别——播放录像就正中恐怖分子下怀，会进一步推进他们的议程。但对另一些人来说，这是完全不同的：如果我们没有真正看到这些恐怖分子有多邪恶，我们可能会认为有说服他们和与之谈判的可能，因此，媒体保护我们免受令人震惊的镜头的伤害，实际上可能是在阻止我们正确判断形势。

但技术革新可以绕过道德争议：随着 YouTube 等视频网站的出现，全世界的公民，无论是否在利益集团之内，都可以发布视频信息，我们应该在电视上看到什么内容这个问题，对拥有电脑的人来说不再成立：萨达姆·侯赛因的死刑执行只过了几个小时，就可以在各种各样的网站上看到其过程，包括 YouTube，尽管 YouTube 已经因版权问题被维亚康姆起诉，其发布内容受到限制，但其他网站照样不受限制。许多国家的人也在网上发布了大量包含处决过程片段的视频。青少年犯罪团伙公布了他们攻击无辜平民（网络攻击）的视频，而一些少女也公开发布其他少女被殴打的家庭录像。如今，这些情况已经超出了常规新闻媒体可以控制的范围，某种程度上又回到了前几章所探讨的个人道德和品格问题。

但是在后方呢？恐怖威胁的谣言迟迟不散，时至今日，非专业人士很难分清哪些是真正由国土安全部解除的恐怖威胁，哪些只是谣言。多少信息才算是信息过多？媒体公布的信息，哪些是重要信息，哪些只是"狼来了"？

记者应该报道多少，编辑应该发布多少，什么时候发布，当然要视情况而定。亚里士多德的黄金中道为解决媒体伦理问题提供了一个很好的切入点。每种情况下都有一个处于中道的正确答案。有时即便不乐意，为了让公众在知情同意的基础上行使决定权，媒体也要免费分享信息。而有时报道的信息仅仅是最低限度的，这可能是因为暂时没有更多的信息（过度的猜测可能弊大于利），也可能是因为这些信息的传播威胁到国家安全。喊"狼来了"是一种很糟糕的新闻伦理现象，但冷漠和事不关己的态度同样糟糕。只有优秀的记者或编辑才能分辨每种情况的不同。

安德鲁·贝尔西和露丝·查德威克在 1995 年发表的论文《作为媒体品质载

体的伦理》中指出，如果媒体有太多的法律限制，记者将会为试图绕过这些限制而分心，而不是仅仅遵循职业道德。作者认为，记者受到的法律约束越少，他或她的道德标准就越高，因为发布的合法权利并不等同于发布的道德权利。两位作者使用了"有德行的记者"这个概念，并向亚里士多德致敬，他们将新闻的概念与美德伦理联系起来：

> 有德行的记者会表现出对许多美德的恪守，包括公正、准确、诚实、正直、客观、仁慈、敏感、可信、负责和幽默。然而，比一串具体的美德更重要的是德行：有德行的记者是具有高尚品质的人，因此，他不仅在熟悉的情况下，而且在新情况下，都有表现出美德的倾向。从这个意义上说，胜任的记者是有德行的记者，也是恪守品质的记者。

> 这样，伦理就可以成为媒体品质的载体。和以前一样，它是用两种方式走伦理路线的工具，一种是正面的，强调保持媒体品质的伦理要求（优点，如讲真话），另一种是负面的，强调禁忌（相应的缺点，如说谎）。

自贝尔西与查德威克的论文发表以来，关于媒体伦理的争论不断展开，从对海湾战争的不间断电视报道到 O. J. 辛普森的刑事审判，随军记者对伊拉克和阿富汗战争的报道，对绑架、失踪、年轻女性谋杀案、学校枪击事件的众多报道，再到目前关于恐怖主义和国家安全问题的争论，我们有必要追问，作为记者，仅仅拥有高尚的品格是否足够，是否还应当考虑报道的法律限制问题。

新闻媒体的偏见？

我们在上文探讨了媒体专业人士必须面对的各种问题，无论他们自己的政治立场或新闻机构的立场如何。国家安全意识、综合敏感度与可信度是所有知名新闻机构的职业要求。但除此之外，许多观众和评论家都担心新闻的选择和报道本身存在偏见。当记者被问及在报道新闻中所做的选择时，记者通常回答说，只是报道事实，而不是捏造事实或修改事实，但这肯定会被当作媒体神话而不予理会：在记者报道事实之前，他们会选择报道哪些事实（或者他们所在的电视台会通过所谓讲话要点来为他们选择），他们已经决定了哪些值得报道。为什么有些世界大事得到了报道，而另一些却没有？为什么我们听说过一些灾难（比如 2015 年非洲暴发的埃博拉疫情，以及 2016 年南美暴发的寨卡病毒疫情），而关于另一些灾难（比如达尔富尔种族冲突悲剧）的报道即使出现在媒体上，也是姗姗来迟？我们中的阴谋论者会认为，这些背后有不可告人的目的：为了个人或政治利益，一些新闻报道被压下来，另一些则被大肆宣扬。然而，事实可能很简单。一些新闻事件（如自然灾害或叛乱）发生时，刚好有电视台的记者在附近，另一些则因未被察觉而悄无声息。一些事件没有被报道，只是因为它们不够"有吸引力"，不足以吸引那些出售广告版面和时段的新闻媒体。

但我们也不应该忽视，新闻媒体确实存在偏向。一些报纸和电视台的政治立场偏左，而一些则偏右。这本身并不违反媒体道德准则，只要这些政治偏向只在社论中表达，或是由政治立场很清楚的主持人或专栏作家来表达。通常，这样的主持人会邀请有不同观点的嘉宾，主持人与嘉宾的意见往来会让直播更生动。如果新闻本身的呈现是基于某人的政治信念而预先选择的，那么问题就出现了。自由派观众和批评人士怀疑，主持人以保守派为主的电视台（福克斯新闻）会有意选择和歪曲新闻，使其符合保守派的立场。而保守派观众和批评人士认为，大多数电视网［CBS、NBC、ABC、CNN 和 MSNBC（微软全国广播公司）］会有意选择和歪曲新闻，使其符合自由派的立场。或许，这不仅仅是政治上的偏执：媒体分析师伯尼·戈德堡描述了他在哥伦比亚广播公司担任记者时的经历，在许多人看来，这是有说服力的证据，足以证明确实存在这种问题。而在 2016 年总统大选期间，媒体偏向似乎更为清晰，不仅是在最后阶段"主流媒体"支持民主党候选人希拉里·克林顿，即使是在早期阶段，至少在民主党候选人伯尼·桑德斯的支持者看来，主流媒体偏向于支持克林顿。偏向不一定局限于党派政治，但即使在一个主要政党内部，偏向也可能影响甚至决定一场选举的结果。对于那些只希望看到一些客观报道的观众来说，这是非常令人不安的。然而，尽管有些偏向可能是潜在计划的一部分，但对偏向的存在可以有更简单的解释：我们都有基本的世界观，符合这种世界观的新闻在我们看来是"明智的"新闻。通常，一些观众所谓的偏向，在记者看来只是他们作为理性的人的"默认"立场，换句话说，记者可能甚至没有意识到，自己的报道是以某种政治立场为基础的。

2016 年大选结束后，《纽约时报》向读者承诺：

在我们反思这一重大结果以及此前数月的报道和民意调查时，我们的目标是重新致力于《纽约时报》新闻的基本使命。那就是诚实地报道美国和世界，不畏惧，不偏袒，在我们带给你们的报道中永远努力理解和反映所有的政治观点和生活经历。

那么我们能做些什么呢？一个名为"新闻猎犬"（NewsHounds）的网站的口号是"我们看福克斯新闻，这样你就不必看"，但如果你想了解各种各样的观点，最好别这么做！你不能把看新闻的任务交给别人，因为你可能会被误导，错过一些重要的事情，或者成为别人议程的牺牲品。每天都接触不同来源的新闻。看 CNN，也看福克斯新闻，听保守派的谈话广播，也听 NPR（美国全国公共广播电台）的节目，上网读读博客，留意社交媒体上可能出现的"假新闻"，订阅你最喜欢的报纸，然后上网看看其竞争对手的观点。这对我们大多数人来说可能过于"公正和公平"，但至少它能够让我们在一个日益复杂的媒体世界中，批判性地认识到各种观点。

商业伦理：游戏规则

在某种程度上，媒体伦理与商业伦理是相互重叠的：在媒体的决策着眼于利润的情况下，谈论媒体伦理就是谈论商业伦理。甚至在其他方面也有相似之处：当媒体伦理涉及工作场所的伦理时，也就涉及了商业伦理；当新闻媒体思考新闻传播所引发的道德问题时，这也涉及商业伦理。在任何一种行业中这些都是负责任的决策的一部分，而商界当然是一个有其职业标准的地方。问题是，这些标准与我们在人际关系及社会生活的其他方面所遵循的道德价值有不同吗？在本节中，我们将讨论商界是否意味着无视道德价值，然后介绍商业伦理中最常见的主题，之后，我们会仔细探讨一个比较抽象的议题，即以所有权观念为基础的商业伦理。

商人与道德无关？

在许多人看来，"商业"和"伦理"是一对矛盾的概念，它们相互排斥。有些人可能会说，在商业存在的许多年里，商业并没有受到伦理观念的多少影响，仿佛伦理准则不适用，商业世界就是"大鱼吃小鱼"的世界。堪萨斯大学杰出哲学教授、《商业伦理》一书的作者理查德·T. 德·乔治将其称为"非道德商业的神话"。德·乔治说，如果人们真的认为商人做生意时可以不需要重视价值判断和伦理标准，那么当一家企业或一家公司做出不道德的行为或根本不考虑道德标准时，我们为什么会如此震惊？换句话说，我们期望全社会都遵守基本伦理准则。不过，这并不意味着"非道德商业的神话"什么时候都不成立。商人有时贪得无厌，有时行贿，但我们对这些事情的曝光感到愤怒，可见这不是正常或预期的情况。而且，更多的企业已经认识到，越来越多的公众对此类披露反感，这就是为什么商业伦理会成为一门学科。

就像在伦理学中经常发生的那样，我们不会注意到什么时候事情进展顺利，只会注意到什么时候事情偏离了正轨。当经理、高管和其他商业领袖谋取私利、违反规则时，我们非常关注（比如，著名商人玛莎·斯图尔特因为串通共谋，以及在于股价大幅下跌前一日抛售股票一事向联邦调查人员撒谎而入狱 5 个月）；但在绝大多数情况下，商人遵守规则，提供正常、平稳的商业环境。一个没能遵循规则的臭名昭著的例子，是导致 2007—2008 年华尔街金融危机的金融投机，正如电影《大空头》描述的那样。知识窗 13.5 概述了这个故事。

知识窗 13.5　如何制造一场全球金融危机？

《大空头》获得了 2016 年奥斯卡最佳改编剧本奖，这部电影改编自同名非虚构图书。它有时被列为喜剧，因为其中的对话生动、讽刺，有时被列为戏剧。戏剧性的部分在于它准确地描述了 2007 年的金融投机对整个世界的影响，数以百万计的人因此失去了工作、住房和积蓄，而这些人只是听从了他们认为可靠的投资顾问的建议。

这部电影（片名指的是出售自己并不通过合约拥有的东西，或"空头头寸"）描述了导致 2007—2010 年全球金融危机及全球经济衰退的事件，自那以来，世界经济一直处在恢复过程中。我们看到的是，由于房地产市场过度扩张到所谓的次级贷款领域，银行向那些无力偿还贷款的潜在房主提供极低利率的贷款，这些贷款在 2007 年到期，于是房地产市场走向崩溃。2005年，对冲基金经理迈克尔·伯里意识到，如果他创建一个 CDS（信用违约互换）市场，他就可以从崩溃中获利。根据维基百科的解释，CDS 是"一种金融互换协议，根据该协议，如果发生贷款违约（债务人违约）或其他信用事件，CDS 的卖方将向买方（通常是参考贷款的债权人）提供补偿。换言之，CDS 的卖方为买方提供了针对某些参考贷款违约的保险"。

有关伯里交易的流言四处传播，其他投资者也纷纷跟风，其他不良贷款获得了欺诈性的 AAA 评级，这些都加速了金融危机的到来。2007 年，危机从股票下跌开始，美国个人退休账户（IRA）退休基金缩水，银行启动救助，房地产市场泡沫破裂，失业、房屋被收回和无家可归随之而来。

这部电影的矛头指向华尔街的投机和贪婪。其他分析认为，银行在假设每个人都应该能够拥有自己的房子，而不管其支付按揭的能力的情况下，发放了不负责任的住房贷款。谴责可能会持续多年，但影片提出，当事情出错时，"移民和穷人"总是会受到指责。

在商界职场内部有一套价值体系，有的会写在伦理守则中，有的只是不成文的规定。这些规定包括不应该从供应室带钢笔和便利贴回家的规定，关于工作场所约会的规定，以及更严厉的禁止内幕交易的规定。但除此之外，还有一种商业本身的价值体系，它统治着整个以资本主义为准则的商业世界，这是一种认可自由企业、以利润为预期结果的体系。如果你还记得第七章提到的卡尔·马克思对利润概念的批判，你就会知道马克思和他的追随者并不认为利润在道德上是正当的。商业伦理这门学科确实提出了一些基本的哲学问题，例如利润的合理性，但总的来说，商业世界的运作是建立在这样一个假设之上的：创造利润没有什么可恶之处。商业伦理中更常见的问题是如何获得利润：是通过公平诚实的营销，还是通过不完整甚至虚假的广告？我们在后文会提到一个造成破坏性后果的不诚信营销案例。

　　许多大学提供商业伦理方面的课程，公司也经常为员工提供同样的服务。这是因为商界人士普遍对伦理问题感兴趣吗？还是因为企业认为，在职业守则方面，企业员工迫切需要一些指导？也许两者兼而有之，有时老师不得不承认学生根本没学到什么东西。你可能还记得第十章中讲的，在杜克大学的 38 名商学院研究生中，有 34 人在考试中作弊。你可能不知道的是，所有这些学生都同意遵守张贴在教室里的荣誉守则，他们平均年龄 29 岁，来自不同的国家，平均有 6 年的工作经验，这意味着他们不是"孩子"。但即便这样，他们还是选择了欺骗。杜克大学学术诚信中心在 2007 年 9 月发布的一项研究显示，56% 的 MBA（工商管理学硕士）学生作弊，相比之下，工程学院、教育学院和法学院的学生作弊的比例分别为 54%、48% 和 45%，尽管他们都上过伦理学课程。学术诚信中心的代表感到失望，并怀疑这些学生虽然上过伦理学课程，但只会想到自己。克里斯蒂娜·霍夫·萨默斯（见第十章）可能会回答说，也许这些课上所教的内容并没有以学生能够理解的方式呈现出来：课堂内容是按照行为伦理学的方式呈现为抽象的原则，还是教师会按照美德伦理学的方法，以生活中的真实例子为学生树立榜样，来帮助学生成为拥有美德的人？美德伦理的核心是人与人之间的联系，这种联系很有可能比学习原则更有助于理解。毕竟，在从前的西部世界中，银行和火车劫匪常常以从未从别人那里偷过东西而自豪；偷东西原则上是错误的，但与之相比，让他们产生更深刻印象的是与他人面对面，直接认识到对方的人性，并产生不愿侵犯人性的意愿。如果杜克大学的研究生被告知作弊是一种性格缺陷，一种对教授的背叛，他们是否还会轻易作弊？本章基础阅读部分包括了伦理资源中心的报告《组织伦理文化的关键要素》的摘要，作者安博·莱瓦农·塞利格松和劳里·崔认为，置身于一个有"伦理文化"的环境中对员工的影响，比执行一个实际伦理计划要大得多。

一般商业伦理话题

　　那么，如果你选修了一门商业伦理课程，你可能会遇到哪些主题？最重要的是企业的权利和义务：企业是否应该对公共福利负责？企业在什么情况下应该对环境污染负责？产品安全有多重要？企业是也应该对创造就业机会以及振兴城镇低收入地区负责，还是仅仅对股东负有道义责任？有道德投资这样的东西吗，还是说伦理并不适用于这个领域？此外还有其他涉及企业伦理的问题，包括营销及广告的真实性。在过去几十年里，有关商业秘密和内幕交易的讨论、会计和公司收购的伦理规范越来越受到关注。近年来，计算机伦理这个新领域受到广泛关注，这在许多人眼里是个道德灰色地带，他们认为只要是放在网上的东西就能自由获取；这促成了一系列法规的出台，它们涉及计算机隐私和版权问题，更不用说安全问题了。在未来有关商业伦理的争论中，国际贸易和跨国公司将会受到更多关注。

商业伦理课程也会关注员工权利。其中，获得公平工资的权利、加入工会的权利和罢工的权利都属于员工权利问题；除此之外，重点还可能是防止工作中的健康伤害，药物测试与隐私之间的矛盾，以及确定雇主和雇员，甚至是员工之间的恰当关系界限。讨论还可能集中于如何界定性骚扰，或仅仅是界定公司认为可接受的约会方式。此外，歧视和平权行动也是相关的议题。

揭发在商业伦理中是一个敏感问题，对公司的忠诚与在发现不法行为时敢于发声的权利甚至义务形成了对立。在本章故事部分，我们将介绍一个著名的揭发案件，就像电影《惊曝内幕》中描述的那样，一个人出于道德信念决定向世界揭露烟草公司怎样故意对其产品做出错误报道。

今天，商业伦理课程可能还包括对个人品牌的讨论，个人品牌可以推进你自己的事业，甚至可以把你个人作为品牌来推广。知识窗 13.6 会探讨这个现象。

知识窗 13.6　个人品牌，一种新的商业方式

在几年之前，商业还只是商人的行为，继承家族企业，或者去商学院读 MBA，都是获得成功的途径。现在依然如此，但互联网已经改变了许多事情，包括我们做生意的方式。我们中的许多人在网上购物，同时也成了生意规模或小或大的在线卖家。如今在美国，一个企业如果没有网站就不会被重视；大多数企业都有 Facebook 页面，许多企业还拥有 Twitter（自 2023 年 7 月更

名为 X）账户。如今，个人品牌、自我品牌或自我包装是许多企业成功的一个要素。唐纳德·特朗普是擅长个人品牌塑造的商业巨头，他于 2017 年 1 月成为美国总统。另一个已经成为品牌的例子是卡戴珊家族。该家族通过一档关于家庭生活的真人秀节目将自己打造成了一个原创品牌，销售香水、衣服、减肥药等，由克里斯·金纳管理，金·卡戴珊是其中最知名的人物。有一些类似"名人品牌代理"的机构可以为你提供建议，告诉你如何把你自己作为一个品牌来营销。这就变成了如何提高一个人的网上知名度的问题，如果一个人可以和这个或那个名人合作，并运用其影响力，那就更好了。而且这不仅仅是一种美国现象，伦敦营销学院认为：

> "如今，品牌就是一切，各种各样的产品和服务——从会计公司到运动鞋制造商，再到餐馆——都在思考如何超越自己品类的狭窄界限，"管理大师汤姆·彼得斯说，"无论年龄、职位、所从事的行业，我们都需要明白品牌的重要性。"我们是"自己"这家公司的首席执行官。要想在今天的行业中立足，我们最重要的工作就是成为"自己"这个品牌的首席营销官。

有些人认为个人品牌商业模式是未来的潮流：我们都将拥有一个品牌，一个角色，我们将在简历和社交媒体上向世界推广。品牌将是我们在专业领域和个人世界的真实写照。许多人发现，个人品牌现象是一种令人兴奋的新商业思维方式，它意味着我们与全世界互动。然而，一些批评者认为它是一种自我中心的表现形式（还记得利己主义和自我中心主义的区别吗？见第四章），就像把自己变成产品一样，是一种自我物化（把自己当成物）。此外，"成为一个品牌"将如何影响我们的生活、我们的人际关系和我们的认同感？那些以某种形式"购买"我们品牌的人，是真的在购买产品，还是在购买形象包装？

正如你所看到的，商业伦理课程中的许多主题都呈现出一种趋势：在许多情况下，商业伦理只是伦理问题——一种与同事、雇主、雇员、客户、股东和一般大众打交道时的正误判断意识，但有时错误也会变成法律问题；随着商业模式的改变以及技术的革新，新的犯罪形式出现，比如网络犯罪，商业伦理理论如何定义这些新型犯罪以及如何让全世界可能受此影响的人群了解到这种犯罪，这是一个长期的任务。

财产权问题

正如第七章所提到的，约翰·洛克指出我们有三种消极权利或自然权利：生命权、自由权和财产权。这种消极权利理论已经成为财政保守派倡导的自由放任政策（"不干涉"）的重要组成部分（见第五章），但它也成为商业哲学的基石。那么洛克是如何定义财产的呢？在《政府论（下篇）》第五章中，他写道：

> 土地和一切低等动物为一切人所共有，但是每人对他自己的人身享有一种所有权，除他以外任何人都没有这种权利。他的身体所从事的劳动和他的双手所进行的工作，我们可以说，是正当地属于他的。所以只要他使任何东西脱离自然所提供的那个东西所处的状态，他就已经掺进他的劳动，在这上面增加他自己所有的某些东西，因而使它成为他的财产。既然是由他来使这件东西脱离自然所安排给它的一般状态，那么在这上面就由他的劳动加上了一些东西，从而排斥了其他人的共同权利。因为，既然劳动是劳动者的无可争议的所有物，那么对于这一有所增益的东西，除他以外就没有人能够享有权利，至少在还留有足够的同样好的东西给其他人所共有的情况下，事情就是如此。[1]

这段引文，特别是最后一句，被称为"洛克但书"（Lockean Proviso）。C. B. 麦克弗森对此的著名解释是，我们受三种限制：（1）我们只能从自然中获取和保留在它们变质之前我们可以使用的东西；（2）我们必须为别人留下足够的东西，

---

1 本段译文出自约翰·洛克：《政府论（下篇）》（叶启芳、瞿菊农译，北京：商务印书馆，1996年），第19页，略有改动。——编者注

而不是全部据为己有；（3）我们只有通过自己的劳动才能获得财产。关于洛克是否暗示你只有拥有财产才能成为选民，以及你是只能通过自己的劳动获得财产，还是也可以付钱让别人为你工作的问题，人们争论不休；此外，当土地对所有人而言都充足时，获取财产可能依赖于自己的劳动，但一旦土地变得稀缺，社会制度建立起来，那么一些人将拥有土地，而另一些人没有，这就为政治不平等埋下了伏笔。如果你从所有人都能得到的土地中获得土地，你是否需要所有人的同意才能获得它？美国自由至上主义哲学家罗伯特·诺齐克（1938—2002年）在其颇具影响力的著作《无政府、国家与乌托邦》（1974年）中给出了解释，即他所谓的权利理论（Entitlement Theory）：

> 如果世界是完全公正的，下列的归纳定义就将完全包括持有正义的领域。
>
> 1. 一个符合获取的正义原则获得一个持有的人，对那个持有是有权利的。
>
> 2. 一个符合转让的正义原则，从别的对持有拥有权利的人那里获得一个持有的人，对这个持有是有权利的。
>
> 3. 除非是通过上述 1 与 2 的（重复）应用，无人对一个持有拥有权利。
>
> 分配正义的整个原则只是说：如果所有人对分配在其份下的持有都是有权利的，那么这个分配就是公正的。[1]

对于诺齐克来说，如果其他人（曾经共同拥有土地的人）没有因为你获得了财产而变得更糟，那么获得财产就是公正或公平的。也就是说，对于整个商业交易领域，只要你在不侵犯他人财产权的情况下获得了财产，那么你就有权转让它。这是商业的基础。批评人士指出，这并不能保证财产的公平分配，也不能保证已发生的不公平得到纠正。但也有人指出，批评者可能特别渴望找到诺齐克关于财产和利润的理论的缺陷，因为他的批评者通常都是学术界政治立场偏左的人，他们更赞同批判资本主义的思想，比如自由主义者约翰·罗尔斯的原初状态

---

1 本段译文出自罗伯特·诺齐克：《无政府、国家与乌托邦》（何怀宏等译，北京：中国社会科学出版社，1991年），第156—157页。——编者注

理论（见第七章）。罗尔斯的哲学追求社会公平，社会公平不仅是抽象意义的概念，即理论上财产可以被任何有意愿和技能的人占有，而且是一种对社会益品的持续再分配，以使没有人的境况比其他人更糟。在这里，我们还应该记住，比罗尔斯在政治光谱上更靠左的社会主义和马克思主义思想家，认为财产本身不是一种权利，而是一个导致了社会不平等的问题。卢梭在《论人类不平等的起源和基础》（1754 年）中写道："第一个圈起一块土地的人说：'这是我的土地。'他发现人们天真地相信了他。这人就是文明社会的真正奠基人。"卢梭和卡尔·马克思之间有很大的不同，但是马克思以卢梭为榜样，在《共产党宣言》（1848 年）中，他主张财产和利润的概念是社会罪恶的根源。因此，对于今天的一些左派思想家来说，自由至上主义者以及其他的企业捍卫者，无论他们怎样定义或重新定义商业伦理，都是完全错误的，因为在这些左派思想家看来，财产的概念从根本上说是不合法的。

正义战争理论

第二次世界大战被称为"最后一场好战争"，意思是这是最后一场有明确的善恶双方的战争。但即使是第二次世界大战，在一开始的时候，许多美国人也不认为它是阵营分明的；甚至在日本偷袭珍珠港（1941 年 12 月 7 日）之后，还有人主张不能以暴制暴。此外，在战胜纳粹和日本帝国主义的战争中，平民仍然付出了沉重的代价。

在越战期间，在包括年轻人和老年人在内的许多美国人看来，战争和"正义"是矛盾的。在 20 世纪 60 年代末和 70 年代初，越南战争被广泛认为是一场非正义的战争，因为作为战争理由的原则在许多人看来并不清楚甚至令人反感，主要涉及政治因素。征兵开始时，许多年轻人自己并不愿意，却还是被征入伍，他们认为，他们要参加的这场战争并不是为了保家卫国。一些从战场上回来的退役军人发出了反对战争的声音，出于良心拒服兵役者认为，整个正义战争的概念根本就是自相矛盾。

21 世纪，美国发动了两场战争，阿富汗战争和伊拉克战争，伊拉克战争在 2011 年正式结束，美国对阿富汗战争的参与在 2014 年结束。到目前为止，已有

4 000多名美国士兵在伊拉克丧生，2 600多名联军士兵在阿富汗丧生。这两场军事冲突促使人们重新讨论什么是正义战争。无论是"9·11"事件的直接还是间接结果（本身就是有争议的一个问题），美国在中东的军事行动已经改变了人们对战争的看法，就像二战后的冷战改变了人们对典型战争的定义一样。

传统上，战争的概念被用于国家间发生的冲突。18世纪，让-雅克·卢梭在他的社会契约理论中提出，战争敌对行为在士兵放下武器的时刻结束，那时，他们就不再视彼此为"敌人"了。然而，在伊拉克战争中，很多时候，放下武器只是漫长阶段的开始——战败的伊拉克士兵融入了战场，重新以游击队员的身份出现。现在，战争的概念已经扩大到包括打击没有国家支持的恐怖分子、在常规战斗中与常规军事力量交战的叛军以及当地或外来的游击队。近些年来恐怖袭击占据了各大报纸的版面。有些人认为适当地扩大战争定义是可以的，但另一些人认为并不合理，因为在他们看来，恐怖主义应被视为犯罪行为，而不是战争行为。探讨战争和恐怖主义的困难之一是，恐怖分子的定义本身就存在争议，知识窗13.7进一步探讨了这个问题。

知识窗 13.7　爱国主义：过度、不及，还是恰到好处？

2001年9月11日之后的几个星期里，美国几乎每个社区都升起了大量的旗帜，从广告牌到车辆保险杠上都有美国国旗。对有些人来说，这是爱国的积极信号；对另一些人来说，这是过度民族主义的压抑表现。爱国主义到底是什么？这引发了一场争论，随着反恐战争演变成阿富汗战争，然后是伊拉克战争，支持战争和反对战争的人对爱国主义定义的分歧越来越大。

但爱国主义到底是什么？什么是爱国的过度、不及和恰到好处？20世纪70年代，一些哲学家提出，爱国主义与种族主义、性别歧视是类似的：因为是自己的国家而偏爱这个国家，这种偏爱是没有根据的，就像偏爱自己的性别而蔑视另一种性别的性别歧视，偏爱自己的种族而漠视其他种族的种族主义一样缺乏根据。例如，马克思主义的愿景之一是，人们要跳出其民族和国家的界限，走向国际，因为工人的困境可能在世界各地都是一样的。1871 年创作的共产主义歌曲《国际歌》（原为法语）就号召国际主义之下的团结。有人提出了对爱国主义不那么激进的看法，他们认为，说我们不能爱自己的国家胜过爱别的国家，这是不合理的，就好像说我们不能爱家人超过爱陌生人一样。美国伦理学家史蒂文·纳坦松在 1989 年的论文《捍卫"温和爱国主义"》中反驳了爱国主义批评者的观点，他提出，"爱国主义是一种美德，只要它鼓励的行为本身不是不道德的……比较爱国主义和对家人的爱或忠诚，我们就会认识到道德上可接受的爱国主义形式是有可能存在的。人们可能（希望通常如此）对他们的父母、配偶和孩子有特殊的关注与关心。实际上人们确实更关心那些'亲近的人'，而不是陌生人。然而，只要这种关注不是排他性的，就没有什么问题"。换言之，作为一个爱国者表达对国家及国土的热爱，这是可以的，但这并不意味着这个国家总是正确的，也就是说，这种立场反对"我支持我的国家，无论其对错"的观点，但允许个人对自己的祖国怀有归属感和热爱。质疑权威的权利，即提出有意义的问题并期待得到回答，是美国传统的一部分。有人可能会说，不断提出有意义的问题，体现了对国家以及传统的自豪。无论左派还是右派，都有一种根深蒂固的美国情结，那就是希望美国尽其所能做到最好，因为他们热爱这个国家，希望它一切顺利。无论处于这个混乱政治光谱上的哪个位置，我们都应该提醒自己，无论是保守派还是自由派，都不能垄断爱国主义。

正义战争这个话题在全美范围内的学术机构和媒体上被重新讨论，但正义战争理论实际上是几个世纪以来军事领导人和军事史学生研究的主题。早在 2001 年 9 月 11 日之前的 20 多年，这个话题就已经随着政治哲学教授迈克尔·沃尔泽 1977 年出版的《正义与非正义战争》一书得到了复兴。

那么，是否存在正义的战争呢？对于一个和平主义者来说，答案是否定的：在这个地球上，不管是对我们所爱的人的攻击，还是对我们生命或国家存续的威胁，都没有任何事情足以成为我们打击他人、对他人使用任何种类的武器的理由。批评人士说，如果你是一个和平主义者，你就不能给自己破例，说"我不相信战争，但我当然想保护我的家庭"之类的话，原因有两个：（1）如果你宣布拒绝接受武力可以解决问题这个观念，那么不管范围是大是小都无关紧要，武力就是应当被绝对禁止；（2）如果认为自己采取武力保护家人免受伤害是可以的，那么那些没有可以保护自己的家人的人该怎么办呢？传统上，保护公民免受国内外敌人的伤害是国家的职责。当国家保护公民免受外国势力伤害时，我们称之为战争。如果你接受个人保护自己的家庭不受伤害是应该的，那么，从逻辑上说，你也应该接受国家采取类似的行动来保护其公民的做法。

因此，根据批评者的说法，和平主义者如果要让观点前后一致，就需要抛弃"可以使用武力来保护家人免受伤害"的观点。其他形式的保护均可接受，比如拨打报警电话（但如果你不赞成暴力，你也不能允许警察使用暴力来拯救你的家人），或者把你自己置于危险的境地，消极抵抗，希望对你的家人的伤害能转移到你身上，或希望施害者能三思而后行。20世纪30年代和40年代，圣雄甘地（1869—1948年）领导了一场运动，要求英国从其殖民地印度撤军，并给予其独立。他的方法——非暴力不合作——为在印度和其他地方的很多人提供了另一种选择，这些人不想诉诸暴力，只是想表达他们对某个观念或政策的不满。1947年，甘地的做法帮助印度实现了独立，但1948年，他自己成为暴力的受害者，被一名刺客枪杀。小马丁·路德·金在1968年也遭遇了同样的命运，他一生都崇拜甘地的非暴力不合作哲学，并在民权运动中倡导同样的方法。小马丁·路德·金的精神将继续激励那些寻求政治变革又不想诉诸任何形式的暴力的人。

但是，和平主义的批评者指出：（1）如果你想拯救家人但不使用武力，于是把自己置于危险境地而失去了生命，但你的牺牲行为并没有拯救家人，那么你做这些就是徒劳；（2）你可能有权拒绝使用任何形式的武力或暴力，但如果你对他人（如幼儿）负有责任，你的权利就不适用于他们，因为他们在道义和法律上都受到你的保护。

如果你不是和平主义者，并且相信正义战争的概念，那么你可选的并不是简单成为"鹰派"、"战争贩子"或者好战、暴力的人。恰恰相反，正义战争理论是建立在"和平是理想状态"这个假定的基础上的，战争被视为恢复和平的最后手段。确定了这一点后，还必须满足若干其他条件，一场战争才能具备"开战正义"（jus ad bellum）。这些规则是中世纪后期的经院学者拟定的，其基础是罗马法和奥古斯丁、安布罗斯等早期基督教思想家的理论，从那时起，这些规则成为西方军事伦理的基础。以下是对这些会在军事伦理课程中教授的规则的概述。

- **最后手段**。如上所述，只有在其他恢复和平的手段，例如谈判和经济制裁都已用尽时，才能发动战争。
- **理由正义**。如果发动战争是一个国家保卫其无辜公民的财产及生命不受侵略和恢复和平的唯一途径，那么战争理由就被认为是正义的。沃尔泽在其颇具影响力的著作《正义与非正义战争》中指出，用现代术语来说，这归根结底是对侵略的回应和对权利的捍卫。
- **合法、有权限的当局**。战争只能由有权限的政府当局宣布。这里可能需要澄清一点："有权限的当局"与领导人的智慧无关，只关系到领导人是否为人民的合法代表，以及他或她是否拥有宪法赋予的宣战权力。将军再怎么热心也不能自己发动战争。
- **相对正义**。需要捍卫的价值和权利非常重要，捍卫它们的重要性超过了战争的恐怖。
- **动机正当**。战争的动机必须是维护相关权利，而不是别有用心，例如想要获得领土或获取更大利益。
- **成功概率**。对于战争是否能实现其目标必须有一个合理预估。
- **受益和损失的合比例性**。战争的费用不能超过预估的收益。任何功利主义者都能看出，有些胜利的代价太大。这样的胜利在英语中被形容为"Pyrrhic"（惨胜）。Pyrrhic 来源于伊庇鲁斯国王皮洛士（Pyrrhus）的名字，公元前 279 年，皮洛士的军队在与罗马人的战斗中取得了胜利，却遭受了巨大的损失，这使胜利的价值受到了质疑。

以上是宣战时必须遵守的规则。此外，在战争过程中也要遵守一些规则，即"战时正义"（jus in bello）。在过去的几个世纪里，人们倾向于强调战时正义而不是战争本身的正义，因为"理由正义"这个概念很难定义：毕竟，任何国家

（或恐怖组织）都可以宣称自己的价值受到了威胁，然后走向战争。学者们关注的是通过以下两条规则来限制战争造成的破坏：

·**手段的合比例性。** 虽然肯定会造成一定的损害，但也要避免造成不必要的损害。

·**区别对待。** 这是指对战斗人员和非战斗人员的识别或"区别对待"。这一规则在中世纪被添加到正义战争理论中；在此之前，西方观念并不区别对待士兵和平民（有些人会说某些非西方文化仍然没有这样做）。因为每个人都知道战争通常涉及平民伤亡，尤其是现代战争，所以这条规则并不是说完全不能造成无辜的非战斗人员丧生，而是说不能蓄意攻击非战斗人员。只要总体结果能促进和平的目标，一些平民伤亡——不论是敌方还是己方——还是可以接受的。这涉及我们在讨论堕胎问题时提过的双重效应原则，这是一个基于天主教神学的原则：在正常情况下被禁止的行为，在特殊情况下是可以被允许的，条件是其部分结果（1）并非蓄意造成，（2）损失规模不超过目标，而且（3）为了实现目标，损失无法避免。

即便交战的两个国家确实遵循这些规则（当然，未必如此），仍然有许多灰色地带，任何一方都可以用不同的方式解读这些规则。正义战争中可能有不正义的行为。有人认为，二战期间拘留日裔美国人就是在正义战争中采取不正义行动的例子。

近年来，人们提出了"第三根支柱"：战后正义（jus post bellum）。由于认识到战争罪行往往是战争的一部分，人们认为在战争结束后有必要采取一些法律措施。在美国陆军战争学院季刊《参数》的 2002 年秋季刊中，军事科学教授达维达·E. 凯洛格的文章指出，尽管建立一个国际战犯法庭很困难，但仍然有必要，这样公民遭受的不公平可以得到处理，公民不至于自己采取报复行为。当今新型战争面临的一个问题是如何对待恐怖分子，他们既不是无辜的平民，也不是某个国家的军人。凯洛格建议，在战争结束后，这些罪犯或"非法战斗人员"应被视为有权利的战俘，但仍是罪犯，这与中世纪的传统不同，当时类似的非常规战斗人员只是被视为没有任何权利的"海盗"。（因此，在 1836 年得克萨斯阿拉莫战役中幸存的少数几名守城者，在战斗结束后被墨西哥将军桑塔·安纳处死，因为他们仅仅被视为海盗，没有作为士兵被体面对待的权利。）布莱恩·奥伦德在 2002 年发表于《伦理与国际事务》的文章《战后正义》中指出，"战后正义"理论的目标包括以下原则：

· 战后解决方案应具备合比例性、公开性，有必要消除侵略过程中的不正当收益。
· 解决方案应涉及被侵犯的基本权利。
· 解决方案必须区分领导人、士兵和平民。
· 领导人和士兵都应该受到惩罚。
· 补偿必须与损失成比例。
· 侵略者应在可接受的条件下恢复地位。

根据《日内瓦公约》的规定，战后正义显然可以适用于一个国家或国家联盟赢了而另一个国家或国家联盟输了的战争；但是，在国家和恐怖组织之间的战争中，要把这些原则应用到战后就很难了。

那么，伊拉克战争是一场正义的战争吗？有些人会回答"不"，有些人会回答"是"，还有一些人会说"历史将做出评判"。许多人曾预计，在奥巴马政府的领导下，美国军队会立即撤出伊拉克，但实际上过了多年才美国开始从伊拉克撤军。一些批评人士指出，美国从伊拉克撤军实际上可能导致进一步动荡。这个问题很复杂，人们存在分歧。知识窗 13.8 更深入地探讨了正义战争的规则是否适用于伊拉克战争。

知识窗 13.8　正义战争规则与伊拉克战争

让我们参考正义战争的七个标准。伊拉克战争的批评者指出，（1）这场战争不能被定义为最后手段，因为联合国核查人员尚未完成对所谓大规模杀伤性武器的搜寻。战争支持者反驳说，在1991年海湾战争之后的12年里，他们一直在努力使萨达姆·侯赛因遵守各种限制，已经使用了一切手段，没有理由再试一次。战争的批评者认为，（2）这场战争的理由不正义，因为那里根本就没有大规模杀伤性武器，伊拉克对美国根本不是威胁。战争支持者认为，各种声称大规模杀伤性武器存在的情报要么误导政府，要么被曲解。此外，大规模杀伤性武器确实在以前的一些场合被使用过，例如对库尔德人，所以认为萨达姆·侯赛因拥有它们也是理所当然的，而且，更重要的是，发动战争还有其他原因，例如将2 000万人解放出来。（3）战争的反对者怀疑美国总统布什并不代表合法当局，因为他2000年的选举结果是由最高法院决定的，而不是由选民决定的。而布什政府的支持者说，选举结果在宪法上是有效的，而且，在重新计算了2000年大选中佛罗里达州的争议选票之后，2001年《迈阿密先驱报》和《今日美国》都报道，布什确实以微弱的优势赢得了选举。（4）战争的批评者认为，这场战争并不代表相对正义，因为在他们看来，美国的价值观和生活方式并没有真正受到伊拉克的威胁，而是受到基地组织的威胁，基地组织和萨达姆·侯赛因之间没有任何联系。战争支持者则认为，如果萨达姆将来有能力攻击美国，他会这样做，美国不能坐等其发生，而且，事实上，基地组织战时确实出现在伊拉克，这充分证明了两者之间的联系。此外，在伊拉克战争期间，对本·拉登的搜寻也从未停止，只不过是悄悄地进行罢了。（5）战争的批评者认为，伊拉克石油丰富，而且能为美国提供商业机会，战争动机正当并不成立。战争支持者指出，保卫国家，防止未来战争，将一个国家解放出来，在中东建立稳定自由的民主制度，这些都是非常正当且正确的动机。（6）战争成功的概率有多大？批评者直言不讳地指出，美国及其盟友没有退出策略，这意味着赢得战争后，并没有针对"赢得和平"的规划，混乱将随之而来，这对伊拉克家庭以及阵亡的美国士兵家属都是沉重的负担。而战争的支持者则提出，在"伊斯兰国"成为对伊拉克未来的威胁之前，战争确实一度取得了成功：2 000万人可以追求他们自己选择的命运；然而，随着"伊斯兰国"在伊拉克的出现，战争是否"成功"已经成为一个更为复杂的问题。（7）受益和损失的合比例性？这将由后人来评判——后人也将评判整个反恐战争。伊拉克战争是否代价过大？战争的批评者说，是的，美国人的伤亡数量——虽远不及越战中美国人的伤亡人数，但仍有 4 000 多人——是一个难以承受的代价。而且对伊拉克人民来说，"伊斯兰国"的存在可能使自由成为幻影，而且也会让人怀疑美国的牺牲是否值得。这也明确地告诉我们，正义战争的规则或许可以预测结果，但现实完全可能会转到另一个方向。这种争议表明，即使我们有正义战争的规则，这些规则也绝不是毫无疑问的，它们只能作为指导方针，而不是明确简单的核对表。

当我们回顾当代哲学家关于正义战争和恐怖主义的讨论时，会发现大多数在"9·11"事件之前撰写的论文和书籍都有一个共同点，即想象未来的敌人是一个拥有可识别政府的国家，而不是一个由国际恐怖分子组成的神秘联盟。在饱受战争摧残的 18 世纪的普鲁士，伊曼努尔·康德写下了他最后的作品之一《论永久和平》。康德以一种直到二战后才被读者认识到的清晰性，预见到未来不断升级的战争会导致一场相互毁灭的战争，并告诫说，文明生存的唯一途径是所有政府都成为共和政府，拥有一个立法权、行政权和司法权三权分立的政府体系。用康德的话来说，"共和宪法是建立在三个原则之上的：第一，社会所有成员（作为人）享有自由的原则；第二，人人（作为臣民）依赖于一个共同法律体系的原则；第三，人人（作为公民）享有法律平等的原则"。这将防止将其公民仅视为达到目的的手段的种种独裁形式。第六章提到过的*目的王国*，就是康德所梦想的国度：一个人们尊重法律并且互相尊重、国家不凌驾于公民之上、以自由邦的形式联合，而且接受外来移民的国度。康德建议成立一个"国际联盟"来预防未来的战争——直到 1919 年，在美国总统伍德罗·威尔逊的倡议下，这一壮举才得以实现。这成了联合国的前身。虽然有些人可能会说康德的愿景有点天真且不完善，但我们可能希望康德总结的这个深刻的道理成立，即比起个人缺乏权利或感到自己是政治棋子的国家，公民知道自己享有宪法保护的权利的真正民主国家比较不可能发动侵略战争——或比较不可能让个人对自己的政府或其他国家采取恐怖主义行动。全球性的民主努力可能对防止未来的恐怖主义以及战争有深远影响。我们在第七章提到的美国哲学家约翰·罗尔斯在他最后的著作《万民法》中，也关注了同样的问题。他试图根据公平的原则勾勒出一个*现实主义乌托邦*，人民均承认彼此的自由和独立。他认为国内社会有五种类型：*理性、自由的人民*和*正派的人民*（"基本制度符合特定政治权利及正义条件的非自由社会"）共同构成*组织有序的人民*这个范畴；其余三种是*法外国家*、*负担沉重的社会*，以及*仁慈专制的社会*（承认人权但不允许公民发表政治言论的社会）。在以下段落中，罗尔斯探讨了组织有序的人民发动战争的权利。

> 没有任何国家有权为了追求自己的理性（与合乎情理相对的）利益而发动战争。但是，万民法将一种为了自卫而战的权利赋予所有组织有序的人民（包括自由的和正派的人民），并且实际上是赋予任何遵守和尊崇一种从合乎情理意义上讲是正义的万民法的任何社会。尽管所有组织有序社会都具有此权利，但是它们会根据它们自己体认的目的和目标的不同，以不同的方式去诠释它们的行为。我将指出这些差异中的一些。
>
> 当一个自由社会在自卫中参与战争，那它这样做就是为了保护和保有其公民的基本自由及其宪政民主的政治制度。的确，一个自由社会不能正义地要求其公民为了获取经济财富或为了获得自然资源而战，更不用说为了攫取权力和建立帝国而战了（当一个社会追求这些利益时，它就不再是尊崇万民法了，它其实变成了一个法外国家）。通过征兵而侵犯公民自由权的行为，或任何增加武装力量的实践，只有根据一种自由主义的政治性观念，并为了自由本身的缘故才可以做，也就是它只能作为捍卫自由民主制度及其公民社会的各种宗教性或非宗教性传统和生活方式的必要手段。[1]

---

1 本段译文出自约翰·罗尔斯：《万民法》（陈肖生译，长春：吉林出版集团，2013 年），第 132—133 页，略有改动。——编者注

动物福利与动物权利

　　曾有一段时间，动物在某种程度上被认为具有道德上的责任。就像在我们小时候听过的童话故事中一样，人们认为当动物互相伤害或伤害人类时，它们是有其原因和目的的。直到 19 世纪中期，动物都被认为可以对自己的行为承担法律责任（尽管它们几乎没有任何得到认可的权利）；在整个欧洲中世纪，老鼠、蟑螂和其他害虫都因对人类生命和财产造成损害而受到审判（通常是缺席审判）。甚至在美国，动物也因伤害主人或自己的后代而受到审判，如果罪名成立，它们就会被"处决"。今天，当一只攻击小孩的恶狗被处死时，我们会认为自己是在"处决"那条狗吗？有些人可能认为这就是处决——我们在惩罚违反人类法律的狗。但在法律上，我们只是在处理狗主人的财产，不是为了惩罚狗，而是为了保护公共利益。谁会受到惩罚？不是狗，而是狗的主人，狗主人会被罚款甚至判刑。2002 年在旧金山，一名狗主人甚至因为她的狗袭击并导致邻居死亡而被判二级谋杀罪，但法官后来改判其过失杀人罪，刑期降至四年。如今，我们不认为动物对自己的行为负有法律责任，因为我们不认为它们是道德行为者。如果一只狗在房子着火时叫醒了主人，事后可能会受到表扬，但如果它没有反应的话，也不会有人认为它"无情"或"邪恶"。（从前，当动物受到审判时，它们是不是道德行为主体仍然没有定论，因为人们普遍认为它们没有灵魂，所以也就没有自由意志。审判他们的人是自相矛盾吗？是的。但我们有时也会这样，讨论这些问题的目的之一就是养成前后一致思考的习惯。）

　　具有讽刺意味的是，即使动物在过去被认为具有某种形式的道德责任，它们也被认为没有资格享有权利，甚至得不到人道待遇。

　　在第五章和第六章中，我们讨论了动物作为道德尊重的候选对象的问题。第五章介绍了笛卡尔的观点，即动物没有心智，所以感觉不到痛苦，也介绍了边沁和穆勒的观点，即既然动物显然能够感觉到痛苦并体验到快乐，那么在我们做出任何可能影响它们的道德决策时，都应该考虑到动物。今天，动物行为学家的研究已经证实，非人类的动物能够感觉到身体上的疼痛。此外，动物行为学家和神经生物学家在野外和在条件更可控的实验室中进行的动物研究，支持了动物也能感知情感这一古老的逸闻假设；在整个 20 世纪，不断有人提出批评，认为动物研究人员只是在"拟人化"他们的研究对象，这种批评现在很少听到了。动物研究者和作家越来越肯定大卫·休谟以及查尔斯·达尔文的观点，即如果动物表现出它们能感受到类似恐惧、快乐、悲伤的情感的样子，那么最简单、最有可能成立的解释是，它们确实能感受到类似情感。这种假设在某种程度上已经得到证实，至少那些在匈牙利一家研究机构的研究中，被训练静坐接受磁共振成像扫描的狗是这样（见第五章）。当然，你也可以试着和动物交谈，问问它们，就像一些猿类研究人员已经在做的那样。（知识窗 13.9 讨论了动物智力问题。）

知识窗 13.9　有理性的动物？

自从亚里士多德提出动物可以通过具体形象思考，但只有人类才能理性抽象地思考以来，有关动物智力的问题就一直是个挑战。理性思考需要什么？你们应该还记得，我们在第六章中对理性的工作定义是，确定一个目标并采取最短的路径去实现它的能力（这个定义本身值得怀疑）。在康德看来，对一个理性存在的真正考验是他或她能否理解绝对命令：你能允许自己去做一些你不愿其被接受为普遍法则的事情吗？然而，我们大多数人对理性思考的定义并不那么严格。如果有人通过反复试错解决了一个问题，我们通常认为这是理性的方法，但如果有人在遇到问题之前就想到解决方案，并仅仅在抽象思考的基础上第一次尝试就解决问题，这就更胜一筹了。

我们大多数人可能愿意接受这样一个事实，即非人类的动物有某种心理活动，它们通过这种活动把时间和地点联系在一起，把过去的恐惧和快乐与现在的人和事联系在一起，并预测不久的将来会发生的事情，比如晚餐。但非人类的动物能解决抽象问题甚至构想出一种绝对命令吗？整个 20 世纪，这个问题一直备受争议，以至于大多数学者都因为害怕被人嘲笑而回避这个问题。1900 年，德国有匹马叫"聪明的汉斯"，它的主人和众多科学家都相信它会算术，因为它听到算术题后，能通过马蹄点地来表示正确的答案，但后来证明，这只是因为它善于理解人类的肢体语言。直到 20 世纪后半叶，动物智力研究仍没有摆脱"聪明的汉斯"这个污点。但自 20 世纪 80 年代和 90 年代有关动物智力的新研究发表以来，许多研究人员都比较愿意考虑承认，非人类的动物可能具有基本的理性思维能力，甚至是语言理解能力。通过对海豚、逆戟鲸、猴子、猪、狗甚至鸟（特别是乌鸦、喜鹊等鸦科动物）的密切观察与互动，人们对非人类动物能够理性思考的可能性有了新的认识。特别值得一提的是，在研究类人猿（倭黑猩猩、黑猩猩、大猩猩，以及研究相对少的红毛猩猩）的行为和语言能力后，人们开始相信类人猿可以掌握抽象的理性思维和试错思维。

在类人猿中，倭黑猩猩坎兹可能是当今最著名的展现非人类动物智力的例子，尽管它的妹妹潘班尼莎似乎在语言能力上超过了它。人们曾尝试教坎兹的母亲使用符号字板（一种用符号代表英语单词的电子发声板），但没有成功，在一旁观察的坎兹自己学会了如何使用符号字板，它会回答问题，或者告诉它的人类朋友自己想要什么，包括观看扮成猿猴的人类的视频。坎兹的绝活包括理解新句子和做出相应回应（如"把钥匙放进冰箱里"），以及使用逻辑思维，通过一系列的行动来实现一个目标（如弄断一根绳子以打开一个装有钥匙的盒子，这把钥匙可以打开放有零食的另外一个盒子）。潘班尼莎在 2013 年死于病毒感染，它活着的时候表现出了很强的语言天赋。它会抄写在电脑屏幕上看到的单词，据报道它甚至已经开始用粉笔在地板上写英语单词。此外，潘班尼莎还为它和坎兹的母亲做翻译，后者没能学会符号字板的用法。失去潘班尼莎对整个猿类语言研究领域——以及它的人类和倭黑猩猩家人——都是一个打击。

康德会承认这些行为是理性思维的证据，将坎兹和潘班尼莎视为人格者而不是物吗？这取决于猿类是否有可能掌握普遍化的概念：它们是否理解"不要那样做——如果我们那样对你，你会怎么想"？坎兹的智力水平可能相当于三岁的小孩。潘班尼莎的智力水平可能更高。如果我们愿意承认一个小孩具有一定的理性思维能力，能够理解前面提到的句子，并愿意称一个三岁小孩为人格者，那么，如果猿类也有同等的智力水平，我们为什么不开

倭黑猩猩坎兹在今天可能是最杰出的，也是最具争议性的非人类使用和理解语言并展示理性思想的例子——它的智力水平与三岁小孩相当（有时甚至更高）。坎兹从来没有接受过理解人类语言或使用符号字板（一种用符号表示名词、动词和名称的发声板）的训练，它通过从小观察人类对母亲的训练学会了这两种技能。图为坎兹使用符号字板回答苏·萨维奇-朗伯的问题。

（© Laurentiu Garofeanu/Barcroft USA/Barcoft Media via Getty Images）

放一点也称其为人格者？一些思想家认为，猿类语言实验的关键在于，究竟是一些聪明的动物为了获得回报而"模仿"人类的行为，还是猿类真的能够（在一定限度内）用人类的语言自由交流。情况似乎是后一种：第一只学会美国手语的类人猿瓦苏也把美国手语教给了其儿子，甚至在它们认为自己没有被人类观察到时，也使用手语交流，而潘班尼莎也教自己的儿子尼奥塔使用符号字板。

功利主义的进路

在功利主义哲学中，动物可以感受到身体甚至情感上的痛苦这一事实，显然并不意味着人类不被允许去造成动物的痛苦，就像这不意味着我们不被允许去造成他人的痛苦一样：如果行为的结果能让当大多数人和/或动物获得很大的好处，那么对有情生物造成的痛苦在道德上就是可以接受的，甚至是值得称赞的。

因此，像边沁和穆勒这样的古典功利主义者和今天的大多数功利主义者都很少使用"动物权利"这个词。现代功利主义者谈论的是"动物福利"。第七章提到，边沁认为人权的概念是"高跷上的废话"，显然功利主义者认为动物权利同样如此，因为功利主义者认为，如果保护这些权利会有损于社会上大多数人的利益，那么谈论这些绝对无法侵害的权利没有任何好处。

功利主义者认为，我们应该把动物的痛苦和快乐考虑在内，只要没有压倒一切的考虑可以证明，为了给大多数人带来好的结果而造成痛苦是合理的。正如我们在第五章中所见，典型的功利主义者是不赞成使用动物实验来研究家居产品或化妆品的，因为人类个体能从动物的痛苦中获得的满足或保护（一种更安全的发胶或一种更温和的洗涤剂）并不能抵消那种痛苦，特别是因为人类可以选择避免使用那些让眼睛刺痛、让手干涩的产品。然而，当焦点转移到可能治愈绝症或衰弱性疾病的医学实验上时，许多功利主义者改变了观点：研究数量有限的动物，可能获得极为有利的结果，没有理由不进行这种实验。（第五章提到的电影《非常手段》就涉及这个问题，尽管这部电影讨论的是用人来做实验。）

康德的进路

第六章谈到，康德将动物排除在道德考虑范围之外，并不认为动物本身就是目的，因为在他看来，动物不是具有理性的生物。有理性的生物能够理解道德准则，尤其是道德义务和责任。康德主义者认为，只有那些能够意识到相互之间道德义务的人才有资格享有权利，而动物并不被认为有这种能力，传统的义务论只为人类保有这种权利。那么，那些出于某些原因而不能承担责任和义务的人会怎样呢？哲学家卡尔·科恩等现代康德主义者的解决方案是提出，只要大多数人能够理性思考并理解责任，那么尊重就应当延及少数无法进行理性思考并理解责任的人；而即便动物表现得能够理解"责任"，这种理解也是基于奖励或惩罚的训练的结果，并不是对道德义务的真正理解，因此从康德式的观点来看，动物因其本性而被排除在"权利"之外。这就是科恩等人所说的契约主义：如果你的头脑能够理解（书面或口头）契约所涉及的义务，那么你就是一个理性的人，应该受到尊重。一个不能理解契约含义的生物不可能承担责任，自然也就不能有任何权利。这也不是说我们不能或不应该选择善待动物，因为没有理由造成不必要的痛苦，但即便我们可以承担起照顾动物的责任，我们的宠物也没有权利要求我们。

科恩曾提出，只有能理解公平者才能被纳入赋予其权利的体系，而最近一些研究人员提供的证据对这一观点进行了奇特的扭转，他们的证据表明，一种与我们关系非常密切的动物（这种密切关系并非基于遗传，而是出于传统）自身也表现出了一种正义感，这种动物就是狗。维也纳大学进行的几项实验表明，狗似乎明白公平待遇的含义；如果一只狗得到的食物比另一只多，另一只狗会表现出"对不公平的厌恶"，在要求食物时表现出压力。马克·贝科夫和杰茜卡·皮尔斯在他们的《野兽正义》一书中指出，犬类的公平感是普遍存在的；它们不仅希望彼此公平，也希望被人类公平对待。基础阅读部分有一段《野兽正义》的节选。

权利和利益

从必须理解义务才能拥有权利的观点来看，动物拥有权利的道路上仍有障碍。然而，有另一种观点认为，与权利联系在一起的不是义务，而是利益。在第四章和第五章中，我们介绍了澳大利亚哲学家彼得·辛格的观点，你可能还记得他的一本书叫《扩大的圈子》。辛格想要扩大的圈子是我们道德领域的圈子，关系到哪些存在者在道德上是重要的。辛格认为，我们已经将圈子从家庭或部落扩大到了国家以及全人类。辛格等人现在希望看到的是，圈子能扩大到包括类人猿以及其他智慧群居物种，如鲸、海豚和狼，将它们纳入《类人猿宣言》中所说的"平等共同体"。许多倡导动物权利的思想家认为，如果一个生物有能力拥有利益，那么这些生物至少应该有一定的道德地位（它们应该被纳入我们的道德世界）。但是，拥有利益意味着什么呢？我们的汽车似乎拥有获得定期保养的利益，否则它们就会抛锚。但我们的汽车在抛锚时应该不至于受苦（只有作为车主的我们才会受苦）。因此，受苦的能力和不受苦的利益必须包含在对具有道德地位的人的基本描述中。但是，利益是某个人真正想要的东西，还是对其有好处的东西？如果利益蕴含着权利，这是否意味着有利益的个人有权实现利益？在辛格看来，是有利益的能力使个体有资格享有权利，但这种能力并不意味着这些个体有权实现自己的愿望（甚至是满足其需要）；然而，这些个体有权将自己的需要作为与道德相关的因素加以考虑。具体而言，辛格认为"类人猿的权利"应包括不被折磨的权利、不被剥夺自由的权利，以及不被杀死的权利，但并不包括一直可以享受到软糖的权利（如果那是部分类人猿更喜欢的）。一些批评者指出，像辛格这样的功利主义哲学家使用权利而不是福利这样的概念是不寻常的，因为传统上功利主义者认为，任何权利都必须被压倒一切的社会关注取代。但是辛格关于动物的伦理待遇的哲学已经是功利主义者接近权利概念的极限了，因为他认为这些权利不可能被其他关注压倒。在辛格看来，只有在极端情况下才允许伤害动物，比如拯救全人类。

辛格认为拥有利益的生物应该拥有权利，认同他这一观点的其他思想家包括乔尔·范伯格（1926—2004年）和史蒂夫·萨潘齐茨。范伯格认为，很明显，动物个体拥有自己的利益诉求，也许比一些智力严重受损的人更有利益诉求，因此动物个体应该拥有权利。然而，整个物种不可能拥有"利益"，所以范伯格不赞成濒危物种的权利，只赞成个体的权利，无论这些个体是人类还是非人类。但是，范伯格也认为，如果成为道德世界一员的标准是你可以对其他人提出道德要求，那么动物已经有了这样的权利，因为它们的道德要求可以在法庭上由保护其利益的人类提出。

萨潘齐茨从功利主义和康德主义两方面看待这个问题：即使我们同意动物的整体利益范围可能比人类的要小，这也并不足以让我们忽视其利益。在《利益的道德意义》一文中，他写道："从功利主义的角度来看，这当然并不意味着因为一个个体的利益范围较窄，其就可以被视为满足利益范围较广的存在者之利益的工具。如果那种情况成立，那么文艺复兴时期的男人就可以把专家和农民当晚餐吃了。"功利主义者没有义务以同样的方式对待人类和动物，只是有义务平等考虑人类和动物的利益。（因此，不会像一些批评者喜欢猜测的那样，出现赋予动物投票权或接受良好、全面教育的权利的问题。）

如果我们把康德主义应用到动物利益问题上呢？萨潘齐茨指出，动物智力方面的研究成果十分丰富，我们与动物的共同经历也同样丰富。他认为，是时候抛开关于动物是否有理性的争论了；它们当然是有理性的，虽然不是人类那种程度的理性，但也有一定的理性。动物也许不能使用绝对命令，但动物也能具有勇敢、忠诚和奉献精神，如果我们认为具有同样品质的人类是有道德的，那么也应该如此看待动物。就像萨潘齐茨说的，"任何相信只有人类有理性的人都应该领养一只狗，并亲自了解它"。

可能你仍然认为赋予动物权利这个步子迈得太大，因为毕竟人的许多道德交流是动物可能永远不会理解或参与其中的。那么，你可以参考（前文提过的）哲学家玛丽·安妮·沃伦提出的解决方案：部分权利。由于许多动物确实具有相当于幼儿的基本智力能力，并具有与幼儿相同（或更大）的承受痛苦的能力，它们应该具有一定的道德地位；不过由于人类理性思考以及承受痛苦的能力更强，人类权利可能会压倒动物权利。动物可能永远不会像人类那样在道德上自主，但道德自主并不是拥有权利的唯一标准，只是一个重要因素而已。因此，沃伦认为，唯有人类能被赋予完全平等的权利（至少在我们发现其他道德自主的生物之前），但非人类动物可以是部分权利的承担者，这些权利只有在极端情况下才会被人类权利所取代。知识窗 13.10 讨论了类人猿是否应该被定义为人格者。

知识窗 13.10　类人猿与人格

第七章介绍了关于"人"（human）和"人格者"（person）区别的争论，并提到在讨论权利时，"人格者"比"人"更合适，因为"人格者"意味着相关"实体"有能力与他者进行有道德和社会意义的互动，而"人"仅仅意味着这个存在者拥有人类的 DNA。2007 年奥地利的一个法律案件说明，有必要在"人"这个词之外加上"人格"的考虑。在这个案件中，马修·海西·潘面临被出售的风险，除非奥地利最高法院能赋予其人格，这是因为潘是一只黑猩猩，而它居住了 25 年的动物收容所破产了。然而，奥地利的立法者只承认人（human）和物（thing）这两种地位，而马修·海西·潘被归为了物。（你可能会想到第六章讨论过的康德的二分法，要么是理性的存在者，要么是物。）在英国、新西兰和澳大利亚，类人猿被认为是具有优先权利的人科动物，但在奥地利并非如此。案子被提交到奥地利最高法院，最高法院做出了不利于海西的判决：海西还是被认为是一个没有权利的物。法院裁决的问题似乎是，法院决定不区分"人"和"人格"。海西在基因上肯定不是人类，但成为"人格者"所需的（部分）能力，比如进行有意义沟通、目标感和自我意识，类人猿至少在某种程度上和人类一样拥有。彼得·辛格领导的"类人猿计划"对所有现存的类人猿进行了普查，出版了关于圈养猿类的传记。类人猿普查的目的在于提醒人们，猿类不是"物"，也不是宠物，它们是有智能的生物，有被另一种猿类——人类——虐待的漫长历史。

2002 年，德国赋予了猿类权利；接着，2008 年，西班牙议会通过了一项法案，将人格权利赋予了猿类。2014 年，阿根廷一个上诉法院宣布红毛猩猩桑德拉为"非人的人格者"，认为其被错误地剥夺了自由权利。在美国，由于经济和伦理方面的考虑，在研究实验室中使用猿类的情况似乎正在减少。2011 年，美国国会通过了一项法案，即《类人猿保护及成本节约法案》。2015 年，纽约的两只黑猩猩无意中被赋予了人格者身份，法官授予它们原本只有人类才能享有的人身保护令。不过，该令状在同一天晚些时候进行了修订。但在 2016 年，阿根廷的一名法官要求将黑猩猩塞西莉亚从一直监禁它的动物园释放，并送往巴西的避难所，理由是塞西莉亚作为猿类拥有自己的权利，评论者认为这是一个里程碑式的判决。

环境伦理：放眼全球，立足本地

20 世纪 70 年代出现了一个新概念：*环境保护主义*。西方世界经历了能源危机，对石油的依赖突然成为一个问题。第二次世界大战后，西方国家的能源消耗飞速增长，超过了地球上其他地区。此外，越来越明显的是，蜜蜂比以前少了，鸟类也少了，罪魁祸首是喷洒在农田、开花乔木和灌木上的杀虫剂。鸟蛋孵化很困难，因为蛋壳更薄、更易渗透，这也是杀虫剂造成的。湿地上的青蛙在消失，实际上湿地本身也在消失，它们被抽干变成农田或住宅小区。《寂静的春天》为一整代人敲响了警钟，在大约十年的时间里，人们缩减他们的能源消耗并开发新能源，使用楼梯而不是电梯，离开房间时会关灯，回收易拉罐和旧报纸，降低冬季暖气温度，拼车上学上班，等等。我们今天所听到的是，这些措施有助于拯救环境。环境保护主义的口号成了"放眼全球，立足本地"。在西方世界的某些地区，这种协同努力确实起到了作用，至少在某种程度上是这样：蜜蜂多了，鸟类也多了。但是后来石油变得便宜了，人们又忘记了能源意识。在之后的几十年里，气候学家们一直在争论我们是否会走向"温室效应"，因为二氧化碳是现代能源的重要组成部分。对大多数人来说，这似乎是一个相当遥远的理论，直到有报道称冰川融化，极地缩小。

气候变化：难以忽视的真相?

20 世纪末，对环境问题的关切激发了各种各样的方法。其一是回收运动，该运动已经取得了广泛的成功，从工作场所、学校、路边的回收垃圾箱就可以看出。另一个是"节约用水"的方法，在美国餐馆里，冰水不再自动提供，顾客必须主动要求。有些酒店要求住客重复使用浴巾，以节省洗衣用水。一些社区尝试使用"中水"，即经过处理的污水。但还有一些更激进的环保主义观点，其中的代表是挪威哲学家阿恩·内斯提出的深层生态学，这个概念得到了蕾切尔·卡森、奥尔多·利奥波德等科学家的支持。根据深层生态学的哲学，人类只是地球上众多同等重要的物种中的一种，并不比其他物种拥有更多权利。土地及其上的所有居民是一个道德实体。（知识窗 13.11 从美洲印第安人的角度探讨了尊重自然的概念。）奥尔多·利奥波德（1887—1948 年）在 1948 年出版的《沙乡年鉴》中引入了大地伦理的概念：

> 目前为止发展出来的伦理学都基于一个单一的前提：个人是由相互依赖的部分组成的共同体的成员。他的本能促使他为自己在共同体中的位置而竞争，但他的道德也促使他合作（也许是为了有一个能竞争的地方）。
>
> 大地伦理只是扩大了共同体的范围，也包括了土壤、水、植物、动物，或者它们的统称——大地。
>
> 这听起来很简单：我们不是已经在歌颂对自由之地和勇士之乡的爱和义务了吗？是的，但是我们到底爱什么，爱谁？当然不是土壤，我们将土壤任意排入河流。当然不是水，我们认为水除了转动涡轮机、浮起船舶和排出污物外没有任何功能。当然不是植物，我们毫不留情地消灭了整个群落。当然

不是动物，我们已经灭绝了许多最大最美丽的物种。大地伦理当然不能阻止对这些"资源"的改变、管理和使用，但它肯定了它们继续存在的权利，至少在某些地方，它们以自然状态继续存在。

简而言之，大地伦理将智人的角色从大地共同体的征服者转变为大地共同体的普通成员和公民。它意味着尊重同胞，也意味着尊重共同体本身。

知识窗 13.11　美洲印第安人与大地伦理

正如你在第八章看到的，传统的美洲印第安人价值观包括尊重环境，或者更确切地说，尊重环境中的魂灵。既然自然界的所有特征都被认为是有灵性的（宗教史学家称之为万物有灵论），那么每一种生物和每一种自然事物都应该受到尊重。这不是说你不能猎杀动物，不能采浆果，不能砍树，但这确实意味着你必须负责任，不浪费资源，而且你必须与环境对话，获得允许后再去打猎或砍柴，得到想要的东西时也要心存感恩。20 世纪末美国哲学家 J. 拜尔德·卡利科特认为这种对自然的态度就是理想的大地伦理（奥尔多·利奥波德创造了这个概念，见本章正文）：尊重整个环境。但反对者（包括本书作者，见《人人都需要石头》一文）提出：（1）这可能只是让-雅克·卢梭在 18 世纪提出的高贵野蛮人概念的现代版本，实际上 18 世纪和 19 世纪的美洲印第安人既不"高贵"，也不"野蛮"，他们只是在尽其所能以自己的方式善待环境；（2）说印第安人是早期的环保主义者，这是一个浪漫化的误传，印第安人在部落时代尊重大地及其上的居民，不是因为他们尊重万事万物的联系，而是因为自然界是危险的，而生命是无常的，如果不尊重自然界或灵界，它们就可能摧毁你。从更为现实、较少浪漫化的角度来看待印第安人的文化史，其实才是对印第安人文化的尊重。但是，他们认为自然是应当受到尊重的整体，我们从中仍能学到很多。事实上，也许真正的教训是，如果你恶待自然，它就会反过来报复你——这与今天许多环保主义者在气候变化问题上所倡导的非常相似。讽刺的是（见第八章），灰枭阿奇的故事是一个关于大地伦理的故事。灰枭阿奇与奥尔多·利奥波德同时宣传了野性自然价值的概念，这是值得称赞的，但是，灰枭阿奇自称有原住民血统，其实并非如此，他是在英国出生长大的。他实际上撒了谎，但他和他的妻子阿娜哈瑞奥确实让很多人有了环保意识。他所传递的信息是否比误导（甚至是冒犯）别人的包装（用现代术语来说就是"个人品牌"）更为重要？这由你决定。

阿奇博尔德·贝兰尼，即灰枭阿奇，在 20 世纪 20 年代和 30 年代被誉为加拿大原住民的代言人。通过一系列精彩的图书、采访和巡回演讲，他让许多人认识到自然的价值，以及我们今天所说的生物圈的价值。他去世后，人们发现他其实是英国人。

（© Topical Press Agency/Getty Images）

这种尊重大地的伦理激励和鼓舞了许多人，但在另一些人看来，环境保护主义的问题是它变成了一种"主义"。就像其他意识形态一样，它的激进让许多人望而却步：农场主和农民眼看着他们使用溪流、农田和森林的权利被削减，因为当地存在濒危物种，比如稀有的鼠和鸟类，甚至是臭名昭著的斑点猫头鹰。当地球解放阵线（ELF）和动物解放阵线（ALF）等有生态恐怖组织之名的激进主义运动兴起时，环保主义本身在许多人看来已经沾染了污名。

再来说说气候变化理论：地球的温度由于工业和汽车排放的二氧化碳气体而升高，排放导致的"温室效应"使得地球温度进一步升高。21 世纪初，很多在政治光谱上偏左的群体倡导这种理论。1997—1999 年，《京都议定书》制定，有 160 多个国家参加，该议定书于 2005 年 2 月正式生效。《京都议定书》的目的是减少二氧化碳和其他温室气体的排放，使"人为"（由人类引起的）活动不至于对世界气候构成威胁。美国和澳大利亚不认可这项条约。2005 年，美国是二氧化碳排放最多的国家。美国不愿认可该条约的原因包括认为这会对美国经济造成不公平压力，以及关于温室气体影响的科学证据不够明确。2009 年在丹麦首都举行的气候变化会议（具有讽刺意味的是，当时下了一场可怕的暴风雪）达成了《哥本哈根共识》，但该共识并不像许多人所希望的那样有力。在 2016 年 4 月的世界地球日，联合国气候变化框架公约的 196 个缔约方签署了《巴黎协定》。签署方同意努力限制碳排放，使全球气温升高不超过 2 摄氏度，到 2100 年气温升高不超过 1.5 摄氏度。该协议似乎比之前的协议得到了更广泛的支持，2016 年 10 月，欧盟批准了《巴黎协定》，30 天后生效。气候变化是真实存在的，无论是部分还是完全由人类造成，世界各地越来越多的人认为是这样。那么，在 1997—2016 年的近 20 年里，相关争论是如何展开的呢？以下是简要概述。

第一章讨论了美国的"五五开"现象，美国公民在政治和道德问题上似乎是分裂的，有时是一半对一半，一些人会认为与自己意见不同的人是愚蠢、无知或者邪恶的，如果你还记得相关讨论，你就能想到关于全球变暖的辩论会怎样发展。一个微妙的变化已经发生：一直以来，这种现象通常被称为"全球变暖"，但现在，这在媒体和科学家们口中已经变成了"气候变化"。这种转变本身已经说明了一些问题。美国前副总统阿尔·戈尔的纪录片《难以忽视的真相》在 2007 年发行，给出了看似无可争议的证据：极地冰冠融化，冰川缩减，沙漠以惊人的速度蔓延，这给美国和西方其他地区敲响了警钟。言下之意是，我们不但处于气候变化之中，而且气候变化主要是人类造成的，人类工业过度排放二氧化碳，造成了温室效应，温室效应保存热量，加速了全球气温的升高。但"气候门"（阴谋论，名字借用理查德·尼克松的丑闻"水门事件"）来了，2009 年有人披露，侵入英国东英吉利大学气候研究中心后得到的电子邮件表明，研究人员主张的全球变暖并没有实际的数据支撑。自那以后，有关全球变暖的推论遭到了大力否认，一些委员会调查了相关的电子邮件，并没有发现任何阴谋或欺诈行为，但这个事件已经为气候变化怀疑论奠定了基础。尽管极少有科学家仍对气候正迅速变化表示怀疑，但还是有人对"气候变化由人类对环境缺乏关注造成"这个观点仍存在疑问。越来越多的科学家指出，风暴越来越猛烈，水温越来越高，南极冰川迅速融化，这些都是重大变化的证据。在美国西北部，由于山松甲虫数量大增，大量的松树死亡，这大概是因为冬天不再寒冷到足以杀死这些甲虫。与此同时，美国东北部落叶林范围扩大，这大概也是因为二氧化碳含量较高。那么，这些仅仅是不断变化的环境中的正常波动，还是我们人类对自己唯一的家园管理不善的标志？我们在此无法讨论具体的证据细节，只是想提示，这场辩论中存在深刻的分歧和对别有用心者的不信任，以至于加利福尼亚州参议员本·艾伦（民主党人士）提出了一项法案，将否认气候变化定为犯罪。该法案专门针对化石燃料公司。显然，关于气候变化的争论已经达到一个临界点，它不再是个人意见（和言论自由）的问题，而是立法的问题，这将伦理问题提升到了一个全新的层次。与此同时，世界在变化，而气候无论变不变化，均影响到我们所有人。

总结一下，在认为气候变化现象简单明了、经过科学证实的人看来，其他人顽固地拒绝承认气候变化，可能只是因为他们不能很好地理解（愚蠢），或者被别有用心的人误导（无知），或者他们只是不想面对事实，只因这么做更有利或者更方便，假装什么事也没发生便可一切照常，甚至可能因此否认科学本身的正确性（邪恶）。而对于不相信气候变化的人来说，可能有以下几种看法：（1）气候变化是一种炒作，甚至是一种新形式的异教信仰，即"绿色宗教"，实际上根本没有发生气候变化；（2）气候变化确实发生了，但这只是地球经历的许多波动中的一个，不是由人类引起的，为气候变化发声的人似乎有些大惊小怪，他们也很容易被其他大惊小怪的人影响（愚蠢），或者他们没有看过实际数据（无知），或者他们有一个关系到数十亿美元的政治阴谋，想像创造新宗教一样创造一个以获取利润为目的的"绿色"产业（邪恶）。

在气候问题上，你需要形成自己的观点，也需要自己去思考在全球范围内我们可能会面临什么，我们能做什么，不能做什么，或者愿意做些什么。

环境伦理：为我们，还是为环境自身？

在这部分的标题中，我选择用"环境伦理"而不是"环境保护主义"这个词，因为后者可能有争议。环境伦理意味着，在很宽泛的意义上，环境应该在我们的道德考量范围内，不管是为了其生存有赖于环境的人类，为了以地球为家的人类和非动物，还是为了人、动物以及自然中的有机甚至无机元素。对气候变化的担忧可能三方面都涉及。我们可以选择为了人类即将面临的巨大变化而关注气候变化，根据一些科学家的看法，变化包括一些地方的气温上升和干旱加剧，另一些地方的暴雨增加，而冰川融化也有可能导致洋流放缓、气温骤降，换句话说，也许另一个冰期（比如《后天》这部电影中描述的）有可能降临。我们也可以选择关注世界各地动物的困境，它们的栖息地范围将会缩小——在这个时候，大多数野生大型哺乳动物面临着物种灭绝的威胁。我们当然也可以选择盖亚哲学（盖亚在希腊神话中是大地之母），关注整个地球，地球上古老的森林、河流和海洋也经历着人类或非人类面临的气候变化。这就是 E. O. 威尔逊在《半个地球》一书中提出的观点。还有一种更为激进的观点，虽然主张的人不多，但肯定也在辩论中有所呈现，这种观点认为地球没有人类会更好，人类是"大地上的一场瘟疫"，如果人类灭绝，地球将会受益，经典科幻电影《十二猴子》就探索了这一观点。

环境保护主义，在其整体论、深层生态学的版本中，暗示了自然界的所有元素都有存在的权利，但这本身带来了新的问题，可以借鉴在第六章、第七章，以及本章关于动物权利的部分中提到的关于权利的内容：一种存在或事物能在不负有责任的情况下拥有权利吗？树木应该有权利吗？

1974 年，克里斯托弗·D. 斯通写了一篇文章《树应该有诉讼资格吗？——迈向自然物的法律权利》（收入《人、企鹅与塑料树》）。当时，许多人认为这篇文章完全是一派胡言。然而，自那以后，它的影响力越来越强。斯通在文章中说，每次我们选择把另一个群体，如奴隶、妇女、少数族裔、儿童或动物，纳入我们的福利事业，这个决定在得到普遍接受之前都会遭到嘲笑。他提出，现在扩大我们的道德范围，不仅要覆盖单个动物，而且要覆盖整个物种和自然物体，如湖泊、溪流、山地草地、沼泽等（后者既然不是"活着的"，就不能说它们有利益）：

> 当法律体系赋予"财产"权利时，它就参与了货币价值创造的过程。[……]我建议我们对老鹰和荒野地区采取与版权作品、专利发明和隐私同样的做法：通过宣布对它们的"盗版"是对财产利益的侵犯，使对它们权利的侵犯成为一种成本。如果我们这样做，污染者面临的社会净成本将不仅包括其污染所带来的以人为中心的更高成本[……]，还包括环境本身的成本。

斯通在这里提出的是一个宏大的解决方案，不仅要解决谁的权利应该得到保护的问题，而且要解决如何保护这些权利的问题。他建议对污染者罚款，因为污染对*自然*有害，不管污染是否会影响当地的人口或来到荒野地区的游客。如果要详细讨论赋予植物和自然物（如岩石和溪流）权利的概念（当然，我们也想把文化物包括在内，如历史建筑、老球场、雕像和人们喜爱的电影拍摄地），那要花的时间就太多了。问题的关键不在于我们想为环境赋予多大程度的保护——因为我们可以尽可能地去做——而在于我们想为其赋予权利这件事本身，无论人类在这个问题上的利益如何。如果没人在乎某片草地，或者没人在乎位于洛杉矶市中心、曾拍摄过科幻经典《银翼杀手》的那栋楼（顺便说一句，是布拉德伯里大楼），那么，我们是应该基于某一天可能会有人关心而赋予其权利，还是应该仅仅因为它们一直存在于那里，就赋予它们权利呢？

如果我们确实赋予了植物权利，那权利的限度在哪里？保护一排漂亮的树是好事，但是否也要保护一排杂乱的胡萝卜，仅仅因为它们有生命的权利？这是一个滑坡论证，一个我们在第一章提到过的逻辑谬误，滑坡论证声称有些想法会导致一系列越来越不可接受的后果。（例如："如果你因为关心生物而拒绝穿皮草，那么你也不应该吃肉；事实上，你不应该在厨房里与蟑螂和蚂蚁搏斗，因为它们也是生物，你也不应该出于对活细菌的担忧而使用抗生素或抗菌漱口水。"）人们提出"滑坡"的论点，通常是为了通过指出荒谬的后果来讽刺某些想法（比如拒绝穿皮草）。（这种论证的另一个名称是归谬法。）我们可以采取三种方式来回应滑坡论证：（1）放弃我们最初的想法，因为其后果现在看来很愚蠢；（2）同意我们应该严肃对待后果；（3）在斜坡的一部分和另一部分之间划清界限，比如吃肉和杀死传播疾病的蟑螂在道德上是有区别的。关于赋予树木权利的问题，有人可能会说，赋予树木权利（如果这是那人的信念）和赋予胡萝卜权利之间存在道德上的区别。然而，当我们选择划清界限时，必须有充分的理由来说明为什么在道德上界限的两边是有区别的。

死刑

2014 年，俄克拉何马州和亚利桑那州执行的两例死刑，将对死刑的讨论提升到了新的高度——不是因为对两名死刑犯的罪行有任何疑问，也不是因为对审判的公正性有任何疑问，而是因为死刑执行出了问题。

克莱顿·洛克特的强奸、绑架和谋杀等罪名成立，1999 年被判处死刑。按计划，他将于 2014 年 4 月在俄克拉何马州被执行注射死刑。使用的药物未经测试，因为也不存在药物标准。尽管被宣布失去知觉，但洛克特在被执行死刑的过程中仍然保持清醒，试图站起来大声喊叫，显然很痛苦。20 分钟后，行刑停止了，并获准缓期执行，但半个小时后，洛克特死于心脏病发作。2015 年，最高法院对俄克拉何马州注射死刑的执行方式进行了评估，以 5 比 4 的结果裁定，俄克拉何马州可以继续执行注射死刑。

2014 年 7 月，约瑟夫·伍德在亚利桑那州被执行死刑。1989 年，他被判犯有双重谋杀罪，并被判处死刑。这里使用的药物实际上也没有经过测试。注射死刑花了一个小时，而不是预定的 10 分钟，整个过程中他都在大口喘气（据一名记者描述）。他被注射了不是一次，而是 15 次。亚利桑那州随后停止了死刑执行，等待审查。这些案例重新点燃了关于死刑的争论。我们来看看最常见的反对死刑和支持死刑的意见。为了从相关辩论中得到最大的收获，建议你重温第七章关于惩罚的讨论，尤其是五种类型的惩罚：震慑、改过、剥夺能力、报应和报复。

带着一种特别黑暗的幽默感，漫画《伊底的巫师》探讨了死刑的问题——这个话题很少会被当作笑料。这幅漫画刻画了对功利主义惩罚原则的歪曲应用：只要惩罚有好的结果（比如震慑或改过），有罪还是无罪的问题就不那么重要了。

（ THE WIZARDOF ID © 1993 Creators Syndicate, Inc. By permission of Johnny Hart Studios and Creators Syndicate, Inc. ）

两位哲学家论死刑

直到 20 世纪，大多数哲学家在论证支持死刑时都没有道德顾虑。来自两种不同传统的声音特别有影响力，你对这两种声音都很熟悉。17 世纪英国的约翰·洛克说过，在自然状态下，人类在达成社会契约之前就已经拥有了权利。这些权利是三种消极权利，即生命权、自由权和财产权。但是，由于在自然状态下没有政府来执行这些权利，人必须自己承担这项任务，因此，如果有人侵犯了你的权利，你就有权惩罚犯罪者（如果你能抓住对方）。洛克说，如果一个自然状态中的人夺走了一条生命，那么这个人就放弃了自己的生命权，可以像野兽一样被猎杀。洛克相信这样的行动将会有两个效果：（1）震慑，那些看到杀人者被如何对待的人会三思而后行；（2）报应，恢复被谋杀破坏的平衡。洛克既用了展望性的观点，也用了回顾性的观点来支持杀死杀人者。

另一个支持死刑的声音是 18 世纪普鲁士的伊曼努尔·康德。康德认为，死刑是一种对死罪的理性刑罚，他完全赞成报应：如果我们处决一个罪犯可以得到良好的社会影响，如安全的街道，那么实际上我们只是把这个杀人者当作达成目的的手段——我们将其当作了获得安全街道的垫脚石。事实上，处决无辜的人可能会产生同样的震慑作用。康德则认为，惩罚一个人应该有理由，而且只有一个理由，那就是这个人有罪。按照同态复仇法的原则，我们应该按照犯罪的程度来惩罚罪犯，而不是着眼于任何进一步的社会影响。这意味着对谋杀的唯一适当惩罚是死亡，即便对杀人者实行终身监禁或经过一段时间的改造后将其释放可能产生良好的社会影响。

我们可以从康德使用的例子中看出他对这一原则有多认真：如果一个社会决定解散但仍有人等待被执行死刑，那么这个社会最后的动作应该是对被定罪的杀人犯执行死刑，即使之后社会不复存在。此外，将杀人者处死是唯一正确恰当的量刑，这在某种意义上是对已定罪的杀人犯作为一个人的最大尊重：我们没有把他当作达成某些社会目的（如震慑）的手段，或者试图假设他不知道自己在做什么而改造他，我们相信他是自己决定去犯罪的，我们就要让他负起责任。

直到 19 世纪，才出现了强烈反对死刑的声音，而且不单是反对因盗窃等较轻的罪名而执行死刑。在 20 世纪，反对死刑的主张被称为废除死刑论（abolitionism，而在 19 世纪，这个词指的是在美国废除奴隶制）。

今天的死刑标准

从 1968 年到 1976 年，美国暂停了死刑，但自 1976 年以来，各州一直能够自行决定是否对某些罪犯处以死刑，只要它们的法律符合美国最高法院制定的准则。2008 年，暂停注射死刑的禁令被解除，死刑恢复执行。截至 2016 年 5 月，仍有 31 个州允许死刑。

在允许死刑的州，哪些罪行可以被判处死刑？理论上讲，叛国罪就是，但只有在极少数情况下才会做出死刑判决，一个例子是朱利叶斯·罗森堡和埃塞尔·罗森堡在 1953 年因间谍罪被判死刑，这仍然是一个有争议的司法判决，特别是 2001 年一名检方证人承认自己在法庭上撒谎以后。在过去的几十年里，谋杀，即使是在愤怒或恐慌状态下的谋杀，也可能导致杀人者进毒气室或坐电椅，但今天，根据各州法律，只有在一种或多种"特殊情况"适用时才能做出死刑判决。例如，在加利福尼亚州，特殊情况包括导致超过一人死亡的，强奸并杀人的，在杀人之前跟踪受害者的，杀害警察、法官、陪审员的，投毒杀人的，劫车时杀人的。在其他允许死刑的州，可适用其他规则。例如，在华盛顿州，必须证明杀死多名受害者的凶手在犯案时具有"犯罪预谋"，例如抢劫。有一个以上的受害者这一事实本身并不足以构成死刑判决的理由；在几名连环杀手被捕后，华盛顿州的立法者一直在讨论修改法律。

废除死刑论者的论点

废除死刑论者主要有以下论点。

1. 残酷、不寻常的刑罚。该论点认为，死刑是一种不文明、残酷、不寻常的刑罚形式，剥夺了罪犯的最终权利——生命权。废除死刑论者经常引用这样一个事实：美国是西方国家中唯一一个保留死刑的国家，而已废除死刑的国家通常拒绝将可能在美国面临处决的谋杀犯引渡到美国。支持死刑的人也被称为保留死刑论者（retentionists），他们对此的回应是，在所有西方国家中，美国是唯一一个连环杀手长期存在的国家，而且美国的凶杀率总体高于其他西方国家，因此必须采取特殊措施。在基础阅读部分，你会读到一篇文章的节选，这篇文章讨论了大法官斯蒂芬·布雷耶的观点，即死刑实际上不仅残酷，而且是"不寻常"的。

2. 国家批准的谋杀。处决谋杀者相当于降到了谋杀者的层次，使谋杀得到了国家批准。保留死刑论者的回应是，这是一个错误的类比：谋杀者杀害无辜的人，而国家处死的是被判有罪的人。

3. 区别对待。 今天，至少在某些州，执行死刑显示出区别对待的趋势：无论犯罪率如何，穷人、受教育不足的人和非裔美国人比其他群体的人都更有可能被判处死刑。保留死刑论者的回应是，这个论点并不构成对死刑的反对，其反对的是管理死刑的方式——在这方面，区别对待显然存在。但区别对待的做法在未来是可以避免的，而且根据美国司法部最近的一份报告，这种情况实际上已经成为过去，至少在联邦案件中是这样。尽管如此，废除死刑论者和许多保留死刑论者的普遍看法是，歧视问题仍然远未得到解决。

4. 无辜者被处决。 曾有错判死刑而导致无辜者被处决的例子。在 20 世纪，美国有 23 名已知的此类无辜者。一个被错误关押的人不可能拿回他或她在狱中度过的岁月，但可以得到经济补偿。一个被处决的无辜者是得不到任何补偿的，因为他或她的一切都被夺走了。在许多人看来，这一论点是废除死刑的最有力论点，它引出了这样一句格言：让许多有罪的人逍遥法外，好过让一个无辜的人受到惩罚。

5. 政治野心。 政治影响这个方面很少被提及，但它可能非常重要。正如马克·富尔曼在他的《死亡与正义》（2003 年）一书中提到的，只要死刑是地方和州政治中的一个因素，就有被滥用的危险，政治人物可能会滥用死刑以确保选票并摆出"严厉打击犯罪"的姿态。因为在许多州，法官、司法长官和地区检察官都是选举产生的，他们必须参加竞选活动，所以他们对死刑的立场和他们的定罪历史将成为竞选活动的一部分。无论有意还是无意，都存在这样的风险，即这种外部因素可能影响人们对那些被视为"最坏者中的最坏者"的犯罪者——那些应该被判死刑者——的判断。富尔曼以俄克拉何马州为例：鲍勃·梅西（Bob Macy）担任地方检察官时，执行死刑的人数达到了历史最高水平，仅 2001 年就有 21 人被执行死刑。哪怕只有一点点政治因素可能影响到死刑判决，我们都有理由保持谨慎。

6. 原始情感。 一些废除死刑论者认为，只有当你无知、残酷或情绪化时，才可能选择保留死刑论者的立场，如果你费心去了解行刑时到底发生了什么，并且撇开你对受害者的情绪反应，那么你就会成为废除死刑论者。（这些论点见罗伯特·杰·利夫顿和格雷格·米切尔于 2000 年出版的《谁拥有死亡？死刑、美国良心与处决的终结》，其立场是废除死刑论。）保留死刑论者回应称，即使是失败的处决也不构成反对死刑本身的理由，而只能构成反对无能的理由；大多数保留死刑论者并不喜欢把人处死这个观念，他们只是认为死刑是一种必要的恶；在刑罚问题上，理解受害者的痛苦是非常重要的。你可能记得第七章提到的伯恩斯、斯特劳森和怀特利的论点，即如果我们不能为受害者——尤其是谋杀案的受害者——感到义愤，那么我们实际上就失去了对他人的尊重和共情心。

7. 成本。总的来说，废除死刑论者和保留死刑论者都认可这些严峻的数字：处死一个罪犯的成本，要高于将其终身监禁不得假释的成本。以下是来自美国死刑信息中心的一些统计数据：在加利福尼亚州，比起终身监禁，执行死刑每年要多花费 1.14 亿美元，该州的每一次死刑判决都要耗费纳税人 2.5 亿美元以上。杜克大学的一项研究显示，比起终身监禁，北卡罗来纳州的纳税人要为死刑多支付 216 万美元的费用。在佛罗里达州，死刑要多花费 5 100 万美元，每次执行死刑要花费 2 400 万美元。那么，为什么处决一个人要比让这个人活上 40 年更贵呢？显然不是因为绳子或子弹的成本，那是很久以前在老西部的事情，而是因为可能会持续 15 年或更长时间的上诉的成本。废除死刑论者希望通过这个论点来吸引人们注意钱包。保留死刑论者则回应说，（1）司法不应该标价，（2）通过限制上诉的机会，可以很容易地解决成本上的差异。废除死刑论者又回应说，如果没有上诉制度，更多的无辜者肯定会成为有缺陷的法律制度的受害者。

另一个角度是死刑的情感代价：废除死刑论者指出，被告多次上诉，受害者家属就需要一次又一次地出现在法庭上，回想他们经历的悲剧，而如果凶手被判处终身监禁，凶手就会消失在监狱系统中，受害者家人就不必再去面对凶手。

8. 没有结束。也许废除死刑论者最有力的情感论据之一是，认为受害者家属会在杀害他们所爱之人的凶手被处决后得到解脱，这种假设是不真实的。他们说，结束是一种幻想。大多数目睹谋杀者被执行死刑的受害者家属表示，在执行死刑后他们并没有"感觉更好"，受害者也无法死而复生。保留死刑论者认为，对一些失去亲人的家庭成员来说，唯一能带来某种程度的公正和内心平静的事情，是知道夺走受害者生命的凶手不能再呼吸受害者本应呼吸的空气了。

保留死刑论者的观点

这里列出的保留死刑论者的论点比废除死刑论者的要少，但你不应该因此草率地认为保留死刑论者缺乏有力的论点。这不是一场数字竞赛。记住，对于你刚刚读到的每一个废除死刑论者的论点，保留死刑论者都有一个反对的论点。但保留死刑论者最有利的论点集中在以下三个主要领域。

1. 正义问题。只有死刑才能与谋杀罪的严重程度相称，而遭谋杀的人已经丧失了生命权。换句话说，在许多保留死刑论者看来，关键在于*正义*，他们认为死刑是唯一适当的正义惩罚，谋杀应该得到报应。凶手该死；对受害者家属而言，应该有一个了结；社会应该账目平衡，如果犯罪，就要按犯罪的程度付出代价。废除死刑论者的回应是，合比例性这个问题（"以眼还眼"）被保留死刑论者扭曲了。只有在凶杀案中，他们才会援引这个原则。谁会在盗窃问题上说要"以眼还眼"？法庭会去小偷家里拿走什么作为惩罚吗？劫车、贪污、卖淫呢？对于这种程度的犯罪应该怎么惩罚？

2. 消灭凶手。有效保护公众不受未来杀戮伤害的唯一途径是消灭凶手（剥夺能力论）。废除死刑论者可能会争辩说，杀人犯终身被监禁而不得假释同样有效，但保留死刑论者会说，还没有哪个监狱是能绝对防止越狱的。就连科幻小说中也有从小行星流放地逃脱的情节！即使监狱能防止越狱，州长也有赦免杀人犯的权力。杀害儿童的连环杀手能表现得好像在监狱里得到了彻底的改造并获得赦免，但这类案件的再犯率很高。对此，废除死刑论者可能会采用滑坡论证，暗示如果那样，也许任何一个不能得到改造的罪犯都应该被处死，不管其罪行为何。或者我们甚至应该试着预测初犯的犯罪倾向，然后根据其以后可能会做的事情来将其处决！但是，尽管一些主张保留死刑的人会欢迎将死刑的适用范围扩大到强奸罪和猥亵儿童罪，但没有哪位严肃的法哲学家会认为，一个人应该为其还未做的事情受到惩罚，而且大多数保留死刑论者都认为，应该只对特殊情况下实施谋杀的谋杀者判处死刑。

3. 一般及特殊震慑。一些保留死刑论者认为定罪后执行是一种震慑（然而几乎所有人都认为定罪和执行之间的时间间隔越长，执行的震慑效果就越小）。这对那个罪犯肯定是一种特殊的震慑，因为他或她不会再犯谋杀罪了！从一般意义上讲，迅速而有效的惩罚会对其他人有震慑作用。一般震慑的有效性在统计学上还不明确：一些统计数据显示死刑判决被执行后有一定震慑力，但同样有统计数据显示执行死刑判决后犯罪率上升的情况。（对于不适用死刑的犯罪，震慑作用似乎确实存在。然而，加州的"三振出局法"以及其他州的类似法律是否起到了震慑作用，尚有很大争议。）废除死刑论者有时会指出，如果一个人杀了一次人，也知道自己很可能会被抓住、定罪并被处决，那么，怎样才能阻止凶手再次杀人，比如杀死目击者？毕竟凶手只能被处死一次。保留死刑论者认为，凶手在监狱内可能会继续杀人（实际上常有这种情况），因为凶手知道自己正在经历的惩罚已经是最严重的了。所以，防止进一步杀戮的唯一方法是保留和使用死刑。

第七章所讨论的五种刑罚理由在关于死刑的争论中都起了作用。正如我们刚刚看到的，震慑可以被用作保留死刑论者的论据。其效果通常被认为是可以阻止其他人犯同样的罪行，而不是阻止该罪犯再次犯罪（特殊的震慑）。（参见前面的漫画《伊底的巫师》，该漫画讽刺了保留死刑论者的功利主义论点：被处决的人可能弄错了，但真正的杀人者会学到教训。）剥夺能力也可以是保留死刑论者的一个论点，但是改过呢？改过在这里不适用，因为很明显，被处决的人不可能学到不再犯同样的罪的教训。报应则是高度相关的，因为报应论者通常会认为死刑是正义的最终形式：它与罪行相当，只要社会能确定所抓获并定罪的人是真正的罪犯。报复并不被认为是惩罚的合法理由，但这个理由是非专业人士中最流行的支持保留死刑的论点，他们通常认为凶手应该死，因为凶手应该像受害者那样遭受痛苦，而凶手的痛苦会让社会感觉更好。废除死刑论者通常会说，终身监禁和死亡一样能有效地起到震慑作用，终身监禁也会剥夺杀人犯的能力，而且杀人犯改过的可能性总是存在的。报应论者很少是废除死刑论者，但人们也有可能主张，终身监禁是与谋杀相称的惩罚，所以我们可以在合比例的情况下仍然尊重生命，包括杀人犯的生命。报复从来不是废除死刑论者的选择，他们通常认为死刑是原始的社会报复心的表达。

学者们习惯于将这种对我们感受的坚持视为一种原始特征，但在我们彻底将情感排除在死刑辩论之外以前，我们应该记住，近来一些哲学家主张，情感与我们的道德决策过程并非完全无关。玛莎·努斯鲍姆（见第一章）认为情感可以有自己的逻辑；理查德·泰勒（见第十一章）说同情的基本道德来自内心，而不是大脑；沃尔特·伯恩斯和黛安娜·怀特利（见第七章）认为，一个惩罚罪犯而不对罪犯感到愤怒的社会其实是不关心受害者的；神经科学家指出，我们在做道德决策时参考自己的情绪是很自然的；尽管普林茨（见第十一章）对共情心有所保留，但他建议在做道德决策时要利用愤怒和内疚。今天没有思想家会认为惩罚应该完全根据情感来确定，因为那样的话，惩罚的严厉程度可能很快就会超过犯罪的严重程度，但正义也不应该完全脱离情感。在根据一套既定标准进行惩罚的司法制度，与允许某种程度的情感介入的司法制度之间，我们是否应该寻求一种"黄金中道"？前者既不带有愤怒，也不带有同情；后者可以作为社会对被确认并公正地定罪的犯罪者的义愤的出口，同时在特殊情况需要时也可以开启怜悯之门。还是说，引入情感是走向合法化复仇的危险一步？本章故事部分中，有两个故事是关于死刑的，一个是拉里·尼文的科幻短篇小说《拼图人》，另一个是2003年的电影《大卫·戈尔的一生》。

DNA 问题

最近，一些被判处终身监禁或等待死刑执行的人在经过 DNA 检测后被无罪释放。据"无罪项目"网站统计，自1989年以来，已有337名被定罪的囚犯通过 DNA 检测被证明无罪，其中20人曾面临死刑。这些逆转促使保留死刑论者和废除死刑论者对最初判定这些人有罪的程序提出疑问。但保留死刑论者仍然认为，这种情况并不足以构成废除死刑的理由，而只说明判定死刑的方式有问题。保留死刑派和废除死刑派均赞成对刑事案件嫌疑人引入强制性 DNA 检测，以尽量减少冤枉无辜者的风险。

然而，并非所有的犯罪现场都含有罪犯的 DNA；只有当罪犯在犯罪现场留下血液、唾液、带有毛囊的头发、身体组织或精液时，DNA 才能被用来排除其他嫌疑人并锁定具体的嫌疑人。不过同样有必要认识到，DNA 并不是判定罪犯有罪的唯一重要证据。尽管与流行的观念相反，但目击者确实可能是可靠的，间接证据有时可能是非常有力的证据。

2001年12月，加里·里奇韦在西雅图被捕，被控在20世纪80年代初犯下绿河连环杀人案。当时关注此案的大多数人都很惊讶，居然有人真的被捕了。这个案子拖得太久了，有几个嫌疑人，但没有足够的证据，所以只有几个执着的警官还在调查这个案子。这些思维清晰的警官在多年前从其中一名嫌疑人那里收集了唾液样本，他们认为未来的某个时候，科学可能会有所作为，然后，20 世纪 90 年代末期，DNA 检测技术出现了。2001 年，华盛顿州立实验室开始对样本进行检测，警官们的坚持得到了回报：凶手在绿河案件三名受害者身上留下的精液的 DNA 和唾液样本的 DNA 匹配。面对大量的证据和可能的死刑判决，里奇韦在警方进行了一系列审讯后供认了 48 起谋杀。在审讯中，他极其冷酷地谈到了各个受害者及其死亡。里奇韦通过认罪进行辩诉交易，免去了审判和几乎确定的死刑判决，被判终身监禁不得假释。新的、更快的 DNA 检测技术的出现，似乎不会有法律或道德上的负面影响：无辜的人被释放，甚至在谋杀案发生几十年后，仍能找到凶手。此外，不仅是罪犯留在犯罪现场的 DNA 能帮助定罪，受害者的 DNA 也能做证。例如，在嫌疑人家中或衣服上发现的受害者血液可能是重要的证据。

如果美国的刑事司法系统在未来能够通过 DNA 分析消除人们对某人有罪还是无辜的大部分怀疑，那么这是否就使废除死刑论者关于死刑有时会导致无辜者被杀的论点不成立了呢？在没有 DNA 证据的案件中，仍有无辜者被判处死刑的风险。废除死刑论者最主要的抗议针对的是国家能够剥夺生命这一原则。而对于保留死刑论者来说，定罪确定性的增加可能让人们对死刑的正当性更有信心。对所有罪犯进行强制 DNA 检测，甚至为所有在美国出生的儿童建立 DNA 档案的提议，在帮助破案和避免错误定罪方面可能大有裨益。

尽管有了这些新的防止错误定罪的科学保障措施，在美国，至少在立法层面上，人们还是对死刑的本质越来越感到不安。2016 年 1 月《纽约时报》的一篇社论推测，由于除了几个州之外，美国大部分州的死刑执行率都有所下降，公众似乎比以前更反对死刑了，对死刑的支持率从 20 世纪 90 年代的 80% 下降到 60%，死刑执行甚至死刑本身作为一个选项的终结可能近在眼前。然而，加州选民在 2016 年决定保留死刑这个选项，但他们也投票反对加快执行现有的死刑判决。

自我提升的伦理：叙事身份

应用伦理学的最后一个例子呼应了本书的第一部分"作为伦理之工具的故事"。正如你在本书各章读到的，哲学家和来自其他学术领域的学者近来开始倾向于用讲故事来充实他们的专业理论。而讲故事在心理学和哲学上可能对个人伦理这个领域产生了最大的影响，主要是通过"成为自己人生的叙述者"这个观念。哲学家和心理学家都清楚，我们人类是讲故事的动物（美国哲学家麦金太尔提出的一种说法）。治疗师观察到，对于那些有精神障碍或只是需要某种框架来改变混乱生活的患者，如果让他们尝试用讲故事的方式讲述自己的生活，有时甚至以第三人称讲述，就能更好地把握他们的过去、现在和未来。迈克尔·加扎尼加这样的神经科学家意识到，人们努力理解事件，寻找因果关系，以期对未来同样类型的事件做出预测。哲学家们关注两个领域：本体论（存在论）和伦理学。在本体论上，我们把自己理解成处于开端与结局，即出生和死亡的中间。正如法国哲学家保罗·利科（1913—2005 年）所说，我们不记得开端，我们也不能活着对别人谈论自己的结局，但在开端和结局之间，我们回顾和展望，试图找到一个方向，于是我们用家族故事来填补缺失的部分，并融入我们的希望和梦想。利科认为，我们有一个叙事身份，一个作为我们故事的主角的自我。但更重要的是，我们应该致力于我们的叙事身份，利科认为，讲故事是规范性的道德命令：我们必须学会把我们的生活看作故事，让自己成为更好的人，并与他人建立联系，然后他们也将成为我们故事的一部分，就像我们成为他们故事的一部分一样。由此，我们对彼此负责。2004 年，在 91 岁高龄的时候，利科因为他毕生在哲学领域的工作而获得了克鲁格奖，他在获奖感言中说：

> ……变化，作为身份的一个方面——思想和事物的身份——揭示了人类层面的一个戏剧性方面，即与我们无数相伴者的历史纠缠在一起的个人历史。个人身份的特征可以说具有构成性的暂时性。这个人就是他或她的历史……在这幅由人类行为者所肯定和使用的各种能力构成的广阔全景中，主要重点从最初看似道德中立的一个极点，转向一个明确的道德极点，在那里，有能力的主体证明自己是一个负责任的主体……"叙述的能力"在各种能力中占有突出的地位，因为只有在以故事的形式叙述时，各种事件才会变得可识别和可理解；古老的讲述故事的艺术，当应用于自我的时候，就会产生历史学家作品中所阐述的生活故事……然后我们可以谈论一种叙事身份：它是一种未完成的叙事的情节，并向着以不同方式叙述的可能性开放，也有可能被其他人叙述。

举几个例子。有没有过这样的情况，你刚认识的人让你谈谈你自己？你可能会回答"哦，没什么好说的"，然后马上觉得这个回答很糟糕——尤其是如果你想给人留下一个好印象的话。也许晚些时候，当你独自一人的时候，你会想到各种各样关于你自己的事情。这是一种常见的经历，它的好处是可以作为一种提醒：这次是由于没有准备，下一次一定会有故事可讲，因为我们都有。有人说，我们每个人都可以写一部好小说，关于我们自己人生的小说，尽管这句话对我们讲故事的能力有很多预设。我们大多数人都不擅长讲述自己的故事，必须经过培养才能拥有塑造故事和适应听众的才能。谈论自己会让我们意识到，尽管我们想尽可能地做到完全准确，但这根本不可能。我们就是记不住发生在我们身上的每一件事；即使我们能记住，这些事也不可能都一样有趣。所以，根据利科的观点，选择性是有效讲故事的秘诀之一，我们根据不同的观众选择不同的内容。如果你在向新交的男友或女友讲述你的故事，你会强调生活中的某些事情，但如果你在求职面试中向一群陌生人描述自己，你肯定会强调其他事情。而当你向父母汇报你生活中最近发生的事情时，你又会选择一个完全不同的故事来讲述。

讲述自己的故事的另一个特点是：故事是不完整的。我们总是在故事中；我们可能更接近于开头而不是结尾，也可能更接近于结尾而不是开头，但是我们并不从作者讲故事的角度来看待我们自己的故事——因为我们的故事还没有结束。我们也不知道它将如何结束。

第三个特点是，与我们可能认为的相反，我们讲述自己的故事时在很大程度上会虚构，用诗意的创造力把故事串到一起。我们可能试着要客观，但是讲一个故事通常不仅要讲开头、中间和结尾，还要讲从一个场景到下一个场景的过渡。我们不会只说"然后这个发生了，然后那个发生了"，我们会说"因为这个发生了，所以那个也发生了"。我们假设了因果关系，但是我们并不知道所有的相关因素，于是我们使用解释和假设。（当然，我们也可能完全在撒谎，但那是另一回事！）

那么，如果讲述自己的故事是一件如此不可靠的事情，那又何苦讲故事呢？因为这对我们有好处，能帮助我们找到过去与将来。正如你在第二章中读到的，现在的心理治疗常常会用到故事，它不仅包括听故事，还包括讲故事，主要是关于自己的故事。如果我们把我们的过去看作一个故事，我们可能会发现值得骄傲的事情和需要改进的事情。换句话说，我们可以更好地把握自己。当我们意识到自己也是他人故事的一部分，他人也是我们故事的一部分时，我们就开始把自己看作更大故事的一部分，比如我们的社区和文化的一部分。

寻找意义

精神分析学家埃里克·埃里克森认为，如果我们足够幸运，能在心理上变得成熟，我们就会形成自我整合（见知识窗 13.12），我们就不会再问一些毫无意义的问题，比如"我为什么这么做？""我为什么不那么做？"。我们将学会接受生活中发生的事情，那些我们要为之负责的事情，那些刚刚发生在我们身上的事情，这些都是我们必须面对的事实。而了解那些已经获得这种平和心态的人，可能会对我们有所帮助。

知识窗 13.12 作为伦理问题的个人认同

"我是谁？"这个问题，你可能会在介绍形而上学或者认识论的哲学课上遇到，但不会经常在伦理学中碰到。有一种假设是，我们开始关心如何与他人相处时，就已经相当确定自己是谁了。当然，情况不一定是这样，即使我们熟悉自己，对自我的认识也不仅限于描述性的层面：我们不应该忘记规范性层面。威廉·莎士比亚在《哈姆雷特》中写道：

> 尤其要紧的，你必须对你自己忠实，
> 正像有了白昼才有黑夜一样，对自己忠实，
> 才不会对别人欺诈。[1]

在这里，莎士比亚假设我们对自己相当了解，但这种意识也带有一种美

1　此处译文出自朱生豪译本。——编者注

德，一种责任：保持正直，忠于自己——忠于自己最好的部分。（这里的意思应该不会是，一旦你知道了自己的缺陷，就要去培养缺陷！）知道我们是谁，这样我们就能成为更好的人，这个想法可以追溯到苏格拉底——他将德尔菲阿波罗神庙的铭文"认识你自己"解读为内省和自我提升。我们来看三个例子。

（1）对于萨特（见第十章）这样的存在主义者来说，本真性这个概念传达了认识自己的道德价值；这不只是在于接受自己是什么样的人，甚至也不在于不断质疑自己和自己在生活中的角色；更重要的是，你必须在一切事上活出真实性，没有自欺。（2）在不少美国心理学家看来，了解自我意味着能够自我整合，这个概念是德国出生的著名精神分析学家埃里克·埃里克森提出的。埃里克森也发现并命名了"认同危机"这种现象，他认为自我整合是一种内心和谐、精神平衡的状态；你不会沉湎于过去本来可能发生的事情，也不会纠结于别人是如何对待你的，而是会接受那些你无法控制的事情。（3）一些思想家对讲述故事感兴趣，比如法国哲学家保罗·利科，在他们看来，对个人身份认同的追寻成了通过讲述自己的故事来实现自我理解的追寻。找到自己的叙事自我并不意味着我们要记得每一件事，然后把它们说出来，也不是说我们把所有事情都原原本本地说出来，而是要把生命中的点滴串联起来，找到自己的人物弧（character arc）——在导向现在的事件中找到某种模式。所有这些都是通往个人身份认同的规范性方法：首先，我们必须了解我们是谁，然后，这种了解必须使我们的余生有所不同。这样，对个人身份认同的追寻就变成了一场伦理之旅。

当生活中发生了一些我们没有预料到，又觉得非常不公平的事情时，我们的自我整合就会受到挑战。一个人努力工作存钱以便安享晚年，然而退休六个月后就去世了。父母倾尽所有让女儿上大学，而她最终因为吸毒住进了贫民窟。一个很有前途的年轻足球运动员在帮派冲突中被枪杀，尽管他不是帮派成员。

有什么好的方法来理解这样的灾难吗？多年来有一种方法给许多人带来安

慰，那就是把这种事件看作上帝的行为或命运的安排：它必须发生，我们不知道为什么，但对上帝来说这是有意义的。我们如今"仿佛对着镜子观看，模糊不清"（《圣经·哥林多前书》13：12），但之后，在天堂，我们将理解其中的原因。另一种安慰方法是把它看作业力：它是你早先或前世所做的事情的后果。换句话说，这是你自己的错，因此生气或责怪别人对你没有好处。你能做的最好的事情就是认识到这一点，并努力为之后种下好的因。

现代西方人处理这一问题的一种流行方法是分配罪恶感。我们可以说是那个退休的人自己导致了自己的死亡，他从不锻炼，胆固醇水平也太高。成为瘾君子的女孩的父母在抚养子女方面一定做得很糟糕。那个足球运动员的父母应该搬到另一个社区。我们的指控有时是正当的，但也可能毫无必要地残酷。有时候，常识会告诉我们，人们真的不能因为发生在他们或他们所爱的人身上的事情而受到责备。但对旁观者来说，指责受害者是一种安慰，或者说这是一种信念，好像只要他们小心避免犯受害者的错误，就能逃脱灾难。尽管在某些情况下，一个人的行为对他或她的遭遇有一定的影响，但这并不普遍。无论如何，我们都没有权利从因果关系推定出有罪；换句话说，我们不能仅仅因为某人有意识或无意识的行为导致了一些问题，就想当然地断定他或她有道德上的错误。这种态度常常反映出一种双重标准：如果这种情况发生在陌生人身上，他们肯定做了"错事"；如果它发生在我或我的英雄身上，我们只是不幸的受害者。

朗达·拜恩的畅销自助书《秘密》声称，只要你努力想象，任何东西都触手可及。这种想法是"积极思考可以使好事发生"这个旧观念的最新版本，这当然有一定道理。掌控自己的生活比把控制权留给别人要好。然而，适当的谨慎是有必要的。如果人们试着想象美好的事物，但什么也没发生或者坏事发生了呢？这仅仅代表他们没有按照计划行事——在某种程度上没有付出足够的努力吗？这就是我们所说的循环论证谬误：循环定义。这是否意味着，如果坏事发生在人们身上，他们就应该为此负责，因为他们没有足够努力地让好事发生？那么，我们对不幸的人的同情——或者当轮到我们处于谷底时，我们希望从别人那里得到的同情——会怎么样呢？这些都是现下流行的现象中令人不安的问题，如果我们选择相信生活中的美好事物都在我们的掌控之中，那么（1）我们会一厢情愿，（2）我们会对真正的受害者表现出无情。

另一种处理生活危机的方法是用故事的视角来看待它们。人类——至少是西方世界的现代人——似乎需要通过历史来理解自己的生活；我们需要历史来理解为什么有些事会发生。即便是在没有多少书面历史的传统文化中生活的人，也同样会担心自己是不是过好了生活。在这样的文化中，榜样通常来自该文化的神话和传说：像文化英雄那样做，你就会生活得很好。在我们的多元文化中，人们会更强调去多做一些新的事情——开辟一条道路，发明一些东西，写一篇没人想过的文章。我们希望我们的孩子不同于他们的朋友，成为独立的个体。玛莎·努斯鲍姆说，故事教会我们在情感上应对意想不到的情况。当然，在我们自己的生活中，意想不到的情况不太可能与我们最喜欢的故事中的情况相同——如果那样，就不算是意想不到了。但是，我们可以像我们最喜欢的角色那样对意外做出反应，这样我们就能应付自如。而对于这些为应对意想不到之事而做的努力，以及为了变得与众不同而做的努力，传统文化中的人们可能会觉得难以理解，因为在他们看来，他们文化中的好人，就是与祖先做事方式相同的人。然而，不管是现代人还是生活在传统文化中的人，他们都同样希望有好的作为。想要过成功的生活，你就必须遵循一个模式（"像祖先那样做"或"做一些新的事情"），如果你成功了，别人就会认为这是一件好事。关于生活准则的古斯堪的纳维亚诗集《哈瓦马尔》（意为"至高者之言"）中有这样的话："牲畜会死，亲属会死，每个人都是会死的。但行善者的美名不死。"这不仅意味着好人会被铭记，也意味着我们会根据人们在生活中的表现来评判他们。

　　当事情如我们所愿发展时，我们不会去问生活的意义。我们认为整个发展过程是有意义的。神话学家约瑟夫·坎贝尔把它比作参加一个有趣的聚会：你不会停下来问自己在那里做什么。但在一个无聊的聚会上，你就会问自己这个问题。同样，当一个人的生活出了问题，他或她可能会质疑生命的意义，因为不知何故，生命不再容易理解了。意想不到的因素打断了我们的生活故事，我们失去了线索——我们经历了一场"认同危机"（埃里克森提出的概念）。那么，故事能有什么帮助呢？

　　当我们改变生活的方向，我们就改变了我们的未来；我们不知道会如何，但我们可以假设，如果我们决定要一个孩子、换专业或搬到另一个城市，我们的未来至少会有所不同。但当我们改变了生活的方向，我们也就改变了我们的过去，因为我们会从不同的角度看待过去，*重新描述、重新解释*过去。当我们的观点改变，用现在的眼光解释我们的过去时，我们就是在重写自己的故事，甚至重写我们的社区和文化的故事。当我因为姐姐的病决定放弃商科而选择医学预科时，我就重写了我的故事。如果我叔叔退休后不久就去世了，我会重写他的故事，而这个故事也有了道德教益：我会告诉自己，尽量不做他做过的事，或尽量避免生活对他做的事，或至少每一天都过得有意义。（这样我也重写了我自己的故事。）如果我因为金融危机或糟糕的投资而损失了钱，我可能会以多种方式重写这个故事：我是受害者，但现在我更聪明了；或者我太在意钱，但现在我更聪明了。（当然，我们并不总是变得更聪明，但这样想会让我们感觉更好。）无论如何，我们重写我们的过去，让它对现在的我们有所启发，给未来的我们一个新的、有意义的方向。当我们感到无法在生活中找到新的故事线时，当变化如此剧烈，似乎无法在废墟中发现新的意义时，认同危机可能就难以避免了。在这种情况下，需要勇气才能选择用英国哲学家伯特兰·罗素所描述的方式来看待世界和人类生活——它们是随机组合在一起的原子的集合，除了科学和生物学上的规则之外，没有任何规律或理由。但即便如此，这也是一个故事：这是一个关于自然力量和每个人如何融入更大的生物世界的故事——或者说，是一个浪漫的概念。面对无意义的生活，我们也可以选择像某些存在主义哲学家那样，认为生命本身就是意义。在这种情况下，如果没有其他故事存在，任何形式的生命力量和意志都能成为让我们产生共鸣的故事。当然，我们可以选择说我们不知道。我们希望认为存在某个故事，存在某个目的，但我们不知道那是什么，或者不知道那样的故事和目的究竟是否存在。

当我们讲述自己或我们文化的故事时，往往是试图找到或强加一种整体模式，试图发现混乱事件背后的某种意义。但我们讲自己和文化的故事，也许是为了提升自己，也许是为了弥补文化在过去所做的错事。这一层面的讲故事不仅*描述*了当时的情况，还规定了下一步应该做什么。这就是保罗·利科建议我们研究叙事身份的原因。这种规范性要素可能包含了所谓自己与自己的文化的真实故事中最深刻的道德维度：展望未来并试图将其按照理想来塑造，重塑过去，让它看起来是朝向理想的铺垫。（对有害的未来发出警告的虚构故事也是这种道德努力的一部分。）对于这些为了让未来更美好而讲述的故事，有关于其与现实相符的任何保证吗？（HBO 电视剧《真探》第一季中的一个角色对此表达了一种激进的观点，你可以在故事部分读到。）一名女演员说她曾经吸毒，但现在她已经戒毒了，她想告诉别人毒品的危害。老师告诉他的学生，他们的文化在过去有歧视和迫害的成分，但如果他们共同努力，未来将不再会有这样的事。一个政治人物讲述了我们所经历的艰难困苦，并说如果我们联合起来投票给她，我们就能取得伟大的成就。一对情侣分手后复合，告诉对方自己错了，这次会有什么不同。当然，在某些情况下，这些预测只是一厢情愿，或者只是花言巧语。但精彩的故事有其独特的力量：它们可以创造未来。因此，当我们倾听和创作能够改变我们的生活和文化的精彩故事时，我们应该记住，要保留我们的批判意识和道德责任感：我们的故事所展望的未来是我们真正想要的吗？

　　最近出现了一种确实着眼于未来的趋势，其试图通过故事改变未来，那就是道德遗嘱这个现象。越来越多的人选择不仅给继承人留下物质财富，也给他们留下精神财富。人们写下或长或短的文章，制作视频或录音带，或把它们发布到网上，所有这些都是为了给他们的子孙后代——也许还有全世界——留下关于他们价值观的声明。这些价值观通常是通过讲述他们的故事并明确其中的寓意来表达的。可以肯定的是，道德遗嘱早已有之——1050 年，一位犹太父亲写了一封这样的信，告诉儿子应该如何过好生活。知识窗 13.13 探讨了道德遗嘱讲习班提出的一些问题。

知识窗 13.13　道德遗嘱

　　在接受《基督教科学箴言报》采访时，道德遗嘱讲习班负责人苏珊·特恩布尔将她所说的"个人遗产信"或道德遗嘱描述为一种捕捉"灵魂火花"的方式。在她的讲习班中，她建议从这样的问题开始：

· 你想让你所爱的人知道你的哪些家族历史？
· 你希望你的继承人如何使用他们获得的遗产？

・你是否犯过你想要求得原谅的错误？或者你是不是想要给予谁宽恕？

・你为什么要对自己的财产做出某些决定，比如把一部分捐给慈善机构？

・你如何使用金钱来体现你最重要的价值观？

・关于教育、工作、婚姻和养育子女，你想分享哪些价值观和人生经验？

・这些年来，友谊对你来说意味着什么？

讲习班负责人建议每五年更新一次自己的道德遗嘱，以反映新的生活体验。虽然大多数人认为道德遗嘱应该推迟到人生最后一个阶段再写，但道德遗嘱有助于对人生故事做出总结，这样的实践没有年龄限制；25 岁的人的人生经历和更年长者的人生经历一样，都可以蕴含道德智慧。

生活在叙事区

人类的生命是短暂的。我们活在当下，但我们总是在回忆和期待之间不断地徘徊，不断地回顾过去，展望未来。我们活在自己的故事里，有开头也有结尾，尽管我们无法描述自己故事的开头和结尾。此外，我们生活在我们文化的故事中；我们认同它们、批判它们或者重写它们。我们在自己的故事和文化的故事中寻找道德教训。我们也喜欢听故事、看故事、讲故事；当我们这样做的时候，我们的经验成倍增长。我们仍然过着自己的生活，但有了一个新的元素：*叙事时间*，这也是保罗·利科提出的概念。叙事时间是小说或电影中经过压缩的时间，是故事展开的时间。我们花三天时间读完的一本书，其叙事时间可能跨越几代人。在两个小时的电影中，我们可能经历了许多年的叙事时间，看着角色从年轻到年老。就像努斯鲍姆所说的那样（见第一章），通过这种方式，我们可以分享虚构人物的多种经历，并拓展我们的道德视野。

科幻作家理查德·马西森写过一个故事《人生蒙太奇》（*Mantage*），讲的是一个人希望自己的生活像电影里的那样，因为他觉得自己的生活极其乏味。他的愿望实现了：他发现时间在飞逝，不知不觉中他已坠入爱河，结婚生子；然后他发现自己赚了钱，过着奢华的生活，有了外遇，但当他看表的时候，发现只过了一个小时。他发现自己的人生就像在电影里一样，被压缩成一块块的时间。两个小时后，他就老了，快要死了，他眼前最后看到的是几个字母"DNE EHT"——观众视角看到的"剧终"（THE END）。就像俗话说的那样，当神灵想要惩罚我们的时候，就把我们想要的给我们。

显然，这不是那个人真正想要的——他想要有精彩故事线的生活，而不是在电影观众看电影的时间内度过的一生。我们作为读者和观众是更幸运的，因为我们可以同时拥有这两个世界的优点，既可以保留自己的现实生活时间，又可以享有书籍和电影中加速和压缩的时间。当我们打开一本书或坐在电影院里开始看电影时，我们就进入了我们可能称之为"叙事区"的地方，在那里我们可以间接地体验其他生活，获得我们从别的地方可能永远无法获得的技能和经验。

正如亚里士多德所说，我们可以通过体验故事中的强烈情感来净化自己的情感。我们可能了解到当另一个性别或种族的一员是什么感觉，身处另一个时间和地点是什么感受，或成为完全不同的物种的一员是什么样子，而这些经历可能会帮助我们在离开叙事区后决定如何生活。没有什么比好故事更能有效地激发我们的共情心了：我们与小说或电影中的朋友一起哭泣和欢乐，即使我们知道那是虚构的。这些眼泪或微笑都不是白费的，因为它们最终会成为我们性格的基石。

如果我们碰巧读过好撒玛利亚人的故事，那么在见到有人遭遇抢劫时，我们也许有可能停下来帮助受害者。也有可能这个"受害者"最终反而抢劫了我们，但这并不意味着我们当初不应该读这个故事，或者我们不应该帮助受害者；这只是意味着生活并不总是与我们读到的故事相符，我们也不应该认为生活和故事一样。

所以说，我们被故事触动后，有时会受伤，有时也会被错误的故事误导。随笔作家、科幻作家厄休拉·勒古恩把我们作为读者和听者的存在比作咬住自己尾巴的衔尾蛇：很疼，但这样就可以滚动前进了！寓意是什么？寓意是，如果衔尾蛇不咬住自己的尾巴形成环状，它就无法移动，这就好像它从来没有活过一样。所以我们必须抓住机会，我们不应该逃避聆听、逃避参与故事——我们不应该逃避，而要投入我们自己的故事。在勒古恩看来，讲故事、听故事是一种对生活的肯定，是激发我们过充实生活的动力。

最后，我也想做一个圆环，呼应一下开头，你们可以回想第一章提到的努斯鲍姆《爱的知识》里的话。为什么我们在成为更有道德责任感的人的过程中需要故事？因为"我们从未活得足够充分"。即使我们的寿命延长到三位数，也总会有我们没有经历过的事情，没有去过的地方，没有体验过的生活。伟大的作家和电影人帮助我们开阔视野，这样我们就能更多地理解作为地球上甚至更远的地方的旅人意味着什么，并从更广阔的视角看待其他生命。在很会讲故事的人的帮助下，你也许能够理解另一个时期、另一个大陆、另一个性别、另一个种族的人的体验，甚至另一个物种的体验。也许在此过程中，你也可以讲述自己的故事。

最后的话

我希望你能利用我们在这本书中探讨的理论来讨论其他问题，因为你现在有了比感觉更可靠的理论基础。正如我们在这本书中多次看到的，对道德问题的感觉不一定是无关紧要的，但感觉不能取代理性的论证——主要是因为诉诸感情很少能化解冲突，但诉诸理性也许能。此外，我希望你在看待这个故事世界的时候，能够更好地鉴别电视剧、电影、文学作品中涉及的议题，无论这些故事是关于克隆和基因工程、媒体伦理和责任、同情和感激的人际关系，还是关于战时与和平时期的勇气的。在这本书中，我们使用了这些故事的梗概和节选来说明和探讨一些复杂的伦理问题，我希望这能鼓励你自己去寻找并体验完整的原著或原作，因为梗概和节选都无法完整展现故事。我的希望是，借助电影或小说，我们或许能更容易地理解道德理论及其重要性，反过来，对道德理论背景的了解也能提升我们欣赏虚构故事的体验。我知道对我来说是这样的。有很多全国性和全球性的议题等着我们去探讨，也有很多关于它们的故事。去享受探索吧！

问题研讨

1. 请表述支持生命权和支持选择权的最著名论点。在你看来，双方最有力的论点分别是什么？为什么？

2. 如果你是一名记者，你如何描述公众知情权和国家安全需要之间的适当平衡？如果你不是记者，而是执法人员，情况会有所不同吗？如果你是教师或军人呢？

3. 在社交媒体的背景下评估隐私的概念。例如，一个人应该愿意在社交媒体上发布多少隐私信息，以及一个人应该对自己的信息保留多少控制权？请说明。

4. 在你看来，"非道德商业的神话"是真的吗？为什么？

5. 在你看来，战争可以是正义的吗？请参照本章正文详细说明。

6. 动物应该有权利吗？如果你认为不应该，请解释原因。如果你认为应该，请解释你的观点是基于动物承受痛苦的能力，还是基于它们的思维能力，或者两者都是或两者都不是。

7. 我们是否有努力干预可能的气候变化的道德责任？请解释。如果你的答案是肯定的，你会建议我们怎么做？

8. 在你看来，支持保留死刑最有力的论点是什么？反对它的最有力的论点是什么？你认为我们应该保留死刑还是废除死刑？请说明。

9. 你试过把自己的故事讲给一个新朋友听吗？这会让你对自己有不同的看法吗？你认为通过讲述自己的故事来让自己成为更好的人这个想法有价值吗？

基础阅读与故事

本章的基础阅读材料很多，反映了很多主题。我选取这些材料，并不是为了反映完整的辩论，而只是为了呈现一部分观点，希望激起你的好奇心。前两篇基础阅读材料较短，来自商业伦理领域，分别是伦理资源中心 2006 年报告的摘要《组织伦理文化的关键要素》，作者是安博·莱瓦农·塞利格松和劳里·崔，以及美国食品药品监督管理局 2011 年的《美国食品药品监督管理局食品安全现代化法案》（FSMA）的部分内容。在动物权利问题上，有类人猿项目的《类人猿宣言》，以及马克·贝科夫和杰茜卡·皮尔斯 2009 年所著的《野兽正义》的节选。此外，你还可以读到雷切尔·甘迪讨论 2015 年美国的死刑状况的文章。故事部分包括：探讨媒体伦理的电影《聚焦》；基于真实故事改编的电影《惊曝内幕》，影片主角指控烟草公司有误导性地呈现其产品，这也涉及商业伦理；短篇小说《拼图人》展现了关于死刑的一种功利主义论点；影片《大卫·戈尔的一生》讲述了一名废除死刑活动人士因谋杀而被判死刑的故事；HBO 电视剧《真探》第一季则聚焦于讲述一个故事。

《组织伦理文化的关键要素》

安博·莱瓦农、塞利格松和劳里·崔著

伦理资源中心 2006 年报告

报告摘要

在 2005 年的《全美商业伦理调查》（NBES）中，伦理资源中心（ERC）发现，形式上的伦理与合规项目不足以对结果产生实质性的影响。进一步的分析表明，伦理文化对实现有效的伦理与合规项目的影响，要大于项目投入和活动。

NBES 询问员工，他们的高层和中层管理人员、主管和同事是否在工作场所表现出各种"与伦理相关的行为"（ERAs），以及衡量伦理文化的 18 个维度。伦理资源中心发现，那些认为自己的经理、主管和同事表现出"与伦理相关的行为"的员工，比那些认为自己的同事和经理很少表现出"与伦理相关的行为"的员工，更容易观察到有效伦理与合规项目的预期结果。本文以 NBES 关于伦理文化的研究结果为基础，探讨了哪些"与伦理相关的行为"对项目结果影响更大。此外，本文还就伦理培训是否对初级员工比对高级员工更有用进行了新一轮分析。

主要发现

1.三种"与伦理相关的行为"对伦理与合规项目的预期结果有特别大的影响：树立良好的榜样，遵守承诺，支持他人遵循道德标准。

2.正式的伦理培训并不是对所有级别的员工都有相同的影响。

主要结论

·行动胜过言语。关于三种对伦理与合规项目预期结果影响最大的"与伦理相关的行为"的研究发现表明，组织范围内的一般性伦理沟通策略并不足以实现预期的效果。员工需要看到他们的上级和同事在其每天的工作和决策中表现出符合伦理的行为。

·管理人员和非管理人员的培训需求有所不同。与高级员工相比，伦理培训在帮助初级员工做好应对不当行为的准备方面更有用。这并不是说要取消对高层和中层管理人员的所有伦理培训，只是建议设计培训课程时要做差异化考虑。

问题研讨

1.为什么就商业伦理的培训工具而言，树立好的榜样可能比学习原则更有效？美德伦理如何在其中发挥作用？

2.为什么管理人员和非管理人员的培训需求有所不同？

《美国食品药品监督管理局食品安全现代化法案》的背景

美国食品药品监督管理局

在过去的十几年里，美国食品药品监督管理局因对美国食品和药品供应缺乏监管，包括对宠物食品缺乏监管而受到广泛批评。前美国食品药品监督管理局副局长斯科特·戈特利布在 2007 年表示：（1）督查人员不足；（2）美国食品药品监督管理局缺乏监管进口产品所需的文化和语言专业知识；（3）产品一旦进入美国国境，就可以非常迅速地进行分销；（4）美国食品药品监督管理局需要完善进口货物信息来源，需要与国外代理商进行更多的合作；（5）此外，还需要关注生物恐怖主义的风险。

2011 年，美国总统奥巴马签署了新的《美国食品药品监督管理局食品安全现代化法案》，旨在解决这些问题。以下是该法案部分内容的说明。

根据美国疾病控制和预防中心最近的数据，每年大约有 4 800 万人（美国人口的六分之一）患上食源性疾病，128 000 人需要住院治疗，且有 3 000 人因此死亡。这是一个极大的公共卫生负担，而且在很大程度上是可以预防的。

《美国食品药品监督管理局食品安全现代化法案》（FSMA）于 2011 年 1 月 4 日由奥巴马总统签署成为法律，使得美国食品药品监督管理局（FDA）能够通过加强食品安全体系来更好地保护公众健康。该法案使 FDA 能够更多地关注、预防食品安全问题，而不是主要在问题发生后做出反应。该法案还赋予了 FDA 新的执行权力，旨在提高对基于预防和风险的食品安全标准的遵从率，以便在问题发生时更好地响应并控制问题。该法案也赋予 FDA

重要的新工具，将进口食品与国内食品按相同标准对待，并指示 FDA 与各州和地方当局合作建立一个集成的国家食品安全体系。

建立基于预防的新食品安全体系需要时间，FDA 正在创建完成这项工作的流程。美国国会在立法中规定了具体的实施日期。一些权力将迅速生效，比如 FDA 要求企业召回食品的新权力，另一些权力的生效需要 FDA 准备并发布法规和指导文件。该机构每年获得的资金将影响人员配备和重要运作，也将影响 FDA 实施这项立法的速度。FDA 致力于通过开放、有机会听取利益相关方意见的流程实施这些要求。

以下是 FDA 的一部分关键的新权力和授权。法律规定的具体实施日期在括号内注明：

预防

FDA 将首次获得立法授权，要求对整个食品供应进行全面、基于科学的预防控制。该项授权包括：

·食品设施的强制性预防控制措施：食品设施必须实施书面的预防控制计划。这包括：（1）评估可能影响食品安全的危害，（2）明确将采取哪些预防措施或控制措施来显著减少或预防危害，（3）明确该设施将如何监控这些控制措施以确保它们正常工作，（4）维护监控的例行记录，（5）明确该设施将采取哪些措施来纠正出现的问题。（最终规则将在法案颁布后 18 个月内生效。）

·强制性产品安全标准：FDA 必须为水果和蔬菜的安全生产和收获设立基于科学的最低标准。这些标准必须考虑自然发生的危害，以及可能无意或有意引入的危害，并且必须涉及土壤改良剂（添加到土壤中的材料，如堆肥）、卫生、包装、温度控制、种植区域的动物和水。（最终法规应在法案颁布后约 2 年内生效。）

·防止故意污染的权力：FDA 必须发布防止食品故意掺假的法规，包括制定基于科学的缓解策略，以准备和保护特定薄弱环节的食品供应链。（最终规则将在法案颁布后 18 个月内生效。)

检查与合规

FSMA 认识到，只有在生产商和加工商遵守这些标准的情况下，预防控制标准才能改善食品安全。因此，FDA 有必要进行监督，确保要求得到遵守并在问题出现时做出有效响应。FSMA 为 FDA 提供了重要的检查和合规新工具，包括：

· 强制性检查频率。FSMA 根据风险为食品设施规定了强制性检查频率，并要求立即增加检查频率。所有高风险的国内设施必须在法案颁布后五年内进行检查，此后不得少于每三年检查一次。在颁布后的一年内，该法案指示 FDA 检查至少 600 家外国设施，并在未来五年内每年将检查数量增加一倍。

· 记录访问。FDA 将有权访问记录，包括行业食品安全计划，相关公司将被要求继续记录其计划的实施情况。

· 由经认证的实验室进行检测。FSMA 要求由经认证的实验室进行某些食品检测，并指示 FDA 制订实验室认证计划，以确保美国食品检测实验室符合高质量标准。(应在颁布 2 年后建立认证计划。)

响应

FSMA 认识到，尽管采取了预防性控制措施，但 FDA 必须拥有在问题出现时进行有效响应的工具。新的权力包括：

· 强制召回。FSMA 授权 FDA 在公司未能应 FDA 要求自愿召回不安全食品时发布强制召回。

· 扩大行政扣押范围。FSMA 为 FDA 提供了更灵活的标准，用于对可能违法的商品采取行政扣押 (行政扣押是 FDA 用来防止可疑食品被转移的程序)。

· 暂停注册。如果 FDA 确定食品具有导致严重不良健康后果或死亡的合理可能性，则可以暂停相关设施的注册。被暂停的设施不得分销食品。(法案颁布后 6 个月内生效。）

·增强产品追踪能力。FDA 被指示创建一个增强其跟踪和追溯国内和进口食品能力的系统。此外，FDA 被指示创建试点项目，探索和评估快速有效地识别食品接收者的方法，以预防或控制食源性疾病暴发。（法案颁布后 9 个月内实施试点。）

·高风险食品的额外记录保存。FDA 被指示发布拟议的规则制定，为生产、加工、包装或持有部长指定为高风险食品的设施制定记录保存要求。（法案颁布后 2 年内实施。）

进口产品

FSMA 赋予 FDA 前所未有的权力，以更好地确保进口产品符合美国标准，并为美国消费者提供安全保障。新权力包括：

·进口商问责制。首次规定，进口商有明确的责任核实其外国供应商是否有足够的预防控制措施，以确保所生产的食品是安全的。（最终法规及指引将于法案颁布一年内生效。）

·第三方认证。FSMA 建立了一个程序，通过该程序，合格的第三方可以证明外国食品设施符合美国食品安全标准。此认证可用于方便进口货物入境。（建立 FDA 认可认证机构的制度应在法案颁布后 2 年内完成。）

·高风险食品认证。FDA 有权要求高风险进口食品附有可信的第三方认证或其他合规保证，作为进入美国的条件。

·自愿合格进口商计划。FDA 必须为进口商制订自愿计划，为参与进口商的食品提供快速审查和入境服务。资格仅限于从认证设施提供食品的进口商。（法案颁布后 18 个月内实施。）

·拒绝入境的授权。如果 FDA 被相关设施或设施所在国拒绝进入，则 FDA 可以拒绝该设施的食品进入美国。

问题研讨

1. 斯科特·戈特利布的担忧得到解决了吗？为什么？

2. 你觉得今天的美国食品和药品供应比以前更安全了吗？

3. 鉴于 2011 年以来发生的全球性事件，你是否希望以上清单中能增加一些内容？

基础阅读3

《类人猿宣言》

类人猿计划，1993 年

《类人猿宣言》出自哲学家彼得·辛格和保拉·卡瓦列里于 1993 年发起的"类人猿计划"，他们在《类人猿计划：超越人类的平等》（1994 年）一书中阐述了自己的观点。

我们要求将平等共同体扩大到类人猿，其范围包括人类、黑猩猩、倭黑猩猩、大猩猩、红毛猩猩。

平等共同体是一个道德共同体，在这个共同体中，我们接受某些基本的道德原则或权利，以此指导我们彼此之间的关系，并在法律上加以执行。这些原则或权利包括：

1. 生命权

平等共同体成员的生命应受到保护。除非在非常严格规定的情况下，例如自卫，否则不得杀死平等共同体的成员。

2. 保护个体自由

平等共同体成员的自由不得被任意剥夺；如果在没有正当法律程序的情

况下被监禁，其有权被立即释放。拘留那些没有被定罪或不承担刑事责任的成员，只有在证明是为了其自身利益，或有必要保护公众免受在自由时显然会对他人构成危险的共同体成员的伤害时，才能够被允许。在这种情况下，平等共同体的成员必须有权向法庭直接上诉，或在没有相关能力的情况下通过代理人上诉。

3. 禁止虐待

故意对平等共同体的成员施加剧烈疼痛，无论是肆意还是为了所谓的对他人的利益，都被视为虐待，并被视为错误。

问题研讨

1. 这一宣言对猿类和人类有什么意义？动物园里的猿类会怎么样？医学研究实验室、行为研究实验室的猿类，以及用于电影制作的猿类呢？

2. 在这个并不是所有人都被当作人格者的世界，你认为猿类是否应被赋予法律上的人格者地位？为什么？

3. 有些人认为这是朝向保护所有动物的生命迈出的积极的第一步，也有人认为这是一个危险的滑坡。你在这个问题上的立场是什么？

基础阅读 4

《动物权利》

马克·贝科夫和杰茜卡·皮尔斯著

《野兽正义》，2009 年，节选

马克·贝科夫是科罗拉多大学生态学和进化生物学荣休教授，他的研究领域是动物行为，包括动物认知和情感。杰茜卡·皮尔斯是研究动物福利的生物伦理学家。她是丹佛科罗拉多大学生物伦理与人文中心的教师。

在《野兽正义》中，贝科夫和皮尔斯认为群居动物在很多情况下都显示出公平意识，比如在与群体中更弱小的成员玩耍时给自己设置限制，表现出道歉与谅解的行为，甚至在发现分配不公时表现出"厌恶不平等"的情绪。贝科夫和皮尔斯认为，不仅是我们对动物负有道德责任，而且一些动物甚至有能力认识到公平并据此采取行动。随着我们对动物道德理解的加深，我们对人类道德的本质有了更多理解。

游戏经常以鞠躬开始，在游戏过程中重复鞠躬确保了玩才是游戏的主导。一只狗请另一只狗一起玩，便前腿蹲伏，把尾巴翘起来，鞠躬时常常加上吠叫和摇尾巴。当其同意玩而不是打架、捕食或交配之后，就会有快速和微妙的持续交流，以便它们的合作协议在运行中得到很好的调整和协商，这样就能保持活动有趣。

多年来，马克一直在研究犬科动物（家养的狗、灰狼和郊狼）幼崽的游戏，他意识到鞠躬的使用不是随机的，而是有目的的。例如，在严重的攻击性和掠食性行为中，这些动物会一边快速左右摇头一边撕咬，如果不鞠躬就很容易被误解。鞠躬不仅被用在告诉另一只狗"我想和你一起玩"的时候，而且会被用在伴随着左右摇头的撕咬之前，仿佛是在说"接下来我要咬你，但只是在跟你玩"，在剧烈的撕咬之后鞠躬仿佛是在说"对不起，我刚才咬得很厉害，但这只是游戏"。鞠躬可以减少攻击的可能性。

游戏者通常都会正确使用信号。先鞠躬后攻击的作弊者不太可能被选为玩伴，也很难让其他动物和它一起玩。这可能会影响个体的繁殖能力。如果一只狗不想玩，那么它就不应该鞠躬。

促进平等，减少不平等

狗、灰狼、郊狼和其他动物会通过角色转换和自我设限来维持社会性游戏。这些策略都有助于减少游戏者之间在体型和优势等级上的不平等，并促进游戏时的互惠与合作。鉴于游戏需要合作和仔细协商，社会性游戏会很好地利用任何可以减少不平等和促进公平的行为，这样互动就不会终止。

自我设限（或"游戏抑制"）指的是个体表现出在游戏之外可能对其有损的行为模式。例如，一只郊狼可能决定不去尽力咬它的玩伴，或者不那么激烈地去咬。在游戏中抑制咬的力度有助于保持玩游戏的情绪。郊狼幼崽的皮毛很薄，如果被咬得太厉害，它们就会很痛，也会发出尖叫声。咬得太狠会导致游戏终止。成年狼每咬一口就能产生 1 500 磅 / 平方英寸（约合 10.3 兆帕）的压力，所以有充分的理由抑制它的力量。

角色转换指的是占主导地位的动物在玩耍时做出通常不会在真正的攻击中出现的动作。例如，头狼不会在战斗时翻身打滚，但会在玩耍时翻身打滚，这会让它更容易受到攻击。在某些情况下，角色转换和自我设限可能同时发生。头狼可能会在与从属的狼玩耍时翻身打滚，同时抑制咬的力度。自我设限和角色转换，与使用特定的游戏邀请信号类似，能表明个体继续游戏的意图，这在维持公平游戏时可能很重要。

虽然我们关注的是狗和它们的野生亲戚，但其他动物也会努力实现公平游戏。例如，澳大利亚生物学家邓肯·沃森和戴维·克罗夫特观察到红颈袋鼠会自我设限。这些爱玩的动物会根据玩伴的年龄调整自己的游戏策略。当玩伴较年轻时，年长的动物会采取一种防御性的平足姿势，并且会用爪子去抓对方而不是打斗。年龄较大的游戏者也更能容忍对方的策略，并主动延长互动时间。

塞尔吉奥·佩利斯发现，老鼠（大鼠）游戏的顺序包括个体相互评估和监控，然后微调和改变自己的行为，以维持玩游戏的情绪。当游戏规则被打破，游戏不再公平时，游戏就结束了。即使在老鼠身上，公平和信任在游戏的互动中也很重要。佩利斯观察到当成年老鼠游戏时，从属的老鼠会对主导的老鼠做出很多游戏式的接触（用鼻子触碰或接近另一只老鼠的颈背），它们试图保持游戏关系的平衡，以免自己受伤，主导的老鼠也会知道它们是在玩，而不是在战斗。主导的老鼠往往使用成年鼠的防御策略规避冲突，而从属的老鼠在游戏中受到攻击时，则会像幼鼠一样翻身防御。这种由从属老鼠发起的游戏式攻击可能会让主导的老鼠容忍从属者的存在。

那么，为什么动物们会小心翼翼地使用玩耍的信号来告诉伙伴它们其实是想要玩耍而不是攻击，为什么它们会进行自我设限和角色转换，为什么它们会调整玩耍的节奏，让玩耍继续进行并获得乐趣呢？在社会性游戏中，当个体在相对安全的地方玩得很开心的时候，就可以学到一些基本准则，明白什么样的行为模式可以被其他个体接受，例如，它们可以咬得多狠，互动可以有多粗鲁，以及如何在不停止玩耍的情况下解决冲突。

公平游戏并信任其他个体也能公平游戏是有好处的。个体也有可能将在与特定个体玩耍时习得的行为准则推广到其他群体成员身上，并在需要正义的情况下使用，例如相互梳毛、分享食物、进行地位谈判和保护资源时。一些社会行为准则规定了哪些是允许的，哪些是不允许的，这些准则的存在对社会道德的发展有很大的影响。要学习公平与合作的规则，还有比参与很少惩罚违规行为的社会性游戏更好的方法吗？

道歉和原谅：心怀怨恨是在浪费时间

游戏时通常会有原谅和道歉的行为。例如，如果叶忒罗咬齐克咬得太狠，游戏暂停了，叶忒罗就会用鞠躬的方式告诉齐克，它不是故意要使劲咬齐克。叶忒罗通过道歉来请求原谅。而为了接下来的游戏，齐克必须相信叶忒罗的鞠躬道歉是认真的、诚实的。虽然有些读者可能觉得有些牵强，但事实表明，鞠躬是维持游戏气氛，使游戏不至于结束的策略。

所以，总的来说，社会性游戏是发现动物（和人类）的道德行为模式的完美活动。游戏的基本规则是：邀请，诚实并遵守规则，在犯错时承认错误。

不公平厌恶：它有什么，我就要有什么

另外一个研究领域揭示了动物的公平正义感。一些关于灵长类动物的研

究把注意力集中在"不公平厌恶"上，当个体对公平分配奖励的期望遭到违背时，就会产生这种负面反应。不公平厌恶有两种基本形式：第一种是厌恶看到别的个体得到的比自己多，第二种是厌恶自己得到的比别的个体多。只有第一种形式的不公平厌恶——"这不公平，它比我得到的多"——在非人类动物身上得到了探索。

萨拉·布罗斯南和弗朗斯·德瓦尔测试了五只圈养的雌性卷尾猴对不公平的厌恶情绪。卷尾猴是高度社会化和合作的物种，常常分享食物，也经常仔细监督同伴间的公平与平等情况。社会对公平的监督在雌性中尤其明显。布罗斯南和德瓦尔指出："雌性比雄性更关注交换的物品和服务的价值。"

布罗斯南先训练一群卷尾猴把小块石头当作食物交换的代币，然后要求成对的雌性用石头换零食。一只猴子被要求用一块花岗岩换一颗葡萄。第二只猴子目睹了用石头换葡萄的交易后，被要求用一块石头来交换一片黄瓜，比起葡萄，猴子没那么喜欢黄瓜。感觉被亏待的猴子会拒绝与研究人员合作，不吃黄瓜，还经常把黄瓜扔回给人类。简而言之，卷尾猴希望得到公平对待。它们似乎会将回报与周围个体所得的进行衡量和比较。如果只有一只猴子，那么用石头换黄瓜之后，它可能会很高兴。只有在其他猴子似乎得到了更好的东西时，黄瓜才会突然变得不受欢迎。

持怀疑态度的人认为，这些猴子表现出的并不是公平意识，而是贪婪和嫉妒的意识。的确如此。但贪婪和嫉妒是公平的对立面；你只有在觉得被亏待了的时候，才会感到嫉妒。如果你不认为自己应该得到更多，你就不会觉得受到了亏待。

布罗斯南和德瓦尔推测，猴子和人类一样，受社会情绪或"激情"的引导，这些情绪会调节个体对"其他个体的努力、收获、损失和态度"的反应。像感激和愤怒这样的情感已经进化成培养长期合作的情感，它们可能存在于猴子和人类身上，也可能存在于其他物种中。

布罗斯南、德瓦尔和希拉里·希夫的另一项研究表明，黑猩猩也表现出对不公平的厌恶。与卷尾猴一样，在类似的实验环境中，黑猩猩对奖赏中的不公平表现出消极反应。这项研究比对卷尾猴的研究更进一步，对公平行为的一些细微差别进行了初步研究。尽管黑猩猩对奖励水平的差异有反应，但它们似乎对努力水平的差异无动于衷。就像卷尾猴一样，黑猩猩在自己得到更高的奖励时似乎并不感到烦恼（它们没有表现出第二种形式的不公平厌恶）。此外，黑猩猩对不公平的反应程度也因社会环境的不同而不同，包括群体大小和亲缘关系。在长期存在且紧密联系的社会群体中，黑猩猩对不公平表现出更强的忍耐力。也许这是因为个体会追踪谁对谁做了什么，正如著名进化生物学家罗伯特·特里弗斯在他的互惠利他主义理论中所预言的那样，我们预计，这种社会行为模式会在个体成员长时间相处、长期存在的群体中出现。重要的是，每个人都要记住谁对谁做了什么，以及谁将来应该优先得到回报。

这些研究表明，正义是视情况而定的。在一种社会环境中被视为可以接受的，在另一种社会环境中可能不被接受。因此，为了更多地了解动物的正义，我们需要考虑行为表达的具体背景，例如群体的规模、社会关系的存续时间，以及群体成员身份的稳定性，这与非社会环境条件有关。一只鞋并不适合所有人。

问题研讨

1. 贝科夫和皮尔斯所说的社会性游戏中的自我设限是什么意思？他们认为这意味着什么？

2. 狗怎么表现出为自己的过失道歉的姿态？它们如何表示原谅？你见过类似的情况吗？

3. 第一种和第二种形式的不公平厌恶有什么区别？请详细描述。黑猩猩被证明有第一种，但似乎没有第二种，这对我们理解动物的认知和情感有什么意义呢？

4. 如果能证明动物像两位作者所说的那样具有道德感，这会如何影响我们对待动物的方式？

5. 在你看来，高度社会化的宠物（主要是狗）是否表现出了"动物道德感"？请详细描述。

《布雷耶大法官认为死刑不仅残酷，而且不寻常》

雷切尔·甘迪著，2015 年 7 月 2 日

这篇发表在《监狱政策倡议》上的文章的作者是雷切尔·甘迪，她当时是得克萨斯大学奥斯汀分校的研究生，计划于 2016 年毕业，她也是"监狱政策倡议"这个项目的志愿者。甘迪认为，布雷耶大法官反对死刑的论点说明，"残酷且不寻常"（cruel and unusual）这个废除死刑论者的观点，虽然通常被解释为"残酷到难以接受"（cruel beyond acceptance），但其实可以从字面意思上理解，因为死刑的确越来越少见。

周一，美国最高法院以微弱多数维持了一种用于执行死刑的药物的合宪性，但其中一位持异议的法官提出了一个更基本的问题：死刑本身合宪吗？在对格洛西普诉格罗斯案（Glossip v. Gross）裁决的异议意见中，斯蒂芬·布雷耶大法官激烈地指出，按照今天的社会标准，死刑残酷且不寻常。

为了证明死刑的残酷性，布雷耶法官回顾了三个关键论点。首先，死刑判决缺乏可靠性，因为死刑经常（错误地）被判给两类人：无辜的人和由于审判中的宪法错误而必须撤销定罪的人。令人震惊的是，法院和州长宣布被判处死刑的被告为无罪的可能性，是他们宣布未被判处死刑的被告为无罪的可能性的 130 倍。其次，死刑是武断的。布雷耶法官总结的证据表明，在决定人们是否会被判处死刑方面，种族、性别和地理因素往往比犯罪的严重程度更具影响力。再次，正当程序所需的长时间拖延既伤害了被告，也破坏了死刑判决的任何震慑或报应效果。

在我看来，布雷耶大法官的异议最耐人寻味的部分是他认为死刑不寻常的论点。他提供的数据表明，死刑在全国范围内已经失宠。例如，在过去 15 年中，被判处死刑的人数和被执行死刑的人数急剧下降。然后，布雷耶大法官通过计算居住在最近执行过死刑的州的美国居民的百分比，有力地说明了死刑已经变得多么罕见。[……]

可以肯定的是，民意调查显示人们在理论上始终支持死刑，但现实情况是，死刑很少被使用。今天，19 个州（以及哥伦比亚特区）已经正式废除了死刑，而在其余 31 个州，死刑也几乎不能被视为"寻常"的刑罚。

在法律上不禁止死刑的 31 个州中，超过三分之一的州自 2007 年以来没有执行过死刑。（因此，总共有 30 个州通过立法行动或按惯例废除了死刑。）自 2007 年以来，另有 9 个州执行的死刑少于 5 次。因此，只有在 11 个州里，死刑不被视为"不寻常"。这意味着 83% 的美国人口生活在死刑在法律或实践中不寻常的地方。

即使在 11 个死刑并非"不寻常"的州，死刑执行主要集中在 3 个州内。2014 年，美国 80% 的死刑执行发生在得克萨斯州、密苏里州和佛罗里达州，这些州的人口不到美国总人口的 17%。

最高法院的这一决定让人们注意到一场持续了数十年的争议，这场争议的焦点主要在于死刑的残酷性。然而，布雷耶大法官用他的异议改变了话题。他明确表示，宪法第八修正案的另一个要求正在被违反——死刑越来越不寻常，是时候重新考虑它的合宪性了。

问题研讨

1. 布雷耶大法官反对死刑的三个理由是什么？

2. 即使死刑的确变得不寻常，这是废除死刑的好理由吗？为什么？

3. 你能想到其他一些正在变得不寻常，但由于适用于极端情况而仍被保留下来的法律规定吗？

媒体伦理：《聚焦》

汤姆·麦卡锡导演兼编剧，乔希·辛格编剧
电影，2015 年，梗概

有很多关于不道德记者的电影，但这部电影中的记者做了通常被认为正确的事。2003 年，《波士顿环球报》获得了普利策公共服务奖。该奖项被授予该报"聚焦"专栏团队的调查记者，他们揭露，波士顿以及美国其他地方的一些天主教神父多年来一直虐待孩子，而教会通过将这些神父调到其他教区来掩盖罪行。基于真实故事的电影《聚焦》也获得了 2016 年奥斯卡最佳影片奖和最佳原创剧本奖。此处梗概的剧情线包含了对故事很重要的结局，因此以下有剧透。

故事开始于 2001 年年初；"聚焦"团队的编辑沃尔特（罗比）·罗宾逊见了他的新上司——《波士顿环球报》的新任主编马蒂·巴伦。巴伦来自佛罗里达，而不是波士顿，他对波士顿文化一无所知，甚至连棒球都不知道（比如红袜队，这是当地人常谈的话题）。在他们第一次见面时，巴伦说了一个关于波士顿律师米奇·加拉贝迪安的故事。加拉贝迪安声称，当地神父约翰·吉奥汉猥亵了 80 名儿童，巴伦希望"聚焦"团队能调查此案。调查可能涉及波士顿教区大主教伯纳德·劳。罗比·罗宾逊并不热心，因为他认为这个故事没有"生命力"，而且涉及非常敏感的领域——《波士顿环球报》有很多天主教读者；此外，"聚焦"还要忙着报道其他故事，每个故事都需要花费数月的时间进行调查。罗比觉得巴伦还不太理解"聚焦"的风格。但巴伦坚持这么做，"聚焦"团队的另一名成员迈克·雷森德斯试图采访代表受害儿童的律师。这名律师多疑、冷漠，但迈克逐渐让他敞开了心扉，部分

《波士顿环球报》的"聚焦"团队正在讨论一个敏感问题，即是否向公众披露神父猥亵儿童的事以及随后的掩盖行为。左起为：萨夏·法伊弗（雷切尔·麦克亚当斯饰）、迈克·雷森德斯（马克·鲁法洛饰）、马特·卡罗尔（布赖恩·达西饰）、罗比·罗宾逊（迈克尔·基顿饰）和小本·布拉德利（约翰·斯莱特里饰）。(Courtesy of Kerry Hayes/Open Road Films)

[© Open Road Films (II)/Photofest]

原因是他们作为移民家庭的成员，在某种程度上都游离在传统的波士顿家庭圈子之外。加拉贝迪安说，不这样的话什么也做不成——只能靠巴伦这样的局外人。迈克采访了其中一名受害者菲尔·萨维亚诺，他如今已经成年，也是 SNAP（神父虐待幸存者网站）的负责人。迈克从萨维亚诺那里了解到神父如何对待这些孩子，以及性虐待给孩子们带来的毁灭性经历和后果：萨维亚诺说，这不仅是身体上的虐待，也是精神上的虐待，常常导致自杀。

在调查中，"聚焦"小组发现另外四名波士顿神父在儿童虐待案件或传言出现后莫名其妙地搬到了本州其他地区或其他州。马蒂·巴伦本人采访了劳，劳间接地回答了所有的问题，并送给巴伦一份礼物——一本精装的教义问答。这有双重含义，因为巴伦是犹太人。

菲尔·萨维亚诺带他们找到了更多涉及丑闻的神父，"聚焦"团队现在认为丑闻真实存在，而且还在发生，而一名试图纠正恋童癖神父的前神父做出了一个让团队难以相信的估计：有 6% 的神父实际上侵害过儿童，受害者有男有女。这意味着仅在波士顿就有 90 名这样的神父。通过研究旧的档案，团队确实找到了 87 个名字，团队成员萨夏调查了各个神父，她发现这些故事背后还有很多故事，比如一个神父自己就是强奸受害者。但是，2001 年 9 月 11 日发生恐怖袭击后，人们所有的注意力都转向了纽约市和五角大楼。这个案子被搁置了六个星期。"聚焦"团队现在接触到了被教会偷走的公开法庭记录，这些记录显示劳在 1984 年就已经知道了吉奥汉的事。城市领袖们给《波士顿环球报》施压，要求不报道这件事——事实证明，历史似乎重演了，因为多年前，也就是 1995 年，《波士顿环球报》注意到了菲尔·萨维亚诺所说的这个故事，但选择将其忽略。但这一次，罗比继续前进，他听从巴伦的建议，不去针对神父，而是把矛头指向教会，指向大主教，因为大主教知道并掩盖了真相。最后，"聚焦"团队得到了巴伦的许可，可以在 2002 年新年之后发表报道。罗比成功地让教会的律师吉姆·沙利文证实了关于 70 名神父的报道。为什么罗比现在这么急着要把故事讲出来？因为早在 1995 年他就知道这件事，他就是拒绝报道萨维亚诺的故事的那个人。

在报纸印刷的过程中（在经典的好莱坞场景中，报纸卷轴在滚动，成堆的报纸在分发），我们看到了这个故事的一些影响。萨夏的天主教祖母读到了这个报道，她非常难过。即使是在周日，《波士顿环球报》的电话也不断响起，其他受害者打来电话，希望讲述自己的故事。

问题研讨

1. 引言中说，"聚焦"的记者做了正确的事。你同意吗？为什么？从康德和功利主义的角度来评价。

2. 你可能还记得第四章中关于犬儒主义的讨论。这个故事会让你觉得更愤世嫉俗吗？请说明。

3. 为什么这个故事让天主教徒和关心儿童及其安全的人非常震惊？为什么

这样的虐待可以持续这么长时间，那些神父和为他们掩盖的主教却没有被追究责任？

4. 猥亵儿童的神父是邪恶的吗？掩盖罪行的主教呢？参考第一章的讨论。

5. 这与教师或其他教会的神职人员虐待年轻学生的故事可以相提并论吗？在虐待儿童方面，是否有不同程度的邪恶？

商业伦理：《惊曝内幕》

埃里克·罗斯和迈克尔·曼编剧，迈克尔·曼导演

电影，1999年，基于自玛丽·布伦纳发表于杂志上的文章《知道太多的男人》改编，梗概

这部电影根据一个真实的故事改编，讲的是一个人决定基于对尼古丁成瘾性的专业认知，公开反对烟草公司。以第六章的讨论为背景，可以看出故事情节体现了两个人不计后果，为道德原则而行动的责任感。这个故事也和第七章中提到的对个人的尊重，以及消极和积极的权利（消极的言论自由权，积极的接受真实信息的权利）有关。在第八章的背景下，这也可以被理解为一个正直的人选择为正义而战的故事，即使结果可能会让他付出一切——类似于苏格拉底的故事。在这一章中，你可以选择把它看作关于商业伦理和媒体责任的故事：电视节目做调查报道是为了什么，是做生意还是为公众服务？烟草公司对顾客负有道德责任吗？

20世纪90年代中期的一天，杰弗里·维甘德早早下班回家。他的妻子得知他被解雇时吓坏了。他们的房子很贵，医疗开支很大：他们的大女儿有

哮喘，他的妻子不能去工作，因为必须有人照顾女儿以防她发作。维甘德原本是烟草巨头布朗威廉森公司负责研发的副总裁。他得到了一笔遣散费，但前景很严峻。随着故事的展开，我们才意识到情况将变得多么严峻，巧合的是，在纽约哥伦比亚广播公司的演播室里，《60分钟》的制片人洛厄尔·伯格曼正在整理一个关于烟草研究的故事，他给维甘德打了个电话。出乎意料的是，维甘德不愿与他交谈，但传真给了他一些神秘的信息，暗示自己也很想谈谈，但是与前公司有保密协议。后来，布朗威廉森的高管让维甘德知道，由于他们怀疑他违反了协议，他们希望他签署一份新的补充协议——如果他不签署，他将失去所有利益。现在维甘德非常愤怒，对布朗威廉森威胁到他的家人愤怒，也对伯格曼愤怒，他相信是伯格曼泄露了这件事。伯格曼从纽约飞到维甘德的家说服他，让维甘德相信自己是可以信任的，于是，维甘德把这个故事告诉了他：几年前，在一场有关烟草业和尼古丁的国会听证会上，来自烟草业的七名首席执行官（维甘德称他们为"七个小矮人"）做证称，尼古丁不是一种让人上瘾的物质。但维甘德知道这是假的。那他为什么要为烟草公司工作呢？因为薪水不错，医疗保险也很好，尽管他意识到这个行业的诚信是个问题。

　　《60分钟》的调查记者迈克·华莱士在影片的开头被介绍为一个正直的人，他提出了一个能让维甘德上他的节目的方法：如果维甘德在密西西比州的一起吸烟者诉讼案中被传唤为证人呢？这样他的声明就会被记录在案，他也可以绕过保密协议。于是伯格曼将维甘德和密西西比案件的原告律师联系在一起，与此同时，维甘德夫妇不得不搬出他们美丽的家，搬到一个更简朴的房子里。他开始了一份新职业，做高中科学教师，并强迫自己去适应这种情况，但他的妻子发现这种转变很难。后来，他们开始收到死亡威胁，于是维甘德决定将事情公之于众。

　　维甘德同意在《60分钟》接受华莱士的采访。在录音中，他透露，烟草公司的首席执行官们在声称尼古丁不会让人上瘾时做了伪证；他说，香烟是"尼古丁的传递工具"。此外，他还透露，布朗威廉森正在用化学方法提高尼古丁的含量，以便让大脑更快地吸收尼古丁，而他之所以被解雇，是因为他不肯保持沉默。迈克·华莱士问他是否宁愿自己没有揭露这样的事。维甘德说，如果再来一次，他还会这样做，因为他觉得值得。事情发展得很快，但以一种出乎他意料的方式：安保人员因为他受到威胁而搬进了他的家，而他的妻子带着孩子离开了他。妻子和孩子住在房子里，所以他不得不搬到旅馆住。虽然他在密西西比州的诉讼中做证，特别指出尼古丁是一种成瘾物质，但他的证词是保密的，公众无法获得。让《60分钟》的制作团队震惊的是，哥伦比亚广播公司的高管们要求他们剪掉维甘德的采访，声称广播公司可能会因为"侵权干扰"而被烟草公司起诉，侵权干扰即第三方干涉合同情况，给第一方（烟草公司）造成损害。

在《惊曝内幕》（试金石电影公司，1999年）的这一幕中，杰弗里·维甘德（拉塞尔·克罗饰）正在接受迈克·华莱士《60分钟》节目的采访。1998年，当维甘德和华莱士之间的真实采访播出时，影响是巨大的。维甘德向我们讲述了烟草公司不想让我们知道的关于尼古丁的内幕：它是一种让人上瘾的物质，而香烟是这种物质的传递工具。这部电影使用了模糊的图像（比如这张照片的前景）和镜像，效果非常好，这也许象征着真伪之间的对比。

伯格曼怒不可遏：为什么律师们能够决定《60分钟》的内容呢？这个调

查性新闻节目已经一次又一次地证明了它的正义性。到底是商业重要还是新闻重要？让伯格曼非常失望的是，华莱士退缩了：华莱士处于职业生涯的尾声，需要考虑自己能留下什么，于是他站在了公司律师一边。而烟草公司开始了一场诽谤维甘德的运动，挖掘能找到的任何旧秘密，比如一项被驳回的失窃指控，这样他就会名誉扫地。维甘德看着剪辑过、已没有实质性内容的采访播出，非常沮丧。伯格曼和维甘德都有太多顾忌：一个可能失去自尊和职业声誉，另一个则可能失去家庭甚至生命。与维甘德进行了一番先是激烈后又和缓的谈话后，伯格曼认为是时候孤注一掷了：他把事情透露给了《纽约时报》。当这个故事出现在报纸的头版时，华莱士改变了主意：他将播出最初的采访。哥伦比亚广播公司的高管试图主张，这个故事的热度只会持续 15 分钟，然后人们就会忘记它，但华莱士提醒他，好名声只会持续 15 分钟，而恶名会持续更长时间。杰弗里·维甘德在全国性的电视台上讲述了他自己的故事。节目播出后，洛厄尔·伯格曼离开了。被破坏的东西再也不能复原。

问题研讨

1. 将乔治对非道德商业的神话的分析应用在这个案例中：它适用于烟草公司吗？适用于哥伦比亚广播公司吗？为什么？

2. 将第十一章中的勇气标准应用到维甘德的例子中：他有身体上的勇气吗？有道德勇气吗？请说明。

3. 使用康德的第二条规则，即人永远不应该仅仅被用作达到目的的手段，来评价维甘德和伯格曼的行为。

4. 如果你处在杰弗里·维甘德的位置，你会怎么做？维甘德在履行他的"最近的责任"吗？这重要吗？

故事 3

死刑:《拼图人》

拉里·尼文著

短篇小说,1967 年,梗概

这部科幻小说探讨了一个 1967 年的大多数读者会觉得遥远的话题:器官非法交易。但现在,这不再遥远。在西方,关于人们醒来发现少了肾脏的故事可能只是"都市传说",但 2000 年,据报道一名 5 岁的男孩差点被他的祖母以 9 万美元的价格卖掉。尼文不仅对未来进行了推测,似乎还表达了对死刑的看法。故事中,年轻的刘易斯正在监狱里等待审判。他知道结果将是死刑。他们有足够的证据证明他有罪,当时很多人都被判有罪并被处决。故事发生在 21 世纪晚期(故事属于拉里·尼文的"已知空间"系列,该系列讲述的是地球和宇宙的未来史)。

在监狱里,刘易斯听说了一个可怕的故事:两个狱友讲述了他们的器官走私罪行。富人对移植器官的需求很大,愿意为非法获得的器官付大价钱。如何非法获取器官?绑架健康的人,杀害他们,然后出售他们的器官。刘易斯的一个狱友是绑架者,另一个是进行器官摘除的医生。他们都将被处以死刑。

在这个未来社会里,就没有合法的器官移植吗?当然有。那时,一种可以无限期地保持器官新鲜的方法已经被发明出来,总是有富有的接受者在等待救命的器官,但是需要器官的人总比能从意外事件中获得的器官要多。结果,另一种(从 20 世纪 90 年代开始)已经使用了近一个世纪的方法成为备选:一些人说,死刑犯的死亡对社会没有任何好处,所以应该要求他们用自己的器官为他人服务,以弥补他们生前所做的坏事。对死刑犯进行器官移植是惩罚制度的一部分,所以刘易斯的两个狱友知道等待他们的是什么:注射、立即冷冻、死亡和器官摘除。然而，社会需要的器官比死刑犯所能提供的要多。因此，在有些州，除了绑架者可以被处以死刑，其他罪行也加入了可以被判处死刑的清单。

突然，牢房里有了动静：两个狱友压在栏杆上，邀请刘易斯加入他们：他们即将自杀，所用的方法会让他们的器官无法进入器官库。医生的腿被掏空了一块，里面植入了一枚炸弹。在可怕的血腥场面中，两名囚犯被炸得粉身碎骨，外墙也同时炸开了。刘易斯设法从墙上的洞中挤了出去，但他离地面很远，离建筑物屋顶很近。在恐惧的驱使下，他设法上了屋顶，然后落在从监狱到相邻建筑的人行道上。他从那里跳到窗台上，打破一扇窗户后进入一间办公室。他忙着寻找伪装的办法，比如换衣服、剃须等等，此时他注意到自己所在的建筑是一家医院，罪犯被处决和被摘除器官的医院。他来到了器官库中，从一个房间走到另一个房间，试图找到一条出路，可是他被跟踪了，有镇静作用的音束击中了他。他绝望地环顾四周，意识到自己身处保存器官的容器之中，因为不想无意义地死亡，他抓住一把椅子，开始不停地砸那些容器，直到昏了过去。

最后一幕：刘易斯在法庭上，听取检察官和辩方对他的案件进行辩论；令他吃惊的是，没有人提到器官库。他们已经掌握了足够多对他不利的证据，额外的指控只是备用。刘易斯知道自己会死，但至少他曾经抵抗过。现在我们了解到刘易斯被指控并且证据确凿的罪名："州政府将证明沃伦·刘易斯·诺尔斯确实在两年的时间里故意闯了六次红灯。在同一时期，同一个沃伦·刘易斯·诺尔斯超过当地限速不少于 10 次，有一次超速 15 英里 / 时。"

问题研讨

1. 这个故事如何体现所谓滑坡论证？

2. 你认为从被执行死刑的囚犯身上摘取器官是正当的吗？请说明原因。

3. 这个故事批判的是惩罚的展望性还是回顾性理由？请说明。

4. 功利主义者会如何回应这个故事？义务论者会如何回应？请详细说明。

故事 4

死刑:《大卫·戈尔的一生》

查尔斯·伦道夫编剧,艾伦·帕克导演
电影,2003 年,梗概

这部电影被视为反对死刑的有力论证。然而,由于其出人意料的结局,它并不是一个单纯的废除死刑论证,还探索了人们对事业的忠诚。正因为如此,我概述了整个故事,包括结局,这是因为需要从结局的角度看开头,才能理解这个故事的寓意。

一家杂志社的调查记者接到了一个梦寐以求的任务:在一名死囚因谋杀罪被处决之前的几天,对他进行独家采访。这个名叫大卫·戈尔的囚犯之所以选择这位年轻记者,是因为她的名声:她曾因为不愿透露一篇报道的消息来源而在监狱里待了一周。所以戈尔知道,记者贝茜·布鲁姆具有坚韧和正直的品质。戈尔本人因强奸和谋杀康斯坦丝·哈拉韦而在得克萨斯州亨茨维尔监狱的死囚区待了六年。他现在已经用完了上诉权,离被处死只有三天了。他曾是奥斯汀大学的哲学教授,更重要的是,他曾是备受瞩目的废除死刑论者,是"死亡观察"组织的成员,曾在电视上与得克萨斯州州长就死刑进行辩论。现在,在沉默了六年之后,他想讲述自己的故事。贝茜第一次坐在大卫·戈尔的面前,在警卫的监视下,他对她说,死囚牢房里的人不再是一个人,而是一项罪行,他希望人们能记住他的一生,而不仅仅是他的死。他从一开始就声称自己是无辜的,但我们也感受到他认为自己是不可能活下去的——他接受了死亡。三天的采访用倒叙的方式让我们了解了他讲述的故事。(作为观众,我们应该记住,既然故事由他讲述,那么这个版本就是他希望我们相信的版本。)

在电影《大卫·戈尔的一生》中，大卫·戈尔（凯文·史派西饰）是一名哲学教授，他喜欢挑战自己的学生。他坚决主张废除死刑，并设法对辩论产生重大影响。这一幕是在影片的开头，他正在讲授备受争议的法国精神分析学家雅克·拉康的哲学。"问题研讨 5"探讨了影片的拉康式角度。

影片开头，我们看到哲学教授戈尔在讲授 20 世纪法国精神分析学家拉康的哲学，他总结了拉康的一个理论：我们不能在拥有幻想的同时还想要得到它——只有在欲望不被实现的时候，我们才会欲求它们。因此，做一个完整的人，就是要靠理想和思想生活，而不是靠愿望生活。"最后，我们衡量自己生命价值的唯一方法就是去珍惜他人的生命。"直到后来，观众才意识到，这就是戈尔人生目标的蓝图。

一个叫伯林的漂亮女学生在下课后接近他，她考试没有通过，愿意做"任何事情"以求通过。戈尔暗示性地低声对她说，他会给她打一个很好的分数，如果她愿意……努力学习。就在那天晚上，事情走向了丑恶的方向。大卫参加了一个学生和教授的聚会。他的小儿子和保姆在家里，而他的妻子在西班牙，显然是和情人在一起。在聚会上，伯林出现了，戈尔得知她因为不及格而被退学了——她勇敢地向戈尔表明，既然她已不再是学生，两人就可以自由发生关系了。戈尔喝醉了，他们在浴室发生了粗暴的性行为。第二天，他把这件蠢事告诉了他的好朋友康斯坦丝·哈拉韦，康斯坦丝也是教授，也是"死亡观察"组织的成员——后来成了谋杀受害者。康斯坦丝震惊于大卫的愚蠢，但她有更重要的事情要做：与州长的电视辩论快要开始了，但大卫还没有做好功课，他们需要找到无辜的男人或女人被处决的例子，而他们无法拿出证据来证明这一点。她说，在死囚牢里找到一个无辜的人只会证明这个制度是有效的——他们需要一个被处决的无辜者来迫使得克萨斯州暂停死刑。在辩论中，戈尔失去了冷静，被州长说到了痛处，因为他拿不出证据证明得克萨斯州有无辜的人被处决。但还有更糟糕的事：在演播室外，大卫·戈尔因强奸被捕，伯林指控他性侵。当大卫把这个故事讲给贝茜听时，我们听说这些指控最终被撤销了，伯林给他寄了一张明信片，信中她对这件事表示非常抱歉。但即便如此，后果也是毁灭性的：他丢掉了工作；他的妻子离开了他，带着儿子去了西班牙；他失去了房子，开始酗酒。在某个瞬间，我们看到他沦落为闹市区大街上的醉汉，大声抱怨他曾经在课堂上教过的希腊哲学家——苏格拉底很丑，柏拉图很胖，亚里士多德穿衣服很挑！然而，因为有机会得到儿子的监护权，他改过自新，参加了戒酒协会，找到了一份蓝领工作。他仍然是废除死刑论者，但最终，他还是被踢出了"死亡观察"组织——他成了累赘。最后的打击是他得知康斯坦丝患上了白血病，时日无多。

尽管贝茜为自己的客观而自豪，但她还是沉浸在大卫的故事中。两天前，她认为大卫有罪，应该被处死，但自从她和一名实习生去了康斯坦丝的房子（如今已变成一个阴森的博物馆），奇怪的事情开始发生。一个哥特打扮的女孩带着她四处参观，贝茜看到了厨房的布局，以及发现尸体的地板上的粉笔记号。当晚晚些时候，她在旅馆房间里发现了一盘录像带，里面有真实的死亡场景：康斯坦丝赤身裸体地躺在地板上，奄奄一息，戴着手铐，嘴上缠着胶带，脖子上绑着一个塑料袋——根据法庭的报告，手铐的钥匙在她胃里，在她死前被她吞了下去。贝茜现在确信戈尔是被陷害的，陷害他是为了让废除死刑论者看起来疯狂——但是我们也从实习生那里听说，如果不是戈尔的律师搞砸了，戈尔很可能会被判终身监禁。尽管如此，戈尔还是支持他，没有要求再请律师。

对戈尔的系列采访还在继续。在康斯坦丝生命的最后一天，她和大卫以哲学的方式谈论死亡。她并没有放弃，但是她很累，很害怕——她后悔没有多过一些性生活。大卫以他自己的方式爱着她，他们做爱——这就是为什么康斯坦丝在被发现的时候体内有他的精液。康斯坦斯的好朋友达斯特（戴着牛仔帽）也是废除死刑论者，他会时不时地出现，现在他也出现了。戈尔的故事中还有一个空白——他在镇上游荡，睡在自己的车里，然后因为强奸和谋杀康斯坦丝而被捕。

那天晚上发生了什么？在戈尔第二天被处决之前，贝茜能查出真相吗？她决心帮助他，但是他告诉她，她要救的不是他，而是他儿子对父亲的记忆。有时候，也许死亡是一份礼物……

贝茜开始行动。她和实习生一起回到康斯坦丝的家里，把自己放在受害者的位置上，进行一项实验——她铐上自己，在头上套上一个袋子。果然，过了一分钟，她开始挣扎；这不是一种可以平静对待的痛苦。手铐被解开后，她发现了线索：这是康斯坦丝自己干的，并不是大卫杀了她。但为什么要让它看起来像谋杀？因为"死亡观察"组织需要一个被处决的无辜者来推进其事业！对贝茜来说，达斯特是唯一可能的嫌疑人。她和实习生引诱达斯特离开他的家，彻底搜查了他的住所，找到了一盘录像带，上面写着给贝茜本人。这盘录像带中有整个死亡场景，在康斯坦丝死后，达斯特进入了画面，但这盘录像带本不打算在大卫被处决之前让贝茜看到。

贝茜拼命试图在大卫被处决之前赶到监狱；她及时赶到了吗？监狱外面的人群在号叫，"丑陋的面孔在尖叫着复仇"。但是大卫还是按计划被处决了——贝茜没能救下他。她悲痛欲绝地相信这就是结局，就像我们观众一样。但是有一个尾声：在举国上下的注视下，康斯坦丝的死亡录像成为新闻热点；很明显，一名无辜的男子已经被处决，关于得克萨斯州暂停死刑的辩论已经开始。正如一位评论家所说，大卫·戈尔在死亡中成就了他毕生的事业。但这是殉道者的死吗？贝茜收到了另一盘录像带——带着最后一幕的原始录像带。我们看到一个人走到摄像机前把它关掉，那个人就是大卫·戈尔。

问题研讨

1. 以我们对整个故事的理解，大卫自己拿走了带子意味着什么？在影片结尾的梗概中寻找线索。

2. 大卫是英雄，还是狡诈的同谋者？可以两者都是吗？还有其他可能吗？录像带的最后一幕是否破坏了大卫牺牲自己的意图？康斯坦丝决定用她自己的死亡来表明一个道德观点，对此你怎么看？

3. 这部电影是关于死刑的，关于信仰的，关于个人生命价值的，还是包含所有这些元素？说到底，这是一部这主张废除死刑的电影吗？实际上，我们应该支持谁？

4. 可以说大卫·戈尔相信目的（终结死刑）能证明手段（假装谋杀）正当吗？这意味着他是功利主义者吗？

5. 你可能会对法国精神分析学家雅克·拉康感兴趣。保利娜媒体研究中心主任罗丝·帕克特说，影片并不是随意提到拉康的，而是有更深层次的意义。在一篇题为《性、谎言和录像带：一个人生命的价值是什么》的文章中，她写道：

　　如果你熟悉语言学理论（说真的，没有听上去那么无聊），那么你就会发现《大卫·戈尔的一生》的剧本有更深层次的意义，展现出超越普通娱乐的智慧。为什么这么说？因为对拉康的引用使得这部电影成为一种邀请，让观众审视政府、新闻媒体、教会等权力机构用来交流的语言的结构、意义和价值。无论我们认为死刑是否合理，我们都有必要审视自己是如何得出这个结论的。思想和语言与我们在文化中生活的方式密不可分。正如（导演）艾伦·帕克所希望的那样，他的电影为我们提供了一个"空间"来审视和"解构"人类在社会中的地位，特别是与死刑有关的地位，以及我们到底有多"自由"。

帕克特的这段话有道理吗？这部电影会让我们重新审视关于我们是谁的思想和语言吗？如果你对拉康很熟悉，你可能会想讨论这个问题。

故事 5

讲述自己的故事：《真探》第一季

凯瑞·福永导演，尼克·皮佐拉托负责系列创作、编剧
HBO 电视剧，2014 年，梗概

HBO 电视剧《真探》打破了常规电视剧和迷你剧的模式，用八集讲述了一个故事。该剧第一季获得了金球奖最佳迷你剧或电视电影奖以及其他几个奖项。目前，它被公认为电视故事艺术的亮点。当然，我们不能在这里详细介绍一部八集的电视电影，所以在简要介绍之后，我们的焦点将集中于这一季的一个主题：拉斯特·柯尔对人生故事看法的变化。当然，以下梗概难免会有一些剧透。

拉斯特·柯尔（马修·麦康纳饰）正在向伙伴马蒂·哈特（伍迪·哈里森饰）发表存在主义独白，这发生在 HBO 剧集《真探》第一季的 1995 年时间线中。

（© HBO/Photofest）

故事有两条时间线：一条发生在 1995 年到 21 世纪初，另一条发生在
2012 年，我们可以在闪回中看到早期的事件。1995 年，拉斯特·柯尔和马
蒂·哈特是路易斯安那州的两名凶杀案侦探，他们调查了一起可怕的、祭祀
性质的当地妓女谋杀案。他们同时在调查一个小女孩的失踪案。在他们的调
查过程中，有其他妇女被谋杀，其他儿童失踪。他们锁定了可能的行凶者，
但这是否意味着案件已经解决？

2012 年，我们再次见到了这两名侦探，他们现在都不在警察局工作了。
马蒂·哈特是一名私家侦探，而拉斯特·柯尔，从他的外表判断，无家可
归。他们都被原来警区的警探拜访，看起来，马蒂是在被问话，问的是关于
拉斯特的事，而拉斯特则是在被讯问，这可能是因为发现了一些谋杀受害
者，说明 1995 年的连环仪式性谋杀可能又开始了。我们知道拉斯特经历了
一段非常糟糕的时期，在一次车祸中失去了女儿，有精神问题，在收容所待
了一段时间。很明显，他和马蒂不再是朋友，而且已经很久没有见面了。在
2012 年的时间线中，我们将跟随马蒂和拉斯特，看他们如何在不稳定的合作
中解决连环杀人案和失踪事件。

从一开始，拉斯特和马蒂就是截然不同的人：拉斯特是一个郁郁寡欢的
知识分子，更喜欢独处，而马蒂则外向、随和（但绝不是不聪明）。他们的
姓氏并非巧合：柯尔（Cohle）似乎天性冷漠，而哈特（Hart）友好而富有感
情——表面上如此。在第一集中，他们一起工作几个星期后开着车旅行，途
中马蒂问拉斯特是否可以告诉他关于自己的一些事情，比如他的想法，拉斯
特告诉了他更多的事情，在拉斯特的独白中，他谈起了生命的荒谬，以及个
人如何不重要，也就是说，我们通过讲述自己的故事来逃避没有意义的现实。

拉斯特："我认为自己是一个现实主义者，但从哲学上来说，我就
是所谓的悲观主义者。……我认为人类的意识是进化过程中的一个悲剧
性失误。我们变得太有自我意识了。自然创造了一个脱离自然、按照自
然法则来说不应存在的生物。……我们是在以为拥有自我的幻觉下工

作的东西；这些感官经验得出的东西以及全然的自信让我们每个人都觉得自己是个人物，而实际上每个人都是无名之辈。值得做的事情是拒绝程序化的生存，停止繁殖，在最后一个午夜，选择退出这种原始生存状态，与兄弟姐妹们携手同行，走向灭亡。"

马蒂："那么，早上起床又有什么意义呢？"

拉斯特："我告诉自己，我出庭做证，但这明显只是我的程序化反应，而我缺乏自杀的程序。"

在拉斯特透露出可怕的内心想法之后，马蒂建议汽车变成"沉默区"，因为他无法忍受拉斯特的态度。

之后，在第五集，拉斯特用尼采式的独白发展了他关于生命没有意义的理论，他认为一切都在无休止地重复。每件事都是相同者的永恒轮回（见第十章），之前有过的所有行为和感受都将再次发生。我们注定处于永恒轮回之中，我们讲的所有故事都是为了让自己感觉我们拥有自由意志，可以逃离轮回。（拉斯特在这里并没有表现出尼采式的对于轮回的接受，而只有绝望。）

但在最后一集里，拉斯特变了个人。他有过一段经历，这段经历让他摒弃了对生命的虚无主义看法，变得完全不同。他仍然保持着过去那种不顾一切的态度，但我们现在看到的是，有很深的感情隐藏于其中（而在剧中，马蒂却在私人关系中表现得冷酷无情）。临近死亡时，拉斯特发现了生命更深层次的意义：他感受到女儿和父亲这两个他最爱却又失去的人与他同在，他也感受到一种深深的爱在包围着他。从死亡的边缘回来后，他觉得自己又迷失了，又孤单了，这个世界的邪恶和它永无止境的罪行让他苦恼。但是马蒂提醒他，拉斯特年轻时在阿拉斯加的时候，常常仰望星空，编出关于星星的故事，寻找联系。拉斯特回答说："只有一个故事。最古老的故事。光对抗黑暗。"马蒂抬头看着星星，愤世嫉俗地说，在他看来，黑暗似乎有更多的领地。但拉斯特回应说，黑暗曾经无处不在，但在他看来，光明正在取得胜利。

约翰·斯坦贝克（见第四章）在他的小说《伊甸之东》中写过类似的话：*世界上只有一个故事，善恶的故事*。因此我们又回到了善与恶的主题上，回到了讲故事的主题上。《真探》讲述的终极故事是正义与邪恶、光明与黑暗的对决。这就是我们告诉彼此以及自己的故事所暗示的一切吗？光明会胜利吗？你来评判吧。

问题研讨

1. 在第一集中，拉斯特在 1995 年是如何讲述他自己的故事的？ 2012 年，在第八集中，他又怎么说呢？他得出的新的意义是什么？拉斯特是"找到了宗教信仰"，还是找到了别的什么？ 1995 年的拉斯特会对这一点说什么？你会如何评价这两个不同的版本？

2. 回到第十章，重读关于尼采的部分。拉斯特在那个时候是尼采的信徒吗？为什么？

3. 如果你看过这八集，你可以在这里补上缺失的信息：马蒂和拉斯特为什么会闹翻，这揭示了两人怎样的个人伦理观？

4. 在你看来，我们应该如何讲述自己的故事？有没有我们应该关注的规则？

部分参考文献

非虚构作品

Ammitzbøll, Marianne. *Den skjulte skat.* Copenhagen: Olivia, 1995.

Aristotle. *Nichomachean Ethics.* In *Introduction to Aristotle,* edited by Richard McKeon, translated by W. D. Ross. New York: Random House, 1947.

———. *Poetics.* In *Introduction to Aristotle,* edited by Richard McKeon, translated by Ingram Bywater. New York: Random House, 1947.

Austin, Jonathan D. "U.N. Report: Women's Unequal Treatment Hurts Economies." CNN.com, September 20, 2000.

Badinter, Elisabeth. *The Unopposite Sex.* Translated by Barbara Wright. New York: Harper & Row, 1989.

Beauvoir, Simone de. *The Ethics of Ambiguity.* Translated by Bernard Frechtman. New York: Philosophical Library, 1948.

———. *The Second Sex.* Translation by Constance Borde and Sheila Malovany-Chevallier. New York: Knopf, 2009.

Bedau, Hugo A., ed. *Justice and Equality.* Englewood Cliffs, N.J.: Prentice-Hall, 1971.

Bekoff, Marc, and Pierce, Jessica, *Wild Justice: The Moral Lives of Animals.* Chicago: University of Chicago Press, 2009.

Belenky, Mary Field, et al. *Women's Ways of Knowing.* New York: Basic Books, 1986.

Belsey, Andrew, and Chadwick, Ruth. "Ethics as a Vehicle for Media Quality." In *The Media and Morality,* edited by Robert M. Baird, William E. Loges, and Stuart E. Rosenbaum. New York: Prometheus Books, 1999.

Benedict, Ruth. "Anthropology and the Abnormal." *Journal of General Psychology* 10 (1934).

Bentham, Jeremy. *Principles of Morals and Legislation.* In *The Utilitarians.* New York: Anchor Books, 1973.

———. *The Works of Jeremy Bentham,* vol. 2. Edited by John Bowring. Edinburgh, 1838–43.

Berger, Fred. "Gratitude." In *Vice and Virtue in Everyday Life,* edited by Christina Hoff Sommers and Fred Sommers. Fort Worth: Harcourt Brace Jovanovich, 1985.

Bernasconi, Robert, and Wood, David, eds. *The Provocation of Levinas.* New York: Routledge, 1988.

Berteaux, John. "Defining Racism in the 21st Century." *Monterey Herald,* January 17, 2005.

———. "Unheard, Unseen, Unchosen." *Monterey Herald,* March 6, 2006.

Bok, Sisela. *Strategy for Peace.* New York: Random House, 1989.

Billinghurst, Jane. *Grey Owl: The Many Faces of Archie Belaney.* Vancouver/Toronto 1999: GreyStone Books.

Bonevac, Daniel, ed. *Today's Moral Issues.* Mountain View, Calif.: Mayfield, 1992.

Bonevac, Daniel, et al., eds. *Beyond the Western Tradition.* Mountain View, Calif.: Mayfield, 1992.

Booth, Wayne C. *The Company We Keep.* Berkeley: University of California Press, 1988.

———. "Why Ethical Criticism Fell on Hard Times." In *Ethics: Symposium on Morality and Literature* 98, no. 2 (January 1988). Chicago: University of Chicago Press.

Boss, Judith A. *Ethics for Life.* Mountain View, Calif.: Mayfield, 1998.

"Boy Sentenced to Watch *Saving Private Ryan.*" Associated Press, August 20, 1998.

Brickhouse, Thomas B., and Smith, Nicholas D. *Socrates on Trial.* Princeton, N.J.: Princeton University Press, 1989.

The Cambridge Companion to John Stuart Mill. Edited by John Skorupski. New York: Cambridge University Press, 1998.

Carmody, Denise Lardner, and Carmody, John Tully. *How to Live Well: Ethics in the World Religions.* Belmont, Calif.: Wadsworth, 1988.

Chan, W., ed. *A Source Book in Chinese Philosophy.* Princeton, N.J.: Princeton University Press, 1963.

Chandler, Raymond. "The Simple Art of Murder." *Atlantic Monthly,* January 1945.

Cohen, Carl. "The Case for the Use of Animals in Biomedical Research." *New England Journal of Medicine* 315 (October 2, 1986).

Confucius. *The Analects.* New York: Dover, 1995.

Coren, Stanley. *The Intelligence of Dogs.* New York: Macmillan, 1994.

Dawkins, Richard. *The God Delusion.* New York: Houghton Mifflin, 2006.

———. *The Selfish Gene.* Oxford: Oxford University Press, 1976, 1989, 2006.

De George, Richard T. *Business Ethics.* New York: Macmillan, 1990.

Donn, Jeff. "Company Says It Cloned Human Embryo." Associated Press, November 25, 2001.

Douglas, John, and Olshaker, Mark. *Obsession.* New York: Scribner, 1998.

Dworkin, Andrea. *Right-Wing Women.* New York: Perigree, 1993.

Dworkin, Ronald. *Taking Rights Seriously.* Cambridge, Mass.: Harvard University Press, 1977.

———. "What Is a Good Life?" *The New York Review of Books,* February 10, 2011.

"Editor Sacked over Fake Photos." *The Globe and Mail.* May 15, 2004.

Ehrenburg, Ilya. "Bøger." In *Evige Tanker,* edited by Anker Kierkeby. Copenhagen: Westmans Forlag, 1951.

The Elder Edda. A selection translated from the Icelandic by Paul B. Taylor and W. H. Auden. London: Faber and Faber, 1973.

Encyclopedia of Ethics. Edited by Lawrence C. Becker and Charlotte B. Becker. New York: Garland, 1992.

English, Jane. "What Do Grown Children Owe Their Parents?" In *Having Children: Philosophical and Legal Reflections on Parenthood,* edited by Onora O'Neill and William Ruddick. New York: Oxford University Press, 1979.

Erikson, Erik. *Childhood and Society.* New York: Norton, 1964.

Ethics as First Philosophy: The Significance of Emmanuel Levinas. Edited by Adriaan T. Peperzak. New York: Routledge, 1995.

Ethics for Military Leaders I—II. Edited by Aine Donovan, Donald E. Johnson, George R. Lucas, Jr., Paul E. Rousch, and Nancy Sherman. American Heritage Christian Publishing, 1997.

Ethics, Literature, Theory. Edited by Stephen George. Lanham, Md.: Rowman & Littlefield, 2005.

Existentialism from Dostoyevsky to Sartre. Edited by Walter Kaufman. New York: Meridian Publishing Company, 1989.

Feinberg, Joel. "Psychological Egoism." In *Ethical Theory,* edited by Louis P. Pojman. Belmont, Calif.: Wadsworth, 1989.

———. "The Rights of Animals and Unborn Generations." In *Philosophy and Environmental Crisis,* edited by William T. Blackstone. Athens: University of Georgia Press, 1974.

Feinigstein, Alan. "Milgram's shock experiments and the Nazi perpetrators: A contrarian perspective on the role of obedience pressures during the Holocaust." *Theory & Psychology* October 2015 vol. 25 no. 5

Foot, Philippa. *Virtues and Vices.* Berkeley: University of California Press, 1978.

Freeman, Derek. *The Fateful Hoaxing of Margaret Mead.* Boulder, Colo.: Westview Press, 1999.

Friedman, Marilyn. "Feminism and Modern Friendship: Dislocating the Community." *Ethics* 99 (1989), University of Chicago Press.

Fuhrman, Mark. *Death and Justice: An Exposé of Oklahoma's Death Row Machine.* New York: HarperCollins 2003.

———. *Murder in Spokane.* New York: HarperCollins, 2001.

Furrow, Dwight. *Reviving the Left: The Need to Restore Liberal Values in America.* Amherst, NY: Prometheus Books, 2009.

Game of Thrones and Philosophy. Edited by Henry Jacoby. Hoboken: Wiley, 2012.

Genovese, E. N. *Mythology: Texts and Contexts.* Redding, Calif.: C.A.T. Publishing, 1991.

George, Stephen. "The Ethical Dimensions of Richard Wright's *Native Son.*" In *Ethics, Literature, Theory,* edited by Stephen George. Lanham, Md.: Rowman & Littlefield, 2005.

Gilligan, Carol. *In a Different Voice.* Cambridge, Mass.: Harvard University Press, 1982.

Gleason, Kristin. *Anahareo: A Wilderness Spirit.* Tucson, AZ: Fireship Press.

Glenn, Linda MacDonald. "Ethical Issues in Genetic Engineering and Transgenics." June 2004. Retrieved January 13, 2005, from http://actionbioscience.org /biotech/glenn.html.

Gonzales, John Moreno. "Shacks, Tidy Yards and Tight-Lipped Neighbors Surround the Long-Time Home of a Suspect in the Killings of 3 Civil Rights Workers 40 Years Ago." Newsday.com, Jan. 10, 2005.

Graves, Robert. *The Greek Myths.* 2 vols. Penguin, 1960.

Grey Owl. *The Men of the Last Frontier* (1931). Dundurn, reprint edition. 2011.

Gross, Hyman. *A Theory of Criminal Justice.* New York: Oxford University Press, 1979.

Guillo, Karen. "Study Finds No Death Penalty Bias." Associated Press, June 7, 2001.

Gyekye, Kwame. *An Essay on African Philosophical Thought: The Akan Conceptual Scheme.* New York: Cambridge University Press, 1987.

Habermas, Jürgen. *The Future of Human Nature.* Polity Press, 2003.

Hallie, Philip. "From Cruelty to Goodness." In *Vice and Virtue in Everyday Life,* edited by Christina Hoff Sommers and Fred Sommers. Fort Worth: Harcourt Brace Jovanovich, 1985, 1989.

———. *Tales of Good and Evil, Help and Harm.* New York: HarperCollins, 1997.

Harris, C. E., Jr. *Applying Moral Theories.* Belmont, Calif.: Wadsworth, 1986.

Hart, Richard E. "Steinbeck, Johnson, and the Master-Slave Relationship." In *Ethics, Literature, Theory,* edited by Stephen George. Lanham, Md.: Rowman & Littlefield, 2005.

Heidegger, Martin. *Being and Time.* Translated by John Macquarrie and Edward Robinson. New York: Harper & Row, 1962.

Herodotus. *The Histories.* Translated by Aubrey de Sélencourt. New York: Penguin Books, 1996.

Hertel, Hans. *Verdens litteraturs historie,* vols. 1–7. Copenhagen: Gyldendal, 1985–93.

Hinman, Lawrence. *Ethics, A Pluralistic Approach.* Austin: Harcourt Brace, 1993.

Hobbes, Thomas. *English Works.* Vol. 3. Edited by Sir W. Molesworth. London: J. Bohn, 1840.

Hohlenberg, Johannes. *Søren Kierkegaard.* Copenhagen: Aschehoug Dansk Forlag, 1963.

David Hume. *An Enquiry Concerning the Principles of Morals.* Oxford: Oxford Clarendon, 1957.

———. *An Enquiry Concerning the Principles of Morals.* In *Enquiries Concerning Human Understanding and Concerning the Principles of Morals,* 3rd ed., edited by L. A. Selby-Bigge, revised by P. H. Nidditch. Oxford: Clarendon, 1975.

Johnson, Charles. "The Education of Mingo," 1977. *The Sorcerer's Apprentice.* New York: Macmillan, 1986.

Kalin, Jesse. "In Defense of Egoism." In *Ethical Theory,* edited by Louis P. Pojman. Belmont, Calif.: Wadsworth, 1989.

Kant, Immanuel. *Grounding for the Metaphysics of Morals.* Translated by James W. Ellington. Indianapolis: Hackett, 1981.

———. *The Metaphysics of Morals.* Introduction, translation, and notes by Mary Gregor. Cambridge: Cambridge University Press, 1991.

———. "On the Distinction of the Beautiful and Sublime in the Interrelation of the Two Sexes." In *Philosophy of Woman,* edited by Mary Briody Mahowald. Indianapolis: Hackett, 1983.

Kaplan, Alice. "The Trouble with Memoir." *Chronicle of Higher Education,* December 5, 1997.

Kearney, Richard. *Dialogues with Contemporary Continental Thinkers: The Phenomenological Heritage.* Manchester: Manchester University Press, 1984.

Kellogg, Davida E. "Jus Post Bellum: The Importance of War Crimes Trials." *Parameters,* Autumn 2002.

Kemp, Peter. *Das Unersetzliche: Eine Technologie-Ethik.* Berlin: Wichen-Verlag, 1992.

———. "Etik og narrativitetens tre niveau'er." *Psyke & Logos,* Copenhagen, no. 1, vol. 17.

————. "Social Justice." In *The Good Society: Essays on the Welfare System at a Time of Change,* edited by Egon Clausen. Copenhagen: Ministry of Social Affairs, 1995.

Kemp, Peter, Lebech, Mette, and Rendtorff, Jacob. *Den bioetiske vending.* Copenhagen: Spektrum/Forum Publishers, 1997.

Kierkeby, Anker, ed. *Evige Tanker.* Copenhagen: Westmans Forlag, 1951.

Kierkegaard, Søren. *Enten-Eller. Anden Deel.* Copenhagen: H. Hagerup's Forlag, 1950.

————. *Johannes Climacus* (written 1842–43, first published 1912). Copenhagen: Gyldendal, 1967.

Kimmel, Michael. "A War Against Boys?" *Dissent Magazine,* Fall 2006.

Kittay, Eva Feder, and Meyers, Diana T., eds. *Women and Moral Theory.* Savage, Md.: Rowman & Littlefield, 1987.

Körner, Stephan. *Kant.* Harmondsworth, England: Penguin, 1955.

Kurtz, Stanley. "Free Speech and an Orthodoxy of Dissent." *Chronicle of Higher Education,* October 26, 2001.

Leake, Jonathan. "Scientists Teach Chimpanzee to Speak English." *The Sunday Times,* UK, July 25, 1999.

Le Guin, Ursula K. "It Was a Dark and Stormy Night." In *On Narrative,* edited by J. I. Mitchell. Chicago: University of Chicago Press, 1981.

Lehrer, Johan. "Hearts and Minds." *The Boston Globe,* April 29, 2007.

Leopold, Aldo. *A Sand County Almanac.* New York: Oxford University Press, 1987.

Lerner, Gerda. *The Creation of Feminist Consciousness.* New York: Oxford University Press, 1993.

————. *The Creation of Patriarchy.* New York: Oxford University Press, 1986.

Levin, Richard. *The Question of Socrates.* New York: Harcourt, Brace & World, 1961.

Levinas, Emmanuel. *Ethics and Infinity: Conversations with Philippe Nemo.* Pittsburgh: Duquesne University Press, 1985.

Lifton, Robert Jay, and Mitchell, Greg. *Who Owns Death? Capital Punishment, the American Conscience, and the End of Executions.* New York: Morrow, 2000.

Lin Yutang. *The Importance of Living.* London: Heinemann, 1937.

Lloyd, Genevieve. *The Man of Reason.* Minneapolis: University of Minnesota Press, 1984.

Locke, John. *Second Treatise on Government.* 1823. Works, 10 vols. London. Reprint, Germany: Scientia, Verlag Aalen, 1963.

MacIntyre, Alasdair. *After Virtue.* Notre Dame, Ind.: University of Notre Dame Press, 1981, 1984.

Mackie, J. L. *Ethics: Inventing Right and Wrong.* New York: Penguin, 1977.

Mahowald, Mary Briody, ed. *Philosophy of Woman.* Indianapolis: Hackett, 1983.

Malinowski, Bronislaw. "Myth in Primitive Psychology." In *Magic, Science, and Religion.* Garden City, N.Y.: Doubleday Anchor, 1954.

Maltin, Leonard. *Leonard Maltin's TV Movies and Video Guide.* New York: Signet, 1996, 2012.

Mappes, Thomas A., and Zembaty, Jane S., eds. *Social Ethics.* 4th ed. New York: McGraw-Hill, 1992.

Mayo, Bernard. "Virtue or Duty?" In *Vice and Virtue in Everyday Life,* edited by Christina Hoff Sommers and Fred Sommers. Fort Worth: Harcourt Brace Jovanovich, 1985, 1989.

McCormick, Patrick T. "Adult Punishment Doesn't Fit the Underage Criminal." *Spokesman-Review,* September 4, 2001.

McLemee, Scott. "What Makes Martha Nussbaum Run?" *Chronicle of Higher Education,* October 5, 2001.

Medlin, Brian. "Ultimate Principles and Ethical Thought." In *Ethical Theory,* edited by Louis P. Pojman. Belmont, Calif.: Wadsworth, 1989.

Mencius. Translated by D. C. Lau. Harmondsworth, England: Penguin, 1970.

Mill, Harriet Taylor. "Enfranchisement of Women." In *Philosophy of Woman,* 3rd ed., edited by Mary Mahowald. Indianapolis: Hackett, 1994.

Mill, John Stuart. *Autobiography.* New York: Columbia University Press, 1924.

————. *On Liberty.* In *The Utilitarians.* New York: Anchor Books, 1973.

————. *The Subjection of Women.* Cambridge, Mass.: MIT Press, 1970.

————. *Utilitarianism.* In *The Utilitarians.* New York: Anchor Books, 1973.

Mitchell, J. I., ed. *On Narrative.* Chicago: University of Chicago Press, 1981.

"Moderates, Liberals Hear Call to Morality Debate." *Los Angeles Times,* November 10, 2004.

Moral Philosophy of John Steinbeck. Edited by Stephen George. Lanham, Md.: Scarecrow Press, 2005.

Morality in Criminal Justice. Edited by Daryl Close and Nicholas Meier. Belmont, Calif.: Wadsworth, 1995.

Morlin, Bill, and White, Jeanette. *Bad Trick: The Hunt for Spokane's Serial Killer.* Spokane, Wash.: New Media Ventures, 2001.

Mulhauser, Dana. "National Group Rallies Students Who Question Campus Feminism." *Chronicle of Higher Education,* October 5, 2001.

Nathanson, Stephen. *An Eye for an Eye? The Morality of Punishing by Death.* Savage, Md.: Rowman & Littlefield, 1987.

————. "In Defense of 'Moderate Patriotism,'" *Ethics,* vol. 99 (April 1989).

Nestle, Marion, and Nesheim, Malden. "Who Knew? Melamine, the Not-So-Secret Ingredient." *BARK: The Modern Dog Culture Magazine,* April 2008.

"News Media's Credibility Crumbling." *Insight Magazine/World Net Daily,* May 8, 2004.

Nietzsche, Friedrich. *Beyond Good and Evil.* Translated by Helen Zimmern. Riverside, N.J.: Macmillan, 1911.

————. *On the Genealogy of Morals.* Translated by Walter Kaufmann and R. J. Hollingdale. New York: Random House, 1969.

Nozick, Robert. *Anarchy, State and Utopia.* Basic Books, 1974.

Nussbaum, Martha. *Hiding from Humanity: Disgust, Shame, and the Law.* Princeton: Princeton University Press, 2004.

————. *Love's Knowledge.* New York: Oxford University Press, 1990.

"N.Y. Times Uncovers Dozens of Faked Stories by Reporter."
Washington Post, May 11, 2003.

O'Brian, William. *The Conduct of Just and Unjust War.*
Westport, Conn.: Praeger Publishers, 1981.

Oden, Thomas C., ed. *Parables of Kierkegaard.* Princeton,
N.J.: Princeton University Press, 1978.

Orend, Brian. "Justice After War." *Ethics & International
Affairs,* vol. 16.1 (Spring 2002).

Orenstein, Peggy. "What's Wrong with Cinderella?" *New York
Times Magazine,* December 24, 2006.

Packe, Michael St. John. *The Life of John Stuart Mill.* New
York: Capricorn, 1954.

Plato. *Apology.* In *Dialogues of Plato.* Translated by
Benjamin Jowett. New York: Washington Square
Press, 1968.

———. *Plato's Phaedrus.* Translated by W. C. Helmbold and
W. G. Rabinowitz. New York: The Liberal Arts Press, 1956.

———. *The Republic.* Translated by G. R. U. Grube.
Indianapolis: Hackett, 1974.

———. *The Republic of Plato.* Translated by Francis MacDonald
Cornford. London: Oxford University Press, 1945.

Pojman, Louis P., ed. *Ethical Theory.* Belmont, Calif.:
Wadsworth, 1989.

Potts, Malcolm, "RU-486: Termination of a Pregnancy in
the Privacy of One's Home." *North Carolina Medical
Journal* Vol. 50, n.10, October 1989.

Prinz, Jesse J. "Is Empathy Necessary for Morality?" In
Empathy: Philosophical and Psychological Perspectives,
edited by Amy Coplan and Peter Goldie. Oxford
University Press, 2011.

Punishment and the Death Penalty: The Current Debate. Edited
by Robert M. Baird and Stuart E. Rosenbaum. New York:
Prometheus, 1995.

Race and the Enlightenment: A Reader. Edited by Emmanuel
Chukwudi Eze. Oxford: Blackwell, 1997.

Rachels, James. *The Elements of Moral Philosophy.* New York:
Random House, 1986, 1999.

———. *Problems from Philosophy.* The McGraw-Hill
Companies, Inc., 2005.

Rand, Ayn. "The Ethics of Emergencies," "Man's Rights." In
The Virtue of Selfishness. New York: Penguin, 1964.

Rawls, John. "Justice As Fairness." *Philosophical Review* 67
(April 1958).

———. *The Law of Peoples.* Cambridge, Mass.: Harvard
University Press, 2001.

———. "Two Concepts of Rules." *Philosophical Review* 1–13,
1955.

Rendtorff, Jacob Dahl, and Kemp, Peter. *Basic Ethical
Principles in European Bioethics and Biolaw.* Vol.
1, *Autonomy, Dignity, Integrity and Vulnerability.*
Copenhagen: Centre for Ethics and Law, and Barcelona:
Institut Borja de Bioètica, 2000.

Rescher, Nicholas. *Distributive Justice.* Indianapolis:
Bobbs-Merrill, 1966.

Ricoeur, Paul. *Interpretation Theory.* Fort Worth: Texas
Christian University Press, 1976.

———. "Narrative Time." In *On Narrative,* edited by J. I.
Mitchell. Chicago: University of Chicago Press, 1981.

———. *Time and Narrative.* 3 vols. Chicago: University of
Chicago Press, 1985–1989.

Rosenstand, Nina. "Arven fra Bergson: En Virknings-historie."
In *Den Skapende Varighet,* edited by Hans Kolstad. Oslo,
Norway: H. Aschehoug & Co., 1993.

———. "Everyone Needs a Stone: Alternative Views of
Nature." In *The Environmental Ethics and Policy Book,*
2nd ed., edited by Donald VanDeVeer and Christine
Pierce. Belmont, Calif.: Wadsworth, 1998.

———. *The Human Condition: An Introduction to Philosophy
of Human Nature.* New York: McGraw-Hill, 2002.

———. "Med en anden stemme: Carol Gilligans etik." In
Kvindespind—Kønsfilosofiske Essays, edited by Mette
Boch et al. Aarhus, Denmark: Forlaget Philosophia, 1987.

———. *Mytebegrebet.* Copenhagen: Gads Forlag, 1981.

———. "Myths and Morals: Images of Conduct, Character,
and Personhood in the Native American Tradition."
In *Tribal Mythologies,* edited by Helmut Wautischer.
Aldershot: Ashgate, 1998.

———. "Stories and Morals." In *Ethics, Literature, Theory,*
edited by Stephen George. Lanham, Md.: Rowman &
Littlefield, 2005.

Rousch, Paul E. "Justification for Resort to Force." In *Ethics
for Military Leaders,* edited by Aine Donovan, David
E. Johnson, George R. Lucas, Jr., Paul E. Rousch,
and Nancy Sherman. American Heritage Christian
Publishing, 1997.

Rousseau, Jean-Jacques. *Confessions.* Baltimore: Penguin
Books, 1954.

———. *On the Social Contract.* Translated by Donald A.
Cress. Indianapolis: Hackett, 1983.

Ruth, Sheila, ed. *Issues in Feminism.* Mountain View, Calif.:
Mayfield, 1998.

Sapontzis, Steve F. "The Moral Significance of Interests."
Environmental Ethics, Winter 1982.

Sartre, Jean-Paul. Excerpt from *Being and Nothingness.* In
*Reality, Man and Existence: Essential Works of
Existentialism,* edited by H. J. Blackham. New York:
Bantam, 1965.

———. "Existentialism Is a Humanism." In *Existentialism
from Dostoyevsky to Sartre,* edited by Walter Kaufmann.
Translated by Philip Mairet. New York, Meridian
Publishing Company, 1989.

Savage-Rumbaugh, Sue, and Lewin, Roger. *Kanzi: The Ape at
the Brink of the Human Mind.* New York: Wiley, 1994.

Schmidt, Kaare. *Film-historie, kunst, industri.* Copenhagen:
Gyldendal, 1995.

Schneewind, J. B. "The Misfortunes of Virtue." *Ethics* 101,
October 1990. Chicago: University of Chicago Press,
1990.

Schwartz, Theodore. "Cult and Context: The Paranoid Ethos in
Melanesia," *Ethos, Journal of the Society for Psychologi-
cal Anthropology*, June 1973.

Seligson, Amber Levanon, and Choi, Lauri. "Critical Elements
of an Organizational Ethical Culture." *Ethics Resource
Center Research Report,* 2006.

Shaw, William H. *Morality and Moral Controversies.*
Englewood Cliffs, N.J.: Prentice-Hall, 1981.

Singer, Isaac Bashevis. *"A Piece of Advice"* The Spinoza of
Market Street and Other Stories. Farrar, Straus and
Giroux, 1979, New York, NY.

Singer, Peter. *The Expanding Circle.* Farrar, Straus and Giroux,
1981.

———. "A Convenient Truth." From *the New York Times,* January 26, 2007.

———. "If Fish Could Scream." From *Project Syndicate,* September 10, 2010.

Sommers, Christina Hoff. "Teaching the Virtues." *Imprimis.* Hillsdale College, Michigan, November 1991.

———. *The War Against Boys.* New York: Touchstone, Simon & Schuster, 2000.

———. *Who Stole Feminism?* New York: Simon & Schuster, 1994.

Sommers, Christina Hoff, and Sommers, Fred, eds. *Vice and Virtue in Everyday Life.* Fort Worth: Harcourt Brace Jovanovich, 1985, 1989.

Steifels, Peter. "Emmanuel Levinas, 90, French Ethical Philosopher." Obituary, *New York Times,* December 27, 1995.

Steinbeck, John. "Paradox and Dreams." *America and Americans.* New York: Viking Press, 1966.

Steindorf, Sara. "A Novel Approach to Work." *Christian Science Monitor,* January 29, 2002.

Stone, I. F. *The Trial of Socrates.* New York: Doubleday, 1988.

Stone, Oliver, and Sklar, Zachary. *JFK: The Book of the Film.* New York: Applause Books, 1992.

Tannen, Deborah. *The Argument Culture.* New York: Random House, 1998.

———. *That's Not What I Meant!* New York: Ballantine, 1986.

———. *You Just Don't Understand.* New York: Morrow, 1990.

Taylor, Mark C. *Journeys to Selfhood: Hegel & Kierkegaard.* Berkeley: University of California Press, 1980.

Taylor, Paul W. *Principles of Ethics: An Introduction.* Belmont, Calif.: Wadsworth, 1975.

Taylor, Richard. *Good and Evil.* New York: Prometheus, 2000.

2004 Child Fatality Report. State of Washington Office of the Family and Children's Ombudsman, May 30, 2006.

Tyre, Peg. "The Trouble with Boys." *Newsweek,* January 30, 2006.

"USA TODAY Editor Resigns After Reporter's Misdeeds." *USAToday,* April 20, 2004.

Waal, Frans B. M. de. "Do Humans Alone 'Feel Your Pain'?" *Chronicle of Higher Education,* October 26, 2001.

———. *Good Natured: The Origins of Right and Wrong in Humans and Other Animals.* Cambridge, Mass.: Harvard University Press, 1996.

———. *Primates and Philosophers: How Morality Evolved.* Princeton, N.J.: Princeton University Press, 2006.

Waltzer, Michael. *Spheres of Justice.* New York: Basic Books, 1984.

Warren, Mary Ann. "Human and Animal Rights Compared." In *Environmental Philosophy: A Collection of Readings,* edited by Robert Elliot and Arran Gare. State College: Pennsylvania State University Press, 1983.

———. "On the Moral and Legal Status of Abortion." *The Monist,* vol.57, no.1 (January 1973).

Watchmen and Philosophy: A Rorschack Test. Edited by Mark D. White. Hoboken: Wiley, 2009.

Weiss, Rick. "Test-Tube Baby Born to Save Ill Sister." *Washington Post,* October 3, 2000.

Wesley, John. "Reel Therapy." *Psychology Today,* February 2000.

Wilgoren, Jodi. "Death Knell for the Death Penalty?" New York Times News Service, April 15, 2002.

Williams, Bernard. *Morality: An Introduction.* New York: Harper & Row, 1972.

Wolgast, Elizabeth. *The Grammar of Justice.* Ithaca, N.Y.: Cornell University Press, 1987.

Wollstonecraft, Mary. *A Vindication of the Rights of Women.* Excerpt in *Philosophy of Woman,* edited by Mary Briody Mahowald. Indianapolis: Hackett, 1983.

Wright, Tamra, Hughes, Peter, and Ainley, Alison. "The Paradox of Morality: An Interview with Emmanuel Levinas." In *The Provocation of Levinas,* edited by Robert Bernasconi and David Wood. New York: Routledge, 1988.

Zack, Naomi. *Thinking About Race.* Belmont, Calif.: Wadsworth, 1998.

Zimbardo, Philip. *The Lucifer Effect: Understanding How Good People Turn Evil.* New York: Random House, 2007.

文学作品

Andersen, Hans Christian. *Eventyr og Historier.* 16 vols. Odense, Denmark: Skandinavisk Bogforlag, Flensteds Forlag.

Beauvoir, Simone de. *The Woman Destroyed.* Translated by Patrick O'Brian. New York: Putnam, 1969.

Bennett, William J. *The Book of Virtues.* New York: Simon & Schuster, 1993.

Conrad, Joseph. *Lord Jim: A Tale.* New York: Bantam, 1981.

Dostoyevsky, Fyodor. *The Brothers Karamazov.* New York: Signet Classic, New American Library, 1957.

Euripides, *Medea.* In *Classical Mythology: Images and Insights,* by Stephen L. Harris and Gloria Plazner. Translated by Moses Hadas. Mountain View, Calif.: Mayfield, 1995.

Goethe, Johan Wolfgang von. *The Sorrows of Young Werther.* Translated by Elizabeth Mayer and Louise Bogan. New York: Vintage Books, 1973.

Graves, Robert. *The Greek Myths.* 2 vols. Harmondsworth, England: Penguin, 1960.

Grimm's Complete Fairy Tales. Garden City, N.Y.: Nelson Doubleday, 1975.

Huxley, Aldous. *Brave New World.* New York: Bantam, 1958.

Ibsen, Henrik. *A Doll's House.* In *The Collected Works of Henrik Ibsen,* vol. 7: *A Doll's House, Ghosts.* Introductions and translations by William Archer. New York: Scribner, 1906.

Jewkes, W. T., ed. *Man the Myth-Maker.* New York: Harcourt Brace Jovanovich, 1973.

Kafka, Franz. *The Basic Kafka.* New York: Simon & Schuster, 1979.

Kingsolver, Barbara. *The Poisonwood Bible.* New York: HarperTorch, 1998.

Le Guin, Ursula K. "The Ones Who Walk Away from Omelas." In *The Wind's Twelve Quarters.* New York: Harper & Row, 1981.

Locke, M. Louisa. *Maids of Misfortune: A Victorian San Francisco Mystery.* Mary Louisa Locke, 2009.

Matheson, Richard. "Mantage." In *Shock I.* New York: Berkeley, 1961.

Moore, Alan, Gibbons, Dave, and Higgins, John. *Watchmen*. Burbank: D.C. Comics, 2014.

Niven, Larry. "The Jigsaw Man." In *Tales of Known Space: The Universe of Larry Niven*. New York: Ballantine, 1975.

Njal's Saga. Translated by Magnus Magnusson and Hermann Palsson. Baltimore: Penguin, 1960.

Poe, Edgar Allan. *Complete Tales and Poems*. New York: Barnes & Noble Books, 1992.

Rand, Ayn. *Atlas Shrugged*. New York: Signet, 1957, 1985.

Sartre, Jean-Paul. *No Exit*. New York: Random House, 1989.

Sheckley, Robert. "The Store of the Worlds," *Playboy*, September 1959.

Shelley, Mary. *Frankenstein*. New York: Bantam, 1981.

Singer, Isaac Bashevis. "A Piece of Advice." From *The Spinoza of Market Street*. Translated from Yiddish into English by Martha Glicklich and Joel Blocker. New York: Fawcett Crest, 1958.

Soseki, Natsume. *Kokoro*. Translated by Meredith McKinney. New York: Penguin Books, 2010.

Tarantino, Quentin. *Pulp Fiction, A Quentin Tarantino Screenplay*. New York: Hyperion, 1994.

Walker, Alice. *Possessing the Secret of Joy*. New York: Simon & Schuster, 1993.

Wessel, Johann Herman. "Smeden og Bageren." In *De gamle huskevers*. Edited by Fritz Haack. Copenhagen: Forlaget Sesam, 1980.

部分网络资源

Abortion and the Catholic Church
http://www.vatican.va/roman_curia/congregations/cfaith/documents/rc_con_cfaith_doc_19741118_declaration-abortion_en.html

http://www.religiousconsultation.org/News_Tracker/moderate_RC_position_on_contraception_abortion.htm

http://faculty.cua.edu/Pennington/Law111/CatholicHistory.htm

"Affluenza" case
http://www.latimes.com/nation/nationnow/la-na-affluenza-teen-prison-20160413-story.html

Aldo Leopold, "The Land Ethic"
http://home.btconnect.com/tipiglen/landethic.html

Altruism
http://mobile.nytimes.com/2016/02/05/opinion/a-question-of-moral-radicalism.html?smid=tw-nytopinion&smtyp=cur&referer=https://t.co/vpU9HItWmN&_r=0

http://www.nytimes.com/2015/10/11/books/review/strangers-drowning-by-larissa-macfarquhar.html

Altruism is innate
http://www.washingtonpost.com/wpdyn/content/article/2007/05/27/AR2007052701056.html

Anti-terrorism versus counterterrorism
http://www.tamilcanadian.com/page.php?cat=74&id=4946

AP falsification incident
http://www.worldnetdaily.com/news/article.asp?ARTICLE_ID=40331

Ape language research
http://www.gsu.edu/~wwwlrc/

Ape research may be waning:
http://www.nytimes.com/2011/11/15/science/chimps-days-in-research-may-be-near-an-end.html

Aristotle's biography
http://www.gradesaver.com/ClassicNotes/Authors/about_aristotle.html

http://www-history.mcs.st-andrews.ac.uk/Mathematicians/Aristotle.html

Aristotle's list of virtues
http://www.interlog.com/~girbe/virtuesvices.html

Aristotle's Lyceum
http://www.newadvent.org/cathen/01713a.htm

Army Sgt. 1st Class Paul Smith, Medal of Honor recipient
http://www.medalofhonor.com/PaulSmith.htm

The Ashley treatment
http://www.theguardian.com/society/2012/mar/15/ashley-treatment-email-exchange

Atlantic Monthly websites, Christina Hoff Sommers debate
http://www.theatlantic.com

Ban on using animals in testing of cosmetics
http://www.peta.org.uk/issues/animals-not-experiment-on/cosmetics/

Barbara Kingsolver
http://www.english.eku.edu/SERVICES/KYLIT/KINGSLVR.HTM

The Big Short (film) and the financial crisis
https://en.wikipedia.org/wiki/The_Big_Short_%28film%29

http://www.investopedia.com/articles/economics/09/financial-crisis-review.asp

Black men killed by police
http://www.dallasnews.com/news/local-news/20150808-cases-of-24-unarmed-black-men-killed-by-police-this-year.ece

http://www.alternet.org/civil-liberties/young-black-men-killed-us-police-highest-rate-year-1134-deaths

California's same-sex marriage bill
http://www.mercurynews.com/news/ci_6069432?nclick_check=1

California's Three Strikes Law
http://www.rand.org/publications/RB/RB4009/RB4009.word.html

The Cambridge Declaration on Consciousness
http://fcmconference.org/img/CambridgeDeclarationOnConsciousness.pdf

CBS document scandal
http://www.southerndigest.com/vnews/displays.v/ART/2004/09/14/41472eba1033d

http://www.azcentral.com/news/articles/0910bush-memos10.html

Challenged in House of Lords
http://news.bbc.co.uk/2/hi/uk_news/politics/7190530.stm

Charles Dickens
http://www.worldwideschool.org/library/books/lit/charlesdickens/ATaleofTwoCities/Chap1.html

Charles Garner, Abu Ghraib trial
http://www.msnbc.msn.com/id/6795956/

Chiune and Yukiko Sugihara
http://www.jewishvirtuallibrary.org/jsource/Holocaust
/sugihara.html

Christianity's development in the Roman Empire
http://www.roman-empire.net/religion/religion.html

Christine Korsgaard interview 2003
http://www.people.fas.harvard.edu/~korsgaar/CPR
.CMK. Interview.pdf

Climate change debate in the UK
http://www.dailymail.co.uk/sciencetech/article-2055191
/Scientists-said-climate-change-sceptics-proved-wrong
-accused-hiding-truth-colleague.html

Climate change denial could become offense
http://insideclimatenews.org/news/29032016/climate-change
-deception-oil-companies-exxon-california-legislation

Cloned wolves
http://www.telegraph.co.uk/news/main.jhtml?xml=/news
/2007/03/27/wclone27.xml

http://www.timesonline.co.uk/tol/news/uk/science
/article1571502.ece

CNN poll on support for the war in Iraq
http://www.cnn.com/2007/POLITICS/03/19/iraq.support
/index.html

Cognitive enhancement
http://www.nytimes.com/2008/03/09/weekinreview
/09carey.html

Congress passes anti-genetic discrimination bill
http://ap.google.com/article/ALeqM5g9PKo1Dr67g
VSZWb-B4tOfMvmgDwD90D626G0

Conn. Home Invasion Defendant Read Violent Books
http://www.utsandiego.com/news/2011/mar/14/conn
-home-invasion-defendant-read-violent-books/

Contagion *(film)*
http://www.imdb.com/title/tt1598778/

CSI: Crime Scene Investigation *series*
http://www.cbs.com/primetime/csi/main.shtml

Criminal justice ethics
http://www.lib.jjay.cuny.edu/cje/html/cje.html

David Hume online, A Treatise of Human Nature
http://www.class.uidaho.edu/mickelsen/texts/Hume
%20Treatise/hume%20treatise3.htm

"The Death of Socrates": video interpretation
https://aeon.co/videos/can-philosophy-and-morals-be
-transmitted-through-a-painting

Death penalty critiques
http://www.deathpenaltyinfo.org/some-examples-post
-furman-botched-executions

http://mobile.nytimes.com/2016/01/17/opinion/sunday
/the-death-penalty-endgame.html?smid=tw-share&referer
=https://t.co/11Qk2389Mh&_r=0

http://www.prisonpolicy.org/blog/2015/07/02/breyer
_death_penalty/?gclid=COOrwN_J7MsCFQe
Tfgodm8AEGg

Death penalty facts
http://www.deathpenaltyinfo.org/

http://deathpenalty.procon.org/view.resource.
php?resourceID=001172

Death Penalty Information Center February 1, 2012
http://www.deathpenaltyinfo.org/FactSheet.pdf

Debating torture
http://www.pbs.org/newshour/bb/military/july-dec05
/torture_12-02.html

Dogs understand fairness:
http://www.guardian.co.uk/science/2008/dec/08/dogs
-envy-fairness-social-behaviour

Doing the Ethical Thing May Be Right, but It Isn't Automatic
http://www.nytimes.com/2011/11/19/your-money/why
-doing-the-ethical-thing-isnt-automatic.html?_r=1

Dolphins rescuing humans
http://www.dolphins-world.com/dolphins-rescuing
-humans/

http://worldnewsdailyreport.com/boys-life-saved-by
-dolphins/

http://www.eurocbc.org/page158.html

"Duke Probe Shows Failure of Post-Enron Ethics Classes"
(Update2)
http://www.bloomberg.com/apps/news?pid=20601103&
sid=aEL5ZnKhQuXY&refer=u

Dystopia film discussion
http://blogs.takepart.com/2008/02/13/top-10-dystopian
-future-films-telling-us-to-act-now/

Edward O. Wilson's "Half Earth" Proposal
http://news.nationalgeographic.com/2016/03/160327
-wilson-half-planet-conservation-climate-change-extinction
-ngbooktalk/?google_editors_picks=true

Elizabeth Nietzsche's Paraguay Colony
http://www.nytimes.com/2013/05/06/world/americas
/german-outpost-born-of-racism-blends-into-paraguay
.html?_r=0

Ethical wills
http://www.csmonitor.com/2004/0707/p11s02-lifp.html

Ethics in space
http://www.cnn.com/2007/TECH/space/05/01/death.in
.space.ap/index.html

Ethics Resource Center Research Report 2006
http://www.ethics.org/erc-publications/organizational
-ethical-culture.asp

Ethics Updates, edited by Lawrence Hinman
http://ethics.acusd.edu/index.html

"Existentialism Is a Humanism"
http://evans-experientialism.freewebspace.com/sartre02.htm

Ex Machina *(film)*
http://www.imdb.com/title/tt0470752/?ref_=nv_sr_1

Facebook Bias Issues
http://gizmodo.com/former-facebook-workers-we-routinely
-suppressed-conser-1775461006

https://news.google.com/news/amp?caurl=https%3A%2F
%2Ftechcrunch.com%2F2016%2F10%2F21%2Funcensor
edbook%2Famp%2F#pt0-18994

http://money.cnn.com/2016/05/10/media/facebook
-trending-topics/

Facebook's Zuckerberg says the Age of Privacy is over
http://www.readwriteweb.com/archives/facebooks
_zuckerberg_says_the_age_of_privacy_is_ov.php

Fairy Tales are older than previously thought
http://www.theguardian.com/books/2016/jan/20/fairytales
-much-older-than-previously-thought-say-researchers?CMP
=share_btn_tw

http://rsos.royalsocietypublishing.org/content/3/1
/150645#F4

FDA Food Safety Modernization Act
http://www.fda.gov/NewsEvents/PublicHealthFocus
/ucm239907.htm

Female circumcision
http://www.nytimes.com/2016/02/05/health/indonesia
-female-genital-cutting-circumcision-unicef.html?_r=0

Fired because of use of word
http://www.adversity.net/special/niggardly.htm

Force Majeure *(film)*
http://www.theguardian.com/film/2015/apr/12/force
-majeure-film-review-ruben-ostlund-avalanche

Gandhi
http://www.mkgandhi.org/

Gender-neutral pronouns
http://www.citylab.com/navigator/2015/09/ze-or-they
-a-guide-to-using-gender-neutral-pronouns/407167/

http://bigstory.ap.org/article/48c986c722ba4e5bb8a5a4c
1f1d31df1/he-she-ze-universities-add-gender-pronouns
-alter-policy

The Golden Rule in 21 religions
http://www.religioustolerance.org/reciproc.htm

Good Samaritan, Jefferson Heavner
http://wncn.com/2016/01/23/nc-sheriff-good-samaritan
-fatally-shot-after-stopping-to-help-driver/

The Great Ape Project
http://www.greatapeproject.org

Grey Owl, Archibald Belaney
http://canadianicon.org/table-of-contents/grey-owl-white
-indian/

http://www.bbc.com/news/uk-england-sussex-24127514

http://ottawacitizen.com/news/national/doug-george
-kanentiio-impersonators-have-caused-aboriginal-people
-great-harm

Habermas, "the Last European"
http://www.spiegel.de/international/europe/habermas
-the-last-european-a-philosopher-s-mission-to-save-the
-eu-a-799237.html

Halloween Princess Costumes
http://www.cnn.com/2016/10/19/health/halloween
-costumes-superhero-princess/

"Hearts and Minds," on the cognitive revolution
http://www.boston.com/news/education/higher/articles
/2007/04/29/hearts__minds/

*Herrad of Hohenbourg/*Landsberg
http://home.infionline.net/~ddisse/herrad.html

"How Safe Is Our Food? FDA Could Do Better."
http://blogs.usatoday.com/oped/2007/05/how_safe_is
_our.html

Human-animal hybrid ban lifted in UK
http://news.bbc.co.uk/2/hi/health/7193820.stm

Human brain wired for empathy
http://news.health.com/2011/07/26/human-brains-wired
-to-empathize-study-finds/

http://www.nytimes.com/2009/12/01/science/01human
.html?_r=1&pagewanted=all

Ibn Fadlan
http://www.luth.se/luth/present/sweden/history/viking
_age/Viking_age4.html

Illinois death penalty report
http://www.cnn.com/2002/LAW/04/15/death.penalty
.report/index.html

Immanuel Kant's Guide to Good Dinners
http://branemrys.blogspot.com/2010/07/immanuel-kants
-guide-to-good-dinner.html

Immanuel Kant's "Perpetual Peace"
http://www.mtholyoke.edu/acad/intrel/kant/kant1.htm

Islam on fetal personhood
http://www.bionews.org.uk/page_38025.asp

Jeremy Bentham's Auto-Icon
http://www.ucl.ac.uk/Bentham-Project/info/jb.htm

*John Jay College of Criminal Justice study of child abuse
by priests*
http://www.jjay.cuny.edu/churchstudy/main.asp

Jus post bellum
http://www.carlisle.army.mil/usawc/Parameters
/02autumn/kellogg.htm

http://www.cceia.org/resources/journal/16_1/articles
/277.html/_res/id=sa_File1/277_orend.pdf

Kant on the Highest Moral Good
http://mq.academia.edu/PaulFormosa/Papers/301499
/Kant_on_the_Highest_Moral-Physical_Good_The
_Social_Aspect_of_Kants_Moral_Philosophy

Kierkegaard and Regine Olsen
http://sorenkierkegaard.org/kw25.htm

Learning from the Japanese Example: What Makes a Hero?
http://healthland.time.com/2011/03/17/learning-from
-the-japanese-example%e2%80%94what-makes-heroes
/?iid=WBeditorspicks

Levinas's relevance for refugee crisis
http://opinionator.blogs.nytimes.com/2016/01/18/what
-do-we-owe-each-other/?mwrsm=Email&_r=0

Life of David Gale, *Analysis*
http://www.daughtersofstpaul.com/mediastudies/reviews
/filmdavidgale.html

Linda MacDonald Glenn
http://www.actionbioscience.org/biotech/glenn.html

Locke's theory of property
http://plato.stanford.edu/entries/locke-political/

Lynndie England, Abu Ghraib trial
http://www.usatoday.com/news/nation/2005-09-26
-england_x.htm

Marine Cpl. James L. Dunham, Medal of Honor recipient
http://www.mcnews.info/mcnewsinfo/moh/

Martin Luther King's "A Letter from (a) Birmingham Jail"
http://almaz.com/nobel/peace/MLK-jail.html

The meaning of zombies
http://granta.com/the-meaning-of-zombies/

Medal of Honor recipients
https://www.washingtonpost.com/news/checkpoint/wp
/2016/03/03/the-latest-medal-of-honor-recipient-wants
-to-be-the-first-to-return-to-combat-since-vietnam/

http://www.defense.gov/News/Special-Reports/MOH
-Special

Media Ethics Issues
http://www.ranker.com/list/journalists-who-lied/mel
-judson

http://www.nytimes.com/2016/11/13/us/elections/to
-our-readers-from-the-publisher-and-executive-editor
.html?_r=0

Michael Gurian
http://www.michaelgurian.com/

Michael Walzer, Spheres of Justice
http://books.google.com/books?id=dtFbhw7-wZEC&
dq=%22spheres+of+justice%22+walzer&pg=PP1&
ots=hqL0_3RiyP&sig=_fGe849vRPlL2bPP4Yy2q
_qp8cM&hl=en&prev=http://www.google.com/search
?hl=en&q=%22spheres+of+justice%22+walzer&sa
=X&oi=print&ct=title&cad=one-book-with-thumbnail
#PPR11,M1

Military Commissions Act of 2006
http://en.wikipedia.org/wiki/Military_Commissions
_Act_of_2006

http://www.nytimes.com/2006/09/28/opinion/28thu1
.html?ex=1317096000&en=3eb3ba3410944ff9&ei
= 5090&partner=rssuserland&emc=rss

Mississippi Burning *reviews*
http://www.cinepad.com/reviews/mississippi.htm

http://www.law.umkc.edu/faculty/projects/ftrials/price&
bowers/movie.html

The Molly and Adam Nash story
http://www.amednews.com/2001/prse0115

http://www.usatoday.com/tech/science/columnist/vergano
/2010-01-10-embryo-genetic-screening_N.htm

Moral Enhancement
http://www.guardian.co.uk/science/2011/apr/04/morality
-drugs-improve-ethical-behaviour

Moral responsibility, justice, and vengeance
https://www.psychologytoday.com/blog/unjust-deserts
/201602/moral-responsibility-and-the-strike-back-emotion
#565581

https://aeon.co/opinions/does-the-desire-to-punish-have
-any-place-in-modern-justice

"Movies with a Message"
http://www.jsonline.com/onwisconsin/movies/oct04
/266611.asp

News Media Ethics
http://www.thedailybeast.com/newsweek/2011/07/17
/how-the-guardian-broke-the-news-of-the-world-hacking
-scandal.html

http://www.politico.com/news/stories/1210/46780_Page4
.html

http://www.guardian.co.uk/world/2010/mar/31/roth
-grisham-fake-interview-obama

http://www.guardian.co.uk/commentisfree/2011/sep/18
/julian-assange-wikileaks-nick-cohen

NASA Workshop for Authors and Scientists
http://www.guardian.co.uk/books/2011/aug/25/nasa
-novel-mission-science-fiction?CMP=twt_gu

Non-human personhood
http://ieet.org/index.php/IEET/more/rnhp20110211

"Obama Awards Medal of Honor to Marine who saved 36 Lives"
http://content.usatoday.com/communities/theoval
/post/2011/09/obama-praises-marine-awards-medal
-of-honor/1

Oldest European universities
http://www.unbf.ca/psychology/likely/scholastics
/universities.htm

Olympe de Gouges
http://www.pinn.net/~sunshine/march99/gouges2.html

The Paris Agreement on Climate Change
http://reason.com/archives/2016/04/22/earth-day-2016
-paris-climate-agreement-s

"https://news.google.com/news/ampviewer?caurl=http%3
A%2F%2Fwww.csmonitor.com%2Flayout%2Fset%2
Famphtml%2FEnvironment%2F2016%2F1004%2FWith
-European-Union-s-ratification-Paris-climate-deal-to-enter
-into-force" \l "pt0-709000"https://news.google.com/news
/ampviewer?caurl=http%3A%2F%2Fwww.csmonitor
.com%2Flayout%2Fset%2Famphtml%2FEnvironment%2
F2016%2F1004%2FWith-European-Union-s-ratification
-Paris-climate-deal-to-enter-into-force#pt0-709000

Pascal Bruckner on happiness
http://www.healthzone.ca/health/mindmood/article
/952586—don-t-worry-about-being-happy-author-says

http://www.guardian.co.uk/books/2011/jan/23/pascal
-bruckner-interview-happiness

Paul Ricoeur's acceptance speech at receiving the Kluge Prize
http://www.loc.gov/loc/kluge/prize/ricoeur-transcript
.html

Personal branding
http://www.londonschoolofmarketing.com/blog/bid
/388447/How-to-build-a-personal-brand

https://www.americanexpress.com/us/small-business
/openforum/articles/5-ways-the-kardashian-family-built
-a-65-million-brand/

http://www.celebritybrandingagency.com/blog/the-kanye
-and-kim-kardashian-lesson-in-personal-branding
-combining-audiences-for-impact.php

Peter Singer, "A Convenient Truth;" New York Times article,
01/26/07
http://www.utilitarian.net/singer/by/20070126.htm

Peter Singer, "If Fish Could Scream." From Project Syndicate,
September 10, 2010.
http://www.project-syndicate.org/commentary/singer66
/English

Peter Singer, "Should We Trust Our Moral Intuitions?" Project
Syndicate, March 2007
http://www.utilitarian.net/singer/by/200703.htm

Philippa Foot Obituary
http://www.nytimes.com/2010/10/10/us/10foot.html

Philosophy on the Mesa
http://philosophyonthemesa.wordpress.com/

Police officers fatally shot
https://www.washingtonpost.com/news/post-nation/wp
/2016/04/01/virginia-state-trooper-becomes-30th-law
-enforcement-officer-killed-in-2016/

The Primates Home Page
http://www.dwebsoft.com/PrimatesWeb/

Ray Killen's sentencing
http://www.cnn.com/2005/LAW/06/23/mississippi
.killings/index.html

Raymond Chandler, "The Simple Art of Murder"
http://www.en.utexas.edu/amlit/amlitprivate/scans
/chandlerart.html

Recount in Florida
http://www.pbs.org/newshour/media/media_watch
/jan-june01/recount_4-3.html

Retributive and restorative justice
http://www.georgetown.edu/centers/woodstock/report
/r-fea61a.htm

Review of Walzer's Spheres of Justice
http://query.nytimes.com/gst/fullpage.html?res
=9A0CE5DC1738F937A15757C0A965948260

Robots in our future
http://mashable.com/2016/02/25/robot-future-is-here
/#YXyU0d4.wGqc

http://www.businessinsider.com/report-10-million-self
-driving-cars-will-be-on-the-road-by-2020-2015-5-6

"Robert Nozick, Libertarianism, and Utopia," by Jonathan
Wolf
http://world.std.com/~mhuben/wolff_2.html

Robert Nozick and Locke's Proviso
http://www.cooperativeindividualism.org/fremery_nozick
_review_of.html

Robert Yates investigation files
http://www.krem.com

Ronald Dworkin's Freedom's Law
http://www.hup.harvard.edu/catalog/DWOFRE.html

Shirley Jackson's 'The Lottery'
http://www.hannaharendtcenter.org/?p=13528

http://sites.middlebury.edu/individualandthesociety
/files/2010/09/jackson_lottery.pd

The Silent Scream of the Asparagus
http://www.weeklystandard.com/Content/Public
/Articles/000/000/015/065njdoe.asp

The Society for the Study of Ethics and Animals
http://mail/Rochester.edu/~nobs/ssea.html

Sor Juana Inez de la Cruz
http://www.mexconnect.com/mex_/history/jtuck
/jtjuanainescruz.html

http://www.edwardsly.com/ines.htm

Spotlight (film)
http://www.latimes.com/entertainment/movies/la-et-mn
-spotlight-review-20151106-column.html

Stanford Encyclopedia of Philosophy: Distributive Justice
http://www.seop.leeds.ac.uk/archives/win1998/entries
/justice-distributive/

Stem cell research
http://www.latimes.com/news/local/politics/cal/la
-me-stemcell17may17,1,4139407.story?coll=la-news
-politics-california

http://content.usatoday.com/communities/sciencefair
/post/2012/01/huamn-embryonic-stem-cell-blindness
-treatment-study-reaction/1

http://www.medicalnewstoday.com/healthnews
.php?newsid=73381

Stem cell research and cloning
http://www.bbc.com/news/uk-wales-south-east-wales
-35763735

http://www.usnews.com/news/articles/2015-12-29/british
-couple-clones-dead-dog-for-100k

Stephen Hawking warns against AI
http://www.livescience.com/51664-stephen-hawking
-elon-musk-ai-weapons.html

Stephen Pinker's response to John Gray
http://www.theguardian.com/commentisfree/2015/mar
/20/wars-john-gray-conflict-peace?CMP=share_btn_link

Stories of fake memoirs
http://sycamorereview.com/blog/2008/3/4/fake-memoirs
.html

Sudanese Criticize Governor's Decree on Women. CNN.com,
September 6, 2000.

Sue Savage Rumbaugh, William M. Fields
http://www2.gsu.edu/~wwwlrc/savage-rumb-srcd-mono
.pdf

Torture in Nazi Germany
http://andrewsullivan.theatlantic.com/the_daily_dish
/2007/05/verschfte_verne.html

Tuskegee syphilis study
http://www.med.virginia.edu/hs-library/historical
/apology/

The 2007 pet food scandal
http://en.wikipedia.org/wiki/2007_pet_food_recalls

http://www.petconnection.com/recall/index.php

U.S. Constitution
http://www.nwbuildnet.com/nwbn/usconstitutionsearch
.html

The Victims of Anthony Sowell
http://www.cnn.com/2010/CRIME/10/26/cleveland
.sowell.victims.one.year/?hpt=C1

The Virginia Tech massacre
http://www.latimes.com/technology/la-na-heroes18apr
18,1,2123657.story

Weather Channel Founder: Global Warming "Greatest Scam
in History"
http://icecap.us/images/uploads/JC_comments.doc

White House press releases on the Patriot Act
http://www.whitehouse.gov/news/releases/2005/06
/20050609.html

"Who's a terrorist and who isn't?" AP article, 10/03/01
http://www.msnbc.com/news/636814.asp

Women in the armed forces
http://thehill.com/news-by-subject/defense-homeland
-security/147889-pentagon-commission-allow-women
-to-serve-in-combat

http://www.signonsandiego.com/news/2010/feb/20/truly
-female-marines-have-come-long-way/

http://www.womensmemorial.org/historyandcollections
/history/learnmoreques.htm

http://www.nbcnews.com/news/us-news/house-committee
-votes-require-women-register-draft-n564166?cid=eml
_onsite

http://www.nytimes.com/2016/06/15/us/politics/congress
-women-military-draft.html?_r=0

Women's suffrage
http://www.rochester.edu/SBA/history.html

Women's suffrage, global
http://www.womenshistory.about.com/library/weekly
/aa091600a.htm